Hans Corsten, Ralf Gössinger
Produktionswirtschaft

Weitere empfehlenswerte Titel

Übungsbuch zur Produktionswirtschaft, 5. Auflage
Corsten, Gössinger, 2013
978-3-486-72654-1

Dienstleistungsmanagement, 6. Auflage
Corsten, Gössinger, 2015
978-3-486-72068-6

Production Planning and Control – Basics and Concepts
Buzacott, Corsten, Gössinger, Schneider 2013
978-3-486-72247-5

Hans Corsten, Ralf Gössinger

Produktionswirtschaft

Einführung in das industrielle Produktionsmanagement

14., überarbeitete und erweiterte Auflage

DE GRUYTER
OLDENBOURG

ISBN 978-3-11-045277-8

Library of Congress Cataloging-in-Publication Data
A CIP catalog record for this book has been applied for at the Library of Congress.

Bibliografische Information der Deutschen Nationalbibliothek
Die Deutsche Nationalbibliothek verzeichnet diese Publikation in der Deutschen
Nationalbibliografie; detaillierte bibliografische Daten sind im Internet über
http://dnb.dnb.de abrufbar.

© 2016 Walter de Gruyter GmbH, Berlin/Boston
Coverabbildung: gwycech/thinkstockphotos
Druck und Bindung: CPI books GmbH, Leck
♾ Gedruckt auf säurefreiem Papier
Printed in Germany

www.degruyter.com

Vorwort (zur vierzehnten Auflage)

Das vorliegende Lehrbuch wurde überarbeitet und erweitert. Neben einer Fülle kleinerer Änderungen, Ergänzungen und Streichungen, die sich über das gesamte Buch erstrecken, wurden die folgenden Abschnitte wesentlich erweitert:

- Abschnitt 2.4: Produktionsprogrammplanung,

- Abschnitt 3.1: Potentialbeiträge der menschlichen Arbeitsleistung,

- Abschnitt 3.2: Potentialbeiträge der Betriebsmittel,

- Abschnitt 4.2: Fließbandabstimmung und

- Abschnitt 5.3: Entwicklungslinien der EDV-gestützten Produktionsplanung und -steuerung.

Herrn M.Sc. Ferdinand Becker danken wir für die redaktionellen Vorarbeiten. Für die Unterstützung bei der drucktechnischen Aufbereitung des Lehrbuches danken wir Frau Carmen Kranz. Frau Hilde Corsten danken wir für die Ausführung der umfangreichen Korrekturarbeiten. Den Studenten des Wirtschaftsingenieurwesens und der Betriebswirtschaftslehre an den Universitäten Kaiserslautern und Dortmund danken wir für kritische Hinweise, die, wie wir hoffen, an einigen Stellen zur besseren Nachvollziehbarkeit des Stoffes beigetragen haben.

Hans Corsten   Ralf Gössinger

Vorwort (zur zehnten Auflage)

Das vorliegende Lehrbuch wurde vollständig überarbeitet. Neben einer Fülle kleinerer Änderungen, Ergänzungen, aber auch Streichungen, die sich über das gesamte Buch erstrecken, wurden schwerpunktmäßig folgende Teile des Buches grundlegend überarbeitet:

- Kapitel 1: Die „Produktions- und kostentheoretischen Grundlagen" wurden vollständig überarbeitet und wesentlich ausgebaut.

- Kapitel 2: In diesem Kapitel wurden im Vergleich zur neunten Auflage mehrere Gliederungspunkte gestrichen und der Punkt „Produktionsprogrammplanung" neu konzipiert und dabei deutlich erweitert.

- Kapitel 3: Die Punkte „Potentialbeiträge der Betriebsmittel" und „Potentialbeiträge der Materialwirtschaft" wurden vollständig überarbeitet und teilweise erweitert.

- Kapitel 4: Der Gliederungspunkt „Prozeßgestaltung" wurde umstrukturiert und ergänzt.

- Kapitel 5: Die „Integrativen Ansätze" wurden vollständig neu gestaltet, wobei insbesondere neuere Entwicklungen (z.B. Enterprise Resource Planning, Advanced Planning Systems) aufgenommen wurden.

Damit liegt eine **vollständig überarbeitete und aktualisierte Version** dieses seit vielen Jahren bewährten Lehrbuches vor, das sich sowohl an Studenten des Grundstudiums richtet, als auch an diejenigen, die im Hauptstudium im Rahmen einer speziellen Betriebswirtschaftslehre Produktionsmanagement bzw. Industriebetriebslehre vertiefend in dieses Stoffgebiet einsteigen möchten.

Danken möchte ich meinen Mitarbeitern Herrn Dipl.-Kfm. K.-M. Dresch, Herrn Dr. R. Gössinger und Herrn Dipl.-Wirtschaftsing. C. Sartor für die tatkräftige Unterstützung bei der Überarbeitung dieses Werkes. Den Herren K.-H. Ahlert, A. Bauer, S. Bhatia, S. Blass, J. Reiter sowie meinem Sohn Marcus danke ich für die Unterstützung bei der Erstellung der Abbildungen und des Endausdruckes. Herrn Dipl.-Volkswirt M. Weigert vom Oldenbourg Verlag danke ich für die erneut gute Zusammenarbeit.

Kaiserslautern   Hans Corsten

Vorwort (zur ersten Auflage)

Ziel des vorliegenden Lehrbuches ist es, dem an produktionswirtschaftlichen Fragestellungen interessierten Studenten eine Einführung in das industrielle Produktionsmanagement zu geben. Dabei richtet sich das Buch sowohl an Studenten des Grundstudiums als auch an diejenigen, die im Rahmen einer speziellen Betriebswirtschaftslehre im Hauptstudium produktionswirtschaftliche Problemstellungen vertiefen möchten.

Neben einem **Grundlagenkapitel**, in dem einerseits terminologische Grundlagen gelegt werden und andererseits eine Einführung in **produktions- und kostentheoretische Fragestellungen** erfolgt, weist das Buch eine Dreiteilung auf.

Zunächst stehen Probleme der **Produktionsprogrammgestaltung** im Zentrum des Interesses. Ausgangspunkt sind dabei zunächst Überlegungen zur Produktgestaltung und -entwicklung. Im Rahmen der Produktentwicklung wird dabei insbesondere auf die Bedeutung der Forschung und Entwicklung eingegangen. Die Darstellung der Portfolio-Methoden, insbesondere auch unter Berücksichtigung von Multifaktorenansätzen, schließt den Bereich der Produktplanung ab. Nach diesen strategischen Überlegungen werden im Rahmen der Produktionsprogrammgestaltung operative Problemstellungen analysiert. Ausgangspunkt sind dabei die elementaren Ansätze der Produktionsprogrammoptimierung, und zwar sowohl für eine marktorientierte als auch für eine kundenorientierte Programmplanung. Darüber hinaus werden in diesem Zusammenhang auch ökologische Fragestellungen angesprochen und der Frage nachgegangen, welche Konsequenzen sich aus der Integration von Recyclingaspekten für die Produktionsprogrammplanung ergeben.

Aufgabe der Potentialgestaltung ist es, einerseits für die Beschaffung und anderseits für die Bereitstellung der zum Einsatz gelangenden Produktionsfaktoren Sorge zu tragen. Dabei werden die Faktoren menschliche Arbeitsleistungen, Anlagen und Material unterschieden, woraus sich eine Dreiteilung dieses Kapitels ergibt. Im Rahmen des Faktors menschliche Arbeitsleistungen werden dabei zunächst individuelle und situative Einflußgrößen untersucht. Im Anschluß daran werden soziale, sachliche und zeitliche Aspekte der Arbeitsumweltbedingungen diskutiert. Fragen der Arbeitsbewertung und der Entlohnung schließen diesen Teilbereich ab. Im Rahmen der Anlagenwirtschaft werden zunächst neuere fertigungstechnische Erscheinungsformen dargestellt. Im Anschluß daran erfolgt eine Darstellung der Aufgabenbereiche der Anlagenwirtschaft. Im Zentrum des Interesses stehen dabei Fragen der Betriebsmittelbeschaffung, der Planung des Betriebsmitteleinsatzes und der Betriebsmittelerhaltung (Instandhaltung). In der Materialwirtschaft werden Fragen zur Bestimmung des Materialbedarfs und Grundlagen der Auftragsplanung sowie der Lagerwirtschaft behandelt.

Im Rahmen der Prozeßgestaltung werden zunächst Probleme der Layoutplanung diskutiert und einige Verfahren zur Lösung der damit verbundenen Probleme skizziert. Im Anschluß daran werden Fragestellungen der Termin- und Reihenfolgeplanung analysiert. Der letzte Abschnitt dieses Kapitels ist den integrativen Ansätzen gewidmet. Ausgangspunkt dieser Überlegungen ist ein Grundkonzept der Produktionsplanung und -steuerung. Darauf aufbauend werden neuere Steuerungskonzepte für Produktionsplanungs- und -steuerungssysteme dargestellt und Überlegungen hinsichtlich der Integration von Recyclingproblemen diskutiert. Die Integration von Produktionsplanungs- und -steuerungssystemen als CIM-Baustein schließt diesen Gliederungspunkt ab.

Danken möchte ich meinem Mitarbeiter, Herrn Dipl.-Kfm. Frank Götzelmann, für die kritische Durchsicht des Manuskriptes und für die Fülle konstruktiver Hinweise. Ferner darf ich Herrn Constantin May, Herrn Rolf Gleich, Frau Karen Haltermann, Frau Monika Kubisch und Herrn Stephan Sachs für die tatkräftige Unterstützung bei der Erstellung der Abbildungen und der drucktechnischen Aufbereitung dieses Buches danken. Meiner Sekretärin, Frau Hermine Hummel, danke ich recht herzlich für die sorgfältige Erstellung des Manuskriptes. Erneut darf ich mich bei meiner Frau bedanken, die einen nicht unbeachtlichen Teil ihrer Freizeit mit Korrekturarbeiten verbracht hat.

Eichstätt/Ingolstadt   Hans Corsten

Inhaltsverzeichnis

Vorwort V

Abbildungsverzeichnis XVII

Abkürzungsverzeichnis XXXI

1 Grundlagen.. 1

1.1 Charakterisierung und Aufgabenbereiche des Produktionssystems............ 2

1.1.1 Das Produktionssystem als Subsystem der Unternehmung................. 2

1.1.2 Elemente des Produktionssystems...................................... 4

1.1.2.1 Input 4

1.1.2.2 Throughput... 8

1.1.2.3 Output... 9

1.1.3 Eigenschaften des Produktionssystems 10

1.1.3.1 Die Kapazität produktionswirtschaftlicher Systeme....................... 10

1.1.3.2 Die Flexibilität produktionswirtschaftlicher Systeme.................... 14

1.1.4 Zur Abgrenzung der Industriebetriebslehre und der
Produktionswirtschaft 23

1.1.5 Aufgabenbereiche des Produktionsmanagements 25

1.1.6 Typologien industrieller Produktionssysteme 30

1.1.7 Eingliederung der Produktion in die
Unternehmungsorganisation 40

1.1.8 Ziele produktionswirtschaftlicher Betätigung 44

1.2 Produktions- und kostentheoretische Grundlagen.. 51

1.2.1 Produktionstheoretische Grundlagen.. 52

1.2.1.1 Produktionstheoretische Grundbegriffe 52

1.2.1.2 Grundlagen der aktivitätsanalytischen Produktionstheorie............ 63

1.2.1.2.1 Eigenschaften linearer Technologien....................................... 63

1.2.1.2.2 Effizienzanalyse 67

1.2.1.2.2.1 Absolute Effizienz.. 69

1.2.1.2.2.2 Relative Effizienz 74

1.2.1.3 Grundlagen der funktionalistischen Produktionstheorie 82

1.2.1.3.1 Ertragsgesetzliche Produktionsfunktion 82

1.2.1.3.2 Produktionsfunktion nach Leontief 87

1.2.1.3.3 Produktionsfunktion nach Gutenberg 96

1.2.1.3.4 Produktionsfunktion nach Heinen 104

1.2.1.3.5 Produktionsfunktion nach Pichler 114

1.2.1.3.6 Produktionsfunktion nach Kloock 120

1.2.2 Kostentheoretische Grundlagen 126

1.2.2.1 Kostentheoretische Grundbegriffe 127

1.2.2.2 Grundlagen der kostentheoretischen Modellanalyse 131

1.2.2.3 Die Minimalkostenkombination 136

1.2.2.4 Kostenfunktionen auf der Grundlage ausgewählter
Produktionsfunktionen 144

1.2.2.4.1 Kostenfunktionen auf der Basis einer
ertragsgesetzlichen Produktionsfunktion 145

1.2.2.4.2 Kostenfunktionen auf der Basis der Gutenberg-
Produktionsfunktion 148

1.2.2.4.2.1 Kostenfunktionen bei kurzfristiger Betrachtung 148

1.2.2.4.2.1.1 Kostenfunktionen einzelner Anpassungsformen 148

1.2.2.4.2.1.2 Kostenfunktionen kombinierter
Anpassungsformen 156

1.2.2.4.2.2 Kostenfunktionen bei langfristiger Betrachtung 165

2 Produktionsprogrammgestaltung 169

2.1 Produkte als Elemente des Produktionsprogramms 169

2.1.1 Produktions- und absatzwirtschaftliche Aspekte der Produkte 169

2.1.2 Produktentwicklung 175

2.1.2.1 Forschung und Entwicklung 175

2.1.2.1.1 Zum Begriff der Forschung und Entwicklung 180

2.1.2.1.2 Möglichkeiten des externen Wissenserwerbs 183

2.1.2.1.3 Der Schutz betrieblicher Forschungs- und
Entwicklungsergebnisse 187

2.1.2.2 Simultaneous Engineering als Instrument zur Verkürzung
der Produktentwicklungszeit 194

2.1.3 Produktgestaltung 199

2.1.3.1 Aufgaben der Produktgestaltung 199

2.1.3.2 Wertanalyse als Instrument der Produktgestaltung 203

2.1.4 Qualitätskontrolle zur Sicherung der Produktqualität 214

2.2 Lebenszykluskonzepte 228

2.3 Portfoliomethoden 236

2.3.1 Das Marktwachstum-Marktanteil-Portfolio als
Grundkonzeption 236

2.3.2 Multifaktorenansätze 243

2.3.2.1 Der Multifaktorenansatz des Portfoliokonzeptes 243

2.3.2.2 Das PIMS-Programm 252

2.4 Produktionsprogrammplanung 255

2.4.1 Begriffliche Grundlegungen 255

2.4.2 Modelle zur Produktionsprogrammplanung 260

2.4.2.1 Produktionsprogrammplanung für
standardisierte Produkte 261

2.4.2.2 Produktionsprogrammplanung für
kundenindividuelle Produkte 280

3 Potentialgestaltung 291

3.1 Potentialbeiträge der menschlichen Arbeitsleistung 291

3.1.1 Begriffliche Grundlegungen 291

3.1.2 Einflussgrößen der menschlichen Arbeitsleistung 292

3.1.2.1 Individuelle Einflussgrößen 294

3.1.2.1.1 Leistungsfähigkeit 294

3.1.2.1.2 Leistungsbereitschaft 297

3.1.2.2 Situative Einflussgrößen 312

3.1.2.2.1 Arbeitsbezogene Aspekte.. 312

3.1.2.2.1.1 Arbeitsaufgabe 312

3.1.2.2.1.2 Arbeitsumweltbedingungen 326

3.1.2.2.1.2.1 Soziale Aspekte 326

3.1.2.2.1.2.2 Sachliche Aspekte 338

3.1.2.2.1.2.3 Zeitliche Aspekte... 339

3.1.2.2.1.3 Arbeitsmethodik.. 342

3.1.2.2.2 Monetäre Einflussgrößen 344

3.1.2.2.2.1 Arbeitsentgelt.. 344

3.1.2.2.2.1.1 Arbeitsbewertung als Grundlage einer
gerechten Entlohnung... 346

3.1.2.2.2.1.2 Lohnformenbestimmung 352

3.1.2.2.2.2 Erfolgsbeteiligung... 365

3.2 Potentialbeiträge der Betriebsmittel... 366

3.2.1 Grundlegungen 366

3.2.2 Aufgabenfelder 375

3.2.2.1 Betriebsmittelbeschaffung 376

3.2.2.2 Planung des Betriebsmitteleinsatzes...................................... 386

3.2.2.3 Betriebsmittelerhaltung... 396

3.2.2.3.1 Ursachen und Erscheinungsformen 396

3.2.2.3.2 Instandhaltungsstrategien... 401

3.2.2.3.3 Daten für die Instandhaltungsplanung 403

3.2.2.3.4 Grundmodell der Instandhaltung und mögliche
Erweiterungen 406

3.2.2.3.5 Ökonomische Auswirkungen eines
Betriebsmittelausfalls... 412

3.2.3 Der betriebliche Standort... 415

3.2.3.1 Charakterisierung des Standortproblems................................ 415

3.2.3.2 Modelltheoretische Erfassung des Standortproblems.................... 418

3.2.3.3 Strategische Aspekte der Standortplanung 444

3.3 Potentialbeiträge der Materialwirtschaft 447

3.3.1 Probleme der Materialbedarfsermittlung 450

3.3.1.1 Ansatzpunkte zur Fokussierung der Planungsaktivitäten
für die Materialbedarfsplanung 450

3.3.1.1.1 Klassifikation des Materials nach der wertmäßigen
Bedeutung 450

3.3.1.1.2 Klassifikation des Materials nach dem Bedarfsverlauf 452

3.3.1.2 Verfahren zur Bestimmung des Materialbedarfs 455

3.3.1.2.1 Verbrauchsorientierte Verfahren der
Materialbedarfsbestimmung 455

3.3.1.2.1.1 Bedarfsermittlung mit Hilfe des gleitenden
Durchschnitts 457

3.3.1.2.1.2 Bedarfsermittlung mit Hilfe des exponentiellen
Glättens 458

3.3.1.2.1.2.1 Exponentielles Glätten 1. Ordnung 459

3.3.1.2.1.2.2 Exponentielles Glätten 2. Ordnung 460

3.3.1.2.1.3 Bedarfsermittlung mit Hilfe der Trendfunktion 462

3.3.1.2.1.4 Bedarfsermittlung mit Hilfe der
Zeitreihendekomposition 463

3.3.1.2.1.5 Bedarfsermittlung mit dem Verfahren nach
Winters 468

3.3.1.2.2 Programmorientierte Verfahren der
Materialbedarfsbestimmung 471

3.3.1.2.2.1 Materialbedarfsbestimmung für Fließgüter 471

3.3.1.2.2.2 Materialbedarfsbestimmung für mehrteilige
Stückgüter 474

3.3.2 Grundlagen der Auftragsplanung 492

3.3.2.1 Optimale Bestellmenge 493

3.3.2.1.1 Grundmodell 493

3.3.2.1.2 Erweiterungen 497

3.3.2.2 Optimale Losgröße 499

3.3.2.2.1 Grundmodell 500

3.3.2.2.2 Erweiterungen 500

3.3.3 Grundlagen der Lagerwirtschaft 503

   3.3.3.1 Lagerhaltung unter der Voraussetzung sicherer
        Erwartungen 503

   3.3.3.2 Lagerhaltung unter der Voraussetzung unsicherer
        Erwartungen 505

     3.3.3.2.1 Ermittlung des optimalen Sicherheitsbestandes 505

     3.3.3.2.2 Lagerhaltungspolitiken 509

4 Prozessgestaltung 517

4.1 Layoutplanung 517

  4.1.1 Spezifikation des Planungsproblems 517

    4.1.1.1 Ziele der Layoutplanung 517

    4.1.1.2 Restriktionen der Layoutplanung 519

    4.1.1.3 Modelle zur Layoutplanung 520

  4.1.2 Lösungsansätze zur Layoutplanung 521

    4.1.2.1 Spezifische Verfahren 521

      4.1.2.1.1 Nicht interaktive Verfahren 522

      4.1.2.1.2 Interaktive Verfahren 524

    4.1.2.2 Übergreifende Systeme 527

4.2 Fließbandabstimmung 528

4.3 Terminplanung 532

4.4 Reihenfolgeplanung 541

  4.4.1 Mögliche Zielkriterien der Reihenfolgeplanung 544

  4.4.2 Lösungsansätze zur Reihenfolgeplanung 549

    4.4.2.1 Einstufige Produktion 549

    4.4.2.2 Mehrstufige Produktion 556

      4.4.2.2.1 Ein exaktes Verfahren zur Bestimmung der optimalen
            Auftragsreihenfolge 557

      4.4.2.2.2 Heuristische Verfahren zur Bestimmung der
            Auftragsreihenfolge 560

        4.4.2.2.2.1 Erweiterung des Johnson-Algorithmus 560

4.4.2.2.2.2 Reihenfolgebildung durch sukzessive
Einbeziehung 562

4.4.2.2.2.3 Reihenfolgebildung mit Summen aus gewichteten
Bearbeitungszeiten 567

4.4.2.2.2.4 Prioritätsregeln zur Bestimmung der
Auftragsreihenfolge 569

5 Integrative Ansätze 575

5.1 Planungstheoretische Grundlagen 575

5.2 Hierarchischer Planungsansatz als theoretischer Ausgangspunkt.............. 578

5.2.1 Grundlagen.. 578

5.2.2 Das Modell von Hax/Meal.. 583

5.3 Entwicklungslinien der EDV-gestützten Produktionsplanung
und -steuerung 585

5.3.1 Grundaufbau eines PPS-Systems.. 585

5.3.2 Erweiterungen des Aufgabenumfanges 598

5.3.2.1 Betriebswirtschaftlich orientierte Erweiterungen 598

5.3.2.1.1 Manufacturing Resource Planning.............................. 598

5.3.2.1.2 Enterprise Resource Planning 603

5.3.2.1.3 Advanced Planning Systems 604

5.3.2.2 Computer Integrated Manufacturing als technisch
orientierte Erweiterung.. 609

5.3.2.3 Industrie 4.0.. 612

5.3.3 Lösungsansätze für ausgewählte Teilprobleme 615

5.3.3.1 Reine Formen 615

5.3.3.1.1 Inputorientierte Ansätze 615

5.3.3.1.1.1 Belastungsorientierte Auftragsfreigabe............... 615

5.3.3.1.1.2 Retrograde Terminierung 622

5.3.3.1.1.3 Optimized Production Technology 629

5.3.3.1.2 Kanban-System als outputorientierter Ansatz.............. 634

5.3.3.2 Mischformen 638

5.3.3.2.1 CONWIP-System 638

5.3.3.2.2 Kostenorientierte Input/Output-Control 641

5.3.3.2.3 Production-Authorization-Card-(PAC)-System 645

5.4 Opportunistische Koordinierung als flexibilitätsorientierter Ansatz
für die Produktionsplanung und -steuerung 651

5.4.1 Grundprinzipien 652

5.4.2 Konkretisierung für die Produktionsplanung und -steuerung 653

5.4.2.1 Konkretisierung der Grundprinzipien 653

5.4.2.1.1 Prinzip der größtmöglichen Auswahlfreiheit 653

5.4.2.1.2 Prinzip der kleinstmöglichen Bindung 655

5.4.2.2 Konsequenzen für die Struktur der PPS-Systeme 659

5.4.3 Teilaufgabenspezifische Betrachtung 661

Literaturverzeichnis 669

Stichwortverzeichnis 717

Abbildungsverzeichnis

Abb. 1.1-1: Das Produktionssystem als Subsystem der Unternehmung 3

Abb. 1.1-2: Makrostruktur des Produktionssystems 4

Abb. 1.1-3: Systematisierungskriterien der Produktionsfaktoren 6

Abb. 1.1-4: System industrieller Produktionsfaktoren 7

Abb. 1.1-5: Technologie bei einem Input und einem Output 8

Abb. 1.1-6: Systematisierung der Produkte 9

Abb. 1.1-7: Einflussgrößen der Kapazität 12

Abb. 1.1-8: Erscheinungsformen der Flexibilität
eines Produktionssystems 17

Abb. 1.1-9: Zeitliche Dimension der Flexibilität 18

Abb. 1.1-10: Gegenüberstellung von Flexibilitätspotential und -bedarf 19

Abb. 1.1-11: Abstimmungsmöglichkeiten zwischen Flexibilitätsbedarf
und -potential 20

Abb. 1.1-12: Komponenten der Flexibilitätskosten 22

Abb. 1.1-13: Komponenten des Flexibilitätsnutzens 23

Abb. 1.1-14: Abgrenzung der industriellen Produktionswirtschaft 25

Abb. 1.1-15: Hierarchische Struktur des Produktionsmanagements 27

Abb. 1.1-16: Konzeptioneller Rahmen des Produktionsmanagements 29

Abb. 1.1-17: Beispielhafte Typisierungen industrieller
Produktionssysteme 32

Abb. 1.1-18: Werkstattproduktion 33

Abb. 1.1-19: Ein- und mehrdimensionale Fließproduktion 35

Abb. 1.1-20: Produktionsinseln mit zentraler Rumpfsteuerung 37

Abb. 1.1-21: Prozesstypen nach Art der Stoffverwertung 39

Abb. 1.1-22: Kombinationstypen 40

Abb. 1.1-23: Einordnung der Produktion in eine funktionale
Organisationsstruktur 41

Abb. 1.1-24: Dezentrale Einordnung der Produktion in eine
divisionale Organisationsstruktur 41

Abb. 1.1-25: Mehrliniensystem 43

Abb. 1.1-26: Formalzielinhalte und -vorschriften 44

Abb. 1.1-27: Produktivität 46

Abb. 1.1-28: ISO-Rentabilitätskurve 48

Abb. 1.1-29: Formale Zielhierarchie 49

Abb. 1.1-30: Produktion und unternehmerische Ziele 50

Abb. 1.2-1:   Faktorsubstitution 56

Abb. 1.2-2:   Formen der Faktorsubstitution 57

Abb. 1.2-3:   Isoklinen 58

Abb. 1.2-4:   Linear-limitationale Produktionsfunktion 60

Abb. 1.2-5:   Beispiele nichtlinear-limitationaler Produktionsfunktionen 60

Abb. 1.2-6:   Kombination linear-limitationaler Prozesse 61

Abb. 1.2-7:   Prozesskombination bei drei linear-limitationalen Prozessen 62

Abb. 1.2-8:   Grafische Herleitung einer linearen Technologie
              aus zwei Basisaktivitäten 68

Abb. 1.2-9:   Effiziente und ineffiziente Aktivitäten 69

Abb. 1.2-10: Effizienter Rand einer Technologie 70

Abb. 1.2-11: Lineares Optimierungsmodell zur Partialanalyse 71

Abb. 1.2-12: Beispiel einer Technologie im Güterraum $\Re^3$ 72

Abb. 1.2-13: Produktionsfunktion bei partieller Faktorvariation 73

Abb. 1.2-14: Isoquante 74

Abb. 1.2-15: Zusammenhang zwischen unbekannter und
              umhüllender Technologie 75

Abb. 1.2-16: Beispieldaten zur DEA 78

Abb. 1.2-17: Beispielergebnisse der DEA 79

Abb. 1.2-18: Umhüllende Technologie der 6 Produktionsinseln (Beispiel) 80

Abb. 1.2-19: Werte und Effizienzaussagen zu den normierten Aktivitäten 81

Abb. 1.2-20: Ertragsgesetzliche Produktionsfunktion 83

Abb. 1.2-21: Ertragsgebirge 85

Abb. 1.2-22: Ökonomisch relevanter Bereich eines Isoquantensystems 86

Abb. 1.2-23: Effizienter Bereich eines Ertragsgebirges 86

Abb. 1.2-24: Isoquantensystem 87

Abb. 1.2-25: Leontief-Produktionsfunktion 89

Abb. 1.2-26: Analyse der Engpassfaktoren einer
              Leontief-Produktionsfunktion 91

Abb. 1.2-27: Optimale ganzzahlige Lösungen 92

Abb. 1.2-28: Produktions- und Transformationsfunktion am Beispiel
              eines Produktionssystems 93

Abb. 1.2-29: Beispielhafte Verläufe von Verbrauchsfunktionen 98

Abb. 1.2-30: Beispielhafte Verläufe technischer
              Durchschnittsverbrauchsfunktionen 98

Abb. 1.2-31: Struktur der Produktionsfunktion von Typ B 100

Abb. 1.2-32: Anpassungsmöglichkeiten bei einem Aggregat 101

Abb. 1.2-33: Intensitätsmäßige Anpassung bei einem Aggregat 102

Abb. 1.2-34: Zeitliche Anpassung bei einem Aggregat 103

Abb. 1.2-35: Quantitative Anpassung bei einer Aggregateart 104

Abb. 1.2-36: Zeitbelastungsbild 107

Abb. 1.2-37: Arten der Elementarkombinationen 107

Abb. 1.2-38: Strukturbild eines mehrstufigen Produktionsprozesses 108

Abb. 1.2-39: Produktionsfaktoren in der Produktionsfunktion vom Typ C 110

Abb. 1.2-40: Geometrische Herleitung der ökonomischen
Verbrauchsfunktion für eine outputfixe,
limitationale Elementarkombination 112

Abb. 1.2-41: Beispiel für ein Produktionssystem mit zwei
Produktionsstellen 116

Abb. 1.2-42: Grundsätzlicher Aufbau der Kopplungsmatrix 118

Abb. 1.2-43: Grundsätzlicher Aufbau der Strukturmatrix 119

Abb. 1.2-44: Input-Output-Modell einer Stelle 121

Abb. 1.2-45: Beziehungen der Transformationsfunktion nach Kloock
zu anderen Transformationsfunktionen 124

Abb. 1.2-46: Struktur der Direktverbrauchsmatrix nach Kloock 125

Abb. 1.2-47: Linearer Gesamtkostenverlauf 132

Abb. 1.2-48: Sprungfixe oder intervallfixe Kosten 133

Abb. 1.2-49: Stückkosten 133

Abb. 1.2-50: Progressiver Kostenverlauf 135

Abb. 1.2-51: Degressiver Kostenverlauf 135

Abb. 1.2-52: Regressiver Kostenverlauf 136

Abb. 1.2-53: Kostenisoquante 137

Abb. 1.2-54: Minimalkostenkombination bei substitutionalen
Faktoreinsatzbeziehungen 138

Abb. 1.2-55: Minimalkostenkombination bei einem linear-limitationalen
Produktionsprozess 142

Abb. 1.2-56: Minimalkostenkombination bei zwei linear-limitationalen
Produktionsprozessen 143

Abb. 1.2-57: Minimalkostenkombination einer linearen Technologie 144

Abb. 1.2-58: Herleitung der Faktorfunktion aus der ertragsgesetzlichen
Produktionsfunktion 146

Abb. 1.2-59:   Kostenverläufe bei ertragsgesetzlicher Produktionsfunktion 147

Abb. 1.2-60:   Kostenoptimale Intensität bei zwei u-förmigen
                Kostenfunktionen 149

Abb. 1.2-61:   Kostenfunktionen bei intensitätsmäßiger Anpassung 151

Abb. 1.2-62:   Repetierfaktorverbrauch bei zeitlicher Anpassung 152

Abb. 1.2-63:   Kostenfunktionen bei zeitlicher Anpassung 153

Abb. 1.2-64:   Kostenfunktion bei multipler quantitativer Anpassung 154

Abb. 1.2-65:   Stückkostenfunktion bei multipler quantitativer Anpassung 155

Abb. 1.2-66:   Kostenfunktion bei selektiver quantitativer Anpassung 156

Abb. 1.2-67:   Gebirge der entscheidungsrelevanten Kosten bei zeitlicher
                und intensitätsmäßiger Anpassung 157

Abb. 1.2-68:   Kostenverläufe für die kombinierte zeitliche und
                intensitätsmäßige Anpassung 158

Abb. 1.2-69:   Kostenverläufe bei kombinierter zeitlicher und
                quantitativer Anpassung 159

Abb. 1.2-70:   Linksschiefer, symmetrischer und rechtsschiefer
                Grenzkostenverlauf 160

Abb. 1.2-71:   Kombinierte intensitätsmäßige und quantitative (multiple)
                Anpassung zweier Aggregate mit rechtsschiefer
                Grenzkostenfunktion 161

Abb. 1.2-72:   Kombinierte zeitliche, intensitätsmäßige und
                quantitative Anpassung 164

Abb. 1.2-73:   Langfristige Gesamtkostenkurve bei multipler
                Größenvariation 166

Abb. 1.2-74:   Langfristige Stückkostenkurve bei multipler Größenvariation 166

Abb. 1.2-75:   Langfristige Gesamtkostenkurve bei mutativer
                Größenvariation 167

Abb. 1.2-76:   Langfristige Stückkostenkurve bei mutativer Größenvariation.... 168

Abb. 2.1-1:   Produkte als Leistungsbündel materieller und immaterieller
                Komponenten 169

Abb. 2.1-2:   Produkt-Markt-Raum 172

Abb. 2.1-3:   Nutzenkategorien 173

Abb. 2.1-4:   Zusammenhang zwischen Innovationstätigkeit,
                Wettbewerbsfähigkeit und wirtschaftlichem Wachstum 176

Abb. 2.1-5:   Prozessuale Betrachtung der Innovation 177

Abb. 2.1-6:   Kooperation relevanter Gruppen im Innovationsprozess 179

Abb. 2.1-7:   Klassifikation der Forschung und Entwicklung 182

Abb. 2.1-8: Erscheinungsformen der Lizenzen 191

Abb. 2.1-9: Einsatz der Wertanalysevarianten im Prozess der Produktplanung 203

Abb. 2.1-10: Arbeitsplan der Wertanalyse 206

Abb. 2.1-11: Funktionenbaum einer Kaffeemaschine 209

Abb. 2.1-12: Komponentenkosten und -koeffizienten 211

Abb. 2.1-13: Funktionenkostenmatrix 212

Abb. 2.1-14: Wertindices 213

Abb. 2.1-15: Qualitätsarten nach REFA 215

Abb. 2.1-16: Komponenten der Qualitätskosten 216

Abb. 2.1-17: Kostenoptimale Qualitätsprüfungsintensität 217

Abb. 2.1-18: Allgemeines Modell der Qualitätszirkelorganisation 218

Abb. 2.1-19: Grundstruktur des organisatorischen Aufbaus eines umfassenden, integrierten Qualitätsmanagement 222

Abb. 2.1-20: Grundstruktur für die Aufteilung der wesentlichen Aufgaben im Rahmen eines umfassenden, integrierten Qualitätsmanagements 223

Abb. 2.1-21: Qualitätsregelkarte (Beispiel) 224

Abb. 2.1-22: Faktor A für unterschiedliche Stichprobenumfänge (Beispiele) 226

Abb. 2.1-23: Stichprobenergebnisse 227

Abb. 2.1-24: Kontrollkarte (Beispiel) 227

Abb. 2.2-1: Grundmodell des Produktlebenszyklus 229

Abb. 2.2-2: Adoptions- und Diffusionsverlauf 231

Abb. 2.2-3: Integriertes Produktlebenszykluskonzept 232

Abb. 2.2-4: Phasen des Rückstandszyklus (Beispiel) 235

Abb. 2.3-1: Erfahrungskurve 236

Abb. 2.3-2: Marktwachstum-Marktanteil-Portfolio 240

Abb. 2.3-3: Normstrategien im Marktwachstum-Marktanteil-Portfolio 241

Abb. 2.3-4: Marktattraktivität-Wettbewerbsvorteil-Portfolio 245

Abb. 2.3-5: Komponenten der Technologieattraktivität 246

Abb. 2.3-6: Komponenten der Ressourcenstärke 247

Abb. 2.3-7: Technologie-Portfolio 248

Abb. 2.3-8: S-Kurven-Konzept 249

Abb. 2.3-9: Bedingungen für einen erfolgreichen Einsatz unterschiedlicher Strategietypen 251

Abb. 2.3-10:   Beziehungen der Variablengruppen 253

Abb. 2.4-1:   Beispiel zur Festlegung der Bevorratungsebenen 258

Abb. 2.4-2:   Konstruktive Maßnahme zur Erhöhung der
               Mehrfachverwendbarkeit einzelner Komponenten 259

Abb. 2.4-3:   Situationsbeschreibung für die operative
               Produktionsprogrammplanung 262

Abb. 2.4-4:   Zulässiger Lösungsbereich für das gesuchte
               Produktionsprogramm 263

Abb. 2.4-5:   Optimales Produktionsprogramm 264

Abb. 2.4-6:   Optimales Produktionsprogramm (Mehrdeutige Lösung) 265

Abb. 2.4-7:   Simplex-Tableau (Ausgangslösung) 266

Abb. 2.4-8:   Simplex-Tableau (Erste verbesserte Lösung) 267

Abb. 2.4-9:   Simplex-Tableau (Zweite verbesserte Lösung) 267

Abb. 2.4-10:   Anteil der Schlupfvariablen in der Optimallösung in
               verschiedenen Industriezweigen mit unterschiedlichen
               Modellabmessungen 271

Abb. 2.4-11:   Grafische Darstellung des Kapazitätsaufteilungsverfahrens 273

Abb. 2.4-12:   Reduktionsfaktoren in Abhängigkeit von der Anzahl der
               Reduktionsschritte 274

Abb. 2.4-13:   Erscheinungsformen des Recycling 276

Abb. 2.4-14:   Grundmodell der Produktionsprogrammplanung unter
               Beachtung der Recyclingprozesse 279

Abb. 2.4-15:   Handlungsempfehlungen 284

Abb. 2.4-16:   Kundenorientierte Programmplanung (Ausgangsdaten) 285

Abb. 2.4-17:   Analyse der Aufträge 285

Abb. 2.4-18:   Gegenüberstellung der alternativen Aufnahmemöglichkeiten 286

Abb. 2.4-19:   Ablaufschema des speziellen Lösungsverfahrens für Fall 1 287

Abb. 3.1-1:   Determinanten menschlicher Arbeitsleistung 295

Abb. 3.1-2:   Lerngesetz der industriellen Produktion 296

Abb. 3.1-3:   Modifizierte Lernkurve 297

Abb. 3.1-4:   Idealisierte Tagesrhythmikkurve 298

Abb. 3.1-5:   Motivationstheorien 299

Abb. 3.1-6:   Bedürfnishierarchie nach Maslow 300

Abb. 3.1-7:   Bedeutung der Bedürfnisse in Abhängigkeit von der
               psychologischen Entwicklung eines Individuums 301

Abb. 3.1-8:   Theorie der Leistungsmotivation 307

Abb. 3.1-9: Vergleich der Inhaltstheorien 308

Abb. 3.1-10: Motivationsmodell nach Vroom 310

Abb. 3.1-11: Motivationstheorie nach Lawler/Porter 311

Abb. 3.1-12: Mitarbeiter-Aufgaben-Zuordnung als betriebswirtschaftliches Problem 314

Abb. 3.1-13: Algorithmus der Ungarischen Methode 315

Abb. 3.1-14: Kostenmatrix 316

Abb. 3.1-15: Kostenmatrix nach spaltenweiser Reduktion 316

Abb. 3.1-16: Kostenmatrix nach zeilenweiser Reduktion 316

Abb. 3.1-17: Bestimmung der minimalen Decklinienzahl 317

Abb. 3.1-18: Kostenmatrix nach selektiver Reduktion 317

Abb. 3.1-19: Zuordnungsentscheidungen 318

Abb. 3.1-20: Optimale Mitarbeiter-Aufgaben-Zuordnung 318

Abb. 3.1-21: Mengenteilung 321

Abb. 3.1-22: Artenteilung 322

Abb. 3.1-23: Job Enlargement 324

Abb. 3.1-24: Job Enrichment 325

Abb. 3.1-25: Kontinuum des Führungsverhaltens 328

Abb. 3.1-26: Aspekte zur Erfassung der Führungssituation 331

Abb. 3.1-27: Entscheidungsbaum der Problemtypen nach Vroom/Yetton 332

Abb. 3.1-28: Klassifikation der Entscheidungsprobleme 334

Abb. 3.1-29: Zulässige Entscheidungsformen für Gruppenprobleme 335

Abb. 3.1-30: Verhaltensgitter (Managerial Grid) nach Blake/Mouton 336

Abb. 3.1-31: Grundprinzip der gleitenden Arbeitszeit 341

Abb. 3.1-32: Unterschiedliche Aspekte von Arbeitsanalysen nach REFA 343

Abb. 3.1-33: Arbeitsbewertungsverfahren 348

Abb. 3.1-34: Beispiel einer Rangreihenfolge für acht Tätigkeiten 350

Abb. 3.1-35: Stufenwertzahlverfahren (Beispiel) 351

Abb. 3.1-36: Ablaufgliederung (für den Mitarbeiter) 353

Abb. 3.1-37: Zeitgliederung für die Auftragszeit 354

Abb. 3.1-38: Zusammenhänge zwischen Arbeits-, Leistungsbewertung und Lohnformen 358

Abb. 3.1-39: Zeitlohn 359

Abb. 3.1-40: Zeitakkord in Abhängigkeit von der periodenbezogenen Produktionsmenge 361

Abb. 3.1-41:   Grundaufbau des Prämiensystems 364

Abb. 3.2-1:   Betriebsmittelsystematik 367

Abb. 3.2-2:   Systematik investitionstheoretischer Kalküle 377

Abb. 3.2-3:   Kontinuierliche Zahlungsströme 378

Abb. 3.2-4:   Vorgehensweisen zur Ermittlung des Kapazitätsbedarfs 388

Abb. 3.2-5:   Prozesstechnik-Profil 388

Abb. 3.2-6:   Alternativkalkulation 393

Abb. 3.2-7:   Arbeitsgangweise Kalkulation 394

Abb. 3.2-8:   Wirkungszusammenhang unterschiedlicher
               Situationsgruppen 397

Abb. 3.2-9:   Systematik der Instandhaltungsmaßnahmen 399

Abb. 3.2-10:   Erscheinungsformen periodischer
               Instandhaltungsmaßnahmen 400

Abb. 3.2-11:   Systematisierung der Instandhaltungsstrategien 401

Abb. 3.2-12:   Systematisierung der Instandhaltungsstrategien
               auf der Basis der Entscheidungsvariablen 403

Abb. 3.2-13:   Dichtefunktion für die Lebensdauer eines Aggregates 404

Abb. 3.2-14:   Verteilungs- und Zuverlässigkeitsfunktion eines Aggregates 404

Abb. 3.2-15:   Ausfallraten über die gesamte Laufzeit eines Aggregates
               (Beispiele) 405

Abb. 3.2.16:   Graphische Ermittlung der erwarteten Instandhaltungskosten 408

Abb. 3.2-17:   Grundformen von Zuverlässigkeitsdiagrammen 410

Abb. 3.2-18:   Beispielhafte Betriebsmittelstrukturen 411

Abb. 3.2-19:   Dringlichkeitsmatrix der Instandhaltungsaktivitäten 412

Abb. 3.2-20:   Produktionswirtschaftliche Wirkungen eines
               Betriebsmittelausfalls und ihre erfolgswirtschaftlichen
               Konsequenzen 414

Abb. 3.2-21:   Systematik der Standortfaktoren 417

Abb. 3.2-22:   Graphische Darstellung des Steiner-Weber-Problems 419

Abb. 3.2-23:   Steiner-Weber-Problem mit zwei Variablen 419

Abb. 3.2-24:   Ablauf des Iterationsverfahrens zum Steiner-Weber-Problem 422

Abb. 3.2-25:   Ablauf des Add-Algorithmus 426

Abb. 3.2-26:   Standortzuordnung 429

Abb. 3.2-27:   Standortspezifische Ausprägungen der Standorteigenschaften 432

Abb. 3.2-28:   Bildung der Gesamtrangziffern 433

Abb. 3.2-29: Bildung der Gesamtrangziffern für eine modifizierte
Aufgabenstellung 434

Abb. 3.2-30: Skala für Paarvergleiche 435

Abb. 3.2-31: Werte des Zufallsindex 437

Abb. 3.2-32: Kriterienkatalog für das Beispiel zur Standortwahl 439

Abb. 3.2-33: Rangfolge der Alternativen 442

Abb. 3.2-34: Systematisierung der Standortstrategien 445

Abb. 3.2-35: Standort-Portfoliomatrix mit Normstrategien 446

Abb. 3.3-1:   Klassifikation materieller Güter nach ihrer Gestalt 449

Abb. 3.3-2:   Werthäufigkeitstabelle 451

Abb. 3.3-3:   Lorenzkurve 452

Abb. 3.3-4:   Klassifikation möglicher Bedarfsverlaufsformen 453

Abb. 3.3-5:   Daten eines Prognosemodells 456

Abb. 3.3-6:   Daten zur Berechnung des gleitenden Durchschnitts 457

Abb. 3.3-7:   Beispiel für eine exponentielle Glättung 1. Ordnung 459

Abb. 3.3-8:   Tendenzielle Wirkungen unterschiedlicher α-Werte 460

Abb. 3.3-9:   Beispiel für eine exponentielle Glättung 2. Ordnung 461

Abb. 3.3-10: Beispiel zur Trendberechnung 463

Abb. 3.3-11: Ausgangsdaten der Zeitreihendekomposition 465

Abb. 3.3-12: Zwischenergebnisse der Zeitreihendekomposition 466

Abb. 3.3-13: Ermittlung der Saisonfaktoren 467

Abb. 3.3-14: Prognosewerte 468

Abb. 3.3-15: Berechnung der Prognosewerte nach Winters 470

Abb. 3.3-16: Beispiel für die Produktionsstruktur von Fließgütern 472

Abb. 3.3-17: Beispiel zur Ermittlung des Materialbedarfs für die
Erstellung eines Fließgutes mit Mengenverlusten 472

Abb. 3.3-18: Erzeugnisbaum 474

Abb. 3.3-19: Gozintograph 475

Abb. 3.3-20: Einordnung der Darstellungsformen der Variantenstücklisten 481

Abb. 3.3-21: VENN-Diagramm der Varianten eines Produkttyps 484

Abb. 3.3-22: Darstellung der Varianten mit Gleichteile/
Ergänzungsstücklisten in Baukastenform 484

Abb. 3.3-23: Darstellung der Varianten mit Grundausführungs-/
Plus-Minus-Stücklisten in Baukastenform............................. 485

Abb. 3.3-24: Gozintograph ohne Verfahrenswahlmöglichkeiten
auf den Produktionsstufen.. 490

Abb. 3.3-25:   Gozintograph mit Verfahrenswahlmöglichkeiten
               auf den einzelnen Produktionsstufen 490

Abb. 3.3-26:   Verfahrenswahlabhängige Informationen.................................... 491

Abb. 3.3-27:   Verlauf des Lagerbestandes... 495

Abb. 3.3-28:   Grafische Ermittlung der optimalen Bestellmenge..................... 496

Abb. 3.3-29:   Kostenfunktion mit Rabattstaffelung... 498

Abb. 3.3-30:   Lagerbestandsverlauf bei endlicher
               Produktionsgeschwindigkeit und offener Produktion.................. 501

Abb. 3.3-31:   Lagerbestandsverlauf bei endlicher
               Produktionsgeschwindigkeit bei geschlossener Produktion......... 502

Abb. 3.3-32:   Meldemenge bei stetigem und gleichbleibendem
               Lagerabgang... 504

Abb. 3.3-33:   Auswirkungen von Planabweichungen.. 506

Abb. 3.3-34:   Ermittlung des optimalen Servicegrades 507

Abb. 3.3-35:   Dichtefunktion der Normalverteilung.. 509

Abb. 3.3-36:   Grundformen der Lagerhaltungspolitiken 510

Abb. 3.3-37:   t,x - Politik 511

Abb. 3.3-38:   s,x - Politik.. 511

Abb. 3.3-39:   s,S - Politik.. 512

Abb. 3.3-40:   t,S - Politik 513

Abb. 3.3-41:   t,s,S - Politik.. 514

Abb. 3.3-42:   t,s,x – Politik 515

Abb. 4.1-1:   Prinzip der Konstruktionsverfahren... 523

Abb. 4.1-2:   Prinzip der Verbesserungsverfahren... 524

Abb. 4.1-3:   „Optimierungsverfahren" LAPLAS 526

Abb. 4.2-1:   Vorranggraph 530

Abb. 4.2-2:   Positionsgewichte der Arbeitsgänge.. 531

Abb. 4.2-3:   (Zwischen-) Ergebnisse des Prioritätsregelverfahrens 531

Abb. 4.3-1:   Komponenten der Durchlaufzeit... 534

Abb. 4.3-2:   Überlappen und Splitten der Vorgänge 535

Abb. 4.3-3:   Gegenüberstellung von Kapazitätsnachfrage
               und Kapazitätsangebot.. 537

Abb. 4.3-4:   Maßnahmen zur Anpassung der Kapazitätsnachfrage
               an das -angebot 538

Abb. 4.3-5:   Maßnahmen zur Anpassung an des Kapazitätsangebotes
               an die -nachfrage.. 539

Abb. 4.3-6:   Systematisierung der Arbeitskräfte nach Spezialisierungsgrad
              und Qualifikation 541

Abb. 4.4-1:   Maschinenbelegungsdiagramm...................................... 543

Abb. 4.4-2:   Auftragsfolgediagramm 544

Abb. 4.4-3:   Umrüstkosten 550

Abb. 4.4-4:   Suchbaum des Verfahrens der sukzessiven Einbeziehung 553

Abb. 4.4-5:   Matrix der reduzierten Umrüstkosten (Ausgangslösung)............. 554

Abb. 4.4-6:   Matrix der reduzierten Umrüstkosten
              (erste verbesserte Lösung) 555

Abb. 4.4-7:   Matrix der reduzierten Umrüstkosten
              (zweite verbesserte Lösung)... 556

Abb. 4.4-8:   Gantt-Diagramm der optimalen Reihenfolge................. 558

Abb. 4.4-9:   Matrix der Bearbeitungszeiten 559

Abb. 4.4-10: Gantt-Diagramm der optimalen Reihenfolge
              des dreistufigen Reihenfolgeproblems................................ 560

Abb. 4.4-11: Matrix der Bearbeitungszeiten in einem
              vierstufigen Produktionssystem 560

Abb. 4.4-12: Gantt-Diagramme der alternativen Lösungen zum
              vierstufigen Reihenfolgeproblem....................................... 561

Abb. 4.4-13: Ablauf der NEH-Heuristik... 562

Abb. 4.4-14: Einfügereihenfolge der Aufträge 563

Abb. 4.4-15: Berechnung der Gesamtbearbeitungszeit
              der Teilsequenzen mit zwei Aufträgen 564

Abb. 4.4-16: Berechnung der Gesamtbearbeitungszeit
              der Teilsequenzen mit drei Aufträgen................................ 564

Abb. 4.4-17: Berechnung der Gesamtbearbeitungszeit
              der Teilsequenzen mit vier Aufträgen................................ 565

Abb. 4.4-18: Berechnung der Gesamtbearbeitungszeit
              der Teilsequenzen mit fünf Aufträgen................................ 566

Abb. 4.4-19: Matrix der Bearbeitungszeiten, Gewichtungsfaktoren und
              Auftragsprioritäten in einem vierstufigen Produktionssystem 568

Abb. 4.4-20: Beispiele elementarer (einfacher) Prioritätsregeln...................... 570

Abb. 4.4-21: Wirksamkeit elementarer Prioritätsregeln 571

Abb. 5.1-1:   Vergleichende Gegenüberstellung von simultaner und
              sukzessiver Planung 576

Abb. 5.2-1:   Grundstruktur eines hierarchischen Planungsmodells.................. 579

Abb. 5.2-2:   Rollierende Planung und Gegenstromprinzip im
              Konzept der hierarchischen Planung.................................. 582

Abb. 5.2-3:   Grundstruktur des Modells von Hax/Meal 584

Abb. 5.3-1:   Grundkonzept der Produktionsplanung und -steuerung 587

Abb. 5.3-2:   Grundstruktur eines dezentral organisierten PPS-Systems.......... 595

Abb. 5.3-3:   Durchlaufzeitsyndrom 597

Abb. 5.3-4:   Grundstruktur des MRP II-Systems... 599

Abb. 5.3-5:   Teilplanungen und Aggregationsgrade des
               MRP II-Konzeptes 601

Abb. 5.3-6:   Allgemeine Architektur eines ERP-Systems 603

Abb. 5.3-7:   Supply-Chain-Planungsmatrix.. 606

Abb. 5.3-8:   AWF-Empfehlung „CIM" 610

Abb. 5.3-9:   Y-Modell nach Scheer 611

Abb. 5.3-10:   Von der 1. Industriellen Revolution zu Industrie 4.0 613

Abb. 5.3-11:   Arbeitsinhalt-Zeit-Funktionen 616

Abb. 5.3-12:   Ausgangssituation der Aufträge.. 619

Abb. 5.3-13:   Ausgangssituation der Bearbeitungsstationen 619

Abb. 5.3-14:   Abgewertete Belastung.. 620

Abb. 5.3-15:   Gültiger Einlastungsplan... 620

Abb. 5.3-16:   Aufteilung der Produktion in Steuereinheiten 624

Abb. 5.3-17:   Ableitung von Grobarbeitsplänen... 624

Abb. 5.3-18:   Partiell zentrale Steuerung 625

Abb. 5.3-19:   Arbeitspläne 627

Abb. 5.3-20:   Ergebnis der isolierten Rückwärtsterminierung 627

Abb. 5.3-21:   Arbeitsgangprioritäten 627

Abb. 5.3-22:   Zulässiger Belegungsplan nach der ersten
               Vorwärtsterminierung... 628

Abb. 5.3-23:   Belegungsplan nach der ersten partiellen
               Rückwärtsterminierung.. 628

Abb. 5.3-24:   Endgültiger Belegungsplan.. 629

Abb. 5.3-25:   Grundstruktur des OPT-Systems 630

Abb. 5.3-26:   Beispiel für ein Produktnetz 632

Abb. 5.3-27:   Beispiel für eine Netztrennung 633

Abb. 5.3-28:   Beispiel für ein Produktnetz mit Hilfe des
               Drum-Buffer-Rope-Ansatzes... 634

Abb. 5.3-29:   Funktionsweise der Kanban-Steuerung 637

Abb. 5.3-30:   Grundstruktur eines CONWIP-Systems...................................... 639

Abb. 5.3-31: Beispiel für einen Input/Output-Plan 642

Abb. 5.3-32: Grenzkostenverlauf bei Kapazitätserhöhung 643

Abb. 5.3-33: Informationsträger im PAC-System 646

Abb. 5.3-34: Zweistufiges PAC-gesteuertes Produktionssystem 648

Abb. 5.3-35: PAC-Planungs- und Steuerungssystem 650

Abb. 5.4-1: Veränderungen des Spielraumes der nicht
flexibilitätsmindernden Entscheidungsverzögerung 658

Abb. 5.4-2: Alternative Strukturierung der Produktionsplanung
und -steuerung 660

Abb. 5.4-3: Modifikationsbedarf der Modellformulierungen 661

Abb. 5.4-4: Flexibilitätsindikatoren und Kapazitätsmodellierungen
auf den einzelnen Planungsebenen 668

Abkürzungsverzeichnis

AMJ	Academy of Management Journal
ANErfG	Arbeitnehmererfindergesetz
ArbZG	Arbeitszeitgesetz
ASTA	Allgemeines Statistisches Archiv
BFuP	Betriebswirtschaftliche Forschung und Praxis
BGB	Bürgerliches Gesetzbuch
BHor	Business Horizons
DBW	Die Betriebswirtschaft
DS	Decision Sciences
DU	Die Unternehmung
EJOR	European Journal of Operational Research
FB	Fortschrittliche Betriebsführung (bis 1974)
FB/IE	Fortschrittliche Betriebsführung und Industrial Engineering (ab 1975)
GebrMG	Gebrauchsmustergesetz
GewO	Gewerbeordnung
HalblSchG	Halbleiterschutzgesetz
HBM	Harvard Business Manager
HBR	Harvard Business Review
HdWW	Handwörterbuch der Wirtschaftswissenschaften
HWB	Handwörterbuch der Betriebswirtschaft
HWO	Handwörterbuch der Organisation
HWProd	Handwörterbuch der Produktionswirtschaft
HWPers	Handwörterbuch des Personalwesens
HWPlan	Handwörterbuch der Planung
HWRev	Handwörterbuch der Revision
ioMZ	io Management Zeitschrift
IJProdEcon	International Journal of Production Economics
IJProdRes	International Journal of Production Research

IM	Information Management
Ing.Arch.	Ingenieur-Archiv
JArbSchG	Jugendarbeitschutzgesetz
JACM	Journal of the Association for Computing Machinery
JAV	Jahrbuch der Absatz- und Verbrauchsforschung
J.Ind.Eng.	The Journal of Industrial Engineering
JORSA	Journal of the Operations Research Society of America
krp	Kostenrechnungspraxis
LRP	Long Range Planning
MSchG	Mutterschutzgesetz
MS	Management Science
Nav.Res.Log.	Naval Research Logistics
Oper.Res.Q.	Operational Research Quarterly
OR	Operations Research
PatG	Patentgesetz
PIMJ	Production and Inventory Management Journal
REFA	Verband für Arbeitsstudien und Betriebsorganisation
Sci.Am.	Scientific American
SzU	Schriften zur Unternehmungsführung
WiSt	Wirtschaftswissenschaftliches Studium
WISU	Das Wirtschaftsstudium
wt	Werkstatttechnik
ZfB	Zeitschrift für Betriebswirtschaft
ZfbF	Zeitschrift für betriebswirtschaftliche Forschung (ab 1964)
ZfhF	Zeitschrift für handelswissenschaftliche Forschung (bis 1944)
ZfhF NF	Zeitschrift für handelswissenschaftliche Forschung Neue Folge (ab 1949)
ZfO	Zeitschrift für Organisation (bis 1982)
ZFO	Zeitschrift Führung + Organisation (ab 1983)
ZP	Zeitschrift für Planung

1 Grundlagen

Der Begriff der Produktion hat in der wirtschaftswissenschaftlichen Literatur (vgl. v. Wiese 1908) eine lange Tradition. Müller (1809, S. 390) verstand unter Produzieren, aus zwei Elementen etwas Drittes zu erzeugen, wobei der Mensch diesen Prozess mit Klugheit lenkt, so dass ein Drittes, das Produkt, entsteht. Eine erste systematische Herleitung einer Lehre von der Produktion geht auf Lotz (1822) zurück. Er verstand unter Produktion „Dinge irgendeiner Art hervorzubringen, die früher nicht vorhanden waren oder wenigstens nicht so vorhanden waren, wie sie jetzt in der Wirklichkeit sich darstellen." Zusätzlich betont er, dass diese „Dinge" für Zwecke des Menschen tauglich sein müssten. Biermann (1904, S. 5 ff.) greift zwar zunächst auf die Einteilung von J.B. Say aus dem Jahre 1803 zurück, der für die Volkswirtschaftslehre die Produktionsfaktoren Boden, Arbeit und Kapital unterscheidet, schlägt aber dann eine differenziertere Vorgehensweise ein, indem er fünf Elemente der Produktion (Natur (Grund und Boden, Roh- und Hilfsstoffe etc.), Produktionsanlagen und -werkzeuge, Kapital (Geldkapital), exekutive Arbeit und die Konjunktur) unterscheidet, die durch den Produktionsfaktor dispositive Arbeit koordiniert werden. Damit zeigt diese Systematik bereits spezifische betriebswirtschaftliche Aspekte auf, wobei insbesondere die Unterscheidung zwischen exekutiver und dispositiver Arbeit für spätere Überlegungen in der Produktionswirtschaft von Bedeutung ist. In jüngeren produktionswirtschaftlichen Schriften lassen sich die drei folgenden Definitionsgruppen finden:

- Produktion wird als Faktorkombinationsprozess interpretiert. Bei dieser weiten Fassung stellt jegliches betriebliche Geschehen, bei dem eine Kombination der Produktionsfaktoren erfolgt, letztlich Produktion dar.

- Produktion stellt eine Phase des Betriebsprozesses dar, die sich zwischen den Phasen Beschaffung und Absatz befindet. Damit ist der Begriffsumfang deutlich enger als dies beim faktorkombinationsorientierten Produktionsbegriff der Fall ist, da Phasen, in denen ebenfalls Produktionsfaktoren kombiniert werden, wie etwa im Beschaffungs- und Absatzbereich, aus dieser Definition ausgeschlossen sind. Absatz- und Beschaffungsaktivitäten zeichnen sich im Gegensatz zu Produktionsaktivitäten dadurch aus, dass sie mit einer Änderung der Rechtszuständigkeit für ein Gut einhergehen.

- Produktion ist ein werteschaffender Prozess, d. h., es geht um die Bereitstellung von Gütern zum Zwecke des Verbrauchs. Er wird damit als Gegensatz zur Konsumtion interpretiert. Diese Betrachtungsweise geht mit der Gefahr einher, dass dem Konsumtionsprozess jegliches produktive Element abgesprochen wird. Dass diese Vorstellung nicht haltbar ist, zeigt das Beispiel der regenerierten Arbeitskraft durch Konsumtion.

Ausgangspunkt der weiteren Überlegungen bildet die folgende Definition: „Produktion ist die sich in betrieblichen Systemen oder Subsystemen vollziehende, auf Wiederholung angelegte, systematische Bildung von Faktorkombinationen i.S. einer Anwendung von technischen oder konzeptionellen Verfahren, welche für die Erfüllung des Systemzwecks (Sachziel) nötig sind und die beabsichtigte nutzensteigernde Veränderung derjenigen materiellen und/oder immateriellen Güter ermöglichen, welche die materielle oder immaterielle Hauptleistung des Systems (Produkt als Produktion i.S. eines Ergebnisses) darstellen" (Kern 1979b, Sp. 1652). Diese weite Fassung des Produktionsbegriffs impliziert, dass Produktion in allen Funktionsbereichen, d. h. auch im Absatz- und Finanzbereich, vollzogen wird und greift damit auf den angeführten faktorkombinationsorientierten Produktionsbegriff zurück. Haak (1982, S. 37), der kritisiert, dass diese Definition schwer zu operationalisierende Begriffe enthalte, versteht unter Produktion in Abänderung der Definition Kerns „… die sich in betrieblichen Systemen vollziehende Bildung von Faktorkombinationen im Sinne einer Anwendung technischer oder konzeptioneller Verfahren (Produktion i.w.S.) zur Veränderung von dem Betrieb zur Verfügung stehender Einsatzgüter (Produktionsfaktoren) in absetzbare Leistungen (Produkte) nach Maßgabe der betrieblichen Formal- und Sachziele (Produktion i.e.S.)" (Corsten 1985, S. 40). Durch den Einschub absatzfähiger Leistungen versucht Haak, den weiten, alle betrieblichen Funktionen umfassenden Produktionsbegriff einzuengen und hierdurch Funktionen wie Beschaffung und Finanzierung zu eliminieren. Durch diese Einengung werden jedoch sämtliche innerbetrieblichen Leistungserstellungsprozesse aus der Produktionsdefinition ausgeklammert. Diese Definition ist folglich dahingehend zu modifizieren, dass zwar weiterhin Beschaffungs-, Finanzierungs- und Absatzfunktionen aus der Produktionsdefinition ausgeschlossen bleiben, jedoch Prozesse zur Erstellung innerbetrieblicher Leistungen in den Produktionsbegriff aufzunehmen sind. Unter Produktion kann dann die sich in betrieblichen Systemen vollziehende Bildung von Faktorkombinationen im Sinne einer Anwendung technischer oder konzeptioneller Verfahren zur Transformation der dem Betrieb zur Verfügung stehenden originären und derivativen Produktionsfaktoren in absetzbare Leistungen oder in derivative Produktionsfaktoren verstanden werden, die dann in weiteren Faktorkombinationsprozessen unmittelbar genutzt oder in absetzbare Leistungen transformiert werden, um das Sachziel unter der Maßgabe der Formalziele zu erfüllen.

1.1 Charakterisierung und Aufgabenbereiche des Produktionssystems

1.1.1 Das Produktionssystem als Subsystem der Unternehmung

In systemtheoretischer Interpretation stellt das Produktionssystem ein Subsystem des übergeordneten Systems „Unternehmung" dar. Dieses Produktionssystem weist eine spezifische Systemstruktur auf, die durch Art und Anzahl der in ihm enthaltenen Elemente und deren Beziehungen untereinander charakterisiert ist. Neben dieser abstrakten Abgrenzung ist eine inhaltliche Spezifikation erforderlich. Nach Kern (1992, S. 96 ff.) lassen sich die Aufgaben des produktionswirtschaftlichen Systems in die drei folgenden Bereiche untergliedern (vgl. Punkt 1.1.5):

- Programmgestaltung,
- Potentialgestaltung und
- Prozessgestaltung.

Dabei stellt das Produktionssystem **kein isoliertes Subsystem** der Unternehmung dar, sondern es steht

- mit anderen Subsystemen der Unternehmung und
- mit seiner relevanten Umwelt über die anderen Subsysteme, d. h. indirekt,

in vielfältigen Austauschbeziehungen. Abbildung 1.1-1 verdeutlicht, dass das Produktionssystem mit den anderen unternehmungsspezifischen Subsystemen in direkter Beziehung steht. So obliegt der **Beschaffung** die Aufgabe, die für die Produktion erforderlichen Produktionsfaktoren zum richtigen Zeitpunkt in den erforderlichen Mengen und in der entsprechenden Qualität zu geringen Kosten zu beschaffen. Hierfür hat das **Finanzsystem** die erforderlichen Finanzmittel zur Verfügung zu stellen. Die von der Produktion erstellten Güter werden dann durch das Subsystem **Absatz** am Absatzmarkt veräußert, wodurch der Unternehmung wiederum Finanzmittel zufließen. Ferner obliegt dem Subsystem **Technologie** die Aufgabe, der Produktion die notwendigen Produktionstechnologien zur Verfügung zu stellen, das **Personalsystem** hat Mitarbeiter in der entsprechenden Anzahl und Qualifikation bereitzustellen.

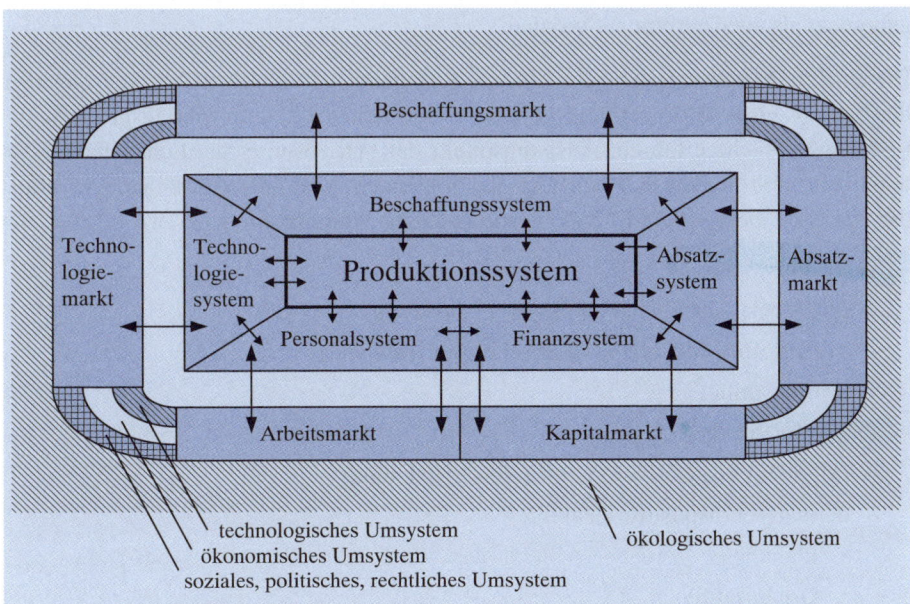

Abb. 1.1-1: Das Produktionssystem als Subsystem der Unternehmung

Darüber hinaus zeigt Abbildung 1.1-1, dass der Produktionsbereich **keine direkten Beziehungen mit dem Umsystem** der Unternehmung unterhält, sondern lediglich über andere Subsysteme mit dem Umsystem in Verbindung steht. Veränderungen im relevanten Umsystem haben folglich auch Auswirkungen auf den Produktionsbereich, auf die dieser sich einzustellen hat.

1.1.2 Elemente des Produktionssystems

Das Produktionssystem lässt sich durch die drei Elemente Input, Throughput und Output charakterisieren, wie dies in Abbildung 1.1-2 dargestellt ist (vgl. Zäpfel 1982, S. 2).

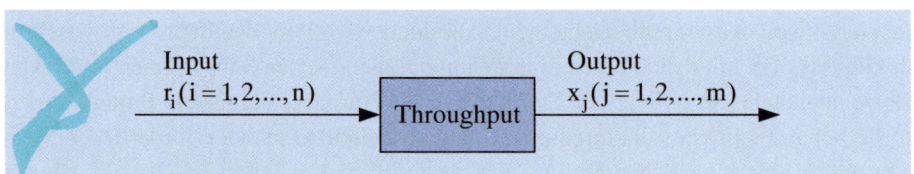

Abb. 1.1-2: Makrostruktur des Produktionssystems

1.1.2.1 Input

Input des Produktionssystems sind die **Produktionsfaktoren**. Hierunter sind **Güter** zu verstehen, die im Produktionsprozess kombiniert werden, um andere Güter hervorzubringen. Die Produktionsfaktoren können dabei im Rahmen ihrer Nutzung sowohl **gebraucht** als auch **verbraucht** werden.

Die im Produktionsprozess zum Einsatz gelangenden Produktionsfaktoren haben in der betriebswirtschaftlichen und volkswirtschaftlichen Literatur vielfältige Systematisierungsversuche erfahren. Ausgangspunkt der betriebswirtschaftlichen Faktorsystematiken, und nur diese werden in den folgenden Ausführungen behandelt, bildet die von Gutenberg (1979, S. 2 ff.) vorgeschlagene Klassifikation:

- Elementarfaktoren
    -- objektbezogene menschliche Arbeitsleistung
    -- Werkstoffe (Roh-, Hilfsstoffe, Halbfabrikate etc.)
    -- Betriebsmittel
- Dispositiver Faktor
    -- originärer dispositiver Faktor (Geschäftsleitung)
    -- derivativer dispositiver Faktor
        • Planung
        • Organisation.

Auf der ersten Ebene unterscheidet Gutenberg nach dem Merkmal „**Dispositionsmöglichkeit über die Faktorkombination**" zwischen elementaren und dispositiven Faktoren (vgl. v. Wiese 1908, S. 34, der darauf hinweist, dass eine Trennung zwischen dispositiver und ausführender Arbeit schwierig sei; ferner Weber 1952, S. 89).

Diese Unterscheidung findet ihre Begründung in der **produktionstheoretischen Intention** Gutenbergs, weil zwischen den Produktionsfaktoren, die als Bestandteil in die Produktionsfunktion einfließen, und den Produktionsfaktoren, die die Produktionsfunktion gestalten, zu unterscheiden ist. Dies bedeutet, dass dem dispositiven Faktor die Aufgabe obliegt, auf den Faktorkombinationsprozess, in den ausschließlich die Elementarfaktoren einfließen, gestaltend einzuwirken (vgl. hierzu auch die Ausführungen bei Biermann 1904, S. 5 ff.).

Nach dem Kriterium „**Verbrauch des elementaren Produktionsfaktors**" kann zwischen **Potential-** und **Repetierfaktoren** (auch **Verbrauchsfaktoren** genannt) unterschieden werden. Abgrenzungskriterium ist hierbei die **Anzahl der Faktorkombinationen**, für die die produktive Wirksamkeit eines Elementarfaktors besteht. Während Repetierfaktoren (wie Werkstoffe) nur in einer einzigen Faktorkombination produktiv wirksam sind, können Potentialfaktoren (wie menschliche Arbeitsleistungen und Betriebsmittel) in mehreren Kombinationsprozessen eine produktive Wirkung entfalten (Nutzungspotentiale).

In einer weiteren Differenzierung können dann die Potentialfaktoren nach dem Merkmal „**Abgabe von Werkverrichtungen**" in **aktive** und **passive** Potentialfaktoren untergliedert werden. Ohne näher auf weitere Merkmale, die zur Systematisierung herangezogen werden können, einzugehen, wird in Abbildung 1.1-3 ein Überblick über mögliche Kriterien gegeben (vgl. Haak 1982, S. 119), die in der Literatur genannt werden.

Nach Gutenberg liegt Produktion nur dann vor, wenn in den Faktorkombinationsprozess alle drei Elementarfaktoren einfließen (3-Faktorenfall). Demgegenüber nannte er den 2-Faktorenfall (nur objektbezogene menschliche Arbeitsleistung und Betriebsmittel) Bereitstellung (vgl. Soden 1806, S. 3, der auch die rein geistige Tätigkeit als Produktion bezeichnet). Dies geht mit der Konsequenz einher, dass die Erstellung der Dienstleistungen für Gutenberg keine Produktion darstellt (vgl. Mag 1979, Sp. 554). Vor diesem Hintergrund wurden für die unterschiedlichsten Dienstleistungsunternehmungen spezifische Produktionsfaktorsysteme entwickelt (vgl. den Überblick bei Corsten 1985, S. 48 ff.). In diesem Zusammenhang erfolgt die Einführung eines **externen Faktors**, für den in der Literatur auch die Bezeichnungen Objektfaktor oder Fremdfaktor zu finden sind. Hierunter ist ein Produktionsfaktor zu verstehen, der vom Abnehmer oder Verwerter einer Dienstleistung in den Produktionsprozess eingebracht wird. Der charakteristische Unterschied zu den internen Produktionsfaktoren ist folglich darin zu sehen, dass sich der externe Faktor der **autonomen Disponierbarkeit** durch die Unternehmung entzieht. Beispiele für den externen Faktor sind: Patient, Kunde, Transportobjekt, das zu reinigende Kleidungsstück (vgl. Corsten 2001a, S. 124). Der entscheidende **Unterschied** zu den internen Produktionsfaktoren, die über den Beschaffungsmarkt zu beziehen sind, ergibt sich damit aus dem Sachverhalt, dass die externen Faktoren in der erforderlichen Ausprägung durch

Kriterium	Produktionsfaktorklassen (PF)	
Dispositionsmöglichkeit	dispositive	elementare
Verbrauch	Potentialfaktoren	Repetierfaktoren
Gattung	personale PF	sachliche PF
Materialität	materielle PF	immaterielle PF
Autonomie der Disponierbarkeit	interne PF	externe PF
Knappheit	freie PF	ökonomische PF
Teilbarkeit	teilbare PF	nichtteilbare PF
Sphäre	reale PF	nominale PF
Produktionsstufe	originäre PF	derivative PF
Art der Teilnahme	aktive PF	passive PF

Abb. 1.1-3: Systematisierungskriterien der Produktionsfaktoren

den Produzenten nicht beschaffbar sind, sondern nur durch den Abnehmer selbst in den Produktionsprozess eingebracht werden können.

Als weitere Ergänzungen des Produktionsfaktorsystems seien genannt:

- Busse von Colbe/Laßmann (1991, S. 81 f.) führen neben den dispositiven und elementaren Faktoren als dritte Gruppe die Zusatzfaktoren ein, die dadurch charakterisiert sind, dass sie zwar Kosten verursachen, ihnen aber i. d. R. keine eindeutig abgrenzbare Mengengröße zugrunde liegt. Hierunter sind z. B. Leistungen der Kreditinstitute, Versicherungen und staatliche Leistungen zu subsumieren. Die Anordnung der Zusatzfaktoren auf der gleichen logischen Ebene wie die dispositiven Faktoren und die Elementarfaktoren wird aus systematischen Gründen nicht übernommen, da auch die Zusatzfaktoren in den Produktionsprozess einfließen und damit Bestandteil der zu erstellenden Produktionsfunktion werden.

- Weitere Ergänzungen erfährt dieses System durch die Einbeziehung der immateriellen Faktoren Information (vgl. Wild 1970, S. 51) und Rechte (vgl. Vormbaum 1967, S. 57; Wittmann 1977, S. 590). Durch die explizite Nennung des Produktionsfaktors Information wird der gesamte Komplex der Information in das Faktorsystem einbezogen, während vorher lediglich verkörperte Informationen Beachtung fanden, d. h. ihre implizite Berücksichtigung z. B. in Form personenbezogenen Wissens erfolgte.

- Kern (1992, S. 10) berücksichtigt auch die Produktionsfaktoren, die der Unternehmung unentgeltlich zur Verfügung stehen, da die Entgeltlichkeit des Erwerbs der

Produktionsfaktoren für die theoretische Analyse einer Faktorkombination unerheblich ist. Dies hat zur Konsequenz, dass auch die **Umwelt als Produktionsfaktor** in die Systematik einbezogen wird.

Die vorstehenden Überlegungen lassen sich dann in einer für **industrielle Produktionsprozesse** geltenden Faktorsystematik (vgl. Abbildung 1.1-4) zusammenfassen.

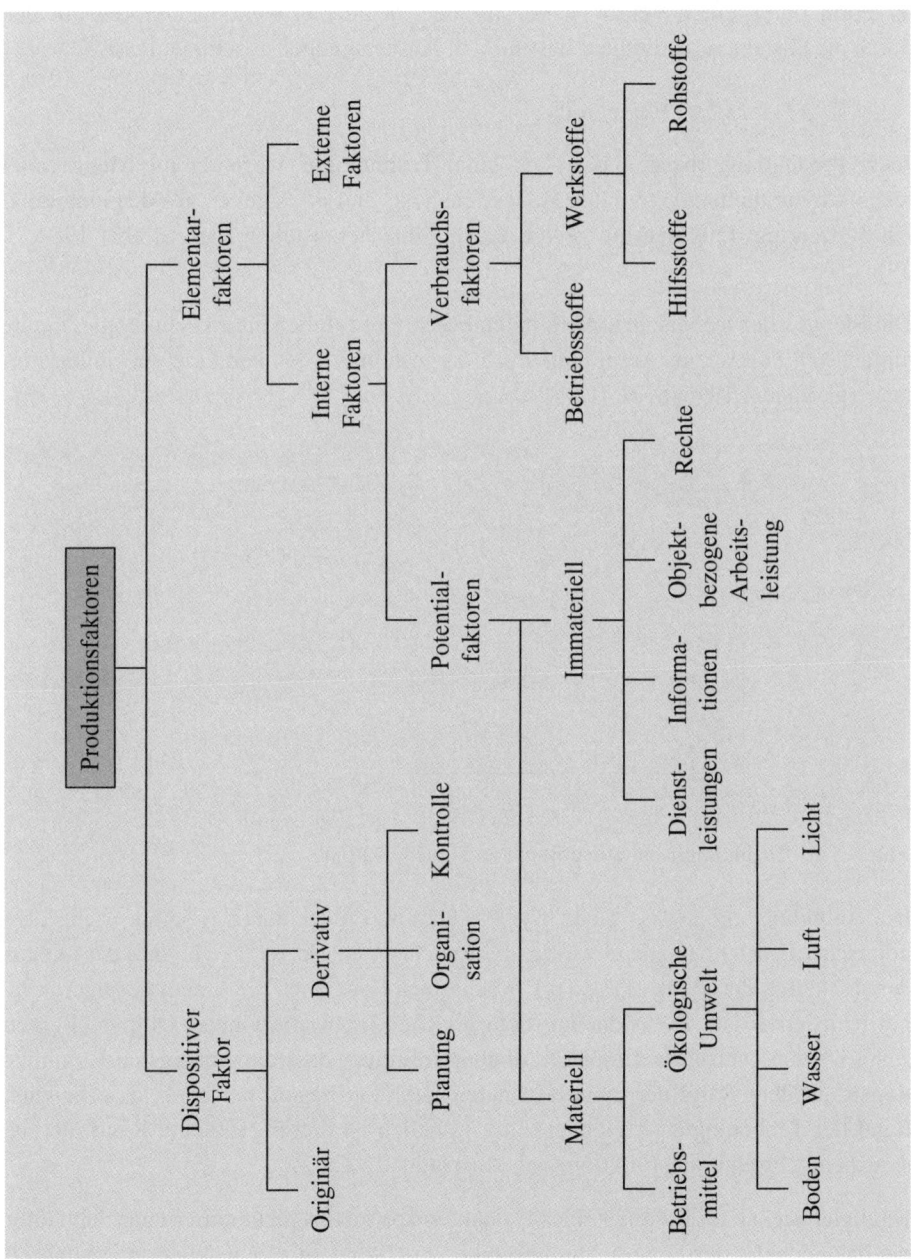

Abb. 1.1-4: System industrieller Produktionsfaktoren

1.1.2.2 Throughput

Der Throughput stellt den Leistungserstellungsprozess (= Produktionsprozess) dar. Unter einem Prozess wird eine **eindeutige** Kombination der Produktionsfaktoren mit dem Ziel der Leistungserstellung verstanden, wobei sich diese Prozesse wiederum in einzelne Arbeitsgänge zerlegen lassen. Die Produktion lässt sich folglich in **abstrakter Form** durch einen **Vektor** v beschreiben, der die Produktionsfaktoren mit den durch die einzelnen Aktivitäten bestimmten Ausbringungen zusammenfasst:

$$v = \left(x_1, \ldots, x_m; r_1, \ldots, r_n \right)$$

Jeder Produktionsprozess basiert auf einer **Technologie**, worunter die Menge aller technisch möglichen Aktivitäten zu verstehen ist. Ziel ist es dabei, aus den eingesetzten Stoffen und Energien die gewünschten Güter herzustellen (vgl. Strebel 1984, S. 39).

Die Menge aller technischen Aktivitäten beschreibt folglich eine Technologie, die im einfachsten Fall wie in Abbildung 1.1-5 dargestellt werden kann (zu speziellen Formen vgl. Fandel 1996, S. 40 ff.).

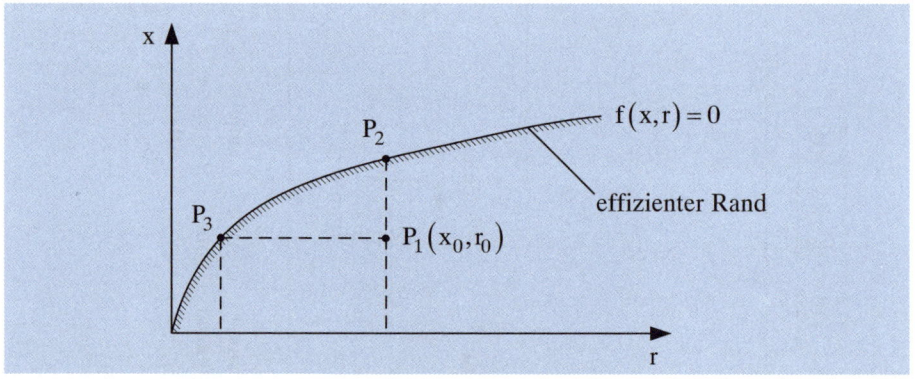

Abb. 1.1-5: Technologie bei einem Input und einem Output

Die Abbildung zeigt, dass nicht jede Produktion, die technisch möglich ist, in ökonomischer Hinsicht als gleichwertig zu bezeichnen ist. So zeigt sich, dass der Output, der sich durch den Punkt $P_1(x_0, r_0)$ beschreiben lässt, auch mit einem geringeren Input realisierbar ist (P_3), oder mit dem gleichen Input ein höherer Output (P_2) erzeugt werden kann. Aus dieser Überlegung resultiert, dass die günstigsten Kombinationen auf dem Rand der eingezeichneten Funktion liegen, der auch als **effizienter Rand der Technologie** bezeichnet wird. Letztlich ist dieser effiziente Rand die entsprechende Produktionsfunktion (vgl. Abschnitt 1.2.1.2.2).

Häufig entstehen im Rahmen eines Produktionsprozesses nicht nur erwünschte Güter, die das Sachziel der Unternehmung verkörpern, sondern es entstehen unerwünschte stoffliche und energetische Rückstände (Ungüter oder Übel, vgl. Böggemann 1991,

S. 1 ff.; Dyckhoff 2003, S. 123; Strebel 1984, S. 39). Da derartige Rückstände den Wert des erwünschten Output beeinträchtigen, weil etwa eine umweltfreundliche Behandlung Kosten verursacht, muss der Wert des Output nicht nur den Wert des Input, sondern darüber hinaus auch die Nachteile dieser Rückstände aufwiegen, wenn diese nicht wiederum, ohne zusätzliche Behandlungen, erneut in demselben oder in einem anderen Produktionsprozess zum Einsatz gelangen können.

1.1.2.3 Output

In **produktionswirtschaftlicher Sicht** kann der Output, d. h. die zu erstellende **Produktmenge,** als die **final** angestrebte Ausbringung der Produktion definiert werden (vgl. Chmielewicz 1968, S. 14). Wird neben dieser produktionswirtschaftlichen auch die **absatzwirtschaftliche Sichtweise** in die Outputdefinition aufgenommen, dann kann das Produkt als das Ausbringungsgut gekennzeichnet werden, das zur Bedürfnisbefriedigung Dritter geeignet ist. Dabei können Produkte sowohl **materieller** als auch **immaterieller Natur** sein oder einen Komplex (auch Systems-Selling genannt), der materielle und immaterielle Elemente umfasst, darstellen (vgl. Corsten 2001a, S. 28 ff.). Daneben lassen sich Endprodukte, Zwischenprodukte und Abfallprodukte unterscheiden, wobei die Endprodukte wiederum in Konsum- und Investitionsgüter aufgeteilt werden können. Bei Vernachlässigung der Nominalgüter, diese sind nur für bestimmte Dienstleistungsunternehmungen (z. B. Kreditinstitute, Versicherungen) relevant (vgl. Corsten 1985, S. 169), lassen sich dann die Produkte (Realgüter) wie folgt systematisieren (vgl. Fandel 1996, S. 32):

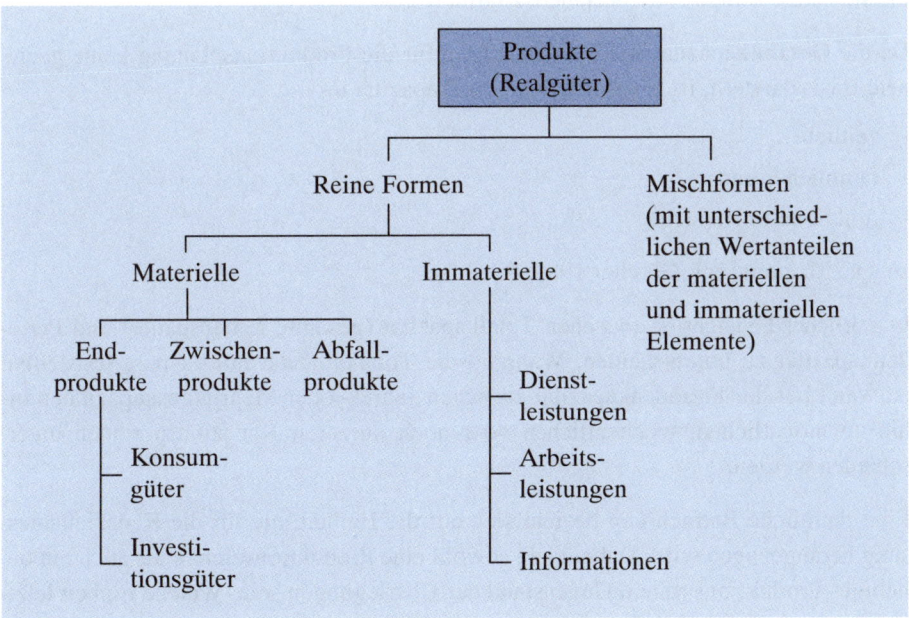

Abb. 1.1-6: Systematisierung der Produkte

1.1.3 Eigenschaften des Produktionssystems

1.1.3.1 Die Kapazität produktionswirtschaftlicher Systeme

„Kapazität ist das Leistungsvermögen einer wirtschaftlichen oder technischen Einheit - beliebiger Art, Größe und Struktur - in einem Zeitabschnitt." (Kern 1962, S. 27). Generell ist zwischen

- qualitativer und
- quantitativer Kapazität

zu unterscheiden. Mit der qualitativen Kapazität werden Art und Güte des Leistungsvermögens erfasst. Als Beispiel möglicher Ausprägungen seien genannt:

- präzisionale Kapazität (mögliche Leistungsgüte; Genauigkeitstoleranzen),
- dimensionale Kapazität (Ausmaße des Arbeitsfeldes; Dimension der Erzeugnisse oder Tragfähigkeit) und
- variationale Kapazität (Wechselpotential).

Demgegenüber ist unter quantitativer Kapazität das mengenmäßige Leistungsvermögen in einem Zeitabschnitt zu verstehen. Maßstab ist dabei i. d. R. die Ausbringungsmenge pro Zeiteinheit. Ist diese nicht eindeutig feststellbar, werden Ersatzmaßstäbe wie

- Maschinenstunden oder
- verbrauchte Werkstoffmengen,

die sich auf die Inputseite beziehen, zugrunde gelegt.

Da die Gesamtkapazität der Unternehmung für die Produktionsplanung keine geeignete Basis darstellt, ist es erforderlich, die Kapazität in

- zeitlicher,
- räumlicher und
- funktionaler Hinsicht

zu spezifizieren (vgl. Günther 1989, S. 18 f.).

In zeitlicher Hinsicht ist zwischen Totalkapazität (gesamte Lebensdauer) und Periodenkapazität zu unterscheiden. Während die Totalkapazität nur ex post feststellbar ist, kann bei der Periodenkapazität zwischen Jahres- oder Mehrjahreskapazitäten bis hin zu monatlichen, wöchentlichen oder noch kürzeren Kapazitätsperioden unterschieden werden.

Eine räumliche Betrachtung bezieht sich auf die Einheit, die für die Kapazitätsmessung herangezogen wird. Dabei kann sowohl eine Produktionseinheit als auch ein beliebiges Produktionssystem Gegenstand der Überlegungen sein. Welche Einheit letztlich herangezogen wird, hängt im Einzelfall von der spezifischen Fragestellung ab, die das Produktionsmanagement zu lösen hat. In Industrieunternehmungen geht die

Kapazitätsbestimmung jedoch i. d. R. von einzelnen Produktionsstellen aus. Unter Produktionsstelle wird dabei ein innerbetrieblicher Teilbereich verstanden, in dem eine Anzahl (möglichst) homogener Betriebsmittel eingesetzt wird (vgl. Kilger 1986, S. 51 ff.). Zu den Betriebsmitteln zählen:

- Grundstücke und Gebäude,
- Maschinen, Vorrichtungen, Werkzeuge, Mess- und Prüfeinrichtungen,
- Transportmittel und
- Lager- und Aufbewahrungseinrichtungen (Silos, Tanks).

Neben diesen materiellen Gütern zählen hierzu auch immaterielle Güter wie Patente, Lizenzen, Marken- oder Urheberrechte.

Gemeinsam sind sämtlichen Erscheinungsformen der Betriebsmittel, dass sie nicht durch einen einmaligen Einsatz im Produktionsprozess verbraucht werden, sondern während ihrer Nutzungsdauer wiederholt Leistungen für die Produktion abgeben, d. h., sie stellen ein Nutzungspotential dar.

Demgegenüber bilden Anlagen in Form von

- Maschinen und
- Fördereinrichtungen

eine Teilklasse der Betriebsmittel, auf die sich die Ausführungen in der Literatur häufig implizit konzentrieren, auch wenn allgemein von Betriebsmitteln gesprochen wird. Anlagen müssen dabei die folgenden Eigenschaften erfüllen:

- Potentialfaktoreigenschaft: Anlagen verkörpern einen Nutzungsvorrat, der zur Leistungsabgabe über die Zeit zur Verfügung steht. Entsprechend sind Potentialfaktoren nicht beliebig teilbare Faktoren.
- Eigenschaft der Verschleißabhängigkeit: Anlagen unterliegen einem Verschleiß, der mit der Nutzung verbunden ist. Der Verschleiß bewirkt eine negative Veränderung der Anlageneigenschaften.
- Eigenschaft der Aktivität: Anlagen üben Verrichtungen aus, indem sie raumzeitliche Arbeits- und Bewegungsvorgänge vollziehen. Aktive Faktoren besitzen ein eigenes Leistungsvermögen. Inaktive Faktoren führen keine Arbeitsgänge aus (z. B. Gebäude, Einrichtungsgegenstände).

In funktionaler Hinsicht lassen sich die folgenden betrieblichen Faktorkapazitäten unterscheiden:

- Anlagenkapazität, die die Dauer der möglichen Anlagennutzung in einer Periode darstellt,
- Personalkapazität, die den Einsatz an Arbeitsleistungen in einer Periode wiedergibt, und
- Beschaffungskapazität als die Summe der in einer Periode möglichen Bezüge an materiellen und/oder immateriellen Gütern.

Der maximale Umfang an Leistungen, den eine Produktionseinheit abzugeben vermag (maximale Kapazität), wird dabei durch die folgenden **Einflussgrößen** bestimmt:

- die maximale Produktionsintensität,

- die maximal mögliche Einsatzzeit und

- den maximal nutzbaren Kapazitätsquerschnitt.

Abbildung 1.1-7 verdeutlicht diesen Zusammenhang (vgl. Kern 1962, S. 135).

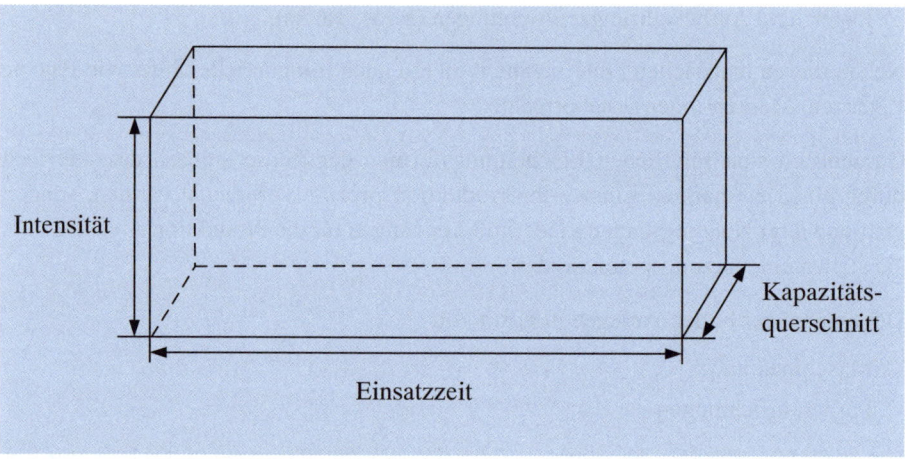

Abb. 1.1-7: Einflussgrößen der Kapazität

In diese Abbildung lassen sich dann die effektiven Inanspruchnahmen der Kapazitätsdimensionen einzeichnen.

Die produktiv nutzbare (effektive) Kapazität ($b_{\text{eff } jt}$) für eine Produktiveinheit j im Zeitraum t ergibt sich dann aus der folgenden Beziehung:

$$b_{\text{eff } jt} = b_{\text{quer } jt} \cdot T_{jt}^E \cdot \lambda_{jt} \cdot \mu_{jt}$$

mit:

$b_{\text{quer } jt}$ = Kapazitätsquerschnitt der Produktiveinheit j im Zeitraum t

T_{jt}^E = Einsatzzeit der Produktiveinheit j im Zeitraum t

λ_{jt} = Intensität der Produktiveinheit j im Zeitraum t

μ_{jt} = Nutzungsgrad der Produktiveinheit j im Zeitraum t

Der **Kapazitätsquerschnitt** gibt dabei die in der Periode t in der Produktiveinheit j verfügbaren Produktionsfaktoren an. Zur Berechnung der effektiven Kapazität ist der Kapazitätsquerschnitt für die Anlagen und das Personal zu unterscheiden:

- Zur Ermittlung der **effektiven Anlagenkapazität** ergibt sich der Kapazitätsquerschnitt aus der Anzahl der in einer Produktiveinheit vorhandenen und in einer Periode bereitstehenden funktionsgleichen Anlagen zur Erfüllung einer Arbeitsaufgabe.

- Demgegenüber wird zur Ermittlung der **effektiven Personalkapazität** die Anzahl der in einer Produktiveinheit eingesetzten Arbeitskräfte als Kapazitätsquerschnitt herangezogen.

Während mit der **Einsatzzeit** die Zeitspanne erfasst wird, in der die zum Einsatz gelangenden Produktionsfaktoren tatsächlich zur Verfügung stehen, werden mit der **Intensität** die in einer Zeiteinheit t erbrachten Arbeitseinheiten (z. B. Stück pro Stunde) erfasst.

Darüber hinaus ist zu beachten, dass die betriebliche Einsatzzeit nicht in vollem Umfang nutzbar ist, da **kapazitätsmindernde Verlustzeiten** (z. B. Störungen) eine volle Nutzung verhindern. Damit ist der Nutzungsgrad $\mu \leq 1$. Als kapazitätsmindernde Verlustzeiten seien genannt (vgl. Zäpfel 1982, S. 13):

- **anlageninduzierte Verlustzeiten** wie Zeiten für Reparaturen und Wartungen sowie Maschinenausfälle,

- **personalinduzierte Verlustzeiten** wie Urlaub und Krankheit sowie

- **rechtlich induzierte** Verlustzeiten wie Betriebsversammlungen.

Diese Verlustzeiten können weiterhin danach differenziert werden, ob sie **beeinflussbar** oder **unbeeinflussbar** sind. So hängt etwa die verfügbare Produktionskapazität von der gewählten **Instandhaltungspolitik** und der Wahl des **Instandhaltungszeitpunktes** ab. Darüber hinaus ist zwischen stochastisch und deterministisch auftretenden Verlustzeiten zu unterscheiden, wobei nur letztere differenziert planbar sind, während erstere nur über grobe Orientierungsgrößen erfasst werden können.

Bei der **quantitativen Kapazität** wird häufig zwischen

- Minimalkapazität,

- Optimalkapazität und

- Maximalkapazität

unterschieden. Unter der **Minimalkapazität** ist die für die Funktionsfähigkeit notwendige oder unter ökonomischen Gesichtspunkten erforderliche **Mindestleistung** zu verstehen (z. B. die Inbetriebnahme eines Hochofens). Rein ökonomisch bestimmt ist hingegen die **optimale Kapazität**. Sie stellt diejenige Ausbringungsmenge pro Zeiteinheit dar, bei der die Stückkosten ihr Minimum aufweisen. Dabei ist zu beachten, dass das Erreichen dieses Optimums auch von der **zeitlichen Verteilung** der Produktion abhängig ist, die während der gesamten Periode nicht zu einer Abweichung von der optimalen Intensität führen darf. Ob dies realisierbar ist, hängt z. B. von den auftretenden **Nachfrageschwankungen** und der **Lagerfähigkeit** der zu erstellenden Güter ab. Demgegenüber wird von **Maximalkapazität** gesprochen, wenn ein Potentialfaktor ununterbrochen während der zur Verfügung stehenden Zeitspanne mit maximaler Intensität arbeitet. Unter Kostengesichtspunkten ist die **Maximalkapazität** mit den folgenden Nachteilen verbunden:

- Bei der Realisation der Maximalintensität treten einerseits erhöhte variable Produktionskosten pro Stunde auf, und anderseits ist mit erhöhten Ausschussmengen zu rechnen. Es erscheint daher unter ökonomischen Gesichtspunkten empfehlenswert, von einer **optimalen Intensität** auszugehen.

- Ein Dreischichtbetrieb bedingt die Realisation von Nachtschichten, die mit Lohnzuschlägen für Nachtarbeit einhergehen. Darüber hinaus ist zu beachten, dass bei einem Dreischichtbetrieb mit einem stärkeren Anlagenverschleiß zu rechnen ist.

Der verfügbaren Kapazität ist der Kapazitätsbedarf ($b_{b\,jt}$) gegenüberzustellen. Aus der quotialen Verknüpfung ergibt sich dann der **Kapazitätsauslastungsgrad** ($b_{aus\,jt}$):

$$b_{aus\,jt} = \frac{b_{b\,jt}}{b_{eff\,jt}}$$

Wird mit x_{it} die Höhe der in der Periode t zu erbringenden Produktionsleistungen der Art i und mit h_{ij} der Produktionskoeffizient[1] bezeichnet, dann lässt sich die **geplante Beschäftigung** BS_{jt} wie folgt ermitteln:

$$BS_{jt} = \sum_{i=1}^{n} x_{it} \cdot h_{ij}$$

Die Beschäftigung gibt folglich die Inanspruchnahme der Kapazität einer Produktiveinheit in einem Zeitabschnitt an. Wird die Beschäftigung auf die produktiv nutzbare Kapazität bezogen, dann ergibt sich der **Beschäftigungsgrad** BG_{jt}:

$$BG_{jt} = \frac{BS_{jt}}{b_{eff\,jt}}$$

1.1.3.2 Die Flexibilität produktionswirtschaftlicher Systeme

Mit der Flexibilität eines Produktionssystems wird die Anpassungs-, Umstellungsfähigkeit oder Beweglichkeit im Hinblick auf wechselnde Aufgaben erfasst. Sie ist folglich ein Ausdruck dafür

- **ob,**
- in **welchem Umfang** und
- **wie schnell**

die Leistung eines Produktionssystems an andersartige Produktionsaufgaben angepasst werden kann.

Bei Anlagen ist in diesem Zusammenhang die Unterscheidung in

---

1) Der Produktionskoeffizient gibt an, in welchem Umfang Kapazität der Produktiveinheit j durch eine Mengeneinheit der Leistungsart i beansprucht wird.

- Spezial- und
- Mehrzweckaggregate

von Bedeutung. Während Mehrzweckaggregate sich dadurch auszeichnen, dass sie mehrere Tätigkeits- oder Werkverrichtungsarten durchführen können und ihre Flexibilität sich damit insbesondere aus der Bandbreite der Einsatzmöglichkeiten ergibt, eignen sich Spezialaggregate, die auch als Einproduktaggregate bezeichnet werden, für eine Tätigkeits- oder Werkverrichtungsart. Bei ihnen wird die Flexibilität im wesentlichen durch den Bereich möglicher Ausbringungsmengen, der davon abhängigen Kostenstruktur und der Veränderung der Kosten in Abhängigkeit von der Ausbringungsmenge bestimmt. Dabei gilt eine Anlage als um so flexibler, je weniger die variablen Stückkosten ansteigen, wenn die Beschäftigung vom Betriebsoptimum abweicht. Flexibilitätsüberlegungen orientieren sich damit nicht an einzelnen Betriebspunkten, sondern beziehen sich auf ein Spektrum von Betriebspunkten der Produktionsaggregate, d. h., es greift ein „Denken in Bandbreiten" Platz. Zentraler Aspekt dieser Betrachtung ist folglich die Reaktionsfähigkeit, d. h. eine Abwehrreaktion im Sinne einer Funktionssicherungsflexibilität. Die Flexibilität soll damit ein System dazu befähigen, seine Funktionstüchtigkeit trotz eintretender Störeinflüsse aufrechtzuerhalten. Diese Sichtweise impliziert damit eine primär defensive Verhaltensweise und vernachlässigt, dass Flexibilität auch aktive Elemente beinhalten kann, und zwar im Sinne einer Aktionsfähigkeit schlechthin. Damit beinhaltet Flexibilität sowohl eine Risiko- als auch eine Chancendimension: „Stellt die Umweltveränderung ein Risiko für die Zielerreichung der Unternehmung dar, so dient die vorhandene Flexibilität der Unternehmung dazu, die zielbedrohende Wirkung auszugleichen. Eröffnet eine Veränderung der Umwelt der Unternehmung jedoch neue Chancen, so wird die Flexibilität dafür benötigt, die Chancen zu nutzen, um damit die unter anderen Prämissen gesetzten Ziele zu überschreiten." (Wildemann 1987, S. 467 f.). Dieser Sachverhalt wird auch als Zielverbesserungsflexibilität bezeichnet.

Flexibilität ist dabei keine statische, sondern eine dynamische Größe, d. h., sie resultiert aus Aktionen in der Vergangenheit und kann durch solche auch verändert werden. Dabei stehen Handlung und Flexibilität in einer ambivalenten Beziehung zueinander, d. h., jede Aktion eröffnet einerseits Anpassungsmöglichkeiten und verschließt andererseits jedoch zukünftige Möglichkeiten.

Damit eine Unternehmung ihre Flexibilität zieladäquat gestalten kann, ist eine informative Umweltkopplung von grundlegender Bedeutung, für die die folgenden Informationen erforderlich sind (vgl. Mössner 1982, S. 47):

- Informationen über die Entwicklung der relevanten Umweltsegmente,
- Informationen über die voraussichtlichen Auswirkungen der Aktionen und
- Informationen über den jeweiligen Systemzustand sowie Kontrollinformationen über den Erfolg getätigter Maßnahmen.

Zur Realisation einer so verstandenen informativen Umweltkopplung ist der Aufbau eines Früherkennungssystems notwendig (vgl. Corsten/Corsten 2012, S. 91 ff.), wobei die folgenden Elemente besondere Bedeutung erlangen (vgl. Meffert 1985, S. 129):

- Bestimmung relevanter Beobachtungsbereiche,
- Definition geeigneter Frühwarnindikatoren,
- Identifikation der Informationsquellen und
- Aufbau von Informationskanälen.

Die Flexibilität (vgl. Corsten 1988b, Studienblatt; Corsten/Gössinger 2013, Anhang) weist dabei ein breites Spektrum unterschiedlicher Erscheinungsformen auf, das in Abbildung 1.1-8 dargestellt ist.

Im Rahmen der zeitlichen Dimension ist die Zeitspanne relevant, die zwischen dem Auftreten eines Ereignisses und dem Erkennen eines Ereignisses durch den Entscheidungsträger vergeht, weil ein Reduzieren dieser Zeitspanne das Reaktionspotential einer Unternehmung erhöhen kann. Abbildung 1.1-9 gibt die relevanten Zeitintervalle wieder.

Durch eine Verkürzung der Beobachtungs-, Entscheidungs- und Aktionszeit ist die Unternehmung in der Lage, schneller auf relevante Veränderungen zu reagieren. Mit der zeitlichen Dimension wird somit die Reaktionsschnelligkeit eines Systems erfasst. Entscheidend ist es hierbei, die Zeiträume bis zur Durchführung einer Maßnahme zu minimieren und damit die Reaktionsschnelligkeit zu erhöhen.

Die inhaltliche Dimension lässt sich weiter in

- Zielflexibilität und
- Mittelflexibilität

unterteilen.

Bei der Zielflexibilität kann einerseits am Zielsystem, d. h. Veränderung der Zielmenge und Zielhierarchie, und anderseits am einzelnen Ziel hinsichtlich Inhalt, Zeit und Ausmaß angesetzt werden.

Die Mittelflexibilität kann nach Jacob (1974, S. 322 f.) in

- Bestandsflexibilität und
- Entwicklungsflexibilität

untergliedert werden. Unter Bestandsflexibilität wird die Fähigkeit verstanden, sich mit dem vorhandenen Produktionssystem an aktuelle Veränderungen anzupassen. Als Beispiele für die Bestandsflexibilität im Rahmen der Potentialgestaltung seien die Rüstflexibilität (Umstellfähigkeit, Umbaufähigkeit, Einstellfähigkeit) der Betriebsmittel sowie beim Personal die Wahrnehmungs-, Problemlösungs- und Rollenflexibilität genannt.

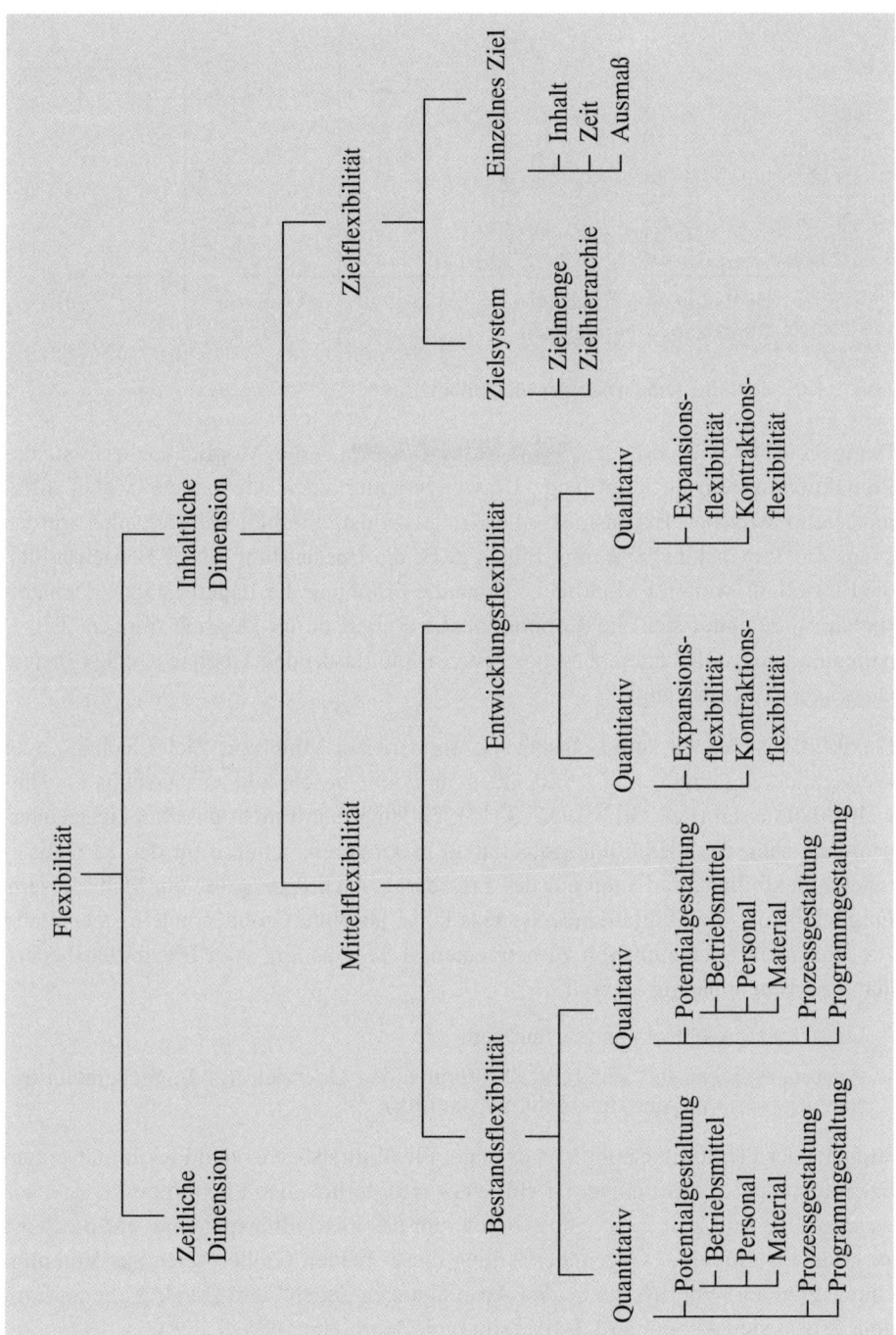

Abb. 1.1-8: Erscheinungsformen der Flexibilität eines Produktionssystems

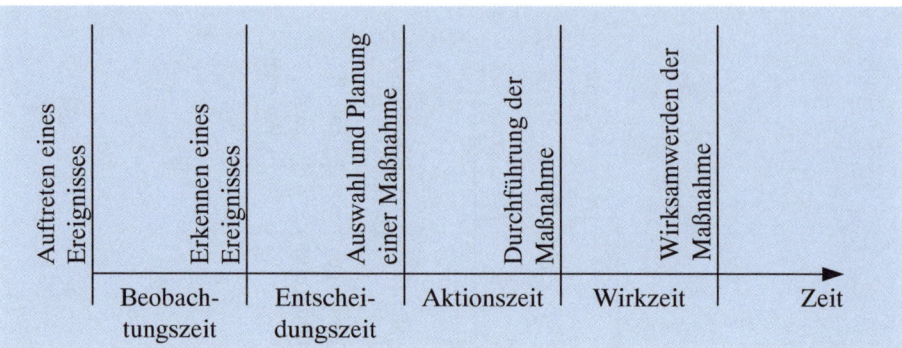

Abb. 1.1-9: Zeitliche Dimension der Flexibilität

Demgegenüber wird mit der Entwicklungsflexibilität die Möglichkeit erfasst, das Produktionssystem an langfristige Umweltveränderungen anzupassen, wobei differenzierend zwischen Expansions- und Kontraktionsflexibilität unterschieden werden kann. Zur Expansionsflexibilität zählen z. B. die Beschaffung neuer Betriebsmittel, die Einstellung weiterer Mitarbeiter sowie die Erhöhung der Lagerbestände. Dementsprechend zeichnet sich die Kontraktionsflexibilität durch Desinvestitionen, Personalreduzierung und Lagerabbau aus (zu einer umfassenden Übersicht vgl. Corsten/ Gössinger 2012, Anhang)

Flexibilität ist jedoch kein Selbstzweck, sondern ein Mittel zur Zielerreichung oder Zielveränderung unter sich wandelnden und/oder beschränkt vorhersehbaren Umweltverhältnissen (vgl. Grob 1986, S. 15). Es kann damit nicht das Ziel einer Unternehmung sein, das Flexibilitätspotential zu maximieren, sondern für den zu realisierenden Flexibilitätsgrad kann nur das Erfordernis nach Anpassung ein Maßstab sein. Folglich ist die Flexibilität eines Systems keine absolute Größe, sondern stets relativ zur relevanten Systemumwelt zu betrachten, d. h. abhängig vom Flexibilitätsbedarf, der wiederum abhängig ist vom

- Grad der Umweltturbulenzen und vom

- Anspruchsniveau der flexibilitätsbestimmenden Oberziele (z. B. Sicherheitsstreben, Aggressivität der Unternehmungspolitik).

Aufgabe der Flexibilitätspolitik ist es dann, Flexibilitätsbedarf und Flexibilitätspotential aufeinander abzustimmen. Hierfür ist es erforderlich, den Flexibilitätsbedarf nach Ausmaß, Art und Zeit zu prognostizieren, um das Flexibilitätspotential entsprechend zu gestalten. Bei einer Gegenüberstellung dieser beiden Größen seien aus Vereinfachungsgründen lediglich die beiden Ausprägungen „hoch" und „niedrig" herangezogen, so dass sich Abbildung 1.1-10 ergibt (vgl. Behrbohm 1985, S. 228).

		Hoher Flexibilitäts-bedarf bzgl.			Niedriger Flexibili-tätsbedarf bzgl.		
		Ausmaß	Art	Zeit	Ausmaß	Art	Zeit
Hohes Flexi-bilitätspo-tential bzgl.	Ausmaß						
	Art		I			II	
	Zeit						
Niedriges Flexi-bilitätspo-tential bzgl.	Ausmaß						
	Art		III			IV	
	Zeit						

Abb. 1.1-10: Gegenüberstellung von Flexibilitätspotential und -bedarf

Die Situationen I und IV können dann als **kompatible Kombinationen** gekennzeichnet werden, wenn der Flexibilitätsbedarf nach Ausmaß, Art und Zeit durch das Flexibilitätspotential in vollem Umfang abgedeckt wird.

Total inkompatible Kombinationen liegen in den Situationen II und III vor, wenn der Flexibilitätsbedarf nach Ausmaß, Art und Zeit nicht mit dem Flexibilitätspotential in Einklang steht. Dabei lassen sich die beiden folgenden Situationen unterscheiden:

- Situation III: **Inflexibilität** (Potential < Bedarf). Dieser Fall ist etwa beim Auftreten einer technologischen Diskontinuität gegeben, die seitens eines Konkurrenten induziert wird, das Produktionssystem der Unternehmung aber nicht in der Lage ist, diesen Umbruch mit den vorhandenen Instrumenten zu bewältigen. Im Extremfall kann die Funktionsfähigkeit des Systems in Frage gestellt sein.

- Situation II: **Überflexibilität** (Potential > Bedarf). Diese Überflexibilität kann hervorgerufen werden durch

  -- quantitative und/oder qualitative Überkapazitäten im Bereich Personal und Anlagen und/oder

  -- überdimensionierte Sicherheitsbestände im Rohstoff- und Teilelager.

Diese Situationen sind damit durch ein ausgeprägtes **Flexibilitätsgefälle** gekennzeichnet.

Demgegenüber wird von **partiellen Inkompatibilitäten** gesprochen, wenn bei maximal zwei der drei Komponenten „Ausmaß", „Art" und „Zeit" eine mangelnde Übereinstimmung gegeben ist.

Grundsätzlich ergeben sich die in Abbildung 1.1-11 dargestellten Anpassungsmöglichkeiten, um auftretende Inkompatibilitäten zu beseitigen.

Als generelle Möglichkeiten bieten sich einerseits eine **Anpassung des Flexibilitätsbedarfs** (Fälle a und d) und anderseits eine **Anpassung des Flexibilitätspotentials** (Fälle b und c) an.

In den Fällen (a) und (d) wird unterstellt, dass die Unternehmung auf den Flexibilitätsbedarf Einfluss nehmen kann. Hierzu bieten sich z. B. die folgenden Maßnahmen an:

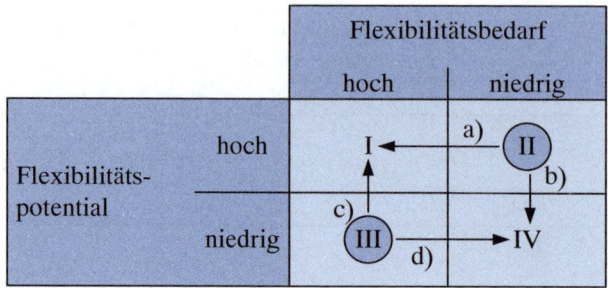

Abb. 1.1-11: Abstimmungsmöglichkeiten zwischen Flexibilitätsbedarf und -potential

- Diversifikationsstrategien und/oder
- Erschließung neuer (z. B. internationaler) Märkte,

um das Flexibilitätspotential besser auszunutzen (Fall a) oder im Fall (d) mit Hilfe von Preisdifferenzierungsstrategien auf den zeitlichen Anfall des Bedarfs Einfluss zu nehmen.

Demgegenüber wird in den Fällen (b) und (c) der Flexibilitätsbedarf als gegeben betrachtet, an den sich das System anzupassen hat. Hierzu ist zunächst eine Analyse zur Lokalisierung des Flexibilitätsüberschusses oder -defizites erforderlich. Neben diesen reinen Formen sind auch kombinative Maßnahmen möglich.

Im Rahmen der Entscheidung über den Einsatz von Maßnahmen der Bestands- oder Entwicklungsflexibilität sind die

- Häufigkeit und die
- Dauer des Auftretens der Flexibilitätsdefizite relevant.

Handelt es sich um sporadisch auftretende kurzfristige Flexibilitätsdefizite, dann kann diesen i. d. R. mit Maßnahmen aus dem Bereich der Bestandsflexibilität begegnet werden. Treten diese Defizite hingegen häufig auf und sind von längerer Dauer, dann ist dies ein Hinweis darauf, dass das Flexibilitätspotential strukturelle Defizite aufweist, die nur über eine strategisch/taktische Investitionsplanung zu beheben sind und damit in den Bereich der Entwicklungsflexibilität fallen.

In den bisherigen Überlegungen blieben Kosten- und Nutzenaspekte der Flexibilität unberücksichtigt. Flexibilitätskosten entstehen, weil Anzahl und/oder Güte der Freiheitsgrade, die einem System in einem bestimmten Zeitpunkt offenstehen, abhängig sind vom Vorhandensein eines Leistungsüberschusses. Dieser Leistungsüberschuss setzt sich aus Ressourcen zusammen, die unter dem Blickwinkel des jeweiligen Zielsystems und Anspruchsniveaus zu diesem Zeitpunkt über das Maß hinausgehen, das zu deren Verwirklichung erforderlich ist (vgl. Reichwald/Behrbohm 1983, S. 840).

Der **Nutzen der Flexibilität** resultiert ganz allgemein daraus, dass nach einer Ausgangsentscheidung noch Anpassungsmöglichkeiten zu späteren Entscheidungszeitpunkten offenstehen (vgl. Mössner 1982, S. 327). Dabei ist der Nutzen auf die Zielsetzung der Unternehmung zu beziehen. Rein formal kann dann das **optimale Maß an Flexibilität** bei gegebener Kosten- und Nutzenfunktion durch die Beziehung

$$\frac{dN(FL)}{dFL} = \frac{dK(FL)}{dFL}$$

beschrieben werden, d. h., der **Grenznutzen** der Flexibilität ist gleich den **Grenzkosten**.

Eine andere Beziehung zur Ermittlung des Flexibilitätsnutzens stellt Mössner (1982, S. 334) auf:

$$\Delta N(FL_i) = N(al_i, FL_i) - N(al_j) > \Delta K(FL_i)$$

mit:

$\Delta N(FL_i)$ = erwarteter Nutzenzuwachs einer Handlungsalternative al_i mit der Flexibilitätsmaßnahme FL_i im Vergleich zur Handlungsalternative al_j

$N(al_i, FL_i)$ = erwarteter Gesamtnutzen der Alternative al_i mit der Flexibilitätsmaßnahme FL_i

$N(al_j)$ = erwarteter Gesamtnutzen der Alternative al_j

$\Delta K(FL_i)$ = erwartete Mehrkosten der Alternative al_i mit der Flexibilitätsmaßnahme FL_i im Vergleich zur Alternative al_j

Dabei bleibt jedoch die Operationalisierung der Flexibilitätskosten und des -nutzens unbeachtet. So dürfte es äußerst problematisch sein, den Gesamtnutzen der Alternativen al_i und al_j und die mit al_i verbundenen Mehrkosten zu bestimmen, da i. d. R. entweder die Alternative al_i **oder** al_j realisiert wird.

Da, wie bereits erwähnt, Flexibilität im Vorhandensein von Leistungsüberschüssen besteht, kann eine Kostenbetrachtung an den darin enthaltenen **Ressourcen** (Anlagen, Material, Personal) ansetzen. Ohne Anspruch auf Vollständigkeit sind die in Abbildung 1.1-12 dargestellten Kostenkomponenten zu beachten.

Während sich die vorangegangenen Kostenkomponenten relativ gut abschätzen lassen, verursacht die Nutzenbestimmung erhebliche Probleme. Insgesamt herrscht in der Literatur eine unscharfe Vorstellung über den Flexibilitätsnutzen und seine Ermittlung. Grundsätzlich lässt sich der **Flexibilitätsnutzen** in die in Abbildung 1.1-13 dargestellten Komponenten zerlegen.

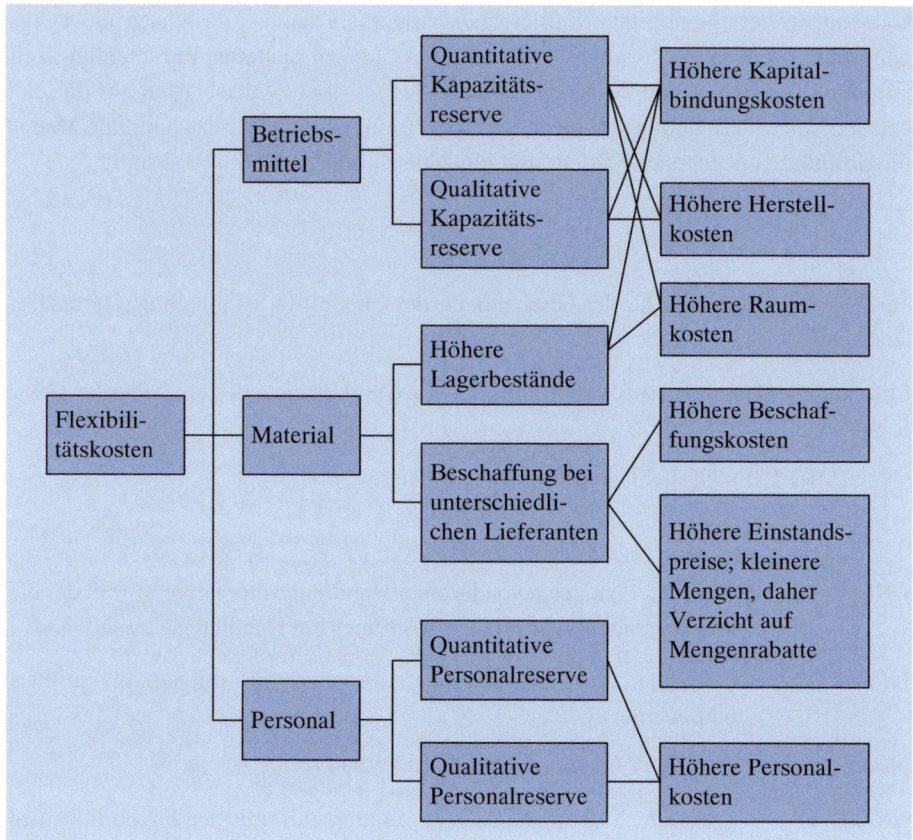

Abb. 1.1-12: Komponenten der Flexibilitätskosten

Diese Abbildung zeigt, dass der Nutzen der Flexibilität nur über grobe Schätzwerte bestimmt werden kann. Es scheint damit im Rahmen einer Flexibilitätsanalyse weniger auf eine exakte Kalkülisierung anzukommen, als vielmehr auf eine explizite Gegenüberstellung des Nutzens der Flexibilitätsmaßnahmen und den damit verbundenen Mehrkosten, um alternative Maßnahmen miteinander vergleichen zu können.

Von Interesse ist in diesem Zusammenhang die Anwendung der von Wildemann (1986, S. 33) in die Literatur eingeführten Argumentationsbilanz. Hierbei sollen die nur schwer monetär quantifizierbaren Wirkungen, differenziert nach Aktiva und Passiva, verbal erfasst werden, um dann auf dieser Grundlage einen Argumentationsgewinn oder -verlust ermitteln zu können.

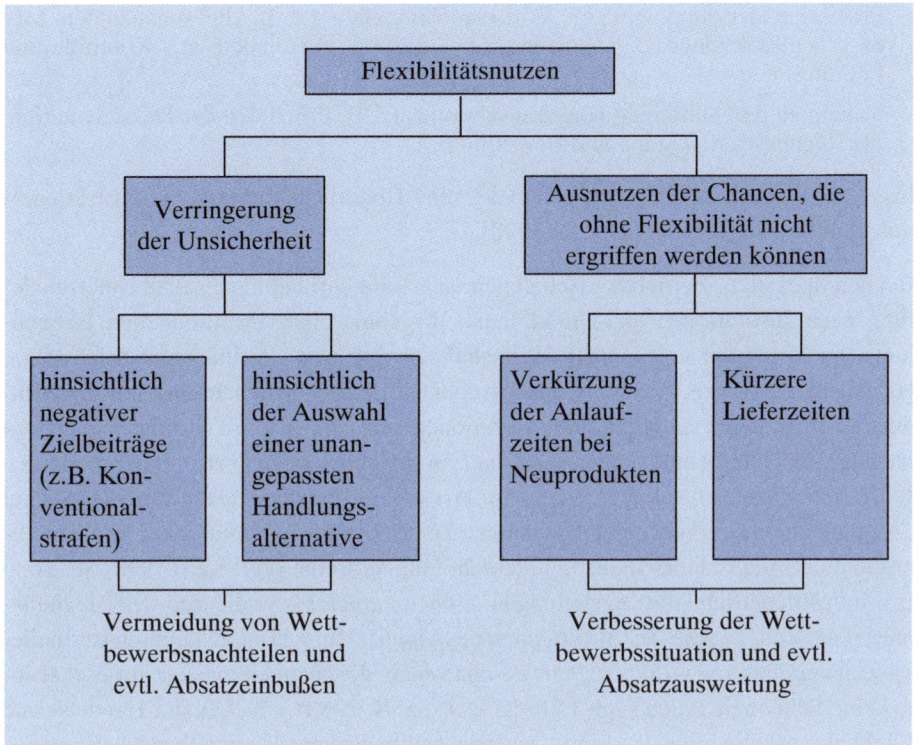

Abb. 1.1-13:　Komponenten des Flexibilitätsnutzens

1.1.4　Zur Abgrenzung der Industriebetriebslehre und der Produktionswirtschaft

Im Rahmen der Betriebswirtschaftslehre (BWL) wird zwischen einer Allgemeinen und Speziellen Betriebswirtschaftslehre unterschieden. Der Allgemeinen BWL obliegt die Aufgabe, allgemeingültige Aussagen zu formulieren, die unabhängig von der konkreten Erscheinungsform einer Unternehmung Gültigkeit besitzen. Demgegenüber beschäftigen sich die Speziellen Betriebswirtschaftslehren mit Aussagesystemen, die nur für spezifische Betriebswirtschaften Gültigkeit beanspruchen. Spezielle und Allgemeine BWL stehen folglich in einer **komplementären Beziehung** zueinander. So hat die Allgemeine Betriebswirtschaftslehre die Aufgabe, die Speziellen Betriebswirtschaftslehren zu integrieren. Gegenstand ist dabei die Analyse ökonomischer Transaktionen in Institutionen (Organisationen), die eine wirtschaftliche Zielsetzung verfolgen. Sie umfasst folglich die gemeinsamen Elemente der unterschiedlichen Richtungen des Faches, d. h., sie beschäftigt sich mit

- Grundbegriffen der betriebswirtschaftlichen Analyse und Gestaltung,
- grundlegenden Denkprinzipien (z. B. Denken in Kosten-Nutzen-Relationen, Denken in Veränderungen, Denken in vernetzten Ursache-Wirkungs-Beziehungen),

- Prinzipien der Lenkung von Wirtschaftseinheiten (z. B. die sogenannten Managementfunktionen, d. h. Planung, Organisation, Personaleinsatz, Kontrolle und Führung) und

- Prinzipien der Abbildung von Transaktionen (z. B. Prinzipien der Dokumentation, der Rechenschaftslegung und Bewertung).

Insgesamt kommt der Allgemeinen BWL eine Überblicksfunktion und eine Integrationsfunktion zu (vgl. Albach u. a. 1990).

Bei den Speziellen Betriebswirtschaftslehren erfolgt darüber hinaus eine Untergliederung nach **Institutionen** und **Funktionen**[1]. Ergebnis einer institutionellen Betrachtungsweise sind die sogenannten **Wirtschaftszweiglehren** wie Industriebetriebslehre, Handelsbetriebslehre, Versicherungsbetriebslehre und Bankbetriebslehre. Die **Industriebetriebslehre** ist damit eine Institutionenlehre, die sich mit den Besonderheiten industrieller Unternehmungen beschäftigt (ein entscheidender Vorläufer der modernen Industriebetriebslehre ist das Werk von Arwed Emminghaus (1868) mit dem Titel „Allgemeine Gewerkslehre"). Die Industriebetriebslehre umfasst dabei alle Funktionsbereiche, die in einer Industrieunternehmung auftreten (vgl. Kern 1996, Sp. 1630 ff.). Industriebetriebliche Darstellungen reichen zurück bis in die Zeit des Absolutismus, einer Zeit, auf die das Aufkommen des Manufakturwesens zu datieren ist. In dieser Zeit wurden Produktionssysteme geschaffen, in denen mehrere tausend Beschäftigte keine Seltenheit waren (vgl. Löffelholz 1935, S. 298 ff.). Neben der Handels- und Bankbetriebslehre bildet die Industriebetriebslehre eine der ältesten Wirtschaftszweiglehren. Die Industriebetriebslehre zeigt hinsichtlich ihrer Lehr- und Forschungsprogramme deutliche Überschneidungen mit der Allgemeinen BWL, und teilweise wird die Industriebetriebslehre mit der Allgemeinen BWL sogar gleichgesetzt.

Demgegenüber entstehen **Funktionen** durch die Zusammenfassung gleicher oder gleichartiger Verrichtungen oder Tätigkeiten, d. h., es erfolgt eine zweckbetonte Zusammenfassung gleicher Verrichtungen. Charakteristisch für eine funktionsorientierte Betrachtungsweise ist es, dass nicht, wie in den Wirtschaftszweiglehren, Besonderheiten der Unternehmungen in den einzelnen Wirtschaftszweigen herausgearbeitet, sondern betriebliche Funktionen **wirtschaftszweigübergreifend** verstanden werden (vgl. Henzel 1932, S. 193 ff.). Dabei geht es nicht darum, die Wirtschaftszweiglehren durch Funktionenlehren zu ersetzen, sondern um die Identifikation **strukturgleicher** oder **-ähnlicher** Probleme in den unterschiedlichen Wirtschaftszweigen. Die in der betriebswirtschaftlichen Literatur aufgestellten Funktioneneinteilungen sind äußerst heterogen (zu ersten Ansätzen vgl. Bellinger 1955, S. 230 ff.; Hasenack 1958, Sp. 2096 ff.). Hierfür sind insbesondere die folgenden Gründe relevant (vgl. Selchert 1971, S. 21):

- Die Funktionengliederungen erstrecken sich auf einzelne Wirtschaftszweige und nicht auf das gesamte Spektrum der Unternehmungen.

---

1) Ein weiteres Gliederungskriterium sind die Phasen.

- Die Funktionengliederungen weisen unterschiedliche Tiefen auf, d. h., der Verrichtungskomplex wird in Teilfunktionen bis hin zu elementaren Vorgängen aufgelöst.

Ungeachtet dieser Probleme finden sich jedoch die Funktionen Beschaffung, Produktion und Absatz in den meisten Systematisierungen wieder. Diese Funktionen werden auch als **Elementarfunktionen** oder als **leistungswirtschaftliche Grundfunktionen** bezeichnet. Als weitere Funktionen werden darüber hinaus genannt: Finanzierung, Verwaltung, Leitung, Lagerung und Transport.

Durch Kombination der Funktionenlehren mit den Wirtschaftszweiglehren ergibt sich dann die in Abbildung 1.1-14 dargestellte Matrix.

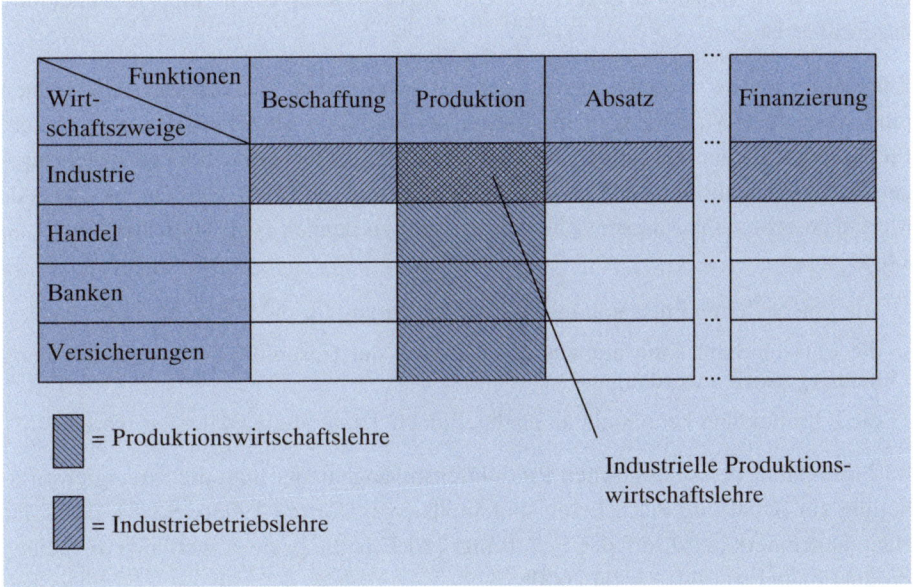

Abb. 1.1-14: Abgrenzung der industriellen Produktionswirtschaft

Schwerpunkt der weiteren Ausführungen sind die Produktionsverhältnisse in Industrieunternehmungen, d. h. Fragen der **industriellen Produktionswirtschaftslehre**. Demgegenüber sind im Ingenieurbereich die Begriffe Fertigungswirtschaft und Betriebsorganisation verbreitet, die aber keine inhaltliche Entsprechung mit dem betriebswirtschaftlichen Begriff der industriellen Produktionswirtschaft aufweisen. Sie stellen vielmehr ein Konglomerat von Ingenieurwissen und betriebswirtschaftlichem Grundwissen dar, mit praktischem Schwerpunkt und nur geringer theoretischer Fundierung.

1.1.5 Aufgabenbereiche des Produktionsmanagements

Die Aufgabenbereiche des Produktionsmanagements werden in der Literatur unterschiedlich strukturiert (vgl. Haupt/Klee 1986, S. 341 ff.). Eine Analyse der Literatur

zeigt, dass sich die beiden folgenden Gruppen bilden lassen, wobei auf die erste
Gliederungsebene der veröffentlichten Systematisierungsansätze abgestellt wird:

- Autoren, die eine Strukturierung nach dem Kriterium „Stärke und Dauer der Erfolgswirkungen" vornehmen, und

- Autoren, die an inhaltlichen Elementen der Produktion ansetzen.

Wird als Kriterium die **Stärke und Dauer der Erfolgswirkungen** herangezogen, dann ist
zwischen strategischem, taktischem und operativem Produktionsmanagement zu unterscheiden. Als Kriterien werden dabei die Fristigkeit, die Kapitalbindung und die
Korrigierbarkeit der Entscheidungen herangezogen. Grundsätzlich ist dabei jedoch
zu beachten, dass eine Entscheidung nicht per se strategisch, taktisch oder operativ
ist, sondern im Einzelfall geprüft werden muss, welcher Ebene eine Entscheidung
zuzuordnen ist.

Zum **strategischen Produktionsmanagement** gehören die Grundsatzentscheidungen
mit langfristiger Wirkung, die den Rahmen der Produktionsbereitschaft für die spätere
Produktion festlegen. Im Sinne Gutenbergs handelt es sich hierbei um **echte Führungsentscheidungen**, die von der Unternehmungsleitung getroffen werden müssen. Als
Merkmale echter Führungsentscheidungen sind zu nennen (vgl. Gutenberg 1979, S.
140):

- Die Entscheidung muss von besonderer Bedeutung für die Unternehmung sein,
- die Entscheidung kann nur aus der Kenntnis der Gesamtlage der Unternehmung
heraus getroffen werden, und
- die Entscheidung kann nicht an nachgeordnete Dienststellen delegiert werden.

Im **Mittelpunkt** des strategischen Produktionsmanagements steht die Strategieformu-
lierung zur Schaffung eines Erfolgspotentials (vgl. Hoitsch 1993b, S. 41), d. h., das
Hauptaugenmerk wird auf die Schaffung und Erhaltung einer wettbewerbsfähigen
Produktion gelegt (vgl. Zäpfel 2000b, S. 2).

Für das **taktische Produktionsmanagement** bilden die Entscheidungen des strategischen Bereichs Rahmenbedingungen. Taktische Entscheidungen zielen auf die Konkretisierung der strategischen Produktionspläne ab, d. h., es ist eine inhaltliche Konkretisierung vorzunehmen.

Beim **operativen Produktionsmanagement** handelt es sich hingegen um laufende An-
passungsentscheidungen, und zwar innerhalb des Rahmens, der durch das taktische
Produktionsmanagement vorgegeben ist.

Diese Beschreibung macht deutlich, dass es sich bei diesen angesprochenen Ebenen
nicht um isoliert zu gestaltende Problemkomplexe handelt, sondern dass zwischen
ihnen eine innere Verbindung existiert. Es liegt folglich ein **vermaschter Entscheidungsprozess** vor, den es zu koordinieren gilt. Dieser Koordinationsprozess kann auf
der Grundlage einer kombinierten retrograden und progressiven Planung erfolgen,
eine Vorgehensweise, die als **Gegenstromverfahren** bezeichnet wird (vgl. Wild 1974,

S. 196 ff.). Mit dem Gegenstromverfahren soll einerseits den sachlich-vertikalen Interdependenzen zwischen den Ebenen Rechnung getragen und anderseits den Risiken einer Suboptimierung entgegengewirkt werden. Abbildung 1.1-15 gibt diesen Sachverhalt in anschaulicher Form wieder.

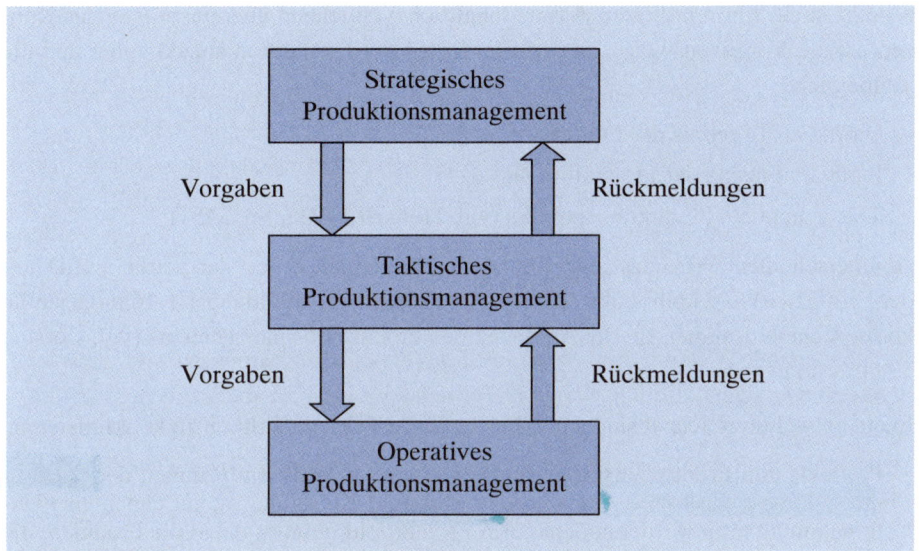

Abb. 1.1-15: Hierarchische Struktur des Produktionsmanagements

Die hierarchische Struktur geht damit mit den folgenden Konsequenzen einher:

- Die übergeordnete Ebene engt durch Vorgaben den Entscheidungsspielraum der untergeordneten Ebene ein.
- Der Erfolg der übergeordneten Ebene ist vom Erfolg der untergeordneten Ebene abhängig.
- Der Erfolg der untergeordneten Ebene ist auch von Entscheidungen der übergeordneten Ebene abhängig.

Zur inhaltlichen Präzisierung des Aufgabenbereichs des Produktionsmanagements werden in der Literatur unterschiedliche Vorschläge unterbreitet (vgl. Haupt/Klee 1986). Eher marginale Unterschiede sind im Bereich der Produktionsprogrammgestaltung, einem ersten zentralen Aufgabenbereich, festzustellen. Als weitere zentrale Bereiche werden insbesondere die Bereitstellungsplanung und die Prozess- oder Ablaufplanung erwähnt, die zur Vollzugs- oder Produktionsdurchführungsplanung zusammengefasst werden (vgl. Gutenberg 1979; Ellinger 1981). Demgegenüber stellt Kern (1992) der Bereitstellungsplanung die Potentialgestaltung und der Ablaufplanung die Prozessgestaltung gegenüber. Auf dieser Basis gelangt er zu seinem „3-P-Konzept", das zwischen

- Produkt- und Programmgestaltung,
- Potentialgestaltung und
- Prozessgestaltung

unterscheidet und in der produktionswirtschaftlichen Literatur zunehmend auf Akzeptanz stößt. Ein mit diesem Ansatz inhaltlich weitgehend übereinstimmendes Konzept ist die Vorgehensweise, an den **Elementen der Produktion** anzuknüpfen und die Teilbereiche

- Output als Ergebnis der Produktion,
- Input als Einsatz der Produktion und
- Throughput als Produktionsprozess (vgl. Hoitsch 1993a, Sp. 3451)

zu unterscheiden. Wird das „3-P-Konzept" mit dem Kriterium der Stärke und Dauer der Erfolgswirkung kombiniert, dann ergibt sich der in Abbildung 1.1-16 dargestellte konzeptionelle Rahmen für die Aufgaben des Produktionsmanagements (vgl. Corsten 1994, S. 11).

In einem weiteren Schritt sind dann die einzelnen Felder inhaltlich zu konkretisieren:

- **Produkt- und Produktionsprogrammgestaltung** (1) - (3): Im Rahmen der strategischen Programmgestaltung sind die Produktfelder festzulegen, auf denen eine Unternehmung tätig werden möchte. Ein Produktfeld umfasst dabei die Produkte, die sich gedanklich auf ein allgemeineres Grundprodukt zurückführen lassen, etwa aufgrund einer verwendungs- oder technologiebezogenen Verwandtschaft (vgl. Abschnitt 2.1.1). Welche Produkte im Einzelfall einem Produktfeld zuzurechnen sind, hängt von der definitorischen Abgrenzung des Produktfeldes ab (vgl. Kern 1992, S. 125 ff.). Letztlich charakterisieren die Produktfelder das oder die generelle(n) Betätigungsfeld(er) einer Unternehmung. Der taktischen Programmgestaltung obliegt die Konkretisierung der einzelnen Produktfelder, und zwar hinsichtlich Breite und Tiefe des Produktionsprogramms. Während mit der Breite des Programms die Anzahl der unterschiedlichen Produkte erfasst wird, die produziert werden sollen, wird mit der Programmtiefe die Anzahl der unterschiedlichen Produktionsstufen erfasst, die ein Produkt in einer Unternehmung durchläuft. Dieser Problembereich knüpft damit unmittelbar an die Frage „Eigenfertigung oder Fremdbezug" an, d. h., welche Produkte, Produktteile etc. soll die Unternehmung selbst erstellen oder von Dritten beziehen. Die operative Programmgestaltung bestimmt dann, welche konkreten Produkte in welchen Mengen in den einzelnen Perioden des unmittelbar anstehenden Planungszeitraums (z. B. Woche, Monat) zu erstellen sind.

- **Potentialgestaltung** (4) - (6): Zur Realisation des Produktionsprogramms bedarf es des Einsatzes der Produktionsfaktoren. Aufgaben der strategischen Potentialgestaltung sind z. B. die Festlegung der Produktionsstandorte, die Unternehmungsgröße und die Sicherung der langfristigen Rohstoffversorgung. Im Zentrum der taktischen Potentialgestaltung stehen die konkreten Ausstattungsentscheidungen, d. h., ihr obliegen die Aufgaben der Personal- und Aggregateausstattung (Kapazitätsdimensionierung), des Technologieeinsatzes sowie der Festlegung der grundsätzlichen Bestellpolitik. Die taktische Planungsebene ist damit durch die Schnittstelle zur Investitionsplanung gekennzeichnet. Aufgabe der operativen Potentialgestaltung ist dann die Bereitstellung der erforderlichen Produktionsfaktoren, wobei es vor allem um die Beschaffung der Repetierfaktoren, die Reservierung der Aggregate mit dem Ziel einer Beschäftigungsglättung und den Mitarbeitereinsatz geht.

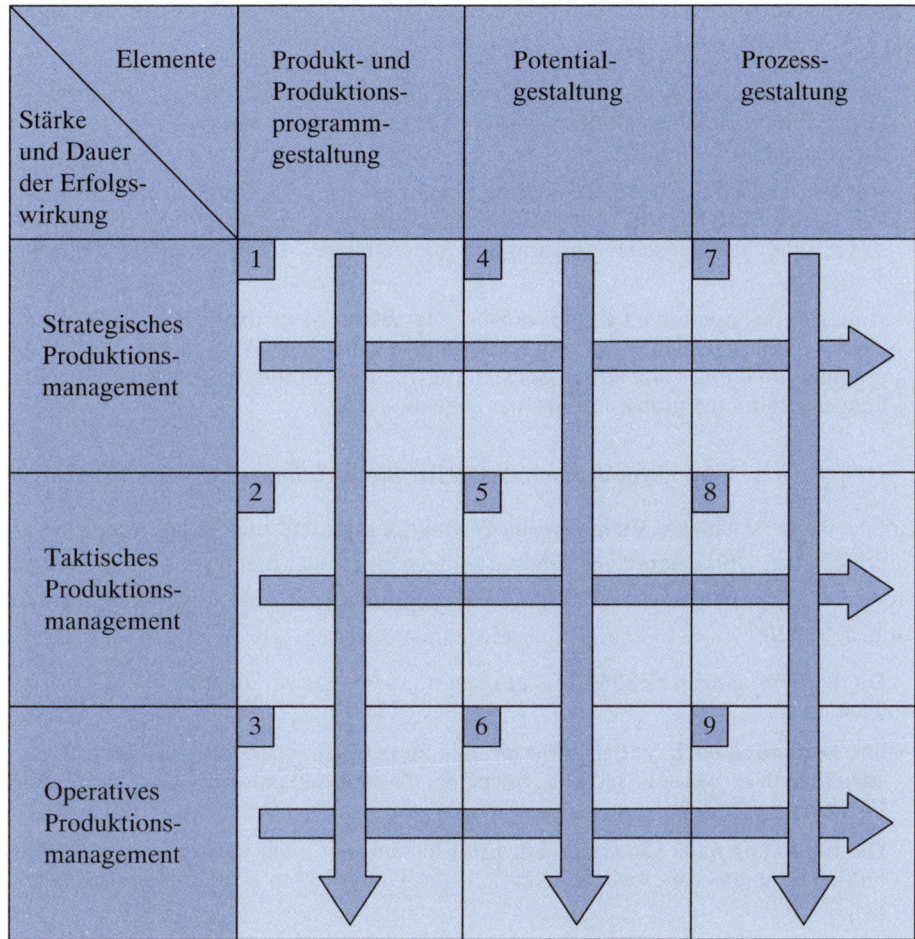

Abb. 1.1-16: Konzeptioneller Rahmen des Produktionsmanagements

- Prozessgestaltung (7) - (9): Während im Rahmen der strategischen Prozessgestaltung die Festlegung der generellen Produktionsabläufe vorgenommen wird, d. h. eine Grundsatzentscheidung für einen Organisationstyp der Produktion zu treffen ist, obliegen der taktischen Prozessgestaltung die Entscheidungen über die innerbetriebliche Standortplanung. Die operative Prozessgestaltung hat dann einen optimalen Einsatz der vorhandenen Produktionsaggregate und Mitarbeiter zu realisieren und den wirtschaftlichen Vollzug der Aufgabenerfüllung sicherzustellen. Zentrale Aufgaben sind somit die Kapazitätsdisposition und die Auftragssteuerung. Ziel ist die Veranlassung und Sicherung des Produktionsprozesses.

Parallel und gleichberechtigt zu dieser Vorgehensweise steht die Systematisierung des Produktionsmanagements, der als primäres Zuordnungskriterium die Dimension

„Stärke und Dauer der Erfolgswirkung" zugrunde liegt. Anliegen dieser Sichtweise ist es, den vielfältigen Entscheidungsinterdependenzen zwischen Programm-, Potential- und Prozessgestaltung durch bessere Abstimmung dieser Hauptelemente im Sinne eines integrativen Produktionsmanagements in besonderer Weise Rechnung zu tragen:

- So ist es z. B. Anliegen des strategischen Produktionsmanagements, die Produktfelder, die Potentialgestaltung und die Wahl des Organisationstyps der Produktion aufeinander abzustimmen.

- Auf der taktischen Ebene erfolgt eine Konkretisierung der Produktfelder hinsichtlich Breite und Tiefe, der Ausstattungsentscheidungen und des Produktionslayouts sowie eine harmonische Abstimmung untereinander im Rahmen strategischer Vorgaben.

- Anliegen des operativen Produktionsmanagements ist es dann, z. B. im Rahmen eines Produktionsplanungs- und -steuerungssystems (vgl. Abschnitt 5.2), die Programm-, Potential- und Prozessgestaltung für den unmittelbar anstehenden Planungszeitraum integrativ aufeinander abzustimmen.

1.1.6 Typologien industrieller Produktionssysteme

Um die unüberschaubare Vielfalt realer Produktionssysteme zu strukturieren, ist es erforderlich, den Objektbereich auf der Grundlage eines oder mehrerer Merkmale(s) zu ordnen. Dabei werden an eine Typenbildung grundsätzlich die folgenden Anforderungen gestellt:

- Die Forderung nach Echtheit: Es müssen mindestens zwei nichtleere Unterklassen existieren.

- Die Forderung nach Vollständigkeit: Die zu betrachtenden Objekte müssen vollständig erfasst werden; jedes Element der Ausgangsklasse muss in einer Unterklasse enthalten sein.

- Die Forderung nach Eindeutigkeit: Ein Element darf nicht in zwei oder mehr Unterklassen eingeordnet werden können (die Unterklassen müssen disjunkte Mengen darstellen).

Dabei lassen sich Elementar- und Kombinationstypen bilden, wobei die Elementartypen in die drei folgenden Klassen aufgeteilt werden können:

- erzeugnisorientierte,

- einsatzorientierte und

- erzeugungs-(prozess-)orientierte Typisierung.

Abbildung 1.1-17 gibt einen Überblick über diese unterschiedlichen Typisierungen industrieller Produktionssysteme (vgl. Kern 1992, S. 83 ff.; Zäpfel 1982, S. 15 ff.).

Aus der Vielzahl dieser Typisierungen sei im Folgenden auf einige, für die weiteren Überlegungen von besonderem Interesse erscheinende Ansätze näher eingegangen.

Während bei einer **auftrags- oder nachfrageorientierten Produktion,** wie etwa im Industrieanlagenbau, der Absatz der Produktion zeitlich vorgelagert ist und Teile der Beschaffung erst nach dem Absatz vollzogen werden, erfolgt bei einer **markt- oder angebotsorientierten Produktion** der Verkauf der Produkte erst zeitlich nach der Produktion. Dies geht einerseits mit der Konsequenz der Unsicherheit über die Absatzmenge und anderseits mit der Chance einer Realisierung gleichbleibender Kapazitätsauslastungen einher. Bei einer marktorientierten Produktion sind folglich die Erwartungen hinsichtlich der Nachfrageentwicklung für die Unternehmung relevant. Bei einer auftragsorientierten Produktion bieten einerseits die Eingänge oder Bestände an Aufträgen und anderseits die Erwartungen über Auftragseingänge und die durch die Aufträge spezifizierten Produktarten eine Orientierungshilfe, d. h. neben der Unsicherheit über die Absatzmenge besteht Unsicherheit über die nachgefragten Produktarten.

Riebel (1965, S. 672 ff.) unterscheidet in diesem Zusammenhang neben den **Extremaltypen** der „reinen" kundenorientierten und der „reinen" marktorientierten Produktion sogenannte **Übergangs- und Mischformen,** die das breite Spektrum realer Erscheinungsformen abdecken. Bei den Übergangsformen erfolgt eine Differenzierung zwischen Grenztyp A und Grenztyp B. Während bei **Grenztyp A** die Produktart auf der Grundlage der Erwartungen festgelegt wird und die Menge und die zeitliche Verteilung der Produktion auf Grund der vorliegenden Kundenaufträge bestimmt werden, wird beim **Grenztyp B** außer der Produktart auch die Menge der Produkte auf Grund der Kundenaufträge bestimmt. Folglich wird in diesem Fall lediglich die zeitliche Verteilung der Produktion auf der Basis von Erwartungen geplant.

Eine **Mischform** liegt dann vor, wenn in einem Teilbereich der Unternehmung Art, Menge und Zeit auf der Basis der Erwartungen geplant werden und in einem anderen Teilbereich eine Planung dieser Merkmale aufgrund der Kundenaufträge erfolgt. Diese Mischformen können nebeneinander (horizontal) laufen oder auch hintereinander (vertikal) geschaltet sein, so dass in einzelnen Produktionsstufen eine Markt-, in anderen hingegen eine Kundenproduktion realisiert wird. Die Bildung vertikaler Mischformen ist deshalb möglich, weil häufig ein Produkt nicht „von Grund auf" für einen Kunden produziert wird, sondern nur Teile davon (vgl. Abschnitt 2.4.1).

Die Anlagen und Arbeitsplätze lassen sich nach unterschiedlichen Prinzipien organisatorisch zu Produktionssystemen zusammenfassen **(Organisationstypen der Produktion).** Als **Grundprinzipien** sind dabei das Verrichtungs- und das Prozessfolgeprinzip zu unterscheiden. Beim **Verrichtungsprinzip** werden Anlagen mit gleichen oder gleichartigen Funktionen räumlich zusammengefasst. Als wichtigste Erscheinungsform ist dabei die **Werkstattproduktion** zu nennen. Abbildung 1.1-18 gibt diesen Organisationstyp wieder.

Merkmale		Ausprägungen			
Erzeugnisorientierte Typisierungen	Verwendung der Erzeugnisse	Investitionsgüterproduktion	Konsumgüterproduktion		
	Absatzstruktur	Auftragsorientierte Produktion	Marktorientierte Produktion		
	Zusammensetzung der Güter	Einteilige Produktion	Mehrteilige Produktion		
	Materialität der Produkte	Materielle Produkte	Immaterielle Produkte		
	Produktgestalt und -aufbau	Fließgüter	Stückgüter		
	Spezifizierungsgrad	Individuelle Produkte	Standardisierte Produkte		
	Verwandtschaftsgrad der Produkte	Artenproduktion	Sortenproduktion		
	Mobilität	Mobilien	Immobilien		
Einsatzorientierte Typisierungen	Vorherrschender Einsatzfaktor	Materialintensiv	Arbeitsintensiv	Kapitalintensiv	
	Art der Arbeitskräfte	Gelernte	Angelernte	Ungelernte	
	Vermögen	Anlageintensiv	Vorratsintensiv	Forderungsintensiv	
Erzeugungsorientierte Typisierungen	Organisation der Produktion	Verrichtungsprinzip (Werkstattproduktion)	Prozessfolgeprinzip (Fließproduktion)		
	Technologie	Chemische Technologie	Physikalische Technologie	Biologische Technologie	
	Art der Stoffverwendung	Durchgängige Stoffverwertung	Synthetische Stoffverwertung	Analytische Stoffverwertung	Umgruppierende Stoffverwertung
	Produktionstechnische Wechselbeziehungen	Verbundene Produktion — Starres Mengenverhältnis	Verbundene Produktion — In Grenzen variierbares Mengenverhältnis	Unverbundene Produktion	
	Abstimmung des Materialflusses	Kontinuierliche Produktion	Diskontinuierliche Produktion		
	Wiederholungsgrad, Struktur der Auflagengröße	Einzelproduktion	Mehrfachproduktion — Serienproduktion (Kleinserie / Großserie)	Mehrfachproduktion — Massenproduktion: Wechselnde — Gewollte (Sortenproduktion) / Ungewollte (Partie- und Chargenproduktion)	Gleichbleibende
	Anzahl der zu durchlaufenden Produktionsstellen	Einstufige Produktion	Mehrstufige Produktion		
	Zeitliche Zuordnung der Produkte zu den Produktionsstellen	Wechselproduktion	Parallelproduktion		
	Örtliche Verlagerbarkeit	Ortsungebundene Produktion	Ortsgebundene Produktion (z.B. Baustellenproduktion)		
	Verknüpfung der Prozessfolge	Lockere Verknüpfung (Straßen-, Linien-, Reihenfertigung); keine Zeittakte	Starre zeitliche Verknüpfung — Organisatorisch bedingt (Fließbandproduktion)	Starre zeitliche Verknüpfung — Technisch bedingt (Zwangslaufproduktion)	

Abb. 1.1-17: Beispielhafte Typisierungen industrieller Produktionssysteme

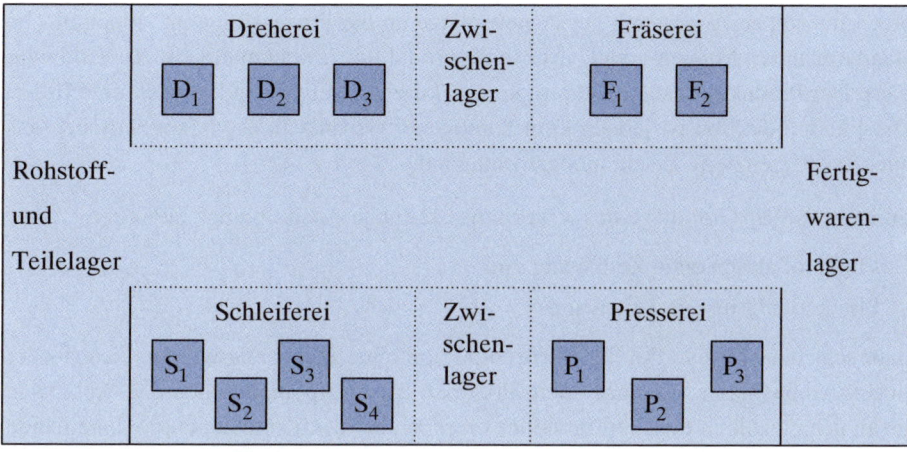

Abb. 1.1-18: Werkstattproduktion

Bei der Werkstattproduktion müssen die Werkstücke zwischen den zu durchlaufenden Werkstätten transportiert werden, wodurch i. d. R. hohe Materialflusskosten entstehen. Die Werkstattproduktion ist dann die geeignete Organisationsform, wenn eine ständig variierende Auftragsstruktur mit veränderlichen Materialflüssen gegeben ist. Hinsichtlich der räumlichen Anordnung der Produktionsstellen lassen sich die beiden folgenden Unterfälle bilden (vgl. Kilger 1986, S. 81 f.):

- Es ist nicht möglich, eine eindeutige Reihenfolge anzugeben, in der die Mehrzahl der zu erstellenden Produkte die Produktionsstellen durchläuft (different routing). In diesem Fall liegt eine auftragsungebundene Werkstattanordnung vor, da die Durchlaufwege mit der Erzeugnisart ständig wechseln.

- Die meisten Produktarten durchlaufen die Produktionsstellen in gleicher oder ähnlicher Reihenfolge (similar routing). In diesen Fällen erscheint es zweckmäßig, die Anordnung der Produktionsstellen dem Materialfluss anzupassen. Es wird damit bei der Stellenbildung das Verrichtungsprinzip und bei der Stellenanordnung das Prozessfolgeprinzip realisiert. In diesem Fall liegt eine ablaufgebundene Werkstattanordnung vor.

Als weitere Erscheinungsform des Verrichtungsprinzips wird häufig die Baustellenproduktion genannt. Charakteristikum dieses Organisationstyps, der insbesondere bei Großprojekten zur Anwendung gelangt, ist die Anordnung der Produktionsstellen um das Produktionsobjekt herum. Dabei kann weiterhin zwischen außerbetrieblicher (z. B. Brückenbau) und innerbetrieblicher Baustellenproduktion (z. B. Schiffbau) unterschieden werden. Kilger (1986, S. 83) weist darauf hin, dass die Baustellenproduktion häufig nur mit Einschränkungen ein Anwendungsfall des Verrichtungsprinzips darstellt, weil hierbei i. d. R. auch Elemente des Prozessfolgeprinzips zu beobachten sind.

Beim Prozessfolgeprinzip erfolgt eine Anordnung der jeweiligen Arbeitsplätze in der Reihenfolge der an den Erzeugnissen zu verrichtenden Arbeitsgänge (Fließproduktion). Eine solche Anpassung der Arbeitsplätze an die Prozessfolge ist jedoch nur bei standardisierter Massen- oder Großserienproduktion zweckmäßig (z. B. Fahrzeugbau). Der Produktaufbau darf damit keinen kurzfristigen Veränderungen unterliegen. Die Fließproduktion ist jedoch kein homogener Organisationstyp, sondern sie weist äußerst differenzierte Erscheinungsformen auf.

So kann auf der Grundlage des Kriteriums „zeitliche Abstimmung" zwischen

- Fließproduktion ohne Zeitzwang und
- Fließproduktion mit Zeitzwang

unterschieden werden. Bei der Fließproduktion ohne Zeitzwang werden die erforderlichen Arbeitsplätze zwar nach dem Prozessfolgeprinzip angeordnet, die Arbeitsgänge an den einzelnen Produktionsstellen werden aber zeitlich unabhängig voneinander ausgeführt. Folglich sind in dieser Erscheinungsform der Fließproduktion sowohl Rückflüsse als auch ein Überspringen von Produktionsstellen möglich. Demgegenüber erfolgen bei einer Fließproduktion mit Zeitzwang sowohl die auszuführenden Arbeitsgänge als auch die Transporte zwischen den einzelnen Produktionsstellen in einem festen zeitlichen Rhythmus. Dementsprechend sind weder Rückflüsse noch ein Überspringen von Produktionsstellen in diesem Fall möglich.

Auf der Basis der Ursachen für die Realisation des Prozessfolgeprinzips ist zwischen

- produktionstechnisch bedingter und
- organisationsbedingter Fließproduktion

zu unterscheiden. Eine produktionstechnisch bedingte Fließproduktion, auch Zwangslaufproduktion genannt, liegt dann vor, wenn die Anordnung der Produktionsstellen eine zwangsläufige Folge technologischer Gegebenheiten des Produktionsprozesses ist (z. B. Raffinerien, Roheisen- und Stahlgewinnung). Demgegenüber wird eine organisationsbedingte Fließproduktion nicht durch technologische Gegebenheiten herbeigeführt, sondern aufgrund organisatorischer Überlegungen geschaffen, wie dies etwa in der Kraftfahrzeugindustrie der Fall ist. Hierbei ist der Produktionsprozess in zeitlich gleiche und örtlich aneinandergereihte Arbeitsgänge zu zerlegen.

Auf der Grundlage des Merkmals „räumliche Anordnung des Produktionssystems" ist zwischen

- eindimensionaler und
- mehrdimensionaler Fließproduktion

zu unterscheiden. Während bei einer eindimensionalen Fließproduktion eine Produktionsstrecke durchlaufen werden muss, besteht eine mehrdimensionale Fließproduktion aus mehreren miteinander verflochtenen Produktionsstrecken, die wiederum in Basis-, Haupt- und Nebenstrecken aufgeteilt werden können. Abbildung 1.1-19 gibt diese Erscheinungsformen wieder.

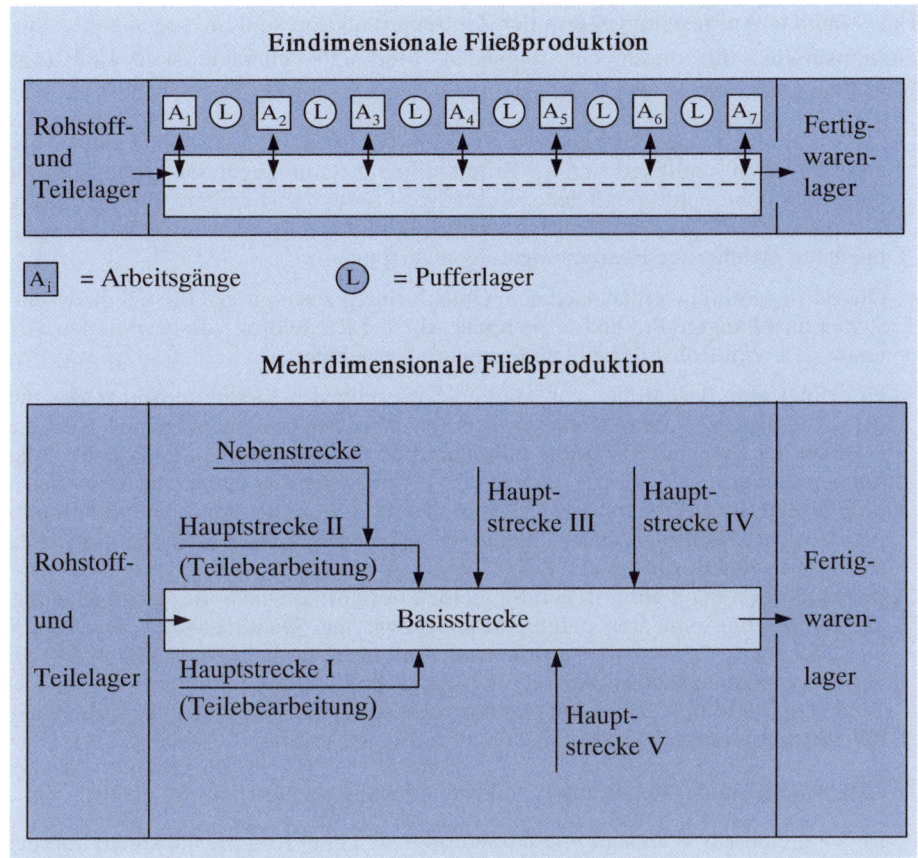

Abb. 1.1-19: Ein- und mehrdimensionale Fließproduktion

Erfolgt der Transport zwischen den einzelnen Produktionsstellen mit Hilfe von Bändern, dann wird von einer **Fließbandproduktion** gesprochen.

Es ist zu beachten, dass diese unterschiedlichen Organisationsformen der Produktion auch in einer Unternehmung nebeneinander Anwendung finden können. So ist es durchaus üblich, die Teileproduktion nach dem Verrichtungsprinzip zu organisieren, während dann im Rahmen der Montage das Prozessfolgeprinzip realisiert wird.

Eine Organisationsform, die versucht, die Vorteile der Werkstatt- und der Fließproduktion zu vereinen, stellt die **Zentrenproduktion** dar. Wesentliche Vorteile der Zentrenproduktion sind:

- im Vergleich zur Werkstattproduktion ergeben sich kürzere Transportwege und -zeiten, niedrigere Lagerbestände und eine einfachere Produktionssteuerung.

- im Vergleich zur Fließproduktion besteht eine höhere Anpassungsfähigkeit an wechselnde Produktionsaufgaben, können kleinere Losgrößen produziert werden und ist eine höhere Identifikation der Mitarbeiter mit dem Produkt zu konstatieren.

Eine konkrete Ausgestaltungsform der Zentrenproduktion sind die sogenannten Produktionsinseln, die durch die folgenden Merkmale charakterisiert sind (vgl. Bohr/Eberwein 1989, S. 218 f.; Bühner 1986, S. 43 ff.; Mönig 1985, S. 83 ff.):

- Das zu produzierende Teilespektrum wird in Gruppen mit ähnlichen Produktionsanforderungen gegliedert und zu **Teilefamilien** zusammengefasst, wobei für jede dieser Gruppen dann möglichst selbständige Produktionsbereiche, Produktionsinseln genannt, eingerichtet werden. Unter Ähnlichkeit werden in diesem Zusammenhang gleichartige Bearbeitungsfolgen verstanden.

- Die Betriebsmittel werden nach dem **Objektprinzip** zusammengefasst, d. h., es entstehen unabhängige Produktionsbereiche, die die Produktion von bestimmten Teilefamilien vom Rohstoff bis zum Fertigteil übernehmen.

- Es erfolgt eine **dezentrale, selbständige Steuerung des Produktionsprozesses** auf der Grundlage des Gruppenprinzips, d. h., dem eingesetzten Personal wird ein Großteil der Planung, Steuerung und Kontrolle der Arbeitsabläufe in der Produktionsinsel übertragen, so dass die zentrale Terminsteuerung durch eine Selbststeuerung ersetzt wird. Eine betriebliche **Rumpf-Produktionssteuerung** übernimmt eine periodenweise Auftragszuteilung unter Vorgabe entsprechender Endtermine, während die Produktionsinsel die Koordination ihrer internen Arbeitsaufgaben übernimmt. Neben der Terminsteuerung werden der Gruppe auch die Arbeitsplanung, das Werkzeug- und Verrichtungswesen sowie das Qualitätswesen übertragen. Dies bedeutet, dass die zu erfüllenden Aufgaben in ihrer Gesamtheit auf die Gruppe zur gemeinsamen Ausführung übertragen werden und nicht, wie bei der Werkstattproduktion, eine Aufspaltung des Aufgabenspektrums in Teilmengen und deren Zuordnung auf die einzelnen Mitarbeiter erfolgt.

Als **Auswirkungen** der Realisation von Produktionsinseln sind dann zu nennen:

- Im Vergleich zur Werkstattproduktion ergibt sich eine **Komplexitätsreduktion** des Material- und des Informationsflusses. Auf diese Weise reduziert sich die Kommunikation zwischen der betrieblichen Rumpf-Steuerung mit den einzelnen Produktionsinseln auf eine periodenweise Auftragszuteilung und die einzuhaltenden Endtermine. Die konkrete Planung und Steuerung der Auftragsreihenfolge wird hingegen der Arbeitsgruppe übertragen. Aus diesen Überlegungen resultieren Durchlaufzeitreduzierungen, und zwar bedingt durch geringere Transport-, Warte- und Zwischenlagerungszeiten, verbunden mit einer Reduzierung des gebundenen Kapitals und einer höheren Liefertermintreue.

- Im personellen Bereich wird keine starre Abgrenzung der Tätigkeiten innerhalb der Produktionsinsel vollzogen, sondern ein flexibler Einsatz der Mitarbeiter, d. h., Kennzeichen dieser Organisationsform ist die gemeinsame Verantwortung der Mitarbeiter für Qualität und Produktivität innerhalb der Produktionsinsel. Es ist damit eine **Erweiterung des Dispositions- und Handlungsspielraums** der Mitarbeiter zu konstatieren (vgl. Corsten 1991, S. 54 f.). Bedingt durch das Gruppenkonzept erlangen Anforderungsarten wie soziale Qualifikation, d. h. Fähigkeit zur Teamarbeit, besondere Relevanz. Darüber hinaus verändert sich, bedingt durch den flexiblen Einsatz der Mitarbeiter innerhalb der Gruppe, die Tätigkeitsstruktur der Mitarbeiter (zu Anreizsystemen in Produktionsinseln vgl. Becker 1994, S. 114 ff.).

Abbildung 1.1-20 gibt das Produktionsinselkonzept mit einer zentralen Rumpfsteuerung wieder.

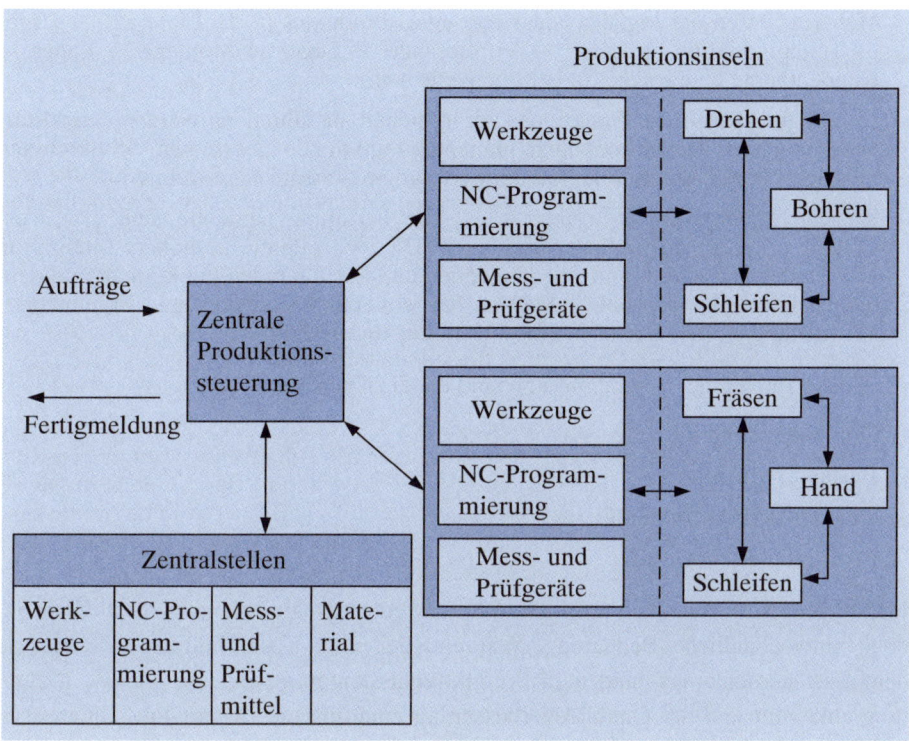

Abb. 1.1-20: Produktionsinseln mit zentraler Rumpfsteuerung

Eine weitere Organisationsform stellt die **Fertigungssegmentierung** (Produktions-segmentierung) dar, die durch Kombination unterschiedlicher Gestaltungsmerkmale entsteht: „Unter Fertigungssegmenten werden produktorientierte Organisationseinhei-ten der Produktion zusammengefaßt, die mehrere Stufen der logistischen Kette eines Produktes umfassen und mit denen eine spezifische Wettbewerbsstrategie verfolgt wird." (Wildemann 1998, S. 47). Ferner erfolgt eine Integration der planenden und indirekten Funktionen. **Fertigungssegmente** lassen sich durch die folgenden Merkma-le charakterisieren (vgl. Wildemann 1998, S. 47 ff.):

- **Markt- und Zielausrichtung**, d. h., sie zielen auf die Bildung von Produkt-Markt-Produktions-Kombinationen ab. Die Produktionsbereiche sind damit auf spezifi-sche Wettbewerbsstrategien auszurichten. So lässt sich beispielsweise eine Kos-tenführerschaftsstrategie durch spezialisierte Fertigungseinrichtungen realisieren, während für eine Differenzierungsstrategie hochflexible Fertigungssegmente auf-zubauen sind.

- **Produktorientierung** mit dem Ziel, die Koordinationskosten zu reduzieren. Dabei hat die Bildung der produktorientierten Fertigungssegmente so zu erfolgen, dass einerseits innerhalb der einzelnen Segmente Synergie- und Spezialisierungsvortei-le erreicht werden können und anderseits zwischen den Segmenten möglichst we-nige Leistungsverflechtungen auftreten.

- **Mehrere Stufen der logistischen Kette** eines Produktes (z. B. Lieferant → Lager → Teileproduktion → Lager → Vormontage → Lager → Montage → Lager → Kunde könnte eine solche logistische Kette sein).

- **Übertragung indirekter Funktionen**, d. h., neben ausführenden werden den Mitarbeitern in der Produktion auch planende Funktionen übertragen, wodurch ein möglichst hoher Autonomiegrad der Fertigungssegmente angestrebt wird.

- **Kosten-/Ergebnisverantwortung**, d. h., die Fertigungssegmente sind als „Cost Center" oder „Profit Center" auszulegen. Dies wird durch die höhere Integration von Produktionsstufen und von planenden und ausführenden Funktionen und dem damit einhergehenden hohen Maß an Kostenverantwortlichkeit und Ergebnisverantwortlichkeit (bei Bestehen eines Marktzuganges) möglich.

Als **Zielsetzungen** der Segmentierung sind dabei zu nennen:

- Durchlaufzeitverkürzung,

- Bestandsreduzierung,

- Qualitätsverbesserung und

- Produktivitätssteigerung.

In Abhängigkeit von der verfolgten Wettbewerbsstrategie erlangen diese Ziele jedoch unterschiedliche Bedeutung. Während bei einer **Kostenführerschaftsstrategie** dem Bestandssenkungs- und dem Produktivitätssteigerungsziel die höchste Bedeutung zukommt und der Qualitätsverbesserung eine mittlere Bedeutung beigemessen wird, treten bei einer **Differenzierungsstrategie** die Durchlaufzeitverkürzung und die Qualitätssteigerung in den Vordergrund (vgl. Wildemann 1998, S. 83; ferner Corsten 1998, S. 110 ff.).

Neben den oben genannten Organisationstypen der Produktion seien beispielhaft weitere Produktionstypen hervorgehoben. So kann auf der Grundlage des Wiederholungsgrades zwischen Einzel- und Mehrfachproduktion unterschieden werden, wobei letztere in die Serien- und Massenproduktion weiter aufgeteilt wird.

Ellinger (1959, S. 71) unterscheidet im Rahmen der **Einzelproduktion** zwischen einmaliger, erstmaliger und wiederholter Einzelproduktion. Von einer einmaligen Produktion wird dann gesprochen, wenn ein Produkt nur ein einziges Mal hergestellt wird. In diesem Fall liegt gleichzeitig eine erstmalige Produktion vor. Eine erstmalige Produktion liegt aber auch dann vor, wenn mit einer Wiederholung des Produktionsprozesses zu einem späteren Zeitpunkt gerechnet wird. Von einer wiederholten Einzelproduktion wird dann gesprochen, wenn ein Produkt zwar wiederholt produziert wird, die Unterbrechung zwischen den Produktionszeiten jedoch so groß ist, dass die hierfür erforderlichen Produktionssysteme abgebaut wurden.

Bei der **Mehrfachproduktion** wird zwischen Massen- und Serienproduktion unterschieden. Der generelle Unterschied zwischen diesen Erscheinungsformen ist darin zu sehen, dass bei der **Serienproduktion** ex ante eine Auflagengröße festgelegt wird, während dies bei der **Massenproduktion** nicht der Fall ist. Bei der Massenproduktion ist weiterhin zwischen einer gleichbleibenden und einer wechselnden Form zu unterscheiden, wobei letztere in die beiden Teilklassen gewollte und ungewollte zerfällt. Bei einer gewollten wechselnden Massenproduktion werden Produktunterschiede bewusst herbeigeführt, wobei eine fertigungstechnische oder rohstoffmäßige Verwandtschaft der Produkte besteht (z. B. Abmessungen von Walzwerkerzeugnissen; materialabhängige Sortenbildung). Diese Erscheinungsformen werden unter dem Begriff der Sortenproduktion zusammengefasst. Ist der Wechsel jedoch ungewollt, dann wird zwischen Partie- und Chargenproduktion unterschieden. Während bei einer Partieproduktion die Ausgangsbedingungen nicht konstant gehalten werden können, wie dies etwa bei der Verarbeitung von Naturprodukten der Fall ist, ist bei einer Chargenproduktion der Produktionsprozess nicht vollständig steuerbar (z. B. Schmelzprozesse).

Als weiteres Kriterium wurde die „Art der Stoffverwertung" angeführt. Abbildung 1.1-21 verdeutlicht die unterschiedlichen Prozesstypen für jeweils eine Produktionsstelle und führt entsprechende Beispiele an.

Bezeichnung	Struktur	Beispiele
Durchgängige Stoffverwertung	Input → PS → Output	Drahtzieherei, Walzwerk, Baumwollspinnerei
Synthetische Stoffverwertung	→ → → PS →	Montageprozesse, Synthesen in der chemischen Industrie
Analytische Stoffverwertung	→ PS → → →	Kohle- und Erzaufbereitung; Rohöldestillation
Austauschende oder umgruppierende Stoffverwertung	→ → PS → →	Chemisch-technologische Umwandlungsprozesse
PS = Produktionsstelle		

Abb. 1.1-21: Prozesstypen nach Art der Stoffverwertung

Zur Charakterisierung realer Produktionssysteme reicht jedoch i. d. R. ein einzelnes Merkmal nicht aus. Dabei ist zu beachten, dass die Ausprägungen einzelner Merkmale eine enge Beziehung aufweisen und folglich häufig gemeinsam auftreten. In Abbildung 1.1-22 wird dies beispielhaft für die beiden Erscheinungsformen auftragsorientierte und marktorientierte Produktion gezeigt.

	Auftragsorientierte Produktion	Marktorientierte Produktion
Verwendung der Erzeugnisse	Tendenziell Investitions-güterproduktion	Tendenziell Konsum-güterproduktion
Spezifizierungsgrad	Primär Individualprodukte	Primär Standardprodukte
Organisationstyp	Verrichtungsprinzip	Prozessfolgeprinzip
Wiederholungsgrad	Einzel- oder Kleinserien-produktion	Massen- und Großserien-produktion

Abb. 1.1-22: Kombinationstypen

1.1.7 Eingliederung der Produktion in die Unternehmungsorganisation

Unter **Organisation** wird die **Strukturierung von Systemen** zur Erfüllung von Daueraufgaben verstanden (zu einer Betrachtung unterschiedlicher Organisationsbegriffe vgl. Schreyögg 2008, S. 4 ff.). Strukturierung bedeutet dabei die Herstellung einer Ordnung der Elemente eines Systems. Hierdurch bedingt entstehen zwischen den Elementen **Gleich-, Über-** und **Unterordnungsbeziehungen.**

Auch für die Einordnung der Produktion in die Unternehmungsorganisation gilt zunächst das grundlegende **Postulat der Kongruenz** zwischen der Bedeutung einer Aufgabe für die Unternehmung und der Stellung ihrer Träger im Leitungssystem.

Die weiteren Ausführungen zur organisatorischen Eingliederung der Produktion konzentrieren sich zunächst auf die beiden Grundtypen der **Einlinienorganisation** in der

- funktionalen und
- divisionalen Organisationsform.

Funktionale Organisationsstrukturen sind dadurch gekennzeichnet, dass auf der obersten Leitungsebene die Aufgabensegmentierung nach dem Verrichtungsprinzip erfolgt. Dies bedeutet, dass gleiche oder gleichartige Verrichtungen zusammengefasst und dann einer organisatorischen Einheit übertragen werden. Abbildung 1.1-23 zeigt eine solche funktionale Organisationsstruktur.

Der Produktionsbereich kann darüber hinaus weiter untergliedert werden. So lässt sich etwa die Leitung der Produktion in unterschiedliche Werksleitungen aufspalten.

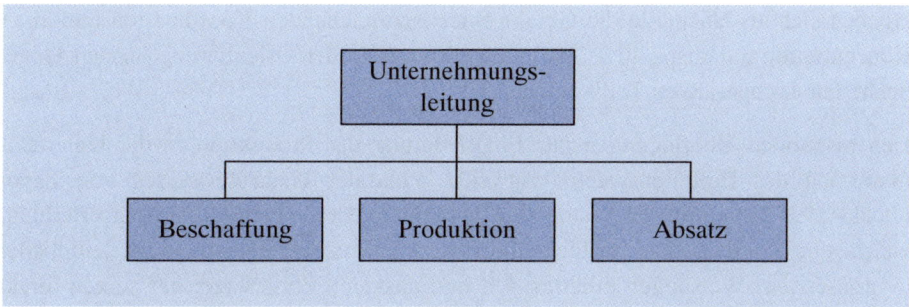

Abb. 1.1-23: Einordnung der Produktion in eine funktionale Organisationsstruktur

Zur Entlastung der Führungskräfte, in diesem Zusammenhang der Produktionsleitung, können sogenannte Stäbe eingerichtet werden. Hierbei handelt es sich um Aktionseinheiten, die keine Anordnungsbefugnis gegenüber anderen Stellen haben. Als Stab für den Produktionsbereich sei beispielhaft die Qualitätskontrolle genannt.

Erfolgt die Segmentierung der Unternehmungsaufgaben nach dem Objektprinzip, d. h., es werden gleiche oder gleichartige Objekte zusammengefasst, dann ergibt sich eine divisionale Organisationsstruktur. Als Objekte können dabei beispielsweise Produkte oder Produktgruppen zugrunde gelegt werden. Bei dieser Vorgehensweise ergibt sich eine dezentrale Eingliederung der Produktion, wie dies in Abbildung 1.1-24 dargestellt ist.

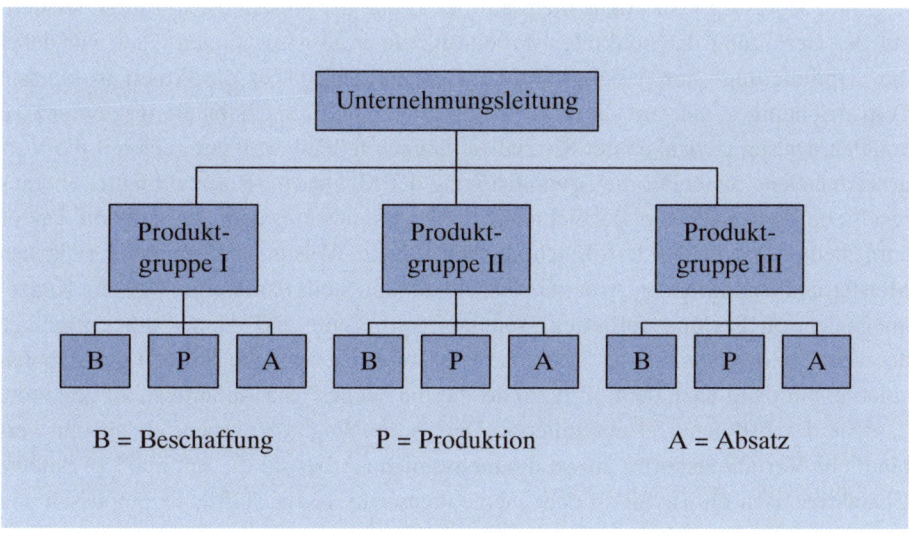

Abb. 1.1-24: Dezentrale Einordnung der Produktion in eine divisionale
              Organisationsstruktur

Die Vorteile einer dezentralen Eingliederung sind vor allem in einer Verkürzung der Kommunikationswege und einer Komplexitätsreduktion zu sehen. Demgegenüber ergeben sich als Nachteile die Gefahr einer unzureichenden Koordination und einer Konzentration auf dispositive Aufgaben aufgrund einer Orientierung an den Gegebenheiten der operativen Teilbereiche.

Den bisherigen Überlegungen zur Eingliederung der Produktion in die Unternehmung lag das Einliniensystem zugrunde. Zentraler Gedanke dieses von Fayol (1841 - 1925) eingeführten Systems ist das Prinzip der Einheit der Auftragserteilung, welches besagt, dass ein einzelner Mitarbeiter nur von einem einzigen Stelleninhaber (Vorgesetzten) Weisungen erhalten soll und dass der Vorgesetzte nur seinen direkt unterstellten Mitarbeitern Anweisungen erteilen darf. Dieses System geht folglich mit eindeutigen Leitungsbeziehungen und damit verbundenen Kontrollverhältnissen einher (Einheit der Leitung). Darüber hinaus betont Fayol den Führungsprozess, den er in die Elemente Planung, Organisation, Anweisung, Koordination und Kontrolle untergliedert. Für Fayol hat Organisieren den Charakter einer Ingenieuraufgabe, was er durch das „Bild" der Organisationsmaschine verdeutlicht. Fayol hat die Organisationslehre beeinflusst, wobei die aus dem Prinzip der Einheit der Auftragserfüllung (Doppelunterstellungsverbot) resultierende „Linie" von grundlegender Bedeutung ist. Als besonderer Nachteil eines Einliniensystems ist der schwerfällige Instanzenweg zu nennen, der nur eine geringe organisatorische Flexibilität aufweist.

Bei dem von Taylor (1856 - 1915) aufgestellten Mehrliniensystem wird das Prinzip der Einheit der Auftragserteilung zugunsten des Prinzips des kürzesten Weisungsweges aufgegeben. Da er seinen Ausführungen einen arbeitswissenschaftlichen Ansatz zugrunde legte, lag sein Fokus nicht auf der Ebene der Gesamtorganisation, sondern auf der Gestaltung der konkreten Arbeitsabläufe in Organisationen. Ziel war dabei die „Optimierung" der Arbeitsvollzüge. Deshalb zerlegte er die Arbeit in kleinste Teilverrichtungen, um auf diese Weise möglichst hohe Spezialisierungsgewinne zu erzielen. Diesen Gedanken der Spezialisierungsvorteile übertrug er auch auf die Vorgesetztenebene, wobei er die Spezialisierung der Meister im Blickfeld hatte. Hieraus resultierte dann auch die Bezeichnung Funktionsmeistersystem. Dieses von Taylor aufgestellte System wurde folglich speziell für die Weisungsbeziehungen zwischen Meister und ausführenden Arbeitern entwickelt und stellt damit eine logische Konsequenz der von Taylor geforderten Trennung von „Kopf" und „Hand" dar. Grundlage des von Taylor entwickelten Systems bilden wissenschaftliche Studien der Arbeitsabläufe, um dann nach dem „Prinzip des besten Weges" die Abläufe so zu gestalten, dass sie das Effizienzziel maximieren. Der „beste Weg" dient dann als absolut verbindliche Verfahrensnorm, um so die menschliche Arbeitskraft „optimal" zu nutzen. Charakteristisch für Taylor ist dabei seine ingenieurwissenschaftliche, empirisch und experimentelle Orientierung (in abwertender Weise wird teilweise auch von „Psychotechnikern" gesprochen).

Abbildung 1.1-25 gibt diesen als Funktionsmeistersystem bezeichneten Ansatz wieder (insgesamt nennt Taylor acht Funktionsmeister: Vorrichtungs-, Geschwindigkeits-, Prüf-, Instandhaltungsmeister, Arbeitsverteiler, Unterweisungs-, Kosten- und

Aufsichtsmeister). Diese Darstellung verdeutlicht die **Mehrfachunterstellung** der einzelnen Funktionsträger und unterstreicht die mit diesem System einhergehenden Abstimmungsprobleme. Eine in diesem Zusammenhang diskutierte Problemstellung ist die Frage nach der **Kontroll-**, **Leitungs-** oder **Subordinationsspanne**. Hierunter ist die Anzahl der Untergebenen zu verstehen, die durch einen Vorgesetzten geleitet und kontrolliert werden können. Diese Kontrollspanne wird durch die folgenden Faktoren beeinflusst:

- Art, Häufigkeit und Intensität der Beziehungen zwischen Vorgesetzten und Untergebenen,
- Aufgabenart,
- Hierarchiestufe[1],
- Entlastung durch Stäbe, Assistenten usw.,
- Ausmaß der Delegation und
- realisierter Führungsstil.

Die Auflistung dieser Einflussfaktoren zeigt, dass es keine allgemeingültigen Aussagen zur „optimalen Kontrollspanne" geben kann. Es verwundert damit auch nicht, dass die im Schrifttum und in der Praxis vorzufindenden Angaben in hohem Maße voneinander abweichen.

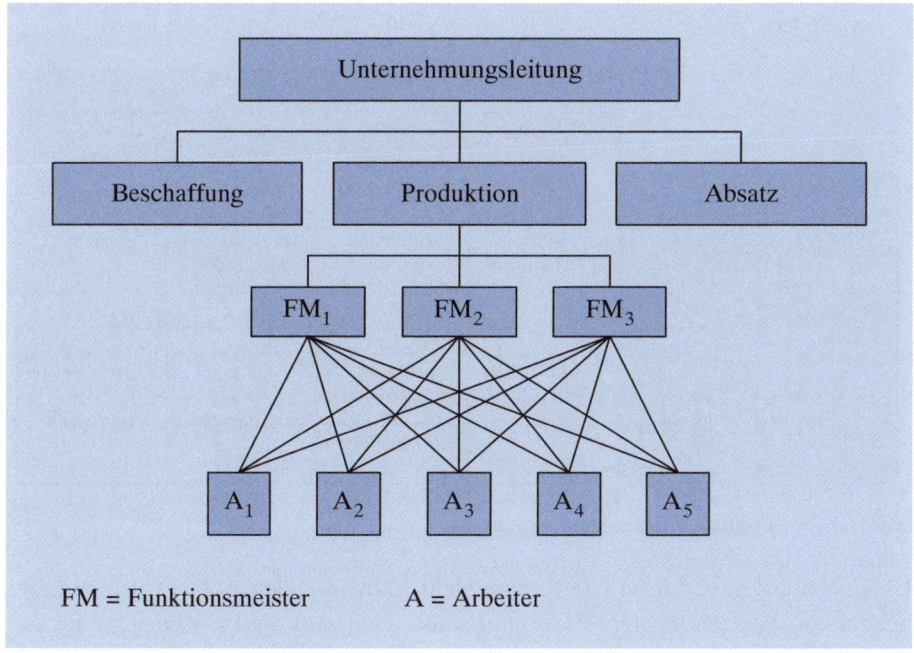

Abb. 1.1-25: Mehrliniensystem

---

1) Die gewählte Kontrollspanne beeinflusst ihrerseits ebenfalls die Anzahl der Hierarchiestufen.

1.1.8 Ziele produktionswirtschaftlicher Betätigung

Charakteristisches Merkmal einer Unternehmung ist es, dass Güter produziert werden, die der Bedarfsdeckung Dritter dienen. In einer **marktwirtschaftlichen Ordnung** kann die Unternehmung dabei Art und Umfang der Produktion autonom bestimmen. Dieser Sachverhalt wird als **Autonomieprinzip** bezeichnet. Die Unternehmung legt damit ihr Produktionsprogramm in quantitativer und qualitativer Hinsicht fest. Das Produktionsprogramm wird dabei auch als **Sachziel** bezeichnet. Demgegenüber beziehen sich **Formalziele** auf die Input-Output-Beziehungen und liefern einen **normativen Maßstab** zur Beurteilung der Sachzielrealisation. Die Formalziele lassen sich dann hinsichtlich ihrer Inhalte und Zielvorschriften weiter differenzieren, wie dies beispielhaft in Abbildung 1.1-26 dargestellt wird (vgl. Zelewski 1999, S. 17).

Ziele sind Aussagen oder Vorstellungen über zukünftige, als erstrebenswert erachtete oder zu vermeidende Zustände, die durch Handlungen realisiert werden sollen. Damit haben Ziele die folgenden Funktionen zu erfüllen:

- **Bewertungsfunktion** im Rahmen von Entscheidungskalkülen (hierbei obliegt ihnen die Aufgabe, dem menschlichen Handeln eine Orientierung zu bieten und es zu steuern);
- **Koordinationsfunktion**, d. h., die Ziele sollen sicherstellen, dass dezentral getroffene, interdependente Entscheidungen auf das oder die Oberziel(e) einer Organisation bezogen sind. Die Ziele werden folglich als ein Führungsinstrument verstanden.

		Formalzielinhalte			
		Technische Ziele	Ökonomische Ziele	Soziale Ziele	Ökologische Ziele
Formalziel-vorschriften	Extremie-rungsziele	Maximierung der Produkti-vität (Technizität)	Gewinnmaxi-mierung; Ren-tabilitätsma-ximierung	Minimierung der gesund-heitlichen Be-lastung am Arbeitsplatz	Maximierung der Recycling-quote
	Satisfizie-rungsziele	Mindestens 5% Produkti-vitätssteige-rung	Mindestens 20% Marktan-teil; Mindes-tens 10% Um-satzrentabilität	Bestands-sicherung für alle Arbeitsplätze	Einhaltung der gesetzlichen Emissions-grenzwerte

Abb. 1.1-26: Formalzielinhalte und -vorschriften

Unternehmungen verfolgen i. d. R. eine Mehrzahl von Zielen, d. h., es liegt ein Zielbündel vor. Werden mehrere Ziele angestrebt, dann sind die Beziehungen, die zwischen den Zielen bestehen oder hergestellt werden können, von Interesse (vgl. Strebel 1981, S. 460). Es lassen sich die folgenden Beziehungen unterscheiden:

- Interdependenzbeziehungen,
- Präferenzbeziehungen und
- Instrumentalbeziehungen.

Interdependenzbeziehungen sind entscheidungsfeldabhängige Beziehungen, wobei zwischen Indifferenz, Konkurrenz und Komplementarität zu unterschieden ist, d. h., es geht um die Frage, inwieweit die Erreichung der Ziele korreliert ist. Während sich bei einer **Zielindifferenz** die Zielerreichungsgrade der Ziele nicht beeinflussen, ist bei einer **Zielkonkurrenz** die positive Veränderung des Erreichungsgrades eines Zieles mit einer negativen Veränderung des Erreichungsgrades eines anderen Zieles verbunden, d. h., die Zielerreichungsgrade verhalten sich konfliktär (zu Möglichkeiten zur Überwindung von Zielkonflikten vgl. z. B. Corsten 1988a, S. 337 ff.). Bei einer **komplementären Zielbeziehung** verhalten sich die Zielerreichungsgrade hingegen gleichgerichtet, d. h., nimmt etwa der Erreichungsgrad eines Ziels zu, dann steigt auch der Erreichungsgrad eines anderen Zieles.

Präferenzbeziehungen sind vom Entscheidungsträger abhängige Beziehungen, d. h., es handelt sich um Aussagen über die Dringlichkeit, so dass eine Rangfolge der Ziele entsteht.

Instrumentalbeziehungen begründen Mittel-Zweck-Verhältnisse zwischen den Zielen (Ober-/Unterziele). Durch die sich hieraus ergebende Über-/Unterordnung entsteht eine Zielhierarchie, d. h., es liegt eine hinsichtlich der Instrumentalbeziehungen geordnete Gesamtheit der Ziele vor. Wird die Zielhierarchie um die Präferenzbeziehungen ergänzt, dann entsteht ein **Zielsystem**.

Allgemein anerkannte produktionswirtschaftliche Zielsysteme existieren in der Literatur nicht (vgl. Szyperski/Tilemann 1979, Sp. 2306). Auf der Grundlage von Abbildung 1.1-27 lassen sich technische, ökonomische, soziale und ökologische Ziele unterscheiden.

Bei den **technischen Zielen** dominieren Mengen als Zielgrößen. Durch die quotiale Verknüpfung der Ausbringungsmenge mit der Faktoreinsatzmenge ergibt sich die **Produktivität**, die teilweise auch als Grad der **technischen Ergiebigkeit** oder **Technizität** bezeichnet wird (vgl. Kern 1992, S. 67).

Die Produktivität ist folglich ein **Durchschnittsprodukt**, das sich aus dem Verhältnis des gesamten Output und dem für seine Erstellung im Bezugszeitpunkt zum Einsatz gelangenden gesamten Input ergibt. Demgegenüber gibt die **Grenzproduktivität** (auch marginale Produktivität genannt) die Outputänderung an, die durch eine infinitesimale Veränderung eines Inputfaktors bei Konstanz aller übrigen Faktoren bewirkt wird.

Die Ermittlung einer auf diese Weise definierten Produktivitätskennzahl für die gesamte Unternehmung stößt jedoch auf Schwierigkeiten, weil sich die Ausbringungsmengen und die Faktoreinsatzmengen aus heterogenen Elementen zusammensetzen

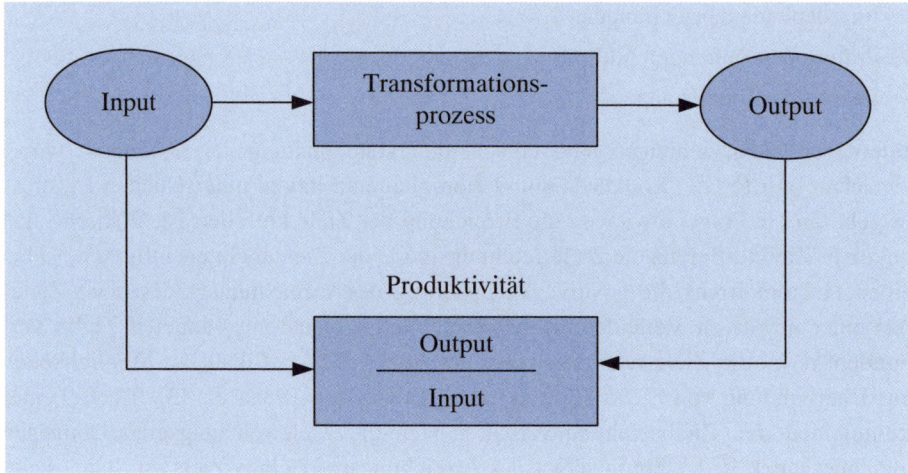

Abb. 1.1-27: Produktivität

und sich folglich nicht addieren lassen. Aus diesem Grunde werden i. d. R. lediglich mengenmäßige **Faktorproduktivitäten** (Teilproduktivitäten) gebildet (vgl. Zäpfel 1982, S. 24):

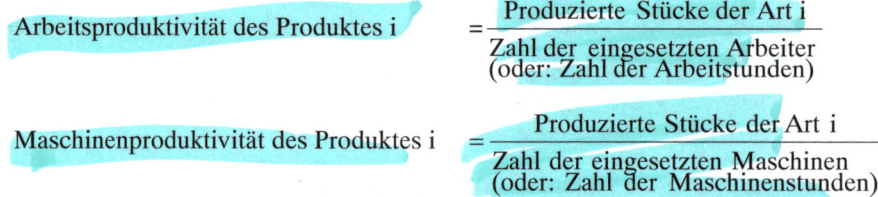

$$\text{Arbeitsproduktivität des Produktes i} = \frac{\text{Produzierte Stücke der Art i}}{\text{Zahl der eingesetzten Arbeiter (oder: Zahl der Arbeitsstunden)}}$$

$$\text{Maschinenproduktivität des Produktes i} = \frac{\text{Produzierte Stücke der Art i}}{\text{Zahl der eingesetzten Maschinen (oder: Zahl der Maschinenstunden)}}$$

Dabei ist zu berücksichtigen, dass ein erhöhter Output immer durch das Zusammenspiel aller Inputfaktoren zustande kommt und damit keine Aussage darüber getätigt werden kann, welcher Anteil des Outputs durch das Wirken eines einzelnen Inputfaktors ursächlich hervorgerufen wird. Eine verursachungsgerechte Zuordnung des Outputs auf die ihn erzeugenden Faktoren ist somit nicht möglich. So kann etwa eine Steigerung der Arbeitsproduktivität durch eine veränderte Faktorergiebigkeit, eine Zunahme der Kapitalintensität, den technischen Fortschritt oder durch eine veränderte Kapazitätsauslastung bewirkt werden. Faktorbezogene Produktivitäten sind damit lediglich statistische Maßgrößen und keine Zurechnungsgrößen.

Weitere technische Formalziele sind

- hohe Kapazitätsauslastung und
- niedrige Auftragsdurchlaufzeiten.

Als **ökonomische Zielgrößen** werden insbesondere

- Wirtschaftlichkeit (oder Ökonomität) und
- Rentabilität

herangezogen. Die **Wirtschaftlichkeit** ist ein allgemeines formales Prinzip, das jedem ökonomischen Handeln zugrunde liegt. Sie stellt eine Kennzahl dar, die sich aus der quotialen Verknüpfung von Ertrag und Aufwand oder von Leistung und Kosten ergibt:

$$\text{Wirtschaftlichkeit} = \frac{\text{Ertrag}}{\text{Aufwand}} \quad \text{oder}$$

$$\text{Wirtschaftlichkeit} = \frac{\text{Leistung}}{\text{Kosten}}$$

Eine Verfeinerung kann diese Kennzahl dadurch erfahren, dass eine Soll-Wirtschaftlichkeit formuliert wird, der dann die Ist-Wirtschaftlichkeit als tatsächlich erreichte Wirtschaftlichkeit gegenübergestellt wird:

$$\text{Soll-Wirtschaftlichkeit} \quad = \quad \frac{\text{Soll-Ertrag}}{\text{Soll-Aufwand}}$$

$$\text{Ist-Wirtschaftlichkeit} \quad = \quad \frac{\text{Ist-Ertrag}}{\text{Ist-Aufwand}}$$

Das **Wirtschaftlichkeitsprinzip** ist im Rahmen einer konkreten Faktorkombination dann eingehalten, wenn die Gesamtkosten bei einer gegebenen Outputmenge ein Minimum erreichen. Eine solche Faktorkombination wird als **Minimalkostenkombination** bezeichnet (vgl. Abschnitt 1.2.2.3).

Mit dem Begriff der **Rentabilität** wird die Relation von Gewinn zu Kapital erfasst:

$$\text{Rentabilität} = \frac{\text{Gewinn}}{\text{Kapital}} \cdot 100$$

Die Rentabilität drückt folglich die Verzinsung des eingesetzten Kapitals bezogen auf einen bestimmten Zeitraum aus. Je nach Bezugsgröße lässt sich die Rentabilität z. B. in Eigenkapital-, Fremdkapital- und Gesamtkapitalrentabilität untergliedern. Weitere Erscheinungsformen sind: Umsatzrentabilität, Rentabilität des betriebsnotwendigen Kapitals, betriebliche Rentabilität des langfristigen Kapitals, Vermögensrentabilität.

Eine Erweiterung zum **Return on Investment (ROI)** erfährt die Rentabilität durch Einbeziehung des Umsatzes:

$$\text{ROI} = \underbrace{\frac{\text{Gewinn}}{\text{Umsatz}}}_{\substack{\text{Umsatz-} \\ \text{rentabilität}}} \cdot \underbrace{\frac{\text{Umsatz}}{\text{Kapital}}}_{\substack{\text{Kapital-} \\ \text{umschlag}}} \cdot 100 \, [\%]$$

Diese Beziehung zeigt, dass die gleiche Rentabilität durch unterschiedliche Kombinationen der Umsatzrentabilität und des Kapitalumschlages realisiert werden kann. Es lassen sich folglich **ISO-Rentabilitätskurven** (vgl. Abbildung 1.1-28) formulieren (vgl. Zäpfel 1982, S. 27).

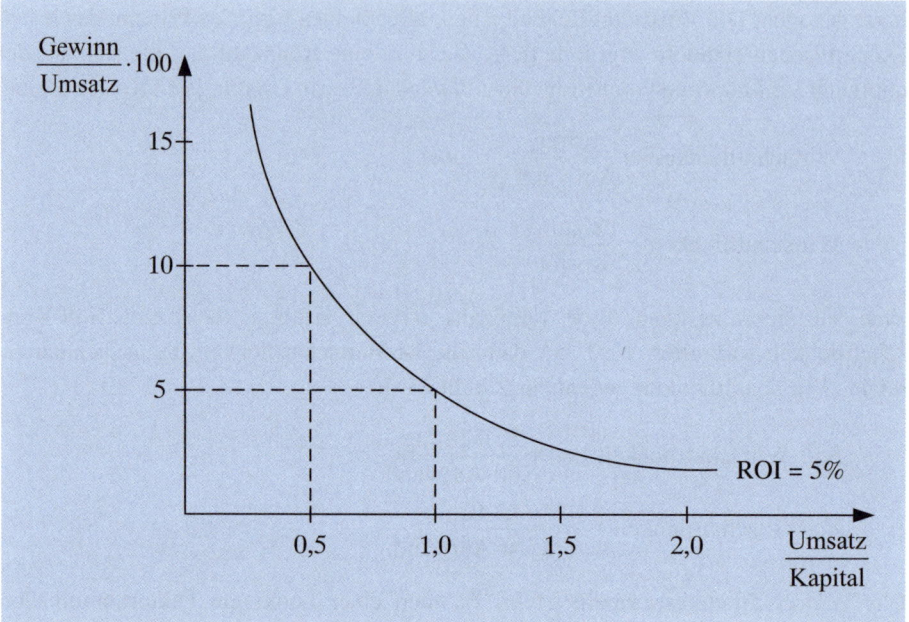

Abb. 1.1-28: ISO-Rentabilitätskurve

Die Rentabilität lässt sich darüber hinaus in Teilziele aufspalten, wodurch eine **Zielhie-rarchie** entsteht. Durch diese Vorgehensweise lässt sich verdeutlichen, wie sich etwa Handlungen im Produktionsbereich auf den Zielerfüllungsgrad einzelner Komponenten der Zielhierarchie und auf die Gesamtzielerreichung auswirken. Ebenfalls wird dadurch transparent, welche Elemente auf den unterschiedlichen Ebenen die Gesamt-zielerreichung sichern. Da eine Verknüpfung einzelner Kennzahlen durch Rechen-operationen vorgenommen wird, werden derartige Kennzahlensysteme als **Rechen-systeme** bezeichnet. Werden hingegen die Werte lediglich in einen systematischen Zusammenhang gebracht, dann liegen sogenannte Ordnungssysteme vor (z. B., wenn das Wachstum einer Unternehmung in die Komponenten Gewinn- und Umsatz-wachstum zerlegt wird). Rechensysteme sind hierarchisch aufgebaut, d. h., die Kenn-zahlen werden aus der jeweils übergeordneten Kennzahl abgeleitet. Eines der ältesten Kennzahlensysteme, das auch als „Basissystem der Kennzahlen" bezeichnet wird, ist das DuPont-System of Financial Control, das einmalig im Jahr 1919 erarbeitet wurde (vgl. Ossadnik 2009, S. 264). Abbildung 1.1-29 zeigt beispielhaft diese Zielhierar-chie.

Um den Zusammenhang zwischen Unternehmungshierarchie und Unternehmungs-zielen zu verdeutlichen, erscheint es zweckmäßig, diese beiden Hierarchien zu ver-knüpfen. Dabei erfolgt eine Konzentration auf den Funktionsbereich der Produktion. Eine derartige Verknüpfung zeigt Abbildung 1.1-30.

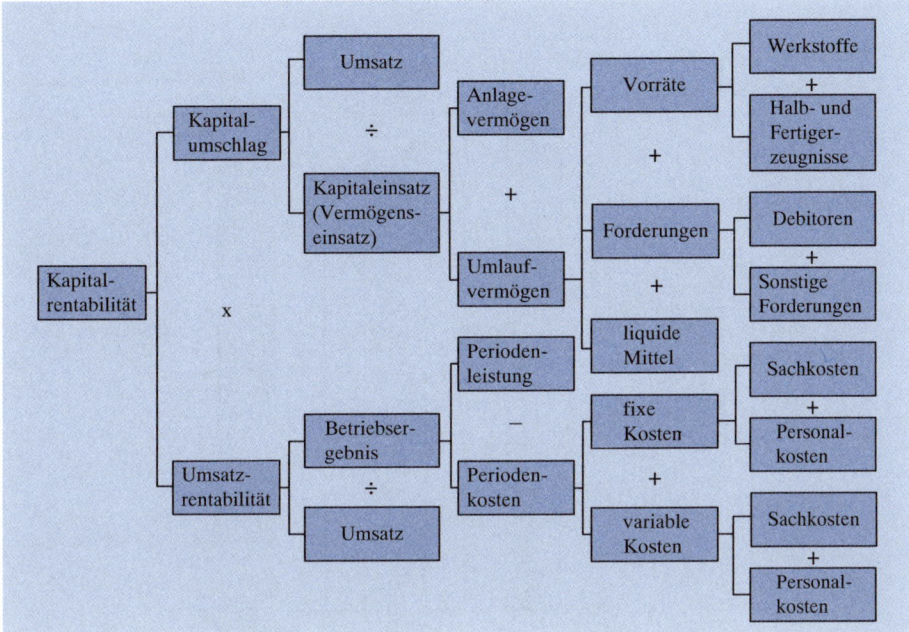

Abb. 1.1-29: Formale Zielhierarchie

Durch eine solche Gegenüberstellung und Verknüpfung wird deutlich, auf welche Teilzielkomponenten die Produktion (beispielhaft an der Abteilung Produktion III aufgezeigt) unmittelbar Einfluss nehmen und damit einen Beitrag zur Erreichung einer angemessenen Betriebsrentabilität leisten kann.

Weitere ökonomische Formalziele können sich auf den Umsatz, den Marktanteil und die Liquiditätssicherung beziehen.

Demgegenüber handelt es sich bei den sozialen Zielen primär um Inhalte, die die Bedingungen der menschlichen Arbeit betreffen (vgl. Hahn 1994, S. 31, Szyperski/ Tilemann 1979, Sp. 2313). Hierzu zählen:

- Sicherung der Arbeitsplätze,

- Alterssicherung,

- Mitbestimmung,

- menschengerechte(r) Potentialeinsatz und -gestaltung,

- individuelle Arbeitssicherheit beim Prozessablauf,

- Verminderung einseitiger geistiger Belastung sowie

- Stärkung sozialer Kontakte und persönlicher Entfaltungsmöglichkeiten am Arbeitsplatz.

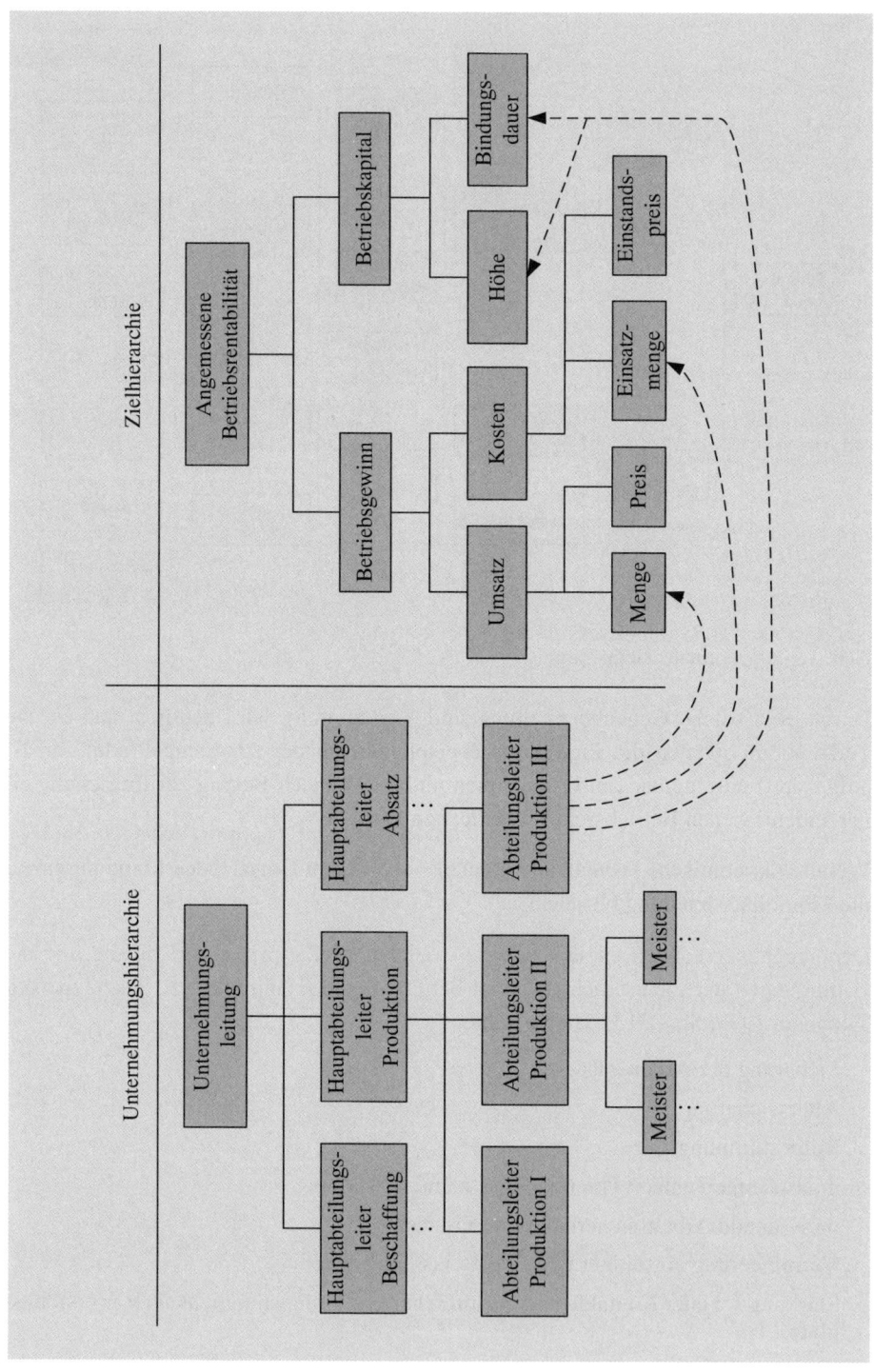

Abb. 1.1-30: Produktion und unternehmerische Ziele

Zunehmende Bedeutung erlangen seit geraumer Zeit die ökologischen Ziele (vgl. z. B. Liesegang 1993, S. 383 ff.; Strebel 1996, Sp. 1305 ff.). Als generelle Zielsetzung ist die Schonung der Umwelt vor schädlichen Einflüssen und der sparsame Umgang mit den natürlichen Ressourcen zu nennen. Konkretisierend lassen sich dann die folgenden Ziele formulieren:

- verminderte Produktionskoeffizienten,
- verminderte Rückstandskoeffizienten,
- erhöhte Verwertungskoeffizienten und
- erhöhte Umwandlungskoeffizienten.

Instrumental lassen sich diese Ziele in einer produktionswirtschaftlichen Betrachtung auf den Ebenen der Inputfaktoren, der zum Einsatz gelangenden Produktionsverfahren und des Output verfolgen (vgl. hierzu Corsten/Götzelmann 1989, S. 350 ff. und S. 409 ff.; Dyckhoff 1996, Sp. 1461 ff.).

1.2 Produktions- und kostentheoretische Grundlagen

Die Produktionstheorie untersucht ökonomische Aspekte des Produktionsprozesses, mit dem Ziel, Regelmäßigkeiten der Beziehungen zwischen Faktoreinsatz- und Ausbringungsmengen zu ermitteln und diese mit Hilfe von Produktionsmodellen formal durch Technologien, hieraus ableitbare Produktionsfunktionen oder -korrespondenzen zu beschreiben. Sie stellt somit eine Gesamtheit von Grundannahmen und Schlussfolgerungen dar, die sich auf Modelle des Transformationsprozesses im Rahmen von Produktionssystemen bezieht. Die Produktionstheorie trifft damit Aussagen, die der bestmöglichen Gestaltung der Produktionsprozesse dienen, und ist Grundlage der Produktionsplanung. Eine rein mengenmäßige Betrachtung reicht jedoch nur in Ausnahmefällen aus, um Produktionsprozesse im Sinne ökonomischer Zielsetzungen zu lenken. Deshalb obliegt der Kostentheorie die Aufgabe, durch die Bewertung der Faktoreinsatz- und Ausbringungsmengen mit Preisen das Mengengerüst der Produktionstheorie durch ein Wertgerüst zu ergänzen (vgl. Dyckhoff 2003, S. 9 ff.; Fandel 2007, S. 11 ff.; Kistner/ Steven 2001, S. 2 f.; Reese 1999, S. 727).

In der Produktionstheorie wird mit unterschiedlichen Ansätzen gearbeitet. Basisvarianten sind dabei die aktivitätsanalytische und die funktionalistische Produktionstheorie. Während der aktivitätsanalytische Ansatz ausgehend von den formalen Eigenschaften einer Technologie die Eigenschaften der Produktionsfunktionen und Entscheidungsempfehlungen herleitet (vgl. Kistner 1993b, S. 54), konzentriert sich der funktionalistische Ansatz bei der Beschreibung, Erklärung und Gestaltung der Relationen zwischen Faktoreinsatz- und Ausbringungsmengen auf Produktionsfunktionen (vgl. Matthes 1996, Sp. 1569 ff.). Dynamische und stochastische Produktionstheorien stellen Erweiterungen dieser Basisvarianten dar, die der Einbeziehung zusätzlicher Gegebenheiten des Produktionssystems dienen. So berücksichtigt die dynamische Produktionstheorie explizit Veränderungen, die für Elemente einer Technologie im

Laufe der Zeit eintreten können (z. B. Änderungen der Produktivität, technischer Fortschritt; vgl. Fandel 2007, S. 150 ff.) und die **stochastische Produktionstheorie** die Wirkungen zufällig auftretender Einflüsse auf das Produktionssystem (z. B. Qualitätsschwankungen von Produktionsfaktoren, Verschleiß; vgl. Fandel 2007, S. 179 ff.; Schaefer 1996, Sp. 1584 ff.). Die **strukturalistische Produktionstheorie** gibt hingegen als Metakonzept Aufschluss darüber, wie sich produktionswirtschaftliche Theorien in wohlstrukturierter Weise darstellen lassen, indem sie den „non statement view" der analytischen Wissenschaftstheorie auf konventionell formulierte produktionswirtschaftliche Theorien anwendet (vgl. Zelewski 1992a, S. 64 ff.), wobei ein zweifacher Anspruch erhoben wird:

- bereits vorhandene Theorien sollen mit einer verbesserten formalsprachlichen Theoriestruktur rekonstruiert werden, und
- durch eine wohlstrukturierte Theorieformulierung soll die Fortentwicklung der produktionswirtschaftlichen Theoriebildung befruchtet werden.

1.2.1 Produktionstheoretische Grundlagen

1.2.1.1 Produktionstheoretische Grundbegriffe

Den historischen Ausgangspunkt der Produktionstheorie bilden die Produktionsfunktionen. Ihnen obliegt die Aufgabe, die Beziehungen zwischen Faktoreinsatz- und Ausbringungsmengen abzubilden, wobei grundsätzlich die empirische Beobachtbarkeit der Zuordnungen und die Messbarkeit der Quanten ihrer Variablen unterstellt wird. Unter einer **Produktionsfunktion** wird dabei allgemein der eindeutige **funktionale Zusammenhang** zwischen den erstellten **Outputmengen** x_j ($j = 1, …, m$) und den eingesetzten **Inputmengen** r_i ($i = 1, …, n$) verstanden, der sich formal in impliziter Form als allgemeine Produktionsfunktion durch folgende Gleichung beschreiben lässt:

$$f(x_1, x_2, …, x_m; r_1, r_2, …, r_n) = 0$$

In **expliziter Formulierung** ergeben sich, unter Berücksichtigung unterschiedlicher Aggregationsstufen, spezielle Produktionsfunktionen, die sich wie folgt darstellen lassen:

- auf die gesamte Unternehmung bezogene Produktionsfunktionen
  -- als Produkt- oder Ertragsfunktion
$$(x_1, x_2, …, x_m) = f(r_1, r_2, …, r_n)$$
  -- als Faktor- oder Produktorfunktion
$$(r_1, r_2, …, r_n) = f(x_1, x_2, …, x_m)$$
- auf die Stelle s bezogene Produktionsfunktion ($s = 1, …, S$) als Transformationsfunktion
$$r_{is} = f(r_{1s}, …, r_{(i-1)s}, r_{(i+1)s}, …, r_{ns}; x_{1s}, …, x_{ms})$$

Als **primäre Prämissen** zur Begründung von Produktionsfunktionen sind

- die Effizienzkriterien,
- die Art der Produktmengenvariation und
- die Art der Faktoreinsatzbedingungen

zu nennen (vgl. Matthes 1996, Sp. 1574).

Implizit ist in der Formulierung der Produktionsfunktion die Prämisse enthalten, dass mit gegebener Inputmenge ein maximal möglicher Output oder mit gegebener Outputmenge ein minimaler Input verbunden ist. Dies bedeutet, dass mit der Produktionsfunktion die Menge aller effizienten Produktionspunkte erfasst wird. Von einem **effizienten Prozess** wird nur dann gesprochen, wenn kein unnötiger Faktorverbrauch auftritt, d. h., ein zu hoher Faktorverbrauch, z. B. bedingt durch einen zu hohen Werkstoffverschnitt, darf nicht eintreten, da sonst eine Faktorverschwendung vorläge. Damit gibt die Produktionsfunktion die zu jeder Faktorkombination maximal realisierbare Produktmenge an und erfasst folglich den effizienten Rand der Technologie, d. h., die Produktionsfunktion ist die effiziente Untermenge der mit einer Technologie erfassten Aktivitätenmenge. Somit ist die Produktionsfunktion eine nicht nur rein technisch determinierte Beziehung, sondern auch Ergebnis ökonomischer Entscheidungen (vgl. Dyckhoff 2003, S. 137 ff.; Ellinger/Haupt 1996, S. 12).

Zur Bestimmung der Art der **Produktmengenvariation** interessieren bei einer einstufigen Einproduktproduktion zunächst die beiden folgenden Fragestellungen:

- Wie verändert sich die Ausbringungsmenge x, wenn die Einsatzmenge **eines** Faktors r_i (i = 1, ..., n) bei Konstanz aller übrigen Faktoren verändert wird?
- Wie verändert sich die Ausbringungsmenge x, wenn die Einsatzmenge **aller** Faktoren verändert wird?

Während es sich bei der ersten Fragestellung um eine Partialanalyse handelt, liegt im zweiten Fall eine Totalanalyse vor.

Zur Charakterisierung der Produktionsfunktionen mit Hilfe der **Partialanalyse** können in einer Betrachtung absoluter Werte die Kennzahlen Produktivität (vgl. Abschnitt 1.1.8), Produktionskoeffizient, partielle Grenzproduktivität, partielles Grenzprodukt und in einer relativen Betrachtung die Produktionselastizität herangezogen werden (vgl. Fandel 2007, S. 57 ff.).

Der **Produktionskoeffizient** h_i ist durch das Verhältnis r_i/x definiert und stellt in dieser Form das Reziprok der Produktivität dar. Er gibt die zur Produktion einer gegebenen Outputmenge benötigte Einsatzmenge an. Produktionskoeffizienten müssen keine konstanten, vom Outputniveau unabhängigen Größen darstellen, sondern können sich auch in Abhängigkeit von der Ausbringungsmenge verändern.

Mit der **partiellen Grenzproduktivität** PG_i (synonym auch partieller Grenzertrag) zwischen dem Output x und dem Input r_i wird die durch eine infinitesimal kleine Faktorvariation bewirkte Outputveränderung bestimmt:

$$PG_i = \frac{\partial x}{\partial r_i}$$

Hierbei lassen sich drei Fälle unterscheiden:

$\dfrac{\partial x}{\partial r_i} > 0$ eine Erhöhung (Senkung) der Inputmenge r_i hat eine größere (kleinere) Outputmenge zur Folge (positive Grenzerträge);

$\dfrac{\partial x}{\partial r_i} = 0$ bei einer Erhöhung oder Senkung der Inputmenge bleibt die Outputmenge gleich (Grenzerträge gleich null);

$\dfrac{\partial x}{\partial r_i} < 0$ eine Erhöhung (Senkung) der Inputmenge r_i führt zu einer Verminderung (Vergrößerung) der Outputmenge x (negative Grenzerträge).

Die Grenzproduktivität gibt damit die Steigung der Produktionsfunktion hinsichtlich der Inputmenge r_i an. Die Änderung der Grenzproduktivität ergibt sich dann aus:

$$\frac{\partial^2 x}{\partial r_i^{\,2}} = \frac{\partial\left(\dfrac{\partial x}{\partial r_i}\right)}{\partial r_i}$$

wobei zwischen zunehmender, konstanter und abnehmender Grenzproduktivität zu unterscheiden ist.

Durch Multiplikation der partiellen Grenzproduktivität mit einer infinitesimal kleinen absoluten Änderung des Faktors r_i ergibt sich dann das **partielle Grenzprodukt**, das anzeigt, wie sich die Einsatzmengenvariation absolut auf die Ausbringungsmenge auswirkt:

$$\Delta x = \frac{\partial x}{\partial r_i} \cdot \Delta r_i$$

Die **Produktionselastizität** gibt als dimensionslose Größe an, wie sich die Outputmenge relativ verändert, wenn die Inputmenge marginal relativ verändert wird:

$$\eta_i = \frac{r_i \cdot \partial x}{x \cdot \partial r_i}$$

Die **Totalanalyse** verwendet zur Charakterisierung der Produktionsfunktionen die Kennzahlen totales Grenzprodukt, Skalenelastizität und Homogenität (vgl. Dyckhoff 2003, S. 155; Fandel 2007, S. 59 ff.).

Das **totale Grenzprodukt** wird durch Addition der partiellen Grenzprodukte ermittelt und gibt an, um wie viele Einheiten sich die Outputmenge verändert, wenn alle Produktionsfaktoren eine infinitesimal kleine Mengenänderung erfahren:

$$\Delta x = \frac{\partial x}{\partial r_1} \cdot \Delta r_1 + \ \ldots \ + \frac{\partial x}{\partial r_n} \cdot \Delta r_n = \sum_{i=1}^{n} \frac{\partial x}{\partial r_i} \cdot \Delta r_i$$

Mit Hilfe der Niveauvariation können Aussagen über die Homogenität der Produktionsfunktionen getroffen werden. Dabei wird festgestellt, wie sich die Outputmenge verhält, wenn die Mengen aller Inputfaktoren mit ein und demselben Proportionalitätsfaktor τ ($\tau > 0$) variiert werden:

$$x = f(\tau \cdot r_1, \tau \cdot r_2, \ldots, \tau \cdot r_n)$$

Die Auswirkungen der Niveauvariationen werden mit der Skalenelastizität beschrieben, die angibt, um welchen relativen Betrag sich die Ausbringungsmenge verändert, wenn die Mengen aller Inputfaktoren gleichzeitig proportional um einen infinitesimal kleinen Prozentsatz variiert werden:

$$\eta = \frac{\tau \cdot dx}{x \cdot d\tau}$$

Je nach der Höhe des Wertes der Skalenelastizität sind steigende ($\eta > 1$), konstante ($\eta = 1$) und fallende Skalenerträge ($\eta < 1$) zu unterscheiden, die auch mit den Begriffen Größenprogression, Größenproportionalität bzw. Größendegression umschrieben werden. Aus der folgenden Skalenelastizitätsgleichung (Wicksell-Johnson-Theorem) ergibt sich bei proportionaler Veränderung aller Faktoreinsatzmengen auch eine Verbindung zur Produktionselastizität:

$$\eta = \sum_{i=1}^{n} \eta_i$$

Ein durch Niveauvariation feststellbarer Spezialfall ist die Homogenität der Produktionsfunktionen. Diese besagt, dass sich bei einer τ-fachen Veränderung der abhängigen Variablen einer Funktion deren unabhängigen Variablen um das τ^ε-fache ändern:

$$\tau^\varepsilon \cdot x^0 = f(\tau \cdot r_1^0, \tau \cdot r_2^0, \ldots, \tau \cdot r_n^0)$$

Folglich ist eine Produktionsfunktion dann homogen vom Grade ε, wenn bei einer Niveauvariation um das τ-fache die Outputmenge um das τ^ε-fache variiert. Liegt eine homogene Produktionsfunktion vor, dann stimmt die Skalenelastizität mit dem Homogenitätsgrad überein. Eine Produktionsfunktion ist demnach homogen vom Grade 1 oder linearhomogen, wenn eine proportionale Vermehrung der Einsatzfaktoren zu einer gleichen Erhöhung des mengenmäßigen Outputs führt. Dies besagt, dass z. B. eine Verdopplung des Faktoreinsatzes eine Verdopplung des Outputs bewirkt. Beim Homogenitätsgrad lassen sich generell drei Situationen unterscheiden:

$\varepsilon = 1$ Die Outputmenge verändert sich linear zur Niveauvariation (linearhomogen).

$\varepsilon > 1$ Die Outputmenge verändert sich überproportional zur Niveauvariation (überlinearhomogen).

$\varepsilon < 1$ Die Outputmenge verändert sich unterproportional zur Niveauvariation (unterlinearhomogen).

Grundsätzlich ist eine homogene Produktionsfunktion daran erkennbar, dass in ihr kein Absolutglied enthalten ist, d. h., sie beginnt im Koordinatenursprung.

Inhomogen ist eine Produktionsfunktion dann, wenn sich die Ausbringungsmenge bei proportionaler Variation der Einsatzmengen nicht unabhängig vom Niveau des Outputs verändert, d. h., die Verdopplung der Faktoreinsätze führt bei unterschiedlichen Outputniveaus zu verschieden großen Outputveränderungen:

$$\tau^{\varepsilon(x)} \cdot x^0 = f(\tau \cdot r_1^0, \tau \cdot r_2^0, \ldots, \tau \cdot r_n^0)$$

Hinsichtlich der zum Einsatz gelangenden Produktionsfaktoren lassen sich

- substitutionale und
- limitationale Faktoreinsatzbeziehungen

unterscheiden.

Von **substitutionalen Faktoreinsatzbeziehungen** wird dann gesprochen, wenn die zum Einsatz gelangenden Produktionsfaktoren in keiner festen Relation zum Output stehen. Die unterschiedlichen Mengenkombinationen der Inputfaktoren, die zur selben Outputmenge führen, werden mit Hilfe von **Isoquanten** erfasst.

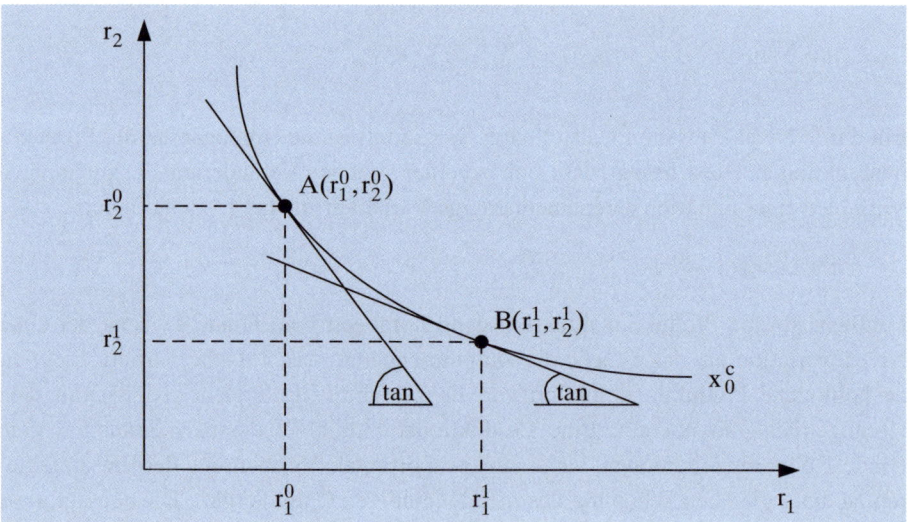

Abb. 1.2-1: Faktorsubstitution

Abbildung 1.2-1 zeigt eine Isoquante bei substitutionalen Faktoreinsatzbeziehungen. Dabei erfolgt eine Konzentration auf **effiziente Faktorkombinationen**, d. h., eine Substitution ist unter ökonomischen Gesichtspunkten nur dann sinnvoll, wenn bei gleichbleibender Ausbringungsmenge durch die Vermehrung des Einsatzes eines Produktionsfaktors eine Verringerung der Einsatzmenge eines anderen Produktionsfaktors erzielt werden kann. Hierauf aufbauend lassen sich Effizienzbedingungen formulieren (vgl. Ellinger/Haupt 1996, S. 44 f.):

- notwendige Bedingung: der Verlauf der Isoquante ist durch eine negative Steigung charakterisiert;
- hinreichende Bedingung: die Isoquante ist konvex, wobei ein linearer Verlauf als Spezialfall der Konvexität gilt.

Substitutionalität der Einsatzfaktoren kann in den in Abbildung 1.2-2 dargestellten Formen der partiellen (z. B. zwischen menschlicher und maschineller Arbeitsleistung), partiell-totalen (z. B. zwischen Heizöl und Koks in Hochofenprozessen) und totalen Substitution (z. B. zwischen Roheisen und Schrott bei der Stahlherstellung) vorliegen.

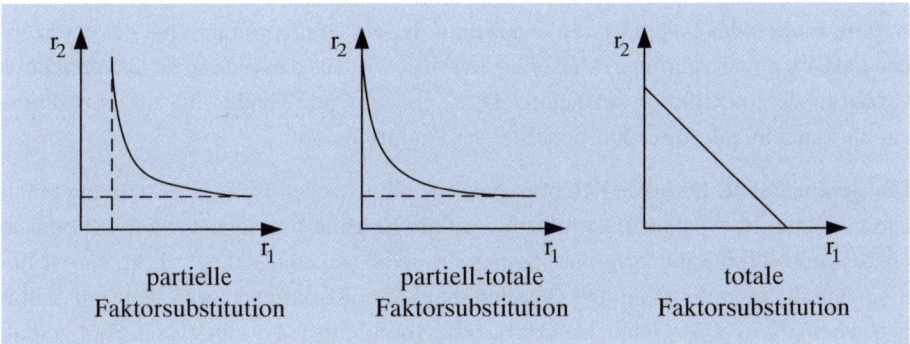

Abb. 1.2-2: Formen der Faktorsubstitution

Während eine **partielle Faktorsubstitution** (synonym auch beidseitig begrenzte Faktorsubstitution) besagt, dass bei der Betrachtung zweier Einsatzfaktoren beide mit einer Mindestmenge eingesetzt werden müssen, d. h. nicht vollständig durch den anderen Faktor ersetzt werden können, erlaubt die **partiell-totale Faktorsubstitution** (synonym auch einseitig begrenzte Faktorsubstitution) den vollständigen Ersatz genau eines

der beiden betrachteten Inputfaktoren durch den anderen. Mit einer **totalen Faktorsubstitution** (synonym auch unbegrenzte Faktorsubstitution) besteht die Möglichkeit des vollständigen gegenseitigen Ersatzes der beiden betrachteten Einsatzfaktoren, wobei jedoch mindestens ein dritter Faktor notwendig wird, um diesen Sachverhalt noch als Produktion im Sinne eines Kombinationsprozesses bezeichnen zu können (vgl. Kern 1992, S. 27 f.).

Die Quantifizierung der Substitutionalität zwischen den Produktionsfaktoren erfolgt mit Hilfe der **Grenzrate der Faktorsubstitution**, die stets für eine konstante Outputmenge x^c zwischen zwei Faktoren definiert ist. Die in Abbildung 1.2-1 eingezeichneten Punkte A und B symbolisieren das gleiche Outputniveau x_0^c. Die Grenzrate der Faktorsubstitution lässt sich dann formal durch folgende Beziehungen beschreiben:

$$GS = -\frac{dr_2}{dr_1} = \frac{\dfrac{\partial x}{\partial r_1}}{\dfrac{\partial x}{\partial r_2}} = \frac{PG_1}{PG_2} \quad \text{per definitionem} \geq 0$$

Da mit der Grenzrate der Faktorsubstitution die Mengenänderung des Faktors r_2 bei einer marginalen Variation des Faktors r_1 angegeben wird, ist sie gleichzeitig ein Maß für die (negative) Steigung der Isoquante. Während im dargestellten Fall die Grenzrate der Substitution von Produktionspunkt zu Produktionspunkt variiert, ist sie bei einer linearen Isoquante über den gesamten Substitutionsbereich konstant. Im zuerst genannten Fall nimmt mit zunehmender Substitution des Produktionsfaktors r_2 durch den Produktionsfaktor r_1 die erforderliche Einsatzmenge von r_1 ständig zu, um eine

weitere Einheit des Faktors r_2 zu ersetzen, d. h., die Grenzproduktivität des ersetzenden Faktors r_1 wird geringer. Dieser Sachverhalt wird als das Gesetz der abnehmenden Grenzrate der Substitution bezeichnet. Diese abnehmende Tendenz ist zurückzuführen auf die zunehmende Disproportionalität der Faktoreinsätze.

Der geometrische Ort aller Faktorkombinationen gleicher Isoquantensteigung (gleiche Grenzrate der Faktorsubstitution) wird als Isokline bezeichnet. Ist die Produktionsfunktion durch eine konstante Skalenelastizität gekennzeichnet, d. h., sie ist homogen, dann sind die Isoklinen Geraden durch den Koordinatenursprung (vgl. Ellinger/Haupt 1996, S. 39; Fandel 2007, S. 66). Abbildung 1.2-3 gibt diesen Sachverhalt beispielhaft wieder.

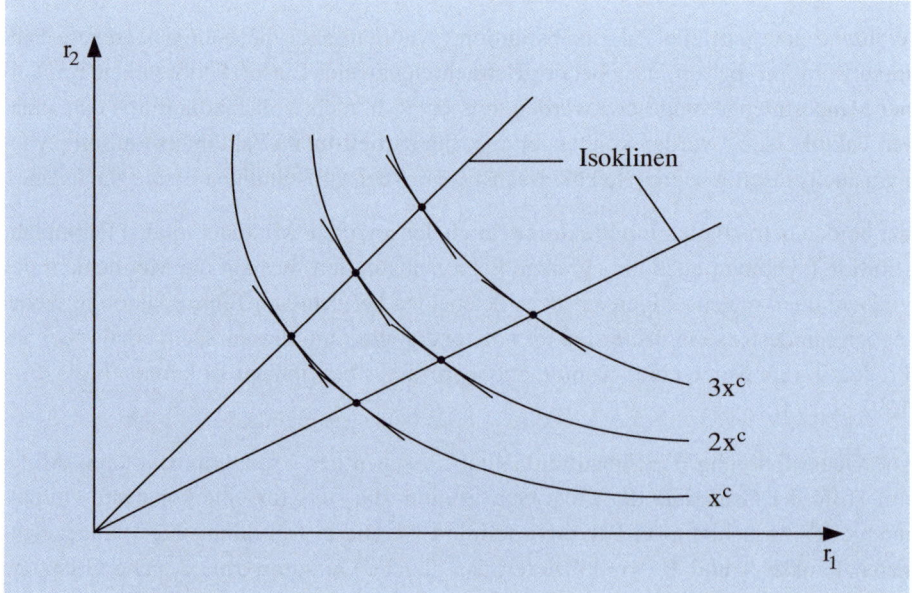

Abb. 1.2-3: Isoklinen

Eine weitere Quantifizierung der Substitutionalität kann mit Hilfe der Krümmung der Isoquanten vorgenommen werden, die sich mathematisch als erste Ableitung der Grenzrate der Faktorsubstitution darstellen lässt. Hierfür gilt die Tendenzaussage, dass mit zunehmender Isoquantenkrümmung der Bereich effizienter Faktorsubstitution abnimmt. Als Extremfall ist eine so starke Isoquantenkrümmung denkbar, die den Substitutionsbereich auf eine einzige Faktorkombination beschränkt und somit eine limitationale Faktoreinsatzbeziehung kennzeichnet.

Im Gegensatz zur substitutionalen stehen die zur Erzeugung einer bestimmten Outputmenge zum Einsatz gelangenden Produktionsfaktoren bei einer limitationalen Faktoreinsatzbeziehung in einem festen Verhältnis zueinander. Eine größere als die technisch determinierte Inputmenge eines Faktors würde bei gleichbleibenden Mengen der anderen Faktoren im Produktionsprozess nicht aufgenommen, d. h., die Produktionsfaktoren sind vollständig komplementär und limitieren sich gegenseitig. Bei einer limitationalen Faktoreinsatzbeziehung reduziert sich die Isoquante auf einen Punkt, so dass bei Niveauvariation eine Isokline entsteht, die letztlich die limitationale Produktionsfunktion darstellt und auch als Prozess bezeichnet wird.

Ein konstantes Faktoreinsatzmengenverhältnis für einen gegebenen Output bedeutet jedoch nicht, dass für limitationale Produktionsfunktionen konstante Produktionskoeffizienten vorliegen müssen, sondern es sind weiterhin auch outputvariable Produktionskoeffizienten möglich. Es existieren somit verschiedene Arten der Limitationalität, wobei zwischen linearer und nichtlinearer Limitationalität unterschieden wird.

Bleiben bei Veränderung der Produktionsmenge die Produktionskoeffizienten konstant, dann liegt eine lineare Limitationalität vor. Diese besagt, dass einerseits das Einsatzverhältnis der erforderlichen Inputmengen unverändert bleibt, und anderseits eine Produktionsfunktion mit einem Homogenitätsgrad von $\varepsilon = 1$ vorliegt, wie dies aus Abbildung 1.2-4 ersichtlich ist. Um diese Beziehung als Produktionsfunktion formal zu erfassen, sind für die einzelnen Faktoren simultan gültige Faktorfunktionen in folgender Form zu formulieren:

$$r_i = h_i \cdot x \qquad \text{mit } h_i = \text{konstant} > 0 \text{ und } i = 1, \dots, n$$

Verändert sich bei Variation der Outputmenge mindestens ein Produktionskoeffizient, dann liegt eine nichtlinear-limitationale Produktionsfunktion vor, die entweder durch Inhomogenität oder durch einen Homogenitätsgrad von $\varepsilon \neq 1$ gekennzeichnet ist. Abbildung 1.2-5 gibt beispielhafte Verlaufsformen nichtlinear-limitationaler Produktionsfunktionen wieder.

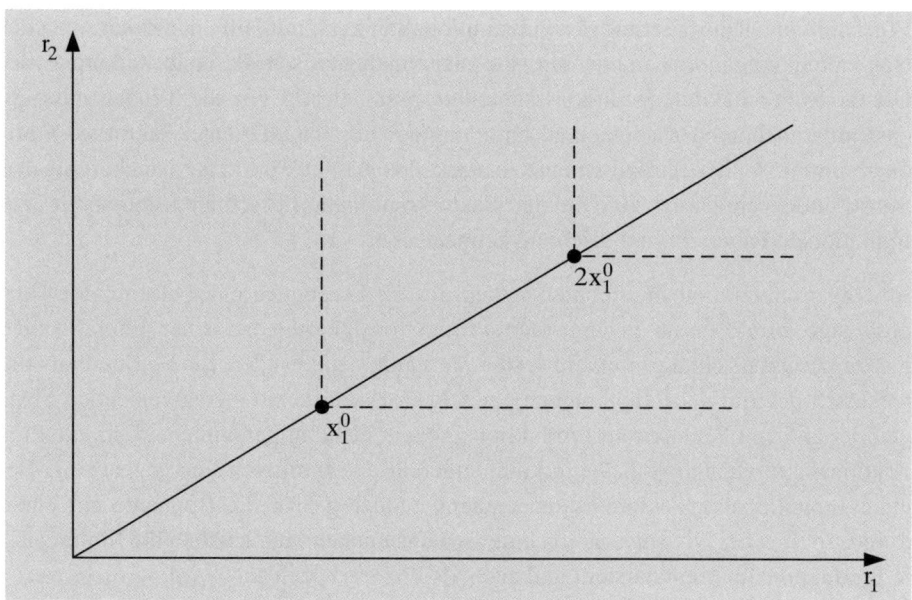

Abb. 1.2-4: Linear-limitationale Produktionsfunktion

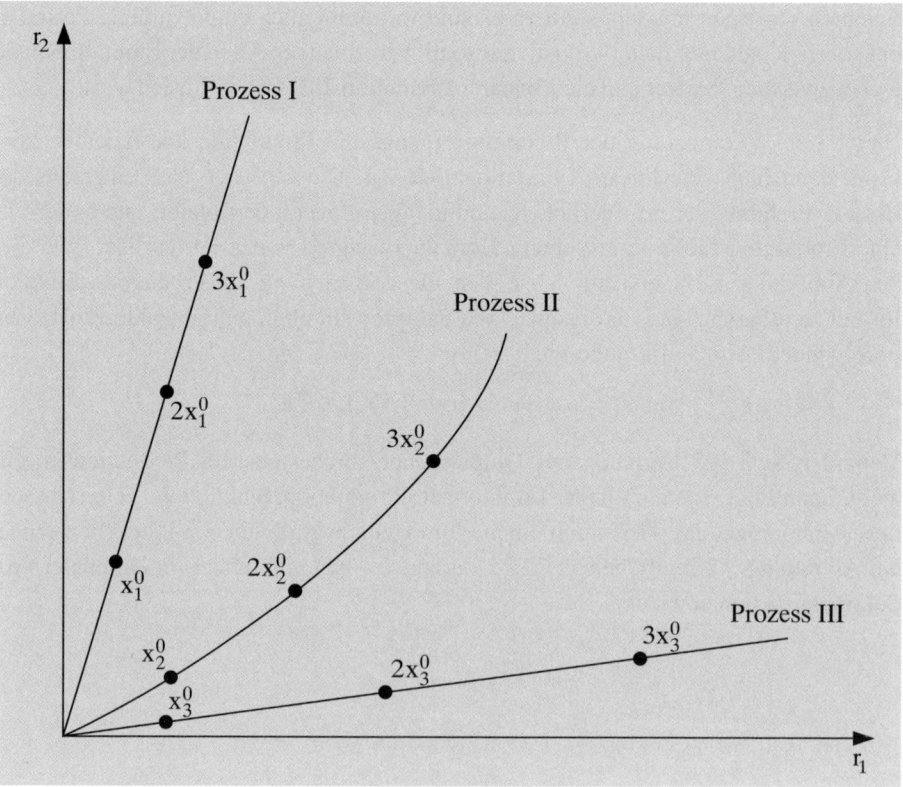

Abb. 1.2-5: Beispiele nichtlinear-limitationaler Produktionsfunktionen

Wird für eine Unternehmung die Existenz mehrerer Prozesse zugelassen, die zur Herstellung eines bestimmten Produktes herangezogen werden können, dann bestehen die Möglichkeiten der Prozesssubstitution und der Prozesskombination. Sowohl aus Prozesssubstitutionen als auch aus Prozesskombinationen resultieren Faktorsubstitutionen, die im Gegensatz zu denen bei substitutionalen Produktionsfunktionen auf der Verschiedenheit der Produktionsverfahren beruhen. Während bei der **Prozesssubstitution** die Produktion der Outputmenge eines Produktes alternativ mit einem der möglichen Prozesse erfolgt und somit zwischen effizienten Faktorkombinationen gewählt wird, ist die **Prozesskombination** durch eine Aufteilung der Produktmenge auf mehrere Prozesse gekennzeichnet, so dass sich das Effizienzproblem, insbesondere bei mehr als zwei kombinierbaren Prozessen, etwas komplexer darstellt (vgl. Ellinger/Haupt 1996, S. 63 ff.). Dies soll im Folgenden am Beispiel zweier linear-limitationaler Prozesse dargestellt werden, um dann die Effizienzbetrachtungen um einen dritten linear-limitationalen Prozess zu erweitern (vgl. Abb. 1.2-6).

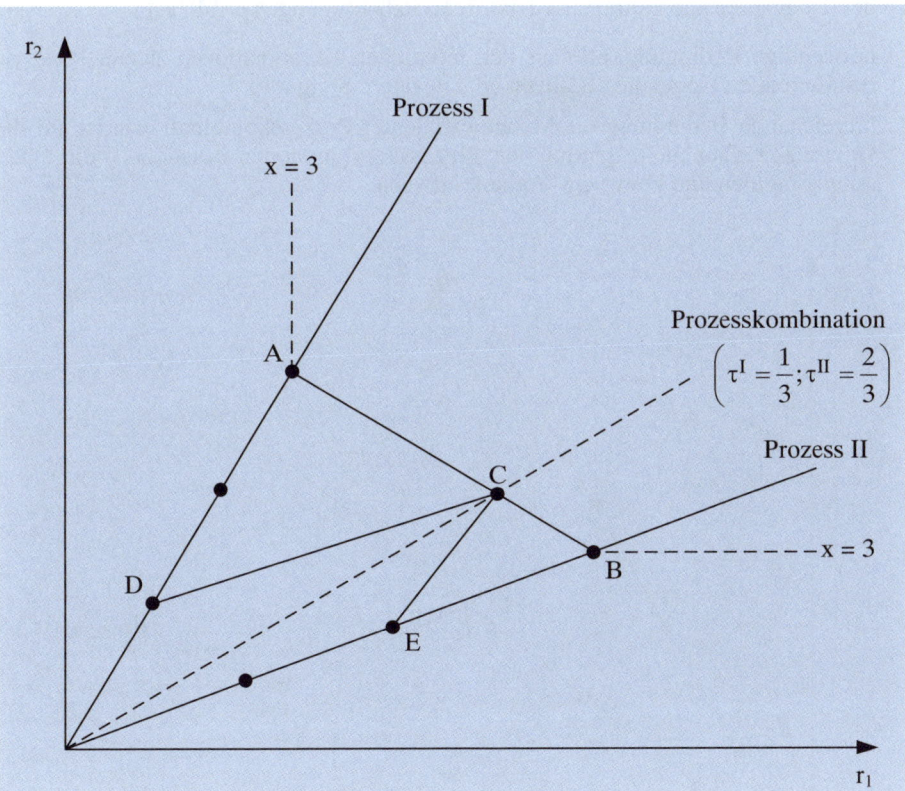

Abb. 1.2-6: Kombination linear-limitationaler Prozesse

Die effiziente Kombination zweier linear-limitationaler Prozesse zur Produktion einer gegebenen Outputmenge stellt sich als Isoquante dar, die als Gerade die Prozesspunkte auf den einzelnen Prozessstrahlen verbindet, mit denen das gegebene Outputniveau realisiert werden kann. Die Isoquante repräsentiert den geometrischen Ort der Menge effizienter Prozesskombinationspunkte mit gleichem Outputniveau und lässt sich wie folgt formal als Konvexkombination beider Prozesse darstellen (vgl. Fandel 2007, S. 96 ff.):

Prozess I: $r_i^I = \tau^I \cdot h_i^I \cdot x$ mit $\tau^I = \text{konstant}$, $h_i^I = \text{konstant} > 0$ und $i = 1, \ldots, n$

Prozess II: $r_i^{II} = \tau^{II} \cdot h_i^{II} \cdot x$ mit $\tau^{II} = \text{konstant}$, $h_i^{II} = \text{konstant} > 0$ und $i = 1, \ldots, n$

weiterhin gilt: $\tau^I + \tau^{II} = 1$, $0 \leq \tau^I, \tau^{II} \leq 1$, $h_i^I \neq h_i^{II}$ und $x = \text{konstant}$

Abbildung 1.2-6 gibt die Prozesskombination ($\tau^I = 1/3; \tau^{II} = 2/3$) für ein Outputniveau von $x = 3$ wieder.

Besteht die Möglichkeit, mehr als zwei Prozesse miteinander zu kombinieren, dann müssen die folgenden Voraussetzungen für effiziente Prozesskombinationen analog zu den Isoquanten substitutionaler Faktoreinsatzbedingungen erfüllt sein:

- notwendige Bedingung: alle aus den möglichen Kombinationen zweier Prozesse resultierenden Isoquanten besitzen eine negative Steigung;

- hinreichende Bedingung: die Menge effizienter Prozesskombinationen ist auf die Gesamtheit aller nicht dominierten Prozesskombinationen beschränkt, die einen durchgängigen und konvexen Verlauf aufweist.

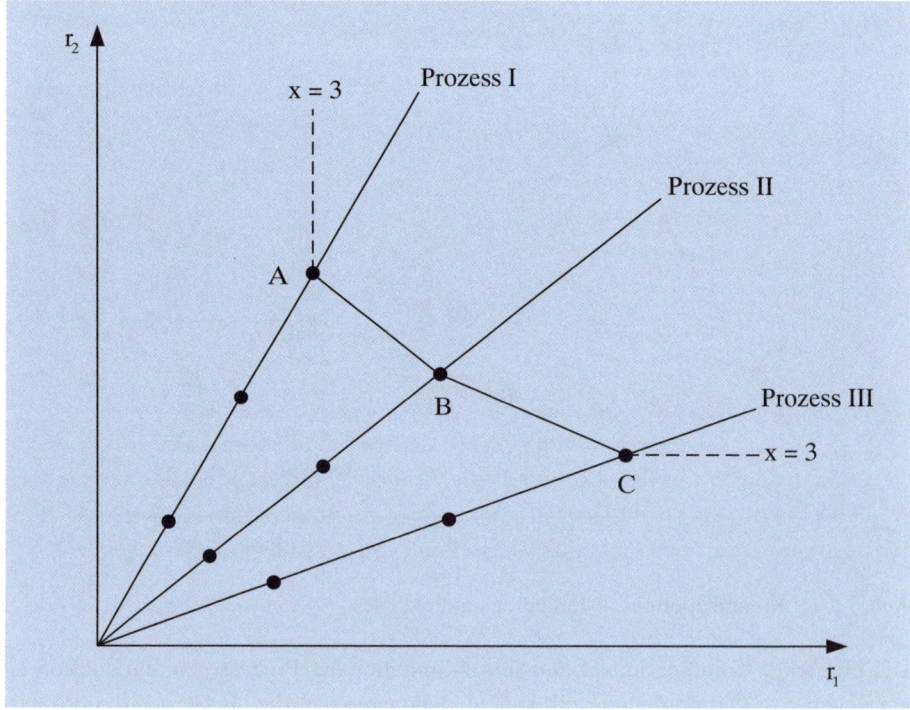

Abb. 1.2-7: Prozesskombination bei drei linear-limitationalen Prozessen

Abbildung 1.2-7 verdeutlicht dies für drei linear-limitationale Prozesse. Während alle Prozesskombinationen aus der jeweiligen Einzelsicht effizient sind, gilt für eine Gesamtbetrachtung, dass alle aus den Prozessen I und III resultierenden Prozesskombinationen durch andere Prozesskombinationen dominiert werden, und sich somit die Isoquante $\overline{ABC}$ ergibt.

1.2.1.2 Grundlagen der aktivitätsanalytischen Produktionstheorie

1.2.1.2.1 Eigenschaften linearer Technologien

Das von Koopmans (1951) entwickelte Konzept der Aktivitätsanalyse bildet die Grundlage sowohl volkswirtschaftlicher (mikroökonomischer) als auch betriebswirtschaftlicher (produktionstheoretischer) Betrachtungen. Durch verschiedene Modifikationen dieser Basisvariante lässt sich eine Produktionstheorie entwickeln, die mit Hilfe empirisch gehaltvoller Hypothesen und grundlegender ökonomisch rationaler Auswahlentscheidungen eine Eingrenzung des Betrachtungsgegenstandes der Produktionstheorie auf effiziente Produktionen vornimmt, um auf dieser Basis Eigenschaften von Produktionsfunktionen herzuleiten und Entscheidungsempfehlungen zu geben (vgl. Kistner 1993b, S. 54).

Ein auf der zugrundeliegenden Input-Output-Sichtweise formuliertes Produktionsmodell, das relevante Objekte des realen Produktionssystems abbilden soll, baut auf dem Begriff der Aktivität auf, die als Input-Output-Kombination den Zusammenhang zwischen den Mengen der Einsatzgüter

$$\underline{r} = \begin{pmatrix} r_1 \\ \vdots \\ r_K \end{pmatrix}$$

und den Mengen der Ausbringungsgüter

$$\underline{x} = \begin{pmatrix} x_1 \\ \vdots \\ x_K \end{pmatrix}$$

wiedergibt. Im Güterraum $\Re^{K \times 2}$ ist eine Aktivität durch einen Punkt $\underline{w} = (\underline{r}, \underline{x})$ gekennzeichnet, der auch Produktionspunkt oder Produktion genannt wird. Während diese Darstellungsform der Aktivitäten die Bruttoquantitäten der Güter abbildet und als Bestandsversion (Bruttoprinzip) bezeichnet wird, zielt die Flussversion (Nettoprinzip) im Güterraum $\Re^K$ auf die Darstellung von Bestandsveränderungen

$$\underline{v} = \begin{pmatrix} v_1 \\ \vdots \\ v_K \end{pmatrix}$$

und somit auf Nettoquantitäten ab, die aus der Differenz der Güterbestände $v_k =$ $x_k - r_k$ ($k = 1, ..., K$) vor und nach dem Kombinationsprozess resultieren. Wird in einer vereinfachenden Betrachtung davon ausgegangen, dass Einsatzgüter durch Kombination vollständig in Ausbringungsgüter umgewandelt werden, ergibt sich für alle Einsatzgüter ein negatives und für alle Ausbringungsgüter ein positives Vorzeichen. Obwohl der Übergang von der Bestands- zur Flussversion mit einem Informationsverlust einhergeht, weil aus einer Aktivität in der Flussversion verschiedene in der Bestandsversion notierte Aktivitäten ableitbar sind, wird in der allgemeinen statisch-deterministischen Produktionstheorie i. d. R. die Flussversion verwandt. (vgl. Dyckhoff 1994, S. 48 ff.; Kistner 1993b, S. 54 f.)

Ein zentraler Begriff im Rahmen der Produktionstheorie ist der der Technologie. Hiermit wird die Menge T aller technisch möglichen Aktivitäten erfasst, die formal eine Teilmenge des Güterraumes $\Re^K$ ($T \subset \Re^K$) darstellt:

$$T = \{\underline{v} \mid \underline{v} \text{ ist technisch möglich}\}$$

Für Technologien werden durch die Aktivitätsanalyse Grundannahmen getroffen, die teils aus naturgesetzlichen Gegebenheiten und teils aus ökonomischen Plausibilitätsüberlegungen resultieren (vgl. Debreu 1959, S. 40; Dyckhoff 1994, S. 73 ff.; Steven 1998, S. 63 ff.):

- Abgeschlossenheit der Technologie,

- Möglichkeit der Untätigkeit,

- Unmöglichkeit des Schlaraffenlandes,

- Unumkehrbarkeit der Produktion und

- Möglichkeit ertragreicher Produktion.

Mit der Grundannahme der Abgeschlossenheit der Technologie im Güterraum $\Re^K$, die aus mathematisch methodischen Zweckmäßigkeitserwägungen resultiert, wird erreicht, dass auch die Randpunkte Elemente der ihnen zugrundeliegenden Technologie sind: $\partial T \subset T$. Randpunkte sind somit realisierbare Aktivitäten, die zu zwei Arten von Produktionspunkten benachbart sind (vgl. Fandel 2007, S. 39):

- Aktivitäten, die Elemente der Technologie sind, und

- Produktionspunkte, die außerhalb der Technologie liegen.

Durch diese Annahme wird festgelegt, dass Produktionspunkte, zu denen durch Kombination von zulässigen Aktivitäten einer Technologie eine beliebige Annäherung möglich ist, zulässige Aktivitäten der Technologie sind (vgl. Dyckhoff 1994, S. 79). Um produktionsrelevante Naturphänomene mit unerreichbaren Randpunkten (z. B. absoluter Temperaturnullpunkt, absolutes Vakuum) durch abgeschlossene Technologien zu erfassen, müssen sie durch infinitesimal kleine Änderungen der Quantitäten (künstlich) abgeschlossen werden (vgl. Fandel 2007, S. 39).

Mit der **Möglichkeit der Untätigkeit** wird der Produktionsstillstand als Aktivität erfasst:

$$O \in T \quad \text{mit } O = \begin{pmatrix} 0 \\ \vdots \\ 0 \end{pmatrix}$$

Die Annahme der **Unmöglichkeit des Schlaraffenlandes** beruht auf der naturgesetzlichen Erkenntnis des „Energieerhaltungssatzes"[1] und bedeutet in produktionswirtschaftlicher Sichtweise, dass keine Outputmenge ohne den Einsatz einer Inputmenge produziert werden kann. Mit Ausnahme der Untätigkeit existieren somit keine Aktivitäten, deren Input-Output-Vektor nur nichtnegative reelle Zahlen enthält:

$$T \cap \Re_+^K = \{O\}$$

Die **Irreversibilität der Produktion** leitet sich aus dem „Entropiegesetz"[2] ab. Da die in einem Produktionsprozess eingesetzte Energie als Produktionsfaktor in die Produkte einfließt und an diese als nichtverfügbare Energie gebunden wird, kann ein Produktionsprozess nicht umgekehrt werden. Die Schnittmenge der Technologie mit ihrer Umkehrung stellt dann die **Untätigkeit** dar:

$$T \cap (-T) = \{O\}$$

Da eine Betrachtung von Technologien, die nur aus Untätigkeiten bestehen, aus ökonomischen Gründen auszuschließen ist, wird mit der **Möglichkeit ertragreicher Produktion** postuliert, dass jede Technologie mindestens eine Aktivität mit positivem Output enthält:

$$T \setminus (T \cap \Re_-^K) \neq \emptyset$$

Aus diesen Grundannahmen lässt sich die Zulässigkeit verschiedener Technologieformen begründen, von denen für die Produktionstheorie insbesondere **lineare Technologien** von Bedeutung sind, die durch die Merkmale

- Größenproportionalität und

- Additivität

gekennzeichnet sind (vgl. Dyckhoff 1994, S. 155 ff.; Kistner 1996, Sp. 1547 und Sp. 1553).

---

1) Der erste Hauptsatz der Thermodynamik (Energieerhaltungssatz) erfasst den Sachverhalt, dass in einem abgeschlossenen System Materie und Energie weder zu- noch abnehmen können.

2) Der zweite Hauptsatz der Thermodynamik (Entropiegesetz) besagt, dass sich innerhalb eines abgeschlossenen Systems die frei verfügbare Energie verringert und die nicht verfügbare Energie zunimmt.

Größenproportionalität besagt, dass aus jeder Niveauvariation einer technisch möglichen Aktivität $\underline{v}$ mit dem Proportionalitätsfaktor τ wieder eine technisch mögliche Aktivität resultiert (vgl. Abbildung 1.2-8). Somit bildet die Menge aller Aktivitäten, die auf einem vom Koordinatenursprung ausgehenden Strahl durch eine Aktivität liegen, eine Teilmenge der Technologie:

$$\underline{v} \in T \Rightarrow \tau \cdot \underline{v} = (\tau \cdot v_1, \ldots, \tau \cdot v_K) \in T \quad \text{mit } \tau \geq 0$$

Die Forderung der **Additivität** wird von einer Technologie dann erfüllt, wenn verschiedene Aktivitäten unabhängig voneinander ausführbar sind und jede beliebige Kombination zweier Aktivitäten einer Technologie wieder zu einer technisch möglichen Aktivität führt:

$$\underline{v}, \underline{v}' \in T \Rightarrow \underline{v} + \underline{v}' = (v_1 + v'_1, \ldots, v_K + v'_K) \in T$$

Darüber hinaus führt die Additivität von Technologien dazu, dass auch die Kombination einer Aktivität mit sich selbst in Form einer ganzzahligen Niveauvariation (z. B. mit $\tau = 2$) möglich ist:

$$\underline{v} \in T \Rightarrow \underline{v} + \underline{v} = (2 \cdot v_1, \ldots, 2 \cdot v_K) \in T$$

Bedingt durch diese beiden Merkmale kann bei linearen Technologien mit Hilfe der Linearkombination aus einer Anzahl technisch möglicher Aktivitäten eine Vielzahl neuer technisch möglicher Aktivitäten generiert werden. Dieser Sachverhalt charakterisiert lineare Technologien in Verbindung mit den Annahmen „Unumkehrbarkeit der Produktion" und „Möglichkeit der Untätigkeit" als spitze Kegel im Güterraum $\Re^K$, deren Spitze sich in dessen Ursprung befindet. Die Auswirkungen von Größenproportionalität und Additivität auf eine Technologie, die aus zwei Basisaktivitäten besteht, verdeutlicht Abbildung 1.2-8. Als **Basisaktivität** $\underline{v}^*$ wird eine Aktivität bezeichnet, die eine elementare Verfahrensweise beschreibt (z. B. Stückliste, Arbeitsplan) und aus der eine Technologie ursächlich resultiert (vgl. Dyckhoff 1994, S. 84 und S. 155 ff.).

Während ein vom Koordinatenursprung ausgehender Strahl, der durch den Punkt einer Basisaktivität verläuft, als **elementarer Prozess** π bezeichnet wird

$$\pi = \{\underline{v} \mid \underline{v} = \tau \cdot \underline{v}^* \text{ mit } \tau \geq 0\}$$

entstehen **gemischte Prozesse** aus konvexkombinierten Basisaktivitäten.

Bei einem Prozess als Teilmenge einer linearen Technologie stehen die Einsatzmengen und die Ausbringungsmengen in einem festen Verhältnis zueinander (konstante Produktionskoeffizienten), so dass mit Festlegung der Ausbringungsmenge eines Produktes alle anderen Gütermengen bestimmt sind. Das **Prozessniveau** τ, zur Quantifizierung des Umfangs der Prozessdurchführung, ist demnach über die Ausbringungsmenge eines Produktes messbar.

Zur kompakten Darstellung einer Technologie sind die Basisaktivitäten $\underline{v}^{p*}$ der elementaren Prozesse π_p ($p = 1, \ldots, P$) in einer Produktionsmatrix A ($A = (\underline{v}^{1*}, \ldots, \underline{v}^{P*})$)

und die Prozessniveaus τ^p im Niveauvektor $\underline{\tau}$ zusammenzufassen. Für eine Technologie gilt dann (vgl. Fandel 2007, S. 44 f.):

$$T = \{\underline{v} \mid \underline{v} = A \cdot \underline{\tau} \text{ mit } \underline{\tau} \in \mathfrak{R}_+^P\}$$

In dieser Form umfasst eine Technologie alle Aktivitäten, die in einem Produktionssystem innerhalb einer Produktionsperiode prinzipiell möglich sind, d. h. unabhängig von den tatsächlich in der Unternehmung verfügbaren Einsatzgütermengen. Sind Beschränkungen von Gütermengen zu berücksichtigen, d. h., die Verfügbarkeit einzelner Güterarten ist in das Modell einzubeziehen, dann erfolgt dies mit Hilfe der **Restriktionsmenge** R (R $\subset \mathfrak{R}^K$) (vgl. Dyckhoff 1994, S. 85):

$$R = \{\underline{v} \mid \underline{v} \in \mathfrak{R}^K \text{ und } v_{k\,min} \leq v_k \leq v_{k\,max}; \text{ mit } k = 1, \ldots, K\}$$

Bestehen Restriktionen, dann ist eine Technologie nur begrenzt additiv und größenproportional. Die in einer konkreten Entscheidungssituation bestehende Menge zulässiger und technisch möglicher Aktivitäten Z resultiert dann aus der Schnittmenge von Technologie und Restriktionsmenge:

$$Z = T \cap R$$

1.2.1.2.2 Effizienzanalyse

Nach der Klärung von Grundbegriffen der Aktivitätsanalyse ist es das Ziel der nachfolgenden Ausführungen, Effizienzaussagen für einzelne aktivitätsanalytische Konstrukte zu formulieren, aus denen dann eine normative Beschränkung des Untersuchungsgegenstandes der Produktionstheorie abgeleitet wird.

Der produktionswirtschaftlichen Effizienzanalyse können unterschiedliche Effizienzmaße zugrunde gelegt werden, wobei grob zwischen absoluter und relativer Effizienz unterschieden wird. Beide Maße basieren auf einem Vergleich der Aktivitäten einer Technologie im Hinblick auf ihre Inputs und Outputs. Das Vergleichsergebnis umfasst jedoch unterschiedliche Aussagen. Während auf der Grundlage des absoluten Effizienzmaßes die Aktivitätenmenge in die Teilmengen effiziente und ineffiziente Aktivitäten aufgespalten wird, werden bei der Anwendung des relativen Effizienzmaßes für die ineffizienten Aktivitäten zusätzlich normierte Grade der Ineffizienz ermittelt (vgl. Dyckhoff/Gilles 2004, S. 770).

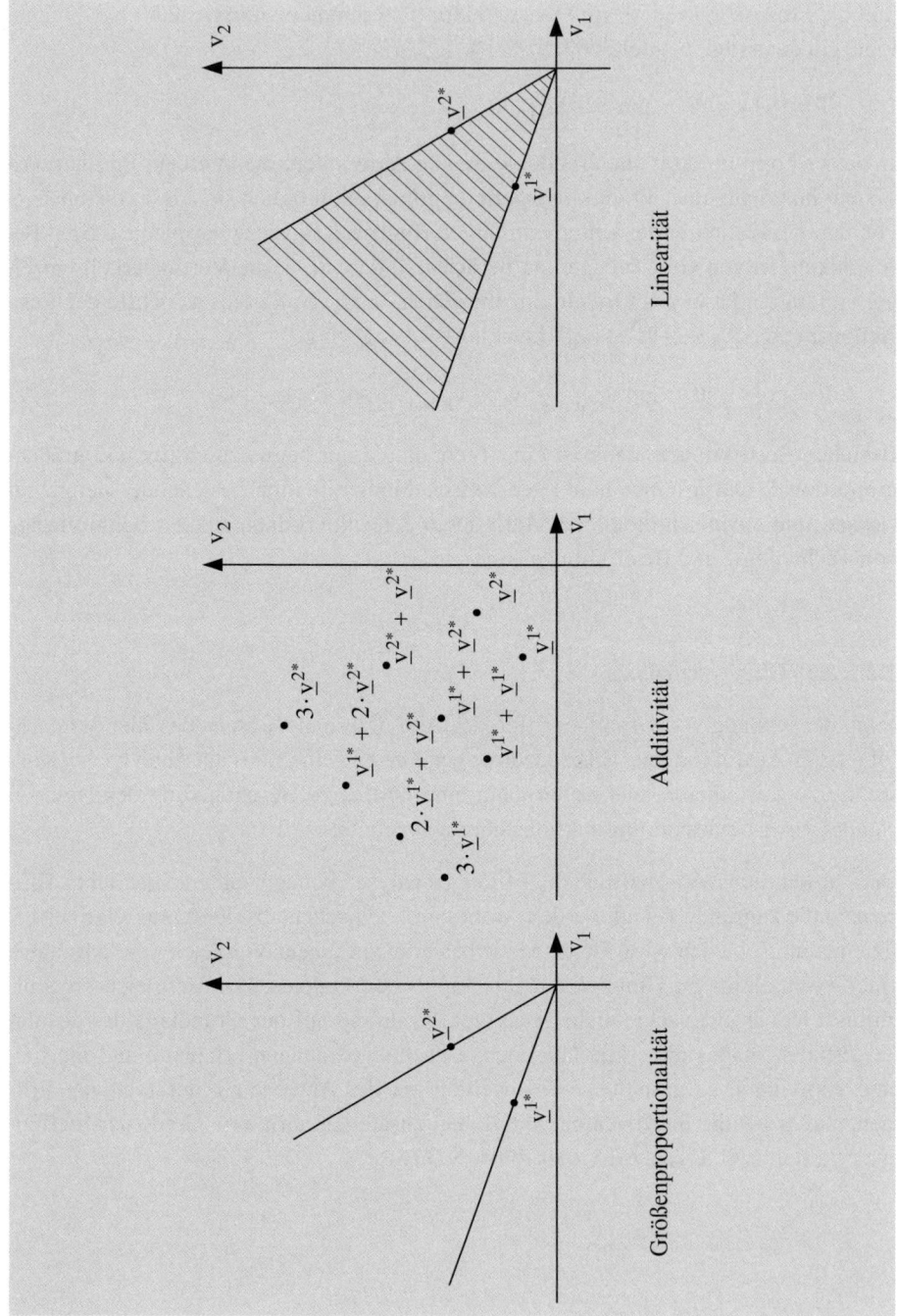

Abb. 1.2-8: Grafische Herleitung einer linearen Technologie aus zwei Basisaktivitäten

1.2.1.2.2.1 Absolute Effizienz

Ausgehend von einer natürlichen unvollständigen Ordnung des Güterraumes ist festzustellen, dass eine Aktivität $\underline{v}'$ mindestens so produktiv wie eine Aktivität $\underline{v}$ ist, wenn mit $\underline{v}'$ im Vergleich zu $\underline{v}$ entweder bei gegebenen Faktoreinsatzmengen mindestens dieselbe Ausbringungsgütermenge oder bei gegebenen Produktmengen höchstens dieselbe Einsatzgütermenge verbunden ist:

$$v'_k \geq v_k \ \forall \ k = 1, ..., K \ \Rightarrow \underline{v}' \geq \underline{v}$$

Das **Dominanzkriterium** besagt: Eine Aktivität $\underline{v}'$ dominiert eine andere Aktivität $\underline{v}$, wenn sie mindestens so produktiv wie $\underline{v}$ ist und entweder bei mindestens einem Einsatzgut mit einer kleineren oder bei mindestens einem Ausbringungsgut mit einer größeren Menge verbunden ist:

$$\underline{v}' \geq \underline{v} \ \text{und} \ \exists_k \left| v'_k > v_k \ \Leftrightarrow \ \underline{v}' \succ \underline{v} \right. \ (\text{wird gelesen als} \ \underline{v}' \ \text{dominiert} \ \underline{v})$$

Effizient heißt eine Aktivität $\underline{v}'$ genau dann, wenn sie von keiner anderen Aktivität $\underline{v}$ dominiert wird:

$$\neg \exists \underline{v} \left| \underline{v}, \underline{v}' \in T \wedge \underline{v} \succ \underline{v}' \Leftrightarrow \underline{v}' \in T_e \right.$$

Abbildung 1.2-9 gibt die Aktivitäten $\underline{v}^1$, $\underline{v}^2$, $\underline{v}^3$ und $\underline{v}^4$ einer Technologie beispielhaft wieder, die denselben Output v_3 aufweisen.

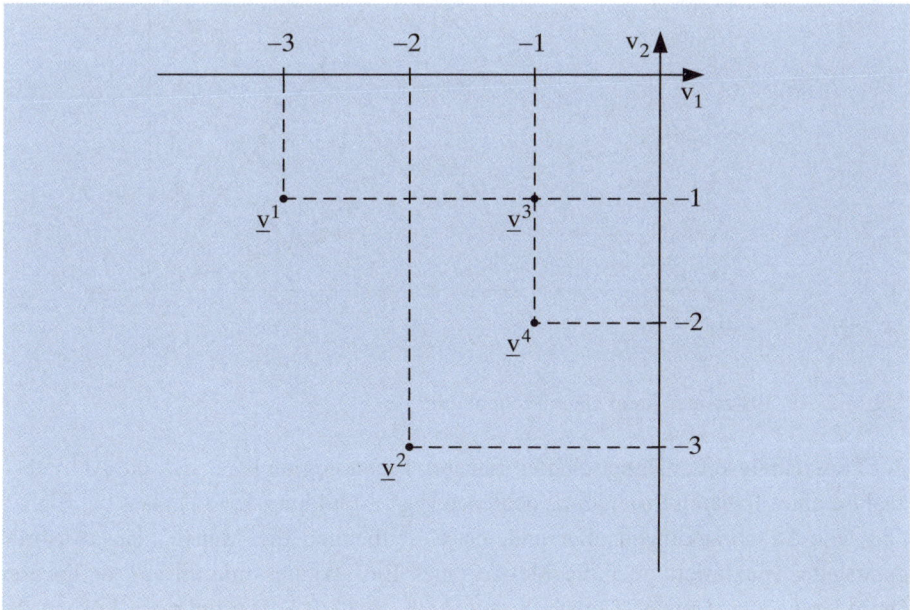

Abb. 1.2-9: Effiziente und ineffiziente Aktivitäten

Durch paarweisen Vergleich lassen sich dann die folgenden Beziehungen aufstellen:

$$\underline{v}^1 \not\prec \underline{v}^2, \quad \underline{v}^1 \prec \underline{v}^3, \quad \underline{v}^1 \not\prec \underline{v}^4$$

$$\underline{v}^2 \not\prec \underline{v}^1, \quad \underline{v}^2 \prec \underline{v}^3, \quad \underline{v}^2 \prec \underline{v}^4$$

$$\underline{v}^3 \succ \underline{v}^1, \quad \underline{v}^3 \succ \underline{v}^2, \quad \underline{v}^3 \succ \underline{v}^4$$

$$\underline{v}^4 \not\prec \underline{v}^1, \quad \underline{v}^4 \succ \underline{v}^2, \quad \underline{v}^4 \prec \underline{v}^3$$

Es zeigt sich, dass nur die Aktivität $\underline{v}^3$ von keiner anderen Aktivität dominiert wird und somit effizient ist.

Durch die Anwendung des Effizienzkriteriums auf Technologien lassen sich alle eindeutig unterlegenen Aktivitäten aus den weiteren produktionstheoretischen Betrachtungen eliminieren. Als Untersuchungsgegenstand verbleibt dann der beispielhaft in Abbildung 1.2-10 dargestellte effiziente Rand T_e als Teilmenge des Randes einer Technologie:

$$T_e = \{\underline{v} \mid \underline{v} \in T \text{ und } \neg(\exists \underline{v}' \mid \underline{v}' \in T \text{ und } \underline{v}' \geq \underline{v} \text{ und } (\exists v'_k \mid v'_k > v_k))\}$$

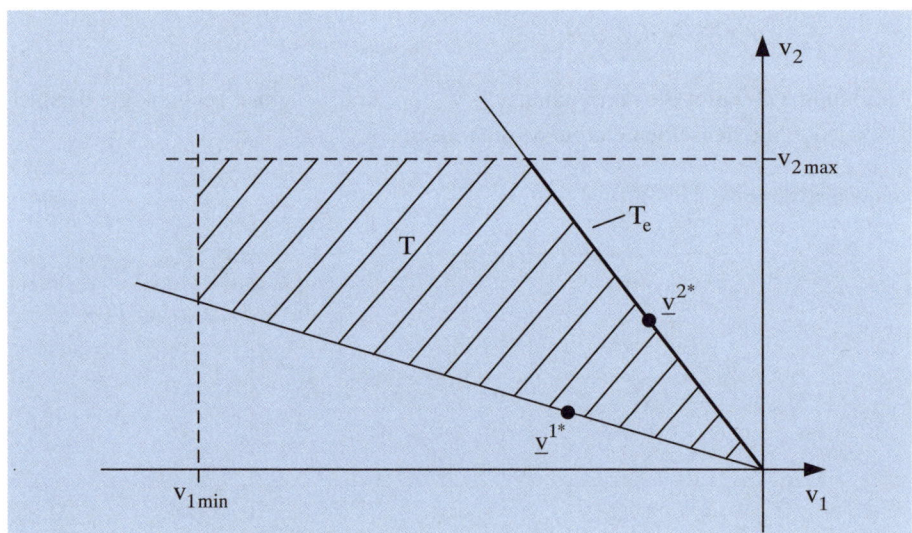

Abb. 1.2-10: Effizienter Rand einer Technologie

Zur Partialanalyse der Eigenschaften linearer Technologien kann sich die Aktivitätsanalyse eines linearen Programms bedienen (vgl. Abbildung 1.2-11), dass bei Einhaltung von Beschränkungen aller anderen Gütermengen die Menge eines Ausbringungsgutes maximiert oder die Menge eines Einsatzgutes minimiert (zur linearen Optimierung vgl. Corsten/Corsten/Sartor 2005, S. 11 ff.). Die optimale Lösung des Programms besteht jeweils aus einem Punkt des effizienten Randes, so dass sich bei parametrischer Variation der Güterbeschränkungen der effiziente Rand der Technologie ergibt (vgl. Kistner 1993b, S. 65 ff.).

Durch parametrische Variation der Beschränkungen genau eines Gutes werden durch Anwendung des linearen Programmes achsenparallele Schnitte durch die Technologie gezogen, die grafisch stückweise lineare Konturlinien darstellen und aus denen sich Eigenschaften von Produktionsfunktionen (bei linearen Technologien: neoklassische Produktionsfunktionen) herleiten lassen. Das folgende Beispiel soll diese Vorgehensweise verdeutlichen.

Die lineare Technologie T wird im dreidimensionalen Güterraum $\Re^3$ durch die Basisaktivitäten $\underline{v}^{1*}$, $\underline{v}^{2*}$, $\underline{v}^{3*}$ und $\underline{v}^{4*}$ so aufgespannt, dass sich die folgende Produktionsmatrix ergibt:

$$A = (\underline{v}^{1*}, \underline{v}^{2*}, \underline{v}^{3*}, \underline{v}^{4*}) = \begin{pmatrix} v_1^1 & v_1^2 & v_1^3 & v_1^4 \\ v_2^1 & v_2^2 & v_2^3 & v_2^4 \\ v_3^1 & v_3^2 & v_3^3 & v_3^4 \end{pmatrix} = \begin{pmatrix} -5 & -11/4 & -7/4 & -1 \\ -1 & -7/4 & -11/4 & -5 \\ 1 & 1 & 1 & 1 \end{pmatrix}$$

Formale Darstellung	Erklärung
Zielfunktion: $$v_k = \sum_{p=1}^{P} v_k^{p*} \cdot \tau^p \to max!$$	Es wird das Ziel verfolgt, entweder die Menge eines Ausbringungsgutes v_k zu maximieren oder die Menge eines Einsatzgutes v_k zu minimieren. Dabei ist zu beachten, dass die Werte der Einsatzgüter negativ notiert sind.
Nebenbedingungen: $$\sum_{p=1}^{P} v_j^{p*} \cdot \tau^p \leq v_{j max}$$ $$\sum_{p=1}^{P} v_j^{p*} \cdot \tau^p \geq v_{j min}$$ mit $j = 1, ..., K$ und $j \neq k$	Mit diesen Nebenbedingungen werden die Mindest- und/oder Höchstmengen der Einsatzgüter und/oder Ausbringungsgüter vorgegeben.
Nichtnegativitätsbedingungen $$\tau^p \geq 0$$ mit: $p = 1, ..., P$	Es sind nur positive Niveauvariationen zugelassen.

Abb. 1.2-11: Lineares Optimierungsmodell zur Partialanalyse

Es sei unterstellt, dass die Einsatzgüter v_1 und v_2 nur begrenzt mit einer Menge von jeweils 10 verfügbar sind: $v_{1 min} = -10$, $v_{2 min} = -10$. Unter diesen Bedingungen ergibt sich dann die in Abbildung 1.2-12 dargestellte kegelförmige Technologie, die durch die Flächen $\overline{0CYU}$, $\overline{0CF}$, $\overline{0FLQ}$, $\overline{0QU}$, $\overline{CFLY}$ und $\overline{YLQU}$ begrenzt wird und deren effizienter Rand aus den Flächen $\overline{0CF}$, $\overline{0FLQ}$ und $\overline{0QU}$ besteht. Eine parametrische Variation ist dabei für die Parameter $v_{j\,min}$ ($j = 1, 2$) und $v_{3\,max}$ möglich, wobei die Darstellung, aufgrund der Ähnlichkeit der Ergebnisse für $j = 1, 2$ und aufgrund der Existenz lediglich eines Ausbringungsgutes, im Folgenden nur mit dem Parameter $v_{2\,min}$ erfolgt.

Zur Beschreibung des Verhaltens der Ausbringungsmenge v_3 bei partieller Faktorvariation werden in dem linearen Programm bei Konstanz des Parameters $v_{1\,min}$ die Beschränkungskonstante $v_{2\,min}$ im Bereich $-10 \leq v_{2\,min} \leq 0$ variiert und die Ausbringungsmenge v_3 maximiert. In Abbildung 1.2-12 „wandert" dabei der effiziente Punkt bei schrittweiser Erhöhung der maximal möglichen Einsatzgütermenge entlang der Strecken $\overline{0C}$, $\overline{CF}$ und $\overline{FL}$. Werden diese Strecken dann in die (v_2, v_3)-Ebene projiziert, ergibt sich der in Abbildung 1.2-13 dargestellte und als Produktionsfunktion bei partieller Faktorvariation zu interpretierende Verlauf. Für diese, wie auch für alle anderen linearen Technologien, gilt dann, dass mit zunehmender Einsatzgütermenge v_2 die Ausbringungsmenge v_3 nicht überproportional steigt (vgl. Kistner 1993b, S. 80 und S. 102).

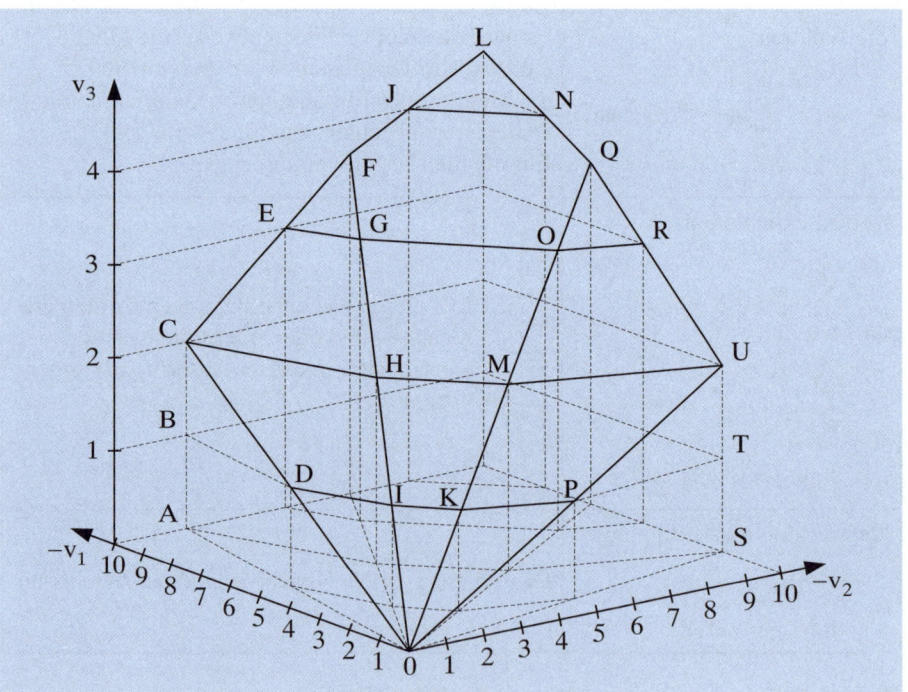

Abb. 1.2-12: Beispiel einer Technologie im Güterraum $\mathfrak{R}^3$

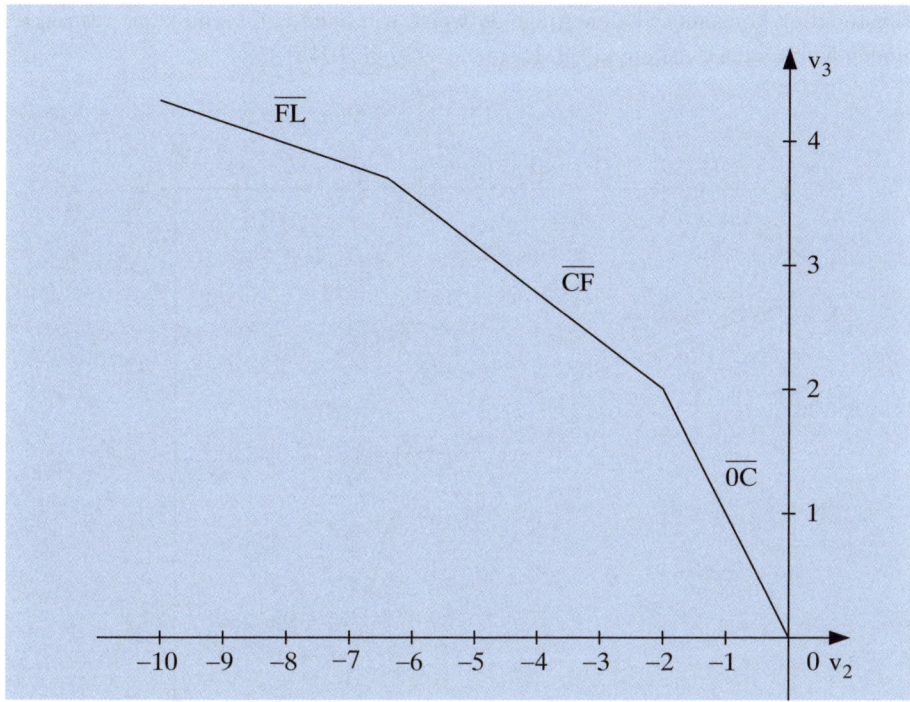

Abb. 1.2-13: Produktionsfunktion bei partieller Faktorvariation

Soll die Austauschbeziehung zwischen den Einsatzgütermengen untersucht werden, so kann hierzu das Verhalten der Einsatzgütermenge v_1 bei parametrischer Variation der Einsatzgütermenge v_2 im Bereich $-10 \leq v_2 \leq 0$ und konstanter Ausbringungsmenge $v_3 = 2$ herangezogen werden. Im beschriebenen linearen Programm ist dabei jeweils die Einsatzmenge des Gutes 1 zu minimieren, d. h., v_1 ist zu maximieren. Bei schrittweiser Erhöhung der Einsatzgütermenge v_2 verschiebt sich der effiziente Punkt in Abbildung 1.2-12 entlang der Strecken $\overline{CH}$, $\overline{HM}$ und $\overline{MU}$. Abbildung 1.2-14 zeigt den dann in die (v_1, v_2)-Ebene projizierten Verlauf, der als Isoquante zu interpretieren ist. Für die beispielhaft dargestellte Technologie sowie für alle anderen linearen Technologien lässt sich anhand des typischen Isoquantenverlaufs das Gesetz der nicht zunehmenden Grenzrate der Substitution ableiten (vgl. Kistner 1993b, S. 93).

Zur Durchführung einer Totalanalyse mit Hilfe des linearen Programms werden alle Einsatzmengen proportional parametrisch variiert und die Ausbringungsmenge v_3 jeweils maximiert. Wird dabei als Ausgangspunkt das Einsatzmengenverhältnis der Basisaktivität $\underline{v}^{1*}$ zugrundegelegt, bewegt sich in Abbildung 1.2-12 der effiziente Punkt aufgrund der bestehenden Restriktionen ebenfalls entlang der Strecken $\overline{0C}$, $\overline{CF}$ und $\overline{FL}$, so dass die Produktionsfunktion der dargestellten Technologie und auch aller anderen linearen Technologien bei totaler Faktorvariation nichtzunehmende Skalenerträge aufweist. Der Spezialfall einer linearen Technologie, deren Produktionsfunktion konstante Skalenerträge aufweist, tritt dann auf, wenn keine restringierenden Konstanten existieren (vgl. Kistner 1993b, S. 104 ff.).

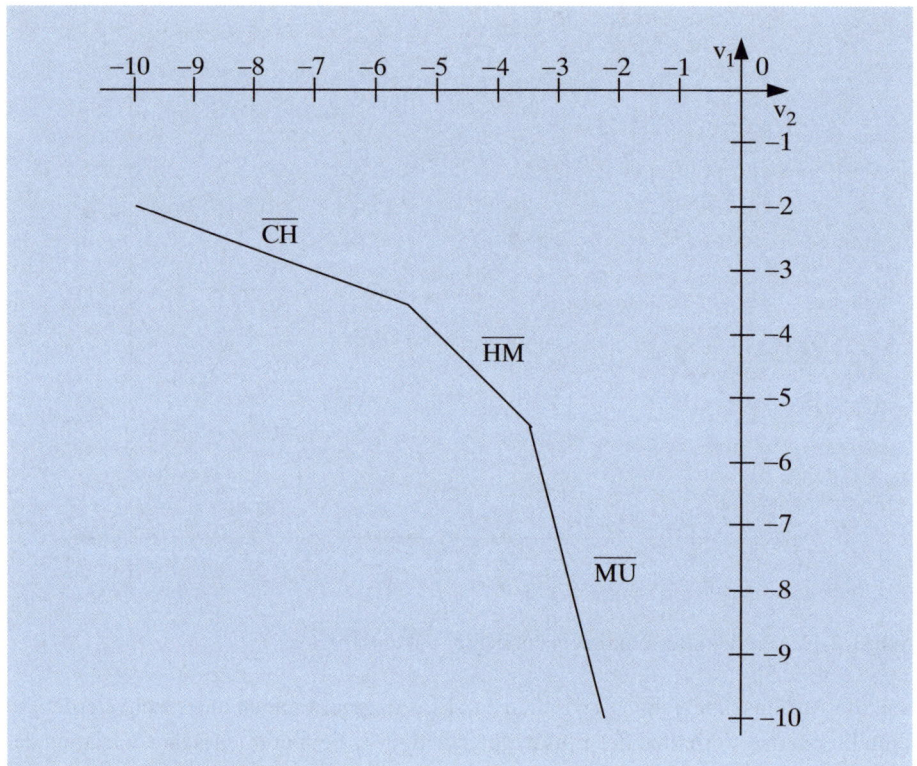

Abb. 1.2-14: Isoquante

1.2.1.2.2.2 Relative Effizienz

Das relative Effizienzmaß baut auf der Produktivität als Quotient aus Output und Input auf. Dem Problem heterogen zusammengesetzter Input- und Outputmengen wird dabei durch unterschiedliche Gewichtungen ρ und χ der Input- und Outputarten Rechnung getragen, so dass bei isolierter Betrachtung für eine Aktivität $\underline{v} = (\underline{r}, \underline{x})$ gilt:

$$e = \frac{\sum_{j=n+1}^{k} \chi_j \cdot x_j}{\sum_{i=1}^{n} \rho_i \cdot r_i}$$

Zur Ermittlung der relativen Effizienz sind die Gewichtungen der betrachteten Aktivität in Abhängigkeit von den anderen Aktivitäten der Technologie festzulegen. Ein Verfahren, mit dessen Hilfe diese Gewichtungen bestimmt werden können, ist die

Data Envelopment Analysis (DEA), deren Grundmodell (vgl. Charnes/Cooper/Rhodes 1978, S. 429 ff.; Farrell 1957, S. 255 ff.) kompatibel zu den Annahmen für lineare Technologien ist (zu weiteren DEA-Modellen vgl. Kleine 2002, S. 130 ff.). Im Unterschied zur Aktivitätsanalyse baut die DEA jedoch nicht ausschließlich auf Basisaktivitäten, sondern auf beobachteten Aktivitäten einer Technologie auf (vgl. Dyckhoff 2003, S. 176). Ziel ist es, auf der Grundlage einer endlichen Menge empirisch ermittelter Aktivitäten, die Realisationen einer unbekannten Technologie T darstellen, eine umhüllende Technologie T^H zu schätzen, die alle beobachteten Realisationen enthält, nicht weiter verkleinert werden kann und eine Teilmenge der unbekannten Technologie ($T^H \subset T$) ist (vgl. Dyckhoff 2003, S. 177 f.). Durch die DEA wird somit eine umhüllende Technologie der Form

$$T^H = \{\underline{v} \mid \underline{v} = \sum_{p=1}^{P} \lambda^p \cdot \underline{v}^p \wedge \lambda^p \geq 0 \wedge p = 1,\ldots,P \wedge \underline{v}^p \in T\}$$

ermittelt. Abbildung 1.2-15 gibt diesen Zusammenhang im zweidimensionalen Güterraum für sieben Aktivitäten wieder.

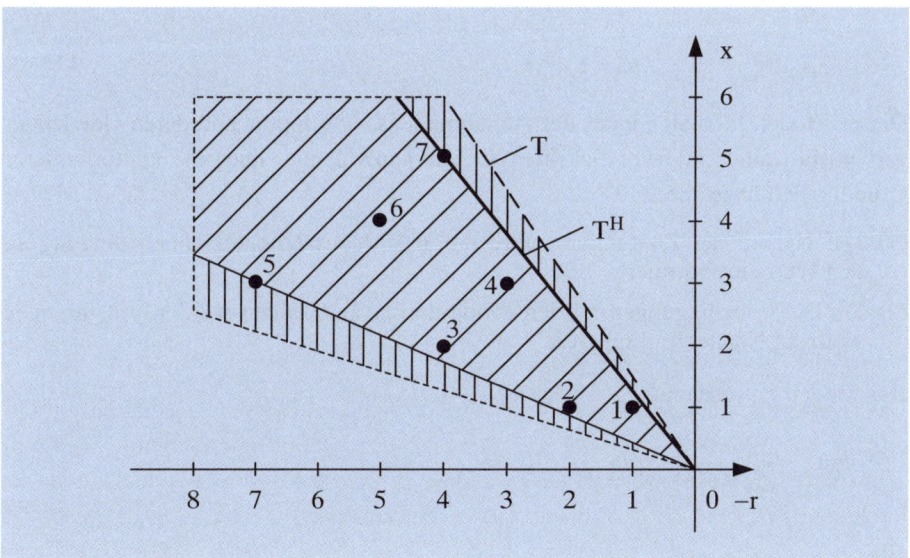

Abb. 1.2-15: Zusammenhang zwischen unbekannter und umhüllender Technologie

Im **Grundmodell** der DEA werden die Gewichtungen der Inputs und Outputs einer betrachteten Aktivität $\underline{v}^0$ durch Lösen des folgenden Optimierungsmodells ermittelt:

- Ziel ist es, durch Festlegung der Gewichtungen den Wert der Produktivitätskennzahl für die betrachtete Aktivität zu maximieren:

$$e^0 = \frac{\displaystyle\sum_{j=n+1}^{k} \chi_j \cdot x_j^0}{\displaystyle\sum_{i=1}^{n} \rho_i \cdot r_i^0} \rightarrow \text{Max}!$$

- Mit den Nebenbedingungen wird eine Normierung so vorgenommen, dass

  -- die Werte der Produktivitätskennzahlen aller Aktivitäten nicht größer als eins sind:

$$\frac{\displaystyle\sum_{j=n+1}^{k} \chi_j \cdot x_j^p}{\displaystyle\sum_{i=1}^{n} \rho_i \cdot r_i^p} \leq 1 \qquad \forall p > 0$$

  -- die Werte der Gewichtungen nicht negativ sind:

$$\chi_j \geq 0 \qquad\qquad \forall j = n+1, \ldots, k$$

$$\rho_i \geq 0 \qquad\qquad \forall i = 1, \ldots, n$$

Dieses Modell lässt sich unter der Annahme, dass alle Inputs und deren Gewichtungen positiv sind, in zwei Schritten in ein äquivalentes lineares inputorientiertes Grundmodell überführen:

(1) Der Nenner der Zielfunktion wird durch eine zusätzliche Nebenbedingung auf den Wert eins normiert.

(2) Die Nebenbedingungen zu den Produktivitätskennzahlen werden mit ihrem jeweiligen Nenner multipliziert.

Das Modell lautet dann:

$$e^0 = \sum_{j=n+1}^{k} \chi_j \cdot x_j^0 \rightarrow \text{Max}!$$

$$\sum_{j=n+1}^{k} \chi_j \cdot x_j^p - \sum_{i=1}^{n} \rho_i \cdot r_i^p \leq 0 \qquad \forall p$$

$$\sum_{i=1}^{n} \rho_i \cdot r_i^0 = 1$$

$$\chi_j \geq 0 \qquad\qquad \forall j = n+1, \ldots, k$$

$$\rho_i \geq 0 \qquad\qquad \forall i = 1, \ldots, n$$

Werden die Gewichte als Absatz- (χ_j) bzw. Beschaffungspreise (ρ_i) interpretiert, dann besteht die Optimierungsaufgabe darin, die Preise zu bestimmen, bei denen der Umsatz (e^0) der betrachteten Aktivität unter den Annahmen maximiert wird, dass mit den einzelnen Aktivitäten jeweils höchstens ein Gewinn von null realisiert wird und die Kosten der betrachteten Aktivität eins betragen.

Zur algorithmischen Lösung des Maximierungsproblems für die einzelnen Aktivitäten kann auf das **Simplex-Verfahren** zurückgegriffen werden (vgl. Abschnitt 2.4.2.1). Hierzu wird das Modell jeweils in ein äquivalentes Gleichungssystem überführt, indem die Ungleichungen durch Schlupfvariablen z^P ergänzt werden, deren Werte die Differenz zwischen dem durch die Aktivität p bei gegebener Gewichtung erreichbaren und zu erreichenden gewichteten Output widerspiegeln:

$$\chi_{n+1} \cdot x_{n+1}^0 + \ldots + \chi_k \cdot x_k^0 + 0 \cdot r_1^0 + \ldots + 0 \cdot r_n^0 + 0 \cdot z^1 + 0 \cdot z^2 + \ldots + 0 \cdot z^P = e^0$$
$$\chi_{n+1} \cdot x_{n+1}^1 + \ldots + \chi_k \cdot x_k^1 - \rho \cdot r_1^1 - \ldots - \rho_n \cdot r_n^1 + 1 \cdot z^1 + 0 \cdot z^2 + \ldots + 0 \cdot z^P = 0$$
$$\vdots \qquad \vdots \qquad \vdots \qquad \vdots \qquad \vdots \qquad \vdots \qquad \vdots$$
$$\chi_{n+1} \cdot x_{n+1}^P + \ldots + \chi_k \cdot x_k^P - \rho_1 \cdot r_1^1 - \ldots - \rho_{n} \cdot r_n^1 + 0 \cdot z^1 + \ldots + 0 \cdot z^{P-1} + 1 \cdot z^P = 0$$
$$0 \cdot x_{n+1}^0 + \ldots + 0 \cdot x_k^P + \rho_1 \cdot r_1^1 + \ldots + \rho_n \cdot r_n^1 + 0 \cdot z^1 + 0 \cdot z^2 + \ldots + 0 \cdot z^P = 1$$

Neben dem Effizienzwert e^0 und den Werten der Gewichtungsfaktoren χ_j und ρ_i werden durch das Simplex-Verfahren die Werte

- der Schlupfvariablen z^P und
- der Aktivitätsniveaus λ^P (Schattenpreise im Endtableau des Simplex-Verfahrens)

ermittelt.

In produktionswirtschaftlicher Sicht gibt dann der Effizienzwert e^0 das auf dem Ursprungsstrahl gemessene Längenverhältnis der Strecken des Produktionsstillstandes (Koordinatenursprung) zum effizienten Rand der umhüllenden Technologie bzw. zur betrachteten Aktivität wieder. Beträgt der Effizienzwert eins, dann ist die betrachtete Aktivität ein effizienter Randpunkt der umhüllenden Technologie. Weist die Aktivität einen Effizienzwert auf, der kleiner als eins ist, dann ist die Aktivität ineffizient und liegt innerhalb der umhüllenden Technologie oder auf deren ineffizientem Rand. Die Werte der Aktivitätsniveaus λ^P geben die Gewichte an, mit denen die effizienten Randpunkte linearkombiniert werden müssen, um den zur betrachteten Aktivität gehörigen Referenz-Randpunkt zu erzeugen (vgl. Coelli u. a. 2005, S. 163 ff.).

In einer Beispielunternehmung kann ein Produkt von sechs vergleichbaren Produktionsinseln erzeugt werden. In einer Analyse wurde festgestellt, dass sich die Produktionsinseln im Hinblick auf die Ausbringungsmenge x und die Einsatzmengen der Faktoren r_1 (menschliche Arbeitsleistung, gemessen in Arbeitsstunden) und r_2 (Energieverbrauch, gemessen in kWh) unterscheiden (vgl. Abbildung 1.2-16).

Produktions-insel	menschliche Arbeitsleistung	Energie-verbrauch	produzierte Menge
1	2,00	3,00	1,60
2	1,00	4,00	2,00
3	3,00	2,00	1,60
4	3,00	0,75	1,50
5	0,75	1,75	1,00
6	2,00	1,50	2,00

Abb. 1.2-16: Beispieldaten zur DEA

Durch eine Data Envelopment Analyse soll die relative Effizienz der einzelnen Produktionsinseln bestimmt und Aussagen darüber gewonnen werden, an welchen Produktionsinseln sich die ineffizienten Produktionsinseln orientieren können, um Möglichkeiten zur Effizienzverbesserung zu identifizieren.

Hierzu wird für jede Produktionsinsel das entsprechende Gleichungssystem aufgestellt und so gelöst, dass sich ein maximaler Effizienzwert ergibt. So gilt im Beispiel für die Produktionsinsel 1:

$$1{,}6 \cdot \chi \;\; -2 \;\; \cdot \rho_1 \;\; -3 \;\; \cdot \rho_2 \;\; +1 \cdot z_1 \;\; +0 \cdot z_2 \;\; +0 \cdot z_3 \;\; +0 \cdot z_4 \;\; +0 \cdot z_5 \;\; +0 \cdot z_6 \;\; = \;\; 0$$
$$2 \;\; \cdot \chi \;\; -1 \;\; \cdot \rho_1 \;\; -4 \;\; \cdot \rho_2 \;\; +0 \cdot z_1 \;\; +1 \cdot z_2 \;\; +0 \cdot z_3 \;\; +0 \cdot z_4 \;\; +0 \cdot z_5 \;\; +0 \cdot z_6 \;\; = \;\; 0$$
$$1{,}6 \cdot \chi \;\; -3 \;\; \cdot \rho_1 \;\; -2 \;\; \cdot \rho_2 \;\; +0 \cdot z_1 \;\; +0 \cdot z_2 \;\; +1 \cdot z_3 \;\; +0 \cdot z_4 \;\; +0 \cdot z_5 \;\; +0 \cdot z_6 \;\; = \;\; 0$$
$$1{,}5 \cdot \chi \;\; -3 \;\; \cdot \rho_1 \;\; -0{,}75 \cdot \rho_2 \;\; +0 \cdot z_1 \;\; +0 \cdot z_2 \;\; +0 \cdot z_3 \;\; +1 \cdot z_4 \;\; +0 \cdot z_5 \;\; +0 \cdot z_6 \;\; = \;\; 0$$
$$1 \;\; \cdot \chi \;\; -0{,}75 \cdot \rho_1 \;\; -1{,}75 \cdot \rho_2 \;\; +0 \cdot z_1 \;\; +0 \cdot z_2 \;\; +0 \cdot z_3 \;\; +0 \cdot z_4 \;\; +1 \cdot z_5 \;\; +0 \cdot z_6 \;\; = \;\; 0$$
$$2 \;\; \cdot \chi \;\; -2 \;\; \cdot \rho_1 \;\; -1{,}5 \;\; \cdot \rho_2 \;\; +0 \cdot z_1 \;\; +0 \cdot z_2 \;\; +0 \cdot z_3 \;\; +0 \cdot z_4 \;\; +0 \cdot z_5 \;\; +1 \cdot z_6 \;\; = \;\; 0$$
$$0 \;\; \cdot \chi \;\; +2 \;\; \cdot \rho_1 \;\; +3 \;\; \cdot \rho_2 \;\; +0 \cdot z_1 \;\; +0 \cdot z_2 \;\; +0 \cdot z_3 \;\; +0 \cdot z_4 \;\; +0 \cdot z_5 \;\; +0 \cdot z_6 \;\; = \;\; 1$$
$$1{,}6 \cdot \chi \;\; +0 \;\; \cdot \rho_1 \;\; +0 \;\; \cdot \rho_2 \;\; +0 \cdot z_1 \;\; +0 \cdot z_2 \;\; +0 \cdot z_3 \;\; +0 \cdot z_4 \;\; +0 \cdot z_5 \;\; +0 \cdot z_6 \;\; = \;\; e^1$$

Die Lösung des Gleichungssystems enthält die folgenden Werte:

- relative Effizienz: $e^1 = 0{,}65$;
- Gewichtungsfaktoren: $\rho_1 = 0{,}31$; $\rho_2 = 0{,}13$; $\chi = 0{,}41$;
- Schlupfvariablen: $z_1 = 0{,}35$; $z_2 = 0$; $z_3 = 0{,}54$; $z_4 = 0{,}42$; $z_5 = 0{,}05$; $z_6 = 0$;
- Aktivitätsniveaus: $\lambda_1 = 0$; $\lambda_2 = 0{,}30$; $\lambda_3 = 0$; $\lambda_4 = 0$; $\lambda_5 = 0$; $\lambda_6 = 0{,}50$.

Dieses Ergebnis zeigt, dass die Produktionsinsel 1 ineffizient ist und im Vergleich zu einer Linearkombination der Aktivitäten der Produktionsinseln 2 und 6 eine relative

Effizienz von 0,65 aufweist. Dass die Produktionsinseln 3, 4 und 5 eine schlechtere Vergleichsgrundlage für die Produktionsinsel 1 wären, wird durch die positiven Werte der Schlupfvariablen z_3, z_4 und z_5 angezeigt. Bei einer Interpretation der Gewichtungsfaktoren als Beschaffungs- (ρ_1, ρ_2) bzw. Absatzpreise (χ) ergibt sich für die Produktionsinsel 1 bei einem Umsatz von 0,65 und Kosten von 1 ein Gewinn von $-z_1 = -0,35$ (Verlust). Jede andere zulässige Gewichtung der Einsatz- und Ausbringungsmengen ginge mit einem niedrigeren Gewinn einher. Während die beiden Referenzproduktionsinseln 2 und 6 bei den ermittelten Preisrelationen einen Gewinn von $-z_2 = -z_6 = 0$ aufweisen, ist er bei den anderen Produktionsinseln niedriger, und zwar $-z_3$, $-z_4$ bzw. $-z_5$.

Wird diese Analyse für die anderen Produktionsinseln in analoger Weise durchgeführt, dann ergeben sich die in Abbildung 1.2-17 zusammengefassten Ergebnisse.

p	e^p	ρ_1^p	ρ_2^p	χ	λ_1	λ_2	λ_3	λ_4	λ_5	λ_6	z_1	z_2	z_3	z_4	z_5	z_6
1	0,65	0,31	0,13	0,41	0	0,30	0	0	0	0,50	0,35	0	0,54	0,42	0,05	0
2	1,00	0,38	0,15	0,50	0	1	0	0	0	0	0,43	0	0,66	0,52	0,06	0
3	0,58	0,09	0,36	0,36	0	0	0	0,10	0	0,73	0,69	0,82	0,42	0	0,34	0
4	1,00	0,17	0,67	0,67	0	0	0	1	0	0	1,27	1,5	0,77	0	0,63	0
5	0,90	0,69	0,28	0,90	0	0,33	0	0	0	0,17	0,77	0	1,19	0,93	0,10	0
6	1,00	0,38	0,15	0,50	0	0	0	0	0	1	0,43	0	0,66	0,52	0,06	0

Abb. 1.2-17: Beispielergebnisse der DEA

In dieser Gesamtsicht erweisen sich die Produktionsinseln 2, 4 und 6 als effizient, weil der Wert ihrer relativen Effizienz jeweils eins ist. Durch Linearkombination dieser Aktivitäten (2 und 6 sowie 6 und 4) wird der effiziente Rand der umhüllenden Technologie geschätzt. Neben der Produktionsinsel 1 sind die Produktionsinseln 3 und 5 ineffizient, wobei sich die Werte ihrer relativen Effizienz unterscheiden. Insgesamt ist die Produktionsinsel 3 mit $e^3 = 0,58$ im Vergleich zu einer Linearkombination der Aktivitäten 4 und 6 ($\lambda_4 = 0,10$; $\lambda_6 = 0,73$) die ineffizienteste Aktivität. Sie wird gefolgt von Produktionsinsel 1 ($e^1 = 0,65$) und Produktionsinsel 5 ($e^5 = 0,90$), die jeweils mit einer Linearkombination der Aktivitäten 2 und 6 verglichen werden ($\lambda_2 = 0,30$; $\lambda_6 = 0,50$ bzw. $\lambda_2 = 0,33$; $\lambda_6 = 0,17$). Da alle Gewichtungsfaktoren der Produktionsinsel 5 größer oder gleich den Gewichtungsfaktoren der Produktionsinsel 1 sind, wird die Aktivität 1 von der Aktivität 5 dominiert. Der ineffiziente Rand der umhüllenden Technologie wird folglich durch die Linearkombinationen der Aktivitäten 1, 2, 3 und 4 (2 und 1, 1 und 3 sowie 3 und 4) geschätzt. Abbildung 1.2-18 gibt die umhüllende Technologie für das Beispiel in grafischer Form wieder.

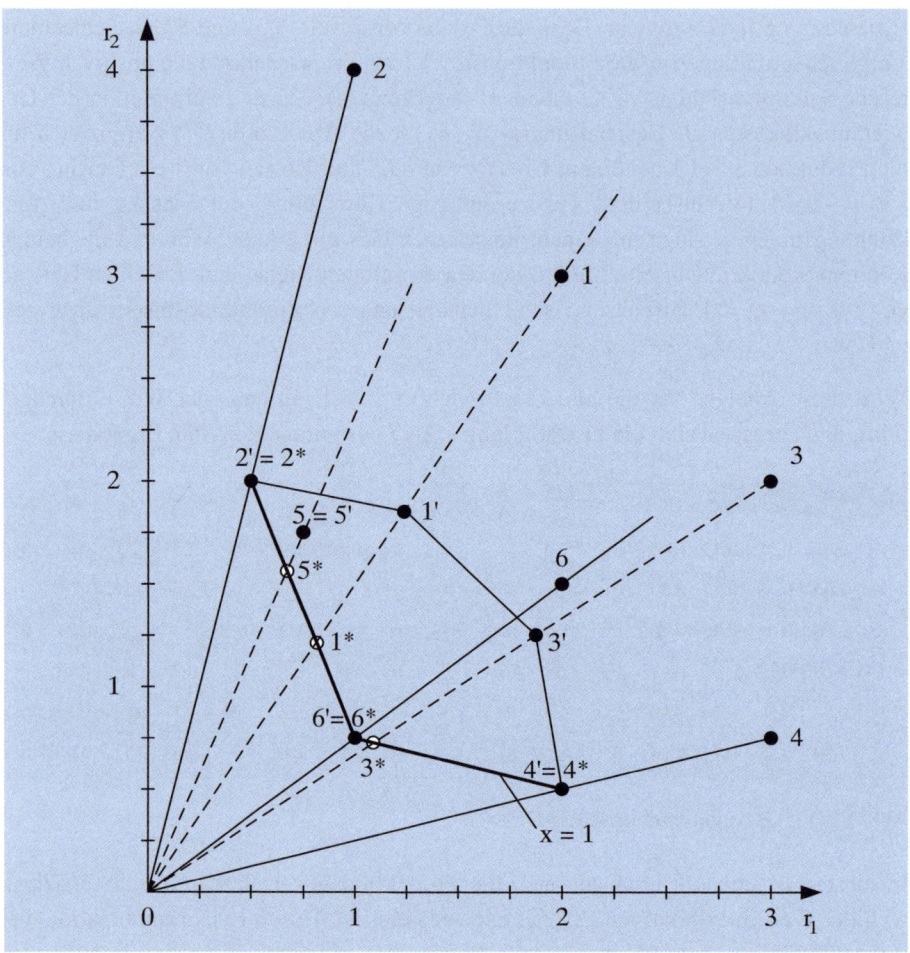

Abb. 1.2-18: Umhüllende Technologie der 6 Produktionsinseln (Beispiel)

Auf der Grundlage dieses Diagramms lassen sich die Effizienzwerte e^p der Produktionsinseln durch den Quotienten aus der Entfernung vom Koordinatenursprung zur jeweiligen effizienten Aktivität $\underline{v}^{p^*}$ und der Entfernung vom Koordinatenursprung zur normierten Aktivität $\underline{v}^{p'}$ bestimmen. In der inputbezogenen Betrachtung ist die relative Effizienz einer Aktivität folglich der Output dieser Aktivität, wenn sie mit demselben Input durchgeführt wird wie eine vergleichbare effiziente Aktivität mit einem Output von eins.

Aufbauend auf dieser Überlegung ist eine vereinfachte Berechnung der relativen Effizienz möglich, wenn für die betrachteten Aktivitäten in der Effizienzanalyse ein Outputgut und maximal zwei Inputgüter relevant sind (z. B., wenn sich die Aktivitäten in den anderen Gütermengen nicht unterscheiden). In diesem Fall kann ein kombiniert graphisch-formales Verfahren mit den folgenden Schritten angewendet werden:

1. Normierung der Aktivitäten auf einen Output „eins",

2. Graphisch unterstützte Bestimmung des effizienten Randes,

3. Ermittlung des Effizienzwertes durch Schnittpunktberechnung.

Schritt 1: Die normierten Werte der Aktivitäten des Beispiels sind in Abbildung 1.2-19 zusammengefasst.

Schritt 2: Durch Einzeichnen der normierten Aktivitäten in die (r_1, r_2)-Ebene wird unter der Annahme der Linearität der effiziente Rand der umhüllenden Technologie graphisch ermittelt (vgl. Abbildung 1.2-18). Hieraus lässt sich ableiten, welche der bekannten Aktivitäten absolut effizient oder ineffizient sind (vgl. Abbildung 1.2-19).

Schritt 3: Die absolut effizienten Aktivitäten weisen eine relative Effizienz von eins auf. Für die ineffizienten Aktivitäten wird die relative Effizienz durch die Berechnung des „Schnittpunktes" zwischen dem effizienten Rand und dem Ursprungsstrahl der ineffizienten Aktivität in der (r_1, r_2)-Ebene ermittelt.

p'	$r_1^{p'}$	$r_2^{p'}$	$x_3^{p'}$	absolut effizient?
1	1,250	1,875	1,000	nein
2	0,500	2,000	1,000	ja
3	1,875	1,250	1,000	nein
4	2,000	0,500	1,000	ja
5	0,750	1,750	1,000	nein
6	1,000	0,750	1,000	ja

Abb. 1.2-19: Werte und Effizienzaussagen zu den normierten Aktivitäten

Für die „Schnittpunkt"-Berechnung sind die Gleichungen der Ursprungsstrahle und der relevanten Bereiche des effizienten Randes aufzustellen:

Aktivität	Ursprungsstrahl	effizienter Rand
1	$\underline{v}^{0.1} = \tau^1 \cdot \underline{v}^{1'}$	$\underline{v}^{2.6} = (1 - \alpha^{2.6}) \cdot \underline{v}^{2'} + \alpha^{2.6} \cdot \underline{v}^{6'}$
3	$\underline{v}^{0.3} = \tau^3 \cdot \underline{v}^{3'}$	$\underline{v}^{6.4} = (1 - \alpha^{6.4}) \cdot \underline{v}^{6'} + \alpha^{6.4} \cdot \underline{v}^{4'}$
5	$\underline{v}^{0.5} = \tau^5 \cdot \underline{v}^{5'}$	$\underline{v}^{2.6} = (1 - \alpha^{2.6}) \cdot \underline{v}^{2'} + \alpha^{2.6} \cdot \underline{v}^{6'}$

Der „Schnittpunkt" in der (v_1, v_2)-Ebene ergibt sich durch Gleichsetzen des Ursprungsstrahls und dem effizienten Rand für den Input-Teil des Aktivitätsvektors. Für Aktivität 1 gilt somit:

$$\tau^1 \cdot \begin{pmatrix} 1,250 \\ 1,875 \end{pmatrix} = (1 - \alpha^{2.6}) \cdot \begin{pmatrix} 0,500 \\ 2,000 \end{pmatrix} + \alpha^{2.6} \cdot \begin{pmatrix} 1,000 \\ 0,750 \end{pmatrix}$$

$$\Leftrightarrow \tau^1 \cdot \begin{pmatrix} 1,250 \\ 1,875 \end{pmatrix} - \alpha^{2.6} \cdot \begin{pmatrix} +0,500 \\ -1,250 \end{pmatrix} = \begin{pmatrix} 0,500 \\ 2,000 \end{pmatrix}$$

Dieses System aus zwei linearen Gleichungen mit zwei Unbekannten hat die Lösung $\tau^1 = 0,65$, $\alpha^{2.6} = 0,625$. Da die Berechnung für die normierte Aktivität 1 durchgeführt wurde, gilt $e^1 = \tau^1$. Auf analoge Weise ergeben sich die Werte $e^3 = 0,58$ und $e^5 = 0,90$.

1.2.1.3 Grundlagen der funktionalistischen Produktionstheorie

1.2.1.3.1 Ertragsgesetzliche Produktionsfunktion

Die Produktionsfunktion vom Typ A, auch Ertragsgesetz genannt, wurde im 18. Jahrhundert durch den Franzosen J. Turgot (1727-1781) für die landwirtschaftliche Produktion formuliert (J.H. von Thünen (1783-1850) überprüfte auf seinem Gut Tellow bei Rostock das Gesetz des zunehmenden und abnehmenden Ertrages). Dieser Ansatz geht von den folgenden Prämissen aus:

- Es liegen partiell-substitutionale Faktoreinsatzbeziehungen vor.
- Die Inputfaktoren weisen eine konstante Qualität auf.
- Es wird ein Produkt hergestellt.
- Die Produktionstechnik bleibt unverändert.
- Es existiert ein unmittelbarer Zusammenhang zwischen Input und Output.
- Die Einsatzmengen sind beliebig teilbar.

Ausgangspunkt bildet die Produktionsfunktion:

$$x = f(r_1, \underbrace{r_2, \ldots, r_{n-1}, r_n}_{\text{konstant } (r^c)})$$

Wird nur der Faktor r_1 stetig vermehrt und bleiben alle anderen Produktionsfaktoren konstant, dann ergibt sich die in Abbildung 1.2-20 dargestellte ertragsgesetzliche Produktionsfunktion bei partieller Faktorvariation.

Darüber hinaus werden im unteren Teil von Abbildung 1.2-20 die Kurven des Durchschnittsertrags $\bar{x}$ und der Grenzproduktivität x' eingezeichnet. Es lassen sich dann die folgenden Aussagen formulieren:

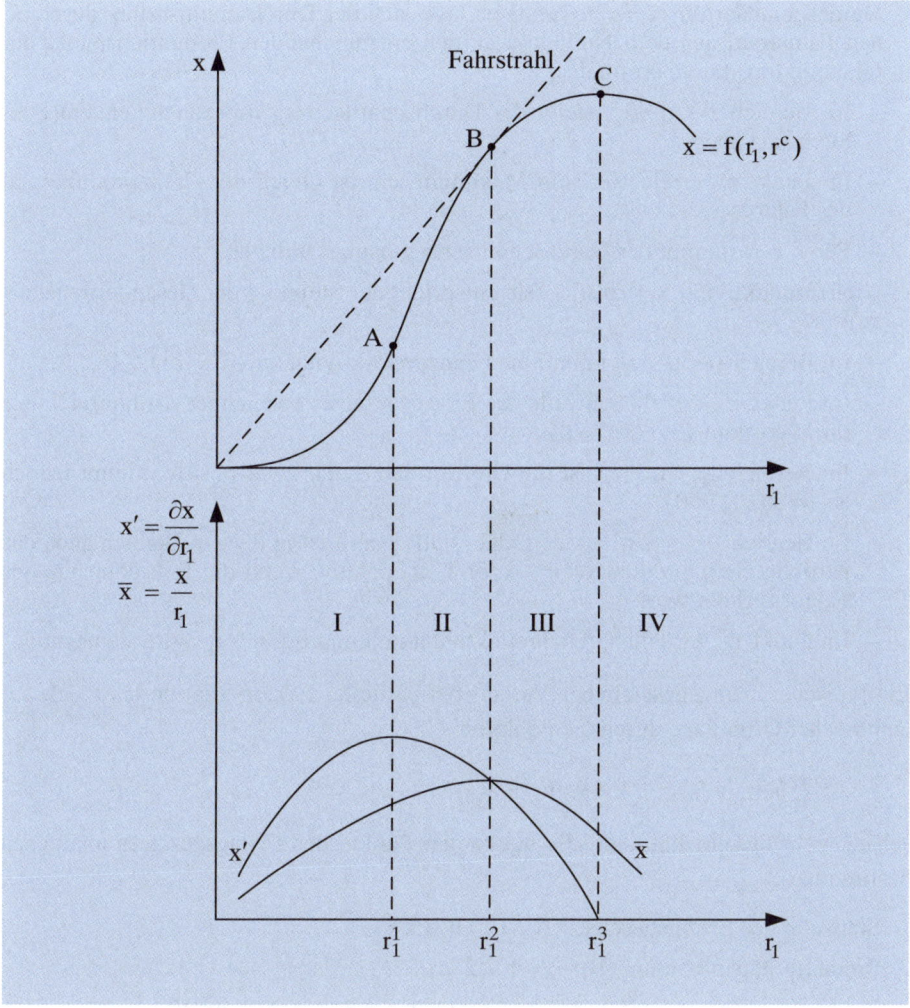

Abb. 1.2-20: Ertragsgesetzliche Produktionsfunktion

- **Gesamtertragskurve** $x = f(r_1, r^c)$:

  -- Im Bereich $0 < r_1 < r_1^1$ weist die Gesamtertragskurve einen progressiven Verlauf auf. Das Wirkungsverhältnis zwischen dem variablen und dem konstanten Faktor wird immer günstiger.

  -- Im Punkt r_1^1 weist die Gesamtertragsfunktion einen Wendepunkt auf.

  -- Im Bereich $r_1^1 < r_1 < r_1^3$ steigt der Gesamtertrag nur noch degressiv.

  -- Im Punkt r_1^3 erreicht die Produktion ihr Maximum.

  -- Ein darüber hinausgehender Einsatz $(r_1 > r_1^3)$ ist ökonomisch nicht vertretbar, da dieser mit einer Reduktion der Outputmenge einhergeht. Punkt C ist folglich als Sättigungspunkt zu interpretieren.

- **Durchschnittsertrag** $\bar{x} = x / r_1$ (grafisch lässt sich der Durchschnittsertrag durch einen Fahrstrahl aus dem Nullpunkt an den entsprechenden Produktionspunkt der Gesamtertragskurve ermitteln):

  -- Im Bereich $0 < r_1 < r_1^2$ steigt der Durchschnittsertrag mit zunehmendem Faktoreinsatz an.

  -- Im Punkt r_1^2 erreicht er sein Maximum und ist gleich der Grenzproduktivität des Faktors r_1.

  -- Für $r_1 > r_1^2$ nimmt der Durchschnittsertrag dann ständig ab.

- **Grenzproduktivität** $x' = \partial x / \partial r_1$ (sie entspricht der Steigung der Gesamtertragskurve):

  -- Im Bereich $0 < r_1 < r_1^1$ nimmt die Grenzproduktivität zu $(\partial^2 x / \partial r_1^2 > 0)$.

  -- Im Punkt r_1^1, der als Schwelle des Ertragsgesetzes bezeichnet wird, erreicht sie ihr Maximum $(\partial^2 x / \partial r_1^2 = 0)$.

  -- Im Bereich $r_1^1 < r_1 < r_1^3$ ist die Grenzproduktivität zwar positiv, nimmt jedoch ab $(\partial^2 x / \partial r_1^2 < 0)$.

  -- Im Bereich $0 \leq r_1 \leq r_1^3$ ist sie größer null. Damit ist in diesem Bereich auch das partielle Grenzprodukt $dx = (\partial x / \partial r_1) \cdot dr_1$ positiv, wenn die Einsatzmenge des Faktors erhöht wird.

  -- Im Punkt r_1^3 wird die Grenzproduktivität null und für $r_1 > r_1^3$ wird sie negativ.

Ein typischer ertragsgesetzlicher Verlauf bei partieller Faktorvariation lässt sich auf empirischer Grundlage durch die Funktion

$$x = f(r_1, \overline{r_2, ..., r_n}) = a \cdot r_1 + b \cdot r_1^2 - c \cdot r_1^3$$

schätzen. In diesem Fall sind die markanten Punkte des Ertragsgesetzes analytisch bestimmbar:

- Schwelle des Ertragsgesetzes (A): $r_1 = b / (3 \cdot c)$
- Produktivitätsmaximum (B): $r_1 = b / (2 \cdot c)$
- Produktionsmaximum (C): $r_1 = b / (3 \cdot c) + ((b^2 + 3 \cdot a \cdot c) / (3 \cdot c^2))^{1/2}$

Den bisherigen Überlegungen lag eine partielle Faktorvariation zugrunde. Wird diese Prämisse aufgegeben und unterstellt, dass alle Produktionsfaktoreinsätze frei variierbar sind, dann wird von einer **totalen Faktorvariation** gesprochen. Für zwei variable Faktoren ergibt sich dann ein Ertragsgebirge (vgl. Abbildung 1.2-21).

Werden durch dieses Ertragsgebirge gedanklich Schnitte vollzogen, die parallel zur (r_1, r_2)-Ebene verlaufen, dann ergeben sich Flächen, deren Punkte Faktoreinsatzkombinationen darstellen, aus denen jeweils dieselbe Ausbringungsmenge resultiert. Aus der Projektion des Randes dieser ISO-Outputflächen in die (r_1, r_2)-Ebene resultieren dann die in Abbildung 1.2-22 dargestellten **Isoquanten**.

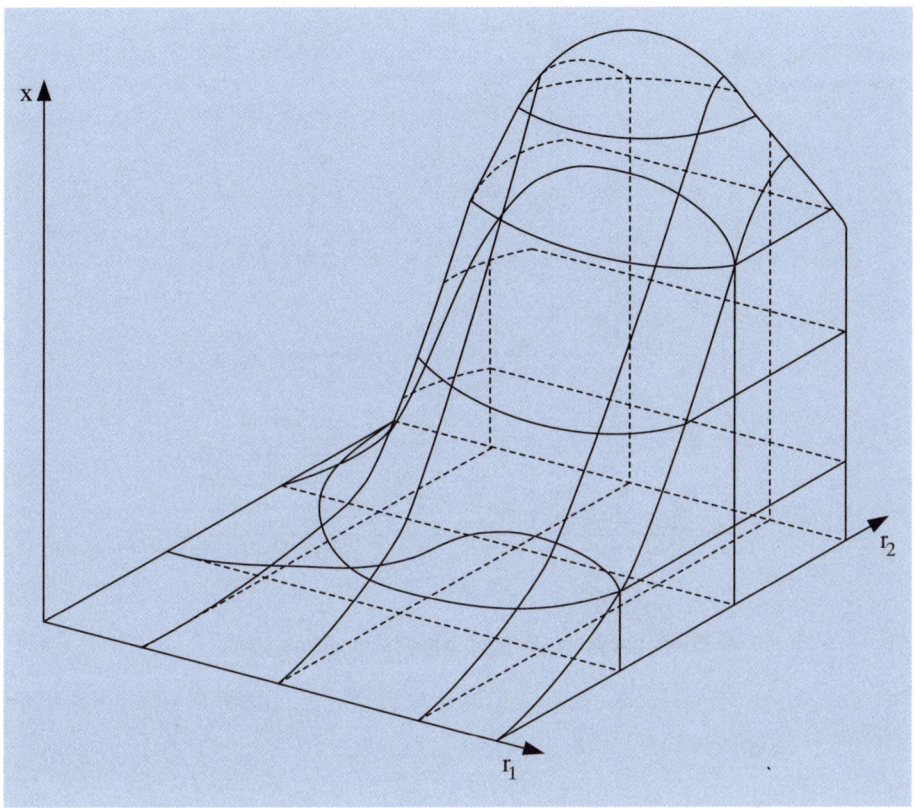

Abb. 1.2-21: Ertragsgebirge

Bei Anwendung der Kriterien effizienter Faktorkombination auf diese Isoquanten zeigt sich, dass nur ein Teil der jeweiligen Isoquante ökonomisch relevant ist, und zwar genau der Bereich, in dem für die Grenzrate der Faktorsubstitution gilt:

$$0 \leq GS \leq \infty$$

Die Punkte $GS = 0$ und $GS = \infty$ befinden sich dabei an den Stellen der Isoquanten, deren Tangenten parallel zu den Koordinatenachsen verlaufen. An diesen Tangentialpunkten wechselt das Vorzeichen der Grenzrate der Faktorsubstitution. Aus der Verbindung dieser Punkte aller Isoquanten ergibt sich der ökonomisch relevante Bereich der Produktionsfunktion. Wird dieser Bereich auf das Ertragsgebirge übertragen, dann ergibt sich der in Abbildung 1.2-23 dargestellte Ausschnitt.

Mit Hilfe der Isoquantendarstellung (vgl. Abbildung 1.2-24) lässt sich auch der Fall der partiellen Faktorvariation demonstrieren, wenn der Faktor r_2 auf dem Niveau r_2^c konstant gehalten wird und der Faktor r_1 entlang der Geraden $\overline{ABCD}$, die parallel zur r_1-Achse verläuft, sukzessive vermehrt wird.

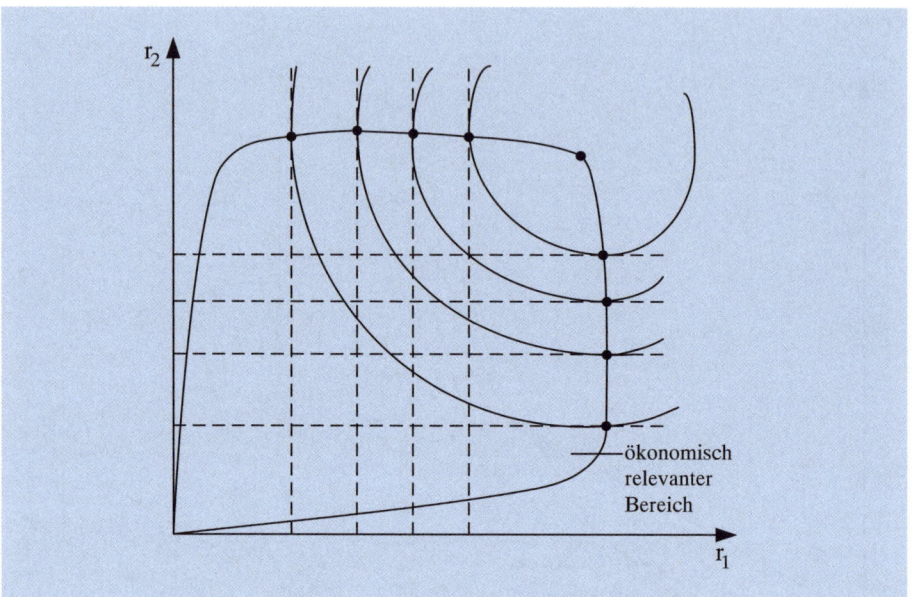

Abb. 1.2-22: Ökonomisch relevanter Bereich eines Isoquantensystems

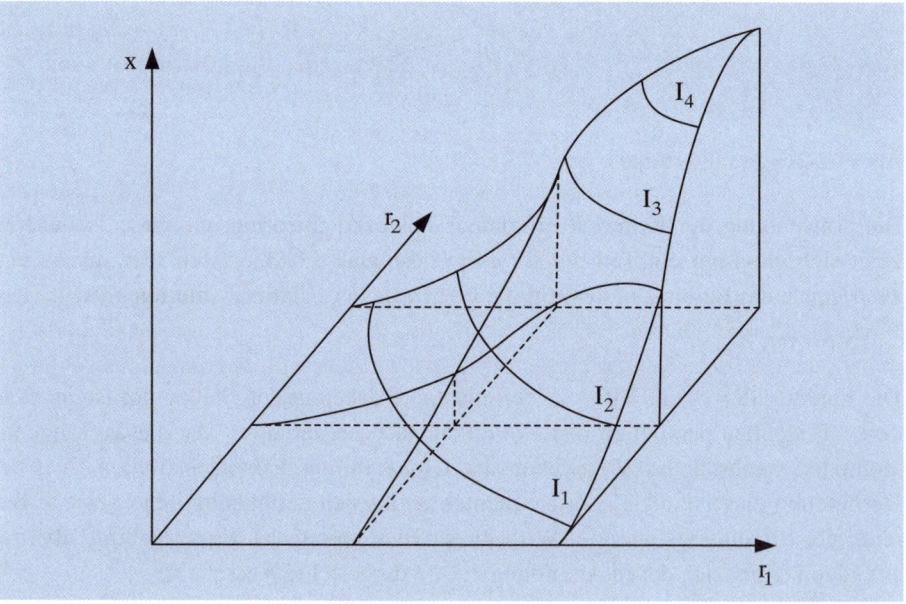

Abb. 1.2-23: Effizienter Bereich eines Ertragsgebirges

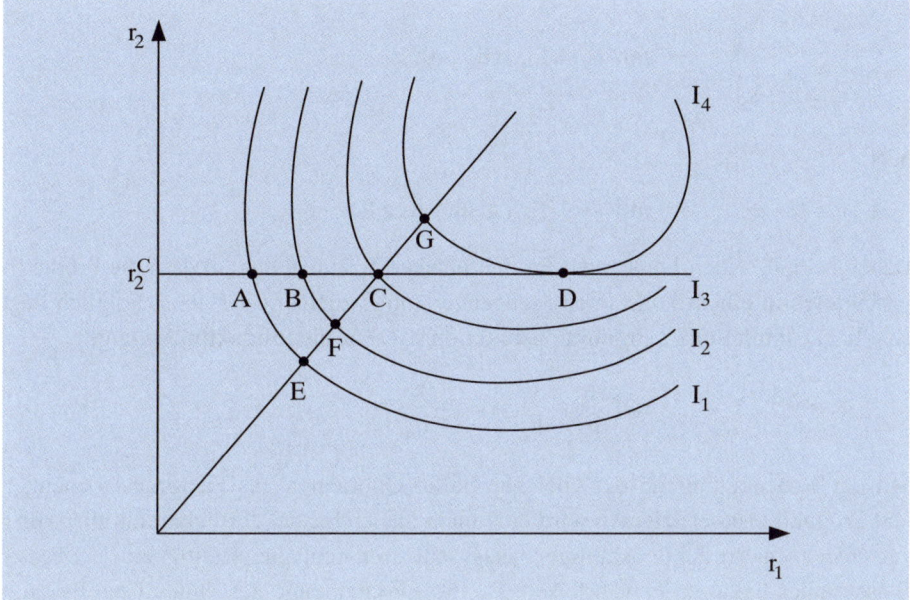

Abb. 1.2-24: Isoquantensystem

Wird eine Niveauvariation hingegen entlang der Geraden $\overline{EFCG}$ vollzogen, dann erfolgt eine Faktorvariation beider zum Einsatz gelangenden Produktionsfaktoren.

1.2.1.3.2 Produktionsfunktion nach Leontief

Grundlage der durch den Ökonomen Leontief (1951a, 1951b, 1966) aufgestellten Produktionsfunktion bildete die Analyse der Input-Output-Beziehungen zwischen den Sektoren einer Volkswirtschaft. Mit Hilfe der Produktionsfunktion wird dabei die gesamte Volkswirtschaft in aggregierter Form als offenes Produktionssystem, das durch Inputs und Outputs gekennzeichnet ist, beschrieben. In einer Detailanalyse werden die einzelnen Sektoren des volkswirtschaftlichen Produktionssystems und ihre wechselseitigen Güteraustauschbeziehungen betrachtet und mit Hilfe von Verbrauchsfunktionen durch ihre Inputs und Outputs erfasst. Diese Überlegungen lassen sich in einer produktionswirtschaftlichen Betrachtung auf eine Unternehmung übertragen, die ebenfalls ein offenes Produktionssystem darstellt. Elemente dieses Systems sind dann die einzelnen Produktionsstellen und deren mengenmäßigen Beziehungen zueinander (vgl. Kloock 1969, S. 87 ff.).

Im Falle einer **Einprodukt-Unternehmung**, der zur Herstellung des Produktes genau ein Verfahren zur Verfügung steht, lässt sich die Leontief-Produktionsfunktion durch folgendes **System von Faktorfunktionen** beschreiben:

$$
\left.\begin{array}{l}
r_1 = h_1 \cdot x \\
\vdots \\
r_n = h_n \cdot x
\end{array}\right\} \qquad \text{mit } h_1, h_2, \ldots, h_n > 0
$$

oder:

$$
r_i = h_i \cdot x \qquad \text{mit } i = 1, \ldots, n \text{ und } h_i > 0
$$

Dabei stellt h_i einen **konstanten Produktionskoeffizienten** dar, so dass die Produktionsfaktoren in einem konstanten Mengenverhältnis zueinander stehen. Folglich liegt eine **linear-limitationale Produktionsfunktion** vor. Für die Produktfunktion gilt:

$$
x = \frac{r_i}{h_i} \qquad \text{mit } \frac{r_1}{h_1} = \frac{r_2}{h_2} = \ldots = \frac{r_n}{h_n}
$$

Mit der Nebenbedingung der Gleichheit aller Quotienten aus Faktoreinsatzmengen und Produktionskoeffizienten wird eine nicht ausreichende Verfügbarkeit aller von i verschiedenen Produktionsfaktoren ausgeschlossen und gleichzeitig ein effizienter Einsatz aller Faktoren gewährleistet. Da die Einsatzmenge des Gutes i die Einsatzmengen der anderen Güter limitiert, werden durch ihre Spezifizierung in dieser Produktfunktion alle Faktoreinsatzmengen gleichzeitig festgelegt.

In realen Produktionssystemen ist davon auszugehen, dass die Einsatzmengen der Faktoren nur bis zu einer Obergrenze von $\bar{r}_i$ verfügbar sind. In diesem Fall ist die maximal mögliche Ausbringungsmenge über die **Minimum-Funktion**

$$
x = \min\left(\frac{\bar{r}_i}{h_i}\right) \qquad \text{mit } i = 1, \ldots, n
$$

bestimmbar, die jedoch keine Produktionsfunktion darstellt, da ineffiziente Faktorkombinationen nicht ausgeschlossen werden. Die erreichbare Menge der Produkte wird mit dieser Funktion durch den Inputfaktor determiniert, dessen Verhältnis von verfügbarer Menge zum jeweiligen Produktionskoeffizienten am geringsten ist. Dieser Inputfaktor wird auch als **Engpassfaktor** bezeichnet.

Die Möglichkeiten einer **partialanalytischen Betrachtung** der Leontief-Produktionsfunktionen sind aufgrund der gegenseitigen Abhängigkeit der Faktoreinsatzmengen bei effizientem Einsatz dahingehend eingeschränkt, dass die Kennzahlen zu Produktivität und Elastizität für einen Produktionsfaktor nur genau dann aussagefähig sind, wenn dieser den alleinigen Engpassfaktor darstellt. Unter dieser Voraussetzung entspricht die Grenzproduktivität dem Reziprok des Produktionskoeffizienten, und die Produktionselastizität beträgt 1. Andernfalls nehmen diese Kennzahlen einen Wert von null an. In der **Totalanalyse** ergeben sich aufgrund der Linearität der Leontief-Produktionsfunktion konstante Skalenerträge, so dass eine linear-homogene Funktion vorliegt. Abbildung 1.2-25 veranschaulicht eine Leontief-Produktionsfunktion für ein Verfahren, das zwei Produktionsfaktoren zu einem Produkt kombiniert.

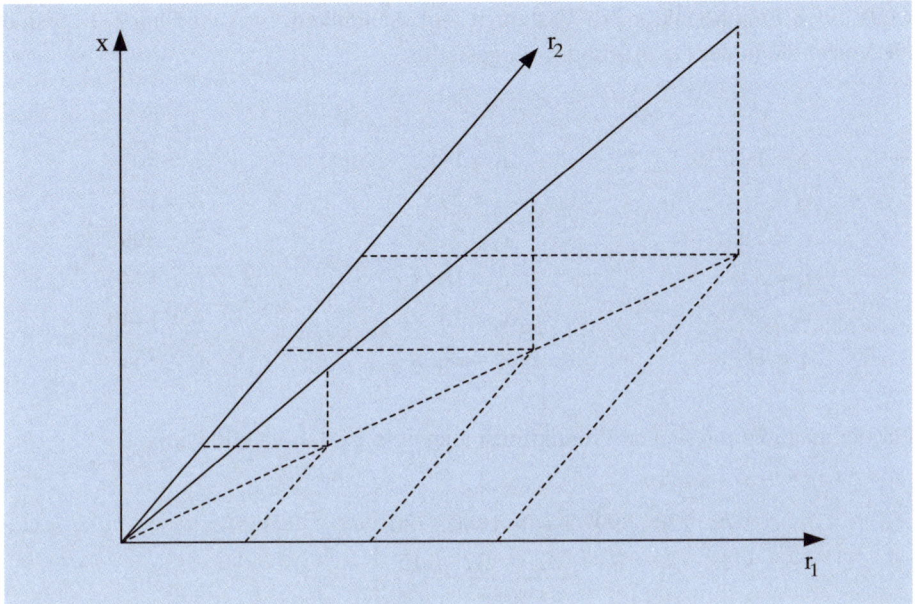

Abb. 1.2-25: Leontief-Produktionsfunktion

Steht in einer Unternehmung mehr als ein linear-limitationales Verfahren zur Herstellung eines Produktes zur Verfügung, dann gilt bei P Verfahrensalternativen π_p ($p = 1, \ldots, P$) für die Leontief-Produktionsfunktion als System von Faktorfunktionen:

$$r_i^p = h_i^p \cdot x^p \quad \text{mit } i = 1, \ldots, n, \ p = 1, \ldots, P \text{ und } h_i^p = \text{konstant} > 0$$

Für Effizienzüberlegungen ist zwischen kombinierbaren und nichtkombinierbaren Verfahren zu unterscheiden (vgl. Abschnitt 1.2.1.1).

An einem Beispiel sei diese Produktionsfunktion verdeutlicht. Ein Regal kann durch die Kombination der Produktionsfaktoren Rückwand (r_1), Seitenwand (r_2), Einlegeboden (r_3), Schraube (r_4), Mutter (r_5) und Arbeitszeit (r_6) hergestellt werden, wobei zwei verschiedene Verfahren (π^I, π^{II}) möglich seien, die sich durch die Befestigungsart der Regalböden unterscheiden und deshalb auch kombinativ eingesetzt werden können. Für die Verfahren gelten die folgenden Faktorfunktionen und die maximal verfügbaren Mengen.

Unter der Voraussetzung, dass die beiden Verfahren nicht miteinander kombinierbar sind, lassen sich bei Einsatz des Verfahrens I maximal 45 Regale herstellen.

Bei einer kombinativen Anwendung beider Verfahren lässt sich die maximale Ausbringungsmenge auf der Grundlage einer Analyse der Engpassfaktoren ermitteln. Bei linear-limitationalen Faktoreinsatzverhältnissen ist es dabei ausreichend, sich auf je-

weils einen Engpassfaktor pro Verfahren zu beschränken. In Abbildung 1.2-26 sind
die Verfahren in der (r_4, r_6)-Ebene dargestellt.

$$\pi^I \qquad\qquad\qquad \pi^{II} \qquad\qquad\qquad \bar{r}$$

π^I	π^{II}	$\bar{r}$
$r_1 = 1 \cdot x$	$r_1 = 1 \cdot x$	$\bar{r}_1 = 70$
$r_2 = 2 \cdot x$	$r_2 = 2 \cdot x$	$\bar{r}_2 = 120$
$r_3 = 7 \cdot x$	$r_3 = 7 \cdot x$	$\bar{r}_3 = 399$
$r_4 = 32 \cdot x$	$r_4 = 18 \cdot x$	$\bar{r}_4 = 1440$
$r_5 = 32 \cdot x$	$r_5 = 18 \cdot x$	$\bar{r}_5 = 1440$
$r_6 = 15 \cdot x$	$r_6 = 20 \cdot x$	$\bar{r}_6 = 780$

Für die maximal möglichen Produktionsmengen je Verfahren gilt dann:

$$x^I = \min\left(\frac{70}{1}, \frac{120}{2}, \frac{399}{7}, \underbrace{\frac{1440}{32}, \frac{1440}{32}}_{\text{Engpass}}, \frac{780}{15}\right) = 45$$

$$x^{II} = \min\left(\frac{70}{1}, \frac{120}{2}, \frac{399}{7}, \frac{1440}{18}, \frac{1440}{18}, \underbrace{\frac{780}{20}}_{\text{Engpass}}\right) = 39$$

Ohne Berücksichtigung der Ganzzahligkeitsbedingung für die Faktoreinsatzmengen
kann im Beispiel davon ausgegangen werden, dass die maximale Ausbringungsmenge bei kombinativer Anwendung der Verfahren dann erreicht wird, wenn beide Restriktionen vollständig ausgeschöpft werden. Dies liegt darin begründet, dass für die
einzelnen Verfahren Restriktionen unterschiedlicher Faktoren relevant sind. Somit
lässt sich folgendes Gleichungssystem aufstellen:

$$\bar{r}_4 = h_4^I \cdot x^I + h_4^{II} \cdot x^{II}$$

$$\bar{r}_6 = h_6^I \cdot x^I + h_6^{II} \cdot x^{II}$$

Durch Einsetzen der gegebenen Werte ergeben sich die Gleichungen

$$1440 = 32 \cdot x^I + 18 \cdot x^{II}$$

$$780 = 15 \cdot x^I + 20 \cdot x^{II}$$

mit der Lösung:

$$x^I = 38,89$$
$$x^{II} = 9,08$$

Diese Lösung führt zu einer maximalen Ausbringungsmenge von 48,97.

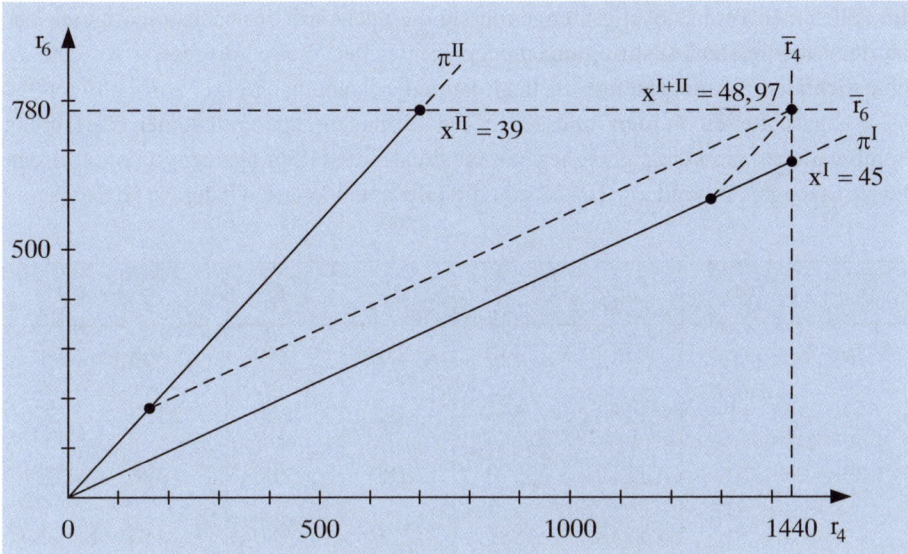

Abb. 1.2-26: Analyse der Engpassfaktoren einer Leontief-Produktionsfunktion

Um die Ganzzahligkeitsbedingung zu berücksichtigen, sind in einem nächsten Schritt Verfahrenskombinationen mit ganzzahligen Faktoreinsatzmengen zu finden, die der reellzahligen Lösung möglichst nahe kommen. Wird berücksichtigt, dass die ganzzahlige Lösung keinen größeren Wert als die reellzahlige Lösung aufweisen kann, ist als Startwert für die Suche nach einer maximal ganzzahligen Ausbringungsmenge von 48 auszugehen. Aufgrund dieser Ausbringungsmenge und der Restriktion für die beiden Produktionsfaktoren lassen sich Ober- und Untergrenzen für die Ausbringungsmengen beider Verfahren ableiten. Aus

$$48 = x^I + x^{II}$$

$$32 \cdot x^I + 18 \cdot x^{II} \leq 1440$$

$$15 \cdot x^I + 20 \cdot x^{II} \leq 780$$

folgt:

$$36 \leq x^I \leq 41,14$$

$$6,85 \leq x^{II} \leq 12$$

Die Lösungsmenge $L(x = 48)$ enthält dann alle ganzzahligen Verfahrenskombinationen ($x^I ; x^{II}$), die in diesen Bereichen liegen und eine Menge von 48 Regalen hervorbringen:

$$L(x = 48) = \{(36; 12), (37; 11), (38; 10), (39; 9), (40; 8), (41; 7)\}$$

Im Falle einer leeren Lösungsmenge müsste die Suche mit der nächstniedrigeren vorläufigen maximalen Ausbringungsmenge in gleicher Weise fortgesetzt werden. Da eine nichtleere Lösungsmenge vorliegt, kann die Suche nach einer ganzzahligen Lösung abgeschlossen werden, und alle in der Lösungsmenge enthaltenen Verfahrenskombinationen sind dazu geeignet, die maximale Ausbringungsmenge von 48 Regalen zu erzeugen. Abbildung 1.2-27 gibt die relevanten Werte wieder.

x^I	x^{II}	r_4^I	r_6^I	r_4^{II}	r_6^{II}	r_4^{I+II}	r_6^{I+II}
36	12	1152	540	216	240	1368	780
37	11	1184	555	198	220	1382	775
38	10	1216	570	180	200	1396	770
39	9	1248	585	162	180	1410	765
40	8	1280	600	144	160	1424	760
41	7	1312	615	126	140	1438	755

Abb. 1.2-27: Optimale ganzzahlige Lösungen

Wird eine Mehrprodukt-Unternehmung mit mehrstufiger Produktion betrachtet, dann ist zwischen Produktionsfunktion und Transformationsfunktion zu unterscheiden. Während eine Produktionsfunktion in diesem Kontext den Zusammenhang zwischen Input und Output der Unternehmung beschreibt, werden mit Hilfe der Transformationsfunktionen die Input-Output-Beziehungen der Produktionsstellen erfasst. Abbildung 1.2-28 gibt diesen Sachverhalt beispielhaft für ein Produktionssystem wieder, dessen Produktionsstellen P_j durch Kreise und deren mengenmäßigen Beziehungen durch Pfeile gekennzeichnet sind.

Jede Produktionsstelle j ist durch ein System von Transformationsfunktionen der Art

$$r_{ij} = h_{ij} \cdot r_j$$

gekennzeichnet. Während r_{ij} die Inputmenge des Faktors i an Stelle j bezeichnet, wird mit r_j deren Outputmenge erfasst, d. h., jede Stelle erzeugt genau eine Outputart. Bei Transformationsfunktionen ist zu beachten, dass der Output einer Stelle j sowohl ein Zwischenprodukt r_j ($j = \ell + 1, …, m$), das für eine andere Stelle Input ist, als auch ein Endprodukt x_j ($j = m + 1, …, n$) sein kann, das einen Output der Unternehmung darstellt. Analog hierzu kann der Input einer Produktionsstelle entweder ein Input der Unternehmung r_i ($i = 1, …, \ell$) oder der Output r_{ij} ($i = \ell + 1, …, m$) einer vorgelagerten Stelle j sein. Die Verbindung zwischen Input und Output einer Produktionsstelle wird durch den konstanten Produktionskoeffizienten h_{ij} hergestellt.

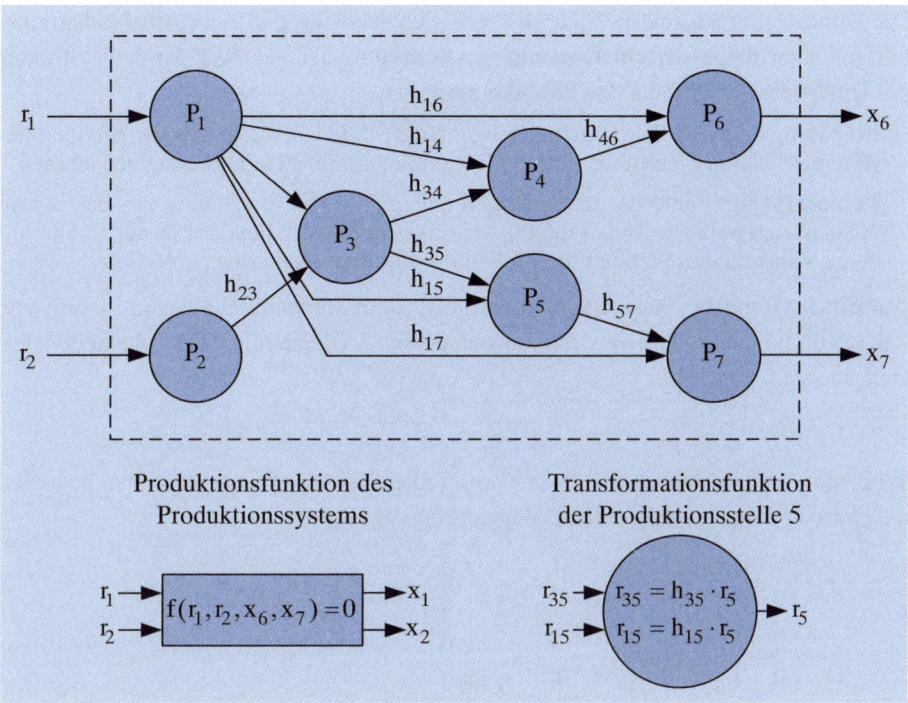

Abb. 1.2-28: Produktions- und Transformationsfunktion am Beispiel eines Produktionssystems

Die **Produktionsfunktion** basiert auf der Annahme, dass der Output r_j jeder Produktionsstelle j abzüglich der Summe der Inputs r_{ij} aller nachgelagerten Produktionsstellen i dem Output x_j des Produktionssystems entspricht. Dies wird mit folgendem Gleichungssystem beschrieben:

$$
\begin{aligned}
(r_1 - r_{11}) & \quad -r_{12} \quad \ldots \quad & -r_{1n} & = x_1 \\
-r_{21} & \quad +(r_2 - r_{22}) \quad \ldots \quad & -r_{2n} & = x_2 \\
\vdots & \qquad \vdots \qquad\qquad \vdots & \vdots & \\
-r_{n1} & \quad -r_{n2} \quad \ldots \quad +(r_n - r_{nn}) & & = x_n
\end{aligned}
$$

Um die Beziehungen zwischen den Outputs r_j der einzelnen Stellen und dem Output x_j des Produktionssystems zu erfassen, werden die Inputs r_{ij} der einzelnen Stellen mit Hilfe der jeweiligen Transformationsfunktionen beschrieben:

$$
\begin{aligned}
(1 - h_{11}) \cdot r_1 & \quad -h_{12} \cdot r_2 \quad \ldots \quad & -h_{1n} \cdot r_n & = x_1 \\
-h_{21} \cdot r_1 & \quad +(1 - h_{22}) \cdot r_2 \quad \ldots \quad & -h_{2n} \cdot r_n & = x_2 \\
\vdots & \qquad \vdots \qquad\qquad \vdots & \vdots & \\
-h_{n1} \cdot r_1 & \quad -h_{n2} \cdot r_2 \quad \ldots \quad +(1 - h_{nn}) \cdot r_n & & = x_n
\end{aligned}
$$

Wird dieses Gleichungssystem in Matrizenschreibweise überführt, dann ergibt sich:

$$(E - H) * \underline{r} = \underline{x} \qquad \text{mit } E = \text{Einheitsmatrix}$$

Die Direktverbrauchsmatrix H [n × n] setzt sich dabei aus den einzelnen Produktionskoeffizienten der Transformationsfunktionen zusammen und erfasst damit die Struktur des Güterflusses zwischen den Produktionsstellen:

- Eine Zeile i gibt die Outputmengen an, die die Stelle i an die jeweiligen Stellen j liefern muss, damit diese jeweils eine Mengeneinheit ihres Outputs erzeugen können.

- In einer Spalte j sind die Inputmengen angegeben, die die Stelle j zur Erzeugung einer Mengeneinheit ihres Outputs benötigt, wobei die Position in der Spalte anzeigt, von welchen Stellen i die Stelle j die Inputmengen erhält.

Auf dieser Grundlage lässt sich die Leontief-Produktionsfunktion als ein System von Faktorfunktionen modellieren, das aus den ersten ℓ Gleichungen des folgenden Gleichungssystems besteht:

$$\underline{r}_\ell = (E - H)_\ell^{-1} * \underline{x}$$

Wird auf das in Abbildung 1.2-28 dargestellte Produktionssystem zurückgegriffen und werden dabei die folgenden Daten zugrunde gelegt

$$H = \begin{pmatrix} 0 & 0 & 1 & 1 & 1 & 1 & 1 \\ 0 & 0 & 3 & 0 & 0 & 0 & 0 \\ 0 & 0 & 0 & 2 & 4 & 0 & 0 \\ 0 & 0 & 0 & 0 & 0 & 1 & 0 \\ 0 & 0 & 0 & 0 & 0 & 0 & 1 \\ 0 & 0 & 0 & 0 & 0 & 0 & 0 \\ 0 & 0 & 0 & 0 & 0 & 0 & 0 \end{pmatrix} \quad \underline{x} = \begin{pmatrix} 0 \\ 0 \\ 0 \\ 0 \\ 0 \\ x_6 \\ x_7 \end{pmatrix}$$

dann lässt sich die Leontief-Produktionsfunktion folgendermaßen bestimmen:

- Berechnung der Differenz (Technologiematrix) aus Einheitsmatrix E und Direktverbrauchsmatrix H:

$$(E - H) = \begin{pmatrix} 1 & 0 & -1 & -1 & -1 & -1 & -1 \\ 0 & 1 & -3 & 0 & 0 & 0 & 0 \\ 0 & 0 & 1 & -2 & -4 & 0 & 0 \\ 0 & 0 & 0 & 1 & 0 & -1 & 0 \\ 0 & 0 & 0 & 0 & 1 & 0 & -1 \\ 0 & 0 & 0 & 0 & 0 & 1 & 0 \\ 0 & 0 & 0 & 0 & 0 & 0 & 1 \end{pmatrix}$$

- Berechnung der Inversen[1] der Technologiematrix:

$$(E-H)^{-1} = \begin{pmatrix} 1 & 0 & 1 & 3 & 5 & 4 & 6 \\ 0 & 1 & 3 & 6 & 12 & 6 & 12 \\ 0 & 0 & 1 & 2 & 4 & 2 & 4 \\ 0 & 0 & 0 & 1 & 0 & 1 & 0 \\ 0 & 0 & 0 & 0 & 1 & 0 & 1 \\ 0 & 0 & 0 & 0 & 0 & 1 & 0 \\ 0 & 0 & 0 & 0 & 0 & 0 & 1 \end{pmatrix}$$

- Ermittlung der Produktionsfunktion durch Aufstellen des Gleichungssystems für die ersten ℓ Zeilen ($\ell = 2$):

$$\underline{r}_\ell = \begin{pmatrix} 1 & 0 & 1 & 3 & 5 & 4 & 6 \\ 0 & 1 & 3 & 6 & 12 & 6 & 12 \end{pmatrix} * \begin{pmatrix} 0 \\ 0 \\ 0 \\ 0 \\ 0 \\ x_6 \\ x_7 \end{pmatrix}$$

Die Produktionsfunktion lautet somit:

$$\begin{pmatrix} r_1 \\ r_2 \end{pmatrix} = \begin{pmatrix} 4 & 6 \\ 6 & 12 \end{pmatrix} * \begin{pmatrix} x_6 \\ x_7 \end{pmatrix}$$

Der der Leontief-Produktionsfunktion zugrundeliegende Modellierungsansatz erlaubt es, Aspekte der Produktion in Einprodukt- und Mehrprodukt-Unternehmungen mit einstufiger oder mehrstufiger Produktion auf der Grundlage eines Systems von Faktorfunktionen zu erfassen. Der Anwendungsbereich ist dabei auf Produktionen mit limitationalen Faktoreinsatzbeziehungen und konstanten Produktionskoeffizienten beschränkt. Die Empirie zeigt (vgl. Schweitzer 1990, S. 234 ff.), dass diese Bedingungen in Industrieunternehmungen sehr häufig bei Repetierfaktoren gegeben sind, die direkt in das Produkt eingehen. Für andere Produktionen kann die Leontief-Produktionsfunktion lediglich zur approximativen Erfassung dienen. Als ein wesentlicher Anwendungsbereich ist deshalb die Modellierung des Materialverbrauches in Abhängigkeit von der Ausbringungsmenge zu nennen (vgl. Schweitzer/Küpper 1997, S. 71 ff.), wie dies etwa durch Stücklisten, Rezepturen, Teileverwendungsnachweise oder Gozintographen erfolgt.

---

1) Für eine quadratische Matrix A ist die Inverse A^{-1} als eine Matrix definiert, für die gilt: $A^{-1} \cdot A = E$. Für nichtquadratische Matrizen ist die Inverse nicht definiert.

1.2.1.3.3 Produktionsfunktion nach Gutenberg

Im Gegensatz zur Produktionsfunktion vom Typ A geht Gutenberg (1979, S. 326 ff.) im Rahmen der Produktionsfunktion vom Typ B von limitationalen Faktoreinsatzbeziehungen aus. Von zentraler Bedeutung für die produktionstheoretischen Überlegungen Gutenbergs ist dabei die Aufteilung der Produktionsfaktoren in

- Potentialfaktoren und
- Repetierfaktoren.

Für die einzelnen Potentialfaktoren lassen sich die jeweiligen Faktorverbräuche mit Hilfe ihrer Leistungsabgaben ermitteln (produktionsbedingter Potentialgüterverzehr). Sie stehen damit in einer mittelbaren Beziehung zum Output. Bei den Repetierfaktoren ist zwischen den Roh- und Hilfsstoffen, die Bestandteil des Produktes werden, und den Betriebsstoffen zu unterscheiden, die lediglich der Produktion dienen (Schmierstoffe, Öle etc.). Gemeinsam ist den Repetierfaktoren jedoch, dass sie im Produktionsprozess verbraucht werden. Die Repetierfaktoren können nun in einer unmittelbaren oder mittelbaren Beziehung zum Output stehen. Beispiele für eine unmittelbare Beziehung sind die Anzahl der Reifen pro Auto oder die Anzahl der Schrauben je Reifen. In diesem Fall sind die Produktionskoeffizienten konstant, so dass es sich um linear-limitationale Beziehungen wie bei Leontief-Transformationsfunktionen handelt, die deshalb auch als Spezialfall der Gutenberg-Produktionsfunktion bezeichnet werden. Demgegenüber bestehen für Betriebsstoffe wie Energie, Schmier- und Kühlmittel i. d. R. mittelbare Beziehungen zur Outputmenge.

Aus dieser Untergliederung der Produktionsfaktoren wird deutlich, dass sowohl unmittelbare als auch mittelbare Input-Output-Beziehungen existieren. Gerade bei technischen Aggregaten zeigt sich, dass deren Faktorverbrauch (z. B. Verbrauch von Betriebsstoffen, Anlagenverschleiß, Inanspruchnahme von Instandhaltungsleistungen) nicht immer unmittelbar von der Outputmenge, sondern auch von den technischen Eigenschaften (Druck, Temperatur etc.) der Potentialfaktoren abhängig ist. Gutenberg fasst diese technischen Eigenschaften zur sogenannten z-Situation (z_{j1}, $z_{j2}, ..., z_{jZ}$) zusammen. Als weitere Determinante des Faktorverbrauchs nimmt er die Intensität (Produktionsgeschwindigkeit) λ_j in seine Überlegungen auf, die die von einem Aggregat j während einer Zeiteinheit t_j erbrachten Arbeitseinheiten angibt (technische Leistungseinheiten pro Zeiteinheit TLE/ZE, z. B. Stück pro Stunde, Meter pro Minute).

Auf dieser Grundlage lassen sich für jedes Aggregat j (j = 1, 2, ..., m) und jede Faktorart i (i = 1, 2, ..., n) technische Durchschnittsverbrauchsfunktionen formulieren:

$$\rho_{ij} = \rho_{ij}(z_{j1}, z_{j2}, ..., z_{jZ}, \lambda_j)$$

Eine technische Durchschnittsverbrauchsfunktion gibt die Einsatzmenge (Faktoreinheiten pro technischer Leistungseinheit FE/TLE) der Faktorart i auf dem Aggregat j in Abhängigkeit von den technischen Eigenschaften und der Intensität des Aggregates j wieder. Wird die z-Situation als konstant unterstellt, dann vereinfacht sich die Funktion:

$$\rho_{ij} = \rho_{ij}(\lambda_j)$$

Diese spezielle Durchschnittsverbrauchsfunktion erfasst die Beziehung zwischen den Verbrauchsmengen ρ_{ij} der einzelnen Faktoren an einem Aggregat und der Intensität λ_j in eindeutiger Form, d. h., durch die Intensität λ_j des Aggregates j ist der Faktorverbrauch pro Arbeitseinheit determiniert.

Die Menge der von einem Aggregat in einer Periode erbrachten Arbeitseinheiten b_j (technische Leistungseinheiten TLE) ist von dessen Einsatzzeit t_j und der Intensität λ_j abhängig:

$$b_j = \lambda_j \cdot t_j$$

Dabei ist es die Regel, dass die Einsatzzeit und die Intensität eines Aggregates nicht beliebig variiert werden können, sondern lediglich innerhalb eines Bereiches, der einerseits durch die Minimaleinsatzzeit bzw. -intensität $\underline{t}_j$ bzw. $\underline{\lambda}_j$ und anderseits durch die Maximaleinsatzzeit bzw. -intensität $\bar{t}_j$ bzw. $\bar{\lambda}_j$ begrenzt ist:

$$\underline{t}_j \le t_j \le \bar{t}_j$$

$$\underline{\lambda}_j \le \lambda_j \le \bar{\lambda}_j$$

Die **Verbrauchsfunktion** ergibt sich dann aus der Multiplikation der technischen Durchschnittsverbrauchsfunktion mit der Menge der erbrachten Arbeitseinheiten:

$$r_{ij}^m = \rho_{ij}(\lambda_j) \cdot b_j$$

Sie gibt den Verbrauch der Produktionsfaktoren in der betrachteten Periode an (Faktoreinheiten FE).

Beispielhafte Verläufe von Verbrauchs- und Durchschnittsverbrauchsfunktionen sind in den Abbildungen 1.2-29 und 1.2-30 eingezeichnet.

Die Verbindung zwischen dem Faktorverbrauch r_{ij}^m und der Ausbringungsmenge x_j (ökonomische Leistungseinheiten OLE) wird durch die funktionale Abhängigkeit der Menge zu erbringender Arbeitseinheiten b_j von der Ausbringungsmenge hergestellt:

$$b_j = b_j(x_j)$$

Wird von einer proportionalen Beziehung ausgegangen (vgl. Kilger 1958, S. 65), dann gilt:

$$b_j = \alpha_j \cdot x_j$$

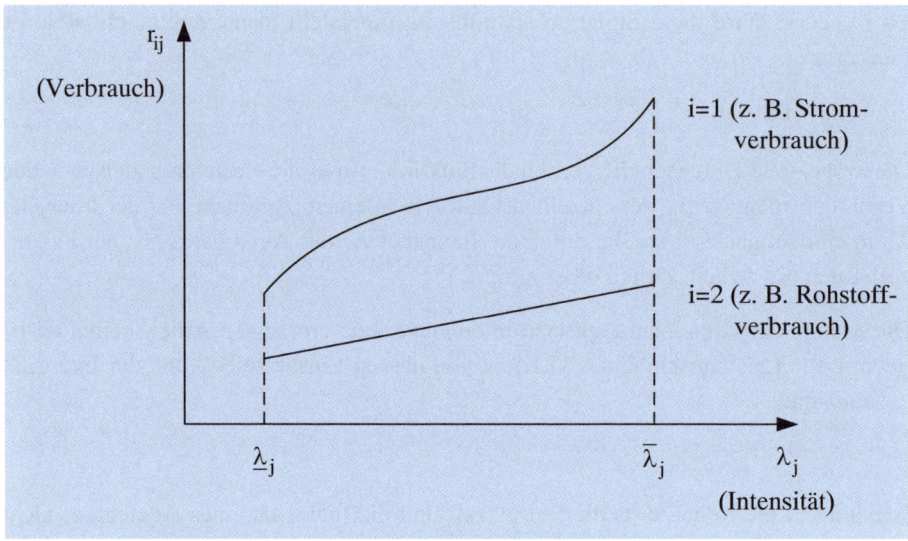

Abb. 1.2-29: Beispielhafte Verläufe von Verbrauchsfunktionen

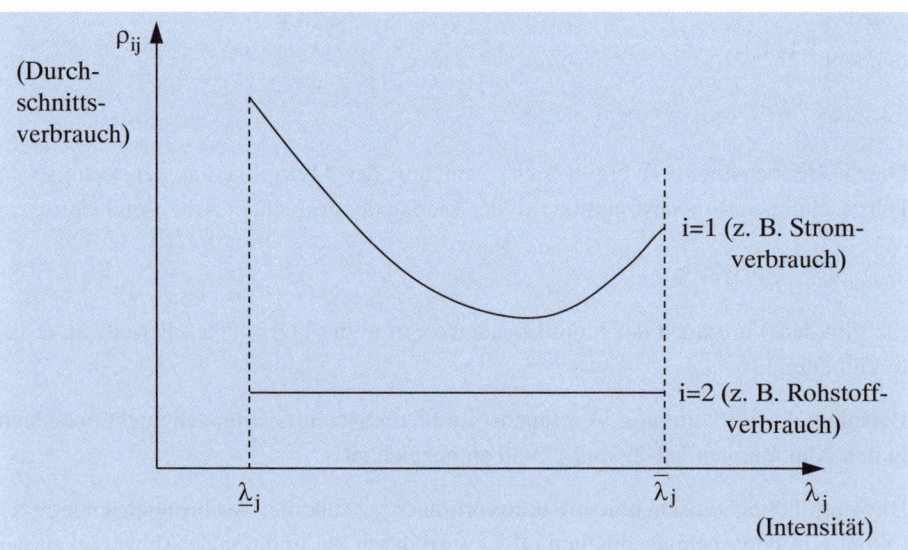

Abb. 1.2-30: Beispielhafte Verläufe technischer Durchschnittsverbrauchsfunktionen

Dabei stellt α_j den für den Potentialfaktor j spezifischen Leistungskoeffizienten zwischen der technischen Leistung (technische Leistungseinheiten TLE) und der ökonomischen Leistung (ökonomische Leistungseinheiten OLE) dar.

Als Faktorfunktion für mittelbare Input-Output-Beziehungen ergibt sich somit im Allgemeinen:

$$r_{ij}^m = \rho_{ij}(\lambda_j) \cdot b_j(x_j)$$

und bei proportionaler Beziehung zwischen technischer und ökonomischer Leistung:

$$r_{ij}^m = \rho_{ij}(\lambda_j) \cdot \alpha_j \cdot x_j$$

Das Produkt aus technischer Durchschnittsverbrauchsfunktion ρ_{ij} und Leistungskoeffizient α_j kann dabei als **Produktionskoeffizient** h_{ij} (ökonomische Durchschnittsverbrauchsfunktion) interpretiert werden, der von der Intensität des betrachteten Aggregates abhängig ist:

$$h_{ij}(\lambda_j) = \rho_{ij}(\lambda_j) \cdot \alpha_j$$

Damit gilt für die **Faktorfunktion mittelbarer Input-Output-Beziehungen im speziellen**:

$$r_{ij}^m = h_{ij}(\lambda_j) \cdot x_j$$

Für den mittelbaren Faktorverbrauch lässt sich die Produktionsfunktion vom Typ B für das Aggregat j dann als **System von Faktorfunktionen** schreiben:

$$r_{1j}^m = h_{1j}(\lambda_j) \cdot x_j$$
$$r_{2j}^m = h_{2j}(\lambda_j) \cdot x_j$$
$$\vdots$$
$$r_{nj}^m = h_{nj}(\lambda_j) \cdot x_j$$

Für den mittelbaren Gesamtverbrauch des Faktors i an allen eingesetzten Aggregaten gilt dann:

$$r_i^m = \sum_{j=1}^m h_{ij}(\lambda_j) \cdot x_j$$

Abbildung 1.2-31 fasst für die **Produktionsfunktion vom Typ B** die bestimmenden Größen des Faktoreinsatzes und ihre funktionalen Beziehungen zusammen.

Aus dieser Struktur der Produktionsfunktion vom Typ B leitet Gutenberg (1979, S. 354 ff.) drei **Formen der betrieblichen Anpassung** an Beschäftigungsschwankungen ab:

- **Intensitätsmäßige Anpassung**: Bei Konstanz der Anzahl eingesetzter Aggregate und deren Einsatzzeit wird die Intensität λ_j verändert.

- **Zeitliche Anpassung**: Bei Konstanz der Anzahl eingesetzter Aggregate und deren Intensität wird die Einsatzzeit t_j verändert.

- **Quantitative Anpassung**: Bei Konstanz der Intensität und der Einsatzzeit wird die Anzahl der Aggregate m verändert.

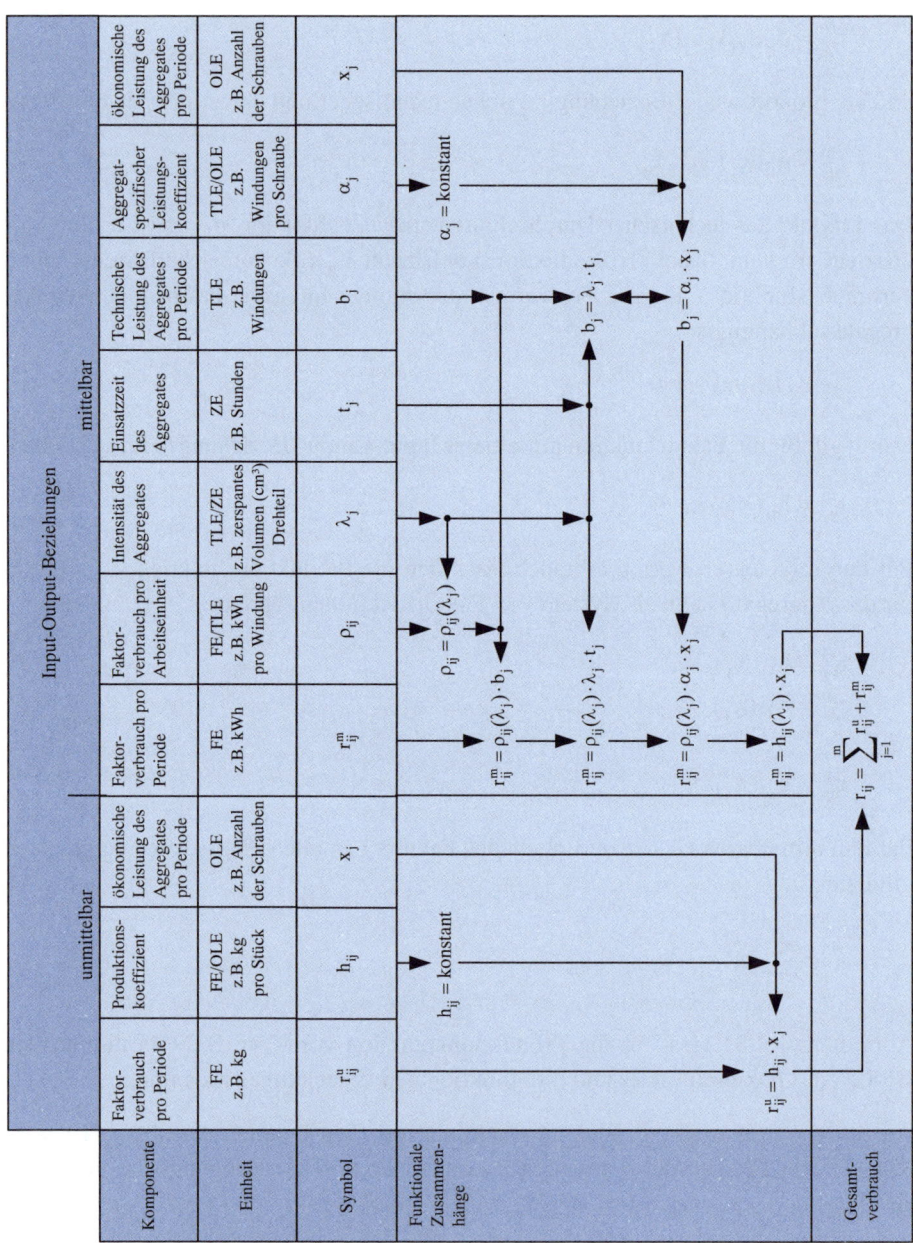

Abb. 1.2-31: Struktur der Produktionsfunktion von Typ B

In der unternehmerischen Praxis werden die Anpassungsformen jedoch häufig **kombinativ** zum Einsatz gelangen. Für **ein** Aggregat lassen sich die Anpassungsmöglichkeiten dann grafisch mit Hilfe von Isoquanten $x^c = \lambda \cdot t \cdot \alpha^{-1}$ darstellen (vgl. Abbildung 1.2-32).

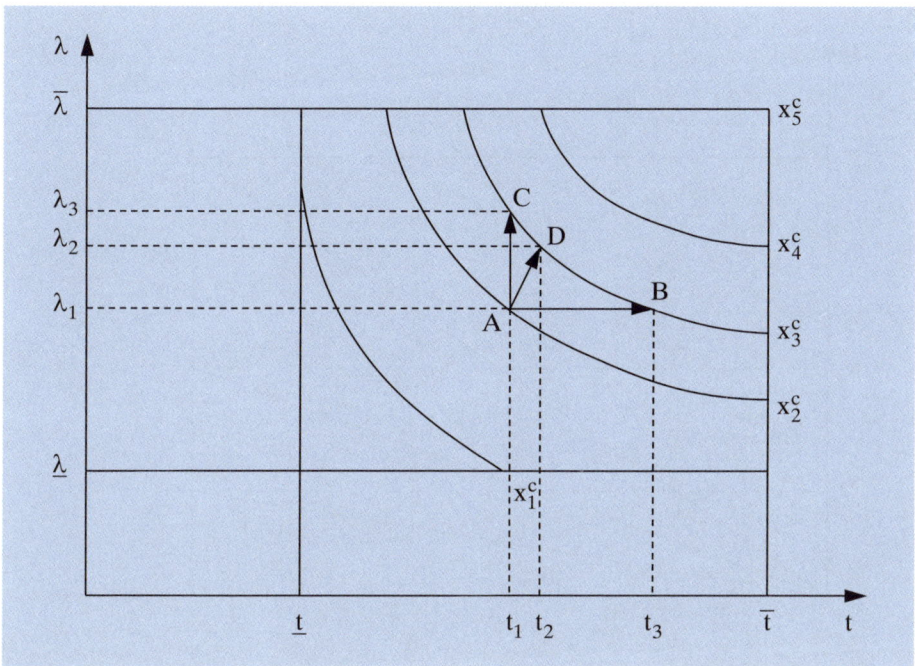

Abb. 1.2-32: Anpassungsmöglichkeiten bei einem Aggregat

Die Ausgangssituation sei durch den Punkt A (λ_1, t_1) auf der Isoquante x_2^c charakterisiert. Soll eine Erhöhung der Produktionsmenge von x_2^c auf x_3^c erfolgen, dann stehen der Unternehmung hierfür drei Möglichkeiten zur Verfügung:

- eine **rein intensitätsmäßige Anpassung** von Punkt A (λ_1, t_1) nach Punkt C (λ_3, t_1);

- eine **rein zeitliche Anpassung** von Punkt A (λ_1, t_1) nach Punkt B (λ_1, t_3);

- eine **kombinierte** intensitätsmäßige und zeitliche **Anpassung** von Punkt A (λ_1, t_1) z. B. nach Punkt D (λ_2, t_2).

Das Produktionsniveau, das durch die Isoquanten x_4^c und x_5^c dargestellt wird, lässt sich in dieser Situation nur durch kombinierte Anpassungsformen realisieren.

Soll die Produktionsmenge über das Niveau x_5^c hinaus ausgedehnt werden, dann ist dies mit Hilfe einer **quantitativen Anpassung** möglich, d. h., es wird der Einsatz eines weiteren Aggregates erforderlich (auf eine weitergehende Differenzierung der quantitativen Anpassung sei an dieser Stelle verzichtet, vgl. Abschnitt 1.2.2.4.2.1.1).

Um die Beziehung zwischen dem Output x und der Intensität und Einsatzzeit zu verdeutlichen, sei von der Annahme ausgegangen, dass sowohl λ als auch t in ihren relevanten Bereichen kontinuierlich verändert werden können. Bei einem Aggregat mit fester Einsatzzeit t_2 verändert sich die Ausbringungsmenge x bei Variation von λ linear, bis $\overline{\lambda}$ erreicht ist (vgl. Abbildung 1.2-33).

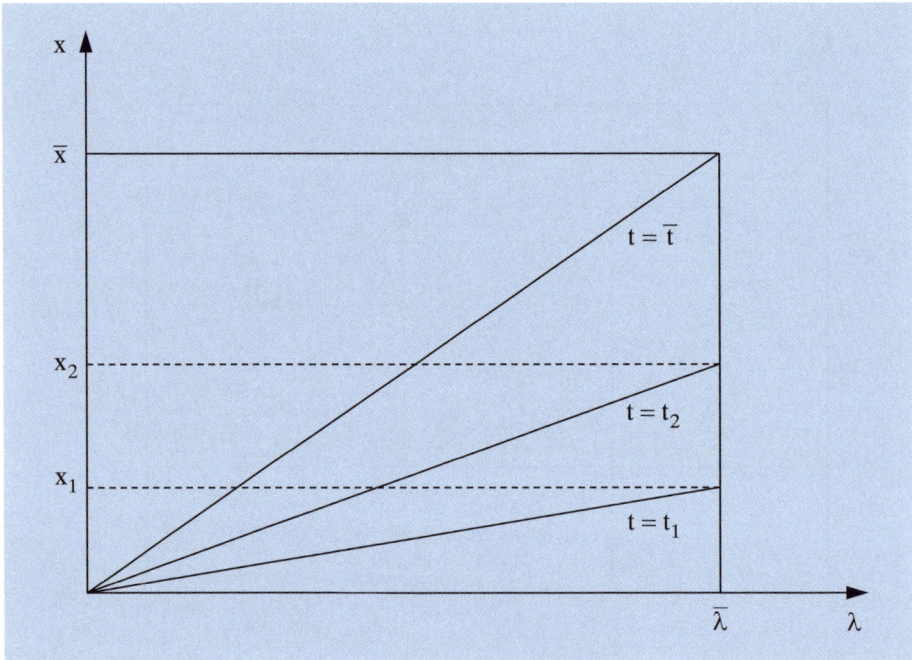

Abb. 1.2-33: Intensitätsmäßige Anpassung bei einem Aggregat

Erfährt die Einsatzzeit eine Verringerung auf t_1 oder eine Erhöhung auf $\bar{t}$ dann ergeben sich wiederum lineare Beziehungen zur Outputmenge x: Bei einer Verringerung auf t_1 geht der Output auf x_1 zurück, und bei einer Erhöhung auf $\bar{t}$ steigt der Output auf $\bar{x}$. Dabei stellt $\bar{x}$ die Outputmenge dar, die bei maximaler Intensität $\bar{\lambda}$ und maximaler Einsatzzeit $\bar{t}$ realisiert werden kann.

Ebenso ergibt sich bei einer festen Intensität und einer kontinuierlichen Variation der Einsatzzeit eine lineare Beziehung zum Output x (vgl. Abbildung 1.2-34).

Wird das Aggregat mit der Intensität λ_2 gefahren und die Einsatzzeit t bis $\bar{t}$ kontinuierlich erhöht, dann ist der maximale Output x_2. Wird die Intensität erhöht ($\bar{\lambda}$) oder verringert (λ_1) und die Zeit kontinuierlich bis $\bar{t}$ erhöht, dann ergeben sich als Output die Werte $\bar{x}$ oder x_1. Der Output $\bar{x}$ ist dabei wiederum mit einer maximalen Intensität $\bar{\lambda}$ und einer maximalen Einsatzzeit $\bar{t}$ verbunden.

Soll eine Outputmenge realisiert werden, die größer ist als $\bar{x}$, dann muss ein weiteres Aggregat im Produktionsprozess zum Einsatz gelangen (quantitative Anpassung). Wird unterstellt, dass es sich hierbei um funktionsgleiche Aggregate (multiple Größenvariation) handelt, dann ergibt sich bei konstanter Intensität und Einsatzzeit der in Abbildung 1.2-35 dargestellte Zusammenhang.

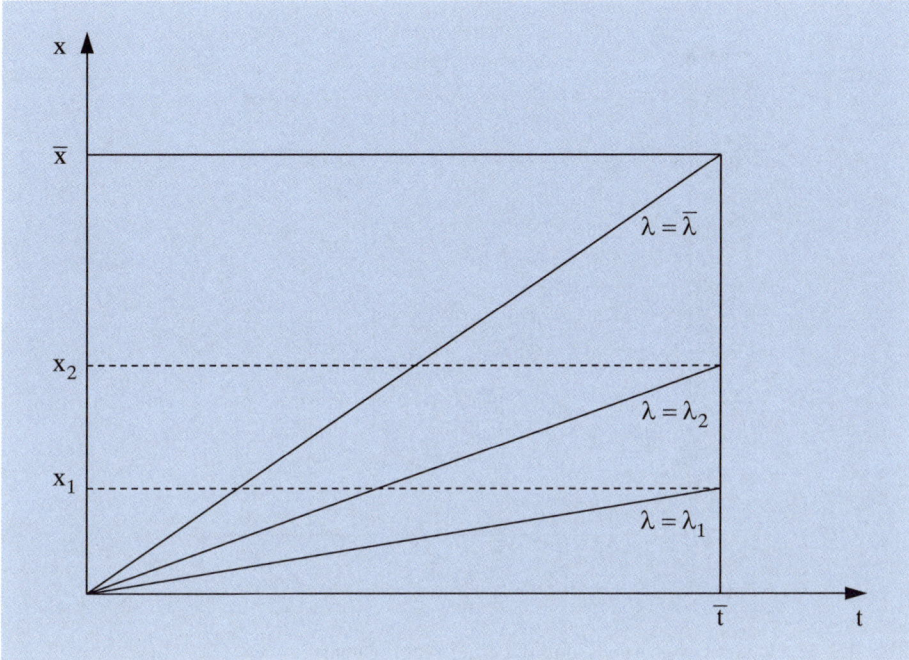

Abb. 1.2-34: Zeitliche Anpassung bei einem Aggregat

Die Produktionsfunktion vom Typ B zeichnet sich im Vergleich zum Ertragsgesetz und zur Leontief-Transformationsfunktion durch eine höhere Realitätsnähe aus und erweitert die Menge der berücksichtigten Aktionsparameter. Es ist jedoch zu beachten, dass diese Berücksichtigung nicht den vielfältigen Möglichkeiten der betrieblichen Praxis in vollem Umfang gerecht wird. So werden etwa Auftragsreihenfolgen und Losgrößenvariationen nicht einbezogen. Ebenfalls wird die Zeit nur implizit über die Einsatzzeit der Aggregate erfasst. Ferner werden die technischen Eigenschaften der zum Einsatz gelangenden Aggregate global mit Hilfe der z-Situation berücksichtigt, die dann als konstant angenommen wird. Eine Veränderung der technischen Eigenschaften bedeutet demnach einen Übergang zu einer anderen z-Situation, für die dann wiederum ein spezifisches System von Verbrauchsfunktionen zugrunde zu legen ist. Ebenfalls werden Aspekte der Inanspruchnahme von Potentialfaktoren (z. B. menschliche Arbeitsleistung, Anlagenverschleiß) unzureichend abgebildet und substitutionale Faktoreinsatzbeziehungen aus der Betrachtung ausgeklammert. Aus diesen Gründen erweist sich die Gutenberg-Produktionsfunktion insbesondere für die Modellierung des Repetierfaktorverbrauchs industrieller Produktionsprozesse als geeignet.

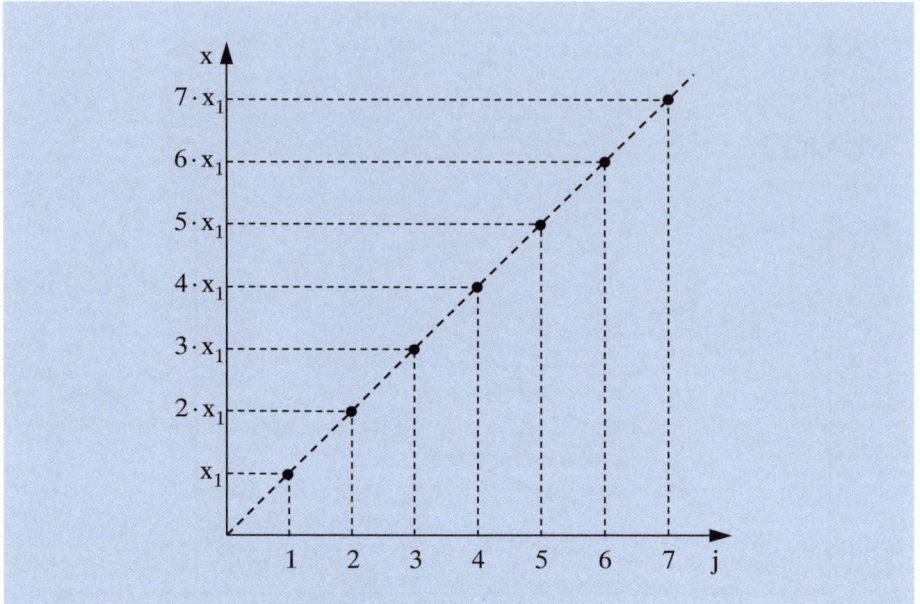

Abb. 1.2-35:   Quantitative Anpassung bei einer Aggregateart

1.2.1.3.4   Produktionsfunktion nach Heinen

Die von Heinen (1983, S. 244 ff.) entwickelte Produktionsfunktion vom Typ C stellt eine Weiterentwicklung des Ansatzes von Gutenberg dar und greift ebenfalls auf Verbrauchsfunktionen zur Erfassung von Input-Output-Beziehungen zurück. Dabei wird explizit zwischen

- technischen und
- ökonomischen Verbrauchsfunktionen

unterschieden. Während die **technischen Verbrauchsfunktionen** die quantitative Beziehung zwischen dem Produktionsfaktoreinsatz und der technischen Leistung eines Aggregates widerspiegeln, geben die **ökonomischen Verbrauchsfunktionen** die Beziehung zwischen dem Faktoreinsatz und der mit den Potentialfaktoren erbrachten Outputmenge an. Für wirtschaftliche Überlegungen sind jedoch ausschließlich die ökonomischen Verbrauchsfunktionen relevant. Um eine Umrechnung der technischen (Potentialfaktorleistung) in die ökonomische Leistung (Kombinationsleistung) zu ermöglichen, wird der Produktionsprozess in Teilprozesse zerlegt, die als **Elementarkombinationen** bezeichnet werden. An diese Elementarkombinationen, denen für die Produktionsfunktion vom Typ C zentrale Bedeutung zukommt, werden dabei die folgenden Anforderungen gestellt:

- Sie müssen so gebildet werden, dass sich mit Hilfe technischer Verbrauchsfunktionen eindeutige Beziehungen zwischen dem Faktorverbrauch und der technischen Leistung darstellen lassen, und

- zwischen der technischen und ökonomischen Leistung muss eine eindeutige Beziehung bestehen, damit eine Umrechnung möglich ist.

Bei den Elementarkombinationen kann es sich dabei um einzelne Arbeitsgänge oder auch um eine Folge von Arbeitsgängen handeln, wobei der Detaillierungsgrad nur in einer konkreten Situation bestimmbar und in Abhängigkeit von der gewünschten Genauigkeit zu wählen ist.

Zur Ermittlung von **Belastungsfunktionen,** die die Beziehung zwischen dem Verlauf und den Bestimmungsgrößen der Momentanleistung (dA/dt) abbilden und damit einen Teil der Einflussgrößen des Faktorverbrauchs beim einmaligen Vollzug einer Elementarkombination kennzeichnen, werden Elementarkombinationen anhand spezifischer input- und outputseitiger Eigenschaften klassifiziert. Im Gegensatz zu Gutenberg nimmt Heinen sowohl **limitationale** als auch **substitutionale Faktoreinsatzbeziehungen** auf und erfasst damit die **Inputseite** der Elementarkombination. Auf der **Outputseite** differenziert er zwischen **outputfixen** und **outputvariablen Kombinationen.** Während eine Elementarkombination als outputfix bezeichnet wird, wenn sie mit jeder Durchführung stets eine konstante Outputmenge hervorbringt, kann bei einer outputvariablen Elementarkombination aus jeder einmaligen Durchführung eine andere Ausbringungsmenge resultieren. Durch Verknüpfung ergeben sich dann vier Arten von Elementarkombinationen, die als Kombinationstypen bezeichnet werden:

- outputfixe, limitationale Elementarkombinationen,

- outputvariable, limitationale Elementarkombinationen,

- outputfixe, substitutionale Elementarkombinationen und

- outputvariable, substitutionale Elementarkombinationen.

Dabei geht Heinen davon aus, dass die **outputfixen, limitationalen Elementarkombinationen** für die industriellen Produktionsverhältnisse die höchste Bedeutung aufweisen. Da in diesem Fall einerseits der Output pro Vollzug einer Elementarkombination konstant ist und anderseits limitationale Faktoreinsatzbeziehungen existieren, ist die Belastungsfunktion nur von der Zeitdauer abhängig:

$$\frac{dA}{dt} = f(t)$$

Diese Belastungsfunktion erfasst folglich die Belastung eines Aggregates im Zeitablauf, die mit der Realisation einer Elementarkombination verbunden ist.

Demgegenüber sind bei **outputvariablen, limitationalen Elementarkombinationen** die Kombinationszeit t und das Outputniveau o simultan zu berücksichtigen, so dass sich die folgende Belastungsfunktion ergibt:

$$\frac{dA}{dt} = f(t, o)$$

Liegt eine outputfixe, substitutionale Elementarkombination vor, dann lassen sich sogenannte Belastungsisoquanten erstellen. Dieser Fall ist z. B. dann gegeben, wenn in einem Produktionsprozess die Parameter Temperatur und Druck in unterschiedlichen Kombinationen zum gleichen Output führen. Für zwei an einer Elementarkombination beteiligte Aggregate ergibt sich dann als Belastungsisoquante:

$$\frac{dA_1}{dt} = f\left(\frac{dA_2}{dt}, t\right)$$

Das Zeitbelastungsbild des Aggregates 1 wird folglich durch die Belastung des Aggregates 2 und die Kombinationszeit bestimmt.

Bei einer outputvariablen, substitutionalen Elementarkombination wird zusätzlich das Outputniveau zu einer unabhängigen Variablen. In diesem Fall entsteht für jede (t, o)-Kombination eine andere Belastungsisoquante der eingesetzten Potentialfaktoren, so dass für zwei beteiligte Aggregate gilt:

$$\frac{dA_1}{dt} = f\left(\frac{dA_2}{dt}, t, o\right)$$

Wird für den einmaligen Vollzug einer Elementarkombination nur die Zeit als unabhängige Variable betrachtet und werden alle anderen unabhängigen Variablen als konstant angesehen, dann lässt sich ein Zeitbelastungsbild erstellen (vgl. Abbildung 1.2-36).

Zur Herstellung einer bestimmten Menge an Endprodukten reicht jedoch i. d. R. der einmalige Vollzug einer Elementarkombination nicht aus, sondern sie ist mehrere Male zu vollziehen. Diese Wiederholungen der Elementarkombination werden mit Hilfe von Wiederholungsfunktionen erfasst, wobei Heinen die drei folgenden Wiederholungstypen unterscheidet:

- Primäre Elementarkombinationen: Hierunter werden diejenigen Elementarkombinationen subsumiert, durch die die fertigungstechnische Reife des angestrebten Produktes erhöht wird. Dabei hängt die Wiederholungsanzahl unmittelbar vom zu realisierenden Outputvolumen ab.

- Sekundäre Elementarkombinationen: Hierbei hängt die Anzahl der zu realisierenden Wiederholungen nur noch sehr lose von der angestrebten Outputmenge ab; sie wird durch die Auflagengröße bestimmt (z. B. Anlauf- und Bremsphasen, Rüstvorgänge).

- Tertiäre Elementarkombinationen: Hierunter werden alle Elementarkombinationen zusammengefasst, die entweder über andere Größen indirekt von der Endproduktmenge oder überhaupt nicht von dieser abhängen. Es handelt sich damit um eine Residualgruppe. Als Beispiele seien Reinigungs- und Wartungsarbeiten genannt.

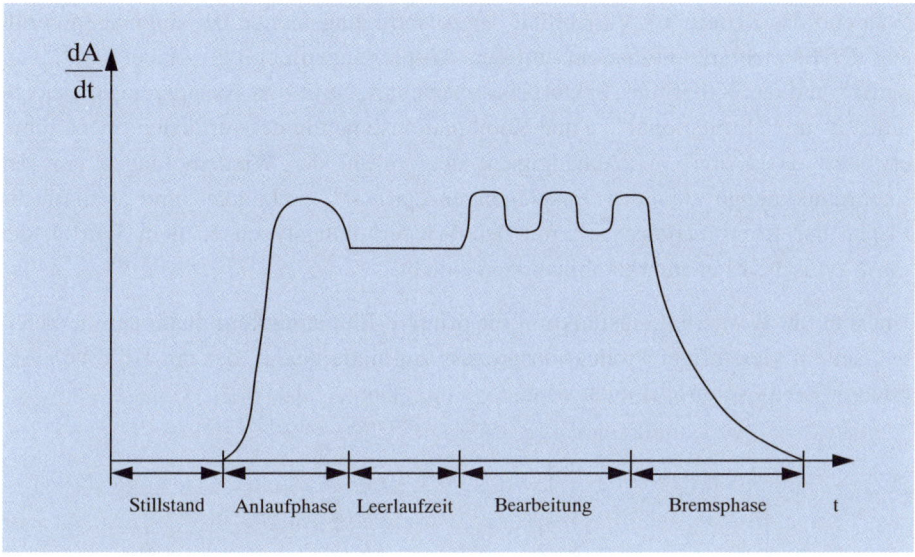

Abb. 1.2-36: Zeitbelastungsbild

Werden die verschiedenen dargestellten Eigenschaften der Elementarkombinationen miteinander verknüpft, dann ergibt sich der in Abbildung 1.2-37 dargestellte Würfel.

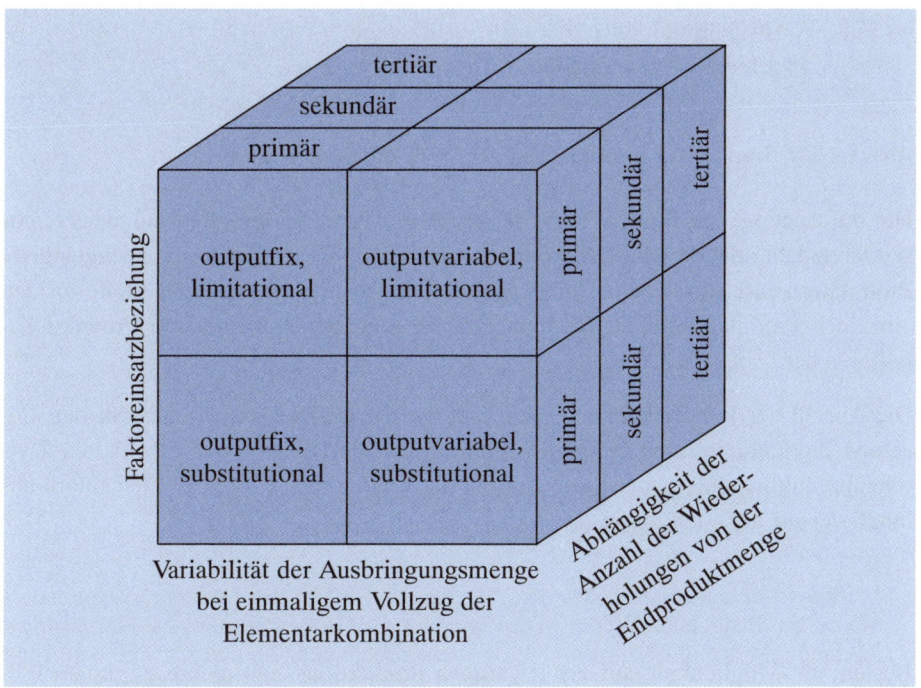

Abb. 1.2-37: Arten der Elementarkombinationen

Während das Kriterium „Variabilität der Ausbringungsmenge bei einmaligem Vollzug der Elementarkombination" mit den Ausprägungen „outputvariabel" und „outputfix" und das Kriterium „Faktoreinsatzbeziehung" mit den Ausprägungen „substitutional" und „limitational" zu den Kombinationstypen in der vertikalen Ebene führt, erweitert das Kriterium „Abhängigkeit der Anzahl der Wiederholungen von der Endproduktmenge" mit den Ausprägungen „primär", „sekundär" und „tertiär" die Fläche der Kombinationstypen mit den Wiederholungstypen zu dem Würfel, der zwölf typische Elementarkombinationen enthält.

Um nun die Wiederholungsfunktion für **primäre Elementarkombinationen** herzuleiten, sei ein vierstufiger Produktionsprozess zugrunde gelegt, der mit Hilfe von Abbildung 1.2-38 veranschaulicht wird.

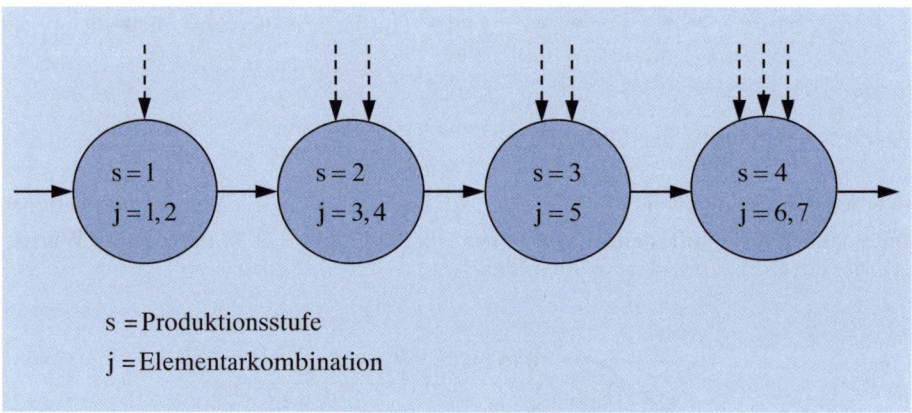

Abb. 1.2-38: Strukturbild eines mehrstufigen Produktionsprozesses

Die durchgezogenen Pfeile, die in die einzelnen Produktionsstufen münden, repräsentieren dabei die **derivativen** Produktionsfaktoren, die jeweils in die nachgelagerte Produktionsstufe einfließen. Demgegenüber stellen die gestrichelten Pfeile an den einzelnen Produktionsstufen die zum Einsatz gelangenden **originären** Produktionsfaktoren dar.

Die Anzahl der Wiederholungen der primären Elementarkombinationen auf den einzelnen Produktionsstufen ergibt sich dann durch die Division der geforderten Zwischenproduktmenge x_s der Stufe s durch das Outputniveau o_{js} der Elementarkombination j auf der s-ten Stufe:

$$w_{js}^p = \frac{x_s}{o_{js}}$$

Besteht die Möglichkeit, auf der jeweiligen Produktionsstufe mehrere primäre Elementarkombinationen (z. B. funktionsgleiche Aggregate) zur Erzeugung der erforderlichen Produktmenge parallel zu vollziehen, dann ist die Wiederholungsfunktion durch einen **Verteilungsparameter** v_{js} zu ergänzen, mit dessen Hilfe die Aufteilung der Produktmenge auf die Elementarkombinationen derselben Produktionsstufe erfasst wird:

$$w_{js}^p = \frac{x_s}{o_{js}} \cdot v_{js} \qquad \text{mit } 0 \leq v_{js} \leq 1 \text{ und } \sum_j v_{js} = 1$$

In den bisherigen Überlegungen wurde implizit unterstellt, dass kein Produktionsausschuss entsteht. Bei Aufhebung dieser Annahme ist die Wiederholungsfunktion durch einen **Ausschusskoeffizienten** $ak_{js} \geq 1$ zu ergänzen, der angibt, um wie viel die ursprüngliche Anzahl der Wiederholungen der Elementarkombination zu erhöhen ist, damit sich bei Berücksichtigung eines durchschnittlichen Ausschussanteils die erforderliche Produktmenge ergibt:

$$w_{js}^p = \frac{x_s}{o_{js}} \cdot v_{js} \cdot ak_{js} \qquad \text{mit } ak_{js} = \frac{1}{1 - \text{Ausschussanteil}}$$

Weiterhin ist zu klären, wie die Beziehung zwischen den Zwischenproduktmengen x_s auf den einzelnen Produktionsstufen und dem Produktionsprogramm erfasst werden kann, das aus den Endprodukten x_u $(u = 1, ..., U)$ besteht. Dies lässt sich mit Hilfe der **Programmfunktion** erreichen, wobei die Anzahl der Programmfunktionen der Anzahl der Produktionsstufen entspricht:

$$x_s = pk_{s1} \cdot x_1 + pk_{s2} \cdot x_2 + ... + pk_{sU} \cdot x_U = \sum_{u=1}^{U} pk_{su} \cdot x_u$$

Dabei geben die **Programmkoeffizienten** $pk_{s1}, ..., pk_{sU}$ an, wie hoch der Zwischenproduktverbrauch ist, der auf eine Fertigprodukteinheit entfällt. Für die Wiederholungsfunktionen primärer Elementarkombinationen gilt dann:

$$w_{js}^p = \frac{\sum\limits_{u=1}^{U} pk_{su} \cdot x_u}{o_{js}} \cdot v_{js} \cdot ak_{js}$$

Die Wiederholungsfunktion einer **sekundären Elementarkombination** w_{js}^q wird einerseits durch die Anzahl der Wiederholungen w_{js}^p der zu unterstützenden primären Elementarkombination und anderseits durch die für die primäre Elementarkombination geltende Auflagengröße ag_{js} (z. B. Losgröße) bestimmt:

$$w_{js}^q = \frac{w_{js}^p}{ag_{js}}$$

Für **tertiäre Elementarkombinationen** kann die Wiederholungsfunktion aufgrund der nicht vorhandenen oder nicht eindeutigen Beziehung zur Ausbringungsmenge i. d. R. nur zeitabhängig dargestellt werden.

Zur Herleitung der Produktionsfunktion analysiert Heinen die für objektbezogene menschliche Arbeitsleistungen, Werkstoffe und Betriebsmittel geltenden Input-Output-Beziehungen. Hierzu erfolgt eine weitere Unterteilung der Betriebsmittel in Potentialfaktoren (z. B. Aggregate) und Repetierfaktoren, wobei zwischen Repetierfaktoren, die mit Halb- und Fertigprodukten kombiniert werden, und Repetierfaktoren, die zur Nutzung der Potentialfaktoren eingesetzt werden, unterschieden wird. Abbildung 1.2-39 gibt einen Überblick der in die Produktionsfunktion vom Typ C einbezogenen Produktionsfaktoren und kennzeichnet deren Einflussgrößen.

	Betriebsmittel			Werkstoffe	objekt-bezogene menschliche Arbeits-leistung
	Potential-faktoren, insbesondere Maschinen	Repetierfaktoren			
		zur Nutzung der Potential-faktoren	die mit Halb- und Fertig-produkten kombiniert werden		
Abhängig-keit des Faktorver-brauchs	mittelbar output- und zeitabhängig	mittelbar output-abhängig potential-faktor-abhängig	unmittelbar output-abhängig	unmittelbar output-abhängig	unmittelbar output-abhängig oder zeitabhängig

Abb. 1.2-39: Produktionsfaktoren in der Produktionsfunktion vom Typ C

Während für Werkstoffe eine proportionale Beziehung zwischen Input und Output angenommen wird und somit für den Verbrauch an Werkstoffen beim einmaligen Vollzug einer Elementarkombination in einer Produktionsstufe die Funktion $r_i = f(x)$ gilt, ergeben sich insbesondere bei der Ermittlung der Verbrauchsfunktionen für Potentialfaktoren und objektbezogene menschliche Arbeitsleistungen Probleme. Den Ausgangspunkt der Erfassung des Verzehrs von Potentialfaktoren können bei Maschinen die Laufstunden während ihrer Gesamtnutzungszeit, d. h. die Totalkapazität, bilden. Dem einmaligen Vollzug der Elementarkombination kann dann der entsprechende Zeitanteil zugerechnet werden. Ebenfalls schlägt Heinen die Arbeitszeit als unabhängige Variable vor, wenn die objektbezogene menschliche Arbeitsleistung ein zeitabhängiges Entgelt erhält. Liegt hingegen ein leistungsabhängiges Entgelt vor, dann kann die Ausbringung als unabhängige Variable herangezogen werden.

Während sich der Verbrauch der Repetierfaktoren, die mit Halb- und Fertigprodukten kombiniert werden, bei einmaligem Vollzug einer Elementarkombination proportional zu deren Ausbringungsmenge verhält, so dass der funktionale Zusammenhang $r_i = f(x)$ gilt, sind die Mengen der zum Einsatz der Potentialfaktoren erforderlichen Repetierfaktoren von den technischen Eigenschaften der Potentialfaktoren (Situationen) abhängig. Heinen nimmt deshalb im Gegensatz zur Produktionsfunktion vom Typ B eine Erweiterung der zu berücksichtigenden Situationen vor. Mit Hilfe der z-Situation werden diejenigen Merkmale der Aggregate erfasst, die konstruktiv festgelegt und damit kurzfristig nicht veränderbar sind. Die u- und ℓ-Situation erfassen hingegen veränderbare Merkmale. Während zur zuerst genannten Gruppe die Merkmale subsumiert werden, die z. B. durch Umrüstaktivitäten veränderbar sind, erfassen die zuletzt genannten Merkmale die Elemente, die situationsabhängige Schwankungen aufweisen, wie etwa die Temperaturverhältnisse, Laufgeschwindigkeiten usw. Die von dem Aggregat abgegebene Leistung (Intensität) wird folglich im Rahmen der ℓ-Situation erfasst und im Zusammenhang mit der Ermittlung einer Produktionsfunktion als wichtigste Einflussgröße des Faktorverbrauchs angesehen.

Dabei wird die Intensität als eine im Zeitablauf ständig schwankende Größe betrachtet, so dass gilt: $\lambda = \lambda(t)$.

Der Verbrauch des Repetierfaktors r_i ist damit von der gerade realisierten Momentanleistung dA/dt des Potentialfaktors abhängig, so dass sich der Momentanverbrauch dr_i/dt mit Hilfe der technischen Verbrauchsfunktion erfassen lässt:

$$\frac{dr_i}{dt} = f\left(\frac{dA}{dt}\right)$$

Für die unmittelbar outputabhängigen Produktionsfaktoren lässt sich die ökonomische Verbrauchsfunktion direkt ableiten. Liegen hingegen mittelbar outputabhängige Produktionsfaktoren vor, dann ist für deren Ermittlung eine Betrachtung der technischen Verbrauchsfunktion des jeweiligen Faktors im Kontext der für die Elementarkombination geltenden Belastungsfunktion notwendig, d. h., die Gleichungen der Belastungsfunktion sind in die technische Verbrauchsfunktion einzusetzen.

Im folgenden sei die ökonomische Verbrauchsfunktion für den Fall der outputfixen, limitationalen Elementarkombination hergeleitet (vgl. Schweitzer/Küpper 1997, S. 151 ff.), den Heinen als den für die industriellen Produktionsverhältnisse besonders wichtigen Fall bezeichnet. Hierbei ist die Kombinationszeit die einzige unabhängige Variable. Im ersten Quadranten (vgl. Abbildung 1.2-40) wird die Momentanbelastung in Abhängigkeit von der Kombinationszeit eingetragen (Zeitbelastungsbild eines Aggregates). Hierbei gilt für die outputfixe, limitationale Elementarkombination j auf der Produktionsstufe s die Belastungsfunktion:

$$\frac{dA_{js}}{dt} = f_{tjs}(t)$$

Die technische Verbrauchsfunktion für den Repetierfaktor i in der Elementarkombination j auf der Produktionsstufe s ist mit

$$\frac{dr_{ijs}}{dt} = f_{ijs}\left(\frac{dA_{js}}{dt}\right)$$

angegeben und wird im zweiten Quadranten eingezeichnet, d. h., jeder Momentanbelastung wird ein Momentanverbrauch des Produktionsfaktors r_{ijs} zugeordnet. Durch Einsetzen der Belastungsfunktion in die Verbrauchsfunktion ergibt sich eine Funktion, die den Momentanverbrauch des Produktionsfaktors i in der Elementarkombination j der Stufe s in Abhängigkeit von der Kombinationszeit erfasst:

$$\frac{dr_{ijs}}{dt} = f_{ijs}\left(f_{tjs}(t)\right) = f_{itjs}(t)$$

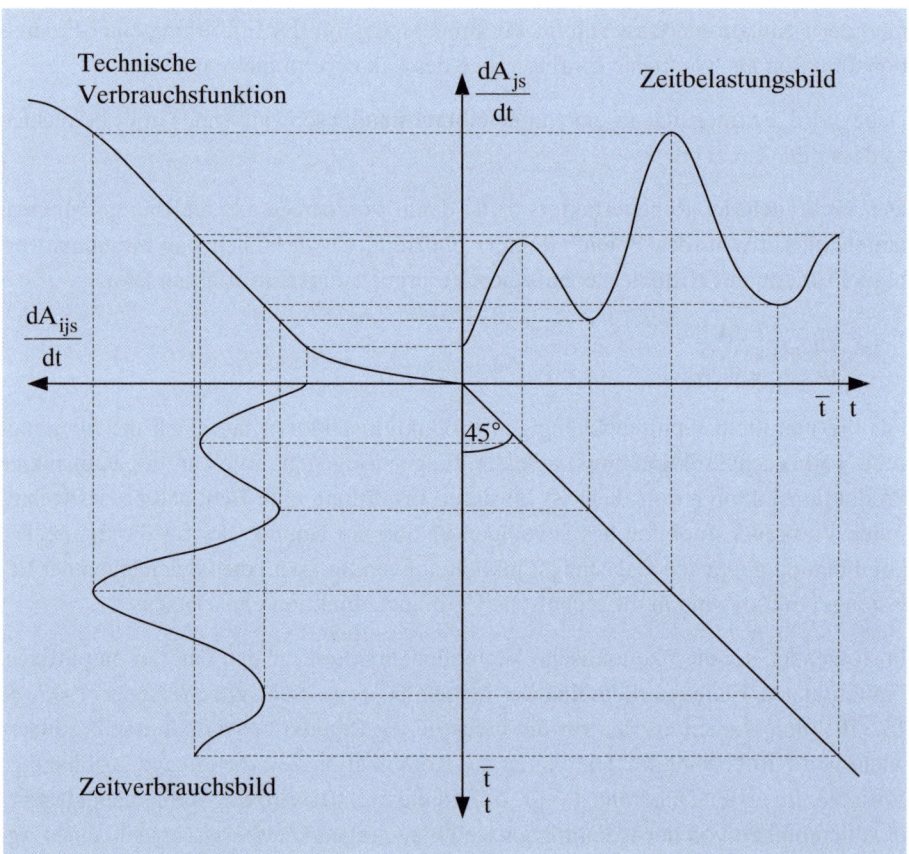

Abb. 1.2-40: Geometrische Herleitung der ökonomischen Verbrauchsfunktion für eine outputfixe, limitationale Elementarkombination

Im vierten Quadranten wird eine 45°-Linie als Spiegelachse abgetragen und aus den Funktionen des ersten und des zweiten Quadranten im dritten Quadranten ein Zeitverbrauchsbild ermittelt, das jeder Kombinationszeit einen entsprechenden Faktor-verzehr r_{ijs} zuordnet.

Der Verbrauch des Faktors i während der einmaligen Durchführung der Elementar-kombination ergibt sich dann aus der Integration der Zeitverbrauchsfunktion und wird in Abbildung 1.2-40 durch die Fläche zwischen dem Graphen der Funktion und der Abszisse dargestellt:

$$r_{ijs} = \int_{t=0}^{\bar{t}} f_{itjs}(t) \cdot dt$$

Aus diesen Funktionen lässt sich für die outputfixe, limitationale Elementarkombina-tion j der Produktionsstufe s eine ökonomische Verbrauchsfunktion ableiten, die be-sagt, dass die Einsatzmenge des Faktors r_{ijs} eine Funktion der Kombinationszeit ist:

$$r_{ijs} = f(t_{js})$$

Gelangen in einer Elementarkombination mehrere Potentialfaktoren und/oder Repe-tierfaktoren zum Einsatz, dann ergibt sich ein System ökonomischer Verbrauchs-funktionen.

Um den Gesamtverzehr einer Faktorart zu ermitteln, ist zunächst der Faktorverzehr bei einmaligem Vollzug der Elementarkombination mit Hilfe der ökonomischen Verbrauchsfunktion zu bestimmen. Dieser Verzehr ist dann mit den erforderlichen Wiederholungen der Elementarkombination multiplikativ zu verknüpfen. Für den Verbrauch des derivativen Faktors i in der Elementarkombination j auf der s-ten Produktionsstufe bedeutet dies:

$$r_{ijs}^{w} = f(t_{js}) \cdot w_{js}$$

mit: r_{ijs}^{w} = Faktorverbrauch bei Ausführung der erforderlichen Wiederholungen

Diese Vorgehensweise ist für alle Elementarkombinationen j (j = 1, ..., J) durchzu-führen:

$$r_{i} = \sum_{j=1}^{J} r_{ijs}^{w}$$

Wird zusätzlich der zeitabhängige Verzehr des Produktionsfaktors i (z. B. bei Be-triebsmitteln und kalenderzeitabhängig entlohnten Arbeitskräften) berücksichtigt, dann ergibt sich als Produktionsfunktion vom Typ C:

$$r_{i}^{g} = \sum_{j=1}^{J} r_{ijs}^{w} + r_{i}(t)$$

1.2.1.3.5   Produktionsfunktion nach Pichler

In den 1950er Jahren entwickelte Pichler (1953a, 1953b, 1956, 1957/58) ein Modell zur Darstellung von Produktionszusammenhängen in der chemischen Industrie, das auch auf andere Industriezweige übertragbar ist. Dabei wird von einer mehrstufigen Mehrprodukt-Produktion ausgegangen, d. h., der Kombinationsprozess erfolgt in mehreren miteinander durch Input-Output-Beziehungen verbundenen Produktions-stellen, die Pichler als Teilbetriebe bezeichnet. Diese stellen als organisatorische Einheiten des Produktionssystems die elementaren Einheiten der Analyse dar. Eine Produktionsstelle ist durch eine Kombination von Inputgüterarten gekennzeichnet, aus der mindestens eine Outputgüterart hervorgeht. Innerhalb des Produktionssys-tems ist es möglich, dass unterschiedliche Produktionsstellen gleiche Inputgüterarten verbrauchen und/oder gleiche Outputgüterarten erzeugen.

Den Ausgangspunkt der Überlegungen bildet die Erfassung der Abhängigkeit der In-put- und Outputgütermengen einer Stelle von sogenannten Leitgrößen durch Glei-chungssysteme, in denen die gewichteten Werte der Leitgrößen additiv miteinander verknüpft sind. Dabei wird vorausgesetzt, dass die Gewichte der Leitgrößen mit Hil-fe statistischer Methoden (z. B. Faktorenanalyse; vgl. Backhaus u. a. 2000, S. 253 ff.) approximiert werden und die Werte der Leitgrößen positiv normiert sind.

Bei den Leitgrößen werden zwei Klassen unterschieden:

- Eine Leitgröße wird als Durchsatz g_{ps}^D ($p = 1, \ldots, q$) der Stelle s bezeichnet, wenn sie in Verbindung mit dem technisch bedingten Koeffizienten L_{ips}^D zur Er-fassung der Abhängigkeit der Menge r_{is} ($i = 1, \ldots, n$) mindestens einer Güterart i von der Menge g_{ps}^D einer anderen Güterart p herangezogen wird.
- Betriebliche Nebenbedingungen g_{ks}^N ($k = 1, \ldots, o$) der Stelle s sind Leitgrößen, die technische Merkmale (z. B. Temperatur, Druck) des Produktionsprozesses er-fassen und in Verbindung mit dem technisch bedingten Koeffizienten L_{iks}^N zur Abbildung der Abhängigkeit der Menge r_{is} ($i = 1, \ldots, n$) mindestens einer Güter-art i von den Ausprägungen technischer Merkmale genutzt werden.

Für eine Produktionsstelle s ergibt sich damit das folgende Pichler-Modell als ein System von Durchsatzfunktionen:

$$r_{1s} = L_{11s}^D \cdot g_{1s}^D + \ldots + L_{1qs}^D \cdot g_{qs}^D + L_{11s}^N \cdot g_{1s}^N + \ldots + L_{1os}^N \cdot g_{os}^N$$
$$\vdots$$
$$r_{ns} = L_{n1s}^D \cdot g_{1s}^D + \ldots + L_{nqs}^D \cdot g_{qs}^D + L_{n1s}^N \cdot g_{1s}^N + \ldots + L_{nos}^N \cdot g_{os}^N$$

Die Gütermengen, Leitgrößen und technisch bedingten Koeffizienten einer Stelle s lassen sich mit Hilfe

- des Gütermengenvektors $\underline{r}_s$ [$n \times 1$],
- des Durchsatzvektors $\underline{g}_s^D$ [$q \times 1$],
- des Nebenbedingungsvektors $\underline{g}_s^N$ [$o \times 1$],
- des Leitgrößenvektors $\underline{g}_s$ [$(q + o) \times 1$],

- der Durchsatz-Verflechtungsmatrix L_s^D [$n \times q$],
- der Nebenbedingungs-Verflechtungsmatrix L_s^N [$n \times o$] und
- der Gesamtverflechtungsmatrix L_s [$n \times (q+o)$]

erfassen:

$$\underline{r}_s = \begin{pmatrix} r_{1s} \\ \vdots \\ r_{ns} \end{pmatrix} \qquad \underline{g}_s^D = \begin{pmatrix} g_{1s}^D \\ \vdots \\ g_{qs}^D \end{pmatrix} \qquad \underline{g}_s^N = \begin{pmatrix} g_{1s}^N \\ \vdots \\ g_{os}^N \end{pmatrix} \qquad g_s = \begin{pmatrix} \underline{g}_s^D \\ \underline{g}_s^N \end{pmatrix}$$

$$L_s^D = \begin{pmatrix} L_{11s}^D & \cdots & L_{1qs}^D \\ \vdots & \ddots & \vdots \\ L_{n1s}^D & \cdots & L_{nqs}^D \end{pmatrix} \qquad L_s^N = \begin{pmatrix} L_{11s}^N & \cdots & L_{1os}^N \\ \vdots & \ddots & \vdots \\ L_{n1s}^N & \cdots & L_{nos}^N \end{pmatrix} \qquad L_s = (L_s^D \; L_s^N)$$

Für das **Pichler-Modell einer Stelle** s gilt dann in Matrizenschreibweise:

$$\underline{r}_s = (L_s^D \; L_s^N) * \begin{pmatrix} \underline{g}_s^D \\ \underline{g}_s^N \end{pmatrix} \qquad \text{oder} \qquad \underline{r}_s = L_s * \underline{g}_s$$

Dabei wird davon ausgegangen, das n die Anzahl der Güterarten des Produktionssystems, q die Anzahl der Durchsätze des Produktionssystems und o die Anzahl der Nebenbedingungen des Produktionssystems beschreiben. Ist für die betrachtete Stelle s ein Gut i (ein Durchsatz p; eine Nebenbedingung k) irrelevant, weisen die Elemente der entsprechenden Zeile i (Spalte p, Spalte q + k) den Wert 0 auf.

In einem einfachen Beispiel sei ein Produktionssystem mit zwei Produktionsstellen A und B analysiert. Abbildung 1.2-41 gibt die Struktur des Produktionssystems in der Form eines sogenannten Fließbildes wieder.

Die an den Pfeilen angegebenen Werte spezifizieren die in einer Periode beobachteten Gütermengen. Die Inputs und Outputs der Stelle A (B) werden dabei in Abhängigkeit des Durchsatzes g_1^D (g_2^D) und der betrieblichen Nebenbedingung g_1^N (g_2^N) modelliert. Für die Produktionsstellen A und B seien folgende Pichler-Modelle ermittelt worden:

$$\underline{r}_A = \begin{pmatrix} -1 & 0 & 0 & 0 \\ -0{,}04 & 0 & -0{,}1 & 0 \\ 0{,}4 & 0 & 0 & 0 \\ 0 & 0 & 0 & 0 \end{pmatrix} * \begin{pmatrix} 2000 \\ 0 \\ 600 \\ 0 \end{pmatrix} = \begin{pmatrix} -2000 \\ -140 \\ 800 \\ 0 \end{pmatrix}$$

$$\underline{r}_B = \begin{pmatrix} 0 & 0 & 0 & 0 \\ 0 & -0{,}02 & 0 & -0{,}08 \\ 0 & -0{,}125 & 0 & 0 \\ 0 & 1 & 0 & 0 \end{pmatrix} * \begin{pmatrix} 0 \\ 960 \\ 0 \\ 360 \end{pmatrix} = \begin{pmatrix} 0 \\ -48 \\ -120 \\ 960 \end{pmatrix}$$

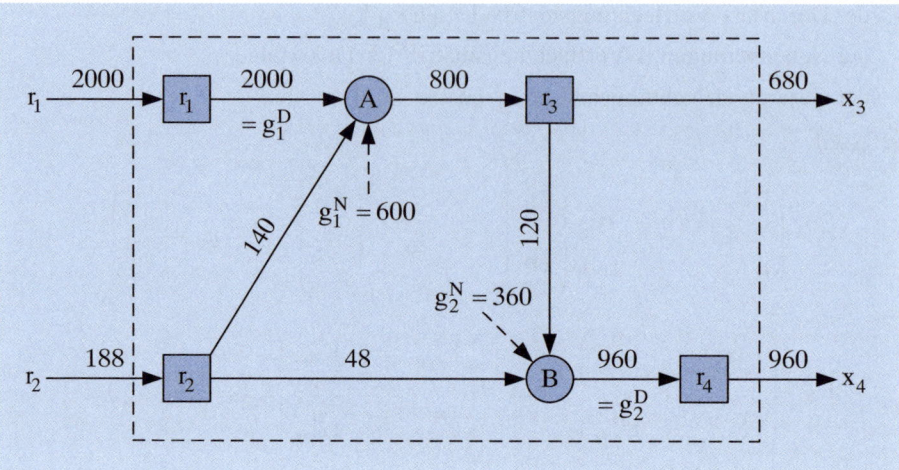

Abb. 1.2-41: Beispiel für ein Produktionssystem mit zwei Produktionsstellen

Auf der Grundlage der in der Verflechtungsmatrix erfassten Werte lassen sich Aussagen über die einzelnen Güterarten treffen:

- Ein **Produkt** ist ein Gut i (i = m + 1, ..., n), für das alle Elemente L^D_{ips} bzw. L^N_{iks} in der Zeile i der Verflechtungsmatrix einen positiven Wert besitzen (im Beispiel: r_{3A}, r_{4B}).

- Weisen alle Elemente L^D_{ips} bzw. L^N_{iks} in der Zeile i der Verflechtungsmatrix einen negativen Wert auf, dann ist das Gut i (i = 1, ..., ℓ) ein **originärer Produktionsfaktor** (im Beispiel: r_{1A}, r_{2A}, r_{2B}, r_{3B}).

- Liegen in der Zeile i sowohl positive als auch negative Elemente L^D_{ips} bzw. L^N_{iks} vor, dann kann das Gut i (i = ℓ + 1, ..., m) sowohl ein **derivativer Produktionsfaktor** als auch ein **Produkt** der betrachteten Stelle sein.

Werden aufgrund dieser Überlegungen Untermatrizen der Verflechtungsmatrix so gebildet, dass die einzelnen Fälle der Güterarten separiert sind, dann gilt für das **Pichler-Modell einer Stelle** s:

$$
\begin{pmatrix} \underline{r}_{s,\ell} \\ \underline{r}_{s,m} \\ \underline{r}_{s,n} \end{pmatrix} = \begin{pmatrix} L^D_{s,\ell} & L^N_{s,\ell} \\ L^D_{s,m} & L^N_{s,m} \\ L^D_{s,n} & L^N_{s,n} \end{pmatrix} * \begin{pmatrix} \underline{g}^D_s \\ \underline{g}^N_s \end{pmatrix}
$$

Zur Interpretation des Pichler-Modells für eine Produktionsstelle s als eine **Transformationsfunktion** ist dieses Gleichungssystem so umzustellen, dass der Vektor der originären Produktionsfaktoren in funktionaler Abhängigkeit von den Produkten und betrieblichen Nebenbedingungen abgebildet wird. Hierzu ist das Gleichungssystem in folgender Weise aufzuspalten (vgl. Kloock 1969, S. 85 f.):

$$
\underline{r}_{s,\ell} = L^D_{s,\ell} * \underline{g}^D_s + L^N_{s,\ell} * \underline{g}^N_s
$$

$$\begin{pmatrix} \underline{r}_{s,m} \\ \underline{r}_{s,n} \end{pmatrix} = \begin{pmatrix} L^D_{s,m} \\ L^D_{s,n} \end{pmatrix} * \underline{g}^D_s + \begin{pmatrix} L^N_{s,m} \\ L^N_{s,n} \end{pmatrix} * \underline{g}^N_s$$

Wird das Gleichungssystem der Produkte und Zwischenprodukte nach $\underline{g}^D_s$ aufgelöst, dann gilt unter der Voraussetzung, dass $(L^D_{s,m}\, L^D_{s,n})^T$ invertierbar ist:

$$\underline{g}^D_s = \begin{pmatrix} L^D_{s,m} \\ L^D_{s,n} \end{pmatrix}^{-1} * \begin{pmatrix} \underline{r}_{s,m} \\ \underline{r}_{s,n} \end{pmatrix} - \begin{pmatrix} L^D_{s,m} \\ L^D_{s,n} \end{pmatrix}^{-1} * \begin{pmatrix} L^N_{s,m} \\ L^N_{s,n} \end{pmatrix} * \underline{g}^N_s$$

Durch Einsetzen dieses Gleichungssystems in das Gleichungssystem der originären Produktionsfaktoren ergibt sich das folgende **System der Pichler-Transformationsfunktionen**:

$$\underline{r}_{s,\ell} = L^D_{s,\ell} * \begin{pmatrix} L^D_{s,m} \\ L^D_{s,n} \end{pmatrix}^{-1} * \begin{pmatrix} \underline{r}_{s,m} \\ \underline{r}_{s,n} \end{pmatrix} - L^D_{s,\ell} * \begin{pmatrix} L^D_{s,m} \\ L^D_{s,n} \end{pmatrix}^{-1} * \begin{pmatrix} L^N_{s,m} \\ L^N_{s,n} \end{pmatrix} * \underline{g}^N_s + L^N_{s,\ell} * \underline{g}^N_s$$

Da sich diese Struktur auch für Produkte und Zwischenprodukte analog formulieren lässt (vgl. Dellmann 1980, S. 108 f.), ist es möglich, die Pichler-Transformationsfunktion in einer produktionstheoretisch angepaßten Form anzugeben:

$$\underline{r} = (E - H(\underline{g}^N, \underline{r}))^{-1} * \underline{r}$$

Für die beiden Stellen des Beispiels gelten die Pichler-Transformationsfunktionen:

$$\underline{r}_{A,\ell} = \begin{pmatrix} -1 \\ -0,04 \end{pmatrix} \cdot 0,4^{-1} \cdot r_{A3} - \begin{pmatrix} -1 \\ -0,04 \end{pmatrix} \cdot 0,4^{-1} \cdot 0 \cdot g^N_{A3} + \begin{pmatrix} 0 \\ -0,1 \end{pmatrix} \cdot g^N_{A3}$$

$$\underline{r}_{A,\ell} = \begin{pmatrix} -2,5 \\ -0,1 \end{pmatrix} \cdot r_{A3} + \begin{pmatrix} 0 \\ -0,1 \end{pmatrix} \cdot g^N_{A3} = \begin{pmatrix} r_1 \\ r_2 \end{pmatrix}$$

$$\underline{r}_{B,\ell} = \begin{pmatrix} -0,02 \\ -0,125 \end{pmatrix} \cdot 1^{-1} \cdot r_{B4} - \begin{pmatrix} -0,02 \\ -0,125 \end{pmatrix} \cdot 1^{-1} \cdot 0 \cdot g^N_{B4} + \begin{pmatrix} -0,08 \\ 0 \end{pmatrix} \cdot g^N_{B4}$$

$$\underline{r}_{B,\ell} = \begin{pmatrix} -0,02 \\ -0,125 \end{pmatrix} \cdot r_{B4} + \begin{pmatrix} -0,08 \\ 0 \end{pmatrix} \cdot g^N_{B4} = \begin{pmatrix} r_2 \\ r_3 \end{pmatrix}$$

Das **Pichler-Modell des Produktionssystems** wird durch komponentenweise Addition der einzelnen stellenbezogenen Modelle s ($s = 1, \ldots, y$) ermittelt (zu weiteren Möglichkeiten vgl. Zschocke 1974, S. 77 ff.):

$$\underline{r} = (L_1 + \ldots + L_y) * (\underline{g}_1 + \ldots + \underline{g}_y) \quad \text{bzw.} \quad \underline{r} = L * \underline{g}$$

Die tabellarische Erfassung dieser Komponenten bezeichnet Pichler als **Kopplungsmatrix**. Abbildung 1.2-42 gibt den grundsätzlichen Aufbau einer Kopplungsmatrix wieder, mit deren Hilfe die Abhängigkeit der Gütermengen in den einzelnen Produktionsstellen des betrachteten Produktionssystems von den jeweiligen Leitgrößen erfasst wird.

Stelle / Gut	1		...	y		Ergebnis-zahlen
	$\underline{g}_1^D$	$\underline{g}_1^N$	...	$\underline{g}_y^D$	$\underline{g}_y^N$	
1 $\vdots$ ℓ	$L_{1,\ell}^D$	$L_{1,\ell}^N$	...	$L_{y,\ell}^D$	$L_{y,\ell}^N$	$\underline{r}_\ell$
$\ell+1$ $\vdots$ m	$L_{1,m}^D$	$L_{1,m}^N$	...	$L_{y,m}^D$	$L_{y,m}^N$	$\underline{r}_m$
$m+1$ $\vdots$ n	$L_{1,n}^D$	$L_{1,n}^N$	...	$L_{y,n}^D$	$L_{y,n}^N$	$\underline{r}_n$

Abb. 1.2-42: Grundsätzlicher Aufbau der Kopplungsmatrix

Für das Beispiel ergibt sich damit das folgende Pichler-Modell:

$$\underline{r} = \begin{pmatrix} -1 & 0 & 0 & 0 \\ -0,04 & -0,02 & -0,1 & -0,08 \\ 0,4 & -0,125 & 0 & 0 \\ 0 & 1 & 0 & 0 \end{pmatrix} * \begin{pmatrix} 2000 \\ 960 \\ 600 \\ 360 \end{pmatrix} = \begin{pmatrix} -2000 \\ -188 \\ 680 \\ 960 \end{pmatrix}$$

Es zeigt sich, dass die Güter 1 und 2 Produktionsfaktoren, das Gut 3 ein Zwischenprodukt und das Gut 4 ein Produkt darstellen. Dementsprechend können die folgenden Untermatrizen/-vektoren gebildet werden:

$$L_\ell^D = \begin{pmatrix} -1 & 0 \\ -0,04 & -0,02 \end{pmatrix} \quad L_m^D = (0,4 \quad -0,125) \quad L_n^D = (0 \quad 1) \quad \underline{g}^D = \begin{pmatrix} 2000 \\ 960 \end{pmatrix}$$

$$L_\ell^N = \begin{pmatrix} 0 & 0 \\ -0,1 & -0,08 \end{pmatrix} \quad L_m^N = (0 \quad 0) \quad\quad L_n^N = (0 \quad 0) \quad \underline{g}^N = \begin{pmatrix} 600 \\ 360 \end{pmatrix}$$

$$\underline{r}_\ell = \begin{pmatrix} -2000 \\ -188 \end{pmatrix} \quad\quad \underline{r}_m = (680) \quad\quad \underline{r}_n = (960)$$

Analog zur Pichler-Transformationsfunktion ergibt sich als **Pichler-Produktionsfunktion** das folgende **System von Faktorfunktionen:**

$$\underline{r}_\ell = L_\ell^D * \begin{pmatrix} L_m^D \\ L_n^D \end{pmatrix}^{-1} * \begin{pmatrix} \underline{r}_m \\ \underline{r}_n \end{pmatrix} - L_\ell^D * \begin{pmatrix} L_m^D \\ L_n^D \end{pmatrix}^{-1} * \begin{pmatrix} L_m^N \\ L_n^N \end{pmatrix} * \underline{g}^N + L_\ell^N * \underline{g}^N$$

Dieses System bildet Pichler in der sogenannten **Strukturmatrix** in tabellarischer Form ab. Aus Gründen der Übersichtlichkeit gelte:

$$A^D = \begin{pmatrix} L_m^D \\ L_n^D \end{pmatrix}^{-1} \qquad\qquad A^N = \begin{pmatrix} L_m^D \\ L_n^D \end{pmatrix}^{-1} * \begin{pmatrix} L_m^N \\ L_n^N \end{pmatrix}$$

Abbildung 1.2-43 gibt den grundsätzlichen Aufbau der Strukturmatrix wieder.

Unabhängige Variable / Abhängige Variable	Produkte $r_{\ell+1} \ \dots \ r_n$	Betriebliche Nebenbedingungen $g_1^N \dots g_0^N$	Ergebnis-zahlen
Durchsätze 1 ⋮ q	A^D	A^N	$\underline{g}^D$
Originäre Produktions-faktoren 1 ⋮ ℓ	$L_\ell^D * A^D$	$L_\ell^N - L_\ell^D * A^N$	$\underline{r}_\ell$

Abb. 1.2-43: Grundsätzlicher Aufbau der Strukturmatrix

Die Strukturmatrix erfasst den Faktorverbrauch des Produktionssystems unter Berücksichtigung der Input-Output-Beziehungen der einzelnen Produktionsstellen in Abhängigkeit von den Ausbringungsgütermengen und betrieblichen Nebenbedingungen.

Für die Produktionsfunktion des Beispiels ergibt sich:

$$\underline{r}_\ell = \begin{pmatrix} -1 & 0 \\ -0{,}04 & -0{,}02 \end{pmatrix} * \begin{pmatrix} 0{,}4 & -0{,}125 \\ 0 & 1 \end{pmatrix}^{-1} * \begin{pmatrix} \underline{r}_m \\ \underline{r}_n \end{pmatrix} - \begin{pmatrix} -1 & 0 \\ -0{,}04 & -0{,}02 \end{pmatrix}$$

$$* \begin{pmatrix} 0{,}4 & -0{,}125 \\ 0 & 1 \end{pmatrix}^{-1} * \begin{pmatrix} 0 & 0 \\ 0 & 0 \end{pmatrix} * \underline{g}^N + \begin{pmatrix} 0 & 0 \\ -0{,}1 & -0{,}08 \end{pmatrix} * \underline{g}^N$$

$$\underline{r}_\ell = \begin{pmatrix} -2{,}5 & -0{,}3125 \\ -0{,}1 & -0{,}0325 \end{pmatrix} * \begin{pmatrix} r_3 \\ r_4 \end{pmatrix} + \begin{pmatrix} 0 & 0 \\ -0{,}1 & -0{,}08 \end{pmatrix} * \begin{pmatrix} g_1^N \\ g_2^N \end{pmatrix} = \begin{pmatrix} r_1 \\ r_2 \end{pmatrix}$$

Es zeigt sich, dass Pichler-Modelle zur Abbildung von Produktionssystemen mit mehrstufiger Mehrprodukt-Produktion, auf die unterschiedliche Einflussgrößen einwirken, geeignet sind. In zweierlei Hinsicht stellen sie eine **Verallgemeinerung der Leontief-Produktionsfunktion** dar (vgl. Zschocke 1974, S. 95 ff.):

- Es können zusätzlich zu den Inputs und Outputs einer Produktionsstelle auch **technische Parameter** mit Hilfe der betrieblichen Nebenbedingungen als Einflussgrößen des Faktorverbrauchs berücksichtigt werden.

- Durch die Annahme, dass mehrere Produktionsstellen die gleichen Ausbringungsgüter durch die Kombination unterschiedlicher Einsatzgüter erzeugen können, ist es möglich, neben limitationalen auch **substitutionale Faktoreinsatzbeziehungen** zu erfassen.

- Aufgrund der Annahme, dass eine Produktionsstelle unterschiedliche Ausbringungsgüter erzeugen kann, besteht die Möglichkeit, **Kuppelproduktionen** direkt abzubilden.

1.2.1.3.6   Produktionsfunktion nach Kloock

In der produktionstheoretischen Analyse zur Produktionsfunktion vom Typ D, die Kloock (1969) aufstellte, steht der Zusammenhang zwischen Produktionsstruktur und Produktionsfunktion im Zentrum des Interesses. Den Ausgangspunkt der Überlegungen bildet dabei eine geeignete Zerlegung des gesamten betrieblichen Leistungsprozesses in Stellen. Weil eine Strukturierung nach Verantwortungsbereichen oder technischen Kriterien es häufig nicht ermöglicht, eine eindeutige Produktionsfunktion zu formulieren, stellt Kloock (1969, S. 43 ff.) zu den von Heinen für die Produktionsfunktion vom Typ C aufgestellten Anforderungen an Elementarkombinationen **zusätzliche Forderungen** für die zu bildenden **Stellen** auf:

- **Gültigkeit des Invarianzprinzips**: Eine Aggregation von Transformationsfunktionen zu einer Produktionsfunktion nach einem bestimmten Kalkül muss den Aussagegehalt des Gesamtsystems unverändert lassen.

- **Einproduktstellen**: Output jeder Stelle ist eine Güterart. Für den Fall der Kuppelproduktion sind in entsprechender Anzahl fiktive Stellen zu bilden (vgl. Kloock 1998, S. 310 f.).

- **Homogene Struktur der Stellen**: Es gelangt in jeder Stelle nur ein Aggregat oder ein technisch streng aneinandergekoppeltes Aggregatesystem und damit nur ein Produktionsverfahren zum Einsatz.

Eine Stelle j lässt sich dann durch die folgenden Elemente kennzeichnen:

- inputseitig:
  -- r_{ij} Mengeneinheiten der originären Einsatzgüterarten i ($i = 1, \ldots, \ell$) und/oder
  -- $r_{i'j}$ Mengeneinheiten der derivativen Einsatzgüterarten i' ($i' = \ell + 1, \ldots, m$);
- outputseitig: r_j Mengeneinheiten von Güterarten j ($j = 1, \ldots, n$), die
  -- Output, d. h. Ausbringungsgüterarten, oder
  -- nicht Output, d. h. originäre und derivative Einsatzgüterarten,
  der gesamten Unternehmung sind.

Auf die in der Stelle erfolgende Transformation können neben dem Stelleninput und -output weitere Einflussgrößen g_{jk} ($k = 1, ..., o$) einwirken. Abbildung 1.2-44 gibt diesen Zusammenhang wieder (vgl. Kloock 1998, S. 295 f.).

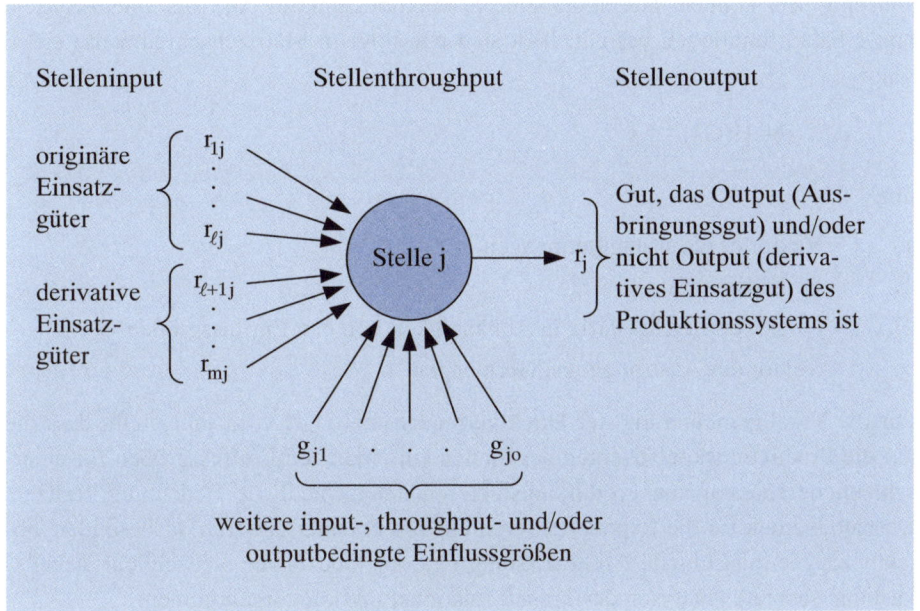

Abb. 1.2-44: Input-Output-Modell einer Stelle

Bei n Stellen einer Unternehmung wird aufgrund ihrer Funktionen im betrieblichen Leistungsprozess zwischen folgenden Stellen unterschieden:

- **Beschaffungsstellen** ($j = 1, ..., \ell$) sind dadurch gekennzeichnet, dass sie ausschließlich originäre Einsatzgüterarten (sowohl Repetier- als auch Potentialfaktoren) an andere Stellen abgeben.

- Als **Produktionsstellen** ($j = \ell + 1, ..., m$) werden diejenigen Stellen bezeichnet, die originäre und/oder derivative Einsatzgüterarten von anderen Stellen als Input erhalten sowie Einsatzgüterarten und/oder Ausbringungsgüterarten an andere Stellen abgeben.

- Merkmale der **Absatzstellen** ($j = m + 1, ..., n$) sind, dass sie von anderen Stellen ausschließlich mit Einsatzgütern und/oder Ausbringungsgütern versorgt werden und keinen Output an andere Stellen der Unternehmung abgeben.

Beschaffungs- und Absatzstellen bilden somit die Schnittstellen der Unternehmung zu ihrer Umwelt. Folglich besitzt ein Produktionssystem mindestens eine Beschaffungs- und mindestens eine Absatzstelle.

Auf der Basis einer Übertragung der makroökonomischen **Leontief-Produktionsfunktion** auf produktionswirtschaftliche Sachverhalte einer Unternehmung (vgl. Kapitel 1.2.1.3.2) und einer Verallgemeinerung der zugrundeliegenden Transformationsfunktionen lässt sich in einem nächsten Schritt die **Produktionsfunktion vom Typ D** herleiten. Die **Verallgemeinerung** basiert auf der Überlegung, dass Transformationsfunktionen nicht immer konstante Produktionskoeffizienten aufweisen müssen, sondern dass die Produktionskoeffizienten von der Menge G der Einflussgrößen abhängig sein können. Die allgemeine Produktionsfunktion, die aus einem System von ℓ Faktorfunktionen besteht, lässt sich wie folgt in Matrizenschreibweise erfassen:

$$\underline{r}_\ell = \left(E - H(G)\right)_\ell^{-1} * \underline{x}$$

mit:

$\underline{r}_\ell$ Vektor der Einsatzgütermengen

E   Einheitsmatrix

H(G)   Direktverbrauchsmatrix in Abhängigkeit von den Einflussgrößen G

$\underline{x}$ Vektor der Ausbringungsgütermengen

Für die Verallgemeinerung der Direktverbrauchsmatrix H wird unterstellt, dass die auf die Produktionskoeffizienten der Stellen einwirkenden Einflussgrößen für unterschiedliche Klassen von Produktionsfaktoren unterschiedliche Bedeutung besitzen. Deshalb werden für die Repetierfaktoren und die Potentialfaktoren, insbesondere objektbezogene maschinelle Arbeitsleistung und objektbezogene menschliche Arbeitsleistung, separate Analysen der **Transformationsfunktion** vorgenommen:

- Die Transformationsfunktion für **Repetierfaktoren** erfasst die charakteristischen Einflussgrößen der Transformationsfunktionen nach:

  -- **Leontief**: Outputmenge r_j, Produktionskoeffizient h_{ij};

  -- **Pichler**: Outputmenge r_j, Produktionskoeffizient in linearer Abhängigkeit von den sogenannten Leitgrößen und Outputmengen $h_{ij}(\underline{g}_j^N, r_j)$;

  -- **Gutenberg**: Outputmenge r_j, Produktionskoeffizient in Abhängigkeit von der Intensität $h_{ij}(\lambda_j)$;

  -- **Heinen**: Outputmenge r_j, Produktionskoeffizient in Abhängigkeit vom Output sowie u-Situation und ℓ-Situation der Produktionsstelle $h_{ij}(r_j, \underline{g}_j)$, Ausschußkoeffizient ak_j;

  -- **Klassische und Neoklassische Transformationsfunktionen**: Outputmenge r_j, Produktionskoeffizient in Abhängigkeit von den Inputmengen der anderen Produktionsfaktoren $h_{ij}(\hat{\underline{r}}_j)$,

  ergänzt um weitere Einflussgrößen, die ebenfalls im Vektor $\underline{g}_j$ erfasst werden. Es gilt:

$$r_{ij}^R = h_{ij}^R(\lambda_j, \hat{\underline{r}}_j, \underline{g}_j) \cdot ak_j \cdot r_j$$

  mit:

$$\hat{\underline{r}}_j = \left(\frac{1}{r_j}, \ldots, \frac{r_{i-1j}}{r_j}, \frac{r_{i+1j}}{r_j}, \ldots, \frac{r_{nj}}{r_j} \right) \qquad \underline{g}_j = (g_{j1}, \ldots, g_{jo})$$

- Im Rahmen der Transformationsfunktion für **objektbezogene maschinelle Arbeitsleistungen** wird der Faktoreinsatz durch die Anzahl r_{ij}^A der genutzten Aggregate erfasst, so dass sich stückweise lineare Funktionen mit ganzzahligen Werten ergeben. Da jede Beschaffungsstelle i nur eine Faktorart an andere Stellen abzugeben vermag, ist für die Stelle j von maximal $\bar{r}_{ij}^A$ genutzten identischen Aggregaten auszugehen. Diese gelangen in Abhängigkeit von den bereits bei den Repetierfaktoren genannten Einflussgrößen der betrachteten Stelle j zur Anwendung. Aufgrund der mittelbaren Beziehung zwischen objektbezogener maschineller Arbeitsleistung und Output wird der Produktionskoeffizient zusätzlich vom Output r_j der Stelle beeinflusst:

$$r_{ij}^A = h_{ij}^A(\lambda_j, r_j, \hat{\underline{r}}_j, \underline{g}_j) \cdot ak_j \cdot r_j \qquad \text{mit } r_{ij}^A = 1, 2, \ldots, \bar{r}_{ij}^A$$

$$\frac{r_{ij}^A - 1}{h_{ij}(\lambda_j, r_j, \hat{\underline{r}}_j, \underline{g}_j)} < ak_j \cdot r_j \leq \frac{r_{ij}^A}{h_{ij}(\lambda_j, r_j, \hat{\underline{r}}_j, \underline{g}_j)}$$

- Der Einsatz **objektbezogener menschlicher Arbeitsleistungen** wird in der Transformationsfunktion durch die Anzahl der in der Stelle beschäftigten Arbeitskräfte beschrieben. Dabei ist zu berücksichtigen, dass diese mindestens einen der Schwierigkeit der auszuführenden Arbeiten entsprechenden Qualifikationsgrad besitzen. Dieser Sachverhalt wird mit Hilfe des sogenannten Technisierungsgrades β_j erfasst. Neben dieser Größe ist der Einsatz objektbezogener menschlicher Arbeitsleistungen analog zu den bereits bei den objektbezogenen maschinellen Arbeitsleistungen erfassten Einflussgrößen abhängig:

$$r_{ij}^M = h_{ij}^M(\lambda_j, \beta_j, r_j, \hat{\underline{r}}_j, \underline{g}_j) \cdot ak_j \cdot r_j \qquad \text{mit } r_{ij}^M = 1, 2, \ldots, \bar{r}_{ij}^M$$

$$\frac{r_{ij}^M - 1}{h_{ij}(\lambda_j, \beta_j, r_j, \hat{\underline{r}}_j, \underline{g}_j)} < ak_j \cdot r_j \leq \frac{r_{ij}^M}{h_{ij}(\lambda_j, \beta_j, r_j, \hat{\underline{r}}_j, \underline{g}_j)}$$

Abbildung 1.2-45 gibt die Beziehungen der Kloock-Transformationsfunktion zu anderen Transformationsfunktionen wieder, die letztlich Spezialfälle darstellen.

Die Produktionskoeffizienten der einzelnen Stellen werden dann in der Direktverbrauchsmatrix H(G) [n × n] zusammengeführt, die damit die Input-Output-Beziehungen zwischen den Stellen der Unternehmung und das Zusammenwirken der für die einzelnen Stellen relevanten Einflussgrößen auf den Gesamtfaktorverbrauch abbildet. Abbildung 1.2-46 gibt die Struktur der Direktverbrauchsmatrix mit Hilfe von Untermatrizen wieder (vgl. Schweitzer/Küpper 1997, S. 167 ff.).

In Abhängigkeit von der Art des Produktionssystems, das modelliert wird, kann die Direktverbrauchsmatrix unterschiedliche Formen annehmen. Wird die Strukturierung in Untermatrizen (vgl. Abbildung 1.2-46) zugrundegelegt und werden die Untermatrizen, in denen keine direkten Beziehungen angegeben werden, als Nullmatrizen gekennzeichnet, dann können folgende mit der Produktionsfunktion vom Typ D erfassten Fälle von Produktionssystemen unterschieden werden (vgl. Kloock 1969, S. 59 f.; Schweitzer/Küpper 1997, S. 168 ff.):

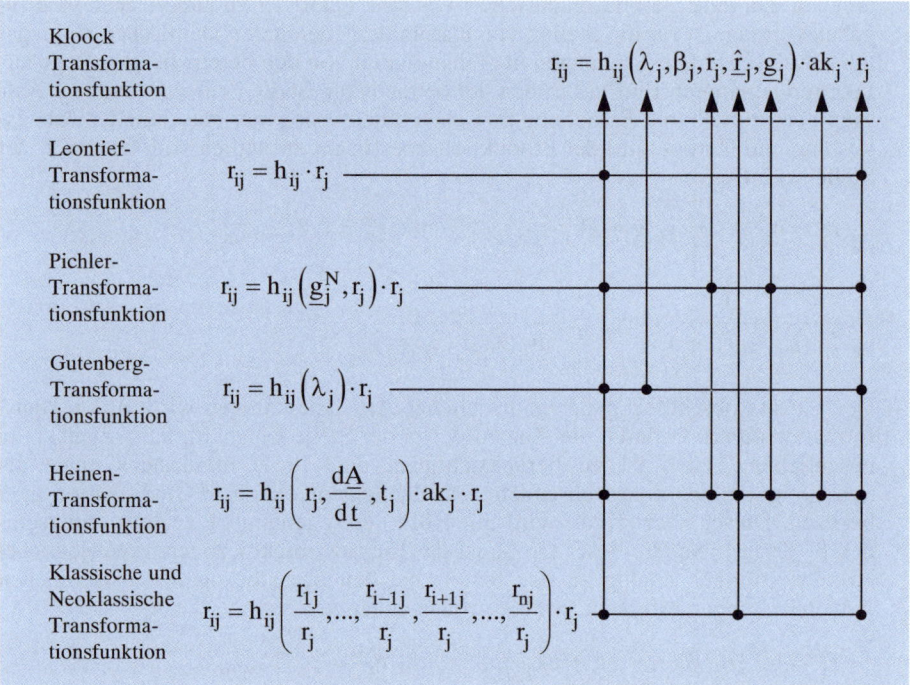

Abb. 1.2-45: Beziehungen der Transformationsfunktion nach Kloock zu anderen Transformationsfunktionen

- In **einfach zusammenhängenden Produktionssystemen** werden von den einzelnen Stellen nur nachgelagerte Stellen mit Produktionsfaktoren beliefert. Die Direktverbrauchsmatrix besitzt in diesem Fall die Form einer Dreiecksmatrix:

$$H(G) = \begin{pmatrix} H^M_{\ell_M,\ell_M} & H^M_{\ell_M,\ell_A} & H^M_{\ell_M,\ell_R} & H^M_{\ell_M,m} & H^M_{\ell_M,n} \\ 0 & H^A_{\ell_A,\ell_A} & H^A_{\ell_A,\ell_R} & H^A_{\ell_a,m} & H^A_{\ell_M,n} \\ 0 & 0 & H^R_{\ell_R,\ell_R} & H^R_{\ell_R,m} & H^R_{\ell_R,n} \\ 0 & 0 & 0 & H_{m,m} & H_{m,n} \\ 0 & 0 & 0 & 0 & H_{n,n} \end{pmatrix}$$

- **Komplexe Produktionssysteme** sind durch eine zyklische Struktur gekennzeichnet, d. h. Stellen versorgen teilweise auch vorgelagerte Produktionsstellen mit Produktionsfaktoren. Dabei sind folgende Erscheinungsformen möglich:

-- **Zyklen zwischen Beschaffungsstellen**: Zur Bereitstellung eines originären Einsatzgutes durch eine Beschaffungsstelle werden originäre Einsatzgüter anderer

Beschaffungsstellen verbraucht. So ergibt sich beispielsweise für den Einsatz eines Repetierfaktors zum Antrieb eines Aggregates, das zur Auslagerung dieses Repetierfaktors genutzt wird, folgende Struktur der Direktverbrauchsmatrix:

i Input \ Qutput j		menschliche $\ell \ldots \ell_M$	maschinelle $\ell_M+1 \ldots \ell_A$	Repetierfaktoren $\ell_A+1 \ldots \ell_R=\ell$	Produktionsstellen $\ell+1 \ldots m$	Absatzstellen Ausbringungsgüter $m+1 \ldots n$
		Beschaffungsstellen für orginäre Einsatzgüter				
		Objektbezogene Arbeitsleistung				
Beschaffungsstellen für orginäre Einsatzgüter — Objektbezogene Arbeitsleistung	menschliche $\ell_M \ldots 1$	$H^M_{\ell_M,\ell_M}$	$H^M_{\ell_M,\ell_A}$	$H^M_{\ell_M,\ell_R}$	$H^M_{\ell_M,m}$	$H^M_{\ell_M,n}$
	maschinelle $\ell_A \ldots \ell_M+1$	$H^A_{\ell_A,\ell_M}$	$H^A_{\ell_A,\ell_A}$	$H^A_{\ell_A,\ell_R}$	$H^A_{\ell_A,m}$	$H^A_{\ell_A,n}$
	Repetierfaktoren $\ell_R=\ell \ldots \ell_A+1$	$H^R_{\ell_R,\ell_M}$	$H^R_{\ell_R,\ell_A}$	$H^R_{\ell_R,\ell_R}$	$H^R_{\ell_R,m}$	$H^R_{\ell_R,n}$
Produktionsstellen	$m \ldots \ell+1$	H_{m,ℓ_M}	H_{m,ℓ_A}	H_{m,ℓ_R}	$H_{m,m}$	$H_{m,n}$
Absatzstellen	Ausbringungsgüter $n \ldots m+1$	H_{n,ℓ_M}	H_{n,ℓ_A}	H_{n,ℓ_R}	$H_{n,m}$	$H_{n,n}$

Abb. 1.2-46: Struktur der Direktverbrauchsmatrix nach Kloock

$$H(G) = \begin{pmatrix} H^M_{\ell_M,\ell_M} & H^M_{\ell_M,\ell_A} & H^M_{\ell_M,\ell_R} & H^M_{\ell_M,m} & H^M_{\ell_M,n} \\ 0 & H^A_{\ell_A,\ell_A} & H^A_{\ell_A,\ell_R} & H^A_{\ell_a,m} & H^A_{\ell_M,n} \\ 0 & H^R_{\ell_R,\ell_A} & H^R_{\ell_R,\ell_R} & H^R_{\ell_R,m} & H^R_{\ell_R,n} \\ 0 & 0 & 0 & H_{m,m} & H_{m,n} \\ 0 & 0 & 0 & 0 & H_{n,n} \end{pmatrix}$$

-- **Zyklen zwischen Produktions- und Beschaffungsstellen**: Der Output einer Produktionsstelle stellt ein originäres Einsatzgut dar, dessen Verbrauch von einer Beschaffungsstelle verwaltet wird. Als Struktur der Direktverbrauchsmatrix für das Beispiel selbsterstellter Aggregate ergibt sich:

$$H(G) = \begin{pmatrix} H^M_{\ell_M,\ell_M} & H^M_{\ell_M,\ell_A} & H^M_{\ell_M,\ell_R} & H^M_{\ell_M,m} & H^M_{\ell_M,n} \\ 0 & H^A_{\ell_A,\ell_A} & H^A_{\ell_A,\ell_R} & H^A_{\ell_a,m} & H^A_{\ell_M,n} \\ 0 & 0 & H^R_{\ell_R,\ell_R} & H^R_{\ell_R,m} & H^R_{\ell_R,n} \\ 0 & H_{m,\ell_A} & 0 & H_{m,m} & H_{m,n} \\ 0 & 0 & 0 & 0 & H_{n,n} \end{pmatrix}$$

-- **Zyklen zwischen Produktionsstellen**: Zur Erzeugung des Outputs einer Produktionsstelle werden derivative Produktionsfaktoren verbraucht, die Output einer nachgelagerten Produktionsstelle sind. Die Untermatrix $H_{m,m}(G)$ ist für das Beispiel des innerbetrieblichen Leistungsaustausches keine Dreiecksmatrix:

$$H_{m,m}(G) = \begin{pmatrix} 0 & h_{\ell+1,\ell+2} & h_{\ell+1,\ell+3} & \cdots & h_{\ell+1,m} \\ 0 & 0 & h_{\ell+2,\ell+3} & \cdots & h_{\ell+2,m} \\ h_{\ell+3,\ell+1} & 0 & 0 & \cdots & h_{\ell+3,m} \\ \vdots & \vdots & \vdots & \ddots & \vdots \\ 0 & 0 & 0 & \cdots & 0 \end{pmatrix}$$

Die Produktionsfunktion vom Typ D basiert auf einem allgemeinen formalen Ansatz der Produktionsfunktion. Sie stellt eine **Verallgemeinerung** der vorher dargestellten Produktionsfunktionen dar, die die technischen und organisatorischen Gegebenheiten industrieller Produktionsprozesse zu erfassen vermag und deshalb ein breites Anwendungsspektrum aufweist.

1.2.2 Kostentheoretische Grundlagen

Grundlage der vorangegangenen produktionstheoretischen Überlegungen war eine rein mengenmäßige Betrachtungsweise. Ihre Aufgabe besteht folglich darin, mengenmäßige Beziehungen zwischen Input und Output zu formulieren. Da die erstellten Mengeneinheiten (z. B. Meter, Tonne, Kubikmeter etc.) nicht unmittelbar vergleichbar sind, ist es erforderlich, diese einer **Bewertung** zu unterziehen, um so zu vergleichbaren Werteinheiten (z. B. €) zu gelangen. Diese Aufgabe obliegt der Kostentheorie, indem sie das aus der Produktionstheorie stammende **Mengengerüst** durch ein **Wertgerüst** ergänzt. Dies geschieht durch die Berücksichtigung der **Faktorpreise**. Darüber hinaus obliegt der Kostentheorie die Aufgabe, **Kostenentstehung** und **Kostenhöhe** zu erklären.

Mit den Kosten steht folglich eine Beurteilungsgrundlage für alternative Produktionen zur Verfügung. So kann etwa mit Hilfe der Zielfunktion „Minimiere die Kosten der Produktion" eine Auswahl aus allen effizienten Produktionen erfolgen. In dieser

Betrachtungsweise ist dann diejenige Produktion optimal, die mit den geringsten Kosten einhergeht.

Der Kostentheorie obliegt damit eine Erklärungs- und eine Gestaltungsaufgabe. Im Rahmen ihrer **Erklärungsaufgabe** geht es um die Offenlegung der Bestimmungsgrößen der Kosten, den sogenannten **Kosteneinflussgrößen**. Diese Einflussgrößen sind in ihren Wirkungen auf die Kostenhöhe zu erfassen, wobei sich diese sowohl auf die Mengen als auch auf das Wertgerüst beziehen können, je nachdem, ob sie an den Faktorverbräuchen oder den Faktorpreisen ansetzen. Grundlage für die Analyse dieser Abhängigkeiten sind die Kostenfunktionen.

Im Rahmen der **Gestaltungsaufgabe** der Kostentheorie geht es darum, die Kosteneinflussgrößen so zu bestimmen, dass die Produktionsentscheidungen bei gegebenem Output kostenminimal ausfallen. Damit obliegt den Faktorpreisen eine **Lenkungsfunktion**, da sie bestimmen, welche Produktionsfaktorarten in welchen Mengen in der Produktion zum Einsatz gelangen.

1.2.2.1 Kostentheoretische Grundbegriffe

Obwohl es sich bei den Kosten um einen zentralen Begriff der Betriebswirtschaftslehre handelt, kann nicht von einem einheitlichen Kostenbegriff ausgegangen werden. Die am häufigsten vorzufindenden Definitionen sind

- der wertmäßige und
- der pagatorische Kostenbegriff.

Allgemein wird unter **Kosten** der bewertete sachzielbezogene Güterverzehr einer Periode verstanden. Damit lässt sich der Kostenbegriff durch die drei folgenden Merkmale charakterisieren:

- Verzehr,
- Sachzielbezogenheit und
- Bewertung.

Kosten setzen folglich einen **Güterverzehr** voraus, wobei dieser sowohl als Verbrauch als auch als Gebrauch, d. h. durch Nutzung eines Potentialfaktors, erfolgen kann. Zum Gebrauch zählt dabei auch die Nutzung der bereitgestellten Infrastruktur und der Rechtsordnung. Hierdurch bedingt sind auch die Steuern zu den Kosten zu zählen.

Mit dem Merkmal der **Sachzielbezogenheit** wird zum Ausdruck gebracht, dass der Verzehr der Güter in einem unmittelbaren Zusammenhang mit dem Sachziel der Unternehmung stehen muss. Dabei ist es jedoch nicht erforderlich, dass der Güterverzehr ursächlich durch die sachzielbezogene Gütererstellung hervorgerufen wird (**Verursachungsprinzip**), sondern es reicht bereits aus, dass der Güterverzehr auf das Sachziel einwirkt, d. h., ohne den Güterverzehr wäre die Realisation des Sachziels nicht möglich (**Einwirkungsprinzip**).

Hinsichtlich der Merkmale „Verzehr" und „Sachzielbezogenheit" stimmen der wertmäßige und der pagatorische Kostenbegriff überein. Der entscheidende Unterschied ist im Merkmal „Bewertung" zu sehen. Von Kosten wird erst dann gesprochen, wenn der sachzielbezogene Güterverzehr, der die Mengenkomponente darstellt, bewertet wird. Die Bewertung hängt von dem Ziel ab, das der Benutzer der Kosteninformation verfolgt. Dabei gehen der wertmäßige und der pagatorische Kostenbegriff davon aus, dass der Benutzer der Kosteninformation nach Zahlungsüberschüssen oder Gewinnen strebt.

Grundlage des wertmäßigen Kostenbegriffs sind die Realgüterbewegungen im Innenbereich einer Unternehmung. Dabei wird der Wertansatz an dem verfolgten Rechnungszweck ausgerichtet. Der wertmäßige Kostenbegriff knüpft folglich nicht an den Zahlungsströmen an, die mit der Ressourcenbeschaffung einhergehen, sondern er zielt auf eine entscheidungsorientierte Bewertung des Güterverzehrs ab. Damit wird der Wert eines Produktionsfaktors nicht nur durch dessen Beschaffungspreis, sondern ferner durch den Grad der Knappheit bestimmt. Um diesen Knappheitsgrad in unterschiedlichen Entscheidungssituationen zu erfassen, wird der sachzielbezogene Güterverzehr mit seinem monetären Grenznutzen (Grenzausgaben + Opportunitätskosten) bewertet. Hieraus resultiert, dass bei einem wertmäßigen Kostenbegriff in den jeweiligen Entscheidungssituationen derselbe Produktionsfaktor eine unterschiedliche Bewertung erfahren kann. Ziel des wertmäßigen Kostenbegriffs ist es folglich, die Produktionsfaktoren in die Verwendungen zu allozieren, die auf der Grundlage des unternehmerischen Zielsystems optimal sind.

Demgegenüber erfolgt die Bewertung der Produktionsfaktoren beim pagatorischen Kostenbegriff auf der Grundlage der Beschaffungsmarktpreise, d. h., er knüpft an die mit dem betrieblichen Güterverzehr verbundenen Zahlungsströme an und basiert damit auf Ausgaben. Ausgangsbasis bilden somit die Geldbewegungen im Außenbereich des Wertekreislaufs einer Betriebswirtschaft. Als Faktorpreise kommen folglich die Anschaffungspreise der Roh-, Hilfs- und Betriebsstoffe, die Lohnsätze der Arbeitskräfte sowie die Abschreibungen der Betriebsmittel in Betracht.

Während bei einem wertmäßigen Kostenbegriff i. d. R. Wiederbeschaffungspreise zugrunde liegen, werden beim pagatorischen Kostenbegriff Anschaffungspreise verwendet. Den weiteren Überlegungen liegt ein wertmäßiger Kostenbegriff zugrunde.

Nach der Klärung des Kostenbegriffs ist der Frage nachzugehen, durch welche Größen die Höhe der Kosten in einer Produktionsperiode beeinflusst wird. Diese Größen werden in der Literatur als Kosteneinflussgrößen bezeichnet. Dabei sei zunächst auf die sogenannten Hauptkosteneinflussgrößen (vgl. Gutenberg 1979, S. 344 ff.; zu einem Überblick über unterschiedliche Systematisierungsvorschläge der Kosteneinflussgrößen vgl. Haupt 1993, Sp. 2331 ff.) eingegangen, d. h., es werden die Einflussgrößen des Produktionsbereichs besprochen:

- **Betriebsgröße**: Hierunter ist die Gesamtheit der Produktionsmöglichkeiten eines Betriebes nach Art und Menge der Outputgüter zu verstehen. Während die Betriebsgröße in einer kurzfristigen Betrachtung nicht veränderbar ist, d. h., sie restringiert in dieser Sichtweise die Produktionsmöglichkeiten, stellt sie langfristig eine veränderbare Größe dar.

- **Produktionsprogramm**: Hierunter seien die Produktarten und -mengen verstanden, die in einer Produktionsperiode erstellt werden können. Wird beispielsweise die mengenmäßige Zusammensetzung des Produktionsprogramms verändert, dann geht eine solche Variation mit einem veränderten Produktionsfaktoreinsatz einher, der sich auch in den Kosten niederschlägt. Ebenfalls wirken die zu bildenden **Losgrößen** auf die Produktionskosten, da durch sie die Rüst- und Lagerkosten beeinflusst werden. Ein spezieller Aspekt in diesem Zusammenhang ist in der **Produktionstiefe** zu sehen, mit der die Anzahl der in einer Unternehmung realisierten **Produktionsstufen** erfasst wird. Hiermit ist unmittelbar die Frage verknüpft, inwieweit Vor-, Zwischenprodukte oder Teile durch die Unternehmung selbst erstellt werden oder von anderen Unternehmungen bezogen werden sollen. Es ergibt sich damit ein Make-or-Buy-Problem.

- **Produktionsablauf**: Hierunter sind die speziellen Gestaltungsformen der Produktionsdurchführung zu verstehen, wobei davon auszugehen ist, dass jede spezifische Gestaltungsform mit speziellen Kostenabhängigkeiten einhergeht. Dieser Problemkomplex umfasst dabei die folgenden drei Aspekte:

  -- **Automatisierungsgrad**: Bei der Automatisierung handelt es sich um einen Vorgang, bei dem nicht nur menschliche Arbeitsprozesse auf Betriebsmittel übertragen werden, sondern durch die Anlage oder das Anlagensystem zusätzlich auch die Steuerung und Kontrolle vollzogen werden. Das Ziel der Automation ist folglich darin zu sehen, die Aufgabenerfüllung durch realtechnische Mittel selbständig durchführen zu lassen.

  -- **Organisationstyp**: Auf der Grundlage des Verrichtungs- und Objektprinzips wird zwischen Werkstattproduktion und Fließproduktion differenziert.

  -- **Produktionsart**: Mit Hilfe des Wiederholungsgrades wird zwischen Einzel- und Mehrfachproduktion unterschieden, wobei letztere in die Serien- und Massenproduktion weiter aufgeteilt wird.

  Die angeführten Problembereiche des Produktionsablaufs stehen dabei in einem engen Verhältnis zueinander. So geht die Massenproduktion i. d. R. mit einem hohen Automatisierungsgrad und der Realisation des Fließprinzips einher. Dabei ergeben sich andere Kostenstrukturen und -arten, als dies etwa bei einer Einzelproduktion, die nach dem Werkstattprinzip realisiert ist, der Fall sein wird. So treten bei einer Werkstattproduktion im Vergleich zu einer Fließproduktion längere Transportwege, höhere Transportzeiten und größere Material- und Zwischenlager auf. Demgegenüber werden bei der Fließproduktion die Produktionskosten zu einem hohen Teil durch die Produktionsanlagen determiniert.

- **Faktorqualitäten**: Hierunter sind die Eigenschaften der Produktionsfaktoren zu verstehen, und zwar hinsichtlich ihrer Einsatzmöglichkeiten im Produktionsprozess oder in Bezug auf die herzustellenden Produkte. Unterschiedliche Faktorqualitäten finden ihren Niederschlag in unterschiedlichen Produktionskoeffizienten. Damit enthält jede Produktionsfunktion Produktionsfaktoren mit spezifischen Eigenschaften. Da es, wie bereits angeführt, für die Produktion der gleichen Produkte teilweise möglich ist, dass verschiedenartige Produktionsfaktoren zum Einsatz gelangen, existieren dann verschiedene Produktionsfunktionen, zwischen denen die Unternehmung auswählen muss. Für die Elementarfaktoren Roh-, Hilfs- und Betriebsstoffe sowie objektbezogene menschliche Arbeitsleistungen ist der Einfluss der Qualität auf die Produktionskosten evident. Darüber hinaus beeinflusst aber auch die Qualität des dispositiven Faktors die Kostenhöhe. Die Qualität dieses Faktors findet dann ihren Niederschlag in der Güte der Planung, der Organisation und der Entscheidung.

- Faktorpreise: Da sich die Kosten aus der multiplikativen Verknüpfung des sachzielbezogenen Güterverzehrs, d. h. der zum Einsatz gelangenden Produktionsfaktormengen, mit seinen Preisen ergeben, zeigt sich unmittelbar der Einfluss der Faktorpreise auf die Höhe der Produktionskosten.

- Beschäftigung: Hierunter sind die von einer Unternehmung oder einem Potentialfaktor in einer Periode erstellten Outputmengen zu verstehen. Mit der Variation der Beschäftigung verändern sich dann, wegen der produktionsabhängigen Faktorverbräuche, auch die Produktionskosten. Durch die quotiale Verknüpfung dieser Leistungsmenge mit der Leistungsfähigkeit, d. h. der Kapazität, ergibt sich dann der Beschäftigungsgrad.

Neben diesen (Haupt-)Kosteneinflussgrößen sind noch weitere Größen zu berücksichtigen, die aus anderen Unternehmungsbereichen auf den Produktionsbereich wirken und die Kosten beeinflussen. Hierzu zählen beispielsweise Maßnahmen des Absatzes, der Finanzierung und der Forschung und Entwicklung.

Im Absatzbereich beeinflusst der Einsatz des absatzpolitischen Instrumentariums (Preis-, Distributions-, Kommunikations- und Produktpolitik), d. h. alle Aktivitäten, die der Vermarktung der produzierten Produkte dienen, das Kostenniveau der Unternehmung. Darüber hinaus können durch den Einsatz dieses Instrumentariums der Umsatz und der Gewinn bzw. Deckungsbeitrag beeinflusst werden.

Ferner hängt die Höhe der mit dem Einsatz von Potential- und Repetierfaktoren verbundenen Kapitalkosten von der Art der Finanzierung ab. Dies bedeutet, dass auch der Finanzbereich Auswirkungen auf das Kostenniveau hat. Auch eine unzureichende Eigenkapitalausstattung kann sich auf die Höhe der Produktionskosten auswirken. Dies ist etwa dann der Fall, wenn mangelndes Eigenkapital zur weiteren Nutzung veralteter Produktionsaggregate führt, obwohl mit neueren Aggregaten die Produktion kostengünstiger realisiert werden könnte.

Ziel der Aktivitäten der Forschung und Entwicklung (F&E) ist die Verbesserung der Produkt- und Faktorqualität einerseits und der Produktionsverfahren anderseits. Sie üben damit einen indirekten Einfluss auf die Höhe der Produktionskosten aus. Dabei ist zu beachten, und hierauf weisen Busse von Colbe/Laßmann (1991, S. 218) explizit hin, dass die F&E-Ausgaben eigentlich den Perioden zugerechnet werden müssen, in denen die Ergebnisse dieser Aktivitäten in der Produktion wirksam werden. Häufig werden sie jedoch in den Perioden als Kosten verrechnet, in denen die Ausgaben anfallen.

Bei den betrachteten Kosteneinflussgrößen ist weiterhin danach zu unterscheiden, inwieweit sie der unternehmerischen Disposition unterliegen, d. h. für die Unternehmung einen **Aktionsparameter** oder ein **Datum** darstellen. So gibt es eine Reihe von Kosteneinflussgrößen, die unabhängig von der gewählten Betrachtungsweise außerhalb des betrieblichen Entscheidungsfeldes liegen, d. h. einer unmittelbaren Gestaltung nicht mehr zugänglich sind, wie dies etwa bei Steuern, Lohnsätzen als Arbeitsentgelten, Beschaffungspreisen und dem Arbeitszeitgesetz der Fall sein kann.

Weiterhin ist zu beachten, dass auch die Kosteneinflussgrößen Produktionsprogramm, Faktorqualität, Produktionsablauf und Betriebsgröße, auch wenn sie grundsätzlich Aktionsparameter der Unternehmung darstellen, kurzfristig als Daten aufzufassen sind. Die Planungssituation wird folglich durch bereits in der Vergangenheit getroffene und realisierte Entscheidungen restringiert. Auf der Grundlage des Kriteriums Zeit ist damit in kostentheoretischen Ansätzen nur die Beschäftigung als kurzfristig variierbar anzusehen. In den weiteren Betrachtungen wird dieser Problembereich im Zentrum des Interesses stehen. Wird ausschließlich die Beschäftigung, gemessen an der Ausbringungsmenge, als Kosteneinflussgröße betrachtet, dann stellt sich im Rahmen der Analyse von Kostenverläufen die Frage, mit welchen Veränderungen die Ausbringungsmengen der Produktion auf die Kostenhöhe der Unternehmung einhergehen. Unter der Annahme, dass die Unternehmung nur **eine Produktart** in einem **einstufigen Produktionsprozess** erstellt, lässt sich dann die folgende Kostenfunktion aufstellen:

$$K = K(x)$$

1.2.2.2 Grundlagen der kostentheoretischen Modellanalyse

Zur Charakterisierung der Kostenverläufe ist es einerseits erforderlich, einige spezielle Kostenbegriffe zu erläutern und anderseits Aussagen über einige Eigenschaften der Kostenfunktionen zu tätigen. Dabei sei zunächst ein linearer Gesamtkostenverlauf unterstellt. Unter Gesamtkosten K wird der gesamte Kostenbetrag verstanden, der bei der Produktion der Menge x anfällt. Die Gesamtkosten setzen sich aus den **fixen Kosten** K_f, die bei Variation der Beschäftigung konstant bleiben und den **variablen Kosten** K_v, die sich mit Variation der Kosteneinflussgröße verändern, zusammen, so dass sich die folgende Kostenfunktion ergibt:

$$K(x) = K_f + K_v(x)$$

Grafisch ergibt sich dann der in Abbildung 1.2-47 dargestellte Kostenverlauf.

Diese Abbildung zeigt, dass sich die variablen Kosten in Abhängigkeit von der Beschäftigung verändern, d. h., sie sind durch das Beschäftigungsausmaß determiniert. Beträgt die Beschäftigung null $(x = 0)$, dann gilt für die variablen Kosten $K_v(0) = 0$. Als Beispiel für diese Kostenkategorie sei der Rohstoffverbrauch genannt.

Diejenigen Kosten, die auf Beschäftigungsänderungen nicht reagieren, werden als **fixe Kosten** bezeichnet, d. h., sie fallen unabhängig von x immer in der gleichen Höhe an $(K_f = \text{konstant})$. Ein Beispiel hierfür sind die Gehälter für Angestellte im Pro-

duktionsbereich. Neben diesen für den gesamten Kapazitätsbereich fixen Bereitschaftskosten der gesamten Unternehmung sind Kosten für begrenzt teilbare Produktionsfaktoren zu berücksichtigen, die nur innerhalb eines Intervalls unverändert blei-

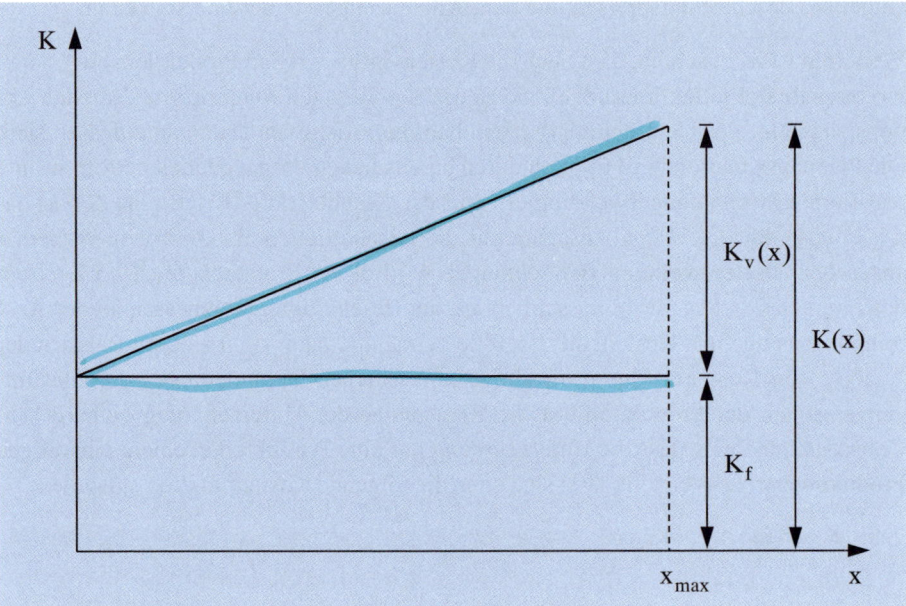

Abb. 1.2-47:   Linearer Gesamtkostenverlauf

ben, jedoch bei Über- oder Unterschreitung der Intervallgrenzen sprunghafte Veränderungen aufweisen. Diese Kosten werden als sprungfixe oder intervallfixe Kosten
K_{fj} bezeichnet. Es ergibt sich dann der in Abbildung 1.2-48 dargestellte Verlauf.

Dabei gibt die Sprunghöhe einer intervallfixen Kostenart den Preis für eine Einheit
des entsprechenden Produktionsfaktors an. Die Intervallbreite gibt demgegenüber
die Kapazität des entsprechenden Produktionsfaktors wieder.

Werden die Gesamtkosten $K(x)$ durch die dazugehörige Ausbringungsmenge x dividiert, dann ergeben sich die Stückkosten, auch Durchschnittskosten $k(x)$ genannt:

$$k(x) = \frac{K(x)}{x}$$

Wie bei den Gesamtkosten lassen sich auch die Stückkosten in fixe und variable
Kosten aufteilen. Es ergibt sich dann die folgende Kostenfunktion:

$$k(x) \; = \; \underbrace{\frac{K_f}{x}}_{k_f(x)} \; + \; \underbrace{\frac{K_v(x)}{x}}_{k_v(x)}$$

$$\begin{array}{ccc} \text{(fixe Kosten} & & \text{(variable Kosten} \\ \text{pro Stück)} & & \text{pro Stück)} \end{array}$$

Grafisch lassen sich diese Zusammenhänge wie in Abbildung 1.2-49 gezeigt darstellen.

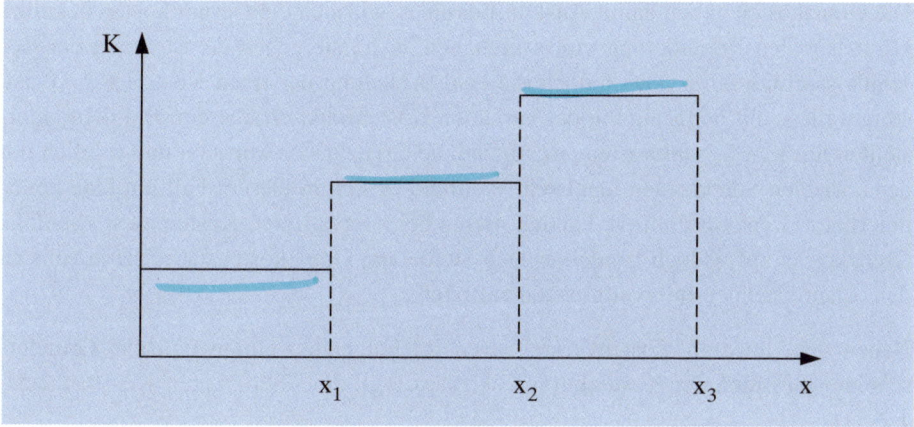

Abb. 1.2-48: Sprungfixe oder intervallfixe Kosten

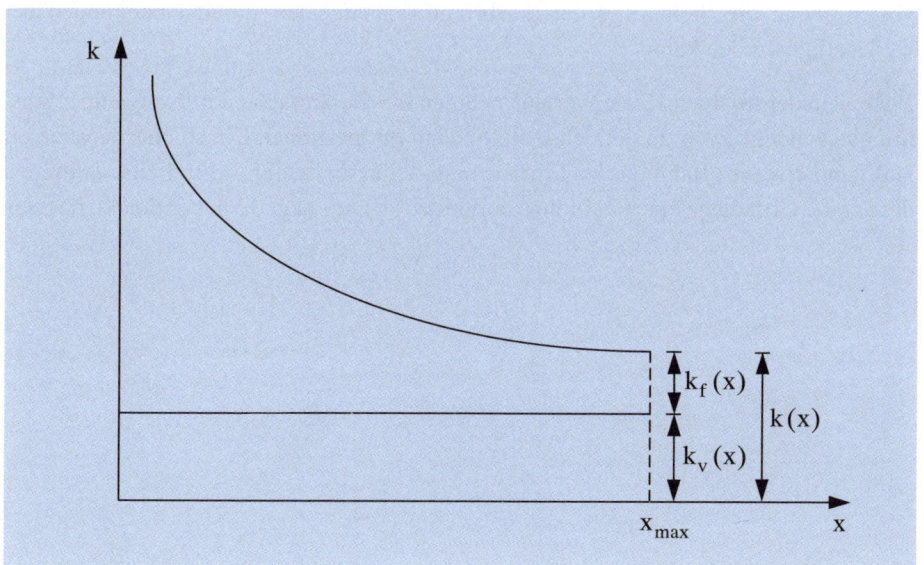

Abb. 1.2-49: Stückkosten

Diese Abbildung verdeutlicht, dass die fixen Kosten pro Ausbringungsmenge mit steigender Beschäftigung abnehmen. Dieser Sachverhalt wird als **Fixkostendegression** bezeichnet.

Unter der Voraussetzung einer differenzierbaren Gesamtkostenfunktion geben die **Grenzkosten** $K'(x)$ die erste Ableitung der Gesamtkosten nach der Ausbringungsmenge an:

$$K'(x) = \frac{dK(x)}{dx} = \frac{dK_f}{dx} + \frac{dK_v(x)}{dx} = \frac{dK_v(x)}{dx}$$

Die Grenzkosten geben damit Auskunft darüber, wie sich die Gesamtkosten bei einer infinitesimalen Veränderung von x verhalten, d. h., sie geben die Steigung der Gesamtkostenfunktion an. Da jedoch die erste Ableitung der fixen Kosten $K'_f = 0$ ist, stimmt diese mit der Steigung der variablen Kostenfunktion überein. Bei dem unterstellten linearen Gesamtkostenverlauf sind die Grenzkosten konstant und folglich mit den variablen Stückkosten identisch. Während es sich in diesem Fall um eine kontinuierliche Grenzkostenkurve handelt, treten bei intervallfixen Kosten zwar ebenfalls Grenzkosten auf, jedoch handelt es sich hierbei um Grenzkostenstäbe, die jeweils an den entsprechenden Intervallgrenzen auftreten.

Neben dem linearen Kostenverlauf seien im Folgenden einige typische **Grunderscheinungsformen der Kostenkurven** skizziert (vgl. die Abbildungen 1.2-50, 1.2-51, 1.2-52).

Bei einem **progressiven Kostenverlauf** steigen die Kosten mit zunehmender Beschäftigung überproportional an. Progressive Kosten entstehen beispielsweise bei Lohnkosten, wenn die Steigerung der Ausbringungsmenge nur durch Überstunden bewerkstelligt werden kann.

Bei einem **degressiven Kostenverlauf** nehmen die Gesamtkosten mit steigender Ausbringungsmenge zwar zu, jedoch lediglich unterproportional. Ein solcher Kostenverlauf kann etwa im Rahmen der Einarbeitungszeiten bei einem Mitarbeiter auftreten, der auf der Grundlage eines Zeitlohns bezahlt wird. Dies liegt darin begründet, dass ein

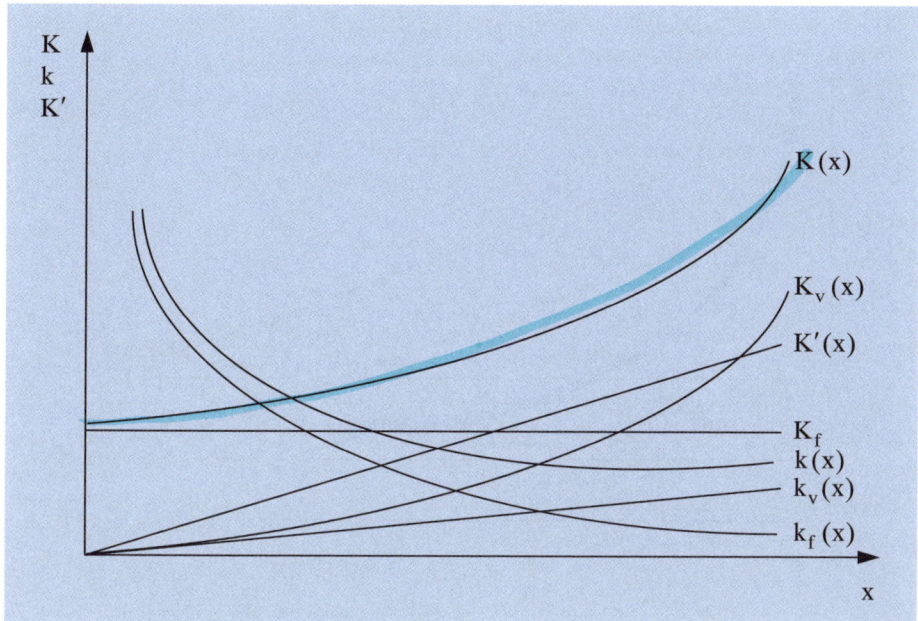

Abb. 1.2-50: Progressiver Kostenverlauf

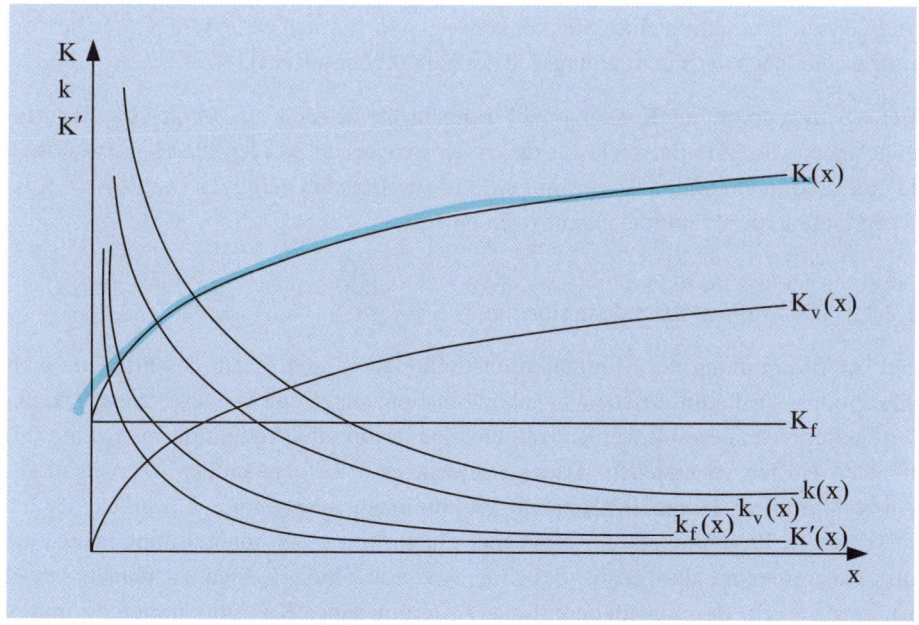

Abb. 1.2-51: Degressiver Kostenverlauf

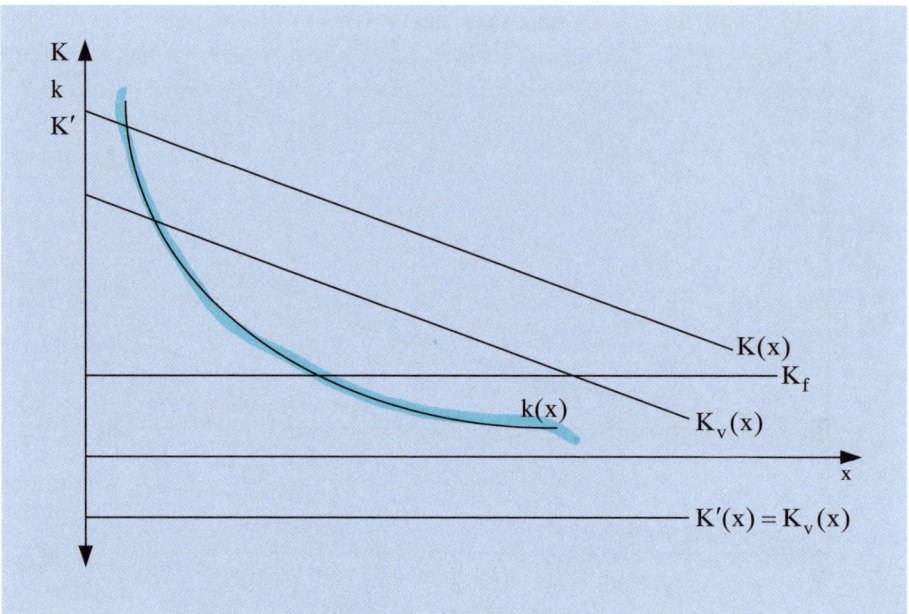

Abb. 1.2-52: Regressiver Kostenverlauf

Mitarbeiter zu Beginn der Produktion aufgrund seiner geringen Erfahrung noch relativ viel Zeit zur Produktion eines Stückes benötigt und damit auch höhere Kosten hervorruft, als dies nach der Einarbeitungszeit der Fall ist (Lerneffekt).

Bei einem regressiven Kostenverlauf nehmen die Kosten mit steigender Ausbringungsmenge ab. Als Beispiele für diesen Kostenverlauf werden die Heizungskosten in einem Kino angeführt. Dieses ungewöhnliche Beispiel zeigt, dass regressive Kostenverläufe in der Praxis selten auftreten dürften.

1.2.2.3 Die Minimalkostenkombination

Bei der Bestimmung der Minimalkostenkombination geht es um das Problem, welche Produktionsfaktoreinsatzmengenkombination, unter der Voraussetzung bekannter Faktorpreise, gewählt werden soll, um eine bestimmte Produktionsmenge mit minimalen Kosten zu erstellen. Dabei erscheint es selbstverständlich, dass in dieses Auswahlproblem lediglich effiziente Produktionen aufgenommen werden, da bei ineffizienten Produktionen ein gegebener Output mit einer höheren Inputmenge bei mindestens einem Faktor realisiert würde, wodurch höhere Kosten entstünden. Damit ist festzustellen, dass das ökonomische Kriterium einer Kostenminimierung immer die technische Effizienz impliziert.

Um die Minimalkostenkombination ermitteln zu können, ist es erforderlich, die Preise der zum Einsatz gelangenden Produktionsfaktoren $(p_1, p_2, \ldots, p_n)$ zu kennen. Im

Weiteren sei dabei ein Produktionsmodell unterstellt, in dem lediglich zwei Produktionsfaktorarten zum Einsatz gelangen. Werden diese Produktionsfaktoren (r_1, r_2) mit ihren Preisen (p_1, p_2) multipliziert, dann ergibt sich für eine bestimmte Kostenhöhe $K = \tilde{K}$ die folgende Kostenisoquante:

$$\tilde{K} = r_1 \cdot p_1 + r_2 \cdot p_2$$

Durch Auflösung nach r_2 ergibt sich dann für diesen Produktionsfaktor die Kostenisoquante:

$$r_2 = \frac{\tilde{K}}{p_2} - \frac{p_1}{p_2} \cdot r_1$$

Dabei ist $-p_1/p_2$ die Steigung der Isoquante. In einer (r_1, r_2)-Ebene lässt sich diese Funktion dann als fallende Gerade darstellen (vgl. Abbildung 1.2-53).

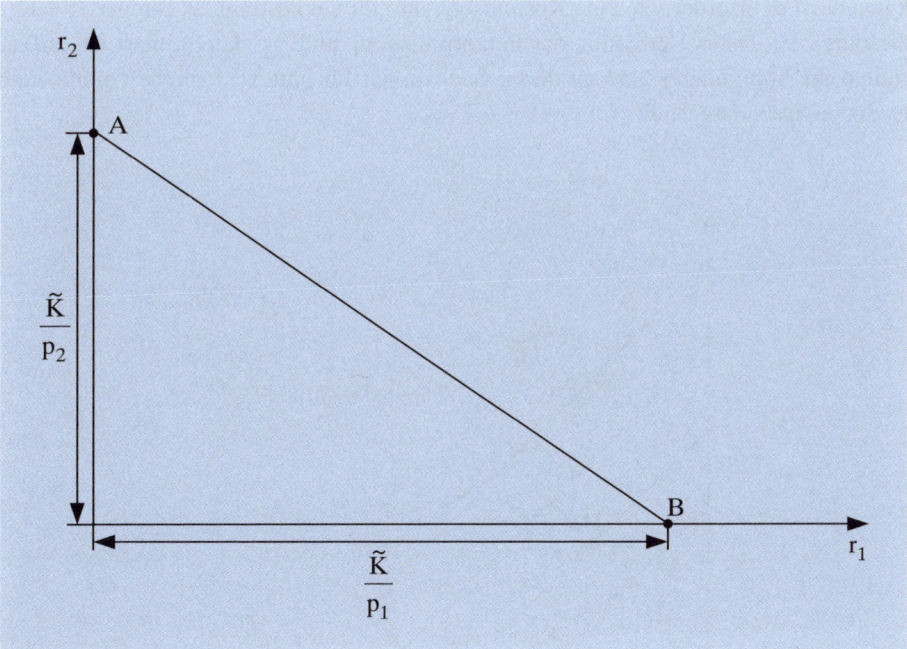

Abb. 1.2-53: Kostenisoquante

Während in Punkt A ausschließlich der Produktionsfaktor r_2 zum Einsatz gelangt $(r_1 = 0)$, wird im Punkt B nur der Faktor r_1 eingesetzt $(r_2 = 0)$. Mit Hilfe dieser Kostenisoquante wird damit die Menge aller Faktorkombinationen erfasst, die zu gleichen Gesamtkosten führen.

Wird das Kostenbudget K größer als $\widetilde{K}$, dann erfährt die Kostenisoquante c.p. eine Parallelverschiebung vom Koordinatenursprung weg et vice versa. Bleibt das Kostenbudget $\widetilde{K}$ hingegen konstant, und es verändern sich die Preise der Produktionsfaktoren, dann erfährt die Kostenisoquante in Punkt A oder B eine Drehung, und die Steigung der Isoquante verändert sich.

Im Folgenden soll die Minimalkostenkombination getrennt für

- eine substitutionale Produktion,

- eine limitationale Produktion und

- den effizienten Rand einer linearen Technologie

untersucht werden.

Liegen substitutionale Faktoreinsatzbeziehungen vor, dann kann ein bestimmtes Outputniveau $x = x_1$ durch mehrere technisch effiziente Faktorkombinationen erstellt werden. Diese Faktorkombinationen liegen im effizienten Bereich der Produktionsisoquante. Um hieraus die kostenminimale Faktorkombination auswählen zu können, ist es erforderlich, eine Kostenisoquante für ein bestimmtes Budget $K = K_1$, die durch ein festes Verhältnis der Faktorpreise p_1 und p_2 determiniert ist, aufzustellen. In Abbildung 1.2-54 ist dieser Sachverhalt für unterschiedliche Output- und Budgetniveaus dargestellt.

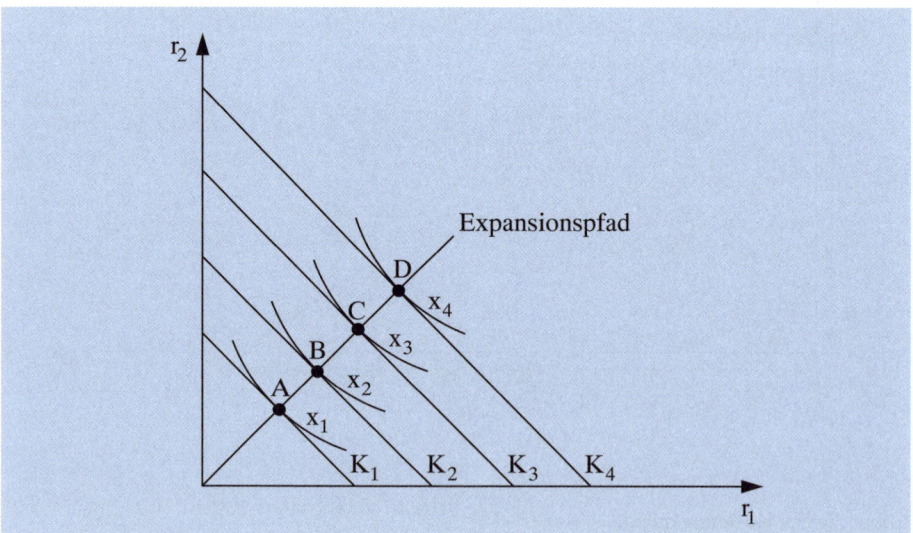

Abb. 1.2-54: Minimalkostenkombination bei substitutionalen Faktoreinsatzbeziehungen

Die Minimalkostenkombination ist dann in den Punkten gegeben, in denen die Kostenisoquante die Produktionsisoquante tangiert (Punkte A, B, C und D). Durch Verbindung dieser Tangentialpunkte ergibt sich dann der Expansionspfad. Da in diesen

Tangentialpunkten die Steigung der Kostenisoquante und der Produktionsisoquante übereinstimmen, gilt:

$$\frac{dr_1}{dr_2} = -\frac{p_2}{p_1}$$

Für substitutionale Faktoreinsatzbeziehungen gilt demnach für die Minimalkostenkombination, dass die Grenzrate der Substitution zwischen den Produktionsfaktoren umgekehrt proportional zum Faktorpreisverhältnis ist.

Dieser Zusammenhang bildet den Ausgangspunkt für die analytische Ermittlung entweder der Minimalkostenkombination bei gegebenem Outputniveau oder des Expansionspfades auf der Grundlage des **Lagrange-Ansatzes** (vgl. Corsten/Corsten/ Sartor 2005, S. 189 ff.). Dabei werden die zu minimierende Kostenfunktion $K = K(r_1, \ldots, r_n)$ und die implizite Produktionsfunktion $f(x, r_1, \ldots, r_n) = 0$ simultan in der sogenannten Lagrange-Funktion $L = L(r_1, \ldots, \ r_n, \Lambda)$ berücksichtigt:

$$L(r_1, \ldots, r_n, \Lambda) = K(r_1, \ldots, r_n) + \Lambda \cdot (f(x, r_1, \ldots, r_n) = 0)$$

Da die implizite Produktionsfunktion den Wert 0 besitzt, stellt die Lagrange-Funktion zunächst lediglich eine mit dem Wert 0 addierte Kostenfunktion dar. Wird sie jedoch als Zielfunktion eingesetzt, dann ist sie der formale Ausdruck für die Aufgabe: Minimiere die Kosten in Abhängigkeit von den Faktoreinsatzmengen unter Berücksichtigung der in der Produktionsfunktion erfassten Beziehungen zwischen den Gütermengen (Einsatzmengen und Ausbringungsmengen). Werden nun die implizite Produktionsfunktion in der Form

$$x - f(r_1, \ldots, r_n) = 0$$

und die allgemeine Kostenfunktion

$$K(r_1, \ldots, r_n) = \sum_{i=1}^{n} r_i \cdot p_i$$

in die Lagrange-Funktion eingesetzt, dann ergibt sich als Zielfunktion:

$$L(r_1, \ldots, r_n, \Lambda) = \sum_{i=1}^{n} r_i \cdot p_i + \Lambda \cdot (x - f(r_1, \ldots, r_n)) \quad \rightarrow \min!$$

Ist die Produktionsfunktion differenzierbar, dann ergeben sich die notwendigen Bedingungen für kostenminimale Faktoreinsatzmengen bei einem Outputniveau von x durch partielle Differentiation der Lagrange-Funktion nach den einzelnen Variablen und anschließendes Nullsetzen dieser partiellen Ableitungen:

$$\frac{\partial L}{\partial r_i} = p_i - \Lambda \cdot \frac{\partial f(r_1, \ldots, r_n)}{\partial r_i} \stackrel{!}{=} 0$$

$$\frac{\partial L}{\partial \Lambda} = x - f(r_1, \ldots, r_n) \overset{!}{=} 0$$

Bei konkaver Produktionsfunktion ergeben sich die kostenminimalen Faktoreinsatzmengen aus der Lösung des Gleichungssystems:

$$p_i = \Lambda \cdot \frac{\partial f(r_1, \ldots, r_n)}{\partial r_i} \qquad \forall i$$

$$x = f(r_1, \ldots, r_n)$$

Dabei zeigt sich, dass die Relation der Preise zweier Produktionsfaktoren i, i' der Relation der Grenzproduktivitäten dieser Faktoren entspricht bzw. umgekehrt proportional zur Grenzrate der Substitution ist. Hieraus lassen sich für konkret vorliegende Produktionsfunktionen die Relationen $h_i^* / h_{i'}^*$ zwischen den kostenminimalen Faktoreinsatzmengen ableiten:

$$\frac{p_i}{p_{i'}} = \frac{\dfrac{\partial f(r_1, \ldots, r_n)}{\partial r_i}}{\dfrac{\partial f(r_1, \ldots, r_n)}{\partial r_{i'}}} \quad \Rightarrow \quad \frac{h_i^*}{h_{i'}^*} = \frac{r_{i'}}{r_i} \qquad \forall\, i, i' \wedge i \neq i'$$

Durch Einsetzen dieser Relationen in die Produktionsfunktion und Umstellen nach den jeweiligen Faktoren ergeben sich die optimalen Faktorverbräuche in Abhängigkeit vom Outputniveau:

$$x = f(r_1, \ldots, r_n) = f\left(\frac{h_i^*}{h_1^*} \cdot r_i, \ldots, \frac{h_i^*}{h_n^*} \cdot r_i \right) \quad \Rightarrow \quad r_i^*(x)$$

Durch Einsetzen dieser Funktion in die allgemeine Kostenfunktion ergibt sich dann die Kostenfunktion in Abhängigkeit vom Outputniveau:

$$K(x) = \sum_{i=1}^{n} r_i^*(x) \cdot p_i$$

Zur Verdeutlichung der Vorgehensweise wird von einer Produktion ausgegangen, bei der zwei Produktionsfaktoren zu einem Produkt kombiniert werden. Es gelte:

$$x = f(r_1, r_2) = \sqrt{r_1 \cdot r_2}$$

$$p_1 = 8, p_2 = 2$$

Als Lagrange-Funktion ergibt sich damit:

$$L(r_1, r_2, \Lambda) = 8 \cdot r_1 + 2 \cdot r_2 + \Lambda \cdot (x - \sqrt{r_1 \cdot r_2})$$

Für die notwendigen Bedingungen gilt:

$$\frac{\partial L}{\partial r_1} = 8 - \Lambda \cdot 0,5 \cdot \sqrt{\frac{r_2}{r_1}} \overset{!}{=} 0$$

$$\frac{\partial L}{\partial r_2} = 2 - \Lambda \cdot 0,5 \cdot \sqrt{\frac{r_1}{r_2}} \overset{!}{=} 0$$

$$\frac{\partial L}{\partial \Lambda} = x - \sqrt{r_1 \cdot r_2} \overset{!}{=} 0$$

Durch Lösung des Gleichungssystems

$$8 = \Lambda \cdot 0,5 \cdot \sqrt{\frac{r_2}{r_1}}$$

$$2 = \Lambda \cdot 0,5 \cdot \sqrt{\frac{r_1}{r_2}}$$

ergibt sich die optimale Faktoreinsatzmengenrelation:

$$4 \cdot r_1 = 1 \cdot r_2$$

Werden diese Werte in die Produktionsfunktion eingesetzt, dann lassen sich die optimalen Faktoreinsatzmengen bestimmen:

$$x = \sqrt{r_1 \cdot 4 \cdot r_1} \qquad x = \sqrt{0,25 \cdot r_2 \cdot r_2}$$

$$r_1^* = 0,5 \cdot x \qquad r_2^* = 2 \cdot x$$

Die Kostenfunktion lautet somit:

$$K(x) = 0,5 \cdot x \cdot p_1 + 2 \cdot x \cdot p_2 \qquad |p_1 = 8 \,; p_2 = 2$$

$$K(x) = 8 \cdot x$$

Bei einem **limitationalen Produktionsprozess** stehen die zum Einsatz gelangenden effizienten Inputmengen ($r_1, r_2, \ldots, r_n$) in einem eindeutigen Verhältnis zu der herzustellenden Outputmenge x. Dies bedeutet, dass es für ein bestimmtes Outputniveau jeweils nur eine effiziente Faktorkombination gibt. Abbildung 1.2-55 gibt die Minimalkostenkombination bei einem linear-limitationalen Produktionsprozess wieder.

Der Expansionspfad fällt folglich bei einem limitationalen Produktionsmodell mit dem technisch effizienten Prozessstrahl zusammen. Grafisch ergibt sich die Minimalkostenkombination für ein bestimmtes Outputniveau x_1 durch Identifikation des Punktes, in dem die Kostenisoquante $K_1 = r_1 \cdot p_1 + r_2 \cdot p_2$ die Produktionsisoquante x_1 erstmals berührt. Da die Steigung der Kostenisoquante durch den Ausdruck $-p_2/p_1$ wiedergegeben wird, d. h. stets negativ ist und zwischen den Steigungen liegt, die an den ineffizienten Isoquantenästen gelten, müssen die Kostenisoquanten die Produktionsisoquanten genau in ihren effizienten Eckpunkten tangieren, die den Minimalkostenkombinationen entsprechen. Da in den vorangegangenen Überlegungen von einem linear-limitationalen Produktionsprozess ausgegangen wurde, verändert sich die Minimalkostenkombination bei Faktorpreisvariationen nicht, sondern es verändert sich die mit dem jeweiligen Produktionsniveau verbundene Kostenhöhe.

In den bisherigen Überlegungen wurde von einem Produktionsprozess ausgegangen, so dass das Problem der Auswahl des günstigsten Produktionsprozesses nicht bestand. In Abbildung 1.2-56 wird ein Produktionsmodell wiedergegeben, bei dem eine Produktart auf der Grundlage zweier kontinuierlich variierbarer Repetierfaktoren und zweier linear-limitationaler Prozesse erstellt werden kann, wobei die beiden Produktionsprozesse linear kombinierbar sind.

Für das Preisverhältnis $(p_2/p_1)_1$ ist damit nur der Prozess 1 (Punkt B) kostenoptimal. Demgegenüber ist bei einem Preisverhältnis $(p_2/p_1)_2$ der Prozess 2 (Punkt A) kostenoptimal. Gilt hingegen das Preisverhältnis $(p_2/p_1)_3$, dann sind nicht nur beide Prozesse (Punkte A und B) kostenoptimal, sondern darüber hinaus auch alle Faktorkombinationen (r_1, r_2), die zwischen den Punkten A und B liegen.

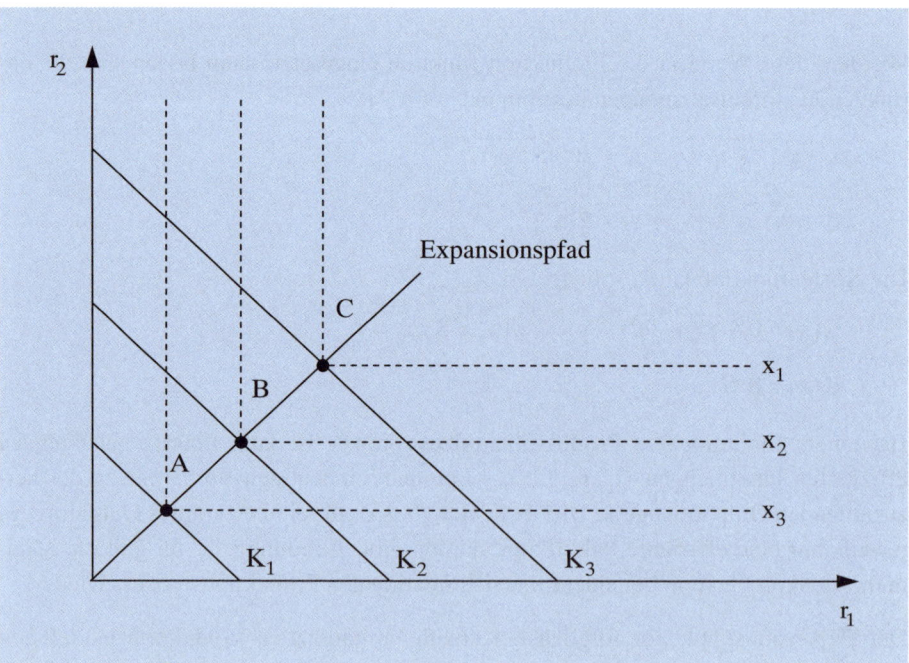

Abb. 1.2-55: Minimalkostenkombination bei einem linear-limitationalen Produktionsprozess

Auf Grundlage der parametrischen Variation der Einsatzgütermenge v_2 bei Konstanz der Outputmenge wurde in Abschnitt 1.2.1.2 aus einer **linearen Technologie** eine Isoquante abgeleitet, für die ebenfalls kostenminimale Faktorkombinationen bestimmt werden können. Hierzu wird bei gegebenen Preisen der Inputgüter eine Kostenisoquante für das Budget $\widetilde{K}$ ermittelt, die die Produktionsisoquante tangiert. In Abbildung 1.2-57 wird dieser Sachverhalt für die Preisverhältnisse der Einsatzgüter

- $(p_2/p_1)_1$ im Tangentialpunkt H und
- $(p_2/p_1)_2$ für die Tangentialstrecke $\overline{HM}$ mit den Eckpunkten H und M

dargestellt.

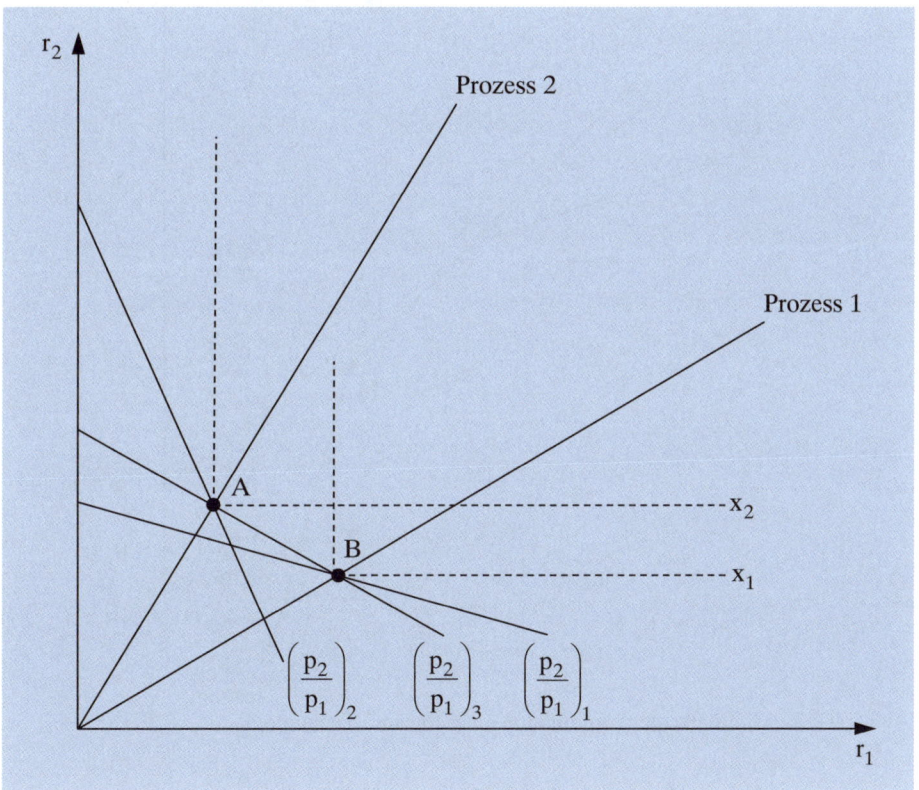

Abb. 1.2-56: Minimalkostenkombination bei zwei linear-limitationalen Produktionsprozessen

Aus dem Sachverhalt, dass die Ecken der Isoquante einer Technologie aus den elementaren Prozessen der Technologie resultieren, lässt sich ableiten, dass die Minimalkostenkombination immer mit einem elementaren Prozess erreicht werden kann, der wiederum auf einer Basisaktivität beruht. Für den Fall mehrerer kostenminimaler elementarer Prozesse ist aufgrund der Eigenschaften linearer Technologien auch jede Kombination dieser Prozesse kostenminimal. Somit ist es möglich, die Menge (M) aller kostenminimalen Basisaktivitäten $(\underline{v}^{m^*})$ und somit auch aller kostenminimaler Prozesse

herzuleiten, wobei die Mengen der Einsatzgüter mit dem Index i $(i = 1, \ldots, n)$ und die minimalen Stückkosten mit $k_{\underline{v}^*}^m$ gekennzeichnet werden (vgl. Kistner 1993b, S. 97 f.):

$$M = \left\{ \underline{v}^{m^*} \middle| k_{\underline{v}^*}^m = -\max_q \sum_{i=1}^n v_i^{q^*} \cdot p_i \right\}$$

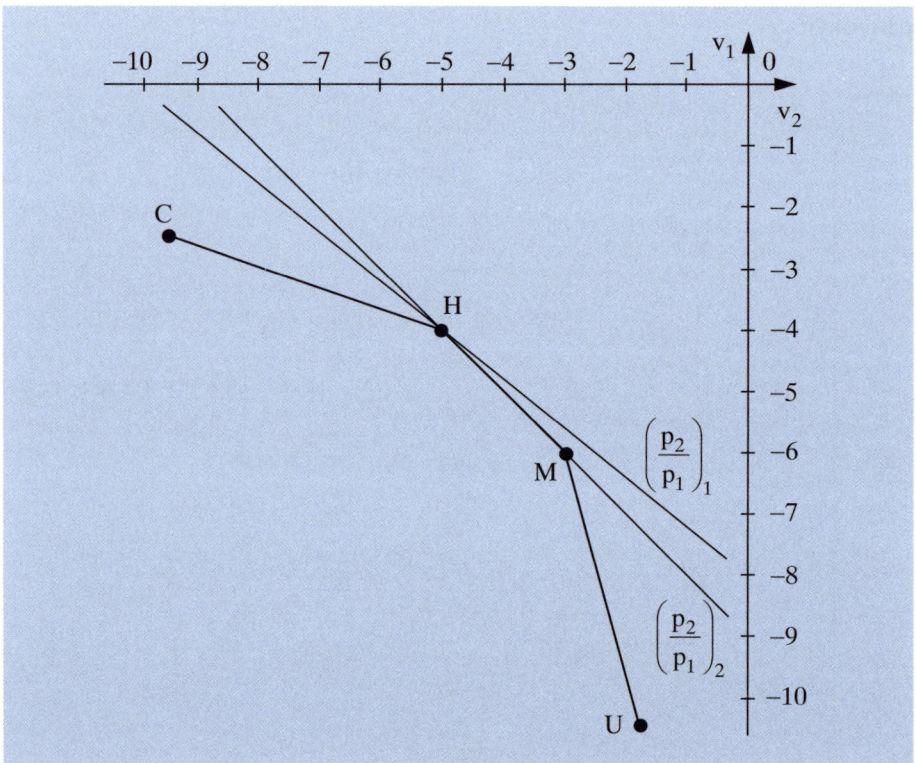

Abb. 1.2-57: Minimalkostenkombination einer linearen Technologie

1.2.2.4 Kostenfunktionen auf der Grundlage ausgewählter Produktionsfunktionen

Grundlage der weiteren Ausführungen soll ein einstufiger Produktionsprozess in einer Einproduktunternehmung sein. Mit dieser Vereinfachung soll eine Beschränkung auf einige grundlegende Problemstellungen vorgenommen werden. Sind diese Voraussetzungen nicht gegeben, dann können die Fälle einer mehrstufigen Produktion und einer Mehrproduktunternehmung, vom Fall der Kuppelproduktion abgesehen, durch Addition der Kosten über alle Produktionsstufen und/oder Produktarten erfasst werden. Im Folgenden sollen die Kostenfunktionen auf der Grundlage des Ertragsgesetzes (Produktionsfunktion vom Typ A) und der Gutenberg-Produktionsfunktion (Produktionsfunktion vom Typ B) hergeleitet werden.

1.2.2.4.1 Kostenfunktionen auf der Basis einer ertragsgesetzlichen Produktionsfunktion

Ausgangspunkt ist die ertragsgesetzliche Produktionsfunktion in der Form einer Produktfunktion:

$$x = f(r_1, r_2, ..., r_n)$$

Unter der Voraussetzung, dass lediglich ein Faktor (r_1) variierbar ist, d. h. eine partielle Faktorvariation vorliegt, ergibt sich der bekannte ertragsgesetzliche Verlauf, der durch die folgende Funktion beschrieben wird:

$$x = f(r_1, \underbrace{r_2, ..., r_n}_{\text{konstant}})$$

Um eine Kostenfunktion der Form $K(x)$ ableiten zu können, ist diese Produktfunktion zunächst in eine Faktorfunktion der folgenden Art zu überführen:

$$r_1 = f(x) \qquad \text{mit } r_2, ..., r_n = \text{konstant}$$

In der grafischen Darstellung (vgl. Abbildung 1.2-58) bedeutet dies eine Spiegelung der ertragsgesetzlichen Produktionsfunktion an der 45°-Achse.

Durch Bewertung der Einsatzmengen mit ihren Preisen ergibt sich dann für den von der Produktionsmenge x abhängigen Teil:

$$r_1(x) \cdot p_1 = K_v(x)$$

und für den von der Produktionsmenge x unabhängigen Teil:

$$r_2^c \cdot p_2 + r_3^c \cdot p_3 + ... + r_n^c \cdot p_n = K_f$$

Als Gesamtkostenfunktion gilt (vgl. Abbildung 1.2-59):

$$K(x) = K_f + K_v(x)$$

Eine Möglichkeit, die Veränderungen der Gesamtkosten zu erfassen, bieten die **Grenzkosten**. Mathematisch sind sie die erste Ableitung der Gesamtkostenfunktion und geben damit ihre Steigung an. Wie in Abbildung 1.2-59 dargestellt, fallen die Grenzkosten bis zum Wendepunkt der Gesamtkostenfunktion, erreichen in diesem Punkt ihr Minimum und steigen dann an.

Die **gesamten Stückkosten** (= Durchschnittskosten)

$$k(x) = \frac{K(x)}{x}$$

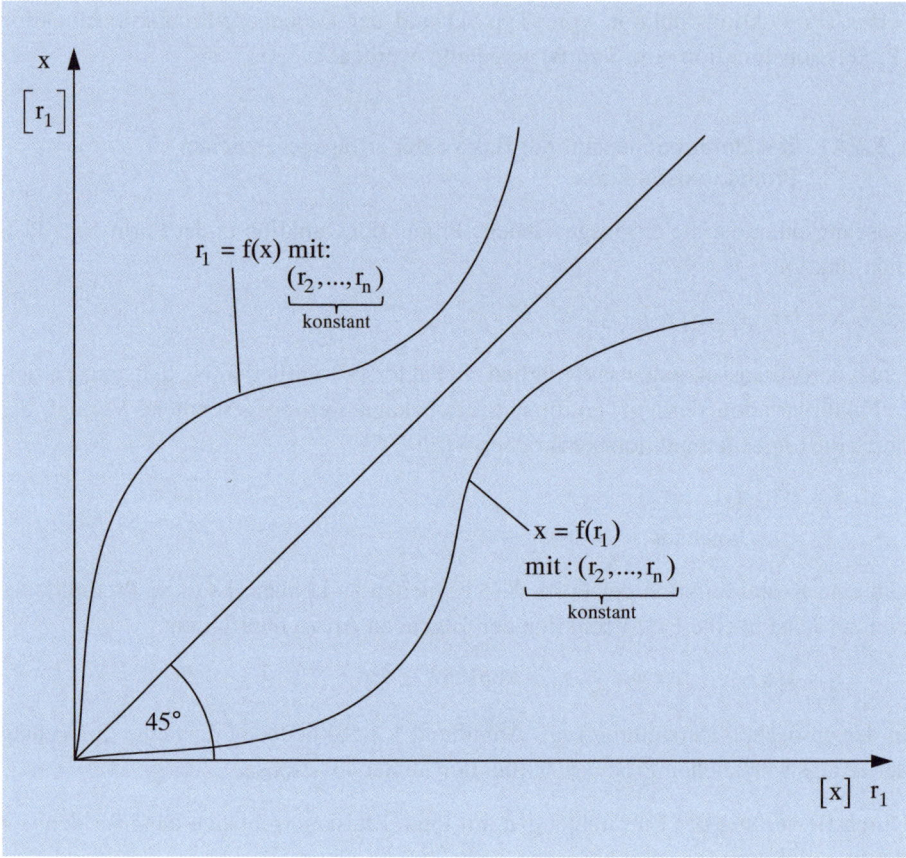

Abb. 1.2-58: Herleitung der Faktorfunktion aus der ertragsgesetzlichen Produktionsfunktion

lassen sich grafisch dadurch ermitteln, dass vom Koordinatenursprung ein Fahrstrahl an die Gesamtkostenfunktion gelegt wird. Der Winkel, den dieser Fahrstrahl mit der Abszisse bildet, wird dabei zunächst immer kleiner und erreicht an der Stelle sein Minimum, an der er zur Tangente wird, d. h., in diesem Punkt stimmen Grenzkosten und gesamte Stückkosten überein. Ab diesem Punkt nimmt dieser Winkel wieder zu, d. h., die gesamten Stückkosten steigen.

In methodisch gleicher Weise lassen sich die variablen Stückkosten

$$k_v(x) = \frac{K_v(x)}{x}$$

ermitteln. Der Fahrstrahl hat in diesem Fall seinen Ausgangspunkt im Punkt A (vgl. Abb. 1.2-59) auf der Ordinate. Auch die variablen Stückkosten nehmen dabei bis zu diesem Punkt ab, an dem der Fahrstrahl zur Tangente wird, um dann wiederum, jedoch auf einem geringeren Niveau als die Durchschnittskosten, anzusteigen.

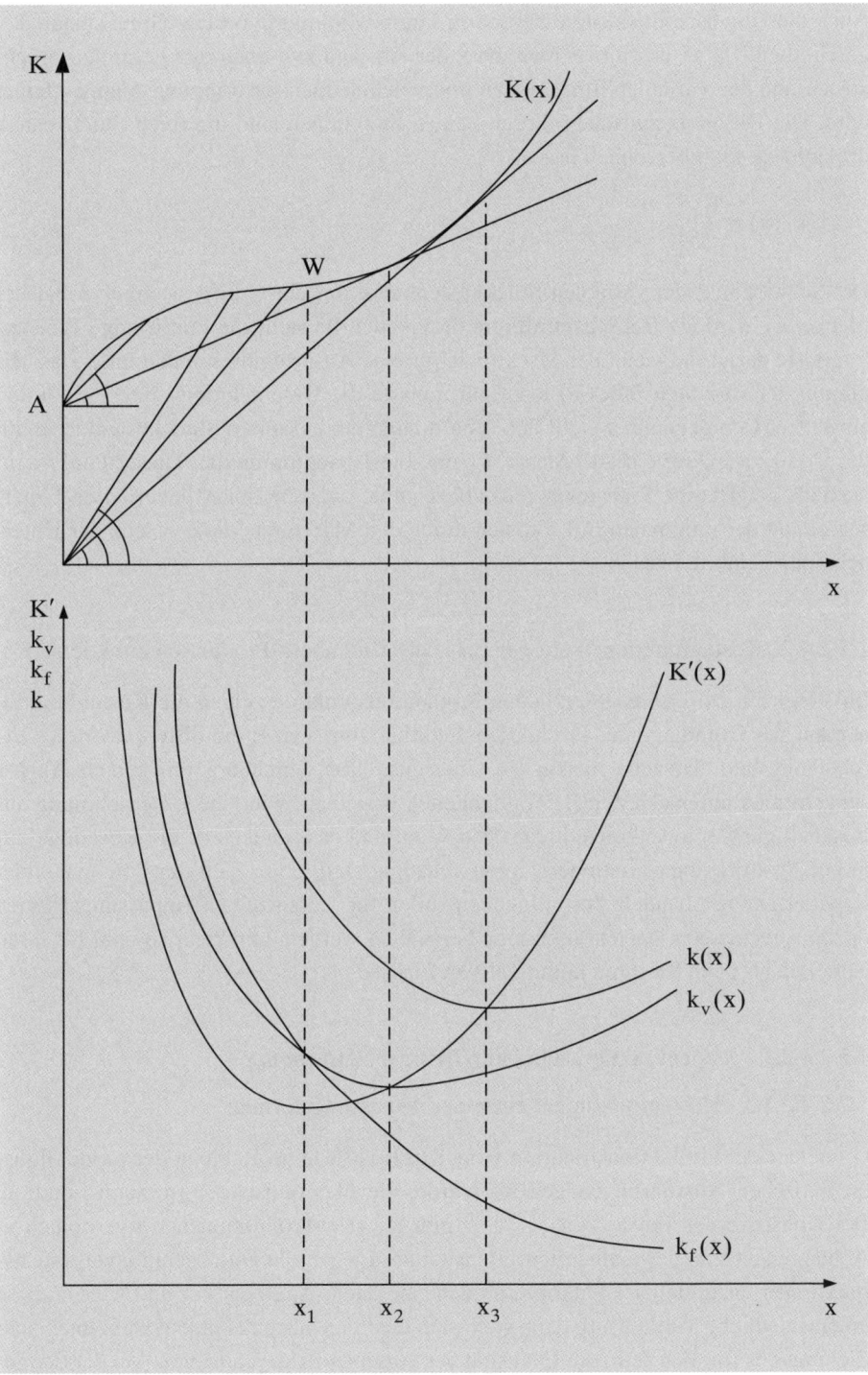

Abb. 1.2-59: Kostenverläufe bei ertragsgesetzlicher Produktionsfunktion

Auch die Durchschnittskosten werden in ihrem Minimum von den Grenzkosten K' geschnitten. Dabei ist zu beachten, dass der Abstand zwischen den gesamten Stückkosten und den variablen Stückkosten mit zunehmender Ausbringungsmenge kleiner wird. Die Differenz zwischen diesen beiden Funktionen sind die fixen Stückkosten, die sich wie folgt berechnen lassen:

$$k_f(x) = \frac{K_f}{x}$$

Der Schnittpunkt der variablen Stückkostenkurve mit der Grenzkostenkurve bei der Menge x_2 wird als **Betriebsminimum** bezeichnet. Es stellt die **kurzfristige Preisuntergrenze** dar, d. h., wenn der Marktpreis für eine Ausbringungseinheit unter das Minimum der variablen Stückkosten sinkt, müsste die Unternehmung ihre Produktion einstellen. Demgegenüber stellt der Schnittpunkt der gesamten Stückkostenkurve mit der Grenzkostenkurve bei der Menge x_3 das **Betriebsoptimum** dar. Dieser Punkt wird auch als **langfristige Preisuntergrenze** bezeichnet, weil bei einer dauerhaften Unterschreitung der minimalen Stückkosten durch den Marktpreis die Existenz der Unternehmung gefährdet ist.

1.2.2.4.2 Kostenfunktionen auf der Basis der Gutenberg-Produktionsfunktion

Im Vergleich zur ertragsgesetzlichen Produktionsfunktion zeigen die Kostenfunktionen auf der Grundlage der Produktionsfunktion vom Typ B ein differenzierteres Erscheinungsbild. Ursache hierfür ist einerseits, dass Gutenberg mit seinen Anpassungsformen unterschiedliche Möglichkeiten bereithält, wie eine Unternehmung auf Beschäftigungsschwankungen reagieren kann, und dass anderseits die Kostenverläufe bei Ausbringungsvariationen davon abhängig sind, ob es sich um Potential- oder Repetierfaktoren handelt. Im Folgenden sollen für die einzelnen Anpassungsformen die entsprechenden Kostenfunktionen hergeleitet werden, und zwar sowohl für ihren isolierten als auch für ihren kombinativen Einsatz.

1.2.2.4.2.1 Kostenfunktionen bei kurzfristiger Betrachtung

1.2.2.4.2.1.1 Kostenfunktionen einzelner Anpassungsformen

Grundlage der Produktionsfunktion vom Typ B ist, wie im Rahmen der produktionstheoretischen Ausführungen gezeigt wurde, die ökonomische Verbrauchsfunktion. Bei Konstanz der Einsatzzeit $(t = t^c)$ gibt sie den Produktionsfaktorverbrauch in Abhängigkeit von der realisierten Intensität an. Liegen die Durchschnittsverbrauchsfunktionen für mittelbare Faktorverbräuche an einem Aggregat vor und weisen diese unterschiedliche Minima auf, dann stellt sich die Frage nach der günstigsten Intensität. Ziel muss es folglich sein, die Intensität des Aggregates zu realisieren, bei der der gesamte Produktionsfaktoreinsatz optimal ist. Um diesen Punkt zu ermitteln, ist es erforderlich, die Produktionskoeffizienten mit den jeweiligen Faktorpreisen zu multiplizieren:

$$k = h_1(\lambda) \cdot p_1 + h_2(\lambda) \cdot p_2 + \ldots + h_n(\lambda) \cdot p_n$$

oder:

$$k = \sum_{i=1}^{n} h_i(\lambda) \cdot p_i$$

Das Minimum dieser Stückkostenfunktion ergibt sich dann aus:

$$\frac{\partial k}{\partial \lambda} = \frac{\partial h_1(\lambda)}{\partial \lambda} \cdot p_1 + \ldots + \frac{\partial h_n(\lambda)}{\partial \lambda} \cdot p_n \overset{!}{=} 0$$

Grafisch lässt sich dann die **kostenminimale Intensität** für zwei u-förmige Kostenfunktionen wie in Abbildung 1.2-60 dargestellt ermitteln.

Die Kostenkurven k_1 und k_2 zeigen, dass das Leistungsoptimum, d. h. das Kostenminimum je Arbeitseinheit, für die Faktorart 1 bei λ_1 und für die Faktorart 2 bei λ_2 liegt. Durch die Addition der mit den Faktorpreisen bewerteten Durchschnittsverbrauchsfunktionen lässt sich dann die optimale Intensität λ_{opt} für beide Faktorarten ermitteln.

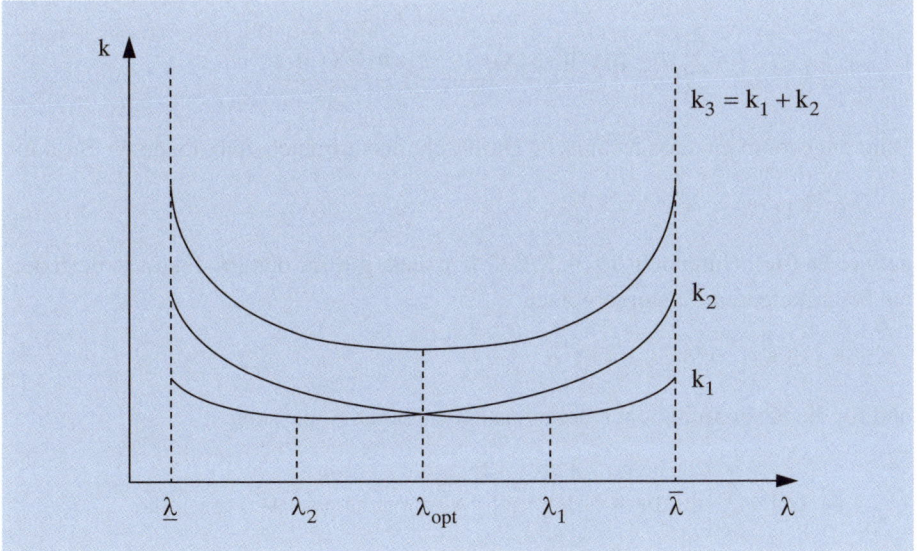

Abb. 1.2-60: Kostenoptimale Intensität bei zwei u-förmigen Kostenfunktionen

In die Gesamtkostenfunktion bei **intensitätsmäßiger Anpassung** $K^I(\lambda)$ eines Aggregates sind neben den Kosten des mittelbaren Faktorverbrauchs auch die Kosten des unmittelbaren Faktorverbrauchs und des als konstant angenommenen Potentialfaktorverbrauchs (z. B. Verschleiß) einzubeziehen:

$$K^I(\lambda) = \sum_{i=1}^{n} \left(\underbrace{h_i \cdot p_i}_{\text{unmittelbar}} + \underbrace{h_i(\lambda) \cdot p_i}_{\text{mittelbar}} \right) \cdot \frac{\lambda \cdot t^c}{\alpha} + K_f$$

Der Parameter α ist dabei der für den Potentialfaktor spezifische Leistungskoeffizient zwischen der technischen und der ökonomischen Leistung.

Durch die Beziehung $\lambda = \alpha \cdot t^{c^{-1}} \cdot x$ ist λ eindeutig durch x bestimmt, so dass für die Gesamtkostenfunktion in Abhängigkeit von der Ausbringungsmenge bei intensitätsmäßiger Anpassung gilt:

$$K^I(x) = \sum_{i=1}^{n} \underbrace{\left(\underbrace{h_i \cdot p_i \cdot x}_{\text{unmittelbar}} + \underbrace{h_i(\lambda(x)) \cdot p_i \cdot x}_{\text{mittelbar}} \right)}_{K_v} + K_f$$

Die Grenzkostenfunktion zeigt, dass auch die Höhe der Grenzkosten vom Outputniveau abhängig ist (vgl. Abbildung 1.2-61):

$$K'^I(x) \quad = \frac{dK^I}{dx}$$

$$= \sum_{i=1}^{n} \left(h_i \cdot p_i + \underbrace{h_i'(\lambda(x)) \cdot p_i \cdot x}_{u' \cdot v} + \underbrace{h_i(\lambda(x)) \cdot p_i}_{u \cdot v'} \right)$$

Wird angenommen, dass technische Durchschnittsverbrauchsfunktionen die Struktur

$$\rho_i(\lambda) = \mu \cdot \lambda^2 + \nu \cdot \lambda + \xi$$

aufweisen (vgl. Gutenberg 1979, S. 332 ff.), dann gilt für den Produktionskoeffizienten bei mittelbarem Faktorverbrauch

$$h_i(\lambda) = (\mu \cdot \lambda^2 + \nu \cdot \lambda + \xi) \cdot \alpha$$

und für die Kostenfunktionen bei intensitätsmäßiger Anpassung:

$$K'^I(x) = \sum_{i=1}^{n} \left(h_i \cdot p_i \cdot x + \left(\mu \cdot \left(\frac{\alpha}{t^c} \right)^2 \cdot x^2 + \nu \frac{\alpha}{t^c} \cdot x + \xi \right) \cdot \alpha \cdot p_i \cdot x \right) + K_f$$

$$K'^I(x) = \sum_{i=1}^{n} \left(h_i \cdot p_i + \left(3 \cdot \mu \cdot \left(\frac{\alpha}{t^c} \right)^2 \cdot x^2 + 2 \cdot \nu \cdot \frac{\alpha}{t^c} \cdot x + \xi \right) \cdot \alpha \cdot p_i \right)$$

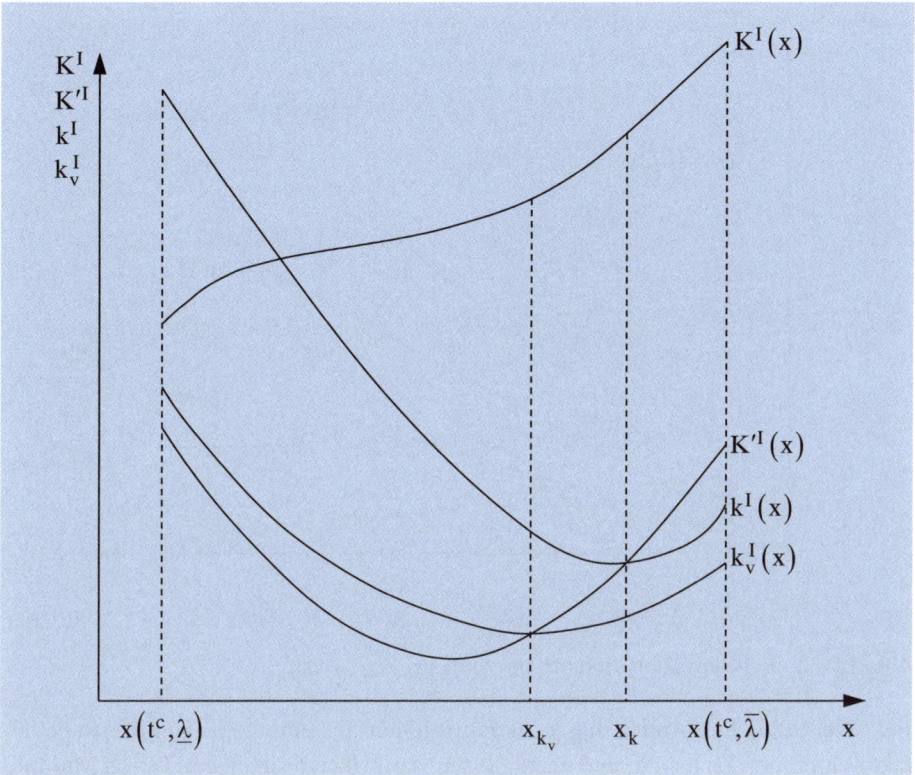

Abb. 1.2-61: Kostenfunktionen bei intensitätsmäßiger Anpassung

$$k_v^I = \sum_{i=1}^{n}\left(h_i \cdot p_i + \left(\mu \cdot \left(\frac{\alpha}{t^c}\right)^2 \cdot x^2 + \nu \cdot \frac{\alpha}{t^c} \cdot x + \xi\right) \cdot \alpha \cdot p_i\right)$$

$$k^I = k_v^I + \frac{K_f}{x}$$

Wird die Intensität eines Potentialfaktors hingegen in einem Zeitintervall konstant gehalten $(\lambda = \lambda^c)$, dann lassen sich unterschiedliche Produktionsmengen durch eine Veränderung des zeitlichen Einsatzes des Potentialfaktors realisieren, d. h., es wird von der Voraussetzung ausgegangen, dass die Betriebszeit t innerhalb bestimmter Grenzen variierbar ist. Für den Repetierfaktorverbrauch gilt dann:

$$r_i(t) = h_i(\lambda^c) \cdot \lambda^c \cdot t \cdot \alpha^{-1}$$

Grafisch ergibt sich dann eine Gerade, die ihren Ausgangspunkt im Koordinatenursprung hat und deren Steigung (r_i/t) durch das jeweils gewählte λ^c bestimmt wird. Abbildung 1.2-62 gibt diesen Sachverhalt wieder.

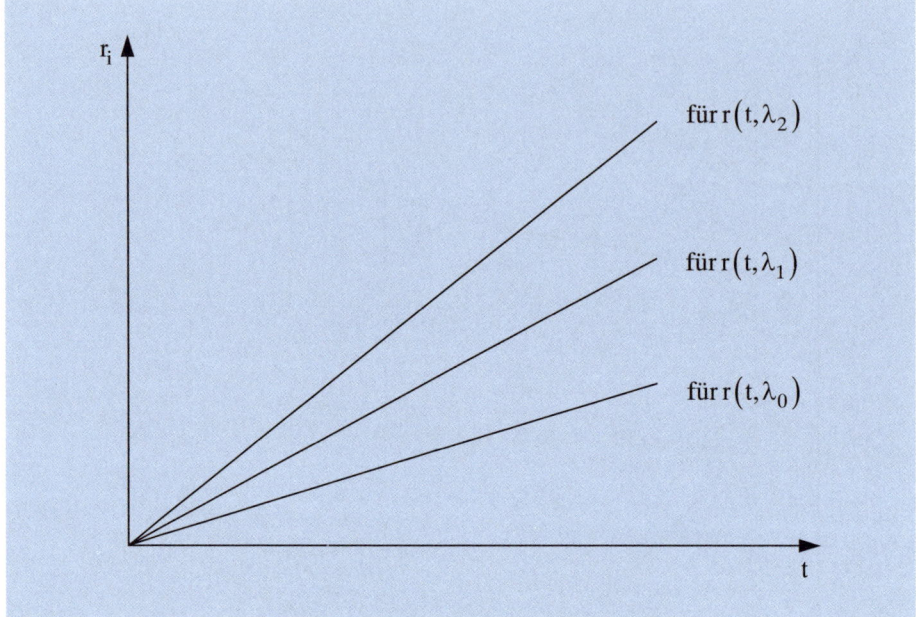

Abb. 1.2-62: Repetierfaktorverbrauch bei zeitlicher Anpassung

Bei einer **zeitlichen Anpassung** variieren folglich die Einsatzmengen der Repetierfaktoren proportional zu t und ebenfalls zur Ausbringungsmenge x. Durch Multiplikation des Faktorverbrauchs mit dem als konstant unterstellten Faktorpreis ergibt
sich dann für die variablen Kosten der Kostenart i die Kostenfunktion:

$$K_{vi}(t) = r_i(t) \cdot p_i$$

Die Gesamtkostenfunktion $K^Z(t)$ bei zeitlicher Anpassung eines Aggregates ergibt
sich durch Addition der Kosten aller Repetierfaktorarten und unter Beachtung der als
konstant angenommenen Potentialfaktorkosten, d. h. der fixen Kosten K_f :

$$K^Z(t) = \sum_{i=1}^{n} K_{vi}(t) + K_f$$

Da bei einer zeitlichen Anpassung die Intensität eines Aggregates konstant ist, gilt
für t:

$$t = x \cdot \lambda^{c^{-1}} \cdot \alpha$$

Damit ist t auch eindeutig durch x bestimmt. Folglich lässt sich die Gesamtkostenfunktion bei zeitlicher Anpassung $K^Z(x)$ auch in Abhängigkeit von der Ausbringungsmenge x darstellen (vgl. Abbildung 1.2-63):

$$K^Z(x) = \sum_{i=1}^{n} \left(\underbrace{h_i \cdot p_i \cdot x}_{\text{unmittelbar}} + \underbrace{h_i(\lambda^c) \cdot p_i \cdot x}_{\text{mittelbar}} \right) + K_f$$

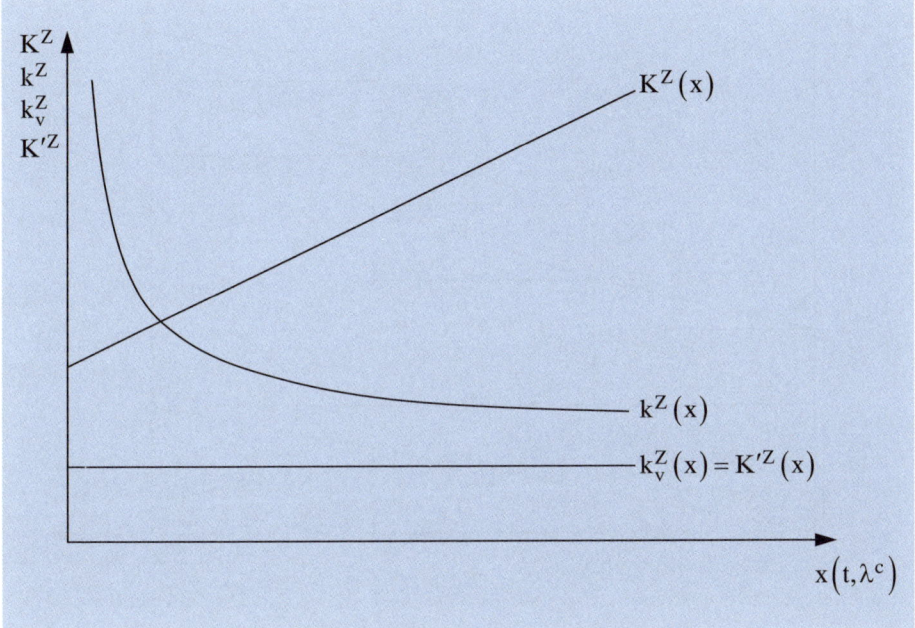

Abb. 1.2-63:   Kostenfunktionen bei zeitlicher Anpassung

Die hieraus abgeleitete Grenzkostenfunktion bei zeitlicher Anpassung entspricht dabei den variablen Stückkosten und ist für alle Ausbringungsmengen konstant:

$$K'^Z(x) = \frac{dK^Z(x)}{dx} = \sum_{i=1}^{n}(h_i \cdot p_i + h_i(\lambda^c) \cdot p_i) = \sum_{i=1}^{n} k_{vi}$$

Aufgrund der Konstanz von $h_i(\lambda^c)$ können die Stückkosten für mittelbaren und unmittelbaren Faktorverbrauch zusammengefasst werden.

Als dritte Maßnahme ist die **quantitative Anpassung** zu nennen, bei der unter Konstanz der Produktionszeit und der Intensität zusätzliche Produktionsaggregate mit den entsprechenden Arbeitskräften im Produktionsprozess eingesetzt oder auch stillgelegt werden. Dabei sind die beiden folgenden Erscheinungsformen zu unterscheiden:

- **Multiple Anpassung**, d. h., es gelangen Betriebsmittel zum Einsatz, die technisch gleich sind (z. B. mehrere Webstühle, Drehbänke);

- **Selektive Anpassung**, d. h., die Betriebsmittel weisen eine unterschiedliche Wirtschaftlichkeit auf, die im Rahmen von Anpassungsproblemen mit einem entsprechenden Auswahlprozess verbunden ist.

In Abbildung 1.2-64 ist zunächst der Kostenverlauf für gleiche technische Aggregate dargestellt.

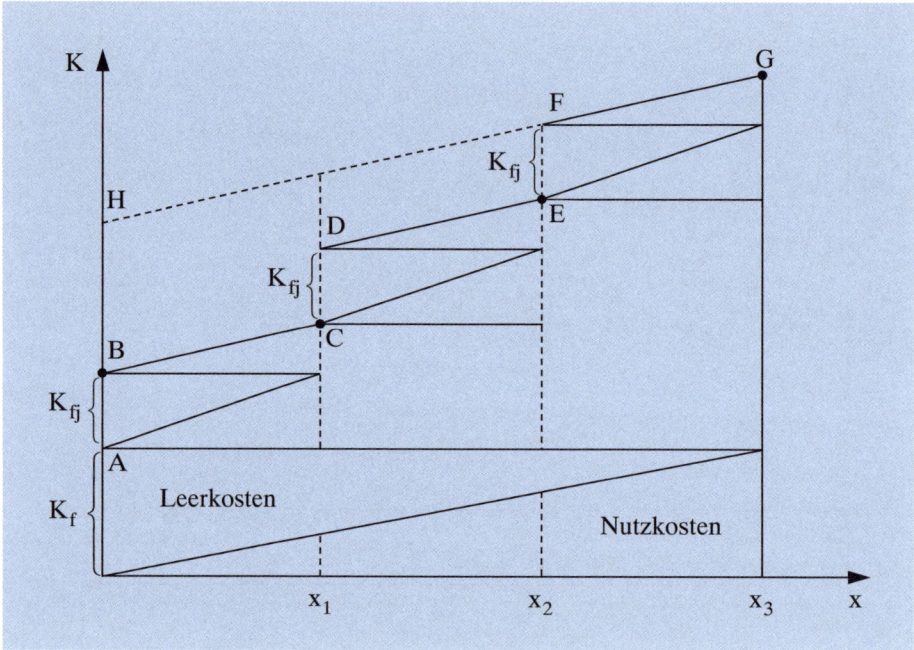

Abb. 1.2-64: Kostenfunktion bei multipler quantitativer Anpassung

Dabei sind K_f die fixen Bereitschaftskosten der gesamten Unternehmung. Durch den Einsatz eines einzelnen Aggregates entstehen intervallfixe Kosten K_{fj} und in Abhängigkeit von x variable Kosten. Da Einsatzzeit t_j und Intensität λ_j konstant sind, ist die auf jedem Aggregat produzierte Menge x_j festgelegt (x_1, x_2, x_3), so dass sich für konkrete t_j-λ_j-Kombinationen Kostenpunkte (C,E,G) ergeben. Sowohl bei den fixen Bereitschaftskosten als auch bei den intervallfixen Kosten wird weiterhin zwischen Nutz- K_{Nutz} und Leerkosten K_{Leer} unterschieden. Während mit den Leerkosten derjenige Teil der fixen Kosten erfasst wird, der im Rahmen der Produktion nicht genutzt wird, stellen die Nutzkosten den Teil der fixen Kosten dar, der in der Produktion genutzt wird. Wird die maximale Ausbringungsmenge mit $\overline{x}$ und die realisierte mit x_{real} bezeichnet, dann lassen sich die Leerkosten wie folgt berechnen:

$$K_{Leer}(x) = (\overline{x} - x_{real}) \cdot \frac{K_f}{\overline{x}}$$

Entsprechend ergibt sich für die Nutzkosten:

$$K_{Nutz}(x) = \frac{K_f}{\overline{x}} \cdot x_{real}$$

Aufgrund der intervallfixen Kosten ergibt sich als Stückkostenfunktion keine über den gesamten Kapazitätsbereich stetige Funktion, sondern sie weist an den Stellen x_1 und x_2 entsprechende Sprungstellen sowie für konkrete t_j-λ_j-Kombinationen Kostenpunkte auf, wie dies in Abbildung 1.2-65 dargestellt ist.

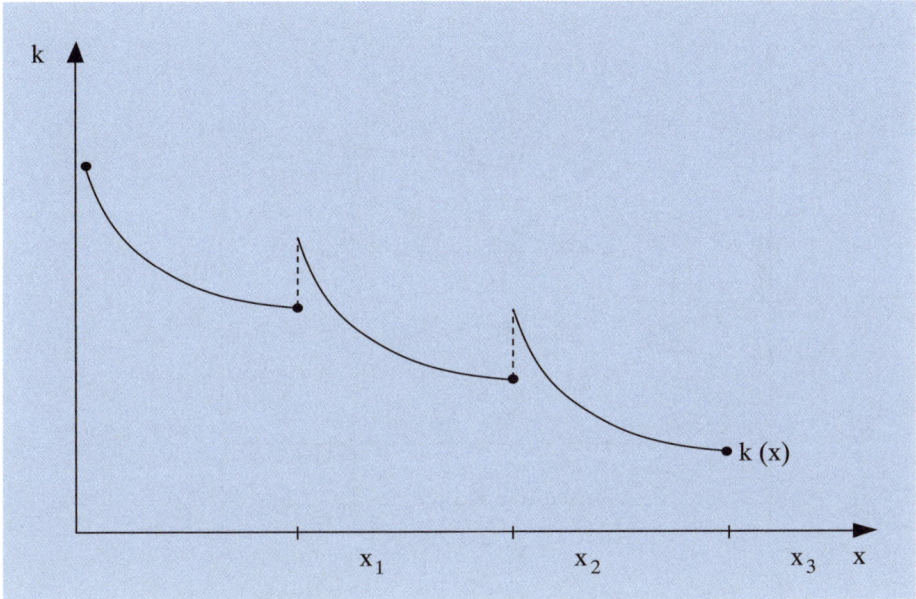

Abb. 1.2-65: Stückkostenfunktion bei multipler quantitativer Anpassung

Für den Fall dreier ungleicher Aggregate, die sich in den fixen und variablen Kosten unterscheiden, ergibt sich die folgende Kostenfunktion:

$$K^Q(x) = \begin{cases} k_{v1} \cdot x_1 + K_{f1} & \text{für } x = x_1 \\ k_{v1} \cdot x_1 + k_{v2} \cdot x_2 + K_{f1} + K_{f2} & \text{für } x = x_1 + x_2 \\ k_{v1} \cdot x_1 + k_{v2} \cdot (x_2 - x_1) + k_{v3} \cdot (x - x_2) + K_{f1} + K_{f2} + K_{f3} & \text{für } x = x_1 + x_2 + x_3 \end{cases}$$

$$\text{mit: } x_j = \frac{\lambda_j \cdot t_j}{\alpha}$$

Die bei einer **selektiven Anpassung** eintretenden kostenmäßigen Veränderungen sind in Abbildung 1.2-66 erfasst.

$\overline{\text{ABCEFG}}$ stellt den Kostenverlauf bei selektiver Anpassung dar; bei umgekehrter Reihenfolge wird der Kostenverlauf durch $\overline{\text{GHKLMN}}$ beschrieben. Verharren die Kosten bei einem Beschäftigungsrückgang auf einem höheren Niveau, als dies aufgrund der Kostenfunktion zu erwarten gewesen wäre, dann liegt **Kostenremanenz** vor (vgl. Reiß/Corsten 1992, S. 1483). Werden hingegen Kapazitäten aufgebaut (z. B. vorsorgliche Einstellung von Fachkräften), bevor sie effektiv (durch einen erwarteten, aber noch nicht erteilten Auftrag) genutzt werden können, dann wird dieses Phänomen als Kostenpräkurrenz bezeichnet. In Abbildung 1.2-64 werden diese remanenten Kosten durch das Polyeder $\overline{BCDEFH}$ und in Abbildung 1.2-66 durch die Polyeder $\overline{ABCEFOP}$ und $\overline{NMLKHP}$ wiedergegeben.

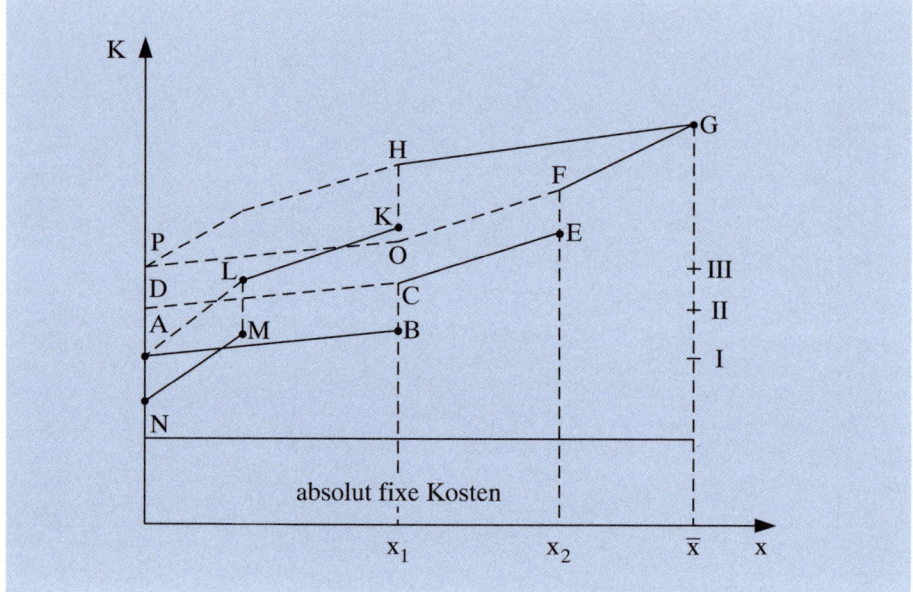

Abb. 1.2-66: Kostenfunktion bei selektiver quantitativer Anpassung

1.2.2.4.2.1.2   Kostenfunktionen kombinierter Anpassungsformen

Nachdem die einzelnen Anpassungsformen auf der Grundlage der produktionstheoretischen Überlegungen Gutenbergs skizziert wurden, sollen im Folgenden ausgewählte Kombinationen dieser Anpassungsformen analysiert werden. Die aus der Analyse abzuleitenden Handlungsempfehlungen basieren dabei auf den in der jeweiligen Situation entscheidungsrelevanten Kosten, wobei für die nachfolgend beschriebenen kombinierten Anpassungsformen lediglich die Kosten des mittelbaren Faktorverbrauchs entscheidungsrelevant sind. Während die Kosten des unmittelbaren Faktorverbrauchs nicht berücksichtigt werden müssen, weil sie sich proportional zu den Ausbringungsmengen verhalten, sind die fixen Kosten nicht entscheidungsrelevant, da eine kurzfristige Betrachtungsweise zugrunde liegt.

Bildet ein einzelnes Aggregat den Ausgangspunkt, dann ist eine Kombination der Produktionszeit t und der Intensität λ möglich, d. h., beide Parameter lassen sich auch gleichzeitig unabhängig voneinander variieren (zu dieser kombinierten Anpassungsform vgl. Pack 1966, S. 474 ff.). Als Funktion der entscheidungsrelevanten Kosten ergibt sich dann:

$$K(t, \lambda) = h_i(\lambda) \cdot \frac{\lambda \cdot t}{\alpha} \cdot p_i$$

Um diesen Sachverhalt grafisch zu erfassen, ist ein dreidimensionales Koordinaten-system erforderlich, wie dies in Abbildung 1.2-67 dargestellt wird.

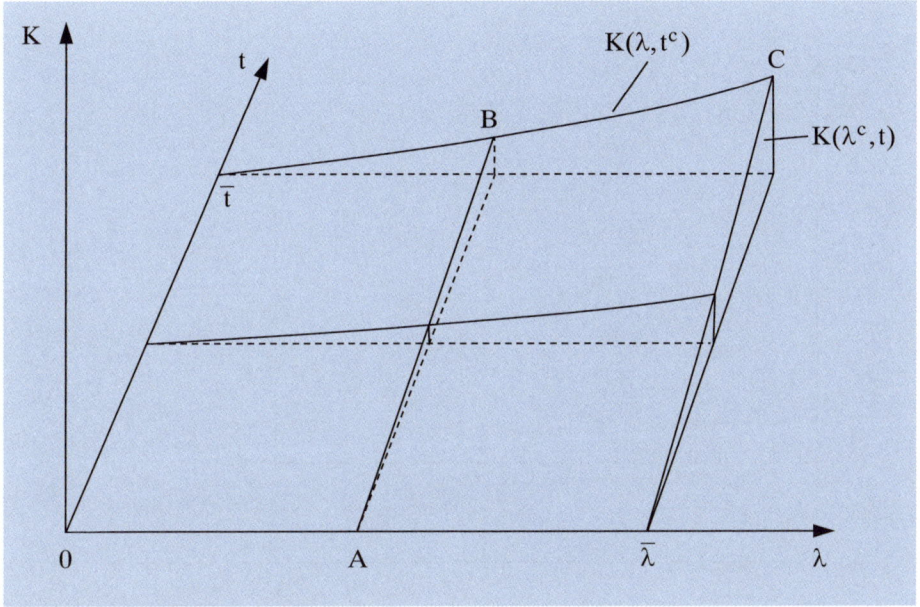

Abb. 1.2-67: Gebirge der entscheidungsrelevanten Kosten bei zeitlicher und intensitäts-mäßiger Anpassung

Abbildung 1.2-67 gibt damit das Kostengebirge wieder, das durch eine unabhängige Variation der Parameter t und λ entsteht. Durch senkrechte Schnitte, die parallel zu den Achsen durchzuführen sind, ergeben sich dann die jeweiligen Kostenfunktionen bei zeitlicher Anpassung $K^Z(t)$ und bei intensitätsmäßiger Anpassung $K^I(\lambda)$.

Wird ein Aggregat sowohl zeitlich als auch intensitätsmäßig innerhalb der Grenzen $\underline{\lambda} \leq \lambda \leq \overline{\lambda}$ und $0 \leq t \leq \overline{t}$ angepasst und bei optimaler Intensität des Aggregates die verfügbare Produktionszeit vollständig ausgenutzt $(t = \overline{t})$, dann gilt für die Produktionsmenge x*:

$$x^* = \frac{\lambda_{opt} \cdot \overline{t}}{\alpha}$$

Eine Erhöhung der Produktionsmenge auf $x > x^*$ ist dann nur mit Hilfe einer Erhöhung der Intensität möglich (vgl. Abb. 1.2-68). Demgegenüber kann die Reduzierung der Produktionsmenge auf $x < x^*$ durch

- eine Verkürzung der Produktionszeit und
- eine Intensitätsreduzierung

erfolgen, so dass sich ein Wahlproblem ergibt. Bei Reduzierung der Intensität wird das Aggregat nicht mehr mit der optimalen Intensität gefahren, mit der Konsequenz höherer variabler Stückkosten.

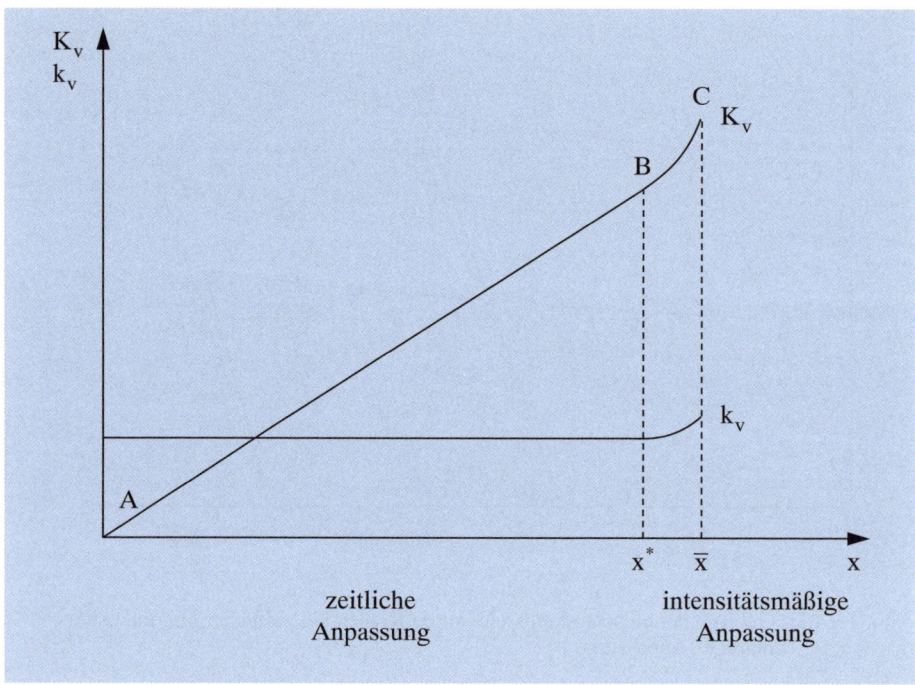

Abb. 1.2-68: Kostenverläufe für die kombinierte zeitliche und intensitätsmäßige Anpassung

Demgegenüber hat eine Verkürzung der Produktionszeit keine Auswirkungen auf die variablen Stückkosten. Dies bedeutet, dass eine Reduzierung der Ausbringungsmenge auf $x < x^*$ mit Hilfe der zeitlichen Anpassung vorzunehmen ist. Somit gilt:

- bei Outputmengen mit $x < x^*$ ist zeitlich und
- bei Outputmengen mit $x > x^*$ ist intensitätsmäßig

anzupassen (vgl. Abb. 1.2-68).

Werden mehrere Aggregate in die Betrachtung einbezogen, dann ist zusätzlich eine quantitative Anpassung möglich. Als Kombinationsalternativen ergeben sich dann die kombinierte zeitliche und quantitative Anpassung, die kombinierte intensitätsmäßige und quantitative Anpassung und die kombinierte zeitliche, intensitätsmäßige und quantitative Anpassung.

Bei der kombinierten **zeitlichen und quantitativen Anpassung** (vgl. Pack 1966, S. 471 ff.) wird von der Konstanz der Intensitäten λ_j^c ausgegangen. Für jedes Aggregat sind somit die maximale Ausbringungsmenge $\bar{x}_j$ und die variablen Stückkosten, die in diesem Fall den Grenzkosten entsprechen, fixiert. Liegen für die einzelnen Aggregate unterschiedliche Grenzkostenniveaus vor, dann wird der Aggregateeinsatz bei steigendem Output in der Reihenfolge steigender Grenzkosten vollzogen, wobei die Hinzunahme eines weiteren Aggregates immer dann erfolgt, wenn die maximale Ausbringungsmenge der bereits eingesetzten Aggregate überschritten wird (vgl. Abb. 1.2-69).

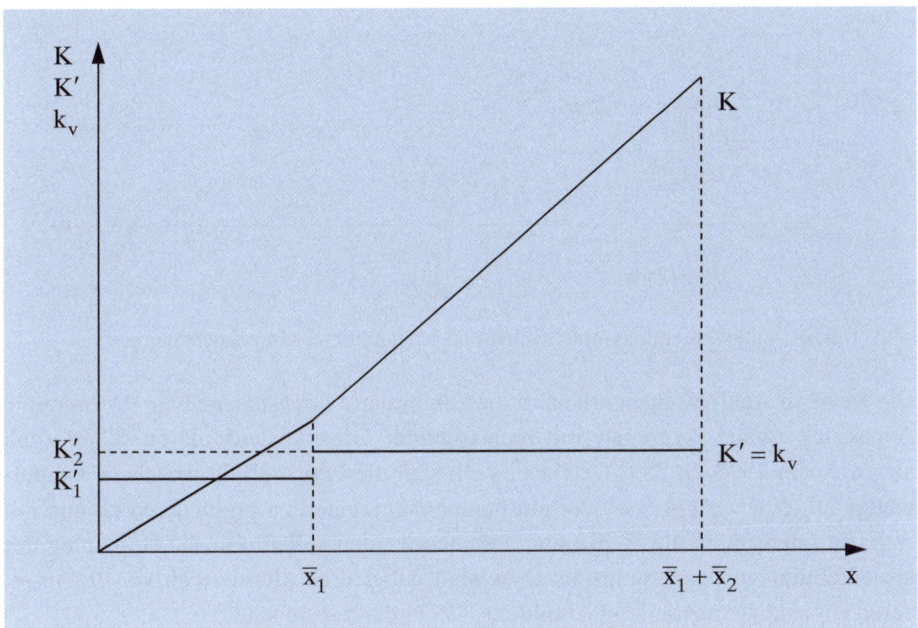

Abb. 1.2-69: Kostenverläufe bei kombinierter zeitlicher und quantitativer Anpassung

Sind wie in Abbildung 1.2-69 zwei Aggregate gegeben und die Grenzkosten des ersten Aggregates geringer, als die des zweiten ($K_1' < K_2'$), dann ist für alle Outputmengen im Bereich $0 < x_1 \leq \bar{x}_1$ nur das Aggregat 1 einzusetzen. Eine weitere Erhöhung der Ausbringungsmenge ist durch Hinzuziehen des Aggregates 2 bis zu dessen Maximum $\bar{x} = \bar{x}_1 + \bar{x}_2$ möglich.

Bei der **kombinierten intensitätsmäßigen und quantitativen (multiplen) Anpassung** ist der Anpassungsprozess in Abhängigkeit vom Verlauf der Grenzkostenfunktion zu untersuchen, wobei, wie in Abbildung 1.2-70 ersichtlich, zwischen rechtsschiefem, symmetrischem und linksschiefem Grenzkostenverlauf zu unterscheiden ist (vgl. Pack 1966, S. 468 ff.).

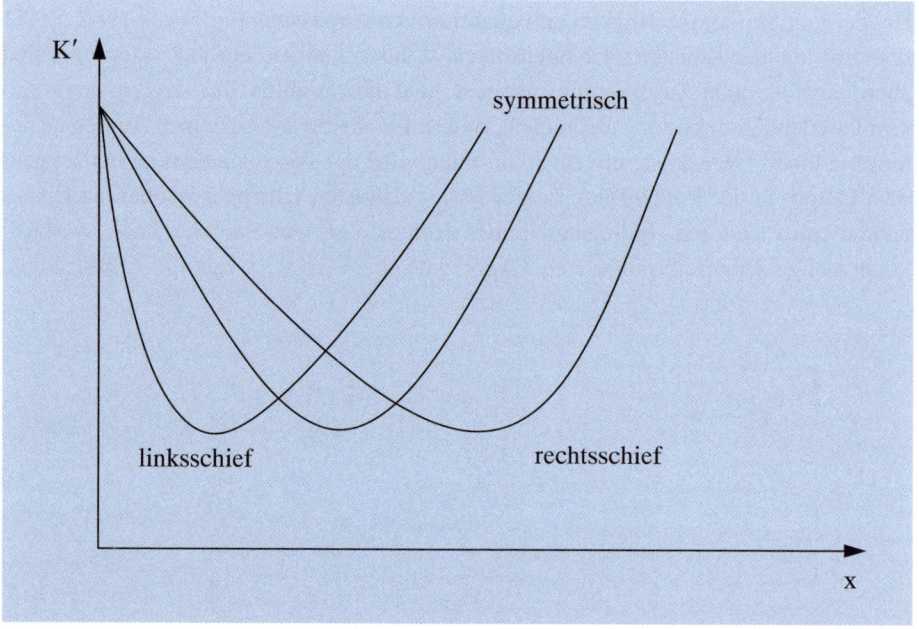

Abb. 1.2-70: Linksschiefer, symmetrischer und rechtsschiefer Grenzkostenverlauf

Die weiteren Ausführungen erläutern die kombinierte intensitätsmäßige und multiple Anpassung zweier Aggregate mit **rechtsschiefer Grenzkostenfunktion** $K'(x)$ (vgl. hierzu Adam 1998, S. 259 ff.). Dabei stellt sich die Frage, ob die gegebene Outputmenge mit einem Aggregat oder mit beiden Aggregaten zu produzieren ist und mit welchen Intensitäten die Aggregate betrieben werden sollen. Für die Herleitung des kostenminimalen Anpassungsprozesses sind dabei drei Alternativen von Interesse, deren Grenzkostenverläufe in Abbildung 1.2-71 dargestellt sind:

1. Produktion mit einem Aggregat:

$$K_1' = \left\{ (x, K') \,\middle|\, x = x^I + x^{II} \wedge x^I \neq x^{II} \wedge x^I, x^{II} \geq 0 \wedge x^I \cdot x^{II} = 0 \wedge K' = K'(x) \right\}$$

$$K_1' = K'(x)$$

2. Produktion mit beiden Aggregaten bei gleicher Intensität:

$$K_2' = \left\{ (x, K') \,\middle|\, x = x^I + x^{II} \wedge x^I = x^{II} \wedge x^I, x^{II} \geq 0 \wedge K' = K'\!\left(\frac{x}{2}\right) \right\}$$

$$K_2' = K'\!\left(\frac{x}{2}\right)$$

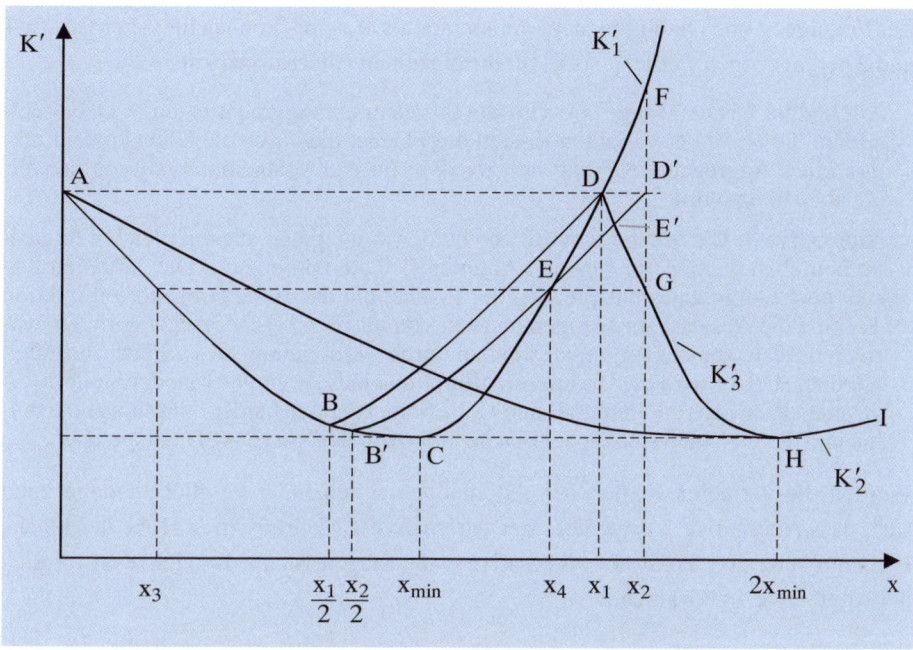

Abb. 1.2-71: Kombinierte intensitätsmäßige und quantitative (multiple) Anpassung zweier
Aggregate mit rechtsschiefer Grenzkostenfunktion

3. Produktion mit beiden Aggregaten bei ungleicher Intensität: Für diese Alternative
   gilt zusätzlich die Gleichheit der Grenzkosten beider Aggregate als notwendige
   Bedingung für den kostenminimalen Einsatz (vgl. Adam 1998, S. 422):

$$K_3' = \left\{ (x, K') \, \middle| \, x = x^I + x^{II} \wedge x^I \neq x^{II} \wedge x^I, x^{II} > 0 \wedge K' = K'\!\left(x^I\right) = K'\!\left(x^{II}\right) \right\}$$

Folglich ist sie nur für das Intervall $x_1 \leq x \leq 2 \cdot x_{min}$ definiert.

Aus den Berührungspunkten der alternativen Grenzkostenfunktionen lassen sich drei
markante Mengenintervalle (Bereiche) ableiten:

- Bereich 1 ist durch das Intervall $0 \leq x < x_1$ definiert. x_1 ist dabei diejenige Outputmenge, bei der die Grenzkosten K' eines Aggregates denselben Wert wie bei
  $x = 0$ aufweisen.

- Bereich 2 wird durch das Intervall $x_1 \leq x < 2 \cdot x_{min}$ abgegrenzt. x_{min} ist die Ausbringungsmenge, mit der für ein Aggregat minimale Grenzkosten realisiert wer-
  den (K_1'). $2 \cdot x_{min}$ ist dann die Ausbringungsmenge, bei der für zwei grenzko-
  stengleiche Aggregate, die mit gleichen Intensitäten gefahren werden, das Grenz-
  kostenminimum erreicht wird (K_2'). In diesem Bereich ist das Wahlproblem
  durch alle drei Alternativen gekennzeichnet.

- Bereich 3 ist durch das Intervall $x \geq 2 \cdot x_{min}$ definiert. Da Alternative 3 nicht realisierbar ist, stehen nur die ersten beiden Alternativen zur Wahl.

Zur Erzeugung von Outputmengen, die kleiner als x_1 sind, können die Alternativen 1 und 2 herangezogen werden, wobei für die einzelnen Alternativen gilt:

- **Alternative 1**: Die Menge x_1 wird durch genau ein Aggregat erzeugt. Dabei entspricht die Höhe der variablen Kosten der Fläche, die durch die Grenzkostenfunktion eines Aggregates K_1' und die Abszisse für das Mengenintervall von null bis x_1 abgegrenzt wird.

- **Alternative 2**: Die Menge x_1 wird von beiden Aggregaten, die mit gleicher Intensität betrieben werden, zu gleichen Anteilen (jeweils) produziert. Die variablen Kosten eines Aggregates entsprechen der Fläche, die durch die Grenzkostenfunktion K_1' und die Abszisse im Mengenintervall von null bis $x_1/2$ begrenzt wird. Die variablen Kosten beider Aggregate können durch Verdopplung dieser Fläche ermittelt werden. Hierfür wird die Grenzkostenfunktion eines Aggregates an der Stelle $x_1/2$ gespiegelt, so dass die Punkte B und D die Schnittpunkte beider Funktionen darstellen und die variablen Kosten der Fläche unterhalb der Kurve $\overline{ABD}$ entsprechen.

Werden die variablen Kosten der Alternativen miteinander verglichen, dann zeigt sich, dass Alternative 2 gegenüber der Alternative 1 Mehrkosten in Höhe der Fläche BCD aufweist und damit der Alternative 1 unterlegen ist. Im Bereich 1 ist folglich die Alternative 1 zu wählen.

Bei Erhöhung der Outputmenge auf z. B. x_2 (Bereich 2) ist zwischen allen drei Alternativen zu wählen. Dabei gilt:

- **Alternative 1**: Ein Aggregat erzeugt die gesamte Ausbringungsmenge, so dass die variablen Kosten der Fläche unterhalb der Kurve $\overline{ACF}$ entsprechen.

- **Alternative 2**: Beide Aggregate erzeugen die Menge $x_2/2$. Die variablen Kosten der einzelnen Aggregate sind zu addieren und lassen sich durch Spiegelung der Grenzkostenfunktion im Punkt $x_2/2$ visualisieren. Sie entsprechen der Fläche unter der Kurve $\overline{AB'D'}$.

- **Alternative 3**: Die Ausbringungsmenge wird auf beide Aggregate verteilt, wobei die Grenzkostenkurve $\overline{DH}$ (K_3') die Summe der jeweils produzierten Mengen angibt, so dass ein Output in Höhe von x_2 dann entsteht, wenn die Menge x_3 auf Aggregat 1 und die Menge x_4 auf Aggregat 2 erzeugt wird. Die variablen Kosten dieser Alternative werden dann durch die Fläche unterhalb der Kurve $\overline{ACDG}$ beschrieben.

Ein Vergleich der Differenzflächen zwischen den einzelnen Alternativen zur Erzeugung von x_2 ergibt variable Mehrkosten

- der Alternative 1 gegenüber Alternative 3 in Höhe von $\overline{DGF}$ und

- der Alternative 2 gegenüber Alternative 3 in Höhe von $\overline{B'CE} + \overline{E'D'G} - \overline{EDE'}$,

so dass Alternative 3 die kostengünstigste ist. Da sich dieses Ergebnis für alle Outputmengen im Bereich 2 nachweisen lässt, ist für diesen Bereich die Alternative 3 zu wählen.

Für den Bereich 3 ist Alternative 2 zu wählen, da einerseits die Grenzkosten der Alternative 1 die der Alternative 2 um ein Vielfaches übersteigen und anderseits die Alternative 3 in diesem Bereich nicht realisierbar ist. Bei kombinierter intensitätsmäßiger und multipler Anpassung zweier Aggregate mit rechtsschiefer Grenzkostenfunktion gilt somit der Grenzkostenverlauf $\overline{ACDHI}$.

Für die kombinierte intensitätsmäßige und multiple Anpassung zweier Aggregate mit **symmetrischer Grenzkostenfunktion** ist die Alternative 3 nicht relevant, weil die Grenzkostenkurve $\overline{DH}$ senkrecht verläuft. Die Ermittlung des gesamten Grenzkostenverlaufs bei optimaler Anpassung erfolgt ähnlich der Vorgehensweise bei rechtsschiefer Grenzkostenfunktion, wobei die Betrachtungen auf die Bereiche $0 \leq x < 2 \cdot x_{min}$ und $x \geq 2 \cdot x_{min}$ gerichtet werden. Während im ersten Bereich die Alternative 1 zu wählen ist, ergibt sich für den zweiten Bereich mit Alternative 2 ein Kostenvorteil (vgl. Adam 1998, S. 266 ff.).

Ähnliches gilt auch für die kombinierte intensitätsmäßige und multiple Anpassung zweier Aggregate mit **linksschiefer Grenzkostenfunktion**. Während für alle Ausbringungsmengen x (mit $x \leq 2 \cdot x_{min}$) die Alternative 1 optimal ist, wird im Ausbringungsmengenbereich $2 \cdot x_{min} < x$ zunächst aufgrund einer Gesamtkostenbetrachtung die sogenannte kritische Ausbringungsmenge x_{krit} ermittelt, bei deren Überschreitung die Alternative 2 mit den geringsten Kosten verbunden ist, d. h., im Outputintervall $x \leq x_{krit}$ ist Alternative 1 und für darüber hinausgehende Ausbringungsmengen Alternative 2 zu wählen. Die dritte Alternative ist nicht relevant.

Bei einer kombinierten **zeitlichen, intensitätsmäßigen und quantitativen Anpassung** ist die gleichzeitige Variation aller Parameter in den Bereichen $0 \leq t_j \leq \bar{t}_j$, $\underline{\lambda}_j \leq \lambda_j \leq \bar{\lambda}_j$ und $1 \leq j \leq m$ möglich. Im Folgenden soll für den Fall zweier Aggregate untersucht werden, welcher der drei Parameter zur Erzeugung unterschiedlicher Outputmengen zu variieren ist, um die optimale, d. h. kostengünstigste, Anpassung zu erreichen. Die Grenzkostenverläufe beider Aggregate sind in Abbildung 1.2-72 dargestellt. Dabei gilt die Kurve $\overline{ACE}$ für das erste und die Kurve $\overline{BFG}$ für das zweite Aggregat.

Während für das erste Aggregat eine rein zeitliche Anpassung bei optimaler Intensität bis zur Ausbringungsmenge x_1 (mit $x_1 = x(\lambda_{1opt}, \bar{t}_1)$) erfolgen kann, ist mit dem zweiten Aggregat bei zeitlicher Anpassung die Menge x_3 (mit $x_3 = x(\lambda_{2opt}, \bar{t}_2)$ erstellbar. Beide Grenzkostenverläufe sind bis zum Erreichen der jeweils angegebenen Mengen konstant, wobei Aggregat 2 das höhere Grenzkostenniveau aufweist. Für Ausbringungsmengen im Bereich $0 \leq x \leq x_1$ ist folglich die zeitliche Anpassung des Aggregates 1 zu wählen (vgl. die Aussagen zur zeitlichen und quantitativen Anpassung).

Bei einem Output von x_2 weisen zwar beide Aggregate gleiche Grenzkosten auf, wobei im Gegensatz zum zweiten Aggregat, bei dem diese Menge durch zeitliche Anpassung erreicht werden kann, das erste Aggregat intensitätsmäßig anzupassen ist. Die Grenzkosten des Aggregates 1 liegen im Outputintervall $x_1 < x \leq x_2$ (mit: $x_2 = x(\lambda_1, \bar{t}_1) = x(\lambda_{2opt}, t_2) = \lambda_{2opt} \cdot t_2$ und $\lambda_{1opt} < \lambda_1^1 < \bar{\lambda}_1$) unterhalb der Grenzkosten des Aggregates 2, so dass in diesem Bereich die intensitätsmäßige Anpassung des ersten Aggregates die optimale Anpassungsform ist.

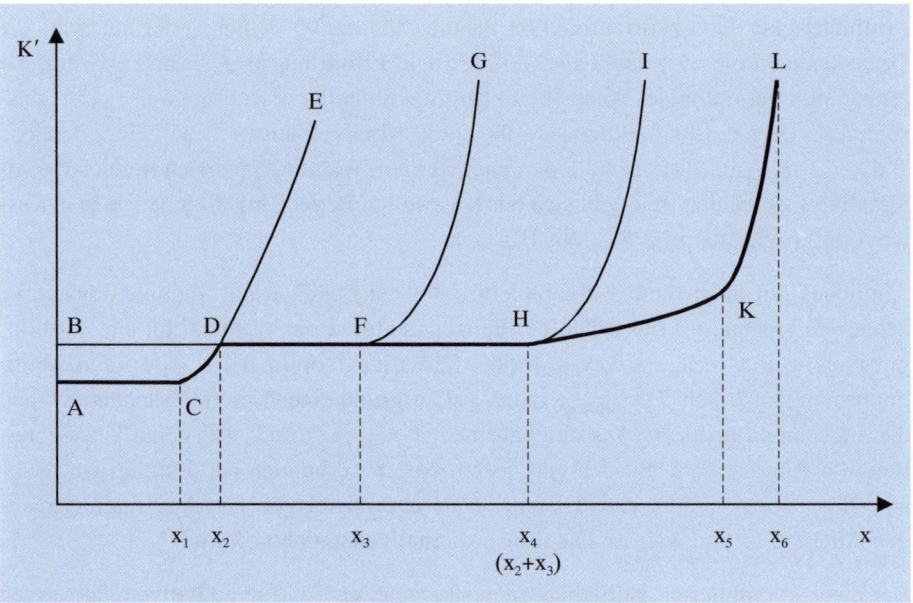

Abb. 1.2-72: Kombinierte zeitliche, intensitätsmäßige und quantitative Anpassung

Bei Ausbringungsmengen im Bereich $x_2 < x \leq x_4$ ist zu untersuchen, ob die optimale Anpassung durch alleinigen Einsatz des Aggregates 2 (Alternative 1) oder durch gleichzeitigen Einsatz beider Aggregate vollzogen werden kann, wobei die Menge x_2 durch Aggregat 1 und jede zusätzliche Menge durch zeitliche Anpassung des Aggregates 2 erzeugt wird (Alternative 2). Dabei zeigt sich für die in diesem Bereich repräsentative Menge x_3, dass Alternative 2, deren variable Kosten der Fläche unter der Kurve $\overline{ACDF}$ entsprechen, im Vergleich zur Alternative 1 kostengünstiger ist (Differenzfläche $\overline{ABDC}$) und deshalb zur optimalen Anpassung gewählt wird.

Eine weitere Erhöhung des Outputs bis zur Menge x_5 kann aufgrund der kostenmäßigen Unterlegenheit eines Aggregates für Mengen, die x_2 übersteigen, nur durch eine intensitätsmäßige Anpassung beider Aggregate bei Gleichheit der Grenzkosten erreicht werden. Bei Ungleichheit der Grenzkosten ergäbe sich ein höheres Grenzkostenniveau, wie z. B. in Form der Kurve $\overline{HI}$. Da bei x_5 die Kapazitätsgrenze des ersten Aggregates erreicht wird, gilt:

$$x_5 = x(\overline{\lambda}_1, \overline{t}_1, \lambda_2, \overline{t}_2) \text{ mit } \lambda_{2\,opt} < \lambda_2^1 < \overline{\lambda}_2$$

Die Ausbringungsmenge x_6 ist die Menge, die maximal durch kombinierten Einsatz beider Aggregate produziert werden kann. Sie kann nur durch eine weitere intensitätsmäßige Anpassung des zweiten Aggregates bis zu dessen Kapazitätsgrenze erreicht werden:

$$x_6 = x(\overline{\lambda}_1, \overline{t}_1, \overline{\lambda}_2, \overline{t}_2)$$

Der optimale Anpassungsprozess erfolgt somit über den Grenzkostenverlauf $\overline{ACDHKL}$, wobei dieser für die einzelnen Bereiche wie folgt definiert ist:

$$K'(x) = \begin{cases} K'(\lambda_{1\,opt}, t_1), & \text{für } 0 \le x \le x_1, \text{ mit } 0 \le t_1 \le \overline{t}_1 \\ K'(\lambda_1^1, \overline{t}_1), & \text{für } x_1 < x \le x_2, \text{ mit } \lambda_{1\,opt} < \lambda_1^1 < \lambda_1^2 \le \overline{\lambda}_1 \\ K'(\lambda_1^1, \lambda_{2\,opt}, \overline{t}_1, t_2), & \text{für } x_2 < x \le x_4, \text{ mit } 0 \le t_2 \le \overline{t}_2 \\ K'(\lambda_1^2, \lambda_2^1, \overline{t}_1, \overline{t}_2), & \text{für } x_4 < x \le x_5, \text{ mit } \lambda_1^1 < \lambda_1^2 \le \overline{\lambda}_1; \; \lambda_{2\,opt} < \lambda_2^1 < \lambda_2^2 \le \overline{\lambda}_2 \\ K'(\overline{\lambda}_1, \lambda_2^2, \overline{t}_1, \overline{t}_2), & \text{für } x_5 < x \le x_6, \text{ mit } \lambda_2^1 < \lambda_2^2 \le \overline{\lambda}_2 \end{cases}$$

1.2.2.4.2.2 Kostenfunktionen bei langfristiger Betrachtung

Den bisherigen Überlegungen lag eine kurzfristige Betrachtungsweise zugrunde. Ist hingegen der Betrachtungszeitraum so groß, dass keiner der zum Einsatz gelangenden Produktionsfaktoren als konstant unterstellt werden kann, dann kann sich eine Unternehmung langfristig an die unterschiedlichen Ausbringungsmengen anpassen, wobei die folgenden Fälle zu unterscheiden sind:

- **Multiple Anpassung**: Bei einer Größenvariation ergeben sich die gleichen Kostenverläufe wie in Abbildung 1.2-64.

- **Selektive Anpassung**: Hierbei ergeben sich die gleichen kostenmäßigen Veränderungen wie in Abbildung 1.2-66.

- **Mutative Anpassung**: Die Größenvariation geht mit einer produktionstechnischen Um- oder Neugestaltung einher, d. h., es handelt sich um ein fertigungstechnisches Novum im Vergleich zur Ausgangssituation.

In dieser Betrachtungsweise weist die Produktionstheorie enge Beziehungen mit der Investitionstheorie auf, da bei langfristigen Überlegungen Investitions- und Desinvestitionsprobleme auftreten. Die Abbildungen 1.2-73 und 1.2-74 geben die langfristigen Kostenkurven bei multipler Anpassung wieder.

Unter der Voraussetzung einer hinreichend feinen Abstufung der Kapazitäten ergibt sich eine lineare **langfristige Gesamtkostenkurve** K_{La} (A, B, C, D), die im Koordinatenursprung beginnt, d. h., bei langfristigen Kostenfunktionen existieren keine fixen Kosten. Dabei entsteht die langfristige Kostenkurve dadurch, dass die Punkte der kurzfristigen Kostenkurven verbunden werden, in denen die maximale Ausbringungsmenge des jeweiligen Größenintervalls liegt. Entsprechend lässt sich auch die **langfristige Stückkostenkurve** (vgl. Abbildung 1.2-74) konstruieren. Wesentlich ist dabei, dass die langfristige Kostenfunktion zwischen den Punkten (A, B, C und D) nicht definiert ist. Die zwischen diesen Punkten liegenden Kostenpunkte sind durch kurzfristige Maßnahmen in Form von zeitlicher und/oder intensitätsmäßiger Anpassung realisierbar.

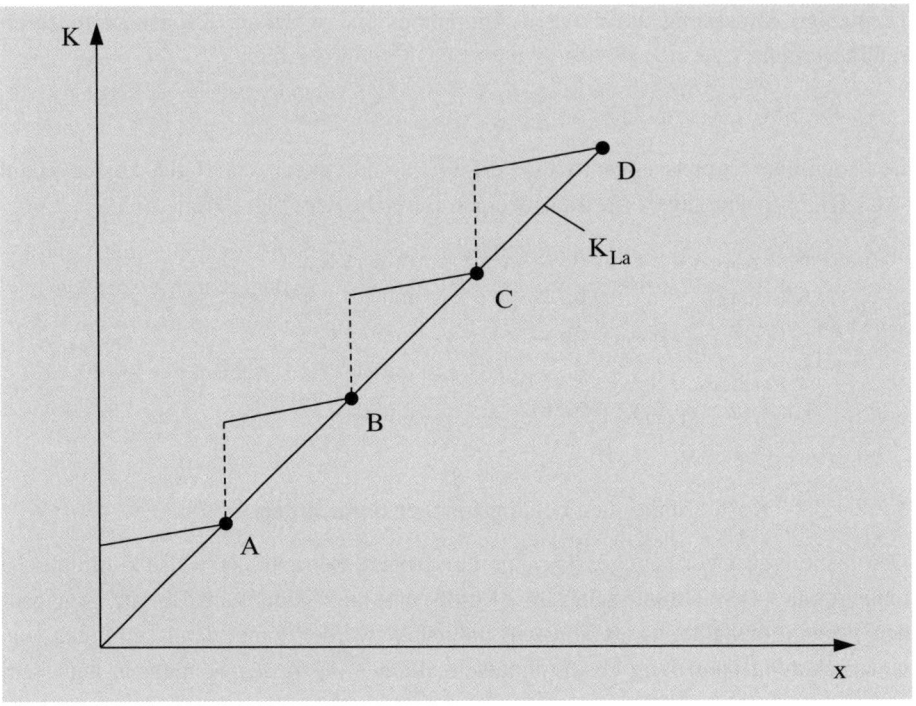

Abb. 1.2-73: Langfristige Gesamtkostenkurve bei multipler Größenvariation

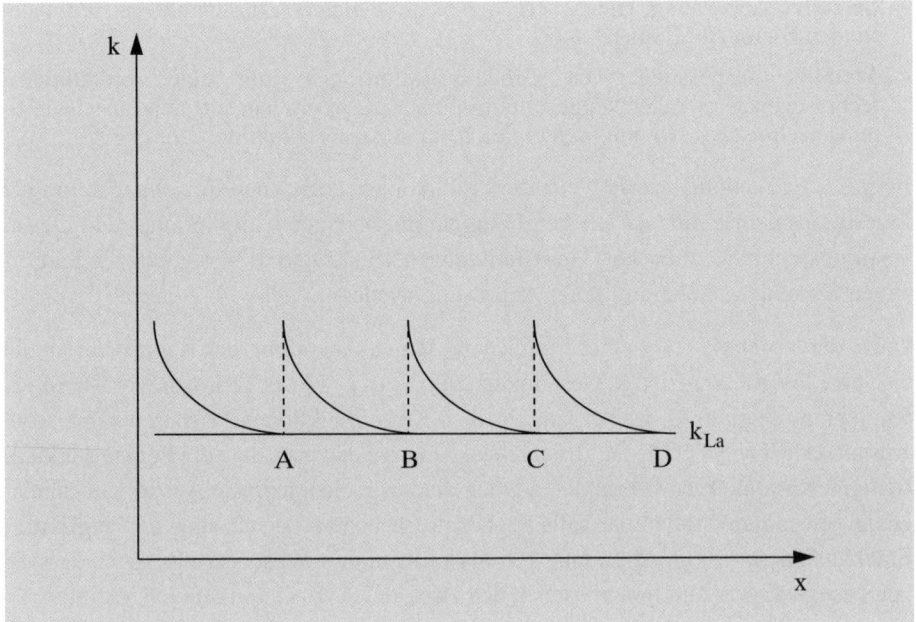

Abb. 1.2-74: Langfristige Stückkostenkurve bei multipler Größenvariation

Liegt hingegen eine selektive Größenvariation vor, dann kann die langfristige Gesamtkostenfunktion die unterschiedlichsten Verläufe annehmen. Sind die hinzukommenden Kapazitäten relativ groß, dann liegen die entsprechenden Kostenpunkte in weit auseinanderfallenden Punkten auf der aus dem Ursprung kommenden langfristigen Kostenkurve.

Demgegenüber liegt bei **mutativen Größenvariationen** eine neue fertigungstechnische Situation vor. Derartige Größenerweiterungen gehen dabei mit einer Abfolge von Gesamtkostenfunktionen einher, die dadurch charakterisiert sind, dass die Fixkostenblöcke größer werden, während sich der Anstieg der variablen Kosten verringert (vgl. Abbildung 1.2-75).

Es lassen sich die folgenden Bereiche unterscheiden:

- für $0 \leq x_j \leq x_1$ führt die Kostenfunktion 1 zu den niedrigsten Kosten;
- für $x_1 < x_j \leq x_2$ führt die Kostenfunktion 2 zu den niedrigsten Kosten;
- für $x_j > x_2$ führt die Kostenfunktion 3 zu den niedrigsten Kosten.

Dies zeigt, dass kapitalintensivere Produktionsverfahren erst ab bestimmten Betriebsgrößen ökonomisch günstiger sind als weniger kapitalintensive Verfahren. Ferner ist in Abbildung 1.2-75 eine degressiv verlaufende Umhüllungskurve K_{La} eingezeichnet, die die langfristige Gesamtkostenkurve darstellt. Diese Erscheinung wird auch als **Größendegression** bezeichnet.

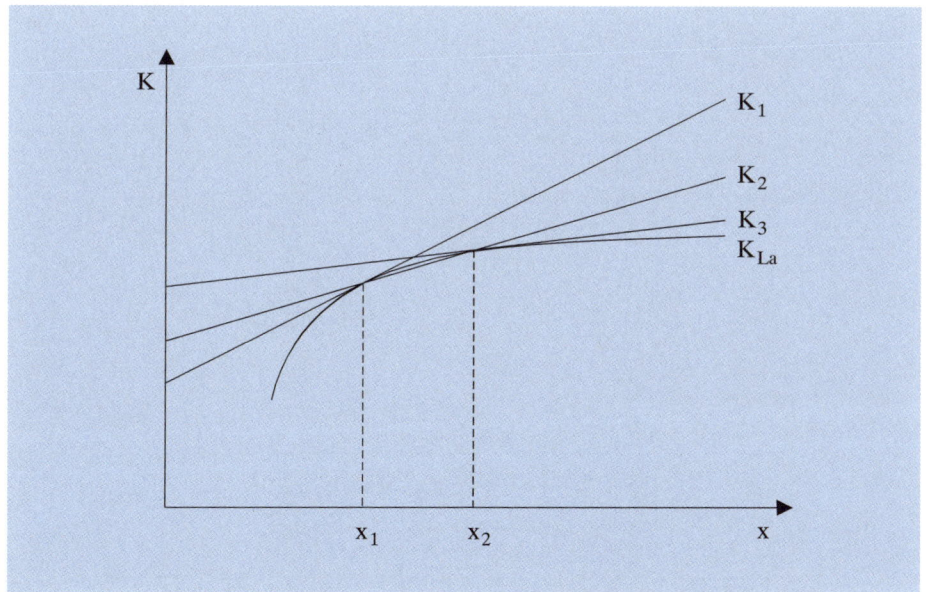

Abb. 1.2-75: Langfristige Gesamtkostenkurve bei mutativer Größenvariation

Eine Stückkostenbetrachtung (vgl. Abbildung 1.2-76) zeigt, dass die Umhüllungskurve k_{La} fällt.

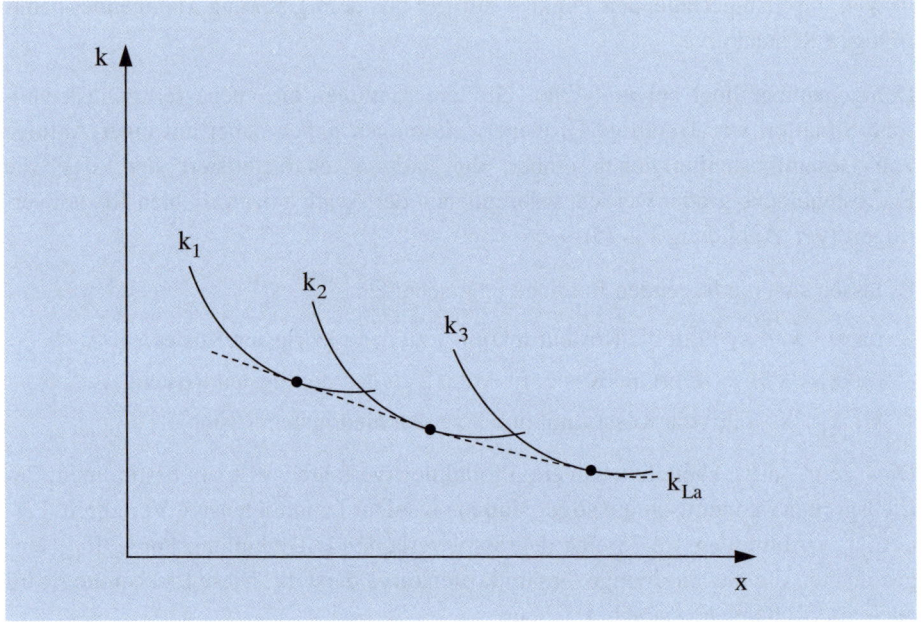

Abb. 1.2-76: Langfristige Stückkostenkurve bei mutativer Größenvariation

2 Produktionsprogrammgestaltung

2.1 Produkte als Elemente des Produktionsprogramms

2.1.1 Produktions- und absatzwirtschaftliche Aspekte der Produkte

Gegenstand der Überlegungen ist zunächst die absatzwirtschaftliche Gestaltung des Produktionsergebnisses, d. h. das Produkt. Über die marktliche Verwertung der Produkte sind damit zunächst **absatzwirtschaftliche Probleme** angesprochen. Da hierdurch aber maßgeblich die zu ihrer Herstellung benötigten Potentiale und Prozesse determiniert werden, zeigt sich die **produktionswirtschaftliche Relevanz**. Die existenten Potentiale restringieren folglich das Entscheidungsfeld, und zwar hinsichtlich der zu vermarktenden Produktarten (vgl. Kern 1992, S. 96). Dabei wird teilweise eine Einengung auf materielle Produkte vorgenommen (substanzieller Produktbegriff). In einer erweiterten Sicht können Produkte sowohl **materieller** als auch **immaterieller Natur** sein. Dieser Überlegung liegt jedoch implizit ein idealtypisches Begriffspaar „materiell - immateriell" zugrunde. Darüber hinaus sind **komplexe Produkte,** die auch als **Problemlösungen** bezeichnet werden, zu beachten, worunter Leistungsbündel zu verstehen sind, die materielle und immaterielle Komponenten umfassen können (vgl. Corsten/Gössinger 2015, S. 17 ff.). Teilweise wird für den Verkauf derartig hochkomplexer Produkte auch der Terminus **„Systems Selling"** verwendet (vgl. Arbeitskreis „Marketing in der Investitionsgüter-Industrie" 1975, S. 758). Dabei bietet es sich an, den Wert der materiellen und immateriellen Komponenten in Bezug zum Gesamtwert des Produktes zu erfassen, wie dies in Abbildung 2.1-1 vorgenommen wird (vgl. Haak 1982, S. 91).

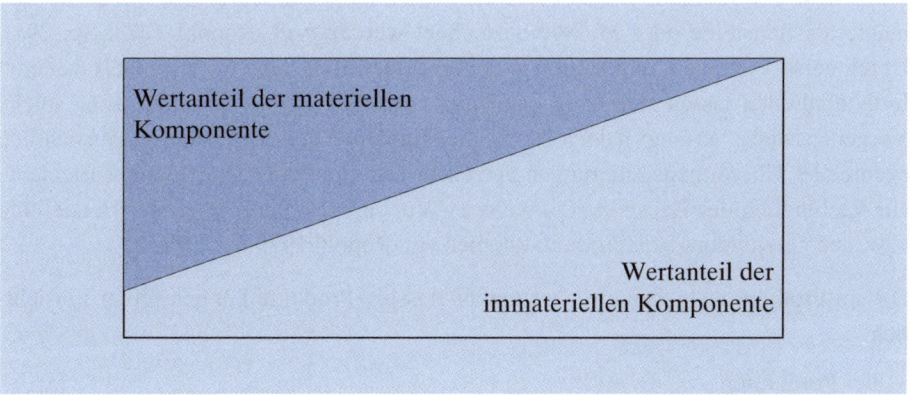

Abb. 2.1-1: Produkte als Leistungsbündel materieller und immaterieller Komponenten

Diese Abbildung verdeutlicht ferner, dass es ein rein materielles Produkt nicht gibt, sondern immer bestimmte immaterielle Anteile existieren.

Dem Produzenten obliegt die Aufgabe, die Anforderungen der Produktverwender mit seinen konzeptionellen Möglichkeiten der Produktgestaltung in Einklang zu bringen.

Dieses zwischen Produzenten- und Verwendererfordernissen existente **Spannungsfeld** lässt sich idealtypisch durch die beiden folgenden polaren Erscheinungsformen erfassen (vgl. Kern 1992, S. 102 f.):

- **Dominanz der Produzentenerfordernisse**: In diesem Fall konzipiert der Produzent sein Produkt weitgehend standardisiert für den anonymen Markt, indem er auf die häufigste Erwartung abstellt, d. h., es liegt eine angebots- oder marktorientierte Produktion vor.

- **Dominanz der Verwendererfordernisse**: Der Produzent erstellt im unmittelbaren Kontakt mit dem Verwender ein individuelles Produkt, d. h., es liegt eine nachfrage- oder auftragsorientierte Produktion vor.

Der Terminus der Problemlösung dürfte am ehesten für den zuletzt genannten Fall gelten. Dabei ist zu beachten, dass es auch in diesem Fall Standardisierungsmöglichkeiten gibt, wobei **Standardisierung** sowohl die Vereinheitlichung ganzer Produkte (Typung) als auch von Produktteilen (Normung) umfasst. Mit Standardisierungen lassen sich beispielsweise die folgenden Vorteile realisieren: Erleichterung der Konstruktionsarbeiten, Vereinfachung der Produktion und Lagerung, Erhöhung der Integrationsqualität und nicht zuletzt das Wirksamwerden des Gesetzes der Massenproduktion und der damit einhergehenden kostengünstigen Herstellung. Eine konsequente Realisation dieser Standardisierungsbestrebungen stellt das **Baukastensystem** dar, das aus einem Repertoire standardisierter Elemente besteht. Das Baukastensystem ist folglich ein Gestaltungsprinzip der **Systemsynthese**, bei dem die einzelnen Elemente in unterschiedlichen Kombinationen zu Produkten zusammengefasst werden, wobei die Elemente als Bausteine oder Module bezeichnet werden (vgl. Ropohl 1979, Sp. 294). Durch entsprechende Kombinationen der einzelnen Bausteine mit eventuell weiteren Individualteilen lassen sich dann kundenspezifische Produkte erstellen. Eine solche Vorgehensweise verlangt jedoch häufig die Hinnahme von Redundanzen hinsichtlich eventueller Überdimensionierungen einzelner Teile und/oder überflüssiger Elemente zur Verbindung der Bausteine (zu weiteren Vor- und Nachteilen bei der Herstellung bzw. der Verwendung von Produktsystemen vgl. Ropohl 1979, Sp. 299 f.).

Die im Produktionsprogramm zusammengefassten Produkte können ferner hinsichtlich

- der Produktion,
- des Materials,
- des Absatzes und
- der Forschung und Entwicklung (F&E)

eine Verwandtschaft aufweisen (vgl. Zäpfel 1982, S. 51 ff.; Strebel 1984, S. 112 ff.). Von einer **Produktionsverwandtschaft** wird dann gesprochen, wenn die Produkte mit den gleichen Produktionsaggregaten und -verfahren erstellt werden. Demgegenüber liegt eine Materialverwandtschaft vor, wenn Produkte aus gleichen oder ähnlichen Materialien bestehen. Dies kann unter anderem positive Auswirkungen auf die Bezugsmengenpolitik haben. Bei der Absatzverwandtschaft, die sich sowohl auf eine gemeinsame Nutzung der Vertriebspotentiale als auch auf die Programmwirkungen der Produkte beziehen kann, lassen sich komplementäre und substitutive Verbundwirkungen unterscheiden (vgl. Frese 1985, S. 268 f.). Bei einer komplementären Beziehung liegen Marktinterdependenzen mit positiver Wirkung vor, d. h., die Absatzaktivität für ein Produkt beeinflusst den Erfolg des Absatzes eines anderen Produktes positiv. Es handelt sich folglich um die Realisation absatzpolitischer Synergieeffekte. Diese positiven Effekte können beispielsweise durch eine gemeinsame Nutzung der Vertriebspotentiale erreicht werden. Demgegenüber handelt es sich bei einer substitutiven Beziehung um eine Marktinterdependenz mit negativer Wirkung, d. h., die Absatzaktivität für ein Produkt beeinflusst den Erfolg des Absatzes eines anderen Produktes in negativer Weise. Es liegt damit eine Substitutionskonkurrenz vor, d. h., die jeweiligen Produkte konkurrieren bei der Bedarfsdeckung miteinander. Eine F&E-Verwandtschaft ist dann gegeben, wenn bei den Produkten auf das gleiche F&E-Potential zurückgegriffen werden kann.

Während aus produktionswirtschaftlicher Sicht das zu erstellende Produkt als die final angestrebte Ausbringung der Produktion definiert wird (vgl. Chmielewicz 1968, S. 14), sind aus absatzwirtschaftlicher Sicht Produkte als Ausbringungsgüter dadurch gekennzeichnet, dass sie zur Bedürfnisbefriedigung Dritter geeignet sind. Ein Produkt wird dabei als eine Menge von Eigenschaften verstanden, die in der Lage sind, bei den potentiellen Verwendern einen Nutzen zu stiften. Ein Nachfrager erwirbt damit ein Produkt, um aus ihm einen Nutzen zu ziehen, was letztlich eine bestimmte Verwendungssituation unterstellt. Auf der Grundlage eines Positionierungsmodells lassen sich die am Markt angebotenen Produkte in einem geometrischen Modell erfassen, so dass sich ein Produktraum ergibt. Hierbei werden die Merkmale der Produkte als Dimensionen des Produktraumes verwendet, die Produkte als Punkte in diesem Raum eingetragen und die Produktdistanzen als Maßstab für die Ähnlichkeit oder Unähnlichkeit zwischen den Produkten herangezogen (vgl. Brockhoff 1999a, S. 25 ff.). Für zwei Produktmerkmale lässt sich dann eine Produktbeurteilung durch die Käufer in einem zweidimensionalen Raum, der als Produkt-Markt-Raum bezeichnet wird, erstellen (vgl. Abbildung 2.1-2).

Grundlage für die Entwicklung eines solchen Produkt-Markt-Raumes können z. B. Versuchspersonen sein, denen die Produkte zur Beurteilung vorgelegt werden. Damit wird deutlich, dass die Einordnung der einzelnen Produkte in diesen Raum auf der Basis von Präferenzurteilen erfolgt. Die Einordnung einer Produkteigenschaft als wichtig oder weniger wichtig lässt sich folglich nicht objektiv vollziehen, sondern ist ausschließlich zweckbestimmt. So kann etwa eine seitens des Nachfragers als besonders wichtig erachtete Eigenschaft (z. B. sparsamer Energieverbrauch eines Haushaltsgerätes) von einem anderen Nachfrager, der das Gerät auf der Grundlage der Handhabungsbequemlichkeit oder des Designs beurteilt, als irrelevant erachtet werden. In gleicher Weise können unterschiedliche Nachfrager die gleichen Produkteigenschaften unterschiedlich beurteilen (vgl. Marr 1979, Sp. 1444).

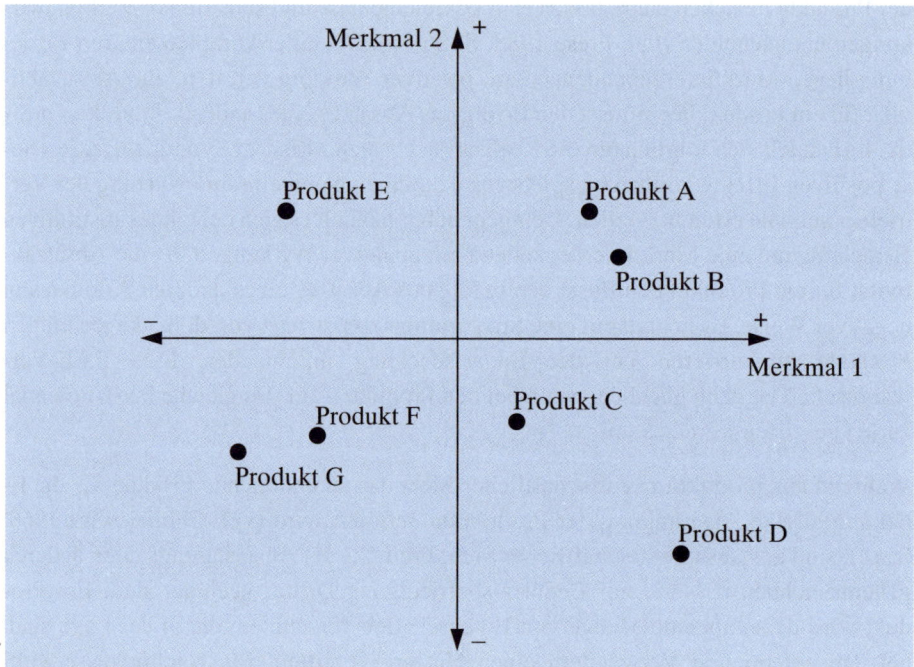

Abb. 2.1-2: Produkt-Markt-Raum

Die in den Produkt-Markt-Raum eingetragenen Punktwerte stellen damit eine Durchschnittsbewertung über alle Befragten dar. Je nach Streuung der individuellen Bewertungen lässt sich die jeweilige Produktposition auch als Fläche unterschiedlichen Ausmaßes wiedergeben. Je kleiner diese Fläche dann ist, um so eindeutiger ist das Produktimage aus der Sicht der Nachfrager. Durch eine vergleichende Gegenüberstellung eigener mit fremden Produkten lässt sich ein Überblick über den jeweiligen Markt und die entsprechende Wettbewerbssituation gewinnen. Durch die Positionierung von Idealpunkten als Kennzeichnung der Präferenzen bestimmter Abnehmergruppen lassen sich darüber hinaus Informationen für eine optimale Lokalisierung der eigenen Produkte gewinnen. Diese Ausführungen zeigen die Bedeutung derartiger Produktbeurteilungen für eine Unternehmung, da diese grundlegende Anhaltspunkte für eine Produktgestaltung liefern können.

Bisher wurde lediglich global von Nutzen gesprochen, den ein Produkt seinen Käufern zu stiften vermag. Der Nutzen ist dabei ein Maß der Bedürfnisbefriedigung, das einem Käufer aus der Verwendung von Produkten erwächst. Dieser Nutzen lässt sich jedoch in einzelne Nutzenkategorien aufspalten, wie aus Abbildung 2.1-3 hervorgeht.

Während der Grundnutzen an der eigentlichen Funktion anknüpft, die das Produkt erfüllen soll (funktionaler Nutzen), wird mit dem Zusatznutzen eine geistig-seelische und soziale Nutzenstiftung erfasst, die über die Nutzenstiftung des Grundnutzens hinausgeht. Da bei den heute angebotenen Produkten der Grundnutzen, und zwar insbesondere das technische Niveau, häufig sehr ähnlich ist, erlangt der Zusatznutzen eine immer größere Bedeutung. Zur Ermittlung der Bedeutung und Ausprägung der für ein Produkt wesentlichen Nutzenkategorien werden Nutzenprofile herangezogen.

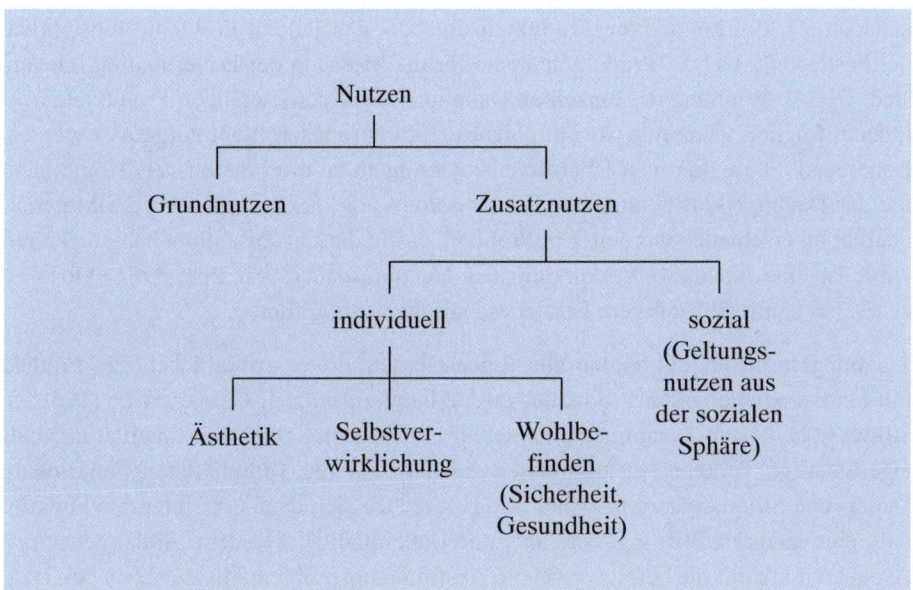

Abb. 2.1-3: Nutzenkategorien

Neben dem Begriff Nutzen werden auch die Termini Image, Präferenz und Produktqualität verwendet, die inhaltlich zum großen Teil übereinstimmen (vgl. Brockhoff 1999a, S. 42). Unter Qualität, als einem mehrdimensionalen Phänomen, werden alle materiellen und immateriellen Eigenschaften eines Produktes verstanden. Dabei werden in der Literatur die folgenden Teilqualitäten unterschieden (vgl. Chmielewicz 1968, S. 72; Kern 1992, S. 112; Pfeiffer 1965, S. 111 ff.; zur Qualität der Dienstleistungen vgl. z. B. Corsten/Gössinger 2015, S. 131 ff.):

- Funktionalqualität,

- Dauerqualität,

- Integrationsqualität,

- Stilqualität und
- Umweltqualität.

Mit der **Funktionalqualität** wird der vom Anbieter intendierte Verwendungszweck eines Produktes erfasst. Sie entspricht damit dem Grundnutzen (z. B. Kalorien- und Vitamingehalt bei Lebensmitteln, Reinigungswirkung einer Wasch- oder Geschirrspülmaschine).

Die **Dauerqualität** erfasst die Verwendungs- oder Lebensdauer eines Produktes. In einer globalen Betrachtung ergeben sich zunächst bei der Messung dieser Teilqualität keine grundlegenden Messprobleme: z. B. Fahrleistung eines PKW, Zeitdauer der Erhaltung wesentlicher Produkteigenschaften bei Lebensmitteln (Mindesthaltbarkeitsdatum). Bei **komplexen Produkten** ergeben sich jedoch Probleme hinsichtlich der Festlegung, welche Produktelemente für die Messung der Dauerqualität relevant sind. Die Abstimmung der einzelnen Dauerqualitäten der jeweiligen Produktelemente kann folglich wiederum als ein eigenes Optimierungsproblem aufgefasst werden. Dabei sind die qualitativen Überdimensionierungen zu minimieren. Als Komponenten der Dauerqualität können die Konstruktions-, die Fertigungs- und die Materialqualität unterschieden werden. Ein Problem, das in diesem Zusammenhang diskutiert wird, ist eine bewusste Verkürzung der Nutzungsdauer von Produkten (Obsoleszenz), um damit frühzeitigere Ersatzbeschaffungen zu initiieren.

Zur **Integrationsqualität** zählen alle Eigenschaften, die es ermöglichen, ein Produkt mit bereits existierenden Produkten im Verbund zu nutzen. Chmielewicz (1968, S. 80) weist in diesem Zusammenhang darauf hin, dass die Integrationsqualität nicht als eigenständige Teilqualität aufzufassen, sondern auf die Teilqualitäten Funktional-, Dauer- und Stilqualität zu beziehen sei. Es ergeben sich dann eine integrale Funktional-, eine integrale Stil- und eine integrale Dauerqualität. Mit dem zuletzt genannten Aspekt wird damit die bereits erwähnte Abstimmungsproblematik zwischen den Dauerqualitäten einzelner Produktteile erfasst.

Mit Hilfe der **Stilqualität** werden die ästhetischen Merkmale des Produktes berücksichtigt, und zwar insbesondere Form und Farbe.

Die **Umweltqualität** erfasst die Bedeutung der ökologischen Umwelt bei der Leistungserstellung und -verwertung. Mit zunehmendem Umweltbewusstsein der Nachfrager erlangen Informationen über die ökologische Verträglichkeit von Produktionsverfahren sowie den Ge- und Verbrauch der Produkte zunehmende Bedeutung (vgl. auch Abschnitt 1.1.8).

Für eine zusammenfassende Qualitätsbeurteilung wäre es nun erforderlich, die einzelnen Teilqualitäten mit ihren konkreten Ausprägungen zu einem Gesamtqualitätsurteil zu aggregieren. Hierbei ergeben sich jedoch erhebliche methodische Probleme.

2.1.2 Produktentwicklung

Um am Markt langfristig zu bestehen, ist eine Unternehmung gezwungen, ihre Produktionstechnologien nicht nur ständig zu erneuern, sondern sie muss auch eine regelmäßige **Erneuerung des Angebotsprogramms** realisieren, d. h. neue Produkte in ihr Angebot aufnehmen. Ursache hierfür ist die begrenzte Lebensfähigkeit der Produkte, die modellmäßig mit Hilfe des **Lebenszyklusansatzes** erfasst wird. Dieser Ansatz besagt, dass Produkte eine begrenzte Lebensdauer am Markt haben. Verantwortlich hierfür sind beispielsweise veränderte Bedürfnisse der Konsumenten, das Auftreten von Substituten oder auch der Wegfall komplementärer Produkte. Für die Entwicklung neuer Produkte ist dabei die Forschung und Entwicklung von grundlegender Bedeutung. Damit stellt sich das Problem der Abgrenzung des Begriffes „neu". Hierbei ist zwischen einem subjektiven und einem objektiven Neuheitsbegriff zu unterscheiden. In der betriebswirtschaftlichen Literatur sind sich die Autoren jedoch darüber einig, dass eine Abgrenzung des Kriteriums „Neuheit" nur auf der Basis eines bestimmten Wissensstandes einer konkreten Organisation erfolgen kann. Es wird damit ein **subjektiver Neuheitsbegriff** zugrunde gelegt. Auf der Grundlage des **Novitätsgrades** lassen sich Basis-, Verbesserungs- und Scheininnovationen unterscheiden (vgl. Mensch 1977, S. 56 f.). Während es sich bei **Basisinnovationen** um richtungsweisende Abweichungen von existenten Produkten handelt, liegen bei **Verbesserungsinnovationen** lediglich Weiterentwicklungen bereits vorhandener Produkte vor. Demgegenüber handelt es sich bei **Scheininnovationen** um Produktdifferenzierungen oder -variationen, d. h., es werden eine oder mehrere Produkteigenschaften eines bereits am Markt eingeführten Produktes modifiziert und in der Form zusätzlicher Produktvarianten angeboten. Dabei bleiben die für die Nutzenstiftung zentralen Produktmerkmale unberührt. Ziel dieser Maßnahme ist eine zielgruppenspezifische Anpassung der Produktgestaltung. Diese Ausführungen lassen darüber hinaus deutlich werden, dass es keine eindeutige Abgrenzung zwischen neuen und veränderten Produkten gibt und damit Aussagen wie „x % des Umsatzes einer Unternehmung werden mit neuen oder weniger als y Jahre alten Produkten realisiert" mit kritischer Distanz zu begegnen ist.

2.1.2.1 Forschung und Entwicklung

In einer effizienten Forschung und Entwicklung (F&E) ist eine wesentliche Voraussetzung für die Erhaltung und den Ausbau der Wettbewerbsfähigkeit der Unternehmungen und Volkswirtschaften zu sehen. Grundlage hierfür sind die aus der F&E fließenden Inventionen und Innovationen. Während unter **Invention** die Erfindung zu verstehen ist, umfasst die **Innovation** die erste wirtschaftliche Nutzbarmachung dieser Invention. Abbildung 2.1-4 gibt den Zusammenhang zwischen Innovationstätigkeit, Wettbewerbsfähigkeit und wirtschaftlichem Wachstum in vereinfachter Form wieder (vgl. Brockhoff 1999b, S. 24).

Dabei existiert über den quantitativen Zusammenhang zwischen diesen Größen zwar nur wenig gesichertes Wissen, jedoch ist i. d. R. von einer positiven Beziehung auszugehen.

Abbildung 2.1-4 verdeutlicht, dass die Innovationstätigkeit vom Wissensstand, den gesellschaftlichen und staatlichen Rahmenbedingungen und den betriebswirtschaftlichen Bedingungen beeinflusst wird. Darüber hinaus bestehen zwischen diesen Elementen interdependente Beziehungen.

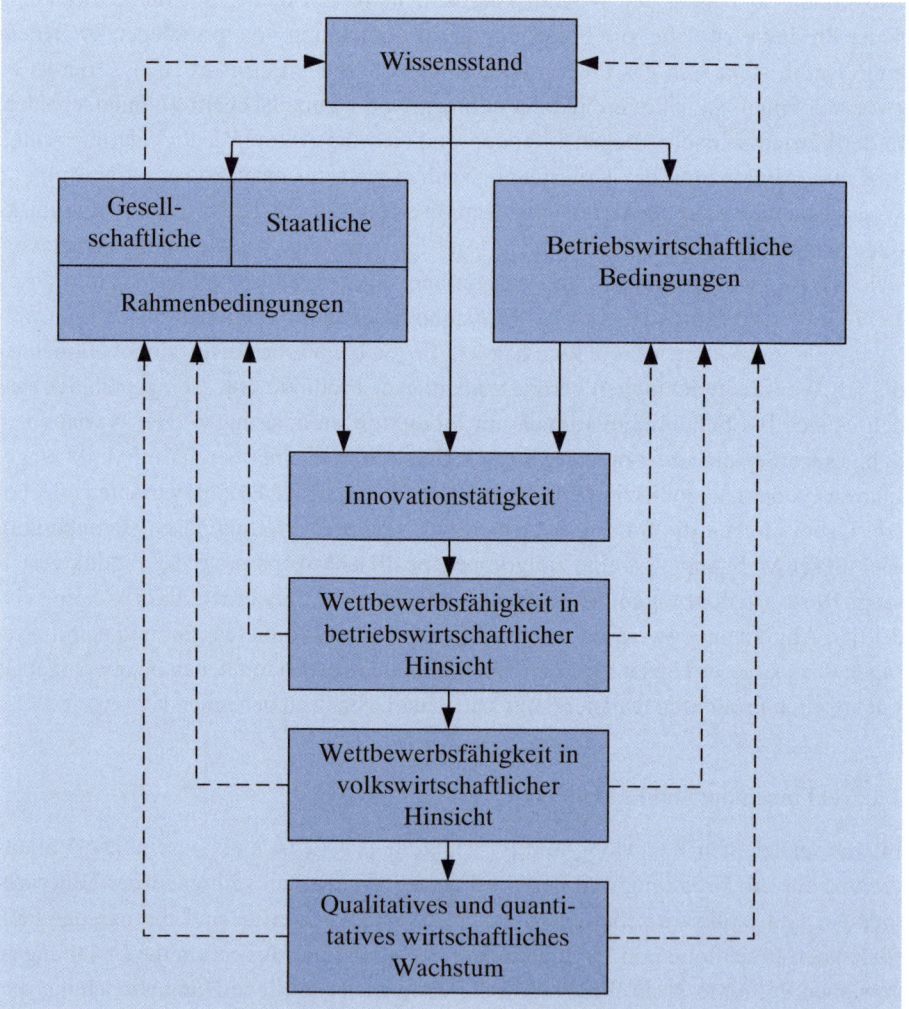

Abb. 2.1-4: Zusammenhang zwischen Innovationstätigkeit, Wettbewerbsfähigkeit und wirtschaftlichem Wachstum

Spezifizierend wird in diesem Zusammenhang auch von einem Innovationswettbewerb gesprochen, der dadurch charakterisiert ist, dass er

- einerseits eine Aktivierung existenter Geschäftsfelder mit dem Ziel einer Erweiterung der Marktpotentiale und
- andererseits neue Problemlösungen für bestehende oder vermutete Bedürfnisse mit dem Ziel, neue Geschäftsfelder aufzubauen,

bewirkt.

Darüber hinaus verdeutlicht sie den Instrumentalcharakter der Innovationen, d. h., sie sind kein Selbstzweck, sondern Instrumente zur Sicherung und Erneuerung von Systemen, Systemelementen und/oder -beziehungen. Dabei hängt der konkrete Innovationsbedarf eines Systems von der Dynamik und der Komplexität der System-Umwelt-Beziehungen ab.

Innovationen umfassen jedoch nicht nur neue Produkte oder Verfahren, sondern hierunter sind ferner organisatorische, soziale und rechtliche Neuerungen zu subsumieren (vgl. Hauschildt 2004, S. 3 ff.). Den weiteren Überlegungen soll dieser weite Innovationsbegriff zugrunde gelegt werden.

Die Verbreitung einer Innovation erfolgt dann im Rahmen einer Diffusion. Bei Betrachtung des gesamten Innovationsprozesses können F&E und Diffusion als Elemente dieses Prozesses aufgefasst werden. Dieser Sachverhalt wird in Abbildung 2.1-5 vereinfacht dargestellt (vgl. Brockhoff 1999b, S. 38; Corsten/Gössinger/ Schneider 2006, S. 30 ff.; Specht/Beckmann/Amelingmeyer 2002, S. 16 f.).

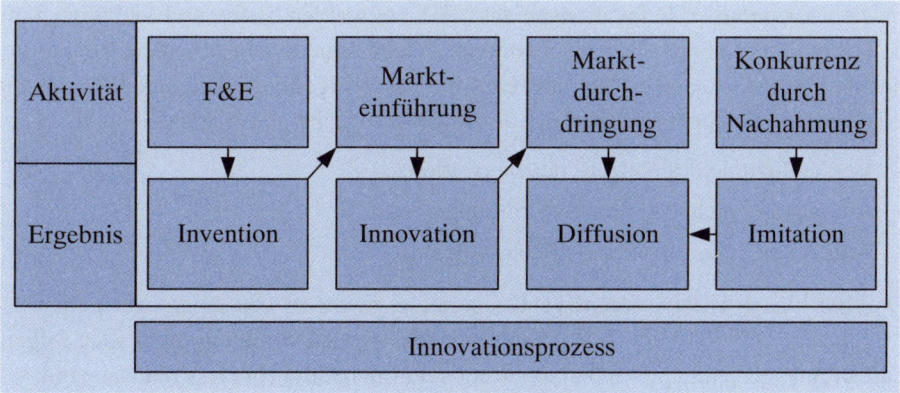

Abb. 2.1-5: Prozessuale Betrachtung der Innovation

Es ist zu beachten, dass der erfolgreiche Abschluss der F&E-Aktivitäten zwar eine notwendige, jedoch keine hinreichende Bedingung für den Markterfolg einer Neuerung darstellt.

Die Innovation kann grundsätzlich durch einen „technology-push" oder durch einen „market-pull" initiiert werden (vgl. Hauschildt 2004, S. 11 ff). Unterscheidungskriterium ist dabei die Richtung, aus der die Innovationen ausgelöst werden. Während bei einem „technology-push" die Innovation aus dem F&E-Bereich der Organisation stammt, d. h., der Antrieb für die Innovation kommt vom Anbieter, der für ein neues Produkt oder Verfahren erst einen neuen Markt oder Anwendungsbereich schaffen muss, wird sie bei einem „market-pull" durch den Markt initiiert, d. h., der Markt verlangt nach einer Innovation und ist folglich aufnahmebereit. Bei einer pull-Strategie wird damit ein vorhandenes Bedürfnis durch eine Innovation befriedigt.

Demgegenüber unterscheidet von Hippel (1978, S. 240 ff.) zwischen einem

- nutzer-dominierten und einem
- hersteller-dominierten Innovationsprozess,

womit hervorgehoben wird, wem im Rahmen des Innovationsprozesses eine überragende Bedeutung zukommt. Bei einem nutzer-dominierten Innovationsprozess spricht von Hippel auch vom **Paradigma der kundenaktiven Produktentwicklung**, d. h., dass der potentielle Käufer die Idee des gewünschten Produktes selbst entwickelt, sich dann zur Herstellung dieses Produktes einen geeigneten Lieferanten aussucht und auch die Initiative ergreift, bei dem ausgewählten Produzenten das gewünschte Produkt nachzufragen. Diese Charakterisierung zeigt, dass die von von Hippel aufgestellten Typen polare Erscheinungsformen der realen Typenvielfalt darstellen, d. h., sie können als die Eckpunkte eines Kontinuums aufgefasst werden. Diesen polaren Typen soll der „**kooperative Innovationsprozess**" übergeordnet werden, mit dem dann alle denkbaren Ausprägungen unterschiedlicher Kooperationsintensitäten erfasst werden können. Gerade ein kooperativer Innovationsprozess, d. h., es werden Nutzer und Lieferanten mit unterschiedlichen Intensitätsausprägungen in den Prozess eingebunden, erlangt zunehmend Aufmerksamkeit. So kann etwa die frühzeitige Einbeziehung der Kunden in den Produktenwicklungsprozess mit den folgenden positiven Effekten einhergehen:

- Verdeutlichung des Nutzens der Innovation,
- Aufdeckung nicht erfüllter Anforderungen und
- Aufdeckung unerwarteter Gegenargumente.

Darüber hinaus ist eine intensive Kooperation zwischen den unterschiedlichen betrieblichen Funktionsbereichen erforderlich. So werden vor allem die beiden folgenden Gründe genannt, die für Verzögerungen im Innovationsprozess relevant sind:

- Abstimmungsprobleme zwischen F&E- und Marketingbereich und
- Verzögerungen beim Übergang zur Serienproduktion, die ihre Begründung in einer strikten Trennung der F&E und der Produktion als ausführender Funktion finden (vgl. Corsten/Reiß 1992, S. 33 ff.). So kommt es z. B. häufig vor, dass die seitens der F&E bereitgestellten Prototypen noch einmal überarbeitet werden müssen, ehe dann daraus ein ökonomisch herstellbares Produkt und eine am Markt

wettbewerbsfähige Leistung wird. Verantwortlich hierfür sind vor allem die beiden folgenden Ursachen:

-- Entweder waren die von der F&E erstellten Lösungen fertigungstechnisch zu teuer, oder

-- sie hatten ein Profil von Leistungsmerkmalen, das nicht dem Anforderungsprofil des Marktes entsprach.

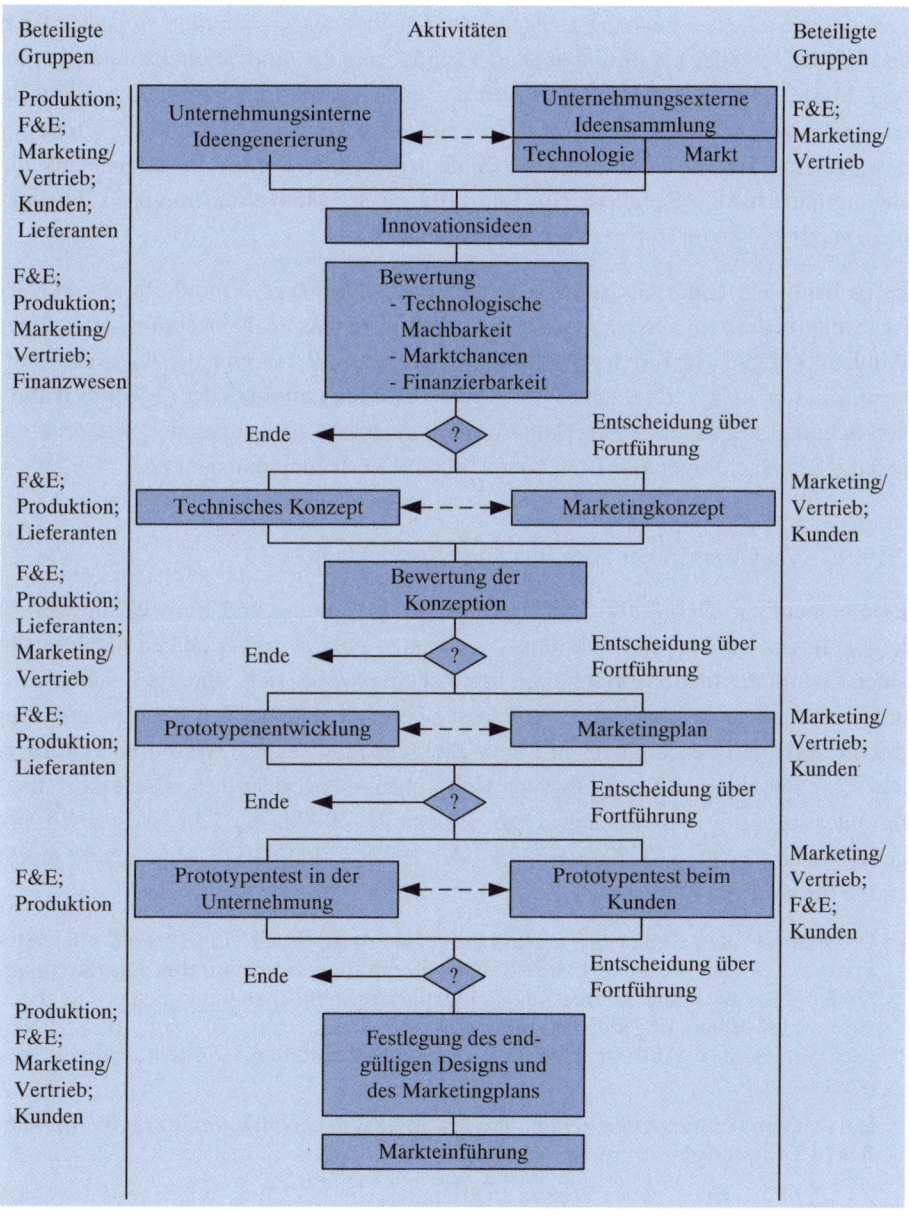

Abb. 2.1-6: Kooperation relevanter Gruppen im Innovationsprozess

Diese Überlegungen unterstreichen die Bedeutung einer intensiven und besseren Kooperation zwischen den relevanten Funktionsbereichen, wobei Köhler (1988, S. 813) sehr anschaulich von einer „balanced strategy" spricht, d. h., es soll eine Ausgewogenheit in der Zusammenarbeit zwischen F&E, Produktion und Marketing bestehen. Dabei wird die Intensität der Kooperation als Erfolgsfaktor für den Markterfolg der Innovationen unterstrichen, d. h., mit zunehmender Intensität steigt die Erfolgswahrscheinlichkeit der Innovation. So bestätigen empirische Untersuchungen, dass es einen unmittelbaren Zusammenhang zwischen der Qualität der Kooperation zwischen F&E und Vertrieb und der Erfolgsquote bei der Einführung der Innovationen am Markt gibt (vgl. Frese 1985, S. 282). Dabei werden das gemeinsame Engagement und die Partnerschaft zwischen F&E und Vertrieb zu einer signifikanten Bestimmungsgröße für den Projekterfolg oder -fehlschlag. Dementsprechend werden dann auch als die Hauptgründe für ein Scheitern von Innovationen der Mangel an Impulsen, Engagement und Interesse im Vertriebsbereich genannt.

Es ist damit ein enger Gedankenaustausch zwischen F&E-, Produktions- und Vertriebsmitarbeitern zu realisieren, so dass eine gemeinsame Konzeption innovativer Problemlösungen erarbeitet werden kann. Abbildung 2.1-6 gibt diesen Koordinationsprozess in stark vereinfachter Form als Ablaufdiagramm wieder (in Modifikation von Schmietow 1987, S. 352). Dabei werden auch externe Teilnehmer, wie etwa die potentiellen Nachfrager und Lieferanten, in die Überlegung einbezogen.

2.1.2.1.1 Zum Begriff der Forschung und Entwicklung

Eine einheitliche Definition des Begriffspaares Forschung und Entwicklung (F&E) liegt aufgrund des weiten Spektrums der darunter gefassten Aktivitäten nicht vor. In einer faktorkombinationsorientierten Betrachtungsweise stellt die F&E einen Produktionsprozess sui generis dar. F&E lässt sich dann als eine Kombination von Produktionsfaktoren beschreiben, mit dem Ziel, entweder neues Wissen zu erwerben, und zwar sowohl über Natur- als auch Kulturphänomene, oder dieses Wissen erstmalig oder neuartig anzuwenden (vgl. Brockhoff 1999b, S. 27; Corsten/Gössinger/Schneider 2006, S. 1 ff.; Kern/Schröder 1977, S. 16). Diese Abgrenzung macht einige Erklärungen notwendig:

-   Da die F&E als Produktionsprozess aufgefasst wird, muss sie planvoll und systematisch erfolgen, d. h., es handelt sich um einen nach bestimmten Regeln ablaufenden Prozess. Eine so verstandene geplante Suche bedeutet nicht, dass F&E keine zufälligen Ergebnisse hervorbringen kann, sondern nur, dass F&E-Richtungen und -Aktivitäten nichts Zufälliges darstellen, sondern vielmehr geplant werden.

-   Bei den zum Einsatz gelangenden Produktionsfaktoren obliegt der kreativ menschlichen Tätigkeit eine dominante Rolle.

-   Ziel der F&E ist es, neues Wissen zu erlangen. Hierbei kann - wie bereits erwähnt - zwischen einem subjektiven und objektiven Neuheitsbegriff unterschieden werden. Von einer subjektiven Neuheit wird dann gesprochen, wenn eine Neuerung durch ein Individuum oder einer Organisation als neu empfunden wird, und zwar unabhängig davon, ob diese bereits zu diesem Zeitpunkt von einem anderen Individuum oder einer anderen Organisation angewandt wird. Demgegenüber liegt eine **objektive Neuheit** dann vor, wenn es sich um eine Weltneuheit bzw. um die erste Nutzung handelt.

- Mit der Umschreibung, dass F&E neues Wissen ermöglichen soll, wird zum Ausdruck gebracht, dass der Faktoreinsatz nicht mit Sicherheit zu dem erwünschten Ergebnis führt, d. h., F&E-Tätigkeiten sind mit **Unsicherheiten** verbunden, die sich weiter untergliedern lassen, und zwar in:

-- Unsicherheit im Rahmen der Produktion neuen Wissens, d. h.

  • Unsicherheit bezüglich des Ergebnisses (diese Unsicherheit bezieht sich einerseits darauf, dass das angestrebte Ergebnis nicht realisiert wird, und andererseits ist es möglich, dass bis zu n-1 andere Ergebnisse erzielt werden (Serendipitätsrisiko)),

  • Unsicherheit bezüglich der anfallenden Kosten,

  • Unsicherheit bezüglich der erforderlichen Zeit, und

-- Unsicherheit bezüglich der Verwertung des erworbenen Wissens.

Das Begriffspaar Forschung und Entwicklung lässt sich ferner auf der Grundlage unterschiedlicher Gliederungskriterien systematisieren. Einen Überblick hierüber bietet Abbildung 2.1-7.

Den weiteren Abgrenzungsüberlegungen soll die „klassische" Dreiteilung in

- Grundlagenforschung,

- angewandte Forschung und

- Entwicklung

zugrunde gelegt werden.

Unter **Grundlagenforschung** werden alle diejenigen Aktivitäten verstanden, die eine wissenschaftliche Erkenntnisgewinnung zum Ziel haben, ohne dass diese auf eine spezifische Anwendungsmöglichkeit gerichtet ist (vgl. Kern/Schröder 1977, S. 22). Diese Abgrenzung bedeutet nicht, dass jeglicher Anwendungsaspekt ausgeklammert wird, denn es ist durchaus denkbar, dass Ergebnisse der Grundlagenforschung unmittelbar zur Anwendung gelangen, auch wenn potentielle Anwendungsmöglichkeiten **ex ante** nicht spezifiziert wurden. Teilweise wird die Grundlagenforschung in die beiden Teilklassen reine und anwendungsorientierte Grundlagenforschung aufgespalten, wobei letztere in ihrer Themenwahl durch die praktische Bedeutung eines Themas beeinflusst wird. Da eine solche Differenzierung die Abgrenzungsproblematik zwischen Grundlagen- und angewandter Forschung noch verstärkt, wird dieser Ansatz nicht weiter verfolgt.

Auch die **angewandte Forschung** hat als erklärtes Ziel die Erweiterung der wissenschaftlichen Erkenntnisse. Der entscheidende Unterschied zur Grundlagenforschung

ist darin zu sehen, dass sie auf spezifische praktische Anwendungen ausgerichtet ist
und folglich ex ante eine wirtschaftliche Nutzung intendiert.

Kriterium	Untergliederung
Spezifität	- Grundlagenforschung - Angewandte Forschung - Entwicklung
Ausführungsort	- Universitäten und nichtuniversitäre Forschungseinrichtungen - Industrieforschung
Träger	- Öffentliche F&E - Private F&E
Wettbewerbspolitische Funktion	- Offensive F&E - Defensive F&E - Absorptive F&E
Objekt	- Produkt-F&E - Prozess-F&E
Identität der finanzierenden und ausführenden Organisation	- Autonome F&E - Auftrags-F&E - Vertrags-F&E
Art der Unsicherheit	- F&E unter Risiko - F&E unter Ungewissheit
Zahl der beteiligten Organisationen	- Alleinige F&E - Kooperative F&E

Abb. 2.1-7: Klassifikation der Forschung und Entwicklung

Während das Ziel der Grundlagenforschung und der angewandten Forschung die Ge-
winnung neuen Wissens ist, ist die Entwicklung auf die Anwendung dieser Erkenntnisse gerichtet und orientiert sich dabei nicht nur an den technischen, sondern ebenfalls an den wirtschaftlichen Erfordernissen. Auch die Entwicklungstätigkeiten weisen
ein äußerst heterogenes Erscheinungsbild auf. Beispielhaft seien die folgenden Tätigkeiten genannt: Durchführung von Tests, Entwurf, Bau und Betrieb von Prototypen
und Modellen oder die Errichtung von Pilotanlagen. Demgegenüber werden Qualitätskontrolle, Materialprüfung und technischer Kundendienst nicht zu den Entwicklungstätigkeiten gezählt. Umstritten ist hingegen die Einbeziehung der Erprobung und
die Produktion der Nullserien. Die Uneinigkeit bei der Zuordnung der Erprobungen ist

vor allem darauf zurückzuführen, dass diese ähnlich wie Testarbeiten nicht ausschließlich am Ende der Entwicklungsarbeiten oder zu Beginn der Produktionsarbeiten vollzogen werden, sondern auch während der Entwicklung und Produktion anfallen können.

Darüber hinaus erfährt die Entwicklung in der Literatur noch weitere Untergliede-
rungen (vgl. Kern/Schröder 1977, S. 24). So wird häufig zwischen Produkt- und Ver-
fahrensentwicklung, technischer Entwicklung und Anwendungsentwicklung, expe-
rimenteller, konstruktiver und Routineentwicklung, Neu-, Weiter- und Verbesse-
rungsentwicklung differenziert.

Neben diesen Abgrenzungen gibt es eine Vielzahl weiterer Definitionsvorschläge,
die etwa auf der Ebene einzelner Unternehmungen verbindlich festgelegt werden o-
der aber auch auf Branchenebene erarbeitet wurden. Diese begriffliche Heterogenität
beeinträchtigt die Vergleichbarkeit statistischer Erhebungen im F&E-Bereich in erheblicher Weise.

2.1.2.1.2 Möglichkeiten des externen Wissenserwerbs

In den bisherigen Ausführungen wurde implizit unterstellt, dass die Unternehmung,
die das neue Wissen anwendet, dieses auch erforscht. Eine Unternehmung kann sich
jedoch auch extern gewonnenes Wissen aneignen, d. h., es stellt sich hierbei das
klassische Entscheidungsproblem „Eigenfertigung oder Fremdbezug". Ohne auf eine
Formulierung dieses Entscheidungsproblems einzugehen, sollen im Folgenden Möglichkeiten der externen Durchführung der F&E besprochen werden (vgl. Corsten/
Gössinger/Schneider 2006, S. 122 ff.). Damit wird der Erwerb eines Schutzrechtes
zunächst ausgeschlossen, da in diesem Fall das Wissen bereits vorliegt und nicht erst
erforscht werden muss. Auf der Grundlage dieser Voraussetzungen kann ein Wissens-
erwerb durch externe F&E dann in den folgenden Ausgestaltungsformen erfolgen:

- Vertrags- und Auftragsforschung und
- Kooperation und Gemeinschaftsforschung.

Die Begriffe Vertrags-, Kontrakt- und Auftragsforschung werden oft nur unzuläng-
lich abgegrenzt. Die Termini Vertrags- und Kontraktforschung sollen synonym verwendet werden. Grundlage der **Vertragsforschung** ist eine rechtlich verbindliche
Vereinbarung, in der das zu erforschende Problem spezifiziert wird und sowohl der
voraussichtlich benötigte Zeitraum als auch die finanziellen Konditionen vereinbart
werden. Eine Vertragsforschung liegt folglich dann vor, wenn ein Individuum oder
eine Organisation (Auftraggeber) eine externe Stelle auf der Grundlage einer vertrag-
lichen Vereinbarung ein Problem für sich erforschen lässt und die Ergebnisse dieses
Forschungsprozesses dem Auftraggeber zur Verfügung gestellt werden. Institutionell
kommen für die Vertragsforschung Universitäten, Industrie und anwendungsorientierte Forschungsinstitute (z. B. Fraunhofer Gesellschaft, Batelle-Institut) in Frage.

Für den Auftraggeber kann die Vertragsforschung mit den folgenden Vorteilen einhergehen:

- In kapazitätsmäßiger Hinsicht ist der Auftraggeber in der Lage, die sachliche und
  personelle Kapazität quantitativ und qualitativ zeitlich begrenzt zu erweitern, ohne
  hierfür neue eigene Kapazitäten zu schaffen, da deren Aufbau zeitraubend ist und
  mit finanziellen Belastungen einhergeht. Hinzu kommt das Problem einer ständigen Auslastung dieser neu geschaffenen Kapazitäten. Durch Vertragsforschung ist
  somit eine Möglichkeit der Engpassüberwindung für die Unternehmung gegeben.

- In kostenmäßiger Hinsicht entfallen einerseits die Investitionsausgaben für die Errichtung neuer Kapazitäten und anderseits die damit verbundenen Folgekosten.
  Aufgrund der Spezialisierung der Forschungsinstitutionen ist es ferner möglich,
  dass die anfallenden Kosten, bedingt durch die vorhandenen Erfahrungen, überschaubarer und somit genauer kalkulierbar sind, als dies bei Eigenforschung der
  Fall wäre.

- In zeitmäßiger Hinsicht besteht einerseits die Möglichkeit eines sofortigen Bear-
  beitungsbeginns, da eine Einarbeitungszeit weitgehend entfällt. Anderseits kann
  aufgrund der zum Einsatz gelangenden Spezialisten eine Reduzierung der gesamten Bearbeitungszeit erreicht werden.

Diesen potentiellen Vorteilen sind die folgenden Nachteile gegenüberzustellen:

- Der Auftraggeber verzichtet auf das Know-how, das die am Forschungsprozess Beteiligten erwerben und das sich in positiver Weise auf Folgeprojekte auswirken
  kann.

- Die Geheimhaltung erscheint bei einer Eigenforschung problemloser.

- Die externen Forscher verfügen zwar über die entsprechenden Spezialkenntnisse,
  jedoch sind sie oft nicht mit den auftraggeberspezifischen Bedingungen vertraut.

- Es ist eine intensive und damit aufwendige Koordination zwischen Auftraggeber
  und Auftragnehmer erforderlich.

Durch die Gegenüberstellung einiger Vor- und Nachteile der Vertragsforschung wird
deutlich, dass eine generelle Aussage zur Durchführung der Eigen- oder Vertragsforschung nicht auf der Basis eines eindimensionalen Kostenvergleichs entschieden werden kann. Als abstrakte Entscheidungsregel gilt, dass der Entscheidungsträger die
Alternative wählt, die ihm den höchsten Nettonutzen verspricht (vgl. Kern/Schröder
1977, S. 60 f.).

Demgegenüber soll von Auftragsforschung dann gesprochen werden, wenn eine Organisation im Auftrag (auf der Grundlage eines Vertrages) für einen Dritten forscht.
An dieser Abgrenzung wird deutlich, dass die Begriffe Auftragsforschung und Vertragsforschung inhaltlich identisch sind und lediglich durch eine Betrachtung aus unterschiedlichen Perspektiven resultieren. Während bei der Vertragsforschung die Sicht
des Auftraggebers zugrunde liegt, ist bei der Auftragsforschung der Auftragnehmer
Ausgangspunkt der Betrachtung.

Als weitere Möglichkeiten zur Erlangung externen Wissens wurden die Kooperation
und die Gemeinschaftsforschung genannt. Von einer Kooperation wird dann gespro-

chen, wenn selbständige Personen und/oder Organisationen aufgrund gemeinsamer Ziele durch Abmachungen über die Erfüllung von Teilaufgaben der Beteiligten bestimmen (vgl. Corsten/Gössinger/Schneider 2006, S. 125 ff.; Schwarz 1979, S. 83). Die Intensität der Kooperation wird dabei in erheblichem Maße durch den Umfang der vorgenommenen Aufgabenausgliederung determiniert. Diese Aufgabenausgliederung kann als ein Kontinuum betrachtet werden, das einerseits durch den Erfahrungsaustausch als loseste Form der Kooperation und anderseits durch die kollektive Wahrnehmung einzelner oder mehrerer Funktionen begrenzt wird. Die Erscheinungsform des Erfahrungsaustausches setzt im Gegensatz zur kollektiven Wahrnehmung einzelner Funktionen, die eine Einrichtung unter gemeinschaftlicher Leitung erfordert, keine Verbundeinrichtungen voraus.

Voraussetzungen für eine Kooperation auf dem Gebiet der F&E sind

- ein verbindendes Motiv,
- ein mit der Kooperation verbundener Nettonutzen,
- gleiche, zumindest jedoch ähnliche oder ergänzende Informationsbedürfnisse und
- die grundsätzliche Bereitschaft der einzelnen Wirtschaftseinheiten zur Zusammenarbeit.

Die Bereitschaft zu einer Zusammenarbeit wird dabei vor allem von den folgenden Faktoren beeinflusst:

- von der Allgemeinheit und vielseitigen Verwertbarkeit der Ergebnisse,
- von den Konkurrenzverhältnissen, insbesondere der Substitutionskonkurrenz,
- von der personellen und finanziellen Leistungsfähigkeit und
- vom Unabhängigkeitsstreben der Unternehmung.

Als mögliche Vorteile der Kooperation sind zu nennen:

- aus betriebswirtschaftlicher Sicht:
  -- Reduktion der F&E-Kosten,
    • durch Aufteilung auf die Beteiligten,
    • durch Realisation von Kostendegressionen,
  -- Reduktion der Unsicherheiten,
  -- Zeitverkürzung des Informationsgewinnungsprozesses,
  -- Ausschöpfung eines größeren Informationspotentials,
  -- Vergrößerung des Forschungspotentials,
  -- Realisierung von Aufgaben, die sonst aus personellen, sachlichen oder finanziellen Gegebenheiten nicht möglich wären, und
  -- Nutzung von Spezialerfahrungen;
- aus volkswirtschaftlicher Sicht:
  -- Vermeidung von Doppelarbeiten und -investitionen,

-- Erhöhung der Wettbewerbsfähigkeit,

-- Produktivitätssteigerung und

-- Verhinderung starker Konzentration.

Diesen Vorteilen können die folgenden Nachteile gegenübergestellt werden:

- Einengung des Entscheidungsspielraums des Einzelnen durch die Kooperation,

- Zunahme der Abhängigkeit von anderen Unternehmungen,

- unzureichende Ausrichtung der Ergebnisse auf die unternehmungsspezifischen Belange (Adaptionsprobleme),

- Probleme, die sich aus den unterschiedlichen Präferenzen der Beteiligten ergeben (z. B. welche F&E-Projekte sollen in welcher Reihenfolge und Intensität bewältigt werden), und

- Verfügbarkeit der Ergebnisse für alle Beteiligten.

Generelles Ziel der Kooperation ist eine Verbesserung der wirtschaftlichen Situation, wobei nicht der Kooperationsgesamterfolg, sondern der Erfolgszuwachs des einzelnen Kooperationspartners gemeint ist.

Gemeinschaftsforschung liegt dann vor (vgl. Brockhoff 1999b, S. 63 ff.), wenn Unternehmungen der gleichen oder verschiedener Branchen gemeinsame Forschung innerhalb gemeinsam getragener Forschungseinrichtungen betreiben. Damit stellt sich die Frage nach dem Unterschied und den Gemeinsamkeiten zwischen Kooperation einerseits und Gemeinschaftsforschung anderseits. Wie bereits angeführt, können Kooperationen unterschiedliche Intensitätsgrade aufweisen, wobei die höchste Intensität bei einer kollektiven Wahrnehmung einzelner Funktionen gegeben ist. Die kollektive Wahrnehmung einzelner Funktionen erfordert jedoch eine Verbundeinrichtung, die die ausgegliederte Funktion erfüllt und folglich nichts anderes als eine Gemeinschaftseinrichtung darstellt.

Auf der Grundlage dieser Überlegungen kann die Gemeinschaftsforschung als eine spezifische Erscheinungsform der Kooperation aufgefasst werden, und zwar als eine Kooperation mit höchster Intensität. Gegenstand der Gemeinschaftsforschung sind Probleme, die für alle beteiligten Unternehmungen von Interesse sind. Für den F&E-Bereich bedeutet dies, dass im Rahmen der Gemeinschaftsforschung die Grundlagenforschung und die angewandte Forschung im Mittelpunkt stehen und damit ihr primäres Ziel in der Erweiterung der wissenschaftlichen Erkenntnisse zu sehen ist. Diese Zielsetzung unterstreicht den primär komplementären Charakter der Gemeinschaftsforschung zur unternehmungsinternen Forschung. Der unternehmungseigenen Forschung obliegt dabei die Aufgabe, auf den Ergebnissen der Gemeinschaftsforschung aufzubauen, d. h., es erfolgt eine spezifizierte Forschungstätigkeit mit dem Ziel, die allgemeineren Ergebnisse der Gemeinschaftsforschung auf die unternehmungsspezifischen Belange abzustimmen und zuzuschneiden.

Eine weitere Aufgabe der Gemeinschaftsforschungseinrichtung kann in der Aus- und Weiterbildung der in den einzelnen Unternehmungen tätigen Wissenschaftler und Ingenieure sowie Techniker gesehen werden.

Als Beispiel für die Gemeinschaftsforschung sei die Arbeitsgemeinschaft industrieller Forschungsvereinigungen (AIF) genannt.

2.1.2.1.3 Der Schutz betrieblicher Forschungs- und Entwicklungsergebnisse

Die Bedeutung der F&E für die Sicherung und das Wachstum der Unternehmungen wird allgemein anerkannt und wurde bereits zu Beginn der Ausführungen hervorgehoben. Bei erfolgreichem Abschluss des F&E-Projektes ergibt sich für die Unternehmung die Möglichkeit entweder einer

- Kostenreduzierung (bei Verfahrensinnovationen) oder einer
- Realisierung von Vorsprungsgewinnen (bei Produktinnovationen),

wenn der Markt das Ergebnis akzeptiert. Dem Innovator bietet sich damit die Möglichkeit, Gewinne zu realisieren, bevor andere Unternehmungen (Imitatoren) mit dem gleichen oder einem ähnlichen Produkt auf den Markt kommen, die dann die Absatzchancen des Innovators beschneiden. Damit erlangt in der Beziehung Innovator - Imitator das Zeitelement entscheidende Bedeutung (vgl. hierzu auch das Modell des integrativen Produktlebenszyklus in Abschnitt 2.2).

Der Imitator erhält spätestens mit der Markteinführung des neuen Produktes Informationen über die Aktivität des Innovators. Der potentielle Imitator muss sich nun entscheiden, ob er die Innovation ablehnt oder sich zu einer Imitation entschließt (Reaktionszeit). Diese Entscheidung und die Länge der Reaktionszeit hängen entscheidend davon ab, welche Informationen der potentielle Imitator über den Markterfolg der Innovation hat und wie er die zukünftigen Erfolgsaussichten der Innovation beurteilt. Entscheidet er sich für eine Imitation, dann sind zunächst entsprechende F&E-Arbeiten zu tätigen und im Anschluss daran Produktions- und Absatzvorbereitungen zu treffen (Realisation), d. h., es sind Produktionskapazitäten und eventuell neue Absatzwege aufzubauen. Sind diese Aktivitäten vollzogen, dann beginnt der Marktzyklus des Imitators, und die Monopolperiode des Innovators ist beendet (vgl. Kowalski 1980, S. 61 ff.). Für den Innovator stellt sich folglich das Problem, den Eintrittszeitpunkt des potentiellen Imitators in den Markt weiter in die Zukunft zu verlagern, da er so seine Monopolperiode zu verlängern vermag. Je früher der Imitator auf dem Markt erscheint, desto schneller können die Vorsprungsgewinne des Innovators aufgezehrt werden.

Aus der Sicht des Innovators stellt die Imitation damit eine Wachstumsrestriktion dar, deren Wirkung durch den Markteintrittszeitpunkt des Imitators bestimmt wird. Die Zeitspanne, die der potentielle Imitator dazu benötigt, am Markt als Konkurrent aufzutreten, hängt dabei von den folgenden Faktoren ab:

- Zeitpunkt der Kenntnisnahme,

- erlangter Erkenntnisumfang,

- vorhandene freie Kapazitäten in

  -- sachlicher und

  -- personeller Hinsicht,

- finanzielle Gegebenheiten und

- F&E-Gebiet (Handelt es sich um ein Gebiet, das den Mitarbeitern vertraut ist?).

Bei dieser Betrachtungsweise ist weiterhin zu berücksichtigen, dass mit der Länge der Monopolperiode des Innovators häufig Präferenzen für seine Produkte aufgebaut werden, d. h., es entwickelt sich eine Markentreue, die es für den Imitator immer schwieriger werden lässt, die Nachfrage auf eine andere Marke zu lenken. Die Präferenzen für den Innovator stellen dann aus der Sicht des Imitators einen Marktwiderstand dar, den es zu überwinden gilt. Handelt es sich bei der Innovation um ein Investitionsgut, dann kann der Innovator sich diesen Sachverhalt über die Integrationsqualität der Innovation zu Nutze machen. Gerade bei Investitionsgütern spielen neben den materiellen die immateriellen Komponenten eine bedeutende Rolle. Der Innovator müsste damit bestrebt sein, durch den Aufbau eines „integralen" Qualitätssystems die Nachfrager dazu zu bewegen, auch in Zukunft wieder dessen Produkte zu erwerben und damit den Imitator am Markteintritt zu hindern (vgl. Kowalski 1980, S. 70 f.). Gelingt es dem Innovator nicht, den Markteintritt des Imitators zu verzögern oder gar zu verhindern, dann muss er damit rechnen, dass seine Vorsprungsgewinne schnell durch die auftretenden Imitatoren aufgezehrt werden. Unter Wettbewerbsbedingungen kann F&E jedoch nur durch die Unternehmungen finanziert werden, wenn den entsprechenden F&E-Aufwendungen mindestens Erträge in einer Höhe gegenüberstehen, die der besten alternativen Verwendung dieser Mittel entsprechen (vgl. Brockhoff 1999b, S. 93). Um dem Innovator hierzu die Möglichkeit zu eröffnen, kann er das durch seine Forschungsaktivitäten erworbene Wissen temporär schützen und ist damit für eine bestimmte Zeitspanne einem unmittelbaren Wettbewerb durch eventuelle Nachahmer nicht ausgesetzt. Um eine ausschließliche Wissensnutzung durch den Innovator zu ermöglichen, existieren die folgenden gesetzlich normierten Schutzrechte zum Schutze neuer naturwissenschaftlicher Kenntnisse (vgl. De Pay 1996, Sp. 1830 ff.):

- das im Patentgesetz (PatG) geregelte Patent,

- das im Gebrauchsmustergesetz (GebrMG) geregelte Gebrauchsmuster,

- das Halbleiterschutzgesetz (HalblSchG) und

- das Arbeitnehmererfindergesetz (ANErfG).

Patente werden dabei nur für Erfindungen erteilt, d. h. für Geistesschöpfungen, durch die unter Ausnutzung naturgesetzlicher Kräfte oder Vorgänge bewusst ein technischer Erfolg herbeigeführt wird. Es darf sich dabei jedoch nicht um ein zufälliges Ergebnis handeln, sondern es muss bei beliebigen Wiederholungen der gleiche Erfolg eintreten. Eine weitere Voraussetzung für die Patentierbarkeit ist die Neuheit.

Nach dem PatG gilt eine Erfindung dann als neu, wenn sie nicht zum Stand der Technik gehört, und zwar im In- und Ausland. Es wird damit von einem **objektiven** oder **absoluten Neuheitsbegriff** ausgegangen.

Darüber hinaus muss die Erfindung **gewerblich anwendbar** sein. Eine Erfindung ist dann als gewerblich anwendbar zu bezeichnen, wenn ihr Gegenstand auf einem gewerblichen Gebiet (einschließlich der Landwirtschaft) hergestellt oder benutzt werden kann.

Als letzte Voraussetzung für die Erteilung eines Patentes ist die **erfinderische Tätigkeit** zu nennen. Diese liegt dann vor, wenn sich eine Erfindung für den Fachmann (Durchschnittsfachmann) nicht in naheliegender Weise aus dem Stand der Technik ergibt (vgl. § 4 PatG). Damit wird letztlich ein Mindestmaß an Erfindungshöhe gefordert. Grundlegend für eine Entscheidung darüber, ob die Erfindung auf einer erfinderischen Tätigkeit beruht, sind damit

- einerseits der Stand der Technik und
- anderseits das Können eines Durchschnittsfachmanns in dem jeweiligen Fachgebiet.

Unabhängig von den Problemen, die sich bei der Festlegung des Standes der Technik bereits ergeben, zeigt sich die **Inoperationalität** bei der Komponente „Können des Durchschnittsfachmanns" in besonders deutlicher Weise, da es sich hierbei letztlich um eine Fiktion handelt, die sich einer objektiven Überprüfung (im Sinne einer intersubjektiven Vergleichbarkeit) entzieht (vgl. Lange 2006, S. 22).

Erhält der Patentanmelder durch das Deutsche Patent- und Markenamt in München ein Patent, dann verleiht es seinem Inhaber nach § 6 PatG die allein ihm zustehende Befugnis, „... gewerbsmäßig den Gegenstand der Erfindung herzustellen, in Verkehr zu bringen, feilzuhalten oder zu gebrauchen". Die **Dauer des Patentschutzes** beträgt im Höchstfall 20 Jahre nach der Anmeldung, wobei sich im Zeitablauf steigende Gebühren ergeben (zum Patentrecht vgl. Kraßer 2004).

Der Patentinhaber kann das von ihm erworbene Schutzrecht in unbeschränkter oder beschränkter Form einem Dritten übertragen. Während bei einer **unbeschränkten Übertragung** der Erwerber die Umschreibung des Patentes in der Patentrolle beantragen kann und damit das ausschließliche Nutzungsrecht erhält, handelt es sich bei einer **beschränkten Übertragung** lediglich um ein Nutzungsrecht, das einem Dritten auf der Grundlage einer Lizenz zugestanden wird. Bei der Überlassung eines Nutzungsrechtes verzichtet der Patentinhaber damit freiwillig auf die ihm gesetzlich zugestandene temporäre Monopolstellung. Gründe für einen derartigen Verzicht können beispielsweise sein:

- Dem Patentinhaber ist eine vollständige Ausnutzung des Nutzungsrechtes nicht möglich (z. B. aufgrund mangelnder finanzieller oder personeller Ressourcen), oder

- sie ist zwar möglich, jedoch erscheint sie ihm nicht vorteilhaft (vgl. Kern/Schröder 1977, S. 76).

Diese beiden Problemkomplexe verdeutlichen, dass es eine generelle Entscheidung darüber, ob eine ausschließliche Nutzung durch den Patentinhaber oder ein Verzicht auf die Ausschließlichkeit erfolgen soll, nicht getroffen werden kann, sondern dass diese nur situationsspezifisch möglich ist.

Bei einer beschränkten Übertragung in der Form einer Lizenz können zwischen **Lizenzgeber** und **-nehmer** die unterschiedlichsten Ausgestaltungsformen gewählt werden. Einen sicherlich nicht vollständigen Überblick über unterschiedliche Erscheinungsformen der Lizenzierung gibt Abbildung 2.1-8 (vgl. Kern/Schröder 1977, S. 79).

Als weitere spezielle Erscheinungsformen seien z. B.

- Rücklizenzen und
- Lizenzaustauschverträge

erwähnt. Im Rahmen einer **Rücklizenz** verpflichtet sich der Lizenznehmer, dass er die durch seine F&E-Anstrengungen getätigten Verbesserungen des Lizenzgegenstandes dem Lizenzgeber entweder kostenlos oder gegen ein entsprechendes Entgelt zur Verfügung stellt („grant-back"-Klausel). Bei **Lizenzaustauschverträgen** verpflichten sich die Vertragspartner, sämtliche von ihnen auf einem bestimmten Gebiet erworbenen neuen Kenntnisse zur Nutzung auszutauschen. Auch dies kann entgeltlich oder unentgeltlich erfolgen.

Neben den bisherigen Überlegungen zum Patent sind Situationen relevant, in denen eine Unternehmung ein Patent hält, dieses jedoch nicht nutzt, aber auch nicht bereit ist, hierauf eine Lizenz zu erteilen. Hierbei ist zwischen Sperr- und Vorratspatenten zu unterscheiden. Ziel von **Sperrpatenten** ist es, die Konkurrenten in ihren technischen Entwicklungen zu behindern. Demgegenüber liegt ein **Vorratspatent** vor, wenn sein Einsatz aufgrund strategischer Überlegungen hinausgezögert wird. Gründe hierfür sind z. B.:

- Die Erhöhung der Lebensdauer existenter Produkte und damit eventuell eine Verhinderung eines Absatzrückganges.
- Der Markt ist zum augenblicklichen Zeitpunkt noch nicht oder nicht in ausreichendem Maße aufnahmebereit.
- Die Vorratspatente werden als Reaktionspotential auf Vorstöße von Konkurrenten gehalten.
- Das Produkt weist zum aktuellen Zeitpunkt nicht die notwendige technische Ausgereiftheit auf.

Der entscheidende Unterschied zwischen diesen Erscheinungsformen liegt damit in der Intention, mit der der Patentinhaber das Patent zurückhält. Demgegenüber weisen beide Formen eine temporäre Wirkung auf. Es dürfte damit im Einzelfall schwierig sein, eine saubere Abgrenzung zwischen diesen Formen vorzunehmen.

Systematisie-rungsobjekt	Systemati-sierungs-kriterium	Erscheinungs-formen	Erläuterungen
Lizenzobjekt	Existenz von Schutz-rechten	Patentlizenz	Genehmigung zur gewerblichen Nutzung von Kenntnissen, die durch Schutzrechte geschützt sind.
		Know-how-Lizenz	Genehmigung zur gewerblichen Nutzung von Kenntnissen, die rechtlich nicht geschützt sind.
		Gemischte Lizenz	Genehmigung zur gewerblichen Nutzung von Kenntnissen, die teilweise rechtlich geschützt sind und teilweise nicht geschützt sind.
	Nutzungs-rechts-umfang	Unbeschränkte Lizenz	Der Nutzungsrechtsumfang erfährt keine Einschränkung
		Beschränkte Lizenz	Sachliche Beschränkung - Montagelizenz - Herstellungslizenz - Vertriebslizenz - Gebrauchslizenz - Benutzungsumfang etc.
			Räumliche Beschränkungen (Gebietslizenz), z.B. auf bestimmte Länder begrenzt.
			Zeitliche Beschränkung (Zeitlizenz). Es erfolgt eine zeitliche Limitierung, die kürzer ist als die maximale Patentschutzzeit von 20 Jahren.
Lizenz-nehmer	Anzahl der Lizenz-nehmer	Ausschließliche Lizenz	Der Lizenznehmer hat das alleinige Recht der Verwertung der lizenzierten Erfindung in Bezug auf den vereinbarten Gegenstand und die vereinbarte Vertragszeit.
		Einfache Lizenz	Der Lizenznehmer erhält das Recht, die lizenzierte Erfindung neben weiteren Lizenznehmern zu nutzen.
Zustande-kommen der Lizenz	Freiwillig-keit	Zwangslizenz	Im öffentlichen Interesse kann es zu einer Zusprechung einer Zwangslizenz kommen (§24 PatG). Sie hat bisher keine Bedeutung erlangt.
		Vereinbarte Lizenz	Lizenzgeber und -nehmer vereinbaren auf freiwilliger Basis einen Lizenzvertrag.
Vereinbartes Entgelt	Berech-nungsart	Nutzungs-unabhängige Lizenz	Es wird eine Pauschale (Gebühr) vereinbart.
		Nutzungs-abhängige Lizenz	Es wird im Vertrag eine nutzungsabhängige Zahlung, z.B. in der Form einer Stücklizenz, preisabhängigen oder gewinnabhängigen Lizenzgebühr vereinbart.

Abb. 2.1-8: Erscheinungsformen der Lizenzen

Das Gebrauchsmuster ist wie das Patent ein technisches Schutzrecht. Die Grundidee dieses Schutzrechtes war von Anfang an auf praktische Bedürfnisse ausgerichtet. Die mit ihm verknüpften Rechte gleichen dem des Patentes. Unterschiede sind jedoch in vierfacher Hinsicht zu konstatieren:

- Der Schutz des Gebrauchsmusters bezieht sich nur auf Gegenstände (Arbeitsgerätschaften oder Gebrauchsgegenstände oder Teile derselben) und nicht auf Verfahren.

- Der Gegenstand des Gebrauchsmusters muss zwar ebenfalls, wie dies bei dem Patent der Fall ist, auf einem erfinderischen Schritt beruhen, jedoch werden an die Höhe des Schrittes geringere Anforderungen gestellt als beim Patent. Aus diesem Grunde wird teilweise auch von „kleinen Erfindungen" oder von einem „Minipatent" gesprochen.

- Bei Anmeldung erfolgt eine beschränkte Prüfung, d. h., es werden zwar die formellen Voraussetzungen, nicht hingegen die Neuheit, der erfinderische Schritt und die gewerbliche Anwendbarkeit überprüft. Diese Prüfungen bleiben dem Verletzungsprozess oder dem Gebrauchsmusterlöschungsverfahren vorbehalten.

- Die Schutzfrist eines Gebrauchsmusters beträgt zunächst drei Jahre, die dann zweimal um jeweils acht Jahre verlängert werden kann. Die maximale Schutzfrist beläuft sich folglich auf neunzehn Jahre.

Teilweise findet das Gebrauchsmuster auch Einsatz als zusätzliches Schutzinstrument und erhält damit den Charakter eines „Auffangrechtes". So kann etwa eine Doppelanmeldung erfolgen, d. h., es wird eine parallele Patent- und Gebrauchsmusteranmeldung vollzogen, um etwa die Nachteile einer Patentversagung oder eines Widerrufs aufzufangen.

Im Jahre 1987 trat in der Bundesrepublik das Halbleiterschutzgesetz (HalblSchG) in Kraft (zuletzt geändert am 19.10.2013). Das Halbleiterschutzgesetz gewährt integrierten Schaltungen einen Verwertungsschutz, den das Patentrecht, bedingt durch die fehlende kreative erfinderische Tätigkeit, nicht gewähren würde. Wie beim Gebrauchsmustergesetz, dem das Halbleiterschutzgesetz in vielen Punkten entspricht, wird keine Neuheitsprüfung durchgeführt, so dass die Gewährung des Schutzes schnell erfolgen kann.

Die Mehrheit schutzrechtsfähiger Kenntnisse, die einer Unternehmung als Ergebnis ihrer F&E-Tätigkeit zufließen, wird von Arbeitnehmern im Rahmen ihres Dienstverhältnisses gewonnen. Diese Erfindungen gehören nach dem Arbeitnehmererfindergesetz dem Arbeitgeber (§ 6 ANErfG), da dieser

- einerseits die notwendigen Ressourcen zur Verfügung stellt und

- anderseits den Arbeitnehmer für seine Tätigkeit durch das Arbeitsentgelt entlohnt.

Nur in den Fällen, in denen der Arbeitgeber auf ein Schutzrecht verzichtet, hat der Arbeitnehmer das Recht, frei über seine Erfindung zu verfügen. Das ANErfG formuliert aber auch die folgenden Pflichten für den Arbeitgeber:

- Geheimhaltung (§ 24 ANErfG),

- Beantragung eines Patentes oder Gebrauchsmusters für die Erfindung und Benennung des Arbeitnehmers als Erfinder (§§ 37, 63 PatG) und

- Zahlung einer angemessenen Entschädigung (Vergütung; §§ 9 ff. ANErfG) auf der Grundlage einer Vereinbarung zwischen Arbeitgeber und -nehmer. Die Höhe der Vergütung ist abhängig von

  -- der wirtschaftlichen Verwertbarkeit der Diensterfindung,

  -- den Aufgaben und der Stellung des Arbeitnehmers in der Unternehmung und

  -- seinem Anteil am Zustandekommen der Erfindung.

Neben diesen Schutzrechten kommt in der Praxis der faktischen Sicherung eine bedeutende Rolle zu. Ein Grund für die Geheimhaltung durch den Innovator kann in der mit einer Patentierung einhergehenden Offenlegung einer Erfindung gesehen werden, da hierdurch potentielle Imitatoren Informationen über die F&E-Aktivitäten des Innovators erlangen. Dieser kann hierin eine Gefährdung der eigenen Innovation sehen und sich deshalb gegen die Erlangung eines Schutzrechtes entscheiden. Ziel dieser Vorgehensweise ist es, eine Imitation mit Hilfe eines Mangels an Informationen über die Innovation zu verhindern (vgl. Corsten/Gössinger/Schneider 2006, S. 145 ff.).

Entschließt sich eine Unternehmung, die Sicherung eines F&E-Ergebnisses nicht auf der Grundlage eines Schutzrechtes, sondern durch Geheimhaltung zu realisieren, dann unterliegt der Schutz zwar grundsätzlich keiner zeitlichen Limitierung, jedoch geht sie das Risiko ein, dass die Geheimhaltung nicht aufrechterhalten werden kann und damit ungeschütztes Wissen dem Konkurrenten zufließt. Darüber hinaus ist zu beachten, dass eine derartige Geheimhaltungsstrategie keinen wirksamen Schutz vor Doppelerfindungen durch andere Unternehmungen bietet. Um eine differenziertere Betrachtungsweise zu ermöglichen, erscheint es zweckmäßig, im Rahmen einer Geheimhaltungsstrategie zwischen einer

- permanenten und einer
- temporären Geheimhaltung

zu unterscheiden. Bei einer temporären Geheimhaltung verfolgt der Innovator das Ziel, zu einem späteren Zeitpunkt ein Schutzrecht in Anspruch zu nehmen, jedoch durch eine zeitlich verzögerte Anmeldung die Reaktionsperiode potentieller Imitatoren zu verlängern.

Dabei ist die Entscheidung „Geheimhaltung versus Schutzrecht" in hohem Maße davon abhängig, ob es sich bei der Innovation um ein Produkt oder ein Verfahren handelt. Grundsätzlich gilt, dass eine permanente Geheimhaltung bei einem Produkt kaum realisierbar ist, sondern hierbei lediglich eine temporäre Geheimhaltung in Frage kommt, und zwar insbesondere aufgrund marktstrategischer Überlegungen. Eine permanente Geheimhaltung erscheint damit grundsätzlich nur bei Verfahren realisierbar. Diese Strategie ist vor allem für Unternehmungen von Interesse, die Branchen angehören, in denen Patente bereits nach kurzer Zeit durch die ökonomische Entwicklung wertlos werden und diese Zeitspanne durch die mit der Offenlegung verbundene Informationsweitergabe noch verkürzt würde. Als Beispiel hierfür sei die chemische Industrie genannt.

Ein weiterer Aspekt, der im Rahmen dieser Entscheidungssituation von Bedeutung ist, ist in der Schwierigkeit zu sehen, eine wirksame Kontrolle und Aufrechterhaltung des Patentschutzes von Verfahren zu realisieren, die sich in der Praxis nur bedingt wirksam durchführen lassen.

2.1.2.2 Simultaneous Engineering als Instrument zur Verkürzung der Produktentwicklungszeit

Ablaufanalysen im Bereich der Produktentwicklung zeigen, dass in diesem Bereich häufig eine sequentielle Arbeitsweise realisiert wird, d. h., die Aufgabenerfüllung erfolgt in der Form des Staffellaufs. Als Grundregel sequentieller Entwicklungsarbeit gilt dann: Ein Projekt geht erst dann in ein neues Stadium über, wenn alle Erfordernisse der vorhergehenden Phase erfüllt sind. Durch diese Vorgehensweise entstehen Zeitverluste, weil an den Schnittstellen Abstimmungs- und Übergabeprozeduren hervorgerufen werden. Ungenügende Informations- und Kommunikationsbeziehungen zwischen den unterschiedlichen Funktionsbereichen scheinen dabei ein wesentlicher Grund für die auftretenden Bearbeitungsschleifen zu sein.

Dieser Aspekt bildet den Ansatzpunkt des Simultaneous Engineering (vgl. z. B. Corsten/Gössinger/Schneider 2006, S. 182 ff.; Murmann 1994, S. 104 ff.), mit dem die Ansprüche einer gleichzeitigen Entwicklung von Produkten und Produktionsmitteln und einer Abkehr von einer Serialisierung der Entwicklung und Produktion, mit den Zielen

- der Verringerung zeit- und kostenintensiver Produktänderungen im fortgeschrittenen Projektstadium und
- einer verbesserten Abstimmung zwischen Produkt- und Produktionsanlagenentwicklung,

verfolgt werden. Dies impliziert, dass noch während der Produktentwicklung Anlagen und Werkzeuge bis auf ein sogenanntes Änderungsfenster für Detailspezifikationen fertiggestellt werden.

Ein zentraler Aspekt des Simultaneous Engineerings ist damit in der Parallelisierung der Aktivitäten und Phasen zu sehen, wodurch Zeitreduzierungen realisierbar sind. Dabei ist aber zu berücksichtigen, dass eine Parallelisierung der Aktivitäten mit einem erhöhten Koordinations- und Kommunikationsaufwand einhergeht, wobei es ein Maximum parallel zu bewältigender Aktivitäten zu geben scheint, bei dessen Überschreitung die Leistung nicht mehr weiter ansteigt, sondern sogar abfällt und die Projektdauer zunimmt. Darüber hinaus kann es zu einem höheren Ressourcenverbrauch kommen. Eine Parallelisierung zielt damit primär auf eine Zeitreduzierung und nicht auf eine

Ressourcenreduzierung ab. Im Folgenden wird daher von der plausiblen Hypothese ausgegangen, dass eine Parallelisierung grundsätzlich geeignet ist, die Produktentwicklungszeit zu verkürzen und die Planbarkeit der Dauer zu erhöhen. Dies bedeutet nicht, dass insbesondere technische Risiken hierdurch verhindert werden können, sondern nur, dass die Möglichkeit für eine schnellere Bewältigung eröffnet wird.

Grundsätzlich kann damit davon ausgegangen werden, dass durch eine Parallelisierung die Gesamtdauer unter die Summe der Einzeldauern der durchzuführenden Aktivitäten gesenkt werden kann, wobei das Ausmaß letztlich durch die Abhängigkeiten der Aktivitäten beeinflusst wird. Während eine Parallelisierung bei voneinander unabhängigen Aktivitäten unproblematisch ist, zeigt sich bei voneinander abhängigen Aktivitäten ein anderes Bild, da hierbei eine nachfolgende Aktivität vor Ende des Vorgängers gestartet wird und somit die Informationen noch unvollständig und unsicher sein können. Die inhaltlichen Abhängigkeiten der Aktivitäten restringieren folglich die Parallelisierung, und es sind die möglichen Wechselbeziehungen zu analysieren, um so Hinweise auf den erforderlichen Informationsfluss zu erhalten. Es erfolgt also eine frühzeitige Weitergabe der Teilergebnisse, d. h., die Aktivitäten werden überlappt vollzogen (vgl. Ochs 1992, S. 21), wodurch ein permanenter Abgleich notwendig wird.

Liefert A korrekte Informationen, dann kann die **Überlappungszeit** als Verkürzungszeit betrachtet werden. Ist dies nicht der Fall, dann kann die Aktivität B ganz oder teilweise hinfällig sein und es entstehen höhere Kosten, sogenannte „**error costs**", als dies bei sequentieller Vorgehensweise der Fall gewesen wäre. Hingegen müssen bei voneinander unabhängigen Aktivitäten die parallel verlaufenden Aktivitäten auch bei falschen Informationen nicht wiederholt werden. Es erscheint damit bei komplementären Aktivitäten zweckmäßig, sogenannte **robuste Startschritte** der Folgeaktivitäten zu definieren (vgl. Glück 1995, S. 67), d. h., es sind die Startschritte so zu gestalten, dass die Folgeaktivitäten auch bei unterschiedlichen Ergebnissen der Vorgängeraktivitäten fortgesetzt werden können. Derartige robuste Schritte ergeben sich in einem Projekt jedoch nicht eo ipso, sondern sie müssen gestaltet werden. Zu beachten ist dabei, dass die so erreichte Flexibilität höhere Kosten verursachen kann als eine für ein bestimmtes Ergebnis optimierte Aktivität. Darüber hinaus ist zu berücksichtigen, dass sich Aktivitäten auch wechselseitig beeinflussen können, wodurch tendenziell ein höherer Gestaltungsspielraum für die Folgeaktivität entsteht, da sich die Möglichkeit eröffnet, dass die Folgeaktivität die Ereignisse der Vorgängeraktivität in einem für sie günstigen Sinne beeinflusst, wenn dabei ein kontinuierlicher wechselseitiger Informationsaustausch vorausgesetzt wird. Die einzelne Aktivität oder Phase kann dadurch länger werden, jedoch nimmt die Gesamtdauer des Projektes ab. Unter zeitlichen Gesichtspunkten zeigt sich damit einerseits eine Zeitverlängerungs- und anderseits eine Zeitverkürzungstendenz. Durch die frühe Einbindung der Experten und die damit einhergehenden intensiven Abstimmungsprozesse wird die Planungsphase i. d. R. verlängert. Dem stehen jedoch **Zeitreduzierungen** durch

- gleichzeitige Planung von Produkt und Produktionsmittel,

- Zeitreduktion im Rahmen der Entwicklungsdurchführung, bedingt durch die intensivere Planung, und

- geringeren Änderungsanfall und zeitunaufwendigere Änderungen

gegenüber, so dass die Zeitreduzierungen i. d. R. größer sind als die Zeitverlängerungen.

Probleme im Produktentwicklungsprozess resultieren damit

- einerseits aus einer Aufgabenfragmentierung und

- anderseits aus vorhandenen Informationsinseln,

so dass organisatorische und informationstechnologische Aspekte, die in einer interdependenten Beziehung zueinander stehen, als Gestaltungsmaßnahmen von besonderer Bedeutung sind.

Aus organisatorischer Sicht geht es um die Verwirklichung ganzheitlich-integrativer Strukturen, wobei insbesondere Teamstrukturen zu nennen sind. Grundlage des Simultaneous Engineering sind dabei interdisziplinäre Gruppen, sogenannte **SE-Teams** (vgl. Glück 1995, S. 91 ff.). In einem SE-Team erfolgt die Integration von **Mitarbeitern** aller **relevanten Unternehmungsbereiche** (funktionsübergreifende Integration) und darüber hinaus auch unternehmungsexterne Teilnehmer wie **Lieferanten** und **Kunden** (Lead-user-Kunden). Auf der Basis eines solchen SE-Teams werden dann bereits im Planungsstadium die Anforderungen an das neue Produkt gemeinsam mit dem Ziel festgelegt, Fehlentwicklungen und damit einhergehende Rücksprünge im Entwicklungsprozess und zwischen Entwicklung und Produktion zu vermeiden. Hierdurch ergibt sich die Möglichkeit, zu klaren Zielvorgaben zu gelangen. Durch die Einbeziehung der Kunden erlangt der Hersteller einerseits Kenntnisse über die Kundenanforderungen, anderseits bekommen die Kunden Einblicke in die Lösungsmöglichkeiten und können so wiederum die Anforderungen daran anpassen, so dass sich ein bilateraler Informationsfluss ergibt. Für den Produktentwicklungsprozess ergibt sich damit eine vertikale (Integration der Lieferanten und Kunden) und eine horizontale (unternehmungsinterne funktionsübergreifende Integration) Dimension.

Nach dem Kriterium der Dauerhaftigkeit des Zusammenschlusses kann zwischen

- **situativen SE-Teams**, bei denen die Mitarbeiter aus den relevanten Funktionsbereichen sporadisch in das Team einbezogen werden und disziplinarisch weiterhin den einzelnen Funktionsbereichen zugeordnet bleiben, und

- **institutionalisierten SE-Teams**, bei denen die Mitarbeiter aus den relevanten Bereichen für die Dauer des Projektes aus der bestehenden Organisationsstruktur herausgelöst werden (reines Projektmanagement),

unterschieden werden (vgl. Gerpott 1996, Sp. 1857). Eine Kombination dieser beiden Erscheinungsformen lässt sich dadurch erreichen, dass zwischen einem **Kernteam** und einem **erweiterten Team**, in dem situationsspezifische (temporäre) Erweiterungen realisiert werden, unterschieden wird. Das SE-Team weist dann einen konstanten und einen variablen Teil auf, der bei Bedarf mit wechselnder Besetzung herangezogen werden kann. Mit dieser Vorgehensweise kann auch dem Sachverhalt Rechnung getragen werden, dass im Laufe des Produktentstehungsprozesses die einzelnen Teilnehmer des SE-Teams mit unterschiedlichen Intensitäten beteiligt sind. Ein weiterer Aspekt, der für einen variablen Teil des SE-Teams spricht, ist in den unterschiedlichen Qualifikationsanforderungen zu sehen, die sich im Verlauf des Entwicklungsprozesses ergeben, so dass eine wechselnde Zusammensetzung durchaus vorteilhaft sein kann. Es sind damit in einem SE-Team über die Zeit unterschiedliche personelle Konstellationen denkbar, die aus den im Zeitablauf unterschiedlichen Beteiligungsintensitäten einzelner Teilnehmer resultieren.

Damit lässt sich Simultaneous Engineering durch die folgenden Elemente charakterisieren:

- weitgehende Parallelisierung und Überlappung der Aktivitäten, die keine Abhängigkeiten aufweisen, d. h. Eliminieren der Zeitpuffer, und zeitliche Überlappung bei existenten Abhängigkeiten;
- frühzeitige Einbeziehung und damit Vorverlagerung der Erkenntnisprozesse der
    -- Mitarbeiter der relevanten Funktionsbereiche,
    -- Zulieferer und
    -- Lead-user-Kunden
  zu einer projektorientierten, kooperativen Entwicklungsorganisation in Form der SE-Teams;
- frühzeitige und umfassend abgestimmte marktorientierte Planung kritischer Qualitätsmerkmale des neuen Produktes;
- Beschleunigung der Aktivitäten.

Auf dieser Basis lässt sich Simultaneous Engineering auch von der sogenannten parallelen F&E abgrenzen. Während Simultaneous Engineering versucht, komplementäre Lösungsteile eines Problems zu erstellen, die zur Realisation eines Entwicklungsvorhabens notwendig sind, werden bei der parallelen F&E zeitgleich alternative Lösungsmöglichkeiten bearbeitet, von denen dann eine Möglichkeit genutzt wird.

Um die angesprochenen Zeitverkürzungen mit Simultaneous Engineering erreichen zu können, müssen die drei folgenden Bedingungen zur Durchführung eines rationalen Diskurses erfüllt sein (vgl. Ochs 1992, S. 85):

- Bereitschaft zur Begründung eigener Thesen,
- Bereitschaft zur Analyse der Begründung fremder Thesen und
- Bereitschaft zur Thesenrevision.

Neben der organisatorischen Komponente der Gruppenarbeit ist die informationstechnologische Unterstützung der SE-Teams im Rahmen der

- Kommunikation,
- Dokumentation und
- Koordination

von Bedeutung. Diese Unterstützung kann aus den beiden folgenden Konzepten resultieren, die sich teilweise in die gleiche Richtung entwickeln:

- Groupware und
- Multiagentensysteme.

Zur Unterstützung von Kommunikation und Dokumentation (Erfassen des Wissensbestandes) bieten sich sogenannte Groupware-Systeme an, bei denen es sich um computergestützte Konzepte zur Unterstützung kooperativen Arbeitens (innerhalb möglichst autonomer Gruppen) handelt. Groupware-Systeme sollen jedoch nicht die Face-to-face-Kommunikation ersetzen, sondern vielmehr zu deren Intensivierung beitragen. Sie zielen vor allem darauf ab, eine hohe Verfügbarkeit des in einer Unternehmung existenten Wissens zu erreichen. Denn häufig ist zwar das erforderliche Wissen in der Unternehmung vorhanden, aber es kann, bedingt durch mangelnde Verfügbarkeit, in einer konkreten Entscheidungssituation nicht genutzt werden (vgl. Krallmann/Boeckhoff/Bogdandy 1996, S. 184 ff.).

Fischer/Möcklinghoff (1994, S. 47 ff.) betonen, dass Groupware nur die Kommunikation und Dokumentation unterstütze, während die Koordination unbeachtet bliebe. Die Koordination ist aber für dezentrale Arbeitsgruppen von grundlegender Bedeutung. Aus diesem Grunde schlagen sie vor, für die Koordination eine Expertensystem-Shell einzusetzen, womit sie letztlich Aspekte aufgreifen, die im Rahmen von Multiagentensystemen relevant sind.

Aufgrund der parallelen und überlappenden Aufgabenbearbeitung durch das zu koordinierende Zusammenwirken der SE-Teilnehmer erscheint die Nutzbarmachung der Prinzipien des verteilten Problemlösens naheliegend, so dass Multiagentensysteme als konzeptionelle Basis zur Unterstützung von Simultaneous Engineering herangezogen werden können (vgl. z. B. Zelewski 1993, S. 1 ff.). Die Problemverteilung ergibt sich beim Simultaneous Engineering

- einerseits daraus, dass das Wissen auf mehrere Personen verteilt ist, und
- anderseits aus der Aufgabe, simultan Produkt- und Produktionsmittel zu entwickeln.

Aus dem verteilten Vorgehen können, bedingt durch unterschiedliche(s) Informationen und Wissen der Beteiligten, Inkonsistenzen entstehen, und zwar genau dann, wenn mehr als ein Beteiligter Informationen oder Wissen besitzt, um zur Lösung ein und desselben Teilproblems beizutragen. Die Konsistenz bei derartigen Überschneidungen ist nur dann gegeben, wenn mit der Einbeziehung der verschiedenen Lösungsbeiträge keine Beschränkungen, die aus den Interdependenzen durch die Problemverteilung resultieren, verletzt werden.

2.1.3 Produktgestaltung

2.1.3.1 Aufgaben der Produktgestaltung

Die Produktgestaltung ist ein Teilgebiet der Produktpolitik und umfasst sämtliche Aufgaben, die sich auf die Beschaffenheit der Produkte beziehen. Der Produktgestaltung obliegt es damit, die Eigenschaften der Erzeugnisse festzulegen. Im Einzelnen handelt es sich hierbei um die Wahl der zum Einsatz gelangenden Stoffe, der Produktstruktur und der technischen Funktionen sowie der äußeren Merkmale des Produktes wie der Formgebung (z. B. Funktionalität, Ästhetik), der Größe, der Oberfläche, des Geschmacks usw. Darüber hinaus ist in diesem Zusammenhang auch der Problemkomplex der Verpackung zu nennen, der in enger Verbindung mit der Formgebung steht. Die Verpackung hat dabei traditionell eine Transport-, Lager-, Sicherungs-, Schutz- und Informationsfunktion zu erfüllen.

Die Gestaltungsmittel lassen sich dabei auf einer ersten Ebene in elementare und komplexe Mittel untergliedern (vgl. Koppelmann 2001, S. 339 ff.). Die elementaren Mittel lassen sich weiterhin in originäre (hierzu zählen Aspekte wie Stoff/Material, Form, Farbe) und derivative Mittel (z. B. Markenzeichen, Oberfläche, Verpackung) unterscheiden. Bei den komplexen Mitteln ist zwischen prinzipiellen Mittelkombinationen (z. B. Funktionsprinzipien, Konstruktionsprinzipien, historischen Lösungsprinzipien) und konkreten Mittelkombinationen (z. B. Produktteilen) weiter zu differenzieren.

Neben diesen Aspekten sind im Rahmen der Produktgestaltung auch produktionstechnische und produktionswirtschaftliche Aspekte zu beachten, die in Abhängigkeit vom jeweiligen Produkt in unterschiedlichen Forderungen ihren Niederschlag finden (vgl. Kern 1992, S. 117):

- Bearbeitungsgerechtigkeit (z. B. leichte Zugänglichkeit der Bearbeitungsstellen),
- Materialwirtschaftlichkeit (Vermeidung übermäßiger Abmessungen und Sicherheitszuschläge sowie qualitativer Redundanzen) und
- Genauigkeitsoptimalität (z. B. Oberflächengüte, Präzisionsanforderung bei Abmessungen von Toleranzen).

Darüber hinaus werden Forderungen wie Stapelfähigkeit, Verpackungs- und Transportgerechtigkeit erwähnt. Da sich diese Forderungen letztlich in den Herstellkosten niederschlagen, wird häufig auch als generelle Forderung das Prinzip der herstellkostengerechten Produktgestaltung formuliert.

Die Produktgestaltung ist jedoch nicht nur produktionstechnisch/produktionswirtschaftlich und absatzwirtschaftlich zu betrachten, sondern darüber hinaus sind auch ökologische Aspekte in die Produktgestaltung einzubeziehen (z. B. Ressourcenschonung, Recyclingfähigkeit, Emissionsarmut).

Im Rahmen der Produktgestaltung können z. B. Checklisten für die Beurteilung der Umweltfreundlichkeit in den Phasen der Beschaffung, der Produktion, des Ge- oder Verbrauchs und der Beseitigung herangezogen werden. Ihren Ausdruck finden diese

Bemühungen in der Entwicklung ressourcenschonender und recyclingfähiger Produkte. Die **Recyclingorientierung** des Konstruktionsprozesses ermöglicht eine Antizipation der **Demontage-** und **Remontagefreundlichkeit,** der **Werkstoffwahl** hinsichtlich Verwertungsverträglichkeit sowie der **Zugänglichkeit** und **Reinigungsmöglichkeit.** Neben der Produktgestalt bestimmt auch die **Produktlebensdauer** den Grad der Umweltbelastung. Durch die Verbesserung der Haltbarkeits- und Verschleißeigenschaften kann eine Verlängerung der Lebensdauer und damit eine input- und outputseitige Entlastung der Umwelt erreicht werden. Ebenfalls ergeben sich bei der **Produktverpackung** Ansatzpunkte:

- Verringerung des Verpackungsmaterials (Vermeidung von überdimensionierten Verpackungen und Mehrfachverpackungen),
- Erhöhung der Mehrfachverwendbarkeit (Aufbau von Recyclingkreisläufen),
- Reduktion der Verbundverpackungen und
- Materialsubstitution.

Darüber hinaus können **rechtliche Normen** (z. B. Sicherheitsbestimmungen, Prüfvorschriften) Einfluss auf die Produktgestaltung haben.

Ein weiterer Aspekt der Produktgestaltung ist in der **Standardisierung,** d. h. der Vereinheitlichung der Produkte oder Produktteile zu sehen. Sie ist nicht nur für eine kostenoptimale Produktion von Bedeutung, sondern auch für die Formgebung und Verpackung und hat ferner eine nicht zu unterschätzende Relevanz für die Absatzfähigkeit der Produkte (z. B. unter dem Aspekt der Integrationsqualität). Wie bereits erwähnt, lässt sich die Standardisierung in die beiden Teilklassen Typung und Normung untergliedern. Unabhängig von der Problematik einer Trennung dieser beiden Aspekte steht im Folgenden der Problembereich der Normung im Zentrum des Interesses: „Normung ist die planmäßige, durch die interessierten Kreise gemeinschaftlich durchgeführte Vereinheitlichung von materiellen und immateriellen Gegenständen zum Nutzen der Allgemeinheit. Sie darf nicht zu einem wirtschaftlichen Sondervorteil einzelner führen. Sie fördert die Rationalisierung und Qualitätssicherung in Wirtschaft, Technik, Wissenschaft und Verwaltung. Sie dient der Sicherheit von Menschen und Sachen sowie der Qualitätsverbesserung in allen Lebensbereichen. Sie dient außerdem einer sinnvollen Ordnung und der Information auf dem jeweiligen Normungsgebiet. Die Normung wird auf nationaler, regionaler und internationaler Ebene durchgeführt." (DIN 820). Zuständig für die Normung innerhalb der BRD ist das „DIN Deutsches Institut für Normung e.V.". Die Ergebnisse dieser Normungsarbeit sind „Deutsche Normen", die mit dem Verbandszeichen DIN herausgegeben werden und in ihrer Summe das „Deutsche Normenwerk" bilden.

Nach DIN 820 hat sich die Normungsarbeit des DIN an den folgenden Grundsätzen zu orientieren:

- **Freiwilligkeit:** Dies bedeutet, dass jedermann das Recht hat, auf freiwilliger Basis an der Erarbeitung von Normen mitzuwirken. Dabei sind die Normen lediglich

Empfehlungen, deren Anwendung jedermann freisteht. Allerdings kann sich eine Anwendungsverpflichtung aus Rechts- oder Verwaltungsvorschriften sowie Verträgen ergeben.

- **Öffentlichkeit:** Alle Normungsvorhaben, Entwürfe und DIN-Normen werden öffentlich bekanntgemacht.

- **Beteiligung aller interessierten Kreise:** Bei der Erarbeitung der Normen sollen alle interessierten gesellschaftlichen Gruppen einbezogen werden.

- **Einheitlichkeit und Widerspruchsfreiheit:** Normen unterschiedlicher technischer Disziplinen sollen formal einheitlich sein. Sie dürfen nicht in Widerspruch zu bestehenden Normen sowie Rechts- und Verwaltungsvorschriften stehen.

- **Sachbezogenheit:** DIN-Normen orientieren sich an Sachverhalten, nicht an Wertvorstellungen.

- **Ausrichtung am allgemeinen Nutzen:** Der Inhalt der Normen ist an den Erfordernissen der Allgemeinheit zu orientieren. Der Allgemeinnutzen geht dem Individualnutzen vor.

- **Ausrichtung am Stand der Technik:** Normung vollzieht sich auf der Grundlage technisch-wissenschaftlicher Erkenntnisse. Sie sorgt für die schnelle Umsetzung neuer Erkenntnisse.

- **Ausrichtung an den wirtschaftlichen Gegebenheiten:** Jede Normsetzung ist auf ihre wirtschaftlichen Wirkungen hin zu untersuchen. Normung ist kein Selbstzweck.

- **Internationalität:** Die Normungsarbeit des DIN unterstützt die internationale Zusammenarbeit.

Darüber hinaus ist auch die Erarbeitung einer Norm nach einem vorgegebenen **Arbeitsablauf** vorzunehmen (DIN 820):

- Behandeln eines Normungsantrages (der von jedermann gestellt werden kann),

- Aufstellen einer Normvorlage,

- Beraten bis zum Verabschieden der Normvorlage,

- Bearbeiten der verabschiedeten Fassung als Manuskript für den Normentwurf,

- Prüfung des Manuskriptes und Veröffentlichen des Normentwurfes,

- Stellung nehmen zum Normentwurf,

- Behandeln der Stellungnahmen zum Normentwurf,

- Verabschieden der endgültigen Fassung der Norm,

- Bearbeiten der verabschiedeten Fassung als Manuskript für die Norm,

- Prüfung des Manuskriptes für die Norm und Anfertigung des Kontrollabzugs,

- Aufnehmen der Norm in das Deutsche Normenwerk und Veröffentlichung der Norm.

Im internationalen Bereich bilden die „International Standards Organization (ISO)" und die „International Electrotechnical Commission (IEC)" die Institutionen der internationalen Normung.

Während die ISO der allgemeinen internationalen Standardisierung dient, obliegt der IEC der spezielle Auftrag zu einer weltweiten Vereinheitlichung auf dem elektrotechnischen Gebiet. Dabei kann jedes Land mit einem nationalen Normungsinstitut Mitglied dieser Organisationen werden, wobei in der BRD das DIN diese Aufgabe in der ISO wahrnimmt und der VDE Mitglied der IEC ist. Die internationalen Normen stellen Empfehlungen zu einer Angleichung der entsprechenden nationalen Normen dar.

Darüber hinaus existiert eine europäische Normung. Bei den europäischen Normungsinstituten ist einerseits das Europäische Komitee für Normung (CEN) und das Europäische Komitee für elektrotechnische Normung (CENELEC) zu unterscheiden. Das Zustandekommen einer solchen Norm ist an eine qualifizierte Stimmenmehrheit gebunden. Eine verabschiedete Norm muss jedoch grundsätzlich von allen Mitgliedsländern in ihre nationalen Normenwerke aufgenommen werden, und zwar auch dann, wenn das jeweilige Land gegen die entsprechende Norm gestimmt hat. In der Bundesrepublik werden europäische Normen in das Normenwerk als DIN-EN-Normen aufgenommen.

Normen lassen sich nach den unterschiedlichsten Kriterien systematisieren. Von besonderem Interesse ist jedoch eine Systematisierung nach den Kriterien Umfang, Inhalt und Grad der Normung. Nach dem **Umfang** ihrer Anwendung lassen sich Normen unterteilen in:

- Werksnormen (Festlegung einer einzelnen Unternehmung),
- Verbandsnormen (z. B. VDE-Richtlinien, VDMA-Einheitsblätter, VDE-Vorschriften),
- nationale Normen (z. B. DIN-Normen),
- regionale Normen (z. B. CEN-, CENELEC-Normen) und
- internationale Normen (ISO/IEC-Normen).

Hinsichtlich ihres **Inhaltes** lassen sich nach DIN 820 folgende Normen unterscheiden: Dienstleistungs-, Gebrauchstauglichkeits-, Liefer-, Maß-, Planungs-, Prüf-, Qualitäts-, Sicherheits-, Stoff-, Verfahrens- und Verständigungsnormen.

Mit Hilfe des **Grades** der Normung wird das Ausmaß erfasst, in dem die Norm den Normungsgegenstand und ihre Bedeutung im Zusammenhang mit anderen Normen festlegt. Nach DIN 820 ist zwischen Grund-, Fach- und Fachgrundnormen zu unterscheiden. Während **Grundnormen** für viele Fachgebiete von grundlegender Bedeutung sind (z. B. Normen, die der Verständigung dienen, wie „Einheiten, Einheitsnamen, Einheitszeichen", „allgemeine Formelzeichen", oder Normen, die für den Konstruktionsprozess grundlegend sind, wie z. B. Normzahlen, Normmaße, Gewinde, Passungen, Zeichnungsnormen) beziehen sich **Fachnormen** auf ein abgegrenztes Fachgebiet. Eine eindeutige Abgrenzung zwischen Fach- und Grundnorm ist jedoch schwierig, da fast jede Norm wiederum Grundlage für eine andere Norm ist.

2.1.3.2 Wertanalyse als Instrument der Produktgestaltung

Die Wertanalyse, die ein Rationalisierungsverfahren darstellt, war ursprünglich eine Methode zur Senkung der Materialkosten bei Produkten mit vorgegebenen Eigenschaften. Im Laufe der Zeit erfuhr die Wertanalyse eine Erweiterung in die drei folgenden Richtungen (vgl. Kern/Schröder 1978, S. 375):

- Ausweitung auf sämtliche Größen, die sich auf die Kosten eines Wertanalyse-Objektes auswirken;
- neben der Senkung der Kosten wurde die Steigerung des Wertes des zu untersuchenden Objektes in die Überlegungen aufgenommen;
- neben materiellen wurden auch immaterielle Objekte in die Wertanalyse einbezogen.

Zum heutigen Zeitpunkt ist die „... Wertanalyse ein zentrales Instrument des Kostenmanagements, mit dem neben materiellen auch immaterielle Produkte untersucht werden, die sich sowohl in der Markt- als auch in der Entwicklungsphase ihres Lebenszyklus befinden können, das aber auch zur Rationalisierung im Gemeinkostenbereich der Unternehmung und von Prozessen in der Produktion eingesetzt wird." (Friedl 2007, S. 1).

Zunehmend erfolgt der Einsatz des wertanalytischen Instrumentariums aber auch im Rahmen der Produktplanung (vgl. Jehle 2000, S 1030 f.). Wird die Wertanalyse in der Entstehungsphase eines Objektes eingesetzt, d. h. zur Entwicklung neuer Objekte, dann wird auch von einem **Value Engineering** gesprochen (vgl. Abb. 2.1-9).

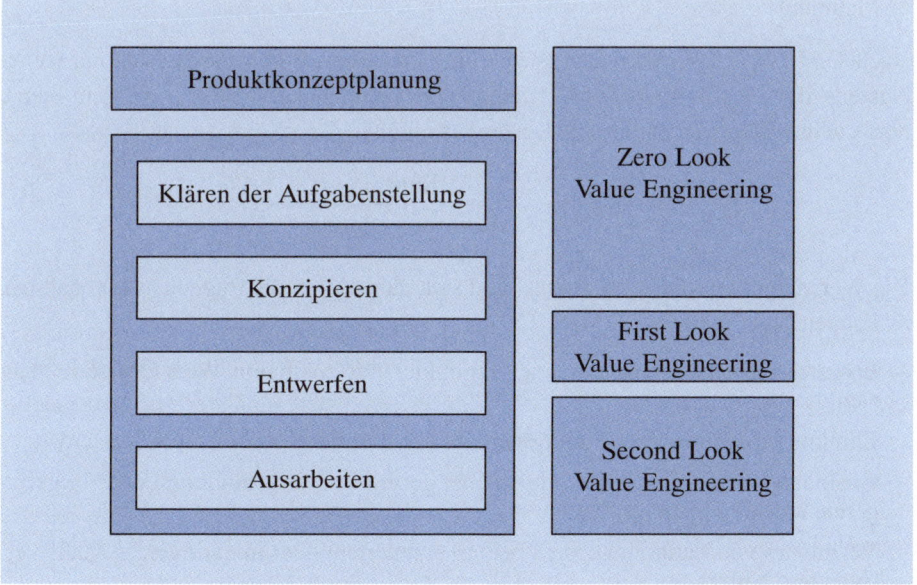

Abb. 2.1-9: Einsatz der Wertanalysevarianten im Prozess der Produktplanung

In Abhängigkeit von der Phase des Produktplanungsprozesses, in der die Wertanalyse eingesetzt wird, lassen sich die folgenden Varianten unterscheiden (vgl. Friedl 2007, S. 4):

- Zero Look Value Engineering,
- First Look Value Engineering und
- Second Look Value Engineering.

Abbildung 2.1-9 verdeutlicht die Einsatzfelder dieser Varianten.

Im Rahmen der Produktkonzeptplanung gelangt das Zero Look Value Engineering zur Anwendung, um für das geplante Produkt neue Funktionen zu identifizieren. Beim First Look Value Engineering geht es dann darum, die bereits bekannten Funktionen für das geplante Produkt zu verbessern, während das Second Look Value Engineering auf die Wertsteigerung bekannter Komponenten abzielt.

Die Wertanalyse lässt sich durch die folgenden **Merkmale** weiter spezifizieren (vgl. Hahn/Laßmann 1999, S. 248):

- Wertsteigerung als Ziel;
- Denken in Funktionen (gezielte Analyse der Funktionen eines Objektes differenziert in Haupt- und Nebenfunktionen);
- Schematisierter Planungsprozess (eindeutige Aufgabendefinition, quantifizierbare Zielvorgaben);
- Interdisziplinäre Gruppenarbeit (Team);
- Einsatz der Kreativitätstechniken (z. B. Brainstorming, Brainwriting und Delphi-Methode)

Nach DIN EN 12973 wird der Wert eines Produktes durch das Verhältnis seines Nutzens, d. h. des Beitrags zur Befriedigung der Kundenbedürfnisse, und dem hierzu notwendigen Ressourceneinsatz (Kosten) ermittelt:

$$\text{Wert} = \frac{\text{Nutzen}}{\text{Ressourceneinsatz}}$$

Die **Wertsteigerung** eines Produktes lässt sich dann durch die folgenden Maßnahmen realisieren (vgl. Schröder 1994, S. 157):

- Erweiterung der Funktionen eines Produktes mit positivem Wert (Nutzen > Kosten).
- Eliminieren vorhandener Funktionen mit negativem Wert (Nutzen < Kosten).
- Qualitätsverbesserung des Produktes bei geringeren, unveränderten oder in geringerem Maße steigenden Kosten.
- Verringern von Funktionskosten bei unverändertem oder in geringerem Maße verringertem Nutzen.

Die Wertanalyse ist damit als eine Konzeption zu charakterisieren, die einer Maximierung der Nutzen-/Kostenrelation bzw. der Differenz zwischen Nutzen und Kosten bei den betrachteten Analyseobjekten zu realisieren trachtet (vgl. Glaser 1989b, Sp. 1700).

Zentral für die Wertanalyse ist dabei das **Denken in Funktionen**, worunter eine Wirkung des Wertanalyseobjektes oder einer seiner Komponenten zu verstehen ist. Eine **Funktion** wird dabei immer durch ein **Substantiv** und ein **Verb** beschrieben. Während das Substantiv den Gegenstand der Tätigkeit benennt, erfasst das Verb die Tätigkeit (z. B. „Flüssigkeit aufbewahren", „Gewicht ermitteln"). Funktionen lassen sich wie folgt differenzieren:

- Funktionsklassen
    - -- Haupt- oder Grundfunktionen (eigentlicher Zweck des Objektes),
    - -- Neben- oder Hilfsfunktionen (ergänzen die Hauptfunktionen),
    - -- unnötige Funktionen und
    - -- unerwünschte Funktionen,
- Funktionstypen
    - -- Gebrauchsfunktionen und
    - -- Geltungsfunktionen.

Die **Hauptfunktionen** umfassen die Wirkungen, die für die angestrebte Bedürfnisbefriedigung unabdingbar sind. Während auf **Nebenfunktionen** verzichtet werden kann, ohne dass hierdurch der Charakter des Objektes in negativer Weise beeinträchtigt wird, tragen **unnötige Funktionen** weder zur Erfüllung anderer Funktionen bei noch wird durch sie ein selbständiger Nutzen beim Abnehmer bewirkt. **Unerwünschte Funktionen** sind Wirkungen, die einen negativen Beitrag zum Wert des Objektes leisten und folglich für den Kunden nachteilig sind.

Während sich die **Gebrauchsfunktionen** auf die technischen und wirtschaftlichen Wirkungen der Nutzung eines Objektes beziehen, zielen **Geltungsfunktionen** ausschließlich auf die Befriedigung ästhetischer und Prestigebedürfnisse ab.

Die Wertanalyse hat damit die folgenden **Teilaufgaben** zu erfüllen (vgl. Kern/Schröder 1978, S. 377):

- Ermitteln und Ordnen der Funktionen des zu analysierenden Objektes und Feststellung der durch seine Komponenten verursachten Kosten.
- Ermitteln des Wertes der Funktionen auf der Grundlage der
    - -- Nutzenfeststellung und
    - -- Kostenverteilung gemäß des Beitrags der Kostenträger zur Erfüllung der unterschiedlichen Funktionen.
- Erhöhen des Wertes des Analyseobjektes durch Ausschalten „wertloser", kostengünstigere Erfüllung bereits vorhandener „wertvoller" und Hinzufügen neuer wertsteigernder Funktionen.

Nach DIN EN 12973 lassen sich die folgenden Grundschritte der Wertanalyse, die wiederum in Teilschritte untergliedert werden, unterscheiden (vgl. Friedl 2007, S. 15; Hahn/Laßmann 1999, S. 248 ff.; Schröder 2008, S. 897):

0	Projekt-vorbereitung	0.1 Beschreiben des Projektes durch Antragsteller 0.2 Durchführbarkeitsanalyse 0.3 Erstellen einer Rentabilitätsanalyse 0.4 Auswählen des Entscheidungsträgers und des Wert-analyseprojektleiters
1	Projekt-definition	1.1 Beschreiben des WA-Objektes 1.2 Feststellen der Rahmenbedingungen (Bewertungs-kriterien, Restriktionen, Untersuchungsbereich) 1.3 Erfassen der Informationen (Bedürfnisse, Wettbe-werber, technische Trends) 1.4 Festlegen der marktorientierten Ziele (Preis, Produkt-merkmale, Vorteile gegenüber Wettbewerbern) 1.5 Festlegen der ökonomischen Ziele (Kosten, Rentabilität) 1.6 Prüfen und Festlegen der strategischen und wirtschaftlichen Bedeutung 1.7 Planen der Ressourcen für das WA-Objekt 1.8 Benennen und Informieren der Mitwirkenden 1.9 Analysieren und Gestalten der Projekt- und Produktrisiken
2	Projektplanung	2.1 Bilden des WA-Teams 2.2 Erstellen eines Zeitplans für das WA-Projekt 2.3 Schaffen der Infrastruktur für die Arbeit des WA-Teams
3	Sammlung der Daten	3.1 Sammeln technischer und wirtschaftlicher Informationen (Produkte der Wettbewerber, Stand des Wissens) 3.2 Detaillierte Marktforschung 3.3 Auswerten weiterer Datenquellen (z. B. Patente, Gesetze, Normen, Handbücher)
4	Analyse der Funktionen und Kosten, Formu-lierung der De-tailziele	4.1 Funktionenanalyse 4.2 Analyse der Kosten und Ermitteln der Funktionen-kosten 4.3 Festlegen der Detailziele und Bewertungskriterien

Fortsetzung nächste Seite

5	Suche nach Lösungsideen	5.1 Sammeln existierender Lösungsideen 5.2 Generieren neuer Lösungsideen 5.3 Kritische Analyse der Ideen im Hinblick auf unnötige und unerwünschte Funktionen
6	Bewertung der Lösungsideen	6.1 Bewerten der Lösungsideen und Verdichten zu Lösungsansätzen 6.2 Auswählen und Abgrenzen der Aufträge für das Ausarbeiten der Lösungsvorschläge 6.3 Erstellen eines Arbeits- und Zeitplanes für das Ausarbeiten der Lösungsvorschläge
7	Entwicklung der Lösungsvorschläge	7.1 Ausarbeiten der Lösungsansätze (z. B. durch die Entwicklung oder die Konstruktion) 7.2 Kontrollieren und Anpassen der Entwürfe parallel zur Ausarbeitung 7.3 Bewerten der erarbeiteten Lösungsvorschläge
8	Präsentation der Lösungsvorschläge	8.1 Auswählen der zu präsentierenden Lösungsvorschläge 8.2 Erstellen eines Arbeits- und Zeitplanes für die Realisierung der Lösungsvorschläge 8.3 Zusammenstellen einer Entscheidungsvorlage für den Entscheidungsträger 8.4 Erwirken einer Entscheidung durch den Entscheidungsträger 8.5 Berichten gegenüber dem WA-Team und Auflösen des WA-Teams
9	Realisierung	9.1 Kontrollieren und Anpassen der Lösung parallel zur Realisierung 9.2 Durchführen weiterer Sitzungen des WA-Teams im Bedarfsfall 9.3 Abgleichen der aktuellen mit den prognostizierten Ergebnissen 9.4 Kommunizieren der erzielten Ergebnisse, der technischen und allgemeinen Informationen 9.5 Dokumentieren der Projektergebnisse und der Erfahrung mit der Methodik

Abb. 2.1-10: Arbeitsplan der Wertanalyse

Wegen ihrer zentralen Bedeutung sei auf die beiden folgenden Teilschritte der Wertanalyse differenzierter eingegangen:

- Analyse der Funktionen und

- Analyse der Kosten und die Ermittlung der Funktionenkosten.

Im Rahmen der Funktionenanalyse werden die Funktionen eines Wertanalyseobjektes erfasst, beschrieben, mit den Kundenbedürfnissen abgestimmt, klassifiziert, systematisch dargestellt und bewertet (vgl. DIN EN 1325-1, S. 4), wobei folgende Schritte zu durchlaufen sind (vgl. DIN EN 12973, S. 40 f.):

- Erkennen und Auflisten der Funktionen,
- Systematisieren der Funktionen,
- Charakterisieren der Funktionen,
- Aufstellen einer hierarchischen Funktionenordnung und
- Bewerten der Funktionen.

Ausgangspunkt bilden die nutzerbezogenen Funktionen, die unmittelbar aus den Kundenbedürfnissen abgeleitet werden. Darauf aufbauend werden aus den nutzerbezogenen die produktbezogenen Funktionen abgeleitet, d. h., es geht um die Fragestellung, wie die nutzerbezogenen Funktionen erfüllt werden bzw. werden können. Wurden die produktbezogenen Funktionen festgelegt, dann lassen sich die lösungsbedingenden Vorgaben ermitteln, worunter Merkmale, Wirkungen oder konstruktive Besonderheiten zu verstehen sind, die vorgeschrieben oder verboten sind. Wird eine produktbezogene Funktion nicht unverändert übernommen, dann wird sie in Teilfunktionen aufgespalten, deren Zusammenwirken zu der produktbezogenen Funktion führt. Dieser Aufspaltungsprozess wird so lange fortgesetzt, bis akzeptierte Teilfunktionen erreicht sind, d. h., die Teilfunktionen werden unverändert übernommen. Durch diese Vorgehensweise ergibt sich eine hierarchische Funktionenstruktur (vgl. Abb. 2.1-11; Friedl 2007, S. 21).

Auf der ersten Ebene werden die nutzerbezogenen Funktionen „Kaffee warmhalten", „Aroma bewahren" und „Kaffee zubereiten" angeordnet. Die nutzerbezogene Funktion „Kaffee zubereiten" resultiert aus dem Zusammenwirken der produktbezogenen Funktionen „Wasser erhitzen", „Kaffee aufbrühen" und „Kaffee vom Kaffeesatz trennen". Diese produktbezogenen Funktionen lassen sich dann auf einer weiteren Ebene in Teilfunktionen aufspalten. Die nutzer- und produktbezogenen Funktionen sind dann zu quantifizieren. Im Anschluss daran sind die Funktionen nach ihrer Bedeutung für die Kunden in eine Rangfolge zu bringen und entsprechend zu gewichten.

Ein weiterer zentraler Schritt ist die Ermittlung der Funktionenkosten, um dann auf dieser Grundlage Kostensenkungsschwerpunkte zu identifizieren. Zur Funktionenkostenermittlung sind die drei folgenden Schritte durchzuführen (vgl. Schröder 1994, S. 161):

- Ermitteln der Produktkosten der verschiedenen Komponenten des Wertanalyseobjektes.
- Verrechnen der Produktkosten der Komponenten auf die produktbezogenen Funktionen der untersten Ebene des Funktionenbaums.

- Berechnen der Produktkosten der Funktionen auf den höheren Ebenen des Funktionenbaums durch Aggregation der Produktkosten der jeweils unmittelbar untergeordneten produktbezogenen Funktionen.

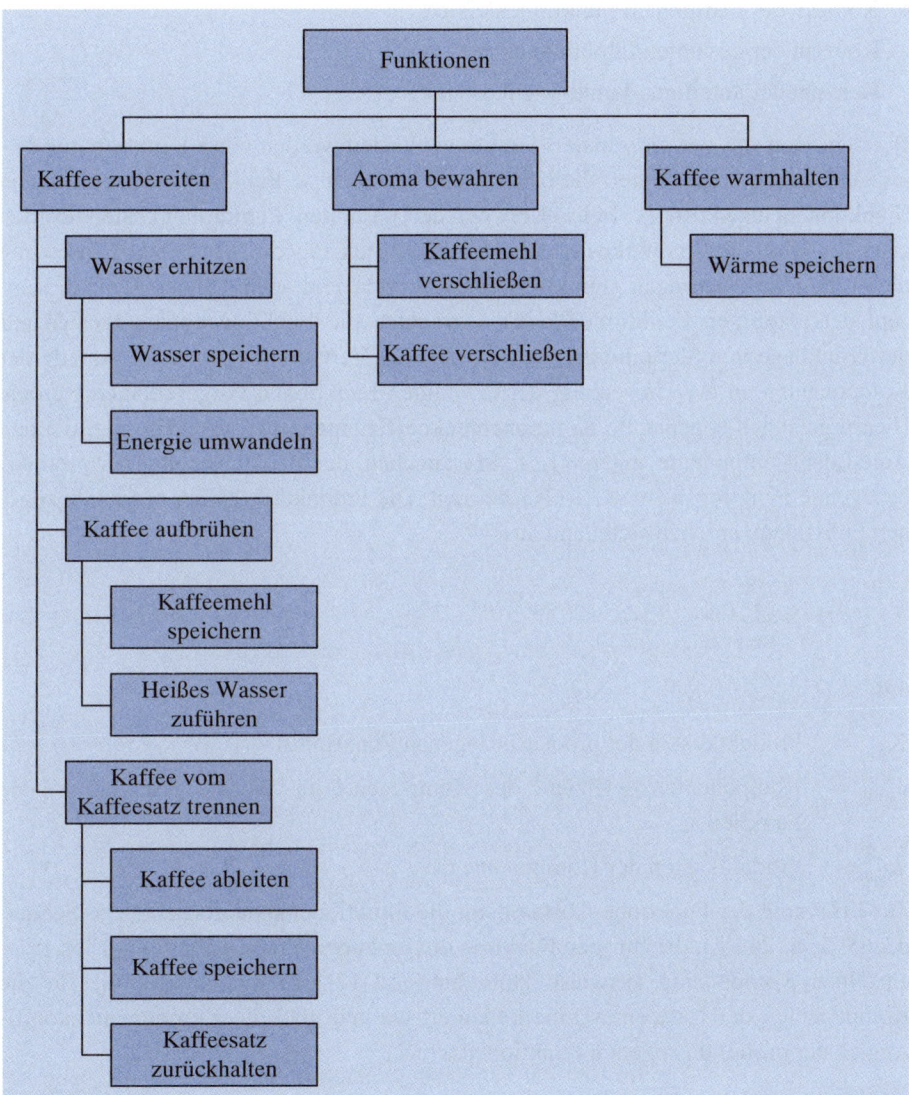

Abb. 2.1-11: Funktionenbaum einer Kaffeemaschine

Grundlage des 1. Schrittes bildet die Kostenträgerstückrechnung, aus der die Kosten der einzelnen Komponenten entnommen werden, wobei auf der Basis der Zurechenbarkeit zwischen Funktioneneinzelkosten und -gemeinkosten zu unterscheiden ist. Funktioneneinzelkosten liegen dann vor, wenn eine Komponente zur Umsetzung genau einer einzelnen Funktion benötigt wird. Dient eine Komponente hingegen mehreren Funktionen, dann handelt es sich um **Funktionengemeinkosten**. Zur Berechnung der Funktionenkosten werden die drei folgenden Vorgehensweisen vorgeschlagen (vgl. Kern/Schröder 1978, S. 379; Friedl 2007, S. 23):

- Konzept der marginalen Funktionenkosten,
- Konzept der gesamten Funktionenkosten und
- Konzept der anteiligen Funktionenkosten.

Bei dem Konzept der **marginalen Funktionenkosten** werden einer Funktion nur diejenigen Kosten zugerechnet, die beim Verzicht auf diese Funktion nicht entstünden (Funktioneneinzelkosten). Beim Konzept der **gesamten Funktionenkosten** werden einer Funktion die Produktkosten aller Komponenten zugeordnet, die zur Umsetzung dieser Funktion beitragen (Funktioneneinzelkosten und -gemeinkosten). Das Konzept der **anteiligen Funktionenkosten** verrechnet die Funktionengemeinkosten auf der Grundlage von Verteilungsgrößen, wobei als Verteilungsgrößen die Anteile der Komponenten an der Umsetzung der jeweiligen Funktionen vorgeschlagen werden. Hierzu gelangen sogenannte **Komponentenkoeffizienten** $\rho_{m.n}$ zum Einsatz, die den Anteil der Komponente $m \, (m = 1, \ldots, M)$ angeben, der zur Umsetzung der produktbezogenen Funktion $n \, (n = 1, \ldots, N)$ beiträgt. Die Produktkosten der produktbezogenen Funktionen ergeben sich dann aus:

$$K_{Fn} = \sum_{m=1}^{M} \rho_{m.n} \cdot K_{Tm}$$

mit:

K_{Fn} = Produktkosten der produktbezogenen Funktion n

$\rho_{m.n}$ = Komponentenkoeffizient der Komponente m für die produktbezogene Funktion n

K_{Tm} = Produktkosten der Komponente m.

Zur Erfassung der Funktionenkosten dient die **Funktionenkostenmatrix** (vgl. Schneider 1997, S. 251 f.), die für jede Funktion die ihr zugerechneten Produktkosten jeder einzelnen Komponente ausweist. Abbildung 2.1-12 gibt die Kosten, die für die Komponenten der Kaffeemaschine kalkuliert wurden, und die Komponentenkoeffizienten der produktbezogenen Funktionen wieder.

Komponente / Funktion	Montage	Gehäuse	Wasser-tank	Steig-rohr	Heiz-körper	Filter	Ther-mos-kanne
Kosten der Komponenten (€)	4,80	9,40	0,80	2,50	6,40	6,50	11,40
Wasser erhitzen							
Wasser speichern	0,18	0,06	1,00				
Energie umwandeln	0,25			1,00			
Kaffee aufbrühen							
Gemahlenen Kaffee speichern	0,17	0,04				0,12	
Heißes Wasser zuführen	0,20	0,06			0,75	0,12	
Kaffee vom Kaffeesatz trennen							
Kaffee ableiten						0,20	
Kaffee speichern		0,04					0,25
Kaffeesatz zurückhalten						0,36	
Aroma bewahren							
Kaffeemehl verschließen	0,10	0,30				0,05	
Kaffee verschließen	0,10	0,10				0,05	0,25
Kaffee warmhalten							
Wärme speichern		0,40			0,25	0,10	0,50

Abb. 2.1-12: Komponentenkosten und -koeffizienten

Abbildung 2.1-13 zeigt dann die Funktionenkostenmatrix (Friedl 2007, S. 25). Die Kosten des Gehäuses, die der Funktion „Heißes Wasser zuführen" zugerechnet werden, ergeben sich aus: 9,40 € · 0,06 = 0,564 €, und für die Funktion „Kaffee aufbrühen" ergeben sich die Produktkosten durch die Addition der untergeordneten Funktionen „Gemahlenen Kaffee speichern" und „Heißes Wasser zuführen": 0,376 € (0,04 · 9,4 €) + 0,564 € (0,06 · 9,4 €) = 0,94 €.

Komponente / Funktion	Montage	Gehäuse	Wassertank	Steigrohr	Heizkörper	Filter	Thermoskanne	Σ
Wasser erhitzen	2,064	0,564	0,800	2,500				5,928
Wasser speichern	0,864	0,564	0,800					2,228
Energie umwandeln	1,200			2,500				3,700
Kaffee aufbrühen	1,776	0,940			4,800	1,560		9,076
Gemahlenen Kaffee speichern	0,816	0,376				0,780		1,972
Heißes Wasser zuführen	0,960	0,564			4,800	0,780		7,104
Kaffee vom Kaffeesatz trennen		0,376				3,640	2,850	6,866
Kaffee ableiten						1,300		1,300
Kaffee speichern		0,376					2,850	3,226
Kaffeesatz zurückhalten						2,340		2,340
Aroma bewahren	0,960	3,760				0,650	2,850	8,220
Kaffeemehl verschließen	0,480	2,820				0,325		3,625
Kaffee verschließen	0,480	0,940				0,325	2,850	4,595
Kaffee warmhalten		3,760			1,600	0,650	5,700	11,710
Wärme speichern		3,760			1,600	0,650	5,700	11,710
Σ	4,800	9,400	0,800	2,500	6,400	6,500	11,400	41,800

Abb. 2.1-13: Funktionenkostenmatrix

Die so ermittelten Funktionenkosten dienen der Festlegung der Kostensenkungs-schwerpunkte. Nach DIN EN 12973 sollen zunächst die absoluten Kosten als Kriterium für die Auswahl der Kostensenkungsschwerpunkte dienen. Dieser Vorschlag basiert auf der praktischen Erfahrung, dass Funktionen mit höheren Kosten häufig größere Kostensenkungspotentiale aufweisen. Darüber hinaus lassen sich die Kosten-senkungsschwerpunkte auf der Basis von Wertindices ermitteln. Der **Wertindex einer produktbezogenen Funktion** j ergibt sich dann aus:

$$z_n = \frac{g_n}{k_{Fn}} \quad \text{mit: } k_{Fn} = \frac{K_{Fn}}{\sum\limits_{j=1}^{N} K_{Fj}} \quad (n = 1, ..., N)$$

mit:

z_n = Wertindex der produktbezogenen Funktion n

g_n = Funktionengewicht der produktbezogenen Funktion n

k_{Fn} = Anteil der Produktkosten der produktbezogenen Funktion n an den Produkt-kosten des Wertanalyseobjektes

Ergibt sich dabei bei einer Funktion ein Wertindex, der kleiner als 1 ist, dann ist ihr Anteil an den Produktkosten im Vergleich zu der Bedeutung dieser Funktion für den Kunden zu hoch. Daraus resultiert die Forderung, die Produktkosten dieser Funktion zu senken. Auf das Beispiel bezogen ergeben sich dann die folgenden Wertindices (vgl. Abb. 2.1-14; Friedl 2007, S. 26).

Produktbezogene Funktionen	Funktionen-gewicht	Kostenanteil	Wert-index
Wasser speichern	0,05	2,228 : 41,80 = 0,053	0,94
Energie umwandeln	0,06	3,700 : 41,80 = 0,088	0,68
Kaffeemehl speichern	0,10	1,972 : 41,80 = 0,047	2,13
Heißes Wasser zuführen	0,10	7,104 : 41,80 = 0,170	0,59
Kaffee ableiten	0,03	1,300 : 41,80 = 0,031	0,97
Kaffee speichern	0,10	3,226 : 41,80 = 0,077	1,30
Kaffeesatz zurückhalten	0,06	2,340 : 41,80 = 0,056	1,07
Kaffeemehl verschließen	0,10	3,625 : 41,80 = 0,087	1,15
Kaffee verschließen	0,10	4,595 : 41,80 = 0,110	0,91
Wärme speichern	0,30	11,71 : 41,80 = 0,280	1,07

Abb. 2.1-14: Wertindices

Die produktbezogenen Funktionen mit niedrigen Wertindices wie „Energie umwandeln" und „Heißes Wasser zuführen" sollten dann die Schwerpunkte der wertanalyti-schen Betrachtung bilden.

Da es sich bei Wertanalyseprojekten i. d. R. um interdisziplinäre und komplexe Probleme handelt, ist der Einsatz von entsprechend zusammengesetzten Teams notwendig. Ein solches Wertanalyseteam besteht dabei aus vier bis acht Mitgliedern, die aus den Funktionsbereichen der Unternehmung stammen sollten, die für die durchzuführende Wertanalyse funktionserstellend oder kostenverursachend sind. Zur Entwicklung von Lösungsideen gelangen dabei die unterschiedlichsten Kreativitätstechniken zum Einsatz, wobei das Spektrum von der Delphi-Methode über das Brainstorming und der morphologischen Methode bis hin zu TRIZ reicht (vgl. Corsten/Gössinger/Schneider 2006, S. 102 ff.).

Im Rahmen der Anwendung der Wertanalyse sind die folgenden Probleme zu beachten:

- Entscheidend für die Auswahl und Festlegung des Analyseziels ist der voraussichtliche Zielbeitrag, der sich aus dem Nutzen und den Kosten der Analyse ergibt. Damit setzt eine zielorientierte Auswahl der Analyseobjekte streng genommen die Kenntnis der Ergebnisse der Wertanalyse voraus. Erschwerend kommt hinzu, dass der Nutzen einer Wertanalyse für ein Objekt von den Kosten abhängt, die für die Analyse anfallen. Dies impliziert die Notwendigkeit einer simultanen Entscheidung über die zu analysierenden Objekte und die Höhe der für die Analyse anfallenden Kosten (vgl. Kern/Schröder 1978, S. 427).

- Im Rahmen der Funktionenanalyse ergibt sich das Problem der Festlegung des Detaillierungsgrades der Funktionsgliederung.

- Da sich die Festlegung von Soll-Funktionen nur an dem Nutzenentgang(-zuwachs) und den entfallenden (hinzukommenden) Kosten bei ihrem Fortfall (ihrer Aufnahme) orientieren kann, bestehen Probleme im Rahmen der Festlegung der Soll-Größen.

- Im Rahmen der Ermittlung der Soll-Funktionen bleibt ungeklärt, wie diese Funktionen zu ermitteln sind. Darüber hinaus stellt sich die Frage, ob die Bestimmung der Soll-Funktionsgliederung nicht nur die Grundlage für die weiteren Schritte bildet, sondern vielmehr die Durchführung der Schritte vier bis sechs voraussetzt (vgl. Glaser 1989b, Sp. 1701).

2.1.4 Qualitätskontrolle zur Sicherung der Produktqualität

Die Qualitätskontrolle stellt neben der Qualitätsplanung, -steuerung und -durchführung ein Element der Qualitätssicherung dar. Unter Qualitätssicherung werden alle Maßnahmen subsumiert, die der Schaffung und Erhaltung der Eignung von Produkten zur Erfüllung bestimmter Verwendungszwecke dienen. In den weiteren Ausführungen sollen jedoch ausschließlich Fragen der Qualitätskontrolle behandelt werden. Zentrale Aufgabe der Qualitätskontrolle ist die vergleichende Gegenüberstellung der Soll-Qualität mit der Ist-Qualität, um auf dieser Grundlage Abweichungen (Fehler) festzustellen. Werden im Rahmen eines derartigen Vergleichs Abweichungen identifiziert, ist nicht nur eine Aussonderung und eventuelle Nachbearbeitung erforderlich, sondern darüber hinaus ist im Rahmen einer Ursachenanalyse eine Ursachenermittlung notwendig, um hieraus Rückschlüsse für weitere Planungsprozesse ziehen zu können. Generell lassen sich die folgenden Fehlerursachen unterscheiden:

- situationsbedingte Fehler
  - -- maschinenbedingt
  - -- materialbedingt
  - -- methodenbedingt
- menschenbedingte/verhaltensbedingte Fehler
  - -- unmittelbar bedingte umweltbezogene Ursachen (z. B. Beleuchtung, Geräusche)
  - -- unmittelbar durch den Menschen bedingte Ursachen
    - • Mangel an Wissen und Können
    - • Mangel an Sorgfalt, Aufmerksamkeit etc.

Jeder zum Einsatz gelangende Produktionsfaktor stellt damit eine potentielle Fehlerquelle dar.

Auf der Grundlage des Umfangs der Kontrollmaßnahmen ist zwischen Total- und Partialkontrolle zu unterscheiden. Während bei einer Totalkontrolle eine Überprüfung eines jeden Teils der zu kontrollierenden Grundgesamtheit hinsichtlich der relevanten Eigenschaften erfolgt, beschränkt sich eine Partialkontrolle auf die Überprüfung einer zufällig ausgewählter Stichprobe aus der Grundgesamtheit (hierbei wird auch von statistischer Qualitätskontrolle gesprochen). Dies bedeutet, dass anhand der Stichprobenergebnisse auf das Qualitätsniveau der Grundgesamtheit geschlossen wird.

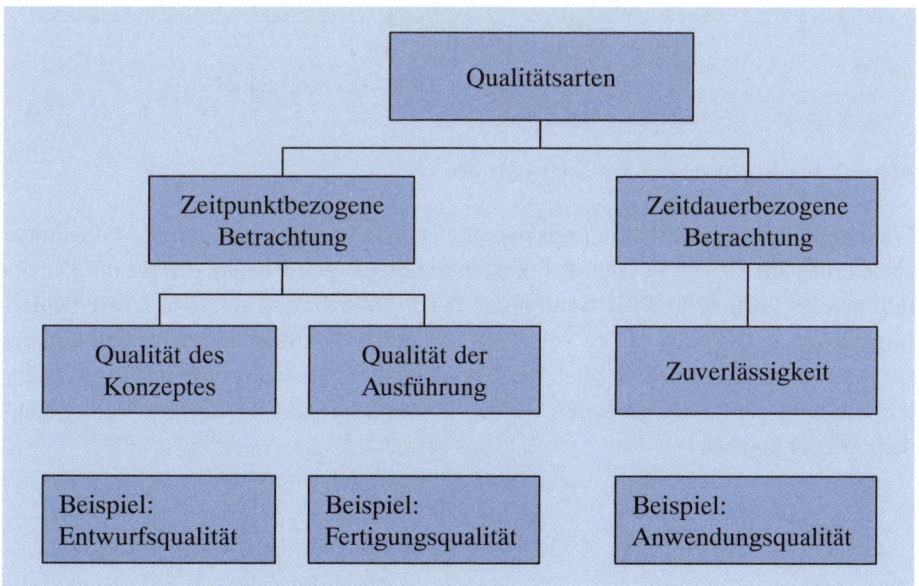

Abb. 2.1-15: Qualitätsarten nach REFA

Im Bereich der Produktqualitätskontrolle ist zwischen einer zeitpunkt- und einer zeit-dauerbezogenen (zeitraumbezogenen) Betrachtung zu unterscheiden. Während die zeitpunktbezogene Betrachtung insbesondere die Produktkonzeptionsqualität und die Ausführungsqualität umfasst, konzentriert sich die zeitdauerbezogene Qualität auf die Zuverlässigkeit des Produktes im Rahmen seiner Verwendung. Auf der Grundlage von REFA (1985, S. 12) lassen sich dann die in Abbildung 2.1-15 dargestellten Qualitätsarten unterscheiden:

In ökonomischer Sichtweise sind vor allem die Qualitätskosten relevant. Als generelle Zielsetzung wird dabei die Minimierung der Qualitätskosten unterstellt. Abbildung 2.1-16 gibt einen systematisierenden Überblick über die einzelnen Elemente der Qualitätskosten (vgl. Zink 1994, S. 12).

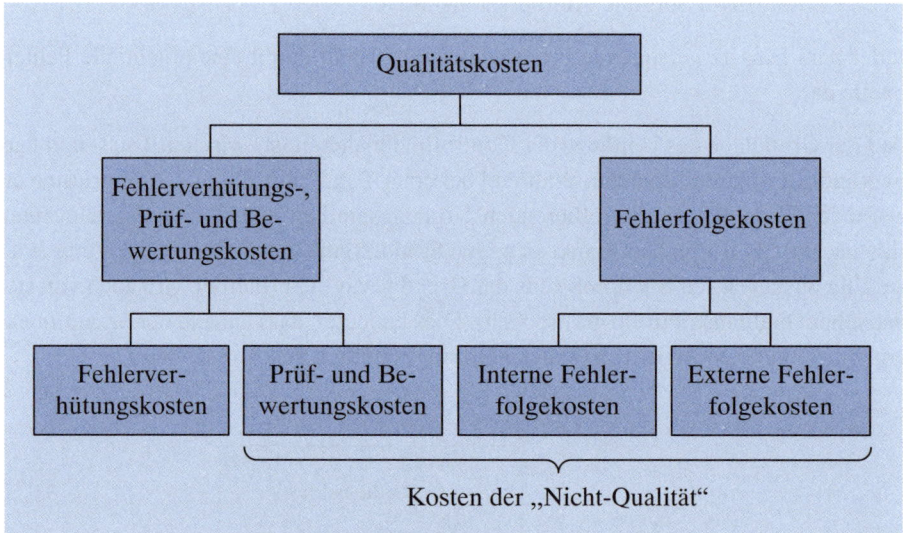

Abb. 2.1-16: Komponenten der Qualitätskosten

Während zu den Fehlerverhütungskosten alle Kosten für vorbeugende Maßnahmen zählen, handelt es sich bei den Prüfkosten um diejenigen Kosten, die für die Durchführung der Prüfung und die Beurteilung der Prüfergebnisse anfallen. Unter Fehlerfolgekosten sind die Kosten zu verstehen, die durch das Auftreten eines Fehlers hervorgerufen werden, einschließlich der Erlösschmälerungen aufgrund der Produktfehler. Die dargestellten Kostenarten werden in Abbildung 2.1-17 in ihrer Verlaufstendenz wiedergegeben.

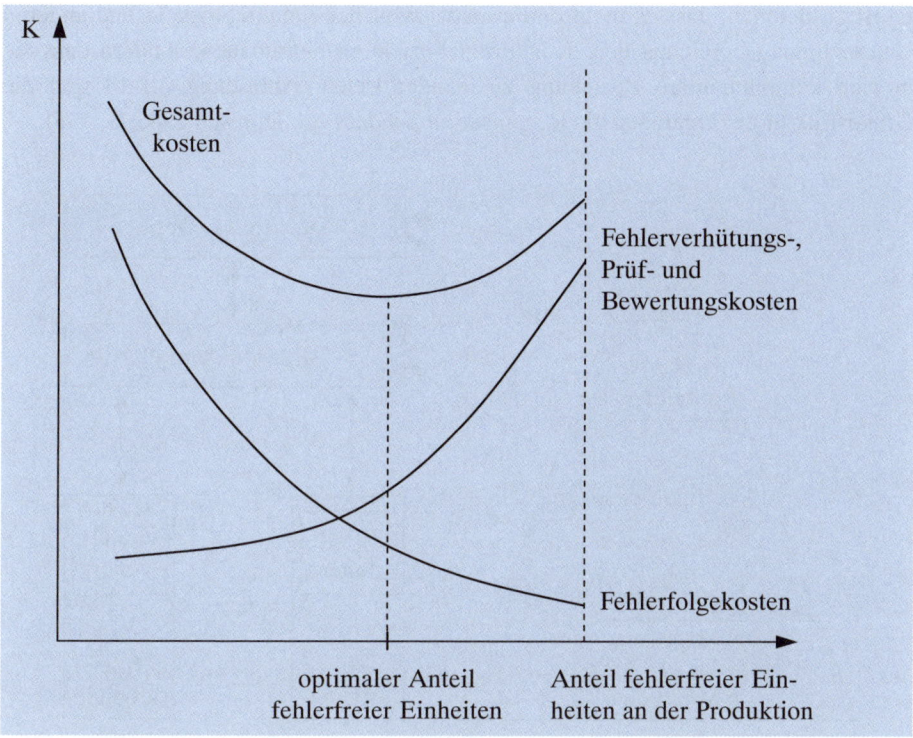

Abb. 2.1-17: Kostenoptimale Qualitätsprüfungsintensität

Dem vorgestellten Ansatz liegt jedoch ein äußerst enges Qualitätskonzept zugrunde. In jüngerer Zeit haben sich Qualitätskonzepte durchgesetzt, die ein umfassenderes Qualitätsverständnis haben. In diesem Zusammenhang sind insbesondere **Qualitätszirkel** (Quality Circles) zu nennen. Grundgedanke des Quality-Circle-Ansatzes ist es, das bisher weitgehend ungenutzte Problemlösungspotential der Mitarbeiter zu aktivieren. Ihm liegt die Erfahrung zugrunde, dass Probleme am besten dort erkannt und beseitigt werden können, wo sie auftreten. Die Mitarbeiter sind damit aufgerufen, die Schwierigkeiten, die sich bei der täglichen Arbeitsdurchführung ergeben, aufzugreifen und hierzu Lösungsvorschläge zu erarbeiten. Es erfolgt somit eine Einbeziehung der Mitarbeiter in den Prozess der Planung und Kontrolle der eigenen Tätigkeit, wobei es darum geht, sowohl das Qualitätsinteresse bei den Mitarbeitern zu wecken als auch das Qualitätsbewusstsein und die Qualitätsverantwortung auszubauen. Damit wird die menschliche Arbeitsleistung als eine Haupteinflussgröße der Qualitätsförderung betrachtet.

Unter Qualitätszirkeln sind **organisierte Kleingruppen** mit gemeinsamer Erfahrungsgrundlage zu verstehen, deren Mitglieder der gleichen Hierarchieebene angehören und die sich auf freiwilliger Basis regelmäßig zur gemeinsamen Diskussion arbeitsbezogener Probleme treffen, um Lösungsvorschläge zu erarbeiten, an deren Realisation sie dann mitwirken (vgl. Zink/Schick 1984, S. 53 ff.).

Es ist zu betonen, dass es nicht darum geht, zwischen Qualitätszirkeln und anderen Unternehmungsbereichen eine Konkurrenzbeziehung aufzubauen, sondern dass sie in eine komplementäre Beziehung zueinander treten. Abbildung 2.1-18 gibt die Grundstruktur der Qualitätszirkelorganisation wieder (vgl. Domsch 1985, S. 435).

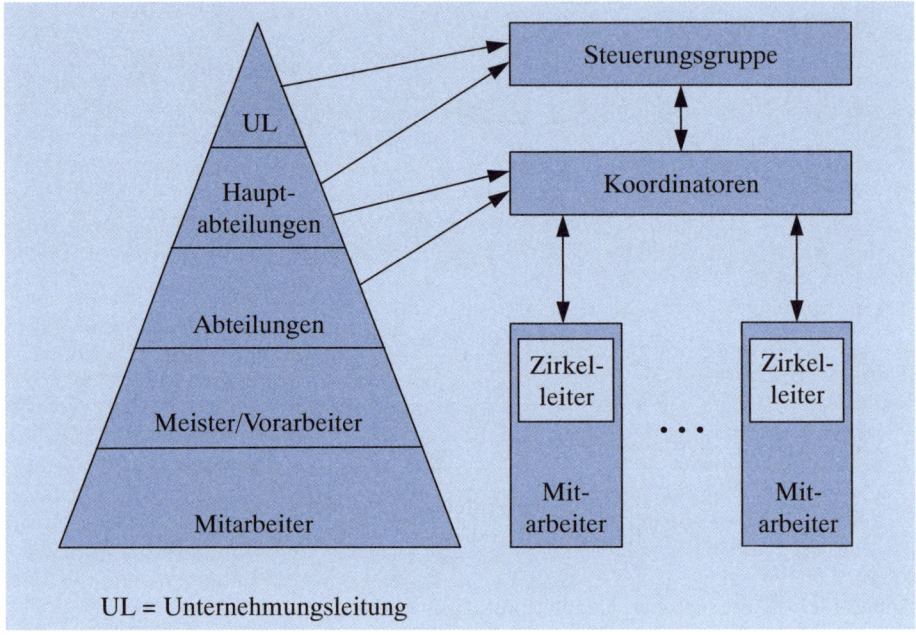

Abb. 2.1-18: Allgemeines Modell der Qualitätszirkelorganisation

Aus diesem Organigramm ergeben sich die **Elemente des Qualitätszirkelkonzeptes**, die im folgenden kurz skizziert werden:

- Den **Qualitätszirkelgruppen**, die aus vier bis zehn Mitarbeitern bestehen, obliegen die folgenden Aufgabenbereiche, die sich teilweise bereits aus der Definition der Qualitätszirkel ergeben:
  -- Erkennen der Schwachstellen im eigenen Arbeitsbereich,
  -- Ursachenermittlung,
  -- Entwicklung von Problemlösungen,
  -- Präsentation der Ergebnisse vor dem Management,
  -- Realisation der Lösung und
  -- laufende Überwachung.
- Im Werkstattbereich wird i. d. R. der Meister oder Vorarbeiter die Position des **Zirkelleiters** (Moderators) übernehmen. Es ist aber auch möglich, die Gruppenleitung einem zu wählenden Gruppenmitglied zu übertragen. In der Einführungsphase obliegen dem Zirkelleiter die Aufgaben, die Zirkel auf freiwilliger Basis zu bilden und den Teilnehmern bestimmte Techniken zu vermitteln. Darüber hinaus

muss er in der Lage sein, die Mitarbeiter zu motivieren und die Gruppe entsprechend zu leiten.

- Dem **Koordinator** obliegt die Betreuung der Qualitätszirkelgruppen eines Unternehmungsbereichs. Da ihm eine Vermittlerrolle zwischen den Mitarbeitern in den Zirkeln und dem Management zukommt, ist bei der Besetzung dieser Position darauf zu achten, dass er einerseits von der Unternehmungsleitung und anderseits auch von den einzelnen Mitarbeitern akzeptiert wird. Aus diesem Grunde legen Zink/Schick (1984, S. 50) keinen Personenkreis fest, der in besonderem Maße zur Besetzung dieser Position geeignet ist, sondern betonen, dass es primär auf die persönlichen Eigenschaften und Fähigkeiten ankomme. In erster Linie dürften aber hierfür insbesondere Personen aus dem unteren bis mittleren Management in Betracht kommen. Während dem Koordinator in der Verlaufs- und Einführungsphase Aufgaben wie Auswahl der Zirkelleiter in Absprache mit der Steuergruppe, Organisation und Überprüfung der Ausbildung der Zirkelleiter und Information der Mitarbeiter über das Qualitätszirkelkonzept obliegen, liegt sein Aufgabenschwerpunkt nach der Einführung in der Koordination der Aktivitäten in seinem Bereich und in der Unterstützung der Zirkel.

- Der **Steuerungsgruppe**, der Mitglieder der höchsten Managementebene angehören, obliegt die Klärung der grundsätzlichen Sachverhalte; sie ist verantwortlich für die Planung, Leitung und Steuerung des Programms. Sie sollte ferner intensive Kontakte mit dem Betriebsrat pflegen und diesen in das Konzept einbeziehen. Teilweise wird die Aufnahme eines Vertreters des Betriebsrates als Mitglied der Steuerungsgruppe empfohlen. Als weitere generelle Aufgaben der Steuerungsgruppe sind zu nennen: Information der Mitarbeiter über Sinn und Zweck des Programms, Erarbeitung eines Gesamtkonzeptes, Erfolgskontrolle des Programms, Berichterstattung zum Management, Unterstützung der Koordinatoren und Entgegennahme der Berichte.

Generell ist bei der Einführung der Qualitätszirkel zu beachten, dass es sich hierbei um ein **längerfristig orientiertes Personalentwicklungskonzept** handelt, das den Mitarbeiter als Träger von Ideen begreift und ihn nicht als einen Empfänger und Ausführenden von Anweisungen betrachtet. Dies impliziert, dass auch das Management seinen Führungsstil überdenken muss, denn ein richtig verstandenes Qualitätszirkelkonzept basiert letztlich auf einem kooperativen Gedankengut und bedingt damit einen **partizipativen Führungsstil**. Das Qualitätszirkelkonzept ist damit als ein Führungs- und Managementkonzept aufzufassen und nicht ausschließlich als ein Instrument der Qualitätskontrolle zur Fehlerreduktion.

Neben dem Quality-Circle-Ansatz seien die folgenden ausgewählten Ansätze kurz skizziert:

- Null-Fehler-Programme,
- betriebliches Vorschlagswesen,
- Werkstattzirkel,
- Lernstatt und
- Quality-Circle-Briefe.

Diese Konzepte haben im Laufe der Zeit vielfältige Modifikationen erfahren, wodurch teilweise fließende Grenzen zwischen einzelnen Konzeptionen zu beobachten sind. Da es in diesem Rahmen nicht möglich ist, die zahlreichen Modifikationen der einzelnen Konzepte darzustellen, erfolgt eine Beschränkung auf die Explikation der Grundformen.

Null-Fehler-Programmen liegt die Annahme zugrunde, dass Fehler entweder auf einen Mangel an Kenntnissen oder auf einen Mangel an Aufmerksamkeit zurückzuführen sind. Während der ersten Fehlergruppe durch Training und Unterweisung begegnet werden kann, handelt es sich bei der zuletzt genannten Fehlergruppe um ein Problem der inneren Einstellung. Primärer Ansatzpunkt der Null-Fehler-Programme sind die Fehler der zweiten Gruppe, wobei unterstellt wird, dass jeder Mitarbeiter Perfektion bei seiner Arbeit erreichen könnte, wenn er nur wollte. Die Möglichkeit, eine Veränderung der Einstellung gegenüber Fehlern zu bewirken, wird dabei mit den beiden folgenden Überlegungen begründet:

- Der Mitarbeiter soll über die Erhöhung der Verantwortung für die Qualität und einer verstärkten Eigenkontrolle eine größere Selbstbestätigung erfahren.
- Durch eine öffentliche Anerkennung fehlerfreier Arbeit erfährt der Mitarbeiter eine Verstärkung, die wiederum mit positiven Auswirkungen auf das Qualitätsverhalten einhergeht. Hierdurch werden auch andere Mitarbeiter angespornt, ihr Verhalten entsprechend zu ändern.

Empirische Untersuchungen zeigen jedoch, dass lediglich 20 % der auftretenden Fehler direkt durch den ausführenden Mitarbeiter beeinflussbar sind; 80 % sind hingegen auf Planungsfehler, Materialfehler etc. zurückzuführen. Qualitätsförderungskonzepte, die ausschließlich an den menschenbedingten (verhaltensbedingten) Fehlern ansetzen, vermögen damit nur einen geringen Beitrag zur Qualitätsförderung zu liefern.

Als **betriebliches Vorschlagswesen** wird eine betriebliche Einrichtung zur Förderung, Begutachtung, Anerkennung und Verwirklichung von Verbesserungsvorschlägen der Arbeitnehmer bezeichnet (vgl. Thom 1979, Sp. 2223). Dabei muss es sich um eine prämierungsfähige Sonderleistung handeln, die über die zugewiesene Diensttätigkeit hinausgeht. Zu einem Verbesserungsvorschlag gehört sowohl eine Beschreibung dessen, was verbesserungswürdig ist, als auch Hinweise, wie die Verbesserung, die für die Unternehmung nützlich sein muss, vorgenommen werden kann. Auch wenn es sich beim betrieblichen Vorschlagswesen um ein primär individuenorientiertes Konzept handelt, können auch Gruppenvorschläge eingebracht werden.

Bei den **Werkstattzirkeln** handelt es sich um kleine Gruppen, die ein **vorgegebenes Problem** in einer bestimmten Anzahl von Sitzungen bearbeiten. Sie sind damit als vorstrukturierte Problemlösungsgruppen zu bezeichnen, weil Sitzungsablauf, Arbeitsmethoden und Materialien vom Management vorgegeben sind. Die Teilnehmer, die mit Ausnahme des Gruppenleiters keine besondere Ausbildung erfahren, können unterschiedliche hierarchische Stellungen innehaben.

Ursprüngliches Ziel der **Lernstatt** war es, die Integration ausländischer Mitarbeiter zu erleichtern. Die kulturelle Integration und die Sprachschulung traten dann in den Hintergrund, und es erfolgte eine Schwerpunktverlagerung hin zur Vermittlung von Fachwissen und gegenseitigem Erfahrungsaustausch bis zu Programmen, deren Ziel die Persönlichkeitsentfaltung ist. Als Elemente der Lernstatt sind zu nennen: Lernstattgruppe, Gruppenmoderatoren, Supervisionsgruppe und Situationsberater. Die **Lernstattgruppe**, in der sich acht bis zwölf Teilnehmer auf freiwilliger Basis an Problemlösungen beteiligen, trifft sich in regelmäßig stattfindenden Sitzungen und berät über Themen, die entweder durch den Betriebsleiter die Gruppe selbst eingebracht werden, und wird i. d. R. durch einen Meister (Gruppenmoderator) geleitet. Die **Moderatoren** erlernen in Intensivübungen die Technik der Lernstattarbeit. Um einen Erfahrungsaustausch zwischen den Gruppenmitgliedern zu gewährleisten, bilden diese eine **Supervisionsgruppe**, in der auch eine gegenseitige Beratung erfolgt. Bei den **Situationsberatern** handelt es sich um (interne oder externe) Experten, die im Rahmen spezieller Probleme zu den Sitzungen der Lernstattgruppe hinzugezogen werden. Dem Situationsberater wird vor der Sitzung ein Fragenkatalog, den die Gruppe erarbeitet hat, vorgelegt. Nach Erledigung dieses Kataloges nimmt der Situationsberater nicht mehr an den Sitzungen teil. Die Ergebnisse der Lernstattgruppen haben lediglich Vorschlagscharakter, d. h., die Entscheidungen über ihre Realisation werden von einer hierarchisch übergeordneten Stelle getroffen.

Der **Quality-Circle-Brief** ist eine Abwandlung des Quality-Circle-Konzeptes, bei dem die Qualitätskontrolle den Mitarbeitern ein Schwerpunktprogramm zur Qualitätsförderung vorlegt (vgl. Rehm 1982, S. 112 ff.). Dies erfolgt mit Hilfe speziell ausgearbeiteter Formulare. Den Mitarbeitern obliegt dann die Aufgabe, Maßnahmen zur Erreichung bestimmter Qualtitätsstandards vorzulegen. Der Qualitätsbrief ist damit ein Instrument zur systematischen Auseinandersetzung mit Qualitätsfragen, wobei die Problemstellung von der Qualitätskontrolle in Zusammenarbeit mit der Produktionsleitung festgelegt wird. Die Qualitätsbriefe werden unter Leitung des Vorarbeiters oder Meisters besprochen, wobei hervorzuheben ist, dass die Teilnahme an diesen Besprechungen nicht ausschließlich freiwillig ist.

Eine noch weitergehendere Sichtweise liegt dem **Total Quality Management** (TQM) zugrunde (vgl. Zink 1994, S. 29 ff.). Kerngedanke dieser Konzeption ist es, sämtliche Unternehmungsbereiche in die Überlegungen einzubeziehen und eine Motivation aller Beteiligten durch ein vorbildliches Verhalten der Führungskräfte zu erzielen, d. h., Qualität wird als eine umfassende Managementaufgabe verstanden mit dem Ziel, auf allen Unternehmungsebenen ein entsprechendes Qualitätsbewusstsein zu schaffen (vgl. Engelhardt/Schütz 1991, S. 396 ff.). Etwas präziser lässt sich dieser Ansatz durch die drei Wortteile von TQM erfassen:

- **Total:** Dies bedeutet, dass alle Unternehmungsbereiche und Mitarbeiter einbezogen werden, präventive Maßnahmen das gleiche Gewicht aufweisen wie kurative und ein Überschreiten der Unternehmungsgrenzen erfolgt (z. B. Einbeziehung der Lieferanten und Kunden).

- **Quality:** Der Qualität liegt eine konsequente Kundenorientierung auf allen Unternehmungsebenen zugrunde.

- **Management:** Es sollen Verknüpfungen auch mit anderen Managementkonzepten erfolgen, z. B. mit dem Management by Objectives (MbO); es soll eine Neustrukturierung der Organisation auf der Grundlage der Partizipation und Delegation erfolgen; Qualität ist ein Fundament der Unternehmungskultur.

Diese Skizze zeigt, dass eine erfolgreiche Realisation nur auf der Grundlage einer partizipativen Führungskonzeption und einer entsprechenden Unternehmungskultur möglich ist (vgl. Ritter/Zink 1994, S. 268). Qualitätszirkel als Kleingruppenkonzepte können dabei durchaus in Richtung auf ein TQM weiterentwickelt werden.

Für ein so verstandenes umfassendes und integrierendes Qualitätsmanagement ist damit eine formale bereichsübergreifende Organisation eine unabdingbare Voraussetzung. Abbildung 2.1-19 gibt die organisatorische Grundstruktur eines TQM wieder (vgl. Ritter/Zink 1994, S. 255).

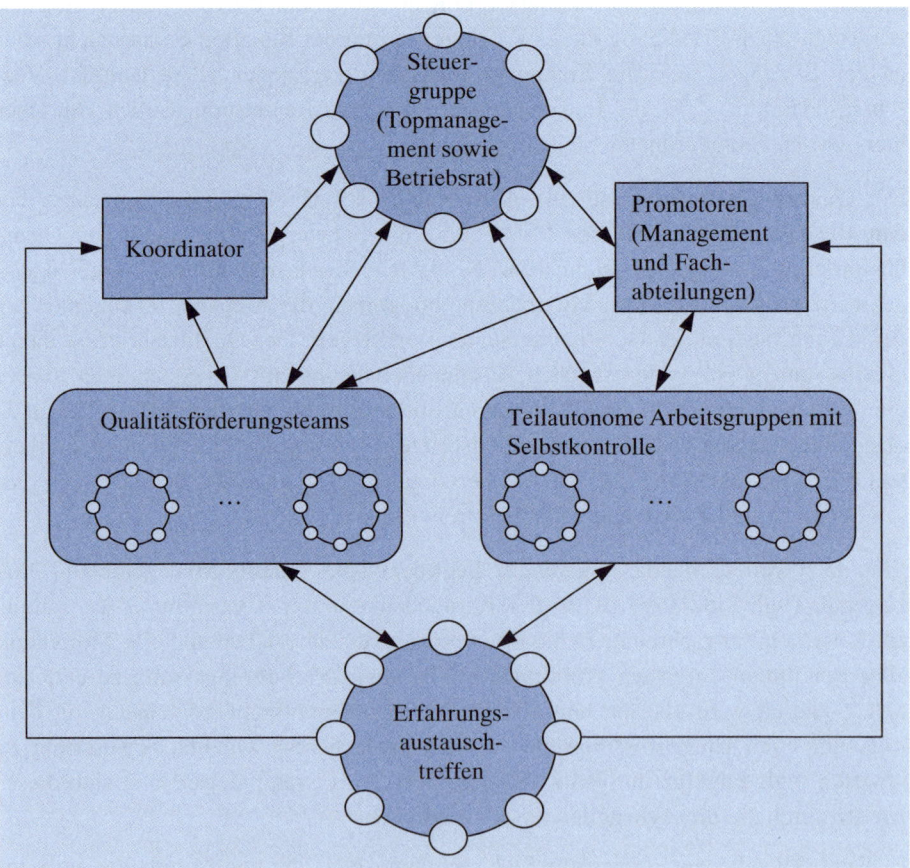

Abb. 2.1-19: Grundstruktur des organisatorischen Aufbaus eines umfassenden, integrierten Qualitätsmanagement

Den in dieser Abbildung skizzierten Teams sind dann entsprechende Aufgaben eines **umfassenden Qualitätsförderungsprogramms** zuzuordnen. Abbildung 2.1-20 gibt einen Überblick über die wesentlichen Aufgaben dieser Teams im Rahmen eines umfassenden, integrierenden Qualitätsmanagements (vgl. Ritter/Zink 1994, S. 254).

Wesentliche Teilaufgaben eines TQM-Programms	Aufgabenerledigung durch:
1. Planung, Leitung und Steuerung sämtlicher Qualitätsaktivitäten	• Steuergruppe
2. Information und Schulung	• Schulungsmaßnahmen • Lerngruppen
3. Abstimmung und Unterstützung der einzelnen Qualitätsaktivitäten	• Koordinator(en) • Promotore(n)
4. Systematische Prozessanalyse und -verbesserung	• Teilautonome Problemlösungsgruppen • Teilstrukturierte Problemlösungsgruppen (Task-Force-Gruppen) • Teilautonome Arbeitsgruppen • Lerngruppen
5. Erfahrungsaustausch	• Erfahrungsaustauschtreffen
6. Präsentation der Ergebnisse	• Präsentationsworkshop

Abb. 2.1-20: Grundstruktur für die Aufteilung der wesentlichen Aufgaben im Rahmen eines umfassenden, integrierten Qualitätsmanagements

Neben den organisatorischen und personalorientierten Konzepten ist die **statistische Qualitätskontrolle** zu nennen, die im Rahmen der Beurteilung der Ausführungsqualität industriell produzierter Produkte Relevanz erlangt. Es soll sichergestellt werden, dass der Produktionsprozess unter statistischer Kontrolle ist, d. h. ungestört abläuft. Hierbei gelangen **Qualitätsregelkarten** zum Einsatz, mit deren Hilfe Merkmale des Produktionsprozesses nicht nur erfasst, sondern auch permanent geprüft werden, um nicht tolerierbare systematische Merkmalsabweichungen des Prozesses zu identifizieren. Als **statistisch beherrscht** gilt ein Produktionsprozess dann, wenn nur zufällige Einflussgrößen auf ihn wirken und ausschließlich tolerierbare Merkmalsabweichungen hervorrufen. Die Prüfung kann sich z. B. auf die Länge, das Volumen, das Gewicht etc. beziehen. Abbildung 2.1-21 gibt beispielhaft eine Qualitätsregelkarte wieder (vgl. z. B. Neumann 1996, S. 282).

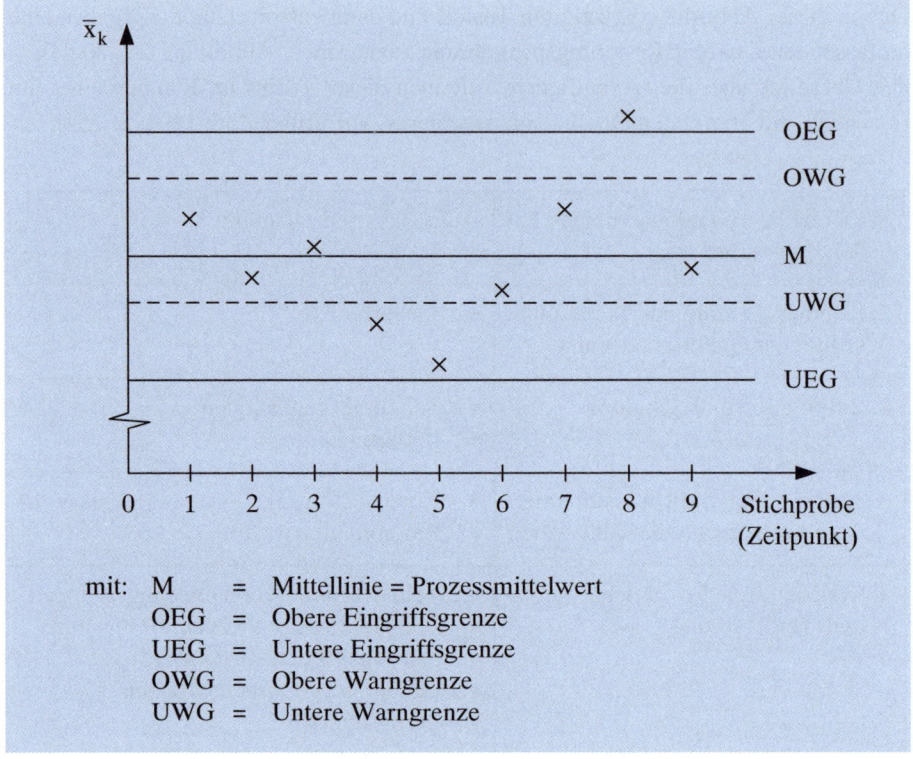

Abb. 2.1-21: Qualitätsregelkarte (Beispiel)

Um zu prüfen, ob sich der Produktionsprozess hinsichtlich eines festgelegten Merkmals (z. B. Länge, Gewicht) unter statistischer Kontrolle befindet, werden aus dem Produktionsprozess zu vorgegebenen Zeitpunkten Stichproben (Partialkontrolle) mit dem Umfang n gezogen. Auf der Basis dieser Stichproben wird dann versucht, eine Aussage über die Grundgesamtheit abzuleiten. Pro Stichprobe k wird das arithmetische Mittel berechnet und in die Karte eingetragen:

$$x_k = \frac{x_{1k} + ... + x_{nk}}{n} \qquad k = 1,2,3 \text{ ... fortlaufende Stichprobennummer}$$

Festgelegt werden dann die folgenden Werte:

- **Prozessmittelwert:** Hierbei handelt es sich um den Zielwert, auf den der Produktionsprozess ausgerichtet ist (z. B. vorgegebenes Gewicht).

- **Obere Eingriffsgrenze** und **untere Eingriffsgrenze:** Sie markieren das Intervall, in dem der Produktionsprozess statistisch als beherrscht gilt. Liegt eine Stichprobe außerhalb des Intervalls, dann sind Maßnahmen zu ergreifen.

- **Obere Warngrenze** und **untere Warngrenze:** Sie werden in Unternehmungen häufig zusätzlich festgelegt, um frühzeitig Hinweise auf Störungen zu erhalten.

Dabei wird eine Normalverteilung unterstellt, woraus die folgenden Bereiche resultieren:

- 68,0 % der Merkmalswerte sind im Bereich $\mu + \sigma$

- 95,5 % der Merkmalswerte sind im Bereich $\mu + 2\sigma$

- 99,7 % der Merkmalswerte sind im Bereich $\mu + 3\sigma$

In Abhängigkeit von der vorgegebenen Genauigkeitsforderung υ könnten im Fall bekannter Verteilungsparameter die Eingriffs- und Warngrenzen gemäß $\mu \pm \upsilon \cdot \sigma$ festgelegt werden. Häufig werden für die Eingriffsgrenzen $\upsilon = 3$ und für die Warngrenzen $\upsilon = 2$ gewählt.

Da in der Praxis μ und σ i. d. R. nicht bekannt sind, gelangen Schätzwerte zum Einsatz. Der Schätzwert für μ lautet:

$$\bar{\bar{x}} = \frac{1}{m} \sum_{k=1}^{m} \bar{x}_k \quad \text{mit: } \bar{x}_k = \frac{1}{n} \sum_{i=1}^{n} x_{ik}$$

Für die Stichprobenanzahl m haben sich die Werte 4, 5 und 6 bewährt, wobei der Stichprobenumfang n zur Schätzung von μ und σ mindestens 20 bis 25 sein sollte.

Für den Schätzwert für σ können das arithmetische Mittel der Standardabweichungen oder die sogenannte Range (Spannweite) der Stichproben zum Einsatz gelangen.

Für die Standardabweichung gilt:

$$\bar{s} = \frac{1}{m} \sum_{k=1}^{m} s_k \quad \text{mit: } s_k = \sqrt{\frac{1}{n-1} \sum_{i=1}^{n} \left(x_{i.k} - \bar{x}_k \right)^2}$$

Der Schätzung auf der Basis der Spannweiten liegt folgende Berechnung zugrunde:

$$\bar{r} = \frac{1}{m} \sum_{k=1}^{m} r_k \quad \text{mit: } r_k = \max\left(x_{1k}, \ldots, x_{nk} \right) - \min\left(x_{1k}, \ldots, x_{nk} \right)$$

In der Praxis werden i. d. R. die Spannweiten herangezogen. Hierfür gelten dann die folgenden Formeln:

$$OEG = \bar{\bar{x}} + A \cdot \bar{r}$$
$$UEG = \bar{\bar{x}} - A \cdot \bar{r}$$

mit:

$\bar{r}$ = Durchschnittliche Spannweite der Stichprobe.

A = Faktor zur Abgrenzung der Kontrollschranken. Er ist von der geforderten Genauigkeit und dem Stichprobenumfang abhängig (zur tabellarischen Erfassung vgl. Heizer/Render 2011, S. 255).

Abbildung 2.1-22 gibt diese Werte für beispielhafte Stichprobenumfänge bei einer Genauigkeitsanforderung für r = 3 wieder.

Stichproben- umfang	A	Stichproben- umfang	A
3	1,023	12	0,266
4	0,729	13	0,249
5	0,577	14	0,235
6	0,483	15	0,223
7	0,419	16	0,212
8	0,373	17	0,203
9	0,337	18	0,194
10	0,308	19	0,187
11	0,285	20	0,180

Abb. 2.1-22: Faktor A für unterschiedliche Stichprobenumfänge (Beispiele)

Ein Beispiel soll die Vorgehensweise verdeutlichen: In einem Abfüllprozess wird Zucker in Tüten mit einer Füllmenge zu je 1.000 g verpackt. In regelmäßigen Abständen wurden in der Vergangenheit zur Bestimmung der Eingriffsgrenzen Stichproben von jeweils zehn Tüten aus dem Prozess entnommen und das Gewicht kontrolliert. Abbildung 2.1-23 gibt die Ergebnisse der Stichproben wieder.

Der Mittelwert über alle Messungen ist dann:

$$\bar{\bar{x}} = 999,6 \, g$$

Der Mittelwert der Stichprobenspannweiten beträgt:

$$\bar{\bar{r}} = 14,8 \, g$$

Damit ergeben sich bei einer Genauigkeitsanforderung von r = 3 die folgenden Eingriffswerte:

$$OEG = 999,6 \, g + 0,308 \cdot 14,8 \, g = 1.004,16 \, g$$
$$UEG = 999,6 \, g - 0,308 \cdot 14,8 \, g = \quad 995,04 \, g$$

Stichprobe	1	2	3	4	5
Messergebnisse	1.004	1.002	998	994	1.002
	1.006	1.000	1.010	1.002	1.004
	998	996	1.012	1.004	1.006
	996	1.010	1.008	1.002	1.002
	1.000	994	1.000	994	998
	1.002	1.002	998	992	994
	994	998	1.002	996	1.000
	990	996	1.004	998	998
	996	992	996	996	996
	1.000	998	1.000	1.002	998
Spannweite	16	18	16	12	12
Durchschnitt	998,6	998,8	1.002,8	998,0	999,8

Abb. 2.1-23: Stichprobenergebnisse

Abbildung 2.1-24 gibt die Kontrollkarte für die Beispielwerte wieder.

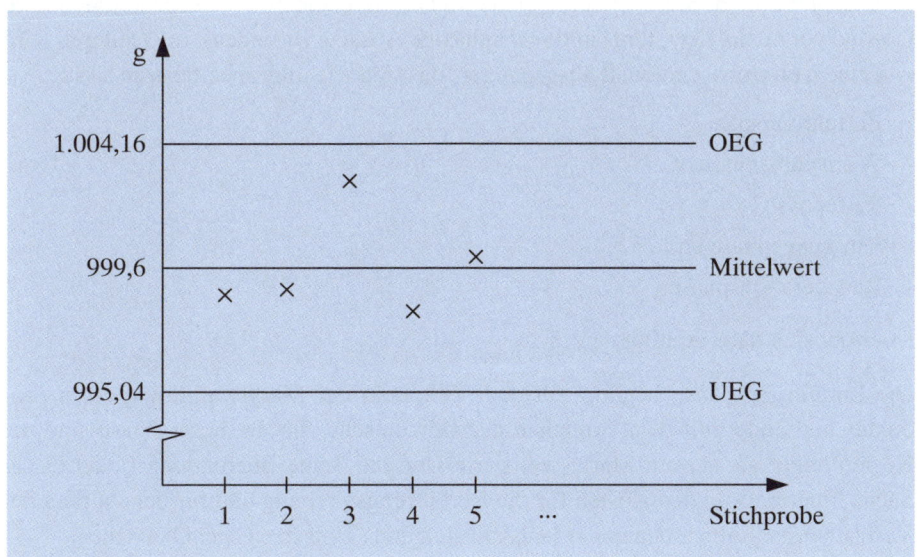

Abb. 2.1-24: Kontrollkarte (Beispiel)

Liegen in den nachfolgenden Kontrollperioden die Stichprobenwerte innerhalb der Eingriffsgrenzen, dann bedeutet dies, dass der Produktionsprozess ordnungsgemäß abläuft.

2.2 Lebenszykluskonzepte

Jedes Produkt wird nur eine begrenzte Zeit am Markt durch die Nachfrager akzeptiert. Die **Zeitspanne**, in der sich ein Produkt am Markt befindet, wird dabei als **Produktlebenszyklus** bezeichnet, dessen Länge von Produkt zu Produkt erhebliche Unterschiede aufweisen kann (z. B. Modeartikel versus Investitionsgut). Unter einem Produktlebenszyklus kann dann „... der in der Vergangenheit festgestellte oder für die Zukunft ... erwartete Verlauf des Absatzes eines Produktes während des gesamten Zeitabschnittes, in dem sich das Produkt am Markt befindet" (Brockhoff 1999a, S. 120), verstanden werden. Während in **idealtypischer Weise** dieser Lebenszyklus mit Hilfe einer **logistischen Kurve** dargestellt wird, zeigen empirische Untersuchungen, dass es äußerst unterschiedliche Zyklustypen gibt. So ergeben sich insbesondere bei Verbrauchsgütern, unter der Voraussetzung, dass keine Saison- und Zufallsschwankungen auftreten, meist unsymmetrische eingipfelige Kurven. Treten hingegen in erhöhtem Umfang Ersatzbeschaffungen auf, dann können sich auch mehrgipflige Kurven ergeben. In den weiteren Ausführungen wird jedoch der skizzierte idealtypische Verlauf unterstellt. Ferner wird der Lebenszyklus in einzelne Phasen unterteilt, die durch bestimmte Merkmale gekennzeichnet sind, wobei in der Literatur (vgl. z. B. Kreikebaum 1997, S. 110; Zäpfel 2000b, S. 97 f.) keine einheitliche Phaseneinteilung vorgenommen wird (so sind vor allem vier-, fünf- und sechsphasige Ansätze zu finden). Im Weiteren wird von einem **Fünfphasenmodell** ausgegangen, das sich wie folgt spezifizieren lässt:

- Einführungsphase,

- Wachstumsphase,

- Reifephase,

- Sättigungsphase und

- Degenerationsphase.

Es ergibt sich dann Abbildung 2.2-1.

Die **Einführungsphase** beginnt mit dem Zeitpunkt der Markteinführung eines Produktes und endet mit dem Erreichen der Gewinnschwelle. In dieser Phase sind die Kosten höher als der am Markt realisierte Umsatz. Seine Begründung findet dieser Sachverhalt z. B. in den Kosten für die Einführungswerbung und für den Aufbau der Verkaufsorganisation, denen nur langsam steigende Umsätze gegenüberstehen.

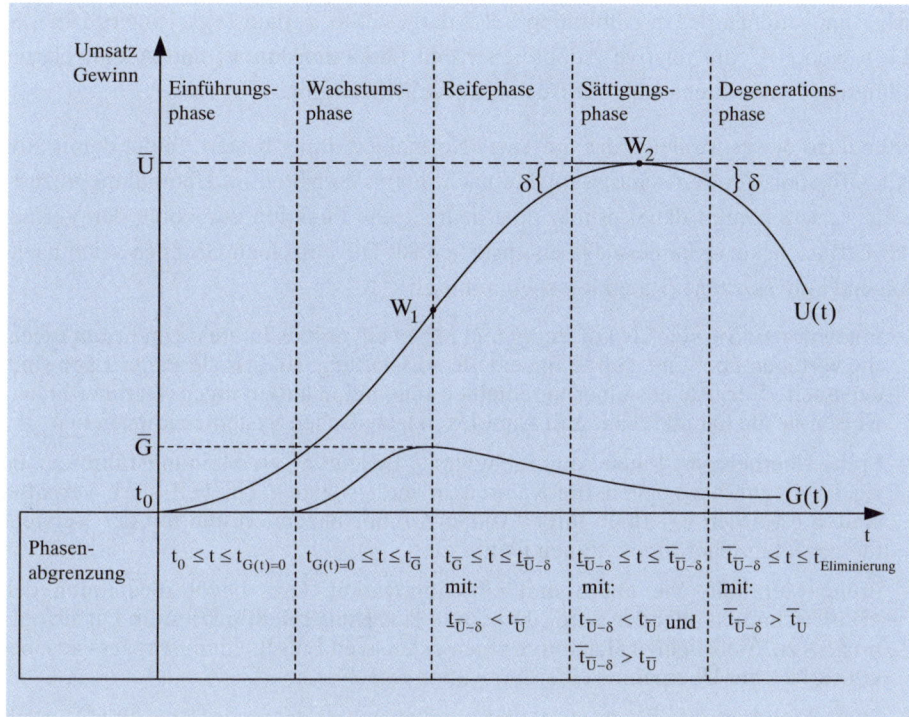

Abb. 2.2-1: Grundmodell des Produktlebenszyklus

Die **Wachstumsphase** ist demgegenüber durch steigende Zuwachsraten gekennzeichnet, die auf eine erfolgreiche Marktdurchdringung zurückzuführen sind. Ihr Ende findet diese Phase im Wendepunkt (W_1) der Lebenszykluskurve.

In der **Reifephase** tritt eine Verlangsamung des Umsatzwachstums ein, die durch eine zunehmende Marktsättigung hervorgerufen wird. Das Ende dieser Phase wird dabei nicht einheitlich definiert. Hansmann (2006, S. 65) schlägt in diesem Zusammenhang vor, das Phasenende dadurch zu bestimmen, dass die Differenz zwischen dem Umsatzmaximum und dem realisierten Umsatz eine vorgegebene Größe δ unterschreitet.

Die **Sättigungsphase** ist charakterisiert durch eine Stagnation des Umsatzes auf hohem Niveau. Das Phasenende wird ebenfalls durch die Vorgabe einer Größe δ festgelegt. In dieser Phase liegt auch das absolute Umsatzmaximum (W_2).

In der **Degenerationsphase** nimmt der Umsatz kontinuierlich ab. Das Phasenende wird durch die Produkteliminierung determiniert.

Grundlage dieses Lebenszyklusmodells ist die **Diffusionsforschung**, die sich mit der Ausbreitung materieller und immaterieller Objekte innerhalb eines Zeitabschnittes beschäftigt, und zwar mit dem **Ziel**, diesen Verbreitungsprozess zu messen und die Faktoren herauszuarbeiten, die den Verlauf des Diffusionsprozesses beeinflussen. Diffusion ist ein kumulativer Vorgang. Idealtypisch zeigt sich dabei für technologische Innovationen der in Abbildung 2.2-2 dargestellte Verlauf (vgl. Rogers 1983, S. 247), wobei A' die relative Adoptorenanzahl (Adoptionskurve) und A die relative kumulierte Adoptorenanzahl (Diffusionskurve) wiedergibt.

Grundlage dieses Modells, das auf einer Normalverteilung basiert, bildet damit eine Klassifikation der Wirtschaftssubjekte nach ihrem Verhalten im Übernahmeprozess. Dem Ansatz kommt dabei primär eine heuristische Funktion zu, wobei der Verlauf der Diffusionskurve keineswegs unumstritten ist. Die einzelnen Gruppen seien nachfolgend kurz skizziert (Rangklasseneinteilung):

-   **Innovatoren**: Sie sind risikofreudig und haben ein großes Interesse an neuen Ideen. Sie verfügen über eine solide finanzielle Ausstattung, so dass sie in der Lage sind, eventuelle Verluste aus einer unrentablen Innovation aufzufangen. Darüber hinaus weisen sie die Fähigkeit auf, mit komplexen technischen Systemen umzugehen.

-   **Frühe Übernehmer**: Ihnen kommt eine hohe Bedeutung als Meinungsführer zu, da sie im Gegensatz zu den Innovatoren in ihrer sozialen Umwelt stark verhaftet sind. Sie werden innerhalb ihrer sozialen Gruppe akzeptiert und mit der Verwendung erfolgreicher Innovationen identifiziert.

-   **Frühe Mehrheit**: Sie übernimmt eine Innovation, kurz bevor dies durch den „Durchschnitt" vollzogen wird. Ihr kommt eine **Bindegliedfunktion** im Diffusionsprozess zu. Sie zeichnet sich durch einen extensiven Entscheidungsprozess aus, bevor sie sich zur Übernahme einer Innovation entschließt.

-   **Späte Mehrheit**: Sie übernimmt eine Innovation erst dann, wenn an ihrer Vorteilhaftigkeit kein Zweifel mehr besteht. Sie steht Innovationen folglich skeptisch gegenüber.

-   **Nachzügler**: Sie übernehmen eine Innovation erst dann, wenn die Mehrheit der in Frage kommenden Wirtschaftssubjekte bereits ihre Erfahrungen mit der Innovation gemacht hat. Ihr Bezugspunkt ist folglich die Vergangenheit. Dabei kann es vorkommen, dass die Innovatoren bereits Interesse an einer anderen Innovation zeigen und diese bereits übernehmen.

Wird das Produktlebenszyklusmodell als ein Erklärungsansatz akzeptiert, dann ergeben sich für eine Unternehmung im Rahmen der Produktionsprogrammgestaltung die folgenden Konsequenzen (vgl. Engeleiter 1981, S. 415):

-   Möchte eine Unternehmung ihre Erfolgspotentiale auch zukünftig erhalten, dann hat sie dafür Sorge zu tragen, dass sich immer eine ausreichende Anzahl an Produkten in der Einführungs- und Wachstumsphase befindet.

-   Damit eine Unternehmung die neuen Produkte finanzieren kann, muss sie darauf achten, dass sich immer eine ausreichende Anzahl an Produkten in der Reife- und Sättigungsphase befindet.

Das Produktlebenszykluskonzept gibt damit auch eine globale Gestaltungsempfehlung zur Zusammensetzung des Produktionsprogramms. Darüber hinaus möchte dieses Konzept in den jeweiligen Phasen Empfehlungen geben. Dabei ist jedoch die konkrete Wettbewerbssituation der Unternehmung am Markt in die Überlegungen einzubeziehen. Auf derartige Empfehlungen wird im Rahmen des Portfolioansatzes näher eingegangen.

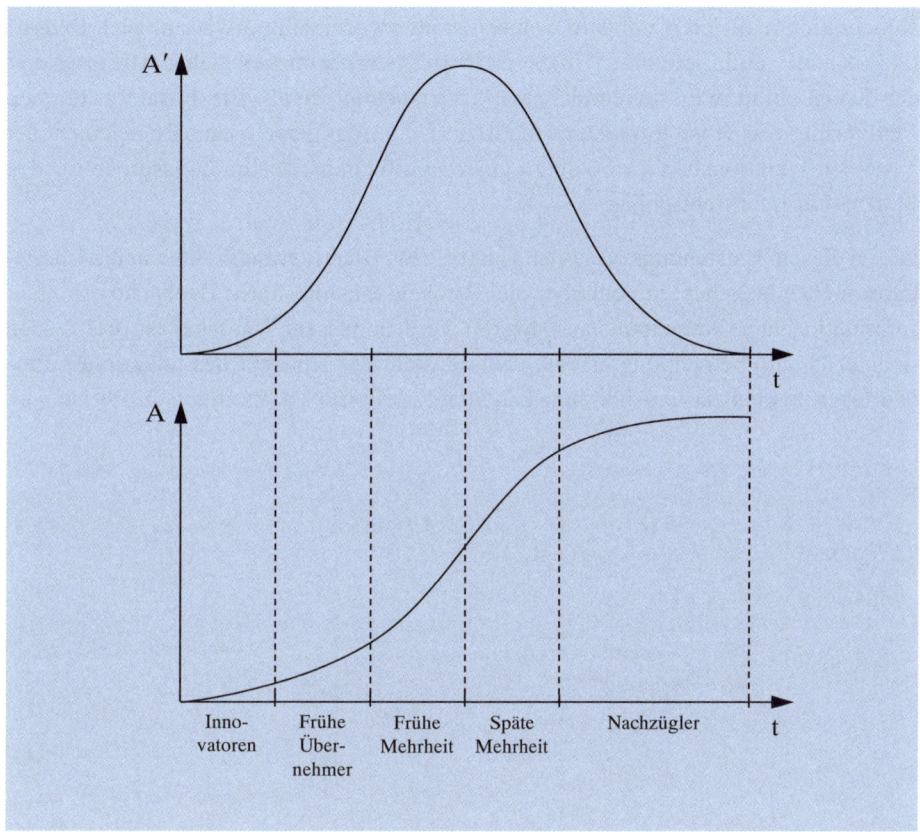

Abb. 2.2-2: Adoptions- und Diffusionsverlauf

In den bisherigen Überlegungen wurde ausschließlich der **Marktzyklus** eines Produktes berücksichtigt. Hierunter ist der Zeitraum zu verstehen, in dem ein Produkt angeboten **oder** nachgefragt oder angeboten **und** nachgefragt wird. Entsprechend der allgemeinen Marktdefinition lässt sich der Marktzyklus dann in einen Angebots- und einen Nachfragezyklus untergliedern. Während der **Angebotszyklus** mit dem erstmaligen Angebot eines Produktes am Markt beginnt, ist dem **Nachfragezyklus** eine Reaktionsperiode der Nachfrager vorgeschaltet, so dass dieser zeitlich später beginnt. Derjenige Zeitraum, in dem dann Nachfrage und Angebot gleichzeitig vorhanden sind, wird als **Marktperiode** bezeichnet (vgl. Kreikebaum 1997, S. 110).

Bei einer Konzentration auf den Marktzyklus wird folglich unterstellt, dass die am Markt einzuführenden Produkte bereits existieren. Die Produkte fallen gleichsam zum Zeitpunkt t_0 vom Himmel. Es ist jedoch zu beachten, dass dem Marktzyklus ein **Produktentstehungszyklus** vorausgeht, der nicht nur Zeit in Anspruch nimmt, sondern auch mit Kosten einhergeht. Das Management dieses Entstehungszyklus ist dabei für die Erfolgsträchtigkeit der Produkte von grundlegender Bedeutung. F&E, Produktion, Beschaffung, Marketing und Finanzierung müssen nicht nur untereinander eine enge

Kooperation realisieren, sondern es hat sich als zweckmäßig erwiesen, auch Externe (z. B. Kunden und Lieferanten) in diesen Prozess stärker einzubeziehen. Die **Intensität der Kooperation** wird in empirischen Untersuchungen als **Erfolgsfaktor** für den Markterfolg von neuen Produkten identifiziert, d. h., das **gemeinsame Engagement** der einzelnen Funktionsbereiche wird zu einer signifikanten Bestimmungsgröße für den Markterfolg oder -fehlschlag.

Neben diesem Entstehungszyklus ist weiterhin ein **Beobachtungszyklus** in die Überlegungen einzubeziehen, in dem über die entscheidungsrelevanten Beobachtungsfelder Informationen gesammelt und ausgewertet werden müssen. Werden diese drei Zyklen in einer Gesamtbetrachtung erfasst, dann entsteht das **Konzept des integrierten Produktlebenszyklus**, das in Abbildung 2.2-3 dargestellt ist (vgl. Pfeiffer u. a. 1991).

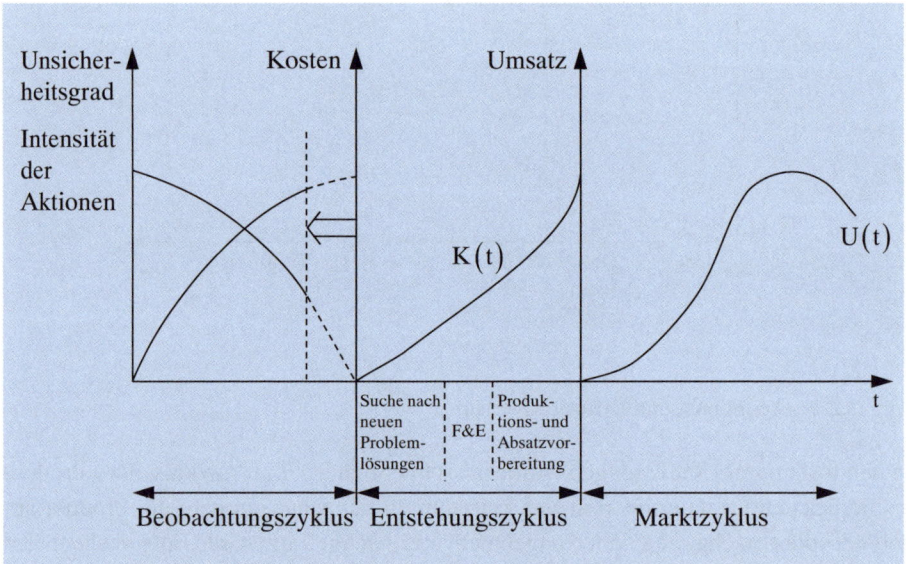

Abb. 2.2-3: Integriertes Produktlebenszykluskonzept

Die sequentielle Darstellung der einzelnen Zyklen dient dabei lediglich der besseren Anschaulichkeit. Für reale Verhältnisse ist eher eine **Überlagerung dieser Teilzyklen** charakteristisch.

Im **Beobachtungszyklus** muss die Unternehmung alle strategisch relevanten Informationen aus der Unternehmungsumwelt beobachten, die für ihre zukünftige Entwicklung von Bedeutung sein können. Ein zentrales Problem in diesem Zyklus ist die **Unsicherheit** hinsichtlich der Bedeutung der wahrgenommenen Informationen für die Unternehmung. Mit zunehmender Informationsaufnahme und -verarbeitung nimmt der Grad der Unsicherheit jedoch ab. Dementsprechend werden konkrete Aktionen erst bei niedrigeren Unsicherheitsgraden vollzogen. Wartet eine Unternehmung jedoch so lange mit der Durchführung der Aktivitäten, bis über die entsprechenden Entwicklungen in ihrem Umsystem keine Unsicherheit mehr besteht, dann ist sie nicht mehr in der Lage, Vorteile gegenüber ihren Konkurrenten zu erlangen. Es ist damit Aufgabe der Unternehmung, den Entstehungszyklus zeitlich vorzuverlagern (vgl. gestrichelte Linie) und hierdurch Vorteile gegenüber den Konkurrenten zu realisieren.

Der Entstehungszyklus beginnt mit der Suche nach neuen Problemlösungen. Darauf aufbauend werden die notwendigen F&E-Aktivitäten durchgeführt. Der Zyklus endet mit den Vorbereitungen der Produktion und des Absatzes.

Diesem Entstehungszyklus schließt sich dann der bereits dargestellte Marktzyklus an.

In der Literatur (vgl. Kreikebaum 1997, S. 111 f.) wird das Produktlebenszykluskonzept als ein Instrument zur Unterstützung der folgenden Problembereiche thematisiert:

- Unterstützung der Absatzprognose für Produkte,

- Orientierungsrahmen zum Einsatz des absatzpolitischen Instrumentariums (z. B. phasenspezifische Einsatzplanung),

- Beurteilungsgrundlage für die Erfolgsträchtigkeit der Produkte,

- Unterstützung der langfristigen Produktplanung,

- Grundlage für die Ableitung der F&E-Aufgaben und

- Unterstützung der Produktionsprogrammplanung (z. B. Produkteliminierung, Diversifikation).

Das Produktlebenszykluskonzept ist zwar einerseits ein sehr anschaulicher und leicht verständlicher Ansatz, jedoch ist es anderseits mit erheblichen Problemen verbunden, die sich mit den folgenden Kritikpunkten umreißen lassen:

- Die Phaseneinteilung ist willkürlich. Dies zeigt sich in besonderer Deutlichkeit bei der Abgrenzung der Reife-, Sättigungs- und Degenerationsphase.

- Die idealtypische Form (logistische Kurve) trifft insbesondere in der Degenerationsphase häufig nicht zu, da bei Produkten durchaus eine erneute Wachstumsphase auftreten kann (z. B. Relaunch).

- Die Dauer des Lebenszyklus lässt sich ex ante nicht bestimmen. Dies gilt ebenfalls für die Länge der einzelnen Phasen. Daraus resultiert, dass der Lebenszyklus erst ex post exakt identifiziert werden kann, d. h., der Lebenszyklus ist erst dann bekannt, wenn das Produkt bereits aus dem Markt ausgeschieden ist. Für noch am Markt befindliche Produkte muss der zukünftige Teil des Lebenszyklus prognostiziert werden, d. h., er ist mit erheblichen Unsicherheiten behaftet.

- Es wird lediglich die Zeit als Variable des Absatzes eines Produktes herangezogen. Andere Einflussgrößen wie Kaufhäufigkeit, Konsumentenbedürfnisse, Rate des technischen Fortschritts, absatzpolitische Maßnahmen der Unternehmung und Verhalten potentieller Nachahmer werden nicht berücksichtigt.

Diese Kritikpunkte zeigen, dass das Lebenszykluskonzept die ihm übertragenen Aufgaben kaum zu erfüllen vermag. Insgesamt darf an dieses Konzept kein zu hoher Anspruch gestellt werden. Es ist vielmehr ein einfaches Instrument, um zukünftige Absatzchancen eines Produktes qualitativ zu beurteilen. Darüber hinaus ist es wesentlich, Umweltrisiken systematisch zu beurteilen, und zwar mit Hilfe geeigneter **Frühwarnindikatoren**. So schlägt Albach (1978, S. 708 f.) eine Verknüpfung der Phasen des Lebenszykluskonzeptes mit der Marktattraktivität zum sogenannten Markt-Produktlebenszyklus-Portfolio vor (zu den unterschiedlichen Portfolioansätzen vgl. Abschnitt 2.3).

Eine über das integrierte Lebenszykluskonzept hinausgehende Erweiterung schlagen Strebel/Hildebrandt (1989, S. 101 ff.) vor. Durch die Einführung sogenannter **Rückstandszyklen**, mit denen die **produktinduzierte Rückstandsentstehung** erfasst wird, erweitern sie das Lebenszykluskonzept um eine **Entsorgungsphase**. Der Rückstandszyklus beginnt dabei in der Entwicklungsphase, z. B. bedingt durch die Prototypenherstellung, erstreckt sich über die Nutzung des Produktes und endet mit der Entsorgungsphase. Da bei jeder Produktart i. d. R. mehrere Schadstoffarten auftreten, muss für jede Schadstoffart ein separater produktinduzierter Rückstandszyklus erstellt werden. Im Folgenden soll jedoch global von Emissionen gesprochen werden, um die Grundidee dieses Ansatzes in einfacher Form darstellen zu können.

Die **produktinduzierten Gesamtemissionen** einer Produktart P_i für den gesamten Rückstandszyklus ergeben sich dann aus:

$$P_i EM_{ges} = P_i EM_{F\&E} + P_i EM_P + P_i EM_N + P_i EM_E$$

mit:

$P_i EM_{F\&E}$ = Emissionen der Produktart P_i in der F&E-Phase

$P_i EM_P$ = Emissionen der Produktart P_i in der Produktionsphase

$P_i EM_N$ = Emissionen der Produktart P_i in der Nutzungsphase

$P_i EM_E$ = Emissionen der Produktart P_i in der Entsorgungsphase.

Zwischen diesen Phasen ergeben sich zum Teil deutliche Überlagerungen. Dabei sind die folgenden Phasenabgrenzungen von Bedeutung:

- Die **Nutzungsphase** beginnt mit dem Verkauf oder der Vermietung der ersten produzierten Einheit. Gerade bei langlebigen Gebrauchsgütern (z. B. Waschmaschinen, Autos) zeigt sich die Relevanz der Einbeziehung der Nutzungsphase, da bei diesen Gütern bis zu 80 % der gesamten Umweltbelastung anfallen.

- Die **Entsorgungsphase** beginnt mit der Ausmusterung der ersten Produkteinheit und endet, wenn die letzte Produkteinheit entsorgt ist.

In schematischer Form ergibt sich dann das folgende Rückstandszyklusmodell (vgl. Abbildung 2.2-4). Es sei darauf hingewiesen, dass der vorliegende Kurvenverlauf nicht als allgemeingültiges Verlaufsmuster zu interpretieren ist, sondern lediglich eine Variante darstellt. So ist es z. B. denkbar, dass die Emissionen in der F&E-Phase aufgrund der mangelnden Beherrschbarkeit der verfahrenstechnischen Gegebenheiten höher sein können als in den nachgelagerten Produktions- und Nutzungsphasen.

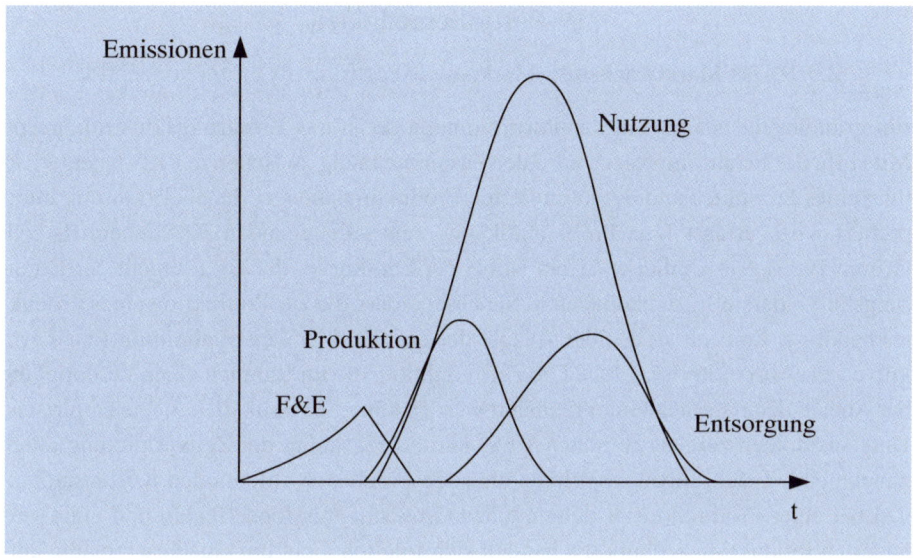

Abb. 2.2-4: Phasen des Rückstandszyklus (Beispiel)

Die Phasenbetrachtung zeigt deutlich, dass produktinduzierte Emissionen auch dann noch anfallen, wenn die Produktion durch die Unternehmung bereits eingestellt ist und auch der Nutzer das Produkt nicht mehr nutzt. Darüber hinaus zeigt dieser Ansatz, dass eine Entsorgungsproblematik auch dann noch besteht, wenn die Nutzung der Produkte bereits eingestellt ist. Um derartige produktinduzierte Rückstandszyklen prognostizieren zu können, sind die folgenden Informationen notwendig:

- Aufstellung von Stoffbilanzen der entsprechenden Produktionsprozesse,
- Ermittlung der entsprechenden Rückstandskoeffizienten (Rückstandsmenge pro Zwischen- oder Endprodukt),
- Schätzungen der Produktionsmengen und
- Ermittlung der emittierten Schadstoffmengen, die bei Ge- und Verbrauch des Produktes und bei der Entsorgung des Alterzeugnisses pro Mengeneinheit anfallen; hierzu zählen ebenfalls eventuell auftretende Verpackungsrückstände.

Das Rückstandszykluskonzept erweitert folglich den Produktlebenszyklus in zweifacher Hinsicht:

- Es werden die produktinduzierten Rückstände phasenbezogen analysiert und
- der Lebenszyklus um die Entsorgungsphase ergänzt.

Wenn es um Produkte geht, hat aber nicht nur der Produzent, sondern auch der Konsument eine Verantwortung, d. h., er kann durch sein Konsumverhalten einen Beitrag für eine nachhaltige Entwicklung leisten. Die Empirie zeigt jedoch, dass der Nachhaltigkeit durch die Konsumenten eine hohe Bedeutung beigemessen wird, dies aber nicht kompatibel mit dem konkreten Handeln ist, d. h., es liegt eine Kluft zwischen dem Bewusstsein und dem tatsächlichen Verhalten der Konsumenten.

2.3 Portfoliomethoden

2.3.1 Das Marktwachstum-Marktanteil-Portfolio als Grundkonzeption

Ein grundlegendes Element der Portfoliomethode ist das **Erfahrungskurvenkonzept**. Mit Hilfe der Erfahrungskurve wird der Zusammenhang zwischen der Kostenentwicklung eines Produktes und der kumulierten Produktionsmenge, die als Erfahrung interpretiert wird, erfasst (zur Problematik des zugrundeliegenden Kostenbegriffs vgl. Grimm 1983). Ein ähnlicher Effekt ist bei der **Lernkurve**, die ein Element der Erfahrungskurve darstellt, zu beobachten. Sie besagt, dass die zur Produktion eines Produktes benötigte Zeit mit steigender Anzahl der erstellten Einheiten abnimmt (zur Lernkurve vgl. Abschnitt 3.1.2.1.1). Die Zeitreduktion, die im Rahmen einer Verdopplung der Anzahl der erstellten Güter realisiert werden kann, schwankt dabei, wie empirische Untersuchungen zeigen, zwischen 10 % und 30 %. Außer der Zeitverkürzung durch zunehmende Erfahrungen resultieren die angesprochenen potentiellen **Kostensenkungen** bei einer Produktionsausdehnung aus Größendegressionseffekten und einer veränderten Produktionstechnik. Es handelt sich folglich nicht um eine gesetzmäßig auftretende Kostenreduktion, sondern um ein Potential zur Kostensenkung, das dann ausgeschöpft werden kann, wenn sämtliche Rationalisierungsmöglichkeiten ausgenutzt werden (vgl. Bamberger 1981, S. 99).

Bedingt durch den konstanten prozentualen Kostenrückgang bei einer Verdopplung der Ausbringungsmenge ergibt sich ein hyperbolischer Verlauf der Erfahrungskurve. In doppeltlogarithmischer Darstellung ergibt sich ein linearer Verlauf (Abbildung 2.3-1 gibt diesen Verlauf für einen 20 % bzw. 30 % Stückkostenrückgang wieder).

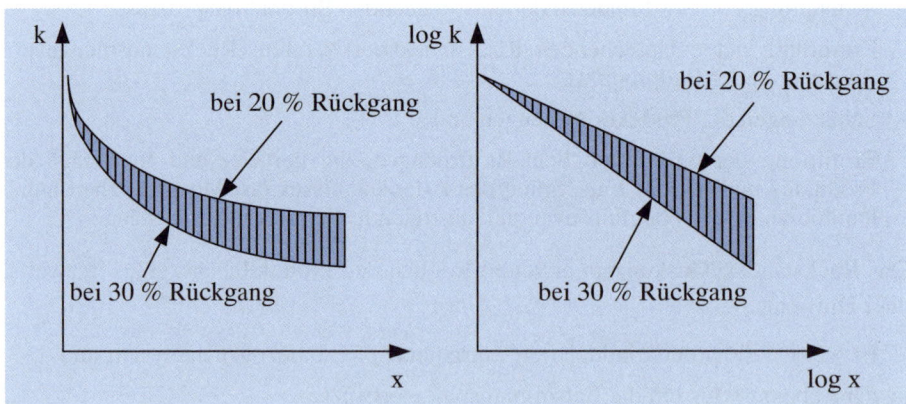

Abb. 2.3-1: Erfahrungskurve

unter Berücksichtigung der Symbole:

x_0 = Ausgangsmenge

$k(x)$ = Stückkosten für eine kumulierte Produktion von x Mengeneinheiten r   = Kostensenkungsprozentsatz

r/100   = Erfahrungsrate

$s = 1 - \dfrac{r}{100}$ = Neigung der Erfahrungskurve

n   = Anzahl der Verdopplungen, ausgehend von x_0

gelten für die Erfahrungskurve dann die folgenden Gleichungen (vgl. Zäpfel 2000b, S. 61):

$$x = 2^n \cdot x_0 \; [\text{Verdopplung der Produktionsmenge}]$$

Durch Logarithmieren ergibt sich:

$$n = \frac{\log x - \log x_0}{\log 2}$$

Unter Berücksichtigung der Kostenfunktion ergibt sich:

$$k(x) = (1 - \frac{r}{100})^n \cdot k(x_0) = s^n \cdot k(x_0)$$

Durch Logarithmieren und Einsetzen von n ergibt sich:

$$\log k(x) = \log k(x_0) + n \cdot \log s$$

$$\log k(x) = + (\log x - \ln x_0) \cdot \frac{\log s}{\log 2}$$

$$\log \left(\frac{k(x)}{k(x_0)} \right) = \log \left(\frac{x}{x_0} \right) \cdot \frac{\log s}{\log 2}$$

$$\frac{k(x)}{k(x_0)} = \left(\frac{x}{x_0} \right)^{\frac{\log s}{\log 2}}$$

Hieraus folgt:

$$k(x) = k(x_0) \cdot \left(\frac{x}{x_0} \right)^{\frac{\log s}{\log 2}}$$

Der Erfahrungskurveneffekt ist damit dann am größten, wenn eine Unternehmung einen möglichst hohen Marktanteil auf sich vereinigen kann und einen möglichst hohen Anteil an den Wertschöpfungskosten zu kontrollieren vermag. Konsequenzen einer an der Erfahrungskurve orientierten Unternehmungspolitik müssten damit eine

- hohe Produktstandardisierung und eine
- hohe vertikale Integration sein.

Hiermit geht jedoch der Nachteil einer abnehmenden Flexibilität und damit auch ein erhöhtes Risiko einher. Diese Effekte gilt es im Rahmen des Erfahrungskurvenkonzeptes zu beachten.

Der langfristige Erfolg einer Strategischen Geschäftseinheit hängt dabei von der Fähigkeit ab, die eigenen Erzeugnisse zu Kosten herzustellen, die niedriger sind als die Kosten der Wettbewerber. Unter einer Strategischen Geschäftseinheit ist dabei eine klar abgrenzbare Subeinheit einer Unternehmung zu verstehen. Sie ist damit eine autonome Einheit mit eigenen Chancen und Risiken, die zu einem bestimmten Zeitpunkt eine spezifische Wettbewerbsposition aufweist und eigenständige Strategien zu realisieren vermag. Unter Strategie wird dabei eine generelle unternehmerische Handlungsmöglichkeit verstanden, d. h., durch sie wird die generelle Richtung definiert, die eine Unternehmung zukünftig zu realisieren trachtet. Sie fixiert damit auch die zukünftige Position, die eine Unternehmung ansteuern möchte (vgl. Zäpfel 2000b, S. 15). Strategische Geschäftseinheiten müssen die folgenden Merkmale erfüllen:

- Sie stellen von anderen Einheiten unabhängige und klar abgrenzbare Produkt-Markt-Kombinationen dar.
- Mit ihnen müssen sich Wettbewerbsvorteile erzielen lassen.

Für jede Strategische Geschäftseinheit ist dabei eine Wettbewerbsanalyse durchzuführen, die sich durch folgende Elemente charakterisieren lässt:

- Generelle Umweltanalyse: Mit ihrer Hilfe sollen die Chancen und Gefahren, die von außen auf eine Unternehmung zukommen können, identifiziert werden. Sie bezieht sich sowohl auf die aktuelle als auch auf die zukünftige Situation der folgenden Komponenten: ökonomische, ökologische, technologische, rechtlich-politische und sozio-kulturelle Komponente (vgl. Kubicek/Thom 1976, Sp. 3988 f.).

- Spezifische Umweltanalyse: Sie soll die in einer Branche wirkenden Faktoren und Entwicklungsperspektiven identifizieren und analysieren, d. h., es sind diejenigen Faktoren zu untersuchen, die die spezifische Situation eines Geschäftszweiges beeinflussen. Hierzu zählen z. B.: Substitutionsprodukte, Auftreten neuer Wettbewerber, Positionskämpfe zwischen den Marktpartnern, Kunden- und Lieferantensituation, Marktstruktur und -größe.

- Unternehmungsanalyse: Sie soll die Leistungsfähigkeit einer Strategischen Geschäftseinheit im Vergleich zu den Wettbewerbern ermitteln, d. h. über Stärken und Schwächen der jeweiligen Einheit eine Aussage machen. Ergebnis dieser Analyse ist dann eine Aussage über die Wettbewerbsstärke, in der zum Ausdruck kommt, welche Möglichkeiten eine Unternehmung hat, ihre Vorstellungen auch gegen den Widerstand von Wettbewerbern realisieren zu können. Sie wird im Wesentlichen beeinflusst durch die Marktposition und die Potentiale (Ressourcen) einer Unternehmung.

- Strategische Erfolgsanalyse: Ziel dieser Analyse ist es, diejenigen Schlüsselfaktoren zu identifizieren, die für den Erfolg einer Branche von besonderer Bedeutung sind (vgl. hierzu die Ausführungen zum PIMS-Programm).

Aufbauend auf einer solchen Analyse können dann Maßnahmen ergriffen werden, um Erfolgspotentiale zu schaffen oder zu erhalten. Derartige Erfolgspotentiale gründen letztlich auf besonderen Fähigkeiten einer Unternehmung im Vergleich zu den Konkurrenten und können sich auf

- **Produkte** (z. B. qualitativ hochwertige Produkte im Vergleich zu den Wettbewerbern),
- **Märkte** (z. B. wirkungsvolle Erschließung neuer Märkte) und
- **Funktionen** (Beschaffung, Produktion, Absatz, Finanzierung, F&E)

beziehen (vgl. Zäpfel 2000b, S. 10 f.).

Diese Strategischen Geschäftseinheiten werden dann in einer Matrix positioniert. Ziel ist es dabei, die Stärken und Schwächen und die Chancen und Risiken einer Unternehmung zu erkennen.

Eine der bekanntesten Formen ist das **Marktwachstum-Marktanteil-Portfolio**. Ausgangspunkt dieses Ansatzes ist dabei die Überlegung, dass das Marktrisiko umso geringer ist, je höher der relative Marktanteil ist. Primäres Ziel dieses Ansatzes ist es, eine **finanzielle Ausgewogenheit** der im Produktionsprogramm zusammengefassten Produkte herbeizuführen, d. h., es soll ein **Gleichgewicht** zwischen den **finanzbedürftigen** und den **finanzüberschüssigen Produkten** realisiert werden (vgl. Koch 1979, S. 150). Dieser **Grundgedanke** einer optimalen Mischung mehrerer Investitionsmöglichkeiten stammt aus der Investitionstheorie, und zwar aus den Programmentscheidungen bei unsicheren Erwartungen.

Die Strategische Geschäftseinheit wird beim Marktwachstum-Marktanteil-Portfolio mit Hilfe der beiden folgenden Größen charakterisiert (vgl. Jacob 1982, S. 58):

- **Relative Wettbewerbsposition** (sie ergibt sich aus der quotialen Verknüpfung des Marktanteils der Strategischen Geschäftseinheit mit dem Marktanteil des größten Mitwettbewerbers; hiermit werden die Kostenvorteile oder -nachteile zum Ausdruck gebracht, die eine Folge des Erfahrungskurveneffektes sind) und
- **Wachstumsrate des Marktes** (auch in dieser Dimension zeigt sich die Bedeutung des Erfahrungskurveneffektes, da die Geschwindigkeit des Marktwachstums Auswirkungen auf den Zeitraum hat, in dem eine Verdopplung der erstellten Güter realisierbar ist).

Durch Kombination dieser Dimensionen lässt sich dann eine Matrix erstellen, die einen **Zusammenhang** zwischen einer von der Unternehmung **nicht beeinflussbaren** und einer von ihr **beeinflussbaren Größe** wiedergibt. Während der relative Marktanteil durch die Unternehmung beeinflussbar ist, entzieht sich das Marktwachstum weitgehend ihrer Beeinflussbarkeit. Abbildung 2.3-2 gibt die hieraus resultierende Matrix wieder.

Stars sind durch ein hohes Marktwachstum und einen hohen relativen Marktanteil gekennzeichnet. Sie erbringen zwar hohe Erlöse, jedoch müssen diese zur Erhaltung der Position in Kapazitätserweiterungen reinvestiert werden. Ursache hierfür ist das schnelle Marktwachstum. Verringern sich im Laufe der Zeit die Wachstumsraten und kann die Marktführerposition gehalten werden, dann wird aus einem Star eine Cash-Cow. Verliert der Star hingegen auch Marktanteile, dann wird er zum Dog.

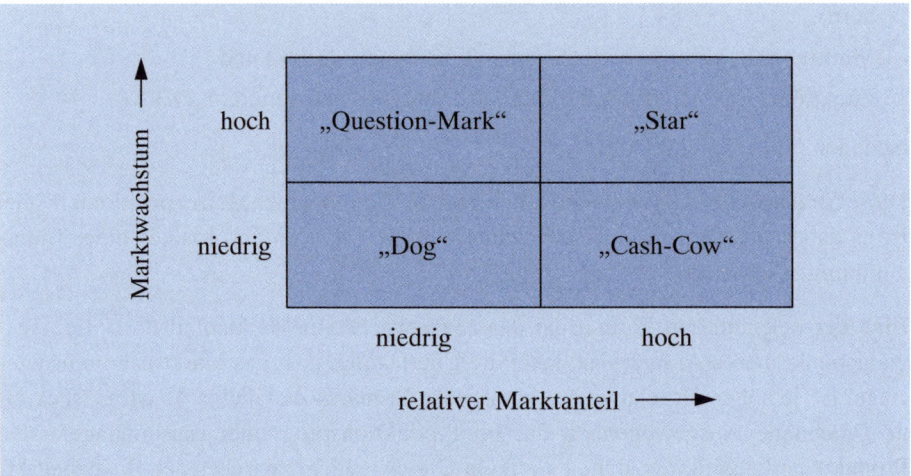

Abb. 2.3-2: Marktwachstum-Marktanteil-Portfolio

Bei Cash-Cows handelt es sich um Produkte, die durch ein niedriges Marktwachstum und einen relativ hohen Marktanteil charakterisiert sind. Die in diese Produkte getätigten Investitionen wurden größtenteils bereits amortisiert, als diese noch Stars waren. Damit tragen sie nunmehr zu Überschüssen bei, die nur soweit reinvestiert werden, als es zur Erhaltung der Position notwendig ist.

Dogs sind Produkte mit niedrigen Wachstumsraten und einem niedrigen relativen Marktanteil. Aufgrund des geringen Marktwachstums existieren nur sehr begrenzte Möglichkeiten, weitere Marktanteile hinzuzugewinnen. Da jedoch nur geringe Investitionen erforderlich sind, um die Position zu halten, ist ihre Cash-flow-Bilanz, wenn auch auf niedrigem Niveau, i. d. R. ausgeglichen.

Question-Marks sind Produkte, die durch einen niedrigen relativen Marktanteil und durch ein hohes Marktwachstum gekennzeichnet sind. Sie weisen damit die ungünstigste Position im Portfolio auf, da sie einerseits den zur Finanzierung des Wachstums notwendigen hohen Finanzbedarf erfordern und andererseits aufgrund der relativ schlechten Marktposition nur geringe Erlöse realisieren.

In die Matrix werden dann sowohl die Ist- als auch die Zielpositionen für die Strategischen Geschäftseinheiten eingetragen. Mit diesem Portfolio sollen damit die Ist- und die Zukunftssituationen der Strategischen Geschäftseinheiten erfasst werden, d. h., es bildet einerseits einen gedanklichen Rahmen für die Ist-Situation und andererseits eine Orientierung für die strategische Formulierung der Zukunftssituation. Damit ist die Portfolioanalyse zwar in der Lage, die Notwendigkeit von produktpolitischen Maßnahmen zur Realisation der Unternehmungsziele aufzudecken, jedoch lassen sich auf dieser Grundlage keine inhaltlich bestimmten Maßnahmen herleiten (vgl. Brockhoff 1999a, S. 80). Der Portfolioanalyse kommt damit eher die Aufgabe zu, Fragen zu stellen, die für die Erfüllung der Unternehmungsziele von Interesse sind, und weniger die Aufgabe, unmittelbare Antworten zu liefern.

In einem zweiten Schritt werden dann den einzelnen Matrixfeldern sogenannte **Normstrategien** zugeordnet, die jedoch lediglich eine **grobe Stoßrichtung** für die jeweiligen Strategischen Geschäftseinheiten angeben. Abbildung 2.3-3 ordnet diese Normstrategien den jeweiligen Feldern zu und gibt darüber hinaus über den notwendigen **Cash-flow-Bedarf** Auskunft (vgl. Engeleiter 1981, S. 409; Kreikebaum 1997, S. 77).

Die Unternehmung hat nun dafür Sorge zu tragen, dass den Stars und Question-Marks auch Cash-Cows gegenüberstehen, die die notwendigen Mittel für weitere Produktentwicklungen und die hierzu erforderlichen Investitionen erwirtschaften. Auf der anderen Seite ist es erforderlich, ständig neue Stars und Question-Marks zu haben, damit die augenblicklichen Cash-Cows rechtzeitig, d. h. bevor sie zum Dog werden, ersetzt werden können. Es ist damit unter **finanzwirtschaftlichen Gesichtspunkten** ein ausgewogenes Produkt-Portfolio aufzustellen (vgl. zur Portfolioanalyse Corsten/Corsten 2012, 148 ff.).

	Marktanteil/ Marktwachstum	Cash-flow-Bedarf	Normstrategien
Stars	Hoher Marktanteil in schnell wachsenden Märkten	Hoher Cash-flow-Bedarf, den sie jedoch größtenteils selbst decken	Investitionsstrategien
Cash-Cows	Hoher Marktanteil in langsam wachsenden Märkten	Nur geringe Erhaltungsinvestitionen und daher Realisation eines Cash-flow-Überschusses	Abschöpfungsstrategien (Defensivstrategien)
Question-Marks	Geringer Marktanteil in schnell wachsenden Märkten	Cash-flow reicht nicht aus, um die Erweiterungsinvestitionen zu decken	Investitions- oder Desinvestitionsstrategien (Offensivstrategie oder Aufgabe)
Dogs	Geringer Marktanteil in langsam wachsenden Märkten	Niedriger Cash-flow (teilweise auch negativer Cash-flow)	Desinvestitionsstrategie

Abb. 2.3-3: Normstrategien im Marktwachstum-Marktanteil-Portfolio

Der dargestellte Portfolioansatz ist jedoch an die folgenden **Voraussetzungen** gebunden:

- **Gültigkeit des Erfahrungskurveneffektes,** d. h., wird eine Erhöhung des Marktanteils aufgrund einer Absatzmengenausweitung realisiert, dann führt diese c. p. zu einer Stückkostensenkung und zu einer potentiellen Erhöhung der Gewinnspanne.

- Der **Marktanteil** hat einen **unmittelbaren Einfluss** auf die **Rentabilität.**

- **Wachstumsmärkte** sind für die Unternehmung die attraktivsten, da eine Ausweitung des Marktanteils hier am leichtesten möglich erscheint.

- Unternehmungen lassen sich in voneinander **unabhängige Strategische Geschäftseinheiten** zerlegen, zwischen denen lediglich **finanzielle Interdependenzen** bestehen.

- Es existiert ein **systematischer Zusammenhang** zwischen dem **Cash-flow** und der **Position in der Portfoliomatrix.**

- Die einzelnen **Produkte** lassen sich **eindeutig** in der Portfoliomatrix **positionieren** (Punkthypothese).

- Es ist eine **eindeutige Abgrenzung** des **Marktes** oder des **Marktsegmentes** möglich.

Eine **kritische Analyse** der Portfoliomethode kann damit an diesen Prämissen ansetzen (vgl. Jacob 1982, S. 59 f.; Kreikebaum 1997, S. 81 ff.):

- Auch wenn in der **fehlenden Operationalisierung** der zu messenden Größen (Kosten, neue Produkte, Erfahrung) eine **zentrale Schwachstelle** des Erfahrungskurvenkonzeptes zu sehen ist, kann die Grundaussage dieses Konzeptes als gesichert gelten. Darüber hinaus erscheint eine Präzisierung dieser Grundaussage erforderlich, d. h., sie muss hinsichtlich der postulierten Erfahrungsraten unter unterschiedlichen situativen Bedingungen spezifiziert werden. Unter diesem Gesichtspunkt sollte von einer rein quantitativen Betrachtung der Erfahrungskurve abgesehen werden und eine **qualitative Interpretation** Platz greifen.

- Dass es einen positiven Zusammenhang zwischen dem Marktanteil und der Rentabilität gibt, wird zwar durch zahlreiche Untersuchungen gestützt, jedoch ist der **Beitrag,** den der **Marktanteil zur Erklärung der Rentabilitätshöhe** leistet, eher gering. Er kann damit nicht als ein Haupterfolgsfaktor bezeichnet werden.

- Der Überlegung, dass Wachstumsmärkte für eine Unternehmung die attraktivsten sind, liegt die **These** zugrunde, dass Wettbewerber auf Wachstumsmärkten weniger aggressiv auf Marktanteilsverluste reagieren, solange ihr Umsatzwachstum aufgrund der schnellen Marktausweitung zufriedenstellend verläuft. Dies muss jedoch nicht immer der Fall sein. Entscheidend sind vielmehr die Erwartungen der Wettbewerber hinsichtlich der zukünftigen Umsatzentwicklung.

- Neben den finanziellen sind ferner **produktions-** und **absatzwirtschaftliche Interdependenzen** zwischen den einzelnen Strategischen Geschäftseinheiten relevant, ein Aspekt, der im Portfolioansatz keine Berücksichtigung erfährt (vgl. Frese 1985, S. 267 ff.).

- Neben **Marktanteil** und **Marktwachstum,** die lediglich ca. 10 % der **Cash-flow-Varianz erklären,** sind weitere Variablen zu berücksichtigen.

- Mit der **Punkthypothese** wird unterstellt, dass eine Strategische Geschäftseinheit als ein Punkt in der Portfoliomatrix abgebildet werden kann. Unabhängig von der Unsicherheit der zugrundeliegenden Informationen, die durch diese Vorgehensweise nicht ausreichend berücksichtigt wird, sind hierzu die beiden folgenden Anmerkungen erforderlich:

-- Es erfolgt eine **Vortäuschung einer Präzision**, die de facto nicht existiert. Die für die strategische Planung zur Verfügung stehenden Daten sind i. d. R. weder objektiv noch exakt genug, um nur eine Positionierung zu stützen.

-- Die **Positionierung** ist i. d. R. das **Ergebnis** einer **Konsensbildung** zwischen den am Planungsprozess beteiligten Personen.

Soll die Portfoliomethode als Entscheidungsgrundlage für die Wahl bestimmter Wettbewerbsstrategien dienen, dann sind Unsicherheiten bei der Beurteilung der Ist-Situation auch sichtbar zu machen. So schlagen dann auch Roventa (1979) und Ansoff/Kirsch/Roventa (1983, S. 237 ff.) zur Berücksichtigung der Unsicherheit im Markt-Portfolio die sogenannte **Unschärfepositionierung** vor, d. h., einer Strategischen Geschäftseinheit wird ein bestimmter Bereich in der Portfoliomatrix zugeordnet. Zur Festlegung des Unschärfebereiches wird dabei die **Monte-Carlo-Methode** vorgeschlagen.

- **Probleme** bei der **Abgrenzung des Marktes** oder des **relevanten Marktsegmentes** ergeben sich insbesondere dann, wenn es sich um **heterogene Güter** handelt. Dabei ist es denkbar, dass der Bestimmung des Marktanteils und des Marktwachstums unterschiedliche Marktsegmente zugrunde gelegt werden.

Neben diesen Kritikpunkten ist ferner zu beachten, dass sich die Beurteilung der zukünftigen Strategischen Geschäftseinheiten auf das gegenwärtige Marktwachstum und den aktuellen Marktanteil stützt. Damit erfolgt eine stillschweigende **Extrapolation** der gegenwärtigen Verhältnisse in die Zukunft, mit der Konsequenz, dass eventuelle Diskontinuitäten nicht in die Überlegungen einbezogen werden. Ferner ist zu beachten, dass das Marktwachstum-Marktanteil-Portfolio primär für sogenannte **Volumengeschäfte** gilt.

Neben dem Marktwachstum-Marktanteil-Portfolio wurde eine Vielzahl weiterer Portfolios entwickelt (z. B. Markt-Produktlebenszyklus-Portfolio, Geschäftsfeld-Ressourcen-Portfolio, Anfälligkeits-Portfolio, vgl. Albach 1978, S. 705 ff.; Engeleiter 1981, S. 409), auf die im Einzelnen nicht eingegangen werden soll. Im Folgenden sollen lediglich einige **Multifaktorenansätze** dargestellt werden.

2.3.2 Multifaktorenansätze

Die Kritik, Strategische Geschäftseinheiten lediglich auf der Grundlage zweier Größen zu beurteilen, hat zu Weiterentwicklungen geführt, von denen die beiden folgenden eine differenziertere Betrachtung erfahren sollen:

- der Multifaktorenansatz des Portfoliokonzeptes und
- das PIMS-Programm (PIMS = Profit Impact of Market Strategies).

2.3.2.1 Der Multifaktorenansatz des Portfoliokonzeptes

Der grundlegende Unterschied des Multifaktorenansatzes im Vergleich zum Zweifaktorenansatz ist darin zu sehen, dass an die Stelle des Marktwachstums die **Markt- und Branchenattraktivität** und an die Stelle des relativen Marktanteils der **Wettbewerbs-**

vorteil tritt und diese zum **Marktattraktivität-Wettbewerbsvorteil-Portfolio** kombiniert werden. Dabei sind die Markt- und Branchenattraktivität und der Wettbewerbsvorteil lediglich Überschriften für eine Faktorengruppe, für die unterstellt wird, dass sie für diese beiden Komplexe von Bedeutung sind. Die Aufteilung dieser beiden Überschriften erfolgt dabei in der Literatur nicht einheitlich (vgl. Hinterhuber 1996, S. 149 ff.; Welge/Al-Laham 2001, S. 339 ff.). So kann die **Marktattraktivität** auf der Grundlage der folgenden **Faktoren** spezifiziert werden:

- Marktwachstum und Marktgröße,
- Stabilität des Bedarfs,
- Energie- und Rohstoffversorgung,
- Konjunkturempfindlichkeit,
- Innovationsgeschwindigkeit,
- Gefahr staatlicher Eingriffe und
- Kundentreue.

Die Dimension **Wettbewerbsvorteil** lässt sich dann mit Hilfe der folgenden **Faktoren** erfassen:

- relativer Marktanteil,
- relative Finanzkraft der Unternehmung,
- relatives Produktionspotential,
- Goodwill der Unternehmung,
- Kostenstruktur und -höhe,
- Marketingpotential,
- technisches Know-how (F&E-Potential),
- Patentschutz und
- Grad der Etabliertheit im Markt.

Um eine Einordnung der Strategischen Geschäftseinheiten in die Portfoliomatrix vollziehen zu können, ist es erforderlich, die Ausprägungen der einzelnen Faktoren zu einer **Gesamtbeurteilung** zu aggregieren. Dies erfolgt auf der Grundlage der **Scoringmethode**. Grundlage für die Positionierung der Strategischen Geschäftseinheiten ist dann eine Matrix (vgl. Abbildung 2.3-4).

Nach der Positionierung werden dann wiederum entsprechende Normstrategien empfohlen. Dabei zeigt sich, dass sich diese Normstrategien nur dann eindeutig zuordnen lassen, wenn für die Strategischen Geschäftseinheiten entweder eine extrem günstige oder extrem ungünstige Position existiert. Demgegenüber lassen sich in den Feldern, die die Diagonale in dieser Matrix bilden, und letztlich die „kritischen Geschäftseinheiten" bilden, keine eindeutigen Zuordnungen der Normstrategien vollziehen. In diesen Fällen sind vielmehr **situationsspezifische Optimierungsüberlegungen** anzustellen (vgl. Koch 1979, S. 151).

Neben den bereits angeführten Kritikpunkten zur Portfoliomethode ist dieser Mehrfaktorenansatz zusätzlich mit den folgenden Schwächen behaftet (vgl. Jacob 1982, S. 64):

- Im Rahmen der Amalgamation der einzelnen Faktoren der Marktattraktivität und des Wettbewerbsvorteils mit Hilfe des Scoringansatzes ergeben sich bei der Bepunktung und der Gewichtung der einzelnen Faktoren erhebliche Probleme. Darüber hinaus erfolgt die Klassenbildung bei den aufzustellenden Punktegruppen mehr oder weniger willkürlich. Diese Schwachstellen beeinflussen die Positionierung der Strategischen Geschäftseinheiten in die Portfoliomatrix nicht unerheblich.

- Die beiden Faktorenlisten umfassen einerseits Größen, die sich auf die Ertragskraft beziehen, und andererseits Größen, die ein bestimmtes Risiko zum Ausdruck bringen. Eine derartige Vermischung unterschiedlicher Größen kann negative Auswirkungen auf die zu treffenden Entscheidungen haben.

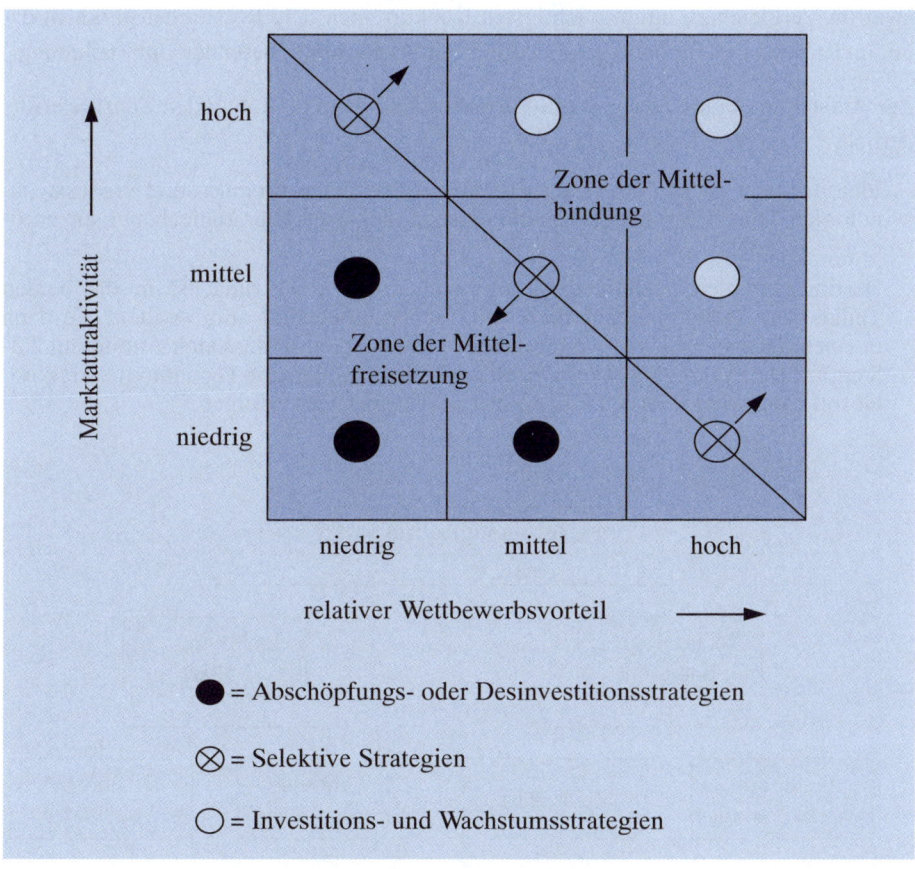

Abb. 2.3-4: Marktattraktivität-Wettbewerbsvorteil-Portfolio

Ein weiterer Mehrfaktorenansatz ist das von Pfeiffer u. a. (1991) entwickelte Technologie-Portfolio. Im Gegensatz zur Markt-Portfoliomethode knüpft die Technologie-Portfoliomethode nicht an den Produkten oder Produktgruppen an, sondern an den

Technologien, die diesen Produkten zugrunde liegen. Als Dimensionen werden dabei die

- Technologieattraktivität und die
- Ressourcenstärke

herangezogen.

Mit der **Technologieattraktivität** wird versucht, die wirtschaftlichen und technischen Vorteile zu erfassen, die durch die Realisierung der in einem technologischen Gebiet noch vorhandenen strategischen Entwicklungspotentiale erreicht werden können. Sie ist damit eine Größe, die durch die Unternehmung nicht beeinflussbar ist.

Demgegenüber wird mit dem Begriff der **Ressourcenstärke** zum Ausdruck gebracht, inwieweit die jeweilige Unternehmung ein technologisches Gebiet beherrscht, und zwar im Vergleich zu ihrem wichtigsten Konkurrenten. Die Ressourcenstärke ist damit im Rahmen des Technologie-Portfolios ein **Aktionsparameter** der Unternehmung.

Zur Aufstellung eines Technologie-Portfolios sind dann die folgenden **Schritte** erforderlich:

- **Identifikation** aller in der Unternehmung verwendeten **Produkt- und Prozesstechnologien**. Durch Zergliederung sind diese in mehreren Hierarchieebenen anzuordnen.
- **Bestimmung der Technologieattraktivität**. Diese wird zunächst in die beiden Teilklassen Technologiepotential und Technologiebedarf aufgespalten, die dann in einem nächsten Schritt weiter differenziert werden, so dass sich Abbildung 2.3-5 ergibt. Die Aggregation der einzelnen Einflussgrößen zur Technologieattraktivität soll dann wiederum mit Hilfe eines Scoringansatzes erfolgen.

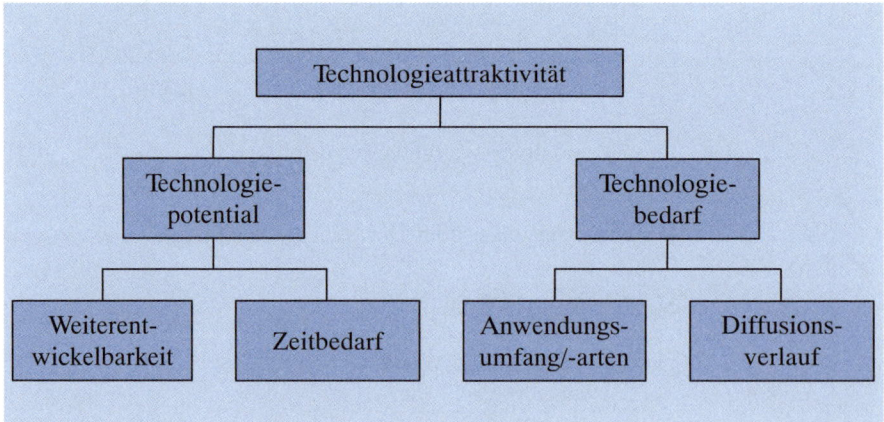

Abb. 2.3-5: Komponenten der Technologieattraktivität

Letztlich wird mit der Technologieattraktivität eine Aussage darüber gemacht, ob die entsprechende Technologie bereits ausgereift ist oder nicht. Hierfür sind entsprechende Früherkennungsindikatoren aufzustellen, die der Unternehmung Hinweise auf Entwicklungslinien zu geben vermögen (z. B. strategische Patentanalyse oder S-Kurven-Analyse zur Identifikation technologischer Diskontinuitäten). Als Indikatoren im Rahmen einer **strategischen Patentanalyse** können die **Aktivität** (= Anzahl der neu in einer bestimmten Patentklasse angemeldeten Patente), die **Aktualität** (= zeitlicher Abstand zwischen den durch Querverweise verbundenen Patentschriften), die **Dominanz** (= Häufigkeit der zitierten eigenen und fremden Patentschriften in einer Patentklasse), die **Reichweite** (= Aufdeckung der Beziehungsmuster von Patentschriften) und die **Konzentration** (= Anteil der Patente, die die wichtigsten Anmelder in einem Technologiebereich auf sich vereinigen) herangezogen werden (vgl. Corsten/Gössinger/Schneider 2006, S. 369). Demgegenüber setzt die **S-Kurven-Analyse** an der Leistungsfähigkeit der verwendeten Technologie an. Mit ihr wird der Versuch unternommen, unterschiedliche Stadien in der Entwicklung der Leistungsfähigkeit einer Technologie darzustellen (vgl. Corsten/Corsten 2012, S. 115 ff.).

- **Ermittlung der Ressourcenstärke**. Auch hierbei handelt es sich wiederum um eine komplexe Größe, die in Teilklassen aufgespalten wird. Abbildung 2.3-6 gibt diesen Sachverhalt wieder.

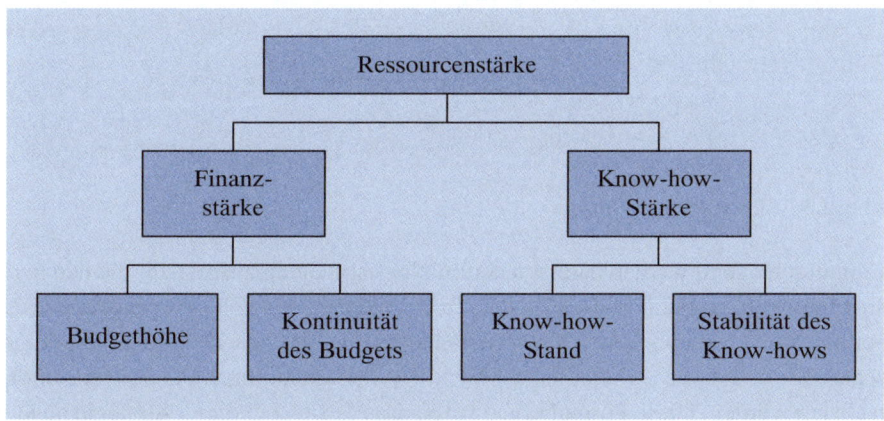

Abb. 2.3-6: Komponenten der Ressourcenstärke

Während sich die Ressourcenstärke in Bezug auf die Finanzen relativ einfach operationalisieren lässt, ist die Unternehmung bei der Beurteilung der Know-how-Stärke auf qualitative Schätzungen angewiesen.

- **Erstellung der Ist-Situation** und **Beurteilung** hinsichtlich künftiger konkurrierender Technologien.

Ein Technologie-Portfolio wird beispielhaft in Abbildung 2.3-7 wiedergegeben.

Der Begriff **Problemtechnologie** weist darauf hin, dass diese Technologie eine geringe technologische Attraktivität und eine geringe Ressourcenstärke aufweist. Demgegenüber weisen **Spitzentechnologien** sowohl eine hohe Attraktivität als auch eine hohe Ressourcenstärke auf. **Nachwuchstechnologien** besitzen zwar ebenfalls eine hohe Attraktivität, jedoch ist ihre aktuelle Ressourcenstärke gering. **Cash-Technologien** besitzen zwar nur noch eine geringe technologische Attraktivität, jedoch erwirtschaften sie momentan noch Cash-Beiträge. Sie sind damit eine wesentliche Grundlage für die gegenwärtigen Aktivitätsbereiche, denn ihre vorhandenen Fähigkeiten und Möglichkeiten tragen wesentlich zum aktuellen Erfolg der Unternehmungstätigkeit bei.

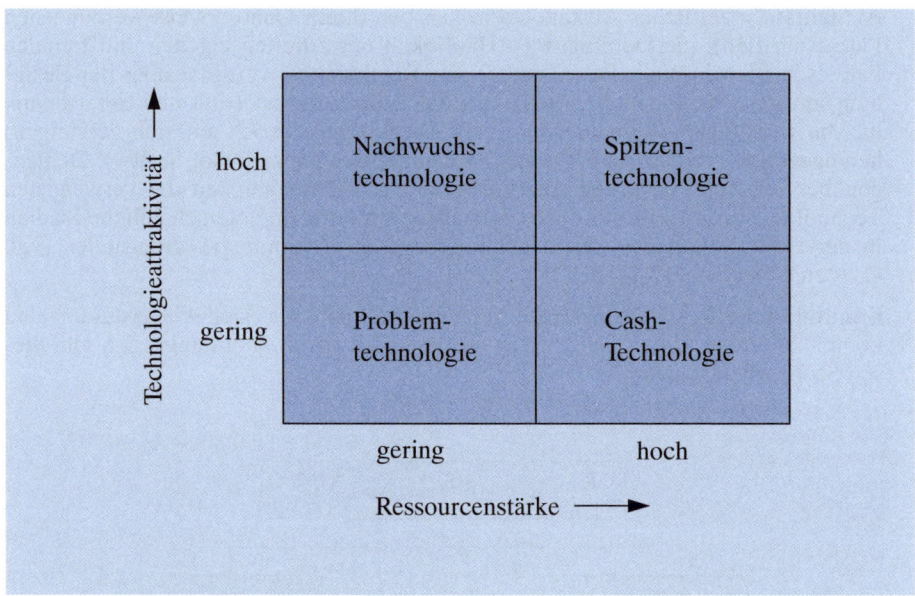

Abb. 2.3-7: Technologie-Portfolio

Darauf aufbauend werden dann wiederum Normstrategien aufgestellt, die den bereits angeführten in starkem Maße gleichen. In besonderem Maße hervorgehoben wird dabei, vor allem in entwickelten Volkswirtschaften, die Strategie der **Technologieführerschaft**. Sie soll durch „Überholen der Wettbewerbertechnologie, ohne sie einzuholen" realisiert werden. Diese Formulierung zeigt, dass es sich bei dieser Strategie nicht um eine Perfektionierung einer Technologie handeln kann, sondern dass ein Wechsel zu einer erkennbar überlegenen Technologie vollzogen werden soll. Dieser Sachverhalt lässt sich mit Hilfe der S-Kurven-Analyse verdeutlichen (vgl. Corsten/Gössinger/ Schneider 2006, S. 337 ff.). Abbildung 2.3-8 zeigt, dass ein potentieller Technologieführer nicht nur versuchen sollte, durch die Erhöhung der Investitionen die Leistungsfähigkeit der Technologie TE_1 zu erhöhen, zumal mit zunehmendem Leistungsstandard nur noch unterproportionale Leistungszuwächse zu erzielen sind, sondern dass ein Wechsel zur Technologie TE_2 vollzogen werden sollte, da deren Leistungsfähigkeit letztlich höher ist.

Das S-Kurven-Konzept steht damit im Widerspruch zum Erfahrungskurvenkonzept, ein Sachverhalt, der auch als **Trendbruchdilemma** bezeichnet wird.

Dieses Dilemma ergibt sich daraus, dass das S-Kurven-Konzept einen möglichst frühen und die Erfahrungskurve einen möglichst späten Übergang auf eine neue Technologie empfiehlt, da ein früher Übergang mit einer Verschlechterung der Position auf der Erfahrungskurve einhergeht. Die Unternehmung muss somit zu einem Zeitpunkt auf eine neue S-Kurve umsteigen, an dem das Kostensenkungspotential der alten Erfahrungskurve noch nicht ausgeschöpft ist.

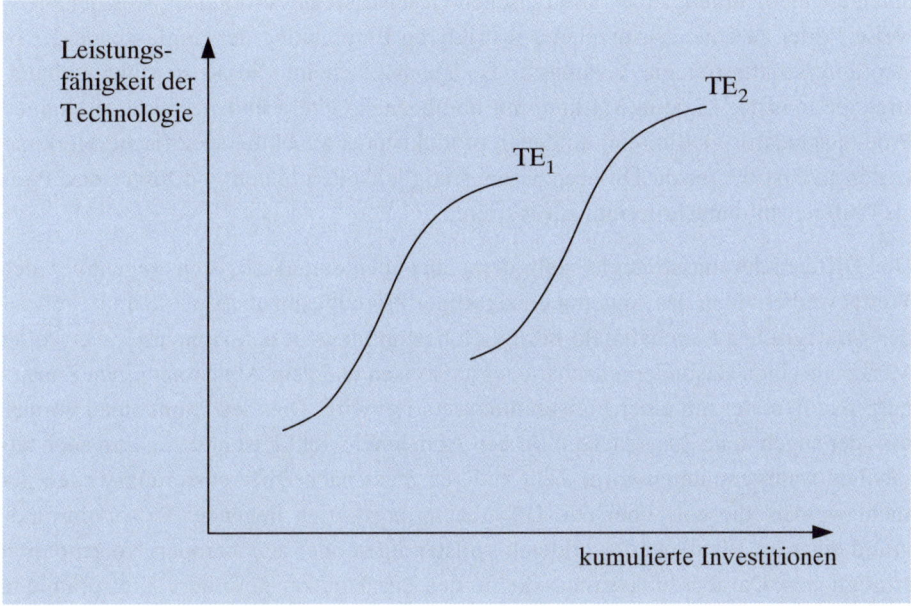

Abb. 2.3-8: S-Kurven-Konzept

Ziel der dargestellten Portfolioansätze ist es, für die einzelnen Strategischen Geschäftseinheiten Handlungsempfehlungen zu formulieren, die ihren Niederschlag in sogenannten Normstrategien finden. Als wesentliches Ziel der Strategien sind letztlich der Aufbau und die Absicherung der Wettbewerbsvorteile zu sehen. Auf der Grundlage dieser Überlegungen formuliert Porter (1986) dann auch sogenannte **Wettbewerbsstrategien**. Dabei unterscheidet er folgende **Strategietypen**:

- Kosten- oder Preisführerschaft,
- Differenzierung und
- Konzentration auf Schwerpunkte.

Die Strategie der **Kostenführerschaft** zielt darauf ab, durch Bündelung aller strategischen Aktivitäten einen relativen Kostenvorsprung gegenüber Wettbewerbern zu erreichen und so Wettbewerbsvorteile auf dem Gesamtmarkt des Strategischen Geschäftsfeldes zu erzielen. Als Quellen derartiger strategischer Kostenvorteile kommen betriebsgrößenbedingte Kostendegressionen, unternehmungsspezifische Technologien, vorteilhafter Ressourcenzugang, hohe Kapazitätsauslastung, Standortvorteile etc. in Betracht, die insgesamt ein Absenken der Stückkosten unter das Niveau der wichtigsten Konkurrenten ermöglichen sollen.

Die **umfassende Kostenführerschaft** kann nach dem Prinzip der Erfahrungskurve u. a. durch hohe relative Marktanteile erreicht werden, um über ein hohes kumuliertes Produktionsvolumen entsprechende Kostensenkungspotentiale zu erschließen. Nach dieser Erfahrungskurvenlogik wäre die Kostenführerschaft letztlich nur für eine einzige Unternehmung eines Strategischen Geschäftsfeldes erreichbar, was beispielsweise Porter zu einer entsprechend restriktiven Empfehlung der (umfassenden) Kostenführerschaftsstrategie veranlasst. Demnach erscheint die Kostenführerschaftsstrategie in erster Linie in Märkten mit homogenen Gütern und weithin anerkannten Produktstandards zielführend, in denen produkt- oder abnehmerspezifische Merkmale nur äußerst begrenzte Differenzierungsmöglichkeiten bieten und hinter den Preis als Präferenzbildungskriterium zurücktreten.

Die **Differenzierungsstrategie** zielt demgegenüber darauf ab, sich gegenüber den Wettbewerbern über das Angebot einzigartiger Produkte abzuheben, die im betreffenden Strategischen Geschäftsfeld bezüglich bestimmter, für den Abnehmer wertvoller Merkmale einen Besonderheitscharakter aufweisen und dem Abnehmer einen Zusatznutzen stiften, der mit einer Preisprämie honoriert wird. Dies setzt zum einen voraus, dass der angebotene Zusatznutzen für den Abnehmer wichtig ist und von ihm auch tatsächlich wahrgenommen wird. Zum anderen muss nach Differenzierungswegen gesucht werden, die eine über den Differenzierungskosten liegende Preisprämie aufgrund einer im Wettbewerbsvergleich vollständigen oder annähernden Kostenparität ermöglichen. Darüber hinaus muss die für den Zusatznutzen geforderte Preisprämie in einem angemessenen Verhältnis zum Wert des Zusatznutzens für den Abnehmer stehen.

Die Differenzierungsstrategie zielt damit unter anderem auf eine Verringerung der Preiselastizität der Nachfrage ab, was wie im (Ideal-)Fall der monopolistischen Konkurrenz einen umso größeren reaktionsfreien Bereich eröffnet, je geringer die Substituierbarkeit des differenzierten Produktes aufgrund standortbezogener, sachlicher, persönlicher und zeitlicher Käuferpräferenzen ist.

Als **Ansatzpunkte zur wettbewerbsstrategischen Differenzierung** können zum einen die Senkung der Nutzungskosten des Abnehmers, beispielsweise aufgrund reduzierter Produktionskosten durch produktionssynchrone Zulieferung oder durch montagegerechte Produktgestaltung der Vorprodukte, und zum anderen die Steigerung des Nutzungswertes, beispielsweise aufgrund einzigartiger Leistungen hinsichtlich Kundenservice, Standort, Qualität, Design, Integration etc. unterschieden werden.

Während sich die Kostenführerschafts- und die Differenzierungsstrategie auf den Gesamtmarkt beziehen, liegt der Konzentrationsstrategie eine engere Ausrichtung auf eine spezielle Marktnische des Strategischen Geschäftsfeldes zugrunde. Innerhalb dieses Teilmarktes, der durch eine spezifische Kundengruppe, Produktlinie oder ein geografisches Gebiet definiert werden kann, ist wiederum eine Grundsatzentscheidung über den Typ des angestrebten Wettbewerbsvorteils zu treffen, was zu einer Differenzierung der **Konzentrationsstrategie mit Kostenschwerpunkt** und **mit Differenzie-rungsschwerpunkt** führt.

Ansatzpunkte beider Varianten der Konzentrationsstrategie sind Unterschiede zwischen dem betrachteten Nischensegment und den anderen Segmenten des Strategischen Geschäftsfeldes, beispielsweise hinsichtlich spezifischer Abnehmerbedürfnisse oder der Adäquanz des Produktions- und Distributionssystems, wobei die vom Branchendurchschnitt divergenten Anforderungen des Nischensegmentes aufgrund einer spezifischen Ressourcenkombination bzw. einer segmentbezogenen Fokussierung unternehmungsspezifischer Stärken (z. B. Standort, F&E, Produktionstechnologie) gezielter erfüllt werden können.

Abbildung 2.3-9 gibt die Bedingungen des erfolgreichen Einsatzes der Kostenführerschafts- und Differenzierungsstrategie noch einmal zusammenfassend wieder (vgl. Zäpfel 2000b, S. 90).

Komponenten / Strategietyp	Produkte	Produktions-system	Organisatorische Anforderungen
Kostenführer-schaft	Herstellung kostengünstiger Produkte bei angemessener Qualität	Verfahrensinno-vationen zur kostengünstigen Produktion (Kapa-zitätserweite-rungen) Primärer Einsatz von Spezialaggre-gaten	Intensive Kostenkontrolle Anreizsystem, das an quanti-tativen Zielen orientiert ist
Differenzierung	Hohe Produkt-qualität bei angemessenen Kosten Individuelle Produktge-staltung	Flexible(s) Pro-duktionsanlagen und Personal, um den differenzier-ten Kundenwün-schen gerecht zu werden	Koordination zwischen F&E, Produktion, Konstruktion und Marketing Anreizsystem für qualifizierte Arbeitskräfte (nicht primär quantitative Kriterien)

Abb. 2.3-9: Bedingungen für einen erfolgreichen Einsatz unterschiedlicher Strategietypen

Als Erweiterung dieser Strategietypen führt Zäpfel (2000a, S. 85 ff.) eine **Rückzugsstrategie** ein, die unter bestimmten situativen Bedingungen notwendig werden kann. Sie ist grundsätzlich dann angezeigt, wenn sich für eine Unternehmung langfristig keine Möglichkeiten bieten, eine als angemessen erachtete Rentabilität zu erreichen, wobei die folgenden Formen unterschieden werden können:

- **Langfristige Liquidationsstrategie**: Es handelt sich um eine Abschöpfungsstrategie (vgl. hierzu die Normstrategien im Rahmen der Portfolioanalyse), mit der versucht wird, den noch erzielbaren Cash-flow zu realisieren.

- **Kurzfristige (frühzeitige) Liquidationsstrategie**: Sie versucht, durch einen sofortigen Rückzug die entstehenden Verluste in Grenzen zu halten.

Die Wahl der Rückzugsstrategie wird dabei entscheidend von den existenten **Austrittsbarrieren** determiniert (z. B. Existenz spezialisierter Potentiale, interdependente Beziehungen zwischen Strategischen Geschäftseinheiten, gesellschaftliche oder staatliche Barrieren bei eventuellen Arbeitskräftefreisetzungen).

2.3.2.2 Das PIMS-Programm

Ziel des PIMS-Programms (vgl. Buzzell/Gale 1989) ist es, die strategischen Faktoren zu identifizieren, die den Erfolg einer Unternehmung beeinflussen. Unter **strategischen Faktoren** werden dabei die Determinanten verstanden, die für den Erfolg oder Misserfolg einer Unternehmung von entscheidender Bedeutung sind. Die **Grundidee** dieses Programms geht dabei davon aus, dass es einige Faktoren, sogenannte **Basisfaktoren** gibt, die für den Erfolg einer Unternehmung, und zwar unabhängig von der Branchenzugehörigkeit und den spezifischen situativen Bedingungen, von grundlegender Bedeutung sind. Zu diesen Basisfaktoren gehören

- Marktstruktur,
- Wettbewerbsposition und
- Strategien/Taktiken

einer Unternehmung. Abbildung 2.3-10 gibt das grundsätzliche Beziehungsmuster dieser Dimensionen und deren Differenzierung wieder (vgl. Buzzell/Gale 1987, S. 28).

Empirische Basis des PIMS-Programms bilden etwa 400 Unternehmungen mit ca. 3000 **Strategischen Geschäftseinheiten**, die dadurch charakterisiert sind, dass sie eine bestimmte Produktgruppe anbieten und auf dem Markt dieser Produktgruppe eigenständig die Geschäfte führen, d. h., es stehen ihnen eindeutig bestimmbare Konkurrenten gegenüber, für die sie auch selbst wiederum einen vollwertigen Konkurrenten darstellen.

Auf dieser Basis werden dann die Variablen und deren Verbindungen erfasst, die einen starken Einfluss auf den Erfolg, operationalisiert durch den ROI, einer Strategischen Geschäftseinheit aufweisen. Unter ROI wird dabei der Betriebsgewinn vor Steuern und vor Abzug der Fremdkapitalzinsen, bezogen auf das durchschnittlich gebundene Kapital, d. h. die Summe der Buchwerte der im Anlagevermögen enthaltenen Gegenstände zuzüglich des Umlaufvermögens, vermindert um die kurzfristigen Verbindlichkeiten, verstanden.

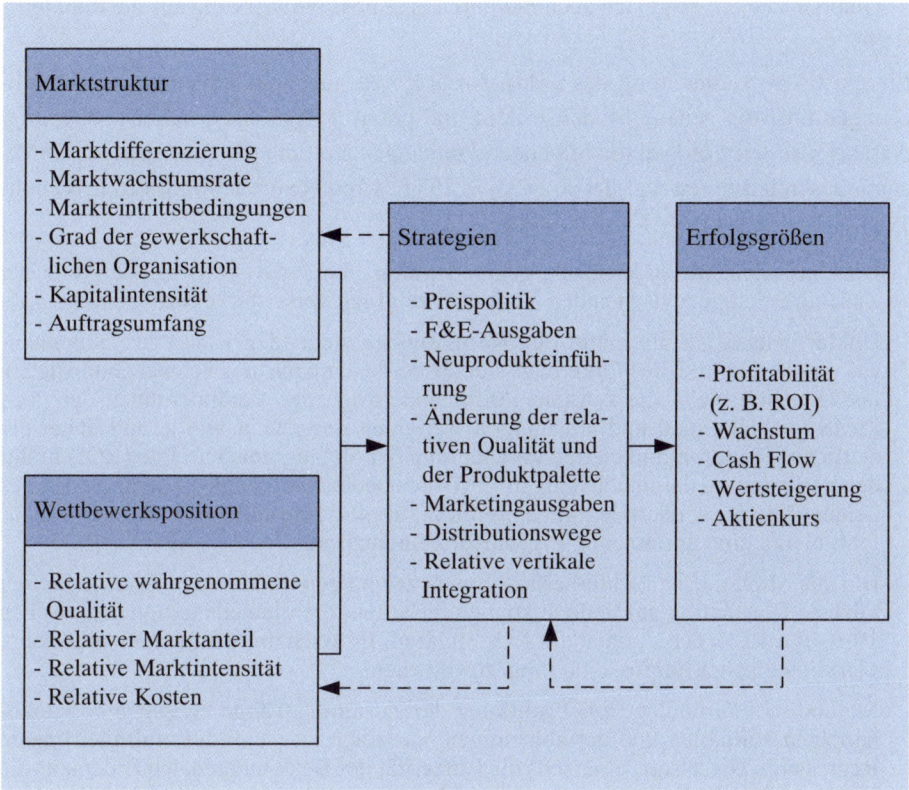

Abb. 2.3-10: Beziehungen der Variablengruppen

Beispielhaft seien die folgenden Beziehungen erwähnt:

- Mit zunehmendem relativen Marktanteil steigt die Chance, einen hohen ROI zu realisieren.
- Die relative Produktqualität weist eine positive Beziehung mit dem ROI auf.
- Investitionsintensität und ROI weisen eine stark negative Beziehung auf.
- Der Einfluss der vertikalen Integration auf den ROI hängt davon ab, ob ein stabiler, ein rasch wachsender, ein schrumpfender oder ein oszillierender Markt vorliegt.

Buzzell/Gale erachten jedoch die **Produktqualität** als die langfristig bedeutsamste Größe: „In the long run, the most important single factor affecting a business unit's performance is the quality of its products and services, relative to those of competitors." (Buzzell/Gale 1987, S. 7). Dabei gehen sie von einer zweiseitigen Wirkung der Produktqualität auf die Rentabilität aus:

- Ein Qualitätsvorsprung geht mit Marktanteilsgewinnen zu Lasten der Konkurrenz einher, die sich über Economies of scale in Kostenvorteilen niederschlagen und damit die Rentabilität günstig beeinflussen.
- Durch eine überlegene Qualität lassen sich höhere Preise erzielen. Da die Preissteigerungsmöglichkeiten d. h. höher sind als die dadurch verursachten steigenden Qualitätskosten, zeigt sich auch hierdurch eine positive Wirkung auf die Rentabilität.

Eine kritische Betrachtung des PIMS-Ansatzes ist aufgrund fehlender Veröffentlichungen über die genaue Modellstruktur und präziser Ergebnisse äußerst schwierig. Ansatzweise seien jedoch die folgenden Punkte genannt, die die **Aussagen** von PIMS zumindest **relativieren** (vgl. Jacob 1983, S. 265 f.; Kreikebaum 1997, S. 116 f.; Venohr 1987, S. 138 f.; Welge/Al-Laham 2008, S. 251 f.):

- Die Aussagen dürfen nicht als generell gültig betrachtet werden. Die Höhe der Zusammenhänge zwischen den Variablen zeigt teilweise starke Schwankungen.
- Unklar erscheinen die hinter den Korrelationen stehenden Kausalzusammenhänge, da sie sich auf der Grundlage der PIMS-Datenbank nur schwer untersuchen lassen. Auch wenn die zeitliche Aufeinanderfolge der Veränderungen der nach PIMS unabhängigen und abhängigen Variablen untersucht wurde und dabei ein zeitliches Hinterherhinken der Veränderung der abhängigen Variable (ROI) hinter der Veränderung der unabhängigen Variablen beobachtet werden konnte, stellt dies keinen Beweis, sondern lediglich ein Indiz für eine Kausalität dar. Darüber hinaus fehlt hierzu eine umfassende Ergebnisdokumentation.
- Die als strategische Schlüsselfaktoren bezeichneten Faktoren weisen zwar die höchste Korrelation auf, jedoch können diese Faktoren jeweils lediglich zwischen 10 % und 12 % der Varianz des ROI erklären. Es erscheint damit kaum angezeigt, von strategischen Schlüsselfaktoren zu sprechen.
- Methodische Grundlage zur Ermittlung der Zusammenhänge zwischen den unabhängigen Variablen und der abhängigen Variablen ist dabei die **multiple**, **lineare Regression**. Diese setzt einerseits die **Linearität der Beziehungen** und andererseits die **Unabhängigkeit** der erklärenden Variablen voraus. In der Literatur wird jedoch bezweifelt, dass diese Voraussetzungen bei allen Faktoren gegeben sind (vgl. Jacob 1983, S. 266). Bei der Unabhängigkeit stellt sich das Problem der **Multikollinearität**, das in den PIMS-Studien nicht ausgeschlossen werden kann. Sie liegt dann vor, wenn zwischen den erklärenden Variablen lineare Abhängigkeiten existieren, und führt zu schlecht abgesicherten Regressionskoeffizienten und zu Schätz- und Zurechnungsfehlern. Eine Multikollinearität erschwert folglich eine eindeutige Identifikation korrelativer Zusammenhänge. Auf das PIMS-Konzept bezogen bedeutet dies, dass sich der Einfluss der unabhängigen Variablen auf den ROI nicht mehr eindeutig zurechnen lässt.

Zusammenfassend ist festzustellen, dass sich die PIMS-Datenbank am besten für eine „strategische Bestandsaufnahme" eignet. Dies bedeutet, dass etwa Vergangenheitsentwicklungen einer bestimmten Strategischen Geschäftseinheit mit den in der Datenbank gespeicherten Erfahrungen aus anderen Einheiten verglichen und Abweichungen von durchschnittlichen Werten ermittelt werden, die dann Ursache für Abweichungsanalysen sein können.

2.4 Produktionsprogrammplanung

2.4.1 Begriffliche Grundlegungen

Im Rahmen der Produktionsprogrammplanung obliegt der Unternehmung die Aufgabe, Entscheidungen darüber zu treffen, welche Produktarten sie in welchen Mengen und in welcher zeitlichen Verteilung herzustellen vermag. Ein **Produktionsprogramm** stellt folglich eine Zusammenstellung der Produkte dar, die eine Unternehmung in einem Zeitabschnitt produzieren kann (vgl. Kern 1992, S. 142). Es hat damit

- eine qualitative (Arten),
- eine quantitative (Mengen) und
- eine zeitliche Komponente (Verteilung der Produktarten und -mengen auf Perioden).

Neben dem Begriff des Produktionsprogramms, der im folgenden ausschließlich Verwendung finden soll, werden in der Literatur unterschiedliche Begriffe, die nicht immer Synonyme darstellen, verwendet: Erzeugnisprogramm, Fertigungsprogramm, Sortiment, Leistungsprogramm etc. (vgl. hierzu Kern 1979b, Sp. 1564 f.). Die Programmplanung sei dabei in die drei folgenden Problembereiche aufgespalten:

- **Strategische Programmplanung**: Ihr obliegt die Aufgabe der Festlegung der Produktfelder. Ein **Produktfeld** umfasst dabei die Produkte, die sich gedanklich auf ein allgemeines Grundprodukt zurückführen lassen (es besteht eine verwendungs- oder technologiebezogene Verwandtschaft), d. h., es ist ausschließlich qualitativ spezifiziert und weist keine Mengenorientierung auf. Die Grenzen des Produktfeldes sind dabei abhängig von dem zugrundeliegenden Grundprodukt (z. B. optische Geräte oder Fotoapparate, Filmkameras und Ferngläser). Die Produktfelder charakterisieren letztlich die generellen Betätigungsfelder einer Unternehmung.

- **Taktische Programmplanung**: Ihr obliegt die Aufgabe der Konkretisierung der einzelnen Produktfelder (z. B. kann das Produktfeld Schuhe in die Unterklassen Damen-, Herren- und Kinderschuhe aufgespalten werden). Die in der strategischen Programmplanung festgelegten Produktfelder erfahren im Rahmen der taktischen Programmplanung die folgenden inhaltlichen Spezifikationen:

  -- **Breite des Produktionsprogramms**: Hiermit wird die Anzahl der unterschiedlichen Produkte erfasst, die produziert werden soll. Sie umfasst sowohl die Anzahl als auch die verschiedenen Ausführungsformen der Grundprodukte. Während sich die einzelnen Grundprodukte in signifikanter Weise voneinander unterscheiden, handelt es sich bei den Ausführungsformen um Differenzierungen innerhalb eines Grundproduktes z. B. hinsichtlich Größe, Farbe und Qualität.

  -- **Tiefe des Produktionsprogramms**: Mit der Programmtiefe wird die Anzahl der unterschiedlichen Produktionsstufen erfasst, die ein Produkt im Betrieb durchläuft. Eine Operationalisierung erfährt die Programmtiefe dann durch den folgenden Quotienten: Anzahl der unterschiedlichen Produktionsstufen/Gesamtzahl der Produktionsstufen, die ein Produkt durchlaufen muss. Dieser Problembereich knüpft an die Frage Eigenerstellung oder Fremdbezug („make or buy") an, d. h., welche Produkte, Produktteile o. Ä. soll die Unternehmung selbst erstellen oder von Dritten beziehen.

-- **Benötigte Kapazitäten**: Die herzustellenden Produktarten werden den vorhandenen Kapazitäten nur global zugeordnet. Der Produktionsapparat ist in dieser Stufe jedoch noch nicht endgültig festgelegt, sondern er kann in bestimmten Grenzen noch gestaltet werden, da er sich erst dann genau festlegen lässt, wenn konkrete Vorstellungen über die Programmbreite und -tiefe vorhanden sind. Charakteristisch für die taktische Programmplanung ist folglich die enge Verknüpfung von Programm- und Investitionsentscheidungen (zu einem formalen Ansatz vgl. Zäpfel 1979, Sp. 1709 ff.).

Mit den Entscheidungen über die Produktionsprogrammbreite und -tiefe wird einerseits die notwendige Anlagenausstattung und anderseits der erforderliche Personalbestand nach Art und Menge wesentlich determiniert.

- **Operative Programmplanung: Ihr obliegt die Aufgabe, im Rahmen der durch** die strategische und taktische Programmplanung vorgegebenen Grenzen das Programm nach Art und Menge für den unmittelbar folgenden Planungszeitraum festzulegen (z. B. für einen Monat). Das operative Programm gibt damit an, welche Produkte in welchen Mengen in der nächsten Periode produziert werden sollen.

Ferner ist es wesentlich, zwischen Produktions- und Absatzprogramm zu unterscheiden. Das **Absatzprogramm** gibt Auskunft darüber, welche Mengen der einzelnen Produktarten in einer Periode abgesetzt werden sollen. Bei seiner Festlegung hat eine enge Abstimmung mit dem **Produktionsprogramm** zu erfolgen, wobei einerseits die kapazitativen Gegebenheiten und anderseits die Beschaffungsmöglichkeiten zu beachten sind. Absatz- und Produktionsprogramm müssen jedoch nicht identisch sein. Hierfür lassen sich die folgenden Gründe anführen (vgl. Zäpfel 1982, S. 49 f.):

- **Inhaltliche Nichtübereinstimmung**:

-- **Zukauf von Handelswaren**: Zur Abrundung oder Ergänzung des Produktionsprogramms werden weitere Produkte anderer Produzenten erworben, um hiermit das **akquisitorische Potential** des Absatzprogramms zu erhöhen.

-- **Selbsterstellte Leistungen**: Nicht sämtliche in der Unternehmung erstellten Leistungen müssen zum Absatz gelangen, sondern können auch im Produktionsprozess wieder eingesetzt werden (z. B. selbsterstellte Anlagen).

- **Zeitliche Nichtübereinstimmung**: So kann etwa bei einer Produktion auf Lager die Produktion losgelöst vom Absatz erfolgen, wie dies bei einer totalen Emanzipation der Produktions- von der Absatzkurve der Fall ist.

Im Rahmen der Produktionsprogrammbildung lassen sich darüber hinaus die folgenden Fälle unterscheiden:

- reine Formen, d. h.

-- kunden-(auftrags-)orientierte Programmbildung und

-- markt-(erwartungs-)orientierte Programmbildung und

- Mischformen der kunden- und marktorientierten Programmbildung.

Liegt eine **kundenorientierte Programmbildung** vor, dann ist das Produktionsprogramm mit den in einem Zeitraum eingegangenen Aufträgen identisch. Die Inanspruchnahme der Potentiale hängt dabei von der zufälligen Zusammensetzung des jeweiligen Auftragsbestandes ab, d. h., die Absatzschwankungen werden in die Produktion hineingetragen. Die **Programmplanung** ist damit **weitgehend stochastisch**. Sie weist nur für den Teil deterministische Züge auf, der aus einem vorliegenden Auftragsbestand abgeleitet werden kann. Hierdurch bedingt können unregelmäßige Kapazitätsauslastungen auftreten. In dieser Situation ist die Bildung ökonomisch zweckmäßiger Auftragsgrößen kein Aktionsparameter der Produktion, sondern sie tritt, wenn überhaupt, nur zufällig auf. Auf der anderen Seite ist zu beachten, dass bei dieser Programmbildung keine Unsicherheiten hinsichtlich des Absatzes der erstellten Produkte entstehen.

Demgegenüber basiert eine **marktorientierte Programmbildung** auf Absatzprognosen, d. h., die Produktion wird auf der Basis der Erwartungen vollzogen. Diese Vorgehensweise bietet sich insbesondere bei standardisierten Produkten an. Ein wesentlicher Vorteil dieser Erscheinungsform ist darin zu sehen, dass der Produktionsablauf unter ökonomischen Gesichtspunkten differenziert geplant werden kann (z. B. Auftragsgrößen- und Kapazitätsbelegungsplanung). Demgegenüber ist die Unsicherheit zu beachten, die sich daraus ergibt, dass die produzierten Güter, z. B. aufgrund einer Fehleinschätzung des Bedarfs, nicht abgesetzt werden können. Eine marktorientierte Produktionsprogrammbildung ist am ehesten dann zweckmäßig, wenn die folgenden Voraussetzungen gegeben sind:

- Der **Bedarf** muss **möglichst regelmäßig** sein, damit eine relativ verlässliche Prognose erstellt werden kann.
- Es muss sich um **standardisierte Produkte** handeln.
- Es existiert eine **hohe Sensitivität der Nachfrager hinsichtlich der Lieferzeiten**.

Am häufigsten werden in der Realität jedoch **Mischformen** zwischen markt- und kundenbezogener Auftragsbildung anzutreffen sein, d. h., die Unternehmung bietet in ihrem Produktionsprogramm sowohl standardisierte als auch kundenindividuelle Produkte an. Je nach Ausprägung dieser Komponenten existiert hierbei eine Vielzahl an Mischformen. So ist es beispielsweise denkbar, dass eine Unternehmung zwar Standardprodukte erstellt, diese jedoch in kundenindividuellen Varianten anbietet. In diesen Fällen ergibt sich für eine Unternehmung die Möglichkeit, bis zu einer bestimmten Produktionsstufe auf Vorrat zu produzieren (Vorfertigungsgrade), während danach dann eine kundenbezogene Disposition erfolgt. Durch die Realisation eines hohen Vorfertigungsgrades lässt sich nicht nur die **Lieferzeit** reduzieren, sondern es lassen sich darüber hinaus auch die zu produzierenden Mengen einzelner Komponenten von den jeweiligen Aufträgen abkoppeln und zu **ökonomisch zweckmäßigen Auftragsgrößen** zusammenfassen. Hierbei ist eine konsequente Anwendung des Baukastenprinzips hilfreich. Beim **Baukastenprinzip** entstehen durch die verschiedenartigen Zusammensetzungen genormter Teile unterschiedliche Endprodukte. Dabei lässt sich die Vielfalt durch die Berücksichtigung nichtstandardisierter Zusatzkomponenten noch weiter erhöhen. Damit ist es für eine Unternehmung möglich, bis zu einer bestimmten Produktionsstufe erwartungsbezogen und ab einer weiteren Produktionsstufe kundenbezogen zu disponieren. Eng verbunden mit diesem Komplex ist das Problem der **Fest-**

legung der Bevorratungsebene (vgl. Zimmermann 1988, S. 391 ff.). Hierunter ist die Produktionsstufe zu verstehen, bis zu der in einer Unternehmung erwartungsbezogen produziert werden kann. Die Bevorratungsebene muss für jedes Endprodukt separat definiert werden. Abbildung 2.4-1 gibt diesen Sachverhalt beispielhaft wieder.

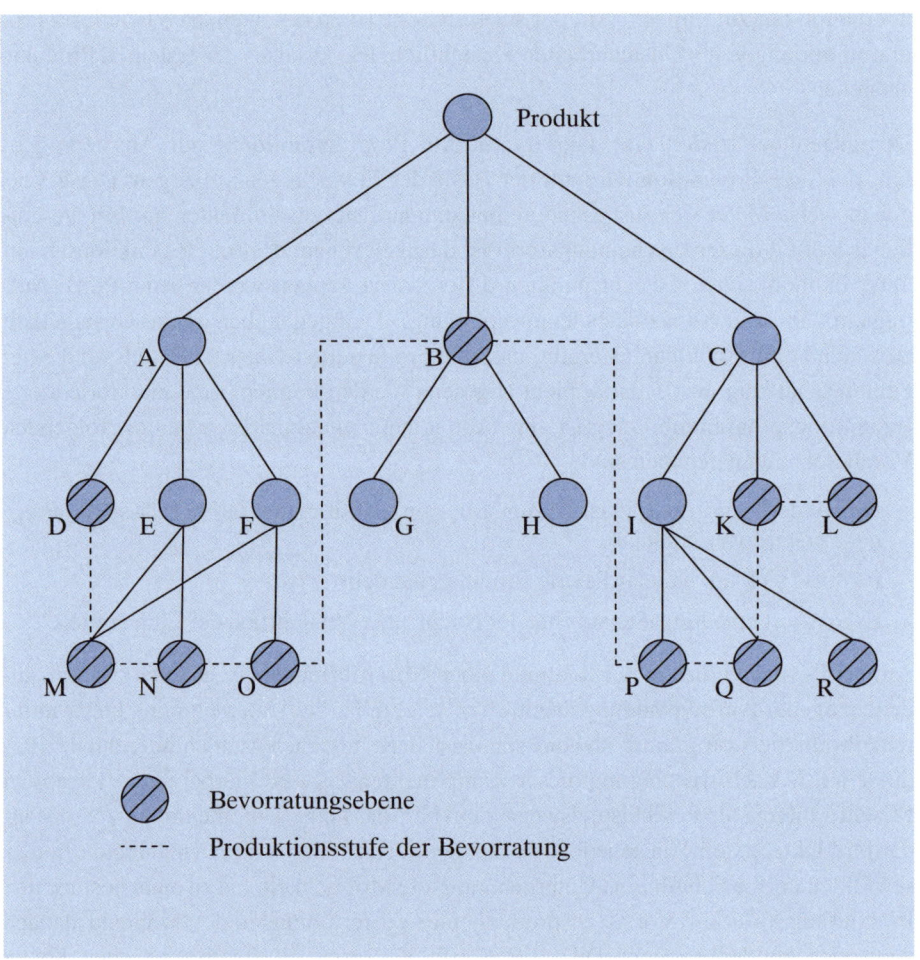

Abb. 2.4-1: Beispiel zur Festlegung der Bevorratungsebenen

In diesem Beispiel werden die Elemente B, D, K, L, M, N, O, P, Q und R als Bevorratungsebene festgelegt. Das Beispiel verdeutlicht die Bedeutung der Konstruktion für die Realisation günstiger Bevorratungsebenen, indem sie darauf bedacht sein muss, die einzelnen Komponenten variantenneutral, d. h. mit einer hohen Mehrfachverwendung zu entwickeln. Es lässt sich damit die Forderung für den Konstruktionsbereich formulieren, variantenspezifische Positionen erst auf einer möglichst späten Produktionsstufe zu montieren. Abbildung 2.4-2 zeigt diesen Problembereich an einem vereinfachten Beispiel für zwei Endprodukte (vgl. Zimmermann 1988, S. 397).

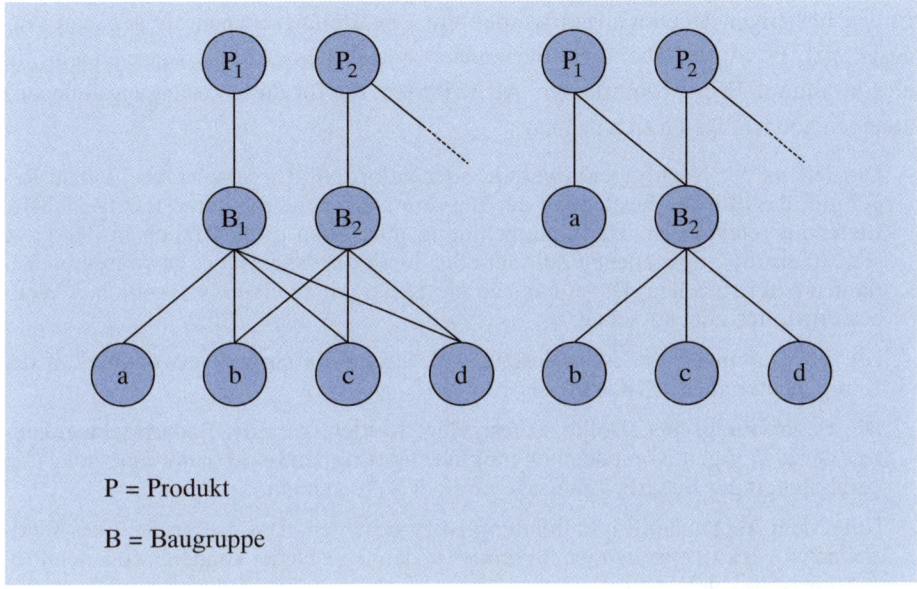

P = Produkt

B = Baugruppe

Abb. 2.4-2: Konstruktive Maßnahme zur Erhöhung der Mehrfachverwendbarkeit einzelner Komponenten

Im linken Teil der Abbildung 2.4-2 sind die beiden Baugruppen B_1 und B_2 eingezeichnet, die jeweils in einer speziellen Variante des Endproduktes Verwendung finden. Bei einer Bevorratung der Baugruppen B_1 und B_2 erhöht sich die damit verbundene Bevorratungsunsicherheit. Erfolgt hingegen eine Bevorratung der Komponenten a, b, c und d, dann geht hiermit eine Erhöhung der Erstellungszeit für den Kundenauftrag einher und folglich auch eine Lieferzeitverlängerung. Durch eine Umstrukturierung, wie dies im rechten Teil der Abbildung beispielhaft dargestellt ist, lässt sich eine Verbesserung des Produktaufbaus realisieren. In dieser Situation wird die Baugruppe B_2 erstellt und gelangt bei beiden Endprodukten P_1 und P_2 zum Einsatz (Mehrfachverwendung). Demgegenüber wird die Komponente a erst bei der Montage des Produktes P_1 hinzugefügt. Hierdurch bedingt wird die Mehrfachverwendung von B_2 realisiert und damit die Bevorratungsunsicherheit der Baugruppe B_2 reduziert. Zusätzlich kann durch die Bevorratung der Baugruppe B_2 eine Verkürzung der Lieferzeit erreicht werden. Generell gilt, dass die Unsicherheit, falsche Produkte in falschen Mengen zu falschen Zeiten zu bevorraten, umso größer wird, je höher die Ebene der Bevorratung festgelegt wird, weil die Mehrfachverwendbarkeit der Produkte abnimmt.

Eine wesentliche Ursache für die zu hohe Fixierung der Bevorratungsebene in der Realität ist das Denken in kostenoptimalen Losgrößen. Dabei wird versucht, durch die Zusammenfassung mehrerer Bedarfsmengen eine ökonomisch optimale Losgröße zu erreichen. Ein Ansatzpunkt zur Lösung dieses Problems ist in der Losgrößenreduzierung zu sehen. Dies setzt voraus, dass auch die Rüstkosten und -zeiten verringert werden können.

In den bisherigen Überlegungen wurden die Bevorratungsebenen als gegeben vorausgesetzt. Es wurde dabei nicht thematisiert, welche Aspekte die Entscheidung für eine bestimmte Ebene beeinflussen. Als **Kriterien**, die für diese Festlegung Relevanz erlangen können, lassen sich nennen:

- Die seitens der Nachfrager **erwartete oder geforderte Lieferzeit**. Als globale Regel gilt, dass für die Festlegung der Bevorratungsebene die kürzeste zugesicherte Lieferzeit relevant ist. Die Unternehmung muss also grundsätzlich in der Lage sein, in einem vorgegebenen Zeitraum die durch den Nachfrager gewünschten Varianten bereitzustellen. Dabei hat sich die Lieferzeit zu einem wesentlichen Wettbewerbskriterium entwickelt.

- Die Bevorratungsebene ist so festzulegen, dass die **Mehrfachverwendbarkeit** der Komponenten möglichst hoch ist.

- Die Bevorratungsebene sollte so festgelegt werden, dass die **Bedarfsschwankungen** der jeweiligen Komponenten **möglichst gering sind** und damit eine hohe Zuverlässigkeit der Bedarfsvorhersage erreicht werden kann.

- Unter dem Aspekt der **Kapitalbindung** ist zu beachten, dass der Großteil des Wertzuwachses des zu erstellenden Produktes in den Bereich der kundenbezogenen Produktionsstufen gelegt wird.

- Unterliegen die **Auftragseingänge größeren Schwankungen**, dann sind die Endprodukte erwartungsbezogen zu produzieren. In einer Zeit geringer Nachfrage werden dann die gängigen Varianten, deren Bedarf relativ gut prognostizierbar ist und die eine geringe Kapitalbindung aufweisen, und die Komponenten mit der höchsten Mehrfachverwendbarkeit erstellt und zwischengelagert. Diese können dann bei Nachfragespitzen abgebaut werden.

Diese diskutierten Aspekte zeigen, dass es eine allgemeingültige Lösung hinsichtlich der Festlegung der optimalen Bevorratungsebenen nicht gibt, sondern dass diese in der Unternehmung situationsbezogen zu bestimmen sind und die oben genannten Aspekte hierbei eine Hilfestellung im Rahmen der Entscheidungsfindung bieten. Sie haben damit lediglich den Charakter von Orientierungsgrößen.

2.4.2 Modelle zur Produktionsprogrammplanung

Im Rahmen produktionswirtschaftlicher Überlegungen sind, wie bereits erwähnt, kundenorientierte und marktorientierte Programmbildung zu unterscheiden. Entsprechend dieser Differenzierung sind dann

- Modelle der Produktionsprogrammplanung für **standardisierte Produkte** und
- Modelle der Produktionsprogrammplanung für **kundenindividuelle Produkte**

von Interesse. Während im zuerst genannten Fall von festgelegten und bekannten Produktstrukturen ausgegangen wird und folglich auch die Produktionsabläufe determiniert sind, muss im zweiten Fall die Differenzierung der Produkte nach den Nachfragerwünschen abgewartet werden.

2.4.2.1 Produktionsprogrammplanung für standardisierte Produkte

Für standardisierte Produkte lassen sich sowohl die Mengen- als auch die Zeitgerüste der Produkte aus den Stücklisten, Rezepturen u. Ä., entnehmen. Ausgangspunkt bildet dabei der **Standardansatz der Linearen Programmierung** (LP) zur Bestimmung des gewinnmaximalen Produktionsprogramms. Dieses Modell geht davon aus, dass

- n Produkte $P_1, P_2, ..., P_n$, auf
- m Aggregaten $F_1, F_2, ..., F_m$ mit
- den Kapazitäten $b_1, b_2, ..., b_m$

hergestellt werden können. Dieses **Grundmodell** geht dabei von den folgenden **Prämissen** aus:

- Produktions- und Absatzmengen sind für die einzelnen Produkte jeweils identisch.
- Der Preis und die variablen Kosten je Mengeneinheit sind für jedes Produkt konstant.
- Die Produktionskoeffizienten sind konstant.
- Die Kapazitäten sind konstant und im Planungszeitraum bekannt.
- Zwischen den Produkten existiert kein Absatzverbund, d. h., es bestehen keine substitutionalen oder komplementären Beziehungen. Interdependenzen zwischen den Produkten gibt es nur hinsichtlich der Kapazitäten.
- Rüstkosten und -zeiten werden nicht explizit berücksichtigt.
- Es existieren keine Kuppelprodukte.
- Es handelt sich um ein deterministisches Modell, d. h., es bestehen einwertige Erwartungen.
- Es bestehen konstante Faktorpreise.

Auf der Grundlage dieser Prämissen lässt sich dann der **Standardansatz** wie folgt formulieren:

$$\text{Lineare Zielfunktion: } Z = \sum_{j=1}^{n} c_j \cdot x_j \rightarrow \max!$$

unter Beachtung der folgenden **Nebenbedingungen**:

$$\sum_{j=1}^{n} t_{ij} \cdot x_j \leq b_i \qquad \forall i$$

oder in **expliziter** Schreibweise:

$$t_{11} \cdot x_1 + t_{12} \cdot x_2 + \ldots + t_{1n} \cdot x_n \leq b_1$$
$$t_{21} \cdot x_1 + t_{22} \cdot x_2 + \ldots + t_{2n} \cdot x_n \leq b_2$$
$$\vdots$$
$$t_{m1} \cdot x_1 + t_{m2} \cdot x_2 + \ldots + t_{mn} \cdot x_n \leq b_m$$

und den Nichtnegativitätsbedingungen:

$$x_j \geq 0 \qquad\qquad\qquad \forall j$$

mit:

x_j	=	Menge des Produktes j (j = 1, 2, ..., n)
F_i	=	Produktionsaggregat i (i = 1, 2, ..., m)
c_j	=	dem Produkt j zugeordnete ökonomische Größe (z. B. Gewinn oder Deckungsbeitrag)
t_{ij}	=	Produktionszeit (t) des j-ten Produktes auf dem i-ten Produktionsaggregat.
b_i	=	Kapazität des Produktionsaggregates i (i = 1, 2, ..., m)

Die Lösung dieses linearen Optimierungsmodells kann algorithmisch, z. B. mit der Simplex-Methode (vgl. hierzu Corsten/Corsten/Sartor 2005, S. 18 ff.) vorgenommen werden. Für zwei Produkte lässt sich dieses Problem auch grafisch lösen. Dies sei anhand eines Beispiels verdeutlicht:

Zwei Produkte P_1 und P_2 müssen in der Produktion die Produktionsaggregate F_1, F_2 und F_3 passieren. Die wöchentliche Arbeitszeit sei 40 Stunden. Es ergibt sich dann die folgende Situation:

Produktions-aggregate	Produkt		Anzahl der Aggregate	Aggregatekapazität Std./Woche
	P_1	P_2		
F_1	4 Std./Stück	2 Std./Stück	10	400
F_2	2 Std./Stück	2 Std./Stück	6	240
F_3	2 Std./Stück	6 Std./Stück	12	480

Abb. 2.4-3: Situationsbeschreibung für die operative Produktionsprogrammplanung

Gesucht: Die wöchentlichen Stückzahlen x_1 und x_2 der Produkte P_1 und P_2.

Auf dem Produktionsaggregat F_1 wird das Produkt P_1 4 Stunden und das Produkt P_2 2 Stunden bearbeitet, wobei sich die wöchentliche Maximalkapazität dieses Aggregates auf 400 Stunden beläuft. Die gleiche Überlegung gilt für die Produktionsaggregate F_2 und F_3. Es lassen sich dann die folgenden Restriktionen formulieren:

$$4x_1 + 2x_2 \leq 400$$
$$2x_1 + 2x_2 \leq 240$$
$$2x_1 + 6x_2 \leq 480$$

Nichtnegativitätsbedingungen:

$$x_1 \geq 0$$
$$x_2 \geq 0$$

Bedingt durch die Nichtnegativitätsbedingungen müssen sich die zulässigen Lösungen für das gesuchte Produktionsprogramm im ersten Quadranten eines kartesischen Koordinatensystems befinden. Durch Einzeichnen der Restriktionen in ein (x_1, x_2)-System ergibt sich dann Abbildung 2.4-4.

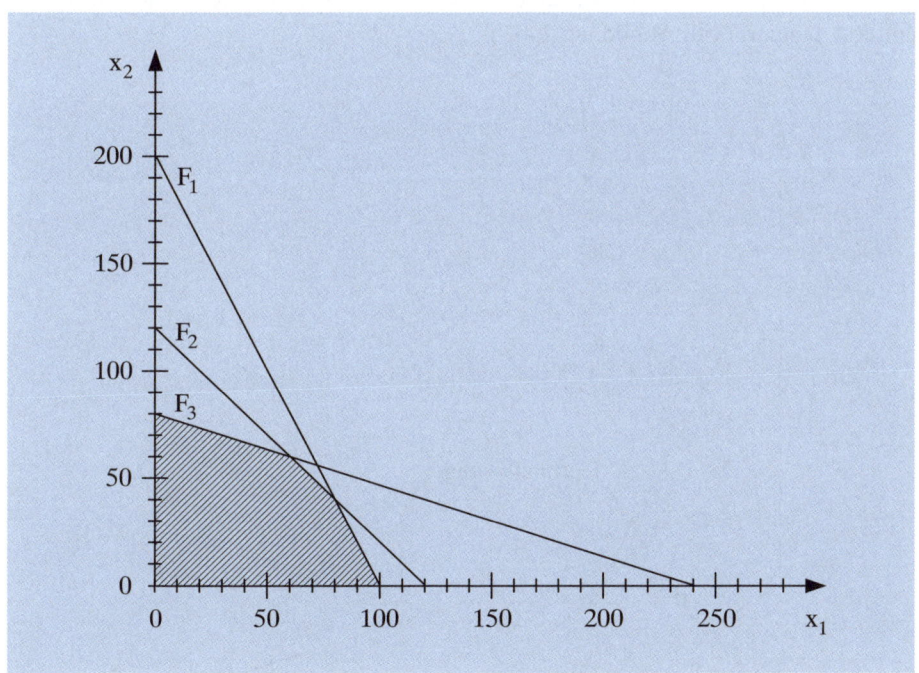

Abb. 2.4-4: Zulässiger Lösungsbereich für das gesuchte Produktionsprogramm

Zur Auswahl der optimalen Lösung muss eine Zielfunktion formuliert und in den Ansatz einbezogen werden. Als Zielsetzung sei die Maximierung des Deckungsbeitrages (DB) unterstellt (für Produkt $P_1 : c_1 = 2,\text{-}€$ und Produkt $P_2 : c_2 = 3,\text{-}€$), so dass sich die folgende Zielfunktion ergibt:

$$DB = 2x_1 + 3x_2 \quad \rightarrow \quad max!$$

Um diese Zielfunktion in das Koordinatensystem der Abbildung 2.4-4 einzuzeichnen, sind zwei Wege beschreitbar:

- Durch die Festsetzung eines beliebigen Deckungsbeitrages (z. B. $2x_1 + 3x_2 = 150$) lässt sich eine Gerade konstruieren, die dann vom Koordinatenursprung weg so lange verschoben wird, bis sie den zulässigen Lösungsbereich am weitesten vom Koordinatenursprung entfernt tangiert. In diesem Punkt liegt die gesuchte Optimallösung.

- Durch Umformung der Zielfunktion nach einer Variablen (z. B. x_1):

$$DB = c_1 \cdot x_1 + c_2 \cdot x_2$$

$$DB - c_2 \cdot x_2 = c_1 \cdot x_1$$

$$\frac{DB}{c_1} - \frac{c_2}{c_1} \cdot x_2 = x_1$$

Der Quotient $-c_2/c_1$ gibt dann die Steigung der Deckungsbeitragsgeraden an, die wiederum in das Koordinatensystem einzuzeichnen ist und so lange verschoben wird, bis sie den zulässigen Lösungsraum am weitesten vom Koordinatenursprung entfernt tangiert (vgl. Abbildung 2.4-5).

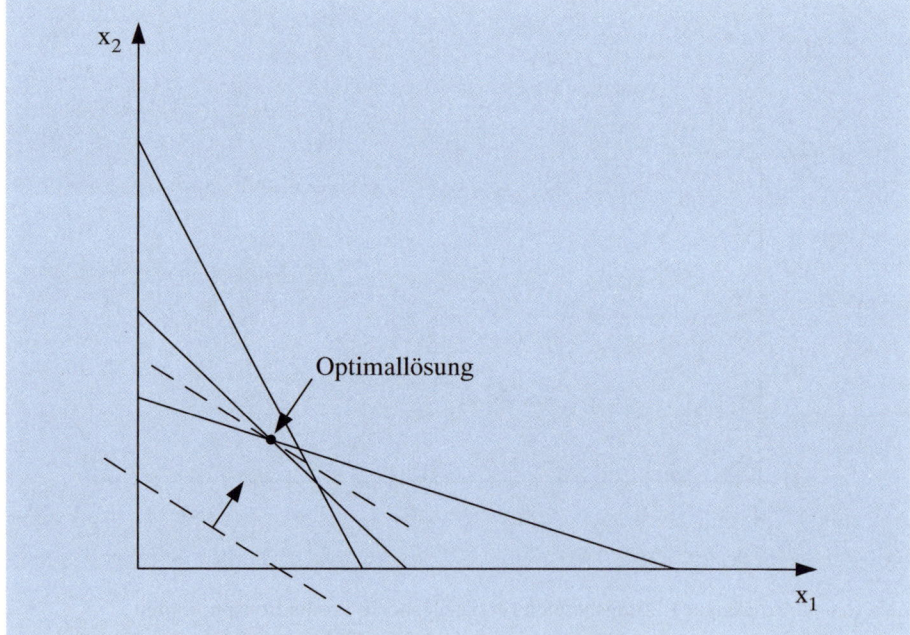

Abb. 2.4-5: Optimales Produktionsprogramm

Darüber hinaus sind Situationen denkbar, in denen es nicht nur ein, sondern mehrere optimale Produktionsprogramme gibt. Dies ist dann der Fall, wenn sich nicht alle Restriktionen in einem Punkt schneiden und die Zielfunktion eine Strecke des zulässigen Lösungsraumes tangiert, wie dies in Abbildung 2.4-6 dargestellt ist.

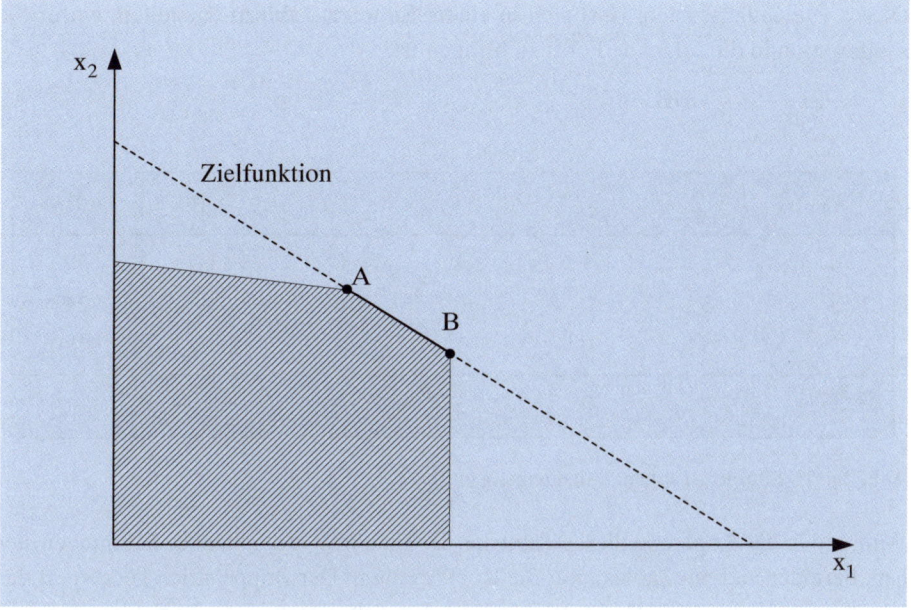

Abb. 2.4-6: Optimales Produktionsprogramm (Mehrdeutige Lösung)

In diesem Fall erbringen alle Mengenkombinationen, die sich auf der Strecke $\overline{AB}$ befinden, den gleichen Zielfunktionswert. Es ist eine mehrdeutige Lösung gegeben.

Die dargestellte grafische Lösung hat jedoch für praktische Problemabmessungen (mehrere Hundert Produkte und Maschinen) keine Bedeutung. Zur Lösung solcher Probleme gelangt die **Simplex-Methode** zum Einsatz, die dadurch charakterisiert ist, dass die gesuchte Optimallösung nicht in einem Schritt ermittelt wird, sondern in einer iterativen Vorgehensweise, d. h. in einer endlichen Anzahl an Schritten. Auf die grafische Lösung bezogen bedeutet dies, dass mit der Simplex-Methode, ausgehend von einer Basislösung, die sich im Nullpunkt $(x_1, x_2) = (0, 0)$, der einen Eckpunkt des zulässigen Bereiches darstellt, von Eckpunkt zu Eckpunkt des Lösungsraumes gegangen wird, bis die optimale Lösung gefunden ist. Aus Veranschaulichungsgründen wird im Folgenden die Simplex-Methode auf das Beispiel angewendet, das grafisch gelöst wurde. Dabei werden zunächst die Ungleichungen durch die Einführung der **Schlupfvariablen** (y), die die nicht genutzten Kapazitäten der Anlagen darstellen, in Gleichungen überführt, so dass sich der folgende Ansatz ergibt:

$$DB = 2x_1 + 3x_2 \rightarrow \text{max!}$$
$$4x_1 + 2x_2 + y_1 = 400$$
$$2x_1 + 2x_2 + y_2 = 240$$
$$2x_1 + 6x_2 + y_3 = 480$$
$$x_1 \geq 0$$
$$x_2 \geq 0$$

Dieses Gleichungssystem lässt sich in einem **Simplex-Tableau** darstellen, wofür die Zielfunktion in die folgende Form zu bringen ist:

$$-2x_1 - 3x_2 + DB = 0$$

x_1	x_2	y_1	y_2	y_3	DB	RS
4	2	1	0	0	0	400
2	2	0	1	0	0	240
2	6	0	0	1	0	480
–2	–3	0	0	0	1	0

Abb. 2.4-7: Simplex-Tableau (Ausgangslösung)

Während in der Kopfzeile dieses Tableaus die einzelnen Variablenbezeichnungen stehen, befinden sich im Tableau nur die Koeffizienten. Der Doppelstrich verkörpert das Gleichheitszeichen. Als Basisvariablen werden dabei diejenigen Variablen bezeichnet, die mit dem Koeffizienten 1 in jeder Gleichung nur jeweils einmal vorkommen, die übrigen Variablen werden als Nicht-Basisvariablen bezeichnet. Die Lösung ist dabei solange nicht optimal, wie in der letzten Zeile noch negative Koeffizienten stehen. Eine Verbesserung der Lösung erfolgt nun dadurch, dass eine nicht in der Lösung befindliche Variable gegen eine Lösungsvariable ausgetauscht wird. Hierfür wird die Variable gewählt, die in der letzten Zeile den absolut größten negativen Wert aufweist. Ökonomisch bedeutet dies, dass das Produkt mit dem größten stückbezogenen Deckungsbeitrag in die Lösung aufgenommen wird. In der entsprechenden Spalte ist dann ein **Einheitsvektor** zu erzeugen, weshalb für jede Zeile der Wert in der letzten Spalte (RS=Rechte Seite) durch den Wert in der zur Variablen x_2 gehörenden Spalte dividiert wird. Da das Produkt auf allen Maschinen zu bearbeiten ist, wird aufgrund der Kapazitätsbeschränkung die maximale Stückzahl durch den kleinsten der drei Werte determiniert. Das so gewählte Element der dritten Zeile der zweiten Spalte wird als **Pivotelement** bezeichnet. Um einen Einheitsvektor zu erzeugen, wird die dritte Zeile mit 1/6 multipliziert, um an der Stelle des Pivotelements eine 1 zu erzeugen. Im Anschluss daran werden geeignete Vielfache dieser neuen dritten Zeile zur ersten, zweiten und vierten Zeile addiert, so dass die übrigen Elemente der zweiten Spalte null werden:

- das (–2)-fache der dritten Zeile zur ersten Zeile,
- das (–2)-fache der dritten Zeile zur zweiten Zeile und
- das 3-fache zur letzten Zeile.

Es ergibt sich dann das folgende Simplex-Tableau:

x_1	x_2	y_1	y_2	y_3	DB	RS
10/3	0	1	0	−1/3	0	240
4/3	0	0	1	−1/3	0	80
1/3	1	0	0	1/6	0	80
−1	0	0	0	1/2	1	240

Abb. 2.4-8: Simplex-Tableau (Erste verbesserte Lösung)

Da in der letzten Zeile noch ein negativer Wert steht, ist die Optimallösung noch nicht gefunden. Die Bestimmung einer weiter verbesserten Lösung erfolgt nach dem gleichen Verfahren. Der einzige negative Wert steht in der Spalte der Variable x_1. Die Division der Rechten Seite durch die Werte der jeweiligen Zeile zeigt, dass sich in der zweiten Zeile der niedrigste Wert ergibt, so dass das Pivotelement bestimmt ist. Um an dieser Stelle eine 1 zu erzeugen, ist die Zeile mit 3/4 zu multiplizieren. Um in der ersten Spalte einen Einheitsvektor zu erhalten, ist dann

- das (−10/3)-fache der zweiten Zeile zur ersten Zeile,
- das (−1/3)-fache der zweiten Zeile zur dritten Zeile und
- das 1-fache der zweiten Zeile zur letzten Zeile

zu addieren.

Es ergibt sich dann das neue Simplex-Tableau:

x_1	x_2	y_1	y_2	y_3	DB	RS
0	0	1	−5/2	1/2	0	40
1	0	0	3/4	−1/4	0	60
0	1	0	−1/4	1/4	0	60
0	0	0	3/4	1/4	1	300

Abb. 2.4-9: Simplex-Tableau (Zweite verbesserte Lösung)

Als Lösung ergibt sich damit für $x_1 = 60$ und für $x_2 = 60$, wobei ein Gewinn von 300 erzielt wird. Auch an einem Simplex-Tableau lässt sich die bereits erwähnte mehrdeutige Lösung erkennen. Sie liegt dann vor, wenn die Spalte einer Nicht-Basisvariablen im Simplex-Tableau in der letzten Zeile eine Null enthält.

Die Grenzen dieses Standardansatzes lassen sich verdeutlichen, wenn die herausgestellten Voraussetzungen einer kritischen Betrachtung unterzogen werden:

- Als Ziel wurde die Maximierung des Deckungsbeitrages unterstellt. Wie in Abschnitt 1.1.8 bereits ausgeführt wurde, kann eine Unternehmung sehr unterschiedliche Ziele anstreben. Darüber hinaus wird es sich i. d. R. nicht um eine monovariable Zielfunktion, sondern um ein **Zielbündel** handeln, das eine Unternehmung ihren Handlungen zugrunde legt.

- Die Interdependenzen zwischen Absatz- und Produktionsprogramm werden nicht in ausreichendem Maße beachtet. Es ist zwar möglich, absatzwirtschaftliche Aspekte durch die Einführung von **Absatzhöchstmengen** ($x_j \leq x_{Aj}$) und **Absatzmindestmengen** ($x_j \geq x_{Aj}$) in das Modell zu integrieren, jedoch vermag dies theoretisch nicht zu befriedigen, da über den Absatzplan unabhängig vom Produktionsprogramm bereits eine Vorentscheidung gefallen ist. Sowohl die Verkaufspreise als auch die Absatzmöglichkeiten werden nicht simultan mit dem Produktionsprogramm ermittelt, sondern sie sind vorgegebene Größen für die Produktionsprogrammoptimierung (vgl. Zäpfel 1982, S. 93).

  Für eine **zeitliche Abstimmung** zwischen **Absatz-** und **Produktionsprogramm** bieten sich die folgenden Wege an (vgl. Sabel 1979, Sp. 1693):

  -- Lagerbildung für Halb- und Fertigprodukte,

  -- Anpassung der Produktion nach dem Zeitstufenprinzip durch unterschiedliche Nutzung der Kapazitäten oder Nutzung unterschiedlicher Kapazitäten und

  -- Beeinflussung des Absatzverlaufes durch den Einsatz absatzpolitischer Instrumente.

  Als Konsequenz dieser Überlegungen ergeben sich dann **mehrperiodige Ansätze**. Bei einer variablen Absatzpolitik ist folglich eine **simultane Planung** des produktions- und absatzwirtschaftlichen Instrumentariums notwendig. Hierbei sind die beiden folgenden Probleme relevant:

  -- Es müssen die **Wirkungsfunktionen** der absatzpolitischen Instrumente je Produktart und bei Interdependenzen der Produktarten auch für die Kombinationen der Instrumente bekannt sein.

  -- Es ergeben sich in den meisten Fällen **nichtlineare Programme**, für die bei einer größeren Anzahl von Produkten und Restriktionen meist keine effizienten Algorithmen existieren. Aus diesem Grunde wird dann mit **linearen Approximationen** gearbeitet.

- Die **Deckungsbeiträge** werden als **konstant** unterstellt. Damit werden etwa Rabatte nicht in die Überlegungen einbezogen.

- Die Kapazitätsbedarfe werden als konstant unterstellt. Wird die Anlage jedoch mit unterschiedlichen Intensitäten genutzt, dann sind die **Kapazitätsbedarfe variabel,** und es ergeben sich nichtlineare Verbrauchsfunktionen. Die gleiche Situation ergibt sich, wenn ein Produkt mit **verschiedenen Produktionsverfahren** erstellt werden kann.

- **Finanz- und Beschaffungsbedingungen** werden nicht berücksichtigt. Das Grundmodell ist folglich um entsprechende Restriktionen zu ergänzen.

- **Kurzfristige Anpassungen**, z. B. über Zusatzschichten und Überstunden, die mit höheren Kosten einhergehen, werden nicht berücksichtigt.

- Probleme der **Lagerhaltung** werden ausgeklammert. Existieren beispielsweise saisonale Schwankungen auf der Absatzseite und wird die Lagerhaltung damit zu einem wesentlichen Ausgleichsinstrument, dann ist dieses Grundmodell nicht einsetzbar.

- Es wird eine einstufige Produktion unterstellt. Probleme der **Mehrstufenproduktion** werden nicht beachtet, obwohl dies in der Praxis eher der Regelfall sein dürfte.

- Im Grundmodell werden keine **Rüstprozesse** berücksichtigt. Damit werden Fragen der Ablaufplanung der betrieblichen Leistungserstellung explizit ausgeschlossen.

Durch Einbeziehung dieser Aspekte lässt sich dann der vorgestellte Standardansatz schrittweise der Realität annähern, was jedoch mit einer **Zunahme der Modellkomplexität** verbunden ist (vgl. hierzu die Ausführungen von Zäpfel 1982, S. 98 ff.).

Eine weitere Problematik im Rahmen der Produktionsprogrammplanung ergibt sich bei **zusammengesetzten Erzeugnissen**, die aus unterschiedlichen **Erzeugnisstrukturstufen** bestehen. Die Erzeugnisse setzen sich aus Gruppen, Untergruppen und diese wiederum aus Teilen zusammen, wie dies etwa für die Metallindustrie typisch ist (vgl. Hinz 1977; Kiesel 1971). Bevor auf einen speziellen Problemlösungsansatz im Detail eingegangen wird, soll zunächst die Erweiterung des Standaransatzes für eine **mehrstufige marktorientierte Produktionsprogrammplanung** aufgezeigt werden.

Der Modifikationsbedarf ergibt sich dabei aus dem Erfordernis, die Erzeugnisstruktur in die Modellierung einzubeziehen. Hierfür kann auf die Überlegungen zur mehrstufigen Leontief-Produktionsfunktion (vgl. Abschnitt 1.2.1.3.2) und zur Materialbedarfsermittlung (vgl. Abschnitt 3.3.1.2.2.2) zurückgegriffen werden. Die Beziehungen zwischen den Produkten, Baugruppen und Teilen werden mit Hilfe von Produktionskoeffizienten $h_{jj'}$ erfasst, die beschreiben, wie viele Mengeneinheiten von Element j in ein Element j' auf der übergeordneten Erzeugnisstufe eingehen. Für jedes Produkt, jede Baugruppe und jedes Teil ist dann eine sogenannte Mengenbilanz zu formulieren, die berücksichtigt, dass das Element j

- entweder in ein Element j' eingeht $(h_{jj'} \cdot r_{j'})$ oder
- als Produkt auf dem Markt abgesetzt werden kann (x_j).

Es ergibt sich dann das folgende Modell:

Zielfunktion:

$$Z = \sum_{j=1}^{n} c_j \cdot x_j \rightarrow max!$$

Nebenbedingungen:

- Mengenbilanzen:

$$x_j + \sum_{j'=1}^{n} h_{jj'} \cdot r_{j'} = r_j \qquad \forall j \neq j'$$

- Kapazitätsrestriktionen:

$$\sum_{j=1}^{n} t_{ij} \cdot r_j \leq b_i \qquad \forall i$$

Nichtnegativitätsbedingungen:

$$x_j \geq 0 \qquad\qquad \forall j$$

$$r_j \geq 0 \qquad\qquad \forall j$$

Bei der Lösung dieses erweiterten Modells ergibt sich bei praktischen Fragestellungen das Problem, dass in den Restriktionsmatrizen Besetzungsdichten zwischen 20 % und 60 % auftreten. Die Besetzungsdichte ist dabei wie folgt definiert:

$$BD = \frac{A_E}{m \cdot n} \cdot 100$$

mit:

BD	=	Besetzungsdichte
A_E	=	Anzahl der Koeffizienten, die ungleich null sind
n	=	Spalten der Matrix
m	=	Zeilen der Matrix.

Aufgrund des **Hauptsatzes der Linearen Programmierung** kann die Anzahl der im optimalen Produktionsprogramm enthaltenen Produkte höchstens der Zahl der aufgestellten Gleichungen entsprechen (= Anzahl der Zeilen). Es können folglich maximal „m" Produkte enthalten sein.

Bei der Lösung von linearen Optimierungsmodellen mit hohen Besetzungsdichten mit Hilfe der Simplex-Methode treten unabhängig von der Matrixstruktur die folgenden Probleme auf:

- Das optimale Produktionsprogramm enthält weniger als die theoretisch mögliche Anzahl von „m" Produkten. Bezeichnen wir die Anzahl dieser Elemente mit „$\tilde{m}$", dann gilt $\tilde{m} < m$.
- Unter diesen „$\tilde{m}$" Elementen in der Optimallösung befinden sich „$\hat{m}$" **Schlupfvariablen**, so dass lediglich $\tilde{m} - \hat{m}$ **Strukturvariablen** auftreten, d. h. Produkte im optimalen Produktionsprogramm enthalten sind.

Diese über den Hauptsatz der Linearen Programmierung hinausgehende **Beschränkung der Lösungsmenge** wird als **Strukturvariablenbeschränkung** bezeichnet. Die Bedeutung der Reduzierung der Strukturvariablen durch die auftretenden Schlupfvariablen wird deutlich, wenn deren Anteil betrachtet wird. Wie Abbildung 2.4-10 zeigt, liegt der Anteil der Schlupfvariablen in der Metallindustrie in der Optimallösung mit etwa 40 % erheblich über allen anderen angeführten Industriebereichen. In diesem hohen Anteil an Schlupfvariablen ist ein Grund zu sehen, der den Einsatz der Simplex-Methode im Rahmen der Produktionsprogrammplanung in der Metallindustrie behindert.

Die Anzahl der Schlupfvariablen in der Optimallösung wird deshalb größer, weil diese von der Besetzungsdichte der Ausgangsmatrix abhängt.

Unternehmungen aus unterschiedlichen Industriezweigen	Anzahl der Zeilen (m)	Anzahl der Spalten (n)	Schlupfvariablen in v.H.
Mineralölindustrie	410	500	7,6
Mineralölindustrie	1200	1900	2,9
Mineralölindustrie	752	1090	1,6
Petrochemie	210	360	8,2
Raffinerie	71	91	2,7
Metallindustrie	1000	1800	39,3

Abb. 2.4-10: Anteil der Schlupfvariablen in der Optimallösung in verschiedenen Industriezweigen mit unterschiedlichen Modellabmessungen

Das auf diese Weise ermittelte optimale Produktionsprogramm ist unter akquisitorischen Gesichtspunkten, aufgrund der starken Produktbeschränkung, eine wenig attraktive Lösung. Aus diesem Sachverhalt ergibt sich ein **Spannungsfeld** zwischen absatz- und produktionswirtschaftlichen Überlegungen. Während aus absatzwirtschaftlicher Sicht ein breites Produktionsprogramm aufgrund der damit einhergehenden akquisitorischen Wirkungen günstiger erscheint als ein zu eng ausgerichtetes Programm, sind aus produktionswirtschaftlicher Perspektive eine geringe Anzahl Produkte sowie große Serien (und die damit verbundenen niedrigen Stückkosten) günstiger zu beurteilen. Es ist damit ein Weg zu suchen, der dieses Spannungsfeld zu überwinden vermag, d. h. wie die Anzahl der Produkte im Produktionsprogramm erhöht werden kann, ohne dabei zu weit von der Optimallösung abzuweichen. Als Ergebnis ergäbe sich dann ein suboptimales Produktionsprogramm, das jedoch unter absatzwirtschaftlichen Aspekten als günstiger zu beurteilen ist.

Um dieses Problem zu lösen, werden die drei folgenden Wege empfohlen:

- Einführung zusätzlicher Restriktionen,
- Verwendung verschiedener Zielfunktionen und
- Aufspaltung der Produktionskapazität.

Als **Kriterien zur Beurteilung** dieser Ansätze können der

- **Zielfunktionswertverlust** und die
- sich ergebende **Lösungsmenge**

herangezogen werden.

Die Einführung zusätzlicher Restriktionen bewirkt eine **Erhöhung der Zeilenanzahl**. Hierbei kann zwar zunächst durch die Zeilenanzahlerhöhung die Lösungsmenge gesteigert werden, jedoch nimmt diese bei Überschreiten eines bestimmten **Seitenverhältnisses** nicht weiter zu. Je nach Besetzungsdichte geht der Deckungsbeitrag um 30 % bis 50 % zurück, während die Lösungsmenge 60 % bis 70 % der theoretisch möglichen Menge beträgt.

Bei **Variation der Zielfunktion**, z. B. maximaler Deckungsbeitrag, maximale Kapazitätsauslastung, maximaler Umsatz und maximale Arbeitsproduktivität, ergibt sich lediglich bei der Zielfunktion „maximiere die Kapazitätsauslastung" eine deutliche Erhöhung der Lösungsmenge, die jedoch mit hohen Zielfunktionswertverlusten einhergeht (Deckungsbeitragsverluste von bis zu 60 %).

Die günstigsten Ergebnisse im Rahmen von Simulationsrechnungen ergaben sich bei Einsatz des **Kapazitätsaufteilungsverfahrens**. Aus diesem Grunde sei dieses Verfahren ausführlicher vorgestellt.

Mit diesem Verfahren kann die Anzahl der Produkte, die in das Produktionsprogramm aufgenommen werden, die theoretische Grenze „m" der Simplex-Lösung überschreiten, wobei jedoch im Vergleich zur ursprünglichen (optimalen) Lösung ein Zielfunktionswertverlust hingenommen werden muss, der niedriger ist, als dies bei den zuerst genannten Ansätzen der Fall ist. Das Verfahren hat den folgenden formalen Aufbau:

1. Auf der Grundlage der Simplex-Methode und der gesamten zur Verfügung stehenden Kapazität wird eine optimale Lösung berechnet.

2. Die auf diese Weise ermittelten Stückzahlen (x_{opt}) der in der Optimallösung vorhandenen Produkte werden dann mit einem Reduktionsfaktor (R) herabgesetzt:

$$(x_{red})_j = R \cdot (x_{opt})_j \qquad \text{mit} \quad 0 < R < 1 \qquad\qquad \forall j$$

Dies hat zur Folge, dass Kapazitäten für weitere Lösungsläufe freigesetzt werden. Die hierdurch freigesetzte Kapazität ergibt sich aus:

$$(b_{frei})_i = b_i - \sum_j (x_{red})_j \cdot b_{ij} \qquad\qquad \forall i$$

Der **reduzierte Zielfunktionswert** ergibt sich dann aus:

$$Z_{red} = \sum_j (x_{red})_j \cdot c_j$$

3. Die freigesetzte Kapazität bildet mit den Produkten, die nicht in der ersten optimalen Lösung enthalten sind, das Ausgangsmodell für die zweite Simplex-Lösung, die dann in einem weiteren Schritt wiederum reduziert werden kann.

Dieses Verfahren läuft für eine vorgegebene Anzahl an Reduktionsschritten (AR) ab, wobei sich die Gesamtlösung aus den Teillösungen zusammensetzt und die letzte optimale Simplex-Lösung unreduziert in die Gesamtlösung eingeht. Für AR Reduktionsschritte ergibt sich der **gesamte Zielfunktionswert** aus der folgenden Zielfunktion:

$$Z = \sum_{s=1}^{AR} R_s \cdot (Z_{opt})_s + \underbrace{(Z_{opt})_{AR+1}}_{\text{unreduzierte Lösung}}$$

Abbildung 2.4-11 gibt den beschriebenen Lösungsweg noch einmal in anschaulicher Form wieder.

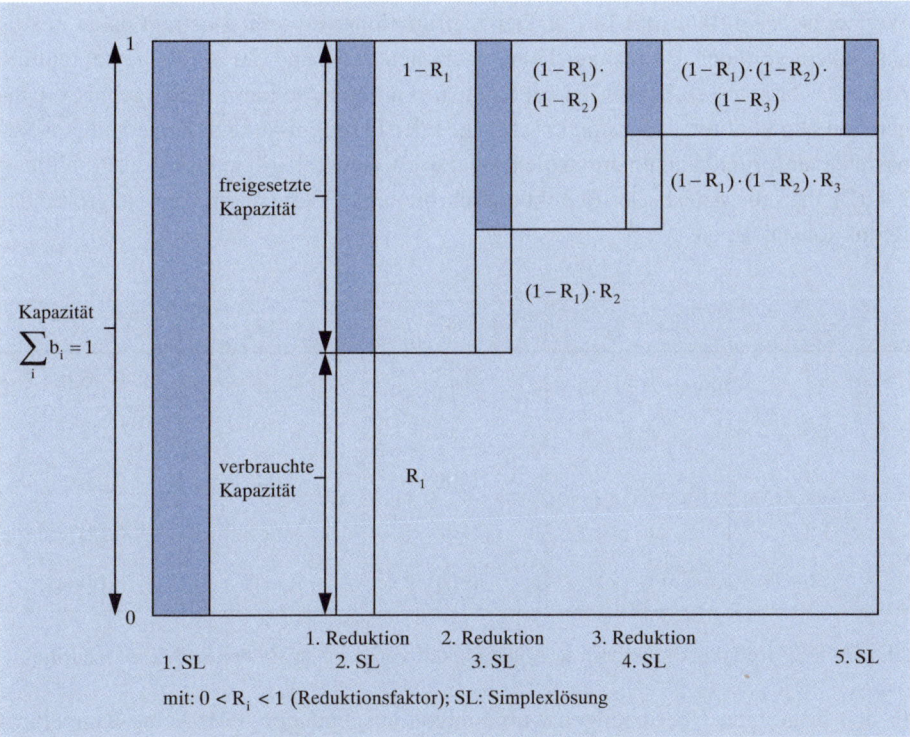

Abb. 2.4-11: Grafische Darstellung des Kapazitätsaufteilungsverfahrens

Die **Erfolgsaussichten dieses Verfahrens** sind darin begründet, dass in späteren Lösungsläufen Produkte ermittelt werden können, die die Kapazitätsengpässe der ersten Lösung nur in geringem Ausmaß beanspruchen.

Mit diesem bewussten Verzicht auf die Optimallösung $(Z_{opt})_1$ geht ein Zielfunktionswertverlust (ZV) einher, der sich wie folgt als Differenz zwischen $(Z_{opt})_1$ und der Gesamtlösung (Z) ermitteln lässt:

$$ZV = (Z_{opt})_1 - Z$$

$$ZV = (Z_{opt})_1 - \left[R_1 \cdot (Z_{opt})_1 + ... + R_{AR} \cdot (Z_{opt})_{AR} + \underbrace{(Z_{opt})_{AR+1}}_{\text{unreduzierte Lösung}} \right]$$

Bisher unbeantwortet blieb die Frage nach der Quantifizierung des Ausmaßes des Zielfunktionswertverlustes, der mit der Erhöhung der Lösungsmenge einhergeht. In Versuchsrechnungen zeigten sich besonders günstige Ergebnisse bei einem Reduktionsfaktor von 0,5 mit vier Reduktionsschritten. Dabei steigt die Lösungsmenge über die theoretische Grenze „m" und erreicht, je nach Besetzungsdichte (40 %–60 %), einen Wert zwischen 110 % und 140 %. Der Zielfunktionswertverlust beträgt dabei in Abhängigkeit von der Besetzungsdichte zwischen 5 % und 20 %. Allgemeingültige Aussagen lassen sich hierzu jedoch kaum formulieren, sondern die Ergebnisse hängen von den konkreten Zusammensetzungen der Erzeugnisse und den jeweiligen Kapazitätsinanspruchnahmen durch die Produkte ab. Generell gilt jedoch (vgl. Abbildung 2.4-12), dass die Anzahl der Reduktionsschritte umso kleiner sein kann, je größer der Reduktionsfaktor ist.

R	$1-R$	$(1-R)^2$	$(1-R)^3$	$(1-R)^4$
0,5	0,5	0,25	0,125	0,0625
0,6	0,4	0,16	0,064	0,0256
0,7	0,3	0,09	0,027	0,0081
0,8	0,2	0,04	0,008	0,0016
0,9	0,1	0,01	0,001	0,0001

Abb. 2.4-12: Reduktionsfaktoren in Abhängigkeit von der Anzahl der Reduktionsschritte

In den bisherigen Überlegungen wurde davon ausgegangen, dass keine Kuppelprodukte auftreten. Insbesondere unter ökologischen Gesichtspunkten erscheint dieser Aspekt von Interesse, da aus naturgesetzlichen Gründen eine rückstandsfreie Produktion ausgeschlossen ist. Hierfür sind die beiden folgenden Gründe verantwortlich (vgl. Strebel/Hildebrandt 1989, S. 101):

- Materie und Energie, die als Input in den Produktionsprozess einfließen, werden nicht vernichtet, sondern lediglich umgewandelt.
- Der Input fließt nicht vollständig in die erwünschten Produkte, sondern auch in unerwünschte Rückstände, d. h., es handelt sich um unvermeidliche Kuppelprodukte.

Eine vollständige Rückstandsvermeidung ist damit technisch nicht möglich. Darüber hinaus kann sie auch aus ökonomischen und/oder ökologischen Gesichtspunkten keine akzeptable Alternative darstellen. In diesen Fällen gelangt die Verwertung der entstehenden Rückstände in das Zentrum des Interesses. Diesen Prozess der Rückführung fester, flüssiger oder gasförmiger Rückstände in den Produktionsprozess wird als Recycling bezeichnet, das mit den folgenden Effekten einhergeht (vgl. z. B. Faber/ Stephan 1988, S. 5 f.):

- Verringerung des Rohstoff- und Energieinput, der Umweltschädigungen und der Abfallmengen. Dabei ist zu beachten, dass

  -- eine vollständige Rückgewinnung der in den Rückständen enthaltenen Rohstoffe häufig nicht möglich ist,

  -- Rückstände i. d. R. nicht beliebig oft recycliert werden können,

  -- nicht alle Rückstände unter ökonomischen Bedingungen recyclierbar sind und

  -- auch Recyclingprozesse umweltschädliche Kuppelprodukte hervorbringen können.

- Recycling geht mit einer Schonung knappen Deponievolumens einher.

Der Wirkungsgrad von Recyclingprozessen ist dabei unter anderem von der Homogenität der Rückstände abhängig, da hierdurch der Energieeinsatz für die Trennung und Aufbereitung der zu recyclierenden Rückstände beeinflusst wird. Aus diesen Überlegungen resultiert, dass Recycling i. d. R. zu einer temporären Entlastung des Primärrohstoffverbrauchs beiträgt, d. h. die Verweildauer von Stoffen im wirtschaftlichen Kreislauf verlängert wird. Darüber hinaus ist zu beachten, dass recyclierte Rückstände sich auch durch andere qualitative Eigenschaften auszeichnen können (vgl. Corsten/ Götzelmann 1989, S. 411 f.). Recyclingprozesse weisen jedoch ein äußerst unterschiedliches Erscheinungsbild auf. So lassen sich die folgenden Erscheinungsformen unterscheiden:

- Direktes Recycling: Die Rückstände lassen sich unmittelbar ohne weitere Behandlung als Input

  -- im gleichen Produktionsprozess ① (direktes primäres Recycling) oder

  -- in einem anderen Produktionsprozess ② (direktes sekundäres Recycling) einsetzen;

- Indirektes Recycling: Die anfallenden Rückstände müssen vor ihrer Wiederverwendung einer Behandlung unterzogen werden, um dann

  -- im gleichen Produktionsprozess ③ (indirektes primäres Recycling) oder

  -- in einem anderen Produktionsprozess ④ (indirektes sekundäres Recycling) eingesetzt zu werden.

Übernimmt hingegen eine Unternehmung Rückstände anderer Unternehmungen oder aus dem Kundenbereich, dann fließen diese wiederum über den Beschaffungsbereich in den Produktionsprozess als Input ein und werden entsprechend erfasst (vgl. Corsten/Reiß 1991, S. 617). Abbildung 2.4-13 gibt diesen Zusammenhang in vereinfachter Form wieder.

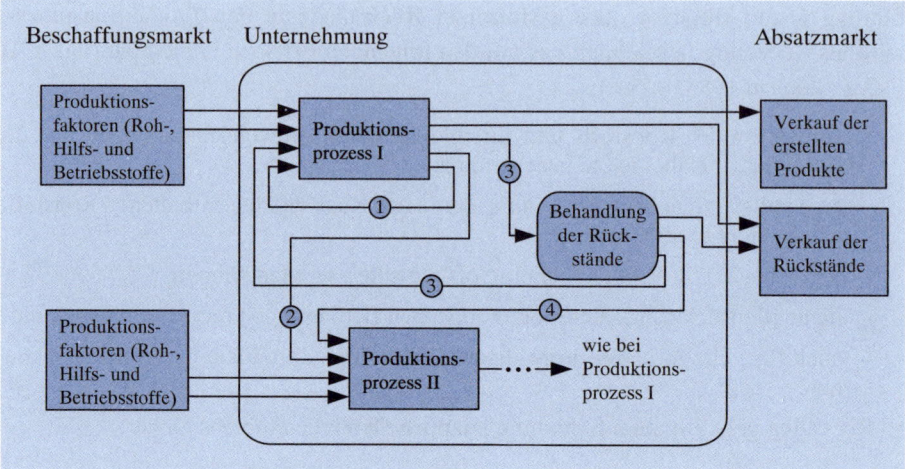

Abb. 2.4-13: Erscheinungsformen des Recycling

Ansatzpunkte zur Einbeziehung der Recyclingprozesse in die Produktionsprogrammplanung auf der Grundlage der Linearen Programmierung wurden bereits im
Jahre 1971 von Russell formuliert. Aufbauend auf diesem Ansatz entwickelten Bührens (1979, S. 190 ff.) und Jahnke (1986, S. 154 ff.) weiterführende Modelle. Durch
die Integration der Recyclingprozesse in die Optimierung des Produktionsprogramms erfahren sowohl die **Zielfunktion** als auch die **Restriktionen** Veränderungen.
Bevor die Grundstruktur des Ansatzes von Jahnke skizziert wird, sei zunächst auf
diese Veränderungen eingegangen. Unterstellen wir als Zielfunktion die Gewinnmaximierung, dann können die einzelnen **Zielfunktionskomponenten** in ihren Ausprägungen durch die folgenden Aspekte beeinflusst werden:

- Auf der **Erlösseite**

  -- durch anfallende Verkaufserlöse aus den vermarkteten Rückständen und

  -- durch Erlösveränderungen, die durch die Produktion neuer Produkte aus Rück-
     ständen und durch qualitative Auswirkungen des Recycling entstehen;

- auf der **Kostenseite**

  -- durch Produktions- und Beschaffungskosten, bedingt durch quantitative und
     qualitative Auswirkungen des Recycling,

  -- durch Beschaffungskosten der Rückstände,

  -- durch Recyclingkosten zwischen den Produktionsprozessen (z. B. Transport-,
     Reinigungs- und Trennkosten),

  -- durch Kosten, die durch eine spezielle Bearbeitung der Rückstände entstehen,

  -- durch Zwischenlagerungskosten der Rückstände und

  -- durch Kosten für die Abgabe der Rückstände an die Umwelt.

Bei den Restriktionen ergeben sich durch die Einbeziehung der Recyclingprozesse die folgenden Erweiterungen:

- Beschaffungsrestriktionen für Rückstände,
- Gleichgewichtsbedingung für die Faktorbeschaffung und den Faktoreinsatz,
- Recyclingrestriktionen zur Qualitätssicherung (Ober-, Untergrenzen),
- Kapazitätsrestriktionen der zum Einsatz gelangenden Überarbeitungsanlagen,
- Gleichgewichtsrestriktion für die Entstehung und Verwendung der Rückstände,
- Gleichgewichtsrestriktionen für Lagerzugänge und -abgänge (Zwischenlagerung der Rückstände),
- Kapazitätsrestriktionen für die Zwischenlagerung,
- Absatzrestriktionen für Rückstände und
- Restriktionen für die Abgabe der Rückstände an die Umwelt.

In zunehmendem Maße wird die gesellschaftliche Verantwortung der Unternehmungen diskutiert (moralisch begründeter Imperativ, vgl. Kern 1982, S. 132), die etwa darin zum Ausdruck kommt, dass Unternehmungen restriktivere Bedingungen setzen, als dies zur Erfüllung staatlicher Forderungen notwendig ist. Im Extremfall ergäbe sich dann eine Zielfunktion, in die ausschließlich ökologische Komponenten einflössen (z. B. „minimiere die emittierten Schadstoffmengen") unter Beachtung eines zu realisierenden Mindestgewinns. Eine derartige Zielsetzung dürfte unter ökonomischen Gesichtspunkten nur in Ausnahmefällen begründbar sein.

Ausgehend von den Schwachstellen des Ansatzes von Russell entwickelt Jahnke (1986) einen LP-Ansatz, der es erlaubt, Recyclingprozesse in die Produktionsplanung zu integrieren. Dabei wählt er die folgende mehrstufige Vorgehensweise:

- Ausgangspunkt bildet ein statisches Modell zur Integration des Recyclings in die Produktionsplanung.
- Darauf aufbauend werden Investitions- und Finanzplanung in die Überlegungen einbezogen. Dies erfordert einen dynamischen, mehrperiodigen Ansatz.
- In einem weiteren Schritt erfolgt dann eine differenzierte Einbeziehung der Qualitätsprobleme bei Recyclingprozessen und Probleme der Zwischenlagerung der Rückstände.

In den Ansatz fließen dann die folgenden Problembereiche ein:

- Mehrproduktproduktion,
- Beschaffung der Rohstoffe inklusive Rückstände von externen Stellen,
- unternehmungsinterne Recyclingprozesse,
- Abgabe der Rückstände in die Umwelt und
- Absatz der Produkte und Rückstände.

Dabei werden die folgenden Prämissen zugrunde gelegt:

- Es liegen limitationale Faktoreinsatzbeziehungen vor.

- Es liegt eine starre Kuppelproduktion vor, d. h., auf der Outputseite fallen die einzelnen Komponenten in einem festen Verhältnis an.

- Es ist eine intensitätsmäßige Anpassung realisierbar.

- Es sind folgende Verwertungsmöglichkeiten anfallender Rückstände zulässig: Rückstände können

-- in den sie verursachenden Produktionsprozess oder

-- in einen anderen Produktionsprozess, der auch speziell hierfür konzipiert werden kann,

einfließen.

- Für die Behandlung der Rückstände stehen entsprechende Anlagen zur Verfügung.

- Sowohl für die abzusetzenden Produkte als auch für die entstehenden Rückstände können Absatzober- und -untergrenzen eingeführt werden.

- Die Kapazitäten sind gegeben.

Die Struktur des sich hieraus ergebenden Grundmodells, und nur auf dieses sei im Rahmen einer Einführung eingegangen, ergibt sich dann aus Abbildung 2.4-14 (das Symbol x: steht für eine Mengenbegrenzung; der senkrechte Doppelstrich auf der rechten Seite symbolisiert das Gleichheitszeichen und die Vorzeichen „+" und „–" weisen auf die Existenz und Art der berücksichtigten Interdependenzen hin (vgl. Jahnke 1986, S. 176).

Eine wesentliche Schwachstelle bei der gewinn- oder deckungsbeitragsmaximalen Bestimmung des Produktionsprogramms auf der Grundlage der Linearen Programmierung ist in der Ermittlung der Kostenkomponente in der Zielfunktion zu sehen. Da eine rückstandsfreie Produktion aus naturgesetzlichen Gründen ausgeschlossen ist, d. h. auch unerwünschte Rückstände auftreten, ist jede industrielle Produktion letztlich eine Kuppelproduktion. Bei derartigen Kuppelproduktionen liegt eine Kostenverbundenheit vor, d. h., eine verursachungsgerechte Aufteilung der Kosten auf die einzelnen Produkte und Rückstände ist nicht möglich. In der Praxis haben sich zur Bewältigung dieses Problems drei Behelfsmethoden herauskristallisiert:

- Restwertmethode: Ausgangspunkt dieses Ansatzes ist die Annahme, dass sich der Output der Kuppelproduktion in ein Hauptprodukt und ein oder mehrere Nebenprodukt(e) aufspalten lässt. Die mit der Veräußerung der Nebenprodukte einhergehenden Erlöse werden von den anfallenden Gesamtkosten der Kuppelproduktion subtrahiert, und der sich ergebende Restbetrag als Kosten des Hauptproduktes betrachtet.

- Kostenverteilungsmethode: Grundlage dieser Methode ist die Äquivalenzziffernrechnung, d. h., es wird vorausgesetzt, dass Vergleichbarkeitsziffern (Basis hierfür sind technische Relationen) existieren, die eine Verteilung der Kosten auf die Produkte ermöglichen.

- Marktpreismethode: Auch hierbei handelt es sich um eine Anwendung der Äquivalenzziffernrechnung. Grundlage zur Bildung dieser Äquivalenzziffern sind dabei die Marktpreise, d. h., die Kosten werden dem Verhältnis der Marktpreise entsprechend auf die anfallenden Produkte aufgeteilt.

Restriktion	Beschaffung: Rohstoffe	Beschaffung: Rückstände	Produktion	Recycling (intern)	Überarbeitung der Rückstände (alle Formen)	Abgabe an die Umwelt	Absatz: Produktion	Absatz: Rückstände	
Zielfunktion	–	–	–	–	–	–	+	+	max!
Beschaffungsrestriktion: Rohstoffe	+								≤ x:
Beschaffungsrestriktion: Rückstände		+							≤ x:
Beschaffungsgleichgewicht	+	+	–	+					= 0
Recyclingrestriktionen		+	–	+					≤ 0 / ≥ 0
Kapazitätsrestriktionen: Produktion			+						≤ x:
Kapazitätsrestriktionen: Überarbeitung					+				≤ x:
Verwendungsgleichgewichte Rückstände			+	–		–		–	= 0
Abgaberestriktionen der Rückstände						+			≤ x:
Absatzrestriktionen: Produkte							+		≤ x: / ≥ x:
Absatzrestriktionen: Rückstände								+	≤ x: / ≥ x:
Nichtnegativitätsbedingungen	+	+	+	+	+	+	+	+	≥ 0

Abb. 2.4-14: Grundmodell der Produktionsprogrammplanung unter Beachtung der Recyclingprozesse

Die Ergebnisse dieser Methoden haben keinen betriebswirtschaftlichen Aussagewert im Rahmen der Kostenträgerrechnung, da jede Gemeinkostenschlüsselung letztlich willkürlich ist. Zweckmäßig und in vielen Fällen auch ausreichend ist hingegen die Kalkulation des Deckungsbeitrages für das gesamte Produktbündel. Diese Aussagen verdeutlichen jedoch die Problematik bei der Ermittlung der Kostenkomponenten in der Zielfunktion des LP-Ansatzes.

2.4.2.2 Produktionsprogrammplanung für kundenindividuelle Produkte

Der Ablauf der operativen Produktionsprogrammplanung bei auftragsorientierter Produktion ist durch eine Interaktion zwischen Kunden und Unternehmung charakterisiert (vgl. Arlt 1971, S. 7; Kayser 1978, S. 91 f.):

1. Anfrage des Kunden mit Spezifikation der Produktart, -menge und -qualität, ggf. mit Angaben zum gewünschten Liefertermin und der Preisvorstellung.
2. Prüfung der Anfrage auf ökonomische Vorteilhaftigkeit und Angebot der Unternehmung mit Angabe der Produktart, -menge und -qualität sowie des Preises und Liefertermines oder Verzicht auf Abgabe eines Angebotes bei ökonomisch inakzeptablen Anfragen.
3. Auftragserteilung durch den Kunden auf der Basis des Angebotes bzw. Nichterteilung des Auftrags oder erneute Anfrage mit Aufforderung zur Überarbeitung des Angebotes (dann Rücksprung zu 2.).

Als zentrale Aufgabe ergibt sich damit die Prüfung der ökonomischen Vorteilhaftigkeit einer Anfrage und die Angebotserstellung, wobei Preis und Liefertermin die Entscheidungsparameter der Unternehmung darstellen (vgl. Kayser 1978, S. 92; Trampedach 1973, S. 11).

Wesentliche Determinanten des Angebotspreises sind dabei:

-   die auftragsbezogenen Einzelkosten,
-   die aktuelle Kapazitätsauslastung,
-   die Erwartungen über das Verhalten aktueller und potentieller Kunden und
-   die Erwartungen über das Verhalten der Konkurrenten.

Der anzubietende Liefertermin wird insbesondere von

-   der Beschaffungsdauer der Materialien,
-   der Bearbeitungsdauer,
-   der aktuellen Kapazitätsauslastung,
-   den Erwartungen über das Verhalten aktueller und potentieller Kunden und
-   den Erwartungen über das Verhalten der Konkurrenten

beeinflusst.

Die auftragsorientierte Programmplanung ist durch ein **zeitlich offenes Entschei-dungsfeld** gekennzeichnet, d. h., im Zeitablauf treten Veränderungen des Entschei-dungsfeldes auf, wobei die Informationen über diese Veränderungen zum Planungs-zeitpunkt unvollständig sind (vgl. Adam 1996, S. 16 ff.; Schlüchtermann 1996, S. 2 ff.):

- Es ist davon auszugehen, dass zum Planungszeitpunkt nur Informationen über ei-ne begrenzte Anzahl an Aufträgen vorliegen und erst während der Planrealisation weitere Informationen über neue Kundenaufträge hinzukommen. Die Unsicher-heit bezieht sich dabei auf den Ankunftszeitpunkt und die Auftragsdaten zu Pro-duktart, Produktmenge und gewünschtem Liefertermin, zu denen i. d. R. keine Wahrscheinlichkeitsangaben vorliegen (vgl. Arzi/Roll 1993, S. 2195 f.).

- Eine weitere Ursache für die Unsicherheit ist im Auftreten von Störungen zu se-hen. Nach dem Kriterium „Wirkungssphäre" ist zwischen Störungsursachen auf der Auftragsebene und auf der Ressourcenebene zu unterscheiden (vgl. Corsten/ Gössinger 1997, S. 4). Während auf der Auftragsebene weiterhin unterschieden werden kann, ob die Störung durch terminliche, mengenmäßige oder inhaltliche Änderungen verursacht wird, ist auf der Ressourcenebene eine Strukturierung nach den Kriterien „Produktionsfaktorbezug" (z. B. Anlagen, menschliche Arbeits-leistungen, Material, Informationen) und „Art der Faktorbeeinträchtigung" (quan-titativ, qualitativ) möglich.

Bei den zur Ermittlung des Produktionsprogramms eingesetzten Modellen kann zwi-schen periodenbezogenen und zeitpunktbezogenen Modellen unterschieden werden. Merkmal der **periodenbezogenen Modelle** ist es, dass das Produktionsprogramm ei-ner Planungsperiode durch Auswahl der zum Planungszeitpunkt bereits vorliegenden und spezifizierten Aufträge ermittelt wird. Die Unternehmung trifft damit die Ent-scheidung, welche der Aufträge sie ausführt. **Zeitpunktbezogene Modelle** der Pro-grammplanung dienen der Ermittlung der Konditionen eines Angebotes, das die Un-ternehmung jeweils auf der Grundlage einer konkreten Nachfrage erstellt bzw. der Entscheidung über Annahme oder Ablehnung eines Auftrags. Das Produktionspro-gramm ergibt sich dann sukzessive aus den angenommenen Angeboten oder Aufträ-gen.

Ein periodenbezogenes Modell, das im Rahmen der auftragsorientierten Produktion grundlegend ist und auch Basis für weitere Forschungsarbeiten war, entwickelte Jacob (1971, S. 495 ff.). Es geht von der Annahme aus, dass die Aufträge zwar abschluss-reif vorliegen, die Unternehmung aber noch über die Annahme oder Ablehnung ent-scheiden muss. Im Modell werden folgende Daten als bekannt vorausgesetzt:

- Erlöse und variable Kosten,

- Kapazitätsbedarf der einzelnen Aufträge (gemessen in Zeiteinheiten),

- verfügbare Gesamtkapazität der Bearbeitungseinheiten (gemessen in Zeiteinhei-ten).

In einem ersten Schritt wird die verplanbare Kapazität in die Teilklassen

- freie Kapazität und
- reservierte Kapazität

aufgespalten. Um eine Grundlage für den Zugriff auf die reservierte Kapazität zu erhalten, werden sogenannte **Quasikosten** eingeführt, wobei ein vorliegender Auftrag nur dann angenommen wird, wenn dieser trotz der Quasikosten noch lohnend erscheint. Durch diese Mehrkosten soll der Anteil $(1-a_i)$ der Kapazität für eventuell noch eingehende lukrative Aufträge reserviert werden. Liegen zum Planungszeitpunkt ausreichend lohnende Aufträge vor, dann wird die reservierte Kapazität zu dem um die Quasikosten erhöhten Kostensatz vollständig verplant.

Das Modell weist dann die folgende formale Struktur auf:

Zielfunktion

$$Z = \sum_{j=1}^{n}(u_j \cdot c_j - \sum_{i=1}^{m} k_i^Q \cdot b_{res\,ij}) \overset{!}{\to} max$$

Restriktionen

- Vollständigkeitsbedingung

$$\sum_{i=1}^{m}(b_{frei\,ij} + b_{res\,ij}) \ge u_j \cdot \sum_{i=1}^{m} t_{ij} \qquad \forall j$$

- Kapazitätsbedingungen

$$\sum_{j=1}^{n} b_{frei\,ij} \le a_i \cdot \overline{b}_i \qquad \forall i$$

$$\sum_{j=1}^{n} b_{res\,ij} \le (1-a_i) \cdot \overline{b}_i \qquad \forall i$$

- Einsatzbedingung

$$b_{frei\,ij} + b_{res\,ij} \le t_{ij} \qquad \forall i,j$$

- Nichtnegativitätsbedingungen

$$u_j \in \{0,1\} \qquad \forall j$$

$$b_{frei\,ij} \ge 0 \qquad \forall i,j$$

$$b_{res\,ij} \ge 0 \qquad \forall i,j$$

Symbole:

u_j = Entscheidungsvariable zur Auftragsannahme ($u_j = 1$) bzw. Ablehnung des Auftrages j ($u_j = 0$)

c_j = Deckungsbeitrag des Auftrags j

k_i^Q = Quasikosten für die Inanspruchnahme der reservierten Kapazität

$b_{res\,ij}$ = Für Auftrag j reservierte Kapazität der Bearbeitungseinheit i

$b_{frei\,ij}$ = Von Auftrag j in Anspruch genommene freie Kapazität der Bearbeitungseinheit i

t_{ij} = Auf die Bearbeitungseinheit i bezogener Kapazitätsbedarf des Auftrages j

a_i = Ex ante festgelegter Anteil für die freie Kapazität der Bearbeitungseinheit i

$\overline{b}_i$ = Kapazitätsobergrenze der Bearbeitungseinheit i

Für den Entscheidungsträger stellen sich dann die Aufgaben,

- die Quasikosten k_i^Q für jede Bearbeitungseinheit und
- die Prozentsätze a_i für die frei verfügbare Kapazität jeder Bearbeitungseinheit

festzulegen. Zur Bestimmung dieser Steuergrößen schlägt Jacob (1971, S. 504 f.) folgende Schrittfolge vor:

1. Vorgabe einer Mindestrentabilität $\underline{R}$ und Vergleich mit den Rentabilitäten R_j der vorliegenden Aufträge:

$$R_j = \frac{c_j}{t_j} \qquad \text{mit: } t_j = \sum_i t_{ij} \qquad \forall j$$

$$r_j = \begin{cases} 1 & \text{, wenn } R_j \geq \underline{R} \\ 0 & \text{, sonst} \end{cases} \qquad \forall j$$

2. Berechnung der Anteile a_i frei verfügbarer Kapazität:

$$a_i = \max\left(0; \frac{\overline{b}_i - \sum_{j=1}^n r_j \cdot t_{ij}}{\overline{b}_i}\right)$$

3. Festlegung der Quasikosten:

$$k_i^Q = \underline{R}$$

4. Prüfung der Festlegungen durch Modellberechnung und Korrektur der Mindestrentabilität, wenn die a_i-Grenzen in zu großem oder zu kleinem Umfang überschritten werden.

In diesem Modell werden die zum Planungszeitpunkt abschlussreifen Aufträge in die

- Menge der Aufträge, die infolge der Werte für a_i und k_i^Q in das Produktionsprogramm aufgenommen werden, und die
- Menge der verbleibenden Aufträge, die zum Planungszeitpunkt nicht in das Produktionsprogramm aufgenommen werden,

aufgespalten.

Die Lösung dieses Problems ist mit Hilfe der **gemischt-ganzzahligen Optimierung** möglich. Mit Hilfe der parametrischen Programmierung lassen sich dann für jeden Auftrag der zweiten Menge sogenannte „kritische Deckungsspannen" errechnen, um die der Preis eines Auftrags erhöht werden müsste, damit dieser in die erste Menge gelangt. Auf dieser Grundlage ergeben sich Anhaltspunkte für die Verhandlungen mit den potentiellen Auftraggebern.

Werden solche Aufträge als lukrativ bezeichnet, die selbst bei ausschließlicher Nutzung der reservierten Kapazität einen positiven Deckungsbeitrag erzielen, dann lassen sich unabhängig von der konkreten Problemlösung die folgenden Handlungsempfehlungen aufstellen:

- Bei der Auftragsannahme sind grundsätzlich die rentableren Aufträge vorzuziehen.

- Solange die Gesamtkapazität noch nicht ausgeschöpft ist, sollten lukrative Aufträge in das Produktionsprogramm aufgenommen werden, weil jeder dieser lukrativen Aufträge den Zielfunktionswert erhöhen kann.

- Nichtlukrative Aufträge sollten nur dann in das Produktionsprogramm aufgenommen werden, wenn die freie Kapazität noch nicht durch lukrative Aufträge ausgeschöpft ist.

Abbildung 2.4-15 gibt die Kombination der Handlungsempfehlungen in systematischer Form für die möglichen Kapazitätsauslastungssituationen wieder.

	Kapazitätsbedarf der lukrativen Aufträge		
	Fall 1	Fall 2	Fall 3
	$\leq$ Freie Kapazität	$\geq$ Freie Kapazität $\leq$ Gesamtkapazität	> Gesamtkapazität
Lukrative Aufträge	Alle Aufträge annehmen.		Gesamtkapazität durch Annahme der rentabelsten Aufträge nutzen.
Nichtlukrative Aufträge	Die verbleibende freie Kapazität durch Annahme der rentabelsten Aufträge nutzen.	Keinen Auftrag annehmen.	

Abb. 2.4-15: Handlungsempfehlungen

An einem Beispiel sei die Vorgehensweise für Fall 1 illustriert. Einer Unternehmung liegen abschlussreife Verträge über die Erfüllung von sechs unterschiedlichen Aufträgen vor, deren Daten in Abbildung 2.4-16 zusammengefasst sind.

Die Kapazität der Werkstätten in einer Planungsperiode sei jeweils 80.000 ZE, wobei 80 % als freie Kapazität und 20 % als reservierte Kapazität für lukrative Aufträge zur Verfügung stehen. Für die Nutzung reservierter Kapazität fallen Quasikosten in Höhe von 0,70 GE/ZE an.

Auftrag j	1	2	3	4	5	6
Deckungsbeitrag c_j	30.000	12.000	17.000	26.000	20.000	14.000
Kapazitätsbedarf — Werkstatt 1 t_{1j}	20.000	12.000	14.000	22.000	15.000	8.000
Kapazitätsbedarf — Werkstatt 2 t_{2j}	18.000	14.000	19.000	19.000	13.000	11.000

Abb. 2.4-16: Kundenorientierte Programmplanung (Ausgangsdaten)

Aus den gegebenen Auftragsdaten sind zunächst die Rentabilitäten R_j der Aufträge zu ermitteln sowie die Aufträge in absteigender Reihenfolge der Rentabilitäten zu sortieren und den Klassen lukrativ bzw. nichtlukrativ zuzuordnen:

j	$R_j = \dfrac{c_j}{\sum\limits_{i=1}^{n} t_{ij}}$	$c_j - \sum\limits_{i=1}^{n} k_i^Q \cdot t_{ij}$	Auftragsklasse
1	0,79	3.400	lukrativ
6	0,74	700	lukrativ
5	0,71	400	lukrativ
4	0,63	−2.700	nicht lukrativ
3	0,52	−6.100	nicht lukrativ
2	0,46	−6.200	nicht lukrativ

Abb. 2.4-17: Analyse der Aufträge

Da der Kapazitätsbedarf der lukrativen Aufträge die freie Kapazität keiner Werkstatt übersteigt

$$20.000 + 8.000 + 15.000 \le 0,8 \cdot 80.000$$

$$18.000 + 11.000 + 13.000 \le 0,8 \cdot 80.000$$

können die Aufträge 1, 6 und 5 ohne weitere Prüfung in das Programm aufgenommen werden. Des weiteren ist es möglich, die verbleibende freie Kapazität durch Aufnahme der rentabelsten nichtlukrativen Aufträge zu nutzen und dadurch den Zielfunktionswert zu steigern. Dabei ist zu berücksichtigen, dass die Grenze zwischen freier und reservierter Kapazität eine weiche Restriktion darstellt, deren Verletzung möglich ist, aber durch Quasikosten bestraft wird. Deshalb sind in einem ersten Schritt, beginnend mit dem rentabelsten nichtlukrativen Auftrag, solange Aufträge in das Programm aufzunehmen, wie dadurch der nächsthöhere der verbleibenden Aufträge aus Kapazitätsgründen (freie Kapazität) von der Aufnahme nicht ausgeschlossen wird. Im vorliegenden Beispiel würde durch die Aufnahme von Auftrag 2 verhindert, dass Auftrag 3 aufgenommen wird. In diesem Schritt sind die alternativen Auftragsannahmemöglichkeiten zu ermitteln, durch die die freie Kapazität entweder a) „gerade noch nicht überschritten" oder b) mit positivem Auftragsdeckungsbeitrag „erstmalig mit positivem Auftragsdeckungsbeitrag überschritten", wobei jedoch die Gesamtkapazität nicht überschritten wird.

Aus den Daten des Beispiels ergibt sich die in Abbildung 2.4-18 erfasste Gegenüberstellung.

Aufträge	2	3	4	2 und 3	2 und 4	3 und 4
genutzte reservierte Kapazität der Werkstatt 1	0	0	1.000	5.000	13.000	15.000
genutzte reservierte Kapazität der Werkstatt 2	0	0	0	11.000	11.000	16.000
$\sum K^Q$	0	0	700	11.200	16.800	21.700
$\sum c_j$	12.000	17.000	26.000	29.000	38.000	43.000
Beitrag zum Zielfunktionswert	12.000	17.000	25.300	17.800	21.200	21.300

Abb. 2.4-18: Gegenüberstellung der alternativen Aufnahmemöglichkeiten

Es zeigt sich, dass durch die Aufnahme des Auftrages 4 der Zielfunktionswert am stärksten verbessert wird. Das optimale Produktionsprogramm umfasst somit die Aufträge 1, 4, 5 und 6. Die Aufträge 2 und 3 sind abzulehnen.

Dieses Vorgehen ist in Abbildung 2.4-19 schematisch dargestellt.

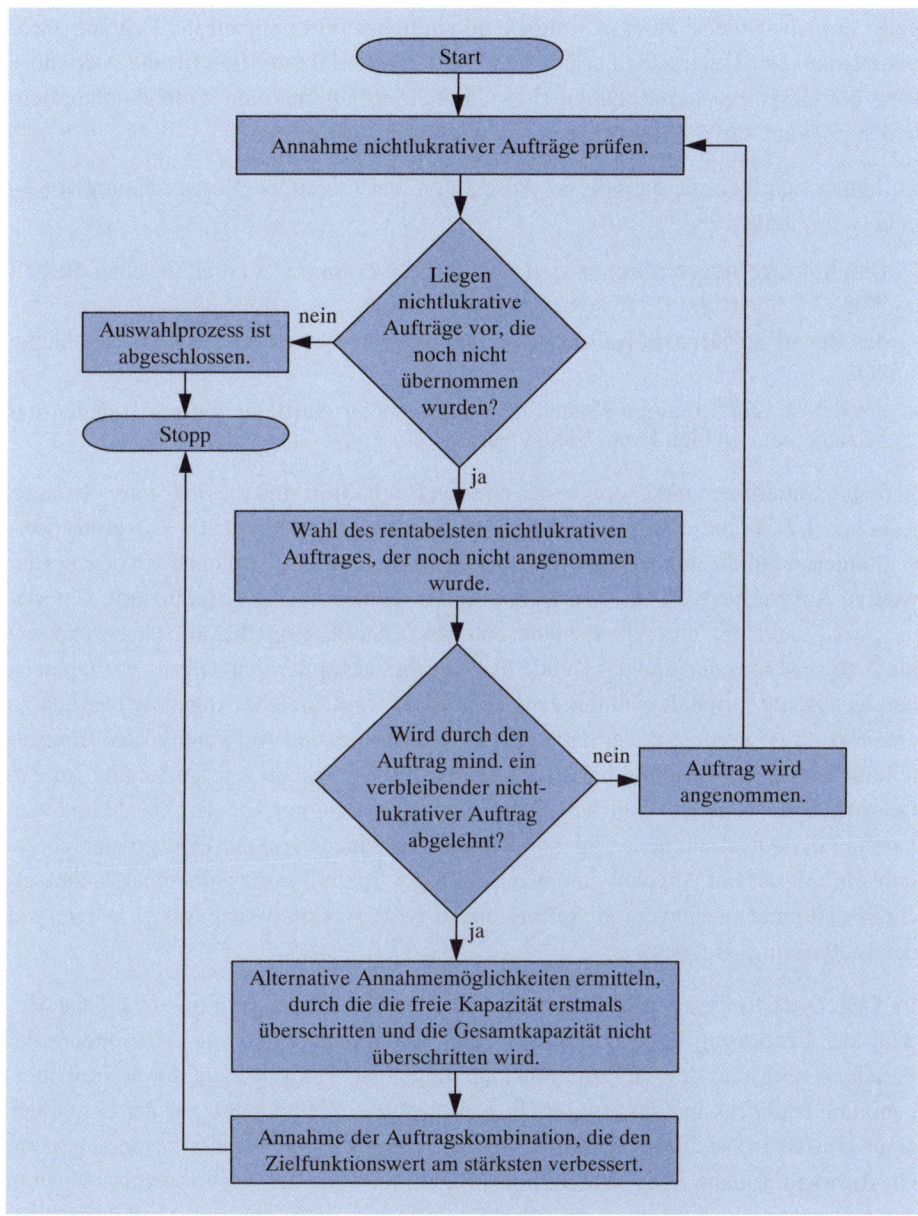

Abb. 2.4-19: Ablaufschema des speziellen Lösungsverfahrens für Fall 1

Im Fall 2 der Kapazitätsauslastungssituation (vgl. Abbildung 2.4-15) übersteigt der Kapazitätsbedarf der lukrativen Aufträge die freie Kapazität, jedoch ist er geringer als die Gesamtkapazität. Somit können alle lukrativen Aufträge angenommen werden, während die nicht lukrativen Aufträge abgelehnt werden. Im Fall 3 ist zu beachten, dass die Gesamtkapazität (freie und reservierte Kapazität) durch die Aufnahme der rentabelsten lukrativen Aufträge ausgeschöpft wird. Die für den Fall 1 beschriebene Vorgehensweise kann in weitgehend ähnlicher Form auf diesen Fall angewendet werden. Der Unterschied ergibt sich aus der harten Restriktion für die Ausschöpfung der Gesamtkapazität. Damit sind lediglich die alternativen Aufnahmemöglichkeiten relevant, die die Gesamtkapazität noch nicht überschreiten.

Zu berücksichtigen ist, dass dieser Ansatz von den folgenden **Voraussetzungen** ausgeht (vgl. Zäpfel 1982, S. 150):

- Die Aufträge liegen abschlussreif vor und führen mit Sicherheit zu einer Bestellung,
- der Bedarf an Kapazitäten der jeweiligen Aufträge ist ex ante eindeutig bekannt, und
- die Erlöse und variablen Kosten der vorliegenden Aufträge, zwischen denen das Management wählen kann, stehen fest.

In **realen Situationen** einer kundenorientierten Produktion sind diese Voraussetzungen jedoch i. d. R. nicht erfüllt. So existieren bei Auftragsvorlage häufig nur grobe Vorstellungen darüber, mit welchen Kapazitätsbelastungen und welchen Kosten der jeweilige Auftrag verbunden ist. Darüber hinaus werden häufig differenzierte Unterlagen, wie Stücklisten und Arbeitspläne, erst dann erstellt, wenn der Auftrag bereits verbindlich angenommen und der Kunde das Angebot akzeptiert hat. Dieses Verhalten ist bereits deshalb rational, weil der Produzent nicht weiß, welche Angebote letztlich zu einem Auftrag werden und er damit das Bestreben hat, den Aufwand vor Auftragserteilung möglichst gering zu halten. Die dargestellten Größen werden folglich zu **Zufallsvariablen**. So ist z. B. die verfügbare Kapazität nicht nur von der Anzahl und dem Umfang der Angebote abhängig, sondern darüber hinaus von der Erfolgswahrscheinlichkeit, mit der ein Angebot zu einem Auftrag wird, und insbesondere auch, zu welchem Zeitpunkt der jeweilige Auftrag erteilt wird, wodurch sich Auswirkungen auf den Liefertermin ergeben.

Im Gegensatz zu diesen periodenbezogenen Ansätzen dienen **zeitpunktbezogene Modelle** der **Ermittlung der Konditionen eines Angebotes**, und zwar insbesondere der Preisforderung und des Liefertermins, als diejenigen Faktoren, die durch die Unternehmung beeinflussbar sind (vgl. z. B. Kayser 1978, S. 93 f.) und auf der Grundlage einer konkreten Nachfrage ermittelt werden. Unter diesen Voraussetzungen gelangt ein Auftrag nur dann in das Produktionsprogramm, wenn der Nachfrager das Angebot der Unternehmung akzeptiert, mit der Konsequenz, dass sich das Produktionsprogramm sukzessive aus den angenommenen Angeboten ergibt.

Hierzu wurde in der Literatur eine Vielzahl an **Modellen** zur Bestimmung des Angebotspreises aufgestellt, die sich cum grano salis in die drei folgenden Klassen einteilen lassen:

- Modelle, die nur für ein einziges Angebot unter Vernachlässigung der Kapazitätsrestriktionen die Ermittlung des Angebotspreises (Bietpreis) vornehmen (vgl. z. B. Friedman 1962).

- Modelle, die bereits vorliegende Aufträge und in der Vergangenheit abgegebene Angebote, über die bis zum Planungszeitraum noch nicht entschieden ist, unter gleichzeitiger Beachtung von Kapazitätsrestriktionen in die Überlegungen einbeziehen.

- Modelle, die versuchen, auch zukünftige Anfragen einzubeziehen (vgl. z. B. Laux 1971; Trampedach 1973) und i. d. R. auf Entscheidungsbäumen aufbauen.

Neben der Preisforderung wurde die Bestimmung des Liefertermins als Problem angesprochen. Da Unsicherheit darüber gegeben ist, ob die in der Vergangenheit abgegebenen Angebote, über die noch nicht entschieden ist, angenommen oder abgelehnt werden, ist unklar, in welchem Umfang und zu welchen Zeiten Kapazitäten bereitgestellt werden können. Hierzu wird i. d. R. eine netzplanbasierte Vorgehensweise eingeschlagen, wobei als Ergebnis lediglich eine zulässige Lösung ermittelt wird und zu unterscheiden ist, ob ein konkreter Liefertermin vorliegt oder nicht:

- ist ein **Liefertermin vorgegeben,** dann erfolgt eine Rückwärtsplanung,

- ist **kein Liefertermin vorgegeben,** dann erfolgt eine Vorwärtsplanung (vgl. Kayser 1978, S. 94 ff.; Trampedach 1973, S. 142 ff.).

Dabei bleibt jedoch ein möglicher Zusammenhang zwischen dem angebotenen Liefertermin und der Erfolgswahrscheinlichkeit eines Angebotes unberücksichtigt. So ist es etwa möglich, dass sich ein kurzfristiger und verbindlich zugesagter Termin bei in der Vergangenheit bewiesener Liefertermintreue positiv auf die Erfolgswahrscheinlichkeit auswirkt. Der Liefertermin wird, von Ausnahmen abgesehen (z. B. extrem hoher Zeitdruck), jedoch nicht der einzige Faktor sein, der die Erfolgswahrscheinlichkeit eines Auftrages beeinflusst, sondern eher als ein zusätzliches Kriterium neben dem Angebotspreis relevant.

Unter den **Voraussetzungen,** dass

- der Nachfrager den Auftrag auf der Basis eines gegebenen formalen, mehrdimensionalen Entscheidungssystems vergibt,

- die Präferenzordnung bekannt ist und

- das Konkurrentenverhalten bezüglich beider Kriterien in einer ex ante bekannten Wahrscheinlichkeitsverteilung erfassbar ist,

lässt sich die Erfolgswahrscheinlichkeit in Abhängigkeit vom eigenen Angebotspreis und dem zugesagten Liefertermin ermitteln. Unter der Voraussetzung eines konkreten Preises wäre die Erfolgswahrscheinlichkeit dann umso höher, je kleiner die Differenz zwischen angebotenem und vom Kunden präferiertem Liefertermin ist.

Diese Überlegungen zeigen, dass der primäre Wert dieser Ansätze weniger in einer praktischen Hilfestellung zur optimalen Problemlösung zu sehen ist, sondern darin besteht, die Struktur des Entscheidungsproblems zu erfassen und eindeutig zu beschreiben, damit eine **Problemtransparenz** erreicht wird. Neben diesen Ansätzen wurden in der Literatur weitere Modelle entwickelt, die zur Gruppe der stochastischen Angebotsmodelle gehören, deren primärer Zweck ebenfalls nicht in der optimalen Lösung praktischer Problemstellungen zu sehen ist (vgl. z. B. Trampedach 1973). Zentrales Problem bei diesen Ansätzen ist es, die Erfolgswahrscheinlichkeit mit der ein Angebot zu einer Bestellung wird, relativ zuverlässig zu schätzen. Gelingt dies, dann können diese Ansätze auch eine konkretere Hilfestellung bieten.

3 Potentialgestaltung

Zur Realisation der im vorangegangenen Kapitel dargestellten Produktionsprogramme bedarf es des Einsatzes der Produktionsfaktoren, wobei zwischen Potentialfaktoren (menschliche Arbeitsleistungen und Betriebsmittel) und Repetierfaktoren (Roh-, Hilfs- und Betriebsstoffe) unterschieden wird. Durch die Kombination dieser Produktionsfaktoren entstehen **Leistungspotentiale**, die auch als Produktiveinheiten bezeichnet werden. Sie sind in der Lage, spezifische qualitative und quantitative Leistungen zu erbringen. Die durch diese Kombinationen geschaffenen Produktionspotentiale kennzeichnen dabei zunächst eine bestimmte **Leistungsbereitschaft**. Riebel (1954, S. 14) versteht dabei unter Leistungsbereitschaft einen Grenzzustand, der sich zwischen Kapazität und Nutzung schiebt. Die Kapazität stellt folglich für den Aufbau der Leistungsbereitschaft eine Rahmenbedingung dar. Diese Leistungsbereitschaft wird dann durch die Erteilung einer konkreten Aufgabe genutzt. Dies wird als **Endkombination** bezeichnet.

Wie bereits im Rahmen der Ausführungen über den Kapazitätsbegriff dargelegt wurde, besitzt jede Faktorart die Fähigkeit zur Erbringung bestimmter Leistungen. In der Faktorkombination wird das Leistungsvermögen durch den am knappsten dimensionierten Faktor determiniert, d. h. durch den **Engpassfaktor**. Aufgabe der Potentialgestaltung ist es damit, für eine möglichst weitgehende Harmonisierung der zum Einsatz gelangenden Produktiveinheiten zu sorgen, um so eklatante Engpassbildungen und die damit einhergehenden Leerkosten zu vermeiden. Derartige Abstimmungsverluste lassen sich jedoch, bedingt durch die mangelnde Teilbarkeit vieler Produktionsfaktoren, nicht vollständig vermeiden. Ziel der Potentialgestaltung muss es damit sein, die Abstimmungsverluste zu minimieren.

Aufgabe der Potentialgestaltung ist es nun, einerseits für die **Beschaffung** und anderseits für die **Bereitstellung** der zum Einsatz gelangenden Produktionsfaktoren Sorge zu tragen. Dabei seien die Faktoren menschliche Arbeitsleistungen, Betriebsmittel und Material unterschieden, die als Gliederungspunkte für die weiteren Ausführungen dienen sollen (vgl. Kern 1992, S. 148).

3.1 Potentialbeiträge der menschlichen Arbeitsleistung

3.1.1 Begriffliche Grundlegungen

In der Physik ist Arbeit das Produkt aus Kraft und Weg. Diese hinsichtlich Träger und Zweck der Arbeit neutrale Begriffsbestimmung ist für betriebswirtschaftliche Fragestellungen zu präzisieren. Dabei können als Träger sowohl personelle als auch sachliche Elemente auftreten, und zwar zu dem Zweck, eine Problemlösung zu realisieren. In diesem Zusammenhang sei ausschließlich auf personale Elemente als Träger der Arbeit abgestellt, so dass unter Arbeit jede menschliche Tätigkeit zur Lösung unternehmungsbezogener Probleme verstanden werden kann (vgl. Pfeiffer/Dörrie/Stoll

1977, S. 13). Unter Arbeitsleistung kann dann die quotiale Verknüpfung von Arbeit und Zeit verstanden werden, d. h. eine nach Art und Menge bestimmte Arbeit pro Zeiteinheit.

Da sich die menschliche Arbeitsleistung einer **direkten Messung** entzieht, kann sie nur über Ersatzgrößen, d. h. mit Hilfe einer **indirekten Messung** erfasst werden, wie etwa durch den realisierten Output, die Anzahl der Arbeitsverrichtungen u. Ä. Im Rahmen produktionswirtschaftlicher Fragestellungen lassen sich dabei als Bezugsgrößen

- der Input und
- der Output

heranziehen.

Aus Inputsicht lassen sich die beiden folgenden Ansatzpunkte unterscheiden:

- Die während eines Arbeitsprozesses verbrauchte Energie; hierbei wird implizit unterstellt, dass sich Energieeinsatz und Problemlösungsbeitrag proportional verhalten.
- Die Menge der in Anspruch genommenen Produktionsfaktoren; in diesem Fall läge eine hohe Leistung dann vor, wenn ein relativ geringer Rohstoffverbrauch und eine relativ geringe Inanspruchnahme der Betriebsmittel gegeben wäre.

Demgegenüber setzt eine Outputbetrachtung am Arbeitsergebnis an, d. h., es wird der Beitrag erfasst, den ein Mitarbeiter an einer betrieblichen Problemlösung leistet. Dies setzt voraus, dass die Leistungsabgabe eines einzelnen Mitarbeiters in unmittelbarem Zusammenhang mit einer konkreten Problemlösung steht. Diese Voraussetzung ist jedoch primär bei objektbezogenen, körperlichen Arbeiten gegeben. In diesen Fällen lässt sich dann der Leistungsanteil des jeweiligen Mitarbeiters relativ leicht ermitteln. Demgegenüber ist ein solcher Beitrag bei dispositiv-geistigen Tätigkeiten nur in Ausnahmefällen zu ermitteln, weil sich in diesen Fällen die Leistung häufig auf mehrere Problemlösungen bezieht (z. B. Entscheidung über den Einsatz eines neuen Materialflusssystems oder über die Verwendung neuer Fertigungsverfahren). Es lassen sich damit die folgenden Aussagen formulieren:

- Liegt ein mengenmäßiges Arbeitsergebnis vor und lassen sich die Leistungseinheiten addieren, dann lässt sich die Leistung als Mengenleistung erfassen.
- Ist diese Voraussetzung nicht gegeben, wie etwa bei dispositiven Tätigkeiten, dann kann diese Vorgehensweise nicht realisiert werden, sondern es wird in diesen Fällen versucht, die Leistung mit Hilfe der Arbeitsbewertung zu ermitteln.

3.1.2 Einflussgrößen der menschlichen Arbeitsleistung

Eine zentrale Frage im Rahmen der Analyse der menschlichen Arbeitsleistungen ist darin zu sehen, welche Faktoren diese Leistung beeinflussen. Von Bedeutung ist ferner die darauf aufbauende Fragestellung, welche Möglichkeiten sich einer Unternehmung eröffnen, um auf die Arbeitsleistung einzuwirken.

Einer der ersten Wissenschaftler, der sich mit diesem Problemkomplex in systematischer Form auseinandersetzte, war F.W. Taylor, der Begründer des **Scientific Management**. Ferner sind in diesem Zusammenhang die Forscher H.L. Gantt und F.B. Gilbreth zu nennen. Die Begründer des Scientific Managements betrachteten die Unternehmung als ein technisch-ökonomisches System, in dem es gilt, den Produktionsfaktor Mensch in optimaler Weise zum Einsatz zu bringen. Dabei soll der Einsatz der Arbeitskräfte so rationalisiert werden, dass eine Leistungssteigerung realisiert wird. Der Mensch wird als ein nach **Einkommensmaximierung** strebendes Wesen charakterisiert.

Zentrales Element des Scientific Managements bilden dabei die **Arbeits- und Zeitstudien,** auf deren Grundlage die Arbeitsabläufe zu analysieren sind, um dann die Arbeitsbedingungen so zu gestalten, dass die menschliche Arbeitskraft einer bestmöglichen Nutzung zugeführt werden kann. Dabei vertritt Taylor das Postulat einer strikten Trennung von Planung (Kopf) und Ausführung (Hand), das sich auch in seinen organisationstheoretischen Überlegungen niederschlägt (vgl. Funktionsmeistersystem). Hierdurch bedingt wird der Arbeiter auf einen nicht denkenden, rein ausführenden Spezialisten reduziert, was nach Taylors Auffassung positiv für den Mitarbeiter ist, weil er hierdurch eine Entlastung erfährt. Seine Überlegungen zur Arbeitsgestaltung auf der Basis der Arbeitsstudien trugen wesentlich zur Leistungssteigerung bei, weil durch eine differenzierte Planung der einzelnen Tätigkeiten sowie eine intensive Anleitung und Übung unnötige und belastende Handgriffe vermieden werden.

Taylor betrachtet die menschliche Arbeit als einen technisch-mechanischen Vorgang in Analogie zu einer Maschine. Darüber hinaus geht er von der **homo oeconomicus-These** aus, mit deren Hilfe idealtypische Annahmen über das Verhalten des wirtschaftenden Menschen formuliert werden. Zentraler Punkt dieses Menschenbildes ist das Rationalprinzip, d. h., handlungsbestimmend ist das Streben nach Nutzenmaximierung (vgl. Eckardstein/Schnellinger 1978). Diese Annahme hat ihren Ursprung in der Philosophie des Hedonismus, die unterstellt, dass der Mensch nur solche Handlungen auswählt, die mit einer Maximierung des Eigeninteresses einhergehen.

Aufbauend auf den Überlegungen des Scientific Managements entwickelte sich eine Richtung, die als **biologische Rationalisierung der Arbeit** bezeichnet wird. Im Gegensatz zu Taylor, der als Ziel die Erreichung einer Maximalleistung sah, ohne dabei den menschlichen Organismus hinreichend zu beachten, wurden in dieser Betrachtungsweise die zu verrichtenden Arbeitsprozesse an den menschlichen Organismus angepasst. Ziel ist es damit, die Arbeitsbedingungen, d. h. die Temperaturverhältnisse, Beleuchtung, Belüftung, körpergerechte Konstruktion der Anlagen und Werkzeuge etc., an den Menschen anzupassen. Damit gelangen vor allem die äußeren Arbeitsbedingungen ins Zentrum des Interesses.

Diese Überlegungen zeigen deutlich, dass der Mensch als soziales Wesen fast vollständig vernachlässigt wird. Diese sozialen Aspekte wurden dann durch die **Human-**

Relations-Bewegung aufgegriffen, d. h., es wurde der Versuch unternommen, das Leistungsverhalten der Mitarbeiter mit nicht ökonomischen Determinanten zu erklären. Leistungsveränderungen werden in diesem Ansatz durch Veränderungen der sozialen Bedingungen am Arbeitsplatz erklärt, die sich

- einerseits in einer besseren Zusammenarbeit zwischen Mitarbeitern und Vorgesetzten (vertikal) und dem Vertrauen zwischen ihnen ergeben und

- anderseits in einer besseren Zusammenarbeit mit Gleichgestellten (horizontal) entwickeln.

Zentraler Ansatzpunkt der Human-Relations-Bewegung ist es damit, dass der Mensch als Glied einer Gemeinschaft betrachtet wird. Ziel dieses Ansatzes war es, durch die Berücksichtigung informeller Gruppenstrukturen und -beziehungen die Zufriedenheit der Mitarbeiter zu erhöhen. Damit wird Zufriedenheit als eine Voraussetzung für Leistung angesehen.

Aber auch dieser Ansatz muss letztlich wiederum als einseitig betrachtet werden, da er nur die sozialen Bedingungen ins Zentrum des Interesses stellt. Dementsprechend wurden in jüngerer Zeit umfassende Systeme aufgestellt, mit deren Hilfe die Vielzahl der Einflussgrößen der menschlichen Arbeitsleistung zu erfassen versucht wird (vgl. z. B. Pfeiffer/Dörrie/Stoll 1977, S. 20; Wagner 1975, Sp. 1183 f.). In Modifikation dieser Ansätze sei von dem in Abbildung 3.1-1 dargestellten Einflussgrößensystem ausgegangen.

Bei den Determinanten wird zunächst zwischen individuellen und situationsbedingten Einflussgrößen unterschieden, wobei letztere in inner- und außerbetriebliche Faktoren differenziert werden. Bei den situationsbezogenen innerbetrieblichen Faktoren geht es um die Schaffung leistungsfördernder Bedingungen, d. h., es werden die Rahmenbedingungen entworfen, in denen sich der Mitarbeiter aufgrund seiner individuellen Möglichkeiten entfalten kann. Demgegenüber entziehen sich die außerbetrieblichen Einflussgrößen weitgehend einer direkten betrieblichen Einflussnahme. Aus diesem Grunde werden diese Faktoren aus den weiteren Überlegungen ausgeklammert.

3.1.2.1 Individuelle Einflussgrößen

3.1.2.1.1 Leistungsfähigkeit

Die Leistungsfähigkeit, die die Komponenten Anlage und Grad der Entfaltung umfasst, kann als eine Art **Potential des Mitarbeiters** aufgefasst werden. Während die Unternehmung auf die Anlagen des Mitarbeiters keinen Einfluss nehmen kann (das Niveau der Anlagen lässt sich nur im Rahmen der Einstellungspolitik steuern), vermag sie jedoch den Entfaltungsgrad der Anlagen über Lernen und Üben direkt zu beeinflussen.

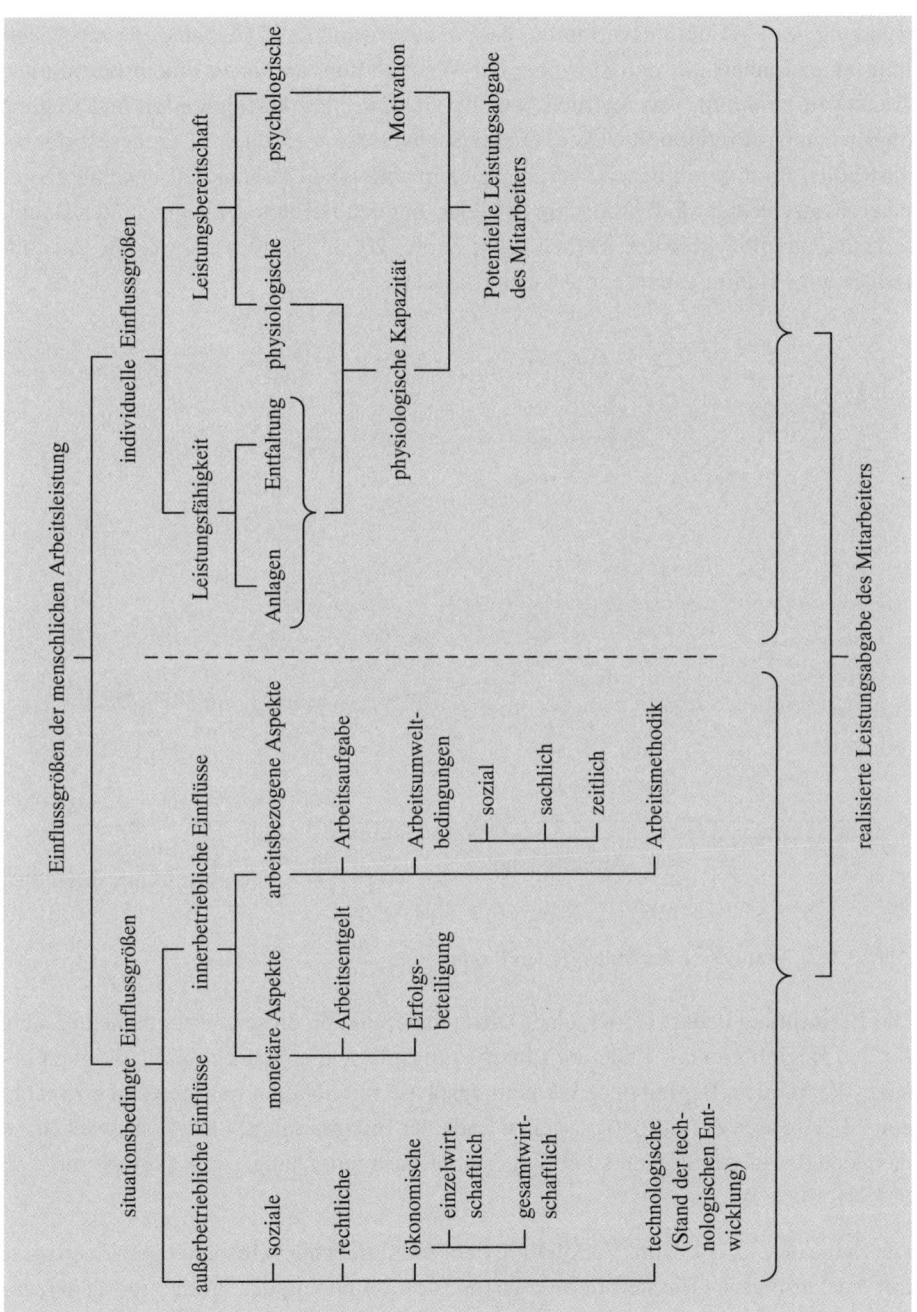

Abb. 3.1-1: Determinanten menschlicher Arbeitsleistung

Dabei ist zu beachten, dass Lernen und Üben nicht nur im Rahmen des betrieblichen Schulungswesens vollzogen werden, sondern dass derartige Prozesse auch während der Arbeitsausführung erfolgen. So zeigt sich in der betrieblichen Praxis bei der Anwendung von Produktionsverfahren, dass der Aufwand (z. B. Arbeitszeit) zur Erstellung einer Einheit mit der Zunahme der Wiederholungen bis zu einem bestimmten Grenzwert abnimmt, was letztlich bedeutet, dass die Produktionszeiten und folglich die Kosten der Produktion sinken. Dieser Sachverhalt wird als das **Lerngesetz der industriellen Produktion** bezeichnet, der gleichzeitig einen Bestandteil des übergeordneten Konzeptes der Erfahrungskurve bildet. Für den Bereich der sogenannten Hauptlerngeraden gilt (vgl. Kern 1992, S. 183; Zäpfel 2000b, S. 60 ff.; sowie die Ausführungen zur Erfahrungskurve in Abschnitt 2.3.1):

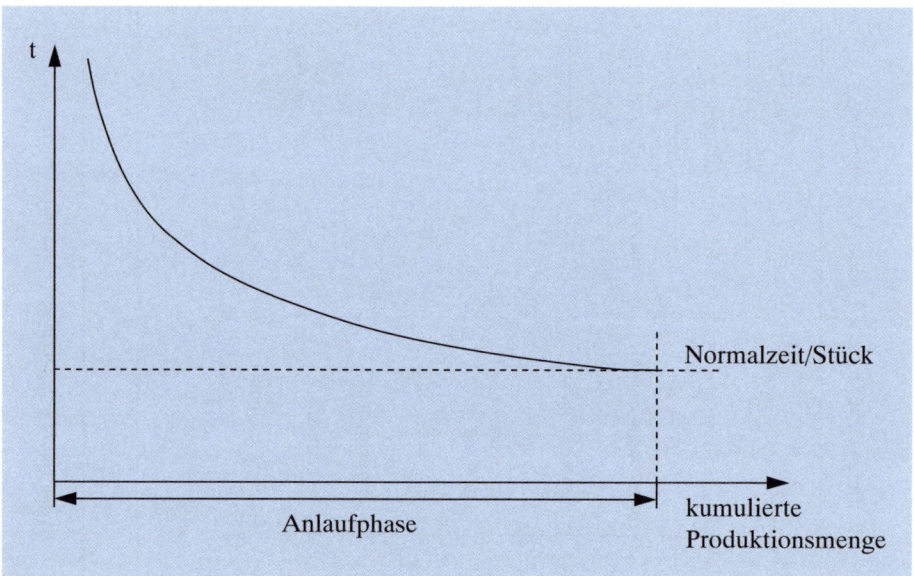

Abb. 3.1-2: Lerngesetz der industriellen Produktion

Die Betrachtung bedarf jedoch einer Differenzierung, da dieser Zusammenhang nicht für den Beginn und das Ende der Einarbeitungsphase uneingeschränkt Gültigkeit besitzt: Während zu Beginn der Einarbeitungsphase mit höheren Lerngewinnen zu rechnen ist, wird sich der Lerneffekt gegen Ende der Einarbeitungsphase abschwächen, so dass sich der in Abbildung 3.1-3 dargestellte Zusammenhang ergibt (vgl. Kern 1992, S. 184).

Durch die bereits erwähnte Verkürzung der Produktlebenszyklusdauer gewinnen diese mit der Lernkurve erfassten Lernvorgänge für die Planung der Produktionszeiten zunehmend an Bedeutung.

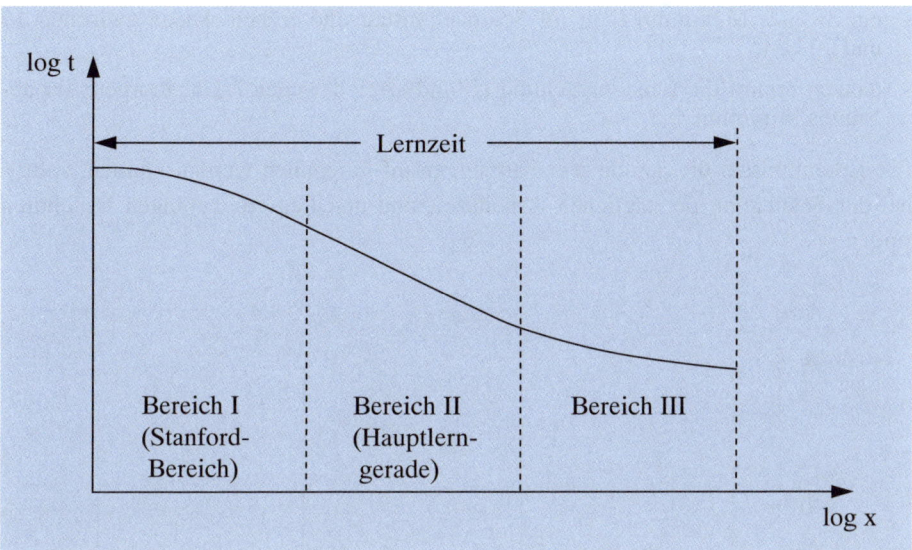

Abb. 3.1-3: Modifizierte Lernkurve

3.1.2.1.2 Leistungsbereitschaft

Die Leistungsbereitschaft entscheidet darüber, in welchem Ausmaß das Potential, das durch die Leistungsfähigkeit erfasst wird, genutzt wird, d. h., der Entfaltungsgrad der Anlagen eines Mitarbeiters wird unmittelbar durch die Bereitschaft zur Leistung beeinflusst. Dabei ist zwischen der **physiologischen** und **psychologischen Leistungsbereitschaft** zu unterscheiden. Leistungsfähigkeit und physiologische Leistungsbereitschaft lassen sich zur **physiologischen Kapazität** zusammenfassen, die auch als Leistungsvermögen bezeichnet wird (vgl. Wagner 1975, Sp. 1186), die wiederum durch die **psychologische Leistungsbereitschaft** gesteuert wird.

Die physiologische Komponente lässt sich arbeitswissenschaftlich durch die **Tagesrhythmikkurve** (oder physiologische Arbeitskurve) beschreiben, die in Abbildung 3.1-4 dargestellt wird.

Dieser Kurvenverlauf, der zwar durch individuelle Unterschiede Modifikationen aufweisen kann, stellt das Ergebnis arbeitswissenschaftlicher Untersuchungen dar, wobei die einzelnen Punkte das arithmetische Mittel einer Vielzahl einzelner Werte darstellen, und kann insofern durchaus als ein charakteristischer Verlauf angesehen werden. Demnach lassen sich folgende tendenzielle Aussagen formulieren:

- das absolute Leistungsmaximum liegt zwischen 7 und 9 Uhr;
- das erste Leistungsminimum liegt zwischen 14 und 15 Uhr;

- ein zweites Maximum liegt im Spätnachmittag und frühen Abend zwischen 17 und 20 Uhr;
- danach nimmt die Leistung ständig ab und erreicht gegen 3 Uhr morgens ihr absolutes Minimum.

Die Erkenntnisse, die aus diesem Kurvenverlauf gewonnen werden können, sollten bei der Festlegung der täglichen Arbeitszeit und den Pausenregelungen Beachtung finden.

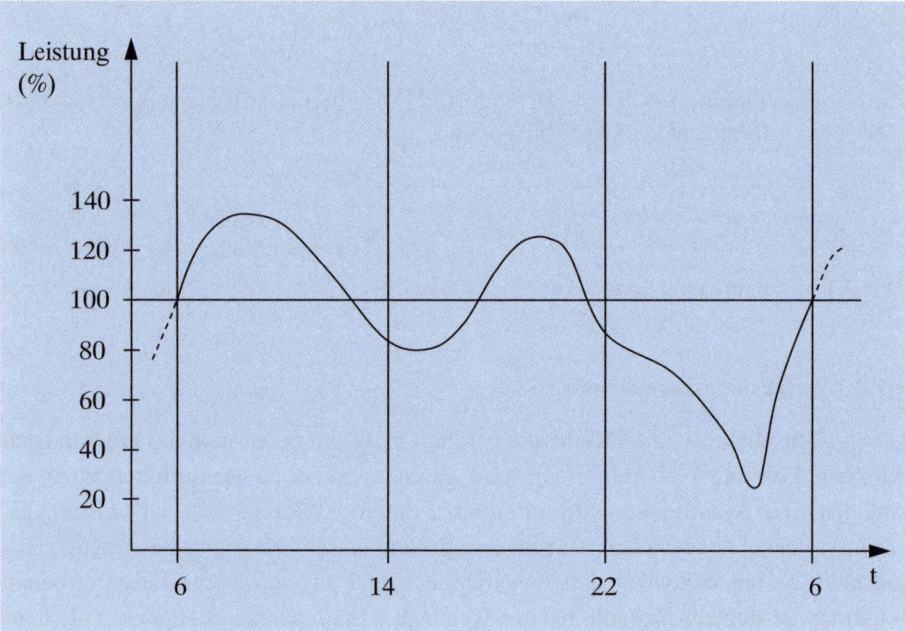

Abb. 3.1-4: Idealisierte Tagesrhythmikkurve

Neben der physiologischen ist die **psychologische Komponente der Leistungsbereitschaft** zu berücksichtigen. Durch diese Willenskomponente des geistig-psychischen Bereichs wird letztlich die Bereitschaft des Mitarbeiters zur Leistungsabgabe bestimmt. Zur Analyse dieses Problemkomplexes bieten die sogenannten **Motivationstheorien** eine geeignete Grundlage. Motivation entsteht aus der Interaktion von Person und Situation (vgl. Rosenstiel/Molt/Rüttinger 1995, S. 212 f.). Demgegenüber stellen Motive überdauernde Persönlichkeitsmerkmale dar. Sie können als Antriebselemente oder Beweggründe des Handelns beschrieben werden, d. h., unter einem Motiv kann eine Energie verstanden werden, die physischen oder psychischen Ursprungs ist, die Handeln und Denken induziert und diesem eine bestimmte Richtung verleiht (vgl. Andritzky 1976, S. 150). Motive werden dann durch die Wahrnehmung spezifischer Situationsbedingungen (Anreize) aktiviert und damit zur Motivation.

Motivationstheorien verfolgen das Ziel, menschliches Verhalten hinsichtlich

- Richtung,
- Intensität (Stärke) und
- Dauerhaftigkeit

zu beschreiben und zu erklären (vgl. z. B. Schanz 1996, Sp. 91; Staehle 1999, S. 218 ff.). Dabei werden

- Inhalts- und
- Prozesstheorien

unterschieden. Während Inhaltstheorien danach fragen, welche Motive für das Verhalten eines Individuums relevant sind, d. h., sie versuchen zu erklären, was im Individuum oder in seiner sozialen Umwelt ein bestimmtes Verhalten hervorruft und aufrecht erhält, fragen Prozesstheorien nach dem Weg zum Ziel, ohne dabei das Ziel inhaltlich zu thematisieren. Sie möchten damit eine Antwort auf die Frage geben, wie es zu einem bestimmten Verhalten kommt (vgl. Rosenstiel/Molt/Rüttinger 1995, S. 215). Abbildung 3.1-5 gibt einen Überblick über relevante Inhalts- und Prozesstheorien (vgl. Schanz 1996, Sp. 92 ff.; Scholz 2000, S. 878 ff.; Staehle 1999, S. 218 ff.; Wiswede 1980a, S. 525 ff. und 1980b, S. 570 ff.).

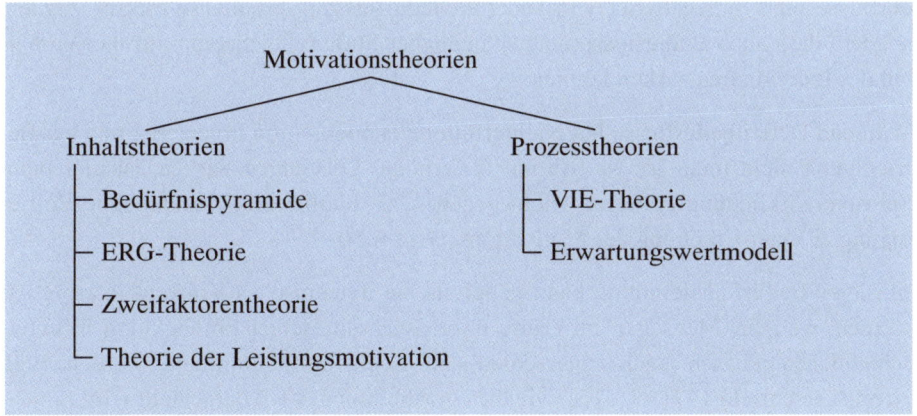

Abb. 3.1-5: Motivationstheorien

Eine in der Ökonomie häufig diskutierte Theorie ist das hierarchische Motivationsmodell (Bedürfnispyramide) nach Maslow (1954). Ausgangspunkt dieses Modells ist dabei die Untergliederung der Bedürfnisse in

- Defizitbedürfnisse und
- Wachstumsbedürfnisse.

Während auf die Defizitbedürfnisse homöostatische Ansätze anwendbar sind, können diese zur Erklärung der Wachstumsbedürfnisse nicht herangezogen werden, da es sich hierbei um ein expansives Phänomen handelt. Dabei wird zwischen den einzelnen Motiven und den Bedürfnisklassen eine hierarchische Beziehung unterstellt (vgl. Abbildung 3.1-6).

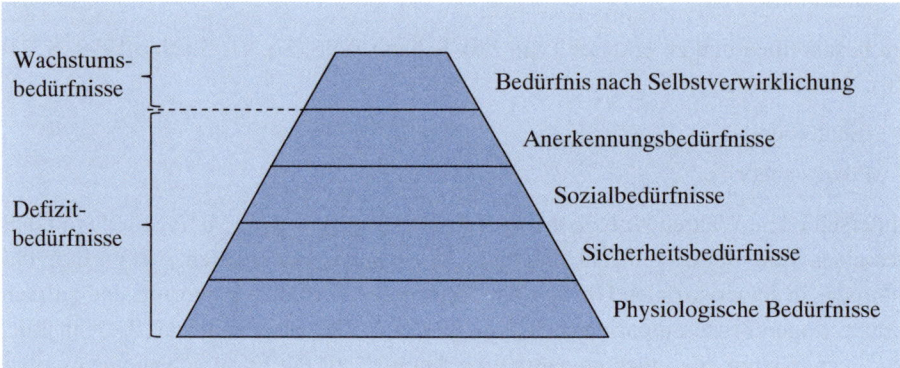

Abb. 3.1-6: Bedürfnishierarchie nach Maslow

Bedürfnisse höherer Ordnung werden dabei nur dann verhaltensrelevant, wenn Bedürfnisse niedrigerer Ordnung aus der Sicht des jeweiligen Individuums in ausreichendem Maße bereits befriedigt sind. Maslow betont jedoch, dass die einzelnen Bedürfnisse nicht nur getrennt von anderen Bedürfnissen verhaltenswirksam werden, sondern dass auch Bedürfnisse unterschiedlicher Stufen gleichzeitig auf das Verhalten des Individuums wirken können.

Während Defizitbedürfnisse bei Nichterfüllung Demotivation induzieren und bei Befriedigung nicht mehr als Motivation für erhöhte Leistungen wirken, ist dies beim Selbstverwirklichungsbedürfnis nicht gegeben, da hierbei eine zunehmende Befriedigung zu einer Erhöhung der Motivationsstärke führt.

Maslows Bedürfnishierarchie kann dabei als ein dynamisches Konzept interpretiert werden, weil für Menschen im Laufe ihrer psychologischen Entwicklung in unterschiedlichen Phasen auch unterschiedliche Bedürfnisse dominant werden (vgl. Krech/Crutchfield 1971, S. 416), wie dies in Abbildung 3.1-7 dargestellt wird.

Die Abbildung verdeutlicht, dass die Bedürfnisse, die in der Hierarchie höher angeordnet sind, auch dann schon eine motivationale Kraft entfalten, wenn die aktuell dominante Bedürfnisstufe noch nicht in vollem Umfang befriedigt ist.

An dem von Maslow aufgestellten Motivationsmodell ist in der Literatur (vgl. die Überblicke bei Bühner 1986, S. 54; Hentze 1980, S. 35; Schanz 1979, S. 77 ff.) vielfältige Kritik geübt worden. Ohne in differenzierter Form hierauf einzugehen, seien die folgenden Kritikpunkte angeführt:

- Ansatz für eine Kritik ist zunächst die von Maslow behauptete Aufeinanderfolge der Bedürfnisse, die in Untersuchungen nicht bestätigt werden konnte.

- Es existieren keine allgemeingültigen Kriterien zur Messung des Selbstverwirklichungsbedürfnisses.

- Inhaltlich unzureichende Abgrenzung der einzelnen Bedürfnisse: So stehen etwa die sozialen Bedürfnisse in enger Verbindung zum Bedürfnis nach Wertschätzung, da das Streben nach Anerkennung durch andere letztlich eine qualitative Komponente der sozialen Bedürfnisse bildet. Sicherheits-, Zugehörigkeits- und Fremdwertschätzung sind letztlich Aspekte der interpersonellen Beziehungsbedürfnisse und lassen sich folglich kaum stringent trennen.

Trotz dieser Kritikpunkte darf der **heuristische Wert** dieses Ansatzes nicht unterschätzt werden, da dieses Motivationsmodell zu einer Fülle weiterführender Überlegungen beigetragen hat. Aus ökonomischer Sicht ist es von besonderem Interesse, dass Maslow auf eine Mehrzahl verhaltensrelevanter Bedürfnisse hingewiesen und damit unmittelbar das Leitbild des „homo oeconomicus" problematisiert hat. Zusammenfassend gelangt Nerdinger (1995, S. 41) zu dem Schluss: „Maslows Theorie muß als das akzeptiert werden, was sie ist: Ein philosophisch-anthropologisches Modell menschlicher Antriebe mit normativem Charakter."

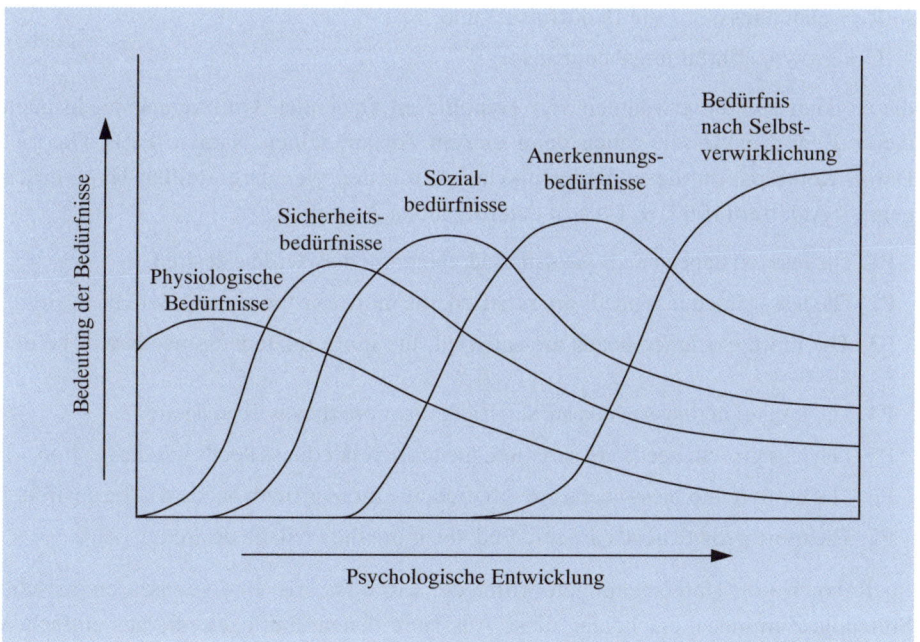

Abb. 3.1-7: Bedeutung der Bedürfnisse in Abhängigkeit von der psychologischen Entwicklung eines Individuums

Einen auf Maslows Theorie aufbauenden Ansatz legt Alderfer (1969, S. 142 ff.) vor, wobei er

- einerseits die Überlegungen Maslows hinsichtlich der Anzahl der Bedürfnisklassen vereinfacht und

- anderseits differenzierter argumentiert, und zwar hinsichtlich der intrapsychischen Prozesse.

Seine Überlegungen basieren auf den folgenden vier Hypothesen:

- **Frustrationshypothese**: Ein nicht befriedigtes Bedürfnis wird dominant.

- **Frustrations-Regressionshypothese**: Wird ein Bedürfnis nicht befriedigt, dann wird ein hierarchisch niedrigeres Bedürfnis relevant.

- **Befriedigungs-Progressionshypothese**: Durch die Befriedigung eines Bedürfnisses wird ein hierarchisch höheres Bedürfnis aktiviert (analog zu Maslow).

- **Frustrations-Progressionshypothese**: Die Frustration eines Bedürfnisses kann zur Persönlichkeitsentwicklung und zur Aktivierung höherer Bedürfnisse beitragen.

Diese Hypothesen zeigen, dass es sich bei Alderfer um ein **hierarchisches Motivationsmodell** handelt, wobei der Autor drei Bedürfnisklassen unterscheidet:

- E = existence (Grundbedürfnisse),

- R = relatedness (soziale Bedürfnisse) und

- G = growth (Entfaltungsbedürfnisse),

die er dann auf die erwähnten vier Hypothesen anwendet. Die Anfangsbuchstaben dieser Bedürfnisklassen gaben dann diesem Ansatz seinen Namen: **ERG-Theorie**. Durch Kombination dieser Bedürfnisklassen mit den vier dargestellten Hypothesen gelangt Alderfer (1969, S. 148) zu den folgenden Aussagen:

„ P1. The less existence needs are satisfied, the more they will be desired.

P2. The less relatedness needs are satisfied, the more existence needs will be desired.

P3. The more existence needs are satisfied, the more relatedness needs will be desired.

P4. The less relatedness needs are satisfied, the more they will be desired.

P5. The less growth needs are satisfied, the more relatedness needs will be desired.

P6. The more relatedness needs are satisfied, the more growth needs will be desired.

P7. The more growth needs are satisfied, the more they will be desired."

Im Rahmen von Untersuchungen erfuhr die ERG-Theorie eine gewisse empirische Stützung. Zumindest erscheinen diese Aussagen denen überlegen, die aus einfachen Frustrationshypothesen und dem Maslow-Modell ableitbar sind (vgl. Rosenstiel/Molt/Rüttinger 1995, S. 219 ff.).

Auch unter Beachtung kritischer Analysen zu den hierarchischen Motivationsmodellen wird die Bedeutung des Beitrages zur Bedürfnisbefriedigung durch die Organisation, der ein Individuum angehört, deutlich. Dies betrifft nicht nur die Grundbedürfnisse, sondern insbesondere auch die Bedürfnisse nach Sicherheit, sozialem Kontakt und Selbstverwirklichung, ein Aspekt, der im Rahmen der Gestaltung der Arbeitsaufgaben und den damit verbundenen Handlungsspielräumen bedeutsam wird. Darüber hinaus sind diese Überlegungen für die Diskussion unterschiedlicher Führungsstile von großem Interesse.

Eine von Anfang an auf empirischer Forschung basierende Theorie, und zwar auf der Grundlage einer systematischen Befragung, ist die **Zweifaktorentheorie von Herzberg** (1966), die unterstellt, dass Zufriedenheit eine hohe Leistungsbereitschaft der Mitarbeiter bewirkt. Ziel dieses Ansatzes ist die Identifikation der Faktoren, die Auswirkungen auf die Arbeitszufriedenheit und -unzufriedenheit haben. Dabei unterscheidet Herzberg zwei Faktorengruppen:

- **Hygienefaktoren**, die keine Zufriedenheit bewirken, aber Unzufriedenheit verhindern, und
- **Motivatoren**, die Zufriedenheit bewirken.

Die Kategorie Hygienefaktoren bezieht sich auf die **Arbeitsumweltbedingungen**, wobei die folgenden Komponenten zu nennen sind:

- praktizierter Führungsstil,
- Unternehmungspolitik und -verwaltung,
- Arbeitsbedingungen,
- Beziehungen zu Gleichgestellten,
- Beziehungen zu Untergebenen,
- Beziehungen zu Vorgesetzten,
- Status,
- Arbeitssicherheit,
- Gehalt und
- persönliche berufsbezogene Lebensbedingungen.

Diese Faktoren verhindern nur das Auftreten negativer Zustände (Unzufriedenheit), wenn ihre Ausprägungen aus der Sicht der Mitarbeiter positiv bewertet werden, führen jedoch nicht zu positiven Zuständen in der Form von Zufriedenheit. Nerdinger (1995, S. 43) bringt diesen Sachverhalt in etwas pointierter Form zum Ausdruck: „Wenn also das Gehalt als zu niedrig empfunden wird, die Zusammenarbeit mit anderen nicht funktioniert, die Organisation und Politik des Unternehmens 'unmöglich' erscheint, dann führt das zu Unzufriedenheit. Sind aber all diese Aspekte der Arbeitsumgebung hinlänglich erfüllt, dann entsteht daraus nicht Zufriedenheit, sondern ein neutraler Erlebniszustand, der als Nicht-Zufriedenheit bezeichnet wird."

Demgegenüber betreffen die Motivatoren die Arbeit selbst, d. h. den **Arbeitsinhalt**. Hierzu zählen die folgenden Komponenten:

- Leistung,

- Anerkennung der eigenen Leistung,

- Arbeit selbst,

- Verantwortung,

- Aufstieg und

- Möglichkeit zum Wachstum.

Die Erfüllung dieser Faktoren, die letztlich eine **intrinsische Motivation** darstellen, wirkt sich positiv auf die Leistungsbereitschaft der Mitarbeiter und damit auf ihre Arbeitszufriedenheit aus. Dies bedeutet, dass die Arbeit so zu gestalten ist, dass sie dem Mitarbeiter die Möglichkeit zu einer umfassenden Selbstverwirklichung bietet. Realisieren lässt sich dies z. B. durch eine vertikale Arbeitsbereicherung (vgl. hierzu die Ausführungen zum Job Enrichment), d. h., es sollen dem Mitarbeiter vor allem intrinsisch motivierende Aufgaben übertragen werden.

Auch gegen diesen Ansatz wurden viele **Kritikpunkte** vorgebracht, von denen einige beispielhaft erwähnt seien:

- Die befragten Personen haben in einer freien Erzählung zufriedenstellende und unbefriedigende Situationen geschildert, zu denen dann differenzierende Fragen gestellt wurden. Eine derartige Vorgehensweise zur Analyse vergangener Ereignisse geht mit der Gefahr stärkerer Verzerrungen einher, die aufgrund spezifischer Abwehrmechanismen der Befragten einen systematischen Charakter aufweisen können. So erscheint es beispielsweise naheliegend, Ereignisse, die der Befragte selbst zu verantworten hat, als Elemente der Zufriedenheit zu nennen, während Gründe für eine Unzufriedenheit leichter anderen Personen zugeordnet werden (z. B. Verhalten von Vorgesetzten).

- Die Zuordnung einzelner Elemente zu den Hygienefaktoren und den Motivatoren erscheint teilweise recht willkürlich. Dies wird deutlich bei der Zuordnung „Geld für die eigene Leistung" zu den Hygienefaktoren und „Anerkennung für die eigene Leistung" zu den Motivatoren (vgl. hierzu Zink 1975).

- Der Begriff der Arbeitszufriedenheit bleibt bei Herzberg undefiniert.

- Herzberg unterstellt, dass die physiologischen und psychologischen Bedürfnisse unabhängig voneinander sind, d. h., er geht von einer Leib-Seele-Dichotomie aus (vgl. Schanz 2000, S. 159).

Wenn Bühner (1986, S. 55) aus der Zweifaktorentheorie dann die Forderung ableitet, dass sich das Hauptinteresse des Managers auf die Motivatoren beziehen soll, da nur durch sie Arbeitszufriedenheit bewirkt werde, so kann dieser allgemeinen Formulierung nicht in vollem Umfang zugestimmt werden. Es erscheint vielmehr wesentlich, um die Brauchbarkeit betrieblicher Maßnahmen auf der Grundlage dieser Motivationstheorien beurteilen zu können, sich über die Bedürfnisstrukturen der Mitarbeiter zu informieren, um dann auf dieser Basis einen Instrumenteneinsatz zu planen. Dies bedeutet, dass verschiedene Individuen auch unterschiedliche Bedürfnisse in der Arbeitssituation zu befriedigen suchen, ein Sachverhalt, der insbesondere im Rahmen des Einsatzes personalwirtschaftlicher Instrumente zu beachten ist. Zu berücksichtigen ist dabei, dass sich die Bedürfnisstrukturen und die Dringlichkeit einzelner Bedürfnisse im Zeitablauf verändern können, so dass hieraus eher nur grobe Ansatzpunkte für den Einsatz von personalwirtschaftlichen Instrumenten zu erhalten sind.

Eine zentrale Aussage Herzbergs ist darin zu sehen, dass die Leistung, die der Mitarbeiter erbringt, bei ihm Zufriedenheit bewirkt, eine These, die nicht unumstritten ist. Ganz allgemein resultiert Zufriedenheit aus der Erfüllung der Bedürfnisse oder aus deren Antizipation. Damit ist mit Arbeitszufriedenheit eine positive Einstellung eines Individuums hinsichtlich seiner Arbeit gemeint (vgl. Hentze 1980, S. 43), d. h., Arbeitszufriedenheit stellt einen internen Zustand des Individuums dar, der sich damit einer unmittelbaren Beobachtung entzieht. Nach Rosenstiel (1980, S. 297) umfasst die Diskussion um die Arbeitszufriedenheit dabei drei Akzente:

-   Physisch-ökonomischer Akzent: Er umfasst die äußeren Arbeitsbedingungen und die finanzielle Sphäre;
-   Sozialer Akzent: Er umfasst die zwischenmenschlichen Beziehungen;
-   Selbstverwirklichungsakzent: Er umfasst die Selbstverwirklichungsmöglichkeiten eines Individuums innerhalb seiner Arbeit (vgl. den Ansatz von Maslow).

Der Ansatz von Herzberg umfasst dabei diese drei Akzente und überführt diese in eine Zweidimensionalität der Arbeitszufriedenheit, wie sie bereits beschrieben wurde. Generell wird zwar von einer positiven Korrelation zwischen Leistung und Zufriedenheit ausgegangen, jedoch lässt sich diese Korrelation in unterschiedlicher Weise interpretieren (vgl. Eckardstein/Schnellinger 1978, S. 79 ff.; einen differenzierten Überblick über Untersuchungen zum Zusammenhang zwischen Arbeitszufriedenheit und Leistung gibt Schanz 2000, S. 168 ff.):

-   Zufriedenheit bedingt Leistung;
-   Leistung bedingt Zufriedenheit;
-   Zufriedenheit und Leistung hängen von einer dritten Variablen ab, ohne dass zwischen den zuerst genannten Variablen eine direkte Beziehung existiert.

Dies zeigt, dass allgemeingültige Aussagen über die Beziehung zwischen Leistung und Zufriedenheit nicht möglich sind. Zufriedenheit kann einmal Leistung bedingen und sich in einer anderen Situation leistungsneutral verhalten. Dies bedeutet, dass den situativen Bedingungen eine hohe Bedeutung zukommt. Empirische Ergebnisse mit zeitlich versetzter Datenerhebung geben jedoch gewisse Hinweise darauf, dass die Leistung eher als Ursache für die Zufriedenheit aufgefasst werden kann und nicht umgekehrt. Einigkeit herrscht hingegen darüber, dass Unzufriedenheit nur kurzfristig mit einer Leistungssteigerung einhergeht, während mit ihr langfristig Leistungsrückgänge verbunden sind (vgl. Eckardstein/Schnellinger 1978, S. 80).

Damit stellt sich die Frage, welche organisatorischen Maßnahmen tendenziell geeignet sind, positiv auf die Arbeitszufriedenheit zu wirken. Dabei ist zu betonen, dass Arbeitszufriedenheit sich immer aus der Interaktion von Situation und spezifisch geprägtem Individuum ergibt, d. h., Maßnahmen, die bei einem Mitarbeiter Zufriedenheit hervorrufen, müssen diese nicht unbedingt auch bei anderen Mitarbeitern auslösen. Generell scheinen die folgenden Aspekte geeignet, um Zufriedenheit zu bewirken (vgl. Rosenstiel 1980, S. 310 ff.):

- Realisation eines mitarbeiterorientierten (partizipativen) Führungsstils,
- Schaffung einer hohen Kohäsion durch die Bildung kleiner Gruppen,
- Schaffung eines Handlungsspielraumes, der jedoch den jeweiligen Mitarbeiter nicht überfordert,
- Schaffung angenehmer Arbeitsbedingungen, wie z. B. Gestaltung des Arbeitsraumes, Beseitigung von Lärm, Staub etc.,
- Informationsfluss und Zusammenarbeit der einzelnen Unternehmungsbereiche,
- Entwicklungsmöglichkeiten, d. h. persönliches Vorwärtskommen in der Unternehmung,
- Bezahlung, dabei hängt die Zufriedenheit nicht von der absoluten, sondern von der relativen Höhe des Entgeltes ab, d. h., der soziale Vergleich ist relevant,
- Gestaltung der Arbeitszeit sowie
- Arbeitsplatzsicherheit.

Eine weitere Inhaltstheorie ist die **Theorie der Leistungsmotivation** nach Atkinson (1975, S. 391 ff.), die den Übergang zu den Prozesstheorien eröffnet, weil sie sowohl etwas über das Ziel als auch über den intrapsychischen Motivationsprozess aussagt (vgl. Rosenstiel/Molt/Rüttinger 1995, S. 230 f.). Aus diesem Grunde wird auch von einer gemischten Theorie gesprochen. Grundlage bilden dabei die drei Bedürfnisse

- Leistungsstreben,
- Machtstreben und
- soziales Streben,

wobei sich Atkinson primär mit dem Leistungsstreben auseinandersetzt. **Leistungsmotivation** ist dabei als das Bedürfnis eines Individuums zu verstehen, selbstgesetzte Maßstäbe und Erfolge zu erreichen. Eine leistungsbezogene Situation ist dann durch den Konflikt „Hoffnung auf Erfolg und Furcht vor Misserfolg" charakterisiert.

Ziel der Theorie der Leistungsmotivation ist es, die Ursachen zu identifizieren, die für unterschiedliche Ausprägungen der Leistungsmotivation verantwortlich sind, und Möglichkeiten zu finden, mit denen sich die Leistungsmotivation steigern lässt. Grundlage hierfür bildet die Beziehung:

$$T = M \cdot W \cdot A$$

mit:

T	=	Leistungsmotivation
M	=	Leistungsmotiv
W	=	Wahrscheinlichkeit, eine Aufgabe erfolgreich zu bewältigen
A	=	Erfolgsanreiz

Das Leistungsmotiv kann dabei zwei Tendenzen aufweisen:

- Erfolg suchen ($T_e = M_e \cdot W_e \cdot A_e$) und
- Misserfolg vermeiden ($T_m = M_m \cdot W_m \cdot A_m$).

Das leistungsorientierte Verhalten resultiert aus dem Bestreben, Erfolg zu suchen und Misserfolg zu vermeiden, wobei sich die Tendenz des tatsächlichen Verhaltens aus der Differenz $T_e - T_m$ ergibt. Der Erfolgsanreiz, der aus dem Wert resultiert, den der Erfolg der Aufgabenerfüllung für den Mitarbeiter hat, ist abhängig von der Wahrscheinlichkeit, eine Aufgabe erfolgreich zu bewältigen. Dabei gelten die folgenden Aussagen (vgl. Nerdinger 1995, S. 92 f.):

- **Misserfolgsmotivierte Personen** meiden Aufgaben mit mittlerem Schwierigkeitsgrad und wählen entweder sehr leichte oder sehr schwierige Aufgaben. Dieses Verhalten lässt sich als eine Art Selbstschutz interpretieren, da bei sehr leichten Aufgaben die Furcht vor Misserfolg geringer ist und sich bei sehr schwierigen Aufgaben ein Scheitern durch die Aufgabe und nicht durch die Person erklären lässt.
- **Erfolgsmotivierte Personen** bevorzugen hingegen Aufgaben mit einem mittlerem Schwierigkeitsgrad, d. h., die Erfolgswahrscheinlichkeit beträgt 0,5 (vgl. Abb. 3.1-8).

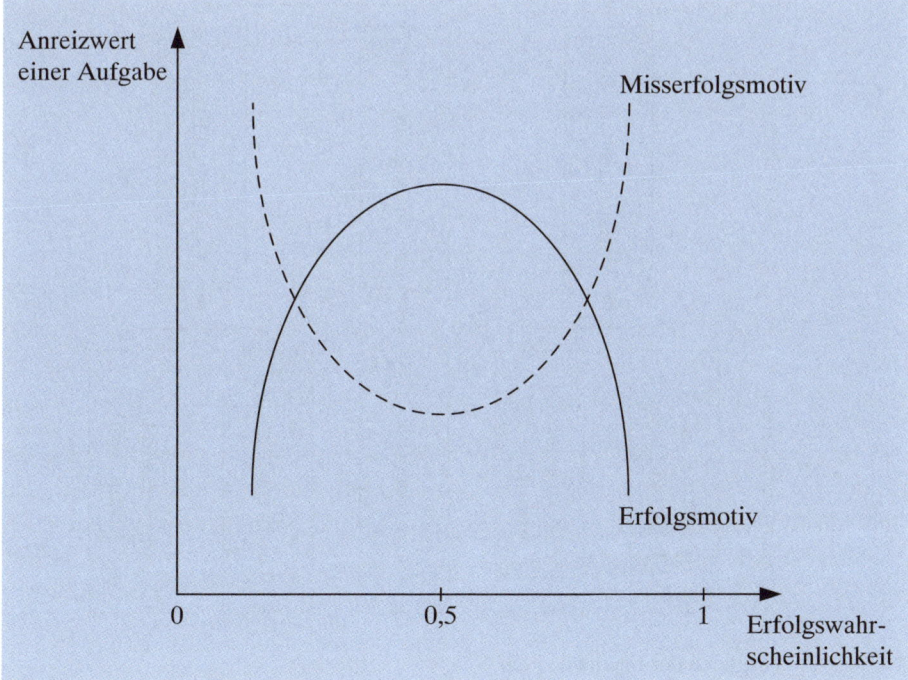

Abb. 3.1-8: Theorie der Leistungsmotivation

Die skizzierten Inhaltstheorien stehen nicht isoliert nebeneinander, sondern weisen Zusammenhänge auf, die in Abbildung 3.1-9 dargestellt sind (Staehle 1999, S. 230).

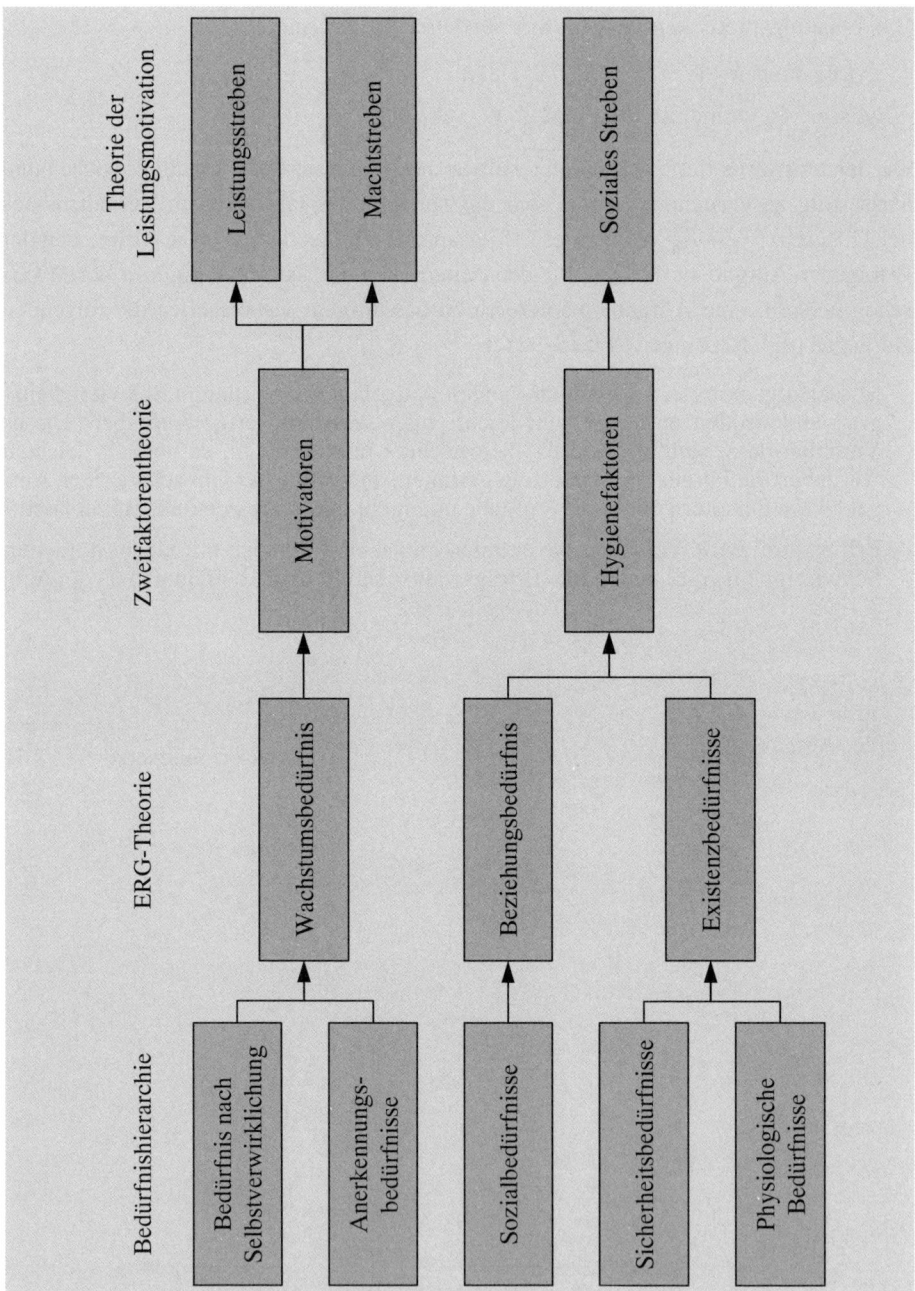

Abb. 3.1-9: Vergleich der Inhaltstheorien

Zusammenfassend ist festzustellen, dass die Inhaltstheorien zwar Denkanstöße zu liefern vermögen, welches Motiv möglicherweise für ein bestimmtes Verhalten relevant ist, aber nicht die Frage beantworten, wie ein bestimmtes Verhalten zustandekommt.

Demgegenüber untersuchen **Prozesstheorien**, die formale Konzepte darstellen, wie die mit dem Ziel verbundenen Erwartungen das Verhalten der Personen steuern, wobei unterstellt wird, dass das menschliche Verhalten wesentlich von umweltbedingten Faktoren beeinflusst wird. Sie fragen folglich nicht mehr danach, was eine Person inhaltlich zu erreichen versucht, d. h., es wird nicht auf ein inhaltlich bestimmtes Motiv Bezug genommen (vgl. Schanz 1996, Sp. 93 f.), sondern welche intrapsychischen Prozesse „in der Person ablaufen", wenn sie ein Ziel anstrebt (vgl. Rosenstiel/Molt/Rüttinger 1995, S. 221). Zentrales Element sind dabei die Erwartungen, die in der Form von subjektiven Wahrscheinlichkeiten in das individuelle Kalkül einfließen.

Als erster prozesstheoretischer Ansatz sei die **Valenz-Instrumentalitäts-Erwartungs-Theorie** (VIE-Theorie) von Vroom (1967) genannt. Zentrale Größen dieses Ansatzes sind:

- Valenz (= wahrgenommener Wert einer Handlung)
- Erwartung (= subjektive Erfolgswahrscheinlichkeit)
- Instrumentalität (Mittel-Zweck-Zusammenhang zwischen Handlungen und deren Folgen).

Grundlage bildet der Weg-Ziel-Ansatz, der unterstellt, dass ein Mitarbeiter den Lösungsweg für seine Aufgabe wählt, der seinen subjektiven Nutzen optimiert (vgl. Staehle 1999, S. 231 f.). Leitgedanke ist dabei das **Bernoulli-Prinzip**, das besagt, dass ein Individuum, das vor der Wahl unterschiedlicher Handlungsmöglichkeiten mit jeweils ungewissem Ausgang und verschiedenen Konsequenzen steht, die Alternative wählt, bei der das Produkt aus der Wahrscheinlichkeit eines Ergebnisses und der Wertschätzung des Ergebnisses den höchsten Wert erreicht (vgl. Nerdinger 1995, S. 87). Die Wahrscheinlichkeit bildet sich dabei aus den Erwartungen des Mitarbeiters über den Beitrag eines bestimmten Ergebnisses zu seiner persönlichen Zielerreichung. Abbildung 3.1-10 gibt diesen Ansatz in vereinfachter Form wieder (vgl. Frese 2000, S. 158).

Für Vroom ergibt sich folglich das Leistungsverhalten aus der Einschätzung der Mitarbeiter, welche persönlichen Ziele sie mit dem Ergebnis ihres Handelns erreichen können. Eine Unternehmung muss demnach bestrebt sein, den Mitarbeitern über die Konsequenzen ihrer Handlungen Transparenz zu geben, da sie nur dann in der Lage sind, abzuschätzen, was sie bei erbrachter Leistung als Ergebnis erwartet (z. B. führt eine stark wechselnde Anreizpolitik zu einer Intransparenz für die Mitarbeiter; vgl. Bühner 1999, S. 101 f.).

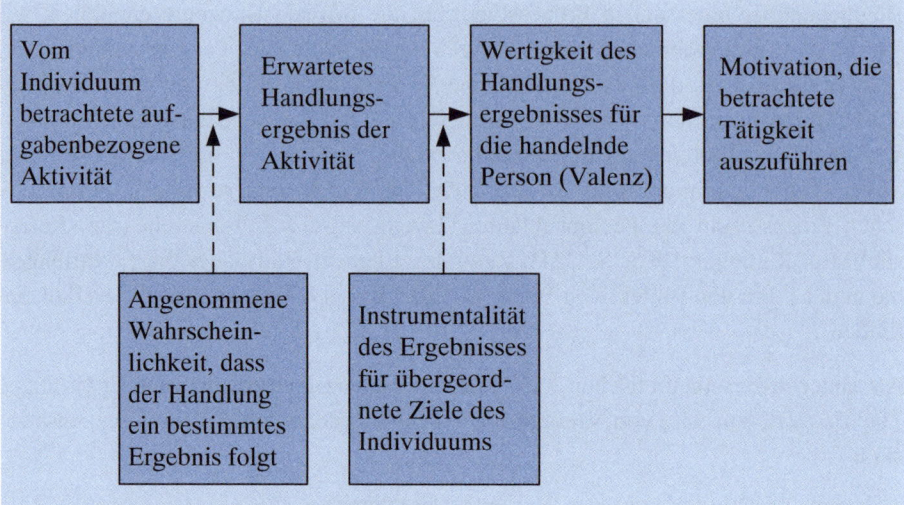

Abb. 3.1-10: Motivationsmodell nach Vroom

Lawler und Porter (1968), die mit ihrem **Erwartungswertmodell** den Ansatz von Vroom erweitern, gehen der Frage nach, wie Motivation, Leistung und Zufriedenheit zusammenhängen. Zentrale Größen sind dabei (vgl. Staehle 1999, S. 237 ff.):

- **Anstrengung**: Sie hängt von der Belohnung und der wahrgenommenen Wahrscheinlichkeit, diese zu erreichen, ab. Bewertet ein Individuum eine Belohnungsart hoch und glaubt ferner an eine hohe Wahrscheinlichkeit, dass seine Anstrengungen erfolgreich sind, dann zeigt es große Anstrengungen.

- **Leistung** (Ergebnis): Sie hängt einerseits von der Fähigkeit und den Persönlichkeitsmerkmalen des Mitarbeiters ab und anderseits davon, wie der Mitarbeiter seine Rolle in bestimmten Arbeitssituationen wahrnimmt.

- **Belohnung**: Sie ist Folge des Leistungsverhaltens und kann intrinsisch und extrinsisch sein. Dabei ist das Ausmaß der empfundenen Zufriedenheit abhängig von der wahrgenommenen Gerechtigkeit der Belohnung.

- **Zufriedenheit**: Sie tritt dann ein, wenn die tatsächliche Belohnung der als angemessen erlebten oder erwarteten entspricht oder diese übersteigt. Liegt sie hingegen unter den Erwartungen, dann tritt Unzufriedenheit ein.

Abbildung 3.1-11 gibt diese Zusammenhänge wieder (vgl. Staehle 1999, S. 238).

Die Skizze der unterschiedlichen Motivationstheorien zeigt die Zusammenhänge zwischen den einzelnen Ansätzen und das Spektrum der Theorien auf. Darüber hinaus wird deutlich, dass es bislang keine Motivationstheorie gibt, die in der Lage wäre, das menschliche Verhalten umfassend zu erklären, und dabei empirisch abgesichert ist.

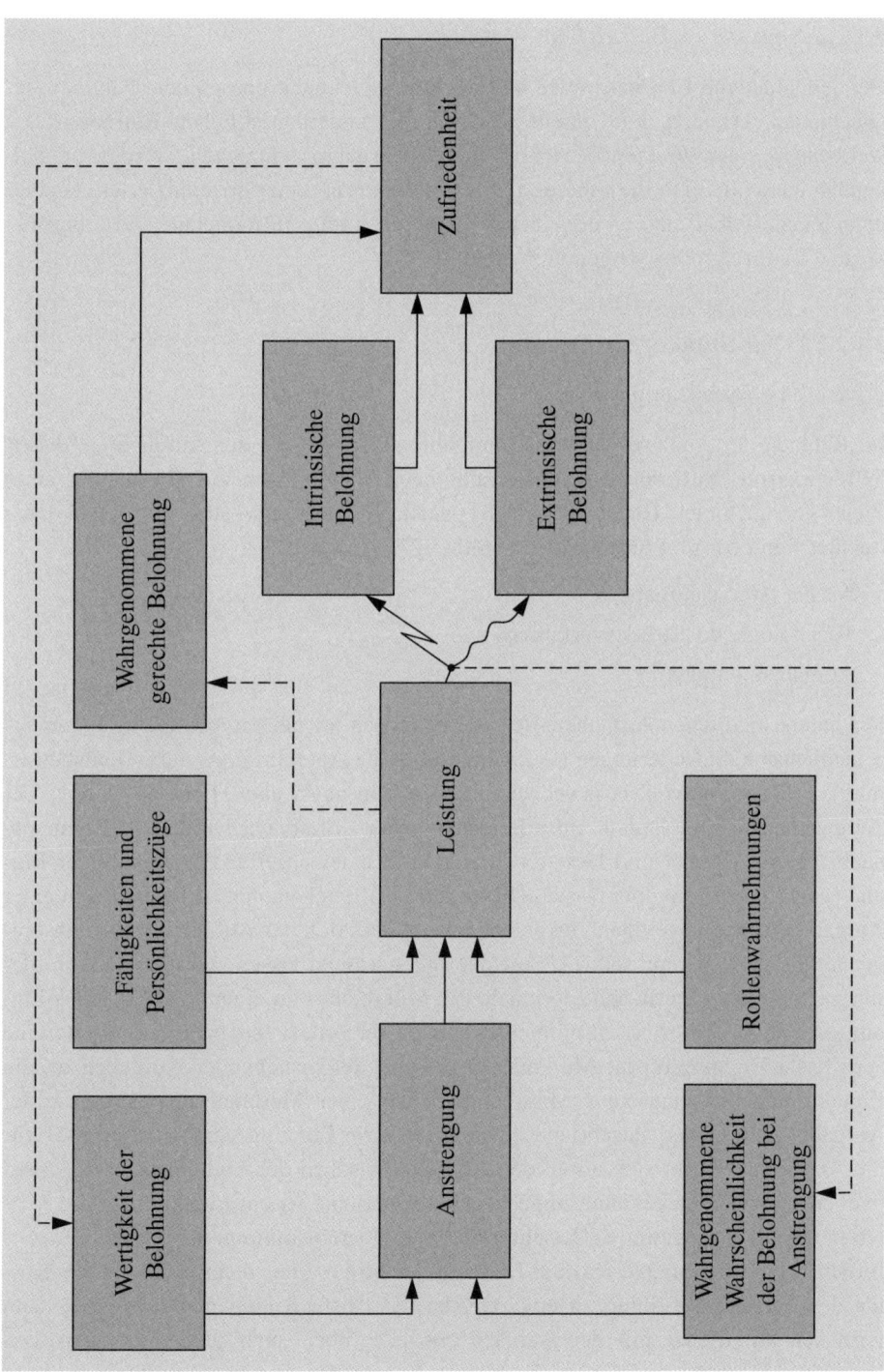

Abb. 3.1-11: Motivationstheorie nach Lawler/Porter

3.1.2.2 Situative Einflussgrößen

Bei den situativen Einflussgrößen wurden inner- und außerbetriebliche Faktoren unterschieden. Da sich, wie bereits erwähnt, die außerbetrieblichen Einflussgrößen weitgehend einer direkten betrieblichen Einflussnahme entziehen, werden im Folgenden ausschließlich die **innerbetrieblichen Faktoren** einer differenzierten Analyse unterzogen, wobei eine weitergehende Untergliederung in monetäre und arbeitsbezogene Einflussgrößen vorgenommen wird.

3.1.2.2.1 Arbeitsbezogene Aspekte

3.1.2.2.1.1 Arbeitsaufgabe

Im Rahmen der Analyse der Arbeitsaufgabe, wobei unter einer Aufgabe „... dauerhaft wirksame Aufforderungen, Verrichtungen an Objekten zur Erreichung eines Zieles vorzunehmen" (Frese 1976, S. 31) verstanden werden, sollen drei Aspekte betrachtet werden (vgl. Pfeiffer/Dörrie/Stoll 1977, S. 55 ff.):

- Art der Arbeitsaufgabe,
- Technologie des Arbeitsverfahrens und
- Aufgabenkomplexität.

Die unterschiedlichen Aufgabenarten stellen an den jeweiligen Mitarbeiter die unterschiedlichsten Anforderungen (vgl. hierzu auch die Ausführungen zur Arbeitsbewertung), und zwar sowohl in psychischer als auch in physischer Hinsicht. Die aus der Aufgabenart resultierenden Anforderungen an die Mitarbeiter werden als **Eignungsnachfrage** bezeichnet und lassen sich formal in einem Merkmalsvektor N der Eignungsnachfrage zusammenfassen. Dieser erfasst alle relevanten Anforderungen einer Aufgabe mit den jeweiligen Ausprägungen. Merkmal z der Aufgabe j wird im Folgenden durch n_{jz} repräsentiert. Auf der anderen Seite lassen sich für die Anforderungserfüllung wesentlichen Merkmale des Mitarbeiters zu einem Vektor A des **Eignungsangebots (-profils)** zusammenfassen. Dieser ordnet jedem der Z Werte eine spezifische Eignung für die Merkmalsausprägung der vorliegenden Aufgaben zu. Ein Eignungsangebotswert eines Mitarbeiters i zu einer Merkmalsausprägung z der Aufgabe j durch a_{iz} beschrieben. Die spezifische Eignung des Mitarbeiters i für die Aufgabe j ergibt sich durch den Abstand zwischen der Eignungsnachfrage und dem entsprechenden Eignungsangebot. Dieser Abstand ist ein Indikator für die Kosten der Aufgabenerfüllung. Besteht eine hohe Übereinstimmung zwischen den Anforderungen der Aufgabe und der Eignung der Mitarbeiter, dann sind niedrige Kosten der Aufgabenerfüllung zu erwarten. Ist der Abstand hingegen sehr groß, dann wird der Mitarbeiter mit der Aufgabe entweder über- oder unterfordert, so dass Frustrationen anstehen können, die höhere Kosten der Aufgabenerfüllung erwarten lassen. Zur Operationalisierung des Abstandes kann auf unterschiedliche Distanzmaße (z. B. City-Block-, euklidische Distanz, etc.) zurückgegriffen werden. Wird die **euklidische Distanz** gewählt, dann gilt:

$$k_{ij} = \sqrt{\sum_{z=1}^{Z}\left(a_{iz} - n_{jz}\right)^2}$$

Bei unterschiedlich geeigneten Mitarbeitern und unterschiedlich fordernden Aufgaben handelt es sich somit um ein spezifisches Zuordnungsproblem (vgl. z. B. Scholz 2000, S. 650 ff.), das in Abbildung 3.1-12 dargestellt ist.

Die Entscheidung, einem Mitarbeiter i eine Aufgabe j zuzuordnen, wird mit der binären Entscheidungsvariable x_{ij} abgebildet. Durch multiplikative Verknüpfung mit den Kosten der Aufgabenzuordnung werden in der Zielfunktion nur diejenigen Kosten k_{ij} berücksichtigt, die der gewählten Mitarbeiter-Aufgaben-Zuordnung entsprechen. Für den Fall, dass Mitarbeiter- und Aufgabenanzahl gleich sind $(m = n)$, lässt sich das Zuordnungsproblem mit dem folgenden Entscheidungsmodell erfassen:

Ziel der Zuordnung ist es, die Summe der Kosten der Aufgabenerfüllung zu minimieren:

$$K = \sum_{i=1}^{n}\sum_{j=1}^{m} x_{ij} \cdot k_{ij} \qquad \rightarrow \min!$$

Dabei sind folgende Nebenbedingungen zu beachten:

- Jede Aufgabe ist genau einem Mitarbeiter zugeordnet:

$$\sum_{i=1}^{n} x_{ij} = 1 \qquad \forall\, j$$

- Jedem Mitarbeiter wird genau eine Aufgabe zugeordnet:

$$\sum_{j=1}^{m} x_{ij} = 1 \qquad \forall\, i$$

Wertebereich der Entscheidungsvariablen:

$$x_{ij} \in \{0,1\} \qquad \forall\, i, j$$

Das Zuordnungsproblem kann mit Hilfe der **ungarischen Methode** algorithmisch gelöst werden (vgl. Kuhn 1955, S. 83 ff.). Den Ausgangspunkt bildet die Kostenmatrix. Diese wird so lange spalten- und zeilenweise reduziert, bis daraus eine kostenminimale Zuordnung abgelesen werden kann.

In Abbildung 3.1-13 ist der Ablauf der ungarischen Methode dargestellt.

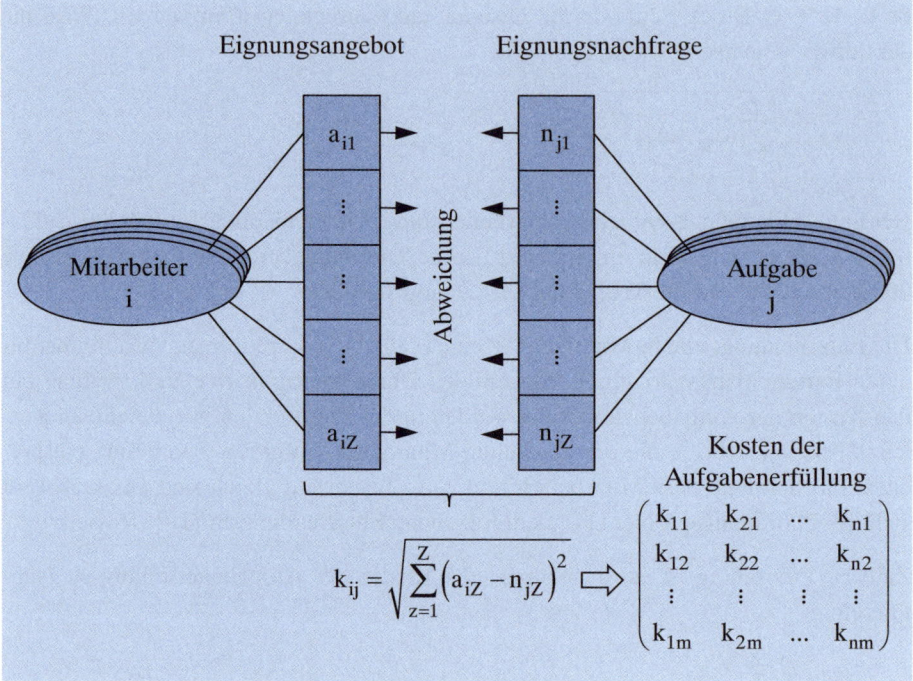

Abb. 3.1-12: Mitarbeiter-Aufgaben-Zuordnung als betriebswirtschaftliches Problem

Das Verfahren sei an einem Beispiel mit 5 Mitarbeitern und 5 Aufgaben sowie der in Abbildung 3.1-14 dargestellten Kostenmatrix verdeutlicht. In diesem Beispiel ergeben sich die Kosten der Erfüllung der Aufgabe 1 durch den Mitarbeiter 2 aus:

$$a_2 = \begin{pmatrix} 25 \\ 15 \\ 27 \\ 38 \\ 14 \end{pmatrix} \quad n_1 = \begin{pmatrix} 20 \\ 45 \\ 17 \\ 48 \\ 4 \end{pmatrix}$$

$$\begin{aligned} k_{21} &= \sqrt{\sum_{z=1}^{5}\left(a_{2z} - n_{1z}\right)^2} \\ &= \sqrt{(25-20)^2 + (15-40)^2 + (27-17)^2 + (38-48)^2 + (14-4)^2} \\ &= \sqrt{1.225} = 35 \end{aligned}$$

Bei der Kostenmatrix wird im ersten Schritt eine spalten- und dann eine zeilenweise Reduktion vorgenommen, wodurch mindestens m Nullelemente entstehen. Zur spaltenweisen Matrixreduktion wird jeweils der minimale Spaltenwert von den anderen Werten dieser Spalte subtrahiert, so dass sich die in Abbildung 3.1-15 dargestellte Matrix ergibt.

In den Zeilen, die keine „0" enthalten, wird eine zeilenweise Matrixreduktion durchgeführt, indem jeweils der minimale Zeilenwert von den anderen Werten dieser Zeile subtrahiert wird (vgl. Abbildung 3.1-16).

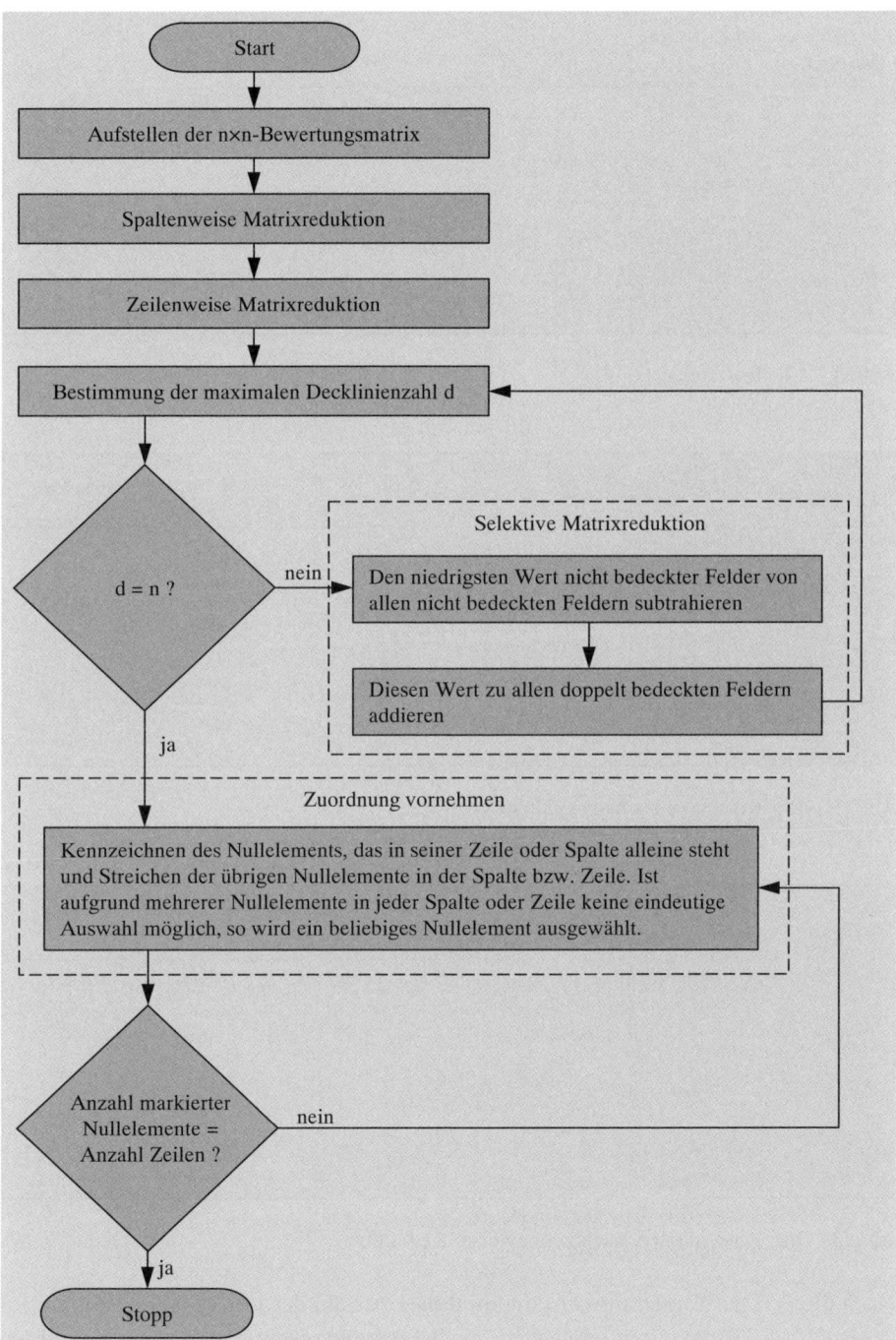

Abb. 3.1-13: Algorithmus der Ungarischen Methode

Aufgabe \ Mitarbeiter	1	2	3	4	5
1	28	35	33	(30)	37
2	40	36	32	33	30
3	37	40	38	31	39
4	36	(33)	(31)	42	(29)
5	(27)	41	(31)	36	33

Abb. 3.1-14: Kostenmatrix

Aufgabe \ Mitarbeiter	1	2	3	4	5
1	1	2	2	0	8
2	13	3	(1)	3	(1)
3	10	7	7	(1)	10
4	9	0	0	12	0
5	0	8	0	6	4

Abb. 3.1-15: Kostenmatrix nach spaltenweiser Reduktion

Aufgabe \ Mitarbeiter	1	2	3	4	5
1	1	2	2	0	8
2	12	2	0	2	0
3	9	6	6	0	9
4	9	0	0	12	0
5	0	8	0	6	4

Abb. 3.1-16: Kostenmatrix nach zeilenweiser Reduktion

Nach dieser Transformation wird die minimale Anzahl der Decklinien bestimmt, indem alle Nullelemente mit mindestens einer Linie überdeckt werden. Hierzu werden die folgenden Schritte ausgeführt:

- Zeilen oder Spalten, die mehr als einem Nullelement besitzen werden zuerst markiert.
- Liegen in der Matrix noch einzelne Nullelemente vor, dann wird entweder die entsprechende Spalte oder Zeile markiert.

Das Ergebnis ist in Abbildung 3.1-17 dargestellt.

Aufgabe \ Mitarbeiter	1	2	3	4	5
1	1	2	2	0	8
2	12	2	0	2	0
3	9	6	6	0	9
4	9	0	0	12	0
5	0	8	0	6	4

Abb. 3.1-17: Bestimmung der minimalen Decklinienzahl

Die Anzahl der Decklinien ist kleiner als die Anzahl der Zeilen (und Spalten). Deshalb wird im nächsten Schritt eine selektive Matrixreduktion vorgenommen. Dazu wird das kleinste nichtüberdeckte Element (1) von allen nicht überdeckten Elementen subtrahiert und zu den doppelt überdeckten Elementen addiert. Alle anderen Elemente werden nicht verändert. Hierdurch ergibt sich eine veränderte Matrix, die weitere Nullelemente enthält. Auf dieser Grundlage wird wieder die minimale Anzahl an Decklinien bestimmt (vgl. Abbildung 3.1-18).

Aufgabe \ Mitarbeiter	1	2	3	4	5
1	0	1	1	0	7
2	12	2	0	3	0
3	8	5	5	0	8
4	9	0	0	13	0
5	0	8	0	7	4

Abb. 3.1-18: Kostenmatrix nach selektiver Reduktion

Die Anzahl der Decklinien entspricht jetzt der Anzahl der Zeilen oder Spalten, so dass im nächsten Schritt die Zuordnung vorgenommen werden kann. Hierzu wird iterativ das Nullelement, das in einer Zeile oder Spalte alleine steht, gekennzeichnet und ggf. die in der Zeile oder Spalte vorliegenden Nullelemente gestrichen. Diese

Vorgehensweise wird so lange fortgesetzt, bis kein unmarkiertes Nullelement mehr vorliegt. Hierdurch ergibt sich die in Abbildung 3.1-19 dargestellte Matrix.

Aufgabe \ Mitarbeiter	1	2	3	4	5
1	⓪₄	1	1	Ⓧ₁	7
2	12	2	Ⓧ₃	3	⓪₃
3	8	5	5	⓪₁	8
4	9	⓪₂	Ⓧ₂	13	Ⓧ₂
5	Ⓧ₄	8	⓪₅	7	4

Abb. 3.1-19: Zuordnungsentscheidungen

Das Ergebnis kann an den gekennzeichneten Nullelementen abgelesen werden (vgl. Abbildung 3.1-20). Zur Bestimmung der minimalen Kosten der Aufgabenerfüllung werden die entsprechenden ursprünglichen Werte der Kostenmatrix addiert, so dass sich für den vorliegenden Fall Kosten in Höhe von 153 Einheiten ergeben.

Mitarbeiter	1	2	3	4	5
Aufgabe	1	4	5	3	2
Kosten	28	33	31	31	30

Abb. 3.1-20: Optimale Mitarbeiter-Aufgaben-Zuordnung

Zu berücksichtigen ist bei diesen Überlegungen, dass die Merkmalsvektoren eine zeitpunktbezogene Aufnahme darstellen, die im Zeitablauf Veränderungen unterliegen kann, z. B. durch Aus- und Fortbildungsmaßnahmen oder durch die Einführung neuer Technologien an den jeweiligen Arbeitsplätzen. Ist diese Entwicklung absehbar, dann kann das vorliegende statische Modell in ein dynamisches Modell überführt werden. Andernfalls kann das formulierte statische Modell in regelmäßigen Abständen mit aktualisierten Werten optimiert werden.

Bei der dem Arbeitsverfahren zugrundeliegenden Technologie sollen insbesondere Aspekte der Mechanisierung und Automatisierung analysiert werden. Zentrales Anliegen der Mechanisierung und Automatisierung ist die Übertragung von Leistungen, die bisher durch Personen erbracht wurden, auf sachliche Leistungsträger. Diese Vorgänge haben in der Literatur vielfältige Systematisierungsversuche erfahren (vgl. den Überblick bei Zäpfel 2000c, S. 107 ff.). Auch wenn diese hinsichtlich ihres Differenzierungsgrades erhebliche Unterschiede aufweisen, so ist ihnen doch gemeinsam, dass die Ausgangsstufe durch die rein menschliche Arbeit verkörpert wird, während sich die weiteren Stufen dadurch ergeben, dass zunächst Werkzeuge und Maschinen den Menschen in seiner Tätigkeit unterstützen und später Funktionen wie Steuerung, Regelung und Kontrolle durch ein Aggregat übernommen werden. Es erfolgt also eine sukzessive Übertragung menschlicher Einzelfunktionen auf technische Artefakte, wobei im allgemeinen Handarbeit, Mechanisierung und Automatisierung als typische Ausprägungen unterschieden werden (vgl. Kern 1992 S. 94 und S. 201).

Hieraus ergibt sich die Notwendigkeit einer Abgrenzung, insbesondere zwischen Mechanisierung und Automatisierung: Unter **Mechanisierung** wird die Übertragung menschlicher Arbeitsprozesse auf Betriebsmittel verstanden, d. h., der Einsatz sachlicher Mittel wird verstärkt, wobei Steuerungs- und Kontrollfunktionen weiterhin durch den Menschen wahrgenommen werden. Demgegenüber handelt es sich bei der **Automatisierung** um einen Vorgang, bei dem zusätzlich die Steuerung und Kontrolle auf eine Anlage oder ein Anlagensystem übertragen werden, d. h., es erfolgt eine selbständige Steuerung der Funktionen. Ziel der Automatisierung ist folglich die selbständige Aufgabenerfüllung durch realtechnische Mittel.

Über die mit der Automatisierung einhergehenden Konsequenzen wurden insbesondere im industriellen Bereich umfangreiche Forschungsarbeiten durchgeführt. Im Folgenden sollen drei damit verbundene Problemfelder diskutiert werden:

- Arbeitskräftefreisetzung,
- Veränderung in der Qualifikationsstruktur der Mitarbeiter und
- Veränderung der Arbeitsstruktur.

Zu den mit der Automatisierung einhergehenden **Freisetzungen der Arbeitskräfte** lassen sich kaum allgemeingültige Aussagen formulieren, da hierfür eine Vielzahl von Faktoren, insbesondere Branchen- und Marktgegebenheiten, relevant sind. Tendenziell ist festzustellen, dass Personalfreisetzungen von der Qualifikationsstufe des jeweiligen Mitarbeiters abhängen, wobei solche niedrigerer Qualifikationsstufen stärker durch die Automatisierung gefährdet sind als andere.

Über die Auswirkungen der Automatisierung auf die **Qualifikationsstruktur** liegen in der Literatur unterschiedliche Aussagen vor. Zusammenfassend handelt es sich um die drei folgenden Hypothesen:

- Höherqualifizierung,
- Dequalifizierung und
- Polarisierung.

Bei der **Höherqualifizierungsthese** wird davon ausgegangen, dass eine stärkere Automatisierung an die Mitarbeiter auch gestiegene geistige Anforderungen stellt, d. h., es werden tendenziell höher qualifizierte Arbeitskräfte benötigt. Als Beleg dafür werden in der Literatur insbesondere Instandhaltungstätigkeiten herangezogen. Aber auch in diesem Bereich ist in jüngerer Zeit eine stärkere Schematisierung der Kontrolltätigkeit, generelle Normierung der Arbeiten und automatische Kontrolle anfälliger Aggregateteile zu beobachten. Dies hat zur Folge, dass einerseits für anspruchsvolle Arbeiten wenige Experten und anderseits für die anfallenden Routinearbeiten Mitarbeiter zum Einsatz gelangen können, die speziell dafür angelernt werden.

Dieser Hinweis deutet bereits auf einen wesentlichen Grund für die voneinander **abweichenden Untersuchungsergebnisse** der einzelnen Wissenschaftler hin, nämlich den unterschiedlichen **Zeithorizont** in den einzelnen **Untersuchungen**. Empirische Studien belegen, dass die Auswirkungen der Automatisierung divergieren, je nachdem, ob deren Früh- oder Spätphase betrachtet wird.

Demgegenüber wird bei der **Dequalifizierungsthese** unterstellt, dass durch die Automatisierung der Anteil an standardisierten Tätigkeiten zunimmt und hierdurch **niedrigere, einseitige Qualifizierungsanforderungen** hervorgerufen werden. Teilweise wird aber auch hervorgehoben, dass diese Dequalifizierung bestimmter Tätigkeiten mit einer **Requalifizierung** verbunden sein kann. Dies ist in den Fällen gegeben, in denen ein Mitarbeiter von mechanischen, repetitiven Tätigkeiten entlastet und dadurch befähigt wird, sich seinen ursprünglichen Aufgaben wie etwa der individuellen Kundenbetreuung zu widmen.

Die **Polarisierungsthese** hebt darauf ab, dass eine Auflösung der früher breiten mittleren Qualifikationsschicht einsetzt und eine kleine Gruppe hochqualifizierter Arbeitskräfte einer großen Zahl minderqualifizierten Personals gegenübersteht.

Wie sich die Automatisierung auf die Qualifikationsstruktur auswirkt, lässt sich in allgemeiner Form nicht bestimmen. Wesentlich erscheint die Feststellung, dass es **keine Zwangsläufigkeit zwischen Automatisierung und Qualifikation** gibt, sondern dass die möglichen Auswirkungen durch die folgenden Faktoren beeinflusst werden:

- organisatorische Lösung des Technikeinsatzes;
- Art der in der Unternehmung durch den Technikeinsatz betroffenen Funktion; so ist etwa das Rechnungswesen stärker betroffen als z. B. der Vertrieb;
- Niveau der auszuübenden Tätigkeit; es zeigt sich, dass qualifiziertere Tätigkeiten von einer Technisierung eher positiv betroffen sind.

Ergänzend ist darauf hinzuweisen, dass die Auswirkungen der Automatisierung nicht nur in verschiedenen Unternehmungen, sondern auch innerhalb einer Unternehmung unterschiedlich sein können.

Als dritter Aspekt wurde die Aufgabenkomplexität angeführt. Aus systemtheoretischer Sicht hängt die **Komplexität eines Systems** von der Anzahl der Elemente, den Beziehungen und der Verschiedenartigkeit der Beziehungen zwischen den Elementen ab (vgl. Luhmann 1980, Sp. 1064 f.). Die Komplexität spiegelt damit auch den Schwierigkeitsgrad einer Aufgabe wider. Eine Reduktion der Komplexität einer zu erfüllenden Aufgabe kann folglich mit Hilfe der Zerlegung einer Gesamtaufgabe in Teilaufga-

ben erfolgen, wodurch die Anzahl der Elemente, die Beziehungen und die Verschiedenartigkeit der Beziehungen zwischen den Elementen vermindert werden können.

Die Zerlegung einer Aufgabe kann dabei mengen- oder artmäßig vorgenommen
werden. Bei einer **mengenmäßigen Arbeitsteilung** erfolgt die Verteilung eines Arbeitsauftrages dergestalt, dass die entsprechenden Mitarbeiter sämtliche Verrichtungen eines Arbeitsauftrages ausführen, d. h., jeder der betroffenen Mitarbeiter vollzieht den gesamten Arbeitsablauf an einer Teilmenge der zu bearbeitenden Objekte
(vgl. Abbildung 3.1-21; REFA 1 1976, S. 89).

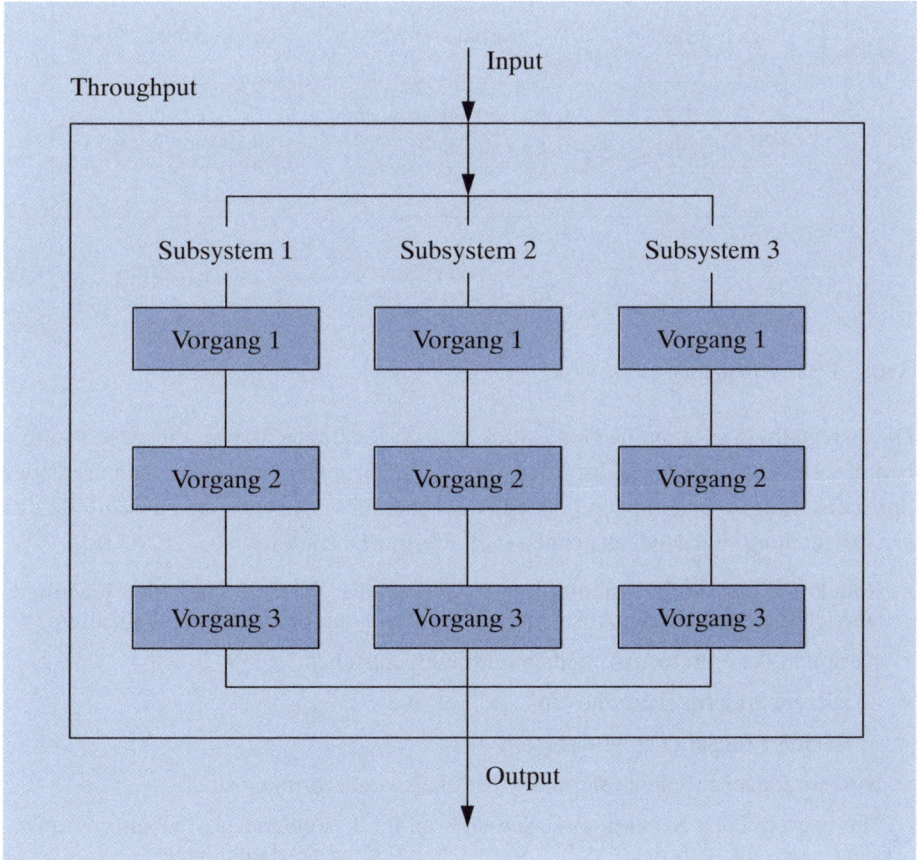

Abb. 3.1-21: Mengenteilung

Abbildung 3.1-21 verdeutlicht, dass die gesamte zu bearbeitende Inputmenge, z. B.
Rohstoffe, auf die einzelnen Subsysteme aufgeteilt wird und jedes Subsystem an diesen Objekten die gleichen Verrichtungen vollzieht, d. h., es entstehen gleiche parallele
Subsysteme. Demgegenüber erfolgt bei einer **artmäßigen Arbeitsteilung** eine Zerlegung der Gesamtaufgabe in Teilaufgaben dergestalt, dass auf die einzelnen Subsysteme qualitativ unterschiedliche Teilaufgaben übertragen werden, d. h., es entste-

hen artmäßig unterschiedliche Aufgaben und folglich unterschiedliche hintereinanderliegende Subsysteme, wie dies in Abbildung 3.1-22 dargestellt ist.

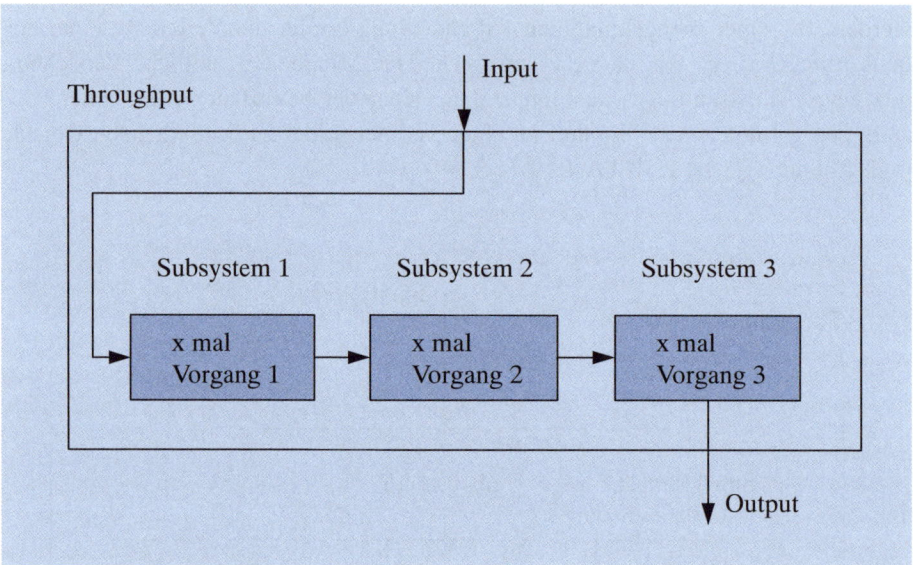

Abb. 3.1-22: Artenteilung

Die Artenteilung geht auf Taylor zurück, dessen Bestreben es war, die Arbeitsaufgaben so weit wie möglich aufzusplitten, um auf der Grundlage der dadurch eintretenden Spezialisierung zu einer hohen Leistung der Mitarbeiter zu gelangen. Als Vorteile dieser Artenteilung sind dabei zu nennen (vgl. Pfeiffer/Dörrie/Stoll 1977, S. 65 ff.):

- Reduktion der Aufgabenkomplexität: Durch die Wiederholung der jeweiligen Verrichtungen in kurzen Abständen lassen sich hohe Lerngewinne realisieren.

- Aufgrund der extremen Aufgabenverteilung entstehen

  -- kürzere Anlernzeiten und ein

  -- flexibler Einsatz der Mitarbeiter,

  weil nur einzelne, leicht erlernbare Tätigkeiten zu erbringen sind.

- Die betrieblichen Sachmittel lassen sich an die besonderen Aufgaben gut anpassen (Einzweckaggregate), d. h., es entstehen Einzweckarbeitsplätze.

- Durch die gute Beherrschung der Arbeitsaufgabe und durch den Einsatz von Einzweckaggregaten lassen sich häufig Qualitätsverbesserungen erzielen.

Diesen potentiellen Vorteilen stehen jedoch die folgenden Nachteile gegenüber (vgl. Frese 1976, S. 138):

- Der menschliche Organismus erfährt eine einseitige Beanspruchung, die mit einer starken Ermüdung einhergeht. Dies impliziert einen hohen Erholungsbedarf bei den betroffenen Mitarbeitern.

- Eine zu starke Zerlegung der Arbeitsaufgabe bewirkt **Monotonie** bei den Mitarbeitern, die

    -- einerseits leistungsmindernd wirken und

    -- anderseits die Flexibilität der Mitarbeiter reduzieren kann.

- Durch die Zerlegung der Arbeitsaufgabe kann der Blick für die Gesamtaufgabe (Gesamtzusammenhang) verloren gehen und eine **Entfremdung** vom Arbeitsergebnis hervorgerufen werden.

- Der Planungsaufwand steigt mit zunehmender Arbeitsteilung, und zwar bedingt durch die

    -- größere Zahl von Transportoperationen und die

    -- größere Zahl von Greifvorgängen (Hernehmen und Weglegen des Arbeitsobjektes).

Um diesen Nachteilen entgegenzuwirken, wurde, insbesondere im Rahmen der Humanisierung der Arbeit, das Konzept der **Arbeitsbereicherung** entwickelt, das eine Abkehr von einer einseitigen Spezialisierung anstrebt und auf eine Erweiterung des Tätigkeitsspielraums abzielt. Unter Arbeitsbereicherung werden damit alle Veränderungen eines gegebenen Zustandes der Arbeitsteilung subsumiert, bei denen zusätzliche, qualitativ neue Handlungselemente in das Tätigkeitsspektrum des Mitarbeiters eingeführt werden (vgl. Frese 1979, Sp. 152). Die Arbeitsbereicherung geht dabei von der Annahme aus, dass der Mitarbeiter eine herausfordernde Tätigkeit anstrebt und nach Befriedigung seines Selbstverwirklichungsbedürfnisses in seiner Arbeit trachtet und dass er, wenn ihm hierzu Gelegenheit geboten wird, mit Zufriedenheit und höherer Leistungsbereitschaft (Willenskomponente) reagiert. Als Ansatzpunkte für eine Arbeitsbereicherung bieten sich eine

- Aufgabenerweiterung und ein
- Aufgabenwechsel an.

Im Rahmen der **Aufgabenerweiterung** ist zunächst das **Job Enlargement** zu nennen, das dadurch charakterisiert ist, dass eine Bereicherung auf der Ebene der **Realisationsaufgaben** vollzogen wird. Es erfolgt eine Zusammenfassung der Aufgaben, die hinsichtlich ihrer Anforderungen und in ihrer Struktur ähnlich sind, d. h., der Mitarbeiter führt dann verschiedene Tätigkeiten aus, die vorher von mehreren, stark spezialisierten Arbeitskräften ausgeführt wurden (vgl. Bühner 1986, S. 17; Schanz 1994, S. 166 f.). Abbildung 3.1-23 gibt diese Form der Arbeitsbereicherung wieder.

Demgegenüber werden dem Mitarbeiter beim **Job Enrichment** zusätzlich zu seinen Realisationsaufgaben auch Planungs- und Kontrollaufgaben übertragen, d. h., seine Entscheidungskompetenz wird erweitert. Theoretische Grundlage dieser vertikalen Arbeitsinhaltserweiterung bilden die Motivationstheorien von Maslow und Herzberg, die den Arbeitsinhalt als einen wichtigen intrinsischen Motivationsfaktor erachten, d. h., Arbeiten mit Möglichkeiten zur Entwicklung und Selbstentfaltung führen zu hoher Arbeitszufriedenheit (vgl. Staehle 1999, S. 693). Charakteristisch für dieses Konzept ist die Übertragung von Entscheidungskompetenzen und einer damit verbundenen

Vergrößerung des Dispositionsspielraums und damit einhergehende höhere Qualifikationsanforderungen. Mit Job Enrichment ist folglich nicht nur ein erweiterter Tätigkeitsspielraum, sondern darüber hinaus ein umfassender Entscheidungsspielraum gemeint. Pfeiffer/Dörrie/Stoll (1977, S. 74) sprechen in diesem Zusammenhang sehr anschaulich von einer Arbeitsaufgabenerweiterung im Sinne einer Integration zusätzlicher Phasen der Systemregelung. Abbildung 3.1-24 gibt diesen Sachverhalt in anschaulicher Weise wieder.

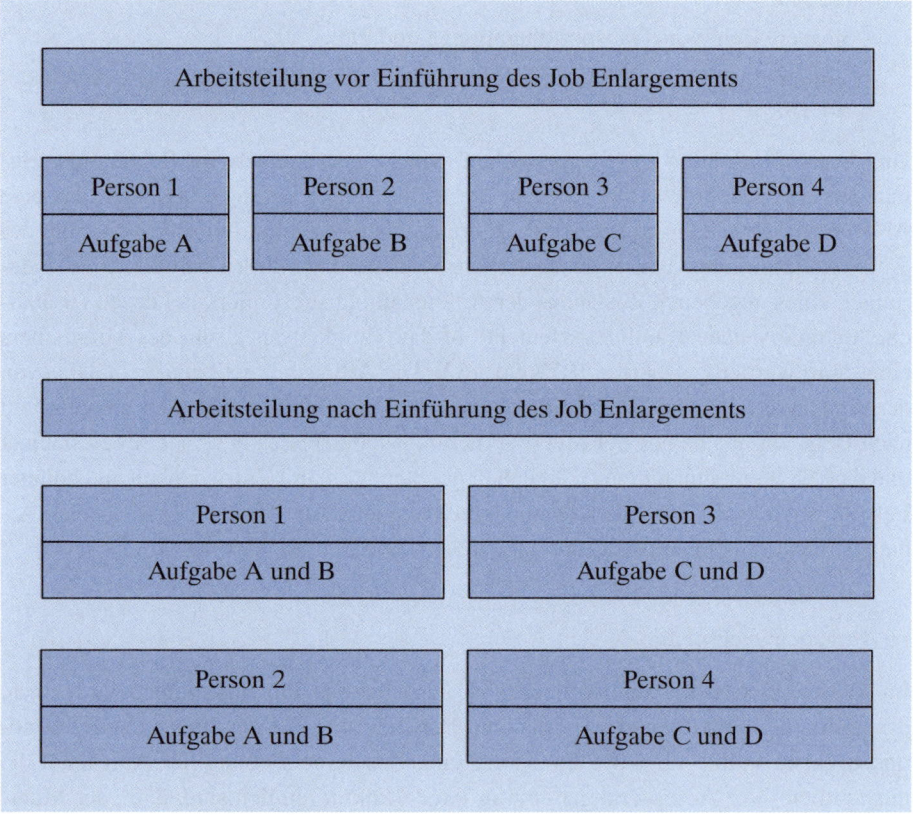

Abb. 3.1-23: Job Enlargement

Frese (1976, S. 140 f.) betont, dass im Rahmen der industriellen Produktion bei Einsatz des Fließbandes Job Enrichment nicht realisierbar sei. Die Einführung des Job Enrichments hat zwangsläufig Folgen für die gesamte Produktionsstruktur. Hierin ist einer der wesentlichen Gründe für die Weiterentwicklung des Job Enrichments zu einer neuen Konzeption, dem Konzept der teilautonomen Arbeitsgruppe, zu sehen, bei dem eine Abkehr vom verrichtungsorientierten Fließprinzip erfolgt (vgl. Schanz 1994, S. 167 f.).

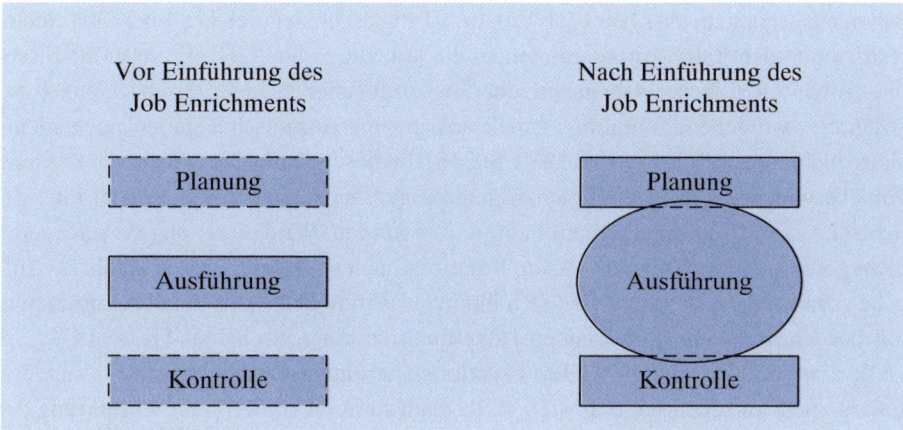

Abb. 3.1-24: Job Enrichment

Unter einer **teilautonomen Gruppe**, auch selbststeuernde oder selbstverwaltende Gruppe genannt, ist nach Lattmann (1972, S. 27) eine Kleingruppe zu verstehen, „... der ein Aufgabenzusammenhang übertragen wird, dessen Regelung von ihr selber vorgenommen wird, so daß alle in ihr vorkommenden Tätigkeiten und Interaktionen von ihr selbst gesetzten Normen unterstellt sind". Es handelt sich demnach um eine **Arbeitsbereicherung auf Gruppenbasis**. Die teilautonome Arbeitsgruppe ist folglich dadurch charakterisiert, dass die Mitglieder dieser Gruppe bei der Lösung wesentlicher Aufgaben eigenverantwortlich zusammenarbeiten, wobei bei der Wahl der jeweiligen gruppeninternen Arbeitsstruktur die Gestaltungsmaßnahmen Job Enlargement, Job Enrichment und Job Rotation zur Anwendung gelangen können. Dabei zielt dieses Konzept auf eine Erweiterung des Realisations-, Entscheidungs- und Kontrollspielraumes der Mitarbeiter ab, wobei der Grad der Autonomie, die der Gruppe übertragen wird, charakteristisch für dieses Gruppenkonzept ist. Dabei reicht die Spannweite von der Festlegung der internen Arbeitsteilung über die Fixierung der Aufgabeninhalte und Produktionsverfahren bis hin zur Entscheidung über die Führung der Gruppe (vgl. Bühner 1986, S. 52). Mit dem Aufbau der **Produktionsinseln** erfuhr das Konzept der teilautonomen Gruppen eine weitere Verbreitung in der Produktion.

Unter **Job Rotation** (geplanter Arbeitsplatzwechsel) wird ein Tausch der Arbeitsplätze zwischen den Mitarbeitern verstanden, der entweder aufgrund eigener Initiative oder nach einem festgelegten Rhythmus erfolgt. Ziele dieses Ansatzes sind eine Unterbrechung der Monotonie, eine Reduzierung einseitiger Belastungen (z. B. bestimmter Muskelgruppen) und eine Förderung des Verständnisses für betriebliche Zusammenhänge, indem der Mitarbeiter vor- und nachgelagerte Bereiche kennenlernt (vgl. Bühner 1986, S. 17). **Gestaltungsparameter** sind dabei die **einzubeziehenden Arbeitsplätze**, die **Rotationsfolge** und das **Rotationsintervall** (die Dauer der einzelnen Folge). Die Arbeitsinhalte der einbezogenen Arbeitsplätze determinieren dabei entscheidend die an den jeweiligen Mitarbeiter zu stellenden Qualifikationsanforderungen. Häufig wird davon ausgegangen, dass beim Job Rotation Tätigkeiten der gleichen Ebene betrachtet werden und damit die Anforderungen an die jeweiligen Stellen keine zu große Streuung aufweisen, d. h. der Arbeitsbereicherungseffekt eher als niedrig zu bezeichnen ist: „Mehrere weitgehend sinnarme Arbeitsschritte im Austausch ergeben noch nichts sinnvolles Ganzes." (Rosenstiel 1980, S. 246). In diesem Fall, einer Zusammenfassung von überwiegend strukturell gleichartigen Tätigkeiten, kann Job Rotation als ein zeitlich sukzessives Job Enlargement interpretiert werden. Wird dieser engen Auffassung nicht gefolgt und im Rahmen des Job Rotations auch strukturell unterschiedliche Aufgaben einbezogen, dann ergeben sich ähnliche Wirkungen wie beim Job Enrichment mit der Chance einer umfassenden Höherqualifizierung. So betont Frese (1979, Sp. 153), dass die Konzeption des Job Rotations alternativ oder komplementär zum Job Enlargement zu sehen sei, d. h. sie i. d. R. dann sinnvoll ist, wenn die Einführung des Job Enlargements durch technologische Gegebenheiten nur begrenzt oder gar nicht realisierbar ist.

Bei der Wahl der zeitlichen Länge der Rotationsfolge ist zu beachten, dass

-   einerseits eine zu kurz gewählte Dauer Übungseffekte (vgl. Lerngesetz der industriellen Produktion) nur in geringem Umfang ermöglicht und
-   anderseits eine zu lang gewählte Dauer eventuell Einarbeitungszeiten bedingt (vgl. Zäpfel 2000b, S. 290).

3.1.2.2.1.2 Arbeitsumweltbedingungen

3.1.2.2.1.2.1 Soziale Aspekte

Im Rahmen ihrer Tätigkeit stehen die Mitarbeiter in der Unternehmung in horizontalen und vertikalen Interaktionen. Dies impliziert, dass Leistungsbereitschaft und -fähigkeit nicht nur durch individuelle Faktoren bestimmt werden, sondern auch durch die Leistung anderer Mitarbeiter, d. h., die individuelle Leistung des Mitarbeiters ist als Teil der Gruppenleistung zu erklären. Als Determinanten dieser sozialen Umweltbedingungen sind dann zu nennen (vgl. Sader 2000, S. 37 ff.):

-   Gruppenstruktur (sie umfasst die Gesamtheit aller Beziehungen zwischen den Individuen),
-   Gruppengröße,
-   Organisation der Gruppe, d. h.
    -- formal oder
    -- informell,
-   Gruppenkohäsion,
-   Gruppenzusammensetzung (Grad der Homogenität/Heterogenität) und
-   Gruppennormen.

Ohne auf diese einzelnen Komponenten einzugehen, ist zu betonen, dass sich aus den intra- und intergruppenmäßigen Beziehungen und durch die Einordnung der jeweiligen Gruppen die Notwendigkeit der **Führung** dieser sozialen Interaktionsprozesse ergibt (vgl. Reiß 1999, S. 241; Steinle 1992, Sp. 966 ff.). Dabei ist davon auszugehen, dass die Beziehung zwischen den Geführten und den Führern eine entscheidende Determinante der menschlichen Leistung darstellt, da hierdurch die Bedürfnisse nach **Wertschätzung** und nach **Selbstverwirklichung** maßgeblich befriedigt werden können. Im allgemeinen Sprachgebrauch wird Führung mit Lenken, Leiten und Beeinflussen in Einklang gebracht und weist folglich auf Interaktion hin. Führung beeinflusst damit ganz allgemein das Verhalten anderer Personen (zielgerichtete Verhaltensbeeinflussung, vgl. Hentze 1980, S. 47), d. h., Führung findet immer dort statt, wo mehrere Personen durch soziale Verbindung miteinander in Bezug stehen (**personale Führung**). Führung setzt somit die Existenz der folgenden Bedingungen voraus:

- eine Gruppe,
- eine gemeinsame Aufgabe und
- die Differenzierung der Verantwortung.

Wenn ferner berücksichtigt wird, dass der Führungsprozess keine einseitige Einflussnahme des Vorgesetzten in Bezug auf seine Mitarbeiter darstellt, sondern dass es sich hierbei um einen **Interaktionsprozess** zwischen Vorgesetztem und Untergebenen handelt, dann kann Führung wie folgt definiert werden: „Führung impliziert alle Versuche, in denen Personen in einem interaktiven Prozess (Vorgesetzter ⇔ Untergebener) auf das Verhalten der jeweils anderen Person(en) dergestalt Einfluß zu nehmen suchen, ein bestimmtes Ziel zu erreichen, wobei seitens des Führers eine dominante Einflußnahme auf die anderen Gruppenmitglieder ausgeht." (Brose/Corsten 1983, S. 113). Die Art und Weise dieser Verhaltensbeeinflussung wird als Führungsstil bezeichnet, d. h., unter einem **Führungsstil** kann damit die spezifische Form der Verhaltensbeeinflussung verstanden werden, die seitens des „Führers" im Interaktionsprozess mit seinen Geführten Anwendung findet. Der Führungsstil erfasst damit das Verhaltensmuster des Vorgesetzten, d. h., es geht um die grundsätzliche Handlungsmaxime des Vorgesetzten.

In der Literatur existiert eine Vielzahl an **Führungsstilmodellen**. Eine einfache Klassifikation von Führungsstilen geht auf Tannenbaum/Schmidt (1974, S. 60) zurück, die ein Kontinuum von Grundformen erfasst und der in erster Linie eine heuristische Funktion zukommt. Ausgangspunkt bildet dabei das Merkmal der Entscheidungsautorität, das dann dimensionalisiert wird (vgl. Steinle 1992, Sp. 968). Abbildung 3.1-25 gibt das Kontinuum unterschiedlichen Führungsverhaltens wieder.

Vorgesetztenorientierte Führung

Mitarbeiterorientierte Führung

Vom Vorgesetzten in Anspruch genommene Machtbefugnis

Handlungsspielraum der Mitarbeiter

Manager trifft und verkündet Entscheidungen	Manager „verkauft" Entscheidungen	Manager präsentiert Ideen und lädt zu Fragen ein	Manager präsentiert Entscheidungsvorschläge mit Änderungsmöglichkeiten	Manager präsentiert Probleme, nimmt Vorschläge auf und entscheidet	Manager definiert Grenzen und bittet die Gruppe um Entscheidung	Manager erlaubt Unterstellten eigene Funktionserfüllung innerhalb definierter Grenzen
autoritär	patriarchalisch	informierend	beratend	kooperativ	partizipativ	demokratisch

Abb. 3.1-25: Kontinuum des Führungsverhaltens

Trifft der Vorgesetzte die Entscheidung und gibt diese an den Untergebenen zur Ausführung mit Befehlcharakter weiter, dann liegt ein **autoritärer Führungsstil** vor. Sind die Mitarbeiter hingegen an der Willensbildung beteiligt, die unterschiedliche graduelle Abstufungen aufweisen kann, d. h., die Aktivitäten werden gleichmäßig auf den Führenden und die Geführten verteilt, dann handelt es sich um einen **demokratischen (kooperativen) Führungsstil** (einen Überblick über unterschiedliche Definitionen des kooperativen Führungsstils geben Wunderer/Grunwald 1980b, S. 38 ff.). Während damit bei einem autoritären Führungsstil eine strikte personale Trennung zwischen Entscheidungsprozess und Aufgabenausübung stattfindet, erfolgt bei einem demokratischen Führungsstil diese strikte Trennung der Entscheidungsfindung und Tätigkeitsausübung nicht, sondern alle Mitglieder einer Gemeinschaft besitzen (unterschiedliche) Möglichkeiten der Beteiligung an den Führungsaufgaben in der Form der Willensbildung und -durchsetzung. Damit lassen sich die folgenden Merkmale einer autoritären und kooperativen Führung herausstellen (vgl. Eckardstein/Schnellinger 1978, S. 88 und S. 101 f.):

- Merkmale eines **autoritären Führungsstils**:
  -- Interpersonale Trennung zwischen Entscheidung, Ausführung und Kontrolle;
  -- Entscheidungs- und Anweisungskompetenz liegen beim Vorgesetzten;
  -- Anweisungen sind vom Untergebenen auszuführen;
  -- Kontrollrecht liegt ausschließlich beim Vorgesetzten (Fremdkontrolle);
- Merkmale eines **demokratischen Führungsstils**:
  -- die strikte interpersonale Trennung von Entscheidung, Ausführung und Kontrolle ist gemildert;
  -- die ausschließliche Entscheidungskompetenz des Vorgesetzten wird durch ein Mitwirkungsrecht der Untergebenen substituiert;
  -- die Anweisungskompetenz des Vorgesetzten wird abgeschwächt, da die Untergebenen am Zustandekommen der Entscheidungen mitwirken;
  -- die Fremdkontrolle wird zur Selbstkontrolle, oder sie wird gemeinsam durch den Vorgesetzten und den Untergebenen ausgeübt;
  -- auch dem Untergebenen steht ein Kontrollrecht gegenüber seinem Vorgesetzten zu.

Neben dieser beschreibenden Erfassung unterschiedlicher Führungsstile wurden dann, insbesondere durch die Arbeiten von Fiedler (1967), **situative Führungsstilmodelle** entwickelt.

Die **Kontingenztheorie** (vgl. Fiedler 1967), die zwischen aufgaben- und personenorientierten Führungsstilen unterscheidet, beschreibt die Führungssituation durch die drei folgenden Dimensionen:

- **Führer-Mitglieder-Beziehung**: Hiermit werden das Vertrauen der Gruppe, das diese dem Führer entgegenbringt, und die Bereitschaft der Gruppe, den Anweisungen zu folgen, erfasst.

- **Aufgabenstruktur**: Sie gibt an, wie genau die zu realisierende Tätigkeit beschrieben ist, wobei zwischen wohlstrukturiert und vage unterschieden wird.

- **Positionsmacht**: Sie erfasst die Befugnisse des Führers, Belohnungen und Bestrafungen durchzuführen.

Auf der Grundlage eines Fragebogens versucht Fiedler diese Führungssituation zu erfassen und bildet acht unterschiedliche Führungssituationsklassen. Für jede dieser Klassen wird dann eine Empfehlung ausgesprochen, ob ein aufgaben- oder personenorientierter Führungsstil als zweckmäßig zu erachten ist. Da es nach Fiedler schwieriger ist, den Führungsstil als die Führungssituation zu ändern, ergibt sich unmittelbar die Notwendigkeit, die Manager dahingehend zu schulen, dass sie in der Lage sind, die für ihren Führungsstil geeignete Führungssituation zu identifizieren und zu schaffen (zu einer Modellüberprüfung vgl. Scholz 2000, S. 924 ff.). Trotz der gegen diesen Ansatz hervorgebrachten vielfältigen Kritik (vgl. z. B. Neuberger 1985, S. 160 ff.) ist es das Verdienst Fiedlers, auf den situativen Charakter der Führung hingewiesen und ihn hervorgehoben zu haben.

Die **Theorie der kognitiven Ressourcen** (vgl. Fiedler/Garcia 1987) geht von der These aus, dass die Intelligenz des Führers das Gruppenergebnis entscheidend prägt, wobei die Aufgabenart und die Gruppenkooperation bestimmen, inwieweit die Intelligenz des Führers tatsächlich den Ausschlag gibt. Die auf dieser Grundlage herausgearbeiteten sieben Fälle werden durch die beiden folgenden Extremalausprägungen begrenzt:

- Die intellektuellen Fähigkeiten sind dann entscheidend, wenn
  -- der Vorgesetzte ein direktes Verhalten zeigt,
  -- die Situation wenig stressbeladen ist,
  -- die zu erfüllende Aufgabe kognitive Ressourcen benötigt und
  -- die Gruppe den Vorgesetzten unterstützt.
- Zeigt der Vorgesetzte hingegen kein direktes Verhalten, und wird er nicht durch die Gruppe unterstützt, dann sind externe Einflussgrößen für die Gruppenarbeit von Bedeutung (zu einer kritischen Betrachtung vgl. Scholz 2000, S. 926 f.).

Auch **Vroom/Yetton** (1973) gehen davon aus, dass es keinen Führungsstil gibt, der für alle Situationen gültig ist, und knüpfen damit an die kontingenztheoretischen Grundannahmen an (vgl. Gabele 1992, Sp. 952). Es handelt sich hierbei jedoch um eine entscheidungsorientierte anwendungsbezogene Konzeption, in deren Mittelpunkt operationale Handlungsanweisungen hinsichtlich des zu praktizierenden Führungsstils stehen. Der Ansatz weist die drei folgenden Strukturelemente auf (vgl. Sydow 1981, S. 3):

- explizite Beschreibung der Führungssituation,
- Konkretisierung möglicher Führungsstile (möglichen Führungsverhaltens) und
- Angabe von Kriterien für die Wahl des optimalen Führungsstils.

Mit Hilfe von acht Fragen, die in Abbildung 3.1-26 wiedergegeben sind, versuchen Vroom/Yetton die Führungssituation zu erfassen (vgl. Böhnisch/Jago/Reber 1987, S. 86; Sydow 1981, S. 3).

A	Bedeutung der zu treffenden Entscheidung
B	Informiertheit des Führers in Bezug auf Entscheidungsqualität und -akzeptanz
C	Informiertheit der Geführten
D	Strukturiertheit des Entscheidungsproblems
E	Ausmaß der für eine effiziente Entscheidungsrealisation notwendigen Akzeptanz durch die Geführten
F	Akzeptanzwahrscheinlichkeit für die autokratische Entscheidung des Führers
G	Identifikation der Geführten mit dem Organisationsziel
H	Konflikt zwischen den Geführten über verschiedene Entscheidungs-alternativen

Abb. 3.1-26: Aspekte zur Erfassung der Führungssituation

Jedes dieser Situationsmerkmale wird in eine Frageform gebracht, die mit „Ja" oder „Nein" zu beantworten ist, so dass sich letztlich sechzehn Führungssituationen unterscheiden lassen, die in Abbildung 3.1-27 als Entscheidungsbaum erfasst werden (vgl. Sydow 1981, S. 4; Vroom 1981, S. 186).

Das Führungsverhalten konkretisieren Vroom/Yetton auf der Basis des Partizipationsgrades, d. h. der Beteiligung der Geführten an den Entscheidungen des Führers, und gelangen so zu folgenden Führungsstilen:

- A: autokratischer (autoritärer),
- C: konsultativer (beratender),
- D: delegativer und
- G: gruppenzentrierter.

Abbildung 3.1-28 gibt diese unterschiedlichen Führungsstile für Gruppen- und Individualprobleme wieder (vgl. Brose/Corsten 1983, S. 65; Sydow 1981, S. 5).

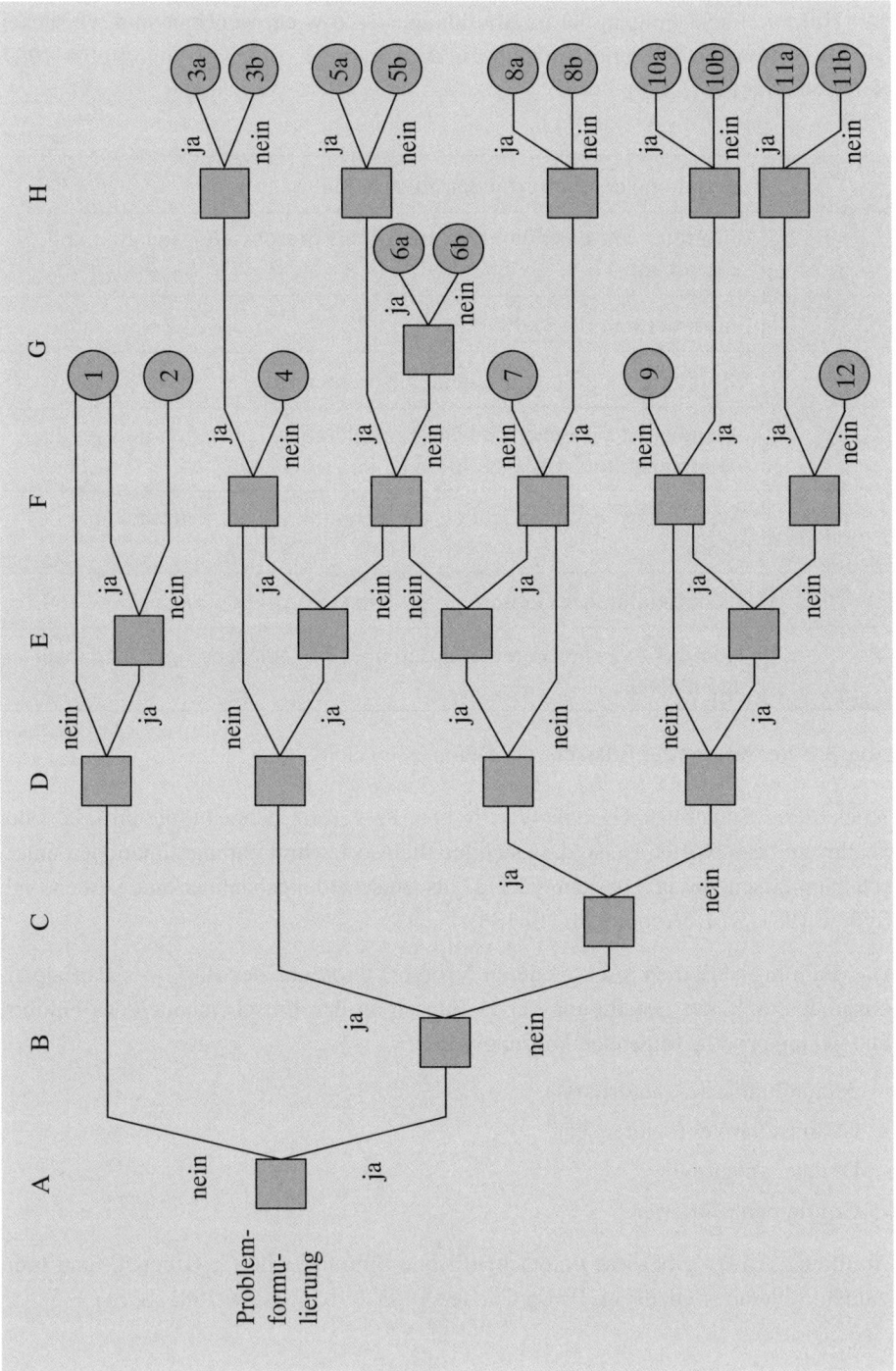

Abb. 3.1-27: Entscheidungsbaum der Problemtypen nach Vroom/Yetton

Die weiteren Überlegungen konzentrieren sich auf das gruppenorientierte Führungs-modell. Um die Führungsstile zu bestimmen, die für die Sicherung der Entschei-dungsqualität und -akzeptanz zweckmäßig sind, werden die folgenden Regeln aufge-stellt, von denen die ersten drei für die Qualität der Entscheidungen wichtig sind, während die restlichen vier als Auswahlkriterien dienen (vgl. Sydow 1981, S. 4 f.):

1. **Informationsregel**: Wenn der Führer nicht in ausreichendem Maße Informationen besitzt, dann kann er nicht autokratisch führen (A I).

2. **Ziel-Kongruenz-Regel**: Entsprechen die Ziele der Geführten nicht den Organisa-tionsregeln, dann kann der Führer nicht gruppenzentriert führen (G II).

3. **Strukturregel**: Besitzt der Führer nicht genug Informationen und liegt ein unstruk-turiertes Entscheidungsproblem vor, dann scheiden die Führungsstile aus, die die Interaktion der Gruppenmitglieder nicht fördern (A I, A II, C I).

4. **Akzeptanzregel**: Werden autokratische Führungsstile von den Gruppenmitglie-dern nicht akzeptiert, dann sollen diese nicht angewendet werden (A I, A II).

5. **Konfliktregel**: Werden autokratische Führungsentscheidungen nicht akzeptiert und herrscht bei den Geführten über die zu bevorzugende Alternative keine Ei-nigkeit, dann scheiden die Führungsstile aus, die keine Interaktion zur Konfliktlö-sung ermöglichen (A I, A II, C I).

6. **Fairnessregel**: Kommt es nur auf die Akzeptanz der Entscheidung an, dann soll der gruppenzentrierte Führungsstil (G II) angewandt werden, da dieser die Akzep-tanzwahrscheinlichkeit maximiert.

7. **Priorität der Akzeptanzregel**: Wird eine autokratische Führungsentscheidung nicht akzeptiert, aber die Geführten richten ihr Verhalten am Organisationsziel aus, dann soll der gruppenzentrierte Führungsstil (G II) angewandt werden, da hierdurch die Akzeptanzwahrscheinlichkeit maximiert wird.

Auf dieser Basis lassen sich dann den unterschiedlichen Führungssituationen mögli-che Führungsstile zuordnen, wie dies aus Abbildung 3.1-29 hervorgeht.

Der Ansatz von Vroom/Yetton führt damit zu normativen Aussagen. Durch die An-wendung des Entscheidungsbaumes wird den einzelnen Führungssituationen dann der optimale Führungsstil zugeordnet (es sei angemerkt, dass das Modell mehrfach revi-diert wurde, so dass die Darstellungen in der Literatur teilweise im Detail voneinander abweichen).

Ein weiteres Modell, das zwischen

- Sachorientierung und

- Menschenorientierung

unterscheidet, geht auf Blake/Mouton (1980) zurück. Durch Kombination dieser bei-den Dimensionen ergibt sich dann das in Abbildung 3.1-30 dargestellte **Verhaltens-gitter** (vgl. Scholz 2000, S. 939 f.).

Gruppenprobleme	Individualprobleme

A I: Sie lösen das Problem selbst oder treffen selbst die Entscheidung; dabei nutzen Sie Informationen, die Ihnen zur Zeit zur Verfügung stehen.

A II: Sie holen die notwendigen Informationen von Ihren Mitarbeitern (Ihrem Mitarbeiter) ein und entscheiden dann selbst über die Lösung des Problems. Bei der Einholung der Information können Sie den Mitarbeitern (dem Mitarbeiter) sagen oder auch nicht sagen, worum es geht. Seine (Ihre) Rolle bei der Entscheidung ist, Ihnen notwendige Informationen zu geben, aber nicht, alternative Lösungen zu entwickeln oder zu bewerten.

C I: Sie diskutieren das Problem mit einzelnen Mitarbeitern, holen Vorschläge und Ideen ein, ohne sie aber als Gruppe zusammenzuholen. Dann treffen Sie die Entscheidung, die von den Mitarbeitern beeinflusst sein kann oder nicht.

C I: Sie diskutieren das Problem mit dem Mitarbeiter, holen individuell seine Vorschläge und Ideen ein. Dann treffen Sie die Entscheidung, die von dem Mitarbeiter beeinflusst sein kann oder nicht.

C II: Sie diskutieren das Problem mit den Mitarbeitern als Gruppe und holen ihre gemeinsamen Ideen und Vorschläge ein. Dann treffen Sie die Entscheidung, die vom Einfluss Ihrer Mitarbeiter geprägt sein kann oder auch nicht.

G I: Sie diskutieren das Problem mit Ihrem Mitarbeiter und analysieren es zusammen mit ihm und gelangen zu einer Lösung, der Sie beide zustimmen können.

G II: Sie diskutieren das Problem mit den Mitarbeitern als Gruppe. Zusammen entwickeln und bewerten Sie Alternativen und versuchen, Konsens für eine Lösung zu erreichen. Ihre Rolle ähnelt der eines Diskussionsleiters. Sie versuchen nicht, die Gruppe zur Annahme „Ihrer" Lösung zu beeinflussen und sind bereit, jede Lösung zu akzeptieren und auszuführen, die die Zustimmung der gesamten Gruppe findet.

D I: Sie delegieren das Problem Ihrem Mitarbeiter, geben ihm alle relevanten Informationen, die Sie besitzen und übertragen ihm die Verantwortung, das Problem selbst zu lösen. Sie können von ihm verlangen oder auch nicht, dass er Ihnen mitteilt, zu welcher Lösung er gekommen ist.

Abb. 3.1-28: Klassifikation der Entscheidungsprobleme

Führungssituation	Führungsstil
1	A I, A II, C I, C II, G II
2	G II
3a	A I, A II, C I, C II, G II
3b	A I, A II, C I, C II, G II
4	A I, A II, C I, C II
5a	G II
5b	G II
6a	C II
6b	C I, C II
7	A II, C I, C II
8a	A II, C I, C II, G II
8b	A II, C I, C II, G II
9	C I
10a	C II, G II
10b	C II, G II
11a	G II
11b	G I
12	C II

Abb. 3.1-29: Zulässige Entscheidungsformen für Gruppenprobleme

Durch die Einteilung der Dimensionen in eine neunstufige Skala ergeben sich 81 denkbare Kombinationen, wobei die Autoren nur fünf unterschiedliche **Führungsstile** konkretisieren:

- 1.1: Geringstmögliche Einwirkung auf die Arbeitsleistung und die Mitarbeiter.
- 1.9: Sorgfältige Beobachtung der zwischenmenschlichen Beziehungen führt zu einer bequemen und freundlichen Atmosphäre und zu einem entsprechenden Arbeitstempo.
- 5.5: Ausreichende Arbeitsleistung wird durch das Ausbalancieren der Notwendigkeit zur Arbeitsleistung und zur Aufrechterhaltung der zu erfüllenden Arbeitsleistung möglich.

- 9.1: Wirksame Arbeitsleistung wird erreicht, ohne dass viel Rücksicht auf zwischenmenschliche Beziehungen genommen wird.

- 9.9: Hohe Arbeitsleistung von begeisterten Mitarbeitern. Verfolgung des gemeinsamen Zieles führt zu gutem Verhalten.

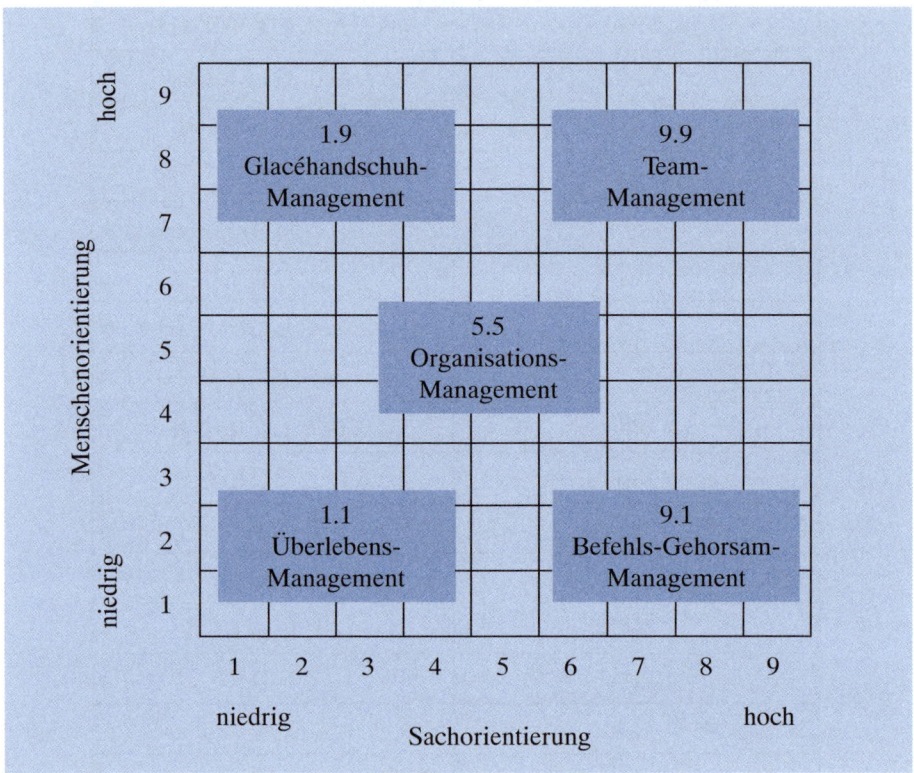

Abb. 3.1-30: Verhaltensgitter (Managerial Grid) nach Blake/Mouton

Neben dieser deskriptiven Vorgehensweise weist dieses Konzept einen normativen Charakter auf, da es lediglich die Kombination 9.9 als erstrebenswert erachtet, während die anderen Ausprägungen als unpraktisch, zu idealistisch oder unmöglich bezeichnet werden (vgl. Steinle 1992, Sp. 974). Damit hängt der Führungsstil nicht mehr von den situativen Gegebenheiten ab, sondern es gibt einen als optimal zu erachtenden Führungsstil, so dass die Autoren die Grundannahme der situativen Führungsmodelle verlassen.

Der **3-D-Ansatz** von Reddin (1981) geht von den Situationsvariablen Organisation, Arbeitsweise, Vorgesetzter, Arbeitskollegen und Untergebene aus und unterscheidet vier Grundstile:

- **Verfahrensstil**, der durch Regeln und Vorschriften geprägt ist;
- **Beziehungsstil**, bei dem der Manager um ein gutes Verhältnis zu seinen Mitarbeitern bemüht ist;
- **Aufgabenstil**, bei dem die Leistung und das Arbeitsergebnis im Vordergrund stehen;
- **Integrationsstil**, bei dem den Aufgaben- und Beziehungskomponenten gleiche Bedeutung zukommt.

Das 3-D-Modell kennt keinen besten Führungsstil, sondern betrachtet die Effektivität eines Führungsstils in Abhängigkeit von der jeweiligen Situation, die durch die angeführten Situationsvariablen erfasst wird. Es kann folglich von einem **Situationsmanagement** gesprochen werden (vgl. Steinle 1992, Sp. 975).

Das **Reifegradmodell** von Hersey/Blanchard (1982) ist geprägt durch den aufgabenrelevanten Reifegrad, der sich aus

- der stellenbezogenen Reife und
- der psychologischen Reife

ergibt. Aus der Kombination von Aufgaben- und Beziehungsorientierung ergeben sich dann vier Führungsstile:

- **autoritärer Führungsstil**, der durch eine hohe Aufgaben- und eine niedrige Beziehungsorientierung gekennzeichnet ist;
- **delegationszentrierter Führungsstil**, der sich aus einer niedrigen Beziehungs- und einer niedrigen Aufgabenorientierung ergibt;
- **partizipativer Führungsstil**, bei dem eine hohe Beziehungs- und eine niedrige Aufgabenorientierung vorliegt;
- **integrierender Führungsstil**, der durch eine hohe Aufgaben- und hohe Beziehungsorientierung gekennzeichnet ist.

Die Autoren propagieren dabei einen Wechsel des Führungsstils entlang einer Entwicklungskurve in Abhängigkeit vom zunehmenden Reifegrad des Mitarbeiters. Auch wenn alle Führungsstile als angemessen erachtet werden, so befürworten Hersey/Blanchard doch eine Entwicklung in Richtung Delegationsstil (vgl. Scholz 2000, S. 942 ff.).

Bei einer **vergleichenden Gegenüberstellung** der Führungsstile wird in der Literatur (vgl. z. B. Steinmann 1974, S. 99 f.) häufig von einer generellen Überlegenheit des kooperativen gegenüber dem autoritären Führungsstil ausgegangen, und zwar auf der Grundlage der folgenden Argumente:

- Stärkung des Zusammengehörigkeitsgefühls der Gruppenmitglieder,
- besserer Gesamtüberblick für die Gruppenmitglieder,
- Verringerung möglicher Konflikte,
- besseres Gruppenklima und
- Begünstigung der persönlichen Entfaltungsmöglichkeiten der Mitarbeiter.

Auf der Grundlage einer Analyse von 100 Quellen gelangt Seidel (1977, S. 93 ff. und 1978, S. 526 ff.) jedoch zu dem Ergebnis, dass es keine gehaltvollen Effizienzkriterien für die Überlegenheit des kooperativen Führungsstils gibt. Dies bedeutet, dass die Frage nach einem optimalen Führungsstil nur unter Beachtung der jeweiligen situativen und individuellen Gegebenheiten beantwortet werden kann, d. h., die Allgemeingültigkeit ist bereits durch unterschiedliche Persönlichkeitsstrukturen eingeschränkt: „So kommt beispielsweise ein autoritärer Führungsstil einem im autoritären Denken verhafteten Menschen entgegen, da ein solcher Mitarbeiter tendenziell unselbständiges und weisungsbezogenes Arbeiten gewöhnt ist und sich weiterhin durch treue und kritiklose Ergebenheit gegenüber seinem Vorgesetzten, durch Widerstand gegen Änderungen und durch eigenes autoritäres Führungsverhalten gegenüber seinen Untergebenen kennzeichnen läßt." (Pfeiffer/Dörrie/Stoll 1977, S. 92). Demgegenüber ist ein Mitarbeiter, der im Rahmen seiner Tätigkeit nach einer Befriedigung der Wertschätzungs- und Selbstverwirklichungsbedürfnisse strebt, an einem kooperativen Führungsstil interessiert. Hieraus lässt sich auch das unterschiedliche Interesse erklären, das von Mitarbeitern der Partizipation entgegengebracht wird.

Da diese Ausführungen grundsätzlich auf alle relevanten Merkmale von Führungsstilen zutreffen, kann der Aussage Bleichers (1974, S. 201) weiterhin zugestimmt werden, dass die Behauptungen, den „richtigen Führungsstil" gefunden zu haben, suspekt erscheinen. Diese Ausführungen machen deutlich, dass es keinen generell überlegenen Führungsstil gibt, sondern die Wahl des Führungsstils an den situationsspezifischen Gegebenheiten auszurichten ist. Als situative Komponenten seien dabei genannt:

- die zu verrichtende Aufgabe,
- der Bildungs- und Qualifikationsstand der Mitarbeiter und
- die Motivationsstruktur der Mitarbeiter.

Tendenziell lässt sich dann folgendes feststellen:

- Der autoritäre Führungsstil ist in **regressiven Leistungsprozessen**, d. h. in routinisierbaren und programmierbaren Leistungsvorgängen, tendenziell erfolgreicher.
- Der kooperative Führungsstil erscheint geeigneter für **progressive Leistungsprozesse**, d. h. im Fall von innovativen und nicht programmierbaren Leistungsvorgängen, da in diesen Fällen eine autoritäre, singulär ausgerichtete Führungsform eher hinderlich ist.

3.1.2.2.1.2.2 Sachliche Aspekte

Zu den sachlichen Arbeitsumweltbedingungen gehören Anlagen, Werkzeuge, Mess- und Prüfgeräte, Werkbänke etc. und darüber hinaus die physikalische Arbeitsumgebung. Diese Komponenten werden zum sogenannten Sachsystem zusammengefasst. Wird zum Arbeitssystem das Sachsystem und das soziale Element Mensch subsumiert, dann lässt sich dieses als **sozio-technisches System** charakterisieren. Im Rahmen der Gestaltung von Sachsystemen steht die Auslegung des jeweiligen sachlichen

Elementes, und zwar an den Menschen angepasst, im Zentrum des Interesses. Ziel ist es dabei, durch die Gestaltung des Sachsystems positiv auf die Leistungsbereitschaft und -fähigkeit einzuwirken, d. h. leistungsfördernde Arbeitsverhältnisse zu schaffen. Diese Problembereiche, die Gegenstand der Arbeitswissenschaft als einer interdisziplinär orientierten Wissenschaft der menschlichen Arbeit sind, können in einer Einführung in die Produktionswirtschaft nicht ausführlich diskutiert werden. Es sei deshalb auf die entsprechende Spezialliteratur verwiesen (vgl. z. B. Bokranz/Landau 1991; Hackstein 1977; Schmidtke 1994). Als Problembereiche seien aufzählend erwähnt:

- Gestaltung optischer Informationsträger (Ableseinstrumente),
- richtiger Abstand von den Betrachtungsobjekten,
- richtige Beleuchtung,
- körpergerechte Griffhaltung (Form, Abmessung, Material),
- Anordnung der Bedienungselemente (nach dem Kriterium der Wichtigkeit),
- sicherheitstechnische Sachmittelgestaltung,
- physiologisch angemessene Gestaltung des Sachsystems:
  -- Prinzip der körpergrößengerechten (anthropometrischen) Gestaltung des Sachsystems und
  -- Prinzip der körperfunktionsgerechten Gestaltung des Sachsystems:
    • körperfunktionsgerechte Gestaltung der Arbeitsweise und
    • körperfunktionsgerechte Gestaltung der physikalischen Arbeitsumgebung (Klimaverhältnisse, Lärmverhältnisse, Beleuchtungsverhältnisse, Schwingungsverhältnisse, Staubverhältnisse),
- psychologische Aspekte der Gestaltung des Sachsystems, z. B. sinnliche Bereicherung über Farbgestaltung mit dem Ziel der motivationalen Verbesserung der sachlichen Arbeitsumweltbedingungen und
- räumliche Verhältnisse, mit denen der Mitarbeiter konfrontiert ist.

3.1.2.2.1.2.3 Zeitliche Aspekte

Es ist zu beachten, dass im Rahmen der Gestaltung der Arbeitszeit und Pausen rechtliche und tarifvertragliche Rahmenbedingungen zu berücksichtigen sind. Hierzu zählen: Arbeitszeitgesetz (ArbZG), Gewerbeordnung (GewO), Mutterschutzgesetz (MuSchG), Jugendarbeitschutzgesetz (JArbSchG) und die tariflichen Vereinbarungen (zu rechtlichen Restriktionen vgl. Hamel 1992, Sp. 449 ff.).

Nach § 2 ArbZG ist Arbeitszeit die Zeit vom Beginn bis zum Ende der Arbeit ohne die Ruhepausen (werktägliche Arbeitszeit § 3 ArbZG). Aufgabe einer Ruhepause ist es, dem Menschen in ausreichendem Maße die Möglichkeit zur Regeneration zu gewähren, d. h., die durch die effektive Arbeitszeit hervorgerufene Ermüdung und der damit einhergehende Leistungsrückgang sollen durch Unterbrechung der Arbeit zumindest teilweise ausgeglichen werden (vgl. Pfeiffer/Dörrie/Stoll 1977, S. 126). Wird der durch eine Pause verursachte Produktionsausfall durch eine höhere Arbeitsproduktivität nach deren Beendigung kompensiert oder sogar überkompensiert, dann wird dieser Sachverhalt als eine „lohnende Pause" bezeichnet. Generell ist bei körperlicher Arbeit davon auszugehen, dass eine größere Anzahl kürzerer Pausen mit keiner höheren Erholungswirkung einhergeht, als dies bei einer geringeren Anzahl längerer Pausen der Fall ist. Dabei sind jedoch auch Effekte wie Übungsgewinne und -verluste zu berücksichtigen. Als relevante Einflussgrößen für eine **effektive Pausengestaltung** sind zu nennen:

- Ermüdung (Arbeitsbelastung),
- Erholung,
- Tagesrhythmikkurve,
- Lage und Dauer der Pause (Übungsgewinne, -verluste),
- Produktionstechnologie und
- gesetzliche und tarifliche Vereinbarungen.

Neben den ex ante festgelegten Pausen, die als **geplante Pausen** zu bezeichnen sind, gibt es **ungeplante Pausen**, die personen- oder ablaufbedingt sein können. Während ablaufbedingte ungeplante Pausen z. B. durch Störungen in den Zulieferungen begründet sein können, haben personenbedingte Pausen ihre Ursache darin, dass der menschliche Organismus nicht ununterbrochen körperliche und/oder geistige Leistungen erbringen kann.

Die Arbeitsdauer ist durch gesetzliche und tarifliche Vereinbarungen fixiert. Temporär ist diese Zeitspanne durch Überstunden oder Kurzarbeit veränderbar. Dabei können die Regelungen der täglichen, wöchentlichen, monatlichen und jährlichen Arbeitszeit starr oder in bestimmten Grenzen variabel sein. Bei einer **starren Arbeitszeitregelung** sind Beginn und Ende der täglichen Arbeitszeit und Lage sowie Dauer der Pausen fixiert. Damit erstreckt sich die diesbezügliche Gestaltung durch die Unternehmung auf die Fixierung dieser Zeitpunkte. Ein Problem, das in diesem Zusammenhang insbesondere aus produktionstechnologischen Gründen auftritt, ist in der **Schichtarbeit** zu sehen. Wie bereits aus der Tagesrhythmikkurve ersichtlich ist, muss davon ausgegangen werden, dass in der Spät- und Nachtschicht eine geringere Leistung durch die Mitarbeiter erbracht wird. Auch wenn der menschliche Körper durch Umgewöhnung in der Lage ist, die Tagesrhythmikkurve in bestimmten Grenzen zu beeinflussen, so darf nicht verkannt werden, dass Nachtarbeit unter arbeitsphysiologischen Gesichtspunkten äußerst problematisch ist, zumal der periodische Wechsel der Schichtzeiten eine Umstellung des Mitarbeiters erfordert.

Demgegenüber kann Schichtarbeit unter ökonomischen Gesichtspunkten sinnvoll sein, wenn etwa bei kapitalintensiven Produktionsanlagen die Leerzeiten gesenkt werden sollen.

Neben einer festen Arbeitszeitregelung, die durch eine uniforme Gestaltung der Arbeitszeit charakterisiert ist, werden Arbeitszeitmodelle zur **Arbeitszeitflexibilisierung** diskutiert, deren Gestaltungsparameter

- die Länge und
- die Lage

der Arbeitszeit sind. Einen ersten Ansatz stellt die **gleitende** (flexible) **Arbeitszeit** dar, die dem Mitarbeiter die Möglichkeit bietet, seine tägliche Arbeitszeit im Rahmen bestimmter Bandbreiten selbst zu gestalten, d. h., er kann am Morgen mit seiner Arbeit innerhalb einer vorgegebenen Zeitspanne beginnen und am Nachmittag innerhalb einer zweiten Zeitspanne beenden. Dabei ist zu beachten, dass alle Mitarbeiter innerhalb einer sogenannten **Kernzeit** (auch Pflichtarbeits-, Kontakt- oder Blockzeit genannt) in der Unternehmung anwesend sein müssen. Abbildung 3.1-31 gibt das Grundprinzip der variablen Arbeitszeit wieder.

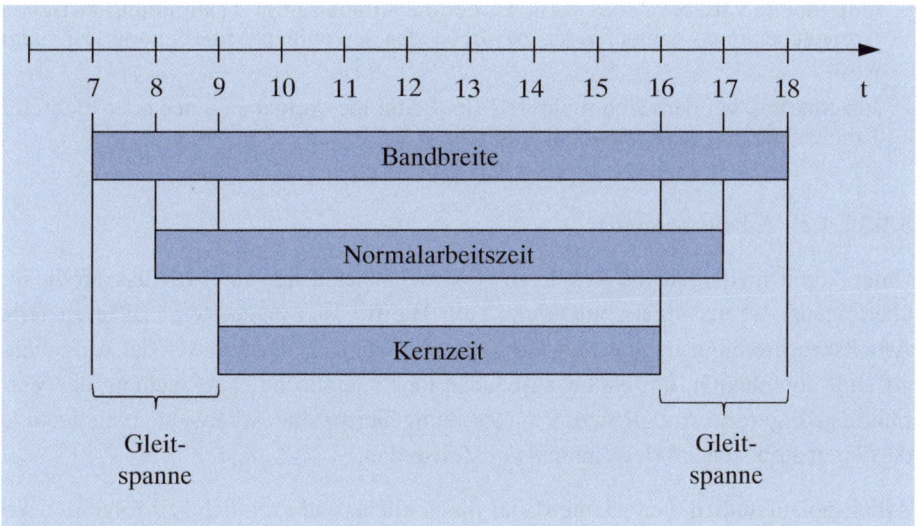

Abb. 3.1-31: Grundprinzip der gleitenden Arbeitszeit

Innerhalb der angegebenen Gleitspannen kann der Mitarbeiter seine Anwesenheit individuell gestalten, wobei allerdings Zeitminderstand und -guthaben innerhalb eines bestimmten Zeitraumes (z. B. einem Monat) ausgeglichen werden müssen, oder in begrenztem Umfang eine Zeitübertragung in den nächsten Zeitraum vorgenommen werden kann. Die flexible Arbeitszeitregelung lässt damit die verschiedensten Ausprägungen zu, und zwar hinsichtlich

- der Lage und Länge der Kernzeit,
- der Verrechnungsart entstehender Zeitsalden und
- der Übertragbarkeit von Zeitguthaben (vgl. Kern 1992, S. 192).

Die Einführung der gleitenden Arbeitszeit ist allerdings an die Zustimmung des Betriebsrates oder des Personalrates gebunden. Erfahrungen mit der gleitenden Arbeitszeit zeigen, dass eine Reduzierung der Fluktuationsrate und der Abwesenheitsquote beobachtet werden konnte. Dies bedeutet, dass die flexible Arbeitszeitregelung tendenziell mit einer positiven Wirkung auf die Arbeitsmotivation einhergeht.

Eine spezifische Erscheinungsform stellen die **gleitenden Übergänge** dar. So kann ein Mitarbeiter z. B. beim gleitenden Übergang in den Ruhestand in den letzten Jahren vor seinem Eintritt in den Ruhestand eine stetige Reduzierung der Arbeitszeit realisieren. Hiermit wird aber bereits ein Übergang zu den sogenannten Teilzeitmodellen vollzogen (vgl. Marr 1996, Sp. 162). Neben der klassischen Form der **Teilzeitmodelle,** bei der eine Teilung von Arbeitsplätzen in Halbtagsarbeitsplätze vorgenommen wird, lassen sich die folgenden Erscheinungsformen differenzierend nennen:

- **kapazitätsorientierte variable Arbeitszeit,** bei der die Unternehmung in Abhängigkeit von der konkreten Beschäftigungssituation die Arbeitszeit verändern kann;

- **individuelle variable Arbeitszeit,** bei der die Arbeitszeit in Abstimmung zwischen Arbeitgeber und -nehmer oder zwischen den jeweiligen Mitarbeitern festgelegt wird;

- **Job-Sharing,** bei dem sich mehrere Mitarbeiter die Aufgaben eines oder mehrerer Arbeitsplätze eigenverantwortlich teilen.

3.1.2.2.1.3 Arbeitsmethodik

Unter Arbeitsmethodik sind Regeln zu verstehen, nach denen eine Arbeitskraft die ihr übertragene Arbeitsaufgabe ausführen soll. Hierfür ist zunächst eine **differenzierte Arbeitsbeschreibung** erforderlich, d. h. eine systematische Deskription der Aufgabenart und -komplexität, um darauf aufbauend eine analytische Untersuchung der **Verrichtungsfolgen** zu ermöglichen. Voraussetzung hierfür sind Arbeitsablaufstudien und die darauf aufbauenden Bewegungs- und Zeitstudien.

Arbeitsablaufstudien analysieren dabei die zeitliche und räumliche Abfolge der Arbeitsvorgänge, die bei der Erstellung einer Problemlösung erforderlich sind. Dabei können derartige Arbeitsablaufstudien unter unterschiedlichen Aspekten durchgeführt werden, wie Abbildung 3.1-32 zeigt (REFA 3 1976, S. 99).

Demgegenüber verfolgen **Bewegungsstudien** das Ziel, optimale Bewegungen und Bewegungsabläufe zu ermitteln. Hierzu ist es erforderlich, kleinste Bewegungen und deren Abfolge zu analysieren (vgl. hierzu auch die Ausführungen zu den Systemen vorbestimmter Zeiten). Im Zentrum der Überlegungen stehen dabei die von Hand ausgeführten Bewegungsabläufe. Nach REFA (3 1976, S. 138 ff.) lassen sich dabei die drei folgenden **Gestaltungsprinzipien** unterscheiden:

- das Prinzip der Bewegungsvereinfachung,
- das Prinzip der Bewegungsverdichtung und
- das Prinzip der Mechanisierung der Bewegungen.

Aspekte der Arbeits-, Arbeitssystem- bzw. Ablaufanalyse	Gebräuchliche Instrumente
Zeitliche Folge der Ablaufschritte	Zeitaufnahme, Balkendiagramm, Netzplan
Logische Folge der Ablaufschritte	Flussdiagramm, Netzplan
Räumliche Darstellung des Ablaufs	Materialflussanalyse
Menschliche Aspekte: - Arbeitsmethoden - Beanspruchung - Arbeitsanforderungen - Menschliche Leistung - Andere ergonomische Aspekte - Sozial-psychologische und organisatorische Aspekte	Bewegungsanalyse Belastungsanalyse Arbeits- bzw. Anforderungsanalyse, -beschreibung, -bewertung Analytische Leistungsbewertung Sicherheitsstudie, Arbeitszerlegung zur Arbeitsunterweisung Organisationsstudie
Technische Aspekte: - Arbeitsverfahren - Betriebsmitteleinsatz und -nutzung - Materialfluss - Andere technische Arbeitsbedingungen	Technologische Studie Betriebsmittelstudie (z. B. in Form einer Multimomentaufnahme) Materialflussstudie Werkstoffprüfung

Abb. 3.1-32: Unterschiedliche Aspekte von Arbeitsanalysen nach REFA

Ausgangspunkt der Bewegungsvereinfachung sind die einzelnen Bewegungselemente. Ziel ist es, die Bewegungselemente so zu vereinfachen, dass die dafür erforderliche Zeit und die Belastung minimal werden. Hierzu seien folgende Beispiele genannt:

- Vereinfachung von Fügebewegungen durch das Anbringen von Fasen am Stift und an der Bohrung,
- Erleichterung des Fügens durch Montagehilfen und Anschläge an den Betriebsmitteln,
- Vermeidung von zu großen Greifabständen,
- Erleichterung des Greifens flacher Teile durch spezielle Unterlagen mit besonderen Hilfsmitteln,
- griffgünstiges Anordnen der Greifbehälter und
- Vermeidung des Greifens der Teile in der falschen Reihenfolge.

Das Prinzip der Bewegungsvereinfachung strebt damit eine zweckmäßige Gestaltung und Anordnung der Betriebsmittel durch konstruktive Maßnahmen an, wobei die einzelnen Bewegungselemente im Zentrum des Interesses stehen.

Demgegenüber verfolgt das **Prinzip der Bewegungsverdichtung** eine Optimierung der Abfolge von Bewegungsabläufen, d. h., es setzt am gesamten Ablauf an. Diesem Ziel kann durch folgende Maßnahmen Rechnung getragen werden:

- Beidhandarbeit,
- Beseitigung oder Vermeidung unproduktiver Ablaufabschnitte und
- Speicherkopplung (dabei wird die Bewegungsenergie einer notwendigen Bewegung direkt benutzt, um eine nachfolgende Arbeit zu verrichten).

Während sich mit den Prinzipien der Bewegungsvereinfachung und Bewegungsverdichtung ohne grundlegende Veränderungen der Sachsystemstruktur und damit mit relativ geringen Investitionsmitteln verhältnismäßig hohe Zeitreduktionen realisieren lassen, ist dies bei der Anwendung des **Prinzips der Mechanisierung der Bewegungen und Bewegungsabläufe** nicht gegeben. So zeigen empirische Untersuchungen, dass eine 75%ige Stückzeitreduktionen mit ca. 25 % der für eine Vollmechanisierung nötigen Investitionen erreichbar ist. Werden darüber hinausgehende Zeitreduktionen angestrebt, dann bedingen diese deutlich höhere Investitionen. Aufgabe der Bewegungsstudien ist es, den Punkt einer maximalen Bewegungsvereinfachung und -verdichtung zu realisieren, um dann auf dieser Grundlage mit Hilfe von Wirtschaftlichkeitsrechnungen Ansatzpunkte für Mechanisierungen der Bewegungen und Bewegungsabläufe aufzuzeigen.

3.1.2.2.2 Monetäre Einflussgrößen

3.1.2.2.2.1 Arbeitsentgelt

Zum Arbeitsentgelt gehören alle von der Unternehmung an den Mitarbeiter geleisteten Entgelte. Eine zentrale Problemstellung in diesem Zusammenhang ist die Forderung nach **Lohngerechtigkeit**, da ein von Mitarbeitern als ungerecht empfundenes Lohnsystem mit negativen Wirkungen auf die Arbeitsleistung einhergeht. Als empirisch gesichert kann der Sachverhalt gelten, dass zwischen der Höhe des Arbeitseinkommens und der Zufriedenheit des Mitarbeiters eine eindeutige Beziehung besteht. Dabei kommt es weniger auf die absolute Höhe als vielmehr auf die **relative Höhe des Lohnes** an, d. h. auf das Verhältnis der verschiedenen Löhne zueinander (Gestaltung der betrieblichen Lohnstrukturen). Dabei spielt das Geld eine äußerst differenzierte Rolle, da sich mit seiner Hilfe (Instrumentalfunktion) eine Vielzahl individueller Bedürfnisse befriedigen lassen. So verleiht Geld häufig ein gewisses Ansehen und ist damit ein Statussymbol. Neben dieser **Instrumentalfunktion** hat es eine **Rückkopplungsfunktion** in dem Sinne zu erfüllen, dass es als Gradmesser dafür herangezogen wird, wie die Leistung des Mitarbeiters von anderen bewertet wird (vgl. Schanz 1979, S. 177).

Als Grundlage für die Beurteilung der Lohngerechtigkeit kann der Mitarbeiter

- horizontale und vertikale **innerbetriebliche Lohnvergleiche** und
- horizontale und vertikale **zwischenbetriebliche Lohnvergleiche**

durchführen. Treten bei einem derartigen Vergleich Diskrepanzen auf, etwa

- weil gleichschwierig empfundene Arbeiten unterschiedlich entlohnt werden oder
- zwischen Tätigkeiten unterschiedlicher Anforderungsarten zu kleine oder zu gro-ße Differenzierungen erfolgen,

dann wird das Lohnsystem als ungerecht empfunden. Zu unterscheiden ist dabei jedoch zwischen einer tatsächlichen und einer subjektiv empfundenen Diskrepanz. Während erstere etwa durch eine methodisch unzureichende Arbeits- und Leistungsbewertung hervorgerufen werden kann, kann es sich im zweiten Fall um eine unzureichende Informationsbereitstellung handeln, die eine Lohnintransparenz hervorruft.

Ein zentraler Punkt im Rahmen der Lohngerechtigkeit ist der Grundsatz der Äquivalenz von Lohn und Leistung, den Kosiol (1962, S. 29) als **Äquivalenzprinzip** bezeichnet, das er weiter aufspaltet in die beiden Komponenten

- Äquivalenz von Lohn und Anforderungsgrad und
- Äquivalenz von Lohn und Leistungsgrad.

Darüber hinaus muss eine Unternehmung im Rahmen der Entlohnung den sozialen Status und die individuellen sozialen Bedingungen der Mitarbeiter berücksichtigen. Dieser Teil des Entgeltes wird auch als **Soziallohn** bezeichnet, der sich in zwei Teilbereiche weiter aufspalten lässt:

- gesetzlich oder tariflich vorgeschriebene Sozialleistungen (z. B. nach dem Lebensalter und Familienstand gestaffelte Entgelte, bezahlter Urlaub) und
- freiwillige Sozialleistungen (z. B. betriebliche Altersversorgung).

Oberstes Ziel im Rahmen der Gestaltung des Arbeitsentgeltes stellt dabei immer die Realisation einer relativen Lohngerechtigkeit dar, d. h., es soll ein **anforderungsgerechter, leistungsgradgerechter** und **sozialgerechter Lohn** verwirklicht werden. Anforderungsgerecht bedeutet dabei, dass Tätigkeiten mit unterschiedlichem Schwierigkeitsgrad im Rahmen der Entlohnung unterschiedlich behandelt werden. Voraussetzung dafür ist jedoch, dass die unterschiedlichen Anforderungsgrade, die an die jeweiligen Tätigkeiten geknüpft sind, bestimmt werden müssen. Eine Basis hierfür stellen die Methoden der Arbeitsbewertung dar. Sind auf der Grundlage einer Arbeitsbewertung die jeweiligen Arbeitswerte für die Tätigkeiten ermittelt worden, dann ist diesen Ergebnissen im Rahmen einer **Lohnsatzdifferenzierung** Rechnung zu tragen. Ferner müssen in den Lohnsätzen auch unterschiedliche Leistungsgrade der Mitarbeiter berücksichtigt werden. Dies geschieht mit Hilfe der sogenannten **Leistungsbewertung**. Während eine Lohnsatzdifferenzierung auf der Grundlage einer Arbeitsbewertung unabhängig von einer bestimmten Arbeitskraft erfolgt, d. h. nur unter Beachtung der zu beurteilenden Tätigkeit, fließen in die Leistungsbewertung individuelle Unterschiede ein (vgl. Bühner 1986, S. 73; Eckardstein/Schnellinger 1978, S. 147 ff.; Wibbe 1979, Sp. 104).

3.1.2.2.2.1.1 Arbeitsbewertung als Grundlage einer gerechten Entlohnung

Aufgabe der Arbeitsbewertung ist die Beurteilung der Arbeitsschwierigkeit. Voraussetzung hierfür sind Arbeitsanalyse und Arbeitsbeschreibung. Ziel der Arbeitsbewertung ist es folglich, auf der Grundlage einer Anforderungsanalyse die in einer Unternehmung zu vollziehenden Arbeiten nach einem einheitlichen Maßstab zu ordnen, ohne dabei eine bestimmte Person, die diese Arbeiten erbringen soll, zu berücksichtigen. Sie geht damit von der Fiktion eines Normalarbeitenden mit **Normalleistung** aus. Ergebnis eines solchen Bewertungsvorganges ist dann ein **Arbeitswert**, mit dessen Hilfe die relative Schwierigkeit einer Tätigkeit im Vergleich zu anderen Tätigkeiten zum Ausdruck gebracht wird.

Im Rahmen der **Anforderungsanalyse** sind die für die Bewertung relevanten Anforderungsarten festzulegen. Einen anerkannten Anforderungskatalog stellt das **Genfer Schema** dar, das folgende Merkmale unterscheidet (vgl. Hamel 1996, Sp. 110; Tenckhoff 1979, Sp. 84 f.):

- geistige Anforderungen,
- körperliche Anforderungen,
- Verantwortung und
- Arbeitsbedingungen.

Die Anforderungsarten geistige und körperliche Anforderungen lassen sich weiterhin in „Können" und „Belastung" untergliedern, so dass insgesamt sechs Anforderungsarten entstehen. Dieses Schema, das von REFA übernommen wurde, hat eine Vielzahl an Modifikationen erfahren (zu einem Überblick vgl. Gerum/Herrmann 1980; Karg/Staehle 1982, S. 48 ff.; Tenckhoff 1979, Sp. 85 ff.), auf die im Einzelnen nicht eingegangen werden kann. Beispielhaft sei der folgende differenzierende **Anforderungsartenkatalog** erwähnt (vgl. Kern 1992, S. 174):

- Kenntnisse (Ausbildung, Erfahrung, Denkfähigkeit),
- Geschicklichkeit (Handfertigkeit, Körpergewandtheit),
- Verantwortung
  - -- für die eigene Arbeit,
  - -- für die Arbeit anderer und
  - -- für die Sicherheit anderer,
- vorwiegend geistige Belastung (Aufmerksamkeit, Denkfähigkeit),
- vorwiegend muskelmäßige Belastung (dynamische, statische, einseitige Muskelarbeit) und

- Umgebungseinflüsse (Klima, Nässe, Öl, Fett, Schmutz, Staub, Gase, Dämpfe, Lärm, Erschütterung, Blendung oder Lichtmangel, Erkältungsgefahr, Schutzkleidung, Unfallgefährdung).

Pfeiffer/Dörrie/Stoll (1977, S. 189) weisen weiterhin darauf hin, dass etwa bei der Analyse der Angestelltentätigkeiten weitere spezifische Anforderungsarten zu berücksichtigen seien. Hierzu zählen:

- Umgangs- und Ausdrucksgewandtheit,

- Dispositionsvermögen und

- Leitungs- und Steuerungsfähigkeit.

Die Anforderungsarten und ihre Ausprägungen bedürfen jedoch der permanenten Pflege und damit verbunden einer Anpassung an sich verändernde situative Gegebenheiten (vgl. Paasche 1979, Sp. 102). So weist Bühner (1986, S. 11 f. und S. 68 ff.) darauf hin, dass durch den Einsatz von Flexiblen Fertigungssystemen eine Schwerpunktverlagerung in den Arbeitstätigkeiten hervorgerufen wurde. Von diesen Veränderungen sind nicht nur die ausführenden Mitarbeiter betroffen, sondern ebenfalls die den Maschineneinsatz planenden und vorbereitenden Personen: „Tätigkeiten im maschinennahen Bereich, die den Schwerpunkt konventioneller Werkzeugmaschinenarbeit bilden, werden durch das technische System ersetzt: Steuern, Schalten, Führen, Einstellen, Positionieren, unmittelbares Überwachen und Kontrollieren. Bei Einführung von NC- und CNC-Maschinen und deren Rechnerverbund zu flexiblen Fertigungssystemen findet eine Funktionsverlagerung in planende und steuernde sowie überwachende Bereiche statt." (Bühner 1986, S. 11 f.). Dies bedeutet konkret, dass neue Fertigungstechnologien mit den folgenden **Anforderungsveränderungen** einhergehen:

- Sie führen zu einer Entlastung von körperlich schwerer Arbeit. Darüber hinaus kommt es zu einer Reduzierung der Transporttätigkeiten von Hand, da diese durch automatisierte, verkettete Transporteinrichtungen übernommen werden können.

- Sie führen bei den Maschinenbedienern zu einer Zunahme der Wartungs- und Instandhaltungstätigkeiten und der Systemorganisation. Tendenziell zeigt sich eine Zunahme von Vorbereitungstätigkeiten und eine Entlastung von Tätigkeiten im Bereich der maschinell vollzogenen Produktion.

- Umwelteinflüsse verlieren an Bedeutung.

- Bei geistig-psychischen Belastungen (Aufmerksamkeit, Konzentration und Verantwortungsbewusstsein) ist eine tendenzielle Zunahme zu beobachten.

Diese Schwerpunktverlagerungen in den Arbeitsanforderungen sind im Rahmen der Arbeitsbewertung zu beachten.

In einem nächsten Schritt sind die Arbeitsanforderungen dann einer Bewertung zu unterziehen. Aufgrund der zugrundeliegenden Handhabung der Bewertung ist zwischen einer summarischen und einer analytischen Vorgehensweise zu unterscheiden (vgl. z. B. Hamel 1996, Sp. 108 f.; Hentze 1980, S. 60):

- Bei einer **summarischen Arbeitsbewertung** wird die Schwierigkeit der einzelnen Aufgaben global beurteilt, d. h., der Bewerter berücksichtigt sämtliche Anforderungsarten gleichzeitig.

- Bei einer **analytischen Arbeitsbewertung** werden die einzelnen Anforderungsarten der Arbeit beurteilt und durch Amalgamation der Teilwerte eine Gesamtwertzahl (Arbeitswert) ermittelt.

Die Wertzahlzuordnung zu den einzelnen Tätigkeiten oder Anforderungsarten kann dann mit Hilfe einer Reihung oder Stufung erfolgen:

- Bei einer **Reihung** werden die zu bewertenden Arbeiten so angeordnet, dass der Arbeitsplatz mit dem höchsten Schwierigkeitsgrad an die erste Stelle der Reihe und derjenige mit dem niedrigsten Schwierigkeitsgrad an die letzte Stelle der Reihe angeordnet wird.

- Demgegenüber werden bei einer **Stufung** für die unterschiedlichen Schwierigkeitsgrade Anforderungsstufen festgelegt. Arbeiten mit gleicher oder ähnlicher Anforderungshöhe werden dann den gleichen Stufen zugeordnet. Zur Erleichterung der Einstufung werden die einzelnen Merkmalsstufen mit Richtbeispielen versehen.

Durch Kombination dieser beiden Betrachtungsweisen ergibt sich dann die in Abbildung 3.1-33 dargestellte Matrix (vgl. z. B. Wibbe 1966, S. 30).

Bewertungsart / Basis der Wertzahlzuordnung	Summarisch	Analytisch
Reihung	Rangfolge-verfahren	Rangreihen-verfahren
Stufung	Lohngruppen-verfahren	Stufenwertzahl-verfahren

Abb. 3.1-33: Arbeitsbewertungsverfahren

Voraussetzung des **Rangfolgeverfahrens** ist eine Auflistung sämtlicher in der Unternehmung vorkommenden Arbeitsplätze. Jeder Arbeitsplatz wird dann im Hinblick auf seine Gesamtschwierigkeit mit jedem anderen Arbeitsplatz verglichen und in eine Rangfolge gebracht. Aus dieser Rangfolge ist jedoch nicht zu ersehen, wie groß die Unterschiede zwischen den Schwierigkeiten der einzelnen Arbeitsplätze sind. In der Praxis wird dabei auf einer ersten Ebene i. d. R. zunächst abteilungsweise vorgegangen und dann in einem zweiten Schritt eine Gesamtrangordnung erstellt. Die so erstellte Rangordnung bildet dann die Grundlage für die Lohndifferenzierung. Ein wesentlicher **Vorteil** dieses Verfahrens ist in seiner Einfachheit zu sehen. Mit zunehmender Mitarbeiterzahl wird seine Handhabung jedoch sehr zeit- und kostenintensiv. Ein grundlegender Nachteil ist hingegen in der subjektiven Einschätzung des Bewerters und den damit einhergehenden Problemen zu sehen, d. h., die Gefahr von Fehlurteilen ist tendenziell groß. Dies liegt vor allem darin begründet, dass es sich hierbei um ordinale Werte handelt, die keine Aussagen über die zwischen den jeweiligen Rängen liegenden Schwierigkeitsintervalle zulassen. Damit fehlt auch eine exakte Bezugsgröße für die Zuordnung der Lohnsätze zu den Wertzahlen.

Beim Lohngruppenverfahren werden unterschiedliche Schwierigkeitsbereiche (Stufen) gebildet, denen dann entsprechende Lohngruppen zugeordnet werden. Zur Erleichterung der Einordnung werden die einzelnen Stufen durch Richtbeispiele ergänzt. Auch hierbei erfolgt eine globale Bewertung, so dass auch bei diesem Verfahren die Gefahr einer Über- oder Unterschätzung des Gesamtarbeitswertes besteht. Die Praktikabilität dieses Verfahrens hängt dabei entscheidend von der Exaktheit der Definition der Lohngruppenmerkmale ab.

Der Nachteil einer Globalbeurteilung, mit dem die summarischen Verfahren behaftet sind, soll bei den analytischen Methoden durch Aufspaltung des Bewertungsprozesses überwunden werden. Grundlage der Bewertung sind hierbei die einzelnen Anforderungsarten.

Beim Rangreihenverfahren wird jede Anforderungsart getrennt nach ihrem Schwierigkeitsgrad in eine Rangordnung gebracht. Abbildung 3.1-34 gibt diesen Sachverhalt wieder (vgl. Pfeiffer/Dörrie/Stoll 1977, S. 196).

Um den Arbeitswert der einzelnen Tätigkeiten zu ermitteln, ist eine Transformation der Platzziffern in addierbare Zahlenwerte erforderlich. Ferner sind die Anteile der einzelnen Anforderungsarten an der Gesamtanforderung einer Tätigkeit zu bestimmen. Den einzelnen Platzziffern werden dann zur Berücksichtigung der Schwierigkeitsintervalle Prozentwerte zugeordnet, wobei die Tätigkeit mit der höchsten Platzziffer bei der jeweiligen Anforderungsart mit 100 % bewertet wird. Den nachfolgenden Tätigkeiten werden dann entsprechend niedrigere Prozentzahlen zugeordnet. Der Arbeitswert für die jeweilige Tätigkeit ergibt sich dann aus der Addition der gewichteten Punktwerte der einzelnen Anforderungsarten.

Beim Stufenwertzahlverfahren werden für jede Anforderungsart einzelne Stufen festgelegt und ggf. durch Tätigkeitsbeispiele ergänzt. Darüber hinaus wird jeder Stufe eine Punktzahl zugeordnet, wobei diese linear, progressiv oder degressiv verlaufen können. Über die Höhe der Punktzahlen kann eine Gewichtung der Anforderungsarten vorgenommen werden. Durch Addition der Punktzahlen über alle Anforderungsarten ergibt sich dann der Arbeitswert für die jeweilige Tätigkeit. Im nachfolgenden Beispiel (vgl. Abbildung 3.1-35) sind einige der in Abbildung 3.1-34 aufgeführten Tätigkeiten nach dem Stufenwertzahlverfahren bewertet worden.

Anforde-rungsart Tätigkeit	Kennt-nisse	Geistige Belas-tung	Geschick-lichkeit	Muskel-mäßige Belas-tung	Verant-wor-tung	Umwelt-bedin-gungen
Montage	1	3	1	3	3	8
Bedienen einer Mehrzweck-maschiene	2	4	3	2	6	6
Qualitäts-kontrolle	4	1	7	6	2	7
Kranführung	3	2	2	7	1	4
Bedienen einer Bohrmaschine	5	5	4	5	7	3
Werkzeug-ausgabe	6	7	6	4	4	5
Transport-arbeiten	7	6	5	1	5	2
Hofkehren	8	8	8	8	8	1

Abb. 3.1-34: Beispiel einer Rangreihenfolge für acht Tätigkeiten

Ein Hauptproblem, das sich im Rahmen der analytischen Arbeitsbewertungsverfahren ergibt, ist neben der Festlegung der Merkmale deren Gewichtung, d. h. die Bestimmung des Anteils der einzelnen Anforderungsarten an der Gesamtanforderung der Tätigkeit (vgl. Wibbe 1979, Sp. 113). Die Gewichtung gibt folglich die unterschiedliche Bedeutung der einzelnen Anforderungsarten an. Dabei ist zu beachten, dass subjektive Momente bei der Fixierung der Gewichte eine nicht unbedeutende Rolle spielen. In der Literatur (vgl. Hentze 1980, S. 76) werden die folgenden Vorgehensweisen vorgeschlagen:

- Ableitung aus den betrieblichen Lohnsätzen,
- Betriebsbefragung,
- Berücksichtigung personalpolitischer Zielsetzungen und
- Vereinbarung.

Anforderungsart	Bewertungsstufe	Punktzahl	Tätigkeit
Kenntnisse	1: Keine Fachkenntnis erforderlich	0	Hofkehren
	2: Geringe Fachkenntnis erforderlich	2	Transportarbeiten, Werkzeugausgabe
	3: Mittlere Fachkenntnis erforderlich	4	Bedienen einer Bohrmaschine
	4: Hohe Fachkenntnis erforderlich	8	Montage, Bedienen einer Mehrzweckmaschine, Kranführung
Umweltbedingungen	1: Geringe Belastung	0	Montage, Werkzeugausgabe, Qualitätskontrolle
	2: Mittlere Belastung	2	Transportarbeiten, Kranführung, Bedienen einer Mehrzweckmaschine, Bedienen einer Bohrmaschine
	3: Hohe Belastung	6	Hofkehren

Abb. 3.1-35: Stufenwertzahlverfahren (Beispiel)

Dabei ist zu bedenken, dass die „Berücksichtigung personalpolitischer Zielsetzungen" letztlich keine Vorgehensweise zur Festlegung von Gewichtungen darstellt, sondern lediglich Ziele liefert, die bei der Festlegung von Gewichten normativ wirken. In der Praxis sind die Gewichte jedoch letztlich Ergebnisse von Verhandlungsprozessen (z. B. zwischen Arbeitgeber und Betriebsrat). Damit wird die jeweilige Gewichtung durch die Interessenlage und die Machtverhältnisse der Entscheidungsträger wesentlich geprägt.

In einer vergleichenden Gegenüberstellung der summarischen und analytischen Verfahren lässt sich feststellen, dass mit Hilfe der analytischen Vorgehensweise eine differenzierte und intersubjektiv überprüfbare Ermittlung der Arbeitswerte möglich ist. Trotzdem darf dieses Streben nach objektiven Differenzierungsmaßstäben nicht darüber hinwegtäuschen, dass auch in diese Verfahren nicht unerhebliche Subjektivismen einfließen (vgl. Kern 1992, S. 176). Trotz dieser Schwäche, die eventuell durch eine

multipersonale Urteilsbildung reduziert werden kann, ist die analytische Arbeitsbewertung eine Methode, die geeignet erscheint, als Grundlage für eine Lohnsatzdifferenzierung zu dienen.

3.1.2.2.2.1.2 Lohnformenbestimmung

Im Rahmen der Arbeitsbewertung wurde von einer sogenannten Normalleistung ausgegangen und von einer konkreten Person abstrahiert. In einem zweiten Schritt ist es nun erforderlich, auch individuelle Leistungsunterschiede in die Betrachtung aufzunehmen. Unter einer **Normalleistung** ist dabei die Leistung zu verstehen, die bei gegebener Arbeitsmethode von einem hinreichend geeigneten Arbeiter nach normaler Einarbeitung und bei normalem Kräfteeinsatz ohne Gesundheitsschädigung auf die Dauer und im Durchschnitt der täglichen Arbeitszeit erreichbar ist, wenn die in der Vorgabezeit enthaltenen Verteilzeiten und Erholzeiten eingehalten werden. Die Normalleistung kann damit als eine **fiktive Leistung** verstanden werden, auf deren Grundlage dann individuelle Leistungsabweichungen ermittelt werden können. Erfassen lässt sich die Normalleistung z. B. über die Outputmenge, d. h. durch die in einer bestimmten Zeiteinheit erbrachte Menge oder die für eine Leistungseinheit aufgewandte Zeit. Dies macht es erforderlich, die Normalzeit in einzelne Zeitarten zu zerlegen und dann für die jeweiligen Zeitarten den Zeitbedarf zu ermitteln. Voraussetzung hierfür ist die Zerlegung des Arbeitsablaufs in einzelne Ablaufabschnitte wie Vorgänge, Teilvorgänge und Vorgangselemente. Nach der Phase des Arbeitsablaufs kann zwischen Rüsten und Ausführen differenziert werden. Unter **Rüsten** wird dabei die Vorbereitung des Arbeitssystems für die Erfüllung einer Arbeitsaufgabe sowie, wenn erforderlich, das Rückversetzen des Arbeitssystems in den ursprünglichen Zustand verstanden (vgl. REFA 2 1976, S. 21). Demgegenüber erfährt der Input beim Ausführen eine Veränderung im Sinne der durch das Arbeitssystem zu erfüllenden Aufgabe.

Von Bedeutung, insbesondere im Rahmen einer Akkordentlohnung, ist die Unterscheidung zwischen **beeinflussbaren** und **unbeeinflussbaren Arbeitsabläufen**, wobei erstere in voll beeinflussbar und bedingt beeinflussbar weiter differenziert werden können. Während im Fall einer vollen Beeinflussbarkeit die Ausführung des Arbeitsablaufs ausschließlich vom Mitarbeiter abhängt, ist dies bei bedingt beeinflussbaren Abläufen nur im Rahmen des technologisch bedingten Spielraums des Arbeitsverfahrens möglich. Bei unbeeinflussbaren Abläufen kann der Mensch auf den Arbeitsablauf nicht einwirken, da dieser selbststeuernd abläuft.

Darüber hinaus lassen sich weitergehende Gliederungen der Ablaufarten aufstellen, wie dies in Abbildung 3.1-36 für den Menschen gezeigt wird (REFA 2 1976, S. 25).

In einem nächsten Schritt ist es nun erforderlich, **Vorgabezeiten**, d. h. Sollzeiten für Menschen (Auftragszeit) und Betriebsmittel (Belegungszeit) für die auszuführenden Arbeitsabläufe vorzugeben. Für die **Auftragszeit** ergibt sich dann die in Abbildung 3.1-37 dargestellte Struktur (vgl. REFA 2 1976, S. 42).

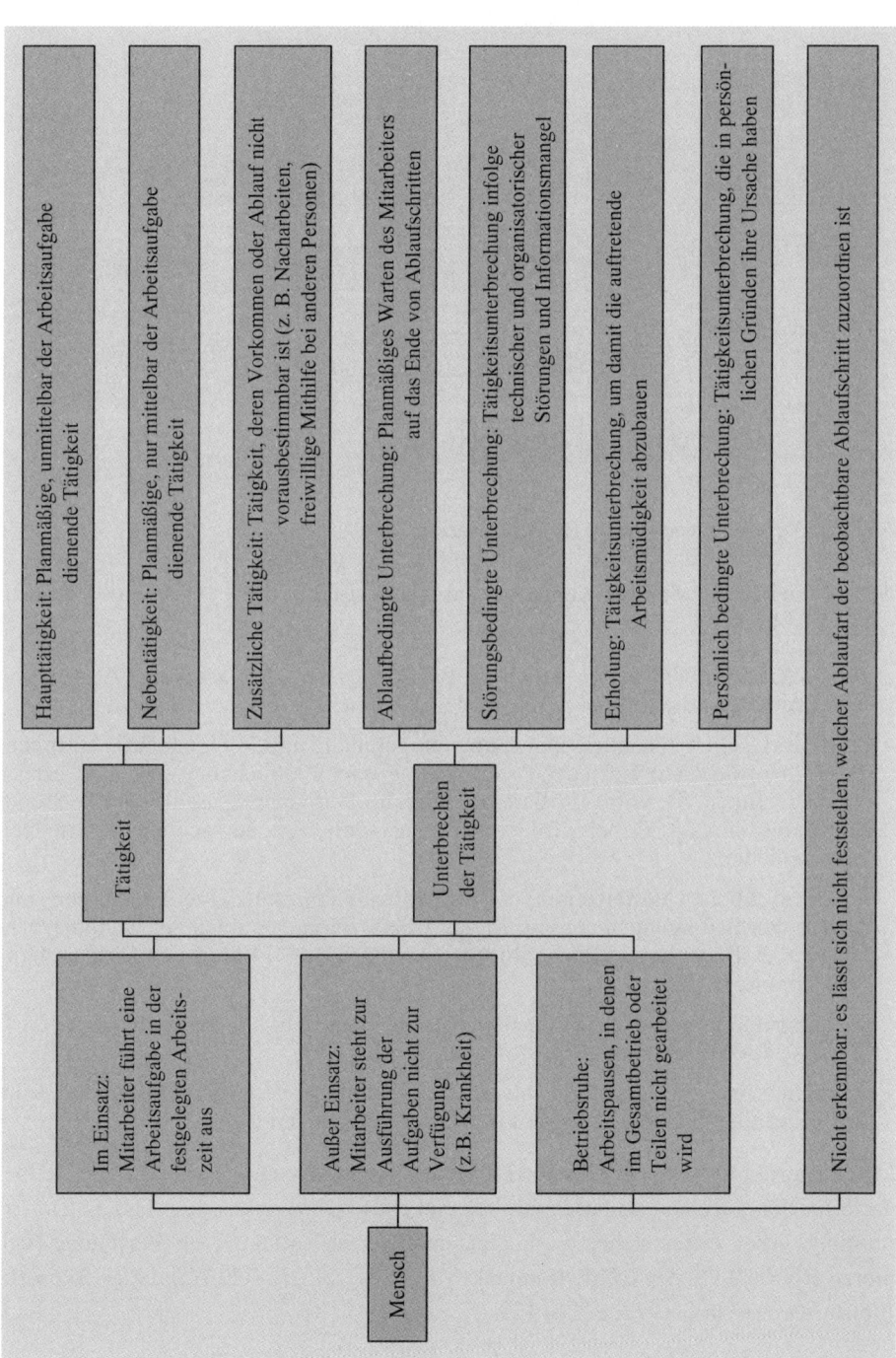

Abb. 3.1-36: Ablaufgliederung (für den Mitarbeiter)

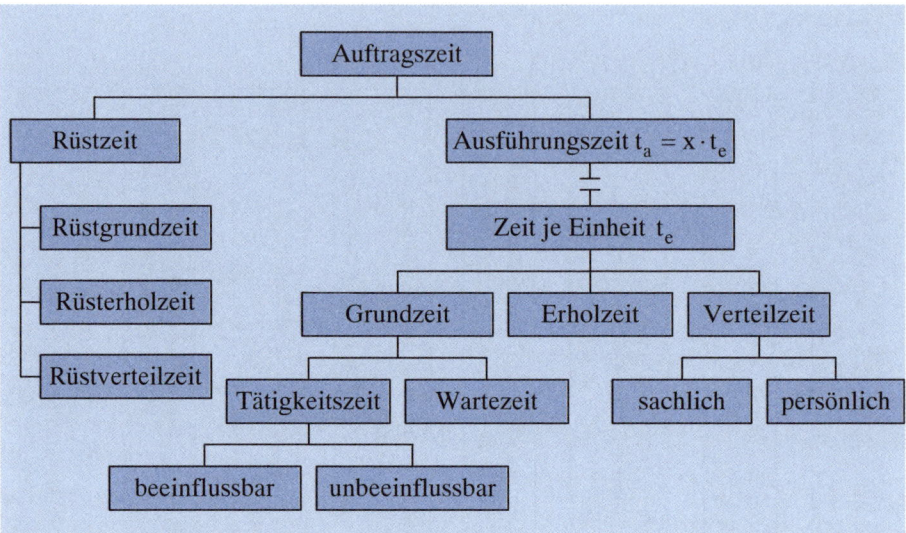

Abb. 3.1-37: Zeitgliederung für die Auftragszeit

Neben den bereits erklärten Komponenten sind weiterhin die drei folgenden Teilzeiten zu spezifizieren:

- Grundzeit: Hierbei handelt es sich um die Sollzeit für die planmäßige Ausführung eines Ablaufes. Sie tritt bei jeder Wiederkehr eines Arbeitsganges auf.

- Verteilzeit: Hierbei handelt es sich um unregelmäßig und weniger häufig auftretende Zeiten, die nicht bei jeder Zeitaufnahme oder Zeitrechnung gesichert erfasst werden können. Sie wird aus diesem Grund mit Hilfe eines Zuschlages zur Grundzeit berücksichtigt. Dabei wird zwischen persönlicher und sachlicher Verteilzeit unterschieden:

    -- Die sachlichen Verteilzeiten, die von Fall zu Fall ermittelt werden müssen, sind von den Bedingungen des jeweiligen Arbeitsvorganges abhängig. Zu ihnen zählen z. B. Beseitigung kleiner Störungen, Schärfen des Bohrers und Austausch bei Unbrauchbarkeit.

    -- Die persönlichen Verteilzeiten dienen der Befriedigung persönlicher Bedürfnisse des Mitarbeiters.

- Erholungszeit: Sie dient der notwendigen Erholung des Mitarbeiters, d. h. zum Ausgleich der durch die Tätigkeit hervorgerufenen Ermüdung.

Mit der Strukturierung der Gesamtzeit ist die Voraussetzung geschaffen, die Zeitbedarfe für die einzelnen Zeitarten mit ausreichender Genauigkeit zu erfassen. Zur Ermittlung dieser Zeiten stehen die unterschiedlichsten Verfahren zur Verfügung (vgl. hierzu Heinz 1996, Sp. 2214; Kaminsky 1979, S. 232 ff.; REFA 2 1976, S. 65 ff.; Pfeiffer/Dörrie/Stoll 1977, S. 214 ff.):

- messende Zeitstudien,

- rechnende Zeitstudien und

- orientierende Zeitstudien.

Zu den **messenden Verfahren** gehören

- das Stoppuhrverfahren (in der Form der Fortschrittszeitmessung und der Einzelzeitmessung),
- das Verfahren der teilautomatisierten Registrierung (z. B. Zeitdrucker, Zeitschreiber) und
- das Verfahren der automatisierten Registrierung (es erfolgt eine laufende Überwachung der Objekte, z. B. durch Filmaufnahmen).

Wie bereits erwähnt weist die menschliche Arbeitsleistung im Zeitablauf Schwankungen auf (intra- und interindividuelle Streuung). Um diese unterschiedlichen Leistungen vergleichbar zu machen, werden die Ist-Leistungen auf eine Normal-Leistung als Vergleichsgröße bezogen. Dabei wird das Verhältnis der individuell gemessenen Leistung zur Normalleistung als **Leistungsgrad** (LG) bezeichnet:

$$LG = \frac{\text{Beobachtete Leistung}}{\text{Normalleistung}} \cdot 100$$

Dieser Leistungsgrad ist durch den Zeitstudiennehmer zu schätzen, d. h., es handelt sich um ein subjektives Urteil. Die Erfahrung zeigt jedoch, dass durch eine angemessene Schulung und entsprechende Übung eine akzeptable Genauigkeit erlangt werden kann.

Mit Hilfe des **Leistungsfaktors** (LF) erfolgt dann die Umrechnung der Ist-Zeiten auf Normal-Zeiten:

$$LF = \frac{LG}{100} \quad \text{und}$$

Normal-Zeit = Ist-Zeit · Leistungsfaktor

Werden zur Normal-Zeit die Verteil- und Erholzeiten addiert, dann ergibt sich die Vorgabezeit, die als Grundlage der Entlohnung dient.

Zu den **rechnenden Zeitstudien** gehören die Systeme vorbestimmter Zeiten, auch Kleinstzeitverfahren genannt. Ausgangspunkt dieser Verfahren sind die Bewegungsabläufe, die in kleinste Elemente zerlegt werden und für die dann der jeweilige Zeitbedarf bestimmt wird. Durch Synthetisierung dieser Teilzeiten ergibt sich dann die Vorgabezeit. Diesen Systemen liegen die folgenden Grundannahmen zugrunde (vgl. Heinz 1996, Sp. 2217):

- Jede Handarbeit besteht aus verschiedenen erkennbaren Grundbewegungen.
- Jede Grundbewegung weist einen konstanten Zeitwert und eine mittlere Leistungshöhe auf.
- Die Zeitwerte für sämtliche Grundbewegungen werden exakt gemessen.

Die bekanntesten Verfahren der Systeme vorbestimmter Zeiten sind die **Work-Factor-Methode** (WF) und die **Methods-Time-Measurement-Methode** (MTM). Im Folgenden seien die Grundgedanken der MTM-Methode kurz erläutert. Grundlage der Ermittlung der MTM-Werte sind dabei detaillierte Filmaufnahmen, wobei lediglich Arbeitszeiten und keine Verteilzeit- und Erholungszuschläge berücksichtigt werden. Die ermittelten Zeitwerte werden dann in Zeittabellen zusammengefasst. Zeiteinheit ist dabei 0,00001 Stunde, die als TMU (Time Measurement Unit) bezeichnet wird. Das MTM-Verfahren unterscheidet acht Grundbewegungen der Hand und Finger, zwei Blickfunktionen sowie eine Anzahl von Körper-, Bein- und Fußbewegungen, denen Normzeiten zugeordnet werden, jedoch unter Beachtung der situativen Bedingungen (z. B. Länge einer Bewegung, Lage des Objektes, Größe, Gewicht und Form des Objektes). Zu diesen Grundbewegungen zählen:

- Hinlangen,

- Bringen,

- Drehen,

- Drücken,

- Greifen,

- Handhaben,

- Anfügen und

- Trennen.

Für sämtliche dieser Grundbewegungen werden dann unter Beachtung der situativen Bedingungen die jeweiligen Zeitwerte in Tabellenform erfasst.

Zu den orientierenden Zeitstudien zählen die Multimomentaufnahmen, deren Charakteristikum darin besteht, dass zunächst keine direkten Zeiten gemessen, sondern nur die prozentualen Anteile der unterschiedlichen Zeitarten ermittelt werden. Beim Multimomentverfahren handelt es sich folglich um ein Stichprobenverfahren zur Erfassung der Häufigkeit der jeweiligen Ablaufarten. Die Genauigkeit dieses Verfahrens hängt von der Anzahl der Beobachtungen ab. Eingesetzt wird dieses Verfahren primär zur Ermittlung der Verteilzeiten (zu einer differenzierten Darstellung vgl. Kaminsky 1979, S. 258 ff.).

Im Rahmen der Lohnfestsetzung sind die gesetzlichen Bestimmungen, die tarifvertraglichen Regelungen und Betriebsvereinbarungen als Restriktionen zu beachten.

Der Tarifvertrag ist ein Kollektivvertrag, der zwischen dem Arbeitgeberverband und der Gewerkschaft geschlossen wird und sich in zwei Teile aufspalten lässt:

- einen schuldrechtlichen Teil, den sogenannten Manteltarifvertrag und

- einen normativen Teil, den sogenannten Lohn- oder Gehaltstarifvertrag.

Im Manteltarifvertrag sind die Rechte und Pflichten der Vertragsparteien formuliert. Außerdem enthält er Regelungen zu folgenden Punkten:

- Bestimmung des Geltungsbereichs des Tarifvertrags,
- Angaben über das Entlohnungssystem, insbesondere hinsichtlich Vorgabezeiten, Mindestlohn, Akkordzuschlag u. Ä.,
- Bestimmungen zur Arbeitszeit und
- Urlaubsregelungen.

Der Manteltarifvertrag ist im Gegensatz zum Lohn- und Gehaltstarifvertrag, der jährlich auszuhandeln ist, für mehrere Jahre gültig.

Zentraler Punkt der **Lohn- und Gehaltstarifverträge** sind die Lohnsätze, die für die Unternehmungen den Charakter von Mindestlohnsätzen haben, d. h., sie dürfen nicht unterschritten werden. Allerdings dürfen die effektiv gezahlten Lohnsätze höher sein. Im Rahmen der Tarifverhandlungen werden jedoch nicht die einzelnen Lohngruppen verhandelt, sondern es wird eine Lohngruppe als **Ecklohngruppe** ausgewählt, mit deren Hilfe dann die übrigen Lohngruppen angepasst werden.

Der **Gesamtlohn** setzt sich aus den folgenden **Bestandteilen** zusammen:

- einem anforderungsabhängigen Teil, der auf der Basis der Arbeitsbewertung festgelegt wird,
- einem leistungsabhängigen Teil, dessen Grundlage die Leistungsbewertung darstellt, und
- einem sonstigen Teil, der auf der Basis gesetzlicher, tarifvertraglicher und einzelvertraglicher Regelungen ermittelt wird.

In Abhängigkeit von der Art der Erfassung der Arbeitsleistung und der Arbeitsentgeltberechnung lassen sich

- Zeitlohn,
- Akkordlohn und
- Prämienlohn

unterscheiden. Um die Zusammenhänge der bisherigen Überlegungen zur Arbeitsbewertung und Leistungsbewertung mit den zu besprechenden Lohnformen zu veranschaulichen, sei Abbildung 3.1-38 herangezogen (vgl. Blohm u. a. 2008, S. 127).

Bemessungsgrundlage des **Zeitlohns** ist die geleistete Arbeitszeit. Die Zeit ist dann als Leistungsbemessungsgrundlage geeignet, wenn zwischen **Zeit** und **Leistung** (zumindest annähernd) eine **proportionale Beziehung** existiert, d. h., dass letztlich die Maßgröße Leistung durch die Zeit als Maßstab substituiert wird. Dies zeigt, dass auch bei einem Zeitlohn von einer bestimmten (normalen) Leistung des Mitarbeiters ausgegangen und nicht ausschließlich die Anwesenheit eines Beschäftigten entlohnt wird. Kurzfristige Leistungsunterschiede, die ihren Niederschlag im Arbeitsergebnis finden, erfahren bei dieser Lohnform keine Beachtung, d. h., es wird unabhängig von der jeweils konkret erbrachten Leistungsmenge der gleiche Stundenverdienst bezahlt. Längerfristig finden unterschiedliche Leistungen dann ihren Niederschlag in unterschiedlichen

Lohnsätzen, d. h., es fehlt ein unmittelbarer Zusammenhang zwischen Lohnhöhe und Leistungsmenge.

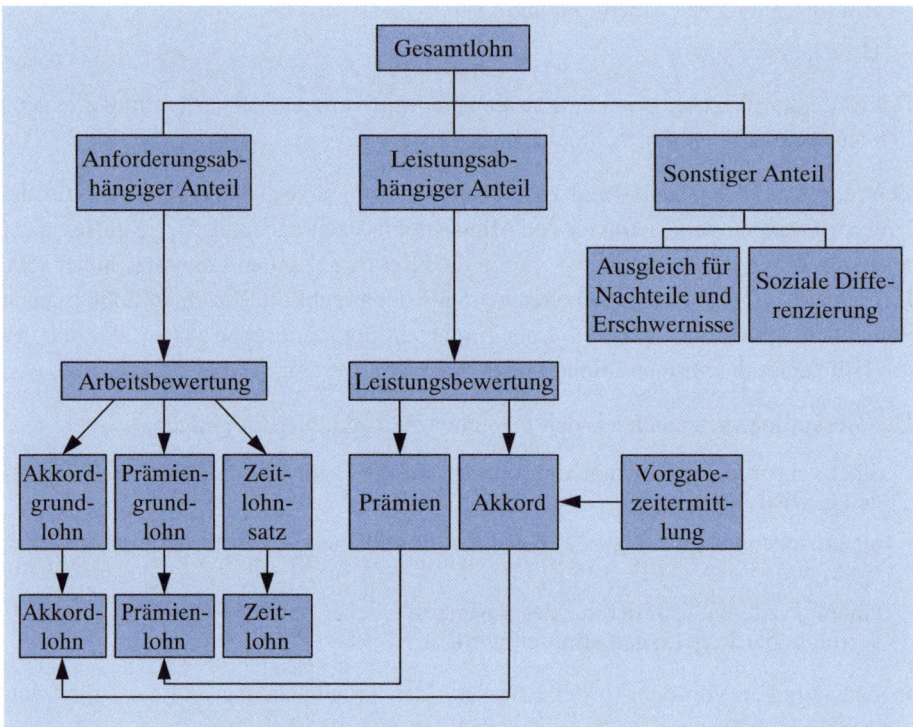

Abb. 3.1-38: Zusammenhänge zwischen Arbeits-, Leistungsbewertung und Lohnformen

Der zu zahlende Lohn ergibt sich hierbei durch die multiplikative Verknüpfung des Stundenlohns (l_s) mit den zu leistenden Arbeitsstunden, d. h., die Lohnkosten (K_{Lohn}) verhalten sich proportional zur vereinbarten Arbeitszeit. Demgegenüber ergibt sich für den Lohn je Stück (l_s/x) ein hyperbolischer Verlauf. Abbildung 3.1-39 gibt diese Zusammenhänge wieder.

Der Zeitlohn erscheint immer dann als geeignete Lohnform, wenn

- der Leistungsmenge gegenüber der Leistungsqualität eine untergeordnete Bedeutung zukommt,
- es sich um sicherheitsgefährdende Tätigkeiten handelt,
- es sich um quantitativ schwer messbare Tätigkeiten handelt (z. B. geistig-kreative Arbeiten),
- die Tätigkeit durch den Mitarbeiter nicht beeinflussbar ist (z. B. Pförtner als reiner Bereitschaftsdienst) und
- die Arbeitsgeschwindigkeit durch den Mitarbeiter nicht beeinflussbar ist.

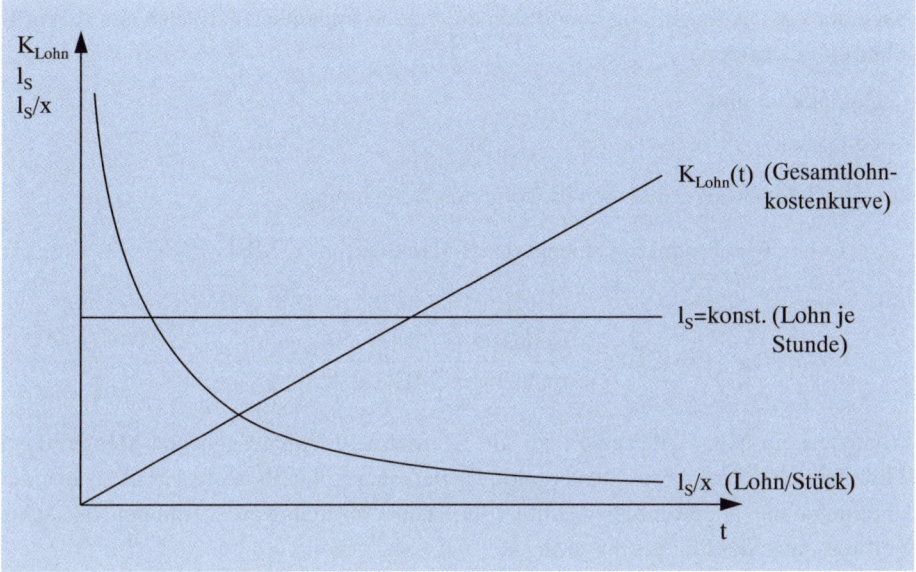

Abb. 3.1-39: Zeitlohn

Diese Ausführungen zeigen, dass vom Zeitlohn kaum eine leistungssteigernde Wirkung auf den Mitarbeiter zu erwarten ist. Weiterhin ist zu beachten, dass durch den Sachverhalt einer hyperbolisch verlaufenden Lohnstückkostenkurve die Kalkulation erschwert ist. Diesen Nachteilen stehen allerdings die folgenden Vorteile gegenüber:

- die Einfachheit der Abrechnung,
- die Schonung der Menschen, d. h., das Leistungsvermögen des Mitarbeiters wird nicht überfordert (gleiches gilt für die Anlagen), und
- es entfällt die Vorgabezeitermittlung.

Ausgangspunkt des Akkordlohns (accord = Gleichklang, Übereinstimmung) ist das mengenmäßige Arbeitsergebnis. Eine Akkordentlohnung ist folglich immer dann zweckmäßig, wenn Veränderungen der individuellen Anstrengungen auch einen ergebnismäßigen Niederschlag finden. Voraussetzungen für seine Einführung ist einerseits die Akkordfähigkeit und anderseits die Akkordreife. Unter Akkordfähigkeit wird der Sachverhalt verstanden, dass die Arbeit vorausbestimmbar und zeitlich messbar ist, d. h., das Arbeitsergebnis ist mengenmäßig erfassbar. Eine akkordfähige Arbeit ist dann akkordreif, wenn ein Arbeitsablauf so organisiert ist, dass er durch einen Mitarbeiter bei hinreichender Übung und Einarbeitung beherrscht werden kann. Dabei basiert die Ermittlung des Lohnsatzes pro Mengeneinheit auf der Fiktion eines normalen Stundenverdienstes, den der Mitarbeiter bei unterstellter Normalleistung zu erreichen vermag. Zu diesem Normallohnsatz wird dann ein Akkordzuschlag addiert, um die bei Akkordarbeiten unterstellte größere Leistungsbereitschaft und damit höhere Leistungsintensität zu honorieren. Die Addition dieser beiden Komponenten ergibt dann den Akkordrichtsatz (Grundlohn).

Nach der Art der Ermittlung lassen sich die beiden folgenden **Varianten des Akkord-lohns** unterscheiden:

- Geldakkord und

- Zeitakkord.

Für den **Geldakkord** ergibt sich die folgende Berechnung:

$$\text{Lohn} \left[\text{€}\right] = \text{Produktionsmenge} \left[\text{ME}\right] \cdot \text{Geldfaktor} \left[\text{€/ME}\right]$$

mit:

$$\text{Geldfaktor} \left[\text{€/ME}\right] = \frac{\text{Lohnsatz} \left[\text{€/Std.}\right]}{\text{Normalmenge} \left[\text{ME/Std.}\right]}$$

Produziert ein Mitarbeiter eine über die Normalmenge hinausgehende Menge, dann wird ihm diese ohne Abstriche vergütet. Da bei einer Lohnerhöhung sämtliche in einer Unternehmung angewandten Geldfaktoren neu ermittelt werden müssen, ist seine Verbreitung in der Praxis sehr gering.

Beim **Zeitakkord** wird dem Mitarbeiter für die Ausführung einer Arbeit eine Zeit vorgegeben (Vorgabezeit), die zur Erbringung einer Einheit bei Normalleistung und angemessener Erholung erforderlich ist. Er lässt sich wie folgt berechnen:

$$\text{Lohn} \left[\text{€}\right] = \text{Produktionsmenge} \left[\text{ME}\right] \cdot \text{Vorgabezeit} \left[\text{Min./ME}\right] \cdot$$
$$\text{Minutenfaktor} \left[\text{€/Min.}\right]$$

Dabei gibt der **Minutenfaktor** den Lohnsatz pro Minute an:

$$\text{Minutenfaktor} \left[\text{€/Min.}\right] = \frac{\text{Akkordrichtsatz} \left[\text{€/Std.}\right]}{60}$$

Der Akkordrichtsatz, der sich aus der Addition von Mindestlohn und Akkordzuschlag ergibt, ist dann Gegenstand der Tarifverhandlungen.

Der Zusammenhang zwischen Lohnhöhe und Mengenleistung unter der Vorausset-zung eines garantierten Mindestlohnes wird in Abbildung 3.1-40 dargestellt.

Als generelle **Vorteile** eines Akkordsystems lassen sich nennen:

- Anreiz zur Leistungssteigerung,

- hohe Ausnutzung der Anlagen und

- gute Grundlage für die Vorkalkulation.

Dem stehen jedoch die **Nachteile** der

- Gefahr der Überbeanspruchung von Mensch und Anlagen und

- eventueller Qualitätsminderungen

entgegen.

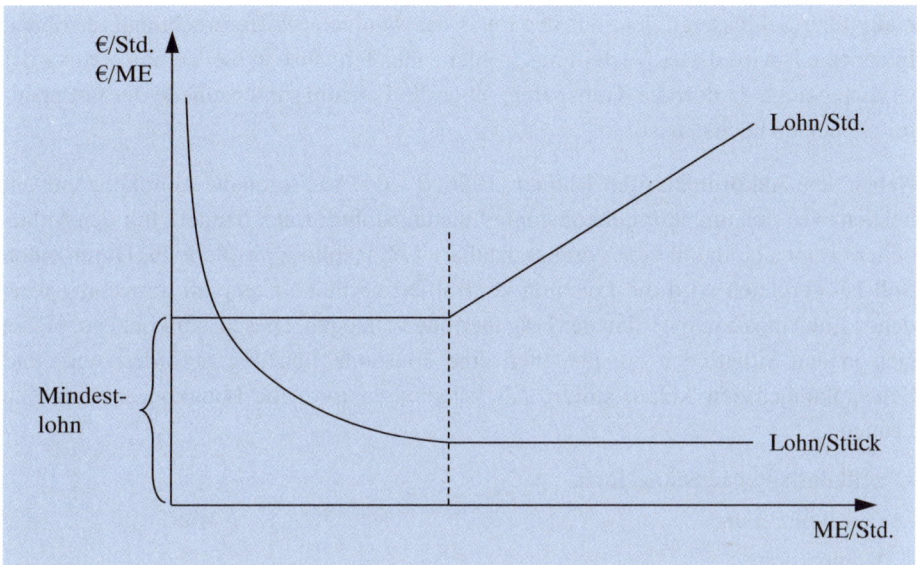

Abb. 3.1-40:   Zeitakkord in Abhängigkeit von der periodenbezogenen Produktionsmenge

Als generell **nicht akkordierbare Arbeiten** lassen sich dann nennen:

- Arbeiten mit hohem Unfallrisiko,

- einmalige Tätigkeiten,

- Tätigkeiten mit stark schwankendem Leistungsanfall,

- Tätigkeiten, bei denen die Qualität entscheidend durch die Arbeitskraft beeinflussbar ist,

- Tätigkeiten, die durch den Mitarbeiter unbeeinflussbar sind, und

- Tätigkeiten, bei denen Kreativität, Denkvermögen, Reaktionsvermögen im Vordergrund stehen.

Bei den bisherigen Überlegungen handelte es sich ausschließlich um **Einzelakkord**, d. h., die Zeit- oder Geldwerte werden für jeden einzelnen Mitarbeiter vorgegeben. Wird hingegen eine Tätigkeit von mehreren Mitarbeitern erbracht und werden die Zeit- und Geldwerte nicht für den einzelnen Mitarbeiter, sondern für die gesamte Gruppe vorgegeben, dann handelt es sich um **Gruppenakkord**. Dies kann z. B. der Fall sein, wenn aus arbeitsorganisatorischen Gründen im Rahmen einer Arbeitsbereicherung das Konzept der teilautonomen Gruppen realisiert wird oder wenn die Leistung eines einzelnen Gruppenmitgliedes nicht genau erfasst, die Leistung der Gruppe aber genau bestimmt werden kann. Ein Problem, das sich in diesem Zusammenhang ergibt, ist die Ermittlung des Anteils des einzelnen Mitarbeiters an der Gesamtleistung und darauf aufbauend die Verteilung des Mehrverdienstes auf die Gruppenmitglieder. Optimal wäre die Verteilung, die dem Verhältnis der anteiligen Leistungen an der Gesamtleistung der Gruppe entspräche. Dies setzt voraus, dass die Einzelleistungen bekannt sind. Da dies jedoch häufig nicht der Fall ist, kann eine Verteilung nur approximativ über Schlüsselgrößen, auf der Basis der Äquivalenzziffernrechnung, erfolgen. In der Praxis wird dieses Verteilungsproblem auch teilweise in die Verantwortung der Gruppe gelegt, da dort die Transparenz über die Leistungsunterschiede der Gruppenmitglieder am höchsten ist.

Neben dem Akkordlohn führt Bühner (1986, S. 76 ff.) **akkordnahe Lohnkonzepte** an, bei denen es sich um **periodenkonstante Leistungslohnformen** handelt. Für den Mitarbeiter ergibt sich damit eine vorausschaubare Lohnzahlung pro Periode. Durch einen Soll-Ist-Vergleich wird die Leistung kontrolliert und eine eventuell notwendig werdende Lohnanpassung wird in der Folgeperiode vollzogen. Diese Lohnkonzepte bieten sich in den Situationen an, in denen eine konstante Leistung gefordert wird und Schwankungen den Ablauf stören. Als bekannte akkordnahe Lohnkonzepte sind zu nennen:

- zeitkonstanter Leistungslohn,
- Pensumlohn und
- Kontraktlohn.

Bei dem **zeitkonstanten Leistungslohn** handelt es sich um einen mit Vorgabezeiten und Soll-Mengenleistungen gekoppelten Zeitlohn, d. h., die Mitarbeiter erhalten bei Einhaltung der Zeit- bzw. Mengenvorgaben einen zeitkonstanten Lohn.

Der **Pensumlohn**, als periodenkonstante Entlohnung, ist durch die drei folgenden Leistungskomponenten gekennzeichnet:

- Vorgabe einer Leistungserwartung in Form von Planzeiten,
- Durchführung einer Leistungskontrolle und
- lohnmäßige Konsequenzen bei Abweichungen vom vorgegebenen Pensum.

Der Leistungsanteil wird auf der Grundlage einer **Pensumkurve** ermittelt, die i. d. R. degressiv verläuft, damit der Mitarbeiter zwar bestrebt ist, sein „Pensum" zu steigern, jedoch nicht in zu hohem Maße. Ziel ist es dabei, dass eine möglichst konstante Gesamtleistung erbracht wird und dem Mitarbeiter ein möglichst konstanter Lohn garantiert werden kann. Die Bestimmung der Lohnhöhe erfolgt somit im Hinblick auf eine erwartete Leistung pro Periode, d. h., der Lohn wird in der Erwartung bezahlt, dass die vereinbarte Leistung auch erreicht wird.

Beim **Kontraktlohn** wird dem Mitarbeiter für einen bestimmten Kontraktzeitraum (z. B. Quartal) ein festes Entgelt zugesichert, wobei eine durchschnittliche Leistung des Mitarbeiters zugrunde gelegt wird. Bei Abschluss eines neuen Kontraktes wird dann die tatsächliche Leistung des Mitarbeiters, die er in der vorangegangenen Kontraktperiode erreicht hat, als Basis herangezogen (vgl. Bühner 1986, S. 78).

Generell ist jedoch an jedes Akkordsystem die Anforderung zu stellen, dass es so konzipiert sein muss, dass für den Mitarbeiter die Beziehung zwischen Leistungshöhe und

Lohnhöhe ersichtlich ist. Ferner werden in der Literatur (vgl. Schanz 1979, S. 119) die beiden folgenden **Probleme der Akkordentlohnung** hervorgehoben:

- Auf individueller Ebene kann ein Grund für ein dem Akkord entgegengebrachtes Misstrauen darin gesehen werden, dass der Mitarbeiter befürchtet, dass bei permanentem Übertreffen der Normalleistung diese durch die Unternehmungsleitung zu seinem Nachteil verändert wird. Unter diesen Gegebenheiten entsteht der Eindruck, dass eine hohe persönliche Leistung langfristig mit der Gefahr von negativen Konsequenzen einhergeht. Auch wenn diese Schlussfolgerung im Einzelfall unbegründet ist, zeigt sie ihre Wirkung innerhalb der Arbeitsgruppen in der Bildung informeller Normen, an denen die Mitarbeiter ihr Verhalten dann ausrichten, was letztlich ein Versagen des Akkordsystems bewirken kann.

- Ein Akkordsystem kann aber auch auf der Ebene der Unternehmung problematisch sein. Ein Grund hierfür ist darin zu sehen, dass mit dem realisierten Akkordsystem nicht immer die gesamte Streubreite des individuellen Verhaltens abgedeckt wird. So kann beispielsweise ein ausschließlich am mengenmäßigen Output orientiertes System mit hohen Ausschussraten einhergehen oder zu einer wenig sorgfältigen Behandlung von Anlagen und Werkzeugen führen.

Mit dem zuletzt angeführten Punkt wird bereits auf die Problematik einer Verschiebung und Erweiterung der in Zukunft relevanten **Leistungsstandards** hingewiesen. Bühner (1986, S. 75) betont in diesem Zusammenhang, dass insbesondere den folgenden Aspekten zukünftig eine hohe Bedeutung zukommen wird:

- Eigenverantwortung und Zuverlässigkeit,
- Sauberkeit und Organisationsgeschick,
- Flexibilität im Arbeitseinsatz und Verhalten,
- Kooperationsbereitschaft,
- unternehmerisches Denken im Umgang mit Werkstoffen und Werkzeugen sowie
- Qualitätsarbeit und Termintreue.

Tendenziell gilt, dass alternative Entlohnungssysteme umso größere Bedeutung erlangen werden, je mehr der Anteil an den von Mitarbeitern beeinflussbaren Zeiten durch Automatisierungsbestrebungen zurückgedrängt wird. Insgesamt ist damit mit einer Verschiebung zur Prämienentlohnung zu rechnen. Bei einem **Prämienlohn**, auch Teilungslohn genannt, wird zum vereinbarten Grundlohn ein zusätzliches Entgelt (Prämie) gewährt, die in Form von Quantitäts-, Nutzungs-, Ersparnis- und Qualitätsprämien auftreten kann. Wird lediglich für eine Quantitätsleistung eine Prämie gewährt, dann nähert sich der Prämienlohn dem Akkordlohn an, und es entstehen fließende Grenzen. Abbildung 3.1-41 gibt die Grundstruktur eines Prämiensystems wieder.

Der Prämienverlauf kann dabei sowohl linear als auch nichtlinear (degressiv, progressiv, intervallfix) sein. Als **Kriterien** für eine **Prämie** lassen sich heranziehen:

- Reduzierung von Stillstandszeiten der Anlagen (Warte- und Leerlaufzeiten),
- Unterschreitung zulässiger Ausschussquoten,

- Ersparnis von Material und Energie,
- sorgfältige Behandlung von Anlagen und Werkzeugen,
- individuelle Verhaltensleistungen wie
  - -- Zusammenarbeit und Information,
  - -- Einsatz und Interesse sowie
  - -- Vielseitigkeit und Mobilität.

Diese Kriterien können auch additiv oder multiplikativ zu einer **kombinierten Prämie** verknüpft werden.

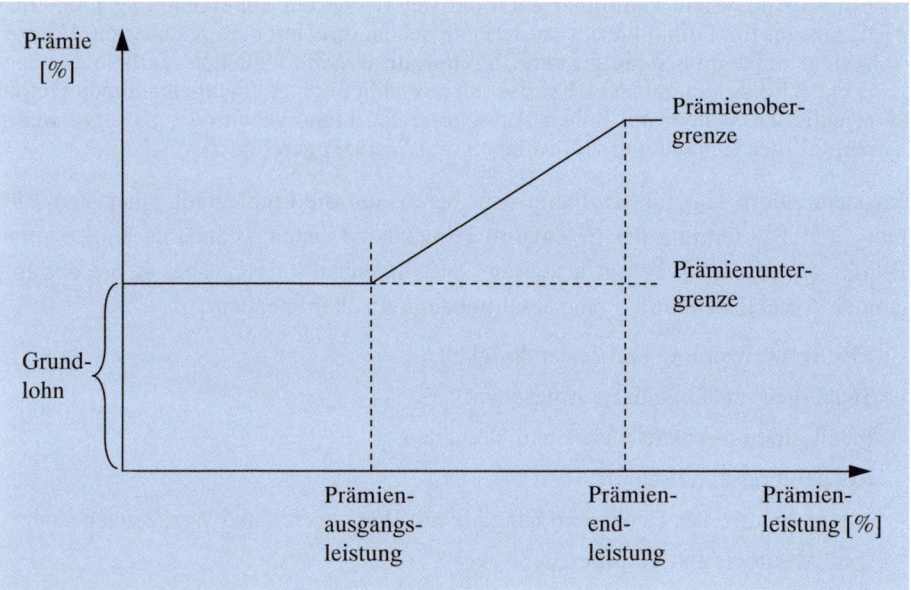

Abb. 3.1-41: Grundaufbau des Prämiensystems

Generell ist ein Prämienlohnsystem immer dann anwendbar, wenn der Mitarbeiter einen erfassbaren Einfluss auf das Ergebnis seiner Leistung auszuüben vermag.

Eine weitere Lohnform ist der **Polyvalenzlohn** (auch qualifikationsorientierter Lohn oder Potentiallohn genannt), bei dem die Mitarbeiter für die von ihnen angebotenen unternehmungsrelevanten Qualifikationen bezahlt werden. Die Entlohnung erfolgt damit nicht auf der Grundlage der tatsächlich ausgeführten Tätigkeiten des Mitarbeiters, sondern auf der Basis der Tätigkeiten, die ein Mitarbeiter potentiell übernehmen könnte. Für den Mitarbeiter ergibt sich damit ein Anreiz zum Erwerb von Mehrfachqualifikationen. Aus der Sicht der Unternehmung führt der Polyvalenzlohn einerseits zu höheren Personalkosten, anderseits ergibt sich für die Unternehmung aber ein höheres personelles Flexibilitätspotential.

3.1.2.2.2.2   Erfolgsbeteiligung

Während die Entlohnung an der Arbeitsleistung des Menschen orientiert ist, d. h., ein unmittelbarer Zusammenhang zwischen Mitarbeiter und Lohn existiert, stellt die Erfolgsbeteiligung eine darüber hinausgehende Zahlung der Unternehmung an die Mitarbeiter dar, um ihren Anteil an der Erwirtschaftung des Unternehmungserfolges zu honorieren, d. h., Bemessungsgrundlage ist eine **gesamtbetriebliche Erfolgsgröße**. Ferner weisen Löhne und Gehälter einen Kostencharakter auf, während es sich bei der Erfolgsbeteiligung um eine **Gewinn- oder Ertragsverwendung** handelt, d. h. um die Verteilung bestimmter Betriebserfolge auf Unternehmer, Kapitalgeber und Arbeitnehmer. Steuerrechtlich sind die Erfolgsbeteiligungen für die Unternehmung Betriebsausgaben. Damit ist eine Erfolgsbeteiligung immer mit dem Problem der Zurechnung gesamtbetrieblicher Erfolgsgrößen auf die an ihrer Entstehung beteiligten Gruppen verbunden. Mit einer Erfolgsbeteiligung werden insbesondere die folgenden Ziele verfolgt:

- Identifikation der Mitarbeiter mit der Unternehmung und ihren Zielen,
- Förderung der Initiative zu schöpferischen, mitunternehmerischen Leistungen,
- Schaffung eines qualifizierten Mitarbeiterstammes,
- Erhöhung der Mitarbeiterzufriedenheit,
- Vermögensbildung der Arbeitnehmer und
- Liquiditätsvorteile (wenn die Erfolgsanteile nicht ausgeschüttet, sondern einer investiven Verwendung in der Unternehmung zugeführt werden).

Die Erfolgsbeteiligung ist jedoch mit den folgenden **Problemfeldern** verbunden:

- Festlegung der Bemessungsgrundlage,
- Festlegung der Beteiligungsquoten der beteiligten Gruppen,
- Festlegung der Kriterien für die Verteilung innerhalb der jeweiligen Gruppe und
- Festlegung der Ausschüttungsmodalitäten.

Als **Bemessungsgrundlagen** können dabei fungieren:

- **Leistung** (Leistungsbeteiligung):
  -- Produktionsmengen oder
  -- Produktivitätsbeteiligung;
- **Ertrag** (Ertragsbeteiligung):
  -- Umsatz (Umsatzbeteiligung),
  -- Wertschöpfung (Wertschöpfungsbeteiligung) oder
  -- Nettoertrag (Nettoertragsbeteiligung);
- **Gewinn** (Gewinnbeteiligung):
  -- Bilanz (handels- oder steuerrechtlicher Gewinn; Unternehmungsgewinnbeteiligung) oder
  -- ausgeschütteter Gewinn (Ausschüttungsgewinnbeteiligung).

Für die **Zurechnung des Erfolges auf die unterschiedlichen Gruppen**, die letztlich auf die Produktionsfaktoren Arbeit und Kapital zurückgeführt werden können, existieren keine wissenschaftlich fundierten Methoden, so dass es sich hierbei immer um normative Entscheidungen handelt.

Bei der **Verteilung des Erfolges innerhalb der einzelnen Gruppen** lassen sich drei Prinzipien unterscheiden:

- **Gleichheitsprinzip,** d. h., jeder Mitarbeiter erhält den gleichen Betrag,
- **Sozialprinzip,** d. h., es werden Kriterien wie Alter, Familienstand und Kinderzahl berücksichtigt, und
- **Leistungsprinzip,** z. B. nach der Lohn- oder Gehaltsgruppe.

In der Praxis am weitesten verbreitet scheint das Leistungsprinzip zu sein, wobei die persönlichen Bezüge als Basis dienen. Da jedoch im Rahmen der Festlegung der Löhne und Gehälter neben den leistungsbezogenen Elementen auch soziale Aspekte einfließen, erscheint eine kombinative Verwendung des Leistungs- und Sozialprinzips auch bei der Erfolgsbeteiligung durchaus angezeigt.

Bei den **Ausschüttungsmodalitäten** kann unterschieden werden zwischen einer Barauszahlung oder einer investiven Verwendung, d. h., der Erfolg bleibt in der Unternehmung. Eine investive Verwendung wird dabei in der Praxis priorisiert. Handelt es sich um eine Aktiengesellschaft, dann erfolgt i. d. R. die Ausgabe von Belegschaftsaktien. Bei anderen Rechtsformen überwiegt die Umwandlung der Erfolgsanteile in Mitarbeiterdarlehen, d. h., es handelt sich um Fremdkapital für die Unternehmung (zu in der Praxis realisierten Erfolgsbeteiligungssystemen vgl. z. B. Schanz 1985, S. 141 ff.).

3.2 Potentialbeiträge der Betriebsmittel

3.2.1 Grundlegungen

Unter dem Elementarfaktor Betriebsmittel werden alle beweglichen und unbeweglichen technischen Mittel subsumiert, die zur Realisation des betrieblichen Leistungsprozesses erforderlich sind. Als Potentialfaktoren stellen sie **Nutzungspotentiale** dar, die über einen längeren Zeitraum (Nutzungszeit) im Rahmen der Leistungserstellung zum Einsatz gelangen. Die Betriebsmittel lassen sich nach unterschiedlichen Kriterien systematisieren. Abbildung 3.2-1 gibt eine mögliche Differenzierung der Betriebsmittel wieder (vgl. Kern 1992, S. 196; Zäpfel 2000c, S. 100).

Auf der ersten Ebene wird zunächst danach unterschieden, ob die Betriebsmittel unmittelbar oder nur mittelbar am Produktionsprozess beteiligt sind. Beide Untergruppen lassen sich dann danach aufsplitten, ob es sich um Betriebsmittel mit oder ohne Abgabe von Werkverrichtungen handelt. Während **Betriebsmittel mit Abgabe von Werkverrichtungen** zu einem Produktionsfortschritt an den betreffenden Arbeitsobjekten führen, obliegt den **Betriebsmitteln ohne Abgabe von Werkverrichtungen** eine unterstützende Funktion im Rahmen des Produktionsprozesses.

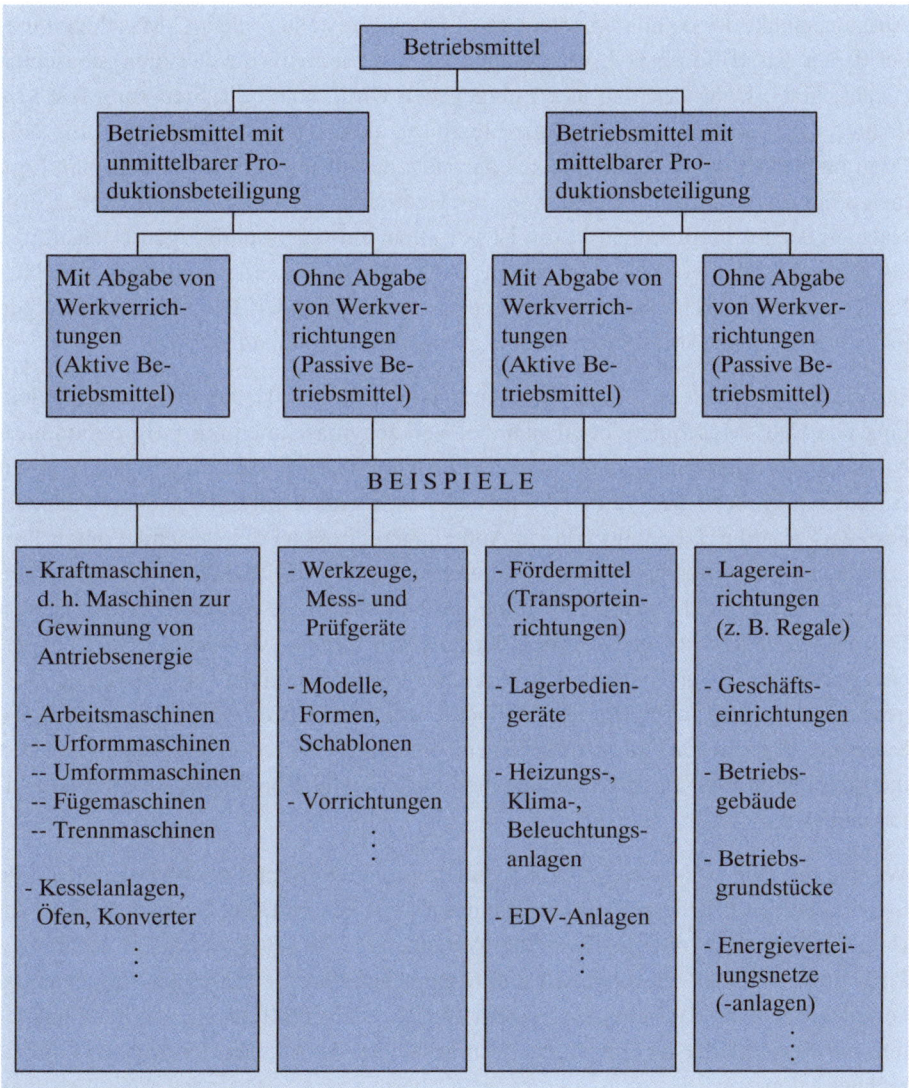

Abb. 3.2-1: Betriebsmittelsystematik

Bei **computergesteuerten Produktionsanlagen** handelt es sich um Werkzeug- und Handhabungsmaschinen, bei denen mit Hilfe eines Computers numerische Daten in Steuersignale, d. h. in Bewegungs- und Schaltfunktionen, transformiert werden. Die Entwicklung der Fertigungstechnik ist dabei einerseits durch **Steuerungssysteme** wie **NC** (Numerical Control)-**Maschinen** und die hinsichtlich des Computereinsatzes erweiterten **CNC** (Computerized Numerical Control)- und **DNC** (Direct/Distributed

Numerical Control)-**Maschinen** und anderseits durch **Fertigungsanlagen** wie Flexible Fertigungszellen, Flexible Fertigungssysteme und Flexible Transferstraßen gekennzeichnet (vgl. Scheer 1990, S. 47 ff.).

Ausgangspunkt der computergesteuerten Produktion stellten die **NC-Maschinen** dar, bei denen mit Hilfe eines Lochstreifens das Programm in die Fertigungsmaschine (Dreh-, Fräs-, Bohrmaschine usw.) eingegeben wird, wobei die Steuerung fest verdrahtet war, was sich negativ auf die Flexibilität des Aggregates auswirkte. Ein NC-Programm stellt dabei nichts anderes dar als einen differenzierten Arbeitsplan (vgl. hierzu die ausführlichen Darstellungen bei Hedrich u. a. 1983, S. 10 ff.). Neben dem Nachteil der festverdrahteten Logik ist vor allem auf die störanfälligen Lochstreifen als Schwachstelle von NC-Maschinen hinzuweisen. Da eine Änderung des NC-Programms nur durch eine Neueingabe eines entsprechenden Lochstreifens erfolgen kann, weist eine NC-Maschine nur eine geringe Flexibilität auf.

Gerade dieser Aspekt der Flexibilität führte dann in den 1970er Jahren zu der Entwicklung von **CNC-Maschinen,** bei denen die Werkzeugmaschinen mit freiprogrammierbaren Kleinrechnern ausgestattet sind, die die numerische Steuerung übernehmen (seit Anfang der 1980er Jahre werden NC-Maschinen nur noch mit CNC-Steuerungen ausgestattet). Hierdurch bedingt können Änderungen direkt an der Maschine durch Programmeingaben vollzogen werden, wodurch sich die Flexibilität der CNC-Maschinen im Vergleich zu NC-Maschinen deutlich erhöhte. Die für die Steuerung erforderlichen Daten über Lage und Eigenschaften der zu bearbeitenden Werkstücke stammen bei entsprechender Integration aus den Bereichen der C-Techniken (vgl. hierzu den folgenden Abschnitt), und zwar insbesondere von CAD (Computer Aided Design)-Systemen, d. h., in den Fällen, in denen eine integrierte Steuerung gegeben ist, werden die im Rahmen der Konstruktion erstellten Daten unmittelbar an die Produktion weitergeleitet.

Werden mehrere NC- oder CNC-Maschinen mit einem Rechner verbunden, dem die Steueraufgaben übertragen werden, dann wird von einem **DNC-System** gesprochen. Dem DNC-System obliegt dann die Aufgabe, die NC-Programme in einer NC-Programmbibliothek zu verwalten und entsprechend an die einzelnen Aggregate zu verteilen. DNC ist damit als ein **System zur Rechnerdirektführung** zu charakterisieren, mit dessen Hilfe mehrere numerisch gesteuerte Maschinen durch einen Digitalrechner geleitet werden, d. h., der Rechner übernimmt die folgenden Aufgaben (vgl. Zäpfel 2000b, S. 173 f.):

- Versorgung der einzelnen NC-Maschinen mit Programmen,
- Feststellen des Systemzustandes der einzelnen Maschinen,
- Führung des Systemzustandes bezüglich aller Werkzeuge und Werkstücke und
- Sammlung von Messdaten und Einleitung von Korrekturen in der Produktion.

Neben diesen Steuerungssystemen wurden in jüngerer Zeit neuere Fertigungsanlagen entwickelt. Die Einteilung dieser neueren fertigungstechnischen Konzeptionen erfolgt dabei in der Literatur nicht einheitlich (vgl. Arning 1987, S. 69 ff.; Hansmann 2006, S. 144 f.; Switalski 1989b, S. 259 ff.; Tempelmeier 1996, Sp. 501 ff.). In den weiteren Ausführungen wird zwischen

- Flexiblen Fertigungszellen,
- Flexiblen Fertigungssystemen (FFS) und
- Flexiblen Transferstraßen

unterschieden. Flexible Produktionsinseln (Fertigungsinseln) werden in dieser primär von technischen Kriterien getragenen Systematik nicht berücksichtigt, da bei ihnen arbeitsorganisatorische Gesichtspunkte im Zentrum des Interesses stehen, mit dem Ziel, die planenden, bereitstellenden, produzierenden und kontrollierenden Tätigkeiten neu zu regeln (vgl. hierzu Abschnitt 1.1.6).

Die **Flexible Fertigungszelle** stellt die kleinste Einheit der flexiblen Fertigungskonzeptionen dar, deren Grundlage eine CNC- oder DNC-Steuerung bildet. Unter einer Flexiblen Fertigungszelle ist eine Bearbeitungsmaschine zu verstehen, die auf der Grundlage eines Programms das Werkstück positioniert und dessen (möglichst) komplette Bearbeitung in einem System ermöglicht (vgl. Switalski 1989b, S. 259). Dabei lässt sich eine Flexible Fertigungszelle in die drei folgenden Komponenten aufteilen:

- Bearbeitungssystem (i. d. R. eine CNC-Maschine),
- Materialflusssystem und
- Informationssystem.

Uneinheitlich ist dabei die Unterscheidung zwischen einer Flexiblen Fertigungszelle und einem Bearbeitungszentrum, das häufig als Zwischenstufe zwischen NC-Maschinen und Flexiblen Fertigungszellen betrachtet wird. Unter einem **Bearbeitungszentrum** werden i. d. R. Maschinen verstanden, die Bohr- und Fräsbearbeitungen durchführen (vgl. Arning 1987, S. 69). Durch eine Automatisierung des Werkstückwechsels und dem Einsatz eines Werkstückspeichers wird dann aus dem Bearbeitungszentrum eine Flexible Fertigungszelle. Typisch für Flexible Fertigungszellen ist dabei eine einstufige Bearbeitung auf Einzelmaschinen ohne Verkettung. Dem Materialflusssystem obliegen die Aufgaben des Speicherns sowie das Handhaben der Werk-, Spann- und Messzeuge. Der **Werkzeugwechsel** erfolgt in Flexiblen Fertigungszellen entsprechend den vorzunehmenden Bearbeitungsvorgängen automatisch aus einem Werkzeugspeicher. Dem Informationssystem obliegen die **Steuerungs**- und **Überwachungstätigkeiten**, wozu z. B. die Informationsverteilung und das Überwachen der Werkstücke und Werkzeuge gehören.

Charakteristisch für ein **Flexibles Fertigungssystem** (FFS) ist die Verbindung mehrerer Aggregate mit Hilfe eines automatischen Transportsystems (zum Problem der Konfigurationsentscheidung von FFS, d. h. Abschätzung von Konfigurationsvariablen wie Anzahl und Kapazität der Bearbeitungsmaschinen, Anzahl der Paletten, Kapazität des Materialflusssystems hinsichtlich ökonomischer Zielgrößen wie Auslastung des

Systems, Durchlaufzeit und Lagerbestand, vgl. Tempelmeier 1988, S. 963 ff.). Generelles Ziel der FFS ist es dabei, die Vorteile der Werkstatt- und Fließproduktion zu
verbinden, d. h. hohe Produktivität bei gleichzeitig hoher Flexibilität zu realisieren.
Zentraler Gedanke der FFS ist es, mehrere Aggregate, und zwar sowohl numerisch gesteuerte als auch konventionell automatisierte Maschinen, die durch ein automatisier-
tes Transportsystem verbunden sind, zu einem geschlossenen System zusammenzufassen. Eine spezifische Erscheinungsform der FFS sind die **Flexiblen Montage-
systeme**, mit deren Hilfe programmgesteuert einzelne Teile zu Baugruppen und diese
zu Endprodukten verbunden werden. Als **Transportsysteme** gelangen dabei schienen-
gebundene Transportsysteme, flächenbestreichende Roboter oder induktiv gesteuerte
Transportfahrzeuge in Verbindung mit Industrierobotern zum Einsatz. Bei Robotern
handelt es sich um Automaten, die in mehreren Bewegungsachsen frei programmier-
bar und mit Greifern oder Werkzeugen ausgestattet sind. Auf der Grundlage dieser Definition lassen sich **Roboter** damit durch drei Merkmale charakterisieren:

- mechanisches System,
- elektronische Steuerung und
- flexible Programmierung.

In der Bundesrepublik Deutschland sind die Einsatzbereiche für Industrieroboter neben der Automobilindustrie, insbesondere die Elektro- und Chemische Industrie. Als
Einsatzgebiete lassen sich dabei die Werkzeughandhabung und Werkstückhandha-
bung nennen (vgl. Hansmann 2006, S. 150).

Wie eine Flexible Fertigungszelle lässt sich folglich auch ein FFS in ein Bearbei-
tungs-, ein Materialfluss- und ein Informationsflusssystem untergliedern. Die Flexibilität eines solchen Systems ist darin zu sehen, dass es unterschiedliche Produktionsaufgaben ohne große Umrüstverluste auszuführen vermag, da die notwendigen Um-
rüstprozesse in den Produktionsablauf weitgehend integriert werden (vgl. Scheer
1990, S. 53).

Bei einer **Flexiblen Transferstraße** werden mehrere automatisierte Produktionseinrichtungen durch ein Transportsystem verknüpft, wobei jedoch die generellen
Merkmale einer Transferstraße,

- gerichteter Materialfluss und
- taktgebundene Werkstückweitergabe,

beibehalten werden. Switalski (1989b, S. 260) spricht von Flexiblen Fertigungslinien.
Ziel ist es dabei, eine schnelle Umrüstbarkeit, d. h. eine reibungslose Anpassung an
wechselnde Produktionsaufgaben, zu erreichen. Eine Flexible Transferstraße weist
bedingt durch die oben angeführten Merkmale eine geringere Flexibilität auf als FFS.
Sie sind vor allem für die Produktion von Werkstücken geeignet, die eine hohe Ähnlichkeit hinsichtlich der durchzuführenden Produktionsaufgaben aufweisen. Primärer
Einsatzbereich für derartige Systeme ist dabei die Großserienproduktion. Analog zu

den bisherigen Darstellungen sei auch hierbei zwischen Bearbeitungs-, Materialfluss- und Informationssystem unterschieden. Das Bearbeitungssystem besteht aus mehreren Aggregaten, und es liegt eine mehrstufige Bearbeitung vor. Im Gegensatz zu konventionellen Transferstraßen werden NC-Werkzeugmaschinen und Industrieroboter eingesetzt. Bedingt durch die **Innenverkettung** der einzelnen Aggregate ist es erforderlich, dass die aufeinanderfolgenden Bearbeitungsgänge zeitlich aufeinander abgestimmt sind. Um Störungen zu vermeiden, werden zwischen den einzelnen Bearbeitungsstationen Pufferlager eingerichtet. Dem Informationssystem obliegen die Aufgaben der Prozesssteuerung und -überwachung.

Grundlage für die Entwicklungen im Bereich der C-Techniken sind die Fortschritte auf dem Gebiet der Mikroelektronik. Hierdurch bedingt erfuhr der Bereich der industriellen Produktion grundlegende Veränderungen, die häufig mit dem Schlagwort „Flexible Automatisierung" plakativ umschrieben werden. In den weiteren Ausführungen sollen die folgenden C-Techniken kurz skizziert werden (vgl. hierzu z. B. Grabowski 1996, Sp. 263 ff; Pleschak 1996, Sp. 270 ff.; Scheer 1990, S. 38 ff.; Spur/Krause 1984):

- CAD (Computer Aided Design),
- CAP (Computer Aided Planning),
- CAM (Computer Aided Manufacturing) und
- CAQ (Computer Aided Quality Assurance).

Unter **CAD** ist die rechnergestützte Konstruktion zu verstehen. Aufgabe der Konstruktion ist der Entwurf von Produktteilen, Produkten und Produktkomplexen und deren anschauliche Darstellung, d. h., es werden Produktteile, Produkte und Produktkomplexe konzipiert, ihre geometrische Form bestimmt, Berechnungen durchgeführt und die notwendigen Produktionsunterlagen erstellt. Dabei kann zwischen **Neu-, Anpassungs-** und **Variantenkonstruktion** unterschieden werden, wobei zwischen diesen Erscheinungsformen erhebliche Abgrenzungsprobleme existieren. Dieses Spektrum der Konstruktion zeigt, dass es sich hierbei um ein äußerst heterogenes Arbeitsfeld handeln kann, das sowohl einen ausgesprochen schöpferischen als auch einen primär repetitiven Charakter aufweisen kann. Der Konstruktionsbereich wird in der verarbeitenden Industrie als eine spezifische Erscheinungsform der Entwicklung betrachtet und diesem Bereich dann auch organisatorisch zugeordnet (vgl. Kern 1992, S. 104).

Während die traditionelle Arbeitsweise in der Konstruktion dadurch charakterisiert ist, dass der Konstrukteur mit Hilfe von Zeichenbrett, Schablonen, Zirkel usw. eine Lösungsidee in der Form einer technischen Zeichnung erstellt, zeichnet sich der computerunterstützte Konstruktionsprozess durch eine hohe interaktive Arbeitsweise zwischen CAD-System und Konstrukteur aus, d. h., im Rahmen eines **interaktiven Entscheidungsprozesses** erfolgt schrittweise ein Produktentwurf, wobei verschiedene Gestaltungsmöglichkeiten auch unter ökonomischen Zielsetzungen bewertet werden, um zu einer „optimalen" Lösung zu gelangen. Diese graphisch-interaktive Arbeitsweise wird auch als Modellieren bezeichnet. Das CAD-System besteht dabei aus Hardwareelementen, d. h. aus Eingabe-, Ausgabegeräten und Rechnern sowie aus Softwareelementen, wobei zwischen CAD-Systemsoftware und CAD-Anwendersoftware unterschieden werden kann. An der Benutzerschnittstelle zwischen System und Konstrukteur werden Tastatur, Graphiktablett, Lichtgriffel oder Maustechnik eingesetzt. Als Ausgabegeräte sind alphanumerischer Bildschirm, Graphik-Bildschirm, Plotter, Drucker usw. zu nennen.

Als primäre **Zielsetzungen** des Einsatzes von CAD-Systemen sind dabei die

- Reduzierung der Konstruktionszeiten und die
- Optimierung des Materialeinsatzes (Reduzierung des Materialeinsatzes, Verringerung des Ausschusses)

zu nennen.

CAD-Systeme unterstützen damit einerseits die graphische Aufbereitung geometrischer Objekte und anderseits den Konstruktionsprozess selbst. Insbesondere eröffnet eine dreidimensionale Geometrieverarbeitung Möglichkeiten, die deutlich über den traditionellen Konstruktionsprozess hinausgehen. So ist es durchaus realistisch, dass sich der Prototypenbau in bestimmten Situationen erübrigt und dadurch die Entwicklungszeit eine deutliche Reduktion erfährt.

Primäre Einsatzgebiete für CAD-Systeme sind der Maschinenbau und die Elektrotechnik. Die Hauptschwierigkeit sehen die Anwender derartiger Systeme in der Auswahl der Software. Als positive Folgen des Einsatzes von CAD-Systemen sind zu nennen:

- Erhöhung der Flexibilität,
- Verkürzung der Entwicklungszeit,
- Qualitätsverbesserung und
- sinkende Produktions- und Personalkosten.

Die **computergestützte Arbeitsplanung** (CAP), die teilweise auch als CAD-Bestandteil betrachtet wird, baut auf den Ergebnissen der computergestützten Konstruktion auf. Aufgabe der Arbeitsplanung ist es, auf der Basis der konstruktiven Lösung einen Arbeitsplan zu erstellen, in dem die einzelnen Arbeitsschritte, die zum Einsatz gelangenden Arbeitssysteme und die entsprechenden Vorgabezeiten enthalten sind. Ausgangspunkt können dabei die einzelnen Materialien, Einzelteile oder auch ganze Baugruppen sein, wodurch die hohe Bedeutung von Stücklisten im Rahmen der Arbeitsplanung betont wird. CAP umfasst somit den rechnergestützten Prozessentwurf, der neben der computergestützten Arbeitsplanerstellung die Programmierung von NC-Maschinen und die Prüfplanung umfasst. Grundlage für die Erstellung eines Prüfplanes sind die im Rahmen des Produktentwurfs festgelegten Qualitätsmerkmale und deren Ausprägungen. Die Prüfplanung hat dabei Entscheidungen über Prüfnotwendigkeit, -umfang, -zeitpunkt, -ort, -methode und -mittel und die Festlegung der Vorgabezeiten für die

Prüfvorgänge zu fällen (vgl. Zäpfel 2000b, S. 171). Die Prüfnotwendigkeit, mit deren Hilfe aus den potentiellen Prüfobjekten die aktuellen Prüfobjekte ausgewählt werden, d. h. diejenigen Objekte, die tatsächlich Gegenstand von Prüfhandlungen sind, kanalisiert die durchzuführenden Prüfhandlungen. Die Notwendigkeit hierfür ergibt sich einerseits aus den begrenzten Kapazitäten und anderseits aus Wirtschaftlichkeitsüberlegungen. Als primäre **Zielsetzungen** von CAP sind zu nennen:

- qualitative Verbesserung der Arbeitsplanung und
- Reduktion der Planungszeiten und -kosten.

Auf der Grundlage des Kriteriums „**Umfang des Rechnereinsatzes**" lassen sich nach Zäpfel (2000b, S. 166 ff.) die folgenden Erscheinungsformen der computergestützten Arbeitsplanung unterscheiden:

- **Systeme der computergestützten Arbeitsplanverwaltung**: Charakteristisch für diese Systeme ist es, dass die Arbeitsplanerstellung auf der Basis von gespeicherten auftragsneutralen Arbeitsplänen erfolgt, d. h., Arbeitspläne werden nach bestimmten Systematisierungskriterien gespeichert und bei Bedarf in der gewünschten Form erzeugt.

- **Systeme der computergestützten Arbeitsplanerstellung nach dem Variantenprinzip**: Grundlage für dieses System bilden fertigungstechnisch ähnliche Komponenten, für die im Rahmen von Standardisierungen Grundtypen festgelegt wurden. Durch die Eingabe von Parametern lassen sich dann geometrische Varianten dieser Grundtypen generieren.

- **Systeme der computergestützten Arbeitsplanerstellung nach dem Anpassungsprinzip**: Auf der Grundlage existenter Arbeitspläne werden durch Zufügen, Löschen und Modifizieren einzelner Arbeitsvorgänge neue Arbeitspläne erstellt, d. h., es erfolgt eine Anpassung an die neue Aufgabe.

- **Systeme der computergestützten Arbeitsplanerstellung nach dem Generierungsprinzip**: Hierbei erfolgt eine computergestützte Neuplanung, d. h., es liegen keine ähnlichen Arbeitspläne vor, auf die dann zurückgegriffen werden könnte. Es werden vielmehr auf der Basis von Algorithmen oder Heuristiken direkt aus den geometrischen Daten spezifische Arbeitspläne erstellt. Da hierbei eine vollständige Algorithmisierung häufig nicht möglich ist, sind i. d. R. nicht sämtliche Tätigkeiten automatisierbar. Aus diesem Grunde erfolgt eine interaktive Arbeitsweise zwischen Benutzer und System. CAD und CAP werden häufig auch zu **CAE** (Computer Aided Engineering) zusammengefasst. CAE beinhaltet dabei Funktionen wie die Produktentwicklung und die Projektierung ganzer Anlagen (vgl. Switalski 1989b, S. 261 f.). CAE umfasst damit Ingenieuraufgaben wie Entwicklung, Test, Analyse etc., die in allen Phasen eines Entwicklungsprozesses mit der Produktion abzustimmen und zu integrieren sind.

Für den Terminus **computergestützte Produktion** (CAM) werden in der Literatur unterschiedlich weite definitorische Abgrenzungen vorgeschlagen (vgl. Scheer 1990, S. 49). Unter einer computergestützten Produktion verstehen wir den durch Rechnereinsatz automatisierten Produktionsprozess, d. h., es handelt sich um die Steuerung und Überwachung der zum Einsatz gelangenden Aggregate, und zwar zur Herstellung von Teilen und den Zusammenbau von Komponenten. Der computergestützten Arbeitsplanung kommt damit eine Art Bindegliedfunktion zwischen CAD und CAM zu. Sind

CAD- und CAM-System durch eine gemeinsame Datenbank verknüpft, dann ist es möglich, auf die mit Hilfe des CAD-Systems erstellten Daten unmittelbar zurückzugreifen, d. h. an das CAM-System weiterzugeben, um diese dann weiterverarbeiten zu können.

Ein CAM-System setzt sich aus folgenden Komponenten zusammen:

- NC-, CNC- oder DNC-Bearbeitungssysteme,
- Werkzeug- und Werkstückhandhabungssysteme,
- Transport- und Lagersysteme,
- Prüf- und Messsysteme sowie
- Prozesssteuerung und -überwachung.

Durch die **kombinative Verknüpfung** dieser Komponenten entstehen dann die bereits besprochenen flexiblen Fertigungskonzepte wie Flexible Fertigungssysteme und Flexible Transferstraßen. Durch die hohe Flexibilität von CAM, sich an unterschiedliche Produktionsaufgaben anzupassen, wird es ermöglicht, die verschiedenen Werkstücke ohne hohen Rüstaufwand wirtschaftlich zu erstellen.

Die **computergestützte Qualitätssicherung** (CAQ) ist als eine **Querschnittsaufgabe** zu verstehen, die alle bisher dargestellten Systeme überlagert. So sind im Rahmen der Produktentwicklung und Konstruktion die Qualitätsmerkmale und deren Ausprägungen festzulegen, um dann in der Arbeitsplanung die Produktionsverfahren auszuwählen, die die aufgestellten Qualitätsanforderungen sicherstellen. Darüber hinaus sind Prüfpläne zu erstellen, damit die Produktionsstellen die erforderlichen Prüfvorgänge durchführen können. Im Rahmen des Produktionsprozesses sind Abweichungen zu identifizieren, um dann rechtzeitig entsprechende Maßnahmen einleiten zu können, die sicherstellen, dass die aufgestellten Qualitätsstandards eingehalten werden. Damit in den Produktionsstellen diese Aufgaben rechnergestützt vollzogen werden können, gelangen **Funktionsprüf-** und **Messsysteme**

- CAT (Computer Aided Testing) bzw.
- CAI (Computer Aided Inspection)

zum Einsatz (vgl. Zäpfel 2000b, S. 154 f.). Fragen der Qualitätssicherung begleiten damit den gesamten betrieblichen Leistungsprozess, und zwar von der Eingangsprüfung der Materialien über die Prüfung der Produktionsprozesse bis hin zur Endkontrolle des erstellten Outputs. Werden die Prozess- und Outputdaten wiederum für den Prozess- und Produktentwicklungsprozess und die Konstruktion genutzt, dann schließt sich der Regelkreis der Qualitätssicherung (vgl. Kern 1989a, S. 291). Um derartige **Qualitätsregelkreise** bilden zu können, ist eine Integration der Planungs-, Steuerungs- und Datenerfassungssysteme, d. h. eine Kopplung der CAQ-Funktionen untereinander, eine unabdingbare Voraussetzung. Ein weiterer Integrationsaspekt ist in der Einbeziehung der CAQ-Funktionen in die CIM (Computer Integrated Manufacturing)-Umgebung zu sehen, der insbesondere eine Minimierung der Datenredundanzen und eine schnelle Nutzung von Informationen aus anderen Systemen ermöglicht (vgl. Kring 1989, S. 6).

Die Computerunterstützung der Qualitätssicherung setzt damit an zwei Ebenen an (vgl. Scheer 1990, S. 56):

- **Unterstützung der Prüfungen** durch automatische Einrichtungen (z. B. Analyseinstrumente, Sensoren, Zähler etc.) und
- **Unterstützung der Planung** der Prüfvorgänge.

Unter CAQ ist folglich eine Rechnerunterstützung im Rahmen der Prüfplanerstellung, Prüfauftragsbearbeitung, Prüfdatenerfassung und Prüfmittelüberwachung zu verstehen (vgl. Kring 1989, S. 5).

Es sei jedoch darauf hingewiesen, dass die marktgängigen Lösungen nur einen Teilbereich eines so verstandenen CAQ-Systems erfassen, wobei die Unterstützung der Planung, Durchführung und Auswertung der Qualitätsprüfung den Schwerpunkt darstellt. Daneben existieren Ansätze zur Auswertung von Service- und Garantiedaten, die i. d. R. jedoch Eigenentwicklungen der Anwender darstellen. Unter Vernachlässigung von Besonderheiten lassen sich die Leistungen, die die üblichen CAQ-Systeme bieten, wie folgt skizzieren (vgl. Köppe 1988, S. 15):

- Prüfplanerstellung am Bildschirm,
- Steuerung der Prüfpläne, z. B. in Abhängigkeit von Teilehistorie, und
- Prüfdatenerfassung, eventuell mit unterschiedlicher Analysetiefe.

Die Darstellung macht deutlich, dass diese Lösungen nur Teillösungen der oben beschriebenen CAQ-Systeme sind.

3.2.2 Aufgabenfelder

Im Rahmen der Betriebsmittel werden in der Literatur unterschiedlich differenzierte Aufgabenfelder diskutiert (vgl. z. B. Kern 1992, S. 205 f.; Kilger 1986, S. 365; Männel 1996, Sp. 72 ff). Im Weiteren seien die folgenden Aufgabenkomplexe unterschieden:

- Beschaffung der Betriebsmittel,
- Planung des Betriebsmitteleinsatzes,
- Betriebsmittelerhaltung (Instandhaltung) und
- Betriebsmittelverwaltung.

Die folgenden Überlegungen konzentrieren sich auf die drei ersten Aufgabenkomplexe. Das Aufgabenfeld der **Betriebsmittelverwaltung** sei an dieser Stelle lediglich kurz skizziert: Ihr obliegen die Aufgaben, alle Daten der Betriebsmittel zu sammeln, aufzubereiten und zu speichern, die für das betriebliche Planungswesen von Bedeutung sind. Hierzu zählen:

- Zustand der Betriebsmittel und ihr Standort,

- Einsatzbereiche der Betriebsmittel,

- darüber hinaus fällt die Vorbereitung, Auslösung und Überwachung aller Maßnahmen, die auf die Beschaffung, Erhaltung und Nutzung der Betriebsmittel abzielen in das Aufgabengebiet der Betriebsmittelverwaltung.

Kern (1992, S. 213 ff.) nennt als weiteren Teilbereich der Anlagenwirtschaft die **Energieversorgung**. Unter ökonomischen Gesichtspunkten obliegen der betrieblichen Energieversorgung dann die folgenden Aufgaben:

- Wahl der günstigsten Energieform,

- Verbesserung der Energieausbeute (z. B. durch den Einsatz von Betriebsmitteln mit hohen energetischen Wirkungsgraden) und

- Mehrfachnutzung bestimmter Energiearten (z. B. mittels Heizkraftkopplung, Wärmerückgewinnung).

Um der zunehmenden Bedeutung der Energie als Produktionsfaktor gerecht zu werden, schlägt Kern (1989b, S. 433 ff.) die Entwicklung einer **Energie-Betriebswirtschaftslehre** vor, die sowohl die Probleme der energieerzeugenden als auch der energieverwendenden Unternehmungen zu analysieren hat.

3.2.2.1 Betriebsmittelbeschaffung

Grundlage der Betriebsmittelbeschaffung bilden die qualitativen und quantitativen Anforderungen der durchzuführenden Produktionsaufgaben (vgl. hierzu auch die Ausführungen zur qualitativen und quantitativen Kapazität). Analog zum materialwirtschaftlichen Optimum obliegt ihr die Aufgabe, die entsprechenden Betriebsmittel hinsichtlich Art und Menge zur erforderlichen Zeit und am erforderlichen Ort zur Verfügung zu stellen (vgl. Kern 1992, S. 206). Die Betriebsmittelbeschaffungsplanung determiniert dabei weitgehend die langfristige Kapazitätsplanung, da die Betriebsmittel die wichtigste Einflussgröße der Kapazitäten der Produktionsstellen sind. Basis dieser Entscheidungen bildet dabei die Investitionsrechnung. Für eine Betriebsmittelbeschaffung stehen die folgenden grundsätzlichen Möglichkeiten zur Auswahl:

- Eigenerstellung oder

- Fremdbeschaffung, d. h.

  -- Kauf oder

  -- Leasing (zum Problem der Vorteilhaftigkeit des Leasings im Vergleich zum Kauf vgl. Buhl 1989, S. 1095 ff.; Kruschwitz 1989, S. 1090 ff.).

Zur Beurteilung der Wirtschaftlichkeit der Beschaffungsobjekte steht dabei das investitionstheoretische Instrumentarium zur Verfügung, wobei von der Systematik der investitionstheoretischen Kalküle in Abbildung 3.2-2 ausgegangen wird.

Während **einperiodische Ansätze** auf kalkulatorischer Basis mit Aufwendungen und Erträgen oder Kosten und Leistungen arbeiten und durchschnittliche (Jahres-)Größen für den Planungszeitraum bilden, wobei sie von der zeitlichen Verteilung der tatsächlich anfallenden Zahlungströme abstrahieren, berücksichtigen **mehrperiodische Verfahren** bewusst die zeitliche Dimension, indem die pagatorischen Größen Einzahlungen und Auszahlungen zeitpunktbezogen erfasst und durch Diskontierung miteinander vergleichbar gemacht werden. **Stochastische Ansätze** tragen der quantifizierten Indeterminiertheit dadurch Rechnung, dass an die Stelle eindeutiger Größen Wahrscheinlichkeitsverteilungen treten, durch die gegenüber deterministischen Ansätzen ein höherer Grad an Isomorphie erreicht werden kann. **Einzelprojektentscheidungen** beschäftigen sich mit Annahme oder Ablehnung eines einzelnen Investitionsobjektes oder mit der Bestimmung des günstigsten Projektes aus einer Anzahl alternativer Vorhaben. **Investitionsprogrammentscheidungen** versuchen, entweder die zwischen den einzelnen Investitionsobjekten bestehenden Interdependenzen zu beachten oder mögliche produktions-, finanz- oder absatzwirtschaftliche Abhängigkeiten zu berücksichtigen, indem sie eine optimale Kombination der Investitions- und Finanzierungsprojekte anstreben, d. h. eine simultane Bestimmung der Investitionsprogramme mit Hilfe der mathematischen Optimierung vornehmen. Im Rahmen dieser Einführung kann nicht auf die einzelnen Kalküle eingegangen werden. Da für die Bestimmung der optimalen Nutzungsdauer der Investitionsobjekte eine mehrperiodische Betrachtungsweise erforderlich ist, sei die Grundidee der **mehrperiodischen** (finanzmathematischen) **Methoden** vorgestellt (vgl. z. B. Altrogge 1996b; Kruschwitz 2011; Matschke 1993).

Kriterien	Investitionstheoretische Kalküle	
Dimensionalität des Zielsystems	Monovariable Investitionskalküle	Multivariable Investitionskalküle
Zeithorizont	Einperiodische Ansätze	Mehrperiodische Ansätze
Determiniertheit/ Indeterminiertheit	Deterministische Ansätze	Stochastische Ansätze
Berücksichtigung der Interpendenzen	Einzelentscheidungen	Programmentscheidungen

Abb. 3.2-2: Systematik investitionstheoretischer Kalküle

Eine Investition lässt sich durch die zeitliche Folge der mit ihr verbundenen Aus- und Einzahlungen darstellen. Bei kontinuierlichen Zahlungsströmen ergibt sich die Darstellung in Abbildung 3.2-3.

Die Differenz zwischen Ein- und Auszahlungen wird als Einzahlungsüberschuss bezeichnet. Diese Zahlungsreihen beginnen in $t = 0$ und endet in $t = T$ mit dem Ausscheiden des Investitionsobjektes. Für eine beliebige Periode l lässt sich der Einzahlungsüberschuss $\ddot{u}_l$ dann wie folgt ermitteln:

$$\ddot{u}_l = \int_{l-1}^{l} \ddot{u}(t)dt$$

oder:

$$\ddot{u}_l = \int_{l-1}^{l} e(t)dt - \int_{l-1}^{l} a(t)dt$$

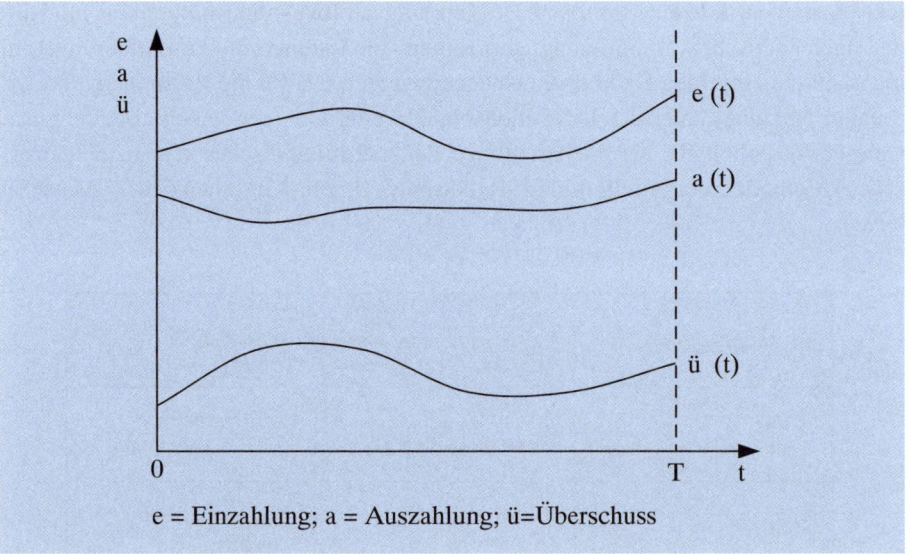

Abb. 3.2-3: Kontinuierliche Zahlungsströme

Für die weiteren Überlegungen sei rationales Verhalten des Investors unterstellt, das sich in zweifacher Weise äußert:

- Hohe Einzahlungsüberschüsse sind dem Investor lieber als geringere.
- Der Investor schätzt Einzahlungsüberschüsse umso mehr, je früher sie anfallen.

Gemeinsames Merkmal der finanzmathematischen Verfahren der Investitionsrechnung ist es, dass sie sowohl die Höhe der Einzahlungsüberschüsse als auch die Zeitpunkte ihres Anfallens in das Kalkül einbeziehen. Die Berücksichtigung des Zeitfaktors ist damit grundlegend für diese Ansätze. Er wird dadurch in die Betrachtung aufgenommen, dass die den einzelnen Zeitpunkten zugeordneten Einzahlungsüberschüsse auf den Betrachtungszeitpunkt diskontiert werden. Dies geschieht mit Hilfe des **Kalkulationszinsfußes**. Den im Weiteren vorzustellenden Methoden liegen die folgenden Prämissen zugrunde:

- Die Einzahlungsreihe und die Auszahlungsreihe einer Investition bzw. die Zeitreihe der Einzahlungsüberschüsse seien gegeben.
- Der Investor wünscht möglichst hohe und möglichst frühzeitig anfallende Einzahlungsüberschüsse.
- Die Zahlungen einer Periode werden dem Periodenende zugerechnet.
- Der verwendete Kalkulationszinsfuß ist für alle betrachteten Zeitpunkte gleich.

Zunächst sei die Grundidee der **Kapitalwertmethode** skizziert, wobei der Kapitalwert die Summe aller Barwerte darstellt, d. h. die auf den Zeitpunkt ($t = 0$) mit dem Kalkulationszinsfuß i diskontierten Zahlungen ($1 + i = q$), die nach dem Zeitpunkt t erfolgen. Der Kapitalwert (C_0) stellt damit die Differenz zwischen den Gegenwartswerten der Einzahlungen und der Auszahlungen einer Investition dar:

$$C_0 = \sum_{t=0}^{T} e_t \cdot q^{-t} - \sum_{t=0}^{T} a_t \cdot q^{-t}$$

$$C_0 = \sum_{t=0}^{T} (e_t - a_t) \cdot q^{-t}$$

$$C_0 = \sum_{t=0}^{T} ü_t \cdot q^{-t}$$

Da für die Anschaffungsauszahlung (a_0) im Zeitpunkt $t = 0$ die Diskontierung entfällt, ergibt sich:

$$C_0 = -a_0 + \sum_{t=1}^{T} ü_t \cdot q^{-t}$$

Wird zusätzlich berücksichtigt, dass das Investitionsobjekt am Ende seiner Nutzung noch einen Liquidationserlös (L_T) erzielt, dann ergibt sich:

$$C_0 = -a_0 + \sum_{t=1}^{T} ü_t \cdot q^{-t} + L_T \cdot q^{-T}$$

Eine Investition ist dann als vorteilhaft zu bezeichnen, wenn für den Kapitalwert gilt:

$$C_0 \geq 0$$

Ebenso wie die Kapitalwertmethode baut auch die **Annuitätenmethode** auf vorgegebenen Zahlungsreihen auf. Die rechnerischen Größen, anhand derer die Vorteilhaftigkeit einer Investition beurteilt wird, unterscheiden sich zwar formal bei diesen beiden Methoden, jedoch weisen sie dieselbe grundlegende mathematische Struktur auf,

d. h., die Annuitätenmethode kann als eine mathematische Umformung der Kapitalwertmethode verstanden werden. Bei der Annuitätenmethode wird die **Vorteilhaftigkeit** einer Investition dadurch ermittelt, dass die mit ihr verbundenen **durchschnittlichen Ein-** und **Auszahlungen** miteinander verglichen werden. Die durchschnittlichen
jährlichen Zahlungen werden dabei als Annuität bezeichnet, wobei zwischen

- der Annuität der Einzahlungsreihe e,
- der Annuität der Auszahlungsreihe a und
- der Annuität der Einzahlungsüberschussreihe ü

zu unterscheiden ist. Zur **Errechnung der Annuität** wird ausgehend von der gegebenen
Zahlungsreihe eine neue Zahlungsreihe ermittelt, die folgende Eigenschaften aufweist:

- Sie ist **uniform**, d. h., die Zahlungen sind sämtlich größengleich, und
- sie ist **äquivalent**, d. h., ihr Barwert ist gleich dem Barwert der vorgegebenen Zahlungsreihe.

Während die Ausgangszahlungsreihe in den Zeitpunkten $t = 0, 1, ..., T$ unterschiedlich hohe Auszahlungen aufweist, treten in der neuen Zahlungsreihe in $t = 1, 2, ..., T$
jeweils konstante Zahlungen auf[1]. Da beide Reihen äquivalent sein sollen, gilt:

$$\underbrace{\frac{a_0}{q^0} + \frac{a_1}{q^1} + \frac{a_2}{q^2} + ... + \frac{a_T}{q^T}}_{\substack{\text{Barwert der vorgegebenen} \\ \text{Auszahlungsreihe}}} = \underbrace{\frac{a}{q^1} + \frac{a}{q^2} + ... + \frac{a}{q^T}}_{\substack{\text{Barwert der neuen} \\ \text{Auszahlungsreihe}}}$$

$$\sum_{t=0}^{T} \frac{a_t}{q^t} = \sum_{t=1}^{T} \frac{a}{q^t}$$

Die rechte Seite der Gleichung entspricht dem **Barwert einer nachschüssigen Rente**.
Durch Anwendung der **Rentenbarwertformel** ergibt sich:

$$\sum_{t=0}^{T} \frac{a_t}{q^t} = a \cdot \frac{q^T - 1}{q^T(q-1)}$$

Für die Annuität der Auszahlungsreihe ergibt sich dann aus der multiplikativen Verknüpfung des Annuitätenfaktors mit dem Barwert:

$$a = \frac{q^T(q-1)}{q^T - 1} \cdot \sum_{t=0}^{T} \frac{a_t}{q^t}$$

---

1) In der neuen Zahlenreihe wird dem Zeitpunkt $t = 0$ keine Auszahlung zugeordnet.
    Dies entspricht der Vorgehensweise bei der Ermittlung des Kapitaldienstes.

oder mit $q = 1 + i$:

$$a = \frac{(1+i)^T \cdot i}{(1+i)^T - 1} \cdot \sum_{t=0}^{T} \frac{a_t}{q^t}$$

Der Faktor

$$\frac{(1+i)^T \cdot i}{(1+i)^T - 1}$$

also der reziproke Wert des Barwertfaktors einer nachschüssigen Rente, wird als **Wiedergewinnungsfaktor** oder **Annuitätenfaktor** bezeichnet (er kann für diverse i und T mathematischen Tabellen entnommen werden). In analoger Weise ergibt sich die Annuität der Einzahlungen bzw. der Einzahlungsüberschüsse:

$$e = \frac{(1+i)^T \cdot i}{(1+i)^T - 1} \cdot \sum_{t=0}^{T} \frac{e_t}{q^t}$$

$$ü = \frac{(1+i)^T \cdot i}{(1+i)^T - 1} \cdot \sum_{t=0}^{T} \frac{ü_t}{q^t}$$

Dabei gilt:

$$e - a = \frac{q^T \cdot i}{q^T - 1} \cdot \left(\sum_{t=0}^{T} \frac{e_t}{q^t} - \sum_{t=0}^{T} \frac{a_t}{q^t} \right)$$

$$e - a = \frac{q^T \cdot i}{q^T - 1} \cdot \sum_{t=0}^{T} \frac{e_t - a_t}{q^t}$$

$$e - a = \frac{q^T \cdot i}{q^T - 1} \cdot \sum_{t=0}^{T} \frac{ü_t}{q^t}$$

$$e - a = ü$$

Als **Entscheidungsregel** zur Vorteilhaftigkeitsprüfung einer Investition mit Hilfe der Annuitäten ergibt sich: Eine Investition ist dann vorteilhaft, wenn die Annuität der Einzahlungen die Annuität der Auszahlungen übersteigt oder wenn beide Annuitäten zumindest gleich groß sind. **Oder:** Eine Investition ist dann vorteilhaft, wenn die Annuität der Einzahlungsüberschüsse größer oder gleich null ist:

$$(e \geq a \vee ü = e - a \geq 0) \rightarrow \text{vorteilhafte Investition}$$

Ist $e > a$ bzw. $ü > 0$, dann erwirtschaftet die Investition eine über den Kalkulationszinsfuß hinausgehende Verzinsung. Der effektiv erzielte Zinsfuß i_e ist größer als der angestrebte i_a:

$$(e > a \vee ü > 0) \rightarrow i_e > i_a$$

Für e = a bzw. ü = 0 gilt:

$$(e = a \vee ü = 0) \rightarrow i_e = i_a$$

Und für e < a bzw. ü < 0 gilt:

$$(e < a \vee ü < 0) \rightarrow i_e < i_a$$

Um den Nachweis zu führen, dass die Kapitalwertmethode und die Annuitätenmethode zum gleichen Ergebnis führen, sei von der Annuität der Einzahlungsüberschüsse ausgegangen:

$$ü = e - a = \frac{(1+i)^T \cdot i}{(1+i)^T - 1} \cdot \underbrace{\sum_{t=0}^{T} \frac{ü_t}{q^t}}_{\text{Kapitalwert der Investition } (C_0)}$$

$$ü = \frac{(1+i)^T \cdot i}{(1+i)^T - 1} \cdot C_0$$

Für gegebene i und T sind ü und C_0 direkt proportional. Der Wiedergewinnungsfaktor ist i. d. R. kleiner als 1, so dass bei gegebenen Einzahlungsüberschüssen und gegebenem i und T die Annuität der Einzahlungsüberschüsse ü grundsätzlich kleiner als C_0 sein wird. Da aber für ü > 0 auch $C_0 > 0$ für ü = 0 auch $C_0 = 0$ und für ü < 0 auch $C_0 < 0$ ist, ändern sich die Entscheidungsregeln nicht:

$$(ü \geq 0 \rightarrow C_0 \geq 0) \rightarrow \quad \text{vorteilhafte Investition}$$

$$(ü < 0 \rightarrow C_0 < 0) \rightarrow \quad \text{unvorteilhafte Investition}$$

Als letztes finanzwirtschaftliches Verfahren sei kurz auf den **internen Zinsfuß** eingegangen. Dass dieses Verfahren nicht unproblematisch ist, unterstreicht Kruschwitz (2011 S. 92), indem er den Abschnitt „Verfahren der internen Zinsfüße" mit dem Zusatz versieht „ein Kapitel, das Sie eigentlich nicht lesen sollten". Da der interne Zinsfuß sich jedoch in der Praxis einer hohen Beliebtheit erfreut, sei dieses Verfahren kurz skizziert. Unter dem internen Zinsfuß ist der Zinsfuß (i_i) zu verstehen, bei dem der Kapitalwert einer Investition null wird:

$$\sum_{t=0}^{T} (e_t - a_t) \cdot (1 + i_i)^{-t} = 0$$

Mathematisch stellt die Ermittlung des internen Zinsfußes die **Bestimmung der Nullstellen eines Polynoms T-ten Grades** dar, d. h., es können sich bis zu T Lösungen ergeben. Neben dieser **Mehrdeutigkeit** kann eine **Eindeutigkeit**, aber auch eine **Nicht-Existenz** des internen Zinsfußes auftreten. Problemlos lässt sich der interne Zinsfuß im Einperiodenfall, d. h., die Nutzungsdauer beträgt genau eine Periode, ermitteln, dem jedoch nur eine geringe praktische Bedeutung zukommt.

Bei der Darstellung der dynamischen Investitionsmethoden wurde von der Voraussetzung ausgegangen, dass die Nutzungsdauer eines Investitionsobjektes gegeben ist. Heben wir diese Prämisse auf, dann ergibt sich das Problem der Bestimmung der optimalen Nutzungsdauer eines Investitionsobjektes. Sie ist einerseits erforderlich für die langfristige Kapazitätsplanung und die damit verbundene Investitionsplanung und andererseits zur Berechnung von Abschreibungen, mit deren Hilfe der Anlagenverzehr, als Minderung des Wertes von Anlagen, der sich im Zeitablauf vollzieht, erfasst wird (dabei ist zu beachten, dass sich der Anlagenverzehr i. d. R. nicht in eindeutig, objektiv messbaren Indikatoren niederschlägt, sondern nur auf der Basis von Annahmen möglich ist).

Die Bestimmung der optimalen Nutzungsdauer stellt dabei kein technisches, sondern ein ökonomisches Problem dar. Sie gibt den Nutzungszeitraum an, innerhalb dessen eine Anlage einer vergleichbaren Anlage unter ökonomischen Kriterien überlegen ist, d. h., die mit einer Investition verbundene(n) Zielsetzung(en) determinier(t)/(en) die Nutzungsdauer. Hiervon zu unterscheiden ist die technische Lebensdauer, die sich mit Hilfe von Instandhaltungsmaßnahmen beliebig verlängern lässt.

Ein Ersatzproblem liegt jedoch nur dann vor, wenn eine neue Anlage mit einer alten konkurriert, d. h. eine Antwort auf die Frage zu geben ist, ob die alte Anlage weiterhin genutzt werden soll oder ob sie durch eine neue Anlage zu substituieren ist. Soll hingegen die neue Anlage neben der bereits vorhandenen alten Anlage genutzt werden, dann liegt kein Ersatzproblem vor, sondern es handelt sich um ein Problem der Investitionsprogrammplanung.

Formal lässt sich die optimale Nutzungsdauer T_{opt} einer Anlage schreiben (vgl. Schröder 1986, S. 21 ff.):

$$ZG(T_{opt}) = max!$$

d. h., dass der Zielerreichungsgrad eines Investors maximiert wird. Die optimale Nutzungsdauer ist folglich die Nutzungsdauer, die die Zielfunktion des Investors zu optimieren vermag. Der Entscheidung über die optimale Nutzungsdauer einer Anlage liegen in der Investitionsrechnung die beiden folgenden Prämissen zugrunde:

- Das Investitionsobjekt, dessen optimale Nutzungsdauer zu bestimmen ist, wurde noch nicht realisiert (= Plan-Nutzungsdauer).
- Da beim Ersatzproblem die Frage analysiert wird, ob ein vorhandenes Investitionsobjekt durch ein gleiches oder ähnliches zu ersetzen ist, wird damit zumindest implizit über die Nutzungsdauer der vorhandenen Anlage entschieden. Damit lassen sich auch die hierfür aufgestellten Ansätze zu den investitionsrechnerischen Kalkülen zur Bestimmung der optimalen Nutzungsdauer einsetzen (= Ist-Nutzungsdauer).

Im folgenden seien lediglich einige einführende Ausführungen zur Ermittlung der Plan-Nutzungsdauer bei sicheren Erwartungen getätigt.

Zunächst sei unterstellt, dass der Investor zur Ermittlung der optimalen Nutzungsdauer davon ausgeht, den **Kapitalwert zu maximieren** und dass es **keinen Nachfolger** für das ausscheidende Aggregat gibt. Die optimale Nutzungsdauer ergibt sich dann aus:

$$C\,(T_{opt}) = \max_{m} \left\{ C(T_{opt\;m}) \,|\, C(T_{opt\;m} - 1) < C(T_{opt\;m}) > C(T_{opt\;m} + 1) \right\}$$

Weist der Kapitalwert in Abhängigkeit von der Nutzungsdauer nur ein relatives Maximum auf, das gleichzeitig das absolute Maximum ist, dann gilt:

$$C\,(T_{opt} - 1) < C\,(T_{opt}) > C\,(T_{opt} + 1)$$

Diese Bedingung bringt zum Ausdruck, dass der Kapitalwert sowohl bei einer Nutzungsdauerreduzierung als auch bei einer -verlängerung sinken würde.

Neben dieser **Totalbetrachtung**, d. h. der Ermittlung und dem Vergleich aller Kapitalwerte von $t = 1$ bis T, lässt sich die optimale Nutzungsdauer auch auf der Basis einer **Grenzbetrachtung**, d. h. marginalanalytisch bestimmen, wenn der Kapitalwert nur ein relatives Maximum aufweist. Für die Verlängerung der Nutzungsdauer um eine Periode von $t - 1$ auf t ergeben sich die folgenden zielrelevanten Konsequenzen, unter der Voraussetzung, dass der Kapitalwert zu maximieren ist (vgl. Schröder 1986, S. 24 f.):

- Die Fortsetzung der Nutzung in der Periode (t) geht mit einem **Einzahlungsüberschuss** $ü_t$ einher. Der Wert dieses Einzahlungsüberschusses zum Zeitpunkt $t = 0$ ergibt sich dann aus:

  $$ü_t \cdot (1 + i)^{-t}$$

- Der Investor verzichtet auf den **Liquidationserlös** (L_{t-1}) zum Zeitpunkt $t - 1$ und erhält statt dessen zum Zeitpunkt t den Liquidationserlös L_t. Bezogen auf $t = 0$ ergibt sich dann der folgende Nettoeffekt:

  $$-L_{t-1}(1 + i)^{-(t-1)} + L_t(1 + i)^{-t} = (-\Delta L_t - iL_{t-1}) \cdot (1 + i)^{-t}$$

Die Kapitalwertänderung ΔC_1, die durch die Verlängerung der Nutzungsdauer um eine Periode hervorgerufen wird, ergibt sich dann aus:

$$\Delta C_1 = \underbrace{ü_t(1 + i)^{-t}}_{\substack{\text{diskontierte} \\ \text{Zahlungen}}} - \underbrace{L_{t-1} \cdot (1 + i)^{-(t-1)}}_{\substack{\text{nicht realisierte Liquidationserlöse} \\ \text{zum Zeitpunkt } t-1}} + \underbrace{L_t(1 + i)^{-t}}_{\substack{\text{Liquidationserlöse} \\ \text{zum Zeitpunkt } t}}$$

$$\Delta C_1 = (\ddot{u}_t - L_{t-1} \cdot (1+i) + L_t) \cdot (1+i)^{-t}$$

$$\Delta C_1 = (\ddot{u}_t - L_{t-1} - iL_{t-1} + L_t) \cdot (1+i)^{-t}$$

mit:

$$\Delta L_t \;\; = \;\; L_{t-1} - L_t$$

$$\Delta C_1 \;\; = \;\; (\ddot{u}_t - \Delta L_t - iL_{t-1}) \cdot (1+i)^{-t}$$

$$\Delta C_1 \;\; = \;\; \ddot{u}_t'(1+i)^{-t}$$

Unter der Voraussetzung, dass sich die Anlage bereits amortisiert hat, ist eine Verlängerung der Nutzungsdauer um eine Periode solange sinnvoll, wie gilt:

$$\Delta C_1 > 0$$

bzw.

$$\ddot{u}_t' = \ddot{u}_t - \Delta L_t - iL_{t-1} > 0$$

oder:

$$\ddot{u}_t > \Delta L_t + iL_{t-1} = K_t'$$

oder:

$$i' = \frac{\ddot{u}_t - \Delta L_t}{L_{t-1}} > i$$

mit:

iL_{t-1} = Zinsen, die bei einer Freisetzung des im Aggregat gebundenen Kapitals zum Zeitpunkt $t-1$ in der Periode t hätten erzielt werden können

K_t' = Opportunitätskosten der Verlängerung der Nutzungsdauer um eine Periode

$\ddot{u}_t'$ = Grenz(opportunitäts)erfolg

i_t' = Grenzrentabilität.

Auf dieser Grundlage lassen sich dann die folgenden Aussagen formulieren: Eine Verlängerung der Nutzungsdauer um eine Periode ist dann ökonomisch angebracht, wenn

- ein positiver Grenzerfolg realisiert wird,
- die Grenzeinzahlungsüberschüsse die Grenzopportunitätskosten der Verlängerung übersteigen oder
- die Grenzrentabilität größer ist als der Kalkulationszinsfuß.

Das dargestellte Grundmodell lässt sich in vielfacher Hinsicht weiterentwickeln. Beispielhaft seien genannt (vgl. Schröder 1986, S. 27):

- Beachtung von Nachfolgeobjekten,

- Einbeziehung der Nutzungsdauerentscheidung in die Bestimmung von Investitionsprogrammen,

- Berücksichtigung steuerlicher Aspekte und unterschiedlicher Abschreibungsverfahren und

- Einbeziehung stochastischer Größen, und zwar hinsichtlich des Anlagenausfalls sowie hinsichtlich Zeitpunkt und Höhe der Ein- und Auszahlungen.

3.2.2.2 Planung des Betriebsmitteleinsatzes

Grundlegend für den Betriebsmitteleinsatz ist die Kapazitätsdimensionierung der zum Einsatz gelangenden Anlagen, d. h., es ist festzulegen, in welchen quantitativen und qualitativen Ausprägungen die Produktiveinheiten und damit das Produktionssystem bereitzustellen ist (zur Ermittlung der quantitativen Kapazität vgl. die Ausführungen in Abschnitt 1.1.3.1). Die **Kapazitätsdimensionierung** erfolgt dabei in drei Schritten (vgl. Zäpfel 2000c, S. 129 ff.):

- Ermittlung des vorhandenen Kapazitätsbestandes;

- Festlegung des Kapazitätsbedarfs für die geplanten Leistungsarten und -mengen;

- Abstimmung des Kapazitätsbestandes mit dem -bedarf.

Unter **Kapazitätsbestand** (oder **Kapazitätsangebot**) wird dabei das zur Verfügung stehende Leistungsvermögen einer Kapazitätseinheit zur Durchführung von Aufgaben verstanden, und zwar bezogen auf eine Planungsperiode. Ist eine Kapazitätseinheit aufgrund ihrer Flexibilität (vgl. Abschnitt 1.1.3.2) in der Lage, unterschiedliche Leistungen (heterogener Output) zu erbringen, dann stellt der Output je Zeiteinheit keine geeignete Basis für die Erfassung des Leistungsvermögens dar. Als Hilfsgröße kann dann die zeitliche Verfügbarkeit (= **Zeitfond**) einer Kapazitätseinheit herangezogen werden, die sich aus der multiplikativen Verknüpfung des Kapazitätsquerschnitts b_{quer} und der maximal möglichen Nutzungsdauer in der betrachteten Periode (T_{Max}) ergibt:

$$\text{Zeitfond (ZF)} = b_{quer} \cdot T_{Max}$$

Da im Kombinationsprozess, mit Ausnahme eines vollautomatisierten Prozesses, sowohl Anlagen als auch Arbeitskräfte zum Einsatz gelangen, erscheint es notwendig, zwischen

- einer von **Arbeitskräften determinierten Kapazitätseinheit** und

- einer von **Betriebsmitteln determinierten Kapazitätseinheit**

zu unterscheiden (vgl. hierzu auch Corsten 1985, S. 225). Während im ersten Fall der Mensch das Leistungsvermögen der Kapazitätseinheit restringiert, limitieren im zweiten Fall die Betriebsmittel das Leistungsvermögen. Der Zeitfond (ZF) für eine Kapazitätseinheit m ergibt sich bei limitationalem Input aus:

$$ZF_m = b_{quer\ m} \cdot \left\{ \min(T_M, T_N) - T_V \right\}$$

mit:

$b_{quer\ m}$ = Kapazitätsquerschnitt

T_M = Arbeitszeit der Arbeitskräfte, die der Kapazitätseinheit angehören

T_N = Nutzungszeit des Betriebsmittels der jeweiligen Kapazitätseinheit

T_V = kapazitätsmindernde Verlustzeiten (z. B. Wartungen, Maschinenstörungen, Materialmangel, Rüsten).

Der quantitative Kapazitätsbestand hat damit eine

- **zeitliche** (der Zeitraum, in dem eine Kapazitätseinheit nutzbar ist) und eine

- **zahlenmäßige Dimension** (Anzahl der Potentialfaktoren).

Bedingt durch die kapazitätsmindernden Verlustzeiten lässt sich der zeitliche Kapazitätsbestand in einen **potentiell** und einem **real nutzbaren Bestand** weiter aufteilen.

In einem zweiten Schritt ist dann der **Kapazitätsbedarf** zu ermitteln, der die gewünschte Inanspruchnahme der relevanten Kapazitätseinheit je Zeitraum erfasst, der zur Realisation des geplanten Produktionsprogramms notwendig ist. Analog zum Kapazitätsbestand weist auch der -bedarf eine zeitliche und zahlenmäßige Dimension auf. Um den **zeitlichen Kapazitätsbedarf** ermitteln zu können, sind Informationen über

- die einzelnen Produktarten und -mengen im Planungszeitraum und

- den Produktaufbau (z. B. Stücklisten)

notwendig. In Abhängigkeit vom Bekanntheitsgrad der Produkte für die Unternehmung oder Branche lässt sich dann der Kapazitätsbedarf mit unterschiedlichen Genauigkeitsgraden ermitteln, wie dies in Abbildung 3.2-4 skizziert ist (vgl. hierzu Zäpfel 2000c, S. 135).

Diese Systematik zeigt, dass es für die Kapazitätsbedarfsermittlung von grundlegender Bedeutung ist, ob sich das zu produzierende Produkt aus bekannten oder aus neuen Komponenten zusammensetzt. Während bei den selbstzuerstellenden bekannten Komponenten, z. B. aus Stücklisten und den dazugehörigen Arbeitsplänen, der Kapazitätsbedarf ermittelt werden kann, ist dieser bei neuen Komponenten zu schätzen, wobei die Schätzgenauigkeit vom Ähnlichkeitsgrad (oder Novitätsgrad) der neuen Komponenten im Vergleich zu den bekannten Komponenten abhängt.

Liegen diese Informationen vor, dann lassen sich für die jeweiligen Planperioden **Prozesstechnik-Profile** erstellen, wie in Abbildung 3.2-5 dargestellt (Zäpfel 2000c, S. 137).

Planungs-schritte \ Bekanntheits-grad des Produktes	Für die Unternehmung		Für die Branche (Für die Unterneh-mung neu)	
	bekannt	ähnlich	bekannt	neu
	Vorgehensweise 1	Vorgehensweise 2	Vorgehensweise 3	Vorgehensweise 4
Erstellen der Erzeugnisstruktur für die zu erstellende Leistung	Auswertung der Stücklisten	Auswertung der Stücklisten ähnlicher Erzeugnisse Grobentwurf der neuen Komponenten	Analyse der Konkurrenzprodukte Grobentwurf der neuen Komponenten	Grobentwurf des neuen Produktes und seiner Komponenten
Zeitermittlung für die Komponenten	Entnahme der Arbeitspläne Schätzung des Reduktionszeitfaktors (Lernkurve)	Arbeitsplanauswertung ähnlicher Teile; Ableitung repräsentativer Kapazitätsbedarfsprofile Grobe Schätzung für neue Komponenten Schätzung des Reduktionszeitfaktors	Für neue Komponenten vgl. Vorgehensweise 2 Genauigkeit der Ermittlung hängt vom Novitätsgrad der Komponenten ab	Für neue Komponenten vgl. Vorgehensweise 2 Genauigkeit der Ermittlung hängt vom Novitätsgrad der Komponenten ab (tendenziell geringer als bei Vorgehensweise 3)
Bestimmung des Kapazitätsbedarfs	- Summation des Kapazitätsbedarfs der Produktkomponenten für die jeweiligen Kapazitätseinheiten - Hochrechnen des Kapazitätsbedarfs auf Periodenwerte auf der Grundlage des Absatzplanes und unter Berücksichtigung der Lernkurve			

Abb. 3.2-4: Vorgehensweisen zur Ermittlung des Kapazitätsbedarfs

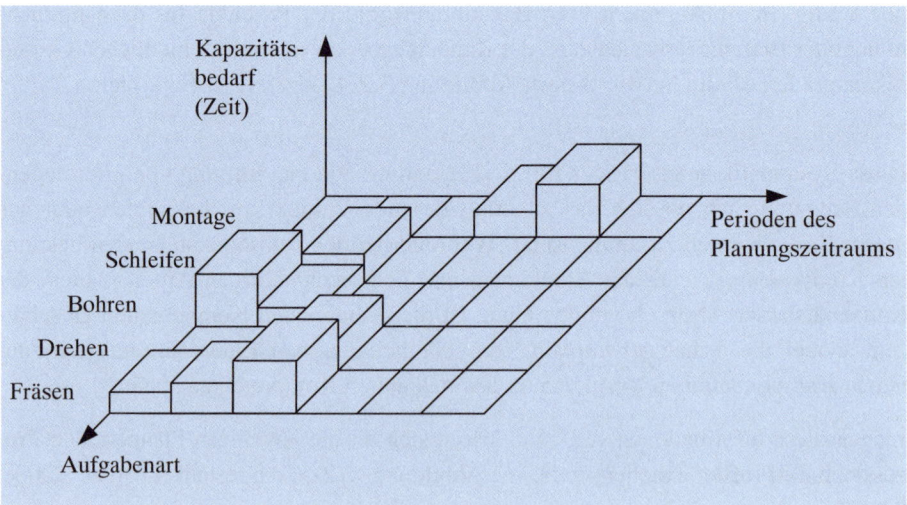

Abb. 3.2-5: Prozesstechnik-Profil

In einem dritten Schritt sind dann Kapazitätsbestand und -bedarf gegenüberzustellen. Je nach Planungszeitraum bieten sich dabei unterschiedliche Möglichkeiten an:

- auf **taktischer Ebene**: Abstimmung über Investition oder Desinvestition (simultane Programm- und Investitionsplanung);

- auf **operativer Ebene**: Anpassungsmaßnahmen (zeitliche und intensitätsmäßige).

Ein weiteres Problem im Rahmen des Betriebsmitteleinsatzes stellt die **Verfahrenswahl** dar. Gegenstand der Verfahrenswahl sind dabei **Produktionsverfahren,** worunter die Art und Weise zu verstehen ist, in der eine Produktionsaufgabe planvoll und in sich gleichbleibend und wiederholbar durchgeführt wird (vgl. Riebel 1963, S. 12 f.). Dabei sind zwei Entscheidungsebenen zu unterscheiden (vgl. Bea 1996, Sp. 2151):

- Taktische Ebene: Entscheidung über die **Zusammensetzung des Faktorbestandes** (Kapazitätsdimensionierung). Bei dieser Betrachtungsweise ist nur das Produktionsprogramm gegeben und die Betriebsmittel sind variabel, d. h., es liegt ein Investitionsproblem vor.

- Operative Ebene: Entscheidung über die Art der **Inanspruchnahme des vorhandenen Faktorbestandes** (Kapazitätsnutzung). d. h., es handelt sich um ein reines Maschinenbelegungsproblem, da sowohl die Betriebsmittel als auch deren Standorte gegeben sind.

In den weiteren Ausführungen werden nur Entscheidungssituationen auf der **operativen Ebene** berücksichtigt, in denen eine Unternehmung sich gegebenen Betriebsmittel- und Personalkapazitäten gegenüber sieht. Die vorhandenen Betriebsmittel unterscheiden sich dabei i. d. R. hinsichtlich

- des Mechanisierungs- und Automatisierungsgrades,

- der qualitativen Eigenschaften und

- des Alters.

Dies führt zu unterschiedlichen Kostenstrukturen und -höhen der jeweiligen Verfahren.

Ausgangspunkt dieser Form der Verfahrenswahl (Machine assignment) bildet dabei die Überlegung, dass Produktionsaufgaben i. d. R. auf unterschiedliche Weise gelöst werden können. Es wird unterstellt, dass die zur Auswahl stehenden Verfahren bestimmte Grundanforderungen (z. B. Qualität, Quantität, Funktionsfähigkeit, Genauigkeit, Störanfälligkeit usw.) erfüllen, so dass sie für die Herstellung der geforderten Produkte geeignet sind. Im Rahmen dieses Entscheidungsproblems ist folglich dasjenige Verfahren auszuwählen, das der Maxime wirtschaftlicher Leistungserstellung unter Beachtung existenter Restriktionen am besten gerecht wird.

Im Rahmen einer kurzfristigen Verfahrenswahl sind die Kapazitäten keine variable, sondern eine gegebene Größe, d. h., die Kosten der Betriebsbereitschaft werden durch diese Entscheidung nicht berührt und sind damit nicht entscheidungsrelevant. Bei gegebenen Kapazitäten sind folglich nur die ausbringungsabhängigen (variablen) Kosten in das Entscheidungsproblem einzubeziehen.

Ziel der kurzfristigen Verfahrenswahl ist die Minimierung der Herstellkosten, d. h., die Produktmengen der auszuführenden Aufträge sind so auf die Aggregate aufzuteilen, dass die Herstellkosten minimiert werden. Generell gilt folglich, dass ein Verfahren 1 einem Verfahren 2 dann vorzuziehen ist, wenn:

$$K_1(x) < K_2(x)$$

Sind

k_R = Rüstkosten

k_P = Produktionskosten (proportionaler Kostensatz)

t_R = Rüstzeit

t_P = Produktionszeit in Min./Stück

x = Anzahl der Produkte,

dann ist für ein Erzeugnis und eine Produktionsstufe mit den Verfahren 1 und 2 der folgende Vergleich zu vollziehen:

$$\underbrace{t_{R1} \cdot k_{R1}}_{\substack{\text{Rüstkosten} \\ \text{des Verfah-} \\ \text{rens 1}}} + \underbrace{x \cdot t_{P1} \cdot k_{P1}}_{\substack{\text{Produktions-} \\ \text{kosten des} \\ \text{Verfahrens 1}}} \begin{array}{c} < \\ > \end{array} \underbrace{t_{R2} \cdot k_{R2}}_{\substack{\text{Rüstkosten} \\ \text{des Verfah-} \\ \text{rens 2}}} + \underbrace{x \cdot t_{P2} \cdot k_{P2}}_{\substack{\text{Produktions-} \\ \text{kosten des} \\ \text{Verfahrens 2}}}$$

Bedingt durch die Rüstkosten hängt das Ergebnis dieses Vergleiches entscheidend von der Seriengröße ab. Folglich muss eine kritische Seriengröße existieren, die angibt, ab welcher Menge es unter Beachtung der gesetzten Zielgröße günstiger ist, einem Verfahren im Vergleich zu einem anderen Verfahren den Vorzug zu geben. Gilt $t_{P2} \cdot k_{P2} > t_{P1} \cdot k_{P1}$ und $t_{R2} \cdot k_{R2} < t_{R1} \cdot k_{R1}$, dann ergibt sich durch Gleichsetzen beider Kostenterme als Bedingung für die kritische Menge x_k und Auflösen nach x_k:

$$x_k = \frac{t_{R1} \cdot k_{R1} - t_{R2} \cdot k_{R2}}{t_{P2} \cdot k_{P2} - t_{P1} \cdot k_{P1}}$$

Die Entscheidungsregel lautet dann: Liegt die zu produzierende Menge oberhalb der kritischen Menge x_k, dann ist das Verfahren 2, ansonsten das Verfahren 1 anzuwenden. Diese Entscheidungsregel bezieht sich jedoch lediglich auf eine Situation, in der ein Erzeugnis in einer Produktionsstufe ohne Beachtung der Kapazitätsrestriktionen erstellt wird. Werden diese Voraussetzungen aufgegeben, dann lässt sich das dargestellte Problem mit Hilfe der linearen Optimierung lösen. Hierbei seien die beiden folgenden Fälle unterschieden (vgl. Kilger 1966, S. 173 ff.):

- mehrstufige Mehrprodukterzeugung mit einstufiger Verfahrenswahl und

- mehrstufige Mehrprodukterzeugung mit mehrstufiger Verfahrenswahl.

Der erstgenannte Fall sei dadurch vereinfacht, dass die folgenden Voraussetzungen eingeführt werden:

- es fallen keine auflagenfixen Rüstkosten an, und
- in allen Abteilungen stimmen die Einsatz- und Ausbringungsmengen überein.

Es werden Arbeitsgänge j (j = 1, 2, ..., r, ..., m) und Aufträge i (i = 1, ..., n) betrachtet, wobei nur auf Stufe r mehrere verfahrenstechnische Möglichkeiten v (v = 1, ..., s) bestehen. Damit lässt sich der folgende Optimierungsansatz formulieren:

Ziel ist die kostenminimale Verfahrenswahl

$$K_r = \sum_{i=1}^{n} \sum_{v=1}^{s} x_{iv} \cdot t_{irv} \cdot k_{rv} \quad \rightarrow \min!$$

unter Beachtung der folgenden Nebenbedingungen:

- Kapazitätsbedingung:

$$T_{rv} \geq \sum_{i=1}^{n} x_{iv} \cdot t_{irv} \qquad \forall\, v$$

- Vollständigkeitsbedingung:

$$x_i = \sum_{v=1}^{s} x_{iv} \qquad \forall\, i$$

- Nichtnegativitätsbedingung:

$$x_{iv} \geq 0 \qquad \forall\, i, v$$

Dieser Programmansatz, der $n \cdot s$ eigentliche Variablen sowie s Kapazitäts- und n Mengenrestriktionen enthält, wird als **Standardansatz für die optimale Maschinenzuteilung** bezeichnet. Da ein Modell der linearen Programmierung vorliegt, kann der Simplex-Algorithmus (2-Phasen-Methode) zur Anwendung gelangen. Die spezielle Problemstruktur erlaubt es jedoch, mit dem Stepping-Stone-Verfahren noch schneller zur optimalen Lösung zu gelangen.

Komplizierter werden die Programmansätze der Verfahrenswahl im Falle mehrerer Verfahrensmöglichkeiten in aufeinanderfolgenden Abteilungen, da dann jede Verfahrensmöglichkeit einer vorgelagerten Produktionsstufe mit allen Verfahrensmöglichkeiten der nachgelagerten Produktionsstufe kombiniert auftreten kann. Zur Lösung dieses Zuteilungsproblems, das durch eine kombinatorische Interdependenz der eigentlichen Variablen charakterisiert ist, lassen sich die beiden folgenden Ausgestaltungsformen der linearen Optimierung heranziehen (vgl. Jacob 1962, S. 249 und S. 255; Kilger 1966, S. 178 ff.):

- Verfahren der Alternativkalkulation und
- Verfahren der arbeitsgangweisen Kalkulation.

Im Rahmen des zuerst genannten Ansatzes werden für die zu verteilenden Aufträge sämtliche denkbaren Verfahrenskombinationen **Alternativkalkulationen** auf der Basis proportionaler Kosten erstellt. Für a aufeinanderfolgende Arbeitsgänge mit jeweils s verschiedenen verfahrenstechnischen Möglichkeiten bei insgesamt n Aufträgen lässt sich dann die folgende Zielfunktion aufstellen:

$$K = \sum_{i=1}^{n} \sum_{z=1}^{s^a} x_{iz} \cdot k_{iz} \quad \rightarrow \min!$$

Dabei ist z der Index der j,v-Kombinationen JV_z a-ter Ordnung von s verschiedenen, unbegrenzt oft wiederholbaren Elementen mit Berücksichtigung der Anordnung $z = s^a$ (z = Verfahrenszyklus). Es sind die folgenden Restriktionen zu beachten:

- Kapazitätsbedingung:

$$T_{jv} \geq \sum_{i=1}^{n} x_{iz} \cdot t_{ijv} \qquad \forall z, (j, v) \in JV_z$$

- Vollständigkeitsbedingung:

$$x_i = \sum_{z=1}^{s^a} x_{iz} \qquad \forall i$$

- Nichtnegativitätsbedingung:
$$x_{iz} \geq 0 \qquad \forall i, z$$

Abbildung 3.2-6 gibt die Vorgehensweise im Rahmen der Alternativkalkulation in anschaulicher Weise wieder.

Dass die einzelnen Verfahrenszyklen die Kapazität aller Stufen beanspruchen, lässt sich bei der Anwendung des Simplex-Algorithmus einfacher als bei der Anwendung des Stepping-Stone-Verfahrens abbilden. Für Entscheidungen auf der Grundlage der Alternativkalkulation ist folglich der Simplex-Algorithmus besser geeignet.

Beim Verfahren der **arbeitsgangweisen Kalkulation** werden nicht die Kosten aller denkbaren Verfahrenszyklen dargestellt, sondern es fließen in die Zielfunktion die Kosten pro Einheit für jeweils einen Arbeitsgang als Koeffizienten ein. Nacheinander durchlaufen n Aufträge mit gegebenen Mengen x_i (i = 1, …, n) Arbeitsgänge, wobei für a Arbeitsgänge (j = r, r + 1, …, r + a - 1) jeweils s verfahrenstechnische Möglichkeiten existieren. Als Zielfunktion ergibt sich dann:

$$K = \sum_{i=1}^{n} \sum_{j=r}^{r+a-1} \sum_{v=1}^{s} x_{ijv} \cdot t_{ijv} \cdot k_{jv} \quad \rightarrow \min!$$

Unter Beachtung der folgenden Restriktionen:

- Kapazitätsbedingung:

$$T_{jv} \geq \sum_{i=1}^{n} x_{ijv} \cdot t_{ijv} \qquad \forall\, j, v$$

- Kontinuitätsbedingungen:

$$\sum_{v=1}^{s} x_{ijv} = \sum_{v=1}^{s} x_{i,j+1,v} \quad \text{(arbeitsgangbezogen)} \qquad \forall\, i, j = r \ldots r + a - 1$$

$$x_i = x_{i,r+a-1} \quad \text{(auftragsbezogen)} \qquad \forall\, i$$

- Nichtnegativitätsbedingung:

$$x_{ijv} \geq 0 \qquad \forall\, i, j, v$$

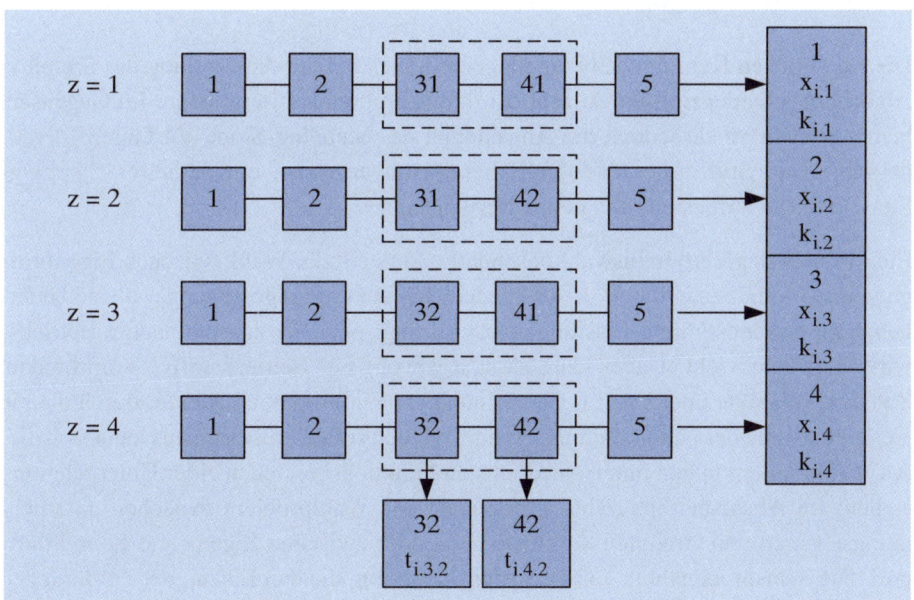

Abb. 3.2-6: Alternativkalkulation

Die arbeitsgangweise Kalkulation kommt zwar im Vergleich zur Alternativkalkulation mit weniger Variablen aus, erfordert dafür jedoch zusätzliche Restriktionen. Sie sollen sicherstellen, dass zwischen den Arbeitsgängen keine Zwischenlagerung auftritt (= Kontinuitätsbedingung). Die folgende Abbildung gibt die arbeitsgangweise Kalkulation in ihrer Grundstruktur wieder.

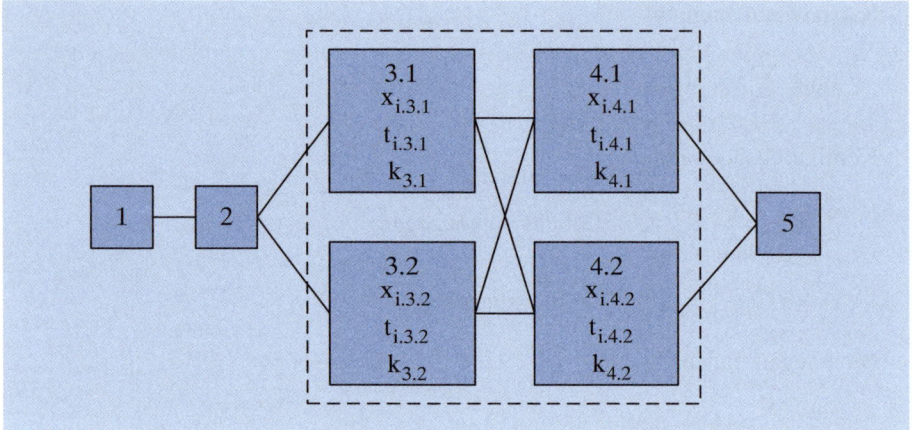

Abb. 3.2-7: Arbeitsgangweise Kalkulation

Die zusätzlichen Kontinuitätsbedingungen erhöhen bei der Anwendung des Simplex-Algorithmus tendenziell die Anzahl der durchzuführenden Iterationen. Im Gegensatz hierzu erleichtern sie jedoch die Anwendung des Stepping-Stone-Verfahrens derart, dass für jede Stufe, die Verfahrensalternativen aufweist, ein isoliertes Stepping-Stone-Tableau aufgestellt und gelöst werden kann.

Ein Problem der Verfahrenswahl besonderer Art stellt die Wahl zwischen Eigenfertigung und Fremdbezug dar, d. h., es handelt sich um die Fragestellung, ob eine Unternehmung eine bestimmte Leistung selbst erbringt oder hierzu eine andere Betriebswirtschaft heranzieht. Dabei kann es sich sowohl um Betriebsstoffe, Vorprodukte, Zwischenprodukte und Baugruppen als auch um Endprodukte handeln, durch die die Verkaufspalette der Unternehmung ergänzt werden soll. Darüber hinaus kann sich dieses Wahlproblem in den unterschiedlichsten Funktionsbereichen einer Unternehmung stellen: Im Absatzbereich zählt hierzu etwa das Wahlproblem zwischen unternehmungseigenen und -fremden Absatzorganen oder zwischen Eigen- und Fremdtransport. Die Inanspruchnahme von Factoring-Instituten, die den Einzug der Forderungen übernehmen und in diesem Zusammenhang häufig die gesamte Debitorenbuchhaltung durchführen, stellt ebenfalls eine Erscheinungsform des genannten Wahlproblems dar. Darüber hinaus stellt sich dieses Problem im Instandhaltungsbereich. Diese Beispiele zeigen deutlich, welche Bandbreite das oben skizzierte Entscheidungsproblem in einer Unternehmung aufweisen kann (vgl. Männel 1974, Sp. 1232 ff.).

Elementare Voraussetzung für die Durchführung dieser Entscheidung ist es, dass die Unternehmung die möglichen Handlungsalternativen kennt und diese im Entscheidungsprozess berücksichtigt werden. Teilweise ergeben sich in einer Unternehmung Unwirtschaftlichkeiten, die darauf zurückzuführen sind, dass eine Unternehmung die möglichen Handlungsalternativen nicht kennt. Um dies zu vermeiden, muss einerseits eine intensive Beschaffungsmarktforschung betrieben werden, um potentielle Lieferanten und ihre spezifischen Bedingungen zu ermitteln, und anderseits unternehmungsintern eine sorgfältige Überprüfung der Möglichkeiten und Bedingungen der Selbsterstellung erfolgen. Eine einmal getroffene Entscheidung bedarf jedoch einer regelmäßigen Überprüfung, insbesondere dann, wenn sich Komponenten des Problems verändern (vgl. Männel 1974, Sp. 1232 f.), d. h.

- die vorhandenen Produktionsanlagen erneuert werden,
- Vertragsverlängerungen anstehen,
- Bedarfsveränderungen vorliegen,
- Preis- und Lieferbedingungen sich verändern,
- neue Lieferanten auftreten,
- Kostenveränderungen der Eigenerstellung eintreten,
- Kapazitätsengpässe auftreten,
- Erhöhungen der Fremdbezugspreise eintreten und
- Beschäftigungsrückgänge in der eigenen Unternehmung zu verzeichnen sind.

Eine Unternehmung kann jedoch nicht bei jedem einzelnen Teil mit der gleichen Intensität dieses Wahlproblem durchführen. Eine Möglichkeit für die Selektion bietet der Einsatz der sogenannten ABC-Analyse (vgl. Abschnitt 3.3), die auf der Basis des Kriteriums „wertmäßige Bedeutung" eine Klassenbildung vornimmt.

Auf das Wahlproblem Eigenfertigung oder Fremdbezug wirkt eine Vielzahl von Einflussgrößen ein. Im folgenden seien einige als besonders wesentlich erachtete **Determinanten** dieses Entscheidungsproblems kurz skizziert:

- **Kostenunterschiede:** Durch eine Bündelung der durch die Abnehmer nachgefragten Mengen ist die Ausbringungsmenge einer Unternehmung, die sich auf diese Güter spezialisiert hat, häufig größer als die Ausbringungsmenge einer Unternehmung, die diese Güter ausschließlich für den Eigenbedarf produziert. Weichen die spezifischen Anforderungen der einzelnen Unternehmungen an ein Gut voneinander ab, ist die Möglichkeit einer Standardisierung zu prüfen, mit deren Hilfe dann eine Bündelung der nachgefragten Mengen durchgeführt werden kann. Ziel dieser Vorgehensweise ist dabei letztlich die Realisation von **Kostendegressionen**. Ein weiterer Unterschied kann sich im Beschaffungsbereich ergeben, so dass durch große Ausbringungsmengen Vorteile aufgrund höherer Rabatte möglich werden. Neben diesen Auswirkungen auf die Kostenhöhe können durch die Wahl zwischen Eigenfertigung und Fremdbezug auch die Kostenstrukturen (Anteile der fixen und variablen Kosten) beeinflusst werden, da mit der Ausgliederung einzelner Produktionsstufen der Fixkostenblock der Unternehmung geringer wird und bei Durchführung des Fremdbezugs primär variable Kosten an diese Stelle treten.

- **Finanzwirtschaftliche Unterschiede:** Diese können einerseits im Anlage- und anderseits im Umlaufvermögen ihren Niederschlag finden. Im Falle der Eigenfertigung sind, unter der Voraussetzung, dass keine ungenutzten Produktionseinrichtungen zur Verfügung stehen, Investitionen für Betriebsmittel, Gebäude etc. durchzuführen, die mit einer entsprechenden Kapitalbindung einhergehen. Ebenfalls ergeben sich Kapitalbindungen durch das Halten von Lagerbeständen (Eingangs- und Zwischenlager) und von Beständen in der Produktion, die sich teilweise durch Fremdbezug reduzieren lassen.

- **Unterschiede in der Terminplanung**: Tendenziell werden der Eigenfertigung größere Freiheitsgrade in der Terminplanung zugesprochen, als dies beim Fremdbezug der Fall ist, da eine Unternehmung bei Eigenfertigung selbst die Produktionstermine planen kann. Es ist jedoch zu berücksichtigen, dass auch in diesem Fall eine zeitliche Abhängigkeit von Lieferanten für Rohstoffe oder andere Einsatzgüter existiert und durch Kapazitätsengpässe die Freiheitsgrade eingeengt werden können.

- **Beschaffungswirtschaftliche Unterschiede**: Durch den Fremdbezug werden im Beschaffungsbereich neue Abhängigkeitsverhältnisse begründet. Wie das Beschaffungsverhältnis sich letztlich verändert, hängt dabei in starkem Maße von der Zuverlässigkeit der Lieferanten ab. Ein weiterer beschaffungswirtschaftlicher Aspekt ist darin zu sehen, dass spezialisierte Lieferanten technische Vorteile aufweisen, die dazu führen können, dass an die zugekauften Teile strengere Qualitätsanforderungen gestellt werden können, als dies bei Eigenfertigung der Fall wäre.

- **Produktionswirtschaftliche Unterschiede**: Durch Realisation des Fremdbezugs ist eine Ausgliederung produktionswirtschaftlicher Risiken möglich. Geht mit dem Fremdbezug eine Auslagerung von Produktionsstufen einher, dann kann hiermit eine Vereinfachung der Produktionsplanung und -steuerung erreicht werden. Weisen die beschafften Einsatzgüter qualitative Unterschiede auf, dann führen diese zu veränderten Produktionskoeffizienten. Darüber hinaus können sich die qualitativen Unterschiede auch in niedrigeren Kosten der Weiterverarbeitung niederschlagen. Handelt es sich beim Fremdbezug um Potentialfaktoren, dann kann dies mit einer Veränderung der Dauer- und Intergrationsqualität dieser Faktoren einhergehen.

- **Absatzwirtschaftliche Unterschiede**: Ein Versorgungsartwechsel von der Eigenfertigung zum Fremdbezug oder umgekehrt kann entweder mit absatzfördernden oder -mindernden Effekten verbunden sein, deren Ursache z. B. in der Existenz qualitätsbezogener Meinungsmonopole begründet liegen kann.

Auch wenn mit diesen exemplarischen Ausführungen lediglich Teilaspekte des Wahlproblems zwischen Eigenfertigung und Fremdbezug beleuchtet werden konnten, zeigt sich doch die hohe Komplexität dieses Entscheidungsproblems sehr deutlich. Eine generelle Aussage über die Vorteilhaftigkeit einer dieser Bereitstellungsformen kann dabei nicht erfolgen, sondern ist nur unter Beachtung der situativen Gegebenheiten möglich.

3.2.2.3 Betriebsmittelerhaltung

3.2.2.3.1 Ursachen und Erscheinungsformen

Die Betriebsmittelerhaltung (Instandhaltung) stellt ein Subsystem der Unternehmung dar, dessen Aufgabe in der Erhaltung und Wiederherstellung der Funktionstüchtigkeit der Betriebsmittel zu sehen ist, die Verschleißprozessen unterliegen. Diese Aussage unterstellt, dass Betriebsmittel durch ihre Nutzung eine Abnutzung erleiden, die mit einer Verschlechterung des Betriebsmittelzustandes einhergeht. Diese Verschlechterungen finden ihren Niederschlag in einer negativen Veränderung der z-Situation eines Betriebsmittels. Ursache hierfür sind Verschleißprozesse. Die Verhältnisse, unter denen sich die Betriebsmittelnutzung vollzieht, lassen sich nach Pressmar (1979, Sp.

2069 f.) und der Modifikation von Jandt (1986, S. 57 ff.) durch die folgenden **vier Situationsgruppen** erfassen:

- **z-Situation**: Mit ihr wird die technisch-konstruktive Auslegung des Betriebsmittels erfasst, d. h., es handelt sich um die technischen Eigenschaften eines Betriebsmittels. Sie lassen sich lediglich durch Umrüsten oder konstruktive Maßnahmen verändern.

- **v-Situation**: Mit ihr werden die Variablen erfasst, durch die sich die Betriebsmittelbeanspruchung charakterisieren lässt. Hierzu zählen z. B. Temperatur, Feuchtigkeit, Intensität und Druck. Diese Größen wirken auf den Ablauf und die Geschwindigkeit der Betriebsmittelaktivitäten ein. Die v-Situation ist folglich kurzfristig veränderbar.

- **q-Situation**: Mit ihr werden die für die Nutzung des Betriebsmittels relevanten Einsatzfaktorqualitäten erfasst.

- **e-Situation**: Mit ihrer Hilfe wird die Betriebsmittelerneuerung erfasst, d. h., es sind Art, Umfang und Qualität der Instandhaltung entscheidend.

Damit ist festzustellen, dass die v- und q-Situation für die eintretenden Betriebsmittelverschlechterungen, d. h. für die negative Veränderung der z-Situation eines Betriebsmittels, verantwortlich sind. Demgegenüber geht die e-Situation mit einer positiven Einwirkung auf die z-Situation einher, d. h., durch sie wird dem Verschleiß entgegengewirkt. Dieser Wirkungszusammenhang wird in Abbildung 3.2-8 schematisch wiedergegeben (vgl. Jandt 1986, S. 59).

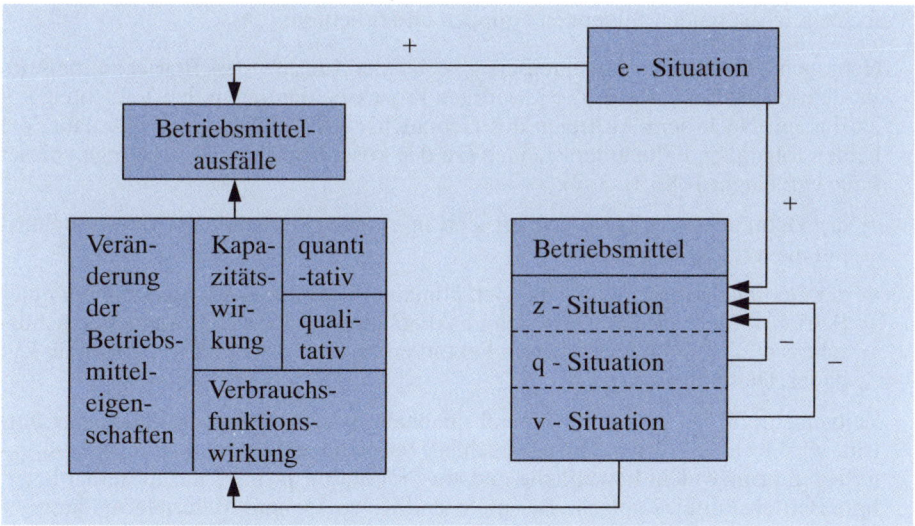

Abb. 3.2-8: Wirkungszusammenhang unterschiedlicher Situationsgruppen

Abbildung 3.2-8 zeigt, dass als Konsequenz einer negativen Veränderung der Betriebsmitteleigenschaften, und zwar bedingt durch die v- und q-Situation, ein Ausfall des Betriebsmittels eintreten kann. Mit diesen beiden Situationsgruppen werden folglich in globaler Form die Ausfallursachen erfasst. In einer differenzierten Betrachtung lassen sich die technischen Ausfallursachen durch die folgenden Kategorien konkretisieren (vgl. hierzu Dhillon/Singh 1981, S. 93 f.; Heck 1980, S. 12 f.):

- Herstellerbedingte Ursachen:
  -- Ausfall aufgrund von Konstruktions- und Entwicklungsfehlern oder
  -- Ausfall aufgrund von Herstellungsfehlern des Betriebsmittels (z. B. mangelnde Materialqualität);
- Einsatzbedingte Ursachen:
  -- Erhaltungsfehler aufgrund von Instandhaltungsmängeln,
  -- Bedienungs- und Einrichtungsfehler des Betriebsmittels,
  -- Umgebungsbedingungen, z. B. Staub, Feuchtigkeit, Temperatur, Druck, Vibrationen,
  -- Einwirkung äußerer Kraftquellen auf ein Betriebsmittel oder
  -- Qualitätseinflüsse des Repetierfaktoreinsatzes;
- Außergewöhnliche Ursachen (Katastrophen): Feuer, Wasser, Sturm und Beben.

Auch wenn es sich hierbei um disjunkte Ereigniskategorien handelt, wirkt auf eine Anlage i. d. R. ein Ursachenbündel ein, d. h., eine Kombination von Ursachen bewirkt letztlich den Verschleißprozess, der im Extremfall mit einem Betriebsmittelausfall verbunden ist (zu einem Überblick über unterschiedliche Richtungen der Verschleißforschung vgl. Polzer/Meißner 1983, S. 190 ff.). Darüber hinaus lässt sich der Verschleiß in die beiden folgenden Gruppen untergliedern:

- Gebrauchsverschleiß: Verschleißursache ist der Einsatz des Betriebsmittels im Produktionsprozess, wobei die jeweiligen Prozessbedingungen den Verschleiß beeinflussen. Nach dem Auftreten des Gebrauchsverschleißes lassen sich dabei die beiden folgenden Fälle unterscheiden (zu den kostenmäßigen Darstellungen dieser Fälle vgl. Kilger 1986, S. 382):
  -- der Gebrauchsverschleiß schlägt sich in einem plötzlichen Betriebsmittelausfall nieder;
  -- der Gebrauchsverschleiß wirkt sich allmählich auf die Leistungsfähigkeit eines Betriebsmittels aus und zeigt sich im Abnehmen der Intensität, steigendem Ausschuss und Abfall oder erhöhtem Faktorverbrauch (dieser Fall ist typisch für Zylinder, Dichtungen, Lager).
- Zeitverschleiß: Da dieser Verschleiß unabhängig vom Betriebsmitteleinsatz auftritt, wird er auch als ruhender Verschleiß bezeichnet. Diesem Zeitverschleiß unterliegen primär nicht bewegliche und am Produktionsprozess nur mittelbar beteiligte Betriebsmittel. Typische Beispiele sind Korrosion und Materialermüdung.

Um den jeweiligen Verschleißursachen entgegenzuwirken, gelangen Instandhaltungsmaßnahmen zum Einsatz, die in Abbildung 3.2-9 in systematischer Form wiedergegeben sind (vgl. Herzig 1975, S. 37).

Eine außerplanmäßige Instandhaltungsmaßnahme ist dadurch charakterisiert, dass ein Austausch von Teilen oder deren Instandsetzung erst dann erfolgt, wenn ein Betriebsmittelausfall eingetreten ist. Diese auch als Feuerwehrstrategie bezeichnete Vorgehensweise geht einerseits mit den Vorteilen geringer Ersatzteilkosten und der Reduktion der Kosten für vorbeugende Maßnahmen einher, anderseits sind die Kosten eines Betriebsmittelstillstandes bei einer Ausfallreparatur i. d. R. höher als bei vorbeugenden Maßnahmen.

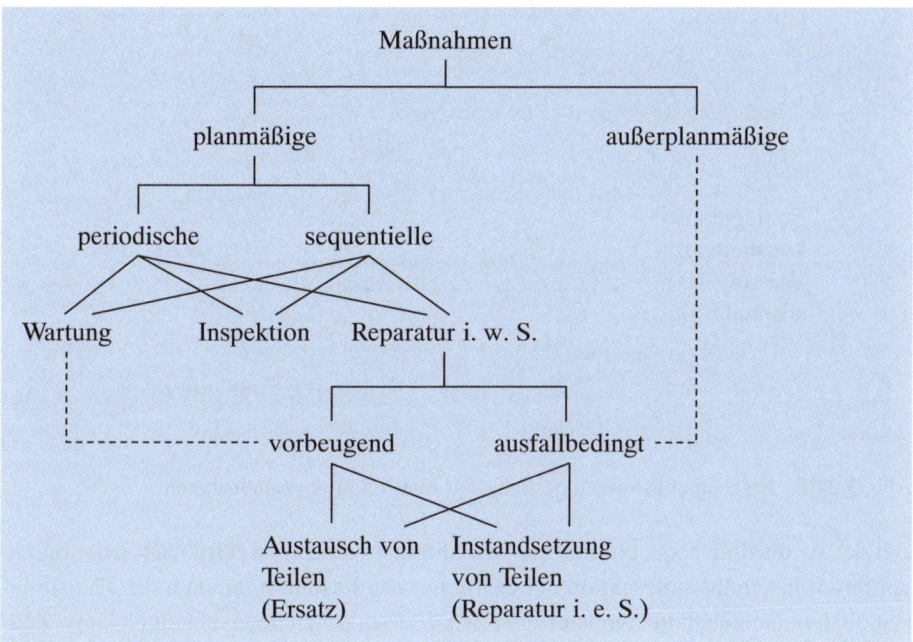

Abb. 3.2-9: Systematik der Instandhaltungsmaßnahmen

Unter **planmäßigen Instandhaltungsmaßnahmen**[1] sind die Aktivitäten zu verstehen, die im voraus dem Betriebsmittelverschleiß entgegenwirken sollen, wobei zwischen **periodischen** und **sequentiellen** Instandhaltungsmaßnahmen zu unterscheiden ist. Innerhalb der periodischen Instandhaltungsmaßnahme kann weiterhin zwischen rein periodischen Strategien und Strategien mit konstantem Wartungsabstand (t_p) unterschieden werden, wie dies in Abbildung 3.2-10 verdeutlicht wird (vgl. Kilger 1986, S. 384).

Im Rahmen einer **rein periodischen Strategie** sind die Zeitabstände zwischen den Instandhaltungsmaßnahmen konstant, und zwar unabhängig davon, ob zwischen zwei ex ante festgelegten Maßnahmen eine Störung zum Auswechseln eines Teiles führte oder nicht. Demgegenüber erfolgt bei einer **Strategie mit konstantem Wartungsabstand** ei-

---

1) Hierbei ist zu beachten, dass planmäßige Maßnahmen für bestimmte Betriebsmittel durch gesetzliche Vorschriften (z. B. GewO), Versicherungsbedingungen oder durch Unfallverhütungsvorschriften der Berufsgenossenschaft vorgeschrieben sein können, so dass für die Unternehmung keine Wahlmöglichkeit existiert.

ne Modifikation der vorher beschriebenen Vorgehensweise dahingehend, dass im Falle eines Ausfalls mit den konstanten Zeitabständen neu begonnen wird und damit eine Verschiebung der konstanten Zeitintervalle auftritt.

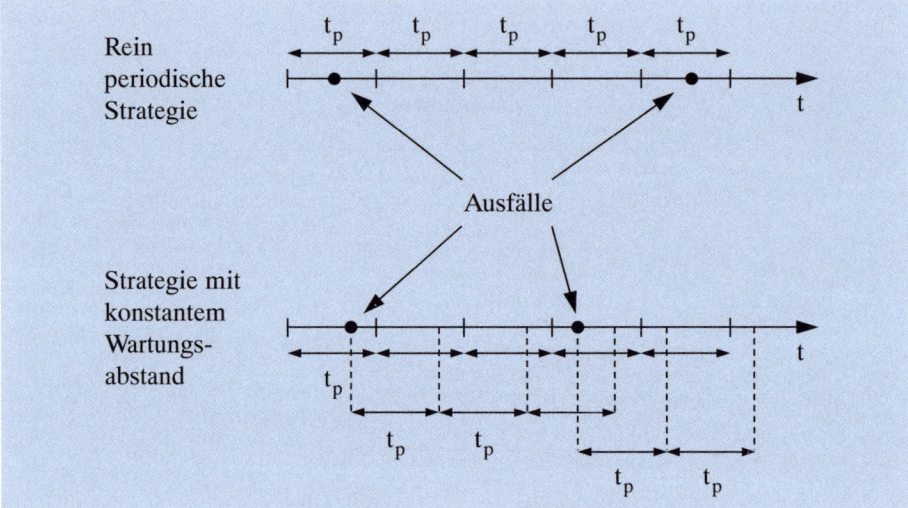

Abb. 3.2-10: Erscheinungsformen periodischer Instandhaltungsmaßnahmen

Bei der Realisation **sequentieller Instandhaltungsmaßnahmen** wird nach jeder durchgeführten Instandhaltungsaktion der Zeitpunkt neu bestimmt, an dem die nächste Instandhaltungsmaßnahme durchzuführen ist, d. h., es treten unterschiedlich lange Zeitintervalle auf.

Zur **Wartung** werden sämtliche Maßnahmen zusammengefasst, die der Bewahrung eines definierten Soll-Zustandes einer Anlage oder deren Teile dienen. Hierzu zählen Reinigen, Pflegen, Ölen, Ergänzen von Betriebsstoffen, Nachstellen gelockerter Schrauben etc. Stellen sich im Rahmen von Wartungsaktivitäten Mängel an Betriebsmitteln heraus, dann wird hierdurch eine Reparaturmaßnahme initialisiert.

Bei der **Inspektion** handelt es sich um vorbeugende Maßnahmen, die durch Messen oder Inaugenscheinnahme (Sichtinspektion) die Ist-Zustände von Betriebsmitteln feststellen und diese mit den definierten Soll-Zuständen vergleichen.

Mit Hilfe **vorbeugender Reparaturen** sollen Betriebsmittelteile möglichst rechtzeitig ausgetauscht oder instandgesetzt werden, so dass sich Stillstände weitgehend vermeiden lassen. Diese vom Sicherheitsstreben dominierte Vorgehensweise geht mit hohen Ersatzteilkosten und Kosten für vorbeugende Maßnahmen einher.

3.2.2.3.2 Instandhaltungsstrategien

Mit Hilfe der Instandhaltungsstrategien soll in Abhängigkeit von einem gegebenen Betriebsmittelzustand eine Entscheidungsgrundlage für die Auswahl einer durchzuführenden Vorgehensweise geschaffen werden. Unter Berücksichtigung der im vorangegangenen Abschnitt skizzierten Erscheinungsformen lassen sich dann die in Abbildung 3.2-11 dargestellten Einzelstrategien bilden (vgl. hierzu Jandt 1986, S. 39 ff.):

- Ausfallersatzstrategie: Ein Betriebsmittelersatz erfolgt stets dann, wenn ein Betriebsmittelausfall vorliegt.

- Präventiversatzstrategie: Ein Betriebsmittelersatz erfolgt vorbeugend, ohne dass ein Betriebsmittelausfall vorliegt.

- Ausfallreparaturstrategie: Der Betriebsmittelausfall wird durch eine Reparatur behoben.

- Präventivreparaturstrategie: Es erfolgt eine vorbeugende Reparatur, ohne dass sich ein Betriebsmittel zum jeweiligen Zeitpunkt in einem Ausfallzustand befindet.

Die beiden Präventivstrategien sind unvollständige Einzelstrategien, da der Betriebsmittelausfall nicht verhindert, sondern in seiner Eintrittswahrscheinlichkeit verändert wird.

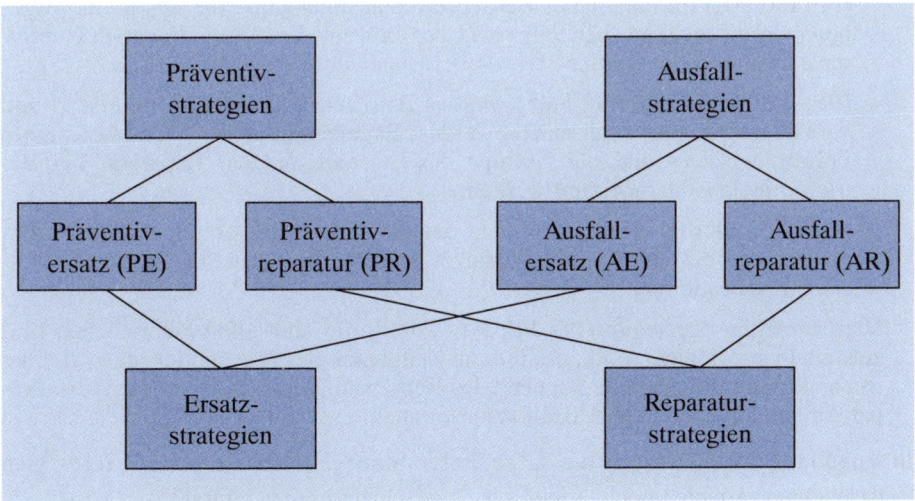

Abb. 3.2-11: Systematisierung der Instandhaltungsstrategien

Durch die kombinative Verknüpfung dieser Einzelstrategien lassen sich dann Strategieklassen bilden, von denen die folgenden unter ökonomischen Gesichtspunkten relevant erscheinen:

- **Zweielementige Strategieklassen:**

  -- (PE; AE) Ersatzentscheidung, d. h., bei Ausfall oder zur Vorbeugung gegen Ausfälle wird stets ein Ersatz vollzogen, da eine Reparatur nicht Element dieser Strategie ist. Es muss dann der Termin des präventiven Ersatzes festgelegt werden.

  -- (PE; AR) Es wird ein präventiver Ersatz vorgenommen und im Falle eines Betriebsmittelausfalls eine Reparatur durchgeführt. Auch in diesem Fall muss der Termin des präventiven Ersatzes festgelegt werden.

  -- (PR; AE) Während eine Reparatur präventiv durchgeführt wird, erfolgt bei Ausfall ein Betriebsmittelersatz. Es muss der Zeitpunkt der Reparatur festgelegt werden.

  -- (PR; AR) Es handelt sich um eine reine Reparaturentscheidung, so dass der Zeitpunkt der präventiven Reparatur zu ermitteln ist.

  -- (AE; AR) Es liegt eine reine Ausfallentscheidung vor, d. h., es ist eine Entscheidung darüber zu treffen, welche Aktion im Falle eines Betriebsmittelausfalls durchgeführt werden soll. Es muss folglich die zeitliche Sequenz von Ersatz und Reparatur bei Ausfall bestimmt werden.

- **Dreielementige Strategieklassen:**

  -- (PE; PR; AE) Das Betriebsmittel wird bei Ausfall ersetzt. Zu bestimmen sind folglich die Zeitpunkte des präventiven Ersatzes und der präventiven Reparatur.

  -- (PE; PR; AR) Im Falle eines Betriebsmittelausfalls wird eine Reparatur vorgenommen. Es müssen die Zeitpunkte des Präventiversatzes und der Präventivreparatur bestimmt werden.

  -- (PE; AE; AR) In diesem Fall kann das Betriebsmittel vorbeugend ersetzt und bei Ausfall repariert oder ersetzt werden. Es müssen damit der Zeitpunkt eines Präventiversatzes und die Abfolge des Ersatzes und der Reparatur bei Betriebsmittelausfall bestimmt werden.

  -- (PR; AE; AR) Es ist der Zeitpunkt der präventiven Reparatur und die Aufeinanderfolge des Betriebsmittelersatzes und der -reparatur bei Betriebsmittelausfall zu bestimmen.

- **Vierelementige Strategie:** (PE; PR; AE; AR) In ihr sind **alle** beschriebenen Einzelstrategien enthalten, d. h., es sind die Zeitpunkte des Präventiversatzes und der -reparatur und die zeitliche Sequenz des Betriebsmittelersatzes und der Ausfallreparatur bei eingetretenem Ausfall zu bestimmen.

In Abbildung 3.2-12 werden die aufgeführten Strategien und die jeweils relevanten Entscheidungsvariablen noch einmal systematisch zusammengefasst.

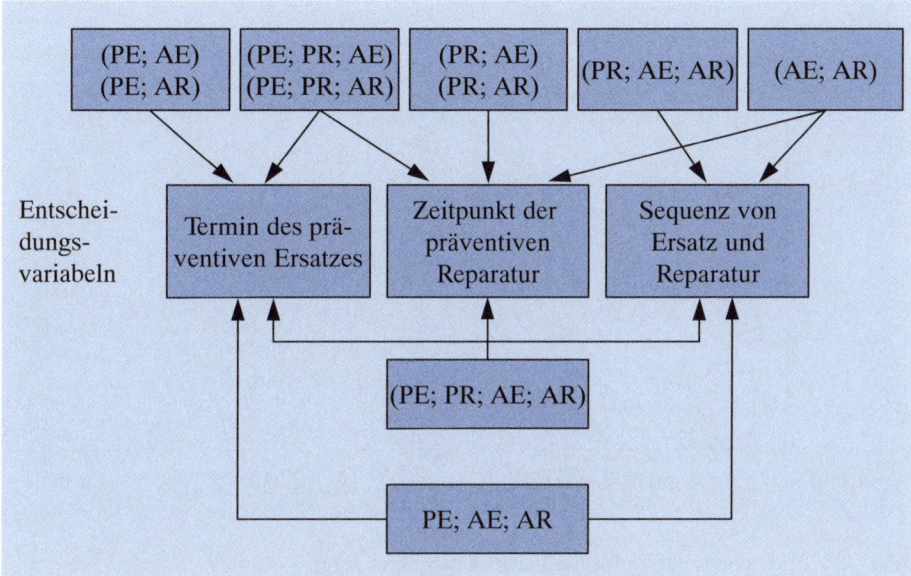

Abb. 3.2-12: Systematisierung der Instandhaltungsstrategien auf der Basis
der Entscheidungsvariablen

3.2.2.3.3 Daten für die Instandhaltungsplanung

Um die Entscheidungsvariablen der Instandhaltungsstrategien ökonomisch vorteilhaft festlegen zu können, müssen im Minimum Daten über die folgenden Sachverhalte verfügbar sein:

- technische Lebensdauer des Aggregates,
- Kosten der relevanten Instandhaltungsmaßnahmen und
- Angaben zu minimalen/maximalen Abständen zwischen Instandhaltungsmaßnahmen, die aus gesetzlichen Vorschriften und vorgelagerten ökonomischen Entscheidungen resultieren.

Die technische Lebensdauer eines Aggregates hängt einerseits von seinem Zustand
und anderseits von den im Zeitablauf eintretenden Belastungen ab. Da diese beiden
Elemente i. d. R. nicht in vollem Umfang bekannt sind, stellt die Laufzeit eines Aggregates eine Zufallsvariable dar. Die Wahrscheinlichkeit, dass die Lebensdauer eines Betriebsmittels in einem bestimmten Zeitpunkt t endet, lässt sich mit Hilfe der
Dichtefunktion f(t) erfassen (vgl. Abbildung 3.2-13).

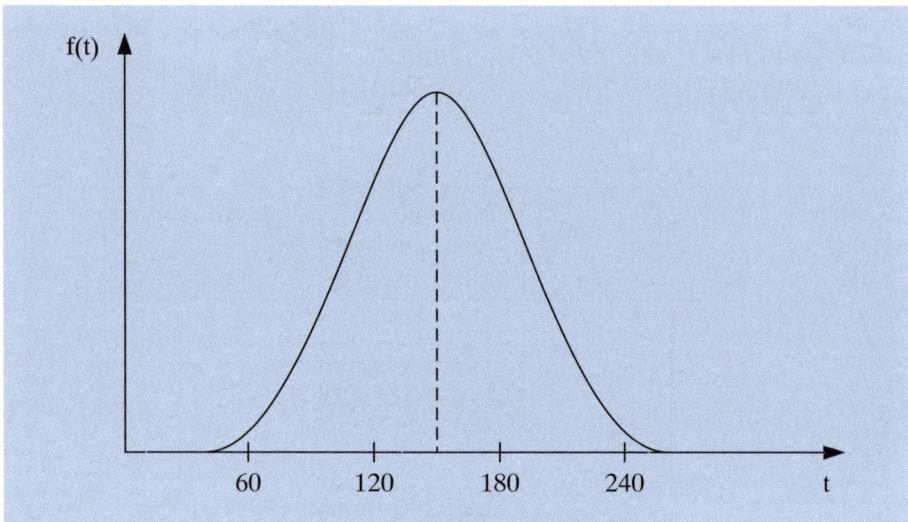

Abb. 3.2-13: Dichtefunktion für die Lebensdauer eines Aggregates

Die zugehörige Verteilungsfunktion F(t) ergibt sich dann aus der Integration der Dichtefunktion (vgl. Abbildung 3.2-14).

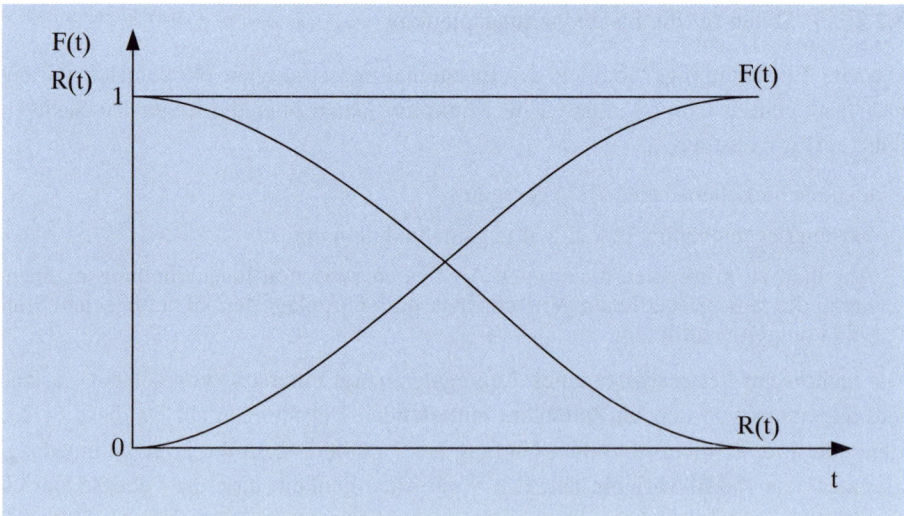

Abb. 3.2-14: Verteilungs- und Zuverlässigkeitsfunktion eines Aggregates

Die Verteilungsfunktion gibt folglich die Wahrscheinlichkeit dafür an, dass ein Aggregat nach t Zeiteinheiten ausgefallen ist. Ihr Komplement ist die Zuverlässigkeitsfunktion R(t):

$$R(t) = 1 - F(t)$$

Sie gibt die Wahrscheinlichkeit an, dass ein Aggregat nach t Zeiteinheiten noch nicht ausgefallen ist, d. h. noch funktionstüchtig ist (vgl. Abbildung 3.2-14). Mit Hilfe dieser Größen lässt sich dann die **Ausfallrate** (AF), mit der das Ausfallverhalten eines Aggregates erfasst wird, bestimmen, indem die Dichtefunktion durch die Zuverlässigkeitsfunktion dividiert wird:

$$AF = \frac{f(t)}{1 - F(t)} = \frac{f(t)}{R(t)}$$

AF gibt die Wahrscheinlichkeit eines Betriebsmittelausfalls wieder, und zwar unter der Bedingung, dass das Aggregat bis zum Zeitpunkt t noch nicht ausgefallen ist. Abbildung 3.2-15 zeigt typische Verläufe von Ausfallraten.

Im Fall (1) nimmt die Wahrscheinlichkeit für einen Betriebsmittelausfall mit der Laufzeit zu. Dieser Verlauf ist charakteristisch für den Gebrauchsverschleiß. Im Fall (2) ist die Ausfallrate unabhängig von der Laufzeit. Ein derartiger Verlauf kann bei zeitverschleißabhängigen Teilen auftreten (etwa bei elektronischen Bauteilen). Darüber hinaus kann auch eine fallende Ausfallrate auftreten. Zum Beispiel bei neuinstallierten Teilen, bei denen in der Anfangsphase Konstruktions- und Herstellungsmängel auftreten. Dabei liegt nicht die gesamte Laufzeit eines Aggregates zugrunde, sondern lediglich ein zeitliches Teilintervall. Neben diesen „reinen" Verlaufsformen können diese Fälle auch in Kombination auftreten.

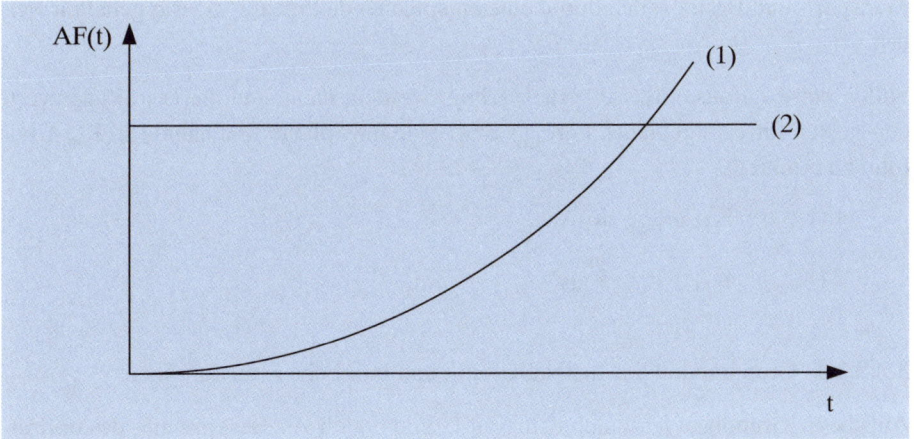

Abb. 3.2-15: Ausfallraten über die gesamte Laufzeit eines Aggregates (Beispiele)

Darüber hinaus sind die **Kosten der Instandhaltung** von Bedeutung, wobei die folgenden Komponenten entscheidungsrelevant sind:

- Materialkosten,

- Bearbeitungskosten und

- Opportunitätskosten.

Opportunitätskosten sind dann anzusetzen, wenn im Produktionsbereich Engpässe auftreten (vgl. Abschnitt 3.2.2.3.5). Die reparaturbedingten Stillstandszeiten sind mit den geschätzten Opportunitätskosten zu bewerten. Für die Kosten einer Instandhaltungsmaßnahme gilt:

$$K = K_M + t_I \cdot k_{AO}$$

mit:

K_M =   Materialkosten

k_{AO} =   Kostensatz für die Summe aus Bearbeitungs- und Opportunitätskosten pro Zeiteinheit

t_I =   Dauer der Instandhaltungsmaßnahme

Es zeigt sich, dass die **Dauer der Instandhaltungsmaßnahme** eine weitere relevante Planungsgröße ist, die Zufallseinflüssen unterliegt, und zwar unabhängig davon, ob eine geplante oder ungeplante Instandhaltungsmaßnahme durchgeführt wird. Da bei geplanten Instandhaltungsmaßnahmen

- die Termin- und Kapazitätsplanung der Instandhaltung eine Verringerung von Wartezeiten bewirken kann und
- Folgeschäden für andere Teile vermieden werden können,

ist davon auszugehen, dass der Erwartungswert der Dauer einer geplanten Maßnahme (E_{gp}) i. d. R. kleiner ist als bei einer ungeplanten (E_{un}). Ferner können auch die Transport- und Bestellzeiten durch eine entsprechende Planung niedrig gehalten werden.

Sollen diese Zufallseinflüsse berücksichtigt werden, dann sind die Erwartungswerte der Kosten für eine geplante $E(K_{gp})$ bzw. eine ungeplante Maßnahme $E(K_{un})$ wie folgt zu ermitteln:

$$E(K_{gp}) = K_M + E_{gp} \cdot k_{AO}$$

$$E(K_{un}) = K_M + E_{un} \cdot k_{AO}$$

3.2.2.3.4 Grundmodell der Instandhaltung und mögliche Erweiterungen

Auf dieser Grundlage lässt sich dann ein Grundmodell zur Bestimmung des optimalen Instandhaltungsintervalls aufstellen (vgl. hierzu Kilger 1986, S. 389 ff.; Scheer 1974, S. 54 ff. und 1979, Sp. 827 ff.), das von den folgenden Prämissen ausgeht:

- Es wird eine planungszeitraumunabhängige Instandhaltungspolitik festgelegt.
- Als Zielsetzung wird eine Kostenminimierung pro Zeiteinheit unterstellt.
- Es existiert nur ein Aggregat.
- Von diesem Aggregat unterliegt nur ein Teil einer Verschleißwirkung und ist damit Gegenstand der Instandhaltung.

- Es wird auf dem Aggregat nur ein Produkt erstellt, und es werden keine Absatzrestriktionen wirksam.

Im Rahmen des Grundmodells ist es das Ziel, die Instandhaltungskosten pro Zeiteinheit des Instandhaltungszyklus durch die Wahl eines vorbeugenden Instandhaltungszeitpunktes T_p^* zu minimieren. Damit ergibt sich die folgende Zielfunktion:

$$T_p^* = \left\{ T_p \,\middle|\, k(T_p) = \min\left(\frac{E(K(T_p))}{E(ZY(T_p))} \text{ und } T_{p\,min} \le T_p \le T_{p\,max} \right) \right\}$$

mit:

T_p = vorbeugender Instandhaltungszeitpunkt

$k(T_p)$ = Instandhaltungskosten pro Zeiteinheit des Instandhaltungszyklus

$E(K(T_p))$ = Erwartungswert der Kosten in Abhängigkeit vom vorbeugenden Instandhaltungszeitpunkt

$E(ZY(T_p))$ = Erwartungswert des Instandhaltungszyklus in Abhängigkeit vom vorbeugenden Instandhaltungszeitpunkt

Der Erwartungswert der Kosten in Abhängigkeit vom vorbeugenden Instandhal-
tungszeitpunkt setzt sich aus den mit den Eintrittswahrscheinlichkeiten gewichteten
Erwartungswerten der Kosten einer geplanten $R(T^p) \cdot E(K_{gp})$ und einer ungeplanten
Instandhaltungsmaßnahme $F(T^p) \cdot E(K_{un})$ zusammen:

$$E(K(T_p)) = \overbrace{F(T_p) \cdot E(K_{un})}^{\text{Ausfall vor } T_p} + \overbrace{R(T^p) \cdot E(K_{gp})}^{\text{kein Ausfall vor } T_p}$$

Dieser Zusammenhang lässt sich, wie in Abbildung 3.2-16 dargestellt, in graphischer
Form herleiten.

Im ersten Quadranten sind die Verteilungs- und die Zuverlässigkeitsfunktion des betrachteten Aggregates abgebildet, die die Ausfall- bzw. Nicht-Ausfallwahrschein-
lichkeit eines Aggregates im Zeitraum zwischen Planungszeitpunkt und dem Zeitpunkt T_p der vorbeugenden Instandhaltungsmaßnahme, der auf der t-Achse zu wählen ist, zu erfassen. Die Kosten der geplanten und ungeplanten Instandhaltungsmaßnahme werden im zweiten Quadranten erfasst, wobei die Steigung $\tan \alpha$ und $\tan \beta$
die Höhe der jeweiligen Kosten angibt. Die Verläufe der Erwartungswerte der Kosten in Abhängigkeit vom Zeitpunkt der vorbeugenden Instandhaltungsmaßnahme
lassen sich dann im dritten Quadranten konstruieren, indem ausgehend von einem
gewählten Zeitpunkt über die entsprechenden Punkte der Verteilungs- und Zuverlässigkeitsfunktion (erster Quadrant) und der Kostenfunktionen (zweiter Quadrant) die
entsprechenden Kostenbeträge ermittelt werden. Mit Hilfe der Spiegelung im vierten
Quadranten an der 45°-Gerade wird im dritten Quadranten die Abbildung der Abhängigkeit der Kostenbeträge vom gewählten Zeitpunkt ermöglicht. Da die erwarte-

ten Kosten der geplanten und der ungeplanten Instandhaltungsmaßnahme die Wirkungen alternativer Situationen beschreiben, ergibt sich der Verlauf der erwarteten relevanten Instandhaltungskosten in Abhängigkeit vom geplanten Instandhaltungszeitpunkt im dritten Quadranten durch die Addition beider Kostenkurven.

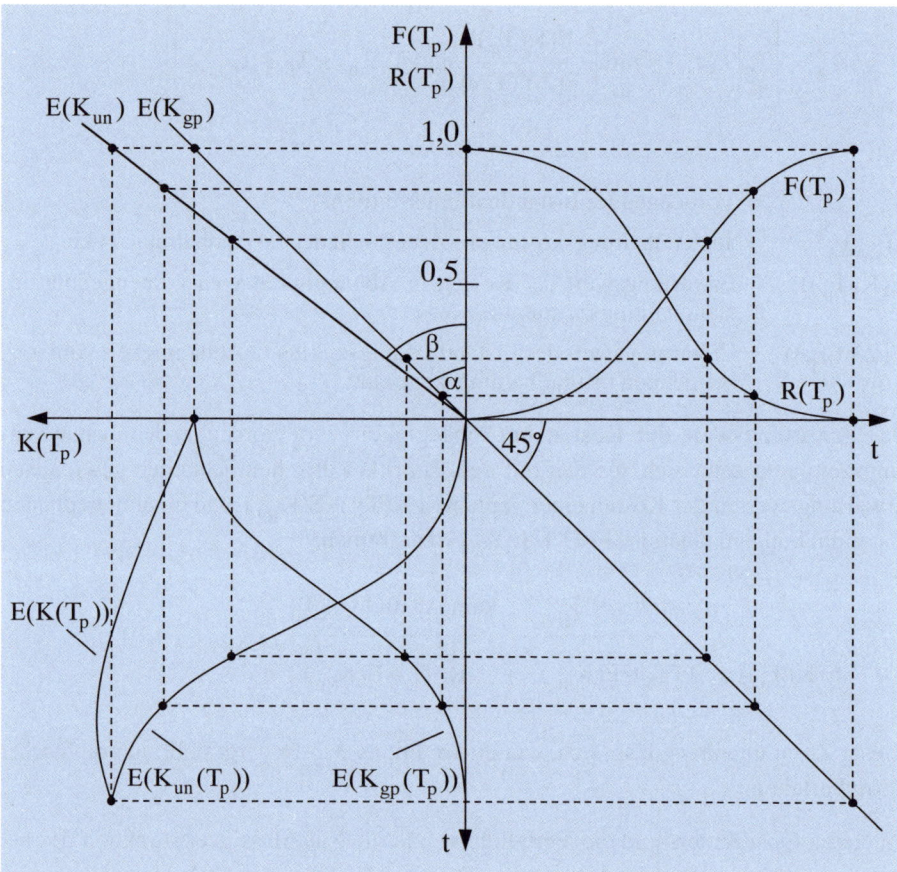

Abb. 3.2.16: Graphische Ermittlung der erwarteten Instandhaltungskosten

Der Erwartungswert der Zykluszeit in Abhängigkeit des Zeitpunktes der vorbeugenden Instandhaltungsmaßnahme ergibt sich aus der im Zeitraum zwischen Planungszeitpunkt und geplantem Instandhaltungszeitpunkt erwarteten Laufzeit des Aggregates zuzüglich der sich anschließenden erwarteten Dauer der Instandhaltung. Bei der Bestimmung beider Komponenten der Zykluszeit, sind jeweils die Situationen, dass das Aggregat vor dem Erreichen des geplanten Zeitpunktes ausfällt, oder dass es in diesem Zeitraum nicht ausfällt, zu berücksichtigen. Hinsichtlich der Dauer der Instandhaltung kann die Vorgehensweise zur Bestimmung der erwarteten Kosten analog zur Anwendung gelangen; anstelle der Kostengeraden sind im zweiten Quadranten lediglich die Geraden der Instandhaltungsdauer für eine geplante und eine ungeplante Maßnahme einzusetzen. Während sich der Erwartungswert der Laufzeit des Aggregates für den Fall, dass es nicht ausfällt, aus der Multiplikation der Dauer zwischen Planungszeitpunkt und geplantem Instandhaltungszeitpunkt mit dem entsprechenden Wert der Zuverlässigkeitsfunktion ergibt, ist für das Gegenereignis der Erwartungswert der Zufallsgröße Laufzeit mit Hilfe der Dichtefunktion zu bestimmen. Somit ergibt sich:

$$
E(ZY(T_p)) = \underbrace{\overbrace{\int_0^{T_p} t \cdot f(t) \cdot dt}^{\text{Ausfall vor } T_p} + \overbrace{R(T_p) \cdot T_p}^{\text{kein Ausfall vor } T_p}}_{\text{erwartete Laufzeit}} + \underbrace{\overbrace{F(T_p) \cdot E_{un}}^{\text{Ausfall vor } T_p} + \overbrace{R(T_p) \cdot E_{gp}}^{\text{kein Ausfall vor } T_p}}_{\text{erwartete Instandhaltungsdauer}}
$$

Mit diesem skizzierten Grundmodell lassen sich nur wenige reale Instandhaltungsprobleme lösen. Im Folgenden seien deshalb einige Problembereiche angeführt, die zu Erweiterungen dieses Ansatzes führen:

- Die Instandhaltungsmaßnahmen stellen selbst wiederum stochastische Größen dar, so dass auch für die Instandhaltungsmaßnahmen Dichtefunktionen erstellt werden müssen.

- Ein Aggregat besteht i. d. R. aus mehreren verschleißabhängigen Teilen. Wird dabei für jedes Verschleißteil eine präventive Instandhaltungsaktivität einzeln geplant, dann liegt eine isolierte Instandhaltungsstrategie vor, die mit einem hohen Koordinationsaufwand einhergeht. Da diese Vorgehensweise mit hohen Instandhaltungskosten verbunden ist, gelangen häufig verbundene Instandhaltungsstrategien zur Anwendung. Da hierbei im Rahmen einer Instandhaltungsmaßnahme gleichzeitig mehrere Teile kontrolliert bzw. ausgetauscht werden, können einige Teile früher und andere später ausgetauscht werden, als dies bei der Durchführung isolierter Maßnahmen der Fall gewesen wäre. Zentrales Problem dieser Vorgehensweise ist damit die optimale Zusammenfassung zu Teileblöcken (vgl. Kilger 1986, S. 386). Da analytische Lösungsverfahren für derartige Problemstellungen zu hohe Rechenzeiten erfordern, finden i. d. R. heuristische Näherungsverfahren Anwendung (z. B. Zusammenfassung der Teile nach teilbaren Verschleißterminen).

- Da sich ein Aggregat aus unterschiedlichen Teilen zusammensetzt, ist seine Struktur in die Überlegungen einzubeziehen (vgl. hierzu Herzig 1975). Ein Aggregat stellt damit ein System dar, das sich aus Subsystemen und Elementen zusammensetzt. Damit stellt sich die Frage, welche Ebene Anknüpfungspunkt der Instandhaltungstheorie sein soll, d. h. das einzelne Element, die Subsysteme oder das System Betriebsmittel. Da einerseits die Abnutzung eines Aggregates nur mit Hilfe der einzelnen Elemente oder Subsysteme erklärt werden kann, anderseits die ökonomischen Konsequenzen der Abnutzung nur für das Aggregat als ganzes ermittelbar sind, erscheint es angezeigt, dass eine Instandhaltungstheorie beide Aspekte miteinander verknüpfen muss. Hierfür ist es erforderlich, die Betriebsmittelstruktur abzubilden. Zur Reduktion der Komplexität tragen die folgenden Aspekte bei:

-- Es sind nur diejenigen Elemente einzubeziehen, die Abnutzungswirkungen induzieren.

-- Empirische Analysen zeigen, dass sich auf einen relativ geringen Anteil der Elemente ein hoher Anteil der Instandhaltungsmaßnahmen konzentriert. Ferner ist zu beachten, dass die Abnutzungselemente im Gesamtsystem eine sehr unterschiedliche Relevanz aufweisen können. So ist es z. B. möglich, dass durch einen Ausfall eines Elementes das gesamte System ebenfalls ausfällt, während in einem anderen Fall der Elementeausfall sich nicht auf das Gesamtsystem niederschlägt, d. h., der Stellenwert eines Elementes im System ist entscheidend. Dieser lässt sich mit Hilfe von Zuverlässigkeitsdiagrammen beschreiben, wobei die statistische Unabhängigkeit der Elemente vorausgesetzt wird. Abbildung 3.2-17 gibt die beiden Grundformen (Parallelsystem und Seriensystem) wieder.

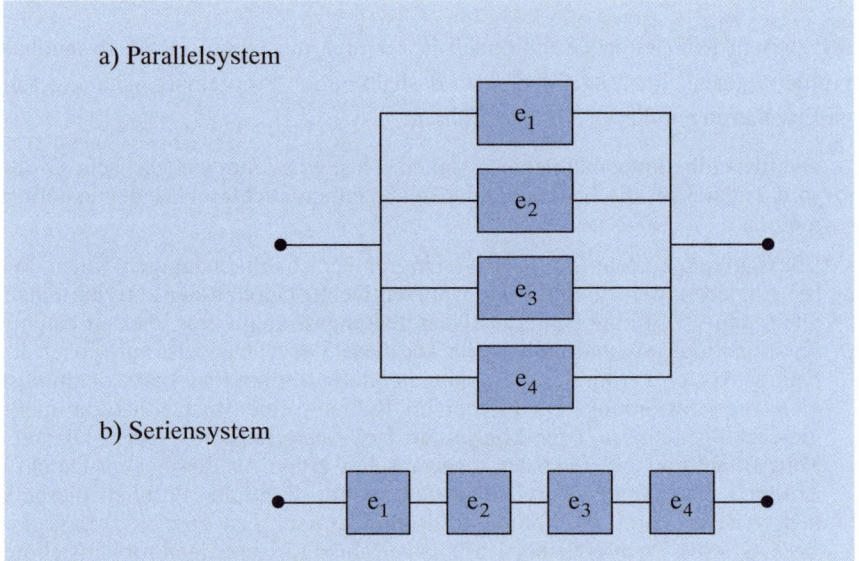

Abb. 3.2-17: Grundformen von Zuverlässigkeitsdiagrammen

-- Während im Seriensystem der Ausfall eines Elementes zum Ausfall des Gesamtsystems führt, kann in einem Parallelsystem beim Ausfall eines Elementes dessen Funktion durch ein oder mehrere andere Element(e) übernommen werden.

-- In Abbildung 3.2-18(a) ist eine Betriebsmittelstruktur skizziert, bei der das Element e_1 eine zentrale Position für sämtliche weiteren Elemente innehat. Fällt dieses Element aus, so bedeutet dies auch den Ausfall des gesamten Systems. Um derartige Engpässe zu eliminieren, bietet sich die Möglichkeit an, Redundanzen in das System einzubauen (vgl. Abbildung 3.2-18(b)), so dass der Ausfall eines Elementes nicht zum Ausfall des Gesamtsystems führt.

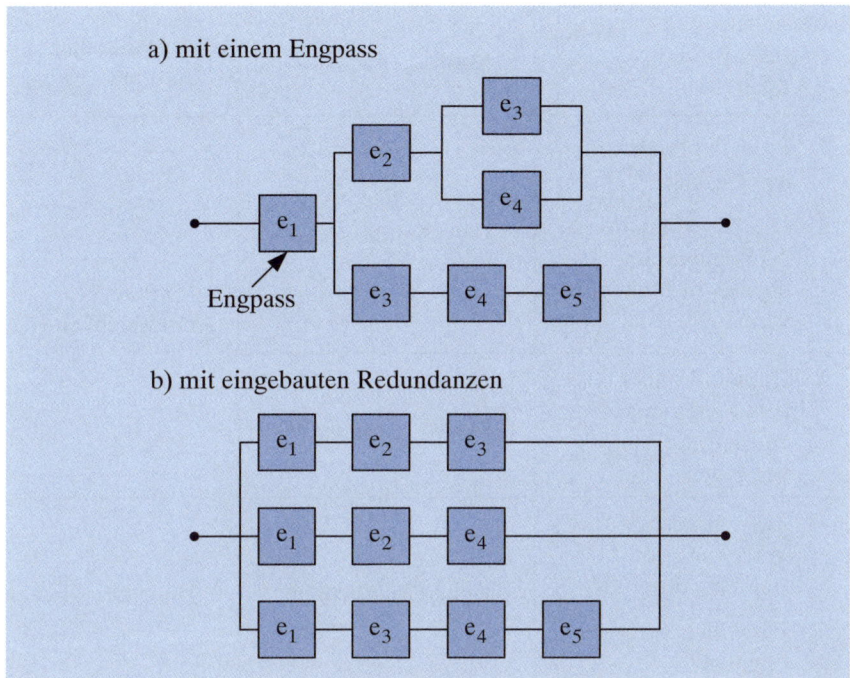

Abb. 3.2-18: Beispielhafte Betriebsmittelstrukturen

- Ein weiterer Problemkomplex ist in der Frage zu sehen, in welcher Reihenfolge gleichzeitig ausfallende Anlagen zu bearbeiten sind, wenn in der Instandhaltung Engpässe existieren. Hierzu ist es erforderlich, Dringlichkeitsklassen in Abhängigkeit von den Eigenschaften der instandzuhaltenden Objekte zu bilden. Herzig (1975, S. 185) schlägt hierfür eine Dringlichkeitsmatrix vor (vgl. Abbildung 3.2-19).

Unter einer Verkettung wird dabei das Phänomen räumlich hintereinander geordneter, technologisch abgestimmter und durch Förderanlagen miteinander verbundener Anlagen bezeichnet. Analog zur Betrachtung der Betriebsmittelstruktur lassen sich hierbei ebenfalls die Fälle Serien- und Parallelverkettung unterscheiden, wobei die Verkettung in beiden Fällen starr oder lose sein kann. Die Folgen von Störfällen derartig komplexer Produktionssysteme lassen sich durch Pufferlager und Haltung von Reservekapazitäten mindern, die jedoch Kosten verursachen.

Ein weiteres Aufgabengebiet im Rahmen der Instandhaltung ist die Potentialplanung für den Instandhaltungsbereich selbst. Dabei stellen sich die beiden folgenden Probleme (vgl. Kilger 1986, S. 399):

- Bestimmung des Personal- und Betriebsmittelbedarfs und
- Beschaffung von Ersatzteilen und Reparaturmaterialien.

Beide Probleme lassen sich nur in Abhängigkeit von der gewählten Instandhaltungsstrategie lösen.

Betriebs-mittelart \ Aktion	Vorbeugende Aktion	Ausfallbedingte Aktion
1) Indirekte Produktions-beteiligung 2) Direkte Produktions-beteiligung ohne eigenes Leistungs-vermögen	Füllarbeiten	Mittlere Dringlichkeit
3) Direkte Produktions-beteiligung mit eigenem Leistungs-vermögen	Mittlere Dringlichkeit	
4) Zusätzlich zu 3) Verkettung der Betriebsmittel 5) Zusätzlich zu 3) Engpass	Hohe Dringlichkeit	Hohe Dringlichkeit
6) Zusätzlich zu 3) Verkettung und Engpass	Höchste Dringlichkeit	Höchste Dringlichkeit

Abb. 3.2-19: Dringlichkeitsmatrix der Instandhaltungsaktivitäten

3.2.2.3.5 Ökonomische Auswirkungen eines Betriebsmittelausfalls

Ein Betriebsmittelausfall bewirkt eine Verringerung der möglichen Ausbringungs-menge eines Aggregates. Aus diesem Grunde ist es zweckmäßig, den Betriebsmittel-ausfall unter ökonomischen Gesichtspunkten ausbringungsorientiert zu deuten. Dabei hängen die Konsequenzen eines Betriebsmittelausfalls, wie bereits angedeutet, von der Stellung des Betriebsmittels im Produktionsverbund ab, d. h., die Höhe der öko-nomischen Auswirkungen eines Betriebsmittelausfalls hängt von dem gegebenen pro-duktionswirtschaftlichen Verbund ab. Existieren mehrere funktionsgleiche Aggrega-te, dann kann, unter der Voraussetzung freier Kapazitäten, die Ausbringungsmenge des ausgefallenen Aggregates auf die anderen Betriebsmittel verlagert werden. Die ökonomischen Nachteile in dieser Situation sind dann in den Anpassungskosten zu se-hen, die durch die Änderung der Produktionsaufteilung entstehen. Steht hingegen nur ein Betriebsmittel zur Verfügung, dann werden die ökonomischen Konsequenzen von den beiden folgenden Größen bestimmt:

- den vorherrschenden Produktionsverhältnissen (Stellung des Aggregates in der Produktionsstruktur) und

- dem Substitutionsgrad der ausgefallenen Verrichtungsart (z. B. Fremdbezug der erforderlichen Menge).

Handelt es sich hierbei um ein Betriebsmittel auf einer Produktionsstufe, die von mindestens einer Produktart durchlaufen werden muss, dann kann mit ihrem Ausfall ein Produktionsstillstand der betreffenden Produktart verbunden sein. Liegen hierbei lagerfähige Güter vor, dann kann ein zuvor gebildetes Zerreißlager abgebaut und damit ein Stillstand überbrückt werden. Von einem **Zerreißlager** wird dann gesprochen, wenn die Produktionsgeschwindigkeit der folgenden Produktionsstufe höher ist als die der vorgelagerten Stufe, bei der ein Betriebsmittelausfall vorliegt, d. h., die Folgestufe ist in der Lage, pro Zeiteinheit mehr Outputeinheiten weiterzuverarbeiten, als sie von der vorgelagerten Stufe in gleicher Zeiteinheit zugeführt bekommt. Ziel eines Zerreißlagers ist es, einen kontinuierlichen Produktionsfluss zu gewährleisten. Demgegenüber wird von einem **Aufstaulager** (Kumulationslager) gesprochen, wenn die von dem Betriebsmittelstillstand betroffene Produktionsstufe eine geringere Produktionsgeschwindigkeit aufweist als die vorgelagerte Stufe. In diesem Fall häufen sich Zwischenerzeugnisse an, die zu einem späteren Zeitpunkt dann abgearbeitet werden müssen. Folglich kommt es immer dann zu einem Produktionsstillstand, wenn

- eine zu durchlaufende Produktionsstufe mit einem Betriebsmittel ausfällt,

- Zwischenlagerbestände nicht vorhanden sind und/oder

- die Bedarfsmenge nicht zeitgleich oder gar nicht zu decken ist.

Weist darüber hinaus das Fertiglager keinen oder einen nicht ausreichenden Bestand auf, dann tritt neben einem Produktionsstillstand auch ein **Absatzstau** auf.

Die Messung dieser ökonomischen Wirkungen hat dabei an erfolgswirtschaftlichen Kategorien anzusetzen, d. h., es ist zu erfassen, mit welchen **negativen Erfolgsbeiträgen** ein Betriebsmittelausfall einhergeht. Sollte ein Betriebsmittelausfall nicht mit negativen erfolgswirtschaftlichen Konsequenzen einhergehen, dann kann die Produktionsplanung unter den gegebenen Bedingungen nicht optimal gewesen sein. Der Sachverhalt, dass ein Betriebsmittelausfall stets mit negativen Erfolgsbeiträgen verbunden ist, unterstellt folglich, dass unter den gegebenen Bedingungen die Produktion optimal ist. Der erfolgswirtschaftliche Nachteil lässt sich dann als ein **Deckungsbeitragsentgang** im Vergleich zur Situation der Aktionsfähigkeit eines Betriebsmittel erfassen. Dabei ist es für eine ökonomische Analyse zweckmäßig, die Komponenten herauszustellen, die für den auftretenden Deckungsbeitragsverlust ursächlich sind. Dadurch wird transparent, mit welchen erfolgswirtschaftlichen Konsequenzen ein Betriebsmittelausfall, und zwar in Abhängigkeit von den jeweiligen produktionswirtschaftlichen Wirkungen, einhergeht. Abbildung 3.2-20 zeigt dies in systematischer Form auf (vgl. Jandt 1986, S. 77).

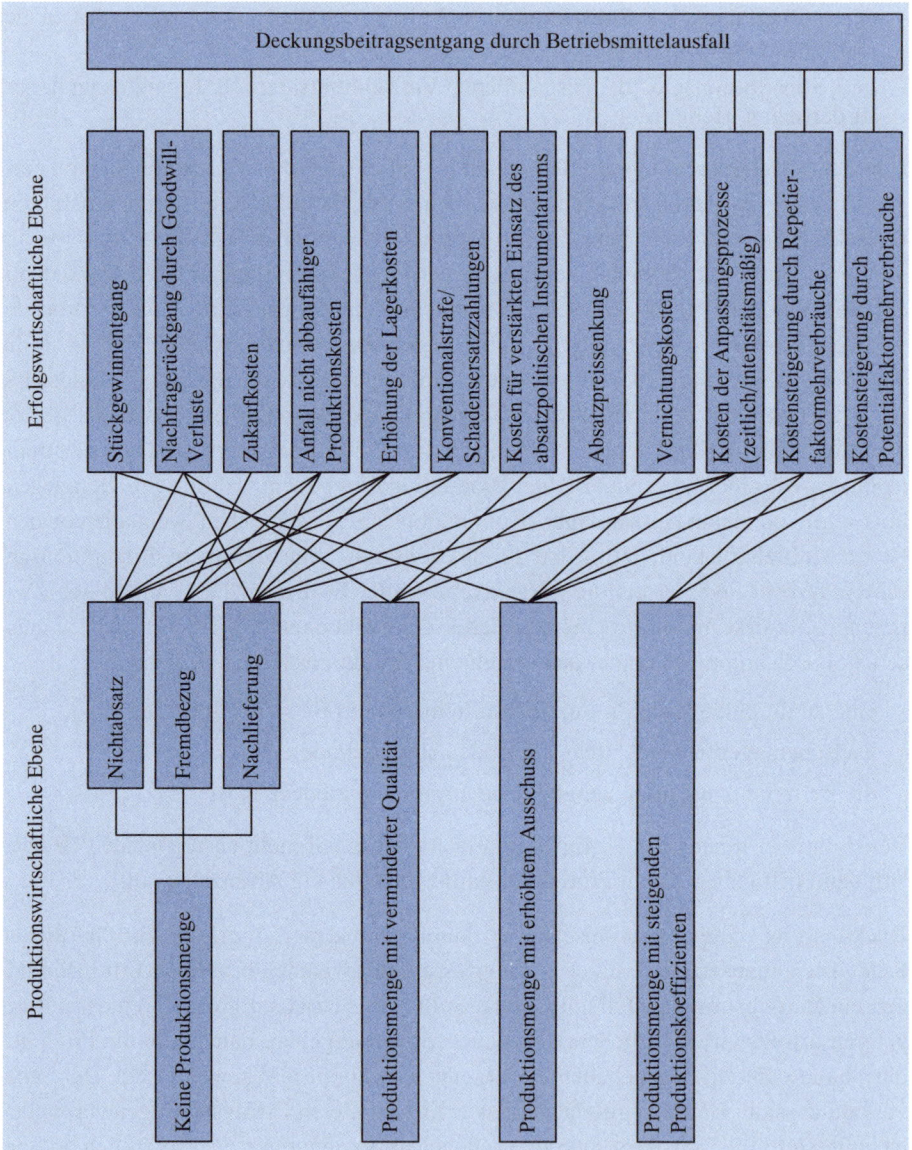

Abb. 3.2-20: Produktionswirtschaftliche Wirkungen eines Betriebsmittelausfalls und ihre
              erfolgswirtschaftlichen Konsequenzen

Ein Betriebsmittelausfall kann damit aus produktionswirtschaftlicher Sicht zu einem
Ausfall der gesamten Produktion einer Verrichtungsart führen oder eine Weiterpro-
duktion zur Folge haben, jedoch mit den Konsequenzen

- einer verminderten Qualität der Produktionsmenge,

- einer Produktionsmenge mit erhöhtem Ausschuss oder

- einer Produktionsmenge mit gestiegenem Produktionskoeffizienten.

3.2.3 Der betriebliche Standort

3.2.3.1 Charakterisierung des Standortproblems

Aufgabe der Standortplanung ist die Festlegung der Lage der Unternehmung im geographischen Raum. Im Rahmen der unternehmungsspezifischen Zielsetzung(en) ist folglich eine Entscheidung darüber zu treffen, welcher Standort oder welche Standortverteilung als optimal angesehen wird. Dabei ist zu beachten, dass sich das Problem der Standortwahl nicht nur im Rahmen der Unternehmungsgründung stellt, sondern auch im Laufe der Unternehmungsentwicklung immer wieder auftreten kann, wenn der bestehende Standort unter Beachtung veränderter Bedingungen nicht mehr als optimal erachtet wird und die Unternehmung andere Standorte für attraktiver hält. Unterhält eine Unternehmung gleichzeitig mehrere Standorte, dann liegt eine Standortspaltung vor.

Zur Ermittlung des optimalen Standortes bedarf es einerseits

- der Kenntnis der relevanten Standortfaktoren und anderseits
- eines Verfahrens, das es ermöglicht, die quantitativen und qualitativen Wirkungen der als relevant erachteten Standortfaktoren zu bewerten (vgl. Hansmann 2006, S. 107).

Unter einem Standortfaktor ist dabei eine situationsspezifische Einflussgröße zu verstehen, die auf das Zielsystem einer Unternehmung wirkt (vgl. Hansmann 1974, S. 17). Aufgabe der Standortanalyse muss es folglich sein, den Einfluss der einzelnen Standortfaktoren auf das unternehmerische Zielsystem zu ermitteln. Auf dieser Grundlage wird es dann möglich, unter Beachtung der Zielsetzungen einer Unternehmung, den günstigsten Standort zu wählen. Die Standortfaktoren stellen folglich die Hauptelemente einer jeden Standortanalyse dar. Schwierigkeiten ergeben sich in diesem Zusammenhang insbesondere dadurch, dass sich Standortfaktoren häufig einer hinreichenden Quantifizierung entziehen. Probleme der innerbetrieblichen Standortwahl bleiben in den weiteren Überlegungen unberücksichtigt (vgl. hierzu die Ausführungen zur Prozessgestaltung).

Entsprechend der Bedeutung dieser unternehmerischen Entscheidung kann die Standorttheorie, und zwar insbesondere die Standortbestimmungslehre, auf eine lange Tradition zurückblicken. Eine erste Systematik der Standortfaktoren wurde von A. Weber (1909) aufgestellt, der zwischen generellen und speziellen Faktoren unterscheidet:

- Generelle Faktoren:
  - -- Transportkosten und
  - -- Arbeitskosten;
- Spezielle Faktoren:
  - -- Verderblichkeit der Rohstoffe:
  - -- Abhängigkeit vom Wasser und
  - -- Verfügbarkeit über größere Energiemengen.

Ergibt sich im Rahmen der Standortentscheidung eine Dominanz eines Faktors, dann wird beispielsweise von einer materialkosten-, energiekosten-, arbeitskosten-, transportkosten- oder konsumorientierten Standortwahl gesprochen.

Die jüngere betriebswirtschaftliche Literatur weist hingegen erheblich umfangreichere Standortfaktorsystematiken auf (vgl. z. B. Kern 1992, S. 156 f.; Zäpfel 2000a, S. 147), wobei zwischen qualitativen und quantitativen Standortfaktoren unterschieden wird. Während der Beitrag der **qualitativen Faktoren** zur Zielsetzung der Unternehmung nicht direkt gemessen werden kann, lassen sich die Zielbeiträge der **quantitativen Faktoren** direkt messen. In diesem Zusammenhang ist insbesondere K. Chr. Behrens (1961) zu nennen, der als Nestor einer **empirisch-realistischen Standortlehre** gilt. Ziel einer so verstandenen Standortlehre ist die Aufstellung eines möglichst umfassenden und systematischen Kataloges von Standortfaktoren, auf dessen Grundlage eine Standortanalyse durchzuführen ist, wobei die Standortentscheidung dann das Ergebnis eines **qualitativen Vergleichs** der potentiellen Standorte darstellt. In diesen Vorgang fließen die Standortfaktoren mit ihrer relativen Gewichtung ein. Nach Behrens entzieht sich damit der optimale Standort einer exakten Berechnung und lässt sich lediglich durch ein sorgfältiges Abwägen aller von den relevanten Standortfaktoren ausgehenden Einflüsse bestimmen. Entscheidendes Verdienst von Behrens ist es,

- **einerseits** auch die nicht rechenhaften Standortfaktoren in die Standortanalyse einzubeziehen und
- **anderseits** einen Übergang von einer kostenminimalen zur einer gewinnmaximalen Betrachtungsweise vollzogen zu haben.

Abbildung 3.2-21 gibt einen Überblick über relevante Standortfaktoren.

Diese Systematik verdeutlicht, dass die qualitativen Standortfaktoren zwar einen Einfluss auf den Erfolg einer Unternehmung haben, dass sich dieser jedoch nicht monetär erfassen lässt. Dies zeigt sich in besonderer Deutlichkeit bei den Faktoren soziale und politische Situation, Lebensqualität und Umwelteinflüsse.

Diese Standortfaktorensystematik erhebt keinen Vollständigkeitsanspruch, sondern es kann durchaus der Fall eintreten, dass zusätzliche spezifische Standortfaktoren zu beachten sind.

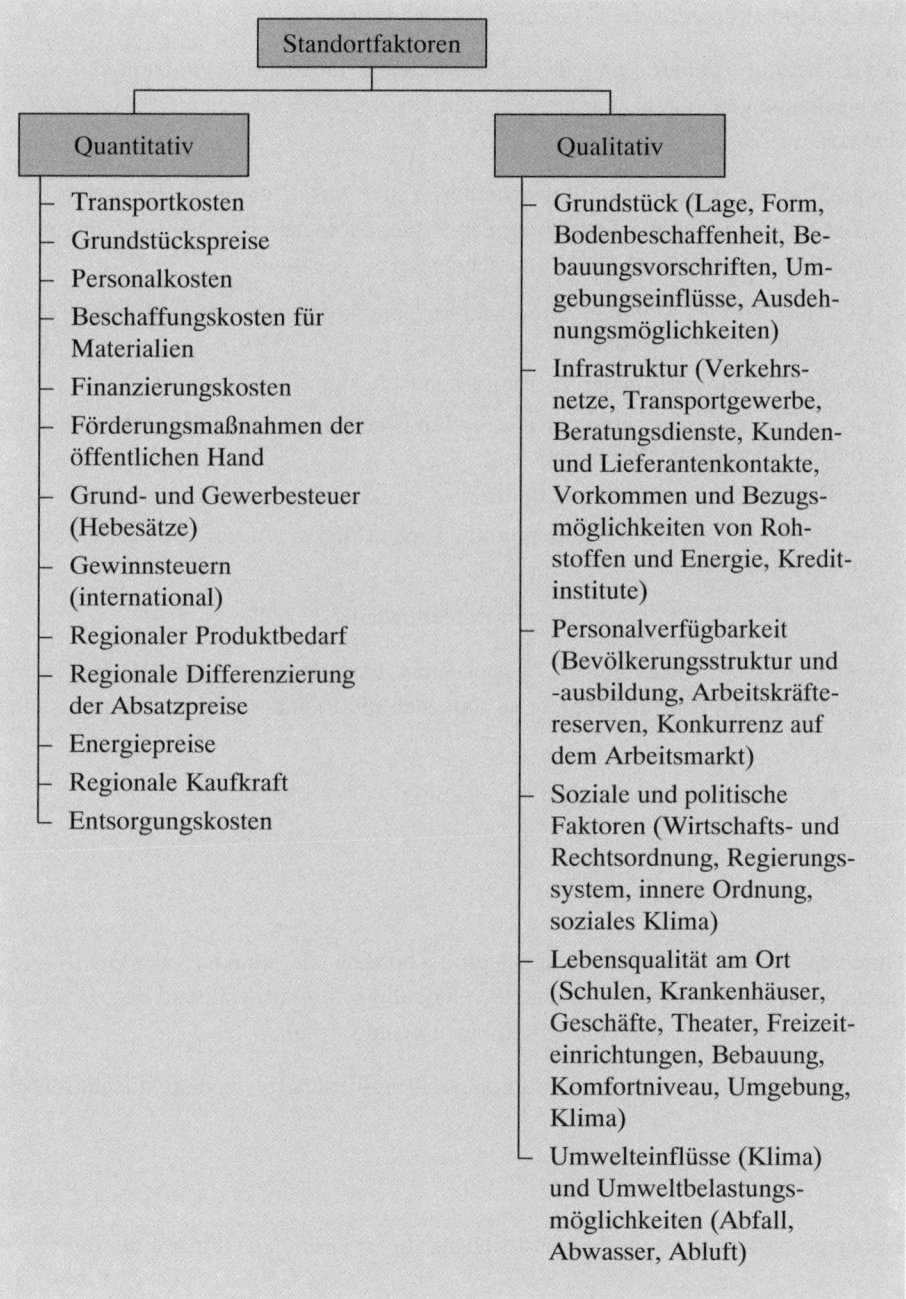

Abb. 3.2-21: Systematik der Standortfaktoren

3.2.3.2 Modelltheoretische Erfassung des Standortproblems

In der Literatur existiert eine Vielzahl an Modellen, die zur Unterstützung der Standortentscheidungen erstellt wurden (vgl. den Überblick bei Bloech 1979, Sp. 1877 ff.; Domschke 1996, Sp. 1916 ff.).

Ein grundlegendes Modell stellt der Steiner-Weber-Ansatz dar (vgl. Hansmann 1974, S. 23 ff.), dessen Ziel die Ermittlung des tonnenkilometrischen Minimalpunktes ist. Dabei wird von den folgenden Voraussetzungen ausgegangen:

- Die von einer Unternehmung produzierten Güter können an unterschiedlichen Konsumorten abgesetzt werden,

- die Nachfragemenge an den Konsumorten ist bekannt,

- die von der Unternehmung zur Produktion benötigten Materialien werden von bestimmten Angebotsorten bezogen,

- die Bedarfsmenge ist bekannt, und

- die Transportkosten pro Kilometer und Tonne (k) sind konstant und für Güter und Materialien gleich.

Abbildung 3.2-22 gibt dieses Standortproblem wieder.

Als Ziel dieses Ansatzes gilt es, die gesamten Transportkosten für Materialien und Fertigprodukte (K) zu minimieren, so dass sich die folgende Zielfunktion aufstellen lässt:

$$K = k \cdot (a_1 \cdot d_1 + \ldots + a_n \cdot d_n) \quad \rightarrow \min!$$

$$K = k \cdot \sum_{i=1}^{n} a_i \cdot d_i \quad \rightarrow \min!$$

Durch das in Abbildung 3.2-23 dargestellte Koordinatensystem ist jeder Ort (ST_{KB_i}) durch die Koordinatenwerte x_i und y_i eindeutig bestimmt, während der zu suchende Standort (ST) die variablen Koordinaten x und y erhält.

Durch Anwendung des Satzes von Pythagoras ergibt sich für d_i dann die euklidische Distanz:

$$d_i = \sqrt{(x - x_i)^2 + (y - y_i)^2}$$

Die ursprüngliche Zielfunktion lässt sich auf dieser Grundlage umformulieren:

$$K(x,y) = k \cdot \sum_{i=1}^{n} a_i \cdot \sqrt{(x - x_i)^2 + (y - y_i)^2} \quad \rightarrow \min!$$

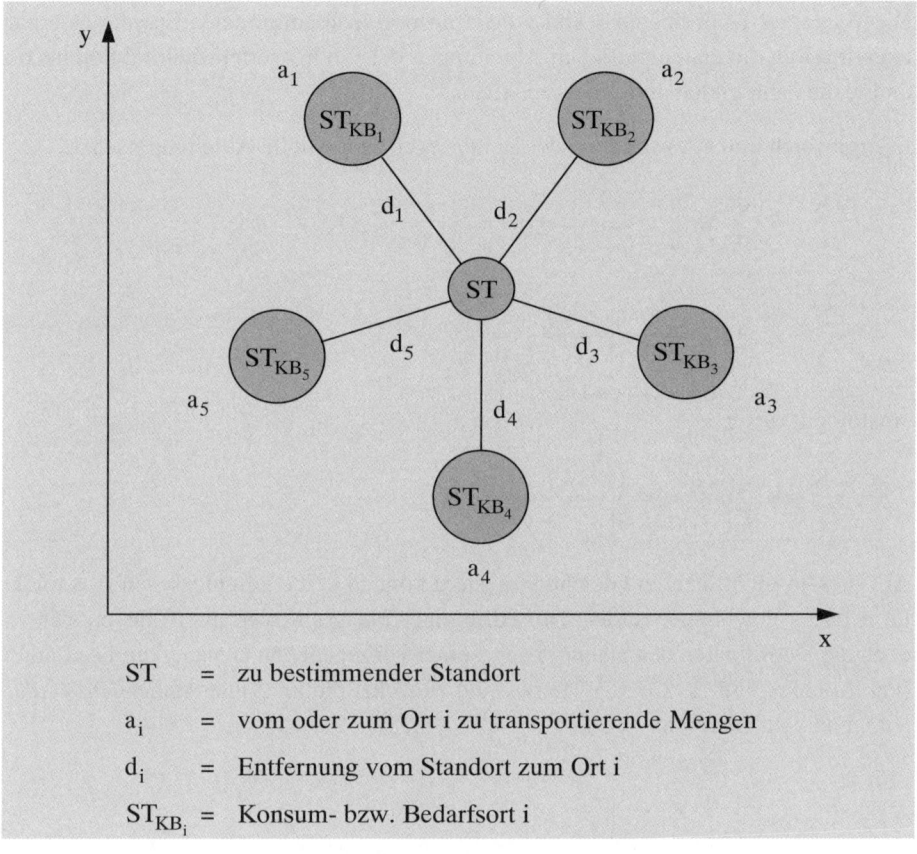

ST   = zu bestimmender Standort

a_i = vom oder zum Ort i zu transportierende Mengen

d_i = Entfernung vom Standort zum Ort i

ST_{KB_i} = Konsum- bzw. Bedarfsort i

Abb. 3.2-22: Graphische Darstellung des Steiner-Weber-Problems

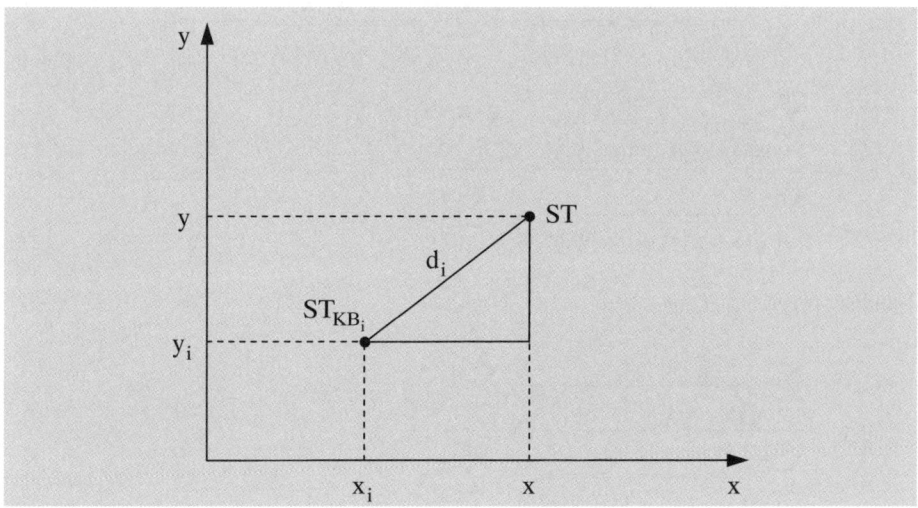

Abb. 3.2-23: Steiner-Weber-Problem mit zwei Variablen

Die Werte der Koordinaten x und y des transportkostenminimalen Standortes erhalten wir durch die ersten partiellen Ableitungen der modifizierten Zielfunktion nach x und y, die dann gleich null gesetzt werden.

Es ergibt sich unter Anwendung der Kettenregel die partielle Ableitung nach x:

$$\frac{\partial K}{\partial x} = k \cdot \sum_{i=1}^{n} a_i \cdot \frac{1}{2} \cdot \frac{1}{\sqrt{(x-x_i)^2 + (y-y_i)^2}} \cdot 2 \cdot (x - x_i) = 0$$

$$\frac{\partial K}{\partial x} = k \cdot \sum_{i=1}^{n} \frac{a_i \cdot (x - x_i)}{\sqrt{(x-x_i)^2 + (y-y_i)^2}} = 0$$

Analog gilt für y:

$$\frac{\partial K}{\partial y} = k \cdot \sum_{i=1}^{n} \frac{a_i \cdot (y - y_i)}{\sqrt{(x-x_i)^2 + (y-y_i)^2}} = 0$$

Aus diesem nichtlinearen Gleichungssystem können keine geschlossenen Ausdrücke für x und y gewonnen werden. Mit Hilfe eines Näherungsverfahrens lassen sich jedoch die Koordinaten des Standortes mit einer vorgegebenen Genauigkeit bestimmen (vgl. Miehle 1958, S. 237 ff.). Hierzu sind zunächst die im Zähler stehenden Variablen x und y zu isolieren:

- für x:

$$k \cdot \left(\frac{a_1 \cdot x - a_1 \cdot x_1}{\sqrt{(x-x_1)^2 + (y-y_1)^2}} + \cdots + \frac{a_n \cdot x - a_n \cdot x_n}{\sqrt{(x-x_n)^2 + (y-y_n)^2}} \right) = 0$$

$$k \cdot x \cdot \sum_{i=1}^{n} \frac{a_i}{\sqrt{(x-x_i)^2 + (y-y_i)^2}} - k \cdot \sum_{i=1}^{n} \frac{a_i \cdot x_i}{\sqrt{(x-x_i)^2 + (y-y_i)^2}} = 0$$

$$x = \frac{\displaystyle\sum_{i=1}^{n} \frac{a_i \cdot x_i}{\sqrt{(x-x_i)^2 + (y-y_i)^2}}}{\displaystyle\sum_{i=1}^{n} \frac{a_i}{\sqrt{(x-x_i)^2 + (y-y_i)^2}}} = \frac{\displaystyle\sum_{i=1}^{n} \frac{a_i \cdot x_i}{d_i}}{\displaystyle\sum_{i=1}^{n} \frac{a_i}{d_i}}$$

- analog für y:

$$y = \frac{\displaystyle\sum_{i=1}^{n} \frac{a_i \cdot y_i}{\sqrt{(x-x_i)^2 + (y-y_i)^2}}}{\displaystyle\sum_{i=1}^{n} \frac{a_i}{\sqrt{(x-x_i)^2 + (y-y_i)^2}}} = \frac{\displaystyle\sum_{i=1}^{n} \frac{a_i \cdot y_i}{d_i}}{\displaystyle\sum_{i=1}^{n} \frac{a_i}{d_i}}$$

Um zu vermeiden, dass die Quotienten in diesen Gleichungen bei Identität der Koordinaten des gesuchten Standortes mit denen eines gegebenen Bedarfsortes nicht definiert sind, weil der Nenner einen Wert von null annimmt, muss das euklidische Distanzmaß modifiziert werden (vgl. Brimberg/Love 1993, S. 1156). Zu den quadrierten Differenzen wird deshalb eine kleine, positive Konstante δ addiert (vgl. Domschke/Drexl 1996, S. 170):

$$d_i' = \sqrt{(x - x_i)^2 + (y - y_i)^2 + \delta}$$

Das iterative Näherungsverfahren umfasst 3 Schritte (vgl. Abbildung 3.2-24):

1. **Initialisierung:** Die Daten der Bedarfsorte (x_i, y_i, a_i), die positive Konstante δ, der Wert des Iterationsindex e und die Genauigkeitsgrenze ε (Abbruchkriterium) werden vorgegeben. Die Anfangswerte (x^0, y^0) werden als Koordinaten des Schwerpunktes berechnet:

$$x^0 = \frac{\sum_{i=1}^{n} a_i \cdot x_i}{\sum_{i=1}^{n} a_i} \qquad y^0 = \frac{\sum_{i=1}^{n} a_i \cdot y_i}{\sum_{i=1}^{n} a_i}$$

2. **Berechnung der verbesserten Lösung:** Durch Einsetzen der in der vorhergehenden Iteration ermittelten Koordinaten (x^{e-1}, y^{e-1}) in die Gleichungen für x und y werden verbesserte Koordinaten (x^e, y^e) ermittelt. Für die iterative Koordinatenberechnung gilt:

$$x^e = \frac{\sum_{i=1}^{n} \dfrac{a_i \cdot x_i}{d_i^e}}{\sum_{i=1}^{n} \dfrac{a_i}{d_i^e}} \qquad y^e = \frac{\sum_{i=1}^{n} \dfrac{a_i \cdot y_i}{d_i^e}}{\sum_{i=1}^{n} \dfrac{a_i}{d_i^e}}$$

$$d_i^e = \sqrt{(x^{e-1} - x_i)^2 + (y^{e-1} - y_i)^2 + \delta}$$

3. **Prüfung des Abbruchkriteriums:** Es wird ermittelt, ob die im vorherigen Schritt erreichte Verbesserung so groß war, dass auch in der nächsten Iteration eine ausreichend große Verbesserung zu erwarten ist. Dies ist dann der Fall, wenn die absoluten Abweichungen $|x^e - x^{e-1}|$ und $|y^e - y^{e-1}|$ die vorgegebene Genauigkeitsgrenze ε noch nicht unterschreitet. Ist das Abbruchkriterium erfüllt, dann ist das Verfahren beendet, und die zuletzt berechneten Koordinaten stellen die optimale Lösung des Standortproblems dar. Bei Nichterfüllung des Abbruchkriteriums wird mit Schritt 2 fortgesetzt.

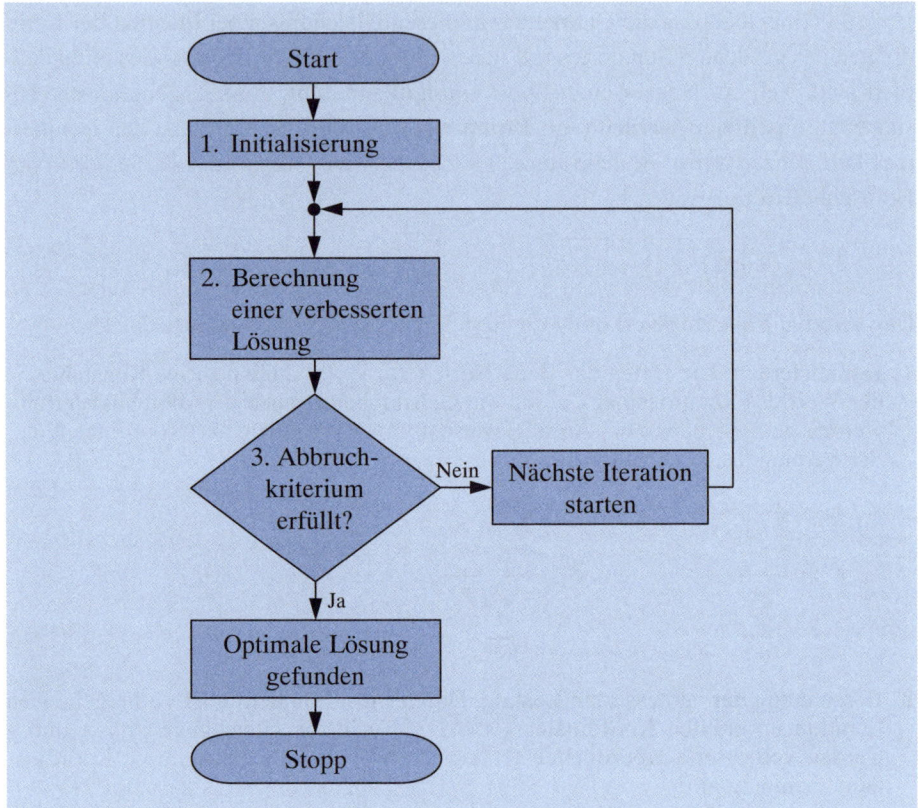

Abb. 3.2-24: Ablauf des Iterationsverfahrens zum Steiner-Weber-Problem

Der vorgestellte Ansatz weist die folgenden Schwachstellen auf (vgl. Hansmann 1974, S. 28 f.):

- Da lediglich die Transport- und Arbeitskosten und nicht die Gesamtkosten minimiert werden, erscheint diese Vorgehensweise nur bei transportkostenintensiven Unternehmungen einsetzbar.

- Da die Nachfrage, das Absatz- und das Produktionsprogramm vorab bestimmt werden, bleiben die Beziehungen zwischen Standort und Absatzseite unberücksichtigt.

- Die Orte sind auf einer homogenen Fläche verteilt, d. h., die geographische und geologische Struktur des Raumes werden nicht berücksichtigt. Die realen Strukturen des geographischen Raumes und die vorhandenen Verkehrsverbindungen bleiben außer Betracht.

- Probleme der Standortspaltung und Nebenbedingungen wie Grundstücksgröße usw. werden nicht berücksichtigt.

- Eine Proportionalität zwischen Entfernung und Transportkosten dürfte kaum der Realität entsprechen. Gestaffelte Tarife, die zu nichtlinearen Funktionen und zu Unstetigkeiten führen, dürften den realen Gegebenheiten eher gerecht werden.

- Nebenbedingungen werden nicht berücksichtigt. Dies hat zur Folge, dass etwa unterstellt werden muss, dass die benötigten Arbeitskräfte in quantitativer und qualitativer Hinsicht ausreichend zur Verfügung stehen.

Ein weiteres Modell zur Standortbestimmung greift auf das **klassische Transportproblem** der Linearen Optimierung zurück. In allgemeiner Formulierung lautet das Transportmodell:

An den Versandorten i ($i = 1, \ldots, m$) ist ein Gut in den Mengen a_i verfügbar. Dieses Gut wird an den Bestimmungsorten j ($j = 1, \ldots, n$) in den Mengen b_j benötigt. Die an den Versandorten verfügbare Menge stimmt mit dem Bedarf an den Bestimmungsorten überein. Die Transportkosten k_{ij} einer Einheit sind bekannt und werden als konstant unterstellt. Auf dieser Grundlage ist ein Versandplan zu erstellen, der die gesamten Transportkosten minimiert. Das Transportproblem lässt sich dann wie folgt formulieren:

$$K = \sum_{i=1}^{m} \sum_{j=1}^{n} k_{ij} \cdot x_{ij} \quad \rightarrow \min!$$

unter Beachtung von:

- Versandbedingung: Die verfügbare Gütermenge wird vollständig ausgeliefert

$$\sum_{j=1}^{n} x_{ij} = a_i \qquad \forall\, i$$

- Empfangsbedingung: Der Bedarf wird vollständig durch die ausgelieferten Mengen gedeckt

$$\sum_{i=1}^{m} x_{ij} = b_j \qquad \forall\, j$$

- Nichtnegativitätsbedingung

$$x_{ij} \geq 0 \qquad \forall\, i, j$$

mit:

x_{ij} = von A_i nach B_j zu transportierende Menge.

Dieses Modell lässt sich zu einem Standortmodell erweitern, wenn die m Versandorte nicht vorgegeben, sondern lediglich als potentielle Standorte aufgefasst werden. Sollen die Standorte der Auslieferungslager unter der Maßgabe minimaler Transport- und Standortkosten ausgewählt werden, dann handelt es sich um ein **Warehouse Location Problem** (WLP) (vgl. Domschke/Drexl 1996, S. 41 ff.), mit dessen Lösung die Fragen beantwortet werden, wie viele Lager an welchen Standorten einzurichten sind und welches Lager welche Bedarfsorte mit welchen Mengen beliefert. Ausgangspunkt des **einstufigen WLP** bildet die Annahme, dass die Kunden einer Unternehmung konstante Gütermengen nachfragen. Ziel ist es, die Standorterrichtungskosten und Auslieferungskosten bei vollständiger Befriedigung der Nachfrage zu minimieren (vgl. Domschke/Drexl 1996, S. 51 ff.). Das WLP kann entweder kapazitiert, d. h. unter Beachtung von Kapazitätsrestriktionen (z. B. beschränkte Lagermengen), oder nicht kapazitiert modelliert werden. Die folgenden Ausführungen beziehen sich zunächst auf das einstufige, nicht kapazitierte Warehouse Location Problem.

Im Unterschied zum Transportproblem ist beim WLP zu berücksichtigen, dass bei der Auswahl eines Standortes i zusätzlich die Standorterrichtungskosten K_i^E entscheidungsrelevant werden. Hierdurch bedingt wird das Problem komplexer, da in das Modell binäre Entscheidungsvariablen u_i für die Standorterrichtung einzuführen sind. Damit liegt ein Problem der gemischt-ganzzahligen Optimierung vor (vgl. Corsten/Corsten/Sartor 2005, S. 146 ff.):

$$K = \underbrace{\sum_{i=1}^{m} \sum_{j=1}^{n} k_{ij} \cdot x_{ij}}_{\substack{\text{Transport-}\\\text{kosten}}} + \underbrace{\sum_{i=1}^{m} u_i \cdot K_i^E}_{\substack{\text{Errichtungs-}\\\text{kosten}}} \rightarrow \min!$$

- **Versandbedingung:** Die verfügbare Gütermenge wird vollständig ausgeliefert. Sobald die Auslieferung von einem potentiellen Standort erfolgt, ist dieser zu errichten

$$\sum_{j=1}^{n} x_{ij} \leq u_i \cdot a_i \qquad\qquad \forall\, i$$

- **Empfangsbedingung:** Der Bedarf wird vollständig durch die ausgelieferten Mengen gedeckt

$$\sum_{i=1}^{m} x_{ij} = b_j \qquad\qquad \forall\, j$$

- **Nichtnegativitätsbedingung:**

$$x_{ij} \geq 0 \qquad\qquad \forall\, i, j$$

$$u_i = \{0,1\} \qquad\qquad \forall\, i$$

Neben der Anwendung von exakten Verfahren zur gemischt-ganzzahligen Optimierung (z. B. Branch & Bound-Verfahren) kann das Problem heuristisch durch die Anwendung des Add-Algorithmus (vgl. Kuehn/Hamburger 1963, S. 643 ff.) gelöst werden. Diese Eröffnungsheuristik ist ein Konstruktionsverfahren, das eine größtmögliche Verbesserung des Zielfunktionswertes anstrebt, indem sukzessive derjenige potentielle Standort aufgenommen wird, der mit der stärksten Kostenreduktion einhergeht. Das Verfahren endet, sobald durch diese Vorgehensweise keine Verbesserung mehr erzielt werden kann. Die einzelnen Schritte lassen sich in folgender Weise charakterisieren (vgl. Kuehn/Hamburger 1963, S. 643 ff.):

1. Initialisierung: Den Ausgangspunkt des Verfahrens bilden die Liste potentieller Standorte $A^0 = \{1, 2, \ldots, n\}$, die leere Intitialliste errichteter Standorte $A^1 = \varnothing$ und der binäre Entscheidungsvektor $u = \underline{0}$, der zunächst einen Nullvektor darstellt.

2. Standort wählen: Es wird derjenige Standort gewählt, dessen Gesamtkosten, d. h. die Summe der Transportkosten und der Errichtungskosten, den niedrigsten Wert aufweisen:

$$u_x := 1 \text{ für } K_x = \min\left\{K_i^T + K_i^E \mid i = 1, \ldots, m\right\}$$

$$A^0 := A^0 \setminus \{x\} \qquad\qquad A^1 := A^1 \cup \{x\}$$

$$K := K_x$$

mit:

$$K_i^T = \sum_{j=1}^{n} k_{ij}^T \cdot b_j \qquad\qquad \forall i, j$$

3. Hilfsmatrix berechnen: Da durch das Hinzufügen zusätzlicher Standorte die Transportkosten reduziert werden können, wird eine Hilfsmatrix aufgestellt, die die Vorteilhaftigkeit der übrigen Standorte aufzeigt. Hierzu wird die potentielle Transportkostenreduktion für die jeweiligen Standorte berechnet:

$$\Delta K_{ij} = \max\left\{K_{xj}^T - K_{ij}^T, 0\right\} \qquad\qquad \forall i \in A^0, j$$

4. Standorte endgültig verbieten: Für alle potentiellen Standorte wird überprüft, ob nach Abzug der Standorterrichtungskosten die Vorteilhaftigkeit weiterhin gegeben ist. Standorte, die unvorteilhaft sind, werden aus der Menge der potentiellen Standorte gestrichen:

$$A^0 := A^0 \setminus \{x\} \qquad\qquad \forall i \,\big|\, \Delta K_i^T \leq K_i^E$$

mit:

$$\Delta K_i^T = \sum_{j=1}^{n} \Delta K_{ij}^T \qquad\qquad \forall i \in A^0$$

5. Zusätzlichen Standort aufnehmen: Falls weitere potentielle Standorte zur Verfügung stehen, wird der Standort mit dem größtmöglichen Reduktionspotential in die Lösungsmenge aufgenommen und aus der Liste potentieller Standorte entfernt. Hierdurch wird der Zielfunktionswert um den ermittelten Betrag vermindert. Liegen keine weiteren potentiellen Standorte mehr vor, ist mit Schritt 7 fortzusetzen:

$$u_x := 1 \text{ für } \Delta K_x^T - K_x^E = \max\left\{\Delta K_i^T - K_i^E \mid i \in A^0\right\}$$

$$A^0 := A^0 \setminus \{x\} \qquad A^1 := A^1 \cup \{x\}$$

$$K := K - K_x$$

6. Iteration der Hilfsmatrix berechnen: Aufgrund der veränderten Standortwahl ist die Hilfsmatrix erneut zu bestimmen und danach mit Schritt 4 fortzusetzen:

$$\Delta K_{ij} = \max\left\{K_{ij}^T - K_{xj}^T, 0\right\} \qquad \forall\, i \in A^0, j$$

7. Kostenminimale Zuordnung ablesen: Basierend auf der Liste errichteter Standorte wird abschließend bestimmt, welcher Kunde von welchem Standort aus beliefert wird:

$$x_{ij} = b_j \text{ für alle } i \text{ mit } u_i = 1 \text{ und } K_{ij}^T = \min\left\{K_{xj}^T \mid x \in A^1\right\}$$

Der Lösungsalgorithmus ist in Abbildung 3.2-25 dargestellt.

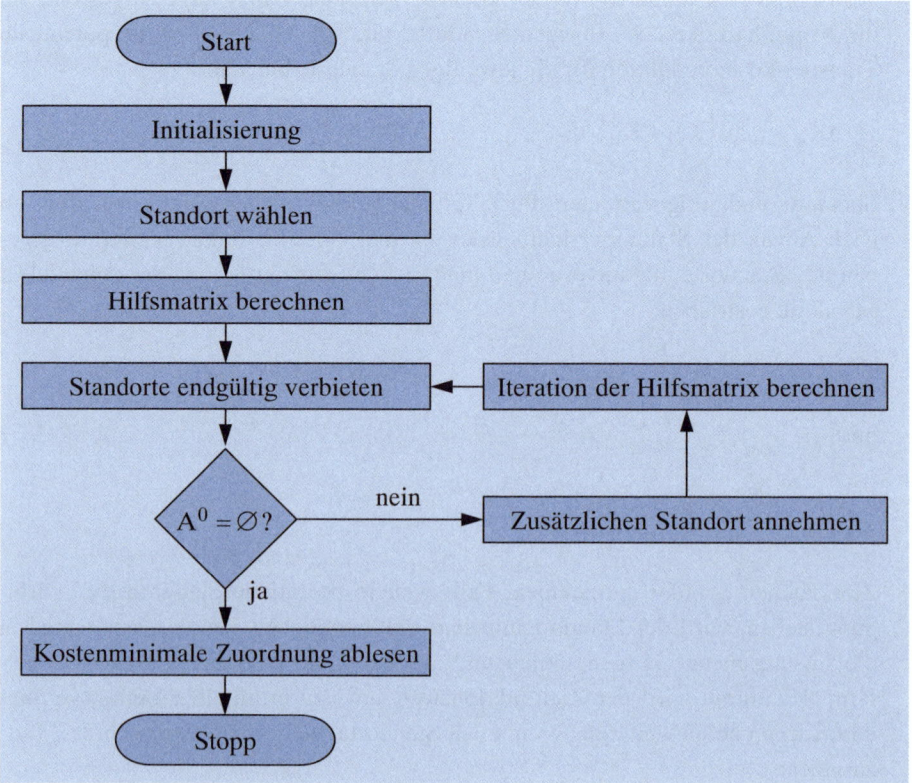

Abb. 3.2-25: Ablauf des Add-Algorithmus

Der Ablauf des Add-Algorithmus sei an einem Beispiel mit 6 Standorten illustriert. Es liegen die folgenden Informationen vor:

$$K^T = \begin{pmatrix} 3 & 5 & 7 & 2 & 1 & 0 & 4 & 6 \\ 7 & 4 & 3 & 1 & 1 & 2 & 3 & 5 \\ 2 & 6 & 0 & 4 & 3 & 8 & 1 & 9 \\ 6 & 9 & 8 & 5 & 7 & 3 & 7 & 4 \\ 4 & 7 & 1 & 2 & 6 & 5 & 8 & 8 \\ 2 & 1 & 2 & 5 & 9 & 7 & 6 & 8 \end{pmatrix} \qquad K^E = \begin{pmatrix} 5 \\ 8 \\ 6 \\ 7 \\ 4 \\ 5 \end{pmatrix}$$

Zu Beginn werden die Variablen initialisiert:

$$A^0 := \{1,2,3,4,5,6\} \qquad A^1 := \varnothing \qquad u := (0\ 0\ 0\ 0\ 0\ 0)$$

Aus der Transportkostenmatrix werden die maximalen Transportkosten je Standort ermittelt und unter Berücksichtigung der Errichtungskosten der erste Standort ausgewählt:

$$K_i^T := \sum_{j=1}^{n} K_{ij}^T = \begin{pmatrix} 3+5+7+2+1+0+4+6 \\ 7+4+3+1+1+2+3+5 \\ 2+6+0+4+3+8+1+9 \\ 6+9+8+5+7+3+7+4 \\ 4+7+1+2+6+5+8+8 \\ 2+1+2+5+9+7+6+8 \end{pmatrix} = \begin{pmatrix} 28 \\ 26 \\ 33 \\ 49 \\ 41 \\ 40 \end{pmatrix}$$

$$K_i^T + K^E = \begin{pmatrix} 28 \\ 26 \\ 33 \\ 49 \\ 41 \\ 40 \end{pmatrix} + \begin{pmatrix} 5 \\ 8 \\ 6 \\ 7 \\ 4 \\ 5 \end{pmatrix} = \begin{pmatrix} 33 \\ 34 \\ 39 \\ 56 \\ 45 \\ 45 \end{pmatrix}$$

Im vorliegenden Fall weist Standort 1 die geringsten Gesamtkosten auf. Somit gilt:

$$A^1 = \{1\} \qquad A^0 = \{2,3,4,5,6\} \qquad u = (1\ 0\ 0\ 0\ 0\ 0) \qquad K = 33$$

Zur Berechnung der Hilfsmatrix ΔK wird überprüft, in welchem Ausmaß Transportkosten reduziert werden können. Hierzu werden für jeden Eintrag ΔK_{ij}^T berechnet und die Zeilensummen ΔK_i^T gebildet. Hieraus ergibt sich der folgende Hilfsvektor:

$$\Delta K^{T} = \begin{pmatrix} 0+0+0+0+0+0+0+0 \\ 0+1+4+1+0+0+1+1 \\ 1+0+7+0+0+0+3+0 \\ 0+0+0+0+0+0+7+2 \\ 0+0+6+0+0+0+0+0 \\ 1+4+5+0+0+0+0+0 \end{pmatrix} = \begin{pmatrix} 0 \\ 8 \\ 11 \\ 2 \\ 6 \\ 10 \end{pmatrix}$$

Um zu bestimmen, durch die Errichtung welcher Standorte die Transportkosten reduziert werden können, werden die Zeilensummen der Hilfsmatrix mit den Standorterrichtungskosten verglichen und diejenigen Standorte betrachtet, deren Errichtungskosten einen geringeren Wert als die Zeilensummen aufweisen. Die Belieferung der übrigen Standorte wird endgültig verworfen, da diese kein Kostenreduktionspotential aufweisen. Im vorliegenden Fall werden die Errichtung der Standorte 2 und 4 endgültig verworfen und im nächsten Schritt die Standorte 3, 5 und 6 weiter in den Lösungsprozess einbezogen:

$$A^{0} = \{3, 5, 6\}$$

Auf der Grundlage der Hilfsmatrix wird für die verbliebenen Standorte das Potential zur Kostenreduktion berechnet, indem die Errichtungskosten von den Transportkosten subtrahiert werden. Hierbei fällt auf, dass durch die Errichtung von Standort 3 oder Standort 6 die Transportkosten in gleichem Umfang reduziert werden könnten. In diesem Fall entscheidet der kleinere Standortindex über die Aufnahme in die Liste der einbezogenen Standorte, d. h., Standort 3 wird aufgenommen.

$$\max\left\{\Delta K^{T} - K^{E}; 0\right\} = \begin{pmatrix} 0 \\ 0 \\ 5 \\ 0 \\ 2 \\ 5 \end{pmatrix}$$

$$A^{1} = \{1, 3\} \quad A^{0} = \{5, 6\} \quad u = (1\ 0\ 1\ 0\ 0\ 0)$$
$$K = 33 - 11 + 6 = 28$$

Der Hilfsvektor ergibt sich zu:

$$\Delta K^{T} = \begin{pmatrix} 0+0+0+0+0+0+0+0 \\ 0+0+0+0\ +0+0+0+0 \\ 0+0+0+0+0+0+0+0 \\ 0+0+0+0+0+0+0+0 \\ 0+0+0+0+0+0+0+0 \\ 0+4+0+0+0+0+0+0 \end{pmatrix} = \begin{pmatrix} 0 \\ 0 \\ 0 \\ 0 \\ 0 \\ 4 \end{pmatrix}$$

Für die Standorte 6 und 5 gilt, dass die Transportkostenreduktion die Standorterrichtungskosten nicht überschreitet, weswegen die Errichtung dieser beiden Standorte endgültig verworfen wird.

$$A^0 = \{1,3\} \qquad A^0 = \varnothing$$

Somit liegen keine weiteren zu prüfenden Standorte vor, und es kann analysiert werden, welche Standorte für welche Kunden genutzt werden. Hierzu wird jeder Kunde genau demjenigen der ausgewählten Standorten zugeordnet, der im Vergleich den niedrigeren Transportkostensatz aufweist (vgl. Abbildung 3.2-26).

i \ j	1	2	3	4	5	6	7	8	K_i^E
(1)	3	(5)	7	(2)	(1)	(0)	4	(6)	5
2	7	4	3	1	1	2	3	5	8
(3)	(2)	6	(0)	4	3	8	(1)	9	6
4	6	9	8	5	7	3	7	4	7
5	4	7	1	2	6	5	8	8	4
6	2	1	2	5	9	7	6	8	5

Abb. 3.2-26: Standortzuordnung

Das **mehrstufige Warehouse Location Problem** umfasst mindestens zwei Transportstufen. So ist z. B. neben einem geeigneten Lagerstandort ein vorgelagerter Standort für ein Werk zu wählen. Direkttransporte von einer vorgelagerten Stufe (z. B. einem Werk) zum entsprechenden Kunden werden ausgeschlossen (vgl. Domschke/Drexl 1996, S. 57 ff.). Damit sind in der Zielfunktion des Entscheidungsmodells die Errichtungskosten für jede Stufe und die durch Transporte zwischen zwei aufeinanderfolgenden Stufen entstehenden Kosten zu erfassen. Im kapazitierten Fall des mehrstufigen WLP wird zusätzlich die Kapazität der Standorte auf den einzelnen Stufen berücksichtigt. Damit kann als Empfangsbedingung nicht mehr die vollständige Erfüllung der Nachfrage gefordert werden.

Das Entscheidungsmodell zum zweistufigen kapazitierten Warehouse Location Problem hat den folgenden Aufbau:

$$K = \sum_{h=1}^{k}\sum_{i=1}^{m} k_{hi}^{wl} \cdot x_{hi}^{wl} + \sum_{i=1}^{m}\sum_{j=1}^{n} k_{ij}^{ln} \cdot x_{ij}^{ln} + \sum_{h=1}^{k} u_h \cdot K_h^E + \sum_{i=1}^{m} u_i \cdot K_i^E \rightarrow \min$$

unter Beachtung der Nebenbedingungen:

- Die von einem Werk zu einem Lagerstandort ausgelieferte Menge übersteigt die Produktionskapazität des Werkes nicht. Sobald von einem Standort Gütermengen versandt werden, ist der Standort zu errichten:

$$\sum_{i=1}^{m} x_{hi}^{wl} \leq b_h^w \cdot u_h \qquad\qquad \forall\, h$$

- Auf der ersten Stufe wird kein Lagerbestand aufgebaut:

$$\sum_{h=1}^{k} x_{hi}^{wl} = \sum_{j=1}^{n} x_{ij}^{ln} \qquad\qquad \forall\, i$$

- Die von einem Lagerstandort an die Kunden ausgelieferte Menge übersteigt die Lagerkapazität des Standortes nicht. Sobald von einem Standort Gütermengen versandt werden, ist der Standort zu errichten:

$$\sum_{j=1}^{n} x_{ij}^{ln} \leq b_i^l \cdot u_i \qquad\qquad \forall\, i$$

- Die von den Lagerstandorten an einen Kunden ausgelieferte Menge übersteigt die Kundennachfrage nicht:

$$\sum_{i=1}^{m} x_{ij}^{ln} \leq b_j \qquad\qquad \forall\, j$$

- Nichtnegativitätsbedingungen

$$u_i \in \{0,1\} \qquad\qquad \forall\, i$$

$$u_h \in \{0,1\} \qquad\qquad \forall\, h$$

$$x_{hi}^{wl} \geq 0 \qquad\qquad \forall\, h, i$$

$$x_{ij}^{ln} \geq 0 \qquad\qquad \forall\, i, j$$

mit:

b_h^w = Produktionskapazität des Werkes h

b_i^l = Lagerkapazität am Standort i

b_j = Bedarfsmenge des Kunden j

k_{hi}^{wl} = Transportkosten von Standort h zum Standort i

k_{ij}^{ln} = Transportkosten von Standort i zu Kunde j

x_{hi}^{wl} = Transportmenge von Standort h zum Standort i

x_{ij}^{ln} = Transportmenge vom Standort i zum Kunden j

u_i = Errichtung eines Lagers am potentiellen Standort i

u_h = Errichtung eines Werkes am potentiellen Standort h

K_h^E = Errichtungskosten des Standortes h

K_i^E = Errichtungskosten des Standortes i

Weitere gemischt-ganzzahlige Optimierungsmodelle wurden von Jacob (1967, S. 261 ff.) und Hansmann (1974, S. 41 ff.) aufgestellt. Jacob betrachtet das Standortproblem als ein Investitionsproblem. Investitions- und Produktionsprogramm weisen dabei Interdependenzen auf, die unter Zugrundelegung des Zieles Gewinnmaximierung nicht zerschnitten werden dürfen. Aus diesem Grunde ist das Produktionsprogramm nicht genau vor der Standortwahl festzulegen, sondern Produktions- und Investitionsprogramm sind unter Beachtung der Absatz-, Beschaffungs- und Finanzierungsmöglichkeiten simultan zu bestimmen.

Auch Hansmann (1974) verfolgt das Ziel, die wesentlichen Verflechtungen der Teilbereiche einer Unternehmung (insbesondere Beschaffung, Produktion, Investition, Finanzierung und Transportwesen) und ihre Beziehungen zum Standort zu erfassen und im Rahmen einer Optimierung zu berücksichtigen. Darüber hinaus nimmt er in weiteren Modellen den Einfluss unterschiedlicher Konkurrenzsituationen, und zwar für Monopol, Oligopol und Polypol, und den Einfluss der Öffentlichen Hand auf die Standortwahl auf. Diese Modelle sind durch einen hohen Komplexionsgrad gekennzeichnet und gehen bei einer größeren Anzahl von potentiellen Standorten mit einem unverhältnismäßig hohen Rechenaufwand einher, der in der Natur kombinatorischer Probleme begründet liegt. Aus diesem Grunde versuchen die meisten entwickelten Algorithmen eine vollständige Enumeration aller zulässigen Lösungen durch die Einführung von Eliminierungskriterien abzukürzen (Branch and Bound). Ergänzend sei angemerkt, dass nicht nur die Problemgröße, sondern auch die Problemstruktur den erforderlichen Rechenaufwand beeinflusst. Die Hauptprobleme bei der Handhabung gemischt-ganzzahliger linearer Optimierungsprobleme liegen in der Bestimmung der ganzzahligen Variablen begründet, d. h., die Effektivität dieses Verfahrens wird in entscheidendem Maße von der Anzahl der ganzzahligen Variablen beeinflusst. Demgegenüber kann die Anzahl der kontinuierlichen Variablen hinsichtlich ihres Einflusses auf die Rechenzeit vernachlässigt werden, da dieser weitaus geringer ist.

Eine grundsätzlich andere Vorgehensweise, in die auch qualitative Standortfaktoren einfließen können, weist das Scoring-Modell auf. Durch die Aufnahme strikter Nebenbedingungen, die unbedingt eingehalten werden müssen (z. B. klimatische Bedingungen), kann bereits eine Reduzierung der potentiellen Standorte erfolgen. Ausgangspunkt dieses Ansatzes sind n potentielle Standorte ST_i und m Standortfaktoren SF_j, wobei jedem Standortfaktor durch den Entscheidungsträger eine Gewichtung g_j zugeordnet wird. Es erfolgt dann eine Bewertung der einzelnen Standorte im Hinblick auf jeden Standortfaktor, indem zunächst Intensitätsklassen für jede Standorteigenschaft gebildet und diese mit Bewertungsziffern (rz_{ij}) versehen werden. Durch eine Multiplikation dieser Bewertungsziffern mit den Gewichtungsfaktoren (g_j) wird die relative Bedeutung dieser Standorteigenschaften für die Standortwahl berücksichtigt. Schließlich wird eine Gesamtrangziffer durch eine additive oder multiplikative Verknüpfung der gewichteten Rangziffern (R_{ij}) gebildet. Während sich eine additive Verknüpfung vor allem dann eignet, wenn die in die Analyse einbezogenen Standorteigenschaften voneinander unabhängig sind, ist eine multiplikative Vorgehensweise angezeigt, wenn die Standortfaktoren entweder voneinander abhängig sind oder ihre Wirkung nur kombiniert zur Geltung kommt.

Das folgende Beispiel soll diese Vorgehensweise verdeutlichen (in Modifikation zu Lüder 1990, S. 36 ff.):

Es seien:

$ST_1, ..., ST_6$	=	potentielle Standorte
SF_1, SF_2, SF_3	=	komplementäre, unabhängige Standorteigenschaften
SF_1	=	Transportkosten
SF_2	=	Güte der Abfall-, Abwasser- und Abgasbeseitigung
SF_3	=	räumliche Expansionsmöglichkeiten
g_1, g_2, g_3	=	Gewichtungsfaktoren
$g_1 = 0{,}5; g_2 = 0{,}3; g_3 = 0{,}2$		

Es gilt die Annahme, dass jede Standorteigenschaft sechs Intensitätsklassen mit den Rangziffern rz = 1, ..., 6 aufweist.

	SF_1	SF_2	SF_3
ST_1	4 000 000	überdurchschnittlich	weiträumige, bebaubare Areale
ST_2	3 200 000	sehr hoch	weiträumige, zum größten Teil bebaubare Areale
ST_3	2 500 000	hoch	keine Expansionsmöglichkeiten
ST_4	8 700 000	unterdurchschnittlich	weiträumige, nicht bebaubare Areale
ST_5	7 200 000	sehr gering	kleinflächig, nicht bebaubare Areale
ST_6	3 600 000	gering	weiträumige, zu einem geringen Teil bebaubare Areale

Abb. 3.2-27: Standortspezifische Ausprägungen der Standorteigenschaften

Wie Abbildung 3.2-28 zeigt, ergäbe sich als optimale Alternative die Wahl des Standortes ST_2.

	SF_1			SF_2			SF_3			Ge-samt-rang-ziffer
	rz_1	g_1	R_1	rz_2	g_2	R_2	rz_3	g_3	R_3	
ST_1	3	0,5	1,5	4	0,3	1,2	6	0,2	1,2	3,9
ST_2	5	0,5	2,5	6	0,3	1,8	5	0,2	1,0	5,3 ←
ST_3	6	0,5	3,0	5	0,3	1,5	1	0,2	0,2	4,7
ST_4	1	0,5	0,5	3	0,3	0,9	3	0,2	0,6	2,0
ST_5	2	0,5	1,0	1	0,3	0,3	2	0,2	0,4	1,7
ST_6	4	0,5	2,0	2	0,3	0,6	4	0,2	0,8	3,4

Abb. 3.2-28: Bildung der Gesamtrangziffern

Eine Modifikation erfährt diese Problemstellung, wenn die Standortfaktoren nicht mehr komplementär und unabhängig sind, sondern unterstellt wird, dass die Standortfaktoren SF_2 (z. B. direkter Anschluss an ein Schienennetz) und SF_3 (z. B. direkter Anschluss an eine Bundesstraße) sich alternativ zueinander verhalten. Die Gewichtungsfaktoren g_2 und g_3 sollen jeweils 0,5 betragen. Abbildung 3.2-29 gibt diesen Zusammenhang wieder.

In diesem Fall lässt sich keine eindeutige Handlungsanleitung für die Entscheidungsträger ableiten, da zwei Standorte (ST_2 und ST_3) den gleichen Gesamtwert aufweisen. Durch eine nachträgliche Modifikation der Bewertungs- und/oder Gewichtungsfaktoren kann eine Standortentscheidung herbeigeführt werden, die jedoch zusätzliche subjektive Einflüsse enthält.

Im Mittelpunkt der Kritik an den Scoring-Modellen stehen neben messtheoretischen Problembereichen folgende Aspekte:

- Zuordnungsproblematik: Können die Intensitätsklassen in der Form definiert werden, dass in jedem Fall eine eindeutige Zuordnung möglich ist?

- Entsprechungsproblematik: Entsprechen die Relationen der Einzelrangziffern von je zwei Intensitätsklassen den Nutzenrelationen?

- Gewichtungsproblematik: Sind die Standorteigenschaften entsprechend ihrer tatsächlichen Bedeutung für die Entscheidung gewichtet?

	SF_1	SF_2			SF_3			Ge-samt-rang-ziffer
	R_1	rz_2	g_2	R_2	rz_3	g_3	R_3	
ST_1	1,5	4	0,5	2,0	6	0,5	3,0	4,5
ST_2	2,5	6	0,5	3,0	5	0,5	2,5	5,5 ←
ST_3	3,0	5	0,5	2,5	1	0,5	0,5	5,5 ←
ST_4	0,5	3	0,5	1,5	3	0,5	1,5	2,0
ST_5	1,0	1	0,5	0,5	2	0,5	1,0	2,0
ST_6	2,0	2	0,5	1,0	4	0,5	2,0	4,0

Abb. 3.2-29: Bildung der Gesamtrangziffern für eine modifizierte Aufgabenstellung

Ein wesentlicher Vorteil dieser Vorgehensweise ist hingegen darin zu sehen, dass durch die Verwendung der Gewichtungszahlen und Rangwerte der Entscheidungsprozess eine weitgehende Transparenz erfährt, die zusätzlich durch eine Zerlegung der Entscheidung in mehrere Einzelschritte unterstützt wird. Darüber hinaus hat die einfache Handhabung dieser Modelle dazu geführt, dass sie in der Praxis eine durchaus hohe Verbreitung erlangt haben.

Multikriterielle Wirtschaftlichkeitsanalysen können auch mit dem **Analytic Hierarchy Process** (AHP) (vgl. Saaty 1977, S. 234 ff.; Saaty 1986, S. 841 ff.) vorgenommen werden. Das Verfahren baut auf einen hierarchischen Kriterienkatalog auf, wobei die Ausprägungen der Kriterien ordinal-, nominal- oder kardinalskaliert sein können. Mit dem AHP werden die Präferenzen des Entscheidungsträgers aufgedeckt und darauf aufbauend durch Angabe normierter Nutzenwerte eine Rangordnung der alternativen Standorte gebildet.

Im Rahmen des AHP wird die folgende Schrittfolge vollzogen:

(1) Aufstellen der Paarvergleichsmatrizen für die Alternativen und die Zielkriterien,

(2) Ermitteln der relativen Präferenzen und Zielgewichte,

(3) Überprüfen der Konsistenz der Präferenzurteile und

(4) Ermitteln der absoluten Präferenzwerte.

Im Schritt (1) werden die Alternativen (Zielkriterien) auf den jeweiligen Hierarchieebenen im Hinblick auf ihre Kriterienerfüllung (ihre Bedeutung für die Erfüllung des übergeordneten Zielkriteriums) paarweise verglichen. Für n alternative Standorte müssen somit pro Kriterium $n \cdot (n-1) / 2$ Vergleiche durchgeführt werden (vgl. Ossadnik 2009, S. 369). Bewertungsgrundlage bildet dabei eine Skala, die den Vergleichsergebnissen normierte Werte zuordnet (vgl. Abbildung 3.2-30).

Skalenwert	Kriterienerfüllung durch eine Alternative im Vergleich zu einer anderen Alternative	Wichtigkeit eines Zielkriteriums für das übergeordnete Zielkriterium im Vergleich zu einem anderen Zielkriterium
1	Gleichwertig	Gleichwertig
3 (1/3)	Etwas besser (Etwas schlechter)	Etwas wichtiger (Etwas unwichtiger)
5 (1/5)	Spürbar besser (Spürbar schlechter)	Spürbar wichtiger (Spürbar unwichtiger)
7 (1/7)	Viel besser (Viel schlechter)	Viel wichtiger (Viel unwichtiger)
9 (1/9)	Extrem besser (Extrem schlechter)	Extrem wichtiger (Extrem unwichtiger)
2 (1/2) 4 (1/4) 6 (1/6) 8 (1/8)	Zwischenwerte, falls Abstufungen getroffen werden sollen	

Abb. 3.2-30: Skala für Paarvergleiche

Die ermittelten Werte werden in die entsprechenden Zellen einer **Paarvergleichsmatrix** A eingetragen, für die gilt (vgl. Peters/Schütte/Zelewski 2006, S. 5):

$$A = \begin{pmatrix} a_{11} & \cdots & a_{1j} & \cdots & a_{1n} \\ \vdots & \ddots & & \ddots & \vdots \\ a_{i1} & & a_{ij} & & a_{in} \\ \vdots & \ddots & & \ddots & \vdots \\ a_{n1} & \cdots & a_{nj} & \cdots & a_{nn} \end{pmatrix}$$

$$a_{ij} > 0 \qquad \forall i, j$$
$$a_{ii} = 1 \qquad \forall i$$
$$a_{ij} = a_{ji}^{-1} \qquad \forall i, j$$
$$n \in \mathbb{N}$$

mit:

A	=	Paarvergleichsmatrix $[n \times n]$
a	=	normiertes Vergleichsergebnis
i, j	=	Index der Alternativen bzw. Zielkriterien $(i, j = 1, \ldots, n)$
$\mathbb{N}$	=	Menge der natürlichen Zahlen

Im Schritt (2) werden für jede Paarvergleichsmatrix aus den Paarvergleichsurteilen a_{ij} die Präferenzen p_i und die Zielgewichte q_r ermittelt (vgl. Saaty 1977, S. 236 ff.):

- Bestimmen der Eigenwerte λ der Paarvergleichsmatrix durch Lösen des Gleichungssystems

$$\det(A - \lambda \cdot E) = \underline{0}$$

mit:

λ =   Eigenwert

E =   Einheitsmatrix $[n \times n]$

- Ermitteln des maximalen Eigenwertes λ_{max} und Bestimmen der Eigenvektoren v durch Lösen des Gleichungssystems

$$(A - \lambda_{max} \cdot E) * v = \underline{0}$$

mit:

λ_{max} =   Maximaler Eigenwert

v =   Eigenwertvektor $[n \times 1]$

$\underline{0}$ =   Nullvektor $[n \times 1]$

- Bestimmen der normalisierten Eigenwertvektoren p oder q, welche die Präferenzen p_i bzw. die Zielgewichte q_r enthalten, durch Auswählen eines beliebigen Eigenwertvektors v und anschließendes Normieren derart, dass die Summe seiner Komponenten eins beträgt.

Zur Reduktion des Rechenaufwandes schlägt Saaty (2008, S. 76 f.) ein **Schätzverfahren** zur Bestimmung der Präferenzen bzw. Zielgewichte vor:

a) Bestimmung der Spaltensummen der Paarvergleichsmatrix:

$$\overline{a}_{i'} = \sum_{i=1}^{n} a_{ii'}$$

b) Bestimmung der normierten Zeilensummen der Paarvergleichsmatrix:

$$\tilde{V}_i = \sum_{i'=1}^{n} \frac{a_{ii'}}{\overline{a}_{i'}}$$

c) Bestimmung der normierten Präferenzen (Zielgewichte analog):

$$\tilde{p}_i = \frac{\tilde{v}_i}{n}$$

d) Bestimmung des maximalen Eigenwertes:

$$\tilde{\lambda}_{max} = \sum_{i'=1}^{n} \overline{a}_{i'} \cdot \tilde{p}_{i'}$$

Die **Konsistenzprüfung der Präferenzurteile** erfolgt im Schritt (3). Eine Paarvergleichsmatrix ist vollständig konsistent, wenn gilt:

$$a_{ik} \cdot a_{kj} = a_{ij} \qquad \forall i, j, k$$

mit:

i, j, k = Index der Alternativen bzw. Zielkriterien $i = 1, \ldots, n$, $j = 1, \ldots, n$, $k = 1, \ldots, n$

Bedingt durch die begrenzte Werteskala und den paarweisen Vergleich können Inkonsistenzen in der Paarvergleichsmatrix auftreten, d. h., es liegen widersprüchliche Präferenzurteile vor. Mit AHP ist es jedoch bis zu einem bestimmten Inkonsistenzgrad der Vergleichsmatrix möglich, konsistente Präferenzaussagen abzuleiten, die von den ursprünglichen inkonsistenten Präferenzurteilen so gering wie möglich abweichen. Ob eine Vergleichsmatrix in ausreichender Weise konsistent ist, wird mit Hilfe eines **Konsistenzquotienten** CR bestimmt, der bei 3 Alternativen den Wert von 0,05, bei 4 Alternativen den Wert von 0,08 und bei mehr als 5 Alternativen den Wert von 0,10 nicht übersteigen sollte (vgl. Saaty 1994, S. 28):

$$CR = \frac{CI}{RI}$$

$$CI = \frac{\lambda_{max} - n}{n - 1}$$

mit:

CR = Konsistenzquotient

CI = Konsistenzindex

RI = Zufallsindex

Der Zufallsindex RI gibt den Mittelwert der Konsistenzindizes der Paarvergleichsmatrizen an, die per Zufallsgenerator erzeugt werden. Abbildung 3.2-31 gibt die von Saaty (1994, S. 42) ermittelten RI-Werte in Abhängigkeit von der Alternativenanzahl wieder.

n	1	2	3	4	5	6	7	8	9	10
RI(n)	0	0	0,52	0,89	1,11	1,25	1,35	1,40	1,45	1,49

Abb. 3.2-31: Werte des Zufallsindex

Damit besagen die für den Konsistenzquotienten vorgegebenen Höchstwerte (0,1; 0,08; 0,05), dass die Paarvergleichsmatrix mindestens 10, 12,5 oder 20 mal konsistenter als eine durchschnittliche zufallsgenerierte Paarvergleichsmatrix sein soll.

In Schritt (4) werden die absoluten Präferenzwerte der Alternativen mit Hilfe eines additiven Nutzenmodells bestimmt. Sukzessive, auf der untersten Stufe der Zielhierarchie beginnend, werden die kriterienbezogenen Präferenzwerte $p_{i\ell_r}$ der Alternativen mit dem jeweiligen Kriteriengewicht q_{ℓ_r} multipliziert und die Summe über diese gewichteten, kriterienbezogenen Präferenzwerte gebildet:

$$p_{i\ell_{r-1}}(\ell_r) = \sum_{\ell_r=1}^{m_r} p_{i\ell_r} \cdot q_{\ell_r} \qquad \forall\, i$$

mit:

i	=	Index der Alternativen ($i = 1, \ldots, n$)
ℓ	=	Index der Zielkriterien ($\ell = 1, \ldots, m$)
r	=	Index der Hierarchiestufen ($r = 0, \ldots, s$)
p	=	Präferenzwert
q	=	Zielgewicht

Diese Summe stellt dann den kriterienbezogenen Präferenzwert auf der nächsthöheren Stufe $(r-1)$ dar. Nach vollständiger Berechnung lässt sich der absolute Präferenzwert einer Alternative auf der obersten Stufe ablesen.

Die relativ unkomplizierte Datenerhebung, die Eingängigkeit des hierarchischen Konzepts, die Konsistenzprüfung der abgegebenen Präferenzurteile und die Ableitung konsistenter Rangfolgen haben dazu beigetragen, dass AHP relativ häufig zur Lösung praktischer Problemstellungen eingesetzt wird. In der Literatur werden jedoch auch Probleme des AHP thematisiert, wobei die folgenden genannt seien (vgl. Ahn 1997, S. 152 ff.; Brockhoff 1999a, S. 341 f.; Peters/Zelewski 2004, S. 318 ff.):

- Die Ableitung der zugrundeliegenden Zielkriterienhierarchie wird durch AHP nicht unterstützt.
- Es können unbegründete Veränderungen bereits ermittelter Alternativenrangordnungen eintreten, wenn sich die Bandbreiten der Kriterienausprägungen oder der Umfang der Alternativenmenge ändern.
- Die verbale Erklärung der Skala für Paarvergleiche spiegelt nicht den Einfluss der Skalenwerte auf die Bewertung wider (eine Verdopplung des Skalenwertes verdoppelt den Präferenzwert) und kann deshalb zu Fehlbeurteilungen führen.
- Der Anzahl zu bewertender Ziele und Alternativen sind aufgrund des kombinatorisch bedingten starken Anstiegs des Beurteilungs- und Berechnungsaufwandes enge Grenzen gesetzt.

Zur Veranschaulichung der Vorgehensweise wird auf die bereits vorgestellte Problemstellung mit qualitativen Standortfaktoren zurückgegriffen. Die Auswahl eines der sechs potentiellen Standorte erfolgt auf der Grundlage der drei Standortfaktoren Transportkosten, Güte der Abfall-, Abwasser- und Abgasbeseitigung sowie räumliche Expansionsmöglichkeiten. Diese drei Kategorien bilden den Kriterienkatalog des AHP. In Abbildung 3.2-32 ist der Aufbau des Katalogs dargestellt.

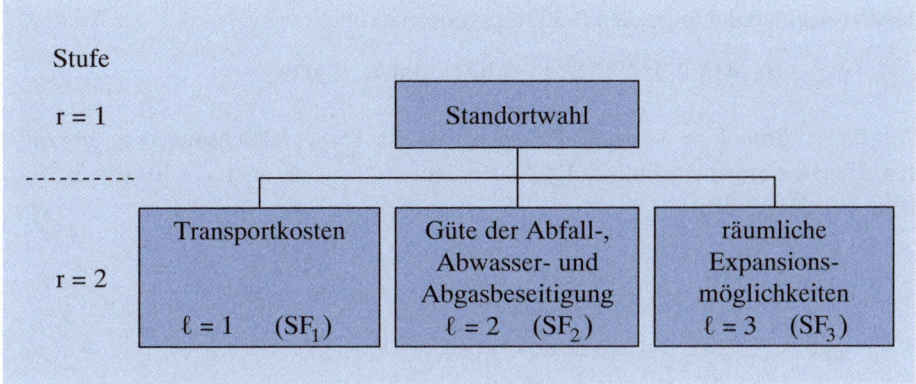

Abb. 3.2-32: Kriterienkatalog für das Beispiel zur Standortwahl

Für den ersten Standortfaktor liegen die Transportkosten als kardinalskalierte Werte vor. Da niedrige Transportkosten präferiert werden, können die Präferenzwerte p_{il_2} als Reziprokwerte berechnet werden:

$$p_{il_2} = \frac{\sum_{j=1}^{n} u_{jl}}{u_{il}}$$

Der Präferenzvektor für die Transportkosten p_{l_2} ergibt sich somit zu:

$$p_{l_2} = \begin{pmatrix} 0,167 & 0,209 & 0,267 & 0,076 & 0,092 & 0,185 \end{pmatrix}$$

Da die Präferenzermittlung in diesem Fall auf kardinalskalierten Werten aufbaut, ist die Konsistenz gewährleistet, so dass keine weitere Überprüfung notwendig ist.

Die Ausprägungen für die Güte der Abfall-, Abwasser- und Abgasbeseitigung liegen als ordinalskalierte Werte vor. Unter Annahme eines Entscheidungsträgers mit der in der Matrix D^{SF2} dargestellten Präferenzordnung der Ausprägungen „sehr hoch" bis „sehr gering" ergibt sich die Paarvergleichsmatrix A^{SF2}:

$$D^{SF2} = \begin{pmatrix} 1 & 3 & 5 & 6 & 8 & 9 \\ 1/3 & 1 & 3 & 5 & 6 & 8 \\ 1/5 & 1/3 & 1 & 3 & 5 & 6 \\ 1/6 & 1/5 & 1/3 & 1 & 3 & 5 \\ 1/8 & 1/6 & 1/5 & 1/3 & 1 & 2 \\ 1/9 & 1/8 & 1/6 & 1/5 & 1/2 & 1 \end{pmatrix} \quad A^{SF2} = \begin{pmatrix} 1 & 1/5 & 1/3 & 3 & 6 & 5 \\ 5 & 1 & 3 & 6 & 9 & 8 \\ 3 & 1/3 & 1 & 5 & 8 & 6 \\ 1/3 & 1/6 & 1/5 & 1 & 5 & 3 \\ 1/6 & 1/9 & 1/8 & 1/5 & 1 & 1/2 \\ 1/5 & 1/8 & 1/6 & 1/3 & 2 & 1 \end{pmatrix}$$

mit:

$$d_{11}^{SF2} = \left(\frac{\text{sehr hoch}}{\text{sehr hoch}} \right), \dots, d_{16}^{SF2} = \left(\frac{\text{sehr hoch}}{\text{sehr gering}} \right)$$

Hieraus werden die folgenden Präferenzwerte errechnet:

$$p_{2_2} = \begin{pmatrix} 0,141 & 0,453 & 0,261 & 0,077 & 0,026 & 0,039 \end{pmatrix}$$

Auf dieser Grundlage ist dann die Konsistenz der Paarvergleichsmatrix zu überprüfen. Hierzu werden sowohl der Konsistenzindex CI^{SF2} als auch der Konsistenzquotient CR^{SF2} gebildet:

$$\lambda_{max}^{SF2} = 6,409$$

$$CI^{SF2} = \frac{\lambda_{max}^{SF2} - n}{n} = \frac{6,409 - 6}{5} = 0,081$$

$$CR^{SF2} = \frac{CI^{SF2}}{RI(n)} = \frac{0,081}{1,25} = 0,065$$

Da der Konsistenzquotient niedriger als 0,1 ist, ist eine hinreichende Konsistenz gewährleistet.

Im Folgeschritt wird das nächste Kriterium der Hierarchiestufe, die räumliche Expansionsmöglichkeit, betrachtet. Analog zum zuvor dargestellten Vorgehen wird davon ausgegangen, dass ein Entscheidungsträger die in D^{SF3} dargestellte Präferenzordnung hat. Die Vergleiche sind für die Ausprägungen weiträumig, bebaubare Areale (ST_1), weiträumig zum größten Teil bebaubare Areale (ST_2), weiträumig zu einem geringen Anteil bebaubare Areale (ST_6), weiträumig, nicht bebaubare Areale (ST_4), kleinflächig, nicht bebaubare Areale (ST_5) sowie keine Expansionsmöglichkeit (ST_3) aufgestellt. Aus den Präferenzen ergibt sich die Paarvergleichsmatrix A^{SF3}:

$$D^{SF3} = \begin{pmatrix} 1 & 3 & 5 & 7 & 8 & 9 \\ 1/3 & 1 & 3 & 5 & 7 & 8 \\ 1/5 & 1/3 & 1 & 5 & 6 & 7 \\ 1/7 & 1/5 & 1/5 & 1 & 3 & 4 \\ 1/8 & 1/7 & 1/6 & 1/3 & 1 & 2 \\ 1/9 & 1/8 & 1/7 & 1/4 & 1/2 & 1 \end{pmatrix} \quad A^{SF3} = \begin{pmatrix} 1 & 3 & 9 & 7 & 8 & 5 \\ 1/3 & 1 & 8 & 5 & 7 & 3 \\ 1/9 & 1/8 & 1 & 1/4 & 1/2 & 1/7 \\ 1/7 & 1/5 & 4 & 1 & 3 & 5 \\ 1/8 & 1/7 & 2 & 1/3 & 1 & 2 \\ 1/5 & 1/3 & 7 & 1/5 & 1/2 & 1 \end{pmatrix}$$

mit:

$$d_{11}^{SF3} = \left(\frac{\text{weiträumig, bebaubare Areale}}{\text{weiträumig, bebaubare Areale}} \right), \ldots, d_{16}^{SF3} = \left(\frac{\text{weiträumig, bebaubare Areale}}{\text{keine Expansionsmöglichkeit}} \right)$$

Analog zu dem vorherigen Fall wird der Präferenzvektor p_{3_2} berechnet:

$$p_{3_2} = \begin{pmatrix} 0,452 & 0,261 & 0,025 & 0,065 & 0,036 & 0,158 \end{pmatrix}$$

Hierauf aufbauend wird die Konsistenz der Paarvergleichsmatrix überprüft:

$$\lambda_{max}^{SF_3} = 6,506$$

$$CI^{SF_3} = \frac{\lambda_{max}^{SF_3} - n}{n} = \frac{6,506 - 6}{5} = 0,101$$

$$CR^{SF_3} = \frac{CI^{SF_3}}{RI(n)} = \frac{0,101}{1,25} = 0,081$$

Auch beim dritten Standortfaktor liegt eine hinreichende Konsistenz vor.

Im nächsten Schritt wird die nächsthöhere Hierarchieebene $(r = 1)$ betrachtet, die bereits die Zielkriterien beinhaltet. Die Kriterien sind jedoch für die Standortwahl nicht gleichbedeutend, sondern es liegt eine Rangordnung vor. So stellen die Transportkosten das höchstgewichtete und die räumlichen Expansionsmöglichkeiten das niedrigstgewichtete Kriterium dar. Dieser Zusammenhang spiegelt sich in der Paarvergleichsmatrix $A^{Standort}$ wider:

$$A^{Standort} = \begin{pmatrix} 1 & 3 & 9 \\ 1/3 & 1 & 4 \\ 1/9 & 1/4 & 1 \end{pmatrix}$$

Hieraus ergibt sich der Gewichtungsvektor:

$$p_{l_1} = \begin{pmatrix} 0,681 & 0,25 & 0,069 \end{pmatrix}$$

Die Prüfung der Konsistenz der Paarvergleichsmatrix ergibt:

$$\lambda_{max}^{Standort} = 3,009$$

$$CI^{Standort} = \frac{\lambda_{max}^{Standort} - n}{n} = \frac{3,009 - 3}{2} = 0,005$$

$$CR^{Standort} = \frac{CI^{Standort}}{RI(n)} = \frac{0,005}{0,52} = 0,009$$

Der errechnet Konsistenzquotient ist zulässig, so dass die Ergebnisse ausgewertet werden können.

Im letzten Schritt müssen die kriterienbezogenen Präferenzwerte $p_{i\ell_{r-1}}$ berechnet werden.

$$p_{i\ell_{r-1}}(\ell_r) = \sum_{\ell_r}^{m_r} p_{i\ell_r} \cdot q_{\ell_r}$$

$$\Rightarrow p = \begin{pmatrix} 0,181 & 0,274 & 0,250 & 0,076 & 0,072 & 0,147 \end{pmatrix}$$

Es ergibt sich die in Abbildung 3.2-33 dargestellte Rangfolge. Standort 2 wird gegenüber den anderen Alternativen bevorzugt.

Standort	ST_1	ST_2	ST_3	ST_4	ST_5	ST_6
Rang	3	1	2	5	6	4

Abb. 3.2-33: Rangfolge der Alternativen

Quantitative und qualitative Standortanalyse können jedoch auch in getrennter Form
erfolgen, wobei dann die jeweiligen Ergebnisse aufeinander abzustimmen sind. Dieser
Abstimmungsprozess lässt sich in unterschiedlicher Weise durchführen. Es bieten sich
die folgenden Vorgehensweisen an (vgl. Hansmann 1974, S. 138 f.):

- Die qualitative und quantitative Analyse werden isoliert voneinander vollzogen,
  und die Entscheidung zwischen den Alternativen wird dann auf der Grundlage einer zusätzlichen Bewertung getroffen.

- Die beiden Analysen erfolgen integriert:

  -- In einem ersten Schritt werden auf der Grundlage einer qualitativen Analyse
     die potentiellen Standorte ausgesondert, die ein vorgegebenes Anforderungsni-
     veau nicht erreichen. Die verbleibenden Standorte werden dann einer quantita-
     tiven Analyse unterzogen und der optimale Standort ermittelt.

  -- Es wird die umgekehrte Vorgehensweise realisiert, d. h., es wird im ersten
     Schritt eine quantitative Analyse vollzogen und nur diejenigen Standorte werden
     in die weitere Untersuchung einbezogen, die einen vorgegebenen Mindestge-
     winn garantieren. Dann wird mit Hilfe einer qualitativen Analyse der optimale
     Standort ermittelt.

Bedingt durch die angesprochenen Probleme bei der Lösung gemischt-ganzzahliger
Optimierungsmodelle zur Ermittlung des optimalen Standortes wurden sogenannte
Heuristiken (Näherungsverfahren) entwickelt, die nicht mit Sicherheit zu einer optimalen Lösung, häufig aber zu guten Lösungen führen. Im Einzelfall kann es auch
vorkommen, dass eine Heuristik überhaupt keine Lösung generiert. Ziel einer Heuristik ist bei vorliegenden wohlstrukturierten Problemen, d. h.,

- das Problem ist nach Art und Umfang scharf definiert,

- es ist eine operationale Zielfunktion gegeben, und

- es existiert ein effizientes Lösungsverfahren (vgl. Adam 1996, S. 7 ff.),

eine Reduktion des Problemlösungsaufwandes im Vergleich zu den exakten Methoden, d. h., im Durchschnitt soll der Zeitaufwand zur Lösung von Entscheidungsprob-
lemen reduziert werden. Liegt hingegen kein wohldefiniertes, sondern ein schlecht-
definiertes Entscheidungsproblem vor, d. h., das zu lösende Problem weist Struktur-
mängel (Defekte) auf, wobei zwischen lösungs-, wirkungs-, bewertungs- und zielset-
zungsdefekten Problemsituationen zu unterscheiden ist, dann sind Heuristiken kon-
kurrenzlos. Liegt ein wohlstrukturiertes Problem vor und ist eine Heuristik in der La-

ge, den Problemlösungsaufwand zu reduzieren, dann stellt sich die Frage nach den Gründen hierfür. Eine derartige Reduktion des Problemlösungsaufwandes lässt sich auf zwei Faktoren zurückführen (vgl. Fischer 1981, S. 175):

- Eine Heuristik ist nicht in der Lage, die gleiche Leistung zu erbringen wie exakte Lösungsmethoden.

- Eine Heuristik sucht im Lösungsraum gezielter nach guten Lösungen als ein Algorithmus, d. h., eine Heuristik generiert nicht alle potentiellen Lösungen. Diese Vernachlässigung potentieller Lösungsalternativen darf jedoch nicht willkürlich erfolgen, sondern muss durch den Einsatz selektiv wirkender Operatoren hervorgerufen werden.

Auf der Basis dieser beiden Aspekte lassen sich die eine Heuristik charakterisierenden Merkmale explizieren:

- **Fehlende Lösungsgarantie**, d. h., im Gegensatz zu einem Algorithmus, der nach endlich vielen Schritten immer zu einer optimalen Lösung führt, gibt es bei Heuristiken i. d. R. nur eine gute Lösung, oder es kann in Einzelfällen auch keine Lösung generiert werden.

- **Spezifische Problemorientierung**, d. h., Heuristiken haben im Vergleich zu Algorithmen einen geringeren Allgemeinheitsgrad und sind folglich nur für spezifische Problembereiche einsetzbar. In dieser Spezialisierung ist ein Grund dafür zu sehen, dass mit ihnen im Vergleich zu Algorithmen der Planungsaufwand gesenkt werden kann. Eine Heuristik besteht aus mehreren heuristischen Prinzipien (Regeln), mit deren Hilfe die einzelnen zu vollziehenden Schritte eines Problemlösungsprozesses festgelegt werden.

Neben diesen angeführten Aspekten ist ein weiteres Argument für den Einsatz heuristischer Verfahren darin zu sehen, dass ein Optimum eines gemischt-ganzzahligen linearen Optimierungsproblems mit deutlich geringerem Rechenaufwand realisiert werden kann, wenn als Basis eine gute Ausgangslösung bekannt ist, von der aus dann ein Algorithmus starten kann. In diesem Fall dient die Heuristik dazu, eine brauchbare Ausgangslösung zu generieren, um dann darauf aufbauend mit einem Algorithmus ein Optimum zu erreichen.

Hansmann (1974, S. 152 ff.) entwickelte für die industrielle Standortwahl zwei Heuristiken, die kurz skizziert werden sollen, ohne dabei auf Details einzugehen:

- In seinem ersten Verfahren differenziert der Autor zwischen einem **kontinuierlichen** und einem **ganzzahligen Teil** des Optimierungsproblems. Während im kontinuierlichen Teil die Simplex-Methode zur Anwendung gelangt, wird für den ganzzahligen Teil eine heuristische Vorgehensweise vorgeschlagen, wobei erstere integrativer Bestandteil der Heuristik ist. **Ausgangspunkt** dieses Verfahrens bildet eine qualitative Standortanalyse. Ergebnis dieser Vorgehensweise ist eine Aufspaltung in zwei Gruppen: die Menge der vorläufig gewählten und die Menge der vorläufig ausgeschlossenen Standorte. Mit Hilfe einer heuristischen Regel wird ein Pool mit aktivierungsfähigen Standorten gebildet, wobei die Orte mit den niedrigsten standortfixen Kosten und den niedrigsten Anschaffungskosten der Aggregate zunächst aktiviert werden. Durch die aktivierten Standorte ist der ganzzahlige Teil des Optimierungsmodells fixiert, und die Kapazitäten der Standorte, die gesamten fixen Kosten und die noch fungiblen Kapitalbeträge sind bestimmt. Auf der Grundlage dieser Daten können dann die Variablen des kontinuierlichen Teils (Produktions-, Transport- und Absatzmengen, Finanzinvestitionen) auf der Grundlage der Simplex-Methode gewinnmaximal bestimmt werden. Ergebnis dieser Vorgehensweise ist dann eine Gewinnschranke, die im weiteren Ablauf als Standortkriterium fungiert. Im Anschluss daran erfolgt eine Elimination aktivierter Standorte, um festzustellen, ob der dann ermittelte Gewinn die Gewinnschranke übersteigt. Ist dies der Fall, wird der Standort tatsächlich eliminiert, ansonsten wird er wieder aktiviert. Dieses Vorgehen wird so lange wiederholt, bis entweder kein Standort mehr im Pool enthalten ist (d. h., es werden ausschließlich Finanzinvestitionen getätigt) oder durch die Elimination der Standorte keine Verbesserung der Gewinnschranke mehr erreichbar ist. Ist das Optimum hiernach nicht erreicht, dann kann die Gewinnschranke nur noch dadurch verbessert werden, dass ein Austausch einer gewissen Anzahl aktivierter Standorte gegen eine gleich große Anzahl nicht aktivierter Standorte erfolgt. Da die Anzahl der möglichen Permutationen gleichstarker Gruppen sehr groß werden kann, schlägt Hansmann ein stichprobenartiges Vertauschen vor. Ergibt sich aufgrund dessen eine Verbesserung, dann ist der Eliminationsteil des Verfahrens erneut zu durchlaufen. Ist diese Vorgehensweise für alle festgelegten Vertauschungen durchlaufen, dann ist das Verfahren beendet.

- In seinem zweiten Verfahren verzichtet Hansmann generell auf die Verwendung eines linearen Optimierungsmodells, was zu einer Einschränkung der Allgemeingültigkeit führt. Ausgangspunkt bilden die folgenden Daten: die potentiellen Standorte, die Transportkostenmatrix, die standortfixen Investitions- und andere Kosten (fixe Löhne, Gehälter, Steuern und Investitionszulagen), die variablen Produktionskosten, die Größe des Pools, d. h. die Standortanzahl, die bei jeder Iteration auf ihre Kostengünstigkeit untersucht wird. Die zu aktivierenden Standorte lassen sich z. B. wiederum auf der Grundlage einer qualitativen Analyse bestimmen. Damit ist es möglich, die gesamten Kosten der aktivierten Standorte zu berechnen. Mit Hilfe einer lexikographischen Auswahl werden dann die nicht aktivierten Standorte versuchsweise aktiviert und die daraus resultierenden Kostenänderungen ermittelt. Darauf aufbauend setzt ein rückwärtsschreitender Prozess ein. Hierzu wird aus der Menge der aktivierten Standorte derjenige mit der ungünstigsten Kostenstruktur probeweise eliminiert und die damit einhergehenden Kostenänderungen errechnet. Ergibt sich hierdurch eine Verbesserung, dann ist dieser Standort endgültig zu eliminieren, ansonsten ist er wiederum zu aktivieren und zu markieren, um Zyklen zu vermeiden. Dieser Prozess ist so lange durchzuführen, bis alle aktivierten Standorte markiert sind. Im Anschluss daran ist zu überprüfen, ob durch eine ausgewählte Verschiebung zwischen den aktivierten und nichtaktivierten Standorten eine Ergebnisverbesserung realisierbar ist. Das Verfahren ist dann beendet, wenn die Menge der zu prüfenden Standorte erschöpft ist.

In experimentellen Überprüfungen haben sich beide Verfahren bewährt, wobei sich das zweite Verfahren als das schnellere herausstellte. Hansmann betont jedoch, dass die Anzahl der gerechneten Probleme nicht ausreiche, um statistische Aussagen über die Verfahrensgüte zu tätigen.

3.2.3.3 Strategische Aspekte der Standortplanung

Im Rahmen strategischer Überlegungen zur Standortplanung geht es um die Entwicklung der Betriebsstättenstruktur. Die Standortstruktur kann dabei das Ergebnis isoliert getroffener Entscheidungen sein, oder sie kann durch Standortstrategien gesteuert werden. Dabei lassen sich die in Abbildung 3.2-34 dargestellten Standortstrategien unterscheiden (in Modifikation von Lüder 1982, S. 424; Zäpfel 2000b, S. 147).

Während Expansionsstrategien die Art und Weise der räumlichen Verteilung eines Zuwachses der Produktionskapazitäten festlegen, handelt es sich bei Konzentrations- und Kontraktionsstrategien um Überlegungen zur Vermeidung der standortbedingten Kosten einer Unternehmung, und zwar entweder durch eine räumliche Umverteilung oder durch eine Stilllegung einzelner Produktionskapazitäten.

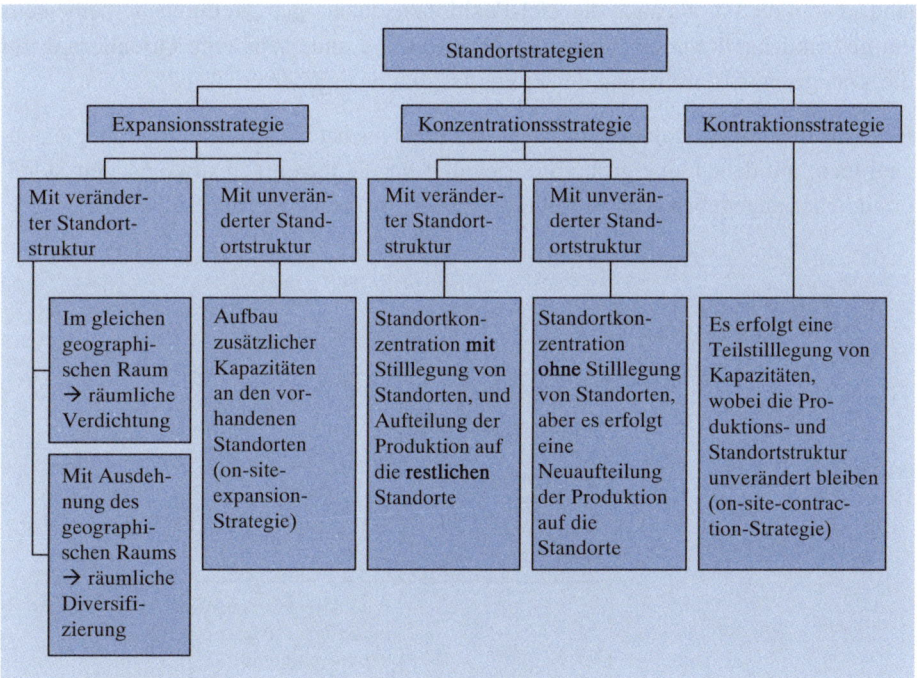

Abb. 3.2-34: Systematisierung der Standortstrategien

Auf der Grundlage dieser Strukturierung des Standortstrategiespektrums kann nun der weitergehenden Frage nachgegangen werden, welche Standortstrategie(n) eine Unternehmung realisieren sollte. Um hierfür erste Anhaltspunkte zu erhalten, schlägt Lüder (1982, S. 432) die Aufstellung eines Standort-Portfolios vor, auf dessen Grundlage dann Normstrategien formuliert werden können (vgl. hierzu die Ausführungen zur Portfoliomethode). Zur Erstellung einer Standort-Portfoliomatrix werden dann die beiden folgenden Dimensionen verwendet:

- momentanes und zukünftiges Erfolgspotential der erstellten Produkte (die Messung kann am Marktpotential, am Marktanteil u. Ä. ansetzen);

- Standortattraktivität, die weiter aufgespalten werden kann in eine

-- interne (oder endogene) Standortattraktivität, die durch die Unternehmung gestaltbar ist (sie wird determiniert durch die F&E-Kapazität, Leistungsfähigkeit des vorhandenen Produktionsapparates, das gegebene Fabrik-Layout etc.), und eine

-- externe (oder exogene) Standortattraktivität, die durch die Unternehmung nicht oder nur in geringem Umfang gestaltbar ist (hierzu zählen Arbeitsmarktsituation, Lohnniveau, öffentliche Auflagen, Erweiterungsmöglichkeiten etc.).

Wird sowohl das Erfolgspotential der erstellten Produkte als auch die Standortattraktivität mit „gering" oder „hoch" bewertet, dann lässt sich eine 4-Felder-Matrix erstellen, in die dann die einzelnen Standorte eingeordnet werden können. In diese Matrix sind sowohl die Ist- als auch die Ziel-Positionen einzutragen, wodurch sich einerseits ein gedanklicher Rahmen für die Ist-Situation und anderseits eine Orientierung für die strategische Formulierung der Zukunftssituation ergeben.

Den einzelnen Matrixfeldern sind dann in einem nächsten Schritt Normstrategien zuzuordnen, mit denen eine grobe Stoßrichtung für die jeweiligen strategischen Standorteinheiten angegeben wird. Abbildung 3.2-35 gibt diesen Sachverhalt wieder.

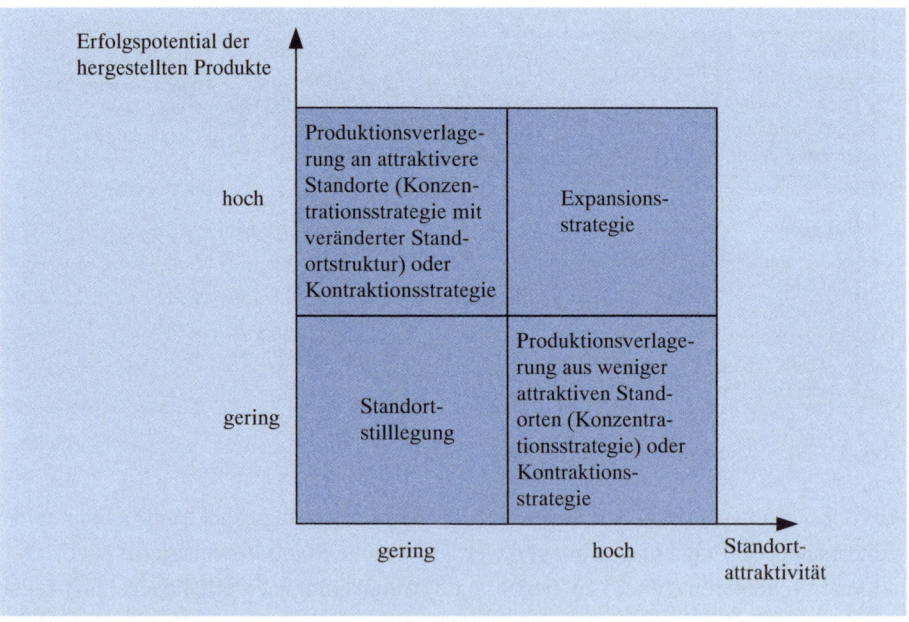

Abb. 3.2-35: Standort-Portfoliomatrix mit Normstrategien

In der Praxis ist eine differenzierte Erarbeitung eines strategischen Standortkonzeptes eher selten zu beobachten. Vielmehr gelangen häufig sogenannte strategische Standortprinzipien zur Anwendung. Als gebräuchliche Standortprinzipien seien genannt:

- Wenn Kapazitätserweiterungen vorgenommen werden sollen, dann sollten diese an den vorhandenen Standorten realisiert werden.
- Wenn neue Produktionsstätten erforderlich werden, dann sollten diese in der Region errichtet werden, die sie beliefern sollen.
- Stillegungen von Produktionsstätten sollten möglichst nicht im Inland erfolgen.
- Die Anzahl der Standorte sollte in Zukunft verringert werden.

Derartigen strategischen Standortprinzipien, die als „Ersatz" für eine fehlende Standortstrukturentwicklungsplanung zu sehen sind, mangelt es jedoch an Eindeutigkeit, an ausreichender Präzisierung des Anwendungsbereichs und an Widerspruchsfreiheit untereinander. Sie stellen den Versuch dar, die Standortstrukturentwicklung durch eine Abfolge von Einzelentscheidungen so zu steuern, dass die zukünftige Standortstruktur bestimmte Merkmale erfüllt, die seitens der Unternehmungsleitung als wünschenswert erachtet werden. Sie weisen folglich den Charakter von Einzelstandortentscheidungen auf. Ein strategisches Standortkonzept beinhaltet demgegenüber

- Entwicklungsrahmenpläne für die Produktionsstätten und
- Entwicklungspläne hinsichtlich der räumlichen Verteilung der Produktionskapazitäten in Bezug auf einzelne Geschäftsgebiete (vgl. Lüder 1982, S. 430).

3.3 Potentialbeiträge der Materialwirtschaft

In einem ersten Schritt seien zunächst die Begriffe Beschaffung und Materialwirtschaft abgegrenzt. Allgemein lassen sich unter dem Begriff der **Beschaffung** alle diejenigen Aktivitäten subsumieren, die darauf gerichtet sind, der Unternehmung die Produktionsfaktoren zur Verfügung zu stellen, die sie im Rahmen ihrer Sachzielerfüllung benötigt, die sie aber nicht selbst zu produzieren vermag. Die Beschaffung geht damit, wie dies auch beim Absatz der Fall ist, mit einer Änderung der Rechtszuständigkeit einher, und zwar für Produktionsfaktoren und deren Nutzung. Die Beschaffungsaufgabe einer Unternehmung besteht folglich darin, einen orts-, mengen-, qualitäts- und terminmäßig spezifizierten Bedarf an Produktionsfaktoren optimal zu befriedigen, d. h., es ist das **Beschaffungsprogramm** zu bestimmen. Die Beschaffungsprogrammplanung basiert dabei auf dem Produktionsprogramm und stellt folglich das letzte Glied der Planungskette Absatzprogramm, Produktionsprogramm und Beschaffungsprogramm dar. In dieser weiten Fassung des Beschaffungsbegriffs sind sämtliche zu beschaffenden Produktionsfaktoren, wie Anlagen, Roh-, Hilfs- und Betriebsstoffe, Energieträger, Kapital, Dienstleistungen, Personal und Rechte einbezogen. Aus diesem weiten Aufgabenkomplex der Beschaffung lässt sich mit Hilfe des Kriteriums des Beschaffungsobjektes der Aufgabenbereich der Materialwirtschaft herauslösen (vgl. Schweitzer 1973, S. 81 ff.). Damit ist es erforderlich, den Begriff des Materials zu klären. Auch wenn in der Betriebswirtschaftslehre keine einheitliche Verwendung dieses Terminus gegeben ist, werden i. d. R. zum Material alle Verbrauchsfaktoren, d. h. Roh-, Hilfs-, Betriebsstoffe und bezogene Teile (Halb- und Fertigfabrikate), gezählt, die an einer beliebigen Stelle in den betrieblichen Produktionsprozess einfließen, wobei diese sowohl von außerhalb der Unternehmung beschafft werden als auch aus einer vorgelagerten Produktionsstufe stammen können (damit erfährt die Materialwirtschaft nicht nur eine Einengung, sondern auch eine Erweiterung zum Beschaffungsbegriff). Somit umfasst der Materialbegriff nicht nur Grund- oder Ausgangsstoffe, sondern auch Einbauteile, Zubehörteile und ganze Aggregate (z. B. Elektromotoren für Haushaltsgeräte), wenn diese im zu betrachtenden Produktionsprozess zum Einsatz gelangen und damit Bestandteile des zu erstellenden Produktes werden. Ferner bedeutet dies, dass das Material nicht nur schon Output eines anderen Produktionsprozesses gewesen sein kann, sondern es kann auch Output des jeweilig betrachteten Produktionsprozesses oder der jeweiligen Produktionsstufe gewesen sein und im Rahmen von Recyclingprozessen erneut zum Input werden. Darüber hinaus wird der Materialwirtschaft teilweise auch die Aufgabe der Entsorgung zugeordnet, d. h. die Vermeidung, Umwandlung, Endlagerung und Abgabe von Entsorgungsgütern. Wird dieser Komplex in den Bereich der Materialwirtschaft einbezogen, dann bedeutet dies eine Erweiterung des Materialbegriffs um die Abfallprodukte. Der Materialbegriff bezieht sich damit nur auf die Inputseite des Produktionsprozesses und stellt folglich immer einen Produktionsfaktor in der Form eines Repetierfaktors dar. Es sei betont, und dies ist letztlich implizit in den bisherigen Ausführungen enthalten, dass weder der Aggregatzustand noch der Komplexitätsgrad für den Materialbegriff als konstitutiv zu betrachten sind.

In der betriebswirtschaftlichen Literatur (vgl. z. B. Franken 1984, S. 17 f.; Hummel 1996, Sp. 1162 ff.) existiert eine Vielzahl an Systematisierungsansätzen für Materialien, auf die im Einzelnen nicht eingegangen werden kann. Abbildung 3.3-1 gibt beispielhaft die Systematisierung nach Riebel (1963, S. 49) wieder, die in der Literatur eine weite Verbreitung erfahren hat.

Das Hauptziel der Materialwirtschaft besteht darin, die benötigten Materialien, die letztlich durch das Produktionsprogramm bestimmt sind, in der erforderlichen Menge, in der erforderlichen Qualität, zum richtigen Zeitpunkt am richtigen Ort zur Verfügung zu stellen. Neben diese Sicherungsaufgabe, die einen primär technischen Charakter aufweist, tritt als ökonomische Aufgabenstellung die mit der Bereitstellung des Materials verbundenen Kosten zu optimieren (= materialwirtschaftliches Optimum nach Grochla 1978, S. 18). Der Materialwirtschaft obliegt folglich die Aufgabe, die Unternehmung mit den für die Produktion erforderlichen Verbrauchsfaktoren zu versorgen, d. h., ihr obliegt die Beschaffung, Lagerung und Bereitstellung von Materialien.

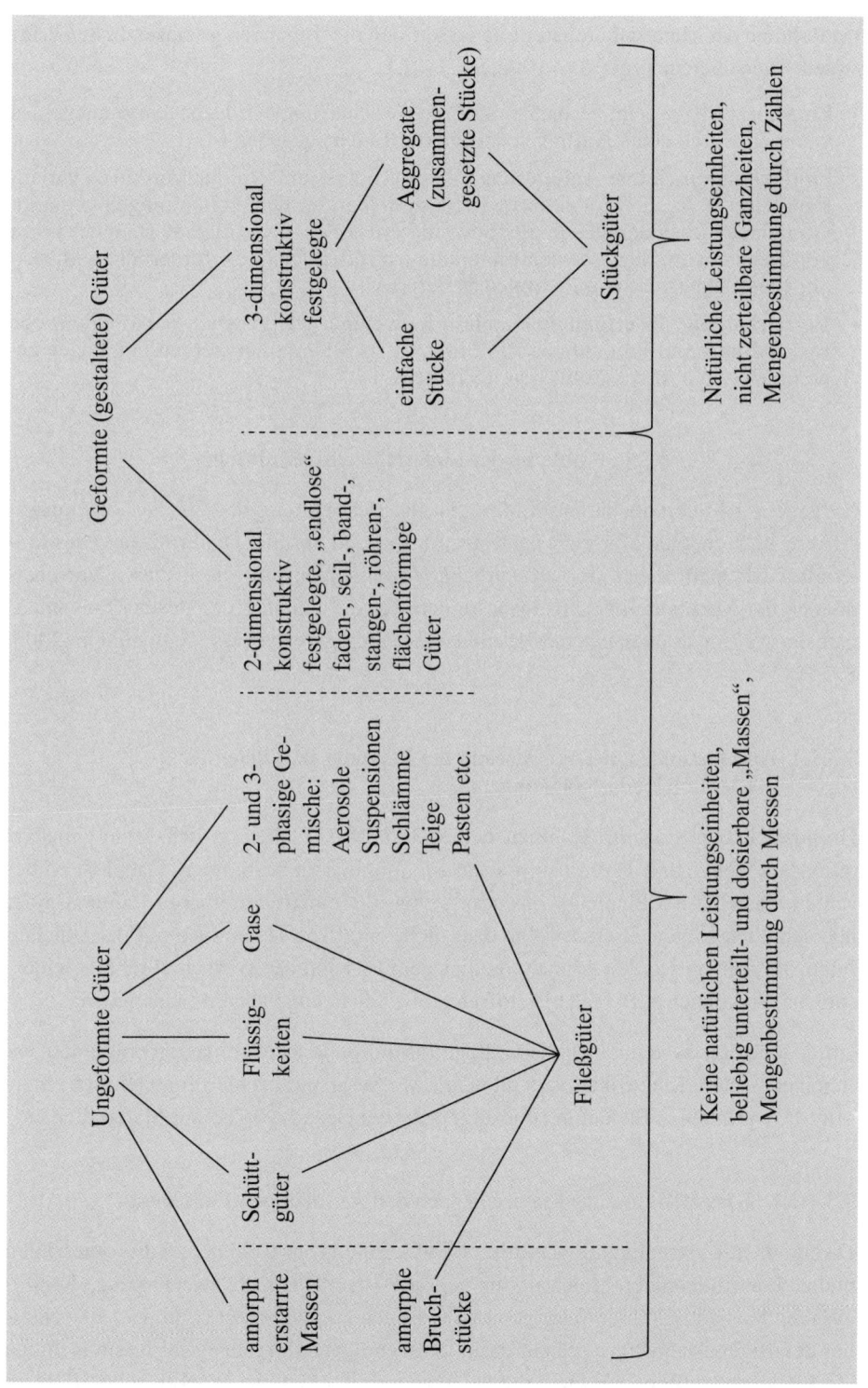

Abb. 3.3-1: Klassifikation materieller Güter nach ihrer Gestalt

Im Rahmen der **Materialbereitstellung** lassen sich die folgenden grundsätzlichen **Prinzipien** unterscheiden (vgl. Kern 1992, S. 227 ff.):

- **Einzelbeschaffung im Bedarfsfall**: Eine Beschaffung wird erst dann ausgelöst, wenn ein durch einen Auftrag spezifizierter Bedarf gegeben ist.

- **Produktionssynchrone Anlieferung**: Beschaffungs- und Produktionskurve verlaufen gleich, d. h., die Produktion wird unmittelbar aus den Anlieferungen versorgt. Grundlage dieser Bereitstellungsform sind i. d. R. Lieferverträge, z. B. in der Form von Rahmenverträgen, die den Lieferanten verpflichten, die erforderlichen Materialmengen zu bestimmten Terminen zu liefern.

- **Vorratshaltung**: Es erfolgt eine mehr oder weniger weitgehende Entkopplung von Beschaffung und Produktion. Die beschafften Materialien werden auf Lager genommen und dort auf Abruf bereitgehalten.

3.3.1 Probleme der Materialbedarfsermittlung

Aufgabe der Materialbedarfsermittlung ist die Bestimmung des für die Leistungserstellung notwendigen Materials nach Art, Menge und Termin. Die Ermittlung des Materialbedarfs stellt dabei eine wesentliche Voraussetzung für die weiteren Entscheidungen der Materialwirtschaft, insbesondere für die Planung der Beschaffungsmengen, der Auftragsgrößen und der Beschaffungszeitpunkte dar (vgl. Tempelmeier 2008, S. 7 ff.).

3.3.1.1 Ansatzpunkte zur Fokussierung der Planungsaktivitäten für die Materialbedarfsplanung

Grundsätzlich gilt es, im Rahmen der Materialbedarfsplanung den Materialbedarf nach Art, Menge und Termin so präzise wie möglich zu bestimmen. Dabei ist zu beachten, dass hierbei Planungskosten auftreten, die einen vertretbaren Rahmen nicht überschreiten sollten. Hieraus folgt, dass nicht sämtliche Materialien mit der gleichen Intensität geplant werden können, da dies dem Postulat der Wirtschaftlichkeit widerspräche. So können z. B. bei Hilfsstoffen grobe Schätzungen bereits ausreichen.

Um jedoch eine systematische Grundlage für die Bedarfsermittlung zu erarbeiten, erscheinen weitere Klassifikationen relevant. Als Ansatzpunkte hierfür bieten sich einerseits die wertmäßige Bedeutung und anderseits der Bedarfsverlauf der Materialien an.

3.3.1.1.1 Klassifikation des Materials nach der wertmäßigen Bedeutung

Da bereits in Unternehmungen mittlerer Größe eine große Zahl der zu disponierenden und zu kontrollierenden Materialarten gegeben ist, erscheint es zweckmäßig, die Materialien hinsichtlich ihrer Wertigkeit zu Gruppen zusammenzufassen. Der Zweck einer derartigen Maßnahme besteht darin, aufwendigere Vorgehensweisen im Rahmen der Bedarfsermittlung dort einzusetzen, wo der größtmögliche ökonomische Effekt zu erwarten ist (vgl. Zäpfel 1982, S. 180).

Ausgangspunkt zur Erfassung der relativen wertmäßigen Bedeutung der Materialarten ist eine **Werthäufigkeitsverteilung**, die Auskunft darüber erteilt, welchen Anteil die in einem vorgegebenen Zeitraum verbrauchten Materialien am Gesamtwert des in diesem Zeitraum verbrauchten Materials aufweisen. Hierzu werden die Materialien auf der Grundlage ihres Periodenverbrauchswerts in absteigender Reihenfolge angeordnet. Als Ergebnis ergibt sich dann eine **Werthäufigkeitstabelle**, wie sie beispielhaft in Abbildung 3.3-2 dargestellt ist.

Gruppe	Anzahl der Materialart	%-Anteil	%-Anteil kumuliert	Verbrauchs-wert	%-Anteil	%-Anteil kumuliert
A	30	10	10	1 600 000	53,33	53,33
B	60	20	30	950 000	31,67	85,00
C	210	70	100	450 000	15,00	100,00

Abb. 3.3-2: Werthäufigkeitstabelle

Auf der Grundlage der kumulierten Prozentwerte der Materialanzahl und des Verbrauchswertes lässt sich dann eine **Lorenzkurve** erstellen, deren 45°-Linie einer Gleichverteilung der Verbrauchswerte entspricht (vgl. Abbildung 3.3-3).

Diese Abbildung gibt eine **typische Ungleichverteilung** wieder. Sie bildet den Ausgangspunkt für eine Klassifikation in A-, B- und C-Teile, wie sie im Rahmen der **ABC-Analyse** üblich ist (vgl. hierzu Haupt 1979, Sp. 1 ff.; Kilger 1986, S. 294 f.). Die ABC-Analyse basiert dabei auf der Erfahrung, dass in der industriellen Praxis häufig eine geringe Anzahl an Materialien einen hohen Anteil am Gesamtwert des Materials aufweist.

Auf dieser Grundlage lassen sich dann gewisse **Empfehlungen für die Materialdisposition** formulieren:

- A-Teile sollen möglichst programmgesteuert disponiert werden (wird teilweise auch für B-Teile empfohlen);
- B-Teile können mit verbrauchsorientierten Verfahren disponiert werden;
- C-Teile können auf der Grundlage grober Schätzungen disponiert werden.

Die in den Abbildungen 3.3-2 und 3.3-3 vorgenommenen Einteilungen stellen jedoch nur eine denkbare Aufteilung dar und sind folglich eher als willkürliche Vorgehensweisen, die sich in der Praxis allerdings bewährt haben, zu bezeichnen, d. h., die Festlegung der Klassengrenzen stellt einen **subjektiven Vorgang** dar. So wäre es durchaus denkbar, die Klasse der A-Teile zu Lasten der B-Teile zu vergrößern und umgekehrt. Tempelmeier (2008, S. 9) weist in diesem Zusammenhang darauf hin, dass eine entscheidungstheoretisch fundierte Abgrenzung der einzelnen Gruppen mit erheblichen Schwierigkeiten verbunden ist, da dies voraussetzt, dass sich die mit der Zuordnung einer Materialart zu einer Klasse verbundenen ökonomischen Konsequenzen quantifizieren lassen, was jedoch i. d. R. nicht möglich ist, da sich weder der Nutzen noch die Kosten der Verfahrensanwendung hinreichend erfassen lassen.

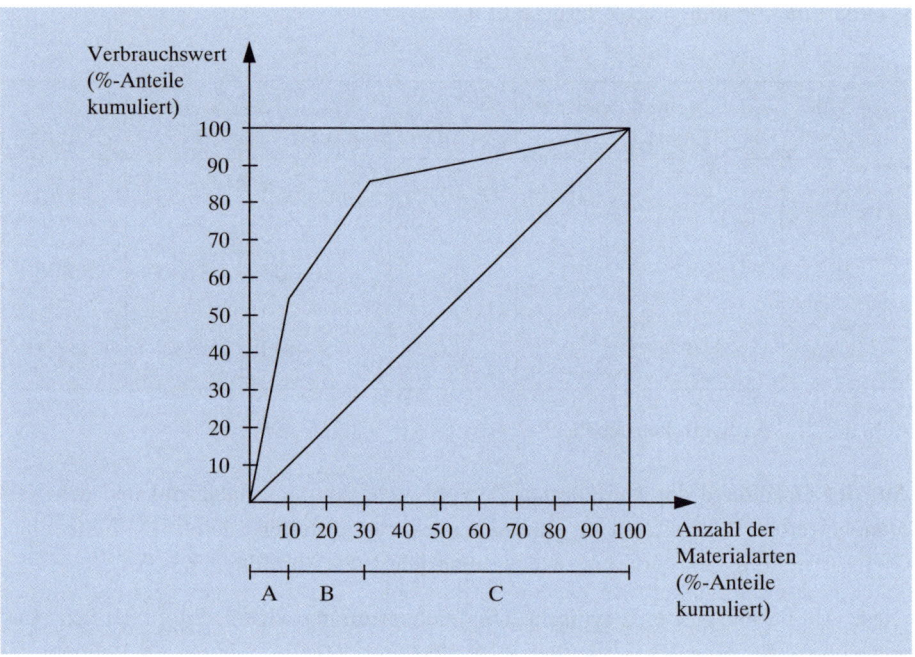

Abb. 3.3-3: Lorenzkurve

3.3.1.1.2 Klassifikation des Materials nach dem Bedarfsverlauf

Bei der Analyse des Bedarfsverlaufs einer Materialart über eine längere Zeitspanne lassen sich i. d. R. charakteristische Verlaufsmuster identifizieren (vgl. Glaser 1986, S. 6):

- konstanter (regelmäßiger) Bedarf (Trend nullter Ordnung), d. h., es liegt ein gleichbleibender Bedarf vor, der nur zufällige Schwankungen um ein konstantes Niveau aufweist, d. h., die Bedarfswerte oszillieren um einen Durchschnittswert,

- trendförmiger Bedarf (speziell linearer Trend) oder

- saisonal schwankender Bedarf.

Neben diesen regelmäßigen Verlaufsformen sind auch unregelmäßige Verläufe denkbar, wobei zwischen stark schwankendem und sporadisch auftretendem Bedarf unterschieden werden kann. Die Bedarfsverlaufsformen lassen sich dann, wie in Abbildung 3.3-4 dargestellt, klassifizieren.

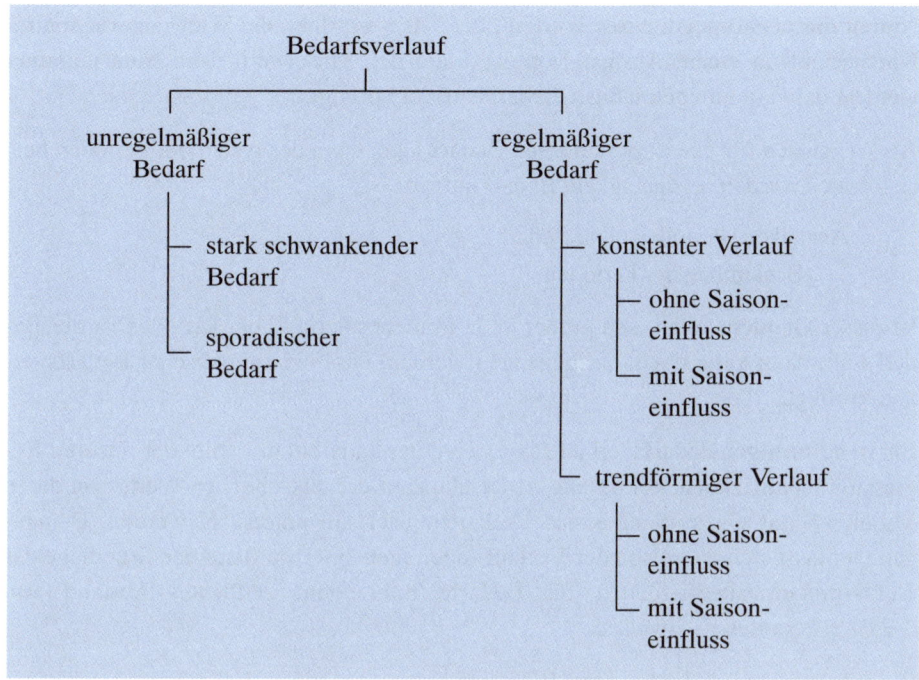

Abb. 3.3-4: Klassifikation möglicher Bedarfsverlaufsformen

Eine Zuordnung zu den Bedarfsverlaufsklassen kann dann auf der Grundlage von Testverfahren vorgenommen werden (vgl. hierzu die Ausführungen bei Tempelmeier 2008, S. 22 ff.), unter der Voraussetzung, dass Verbrauchsmengen r_t (t = 1, ..., T) für einen Zeitraum von etwa zwei Jahren vorliegen.

Um etwa eine Trennung zwischen einem regel- und einem unregelmäßigen Bedarf vornehmen zu können, lässt sich ein Störpegel (SP) heranziehen, der sich aus der quotialen Verknüpfung des arithmetischen Mittels ($\bar{r}$) und der mittleren absoluten Abweichung vom arithmetischen Mittel (MAA) ergibt:

$$\bar{r} = \frac{1}{T} \cdot \sum_{t=1}^{T} r_t$$

$$MAA = \frac{1}{T} \cdot \sum_{t=1}^{T} | r_t - \bar{r} |$$

Als Störpegel ergibt sich dann:

$$SP = \frac{MAA}{\bar{r}}$$

Nimmt dieser Störpegel einen Wert an, der > 0,5 ist, d. h., die Werte schwanken im Durchschnitt in einem Ausmaß von 50 % um den Mittelwert, dann kann vermutet werden, dass ein unregelmäßiger Bedarfsverlauf vorliegt.

Als Anzeichen für einen **sporadischen Bedarf** kann etwa der Anteil der Perioden herangezogen werden, in denen kein Bedarf auftritt:

$$\frac{\text{Anzahl der Perioden ohne Bedarf}}{\text{Gesamtheit der Perioden}}$$

Ist dieser Quotient $\approx 0,4$ und größer, d. h. in mehr als 60 % der Perioden ist der Bedarf null, dann kann davon ausgegangen werden, dass ein sporadischer Bedarfsverlauf vorliegt.

Ein **trendförmiger Bedarfsverlauf** lässt sich unter anderem mit Hilfe der linearen Regression identifizieren, bei der die Abweichungen der tatsächlichen Werte von deren Mittelwert auf ein systematisches Verlaufsmuster hin untersucht werden. Demgegenüber lässt sich ein **saisonaler Verlauf** (aber auch ein Trend) auf der Grundlage der Autokorrelationskoeffizienten für Bedarfe mit einem zeitlichen Abstand von $1, 2, ..., \tau$ Perioden nachweisen.

In der Praxis hat sich analog zur ABC-Analyse eine einfachere Vorgehensweise (**RSU-Analyse**, teilweise auch als XYZ-Analyse bezeichnet) etabliert, die von der folgenden Dreiteilung ausgeht (vgl. Kilger 1986, S. 295):

- R-Teile: Es handelt sich um einen regelmäßigen (konstanten) Bedarfsverlauf, der nur gelegentliche Niveauveränderungen aufweist.
- S-Teile: Es liegt ein saisonal schwankender oder trendförmiger Bedarfsverlauf vor.
- U-Teile: Es liegt ein unregelmäßiger Verlauf vor.

Auf der Grundlage dieser Einteilung werden dann Empfehlungen für die Anwendung der unterschiedlichen Bereitstellungsprinzipien formuliert:

- für R-Teile je nach situativen Gegebenheiten einsatzsynchrone Anlieferung oder Vorratshaltung,
- für S-Teile Vorratshaltung und
- für U-Teile Bereitstellung im Bedarfsfall.

Darüber hinaus lässt sich durch Kombination der ABC- mit der RSU-Analyse eine Neun-Felder-Matrix aufstellen, in die dann unterschiedliche Planungsintensitäten und -verfahren differenziert eingesetzt werden können. Während etwa bei AR- und AS-Teilen eine besondere Sorgfalt der Planungsaktivitäten angezeigt erscheint, können bei CS- und CU-Teilen vereinfachte Planungsverfahren mit geringerer Planungsintensität zum Einsatz gelangen.

3.3.1.2 Verfahren zur Bestimmung des Materialbedarfs

Zur Bestimmung des Materialbedarfs stehen die beiden folgenden Verfahrensgruppen zur Verfügung:

- verbrauchsorientierte (oder stochastische) Verfahren und
- programmorientierte (oder deterministische) Verfahren.

3.3.1.2.1 Verbrauchsorientierte Verfahren der Materialbedarfsbestimmung

Den Ausgangspunkt einer verbrauchsorientierten Bedarfsbestimmung bilden Vergangenheitswerte, wobei unterstellt wird, dass die in der Vergangenheit aufgetretenen Bedarfswerte Realisationen einer Zufallsvariablen sind, die in der Zukunft in gleichem Maße relevant sind. Voraussetzung für die Anwendung dieser Verfahren ist folglich ein ausreichendes Zahlenmaterial vergangener Bedarfswerte, die dann in die Zukunft zu extrapolieren sind. Generell ist ihr Einsatz bei sogenannten B-Teilen angezeigt und darüber hinaus, wenn programmgebundene Verfahren nicht eingesetzt werden können, weil das Produktionsprogramm noch nicht festliegt oder ungeplanter Verbrauch auftritt.

Auf der Grundlage mathematisch-statistischer Prognosemodelle werden Vergangenheitswerte in die Zukunft extrapoliert. Damit eine möglichst hohe Vorhersagegenauigkeit erreicht werden kann, muss das zum Einsatz gelangende Prognosemodell an den identifizierten Bedarfsverlauf angepasst sein.

Mit Hilfe von Abbildung 3.3-5 sollen die grundsätzlichen Daten und Datenstrukturen eines Prognosemodells in übersichtlicher Form dargestellt werden (vgl. Tempelmeier 2008, S. 32).

Während r_t die in der Periode t tatsächlich aufgetretene Verbrauchsmenge einer Materialart darstellt, ist PW_{t+1} ein auf der Grundlage der Vergangenheitswerte prognostizierter Verbrauchswert für die Periode $t+1$ (= Prognosewert). Um die Qualität eines Prognosemodells beurteilen zu können, ist es erforderlich, eine ex post-Prognose zu erstellen, um dann die mit Hilfe des Prognosemodells errechneten ex post-Prognosewerte mit den tatsächlichen Verbrauchswerten vergleichen zu können. Als Qualitätskriterium für die Prognose wird dabei der sogenannte Prognosefehler herangezogen, der sich aus der Differenz zwischen dem tatsächlich angefallenen Wert und dem Prognosewert ergibt (einen Überblick über Gütekriterien zur Beurteilung von Prognosen geben Corsten/Peckedrath 2001, S. 12). Als Ursachen, die für das Auftreten der Prognosefehler verantwortlich sind, lassen sich nennen:

- Das verwendete Prognosemodell ist ungeeignet (z. B. weil Bedarfsverlauf und Prognosemodell nicht aneinander angepasst sind).
- Die Zeitreihe weist Strukturbrüche auf (Zeitstabilitätshypothese ist verletzt), d. h., es treten unvorhersehbare Ereignisse auf.

Für die Gütebeurteilung eines Prognosemodells ist dabei neben dem Niveau des Prognosefehlers insbesondere dessen Streuung von Interesse.

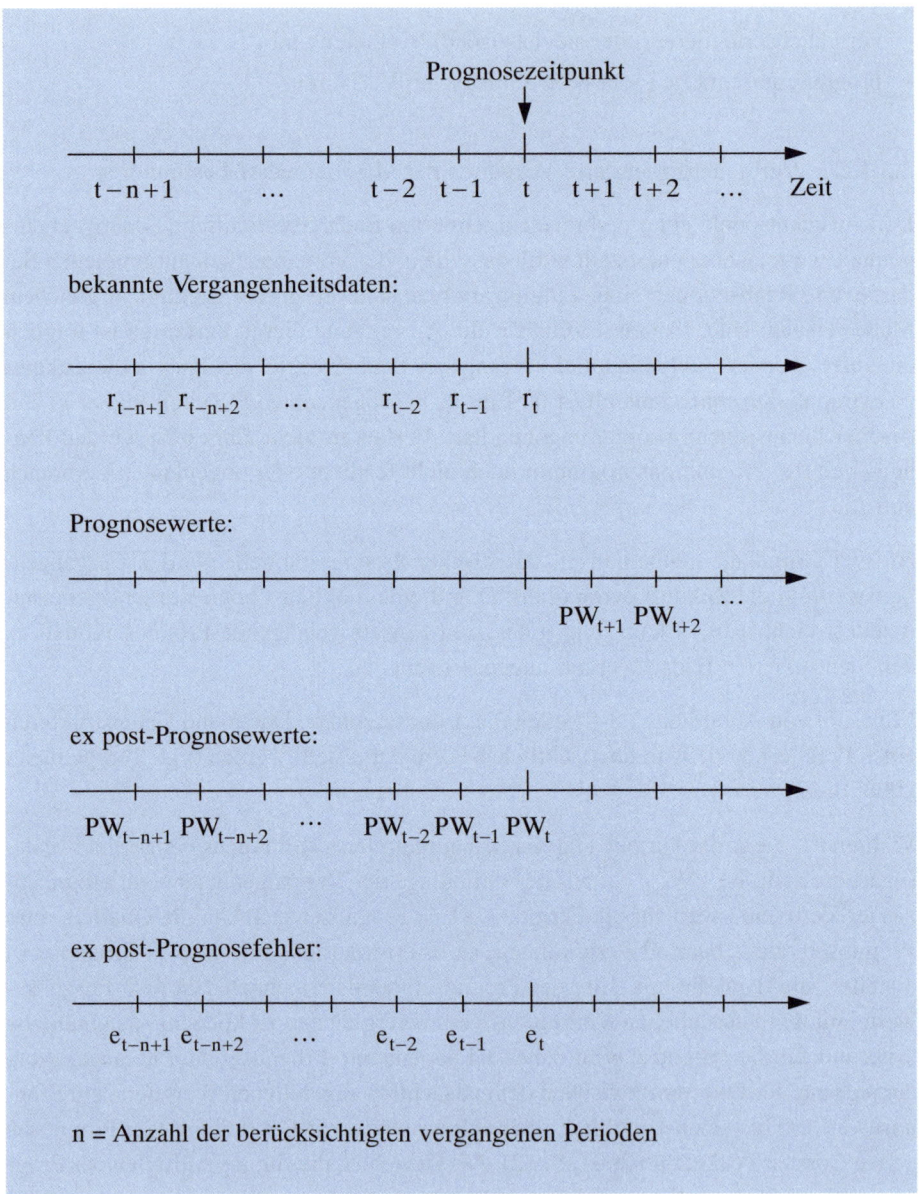

Abb. 3.3-5: Daten eines Prognosemodells

Im Folgenden seien einige ausgewählte Prognoseverfahren für regelmäßige Bedarfs-verläufe vorgestellt (zu weiteren Darstellungen vgl. z. B. Franken 1984, S. 108 ff.; Glaser 1986, S. 6 ff.; Tempelmeier 2008, S. 36 ff.).

3.3.1.2.1.1 Bedarfsermittlung mit Hilfe des gleitenden Durchschnitts

Im Rahmen der gleitenden Mittelwertbildung wird aus den tatsächlich in der Vergangenheit aufgetretenen Verbrauchswerten ein Mittelwert errechnet, der dann als Prognosewert für den zukünftigen Bedarf herangezogen wird. Dabei werden nicht sämtliche Vergangenheitswerte berücksichtigt, sondern lediglich die n neuesten Verbrauchswerte. Werden als Verbrauchswerte $r_{t-n+1}, ..., r_{t-1}, r_t$ herangezogen, dann ergibt sich als n-periodischer ungewogener gleitender Durchschnitt $\bar{r}_{0,t}$ folgende Beziehung:

$$\bar{r}_{0,t} = \frac{1}{n} \sum_{k=t-n+1}^{t} r_k = PW_{t+1}$$

Als Hauptproblem stellt sich dabei die Festlegung der Größe n. Dabei ist zu beachten, dass einerseits die Vorhersage umso eher auf Verbrauchsschwankungen reagiert, je kleiner n ist und andererseits n nicht beliebig klein sein darf, weil dann zufällige Schwankungen der Zeitreihe nicht genügend ausgeglichen werden können.

Das folgende Beispiel soll das Verfahren der gleitenden Durchschnittsbildung verdeutlichen.

t	1	2	3	4	5	6	7
Monat	Januar	Februar	März	April	Mai	Juni	Juli
Materialmenge in Tonnen	948	967	988	933	979	993	999

Abb. 3.3-6: Daten zur Berechnung des gleitenden Durchschnitts

Für n = 5 ergibt sich dann für den Monat August folgender Prognosewert:

$$PW_8 = (r_3 + r_4 + r_5 + r_6 + r_7)/5$$

$$PW_8 = (988 + 933 + 979 + 993 + 999)/5 = 978,4$$

Liegt der Wert für den Monat August vor $(t = 8)$, dann entfällt für die Prognose für September $(t + 1 = 9)$ der Wert für den Monat März $(t - 5 = 3)$ und der beobachtete Wert für den Monat August wird hinzugenommen.

3.3.1.2.1.2   Bedarfsermittlung mit Hilfe des exponentiellen Glättens

Während in die Berechnung des gleitenden Durchschnitts die Vergangenheitswerte mit der gleichen Gewichtung einfließen, ist es die Grundidee des exponentiellen Glättens, die Zeitreihenwerte, die dem Prognosezeitraum am nächsten liegen, mit einem höheren Gewicht in die Berechnung einfließen zu lassen als Zeitreihenwerte weiter zurückliegender Perioden. Im folgenden sei zunächst diese Grundidee näher erläutert. Für n Perioden ergibt sich das gewogene arithmetische Mittel aus:

$$\bar{r}_{gew} = \frac{r_1 \cdot g_1 + r_2 \cdot g_2 + ... + r_n \cdot g_n}{g_1 + g_2 + ... + g_n}$$

mit:

$$\sum_{i=1}^{n} g_i = 1 \qquad \text{(Gewichte)}$$

Entsprechend der Grundidee müssen die Gewichtungsfaktoren g_i mit zunehmendem Alter der Zeitreihenwerte abnehmen. Wird diese Abnahme mit α (dieser Wert gibt dabei an, um welchen Prozentsatz das Gewicht der Beobachtungswerte mit zunehmendem Alter der Beobachtungswerte abnimmt) bezeichnet, dann ergibt sich für den Gewichtungsfaktor g_{i-1} die folgende Beziehung:

$$g_{i-1} = (1-\alpha) \cdot g_i$$

Aus diesen Überlegungen resultiert dann:

$$\bar{r}_{gew} = \frac{g_n \cdot r_n + g_{n-1} \cdot r_{n-1} + g_{n-2} \cdot r_{n-2} + ... + g_1 \cdot r_1}{g_n + g_{n-1} + ... + g_1}$$

und:

$$g_{n-1} \quad = (1-\alpha) \cdot g_n$$

$$g_{n-2} \quad = (1-\alpha) \cdot g_{n-1}$$

$$= (1-\alpha) \cdot (1-\alpha) \cdot g_n = (1-\alpha)^2 \cdot g_n$$

$$g_{n-3} \quad = (1-\alpha) \cdot g_{n-2}$$

$$= (1-\alpha) \cdot (1-\alpha)^2 \cdot g_n = (1-\alpha)^3 \cdot g_n$$

Daraus ergibt sich für $\bar{r}_{gew}$:

$$\bar{r}_{gew} = \frac{g_n \cdot r_n + (1-\alpha) \cdot g_n \cdot r_{n-1} + (1-\alpha)^2 \cdot g_n \cdot r_{n-2} + ... + (1-\alpha)^{n-1} \cdot g_n \cdot r_1}{g_n \cdot \sum_{i=1}^{n} (1-\alpha)^{i-1}}$$

3.3.1.2.1.2.1 Exponentielles Glätten 1. Ordnung

Aus den bisherigen Überlegungen lässt sich dann die Beziehungsgleichung für das exponentielle Glätten 1. Ordnung aus dem gewichteten letzten Beobachtungswert und dem exponentiell geglätteten Mittelwert der Vorperioden erstellen:

$$PW_{t+1} = \alpha \cdot r_t + (1 - \alpha) \cdot PW_t$$

mit:

PW_{t+1} = Prognosewert für die nächste Periode

r_t = jüngster Beobachtungswert

PW_t = ehemaliger Schätzwert für den jetzt vorliegenden Beobachtungswert

Das folgende Beispiel soll das exponentielle Glätten 1. Ordnung verdeutlichen. In Abbildung 3.3-7 sind die Verbrauchswerte einer Materialart in Tonnen aufgeführt. Um die Bedeutung des Glättungsfaktors α zu demonstrieren, werden Prognosen für $\alpha = 0,1$ und $\alpha = 0,5$ erstellt und ihre Prognosefehler vergleichend gegenübergestellt.

Jahr	Verbrauchs-menge	Prognosewerte für $\alpha = 0,1$	Prognose-fehler	Prognosewerte für $\alpha = 0,5$	Prognose-fehler
1	230	--	--	--	--
2	250	230	20,0	230	20
3	240	232	8,0	240	0
4	260	232,8	27,2	240	20
5	270	235,52	34,48	250	20
6	255	238,97	16,03	260	−5
7	290	240,57	49,43	257,5	32,5
8	Prognose	245,51	MAA = 25,86	273,75	MAA = 16,25

Abb. 3.3-7: Beispiel für eine exponentielle Glättung 1. Ordnung

Um den Prognoseprozess zu initialisieren, ist ein Startwert (PW_1) erforderlich. Dieser kann z. B. mit Hilfe einer Durchschnittsbildung über die ersten n Beobachtungen geschätzt werden, oder es kann die erste Beobachtung als Startwert herangezogen werden, eine Vorgehensweise, die im folgenden Verwendung findet. Für $\alpha = 0,1$ ergeben sich dann:

$$PW_{1+1} = 0,1 \cdot 230 + 0,9 \cdot 230 = 230$$

$$PW_{2+1} = 0,1 \cdot 250 + 0,9 \cdot 230 = 232$$

$$PW_{3+1} = 0{,}1 \cdot 240 + 0{,}9 \cdot 232 = 232{,}8$$

$$PW_{4+1} = 0{,}1 \cdot 260 + 0{,}9 \cdot 232{,}8 = 235{,}52$$

$$PW_{5+1} = 0{,}1 \cdot 270 + 0{,}9 \cdot 235{,}52 = 238{,}97$$

$$PW_{6+1} = 0{,}1 \cdot 255 + 0{,}9 \cdot 238{,}97 = 240{,}57$$

$$PW_{7+1} = 0{,}1 \cdot 290 + 0{,}9 \cdot 240{,}58 = 245{,}51$$

Diese vergleichende Gegenüberstellung zeigt deutlich die unterschiedlichen Wirkungen eines „kleinen" und „großen" α-Wertes, deren Konsequenzen in Abbildung 3.3-8 noch einmal tendenziell erfasst werden.

	"Großes" α	"Kleines" α
Berücksichtigung der Vergangenheitswerte	gering	stark
Berücksichtigung neuester Werte	stark	gering
Glättung der Zeitreihe	gering	stark
Anpassung an Niveauverschiebungen	schnell	langsam

Abb. 3.3-8: Tendenzielle Wirkungen unterschiedlicher α-Werte

3.3.1.2.1.2.2 Exponentielles Glätten 2. Ordnung

Im Vergleich zum vorhergehenden Verfahren erlaubt das exponentielle Glätten 2. Ordnung eine bessere Prognose trendförmiger Bedarfsverläufe. Die Berechnung der exponentiellen Glättung 2. Ordnung erfolgt analog zur Vorgehensweise im Rahmen der Glättung 1. Ordnung, jedoch wird zusätzlich eine Glättung der Schätzwerte vollzogen, so dass sich eine weitere geglättete Reihe ergibt. Die Differenz zwischen diesen beiden Reihen dient dann der Trendberechnung. Den weiteren Berechnungen wird das folgende Gleichungssystem zugrunde gelegt:

$$Sch_t^1 = \alpha \cdot r_t + (1 - \alpha) \cdot Sch_{t-1}^1$$

$$Sch_t^2 = \alpha \cdot Sch_t^1 + (1 - \alpha) \cdot Sch_{t-1}^2$$

Für die allgemeine lineare Prognosefunktion gilt:

$$Sch_{t+\hat{t}} = \kappa_t + \beta_t \cdot \hat{t}$$

Die Parameter κ_t und β_t dieser Prognosefunktion werden mit Hilfe der folgenden Gleichungen bestimmt:

$$\kappa_t = 2 \cdot Sch_t^1 - Sch_t^2$$

$$\beta_t = \frac{\alpha}{1-\alpha} \cdot \left(Sch_t^1 - Sch_t^2\right)$$

mit:

Sch_t^1	=	Schätzwert 1. Ordnung für die Beobachtungsperiode t
Sch_{t-1}^1	=	Schätzwert 1. Ordnung der Vorperiode
Sch_t^2	=	Schätzwert 2. Ordnung für die Beobachtungsperiode t
Sch_{t-1}^2	=	Schätzwert 2. Ordnung der Vorperiode
κ_t	=	absoluter Wert des Trends
β_t	=	Steigungsmaß der Trendfunktion
$\hat{t}$	=	Anzahl der auf t folgenden Perioden

Analog zum exponentiellen Glätten 1. Ordnung ist der Glättungsfaktor α in geeigneter Weise durch den Anwender des Verfahrens so festzulegen, dass der Prognosefehler möglichst gering ist. Hierbei gelten die zuvor getroffenen Aussagen gleichermaßen. Auch dieses Verfahren sei an einem Beispiel verdeutlicht $(\alpha = 0{,}4)$:

Jahr t	Verbrauchs-menge	Glättung 1. Ordnung	Glättung 2. Ordnung	κ	β	Prognose Sch_{t+1}
1	50	50	50	50	0	---
2	55	52	50,8	53,2	0,8	50
3	58	54,4	52,24	56,56	1,44	54
4	60	56,64	54	59,28	1,76	58
5	Prognose					61,04

Abb. 3.3-9: Beispiel für eine exponentielle Glättung 2. Ordnung

3.3.1.2.1.3   Bedarfsermittlung mit Hilfe der Trendfunktion

Ziel der Trendberechnung ist, eine Funktion zu finden, die sich dem Verlauf der tat-sächlichen Werte in optimaler Weise anpasst, wobei als **Anpassungskriterium** die Summe der quadrierten absoluten Abstände d_i zwischen der Trendfunktion TR_i und dem tatsächlichen Wert r_i herangezogen wird, die es zu minimieren gilt:

$$d_1^2 + d_2^2 + d_3^2 + \ldots + d_n^2 \quad \rightarrow \min!$$

oder:

$$\sum_{i=1}^{n} \left(r_i - TR_i \right)^2 \quad \rightarrow \min!$$

Unter der Voraussetzung, dass der Trend eine lineare Funktion ist, gilt:

$$TR_i = \kappa + \beta \cdot t_i$$

mit:

κ =   absolutes Glied der Trendfunktion

β =   Steigung der Trendfunktion

t_i =   zu bestimmende Zeitpunkte

Durch Einsetzen dieser Funktion in die Minimumbedingung kann eine einfache line-are Regression mit folgender Zielfunktion durchgeführt werden:

$$B = \sum_{i=1}^{n} \left(r_i - \left(\kappa + \beta \cdot t_i \right) \right)^2 \quad \rightarrow \min!$$

In dieser Bedingung sind die Parameter κ und β unbekannt. Um diese bestimmen zu können, ist diese Bedingung partiell nach κ und β zu differenzieren und gleich null zu setzen, wodurch sich dann die beiden folgenden Normalgleichungen ergeben, mit deren Hilfe sich die Parameter berechnen lassen:

$$n \cdot \kappa + \beta \cdot \sum_{i=1}^{n} t_i = \sum_{i=1}^{n} r_i$$

$$\kappa \cdot \sum_{i=1}^{n} t_i + \beta \cdot \sum_{i=1}^{n} t_i^{\,2} = \sum_{i=1}^{n} r_i \cdot t_i$$

Beispiel:

Nummerierung der Jahre t_i	Verbrauchsmenge in Tonnen r_i	t_i^2	$r_i \cdot t_i$	Prognostizierte Werte TR_i
1	10	1	10	9,761
2	12	4	24	9,989
3	8	9	24	10,217
4	9	16	36	10,445
5	11	25	55	10,673
6	12	36	72	10,901
21	62	91	221	11,129

Abb. 3.3-10: Beispiel zur Trendberechnung

Durch Einsetzen der Werte in die beiden Normalgleichungen ergibt sich dann:

$$6 \cdot \kappa + 21,0 \cdot \beta = 62 \quad | \cdot 3,5$$

$$21 \cdot \kappa + 91,0 \cdot \beta = 221$$

Damit lassen sich die Parameter κ und β berechnen:

$$
\begin{aligned}
- \quad & 21 \cdot \kappa + 73,5 \cdot \beta = 217 \\
& \underline{21 \cdot \kappa + 91,0 \cdot \beta = 221} \\
& \qquad\quad 17,5 \cdot \beta = 4 \\
& \qquad\qquad\quad \beta = 0,228 \\
& \qquad\qquad\quad \kappa = 9,533
\end{aligned}
$$

Für TR_7 ergibt sich dann der Prognosewert:

$$TR_7 = 9,533 + 7 \cdot 0,228$$

$$TR_7 = 11,129$$

3.3.1.2.1.4 Bedarfsermittlung mit Hilfe der Zeitreihendekomposition

Die Methode der Zeitreihendekomposition, die in der Praxis eine weite Verbreitung erfahren hat, dient zur **Bedarfsprognose bei saisonalem Verlauf** (vgl. hierzu und zur Darstellung weiterer Verfahren zur saisonalen Bedarfsermittlung Tempelmeier 2008, S. 70 ff.). Von saisonalen Schwankungen wird dann gesprochen, wenn in regelmäßigen Abständen sich wiederholende Abweichungen der Bedarfswerte von einem Trend ergeben, wobei das Zeitintervall zwischen einer Woche und einem Jahr schwanken kann. Saisonschwankungen im engeren Sinne treten innerhalb eines Jahres auf.

Grundlage der im Folgenden vorgestellten Methode der Zeitreihendekomposition ist ein **multiplikatives Zeitreihenmodell**, d. h., die Zeitreihenkomponenten weisen eine multiplikative Verknüpfung auf:

$$B = TR \cdot M \cdot \widetilde{S} \cdot Y$$

mit:

TR   =   langfristiger Trend

M   =   mittelfristige zyklische Schwankungen

$\widetilde{S}$ =   saisonale Schwankungen

Y   =   irreguläre (unregelmäßige) Komponente

Die Grundidee des Verfahrens besteht darin, die einzelnen regelmäßigen Bestandteile der Zeitreihe sukzessive zu berechnen und die unregelmäßigen Bestandteile zu eliminieren. **Ziel** ist es dabei, Saisonindizes zu berechnen und mit ihrer Hilfe die Zeitreihe von saisonalen Einflüssen zu bereinigen:

$$\frac{B}{\widetilde{S}} = TR \cdot M \cdot Y = B_{\text{saisonbereinigt}}$$

Auf die saisonbereinigte Zeitreihe werden dann geeignete Prognoseverfahren angewandt und die sich ergebenden Prognosewerte mit dem Saisonfaktor multipliziert. Voraussetzung für diese Vorgehensweise ist die Existenz mehrerer vollständiger Saisonzyklen. Das Verfahren der Zeitreihendekomposition läuft dabei in folgenden Schritten ab:

- Es wird ein **zentrierter gleitender Durchschnitt** berechnet, d. h., diese Werte sind lediglich für die in der Mitte liegende Periode der betrachteten Zeitreihe repräsentativ. Hierdurch werden aus der Zeitreihe die Komponenten mit einer Periodizität von weniger als einem Jahr eliminiert. Ergebnis dieser Berechnung ist die sogenannte glatte Komponente $TR \cdot M$.
- Die Ursprungsreihe wird dann durch die glatte Komponente dividiert. $\widetilde{S} \cdot Y$ enthält dann die Indizes, die den Einfluss der saisonalen und der irregulären Komponente wiedergeben.
- In einem weiteren Schritt ist dann aus $\widetilde{S} \cdot Y$ die irreguläre Komponente auszuschalten.

Ein Beispiel soll das Verfahren der Zeitreihendekomposition verdeutlichen, wobei Verbrauchsmengen eines Produktionsfaktors für einen Zeitraum von 5 Jahren zugrunde liegen (vgl. Abbildung 3.3-11).

Monat (m) / Jahr (j)	1	2	3	4	5	6	7	8	9	10	11	12
1	129	138	155	178	160	144	114	98	80	75	84	100
2	132	156	167	188	163	161	122	104	83	70	96	102
3	146	169	186	192	174	167	147	116	90	91	94	109
4	140	175	191	204	190	183	146	122	109	103	106	122
5	155	192	211	213	196	192	156	133	107	110	123	138

Abb. 3.3-11: Ausgangsdaten der Zeitreihendekomposition

Zur Bestimmung der **glatten Komponente** $TR \cdot M$ wird ein zentrierter gleitender Durchschnitt über die Anzahl der Saisonperioden (im Beispiel: $z = 12$) verwendet. Um zu gewährleisten, dass die ermittelten gleitenden Durchschnittswerte für die jeweils in der Mitte liegende Saisonperiode repräsentativ sind, ist zwischen der Berechnung bei ungerader und bei gerader Periodenanzahl zu unterscheiden. Bei ungerader Saisonperiodenanzahl gilt:

$$\bar{r}_t = \frac{1}{z} \cdot \sum_{k=t-z'}^{t+z'} r_k \qquad \text{mit } t = (j-1) \cdot z + m \quad \text{und} \quad z' = \frac{z-1}{2}$$

Bei gerader Saisonperiodenanzahl gilt:

$$\bar{r}_t = \frac{1}{z} \cdot \left(\frac{r_{t-z \cdot 0,5} + r_{t+z \cdot 0,5}}{2} + \sum_{k=t-z'}^{t+z'} r_k \right) \text{ mit } t = (j-1) \cdot z + m \quad \text{und} \quad z' = \frac{z}{2} - 1$$

Abbildung 3.3-12 gibt die entsprechenden Werte für das angeführte Beispiel wieder.

Die Faktoren $\tilde{s}y_t$ für die **saisonale und die irreguläre Komponente** ergeben sich dann durch Division der Werte der Ursprungsreihe durch die Werte der glatten Komponente (vgl. Abbildung 3.3-12):

$$\tilde{s}y_t = \frac{r_t}{\bar{r}_t}$$

Zur Eliminierung der **irregulären Schwankungen** ist ein Mittelwert $\tilde{s}y_m$ über die für einen Monat m vorliegenden Faktoren $\tilde{s}y_{jm}$ zu berechnen:

$$\tilde{s}y_m = \frac{1}{J} \sum_{j=1}^{J} \tilde{s}y_{jm}$$

t	r_t	$\bar{r}_t$	$\tilde{s}y_t$	t	r_t	$\bar{r}_t$	$\tilde{s}y_t$
1	129	-	-	31	147	139,83	1,051
2	138	-	-	32	116	139,83	0,830
3	155	-	-	33	90	140,29	0,642
4	178	-	-	34	91	141,00	0,645
5	160	-	-	35	94	142,17	0,661
6	144	-	-	36	109	143,50	0,760
7	114	121,38	0,939	37	140	144,13	0,971
8	98	122,25	0,802	38	175	144,33	1,212
9	80	123,50	0,648	39	191	145,38	1,314
10	75	124,42	0,603	40	204	146,67	1,391
11	84	124,96	0,672	41	190	147,67	1,287
12	100	125,79	0,795	42	183	148,71	1,231
13	132	126,83	1,041	43	146	149,88	0,974
14	156	127,42	1,224	44	122	151,21	0,807
15	167	127,79	1,307	45	109	152,75	0,714
16	188	127,71	1,472	46	103	153,96	0,669
17	163	128,00	1,273	47	106	154,58	0,686
18	161	128,58	1,252	48	122	155,21	0,786
19	122	129,25	0,944	49	155	156,00	0,994
20	104	130,38	0,798	50	192	156,88	1,224
21	83	131,71	0,630	51	211	157,25	1,342
22	70	132,67	0,528	52	213	157,46	1,353
23	96	133,29	0,720	53	196	158,46	1,237
24	102	134,00	0,761	54	192	159,83	1,201
25	146	135,29	1,079	55	156	154,04	-
26	169	136,83	1,235	56	133	139,58	-
27	186	137,63	1,351	57	107	122,79	-
28	192	138,79	1,383	58	110	105,13	-
29	174	139,58	1,247	59	123	88,08	-
30	167	139,79	1,195	60	138	71,92	-

Abb. 3.3-12: Zwischenergebnisse der Zeitreihendekomposition

Die sich ergebenden Durchschnittswerte sind so über einen Faktor F zu standardisieren, dass sich die Summe der Saisonfaktoren $\tilde{s}_m$ zu z ergibt (vgl. Abbildung 3.3-13):

$$\tilde{s}_m = \tilde{s}y_m \cdot F \qquad \text{mit } F = \frac{z}{\sum_{m=1}^{z} \tilde{s}y_m}$$

Monat (m) / Jahr (j)	1	2	3	4	5	6	7	8	9	10	11	12	Summe
1	-	-	-	-	-	-	0,939	0,802	0,648	0,603	0,672	0,795	
2	1,041	1,224	1,307	1,472	1,273	1,252	0,944	0,798	0,630	0,528	0,720	0,761	
3	1,079	1,235	1,351	1,383	1,247	1,195	1,051	0,830	0,642	0,645	0,661	0,760	
4	0,971	1,212	1,314	1,391	1,287	1,231	0,974	0,807	0,714	0,669	0,686	0,786	
5	0,994	1,224	1,342	1,353	1,237	1,201	-	-	-	-	-	-	
Summe	4,085	4,896	5,314	5,599	5,044	4,879	3,908	3,225	2,634	2,475	2,739	3,102	
$\tilde{s}y_m$	1,021	1,224	1,328	1,400	1,261	1,220	0,977	0,807	0,658	0,619	0,685	0,776	11,976
$\tilde{s}_m$	1,023	1,226	1,330	1,403	1,264	1,222	0,979	0,809	0,659	0,620	0,686	0,778	12,000

Abb. 3.3-13: Ermittlung der Saisonfaktoren

Die Ermittlung von Prognosewerten erfolgt durch die Berechnung zukünftiger Werte für die glatte Komponente $TR \cdot M$ und Multiplikation dieser Werte mit den jeweiligen Saisonfaktoren. Zu diesem Zweck muss das Verhalten der glatten Komponente in einem ersten Schritt mit einer geeigneten Funktion beschrieben werden.

Bei näherungsweise linearem Verlauf der glatten Komponente $TR \cdot M$ kann diese durch eine Regressionsgerade abgebildet werden, die die Summe der quadratischen Abweichungen von der Geraden minimiert (vgl. 3.3.1.2.1.3). Für die in diesem Beispiel angegebenen Werte ergibt sich folgende vorläufige Trendfunktion:

$$TR_v = 119,98 + 0,8125 \cdot t_v$$

Die Periode $t_v = 1$ der vorläufigen Zeitreihe entspricht der Periode der ursprünglichen Zeitreihe, für die der erste Wert des gleitenden Durchschnitts berechnet wird. In diesem Beispiel wird für die siebte Periode der erste Wert für den gleitenden Durchschnitt bestimmt, so dass gilt:

$$t = t_v + 6$$

Um die folgenden Berechnungen zu vereinfachen, wird der Ursprung des Koordinatensystems der Trendfunktion in den der ursprünglichen Zeitreihe verschoben. Bei der vorliegenden linearen Funktion geschieht dies durch Korrektur des absoluten Gliedes der Trendfunktion. Hierzu wird der Achsenabschnitt um den Wert $6 \cdot 0,8125 = 4,875$ verringert. Die endgültige Trendfunktion lautet dann:

$$TR = 115,11 + 0,8125 \cdot t$$

Die Prognosewerte für das folgende Jahr (Perioden 61-72) lassen sich dann nach folgender Gleichung berechnen:

$$PW_t = (115,11 + 0,8125 \cdot t) \cdot \tilde{s}_m$$

Die Werte sind Abbildung 3.3-14 zu entnehmen.

t	TR	$\tilde{s}_m$	PW_t
61	164,67	1,023	168,46
62	165,49	1,226	202,89
63	166,30	1,330	221,18
64	167,11	1,403	234,46
65	167,92	1,264	212,25
66	168,74	1,222	206,20
67	169,55	0,979	165,99
68	170,36	0,809	137,82
69	171,17	0,659	112,80
70	171,99	0,620	106,63
71	172,80	0,686	118,54
72	173,61	0,778	135,07

Abb. 3.3-14: Prognosewerte

An diesem Beispiel wird deutlich, dass die Saisonkomponenten unabhängig vom zeitlichen Anfall gleichgewichtet in die Berechnungen einfließen, aufgrund der Multiplikation mit dem Trend aber bei steigendem/fallendem Trend im Zeitverlauf mit größeren/kleineren absoluten saisonalen Schwankungen einhergehen. Ein Ansatz, der die Grundideen des exponentiellen Glättens und der Zeitreihendekomposition verbindet, ist das Verfahren von Winters.

3.3.1.2.1.5 Bedarfsermittlung mit dem Verfahren nach Winters

Das Verfahren von Winters (1960, S. 324 ff.) geht von einer multiplikativen Verknüpfung von Trendkomponente TR und Saisonkomponente $\tilde{S}$ aus und prognostiziert den Verlauf der Zeitreihe mit Hilfe der Gleichungen für

- das absolute Glied der Trendfunktion,
- die Steigung der Trendfunktion und
- die Saisonfaktoren.

Damit wird es möglich, neben dem Trend auch saisonale Einflüsse in die Bedarfsermittlung einzubeziehen. Um die einzelnen Komponenten in der Berechnung an aktuelle Bedarfsentwicklungen anzupassen, gelangt für jede Gleichung das exponentielle Glätten erster Ordnung mit jeweils separatem Glättungsparameter ($\alpha_1, \alpha_2, \alpha_3$) zur Anwendung, so dass sich die folgenden Prognosegleichungen ergeben (vgl. Tempelmeier 2008, S. 77 ff.):

$$\kappa_t = \alpha_1 \cdot \frac{r_t}{\tilde{s}_{t-z}} + (1 - \alpha_1) \cdot (\kappa_{t-1} + \beta_{t-1})$$

$$\beta_t = \alpha_2 \cdot (\kappa_t - \kappa_{t-1}) + (1 - \alpha_2) \cdot \beta_{t-1}$$

$$\tilde{s}_t^{\,u} = \alpha_3 \cdot \frac{r_t}{\kappa_t} + (1 - \alpha_3) \cdot \tilde{s}_{t-z}$$

Zur Vermeidung von Verzerrungen der Saisonfaktoren bietet es sich an, die Werte der Saisonfaktoren $\tilde{s}_t^{\,u}$ periodenbezogen zu standardisieren:

$$\tilde{s}_t = \frac{z \cdot s_t^u}{\sum_{k=t-z+1}^{t} s_k^u}$$

Für den Prognosewert PW_{t+n} gilt dann:

$$PW_{t+n} = (\kappa_t + \beta_t \cdot n) \cdot \tilde{s}_{t+n-z}$$

Die Struktur der Gleichungen zeigt, dass für eine Prognoserechnung Startwerte für die einzelnen Komponenten benötigt werden. Für die Trendkomponente kann dabei auf die Parameter β und κ aus der Trendberechnung (vgl. Abschnitt 3.3.1.2.1.3) und für die Saisonkomponente auf die Saisonfaktoren $\tilde{s}_t$ aus der Zeitreihendekomposition (vgl. Abschnitt 3.3.1.2.1.4) zurückgegriffen werden.

Wird das Beispiel aus Abschnitt 3.3.1.2.1.4 zugrunde gelegt, dann ergeben sich die folgenden Startwerte:

$$\kappa_0 = 52{,}49$$

$$\beta_0 = 25{,}65$$

$$\tilde{s}_{-11} = 0{,}980, \; \tilde{s}_{-10} = 1{,}174, \; \tilde{s}_{-9} = 1{,}275, \; \tilde{s}_{-8} = 1{,}343, \; \tilde{s}_{-7} = 1{,}210,$$
$$\tilde{s}_{-6} = 1{,}170, \; \tilde{s}_{-5} = 0{,}944, \; \tilde{s}_{-4} = 0{,}804, \; \tilde{s}_{-3} = 0{,}673, \; \tilde{s}_{-2} = 0{,}670,$$
$$\tilde{s}_{-1} = 0{,}794, \; \tilde{s}_0 = 0{,}963$$

Mit den Glättungsparametern $\alpha_1 = \alpha_2 = \alpha_3 = 0{,}5$ ergeben sich dann die in Abbildung 3.3-15 angegebenen Werte.

t	r_t	κ_t	β_t	$\tilde{s}_t^u$	$\tilde{s}_t$	PW_t	t	r_t	κ_t	β_t	$\tilde{s}_t^u$	$\tilde{s}_t$	PW_t
−11				0,980	0,980		25	146	110,80	1,05	1,245	1,244	113,79
−10				1,174	1,174		26	169	126,88	8,57	1,261	1,251	133,22
−9				1,275	1,275		27	186	144,43	13,06	1,250	1,235	164,21
−8				1,343	1,343		28	192	153,07	10,85	1,273	1,258	203,42
−7				1,210	1,210		29	174	158,10	7,94	1,122	1,109	187,28
−6				1,170	1,170		30	167	157,78	3,81	1,088	1,077	185,47
−5				0,944	0,944		31	147	161,52	3,77	0,910	0,901	147,13
−4				0,804	0,804		32	116	154,17	−1,78	0,782	0,775	134,03
−3				0,673	0,673		33	90	141,55	−7,21	0,662	0,657	104,93
−2				0,670	0,670		34	91	135,10	−6,83	0,672	0,666	89,99
−1				0,794	0,794		35	94	119,20	−11,36	0,821	0,816	109,48
0		52,49	25,65	0,963	0,963		36	109	108,52	−11,02	1,001	0,994	107,63
1	129	104,89	39,02	1,105	1,094	76,58	37	140	105,04	−7,25	1,288	1,274	121,25
2	138	130,73	32,43	1,115	1,109	168,95	38	175	118,83	3,27	1,362	1,336	122,36
3	155	142,36	22,03	1,182	1,185	208,03	39	191	138,39	11,41	1,307	1,277	150,76
4	178	148,47	14,07	1,271	1,282	220,79	40	204	155,98	14,50	1,283	1,252	188,46
5	160	147,39	6,49	1,148	1,163	196,67	41	190	170,90	14,71	1,110	1,085	189,09
6	144	138,48	−1,21	1,105	1,126	180,04	42	183	177,75	10,78	1,053	1,032	199,92
7	114	129,02	−5,33	0,914	0,934	129,58	43	146	175,32	4,18	0,867	0,852	169,80
8	98	122,79	−5,78	0,801	0,819	99,44	44	122	168,51	−1,32	0,749	0,738	139,03
9	80	117,94	−5,32	0,676	0,690	78,74	45	109	166,53	−1,65	0,656	0,647	109,87
10	75	112,28	−5,49	0,669	0,684	75,46	46	103	159,76	−4,21	0,655	0,647	109,82
11	84	106,29	−5,74	0,792	0,810	84,80	47	106	142,74	−10,61	0,779	0,772	126,90
12	100	102,20	−4,92	0,971	0,992	96,84	48	122	127,43	−12,96	0,976	0,969	131,34
13	132	109,00	0,94	1,152	1,172	106,39	49	155	118,05	−11,17	1,294	1,284	145,88
14	156	125,32	8,63	1,177	1,191	121,89	50	192	125,28	−1,97	1,434	1,415	142,82
15	167	137,46	10,39	1,200	1,212	158,67	51	211	144,28	8,52	1,370	1,344	157,44
16	188	147,27	10,10	1,279	1,292	189,48	52	213	161,47	12,85	1,285	1,261	191,28
17	163	148,74	5,78	1,130	1,143	183,10	53	196	177,52	14,45	1,094	1,075	189,06
18	161	148,74	2,89	1,104	1,117	174,02	54	192	189,05	12,99	1,024	1,008	198,05
19	122	141,14	−2,35	0,899	0,911	141,59	55	156	192,58	8,26	0,831	0,821	172,11
20	104	132,90	−5,30	0,801	0,811	113,64	56	133	190,48	3,08	0,718	0,711	148,30
21	83	123,91	−7,14	0,680	0,689	88,11	57	107	179,51	−3,94	0,621	0,617	125,17
22	70	109,57	−10,74	0,661	0,670	79,83	58	110	172,78	−5,34	0,642	0,638	113,61
23	96	108,70	−5,81	0,846	0,854	80,02	59	123	163,39	−7,37	0,762	0,759	129,27
24	102	102,88	−5,81	0,992	0,998	102,03	60	138	149,24	−10,76	0,947	0,945	151,14

Abb. 3.3-15: Berechnung der Prognosewerte nach Winters

3.3.1.2.2 Programmorientierte Verfahren der Materialbedarfsbestimmung

Grundlage für die Materialdisposition bildet das kurzfristige Produktionsprogramm. In Anlehnung an die Systematisierung der Materialarten nach Riebel (vgl. Abbildung 3.3-1) ist zwischen Fließ- und Stückgütern zu unterscheiden.

3.3.1.2.2.1 Materialbedarfsbestimmung für Fließgüter

Unter der Voraussetzung, dass das zu erstellende Fließgut nur aus einem Einzelstoff besteht und im Rahmen der Produktion keine Mengenverluste auftreten, lässt sich der Materialbedarf für die einzelnen Teilperioden t wie folgt ermitteln (vgl. hierzu Kilger 1986, S. 300 ff.):

$$r_t = \sum_{j=1}^{n} h_j \cdot x_{pjt}$$

mit:

x_{pjt} = geplante Produktionsmenge der Erzeugnisart j in der Periode t
h_j = Materialbedarf pro Erzeugniseinheit
r_t = Materialbedarf in der Periode t

Diese Darstellung berücksichtigt nicht, dass die Erzeugnisse mehrere Produktionsstellen (i = 1, …, m) durchlaufen. Wird dieser Sachverhalt in die Überlegungen aufgenommen und darüber hinaus zugelassen, dass in den einzelnen Produktionsstufen Mengenverluste auftreten, dann ist dies mit Hilfe von Einsatzfaktoren (f) zu erfassen:

$$\text{Einsatzfaktor} = \frac{\text{Einsatzmenge}}{\text{Ausbringungsmenge}}$$

Nimmt dieser Faktor den Wert 1 an, dann bedeutet dies, dass keine Mengenverluste auftreten. Ist er hingegen > 1, dann liegen Mengenverluste vor. Nimmt dieser Faktor beispielsweise den Wert 1,1 an, dann bedeutet dies, auf eine bestimmte Produktionsstelle bezogen, dass 10% mehr eingesetzt werden muss, um trotz der Mengenverluste die geplante Ausbringungsmenge zu realisieren. Treten derartige Mengenverluste in mehreren aufeinanderfolgenden Produktionsstufen auf, dann sind die Einsatzfaktoren der Produktionsstufen multiplikativ miteinander zu verknüpfen. Es ergibt sich dann die folgende Beziehung:

$$r_t = \sum_{j=1}^{n} h_j \cdot f_j \cdot x_{pjt}$$

Das folgende Beispiel möge diesen Sachverhalt verdeutlichen.

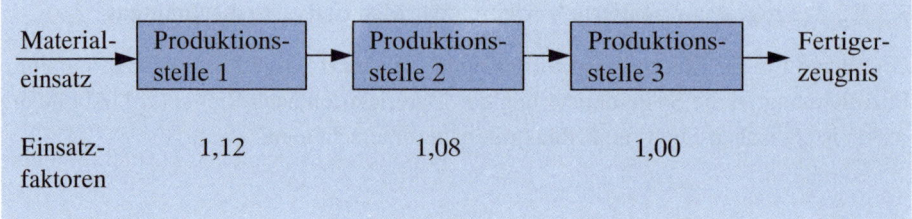

Abb. 3.3-16: Beispiel für die Produktionsstruktur von Fließgütern

Die multiplikative Verknüpfung der Einsatzfaktoren ergibt aufgerundet einen Wert von 1,21. Abbildung 3.3-17 gibt dann für drei Erzeugnisarten eine Beispielrechnung wieder.

Erzeugnis-art	Geplante Produktions-menge in Periode t	Material-verbrauch pro Einheit	Einsatz-faktor	Material-einsatz in Periode t
1	20 800	1,8	1,21	45 302,4
2	15 600	2,1	1,21	39 639,6
3	17 200	2,0	1,21	41 624,0
				126 566,0

Abb. 3.3-17: Beispiel zur Ermittlung des Materialbedarfs für die Erstellung eines Fließgutes mit Mengenverlusten

In den bisherigen Überlegungen wurde unterstellt, dass das zu produzierende Fließgut aus einem Einzelstoff besteht. Die weiteren Ausführungen heben diese Voraussetzung auf und beziehen auch **Stoffgemische** in die Überlegungen ein. Analog zu den Faktoreinsatzbeziehungen ist dann zwischen

- limitationalen und
- substitutionalen Stoffgemischen

zu unterscheiden.

Liegen limitationale Beziehungen vor, dann lassen sich die Stoffgemische eindeutig in ihre Mischungsbestandteile zerlegen. Besteht ein Stoffgemisch aus Z Einsatzstoffen und ist η_z der prozentuale Anteil des Stoffes z, dann ergibt sich die folgende Gleichung:

$$r_{zt} = \sum_{j=1}^{n} h_j \cdot x_{pjt} \cdot \frac{\eta_z}{100}$$

Handelt es sich hingegen um substitutionale Beziehungen, dann existieren mehrere Mischungen, von denen dann die optimale Mischung zu ermitteln ist. Als Zielsetzung für die Bestimmung der optimalen Mischung wird dabei die Kostenminimierung herangezogen. Die optimale Mischung lässt sich bei konstanter Grenzrate der Stoffsubstitution mit Hilfe der linearen Optimierung errechnen (vgl. hierzu Kilger 1986, S. 303 f.).

Zu den Fließgütern zählen darüber hinaus die zweidimensional bestimmten Güter (vgl. Abbildung 3.3-1). Durch die Konstruktion sind das Volumen dieser Güter und die Materialart bestimmt. Durch Multiplikation des **Volumens je Stück** mit dem **spezifischen Gewicht** ergibt sich der **Nettomaterialverbrauch pro Stück**, d. h. die Materialmenge, die zur Erstellung einer Erzeugniseinheit erforderlich ist, und zwar unter der Voraussetzung, dass in der Produktion keine Abfälle auftreten. In der Regel treten jedoch in der Produktion Abfälle auf, die sich über Zuschläge berücksichtigen lassen:

> Nettomaterialverbrauch pro Stück
> + Zuschlag für auftretenden Abfall
> _____
> = Bruttomaterialverbrauch pro Stück
> x geplante Erzeugnismenge
> _____
> = Gesamtmaterialbedarf der Periode

Bei den Abfällen kann weiterhin zwischen **Zerspanungsabfällen**, die im Rahmen der Anwendung von spanabhebenden Verfahren, wie Fräsen, Drehen, Hobeln etc., entstehen und über entsprechende Zuschlagsätze berücksichtigt werden, und **Verschnittabfällen**, die bei Schneide- und Stanzprozessen von Flach-, Stab- und Blockmaterial auftreten, unterschieden werden. Verschnittprobleme lassen sich häufig mit Hilfe der Linearen Optimierung lösen. Neben Abfall tritt in der Produktion häufig **Ausschuss** auf, worunter diejenigen Erzeugnismengen zu verstehen sind, die bedingt durch Qualitätsmängel nicht verwertbar sind. Dies impliziert, dass Erzeugnisse, die zwar Qualitätsmängel aufweisen, jedoch zu einem geringeren Preis noch veräußerbar sind (z. B. 2. Wahl), nicht zum Ausschuss zu zählen sind. Auch der Ausschuss lässt sich über entsprechende Zuschlagsätze erfassen. Der Materialbedarf ergibt sich dann, unter Berücksichtigung des Abfalls und Ausschusses, aus der folgenden Bestimmungsgleichung:

$$r_t = \sum_{j=1}^{n} h_{Nj} \cdot \left(1 + \frac{zu_{Mj}}{100}\right) \cdot x_{pjt} \cdot \left(1 + \frac{zu_{Aj}}{100}\right)$$

mit:

h_{Nj}	=	Nettomaterialverbrauch pro Stück
zu_M	=	Zuschlagssatz für Materialabfall
zu_A	=	Zuschlagssatz für Ausschuss

3.3.1.2.2.2 Materialbedarfsbestimmung für mehrteilige Stückgüter

Für die weiteren Überlegungen wird vorausgesetzt, dass das kurzfristige Produktionsprogramm und die Erzeugnisstruktur bekannt sind. Die **Erzeugnisstruktur**, die aufzeigt, aus welchen Bauteilen und Einzelteilen sich das zu erstellende Erzeugnis zusammensetzt, lässt sich mit Hilfe **gerichteter Graphen** darstellen. Ein Graph besteht dabei aus Knoten, Kanten und Kantengewichten (Produktionskoeffizienten), d. h., es handelt sich um ein Netz von Knoten und Kanten, mit dessen Hilfe die quantitativen Beziehungen zwischen den Elementen erfasst werden. Im Rahmen der grafischen Darstellung der Erzeugnisstruktur ist zwischen Erzeugnisbaum und Gozintograph zu unterscheiden.

Beim **Erzeugnisbaum** werden die Knoten grafisch so angeordnet, dass damit die Grundstruktur des produktionstechnischen Ablaufs und der Materialfluss ersichtlich sind. Abbildung 3.3-18 gibt einen Erzeugnisbaum beispielhaft wieder.

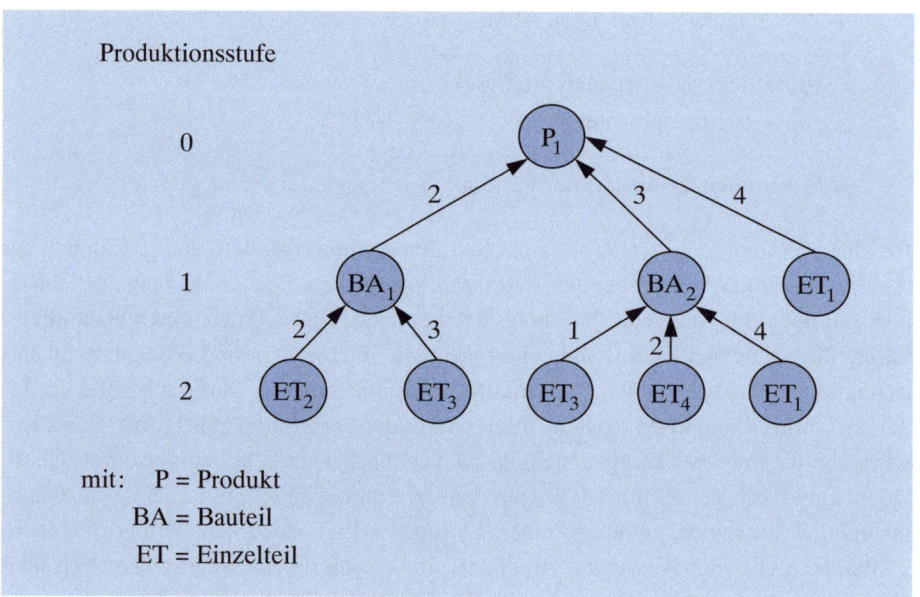

Abb. 3.3-18: Erzeugnisbaum

Abbildung 3.3-18 zeigt, dass jeder Knoten nur einen Nachfolger hat, jedoch mehrere Vorgänger haben kann. Die Bau- und Einzelteile werden dabei jeweils an den Stellen angeführt, an denen sie in der Erzeugnisstruktur vorkommen, was mit der Konsequenz einhergeht, dass einzelne Bauteile und/oder Einzelteile an mehreren Stellen des Erzeugnisbaumes auftreten. Hierdurch bedingt treten bei Verwendung der Erzeugnisbäume für die Materialbedarfsbestimmung **Redundanzen** auf. Um dies zu vermeiden, finden Gozintographen Anwendung, die die Information über die Produktionsstufen nicht mehr enthalten.

Ein Gozintograph (GG) ist ein gerichteter, bewerteter Graph, der sich wie folgt definieren lässt (vgl. Zäpfel 1982, S. 74 f.):

$$GG = (Q, H, h)$$

mit:

Q = Knotenmenge (Menge aller Erzeugnisse, Bauteile, Einzelteile)

H = Pfeilmenge (Input-Output-Beziehung): Menge der technologischen Mengenbeziehungen

h = Pfeilbewertungen (Produktionskoeffizienten): es wird damit angegeben, mit wie vielen Mengeneinheiten ein Element in eine übergeordnete Komponente eingeht.

Für den Erzeugnisbaum aus Abbildung 3.3-18 lässt sich dann der folgende Gozintograph aufstellen:

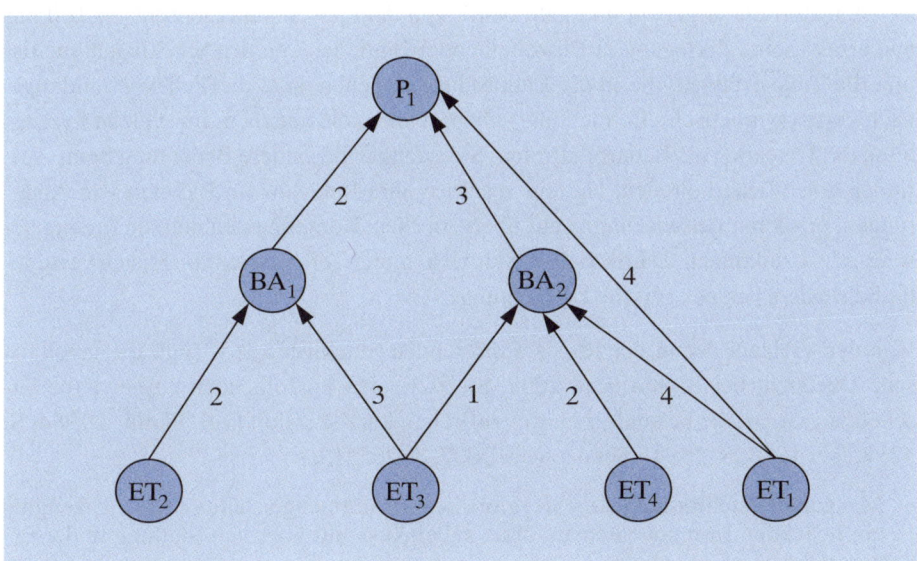

Abb. 3.3-19: Gozintograph

Abbildung 3.3-19 zeigt damit eine redundanzfreie Darstellung, da jede Komponente nur durch einen Knoten dargestellt wird. Formal ergibt sich dann:

$$Q = \{P_1, BA_1, BA_2, ET_1, ET_2, ET_3, ET_4\}$$
$$H \subset Q \times Q = \{(BA_1, P_1), (BA_2, P_1), (ET_2, BA_1), (ET_3, BA_1), (ET_3, BA_2),$$
$$(ET_4, BA_2), (ET_1, BA_2), (ET_1, P_1)\}$$

$$h : H \to R_+ = (BA_1, P_1) \to 2; (BA_2, P_1) \to 3; (ET_2, BA_1) \to 2 \text{ usw.}$$

Algebraisch lässt sich dieser Gozintograph durch das folgende Gleichungssystem darstellen:

$$r_{BA_1} = 2r_{P_1}$$

$$r_{BA_2} = 3r_{P_1}$$

$$r_{ET_2} = 2r_{BA_1}$$

$$r_{ET_3} = 3r_{BA_1} + 1r_{BA_2}$$

$$r_{ET_4} = 2r_{BA_2}$$

$$r_{ET_1} = 4r_{BA_2} + 4r_{P_1}$$

Dieses unbestimmte Gleichungssystem lässt sich durch die Vorgabe der gewünschten Menge von r_{P_1} lösen, d. h., durch sukzessives Einsetzen kann der erforderliche Teilebedarf ermittelt werden.

Neben dieser grafischen Darstellung lässt sich die Erzeugnisstruktur auch in tabellarischer Form als Stückliste erfassen. Unter einer **Stückliste** ist dabei eine mengenmäßige Aufstellung der in ein Endprodukt oder Bauteil eingehenden Teile zu verstehen, d. h., sie ist analytisch aufgebaut und geht damit von dem jeweils übergeordneten Teil aus und erfasst seine Zerlegung in Einzelteile oder Bauteile. Von den Stücklisten, die damit alle Teile erfassen, die in ein Endprodukt eingehen, sind die **Teileverwendungsnachweise** (synthetische Betrachtung) abzugrenzen, die angeben, für welche Erzeugnisse die Teilearten als Bedarf auftreten. Sie erlangen besondere Bedeutung beim Auffinden von Wiederholteilen. Hieraus resultiert ihre Relevanz im Rahmen von Änderungen, um deren Auswirkungen auf übergeordnete Komponenten und die Erzeugnisse erfassen zu können. Damit stellen Stücklisten und Teileverwendungsnachweise lediglich andere perspektivische Betrachtungen dar.

Von der Vielzahl der in der Praxis auftretenden Stücklistenarten (vgl. die tabellarische Übersicht bei Blohm u. a. 2008, S. 262) seien im folgenden ausgewählte Erscheinungsarten, die besonders häufig auftreten, kurz skizziert (vgl. Franken 1984, S. 42; Kilger 1986, S. 308 f.; Schneeweiß 2002, S. 205 ff.):

- **Mengenübersichtsstückliste:** Sie gibt die Gesamtmengen aller in ein Erzeugnis einfließenden Komponenten an, ohne dabei Auskunft über ihre Stellung in der Erzeugnisstruktur zu geben.

Sachnummer	Benennung	Menge
BA_1	…	2
BA_2	…	3
ET_1	…	16
ET_2	…	4
ET_3	…	9
ET_4	…	6

- **Strukturstückliste:** Analog zum Erzeugnisbaum werden die Mengen der einzelnen Teile unter Berücksichtigung der Erzeugnisstruktur und der entsprechenden Produktionsstufen angeführt.

Produktionsstufe	Sachnummer	Benennung	Menge
1	BA_1	…	2
.2	ET_2	…	2
.2	ET_3	…	3
1	BA_2	…	3
.2	ET_3	…	1
.2	ET_4	…	2
.2	ET_1	…	4
1	ET_1	…	4

- **Baukastenstückliste:** Sie führt die in die Baugruppen und Endprodukte direkt eingehenden Teile auf (analog zum Gozintograph). Dies hat zur Konsequenz, dass für jede Baugruppe eine separate Stückliste zu erstellen ist.

Baukastenstückliste für Produkt P_1

Sachnummer	Benennung	Menge
BA_1	…	2
BA_2	…	3
ET_1	…	4

Baukastenstückliste für Baugruppe BA_1

Sachnummer	Benennung	Menge
ET_2	…	2
ET_3	…	3

Baukastenstückliste für Baugruppe BA_2

Sachnummer	Benennung	Menge
ET_3	…	1
ET_4	…	2
ET_1	…	4

Mit der Zunahme der Variantenproduktion wächst auch das Erfordernis, spezifische Stücklistenformen, die im Vergleich zu den Grundformen eine vorteilhaftere Darstellung von Variantenprodukten ermöglichen, zu verwenden (vgl. Glaser/Geiger/Rohde 1992, S. 20 ff.; Zimmermann 1988, S. 137 ff.). Um diesen veränderten Bedingungen Rechnung zu tragen, wurden in der Literatur sogenannte Variantenstücklisten entwickelt. Dabei zeigt sich im Gegensatz zu den Stücklistengrundformen hinsichtlich der

Begriffsbildung und der Systematisierung ein eher heterogenes Bild. So wird der Begriff Produktvariante in der betriebswirtschaftlichen Literatur höchst unterschiedlich abgegrenzt. Produktionswirtschaftlich sind Varianten Produkte eines Produktprogramms einer Unternehmung, die sich in mindestens einem Merkmal oder einer Merkmalsausprägung (vgl. Zimmermann 1988, S. 1) voneinander unterscheiden und von innerbetrieblichen Interessengruppen (z. B. Funktionsbereiche, wie Beschaffung, Produktion, Absatz etc.) aufgrund hoher Ähnlichkeit der als relevant erachteten Ausprägungen ihrer Merkmalsvektoren aus Zweckmäßigkeitsgründen einer aggregierten Betrachtung unterzogen werden. Im Rahmen einer synthetischen Produktion werden Varianten durch die Veränderung des Materials, der Geometrie (Form- und Maßvarianten; vgl. Zimmermann 1988, S. 1), der Farbe oder der Funktion von Einzelteilen eines Produktes und/oder die unterschiedliche Kombination von Einzelteilen gebildet (vgl. z. B. Rosenberg 1996, Sp. 2119).

Differenzierend kann zwischen Struktur- und Mengenvarianten unterschieden werden. Während von Strukturvarianten dann gesprochen wird, wenn sich die Produkte hinsichtlich einer oder mehrerer Stücklistenposition(en) so voneinander unterscheiden, dass alternative und/oder zusätzliche Komponenten auftreten, liegt eine Mengenvariante dann vor, wenn Produkte zwar die gleichen Komponenten aufweisen, sich jedoch hinsichtlich ihrer Anzahl der Komponenten, die pro Einheit erforderlich ist, unterscheiden. Bei den Strukturvarianten ist weiter zwischen Muss- und Kannkomponenten zu unterscheiden. Während es sich bei den Musskomponenten um Baugruppen und/oder Teile handelt, zwischen denen ein Nachfrager wählen muss und die sich somit gegenseitig ausschließen, treten Kannkomponenten zusätzlich in einem Produkt auf und können vom Nachfrager frei gewählt werden. Bei Gerlach (1975, S. 339 f.) findet sich in diesem Zusammenhang die Unterscheidung in Mussvariante, Kannvariante und dispositive Variante, eine Vorgehensweise, die gleich mehrere Inkonsistenzen aufweist, und deshalb den weiteren Überlegungen nicht zugrunde gelegt wird:

- Während Muss- und Kannvarianten die Nachfragerperspektive zugrunde liegt, basiert die dispositive Variante auf der Berücksichtigung unternehmungsinterner Beschaffungsvorgänge (zu den elementaren Anforderungen an eine Typologie vgl. Abschnitt 1.1.6).

- Der Variantenbegriff, der bei Gerlach zunächst auf der Ebene der Erzeugnisse definiert wird, wird damit auch auf Bestandteile dieser Erzeugnisse übertragen, ohne dies explizit zu begründen.

Im Rahmen der Erfassung von Produktvarianten mit Hilfe der Stücklisten ergeben sich die folgenden Probleme:

- Erfassung und Speicherung gesonderter Stücklisten für sämtliche Varianten gehen nicht nur mit einem hohen Datenvolumen, sondern auch mit Redundanzen einher, und

- Pflege und Änderung erfordern einen hohen Aufwand.

Mit Variantenstücklisten werden dann, und zwar unabhängig von der jeweiligen Erscheinungsform, die folgenden **Ziele** verfolgt (vgl. Grupp 1995, S. 140 f.; Scheer 1998, S. 118 ff.):

- Vermeiden oder reduzieren der Redundanzen in der Datenhaltung.
- Darstellung des Typs (Aggregat von Varianten) in Stücklistenformen, die sich für die Zwecke unterschiedlicher Interessengruppen eignen, wie etwa

-- die Schaffung einer geeigneten Grundlage für eine Materialbedarfsermittlung, indem die Gleichteile programmorientiert und die speziellen Komponenten verbrauchsorientiert disponiert werden oder

-- die Erhöhung der Transparenz des Produktprogramms hinsichtlich von Ähnlichkeiten der einzelnen Produkte.

Um den Komplex der Variantenstücklisten in systematischer Weise zu durchdringen, lassen sich die Kriterien

- „Anzahl der zur Darstellung von Variantenmerkmalen in einer Stückliste genutzten Dimensionen" und
- „Vollständigkeit der Variantendefinition"

heranziehen.

Auf der Grundlage des Kriteriums „Anzahl der zur Darstellung von Variantenmerkmalen in einer Stückliste genutzten Dimensionen" ist zwischen eindimensionalen und mehrdimensionalen Stücklisten zu unterscheiden. Während bei **eindimensionalen Stücklisten** unterschiedliche Variantenmerkmale lediglich über die Dimension „Anzahl der in ein Produkt auf einer Produktionsstufe eingehenden Einzel- und Bauteile" berücksichtigt werden, können bei **mehrdimensionalen Stücklisten** in einer Stücklistenposition zusätzliche variierende Merkmale, wie etwa „Farbe", „Material" und „Geometrie", erfasst werden. Der Zusammenhang zwischen einem Produkt und seinen Einzel- oder Bauteilen wird dabei über die in der Stücklistenposition angegebene Mengenbeziehung und die an das jeweilige Einzel- oder Bauteil gekoppelten weiteren Merkmalsbeziehungen dargestellt. Die Berücksichtigung von Merkmalen eines Einzel- oder Bauteils als Dimension einer Stückliste ist jedoch nur dann erforderlich, wenn dieses Merkmal unterschiedliche (gewollte) Ausprägungen besitzt und die Variantenbildung über dieses Merkmal erfolgt.

Das Kriterium der Vollständigkeit der Variantendefinition führt zur Unterscheidung zwischen geschlossenen (vollständig definierte Produktvarianten) und offenen Variantenstücklisten (unvollständig definierte Produktvarianten) (vgl. Geiger 1991, S. 60; Gubitz 1994, S. 74 ff.). Hierin spiegelt sich etwa der Entscheidungsspielraum wider, den eine Unternehmung ihren Kunden bei der Auswahl eines Produktes eröffnet. Kann der Kunde eine der von der Unternehmung vorgegebenen Varianten (sogenannte Katalogvarianten) eines Typs auswählen, dann liegt eine **geschlossene Variantenstückliste** vor. Demgegenüber wird bei einer **offenen Variantenstückliste** dem Kunden die Aufgabe übertragen, auf der Basis der Grundeigenschaften eines Typs seine individuelle Variante zu konfigurieren, d. h., es muss eine Entscheidungstabelle existieren, mit deren Hilfe mögliche und nicht mögliche Kombinationen offengelegt werden. Dabei sollte die Unternehmung darauf achten, dass eine Spezifikation erst in den späten Stufen des Produktionsprozesses vorgenommen wird, d. h., dass eine Produkt/Kunden-Zuordnung erst in einem der letzten Produktionsschritte erfolgt (vgl. Coenenberg/Prillmann 1995, S. 1245 f.). Ebenfalls kann sich auch die Unternehmung selbst für die Produktion eines Produktes Entscheidungsspielräume offenhalten, indem für bestimmte Einzel- oder Bauteile, deren unterschiedliche Merkmalsausprägungen vom Kunden nicht wahrgenommen werden, erst während des Produktionsprozesses, z. B. in Abhängigkeit von deren Verfügbarkeit mit einer bestimmten Merkmalsausprägung, eine Konkretisierung vorgenommen wird.

In der Vollständigkeit der Definition von Varianten ist jedoch kein Kriterium zu sehen, mit dessen Hilfe eine eindeutige Unterscheidung zwischen offenen und geschlossenen Variantenstücklisten herbeigeführt werden kann, was durch die beiden folgenden Aspekte verdeutlicht wird:

- Die einzelnen Varianten werden zwar bei offenen Variantenstücklisten nicht explizit beschrieben, jedoch wird durch die Vorgabe von Variationsbereichen für die variable(n) Merkmalsausprägung(en) ein Variantenspektrum festgelegt, so dass zumindest eine implizite Variantendefinition gegeben ist.

- Die Beurteilung der Vollständigkeit einer Variantendefinition ist abhängig von der jeweiligen Zielsetzung. So kann eine Variantenstückliste für die Konstruktionsabteilung vollständig sein, während der Absatz sie als unvollständig einstuft.

Es erscheint damit zweckmäßig, zwischen den beiden Extremalausprägungen, absolut geschlossene und offene Variantenstückliste, den Mischtyp **zweckgebunden geschlossene Stückliste** als „Bindeglied" einzuordnen.

Die so gebildeten unterschiedlichen Klassen der Stücklisten stehen nicht isoliert nebeneinander, sondern es lassen sich Verbindungen herstellen. Eindimensionale Stücklisten sind absolut geschlossene Stücklisten, d. h., der Zusammenhang zwischen einem Produkt und seinen Einzel- und Bauteilen wird innerhalb einer Stücklistenposition ausschließlich über Mengenbeziehungen abgebildet und somit vollständig definiert. Sollen mehrdimensionale Stücklisten in eindimensionale Stücklisten überführt werden, dann sind die zusätzlichen Dimensionen in die Mengendimension abzubilden, d. h. je Merkmalsausprägung einer zusätzlichen Dimension eines Einzel- oder Bauteils ist eine Stücklistenposition zu führen. Dabei ist zu beachten, dass sich durch die Hinzunahme eines weiteren variantenbildenden Merkmals die Anzahl der bereits bestehenden Varianten in Abhängigkeit von der Anzahl der Merkmalsausprägungen auf ein Vielfaches erhöht, d. h., die bisherige Variantenanzahl wird mit der Anzahl der Merkmalsausprägungen des zusätzlichen Merkmals multipliziert. Diese multiplikative Verknüpfung führt i. d. R. zu so hohen Variantenanzahlen, dass es ineffizient ist, jede Variante vollständig zu definieren und in einer eindimensionalen Stückliste abzubilden. Dies ist insbesondere dann der Fall, wenn der Verwendungszweck der Stückliste nur einen bestimmten, nicht aber absolut vollständigen Definitionsgrad einer Variante erfordert. In solchen Fällen führt eine Aggregation derjenigen Einzel- oder Bauteile, die sich in den aus dem Stücklistenverwendungszweck heraus interessierenden Merkmalen gleichen, in anderen, nicht interessierenden Merkmalen jedoch unterscheiden, zu einer zweckgebunden geschlossenen Darstellungsform.

Wird etwa zur Ermittlung des Bedarfs fremdbezogener Teile eine zweckgebunden geschlossene Stückliste erzeugt, dann ist zu unterscheiden, ob deren Merkmalsvariation unternehmungsintern oder -extern erfolgt. Wird eine Merkmalsvariation **unternehmungsintern** vollzogen (z. B. ein Einzelteil mit unterschiedlicher Oberflächengüte), dann wird das betreffende Einzel- oder Bauteil in einer Stücklistenposition erfasst. Bei **unternehmungsextern** bewirkter Merkmalsvariation (z. B. Beschaffen eines Einzelteils in unterschiedlichen Farben) ist das entsprechende Einzel- oder Bauteil in mehreren Stücklistenpositionen zu erfassen.

Um eine mehrdimensionale offene in eine zweckgebunden geschlossene Stückliste zu überführen, werden sogenannte **Platzhalter** eingeführt (vgl. z. B. Grupp 1995, S. 156), denen die Aufgabe obliegt, die gemäß Stücklistenverwendungszweck variablen Merkmale der Einzel- oder Bauteile zu erfassen, d. h., die Merkmalsvektoren mehrerer Teile, die sich in bestimmten Merkmalsausprägungen gleichen, werden in einen Punkt der Mengenebene projiziert. Die auf diesem Wege generierte zweckgebunden geschlossene Stückliste ist weiterhin eine mehrdimensionale Stückliste, wobei die vollständige Definition der Stückliste erst im Auftragsfall erfolgt.

Abbildung 3.3-20 gibt einen Überblick über die Darstellungsformen der Variantenstücklisten (vgl. Corsten/Gössinger 1998b, S. 7).

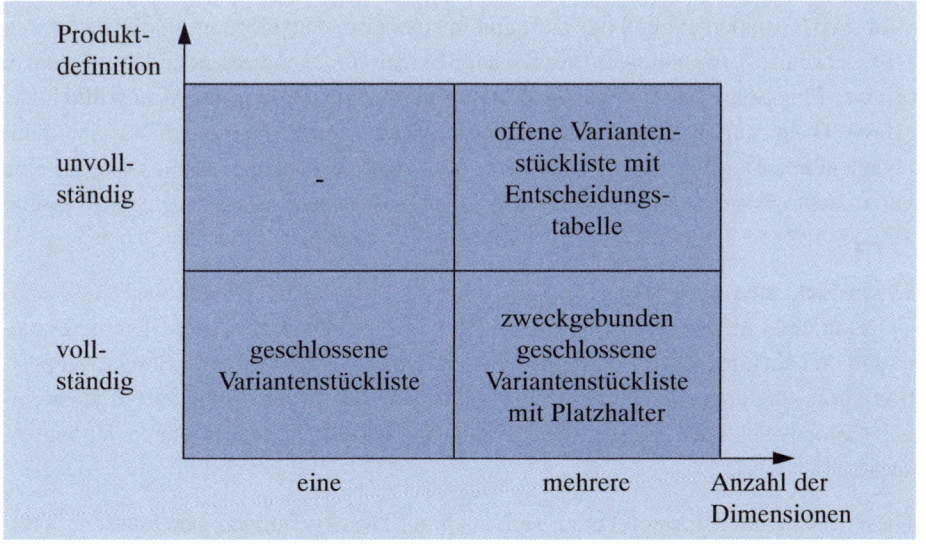

Abb. 3.3-20: Einordnung der Darstellungsformen der Variantenstücklisten

Bei der geschlossenen Variantenstückliste ist zwischen den Erscheinungsformen

- Gleichteilestückliste/Ergänzungsstücklisten,
- Grundausführungsstückliste/Plus-Minus-Stücklisten und
- Typenstückliste

zu unterscheiden (vgl. z. B. Geiger 1991, S. 60 ff.; Scheer 1998, S. 120 ff.).

Grundlage eines Gleichteile-/Ergänzungsstücklistensystems ist die Bildung einer (fiktiven) Baugruppe (Basisstückliste, Gleichteilestückliste), die die Teile erfasst, die in allen Produkten einer Typenreihe vorkommen (vgl. Gubitz 1994, S. 75). Die so gewonnene Grund- oder Rumpfliste stellt i. d. R. keine produktionsorientierte Baugruppe dar, sondern es handelt sich um die Zusammenfassung der Teile aus dispositiver Sicht und dient damit der Vereinfachung und höheren Transparenz im Rahmen der Dateneingabe und des Änderungsdienstes. Für die einzelnen Produktvarianten werden dann Ergänzungsstücklisten erstellt, mit denen der variantenspezifische Teilebedarf erfasst wird. Die für die jeweilige Variante spezifische Stückliste wird durch die Verknüpfung der Gleichteile mit der entsprechenden Ergänzungsstückliste erstellt. Damit zeigt sich bereits die enge Verwandtschaft zu den Baukastenstücklisten, da die Kombination von Gleichteile- und Ergänzungsstückliste letztlich eine Stücklistenorganisation nach dem Baukastensystem erfordert und hierdurch die EDV-mäßige Verarbeitung vereinfacht wird. Diese Vorgehensweise erscheint insbesondere dann geeignet, wenn bei den Gleichteilen keine häufigen Änderungen notwendig sind. Dies liegt darin begründet, dass Änderungen alle Stücklisten beeinflussen können und damit ein hoher Pflegeaufwand induziert wird (vgl. Scheer 1998, S. 121).

Basis eines Grundausführungs-/Plus-Minus-Stücklistensystems bildet ein real existierender Grundtyp einer Produktvariante, d. h., es wird eine konkrete Variante als Grundtyp (Grunderzeugnis) definiert und in einer Grundausführungsstückliste erfasst. Entsprechende Abweichungen werden dann bei zusätzlich auftretenden Komponenten in einer Plus-Stückliste und bei reduzierten Komponenten in einer Minus-Stückliste erfasst. Diese Variantenstücklistenorganisation wird jedoch bei vielen Varianten unübersichtlich. Darüber hinaus zeigt sich, dass sich die Ergänzungsstückliste als eine vereinfachte Form der Plus-Minus-Stückliste interpretieren lässt (vgl. z. B. Grupp 1995, S. 152).

Typenstücklisten sind Mehrfachstücklisten, bei denen alle Produktvarianten eines Typs mit einer Stückliste erfasst werden, d. h., sie bestehen aus einer Gleichteilespalte und den entsprechenden Variantenspalten, wobei letztere für jede Stücklistenposition ein gesondertes Mengenfeld mit der Angabe des Produktionskoeffizienten enthält. Typenstücklisten eignen sich deshalb nur bei einem relativ engen Variantenspektrum.

Diese Erscheinungsformen lassen sich auch auf zweckgebunden geschlossene Variantenstücklisten anwenden, allerdings mit der Besonderheit, dass sich der Begriff der

Gleichheit der Einzel- oder Bauteile am Verwendungszweck der Variantenstückliste orientiert und deshalb nicht mehr die Übereinstimmung der Gleichteile in allen ihren Merkmalen, sondern in den interessierenden Merkmalen fordert.

Die vorausgegangenen Ausführungen machen deutlich, dass die Grundidee der geschlossenen und zweckgebunden geschlossenen Variantenstücklisten in der Unterscheidung zwischen

- **Gleichteilen** (Basis- oder Grundstückliste) und
- **Variantenteilen** (Zubehör- oder Ergänzungsstückliste)

zu sehen ist, wodurch sich eine Verwandtschaft zu den Baukastenstücklisten offenbart. Teilweise findet sich in der Literatur der Hinweis, dass z. B. Ergänzungsstücklisten dann einfach zu verarbeiten seien, wenn eine Stücklistenorganisation in Baukastenform vorläge (vgl. Grupp 1995, S. 147). Ebenfalls findet das **Baukastenprinzip** im Rahmen der Typenstückliste (Mehrfachstückliste) Anwendung. Wird die Grundidee, die den Baukastenstücklisten zugrunde liegt, herangezogen, dann lassen sich auf einer abstrakten Ebene die geschlossenen und zweckgebunden geschlossenen Variantenstücklisten als spezifische Erscheinungsformen der **Baukastenstücklisten** interpretieren, die damit eine zentrale Bedeutung erlangen, die Geiger (1991, S. 58) explizit hervorhebt, wenn er fordert, dass sie im Rahmen einer EDV-gestützten Grunddatenverwaltung zum Einsatz gelangen sollten.

Grundlage der **offenen Variantenstückliste** bildet eine auftragsneutrale Stammstückliste, die von ihrem Aufbau eine Baukastenstückliste darstellt. Durch diese Struktur lassen sich auftragsspezifisch Kombinationen bilden, die darüber hinaus auch spezifische Sonderkomponenten enthalten können, so dass temporäre Stücklisten entstehen, die nach Auftragsabwicklung aus dem aktiven Stücklistenbestand gelöscht werden können. Für später auftretende Ersatzbeschaffungen etc. werden sie außerhalb des aktiven Stücklistenbestandes archiviert (vgl. Scheer 1998, S. 124 f.).

Ein wesentliches Element dieses Variantenkonzeptes ist in dem sogenannten **Variantengenerator** zu sehen (vgl. z. B. Schönsleben 1988, S. 37 ff.). Bestandteile dieses Generators sind die gespeicherten Bausätze und eine Entscheidungstabelle, die sicherstellt, dass nur zulässige Kombinationen generiert werden. Als variable Informationen gelangen die Kundenspezifikationen zur Eingabe, aus denen dann der Variantengenerator eine auftragsspezifische Stückliste generiert.

Diese Darstellung der einzelnen Erscheinungsformen der Variantenstücklisten zeigt, dass diese sich nicht gegenseitig ausschließen, sondern zwischen ihnen eine inhaltliche Verwandtschaft besteht und sie sich sogar ergänzen können. Diese Komplementarität zeigt sich deutlich, wenn unterschiedliche Unternehmungsbereiche mit ihrer spezifischen Perspektive auf diese Variantenstücklisten zugreifen. Aus diesem Grunde ist es zunächst erforderlich, die grundsätzliche Überführbarkeit der Variantenstücklistenarten zu zeigen, wobei als gemeinsamer Bezugspunkt die Baukastenstückliste gewählt wird.

Um diese Überführbarkeit in allgemeiner Form zu zeigen, sei auf eine mengentheoretische Vorgehensweise zurückgegriffen, die sowohl auf geschlossene als auch auf zweckgebunden geschlossene Variantenstücklisten angewendet werden kann. Abbildung 3.3-21 gibt für einen Produkttyp mit drei Varianten (V_i, mit $i = 1, ..., 3$) die Mengenbeziehungen auf der Basis eines VENN-Diagrammes wieder (vgl. Corsten/Gössinger 1998b, S. 10 ff.).

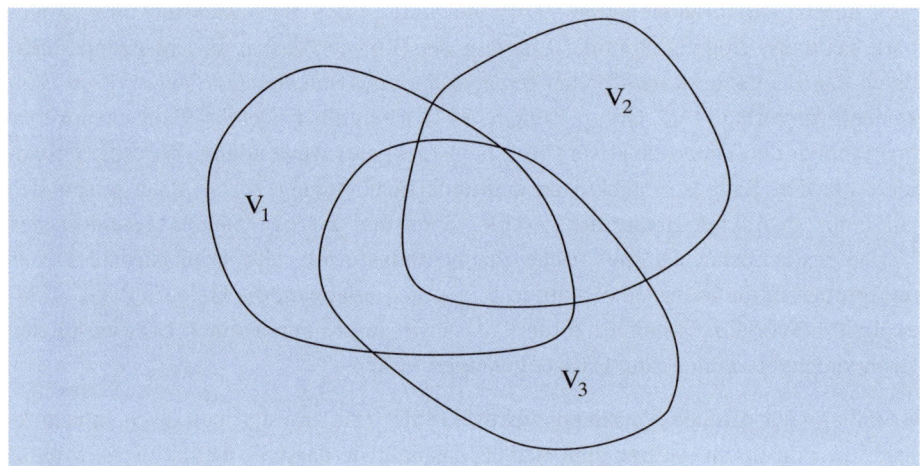

Abb. 3.3-21: VENN-Diagramm der Varianten eines Produkttyps

Elemente der Menge V_i (mit $i = 1, ..., 3$) sind dabei alle Stücklistenpositionen der Variante i. Für die Variantendarstellungsform mit Hilfe der **Gleichteile-/Ergänzungsstücklisten** gelten dann die folgenden Relationen:

$$GL = \bigcap_i V_i \qquad \text{mit} \qquad\qquad GL \; ... \;\; \text{Menge der Gleichteile}$$

$$ER_i = V_i \setminus GL \qquad\qquad\qquad ER_i \; ... \;\; \text{Menge der Ergänzungsteile}$$

Die Baukastenstücklisten werden dann wie folgt dargestellt:

V_1	V_2	V_3
GL	GL	GL
ER$_1$	ER$_2$	ER$_3$

Abb. 3.3-22: Darstellung der Varianten mit Gleichteile-/Ergänzungsstücklisten
in Baukastenform

Die Darstellung der Varianten auf der Grundlage der **Grundausführungs-/Plus-Minus-Stücklisten** baut auf folgenden Mengenbeziehungen auf:

$$GR = V_{\hat{i}} \quad (\hat{i} = 2 \text{ ; festgelegter Grundtyp) mit } GR \ldots \text{ Menge der Teile des}$$
$$\text{Grundtyps}$$

$$PL_i = V_i \setminus GR \qquad\qquad PL_i \ldots \quad \text{Menge der Plusteile}$$

$$MI_i = GR \setminus V_i \qquad\qquad MI_i \ldots \quad \text{Menge der Minusteile}$$

Es ergibt sich folgende Baukastendarstellung:

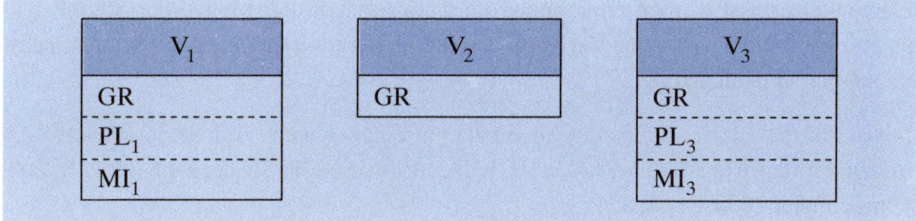

Abb. 3.3-23: Darstellung der Varianten mit Grundausführungs-/Plus-Minus-Stücklisten in Baukastenform

Die Darstellung der Varianten mit Hilfe einer **Typenstückliste** greift auf dieselben Mengenrelationen wie die Darstellung mit Hilfe der Gleichteile-/Ergänzungsstücklisten zurück. Auch eine Auflösung der Typenstückliste in ein System von Baukastenstücklisten käme zum gleichen Ergebnis. Es ist deshalb ausreichend, die Überführbarkeit der Gleichteile-/Ergänzungsstücklisten in ein System von Grundausführungs-/Plus-Minus-Stücklisten und umgekehrt aufzuzeigen.

Für die Überführung der Gleichteile-/Ergänzungsstücklisten in Grundausführungs-/Plus-Minus-Stücklisten gilt:

$$GR = GL \cup ER_{\hat{i}}$$

$$PL_i = ER_i \setminus ER_{\hat{i}}$$

$$MI_i = ER_{\hat{i}} \setminus ER_i \text{ und}$$

für die Überführung der Grundausführungs-/Plus-Minus-Stücklisten in Gleichteile-/Ergänzungsstücklisten gilt:

$$GL = GR \setminus \bigcup_i MI_i$$

$$ER_i = PL_i \cup GR \setminus (GR \setminus \bigcup_j MI_j) \setminus M_i = PL_i \cup (GR \setminus GL) \setminus MI_i$$

Bei einer **offenen Variantenstückliste** ist die Überführung in die verschiedenen Erscheinungsformen einer geschlossenen Variantenstückliste nur für Varianten zweckmäßig, zu denen konkrete Auftragsspezifikationen vorliegen. Dies findet seine Begründung darin, dass ohne Bezug auf spezifizierte Varianten sich die Menge der Gleichteile bei der relativ großen Anzahl an Kombinationsmöglichkeiten einer offenen Variantenstückliste einer leeren Menge nähern würde, so dass die Vorteile der Erscheinungsformen geschlossener Variantenstücklisten nicht realisierbar sind.

Die Überführung einer offenen in eine **zweckgebunden geschlossene Variantenstückliste** erfordert die Festlegung der Merkmale, in denen Einzel- und Bauteile mit ihren Ausprägungen übereinstimmen müssen, um in einer Stücklistenposition mit Platzhalter erfasst werden zu können, die dann Element der Menge der Stücklistenpositionen mindestens einer Variante V_i ist. Die bereits angegebenen Mengenoperationen gelten dann analog.

Bevor auf die Bedarfsauflösung im Einzelnen eingegangen wird, seien zunächst die folgenden Begriffe erläutert (vgl. z. B. Kilger 1986, S. 299; Schneeweiß 2002, S. 203; Tempelmeier 2008, S. 108 f.):

- **Primärbedarf**: die aus dem geplanten Produktionsprogramm abgeleiteten Erzeugnismengen;
- **Sekundärbedarf**: Materialbedarf (Rohstoffe, Einzelteile und Bauteile), der sich aus den Erzeugnismengen (= Primärbedarf) ergibt;
- **Tertiärbedarf**: Bedarf an Hilfs-, Betriebsstoffen und Verschleißwerkzeugen für die Produktion.

Der **Gesamtbedarf** r_j für ein Erzeugnis j ergibt sich aus dem Primärbedarf x_j, der stets vorgegeben ist, und den Sekundärbedarfen r_{ij}, mit denen berücksichtigt wird, dass das Erzeugnis j mit h_{ij} Mengeneinheiten in eine Mengeneinheit übergeordneter Komponenten i eingeht. Analog zur **Leontief-Produktionsfunktion** für mehrstufige Mehrproduktproduktion (vgl. Punkt 1.2.1.3.2) gilt:

$$r_j = \sum_{i=1}^{n} h_{ij} \cdot r_i + x_j \qquad \forall \, j = 1, \ldots, n$$

und in Matrizenreibweise:

$$\underline{r} = H * \underline{r} + \underline{x}$$

Um den Gesamtbedarf zu ermitteln ist diese Gleichung nach dem Gesamtbedarfsvektor $\underline{r}$ aufzulösen:

$$\underline{r} = H * \underline{r} + \underline{x}$$

$$\underline{r} - H * \underline{r} = \underline{x}$$

$$\left(E - H\right) * \underline{r} = \underline{x}$$

$$\underline{r} = \underbrace{\left(E - H\right)^{-1}}_{V} * \underline{x}$$

$$\underline{r} = V * \underline{x}$$

Dabei werden die Differenz aus Einheitsmatrix E $[\,n \times n\,]$ und Direktbedarfsmatrix H $[\,n \times n\,]$ als **Technologiematrix** und die Inverse der Technologiematrix als **Verflechtungsmatrix** V $[\,n \times n\,]$ bezeichnet. Die Verflechtungsmatrix gibt dabei die Input-Output-Relationen zwischen allen Teilen und Erzeugnissen wieder, d. h., ein Element v_{ij} gibt an, wieviele Mengeneinheiten des Teils i für die Erstellung des Teils j benötigt werden.

In den Spalten dieser **Verflechtungsmatrix** befinden sich dann die **Mengenübersichtsstücklisten**, die aufzeigen, aus welchen Komponenten ein Produkt besteht. Die Zeilen liefern demgegenüber die **Teileverwendungsnachweise**, die angeben, welche Mengen einer bestimmten Komponente in anderen Komponenten oder Produkten enthalten sind.

Die dargestellte Vorgehensweise sei am Beispiel des Gozintographen in Abbildung 3.3-19 für den Fall verdeutlicht, dass ein Primärbedarf von $x_{p_1} = 100$ vorliegt. Der Gesamtbedarf ergibt sich aus der Lösung des folgenden Gleichungssystems:

$$
\begin{array}{llllllll}
r_{ET_1} = & 0 \cdot r_{ET_1} & +0 \cdot r_{ET_2} & +0 \cdot r_{ET_3} & +0 \cdot r_{ET_4} & +0 \cdot r_{BA_1} & +4 \cdot r_{BA_2} & +4 \cdot r_{P_1} + & 0 \cdot x_{ET_1} \\
r_{ET_2} = & 0 \cdot r_{ET_1} & +0 \cdot r_{ET_2} & +0 \cdot r_{ET_3} & +0 \cdot r_{ET_4} & +2 \cdot r_{BA_1} & +0 \cdot r_{BA_2} & +0 \cdot r_{P_1} + & 0 \cdot x_{ET_2} \\
r_{ET_3} = & 0 \cdot r_{ET_1} & +0 \cdot r_{ET_2} & +0 \cdot r_{ET_3} & +0 \cdot r_{ET_4} & +3 \cdot r_{BA_1} & +1 \cdot r_{BA_2} & +0 \cdot r_{P_1} + & 0 \cdot x_{ET_3} \\
r_{ET_4} = & 0 \cdot r_{ET_1} & +0 \cdot r_{ET_2} & +0 \cdot r_{ET_3} & +0 \cdot r_{ET_4} & +0 \cdot r_{BA_1} & +2 \cdot r_{BA_2} & +0 \cdot r_{P_1} + & 0 \cdot x_{ET_4} \\
r_{BA_1} = & 0 \cdot r_{ET_1} & +0 \cdot r_{ET_2} & +0 \cdot r_{ET_3} & +0 \cdot r_{ET_4} & +0 \cdot r_{BA_1} & +0 \cdot r_{BA_2} & +2 \cdot r_{P_1} + & 0 \cdot x_{BA_1} \\
r_{BA_2} = & 0 \cdot r_{ET_1} & +0 \cdot r_{ET_2} & +0 \cdot r_{ET_3} & +0 \cdot r_{ET_4} & +0 \cdot r_{BA_1} & +0 \cdot r_{BA_2} & +3 \cdot r_{P_1} + & 0 \cdot x_{BA_2} \\
r_{P_1} = & 0 \cdot r_{ET_1} & +0 \cdot r_{ET_2} & +0 \cdot r_{ET_3} & +0 \cdot r_{ET_4} & +0 \cdot r_{BA_1} & +0 \cdot r_{BA_2} & +0 \cdot r_{P_1} + & 100 \cdot x_{P_1}
\end{array}
$$

$\underbrace{\qquad}_{\text{Gesamtbedarf}}$ $\underbrace{\qquad\qquad\qquad}_{\text{Sekundärbedarf}}$ $\underbrace{\qquad}_{\text{Primärbedarf}}$

In Matrizenschreibweise ergeben sich dann für die Direktbedarfsmatrix und den Primärbedarfsvektor:

$$
H = \begin{pmatrix}
0 & 0 & 0 & 0 & 0 & 4 & 4 \\
0 & 0 & 0 & 0 & 2 & 0 & 0 \\
0 & 0 & 0 & 0 & 3 & 1 & 0 \\
0 & 0 & 0 & 0 & 0 & 2 & 0 \\
0 & 0 & 0 & 0 & 0 & 0 & 2 \\
0 & 0 & 0 & 0 & 0 & 0 & 3 \\
0 & 0 & 0 & 0 & 0 & 0 & 0
\end{pmatrix}
\qquad
\underline{x} = \begin{pmatrix}
0 \\ 0 \\ 0 \\ 0 \\ 0 \\ 0 \\ 100
\end{pmatrix}
$$

Technologiematrix:

$$(\mathbf{E} - \mathbf{H}) = \begin{pmatrix} 1 & 0 & 0 & 0 & 0 & -4 & -4 \\ 0 & 1 & 0 & 0 & -2 & 0 & 0 \\ 0 & 0 & 1 & 0 & -3 & -1 & 0 \\ 0 & 0 & 0 & 1 & 0 & -2 & 0 \\ 0 & 0 & 0 & 0 & 1 & 0 & -2 \\ 0 & 0 & 0 & 0 & 0 & 1 & -3 \\ 0 & 0 & 0 & 0 & 0 & 0 & 1 \end{pmatrix}$$

Verflechtungsmatrix:

$$\mathbf{V} = \begin{pmatrix} 1 & 0 & 0 & 0 & 0 & 4 & 16 \\ 0 & 1 & 0 & 0 & 2 & 0 & 4 \\ 0 & 0 & 1 & 0 & 3 & 1 & 9 \\ 0 & 0 & 0 & 1 & 0 & 2 & 6 \\ 0 & 0 & 0 & 0 & 1 & 0 & 2 \\ 0 & 0 & 0 & 0 & 0 & 1 & 3 \\ 0 & 0 & 0 & 0 & 0 & 0 & 1 \end{pmatrix}$$

Gesamtbedarf:

$$\underbrace{\begin{pmatrix} 1 & 0 & 0 & 0 & 0 & 4 & 16 \\ 0 & 1 & 0 & 0 & 2 & 0 & 4 \\ 0 & 0 & 1 & 0 & 3 & 1 & 9 \\ 0 & 0 & 0 & 1 & 0 & 2 & 6 \\ 0 & 0 & 0 & 0 & 1 & 0 & 2 \\ 0 & 0 & 0 & 0 & 0 & 1 & 3 \\ 0 & 0 & 0 & 0 & 0 & 0 & 1 \end{pmatrix}}_{\mathbf{V}} * \underbrace{\begin{pmatrix} 0 \\ 0 \\ 0 \\ 0 \\ 0 \\ 0 \\ 100 \end{pmatrix}}_{\underline{x}} = \underbrace{\begin{pmatrix} 1600 \\ 400 \\ 900 \\ 600 \\ 200 \\ 300 \\ 100 \end{pmatrix}}_{\underline{r}}$$

Werden Lagerbestände in die Überlegungen einbezogen, dann ist ferner zwischen

- Bruttobedarf und
- Nettobedarf

zu unterscheiden.

Unter **Bruttobedarf** wird der periodenbezogene Gesamtbedarf aller Bau- und Einzelteile verstanden. Der **Nettobedarf** eines Teiles gibt diejenige Menge an, die zum Planungszeitpunkt nicht verfügbar ist. Damit obliegt der Nettobedarfsrechnung die Aufgabe, zu überprüfen, ob der Bruttobedarf bereits durch den Lagerbestand abgedeckt ist. Für den Nettobedarf ergibt sich dann:

$$\text{Nettobedarf} = \max\{\text{Bruttobedarf} - \text{Lagerbestand}, 0\}$$

Diese Beziehung zeigt, dass ein Nettobedarf nur dann gegeben ist, wenn der Brutto-bedarf größer ist als der Lagerbestand. Ist dies nicht der Fall, nimmt der Nettobedarf den Wert null an. Der Nettobedarf ergibt sich dann aus der folgenden Gleichung:

$$\text{Nettobedarf} = \begin{array}{l} \text{Bruttobedarf} \\ - \text{Werkstattbestand} \\ - \text{Bestellbestand} \\ + \text{Reservierungsbestand} \\ + \text{Sicherheitsbestand} \end{array}$$

Unter **Werkstattbestand** sind die Teile zu verstehen, die aus dem Lager entnommen wurden und sich in der Produktion befinden. Glaser (1986, S. 40) betont in diesem Zusammenhang, dass der Werkstattbestand zu einem großen Teil häufig auftragsge-bunden sei, und es aus diesem Grunde notwendig sei, zwischen einem Werkstatt-vormerkbestand und einem frei verfügbaren Werkstattbestand zu unterscheiden (vgl. hierzu die Ausführungen zum Reservierungsbestand). Für die Nettobedarfsermitt-lung ist dann der Werkstattbestand periodengerecht vom Bruttobedarf zu subtrahie-ren.

Mit dem **Bestellbestand** wird der Bestand an offenen Bestellungen erfasst. Erfolgt die Lieferung, dann ist auch der Bestellbedarf periodengerecht vom Bruttobedarf zu subtrahieren.

Unter einem **Reservierungsbestand** (auch Vormerkbestand genannt) sind diejenigen Teile des Lagerbestandes zu verstehen, die für geplante Aufträge vorgemerkt sind und zu einem geplanten Termin aus dem Bestand entnommen werden, d. h., dieser Bestand ist für andere Aufträge nicht mehr verfügbar.

Der **Sicherheitsbestand** dient zur Absicherung gegenüber außergewöhnlichen Ereig-nissen (z. B. unvorhergesehenen Bedarfsabweichungen).

Um den Nettobedarf zu ermitteln, ist das Gleichungssystem zur Gesamtbedarfser-mittlung um den Lagerbestandsvektor $\underline{b}$ zu erweitern, der die Lagerbestände der einzelnen Teile, Baugruppen und Erzeugnisse erfasst:

$$\underline{r} = \max\left(V * (\underline{x} - \underline{b}), 0\right)$$

Den bisherigen Beziehungen lag eine limitationale Produktionsfunktion mit **konstan-ten Produktionskoeffizienten** zugrunde. In den weiteren Ausführungen sollen dagegen **variable Produktionskoeffizienten** zugelassen werden (vgl. Fandel 1980, S. 454 f.). In dieser Situation hängen die Einsatzmengen der benötigten Teile von den auf den ein-zelnen Produktionsstufen zum Einsatz gelangenden Produktionsverfahren ab. Ursache hierfür können etwa bei funktionsgleichen Aggregaten, die auf einer Produktionsstufe eingesetzt werden können, unterschiedliche Ausschusskoeffizienten der jeweiligen Aggregate ak_s sein. Der Ausschusskoeffizient ist dabei definiert durch die folgende Gleichung:

$$ak_s = \frac{\text{Gesamtoutput}}{\text{verwertbarer Output}} > 1$$

Da die Ausschusskoeffizienten die Input-Output-Beziehungen beeinflussen, müssen die Produktionskoeffizienten mit ihnen multiplikativ verknüpft werden:

Korrigierter Produktionskoeffizient = Produktionskoeffizient · Ausschusskoeffizient

Ausgangspunkt der Behandlung dieses Problems sei die folgende lineare Erzeugnisstruktur, bei der aus einem Rohstoff und zwei Zwischenprodukten auf den Produktionsstufen 1 und 2 ein Enderzeugnis auf Stufe 3 erstellt wird.

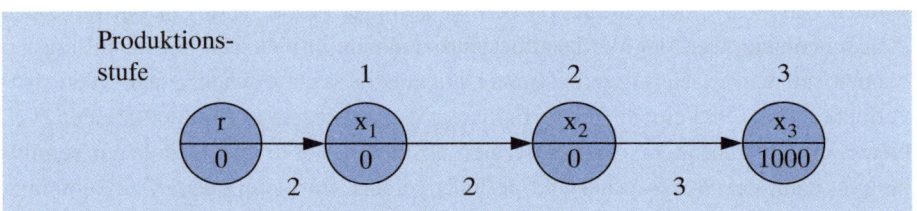

Abb. 3.3-24: Gozintograph ohne Verfahrenswahlmöglichkeiten auf den Produktionsstufen

Darauf aufbauend wird nun angenommen, dass auf den Produktionsstufen s Verfahrenswahlmöglichkeiten bestehen, die in Abbildung 3.3-25 wiedergegeben sind.

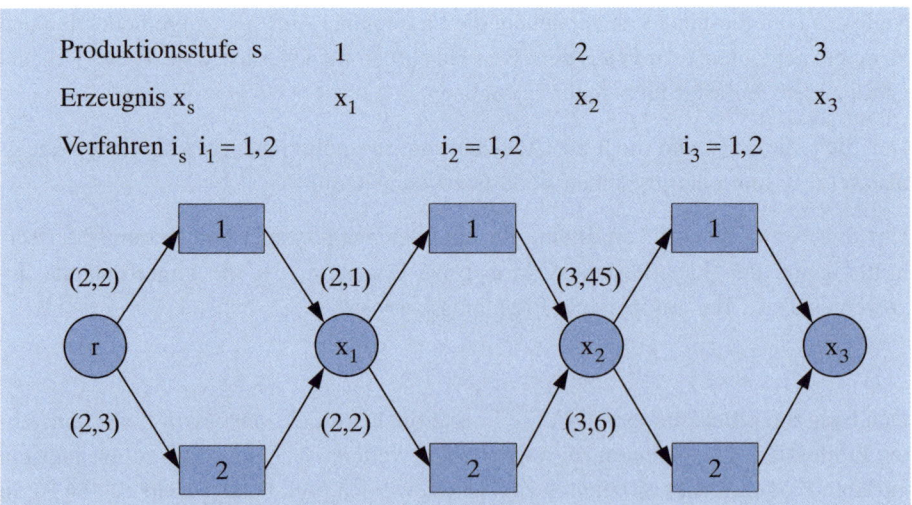

Abb. 3.3-25: Gozintograph mit Verfahrenswahlmöglichkeiten auf den einzelnen Produktionsstufen

Abbildung 3.3-26 fasst die relevanten Informationen, inklusive der Produktionsstückkosten, zusammen.

Die Mengenvariable x_{si} gibt dabei an, wie viele Teilmengen des Endproduktes auf der Produktionsstufe s mit dem Verfahren i hergestellt werden. Die Produktionskoeffizienten h_s ergeben sich aus Abbildung 3.3-24. Sie werden mit den entsprechenden Ausschusskoeffizienten multipliziert, und es ergeben sich die korrigierten Produktionskoeffizienten h_s^k, die in Abbildung 3.3-25 an den Pfeilen in Klammern angeführt sind.

Die Ausführungen zeigen, dass die Verfahrenswahl über die Ausschusskoeffizienten sowohl den Zwischenerzeugnis- als auch den Rohstoffbedarf determiniert, d. h., durch die Verfahrenswahl werden die **Materialkosten** beeinflusst. Es ist aber zu berücksichtigen, dass die Verfahrenswahl auch die **Produktionskosten** des Enderzeugnisses beeinflusst. Hieraus resultiert, dass der Teilebedarf und die Verfahrenswahl simultan zu bestimmen sind. Zur Lösung dieses Problems stehen zwei Verfahren zur Verfügung (vgl. Abschnitt 3.2.2.2):

- das Verfahren der arbeitsgangweisen Kalkulation und
- das Verfahren der Alternativkalkulation.

Produktionsstufe s	1		2		3	
Verfahren i_s	1	2	1	2	1	2
Mengenvariable x_{si}	x_{11}	x_{12}	x_{21}	x_{22}	x_{31}	x_{32}
Produktionskoeffizient h_s	2	2	2	2	3	3
Ausschusskoeffizient ak_{si}	1,1	1,15	1,05	1,1	1,15	1,2
korrigierter Produktions-koeffizient h_s^k	2,2	2,3	2,1	2,2	3,45	3,6
Produktionsstückkosten	1,30	1,25	1,90	1,95	2,60	2,75
Rohstoffpreis = 1,00 €						

Abb. 3.3-26: Verfahrenswahlabhängige Informationen

Unter der Zielsetzung der Kostenminimierung sei kurz der Ansatz der **arbeitsgangweisen Kalkulation** für das vorangegangene Beispiel formuliert:

$$K = 1,00 \cdot r + 1,30 \cdot x_{11} + 1,25 \cdot x_{12} + 1,90 \cdot x_{21}$$
$$+ 1,95 \cdot x_{22} + 2,60 \cdot x_{31} + 2,75 \cdot x_{32}$$

unter Beachtung der folgenden Nebenbedingungen:

$$r = 2{,}2 \cdot x_{11} + 2{,}3 \cdot x_{12}$$

$$x_{11} + x_{12} = 2{,}1 \cdot x_{21} + 2{,}2 \cdot x_{22}$$

$$x_{21} + x_{22} = 3{,}45 \cdot x_{31} + 3{,}6 \cdot x_{32}$$

$$x_{31} + x_{32} = 1000$$

$$r, x_{11}, x_{12}, x_{21}, x_{22}, x_{31}, x_{32} \geq 0$$

Sind keine Kapazitätsrestriktionen gegeben, wie dies im Beispiel der Fall ist, stellt sich damit die Aufgabe, 1000 Mengeneinheiten des Enderzeugnisses mit den Verfahren der Stufen 2 und 3 und den notwendigen Zwischenerzeugnissen mit den Verfahren der Stufe 1 aus dem Rohstoff so herzustellen, dass die Produktionskosten minimiert werden. Dabei sind die **Kontinuitätsbedingungen** zu beachten, d. h., dass die Rohstoffmenge dem auf Stufe 1 benötigten Input entspricht und der Output der jeweils vorgelagerten Produktionsstufe mit dem Input der ihr nachgelagerten Produktionsstufe übereinstimmt. Mit Hilfe der linearen Optimierung lässt sich dieses Problem dann lösen.

3.3.2 Grundlagen der Auftragsplanung

Die im vorangegangenen Kapitel ermittelten Bedarfsmengen können einerseits im Rahmen der Eigenfertigung erstellt und anderseits durch Fremdbezug von Lieferanten gedeckt werden. Während im ersten Fall von einem **Produktionsauftrag** oder **Los** gesprochen wird, worunter die Menge eines Einzelteiles, eines Bauteiles oder eines Fertigproduktes zu verstehen ist, die ohne Unterbrechung durch die Unternehmung erstellt werden soll, wird im Rahmen des Fremdbezugs der Begriff der **Bestellmenge** verwendet. Als **Oberbegriff** für den Produktionsauftrag oder das Los und die Bestellmenge wird der Begriff **Auftrag** verwendet, d. h., ein Auftrag kann sich folglich auf Eigenteile und auf Fremdteile beziehen (vgl. Glaser 1986, S. 3). Die Auftragsplanung bei Eigenfertigung und Fremdbezug weist dabei strukturelle Gleichheiten auf:

Eigenfertigung:		**Fremdbezug:**
Losgröße	⇔	Bestellmenge
Produktionszeitpunkt	⇔	Bestellzeitpunkt
Produktionszeit	⇔	Lieferzeit
Herstellkosten	⇔	Beschaffungskosten
Kapazitätsrestriktionen	⇔	Beschaffungsrestriktionen

3.3.2.1 Optimale Bestellmenge

Zur Bestimmung der optimalen, d. h. kostenminimalen Bestellmenge ist es zunächst erforderlich, die im Rahmen der Bedarfsdeckung der Materialart anfallenden **Bereitstellungskosten** zu erfassen. Hierzu zählen die folgenden Kostenarten (vgl. Glaser 1986, S. 13 f.):

- Beschaffungskosten,
  -- unmittelbare und
  -- mittelbare,
- Lagerhaltungskosten und
- Fehlmengenkosten.

Während mit den **unmittelbaren Beschaffungskosten** (teilweise auch als Bestellkosten bezeichnet) alle diejenigen Kosten erfasst werden, die direkt mit dem Kauf der Materialien verbunden sind (Menge · Preis), handelt es sich bei den **mittelbaren Beschaffungskosten** um Kosten, die in direktem Zusammenhang mit der Materialdisposition anfallen. Grundsätzlich gilt, dass mit zunehmender Bestellmenge die mittelbaren Beschaffungskosten fallen und umgekehrt.

Die **Lagerhaltungskosten** lassen sich in die beiden Komponenten Kapitalbindungskosten und Lagerkosten aufspalten. Die Höhe der **Kapitalbindungskosten** hängt dabei von dem in den Lagerbeständen gebundenen Kapital, der Kapitalbindungsdauer und der Zinssatzhöhe ab. Die **Lagerkosten** umfassen alle Kosten, die durch die Pflege und das Handling der gelagerten Materialien entstehen. Generell gilt, dass die Lagerhaltungskosten mit zunehmender Bestellmenge steigen und umgekehrt. Damit weisen Beschaffungs- und Lagerhaltungskosten in Abhängigkeit von der Bestellmenge eine gegenläufige Tendenz auf.

Fehlmengenkosten werden dadurch hervorgerufen, dass der Materialbedarf nicht oder nicht zum erforderlichen Zeitpunkt gedeckt werden kann. Beispiele für Fehlmengenkosten sind etwa Stillstandskosten infolge von Produktionsunterbrechungen, Konventionalstrafen bei Nichteinhaltung der Liefertermine oder entgangene Gewinne bei Absatzeinbußen.

3.3.2.1.1 Grundmodell

Das Grundmodell zur Ermittlung der kostenoptimalen Bestellmenge geht zurück auf F.W. Harris (1913), K. Stefanic-Allmayer (1927) und K. Andler (1929). **Ziel dieses Ansatzes** ist es, den terminierten Gesamtbedarf einer Periode so in Bestellmengen aufzuspalten, dass die mit der Beschaffung einhergehenden Kosten minimiert werden. Da nur die unterschiedlichen Bestellmengen als Entscheidungsvariable zugelassen sind, handelt es sich um ein **univariables Entscheidungsmodell**.

Dem Modell liegen die folgenden **Prämissen** zugrunde (vgl. z. B. Kilger 1986, S. 323 f.):

- es wird nur eine Materialart betrachtet,
- konstanter Materialbedarf pro Zeiteinheit,
- vorgegebener Jahresbedarf,
- es treten keine Fehlmengen auf,
- konstante Materialqualität,
- konstante Beschaffungspreise,
- isolierte Beschaffung, d. h., es existieren keine Verbundbeziehungen der Bestellkosten,
- konstante Kosten pro Bestellung,
- beliebig teilbare Beschaffungsmengen,
- beliebig bestimmbare Lieferzeitpunkte,
- es bestehen keine Restriktionen hinsichtlich Beschaffungsmenge, Lagermenge u. Ä.,
- es existieren keine Sicherheitsbestände,
- am Lager treten keine Mengenverluste auf,
- die Lieferung ist sofort voll verfügbar,
- der Lagerbestand ist gleich null und
- die variablen Lager- und Bestellkosten verhalten sich proportional zur Bestellmenge.

Es gelten folgende Symbole:

B	=	Gesamtbedarf der Materialart für eine Planungsperiode
K_f	=	bestellmengenfixe Kosten
p	=	Einstandspreis pro Einheit
i	=	Zinskostensatz
k_l	=	Lagerkostensatz
K_B	=	Bestellkosten pro Jahr
K_{Bi}	=	Kapitalbindungskosten
K_L	=	Lagerhaltungskosten pro Jahr
x	=	unbekannte Bestellmenge als Entscheidungsvariable
y	=	B/x (Bestellhäufigkeit pro Jahr)

Hieraus ergibt sich für die **mittelbaren Beschaffungskosten** (K_m):

$$K_m = K_f \cdot y = \frac{K_f \cdot B}{x}$$

Die **Bestellkosten** ergeben sich aus:

$$K_B = B \cdot p$$

Für die Ermittlung der **Kapitalbindungskosten** (K_{Bi}) sei der folgende Verlauf des Lagerzugangs und -abgangs unterstellt. In dieser Situation beträgt der durchschnittliche Lagerbestand $x / 2$.

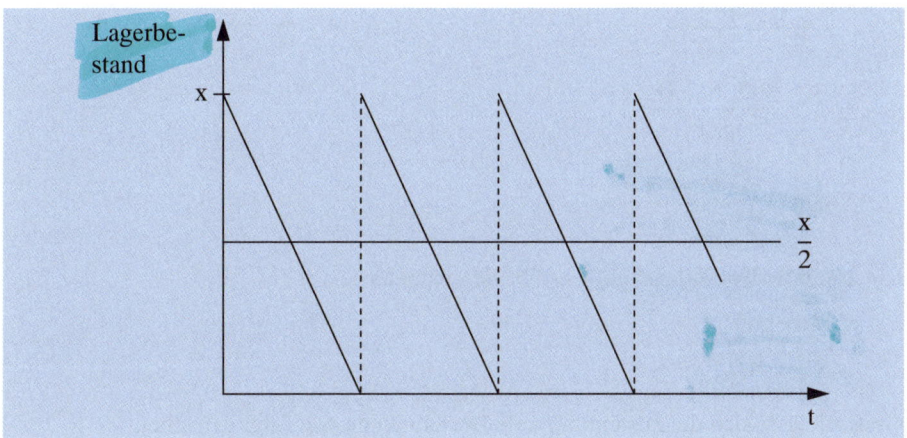

Abb. 3.3-27: Verlauf des Lagerbestandes

Für die Kapitalbindungskosten ergibt sich dann:

$$K_{Bi} = \frac{x}{2} \cdot p \cdot \frac{i}{100}$$

Die Kapitalbindungskosten stellen jedoch nur eine Komponente der Lagerhaltungskosten (K_L) dar. Zusätzlich sind, wie angeführt, die Lagerkosten zu berücksichtigen. Aus diesem Grunde wird der Zinssatz $i/100$ um den Lagerkostensatz $k_l/100$ erhöht und damit der **globale Lagerhaltungskostensatz** ermittelt:

$$\frac{i}{100} + \frac{k_l}{100} = \frac{j}{100}$$

Für die **Lagerhaltungskosten** gilt dann:

$$K_L = \frac{x \cdot p}{2} \cdot \frac{j}{100}$$

Damit lässt sich die folgende **Gesamtkostenfunktion** aufstellen:

$$K = B \cdot p + \frac{K_f \cdot B}{x} + \frac{x}{2} \cdot p \cdot \frac{j}{100}$$

Um das Kostenminimum zu ermitteln, ist diese Funktion nach x zu differenzieren und die 1. Ableitung gleich null zu setzen. Zusätzlich muss die 2. Ableitung positiv sein:

$$\frac{dK}{dx} = -\frac{K_f \cdot B}{x^2} + \frac{p \cdot j}{200} = 0$$

$$\frac{d^2K}{dx^2} = \frac{2 \cdot K_f \cdot B}{x^3} > 0, \text{ für } x > 0$$

$$\frac{K_f \cdot B}{x^2} = \frac{p \cdot j}{200}$$

$$x^2 = \frac{200 \cdot K_f \cdot B}{p \cdot j}$$

$$x_{opt} = \sqrt{\frac{200 \cdot K_f \cdot B}{p \cdot j}}$$

Die **optimale Bestellhäufigkeit** ergibt sich dann aus:

$$y_{opt} = \frac{B}{x_{opt}}$$

Grafisch lässt sich die kostenminimale Bestellmenge wie folgt darstellen:

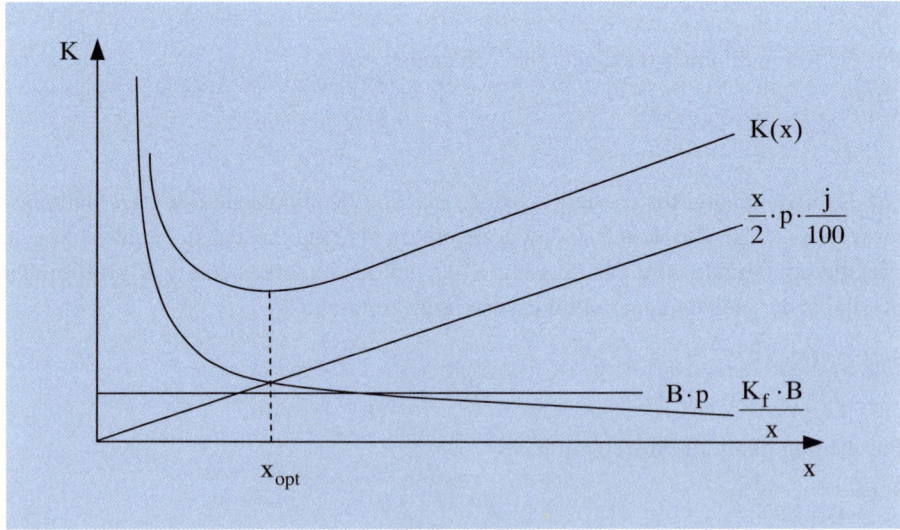

Abb. 3.3-28: Grafische Ermittlung der optimalen Bestellmenge

Abbildung 3.3-28 zeigt, dass sich die kostenoptimale Bestellmenge bei Gleichheit der Lagerhaltungs- und mittelbaren Beschaffungskosten ergibt.

3.3.2.1.2 Erweiterungen

Aus der Vielzahl möglicher Erweiterungen dieses Grundmodells (vgl. z. B. Bogaschewsky 1989, S. 543 ff.; Hansmann 2006, S. 304 ff.; Kilger 1986, S. 329 ff.; Schneeweiß/Alscher 1987, S. 483 ff.) sollen die beiden folgenden Aspekte skizziert werden:

- die Berücksichtigung der Rabattstufen und
- die Einbeziehung von Lager- und Finanzrestriktionen.

In der Praxis nehmen Lieferanten häufig eine **Mengenrabattstaffelung** vor, d. h., es erfolgt eine Veränderung der Einstandspreise durch Abschläge in Abhängigkeit von der Bestellmenge. Innerhalb der Wertebereiche der Bestellmenge ist dann der zugehörige Beschaffungspreis konstant. Für n Rabattstufen wäre der Einstandspreis dann in die folgenden Stufen einzuteilen:

$$p = \begin{cases} p_0, & 0 \leq x < x_1 \\ p_1, & x_1 \leq x < x_2 \\ \vdots \\ p_n, & x \geq x_n \end{cases}$$

Diejenige Menge, ab der es einen bestimmten Rabatt gibt, wird als **Rabattgrenze** bezeichnet. Ist z. B. die Bestellmenge kleiner als x_1, dann gilt der Preis p_0, ist die Bestellmenge $x_1 \leq x < x_2$, dann gilt der Preis p_1, wobei $p_1 < p_0$ ist. Bedingt durch diese Rabattstaffelung weist die Gesamtkostenfunktion für diejenige Bestellmenge, die der Mindestmenge einer neuen Rabattzone entspricht, eine Sprungstelle auf. Dies hat zur Folge, dass auch die Sprungstellen auf Optimalität zu überprüfen sind. Abbildung 3.3-29 gibt diese Situation wieder.

Im dargestellten Fall befindet sich das Optimum an einer Rabattgrenze. Dies ist deshalb häufig der Fall, weil der Rabatteinfluss i. d. R. stärker wirkt als die Veränderungen bei den Bestell- und Lagerhaltungskosten. Dennoch kann das Optimum auch zwischen zwei Rabattgrenzen liegen.

Durch diese Rabattstaffelung wird die Lösungsmenge in disjunkte Teilmengen zerlegt, so dass sich für den dargestellten Fall die folgende Kostenfunktion ergibt:

$$K(x) \begin{cases} = B \cdot p_0 + \dfrac{K_f \cdot B}{x} + \dfrac{x \cdot p_0}{2} \cdot \dfrac{j}{100}, \text{ falls } x < x_1 \\ = B \cdot p_1 + \dfrac{K_f \cdot B}{x} + \dfrac{x \cdot p_1}{2} \cdot \dfrac{j}{100}, \text{ falls } x_1 \leq x < x_2 \\ = B \cdot p_2 + \dfrac{K_f \cdot B}{x} + \dfrac{x \cdot p_2}{2} \cdot \dfrac{j}{100}, \text{ falls } x_2 \leq x \end{cases}$$

Bei der Berechnung des Kostenminimums erscheint es zweckmäßig, zunächst zu überprüfen, ob sich das Minimum bei Unterstellung des höchsten Preisnachlasses ergibt, da dann das Optimum bereits gefunden ist. Ist dies nicht der Fall, dann ist es erforderlich, die Rabattstufen in absteigender Reihenfolge auf ein Minimum zu untersuchen. Das kleinste der ermittelten Minima ist dann das **globale Minimum** und folglich die **optimale Bestellmenge.**

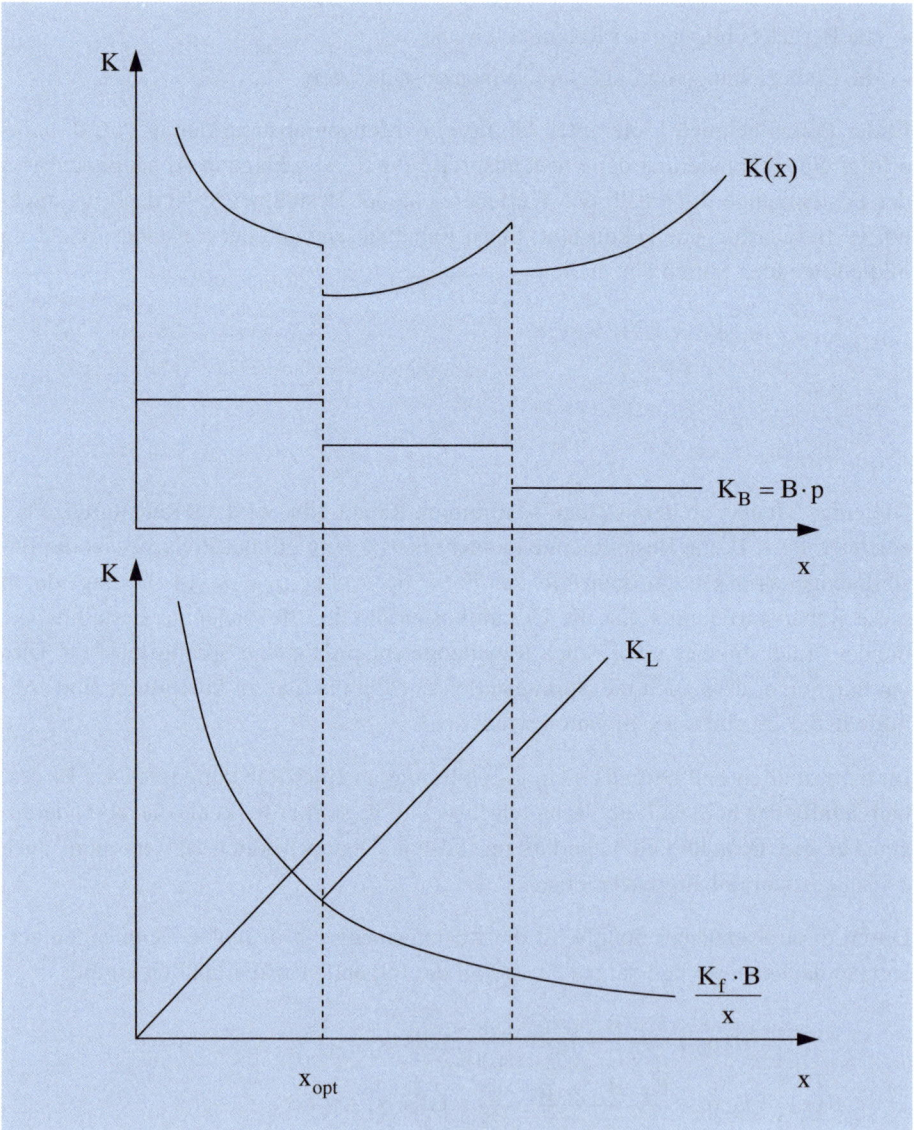

Abb. 3.3-29: Kostenfunktion mit Rabattstaffelung

Eine zweite Erweiterungsmöglichkeit stellt die Einbeziehung von Restriktionen in der Form von **Lager-** und **Finanzrestriktionen** dar. Ist die räumliche Kapazität des

Lagers nicht ausreichend, um die optimale Bestellmenge aufzunehmen, dann ist die Zielfunktion in der Form der Kostenminimierung um die Nebenbedingung

$x \leq$ Kapazität

zu ergänzen. Werden dagegen mehrere Materialarten in ein Lager aufgenommen, dann konkurrieren diese um die begrenzte Lagerkapazität. Dies hat zur Folge, dass dann die optimalen Bestellmengen der einzelnen Materialarten nicht mehr isoliert bestimmt werden können, sondern gemeinsam zu berechnen sind.

Die um die Nebenbedingung ergänzte Zielfunktion lässt sich dann mit Hilfe der Multiplikationsregel von Lagrange optimieren (vgl. Abschnitt 1.2.2.3), wobei der Lagrangesche Multiplikator die Höhe der Opportunitätskosten der knappen Lagerkapazität bestimmt. Dabei gilt, dass der Lagrangesche Multiplikator umso größer wird, je knapper die Lagerkapazität ist und je niedriger die optimalen Bestellmengen werden.

Eine weitere Restriktion kann sich aus begrenzten Finanzmitteln (FM) ergeben. So kann es aus Liquiditätsgründen notwendig sein, dass das durchschnittlich gebundene Kapital im Lager eine bestimmte Höhe FM nicht überschreiten darf:

$$\frac{x}{2} \cdot p \leq FM$$

Auch in diesem Fall lässt sich die um die Nebenbedingung ergänzte Zielfunktion mit Hilfe der Multiplikationsregel von Lagrange optimieren.

3.3.2.2 Optimale Losgröße

Analog zur optimalen Bestellmenge sind auch in diesem Fall zunächst die relevanten Kostenarten zu skizzieren (vgl. Glaser 1986, S. 21 ff.):

- Herstellkosten,
  - -- unmittelbare und
  - -- mittelbare,
- Lagerhaltungskosten und
- Fehlmengenkosten.

Die unmittelbaren Herstellkosten stehen in direktem Zusammenhang mit der Erstellung und Bearbeitung der selbsterstellten Vor- und Zwischenprodukte.

Zu den unmittelbaren Herstellkosten zählen folglich die Material- und Produktionskosten. Demgegenüber stehen die mittelbaren Herstellkosten in direkter Verbindung mit der Vorbereitung der Erstellung und schlagen sich demzufolge vor allem in Rüstkosten nieder.

Bezüglich der Lagerhaltungs- und Fehlmengenkosten gelten die Ausführungen zur optimalen Bestellmenge.

3.3.2.2.1 Grundmodell

Aufgrund der eingangs erwähnten Strukturgleichheit zwischen Eigenfertigung und Fremdbezug gelten die gleichen Prämissen wie im Rahmen der Analyse zur optimalen Bestellmenge. Ergänzend sind die beiden folgenden Voraussetzungen einzuführen:

- die Produktionsgeschwindigkeit ist unendlich groß, und
- die unmittelbaren Herstellkosten pro Materialeinheit sind konstant.

Mit:

x = Losgröße,

k_u = unmittelbare Herstellkosten pro Materialeinheit und

k_m = mittelbare Herstellkosten eines Loses

lässt sich analog zur optimalen Bestellmenge die folgende Kostenfunktion aufstellen:

$$K = B \cdot k_u + k_m \cdot \frac{B}{x} + \frac{x \cdot k_u}{2} \cdot \frac{j}{100}$$

Diese Funktion ist ebenfalls nach x zu differenzieren und die 1. Ableitung gleich Null zu setzen, so dass sich die folgende **optimale Losgröße** ergibt:

$$x_{opt} = \sqrt{\frac{200 \cdot k_m \cdot B}{k_u \cdot j}}$$

3.3.2.2.2 Erweiterungen

Eine problematische Prämisse des Grundmodells ist die Annahme der unendlich hohen Produktionsgeschwindigkeit. In der Realität ist vielmehr davon auszugehen, dass die **Produktionsgeschwindigkeit v** (ME/Tag) einen endlichen Wert annimmt, der höher ist als die Absatzgeschwindigkeit l (ME/Tag). Durch die Modifikation nimmt der Lagerbestandsverlauf die in Abbildung 3.3-30 dargestellte Form an.

Hierbei ist zu berücksichtigen, dass der Lagerbestand nicht mehr den Wert x, sondern lediglich

$$x - \frac{x}{v} \cdot l$$

oder

$$x \cdot \left(1 - l/v\right)$$

erreicht. Ursache hierfür ist, dass bereits während der Produktion eines Loses ein Abruf der bereits erstellten Mengeneinheiten erfolgt, so dass der maximale Lagerbestand die Höhe x nicht erreicht, sondern dieser Wert um die während der Produktionszeit eines Loses nachgefragten Teile zu reduzieren ist.

Der durchschnittliche Lagerbestand beträgt

$$\frac{x}{2} \cdot \left(1 - 1/v\right)$$

Es ergibt sich als **Lagerhaltungskostenfunktion**:

$$K_L = \frac{x \cdot \left(1 - 1/v\right) \cdot k_u}{2} \cdot \frac{j}{100}$$

Als **Gesamtkostenfunktion**, die es dann zu minimieren gilt, ergibt sich dann:

$$K = B \cdot k_u + k_m \cdot \frac{B}{x} + \frac{x \cdot \left(1 - 1/v\right) \cdot k_u}{2} \cdot \frac{j}{100}$$

Für die **optimale Losgröße** ergibt sich:

$$x_{opt} = \sqrt{\frac{200 \cdot k_m \cdot B}{k_u \cdot \left(1 - 1/v\right) \cdot j}}$$

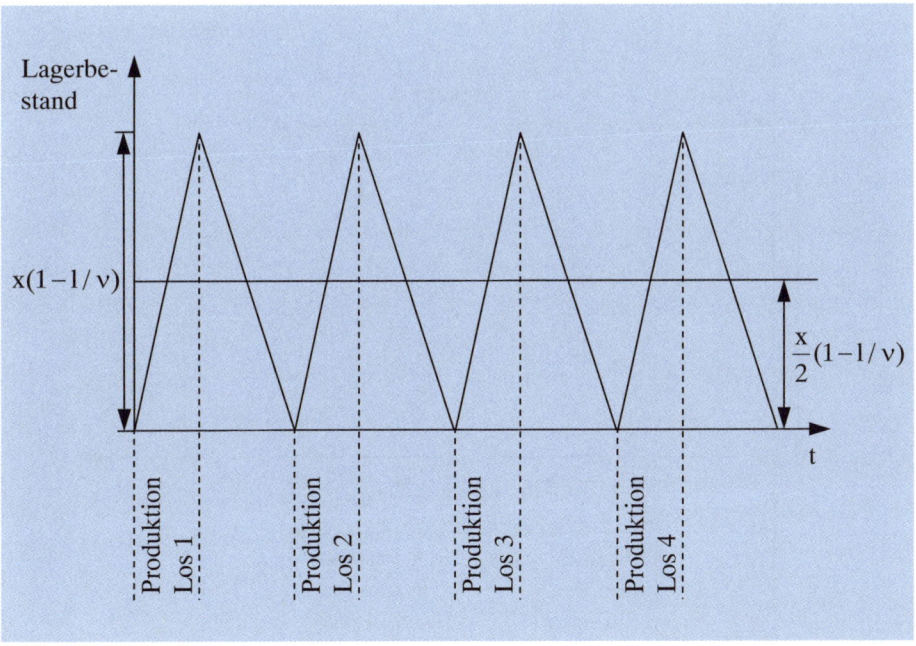

Abb. 3.3-30: Lagerbestandsverlauf bei endlicher Produktionsgeschwindigkeit und offener Produktion

Eine weitere Modifikation der Losgrößenformel ist darin zu sehen, dass mit dem Verkauf der erstellten Mengeneinheiten erst nach der Fertigstellung des Loses begonnen wird (geschlossene Produktion). Für den Fall, dass die Absatzgeschwindigkeit geringer ist als die Produktionsgeschwindigkeit, d. h. $l < v$, muss die Produktion eines Loses spätestens x/v Zeiteinheiten vor der Entnahme der letzten Einheit des vorangegangenen Loses beginnen. Verkauft ist ein Los dann x/l Zeiteinheiten nach Beendigung seiner Produktion. Abbildung 3.3-31 gibt diesen Sachverhalt wieder (vgl. hierzu Strebel 1984, S. 216 f.). Es zeigt sich, dass bei Produktionsbeginn des 2. Loses noch

$$x \cdot l/v$$

Mengeneinheiten als Lagerbestand vorhanden sind. Ist das 2. Los produziert, dann ist zu diesem Zeitpunkt das 1. Los vollständig verkauft. Zu diesem Zeitpunkt ist das 2. Los vollständig vorhanden, so dass ein Lagerbestand in der Höhe von x existiert, der zugleich Höchstbestand ist. Als optimale Losgröße ergibt sich dann:

$$x_{opt} = \sqrt{\left(\frac{200 \cdot k_m \cdot B}{k_u \cdot (1 + l/v) \cdot j} \right)}$$

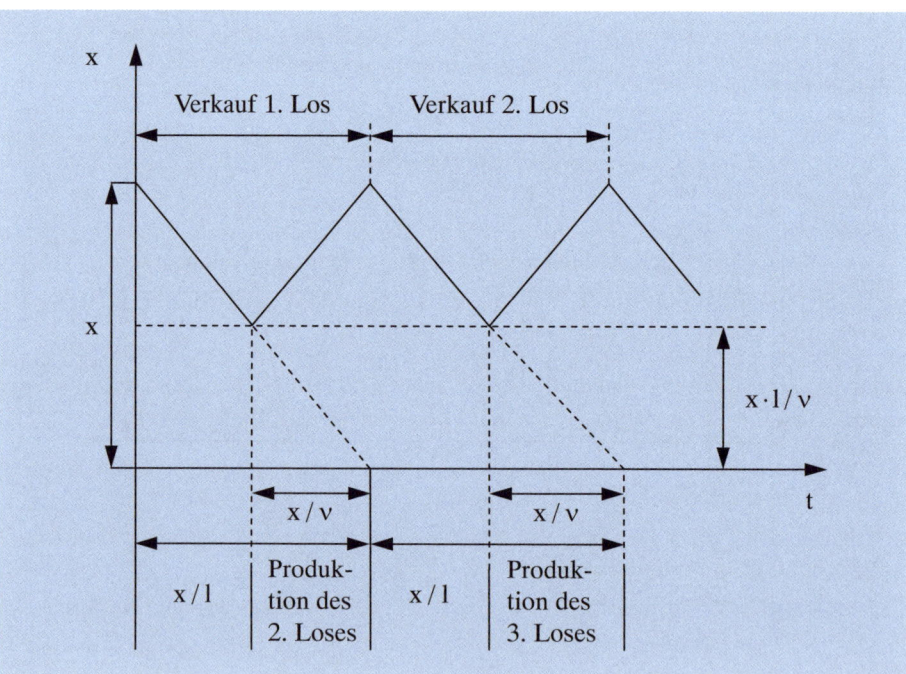

Abb. 3.3-31: Lagerbestandsverlauf bei endlicher Produktionsgeschwindigkeit bei geschlossener Produktion

3.3.3 Grundlagen der Lagerwirtschaft

Lagerhaltung ist generell dann erforderlich, wenn zwischen zwei Stellen einer Materialflusskette asynchrone Mengenbeziehungen existieren, und zwar dergestalt, dass die auf einen Zeitpunkt bezogenen kumulierten Zugänge größer sind als die kumulierten Abgänge (vgl. Zäpfel 2000c, S. 93). Lagerbestände sind folglich Güter, die erst zu einem späteren Zeitpunkt einer Verwendung zugeführt werden sollen, jedoch bereits zu einem früheren Zeitpunkt zur Verfügung stehen. Als grundlegende Aufgabe der Lagerwirtschaft ergibt sich folglich die Abstimmung unterschiedlich dimensionierter Güterströme unter Beachtung ökonomischer Gegebenheiten. Durch den Aufbau von Beständen wird eine Reduzierung oder Vermeidung von Störungen bei Bedarfsschwankungen in den verschiedenen Phasen des Leistungsprozesses möglich. Unter einem **Lager** ist damit jeder Bestand an beweglichen materiellen Gütern zu verstehen, der in einem bestimmten Zeitraum nicht unmittelbar im Leistungsprozess involviert ist. Ein Lager kann dabei die folgenden **Funktionen** erfüllen (vgl. Hansmann 2006, S. 316; Kern 1992, S. 233):

- **Ausgleichs- oder Koordinationsfunktion**: Güterzugang und Bedarf können in mengenmäßiger und zeitlicher Hinsicht voneinander abweichen. Während ein mengenmäßiger Ausgleich dann vorliegt, wenn in einem Zeitintervall das Lagerzugangs- und das Lagerabgangsvolumen voneinander abweichen, resultiert die Notwendigkeit eines zeitlichen Ausgleichs aus der unterschiedlichen zeitlichen Verteilung der Zu- und Abgänge. Diese Aspekte werden vor allem bei einer partiellen oder totalen Emanzipation der Beschaffungs- von der Produktionskurve oder der Produktions- von der Absatzkurve relevant.

- **Sicherungsfunktion**: Die Notwendigkeit der Lagerbildung resultiert hierbei aus der Unsicherheit der Informationen. Die Lagerbestände stellen folglich Sicherheitsäquivalente dar.

- **Spekulationsfunktion**: Ursache hierfür sind erwartete Material- oder Absatzpreisveränderungen. Daneben können auch Qualitätsänderungen relevant sein.

- **Veredelungsfunktion**: In diesem Zusammenhang wird auch von Produktivfunktion gesprochen (z. B. Gärung, Reifung, Alterung).

Lager können in den unterschiedlichsten Phasen des betrieblichen Leistungsprozesses auftreten:

- Als **Beschaffungslager** verbinden sie die betriebliche Umwelt in Form der Beschaffungsmärkte mit der Unternehmung.

- Als **Zwischenlager** dienen sie im Produktionsbereich als Ausgleich zwischen unterschiedlichen Produktionsstufen und -prozessen.

- Als **Absatzlager** übernehmen sie einen Ausgleich zwischen Produktionsprozessen und Absatzvorgängen.

3.3.3.1 Lagerhaltung unter der Voraussetzung sicherer Erwartungen

Zur Sicherstellung eines kontinuierlichen Produktionsablaufs ist es erforderlich, die sich aus den Bedarfsplänen ergebenden Materialmengen rechtzeitig bereitzustellen, um einerseits Bestandslücken durch eine Bestellung der erforderlichen Materialmengen aufzufüllen und anderseits Fehlmengen zu vermeiden. Eine Bestellung ist immer dann auszulösen, wenn ein bestimmter Lagerbestand, der als **Meldemenge** bezeichnet wird, erreicht ist. Die Meldemenge muss dabei so dimensioniert sein, dass sie ausreicht, die während der Beschaffungszeit auftretenden Materialentnahmen zu gewährleisten. Unter **Beschaffungszeit** wird dabei der Zeitraum verstanden, der mit der Bedarfsmeldung beginnt und dann endet, wenn das Material für den beabsichtigten Zweck im betrieblichen Leistungsprozess zur Verfügung steht. Unter der Voraussetzung eines stetigen und gleichbleibenden Lagerabgangs lässt sich die Meldemenge dann wie in Abbildung 3.3-32 darstellen.

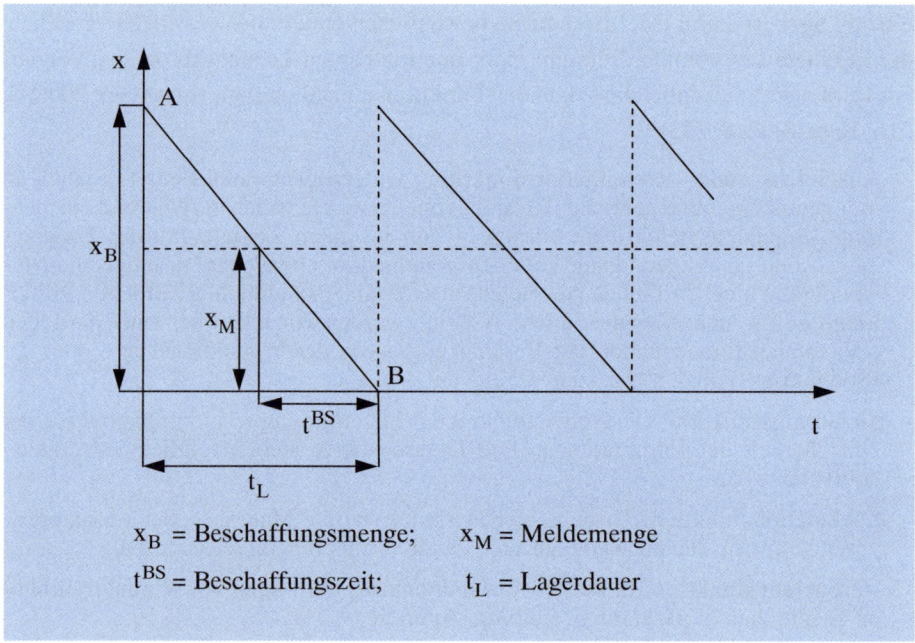

Abb. 3.3-32: Meldemenge bei stetigem und gleichbleibendem Lagerabgang

Die Strecke $\overline{AB}$ gibt dabei den Verlauf einer kontinuierlichen Materialentnahme im Zeitraum t_L an. Im Zeitintervall t_L nimmt der Lagerbestand, ausgehend von der Höhe x_B Mengeneinheiten auf null Einheiten ab. Die Steigung der Geraden $\overline{AB}$ ergibt sich dann aus:

$$me_t = \frac{x_B}{t_L}$$

Damit gibt die Größe me_t die Materialentnahme pro Zeiteinheit an (ME/ZE). Es sei unterstellt, dass die Beschaffungszeit t^{BS} betrage. Aufgrund des Strahlensatzes gilt dann:

$$\frac{x_B}{t_L} = \frac{x_M}{t^{BS}} = me_t$$

Aus dieser Beziehung lässt sich die Gleichung zur Ermittlung der Meldemenge durch Auflösung nach x_M aufstellen:

$$x_M = \frac{x_B}{t_L} \cdot t^{BS}$$

oder (da $x_B / t_L = me_t$):

$$x_M = me_t \cdot t^{BS}$$

Die Meldemenge lässt sich folglich durch die Multiplikation der Materialentnahme pro Zeiteinheit mit der Beschaffungszeit errechnen.

3.3.3.2 Lagerhaltung unter der Voraussetzung unsicherer Erwartungen

3.3.3.2.1 Ermittlung des optimalen Sicherheitsbestandes

Den bisherigen Ausführungen lag die Prämisse sicherer Erwartungen, d. h. vollkommener Sicherheit, zugrunde. Unsicherheiten können bei den folgenden Informationen auftreten:

- beim Materialbedarf (insbesondere, wenn er auf der Grundlage verbrauchsgebundener Verfahren ermittelt wird),
- bei der Beschaffungszeit (z. B. bedingt durch Lieferschwierigkeiten der Lieferanten) und
- bei weiteren Unsicherheitsfaktoren (z. B. Fehllieferungen, außerplanmäßige Lagerverluste, ungenaue Bestandsführung).

Die Lagerhaltung stellt folglich kein deterministisches, sondern ein stochastisches Problem dar.

Treten etwa bei der Wiederbeschaffungszeit oder bei der Materialentnahme Abweichungen auf, dann kann dies zu Fehlmengen führen (vgl. Abbildung 3.3-33).

Als mögliche Gegenmaßnahme ist das Anlegen von **Sicherheitsbeständen** zu nennen, d. h., es erfolgt eine Erhöhung der Meldemenge x_M^d für den deterministischen Fall, um den Sicherheitsbestand x_S^*:

$$x_M^* = x_M^d + x_S^*$$

Dabei hat es sich in der Praxis als zweckmäßig erwiesen, 1/3 des geplanten Verbrauchs während der Wiederbeschaffungszeit als Sicherheitsbestand vorzuhalten. Soll diese grobe Vorgehensweise präzisiert werden, dann ist es erforderlich, die Lagerhaltungskosten für den Sicherheitsbestand und die potentiellen Fehlmengenkosten in die Überlegungen einzubeziehen.

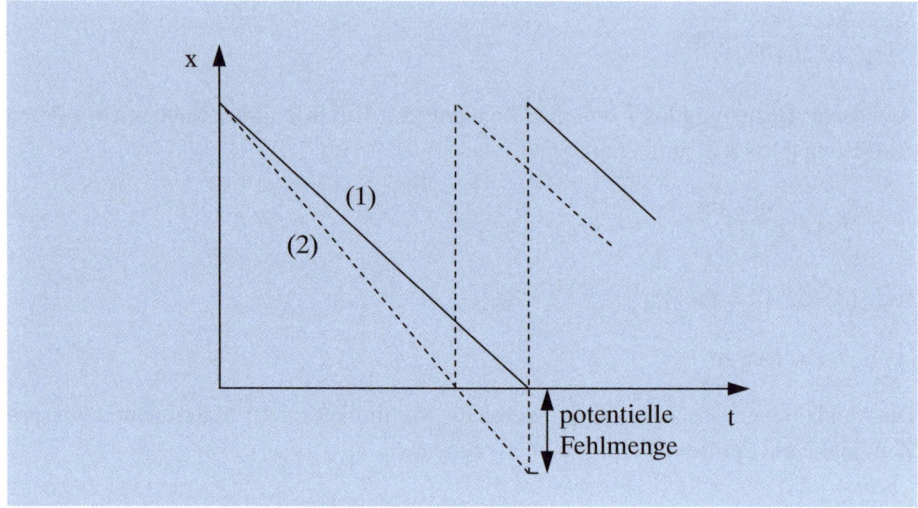

Abb. 3.3-33: Auswirkungen von Planabweichungen

Eine Möglichkeit besteht dabei darin, durch die Gegenüberstellung der Lagerkosten des Sicherheitsbestandes und der Fehlmengenkosten einen optimalen Servicegrad der Lagerhaltung zu bestimmen. Der Servicegrad β gibt dabei den Anteil des Materialbedarfs B an, der in einer betrachteten Periode unmittelbar aus dem vorhandenen Lagerbestand gedeckt werden kann. Es gilt:

$$\beta = 1 - \frac{E(x_F)}{E(B)}$$

Zu beachten ist hierbei, dass die Höhe der Lagerhaltungskosten vom geplanten Servicegrad abhängig ist, wobei diese mit zunehmendem Servicegrad steigen. Zwischen den Zielen „Maximierung des Servicegrades" und „Minimierung der Lagerhaltungskosten" besteht folglich eine konfliktäre Beziehung.

Da eine Veränderung des Servicegrades mit gegenläufigen Kostenwirkungen einhergeht (vgl. Abbildung 3.3-34), besteht die Zielsetzung der Lagerhaltung nicht in einer vollständigen Vermeidung der Fehlmengen, sondern in der Sicherstellung eines Servicegrades, der die Gesamtkosten des Sicherheitsbestandes minimiert und somit unter 100 % liegt.

Für praktische Problemstellungen erweist es sich i. d. R. als schwierig, die Fehlmengenkosten zu quantifizieren, so dass die Bewertung unterschiedlicher Servicegrade mit nicht unerheblichen Problemen verbunden ist. Aus diesem Grunde wird ein als günstig erachteter Servicegrad vorgegeben, der durch die Lagerhaltung zu erfüllen ist. Aufbauend auf dieser Größe ist es dann möglich, einen adäquaten Sicherheitsbestand zu ermitteln. Im Folgenden sei eine Vorgehensweise für den Fall vorgestellt, dass ein unsicherer Nachfrageverlauf B vorliegt und das Lager nach Erreichen des

Meldebestandes immer mit der konstanten Menge x_B aufgefüllt wird (vgl. Tempelmeier 2008, S. 408 ff.).

In diesem Fall kann sich nach dem Erreichen der Meldemenge und der damit ausgelösten Bestellung eine zufällige Änderung im Bedarfsverlauf B ergeben, so dass der Lagerbestand vor dem Eintreffen der Bestellung verbraucht ist bzw. beim Eintreffen der Bestellung ein Fehlbestand vorliegt. Es besteht folglich während der Beschaffungszeit t^{BS} Unsicherheit darüber, ob der Lagerbestand in Höhe der Meldemenge x_M den Bedarf B^{BS} abzudecken vermag.

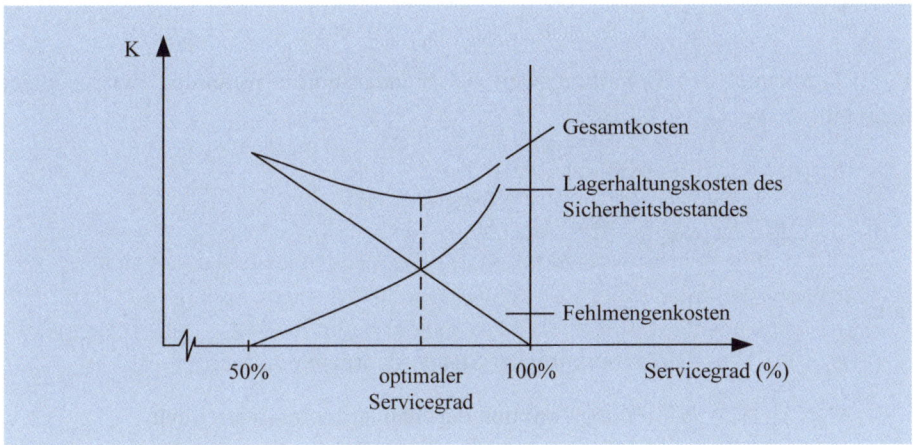

Abb. 3.3-34: Ermittlung des optimalen Servicegrades

Soll unter diesen Rahmenbedingungen ein vorgegebener Servicegrad nicht unterschritten werden, dann muss die folgende Ungleichung erfüllt sein:

$$\beta \leq 1 - \frac{E(x_F)}{x_B}$$

Der Erwartungswert der Fehlmenge ergibt sich dabei aus der Differenz

- des Fehlbestandes $E(x_F^v)$ unmittelbar vor Eintreffen und
- des Fehlbestandes $E(x_F^n)$ unmittelbar nach Eintreffen

der Bestellung, so dass gilt:

$$\beta \leq 1 - \frac{E(x_F^v) - E(x_F^n)}{x_B}$$

Liegt eine kontinuierliche Wahrscheinlichkeitsverteilung der Bedarfsmenge B^{BS} in der Beschaffungszeit vor, dann kann die Ungleichung weiter spezifiziert werden:

$$\beta \leq 1 - \frac{\int\limits_{x_M}^{\infty} (B^{BS} - x_M) \cdot f(B^{BS}) \cdot dB^{BS} - \int\limits_{x_M+x_B}^{\infty} (B^{BS} - x_M - x_B) \cdot f(B^{BS}) \cdot dB^{BS}}{x_B}$$

Folgt die Bedarfsmenge in der Beschaffungszeit einer **Normalverteilung** mit den Parametern μ (Mittelwert) und σ (Standardabweichung) (vgl. Abbildung 3.3-34), dann ergibt sich:

$$\beta \leq 1 - \frac{\sigma \cdot E_N\left(\frac{x_M - \mu}{\sigma}\right) - \sigma \cdot E_N\left(\frac{x_M - \mu + x_B}{\sigma}\right)}{x_B}$$

$E_N(\cdot)$ bezeichnet den Erwartungswert bei Standardnormalverteilung, wobei allgemein gilt:

$$E_N(\nu) = \varphi_N(\nu) - \nu \cdot (1 - \Phi_N(\nu))$$

$$\nu = \frac{x_M - \mu}{\sigma} \text{ bzw. } \nu = \frac{x_M - \mu + x_B}{\sigma}$$

mit:

$\varphi_N(\cdot)$ =   Dichtefunktion der Standardnormalverteilung

$\Phi_N(\cdot)$ =   Verteilungsfunktion der Standardnormalverteilung

ν =   Sicherheitsfaktor

Zur Ermittlung des optimalen Wertes ν^* kann auf statistische Tabellen zur Standardnormalverteilung zurückgegriffen werden. Auf der Grundlage dieses Wertes ergeben sich dann die dem vorgegebenen Servicegrad entsprechende Meldemenge x_M^* und der Sicherheitsbestand x_S^*:

$$x_M^* = \mu + \nu^* \cdot \sigma$$

$$x_S^* = \nu^* \cdot \sigma$$

Auf dieser Basis lässt sich dann die Frage beantworten, wie groß der Sicherheitsbestand bemessen sein soll, wenn der vorgegebene Servicegrad z. B. 97,72 % beträgt. Für die Normalverteilung gelten dabei unabhängig von den konkreten Parameterwerten folgende Werte (vgl. Abbildung 3.3-35):

- bei einem Sicherheitsbestand von 0 beträgt die Wahrscheinlichkeit der Deckung des Bedarfs (Servicegrad) 50%;
- bei einem Sicherheitsbestand von $1 \cdot \sigma$ beträgt der Servicegrad 84,1 %;
- bei einem Sicherheitsbestand von $2 \cdot \sigma$ beträgt der Servicegrad 97,72 %;
- bei einem Sicherheitsbestand von $3 \cdot \sigma$ beträgt der Servicegrad 99,87 %.

Durch die Festsetzung eines gewünschten Servicegrades lässt sich dann der Sicherheitsbestand als ganzzahliges Vielfaches v der Standardabweichung bestimmen.

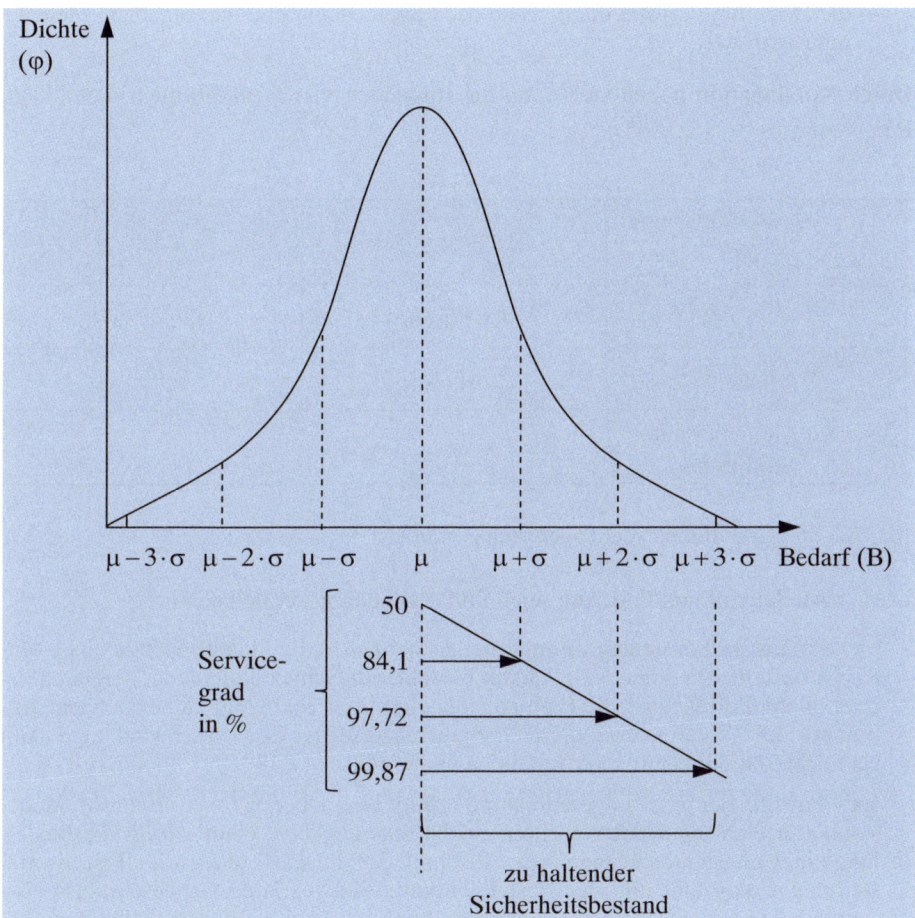

Abb. 3.3-35: Dichtefunktion der Normalverteilung

3.3.3.2.2 Lagerhaltungspolitiken

Ist der Bedarf pro Zeiteinheit eine variable Größe, dann sind die Bestellmengen und
die Bestellzeitpunkte die entscheidenden Aktionsparameter. In den zu formulierenden
Lagerhaltungspolitiken sind folglich die Zeit- und Mengenkomponenten zu bestimmen, so dass sich die beiden folgenden Steuerungen unterscheiden lassen:

- **Mengensteuerung**, d. h. Politiken, die die Bestellmenge festlegen

  -- zu jedem Bestellzeitpunkt t wird eine feste Bestellmenge x bestellt;

  -- zum Bestellzeitpunkt t wird diejenige Menge bestellt, die erforderlich ist, um
     einen bestimmten Lagerbestand S (Sollbestand) zu erreichen;

- **Zeitsteuerung**, d. h. Politiken, die den Zeitpunkt der Bestellung festlegen

  -- der Bestellzyklus ist gegeben, d. h., eine Bestellung erfolgt immer nach t Zeiteinheiten;

  -- die Bestellung erfolgt dann, wenn der Lagerbestand eine vorgegebene Menge s unterschreitet.

Durch Kombination lassen sich dann die folgenden vier Grundformen bilden (vgl. Reichmann 1979, Sp. 1065):

Bestelltermin t \ Bestellmenge x	fest	variabel
fest	t,x-Politik	s,x-Politik
variabel	t,S-Poltik	s,S-Politik
mit: s = Meldebestand \ S = Sollbestand		

Abb. 3.3-36: Grundformen der Lagerhaltungspolitiken

Diese **zweielementigen Politiken** seien im Folgenden näher behandelt:

- **t,x - Politik**: In konstanten Zeitintervallen wird stets die gleiche Menge eines Materials bestellt. Da keine Möglichkeit besteht, auf Schwankungen zu reagieren, ist eine solche Politik für reale Probleme als eher unzweckmäßig zu bezeichnen. Abbildung 3.3-37 zeigt, dass diese Vorgehensweise bei Bedarfsschwankungen mit sehr unterschiedlichen Lagerbeständen einhergeht.

- **s,x - Politik**: Bei jeder Lagerentnahme erfolgt eine Überprüfung, ob der Meldebestand s erreicht oder unterschritten ist. Ist dies gegeben, dann erfolgt die Bestellung einer konstanten Menge (vgl. Abschnitt 3.3.3.2.1). In diesem Fall ist die Bestellmenge konstant und der Bestellzeitpunkt eine variable Größe, so dass eine Anpassung an Bedarfsschwankungen möglich ist. In der Wiederbeschaffungszeit t^{BS} besteht bei Bedarfsschwankungen Unsicherheit darüber, ob der Bedarf den Meldebestand übersteigt und dadurch Fehlmengen auftreten (vgl. Abbildung 3.3-38).

- **s,S - Politik**: Bei jeder Lagerentnahme erfolgt eine Überprüfung daraufhin, ob der Lagerbestand den Meldebestand s erreicht oder unterschritten hat. Ist dies gegeben, dann erfolgt eine Lagerauffüllung bis zum Sollbestand S. Während der nach der Bestellung erreichte disponible Lagerbestand konstant ist, variieren Bestellmenge und Bestellzeitpunkt bei Schwankungen des Bedarfs. Wie bei der s,x - Politik besteht in der Wiederbeschaffungszeit t^{BS} Unsicherheit über das Auftreten von Fehlmengen (vgl. Abbildung 3.3-39).

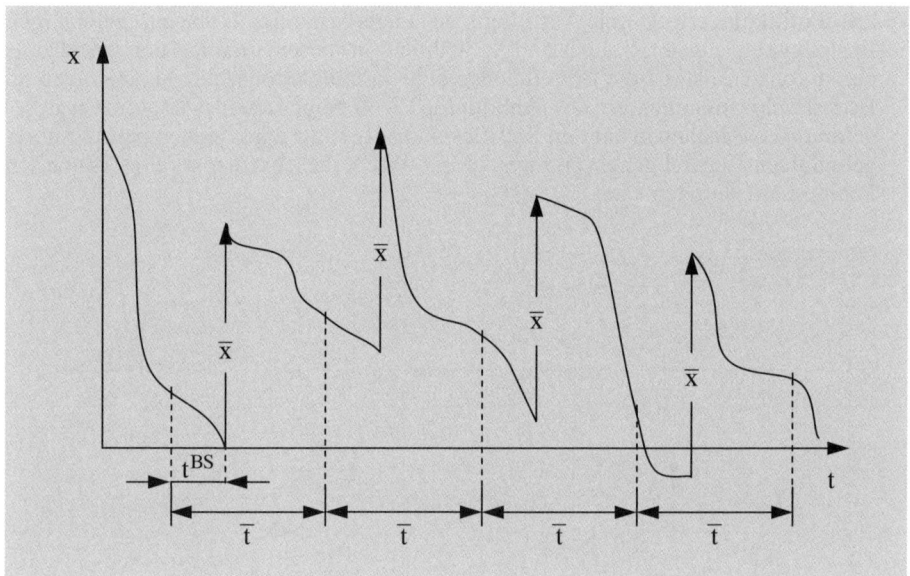

Abb. 3.3-37: t,x - Politik

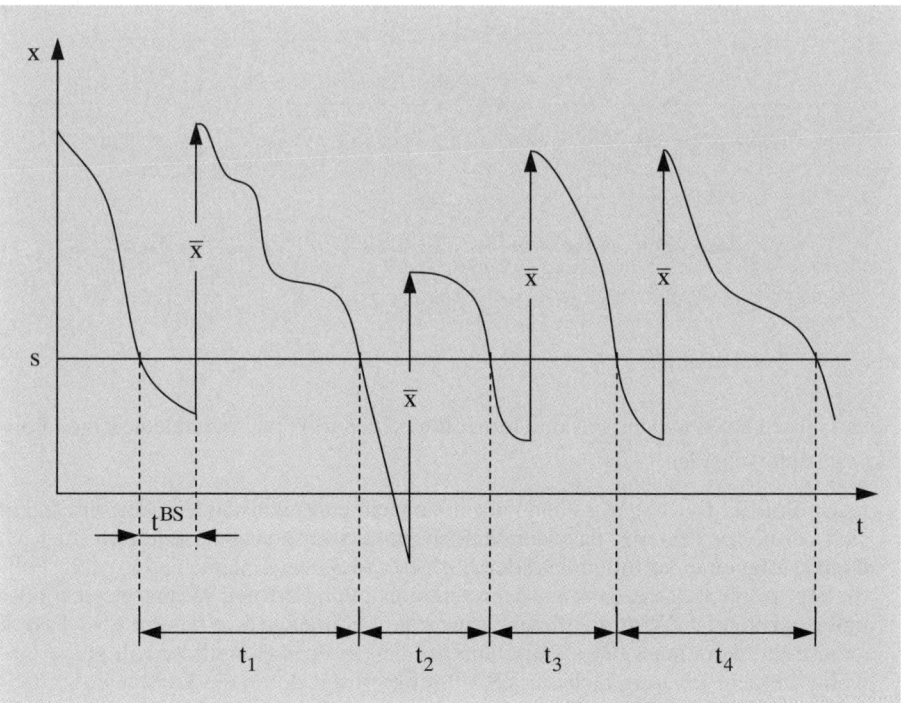

Abb. 3.3-38: s,x - Politik

- **t,S - Politik**: Es erfolgt eine Auffüllung des Lagerbestandes in einem regelmäßigen Bestellzyklus auf den Sollbestand S. Während in dieser Situation der Bestellzeitpunkt konstant ist, ist die Bestellmenge eine variable Größe, die Anpassungen an Bedarfsschwankungen erlaubt. Abbildung 3.3-40 zeigt, dass das Lager zwar in regelmäßigen Abständen auf den Soll-Bestand aufgefüllt wird, jedoch bei sehr unregelmäßigen Lagerabgangsverläufen in der Wiederbeschaffungszeit t^{BS} auch ein Fehlbestand eintreten kann.

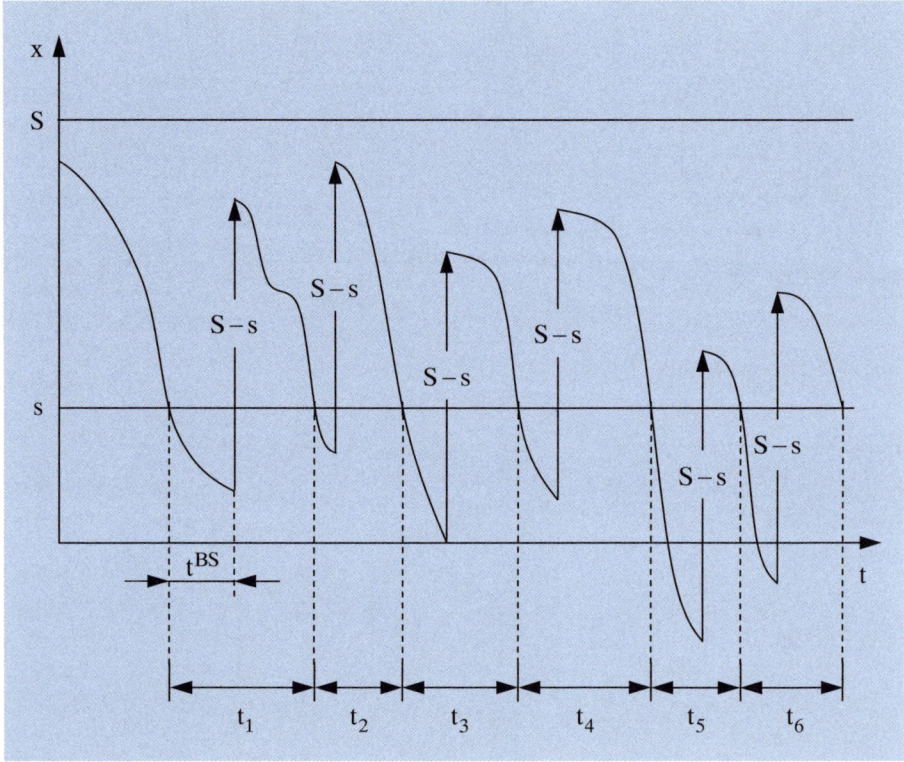

Abb. 3.3-39: s,S - Politik

Neben diesen zweielementigen sind ferner die beiden folgenden **dreielementigen Politiken** zu unterscheiden:

- **t,s,S - Politik**: Der Lagerbestand wird in konstanten Zeitabständen überprüft. Zeigt sich bei dieser Prüfung, dass der Meldebestand s erreicht oder unterschritten ist, dann erfolgt eine Auffüllung auf den Sollbestand S. Der Unterschied zur t,S - Politik liegt folglich darin, dass nur dann eine Bestellung erfolgt, wenn s erreicht oder unterschritten ist. Wird die gleiche erwartete Fehlmenge wie bei der t,S - Politik angestrebt, dann muss bei identischem Sollbestand das Bestellintervall kürzer gewählt werden. Im Vergleich zur s,S - Politik erfolgt durch die konstanten Zeitabstände der Bestandsüberprüfung eine verzögerte Bestellauslösung. Um die gleiche erwartete Fehlmenge wie bei der s,S - Politik zu erhalten, muss deshalb bei identischem Sollbestand der Meldebestand höher angesetzt werden (vgl. Abbildung 3.3-41).

- **t,s,x - Politik**: Der Lagerbestand wird in konstanten Zeitabständen überprüft. Zeigt sich bei dieser Prüfung, dass der Meldebestand erreicht oder unterschritten ist, dann wird eine konstante Menge des Materials bestellt. Damit kann im Gegensatz zur t,x - Politik auf Bedarfsschwankungen reagiert werden. Durch die konstanten Zeitabstände der Bestandsüberprüfung werden im Vergleich zur s,x - Politik die Bestellungen verzögert ausgelöst. Bei identischer Bestellmenge muss deshalb der Meldebestand höher angesetzt werden, damit die gleiche Fehlmenge wie bei der s,x - Politik zu erwarten ist (vgl. Abbildung 3.3-42).

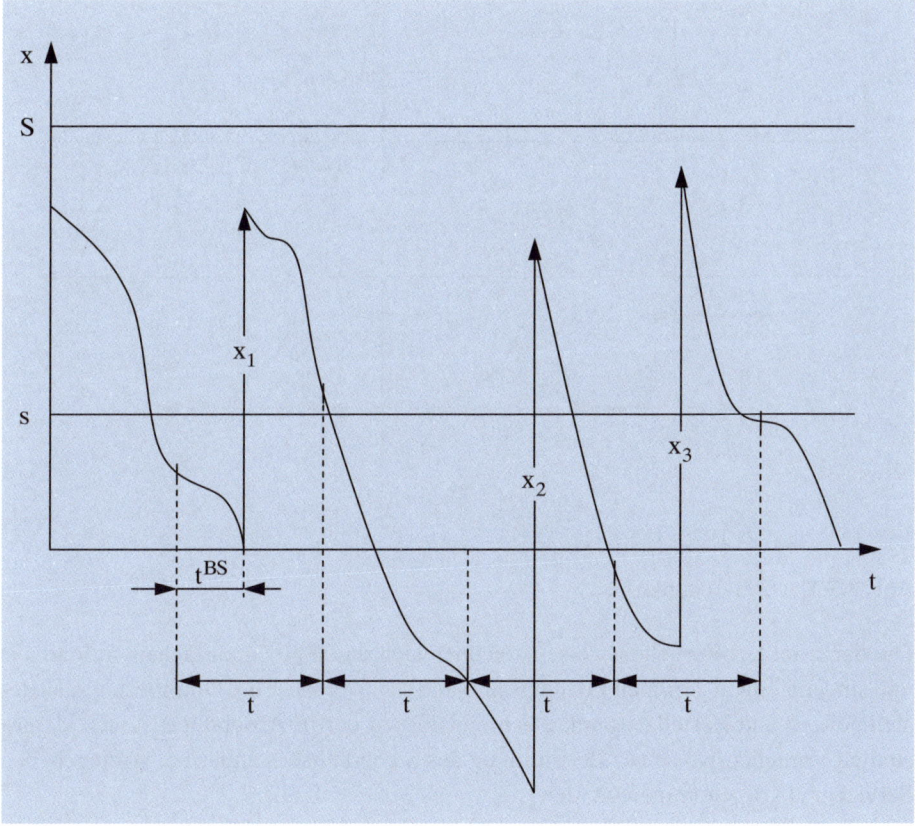

Abb. 3.3-40: t,S - Politik

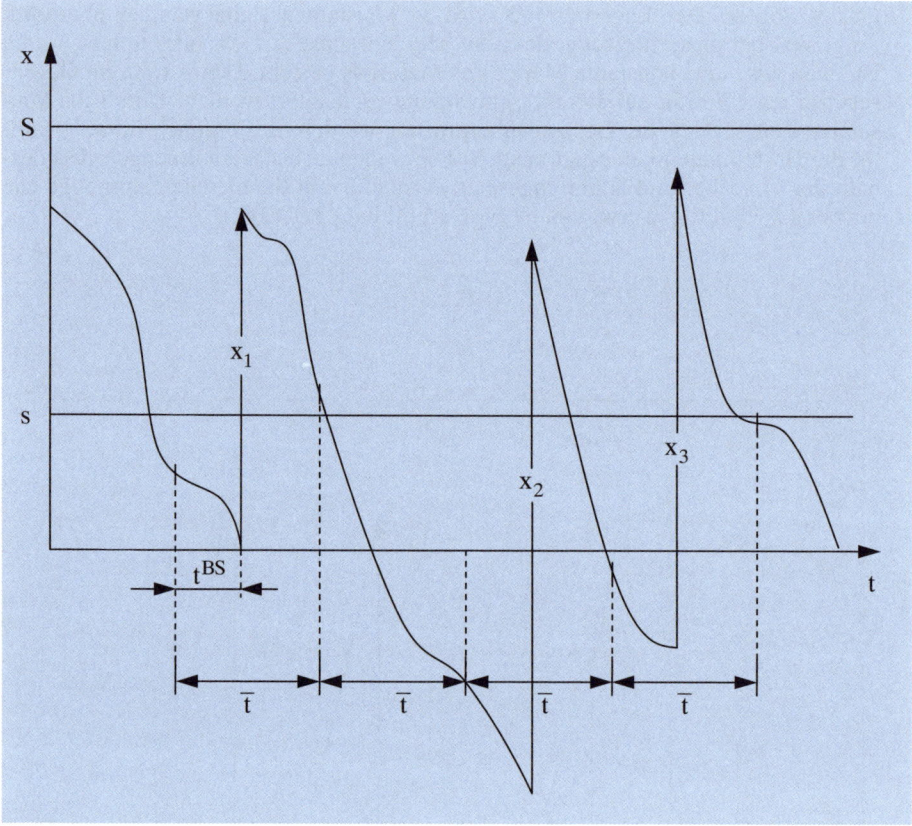

Abb. 3.3-41: t,s,S - Politik

Die dargestellten Vorgehensweisen zeichnen sich durch einen einfachen Aufbau aus und sind mit einem geringen Planungsaufwand realisierbar. Eine Optimierung der Bestellmengen und Bestellzeitpunkte kann analog zu der in Abschnitt 3.3.3.2.1 dargestellten Vorgehensweise zur Bestimmung des Sicherheitsbestandes bei vorgegebenen Servicegrad vorgenommen werden.

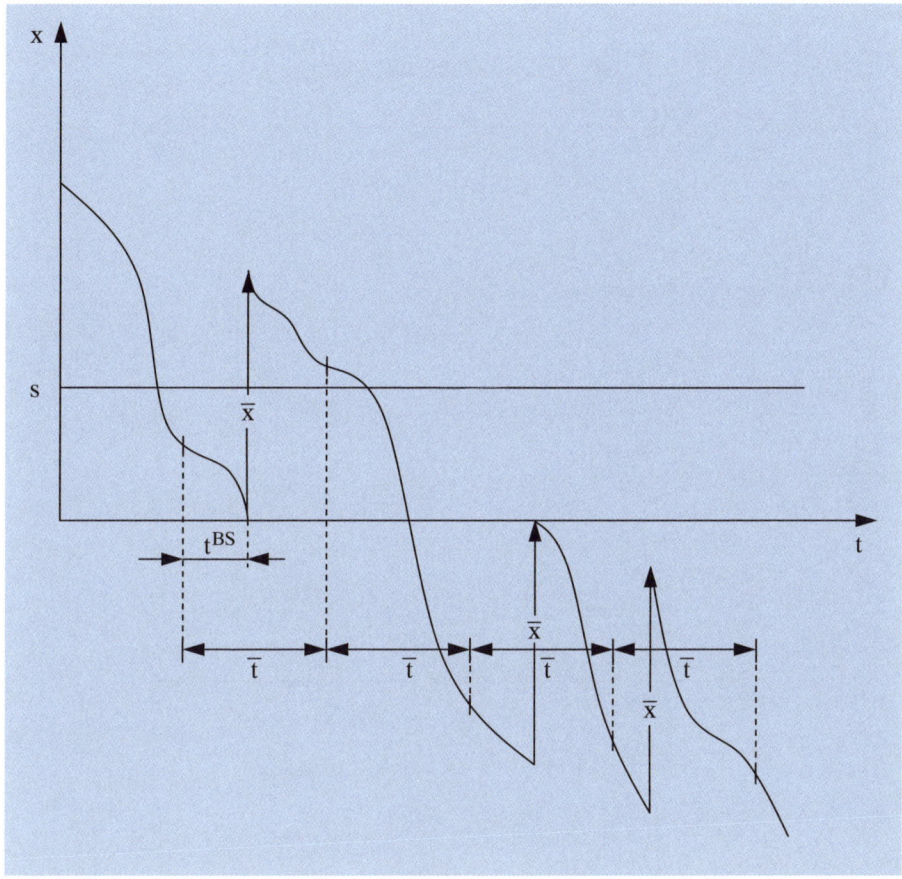

Abb. 3.3-42: t,s,x - Politik

4 Prozessgestaltung

4.1 Layoutplanung

4.1.1 Spezifikation des Planungsproblems

Unter Layoutplanung, auch innerbetriebliche Standortplanung genannt, ist die Planung der räumlichen Strukturen des Produktionsbereiches zu verstehen. Probleme der Layoutplanung treten nicht nur im Rahmen der Industrie auf, sondern auch in anderen Bereichen, wie etwa bei der Anordnung

- der Arbeitsplätze in einem Großraumbüro,
- der Abteilungen in einem Gebäude oder
- die Warenarten in einem Lager etc. (vgl. Domschke/Stahl 1979, Sp. 1886).

Die weiteren Ausführungen werden sich jedoch auf industrielle Produktionsstätten konzentrieren.

Grundgedanke der Layoutplanung ist es, eine gegebene Anzahl an Objekten, die allgemein als Organisationseinheiten bezeichnet werden, zwischen denen Beziehungen, auch Kontakte genannt, existieren, optimal zueinander anzuordnen. Optimal kann in diesem Zusammenhang z. B. bedeuten, dass eine Zuordnung der Objekte realisiert werden soll, die die durch den Materialfluss verursachten Transportkosten minimiert. Das Layoutplanungsproblem lässt sich dann wie folgt charakterisieren (vgl. Wäscher 1984, S. 930):

- Es existiert eine Menge an Organisationseinheiten (z. B. Produktionsanlagen), zwischen denen Kontakte bestehen.
- Es ist eine Fläche gegeben, auf der diese Organisationseinheiten anzuordnen sind.
- Bei dieser Anordnung sind Restriktionen zu beachten (z. B. Verbot bestimmter Nachbarschaften).
- Zur Beurteilung der generierten Anordnungen existieren mehrere Ziele.
- Es wird diejenige räumliche Anordnung der Organisationseinheiten ausgewählt, die den vorgegebenen Zielen am besten entspricht.

Der Layoutplanung obliegt folglich die Aufgabe, eine gegebene Anzahl interdependenter Organisationseinheiten unter Beachtung von Restriktionen hinsichtlich eines oder mehrerer Ziele(s) optimal anzuordnen.

4.1.1.1 Ziele der Layoutplanung

Ein zentrales Ziel in der Layoutplanung stellt die **Kostenminimierung** dar. Damit stellt sich die Frage, welche Kosten in diesem Zusammenhang zu berücksichtigen sind. Nach Wäscher (1984, S. 934 ff.) zählen hierzu Transport-, Standortwechsel- und Zwischenlagerungskosten.

Als Transport sei jede Ortsveränderung der Güter und Personen bezeichnet. Objekte des Transportes im Rahmen der Layoutplanung sind primär

- Roh-, Hilfs- und Betriebsstoffe,
- Zwischenprodukte,
- Fertigprodukte sowie
- Abfall- und Ausschussprodukte.

Häufig wird dabei unterstellt, dass zwischen den Transportkosten und der Entfernung eine proportionale Beziehung besteht. Wäscher (1984, S. 940 ff.) zeigt jedoch, dass auch andere als proportionale Kostenverläufe auftreten können. Beispielhaft seien Treppenfunktionen genannt. Die Transportkosten setzen sich aus den folgenden Kostenarten zusammen: Personal-, Abschreibungs-, Instandhaltungs-, Verwaltungs-, Energie- und Zinskosten.

Unter Standortwechselkosten werden alle Kosten subsumiert, die durch eine Veränderung der geographischen Lage einer oder mehrerer Organisationseinheit(en) verursacht werden. Hierzu zählen: Bauänderungs-, Umrüst-, Einarbeitungs- und Produktionsstörungskosten. Layoutbedingt können sich die Voraussetzungen für den Einsatz unterschiedlicher Transportsysteme verändern, so dass Transportinfrastrukturkosten relevant werden.

Zu den Zwischenlagerungskosten, die durch unterschiedlich dimensionierte Materialflüsse verursacht werden, zählen etwa: Personal-, Zins- und Energiekosten.

Neben der Minimierung der Kosten lassen sich die folgenden Zielsetzungen nennen:

- Minimierung der Durchlaufzeit der zu bearbeitenden Teile,
- möglichst geringe Liquiditätsbelastung,
- möglichst hohes Maß an Arbeitssicherheit,
- möglichst störungsarme Produktion,
- möglichst hohe Übersichtlichkeit der Produktionsstruktur, die mit einer Erleichterung der Kontrolle des Produktionsablaufs einhergeht,
- möglichst günstige Raumausnutzung,
- möglichst hoher Werbungseffekt,
- Realisation einer angestrebten Flexibilität sowie
- menschengerechte und attraktive Arbeitsplätze.

Darüber hinaus werden die in der Praxis weitverbreiteten Prinzipien genannt:

- Prinzip des kürzesten Verkehrsweges,
- Prinzip der Ausnutzung des natürlichen Gefälles,
- Prinzip der zentralen Anordnung verkehrsreicher Abteilungen,
- Prinzip der räumlichen Geschlossenheit zusammengehörender Bauteile und
- Prinzip der räumlichen Isolierung von Gefahrenquellen.

Kern (1992, S. 265) betont in diesem Zusammenhang, dass eine Befolgung derartiger Prinzipien kaum ausreiche, um zu einer auch nur annähernd optimalen Standortzuordnung zu gelangen.

Um im Rahmen der Layoutplanung eine Gesamtbeurteilung zu erreichen, ist es in einem nächsten Schritt erforderlich, die einzelnen Zielkriterien zu einer Eignungszahl zu amalgamieren, was mit der Hilfe von **Punktbewertungsverfahren** erfolgen kann (vgl. hierzu Berr/Müller 1968, S. 201 f.).

4.1.1.2 Restriktionen der Layoutplanung

Restriktionen der Layoutplanung wirken auf die relative und absolute Lage der anzuordnenden Elemente ein. In einem systematisierenden Abriss der Restriktionen sei zwischen

- Standortanforderungen und
- Standortgegebenheiten

unterschieden (vgl. Götzelmann 1986, S. 11 ff.). Während Standortanforderungen durch die Werkstückart, die Produktionsorganisation, die Betriebsmittelart und die Ansprüche der Arbeitskräfte spezifiziert werden, gehen Standortgegebenheiten auf gebäudebedingte Restriktionen und rechtliche Vorschriften zurück:

- **Standortanforderungen**

  -- **Werkstücke**: Sie beeinflussen die Dimensionierung der Transportwege, Transportmittel, Lagerflächen, Instandhaltung, Materialflussrichtung, Fixierung von Messflächen usw.

  -- **Produktionsorganisation**: Sie beeinflusst einerseits die Materialflussgestaltung und anderseits die Auswahl der Fördermittel.

  -- **Betriebsmittel**: Sie stellen Anforderungen an Bodentragfähigkeit, Raumhöhe, Lichtverhältnisse, Ver- und Entsorgung, Flächenbedarf und -form, erforderliche Freiräume für Wartungsarbeiten, Nachbarschaftsbeziehungen usw.

  -- **Arbeitskräfte**: Sie stellen Anforderungen an Beleuchtung, Unfallverhütung und Gesundheitsschutz, Trennung von Personal- und Güterverkehrsachsen.

- **Standortgegebenheiten**

  -- **Bauliche Gegebenheiten**: Einflüsse bereits existierender Gebäude, z. B. Bodenbeschaffenheit, Form, Größe, Anbindung an Verkehrsnetze, Zu- und Ablieferungspunkte usw.

  -- **Rechtliche Vorschriften**: Gewerbeordnung, Arbeitsstättenverordnung, Arbeitssicherheitsgesetz und spezielle Verordnungen: z. B. Verordnung über elektrische Anlagen in explosionsgefährdeten Räumen, Arbeitsschutzverordnungen (zu einem differenzierten Überblick vgl. Schanze, 1996, Sp. 1779 ff.; Stüdemann 1979, Sp. 1787 ff.).

In den noch darzustellenden EDV-gestützten interaktiven Layoutplanungssystemen werden die Standortgegebenheiten zu Beginn des Planungsprozesses eingegeben.

Die Standortanforderungen hingegen werden während des gesamten Planungsprozesses interaktiv eingegeben und verarbeitet.

4.1.1.3 Modelle zur Layoutplanung

Zur quantitativen Modellierung der Layoutplanungsprobleme werden drei Alternativen vorgeschlagen (vgl. Domschke/Drexl 1996, S. 15 f., S. 162 ff., S. 194 ff. und S. 236 ff.)

- **Problem der Zuordnung der Organisationseinheiten zu Teilflächen**: Möglichkeiten der Zuordnung innerhalb der gegebenen Grundfläche und die damit einhergehenden Kosten werden auf der Grundlage von Binärvariablen abgebildet, so dass sich ein **quadratisches Zuordnungsproblem** ergibt. Die Nebenbedingungen stellen sicher, dass jeder Organisationseinheit entsprechend ihres Platzbedarfes Teilflächen zugeordnet werden und das Platzangebot jeder Teilfläche nicht überschritten wird. Ziel ist es dann, eine zulässige kostenminimale Organisationseinheiten/ Teilflächenkombination zu finden.

- **Problem der Bestimmung optimaler Standortkoordinaten der Organisationseinheiten in einer Ebene**: Jeder Punkt der betrachteten Ebene ist durch spezifische Koordinaten gekennzeichnet und stellt einen potentiellen Standort für die Organisationseinheiten dar. Als wesentliche Einflussgröße der Transportkosten wird die auf der Grundlage einer festgelegten Metrik gemessene Entfernung zwischen den gewählten Standorten angesehen. Die optimale Lösung dieses Problems ist durch die Koordinaten der Organisationseinheiten gekennzeichnet, die mit dem Minimum der Transportkosten einhergehen. Sie lässt sich auf der Grundlage des **Steiner-Weber-Ansatzes** (vgl. Kapitel 3.2.3.2) ermitteln.

- **Problem der Bestimmung maximaler planarer Teilgraphen eines gegebenen vollständigen Graphen**: Die Organisationseinheiten werden als Knoten und die Vorziehenswürdigkeit einer benachbarten Anordnung zweier Organisationseinheiten als bewertete Kanten zwischen den entsprechenden Knoten eines vollständigen Graphen abgebildet. Die optimale Lösung dieses Problems ist durch einen Teilgraphen mit der größtmöglichen Summe der Kantenbewertungen, dessen Kanten in der Ebene keine Überschneidungen aufweisen (Planarität) und dem keine weitere Kante hinzugefügt werden kann (Maximalität), gekennzeichnet.

Da die beiden zuletzt genannten Modellierungsalternativen den Platzbedarf der Organisationseinheiten nicht berücksichtigen, sei im folgenden näher auf das **Grundmodell** zum Problem der Zuordnung der Organisationseinheiten zu Teilflächen eingegangen. In diesem Modell sind I Organisationseinheiten an M Standorten so zu positionieren, dass die Transportkosten minimiert werden. Datengrundlage bilden die folgenden Matrizen (vgl. Kern 1992, S. 267 ff.):

- **Entfernungsmatrix** $D[M \times N]$: Die Elemente d_{mn} geben die Entfernung zwischen den potentiellen Standorten m und n an (mit: $m, n = 1, \ldots, M = N$ und $d_{nn} = 0 \; \forall n$).

- **Intensitätsmatrix** $\Lambda[I \times J]$: Die Elemente λ_{ij} geben die Transportmenge pro Periode zwischen den Organisationseinheiten i und j an (mit: $i, j = 1, \ldots, I = J$ und $\lambda_{ij} = 0 \; \forall j$). Liegt bereits ein Layout vor, dann lassen sich die Transportintensitäten **empirisch** ermitteln. Unterstellt wird hierbei, dass die gegenwärtige Situation auch für die Planungsperiode Gültigkeit besitzt. Ist die Voraussetzung nicht gegeben, dann ist eine **analytische** Ermittlung der Transportintensitäten erforderlich, die auf der Auswertung von Arbeitsplänen, Konstruktionszeichnungen, Stücklisten etc. basiert (vgl. Wäscher 1984, S. 939 f.).

- **Transportkostenmatrix** $K[I \times J]$: Die Elemente k_{ij} geben die Transportkosten pro Entfernungseinheit für den Transport einer Mengeneinheit von Organisationseinheit i zu Organisationseinheit j an.

Die Entscheidung über die Zuordnung einer Organisationseinheit i bzw. j zu einem potentiellen Standort m bzw. n wird mit Hilfe binärer **Zuordnungsvariablen** u_{im} bzw. u_{jn} abgebildet, die im Falle einer Zuordnung den Wert 1, ansonsten den Wert 0 annehmen. Die Zuordnungsvariablen werden in der Zuordnungsmatrix $U[(I = J) \times (M = N)]$ zusammengefasst. Das Grundmodell zur Layoutplanung ist damit durch folgende Struktur gekennzeichnet (vgl. Koopmans/Beckmann 1957, S. 64 ff.):

- Zielfunktion: Minimierung der Transportkosten

$$K = \sum_{i=1}^{I} \sum_{j=1}^{J} \sum_{m=1}^{M} \sum_{n=1}^{N} k_{ij} \cdot \lambda_{ij} \cdot d_{mn} \cdot u_{im} \cdot u_{jn} \quad \rightarrow \quad \min!$$

- Nebenbedingungen:

-- Jede Organisationseinheit wird genau einem potentiellen Standort zugeordnet:

$$\sum_{m=1}^{M} u_{im} = 1 \qquad \qquad \forall i$$

-- Jeder potentielle Standort wird maximal einer Organisationseinheit zugeordnet:

$$\sum_{i=1}^{I} u_{im} \leq 1 \qquad \qquad \forall m$$

-- Die Entscheidungsvariablen können nur die Werte 0 und 1 annehmen:

$$u_{im} \in \{0; 1\} \qquad \qquad \forall i, m$$

$$u_{jn} \in \{0; 1\} \qquad \qquad \forall j, n$$

Mit diesem Grundmodell wird das Layoutplanungsproblem unter sehr restriktiven Annahmen formuliert, so dass dessen Lösung nur erste Hinweise auf gute Anordnungskombinationen liefern.

4.1.2 Lösungsansätze zur Layoutplanung

4.1.2.1 Spezifische Verfahren

Auf der Grundlage des Kriteriums „Möglichkeit des Planers, lenkend in den Planungsprozess einzugreifen" kann zwischen nicht interaktiven und interaktiven Verfahren unterschieden werden. Während für den Planer bei den nicht interaktiven Verfahren nach der Eingabe der Daten des Layoutplanungsproblems keine Möglichkeiten bestehen, den Prozess der Problemlösung zu beeinflussen, ist es ihm bei interaktiven Verfahren möglich, im Rahmen des computergestützten Planungsprozesses das Layout mitzugestalten.

4.1.2.1.1 Nicht interaktive Verfahren

Bei den nicht interaktiven Verfahren ist zwischen exakten und heuristischen Verfahren zu unterscheiden. Mit exakten Ansätzen wird versucht, eine optimale Lösung auf der Grundlage einer algorithmischen Vorgehensweise zu finden. Dabei lassen sich folgende Gruppen unterscheiden:

- Die Lösung des dargestellten Zuordnungsproblems erfolgt im Rahmen der **vollständigen Enumeration** durch die Berechnung der Zielfunktionswerte für sämtliche Kombinationsmöglichkeiten und die Auswahl der Kombinationsmöglichkeit mit dem niedrigsten Zielfunktionswert. Diese Vorgehensweise führt jedoch bereits bei relativ kleinen Problemabmessungen zu einem hohen Rechenaufwand.

- Ziel einer **unvollständigen Enumeration** auf der Grundlage des **Branch-and-Bound-Verfahrens** ist die Reduzierung des Rechenaufwandes durch begründetes Ausschließen von Kombinationsmöglichkeiten. Die Lösungsmenge wird in Untermengen (Branches) zerlegt, die dann mit dem bestmöglichen Wert bewertet werden. Die Untermenge mit dem günstigsten Zielfunktionswert (Bound) wird dann weiter aufgespalten. Dieser Aufspaltungsprozess erfolgt so lange, bis in der ausgewählten Untermenge eine vollständige Lösung auftritt, deren Zielfunktionswert mit dem berechneten Bound übereinstimmt. Im ungünstigsten Fall kann sich ein ähnlich hoher Rechenaufwand wie bei der vollständigen Enumeration ergeben.

Da mit dem vorgestellten Grundmodell ein quadratisches Zuordnungsproblem vorliegt (vgl. Wäscher 1984, S. 931 f.) steigt der Rechenaufwand mit zunehmender Problemgröße überproportional an. Mit exakten Verfahren kann deshalb in angemessener Zeit nur bei kleineren Problemabmessungen eine Lösung gefunden werden. Für reale Problemstellungen mit entsprechend großen Problemabmessungen (500-1000 Objekte) besitzen exakte Verfahren nur eine geringe Bedeutung. Aus diesem Grunde wurden eine Vielzahl heuristischer Verfahren entwickelt, mit denen das Ziel verfolgt wird, innerhalb einer akzeptablen Dauer eine befriedigende Lösung zu finden, die der optimalen Lösung sehr nahe kommt. Hierbei lassen sich Konstruktions-, Verbesserungs- und Kombinationsverfahren unterscheiden.

Ausgangspunkt der **Konstruktionsverfahren** ist eine leere Planungsgrundfläche. Der Planer wählt zunächst nach eigenem Ermessen eine Organisationseinheit aus und baut dann sukzessive, d. h. durch Einsetzen weiterer Einheiten, ein Layout auf. Bereits angeordnete Einheiten werden im Laufe des Planungsprozesses nicht mehr verändert.

Die einzelnen Verfahren unterscheiden sich insbesondere bei der Auswahl der jeweils nächsten anzuordnenden Organisationseinheit, d. h. durch das Kriterium, mit dessen Hilfe die Menge der anzuordnenden Einheiten in eine Reihenfolge gebracht wird. Abbildung 4.1-1 zeigt die prinzipielle Vorgehensweise der Konstruktionsverfahren (vgl. Brandt 1989, S. 15).

Die Konstruktionsverfahren brechen dann ab, wenn sämtliche Organisationseinheiten angeordnet sind, d. h. eine zulässige Lösung vorliegt. Entscheidend für die Konstruktionsverfahren sind damit:

- die Kriterien zur Auswahl des ersten Objektes und der Folgeobjekte des Zuordnungsprozesses (Einsetzreihenfolge) und
- die Kriterien zur Auswahl der Position der gewählten Objekte.

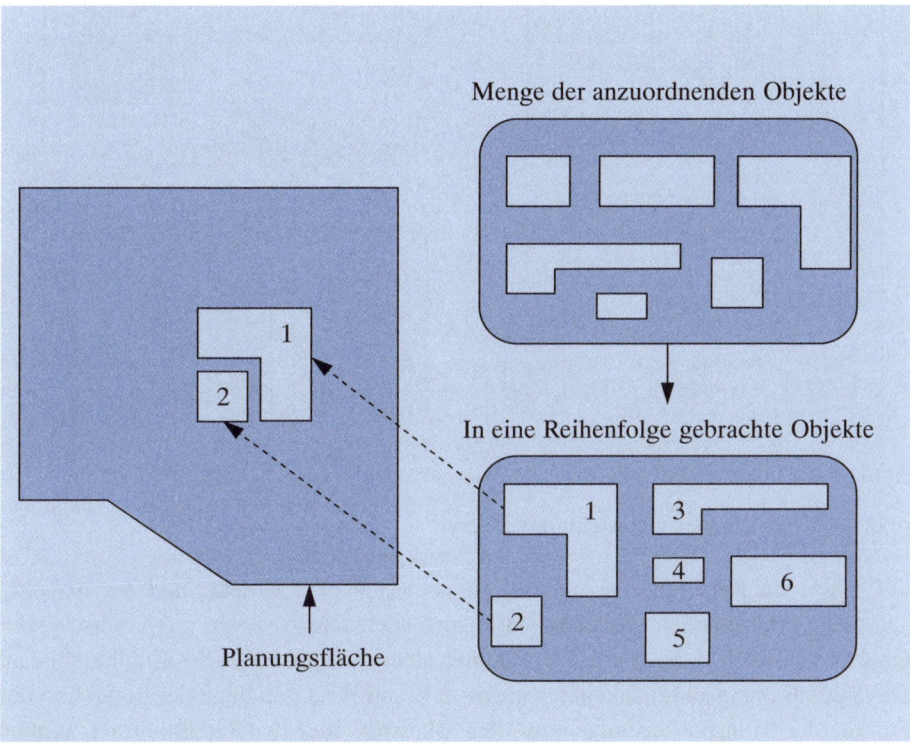

Abb. 4.1-1: Prinzip der Konstruktionsverfahren

Gängige Kriterien zur Bestimmung der Einsetzreihenfolge sind: Größte Summe der Transportintensitäten zu allen Objekten, höchste Transportintensität zum zuletzt eingesetzten Objekt, höchste einzelne Transportintensität zu allen eingesetzten Objekten. Zur Auswahl der Position gelangen z. B. die folgenden Kriterien zur Anwendung: freier Platz mit der geringsten Summe der Entfernungen zu allen Plätzen, freier Platz in Nachbarschaft zur zuletzt gewählten Position, freier Platz mit der geringsten Summe der Transportleistung zu allen bereits gewählten Positionen. Ausgangspunkt der Verbesserungsverfahren bildet eine beliebige Basisanordnung, die als Ausgangslayout bezeichnet wird. Durch sukzessives Vertauschen zweier oder mehrerer Organisationseinheiten wird dann versucht, ein günstigeres Layout zu finden. Nach jeder Vertauschung wird dabei der Zielfunktionswert ermittelt. Beendet ist der Planungsprozess dann, wenn keine Verbesserung des Zielfunktionswertes mehr erreicht werden kann. Primäre Einsatzbereiche dieser Verfahren sind Umstellungs- und Erweiterungsmaßnahmen. Abbildung 4.1-2 gibt das Prinzip der Verbesserungsverfahren wieder (vgl. Brandt 1989, S. 16).

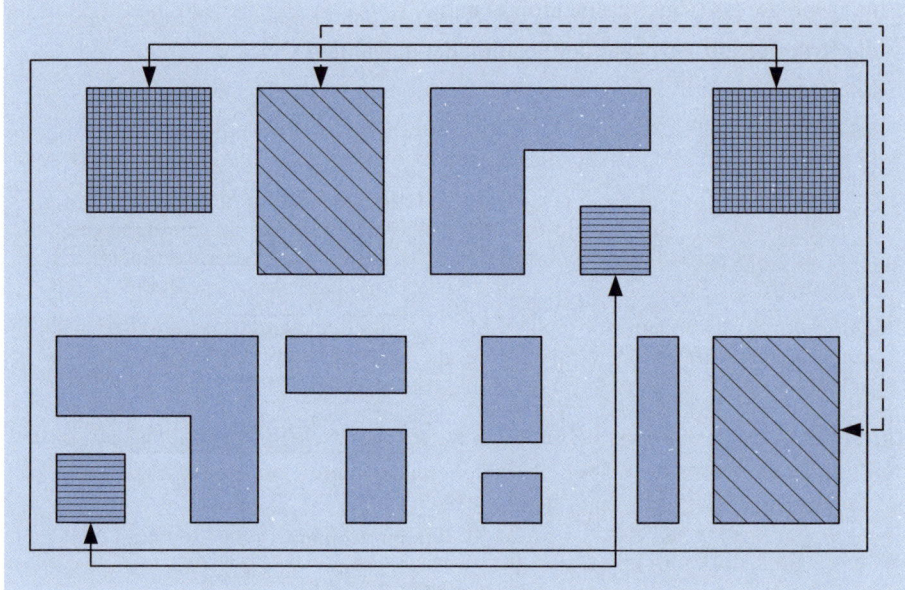

Abb. 4.1-2: Prinzip der Verbesserungsverfahren

Dabei werden Kriterien zur Auswahl zu vertauschender Objekte und zur Auswahl aus den Vertauschungsmöglichkeiten angewendet. Die Auswahl zu vertauschender Objekte erfolgt i. d. R. durch die Bildung einer Anzahl zufälliger Kombinationen. Die Vertauschungsmöglichkeiten werden z. B. auf der Grundlage der Reduktion der Summe der Transportleistungen zu allen Objekten oder der Reduktion der Summe der Entfernungen zu allen Objekten beurteilt. Als dritte Verfahrensgruppe wurde die der Kombinationsverfahren angeführt, die sich aus Konstruktions- und Verbesserungsverfahren zusammensetzen. Mit Hilfe des Konstruktionsverfahrens wird ein Ausgangslayout generiert, das dann als Grundlage des Verbesserungsverfahrens dient. Ein solches kombinatives Verfahren stellt die von Kiehne (1969, S. 145 ff.) entwickelte Umlaufmethode dar. Grundgedanke der Umlaufmethode ist, dass für jede neu anzuordnende Organisationseinheit zusätzlich überprüft wird, ob durch eine Vertauschung benachbarter Einheiten eine Verbesserung des Zielfunktionswertes realisiert werden kann.

4.1.2.1.2 Interaktive Verfahren

Interaktive Verfahren sind durch eine Mensch-Maschine-Kommunikation gekennzeichnet, auf deren Grundlage es dem Planer möglich ist, den EDV-gestützten Planungsprozess zu lenken. Die interaktive Layouterstellung umfasst dabei sämtliche Interaktionsarten zwischen Planer und Rechner, die im Rahmen des Layoutplanungsprozesses erforderlich werden (vgl. Brandt 1989, S. 49 f.). Hierzu zählen:

- Interaktionen im Rahmen der Programmsteuerung,
- Interaktionen bei der Eingabe graphischer (zu den graphischen Größen zählen alle Flächen, Schraffuren, Symbole, Farben etc.) und alphanumerischer Größen,
- Interaktionen im Rahmen der eigentlichen Layouterstellung sowie
- Interaktionen während und nach der durch das selbsttätige Optimierungsprogramm durchgeführten Anordnung, wobei die beiden folgenden Wege zu unterscheiden sind:
  -- Der Planer gibt die Anzahl der anzuordnenden Flächen an, die dann durch das Programm selbsttätig angeordnet werden, wobei das Programm nach der Anordnungsprozedur stoppt und auf weitere Anweisungen wartet, oder
  -- die durch das Programm angeordneten Einheiten werden unmittelbar nach ihrer Einplanung in die Grundfläche auf einem Graphikbildschirm sichtbar gemacht, und der Planer kann hierauf sofort reagieren.

Zur Durchführung der Entwurfsarbeiten steht eine Vielzahl an graphischen Grundfunktionen wie Drehen, Spiegeln, Löschen und Kopieren zur Verfügung, wobei auch der Maßstab für die Darstellung frei wählbar ist.

Während im Konstruktionsbereich der Einsatz von CAD-Systemen in den meisten Unternehmungen realisiert ist, finden derartige Systeme auch in der Layoutplanung zunehmend Verbreitung. Dabei erlaubt die Bausteinstruktur vieler CAD-Systeme eine detaillierte und arbeitsreduzierende Darstellung des Layouts. Das Layout wird dabei in Stufen unterteilt, wobei auf der untersten Stufe die graphischen Grundelemente in der Form von Punkten, Geraden etc. abgebildet werden, aus denen dann nacheinander Bausteine, Ebenen und schließlich das gesamte Layout entsteht. Die Nutzung derartiger CAD-Systeme geht mit einer Integration der Einzelarbeitsgänge einher. Der Planer entscheidet selbständig über eine Veränderung bzw. Verbesserung des Layouts. Eines der ersten CAD-Systeme speziell für die Layoutplanung (LAYPLA Layoutplanungssystem), wurde von Heinzel (1985, zitiert nach Brandt 1989, S. 19) entwickelt. Es dient der graphisch-interaktiven Erstellung von Layoutplänen für Anlagen, Fabriken und Maschinenausstattungen. Ein weiteres interaktives Verfahren wurde von Brandt (1989, S. 53 ff.) entwickelt. Hierbei handelt es sich um ein zweistufiges System, mit dessen Hilfe zunächst ein Idealstandort und dann darauf aufbauend ein Realstandort bestimmt wird (vgl. Abb. 4.1-3). Während traditionelle Stufenkonzepte jedoch einen Idealplan im Sinne einer „idealen Fabrik" mit dem Streben nach einer allein an den funktionalen Erfordernissen des Produktionsprozesses ausgerichteten Ideallösung als Gesamtheit entwerfen und erst dann in einem nächsten Schritt durch die Einführung von Restriktionen einen Realplan erstellen, setzt der Ansatz von Brandt an jeder neu anzuordnenden Planungsfläche an, für die zunächst ein Idealstandort und dann sofort im nächsten Schritt ein Realstandort bestimmt wird, ehe daran anschließend die gleiche Vorgehensweise für die nächste anzuordnende Organisationseinheit erfolgt. Dabei ist es jedoch nicht immer möglich, eine saubere Trennung zwischen Ideal- und Realplan zu ziehen, da teilweise auch bereits in den Idealplan Restriktionen einbezogen werden können (vgl. Götzelmann 1986, S. 22 f.).

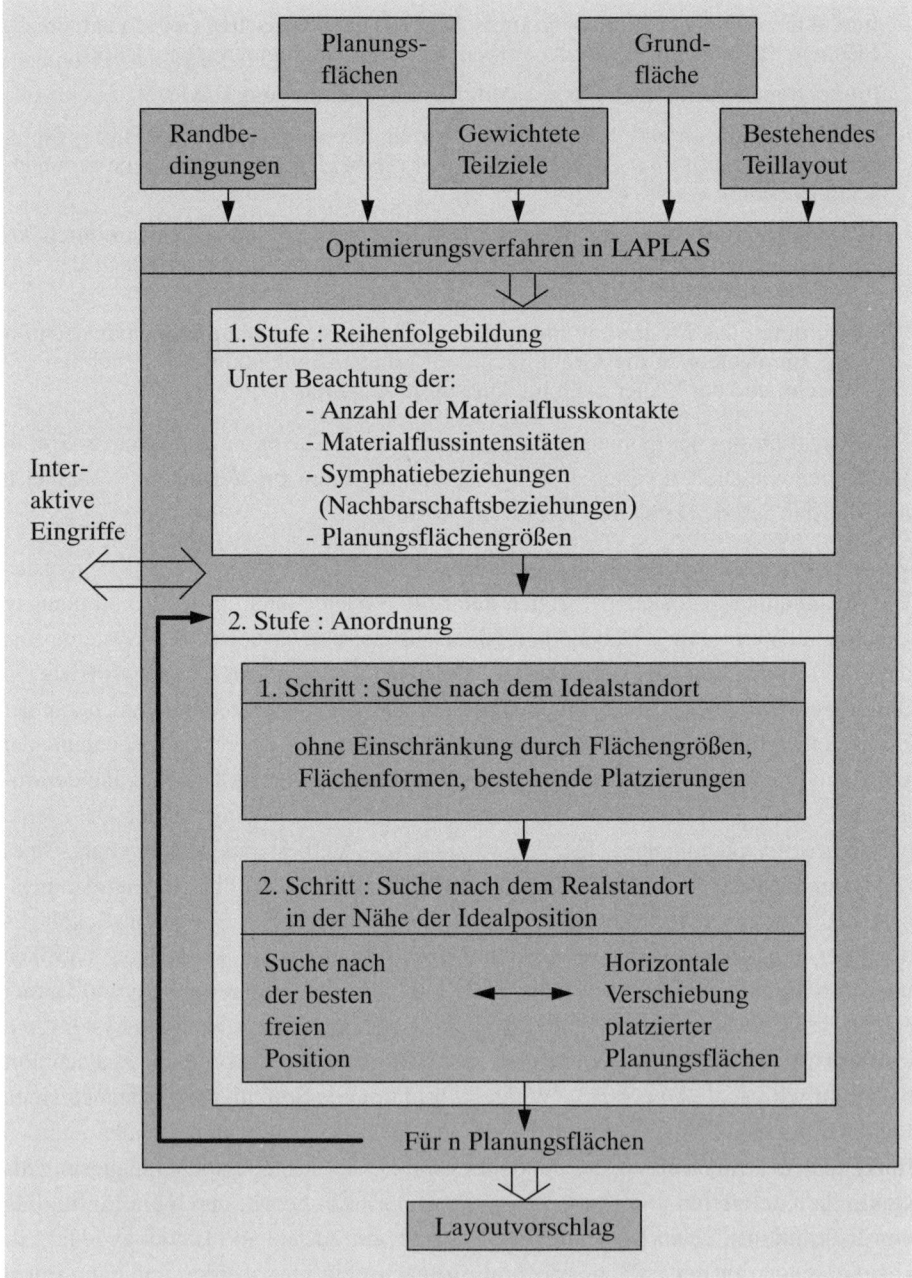

Abb. 4.1-3: „Optimierungsverfahren" LAPLAS

4.1.2.2 Übergreifende Systeme

Neben den bisher vorgestellten spezifischen Layoutplanungskonzepten wurden darüber hinaus Planungssysteme entwickelt, in denen die eigentliche **Layoutplanung** nur einen **Teilplan** darstellt. Zentrales Anliegen dieser Ansätze ist es dabei nicht, Schwachstellen anderer Systeme zu beseitigen, sondern es geht darum, Layoutplanungen in umfangreiche Programmsysteme, d. h. in einen größeren Problemzusammenhang, zu integrieren. So wird etwa die Forderung erhoben, eine Unterstützung in allen Phasen der Raumstrukturierung bis hin zur Feinplanung des Layouts, zu realisieren.

Im Folgenden sei kurz auf das

- System von Martin (1976) und das
- Verfahren von Reese (1980)

eingegangen.

Das von Martin entwickelte Programmpaket ermittelt für Produktionsstätten

- einen geeigneten Organisationstyp, wobei neben der Werkstatt- und der Fließproduktion auch gemischte Typen auftreten können,
- geeignete Betriebsmittelgruppen,
- eine grobe Auswahl geeigneter Fördermittel und
- ein günstiges Layout auf der Grundlage einer heuristisch-konstruktiven Vorgehensweise.

Als Zielkriterium wird die Minimierung der Transportleistung herangezogen.

Das System arbeitet dabei in den folgenden **Schritten**:

- Zunächst werden die Eingangsdaten aufbereitet und die Transportmatrix aufgestellt.
- In einem zweiten Schritt erfolgt eine Reihenfolgeoptimierung der in der Transportmatrix vorhandenen Elemente. Als Ergebnis ergibt sich eine flussoptimierte Transportmatrix.
- Auf der Grundlage von Kennzahlen wird in einem nächsten Schritt der Organisationstyp ermittelt, um dann auf dieser Basis eine Zusammenfassung von Betriebsmitteln zu Gruppen vollziehen zu können. Durch diese Vorgehensweise wird eine Verdichtung der Transportmatrix erreicht.
- Ist das Transportgut analysiert und sind die Transportmittel ausgewählt, dann werden die Planungsflächen in der Grundfläche mit Hilfe der heuristisch-konstruktiven Vorgehensweise angeordnet.

Reese geht in seinem Verfahren einen anderen Weg. Ziel seiner Überlegungen ist eine **simultane Optimierung** der Maschinenanordnung und -belegung. Grundlage hierfür ist ein Branch-and-Bound-Verfahren, dessen zentrales Element ein Verbesserungsalgorithmus ist, mit dessen Unterstützung die Optimallösung iterativ erreicht werden soll. Ausgangspunkt bilden dabei mit konventionellen Verfahren ermittelte Einzellösungen. Auch dieses Verfahren weist eine hohe Komplexität auf und geht mit dem

Nachteil einher, dass auch bei kleineren Problemabmessungen bereits erhebliche Rechenzeiten erforderlich sind. Wäscher (1984, S. 940) stellt darüber hinaus die Frage, ob eine derartige Simultanplanung überhaupt anzustreben sei, da durch eine Integration von langfristiger Layout- und kurzfristiger Maschinenbelegungsplanung gerade die mit der Werkstattproduktion einhergehende Flexibilität verlorenginge, die durch diese Organisationsform gerade erreicht werden solle. Charakteristisch für die Reihenfolgeplanung bei Werkstattproduktion ist es gerade, dass fallweise darüber entschieden wird, welches Objekt nach Abschluss der Bearbeitung auf einem Aggregat als nächstes zu bearbeiten ist.

4.2 Fließbandabstimmung

Das Problem der Fließbandabstimmung besteht bei Fließproduktion mit Zeitzwang: Eine zur Erfüllung der Aufgabe des Produktionssystems auszuführende Menge von Arbeitsgängen i ($i = 1,...,n$) mit den Ausführungszeiten t_i^a ist unter Berücksichtigung technologisch bedingter Reihenfolgebeziehungen einer festzulegenden Anzahl m von Stationen (Arbeitsplätze am Fließband) s ($s = 1,...,S$) zuzuordnen. Als Taktzeit c wird dabei die Zeit bezeichnet, die jeder Station zur Verfügung steht, um die jeweils zugeordneten Arbeitsgänge an einer Mengeneinheit des Werkstückes auszuführen. Sie dauert mindestens so lange wie die höchste Summe der Ausführungszeiten an den einzelnen Stationen. Damit ist die Bearbeitungsdauer $t^b = \sum t_i^a$ am Fließband nicht größer als die Durchlaufzeit $t^d = m \cdot c$, d. h., es kann eine Leerzeit $t^l = t^d - t^b$ auftreten.

Abgeleitet aus dem Ziel der Deckungsbeitragsmaximierung und unter der Annahme, dass Leerzeiten an allen Stationen des Produktionssystems dieselbe Wertigkeit aufweisen, ergibt sich das Ziel, durch Festlegung der Stationenanzahl und der Taktzeit eine maximale Systemauslastung zu erreichen. Dies ist dann erreicht, wenn die Leistungsabgabe der einzelnen Bearbeitungsstationen weitestgehend synchronisiert ist. Zur Lösung des Planungsproblems wird die Operationalisierung der Zielsetzung in unterschiedlichen Varianten vorgenommen, die sich ineinander überführen lassen[1]:

- Minimierung der Stationenanzahl bei vorgegebener Taktzeit,
- Minimierung der Taktzeit bei vorgegebener Stationenanzahl.

Im Grundmodell der Fließbandabstimmung wird von einer vorgegebenen Taktzeit und einer linearen Arbeitsgangfolge ausgegangen (vgl. Adam 1990, S. 792 ff., Zäpfel 2000c, S. 203 ff.):

---

1) Äquivalent hierzu sind die Formulierungen Minimierung der Summe der Leerzeiten bzw. Minimierung der maximalen Bearbeitungszeit. Zu einem Überblick vgl. Salveson (1955, S. 20 f.); Zäpfel (2000c, S. 200 ff.).

Ziel ist die Minimierung der über die mindestens erforderliche Stationenanzahl m* hinausgehend eingerichteten Stationen:

$$m = m^* + \sum_{s=m^*+1}^{S} y_s \rightarrow min \qquad \text{mit: } m^* = \left\lceil \frac{t^b}{c} \right\rceil$$

Nebenbedingungen:

- Jeder Arbeitsgang wird genau einer Station zugeordnet:

$$\sum_{s=1}^{S} x_{is} = 1 \qquad \forall\, i$$

- Eine Station s wird eingerichtet, sobald ihr ein Arbeitsgang zugeordnet wurde. An jeder Station wird die Taktzeit nicht von der Bearbeitungszeit überschritten:

$$\sum_{i=1}^{n} t_i^a \cdot x_{is} \leq c \cdot y_s \qquad \forall\, s$$

- Die technologisch bedingte Reihenfolge wird eingehalten:

$$\sum_{s=1}^{S} s \cdot x_{is} \leq \sum_{s=1}^{S} s \cdot x_{ks} \qquad \forall\, (i,k)\,|\,k \in N_i$$

- Die Stationen sind fortlaufend indiziert:

$$y_s \geq y_{s+1} \qquad \forall\, s = 1,\ldots,S-1$$

- Wertebereiche der Entscheidungsvariablen:

$$x_{is} \in \{0,1\} \qquad \forall\, i,s$$

$$y_s \in \{0,1\} \qquad \forall\, s$$

mit:

c   = Taktzeit

m   = Stationenanzahl

N_i = Indexmenge der direkten Nachfolger des Arbeitsganges i

t_i^a = Ausführungsdauer von Arbeitsgang i

x_{is} = Zuordnung von Arbeitsgang i zu Station s

y_s = Einrichtung von Station s

Damit liegt ein Entscheidungsmodell der binären Programmierung vor, das für kleinere Problemabmessungen (ca. 100 Arbeitsgänge) in akzeptabler Zeit exakt gelöst werden kann (z. B. mit dem Branch & Bound-Verfahren). Für reale Problemabmessungen ist der Einsatz heuristischer Lösungsverfahren erforderlich, die zulässige Lösungen erzeugen, aber keine Optimalität garantieren.

Eine relativ einfache Heuristik ist das Prioritätsregelverfahren, bei dem eine sukzessive Zuordnung der Arbeitsgänge zu Stationen auf der Grundlage einer Auswahlvorschrift (Prioritätsregel) erfolgt. Vor der Festlegung jeder Zuordnung wird geprüft, ob die Arbeitsgangzuordnung die im Entscheidungsmodell formulierten Bedingungen (z. B. technologische Reihenfolgeanforderungen, Einhaltung der Taktzeit) erfüllt. Die Prioritätszahl ergibt sich aus einfach messbaren Charakteristika der Produktion (zu einem Überblick vgl. Zäpfel 2000c, S. 210). So fordert etwa die Regel „Maximales Positionsgewicht" den Arbeitsgang als nächstes zu wählen, dessen Positionsgewicht (Summe aus eigener Ausführungsdauer und der Ausführungsdauer aller nachfolgenden Arbeitsgänge) maximal ist. Unterschiedliche Prioritätsregeln generieren in der Regel unterschiedliche Lösungen, so dass Aussagen über die Lösungsgüte getroffen werden müssen.

Zur Beurteilung der Güte unterschiedlicher Lösungen können die folgenden Leistungsmaße herangezogen werden:

- Leerzeit: $t^l = t^d - t^b$
- Nutzungsgrad: $\mu = \dfrac{t^b}{t^d}$
- Abstimmungsverlust: $z = 1 - \dfrac{t^b}{t^d}$

Die Vorgehensweise des Prioritätsregelverfahrens sei an einem Beispiel mit 6 Arbeitsgängen verdeutlicht, deren Ausführungsdauern und Reihenfolgebeziehungen in einem Vorranggraph erfasst sind (vgl. Abbildung 4.2-1).

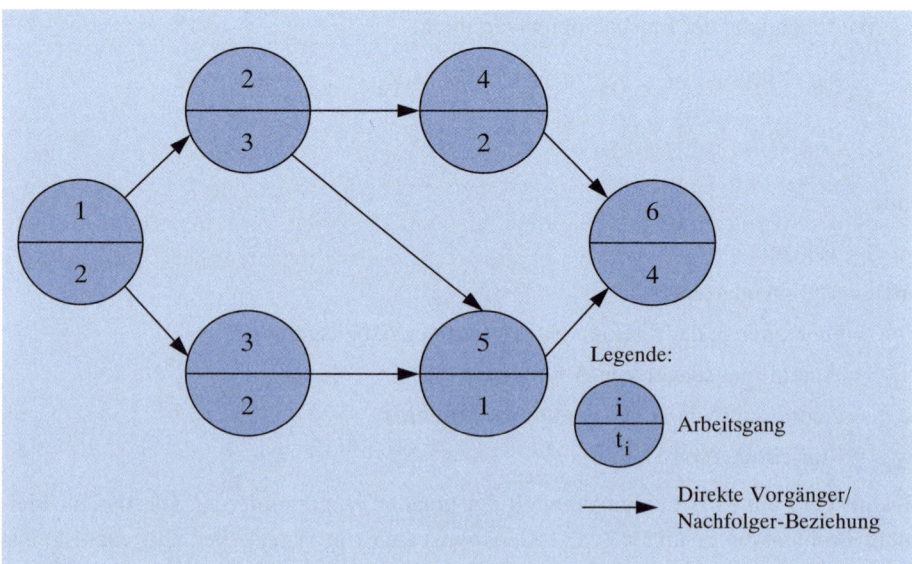

Abb. 4.2-1: Vorranggraph

Daraus lassen sich vier Arbeitsgangsequenzen (1-2-3-4-5-6, 1-2-3-5-4-6, 1-3-2-4-5-6, 1-3-2-5-4-6) und die Positionsgewichte der Arbeitsgänge (vgl. Abbildung 4.2-2) explizieren.

Arbeitsgang	1	2	3	4	5	6
Positionsgewicht	14	10	7	6	5	4

Abb. 4.2-2: Positionsgewichte der Arbeitsgänge

Für eine vorgegebene Taktzeit von 4 Zeiteinheiten ergibt sich dann der in Abbildung 4.2-3 dargestellte iterative Ablauf des Prioritätsregelverfahrens.

Station	$s = 1$			$s = 2$			$s = 3$		$s = 4$
Arbeitsgang i	1	2	3	2	4	5	4	6	6
Ausführungsdauer t_i^a	2	3	2	3	2	1	2	4	4
aktuelle Leerzeit t_s^l	4	2	2	4	1	1	4	2	4
Leerzeit ausreichend?	ja	nein	ja	ja	nein	ja	ja	nein	ja
Zulässige Sequenz?	ja	–	ja	ja	–	ja	ja	–	ja
Zuweisung	1	–	3	2	–	5	4	–	6

Abb. 4.2-3: (Zwischen-) Ergebnisse des Prioritätsregelverfahrens

Im Beispiel wird die Sequenz 1-3-2-5-4-6 gewählt, wobei die Arbeitsgänge 1 und 3 der Station 1, die Arbeitsgänge 2 und 5 der Station 2, der Arbeitsgang 4 der Station 3 sowie der Arbeitsgang 6 der Station 4 zugeordnet werden. Zur Beurteilung der Güte dieser zulässigen Lösung können die unterschiedlichen Leistungsmaße herangezogen werden:

$$t^l = 2, \; \mu = 0,875, \; z = 0,125$$

Für die Minimierung der Taktzeit bei vorgegebener Stationenanzahl lässt sich das beschriebene Grundmodell in leicht modifizierter Form analog anwenden. Sobald komplexere Fließbandsysteme (mehrdimensionale oder parallele Systeme) abzustimmen sind, erweitert sich der Aufgabenumfang, weil unterschiedliche Taktzeiten in den einzelnen Teilsystemen sowie gleitende Produktionsumstellungen möglich sind. Im Mehrproduktfall sind zusätzlich die unterschiedlichen qualitativen, quantitativen und zeitlichen Anforderungen der einzelnen Arbeitsgänge zu berücksichtigen.

Neben der Bestimmung von Taktzeit und Stationenanzahl lassen sich aus den realen Gegebenheiten weitere nachgelagerte Aufgaben der Fließbandabstimmung ableiten:

- Pufferdimensionierung: Produktionsprozesse lassen sich nicht immer vollständig synchronisieren und es treten ungeplante Unterbrechungen (Störungen) auf (vgl. Abschnitt 5.3.1). Somit ist zu ermitteln, welche Teilabschnitte eines Fließbandes durch Puffer entkoppelt werden müssen, damit eine kontinuierliche Materialversorgung gewährleistet und bei Eintritt von Störungen die Produktion auf den davon nicht betroffenen Teilstrecken fortgesetzt werden kann. Es ist somit über Anzahl und Position der Puffer sowie die Pufferkapazität zu entscheiden.

- Anpassung an schwankenden Bedarf: Auf der operativen Ebene können Maßnahmen der zeitlichen, intensitätsmäßigen und qualitativen Anpassung in isolierter und kombinierter Form ergriffen werden, um die Outputmenge zu variieren.

4.3 Terminplanung

Aufgabe der Terminplanung ist der Entwurf einer zeitlichen Ordnung, d. h. sie umfasst die terminliche Zuordnung der Aufträge oder Arbeitsvorgänge auf die entsprechenden Produktiveinheiten. In der Terminplanung erfolgt auf der methodischen Grundlage der Netzplantechnik die Festlegung der frühesten und spätesten Start- und Endtermine der auszuführenden Produktionsaufträge, um sicherzustellen, dass diese spätestens zum Liefertermin fertiggestellt sind. Die weiteren Überlegungen konzentrieren sich dabei auf die Verhältnisse bei Werkstattproduktion, da bei diesem Organisationstyp ständig Zuordnungsentscheidungen für die Werkstücke zu den jeweiligen Bearbeitungsstationen getroffen werden müssen. Im Rahmen der Terminplanung erfolgt eine Grobterminierung, d. h. Objekte sind Arbeitsgang- und Maschinengruppen. Input dieser Planung bilden dabei Auftragsdaten (Losgröße, Liefertermin, Arbeitsplan etc.), Schätzungen der Komponenten der Auftragsdurchlaufzeit sowie Angaben über die Kapazität der Bearbeitungseinheiten und deren zeitliche Verfügbarkeit.

Für eine Werkstattproduktion ist es charakteristisch, dass durch die unterschiedlichen Folgen der Werkstätteninanspruchnahme durch die einzelnen Aufträge an den Bearbeitungsstationen Warteschlangen auftreten, d. h. mehrere Aufträge konkurrieren um eine Produktiveinheit. Dies bedeutet, dass mit den Terminplanungsproblemen im Rahmen der Werkstattproduktion auch Probleme der Reihenfolgeplanung einhergehen.

Die Terminplanung wird dabei in die beiden Teilbereiche

- Durchlaufterminierung und
- Kapazitätsterminierung

untergliedert (vgl. Hoitsch 1993b, S. 455). Teilweise findet sich in der Literatur (vgl. Glaser 1986, S. 69 ff.) auch eine Dreiteilung in Durchlaufterminierung, Kapazitätsabgleich und Kapazitätsterminierung, wobei die beiden ersten Bereiche der Grob- und der letzte Komplex der Feinterminierung zugeordnet werden. Hinter diesen unterschiedlichen Einteilungen verbergen sich jedoch keine inhaltlichen, sondern lediglich terminologische Unterschiede. Da auch der Kapazitätsabgleich periodenbezogen vorgenommen wird, handelt es sich letztlich auch hierbei um eine Kapazitätsterminierung, und es erschiene dann konsequenter, die Kapazitätsterminierung in eine Grob- und Feinterminierung aufzuspalten. Unter der Kapazitätsterminierung im Sinne Glasers ist dann die Auftragsreihenfolgeplanung zu verstehen. Der Auftragsreihenfolgeplanung oder Maschinenbelegungsplanung, die eine Reihenfolge- und Terminfeinplanung darstellt, wird in dem vorliegenden Lehrbuch ein eigenes Kapitel gewidmet, so dass der Vorgehensweise von Glaser im Weiteren nicht gefolgt werden soll.

Aufgabe der Durchlaufterminierung ist die Festsetzung der Anfangs- und Endtermine der durchzuführenden Arbeitsgänge, ohne dabei eventuell auftretende Kapazitätsrestriktionen zu berücksichtigen. Ausgangspunkt bildet der gewünschte Fertigstellungstermin.

Die Zeitspanne, die ein Werkstück vom Eintritt in den Produktionsbereich bis zu dessen endgültiger Fertigstellung und Übergabe an den Vertriebsbereich benötigt, wird als Durchlaufzeit bezeichnet (auftragsbezogene Durchlaufzeit[2]). Sie lässt sich, wie in Abbildung 4.3-1 dargestellt, weiter aufspalten (vgl. z. B. Zäpfel 1982, S. 222 f.).

Unter Liege- oder Wartezeit ist diejenige Zeitspanne zu verstehen, die das zu bearbeitende Teil im Produktionssystem verbringt, ohne dass eine Veränderung im Sinne eines Arbeitsfortschritts erfolgt. Dass diese Liegezeiten von erheblicher Bedeutung sind, zeigen Untersuchungen (vgl. z. B. Stommel 1976, S. 142 ff.), die Liegezeiten von bis zu 85% der Durchlaufzeit identifizieren. Kern (1992, S. 278) weist darauf hin, dass etwa die Produktionszeit für ein Herrenhemd lediglich 25 - 30 Minuten betrage, während die Durchlaufzeit ca. 20 Tage erreicht. Verschärfend kommt hinzu, dass Liegezeiten im Gegensatz zu Bearbeitungs- und Rüstzeiten, die mit hinreichender Genauigkeit aus Arbeitsplänen gewonnen werden können, lediglich als Schätzgrößen in die Terminplanung einfließen, d. h., die Qualität der Durchlaufterminierung wird folglich nicht unerheblich durch die Schätzgüte beeinflusst (vgl. Abschnitt 5.3.1). Als Maßnahmen zur Reduzierung der Liegezeiten bieten sich das

- Überlappen und das
- Splitten von Arbeitsvorgängen

an. Beim Überlappen werden aufeinanderfolgende Arbeitsgänge teilweise gleichzeitig bearbeitet, d. h., eine Teilmenge des Arbeitsvorganges ist fertig und wird bereits an die folgende Bearbeitungsstation weitergeleitet, ohne dass der vorangegangene Vorgang

---

2) Hiervon abzugrenzen ist die vorgangsbezogene Durchlaufzeit, die die Zeitspanne umfasst, die zwischen der Erledigung eines Arbeitsganges am Vorgängerarbeitsplatz und am Ende der Bearbeitung des unmittelbar nachfolgenden Arbeitsganges eines Auftrages liegt (vgl. Zäpfel 1996, S. 186).

vollständig bearbeitet ist. Demgegenüber wird beim Splitten der Auftrag oder Arbeitsvorgang geteilt, und diese Teile werden auf unterschiedlichen Produktiveinheiten getrennt bearbeitet.

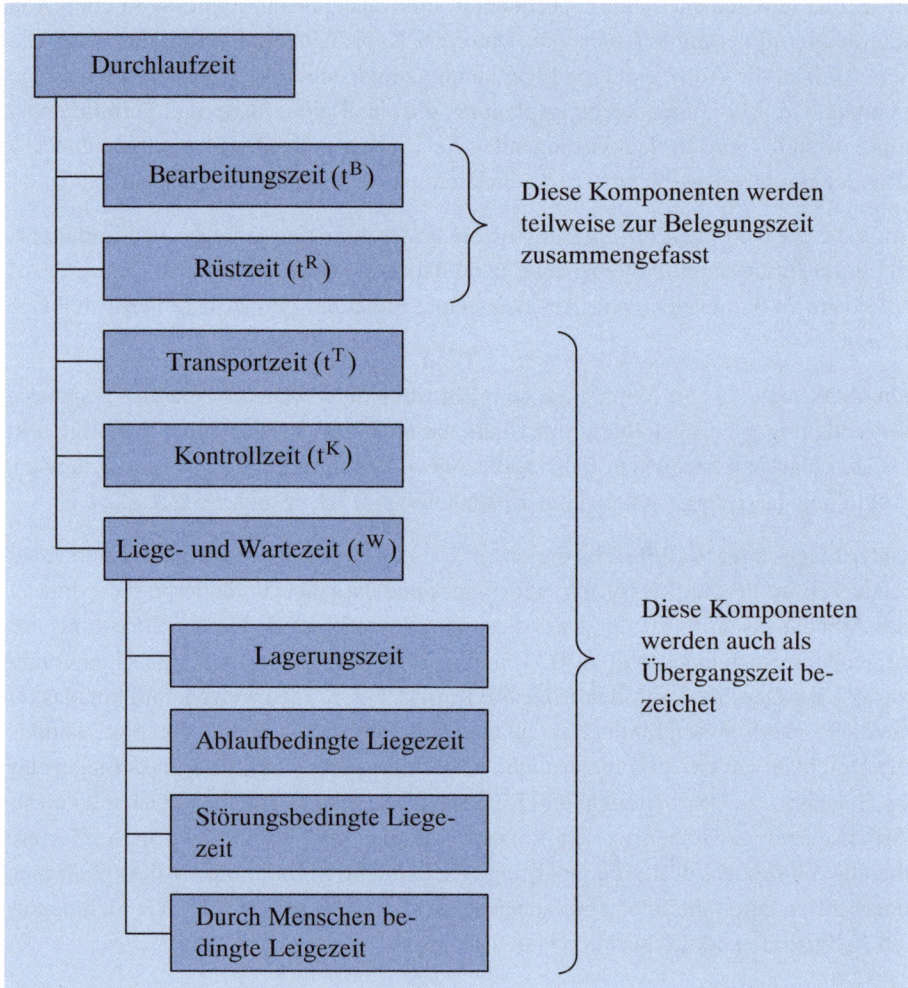

Abb. 4.3-1: Komponenten der Durchlaufzeit

Abbildung 4.3-2 gibt die bei einer Überlappung und einer Splittung zweier aufeinanderfolgenden Arbeitsgänge auftretenden zeitlichen Effekte wieder.

Den Ausgangspunkt der Analyse zeitreduzierender Effekte bildet die Durchlaufzeit eines Vorgangs $i\,(t_i^D)$ ohne parallelgeschaltete Vorgänge und ohne Splittung:

$$t_i^D = \sum_{j=1}^{J}\left(t_{ij}^B + t_{ij}^R + t_{ij}^T + t_{ij}^K\right) + \sum_{j=1}^{J-1} t_{ij}^W$$

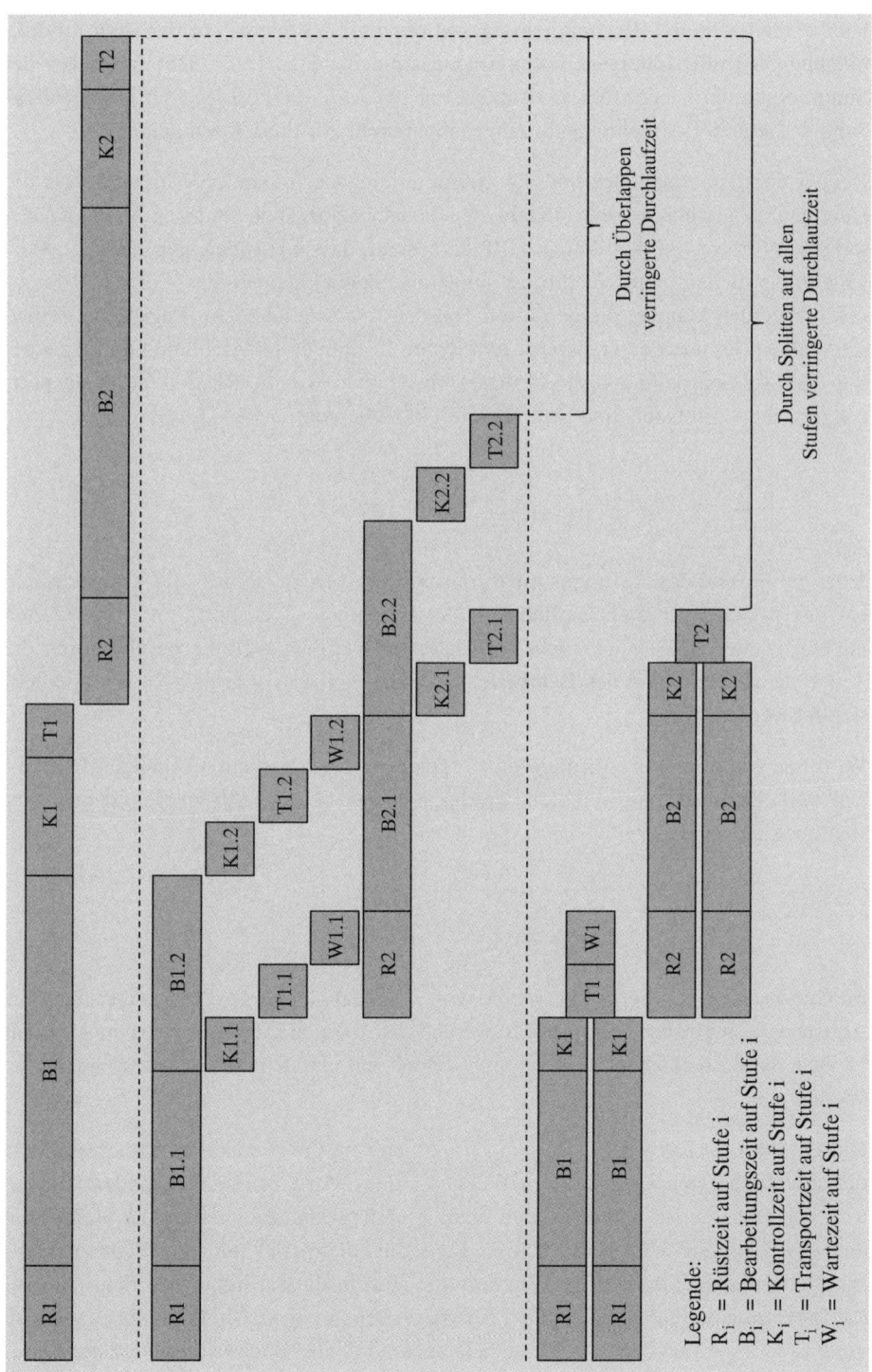

Abb. 4.3-2: Überlappen und Splitten der Vorgänge

Hierbei gibt z. B. t_{ij}^B die Bearbeitungszeit des i-ten Vorgangs auf der j-ten Produktiveinheit an; alle anderen Größen sind entsprechend zu lesen. Der Index bei der Summierung der Liegezeiten läuft dabei nur bis $J-1$, da die Liegezeit nach Vollendung des letzten Bearbeitungsvorganges nicht mehr zur Produktion gehört.

Bei der **überlappenden Bearbeitung** zweier aufeinanderfolgender Vorgänge sinkt die Durchlaufzeit, während die Anzahl der Transportvorgänge und somit die Kosten steigen. Wird, wie in Abbildung 4.3-2 dargestellt, davon ausgegangen, dass die Vorgänge „Bearbeiten" und „Kontrolle" für Teilwerkstückmengen des Auftrages durchgeführt werden können, die den n-ten Teil der ursprünglichen Auftragsgröße umfassen und die Summe der Transport- und Kontrollzeiten einer Maschine kleiner als der n-te Teil der Bearbeitungszeit auf dieser Maschine sowie die Rüst- $\geq$ der Transportzeit ist, dann ergibt sich eine Durchlaufzeit in Höhe von:

$$t_i^D = \sum_{j=1}^{J}\left(t_{ij}^R + \frac{t_{ij}^K}{n} \right) + \sum_{j=1}^{J-1}\left(\frac{t_{ij}^B}{n} \right) + t_{ij}^B + t_{ij}^T$$

Jeder der n Teile des Auftrages muss transportiert werden, so dass die **Transportkosten** das n-fache der ursprünglichen Höhe annehmen. Transport- und Wartezeiten müssen in diesem Beispiel nicht berücksichtigt werden, weil sie bereits durch die Zeiten des Rüstens und des Bearbeitens, die parallel zum Warten ablaufen, berücksichtigt werden.

Wird beim Splitten der Aufträge davon ausgegangen, dass die Vorgänge „Bearbeiten" und „Kontrolle" auf n gleiche Produktiveinheiten aufgeteilt werden, dann ergibt sich für die Durchlaufzeit:

$$t_i^D = \sum_{j=1}^{J}\left(\frac{t_{ij}^B}{n} + t_{ij}^R + \frac{t_{ij}^K}{n} \right) + t_{ij}^T$$

Im Gegensatz zum Überlappen wird davon ausgegangen, dass alle Werkstücke eines Auftrages gemeinsam transportiert werden, so dass die Transportkosten konstant bleiben. Die **Rüstkosten** erhöhen sich jedoch auf das n-fache des ursprünglichen Wertes.

Glaser (1986, S. 73) weist in diesem Zusammenhang differenzierend darauf hin, dass der ablaufbedingten Liegezeit vor Belegung eines Vorgangs eine besondere Bedeutung beizumessen ist, da diese einen **Zeitpuffer** dergestalt bildet, dass der Starttermin eines Vorgangs sich durchaus um diese Liegezeit verzögern kann, ohne den Fertigstellungstermin zu gefährden. Die Starttermine sind in dieser Sichtweise dann als **Ankunftstermine** der entsprechenden Teile zu verstehen. Diese Überlegung setzt jedoch voraus, dass die Liegezeiten ex ante bekannt sind. Unter Berücksichtigung der Tatsache, dass die Liegezeiten lediglich Schätzgrößen darstellen, würde die Einplanung dieser Zeitpuffer mit Unsicherheiten einhergehen, da die **effektiven Liegezeiten** erst nach Durchführung des Auftrags bekannt sind.

Neben der Durchlaufzeit ist die Ablaufstruktur der Aufträge für die Terminplanung von grundlegender Bedeutung. Als ein Verfahren, das die Ablaufstruktur erfasst und dabei die Durchlaufzeit berücksichtigt, ist die **Netzplantechnik** zu nennen, die insbesondere im Rahmen des Projektmanagement zur Anwendung gelangt (vgl. z. B. Corsten/Corsten/Gössinger 2008, S. 120 ff.).

Aufgabe der **Kapazitätsterminierung** ist die Festlegung der Anfangs- und Endtermine der einzelnen Vorgänge unter Berücksichtigung der kapazitätsmäßigen Restriktionen. Dabei werden **Kapazitätsangebot** und **-nachfrage** (in Stunden gemessen) periodenmäßig gegenübergestellt (vgl. Abbildung 4.3-3).

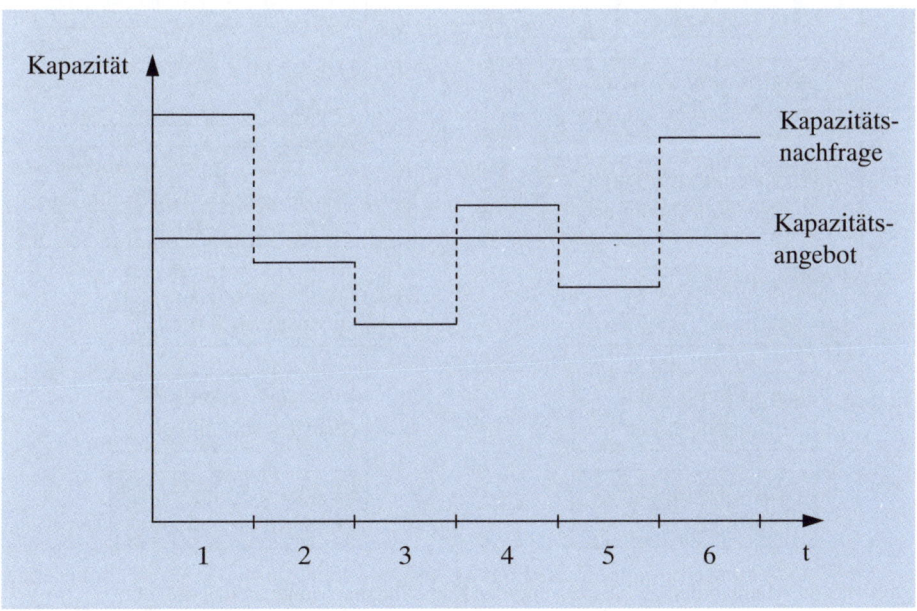

Abb. 4.3-3: Gegenüberstellung von Kapazitätsnachfrage und Kapazitätsangebot

Treten zwischen Kapazitätsangebot und -nachfrage Diskrepanzen auf, dann ergibt sich die Notwendigkeit, Abstimmungsmaßnahmen zu ergreifen, wobei sich grundsätzlich die folgenden Möglichkeiten unterscheiden lassen:

- Anpassung der Kapazitätsnachfrage an das Kapazitätsangebot (vgl. Abbildung 4.3-4 und

- Anpassung des Kapazitätsangebots an die Kapazitätsnachfrage (vgl. Abbildung 4.3-5).

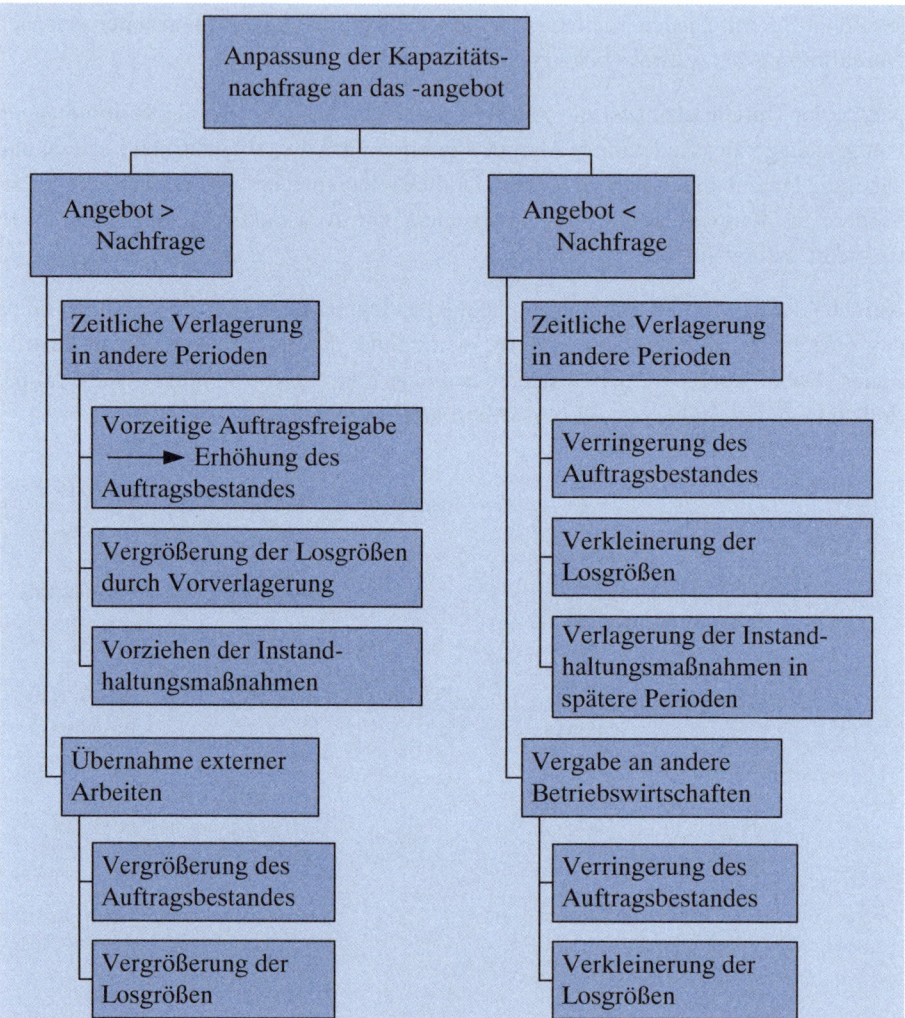

Abb. 4.3-4: Maßnahmen zur Anpassung der Kapazitätsnachfrage an das -angebot

Neben diesen reinen Erscheinungsformen sind ferner auch Kombinationen der beiden Anpassungsklassen zu nennen. Generell sind die zu ergreifenden Anpassungsmaßnahmen davon abhängig, ob die aufgetretene Diskrepanz zwischen Kapazitätsangebot und -nachfrage aus der Sicht der Unternehmung als eine vorübergehende Erscheinung erachtet oder durch strukturelle Gegebenheiten bewirkt wird. Während im zuerst genannten Fall zu einem Abgleich kurzfristige Maßnahmen zum Einsatz gelangen können, handelt es sich im zuletzt genannten Fall um ein langfristig zu lösendes Problem, das die grundsätzliche Kapazitätsstruktur verändert. Derartige Veränderungen bleiben im Folgenden unberücksichtigt, so dass sich die zu besprechenden Anpassungsmaßnahmen auf eine Reduktion von Beschäftigungsschwankungen konzentrieren.

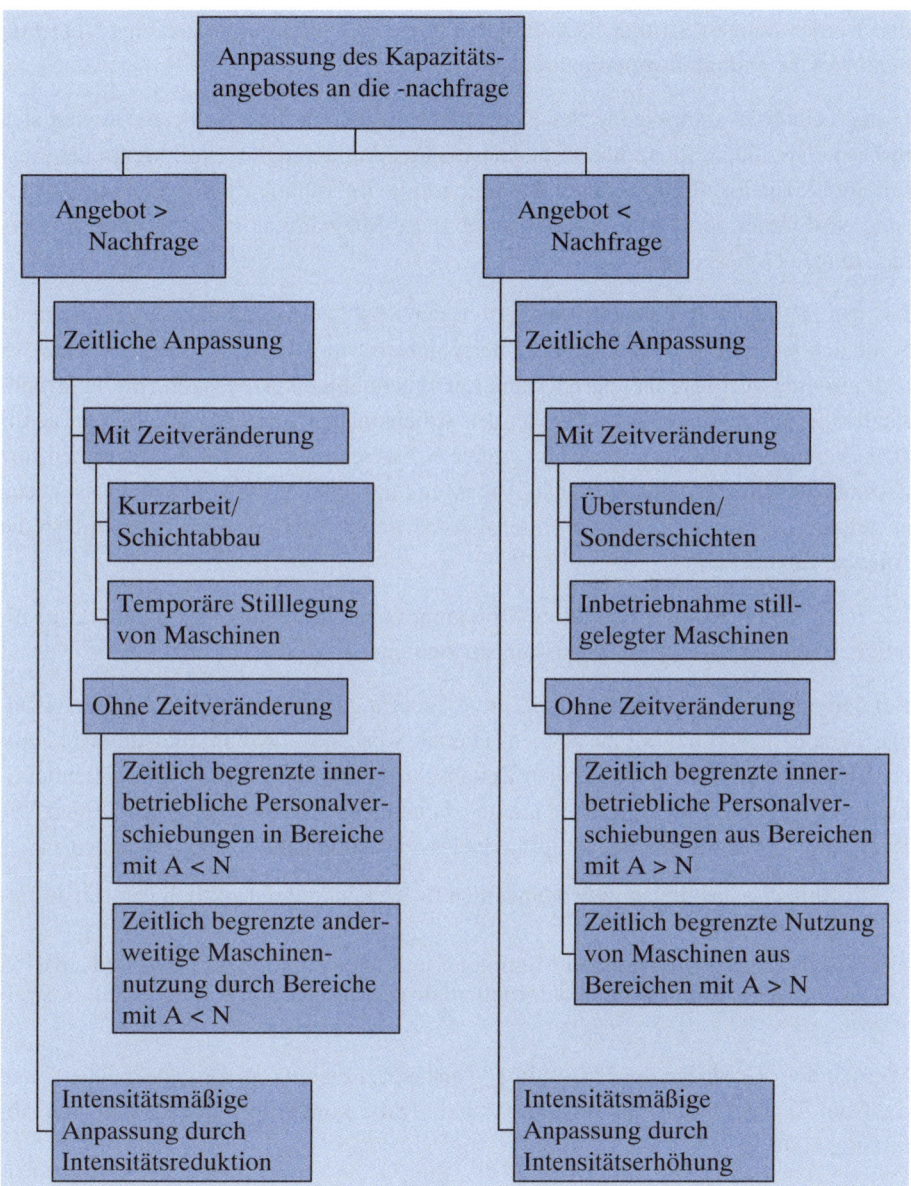

Abb. 4.3-5: Maßnahmen zur Anpassung an des Kapazitätsangebotes an die -nachfrage

In der Teilklasse „Anpassung der Kapazitätsnachfrage an das -angebot" sind die beiden wesentlichen Parameter der

- Auftragsbestand und die
- Losgröße,

wobei beide durch eine zeitliche Verlagerung in andere Perioden oder aber durch die Übernahme externer Arbeiten oder Vergabe an andere Betriebswirtschaften verändert werden können. Ist dies nicht möglich, bietet sich darüber hinaus eine Verschiebung von Instandhaltungsmaßnahmen an.

In der Teilklasse „Anpassung des Kapazitätsangebots an die -nachfrage" bieten sich insbesondere die zeitliche und intensitätsmäßige Anpassung an (vgl. hierzu die Ausführungen zur Produktions- und Kostentheorie). Im Rahmen der zeitlichen Anpassung wird ferner danach unterschieden, ob diese Maßnahmen mit oder ohne Zeitveränderungen einhergehen.

Bei der **zeitlichen Anpassung** bieten sich zunächst die Möglichkeiten „Kurzarbeit/ Schichtabbau" und „Überstunden/Sonderschichten" an. Bei der **Kurzarbeit** handelt es sich um eine vorübergehende Kürzung der regelmäßigen Arbeitszeit. Sie ist grundsätzlich geeignet, einem vorübergehenden Arbeitsmangel zu begegnen. Bei der zeitlichen Anpassung in Form von **Überstunden** weist Schneider (1964, S. 75) darauf hin, dass sich das Problem der zeitlichen Anpassung nur dann umfassend lösen lässt, wenn es gelingt, die zeitlich bedingten Intensitätsschwankungen der Mitarbeiter mit in die Analyse einzubeziehen.

Die Inbetriebnahme oder temporäre Stillegung von Aggregaten wird nicht als quantitative, sondern als zeitliche Anpassungsmaßnahme aufgefasst.

Bei der zeitlichen Anpassung ohne Zeitveränderung ist zunächst eine **innerbetriebliche Personalverschiebung** zu nennen. Hierbei werden die Mitarbeiter unterschiedlicher Bereiche für einen bestimmten Zeitabschnitt ausgetauscht, um so Spitzenbelastungen in den einzelnen Bereichen mit gegebenem Personalbestand zu bewältigen. Die Realisation dieser Maßnahme knüpft jedoch an den folgenden Voraussetzungen an:

- Die Spitzenbelastungen in den einzelnen Bereichen müssen zeitlich versetzt auftreten, und
- die zum Einsatz gelangenden Mitarbeiter müssen eine hohe variationale Kapazität (vielseitig beanspruchbare Faktorpotentiale), d. h. eine hohe Flexibilität, aufweisen.

Werden der „Grad der Spezialisierung" (hochspezialisiert - niedrigspezialisiert) und die Qualifikation (hoch - niedrig) der Arbeitskräfte kombiniert, dann ergibt sich Abbildung 4.3-6.:

- In Feld (1) handelt es sich um hochspezialisierte und hochqualifizierte Arbeitskräfte, die eine tendenziell geringe Flexibilität aufweisen. Diese Faktorausprägungen können eine Konsequenz zunehmender Automatisierung sein. Unter Flexibilitätsgesichtspunkten erscheint es daher angezeigt, den Bestand an solchen Arbeitskräften gering zu halten.
- In Feld (2) handelt es sich um niedrigspezialisierte und hochqualifizierte Arbeitskräfte, die es ermöglichen, eine Personalverschiebung zu realisieren. Die Flexibilität der Unternehmung wird durch solche personalen Aktionsträger positiv beeinflusst, da sie bei Spitzenbelastungen in unterschiedlichen Bereichen einsetzbar sind.

- Demgegenüber bestehen bei hochspezialisierten und niedrigqualifizierten Arbeitskräften (Feld 3) und niedrigqualifizierten und niedrigspezialisierten Arbeitskräften (Feld 4) tendenziell nur geringe Möglichkeiten zur Durchführung innerbetrieblicher Personalverschiebungen.

Spezialisierungs-grad / Qualifikation	hochspezialisierte Arbeitskräfte	niedrigspezialisierte Arbeitskräfte
hoch	(1)	(2)
niedrig	(3)	(4)

Abb. 4.3-6: Systematisierung der Arbeitskräfte nach Spezialisierungsgrad und Qualifikation

Die Möglichkeit einer **zeitlich begrenzten anderweitigen Maschinennutzung** ist abhängig von den Flexibilitätspotentialen der Aggregate und damit insbesondere davon,
ob es sich um Mehrzweck- oder Einzweckaggregate handelt (vgl. hierzu die Ausführungen zur Flexibilität). Dieser Problembereich ist im Rahmen der Verfahrenswahl zu
berücksichtigen.

Bei der **intensitätsmäßigen Anpassung** ist im Personalbereich zu bedenken, dass diese
Anpassungsform nur über kurze Zeitspannen anwendbar ist, wobei zu beachten ist,
dass Leistungsvariationen grundsätzlich individuell begründet sind. Bei den Aggregaten ist zu überprüfen, ob eine intensitätsmäßige Anpassung überhaupt möglich ist.
Darüber hinaus ist zu berücksichtigen, dass Variationen der Intensität bei Aggregaten
teilweise gleichzeitig gleichlaufende Intensitätsvariationen anderer Produktionsfaktoren bedingen, und zwar insbesondere der menschlichen Arbeit. Damit wird deutlich,
dass die menschliche Arbeitsleistung durchaus eine intensitätsmäßige Anpassung der
Aggregate restringieren kann und sich daraus ein interdependentes Problem ergibt.

4.4 Reihenfolgeplanung

Aufgabe der Reihenfolgeplanung (auch Auftragsreihenfolge-, Maschinenbelegungsplanung genannt) ist es, festzulegen, in welcher Reihenfolge (= eine Anordnung der
Elemente) eine gegebene Menge an Aufträgen auf den zum Einsatz gelangenden
Produktiveinheiten (Maschinen) zu bearbeiten ist. Dabei werden sowohl die Anzahl
und Eigenschaften der Maschinen als auch die Anzahl und Beschaffenheit der zu erstellenden Produkte als bekannt vorausgesetzt.

Differenzierend kann in diesem Zusammenhang zwischen der

- Maschinenfolge (technologische Folge; Anordnung der Arbeitsgänge eines Auftrages aufgrund technologischer Vorgaben) und der

- Auftragsfolge (organisatorische Folge; zeitliche Aufeinanderfolge mehrerer Aufträge auf einer Maschine)

unterschieden werden (vgl. Reese 1980, S. 7 ff.). Während die **Maschinenfolge** offenlegt, wie die Vorgänge eines Auftrags aufgrund der technologischen Gegebenheiten aufeinanderfolgen müssen, legt die **Auftragsfolge** die Reihenfolge fest, in der die Aufträge auf den Aggregaten bearbeitet werden. Die Maschinenfolge wird im folgenden als gegeben betrachtet. Damit entspricht das **Maschinenbelegungsproblem** der Ermittlung der Auftragsfolgen und lässt sich wie folgt präzisieren: N Aufträge sind auf M Maschinen zu bearbeiten, wobei im Grundmodell von folgenden **Voraussetzungen** ausgegangen wird:

- Zu Beginn der Planungsperiode ist der Auftragsbestand bekannt.
- Die Bearbeitungs-, Rüst- und Transportzeiten sind bekannt und konstant.
- Die Maschinenfolgematrix ist bekannt, d. h., jeder Auftrag hat eine vorgegebene Maschinenfolge zu durchlaufen.
- Es wird nur jeweils eine Maschine vom gleichen Typ eingesetzt.
- Ein Auftrag ist während seiner Bearbeitung an einer Maschine nicht teilbar.
- Jeder Auftrag wird von jeder Maschine einmal bearbeitet.
- Alle Bearbeitungsoperationen sind ohne Unterbrechung bis zum Ende durchzuführen.
- Keine Maschine kann zur gleichen Zeit mehrere Aufträge bearbeiten.
- Die Maschinen stehen zur Bearbeitung des geplanten Auftragsbestandes uneingeschränkt zur Verfügung.

Eine Lösung des Maschinenbelegungsproblems liegt dann vor, wenn sowohl die Maschinenfolge als auch die Auftragsfolge bekannt sind, d. h., es ist unter Beachtung der aufgeführten Prämissen eine Auftragsfolgematrix zu ermitteln, so dass Maschinen- und Auftragsfolge zulässig sind. Ökonomisch relevant ist dabei der zulässige Reihenfolgeplan, der hinsichtlich der unterstellten Zielgröße(n) optimal ist. Jede Lösung lässt sich dann mit Hilfe von **Gantt-Diagrammen** in der Form eines

- Maschinenbelegungsdiagramms oder
- Auftragsfolgediagramms

graphisch darstellen. Zur Veranschaulichung sei ein Beispiel mit drei Aufträgen und drei Maschinen angeführt. Es sei die folgende **Maschinenfolgematrix** Θ gegeben:

$$\Theta = \begin{array}{c} \text{Maschinenfolge} \\ \begin{vmatrix} M_1 & M_2 & M_3 \\ M_2 & M_1 & M_3 \\ M_3 & M_2 & M_1 \end{vmatrix} \end{array} \text{Auftrag}$$

Zeile 1 der Matrix Θ gibt an, dass Auftrag 1 zunächst auf Maschine 1, dann auf 2 und zuletzt auf Maschine 3 zu bearbeiten ist; die anderen Zeilen sind analog zu lesen.

Die Matrix PT erfasst die Produktionszeiten, wobei deren Zeilen nach der Maschinenfolge sortiert sind:

$$PT = \begin{vmatrix} 4 & 4 & 3 \\ 3 & 3 & 5 \\ 4 & 2 & 3 \end{vmatrix}$$

Auf dieser Grundlage lässt sich dann ein Maschinenbelegungsplan erstellen, der angibt, wie lange die einzelnen Maschinen mit den entsprechenden Aufträgen belegt sind und in welcher Reihenfolge die Aufträge bearbeitet werden. Abbildung 4.4-1 gibt einen **Maschinenbelegungsplan** für das oben angeführte Zahlenbeispiel wieder.

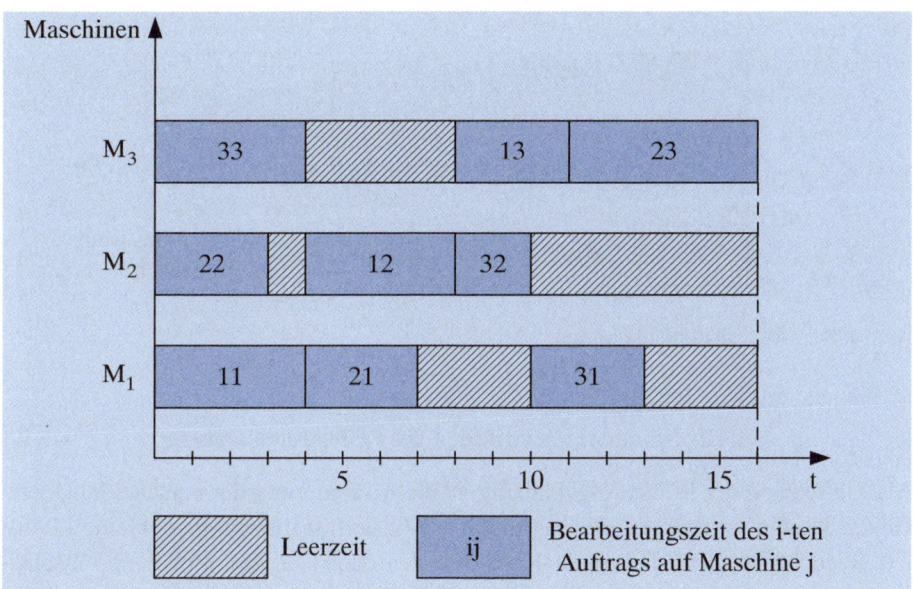

Abb. 4.4-1: Maschinenbelegungsdiagramm

Die Länge der Balken gibt dabei die Bearbeitungszeit des jeweiligen Auftrags an. Darüber hinaus sind aus dem Diagramm auch die Leerzeiten der einzelnen Maschinen ersichtlich. Ein wesentlicher Nachteil derartiger Maschinenbelegungsdiagramme ist allerdings darin zu sehen, dass sich die Arbeitsfortschritte an den einzelnen Aufträgen nur schwer erkennen lassen.

Ein entsprechendes **Auftragsfolgediagramm** (Auftragsfortschrittsdiagramm) ist in Abbildung 4.4-2 dargestellt.

Aus dem Auftragsfolgediagramm können somit die Wartezeiten der einzelnen Aufträge und der Fertigstellungstermin entnommen werden. Die Entscheidung für ein Maschinenbelegungsdiagramm oder für ein Auftragsfolgediagramm wird davon beeinflusst, ob die Maschinenbelegung oder der Auftragsfortschritt von primärem Interesse ist.

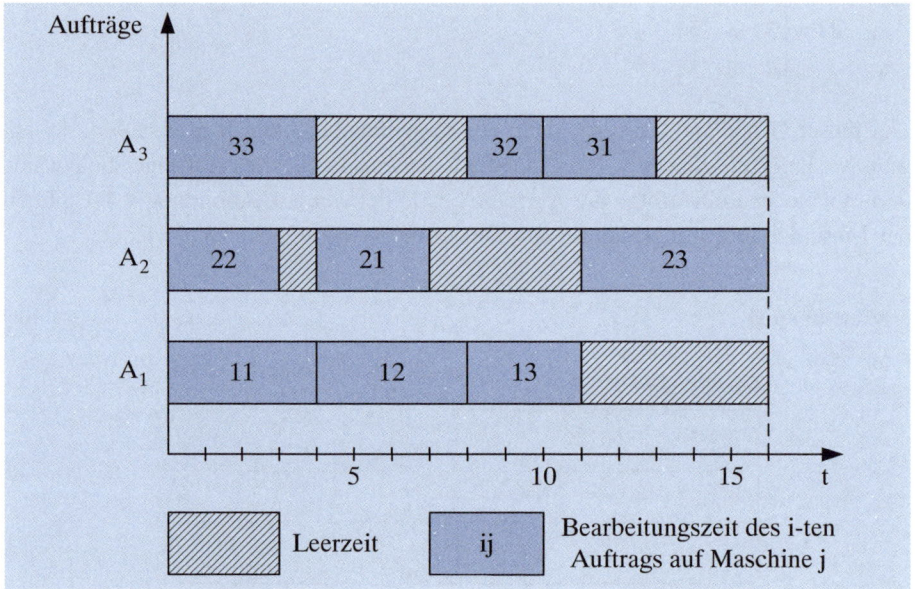

Abb. 4.4-2: Auftragsfolgediagramm

4.4.1 Mögliche Zielkriterien der Reihenfolgeplanung

Als Zielsetzung der Reihenfolgeplanung ist die **Minimierung der entscheidungsrelevanten Kosten** zu nennen. Bedingt durch die **Operationalisierungsprobleme** - es ist i. d. R. nicht möglich, die vollen Konsequenzen einzelner Ablaufplanungsentscheidungen für die Kosten zu bestimmen - erfolgt eine Substitution des Kostenziels durch entsprechende zeitbezogene Ersatzziele (zu dieser Problematik vgl. Reese 1980, S. 16 ff.; Troßmann 1996, Sp. 13 f.). In der Auftragsreihenfolgeplanung finden damit primär Zielfunktionen Anwendung, die eine Minimierung bestimmter Zeitgrößen anstreben, wobei vorausgesetzt wird, dass sich Zeit- und Wertgrößen in die gleiche Richtung bewegen. Nach Glaser (1986, S. 84) lassen sich die dabei herangezogenen Zielfunktionen in

- auftragsbezogene und
- maschinenbezogene Zielfunktionen

differenzieren.

Eine erste **auftragsbezogene Zielfunktion** stellt die Forderung nach einem möglichst raschen Durchlauf der Aufträge durch das Produktionssystem dar. Diese Überlegung findet dann ihren Ausdruck in der Zielsetzung „**Minimiere die Durchlaufzeiten**" der

Aufträge. Diese Zielfunktion stellt dabei ein Substitut für das wertmäßige Ziel „Minimiere die Kapitalbindungskosten" dar. Glaser (1986, S. 88) betont in diesem Zusammenhang, dass eine Minimierung der Gesamtdurchlaufzeit nur dann zu einer Minimierung der Kapitalbindungskosten führt, wenn die folgenden Voraussetzungen gegeben sind:

- Das zur Durchführung der Produktionsaufträge benötigte Kapital muss insgesamt bereits zu Beginn der Planungsperiode zur Verfügung stehen.

- Der Kapitalbedarf muss für jeden Produktionsauftrag die gleiche Höhe aufweisen.

- Das in einem Produktionsauftrag gebundene Kapital muss bei Fertigstellung der jeweiligen Aufträge wieder freigesetzt werden.

Dies zeigt, dass eine Substitution von Wert- durch Zeitgrößen nicht generell als unproblematisch zu bezeichnen ist.

Wird die Durchlaufzeit t_i^D des Auftrags i unter der Voraussetzung, dass keine Parallelbearbeitungen und keine Rüstzeiten auftreten, wie folgt definiert

$$t_i^D = \sum_{j=1}^M (t_{ij}^B + t_{ij}^T + t_{ij}^K + t_{ij}^W)$$

und sind t^B, t^T und t^K gegeben, was i. d. R. auch als realistisch einzuschätzen ist, da Transport- und Bearbeitungszeiten in Industrieunternehmungen im Allgemeinen durch technische Gegebenheiten determiniert sind, dann ist die Durchlaufzeit eine Funktion von t^W. Unter dieser Voraussetzung ist das Ziel „Minimierung der Durchlaufzeit" mit der „Minimierung der Wartezeit" identisch:

$$t_{min}^D = \sum_{i=1}^N \sum_{j=1}^M t_{ij}^W \rightarrow min!$$

Weitere Zielsetzungen im Rahmen der Durchlaufzeitminimierung sind:

- Minimierung der maximalen Durchlaufzeit, auch Zykluszeit genannt:

$$t_{max}^D = max\left\{t_1^D, \ldots, t_N^D\right\} \rightarrow min!$$

Die Verfolgung dieser Zielsetzung zeigt, ob das gegebene Produktionsprogramm im Planungszeitraum realisierbar ist.

- Minimierung der mittleren Durchlaufzeit $\bar{t}^D$:

$$\bar{t}^D = \frac{1}{N} \cdot \sum_{i=1}^N t_i^D \rightarrow min!$$

Eine weitere auftragsbezogene Zielsetzung ist in der „Minimierung der Terminabweichung" zu sehen, wobei Günther (1972, S. 299) betont, dass es sich hierbei um eine Nebenbedingung und nicht um eine Zielsetzung handelt. Sind für einen Auftrag i der

Liefertermin T_i^{LT} und der Fertigstellungstermin T_i^F gegeben, dann gilt für die Terminabweichung (vgl. Zäpfel 1982, S. 251):

$$t_i^{Ab} = T_i^F - T_i^{LT}$$

Positive/negative Werte von t_i^{Ab} geben die Terminüberschreitung/-unterschreitung an. Unter der Voraussetzung, dass lediglich Terminüberschreitungen (VE_i) von Bedeutung sind, gilt:

$$VE_i = \max\left\{T_i^F - T_i^{LT}, 0\right\}$$

Ferner sind die folgenden Spezifikationen im Rahmen dieser Zielsetzung zu beachten:

- Minimiere die maximale Verspätung:

$$VE_{max} = \max_i\left\{VE_i\right\} \rightarrow \min!$$

- Minimiere die Summe der Verspätungen:

$$\sum_{i=1}^{N} VE_i \rightarrow \min!$$

Als **maschinenbezogene Zielfunktion** ist die „**Maximierung der Kapazitätsauslastung**" zu nennen. Hinter diesem Zeitziel steht die Überlegung, das in den maschinellen Anlagen gebundene Kapital in möglichst effizienter Weise zu nutzen. Die gesamte Belegungszeit (t^{BE}) einer Produktionseinheit ergibt sich aus den Bearbeitungs- und den Leerzeiten:

$$t^{BE} = \underbrace{\sum_{i=1}^{N}\sum_{j=1}^{M} t_{ij}^B}_{\substack{Gesamtbear-\\beitungszeit}} + \underbrace{\sum_{j=1}^{M} t_j^L}_{Leerzeit}$$

Die Kapazitätsauslastung (b_{aus}), die es zu maximieren gilt, ergibt sich dann aus der quotialen Verknüpfung der Gesamtbearbeitungszeit und der Gesamtbelegungszeit:

$$b_{aus} = \frac{\displaystyle\sum_{i=1}^{N}\sum_{j=1}^{M} t_{ij}^B}{\displaystyle\sum_{i=1}^{N}\sum_{j=1}^{M} t_{ij}^B + \sum_{j=1}^{M} t_j^L} \rightarrow \max!$$

Als weitere kapazitätsbezogene Zielsetzung ist die „**Minimierung der Leerzeiten**" zu nennen:

$$t^L = \sum_{j=1}^{M} t_j^L \rightarrow \min!$$

Sind die Bearbeitungszeiten konstant, dann führen die Ziele „Maximiere die Kapazitätsauslastung" und „Minimiere die Leerzeiten" zu denselben optimalen Ablaufplänen.

Als weitere Ziele, die in der Literatur genannt werden, seien beispielhaft aufgezählt (vgl. Glaser 1986, S. 85 ff.; Troßmann 1996, Sp. 14):

- Minimierung der Rüstzeiten,
- Minimierung der Zwischenlagerzeiten,
- Minimierung der Produktionsverzögerungen und
- Minimierung der Stillstandszeiten.

Bei allen besprochenen Zeitzielen sei noch einmal darauf hingewiesen, dass es sich hierbei um Substitute wertmäßiger Ziele handelt, die jedoch kein Garant dafür sind, dass die durch sie zu erreichenden Kostenziele auch erfüllt werden. Sollen etwa die Verzugskosten minimiert werden, dann reicht eine Minimierung der Verspätungen alleine nicht aus, da sowohl eventuelle Konventionalstrafen als auch Opportunitätskosten durch zukünftige Deckungsbeitragsverluste hierdurch nicht in vollem Umfang erfasst werden müssen.

In einem nächsten Schritt ist der Frage nachzugehen, welche Zielbeziehungen zwischen den Zielen der Reihenfolgeplanung bestehen. Von zentraler Bedeutung ist in diesem Zusammenhang das von Gutenberg (1979, S. 216) formulierte **Dilemma der Ablaufplanung**, das eine Unvereinbarkeit der Ziele

- Minimierung der Durchlaufzeiten und
- Maximierung der Kapazitätsauslastung (Minimierung der Leerzeiten)

postuliert. Über die Existenz und generelle Gültigkeit dieses Dilemmas ist in der Literatur kontrovers diskutiert worden (vgl. Günther 1972, S. 297 ff.; Mensch 1972, S. 77 ff.; Strebel 1984, S. 204 f.). So betont Strebel, dass die Minimierung der Leerzeiten von Aggregaten nicht ohne weiteres ein ökonomisches Problem darstellt, sondern dies erst dann der Fall sei, wenn den zeitlichen Größen ökonomische Werte beigemessen werden könnten. Dies ist etwa dann der Fall, wenn durch ablaufbedingte Leerzeiten Aufträge mit positiven Deckungsbeiträgen verdrängt werden. Unter diesen Gegebenheiten kann es sich dann lohnen, die Leerzeiten zu reduzieren.

Ferner finden sich bei Günther (1972, S. 297 ff.) Beispiele dafür, dass sich diese Ziele nicht in jedem Fall widersprechen müssen. Ausgangspunkt bildet dabei die konkrete **Beschäftigungslage**, da den Zielen in unterschiedlichen Beschäftigungssituationen eine unterschiedliche Bedeutung beizumessen ist:

- Liegt etwa ein hoher Auftragsbestand vor, dann wird die Unternehmung bestrebt sein, möglichst schnell Produktionskapazitäten wieder zur Verfügung zu haben, indem sie versucht, die vorliegenden Aufträge frühestmöglich abzuschließen, d. h., die Unternehmung wird bestrebt sein, eine maximale Kapazitätsauslastung zu erreichen, um die Produktionsleistung zu steigern. Dabei wird sie die eventuell auftretenden höheren Lagerkosten und Kosten der schnelleren Abwicklung in Kauf nehmen, um rechtzeitig wieder über freie Kapazitäten verfügen zu können.

- Liegt hingegen ein geringer Auftragsbestand vor, dann erscheint es zweckmäßig, einen Belegungsplan anzustreben, bei dem die Lagerbestände und damit verbunden die Lagerkosten möglichst gering sind. Dies bedeutet, dass die Maschinen i. d. R. nur eine mäßige Auslastung aufweisen werden. Darüber hinaus erscheint eine Verringerung der Durchlaufzeit in dieser Situation besonders bedeutsam, um durch terminlich günstige Angebote Liefervorteile gegenüber der Konkurrenz zu erreichen. In dieser Situation besitzen die Leerzeiten keinen Knappheitswert und folglich keinen Zielwert.

Zäpfel (1982, S. 253) führt in diesem Zusammenhang aus, dass die Existenz eines Dilemmas vor allem davon abhänge,

- was unter diesem Begriff zu verstehen sei und
- wie die beiden Ziele (insbesondere Durchlaufzeitminimierung) präzisiert würden.

Wird der Begriff des Dilemmas so umschrieben, dass die auf der Grundlage des jeweiligen Zieles (Minimierung der maximalen Durchlaufzeit und Maximierung der Kapazitätsauslastung) generierten optimalen Ablaufpläne auseinanderfallen können, dann kann kein Dilemma existieren. Werden als Ziele hingegen die Minimierung der mittleren Durchlaufzeit und die Maximierung der Kapazitätsauslastung unterstellt, dann ist ein Auseinanderfallen der optimalen Ablaufpläne nicht auszuschließen. Ebenfalls zeigt Hansmann (2006, S. 351 ff.) auf der Grundlage eines Beispiels, dass ein Zielkonflikt möglich ist. Darüber hinaus zeigt die Anwendung der Prioritätsregel „kürzeste Operationszeit" (KOZ), dass niedrige Durchlaufzeiten und hohe Maschinenauslastung durchaus gleichzeitig erreichbar sind.

Aufbauend auf der Dilemmathese bezieht Mensch (1972, S. 77 ff.) eine dritte Zielgröße, die reihenfolgeabhängigen Rüstkosten, in seine Überlegungen ein und erweitert damit das Dilemma zu einem Trilemma der Ablaufplanung. Günther (1972, S. 299 f.) führt hierzu jedoch aus, dass die Rüstzeit nichts anderes als eine spezifische Maschinenbrachzeit oder eine spezifische Lagerzeit der Objekte darstelle, was letztlich nur eine Erweiterung der bisherigen Zielformulierung erfordere und folglich ein Trilemma nicht existiere. Als Zielerweiterungen ergeben sich dann:

- Minimiere die Lagerzeiten unter Berücksichtigung der Rüstzeiten.
- Minimiere die Brachzeiten unter Einschluss der Rüstzeiten.

Darüber hinaus weist Günther (1972, S. 300) darauf hin, dass generelle Aussagen über die Beziehungen zwischen den Rüstzeiten und den beiden anderen Zielen kaum möglich seien und die Art der Zielbeziehung im Einzelfall variieren könne.

Neben diesen diskutierten konfliktären Zielbeziehungen existieren ferner, wie teilweise bereits aufgeführt, Zielidentitäten. So sind etwa die Ziele Minimierung der Leerzeiten und Maximierung der Kapazitätsauslastung äquivalente Zielsetzungen. Dies gilt darüber hinaus für die Ziele Minimierung der mittleren Durchlaufzeit und Minimierung der Wartezeit.

4.4.2 Lösungsansätze zur Reihenfolgeplanung

Die ersten systematischen Ansätze zur Lösung des Maschinenbelegungsproblems stammen aus den 1950er Jahren. Dabei standen zunächst Flow-Shop-Probleme, d. h. Produktionsabläufe mit einem gleichgerichteten Materialfluss, im Zentrum des Interesses. In diesen Ansätzen werden folglich für die zu bearbeitenden Aufträge identische Maschinenfolgen unterstellt. Ein einfaches kombinatorisches Verfahren, das zunächst von zwei und dann von drei Maschinen und beliebig vielen Aufträgen ausging, wurde von Johnson (1954) entwickelt. Für den allgemeineren Fall nichtidentischer Maschinenfolgen, der als Job-Shop-Problem bezeichnet wird, wurden Lösungsansätze beispielsweise von Akers/Friedman (1955) und Giffler/Thompson (1960) aufgestellt.

In den 1960er Jahren wurden dann Verfahren entwickelt, die auf den Grundlagen der ganzzahligen Programmierung aufbauen (vgl. z. B. Wagner 1959; Manne 1960). Weitere Ansätze, die auf ähnlichen Ideen basieren und das Reihenfolgeproblem auf ein Traveling-Salesman-Problem zurückführen, wurden beispielsweise von Piehler (1960) und Bellmann (1962) formuliert.

Darüber hinaus wurde versucht, allgemeine Probleme der Reihenfolgeplanung auf der Grundlage von Dominanzkriterien zu lösen, wobei sich insbesondere die Branch-and-Bound-Technik als leistungsfähig erwies (vgl. z. B. Lomnicki 1965; Ashour/Hiremath 1973). Eine tabellarische Übersicht über die unterschiedlichen Ansätze findet sich bei Zäpfel (1982, S. 263). Eine differenzierte Darstellung einzelner Lösungsansätze zum Flow-Shop-Problem und Job-Shop-Problem gibt Reese (1980, S. 24 ff.).

Im Rahmen analytischer Lösungsansätze ist die gemischt-ganzzahlige Optimierung zu nennen, wobei zu beachten ist, dass der Problemlösungsaufwand mit zunehmender Komplexität exponentiell steigt. Aus diesem Grunde wurde eine Vielzahl heuristischer Verfahren entwickelt, wobei insbesondere die Prioritätsregeln von Bedeutung sind.

Die folgenden Ausführungen zur Maschinenbelegungsproblematik beschränken sich auf einfache Ansätze und haben zum Ziel, dem Leser das generelle Problem näher zu bringen.

4.4.2.1 Einstufige Produktion

Wird im Rahmen einer einstufigen Produktion als Zielkriterium die Minimierung der Umrüstkosten herangezogen und unterstellt, dass diese von der Reihenfolge der zu bearbeitenden Aufträge abhängig sind, die technologische Reihenfolge der Auftragsbearbeitung jedoch beliebig ist, dann kann das Optimierungsproblem analog zum Traveling-Salesman-Problem formuliert werden. Die Kosteninformationen werden dabei durch eine Umrüstkostenmatrix erfasst (vgl. Abbildung 4.4-3).

Von Auftrag / Nach Auftrag	I	II	III	IV	V
I	∞	20	22	21	23
II	22	∞	21	23	22
III	21	22	∞	24	23
IV	20	21	23	∞	24
V	20	23	21	25	∞

Abb. 4.4-3: Umrüstkosten

An dieser Übersicht wird deutlich, dass die Umrüstkosten, z. B. von Auftrag II nach III, nicht mit den Umrüstkosten von Auftrag III nach II übereinstimmen, d. h., es handelt sich um ein **unsymmetrisches Umrüstproblem**. Die Diagonale dieser Matrix ist mit „∞" besetzt, damit unsinnige Folgen wie I/I, II/II, III/III, IV/IV und V/V nicht in die Lösung gelangen können. Um zu ermitteln, welcher Auftrag der direkte Nachfolger welches Auftrages sein soll, damit die Summe der Umrüstkosten minimal ist, kann auf das folgende Grundmodell zurückgegriffen werden:

Zielfunktion:

$$K^U = \sum_{i=1}^{n} \sum_{j=1}^{n} K_{ij}^U \cdot u_{ij} \quad \rightarrow \min!$$

Nebenbedingungen:

- Jeder Auftrag hat genau einen Nachfolger[3]:

$$\sum_{j=1}^{n} u_{ij} = 1 \qquad \forall i$$

---

3) Strenggenommen hat der letzte Auftrag in der zu ermittelnden Reihenfolge keinen Nachfolger. Um die Struktur des Traveling-Salesman-Problems aufrechtzuerhalten, wird deshalb angenommen, dass nach dem letzten Auftrag wieder der erste Auftrag der Reihenfolge ausgeführt wird.

- Jeder Auftrag hat genau einen Vorgänger[4]:

$$\sum_{i=1}^{n} u_{ij} = 1 \qquad \forall j$$

- Die Auftragsfolge ergibt sich aus einem Zyklus aller Aufträge, d. h., sie enthält keine Kurzzyklen:

$$u_{k_1 k_2} + u_{k_2 k_3} + \ldots + u_{k_m k_n} \leq m-1 \qquad \forall m = 2, 3, \ldots \begin{cases} \dfrac{n-1}{2} : \text{ falls } n \text{ ungerade} \\[2mm] \dfrac{n}{2} \ : \text{ falls } n \text{ gerade} \end{cases}$$

- Die Entscheidungsvariablen sind binär:

$$u_{ij} \in \{0,\, 1\} \qquad \forall i, j$$

mit:

K_{ij}^{U} = Umrüstkosten von Auftrag i auf Auftrag j

$$u_{ij} \quad = \quad \begin{cases} 1, \text{wenn Auftrag } j \text{ auf Auftrag } i \text{ folgt} \\ 0, \text{sonst} \end{cases}$$

Aufgrund des hohen Rechenaufwandes wird zur Lösung dieses Problems i. d. R. nicht auf exakte Verfahren, sondern auf Heuristiken zurückgegriffen. Zu einem Überblick vgl. Domschke (1997, S. 110 ff.). Eine bewährte Vorgehensweise ist es dabei, zunächst mit einem Eröffnungsverfahren eine zulässige Ausgangslösung zu erzeugen, um dann mit einem Verbesserungsverfahren nahezu optimale Lösungen zu finden. Als Eröffnungsverfahren können das Verfahren des besten Nachfolgers und das Verfahren der sukzessiven Einbeziehung zur Anwendung gelangen (vgl. z. B. Hoitsch 1993b, S. 503 ff.; Strebel 1984, S. 198 ff.).

Das Verfahren des besten Nachfolgers läuft dann nach den folgenden Schritten ab:

- Als Ausgangspunkt wird ein beliebiger Auftrag gewählt.
- Als Nachfolger wird der Auftrag gewählt, der im Vergleich zu den anderen potenziellen Nachfolgern die niedrigsten Rüstkosten aufweist.
- Diese Vorgehensweise erfolgt so lange, bis sämtliche Aufträge eingeplant sind.

Für das Beispiel aus Abbildung 4.4-3 ergibt sich dann als eine zulässige Lösung die Auftragsfolge:

$$\text{I} \xrightarrow{20} \text{II} \xrightarrow{21} \text{III} \xrightarrow{23} \text{IV} \xrightarrow{25} \text{V} \xrightarrow{20} \text{I}$$

---

4) Für den ersten Auftrag in der zu ermittelnden Reihengfolge wird analog zur Fußnote 3) verfahren.

Sie erfordert Umrüstkosten in Höhe von 109 Geldeinheiten. Ein generelles Problem dieser Vorgehensweise sind die mit fortschreitender Belegung abnehmenden Freiheitsgrade. In Kombination mit dem ausschließlich auf den nächsten Auftrag fokussierten Auswahlkriterium bewirkt dies, dass in den ersten Schritten relativ niedrige zusätzliche Kosten entstehen, dann aber ungünstigere Kombinationen in die Reihenfolge aufgenommen werden müssen.

Ein Eröffnungsverfahren, bei dem das Problem abnehmender Freiheitsgrade nicht auftritt, ist das Verfahren der sukzessiven Einbeziehung. Dabei wird ein Kurzzyklus bestehend aus zwei Aufträgen sukzessive so lange um einen weiteren Auftrag ergänzt, bis ein Zyklus vorliegt, der alle Aufträge umfasst. In einem Einbeziehungsschritt werden die Kostenkonsequenzen aller Möglichkeiten der Einplanung des ausgewählten Auftrages in die bislang ermittelte Reihenfolge berechnet und die günstigste Möglichkeit gewählt. Abbildung 4.4-4 gibt den Suchbaum des Verfahrens für das Beispiel aus Abbildung 4.4-3 wieder.

Als gute Ausgangslösungen werden die beiden folgenden Auftragszyklen ermittelt:

$$I \rightarrow IV \rightarrow II \rightarrow III \rightarrow V \rightarrow I = 106$$

$$I \rightarrow IV \rightarrow II \rightarrow V \rightarrow III \rightarrow I = 106$$

Als Verbesserungsverfahren kann ein heuristisches Austauschverfahren herangezogen werden. Dabei werden die Umrüstkosten der Ausgangsreihenfolge gleich null gesetzt, indem die Konstanten ζ_i von der Zeile i der Umrüstkostenmatrix und die Konstante ξ_j von der Spalte j der Matrix subtrahiert werden. Aus Übersichtlichkeitsgründen sollten die Konstanten dabei so gewählt werden, dass in der reduzierten Matrix möglichst wenige negative Werte auftreten.

Es ergibt sich dann die folgende modifizierte Zielfunktion:

$$K^U = \sum_{i=1}^{n} \sum_{j=1}^{n} (K_{ij}^U - \zeta_i - \xi_j) \cdot u_{ij}$$

$$K^U = \sum_{i=1}^{n} \sum_{j=1}^{n} K_{ij}^U \cdot u_{ij} - \sum_{i=1}^{n} \zeta_i \cdot \sum_{j=1}^{n} u_{ij} - \sum_{j=1}^{n} \xi_j \cdot \sum_{i=1}^{n} u_{ij}$$

Die beiden Zielfunktionen unterscheiden sich von der ursprünglichen Zielfunktion lediglich durch die Konstanten

$$\sum_{i=1}^{n} \zeta_i \quad \text{und}$$

$$\sum_{j=1}^{n} \xi_j$$

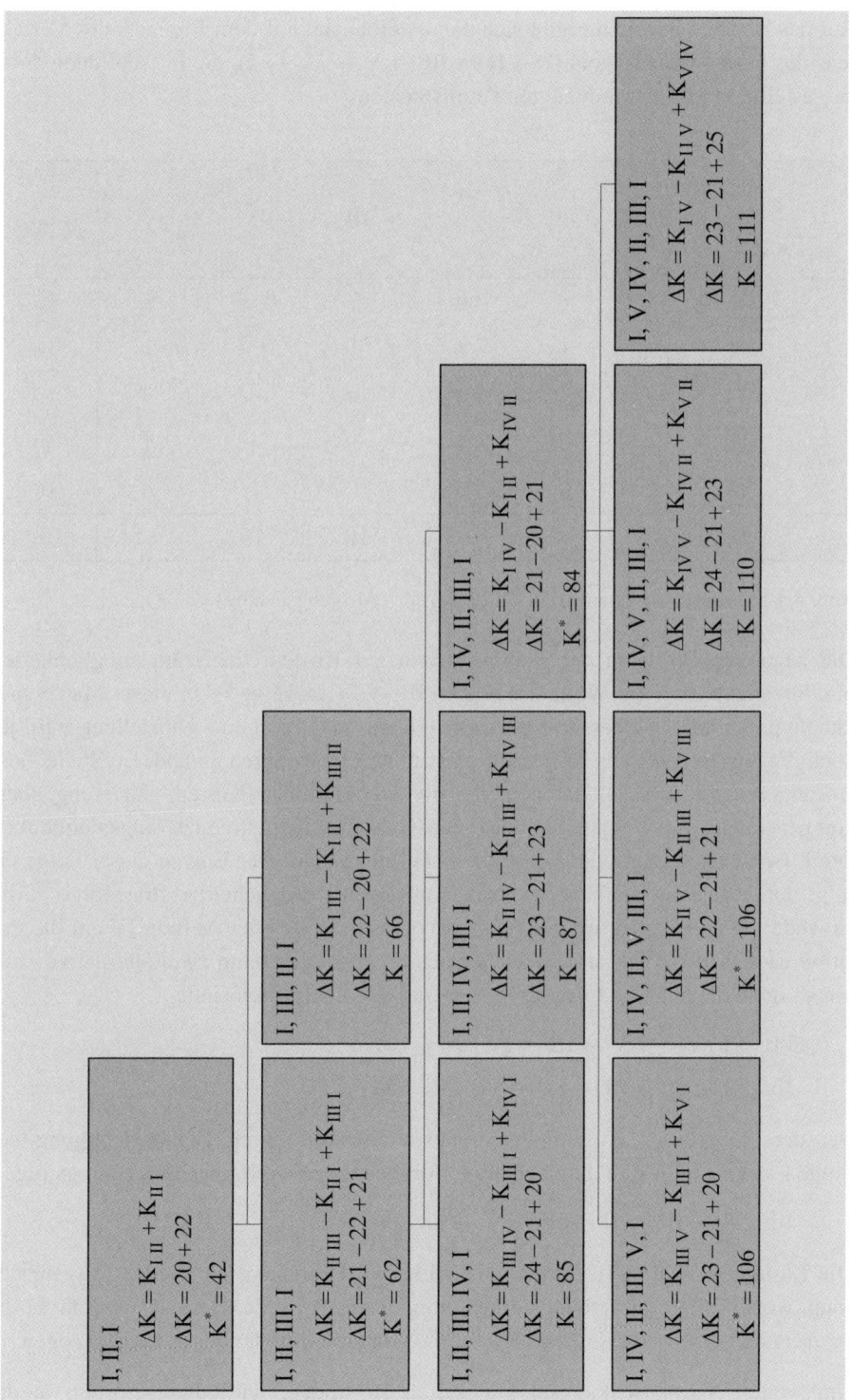

Abb. 4.4-4: Suchbaum des Verfahrens der sukzessiven Einbeziehung

Auf das Beispiel bezogen ergibt sich dann, aufbauend auf dem Ergebnis des Verfahrens des besten Nachfolgers (I → II → III → V → IV → I), die in Abbildung 4.4-5 dargestellte Matrix der reduzierten Umrüstkosten.

nach Auftrag von Auftrag	I	II	III	IV	V	ζ_i
I	∞	0	2	−4	3	10
II	1	∞	0	−3	1	11
III	−2	−1	∞	−4	0	13
IV	0	1	3	∞	4	10
V	0	3	1	0	∞	10
ξ_j	10	10	10	15	10	109

Abb. 4.4-5: Matrix der reduzierten Umrüstkosten (Ausgangslösung)

Die negativen Werte in der Matrix weisen auf Kostenreduzierungsmöglichkeiten hin. So zeigen etwa die Werte der Folgen III → IV und I → IV in dieser Matrix maximale potentielle Verbesserungsmöglichkeiten an. Durch eine Umstellung wird jedoch die Ausgangslösung insgesamt umstrukturiert, wodurch an anderen Stelle Kostensteigerungen auftreten können, die die ursprüngliche Kostenreduzierung überkompensieren. Im Folgenden wird zunächst die Kostenreduzierungsmöglichkeit durch Berücksichtigung der Folge III → IV untersucht. Der Einbau dieser Folge erfolgt durch geringstmögliche Modifikation der ursprünglichen Auftragsfolge, d. h., entweder ist Auftrag III auf die Position vor Auftrag IV oder Auftrag IV auf die Position nach Auftrag III zu verschieben. Es ergeben sich dann zwei alternative Auftragsfolgen, die auf eine Lösungsverbesserung zu überprüfen sind:

    1a: I → II → V → III → IV → I = 107

    1b: I → II → III → IV → V → I = 109

Bei der alternativen Kostenreduzierungsmöglichkeit durch Berücksichtigung der Folge I → IV ergibt sich durch analoge Vorgehensweise die folgende Auftragsfolge:

    1c: I → IV → II → III → V → I = 106

Die Lösungen 1a und 1c führen zu niedrigeren Umrüstkosten als die Ausgangslösung, wobei mit 1c die größte Verbesserung erreicht wurde. Deshalb wird die Folge 1c als erste verbesserte Reihenfolge für die weiteren Berechnungen herangezogen.

Um weitere Kostensenkungsmöglichkeiten zu finden, wird diese Lösung in die nächste reduzierte Umrüstkostenmatrix übernommen, und die Umrüstkosten der neuen Folge wiederum gleich null gesetzt, so dass sich die in Abbildung 4.4-6 dargestellte Matrix ergibt.

nach Auftrag von Auftrag	I	II	III	IV	V	ζ_i
I	∞	-1	2	0	2	10
II	1	∞	0	1	0	11
III	-1	-1	∞	1	0	12
IV	0	0	3	∞	3	10
V	0	2	1	4	∞	10
ξ_j	10	11	10	11	11	106

Abb. 4.4-6: Matrix der reduzierten Umrüstkosten (erste verbesserte Lösung)

Bei der Auswertung dieser Matrix ist zu beachten, dass die Folge I → IV bereits festliegt, d. h., die Werte der Zeile (Spalte) des Auftrags I (IV) und das Feld der Folge IV → I sind folglich für die weiteren Überlegungen irrelevant. Potentiell größte Verbesserungsmöglichkeiten werden in der Matrix für die Folgen III → I und III → II angezeigt. Für die weiteren Berechnungen wird zunächst die erste Möglichkeit aufgegriffen, indem die Auswirkungen des Einbaus der Folge III → I überprüft werden, woraus sich die beiden folgenden Alternativen ergeben:

2a: II → III → I → IV → V → II = 110

2b: III → I → IV → II → V → III = 106

Durch den Einbau der zweiten potentiellen Verbesserungsmöglichkeit (Folge III → II) in die erste verbesserte Reihenfolge ergibt sich die Auftragsfolge:

2c: I → IV → III → II → V → I = 108

Es zeigt sich, dass durch den zweiten Verbesserungsschritt keine Lösungsverbesserung erreicht, sondern lediglich mit der Auftragsfolge 2b eine zur bisher besten Auftragsfolge 1c gleichwertige Lösung gefunden wurde. Diese stellt die zweite verbesserte Reihenfolge dar, deren potentielle Verbesserungsmöglichkeiten mit Hilfe einer reduzierten Umrüstmatrix (vgl. Abbildung 4.4-7) zu prüfen sind.

Da die Folgen III → I und I → IV bereits festliegen, sind die Zeilen (Spalten) der Aufträge I und III (I und IV) und die Felder der Folgen VI → I und I → III für die Suche nach weiteren Verbesserungsmöglichkeiten irrelevant. In den verbleibenden Zellen wird keine Verbesserungsmöglichkeit angezeigt, so dass die Suche an dieser Stelle beendet wird. Da die reduzierte Matrix kein weiteres relevantes negatives

Element enthält, ist das **Abbruchkriterium** des Austauschverfahrens erfüllt. Für das Beispiel gelten somit als beste heuristische Reihenfolgen

1c: $I \to IV \to II \to III \to V \to I = 106$

2b: $III \to I \to IV \to II \to V \to III = 106$

nach Auftrag von Auftrag	I	II	III	IV	V	ζ_i
I	∞	−1	2	0	2	10
II	1	∞	0	1	0	11
III	0	0	∞	2	1	11
IV	0	0	3	∞	3	10
V	−1	1	0	3	∞	11
ξ_j	10	11	10	11	11	106

Abb. 4.4-7: Matrix der reduzierten Umrüstkosten (zweite verbesserte Lösung)

In einem letzten Schritt kann die dem Traveling-Salesman-Problem zugundeliegende Annahme, dass Start- und Endauftrag identisch sind und damit die Auftragsfolge einen Zyklus darstellt, aufgehoben werden, wenn in der Realität die Auftragsfolge nicht wiederholt auszuführen ist. Hierzu wird in den ermittelten Auftragsfolgen der Zyklus jeweils an der Stelle aufgetrennt, an der die höchsten Umrüstkosten entstehen. Dies ist bei der Lösung 1c die Folge $III \to V$ (23) und bei der Lösung 2b die Folge $II \to V$ (22). Die zyklusfreien Auftragsfolgen lauten dann:

1c': $V \to I \to IV \to II \to III = 83$

2b': $V \to III \to I \to IV \to II = 84$

Im Beispiel stellt somit 1c' die beste zyklenfreie Auftragsfolge dar.

4.4.2.2 Mehrstufige Produktion

Handelt es sich um einen mehrstufigen Produktionsprozess, dann ist es erforderlich, für jede Produktionsstufe die optimale Reihenfolge der Aufträge zu bestimmen. Gibt es n Aufträge und m Produktionsstufen (Aggregate), dann sind $(n!)^m$ unterschiedliche Auftragsfolgen möglich. Dies zeigt, dass derartige kombinatorische Optimierungsmodelle, die sich mit Hilfe ganzzahliger Modelle abbilden lassen, bedingt durch einen extremen Rechenaufwand für größere Problemabmessungen keine praktische Bedeutung haben. Im Folgenden sei zunächst ein exaktes Verfahren und im Anschluss daran heuristische Vorgehensweisen betrachtet.

4.4.2.2.1 Ein exaktes Verfahren zur Bestimmung der optimalen Auftragsreihenfolge

Ziel des von Johnson (1954) entwickelten Algorithmus ist die **Minimierung der Zykluszeit**, d. h., es wird diejenige Lösung gesucht, bei der der letztbearbeitete Auftrag so früh wie möglich fertiggestellt ist. Dabei gelten die folgenden **Prämissen**:

- Die Umrüstkosten sind unabhängig von der Auftragsreihenfolge.
- Alle zu bearbeitenden Aufträge durchlaufen alle Maschinen in der gleichen Reihenfolge (**identical routing**), und zwar belegt ein Auftrag jede Maschine genau einmal.
- Kein Auftrag darf einen anderen Auftrag überholen (**passing not permitted**).

Für den Fall zweistufiger Produktion ist zunächst die kürzeste Bearbeitungszeit der gegebenen Aufträge zu ermitteln, wobei die Möglichkeiten

- genau einer minimalen Bearbeitungszeit oder
- mehrerer gleicher minimaler Bearbeitungszeiten, die sich
  - -- entweder für einen Auftrag auf beiden Produktionsstufen
  - -- oder für mehrere verschiedene Aufträge ergeben,

bestehen können. Gibt es nur eine kleinste Bearbeitungszeit und gehört diese zur ersten (zweiten) Produktionsstufe, dann ist der Auftrag an die erste (letzte) freie Stelle der Auftragsfolge zu setzen. Wurden mehrere gleiche minimale Bearbeitungszeiten ermittelt, dann ist im ersten Fall der betroffene Auftrag generell der ersten freien Position der Auftragsfolge zuzuordnen, während im zweiten Fall der Auftrag mit der kleinsten Auftragsnummer zu wählen ist. Mit diesem Auftrag wird dann wie bei einer kleinsten Bearbeitungszeit verfahren. Ein eingeplanter Auftrag ist zu streichen und der Ablauf so oft zu wiederholen, bis die Auftragsfolge vollständig ist. Formal ergibt sich dann folgende Formulierung:

$$\min\{t_{i1}; t_{i'2}\} \le \min\{t_{i2}; t_{i'1}\}$$

Das folgende Beispiel soll diesen Algorithmus noch einmal verdeutlichen.

Auftrag	Stufe 1	Stufe 2
I	4	3
II	5	6
III	8	7
IV	2	5
V	9	12
VI	13	10
VII	11	14

Die niedrigste Bearbeitungszeit weist Auftrag IV mit 2 Zeiteinheiten auf. Da diese Bearbeitungszeit der ersten Produktionsstufe zugeordnet ist, wird dieser Auftrag an die erste Stelle der Auftragsfolge angeordnet. Die nächstniedrige Bearbeitungszeit beträgt 3 Zeiteinheiten und ist der Produktionsstufe 2 zugeordnet. Auftrag I kommt folglich an die letzte Stelle der Auftragsfolge. Auftrag II weist auf Produktionsstufe 1 die nächstniedrige Bearbeitungszeit auf und wird folglich an die erste freie Stelle der Auftragsfolge angeordnet. Die nächstniedrige Bearbeitungszeit weist Auftrag III mit 7 Zeiteinheiten der zweiten Produktionsstufe auf und wird damit der letzten freien Stelle der Auftragsfolge zugeordnet. Das Verfahren endet, wenn sämtliche Aufträge in eine Reihenfolge gebracht sind. Für das Beispiel ergibt sich dann die folgende optimale Reihenfolge mit einer Zykluszeit von 62 Zeiteinheiten:

$$IV \rightarrow II \rightarrow V \rightarrow VII \rightarrow VI \rightarrow III \rightarrow I$$

Abbildung 4.4-8 gibt diese Situation mit Hilfe eines Gantt-Diagramms wieder.

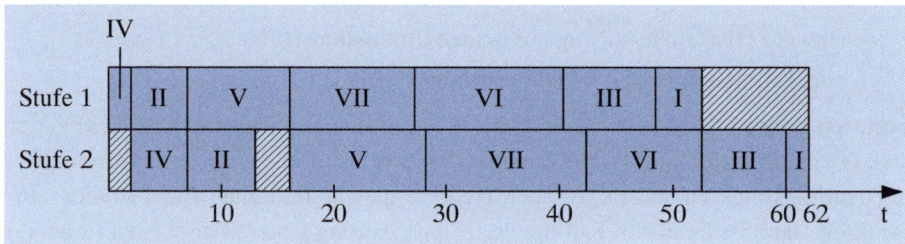

Abb. 4.4-8: Gantt-Diagramm der optimalen Reihenfolge

Ihre logische Begründung findet diese Vorgehensweise darin, dass der Auftrag, der auf der ersten Stufe die kürzeste Bearbeitungszeit aufweist, auf Stufe 1 zuerst bearbeitet werden muss, um damit die auftretende Leerzeit für Stufe 2 zu minimieren. Aufträge, deren Bearbeitungszeit auf der Stufe 2 kleiner ist als auf Stufe 1, sollten zuletzt bearbeitet werden, um die Auslaufzeit auf Stufe 2 niedrig zu halten (vgl. Blumenthal 1959, S. 483 ff.).

Unter der Voraussetzung, dass die kürzeste Bearbeitungszeit auf der ersten oder auf der dritten Stufe größer oder gleich der maximalen Bearbeitungszeit auf der zweiten Stufe ist, lässt sich der Johnson-Algorithmus auch zur Lösung des Reihenfolgeproblems bei drei Produktionsstufen anwenden. Formal lässt sich diese Bedingung wie folgt ausdrücken:

$$\min\left\{ t_{i1} \,\middle|\, i = 1, \ldots, n \right\} \geq \max\left\{ t_{i2} \,\middle|\, i = 1, \ldots, n \right\}$$
$$\vee \min\left\{ t_{i3} \,\middle|\, i = 1, \ldots, n \right\} \geq \max\left\{ t_{i2} \,\middle|\, i = 1, \ldots, n \right\}$$

mit: t_{ij} = Bearbeitungszeit des Auftrags i auf Stufe j.

Zur Lösung des Problems werden die Bearbeitungszeiten $t_{i1.2}$ und $t_{i2.3}$ eingeführt, die sich als Summe der Bearbeitungsdauern des j-ten Auftrages auf den Stufen 1 und 2 bzw. 2 und 3 ergeben:

$$t_{i1.2} = t_{i1} + t_{i2} \qquad\qquad i = 1, \ldots, n$$

$$t_{i2.3} = t_{i2} + t_{i3} \qquad\qquad i = 1, \ldots, n$$

Hierdurch wird das Problem auf zwei fiktive Produktionsstufen reduziert, so dass der Johnson-Algorithmus zur Anwendung gelangen kann. Im Folgenden wird die Vorgehensweise anhand eines Beispiels verdeutlicht (vgl. Abbildung 4.4-9).

Die kürzeste Bearbeitungszeit auf Stufe 3 beträgt 6 Zeiteinheiten und ist damit nicht kürzer als die längste Bearbeitungsdauer auf Stufe 2, die ebenfalls 6 Zeiteinheiten beträgt, so dass das Flow-Shop-Problem mit drei Produktionsstufen zu einem zweistufigen Problem zusammengefasst werden kann.

Stufe / Auftrag	1 t_{i1}	2 t_{i2}	3 t_{i3}	1.2 $t_{i1.2}$	2.3 $t_{i2.3}$
I	4	4	6	8	10
II	4	6	14	10	20
III	10	6	12	16	18
IV	14	4	6	18	10
V	14	4	10	18	14
VI	6	6	10	12	16
VII	8	6	6	14	12

Abb. 4.4-9: Matrix der Bearbeitungszeiten

Auftrag I benötigt mit acht Zeiteinheiten auf Stufe 1.2 die niedrigste Bearbeitungsdauer und wird deshalb an die erste Stelle der Bearbeitungsliste gestellt. Die nächstniedrigere Bearbeitungszeit weisen die Aufträge II und IV mit jeweils zehn Zeiteinheiten auf. Auftrag II wird an die zweite Stelle der Bearbeitungsliste gestellt, da diese Bearbeitungszeit der Stufe 1.2 zugeordnet ist. Auftrag IV wird hingegen an die letzte Stelle gestellt, da die Bearbeitungszeit von zehn Zeiteinheiten der Stufe 2.3 zugeordnet ist. Für dieses Beispiel ergibt sich dann die folgende Bearbeitungsreihenfolge:

$$I \rightarrow II \rightarrow VI \rightarrow III \rightarrow V \rightarrow VII \rightarrow IV$$

Das Gantt-Diagramm ist in Abbildung 4.4-10 dargestellt.

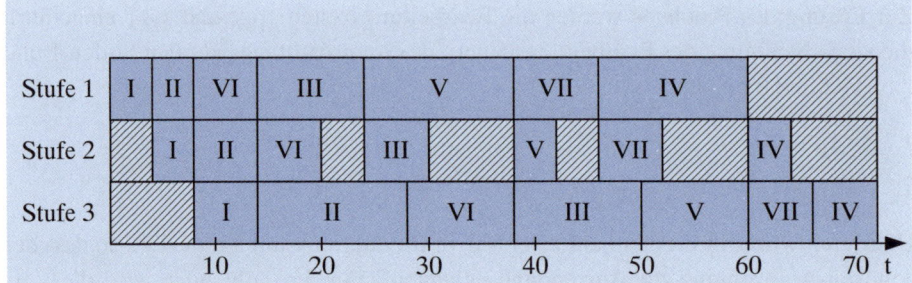

Abb. 4.4-10: Gantt-Diagramm der optimalen Reihenfolge des dreistufigen
Reihenfolgeproblems

4.4.2.2.2 Heuristische Verfahren zur Bestimmung der Auftragsreihenfolge

4.4.2.2.2.1 Erweiterung des Johnson-Algorithmus

Sind die Voraussetzungen für die Optimalität bei drei Produktionsstufen nicht gegeben oder soll die Planung für mehr als drei Produktionsstufen vorgenommen werden,
dann kann das Verfahren von Johnson als Heuristik eingesetzt werden. Dabei wird
das m-stufige Problem in ein 2-stufiges Problem überführt, indem zwei fiktive Stufen durch Zusammenfassung der Bearbeitungszeit von jeweils mehreren aufeinanderfolgenden Stufen gebildet werden. Das Johnson-Verfahren wird dann in der ge-
wohnten Form auf die beiden fiktiven Stufen angewendet. Da es bei m Stufen m-1
Möglichkeiten zur Überführung in ein zweistufiges Problem gibt, können zur Verbesserung der Lösungsqualität die Lösungen aller Möglichkeiten ermittelt werden,
um daraus diejenige mit der kürzesten Zykluszeit zu wählen (vgl. Campbell/
Dudek/Smith 1970, S. B630 ff.).

Für eine Produktion mit vier Stufen seien die stufenbezogenen Bearbeitungszeiten
von fünf Aufträgen gegeben und in drei unterschiedlichen Varianten zu zwei fiktiven
Stufen zusammengefasst (vgl. Abbildung 4.4-11).

Stufe ⟍ Auftrag	reale Stufen				fiktive Stufen					
	1	2	3	4	1a	2a	1b	2b	1c	2c
I	10	4	2	7	10	13	14	9	16	7
II	5	8	3	9	5	20	13	12	16	9
III	7	3	2	1	7	6	10	3	12	1
IV	4	2	3	5	4	10	6	8	9	5
V	3	5	7	3	3	15	8	10	15	3

Abb. 4.4-11: Matrix der Bearbeitungszeiten in einem vierstufigen Produktionssystem

Durch die Anwendung des Johnson-Verfahrens auf die drei Möglichkeiten der Stufenzusammenfassung ergeben sich folgende Auftragsfolgen als Lösungen:

a) $V \rightarrow IV \rightarrow II \rightarrow I \rightarrow III$

b) $IV \rightarrow V \rightarrow II \rightarrow I \rightarrow III$

c) $II \rightarrow I \rightarrow IV \rightarrow V \rightarrow III$

Die Gantt-Diagramme der Alternativen (vgl. Abbildung 4.4-12) zeigen, dass die Varianten a) und b) mit einer Fertigstellung des letzten Auftrags nach 40 Zeiteinheiten die besten ermittelten Reihenfolgen sind. Bei Variante c) wird der letzte Auftrag nach 41 Zeiteinheiten fertiggestellt.

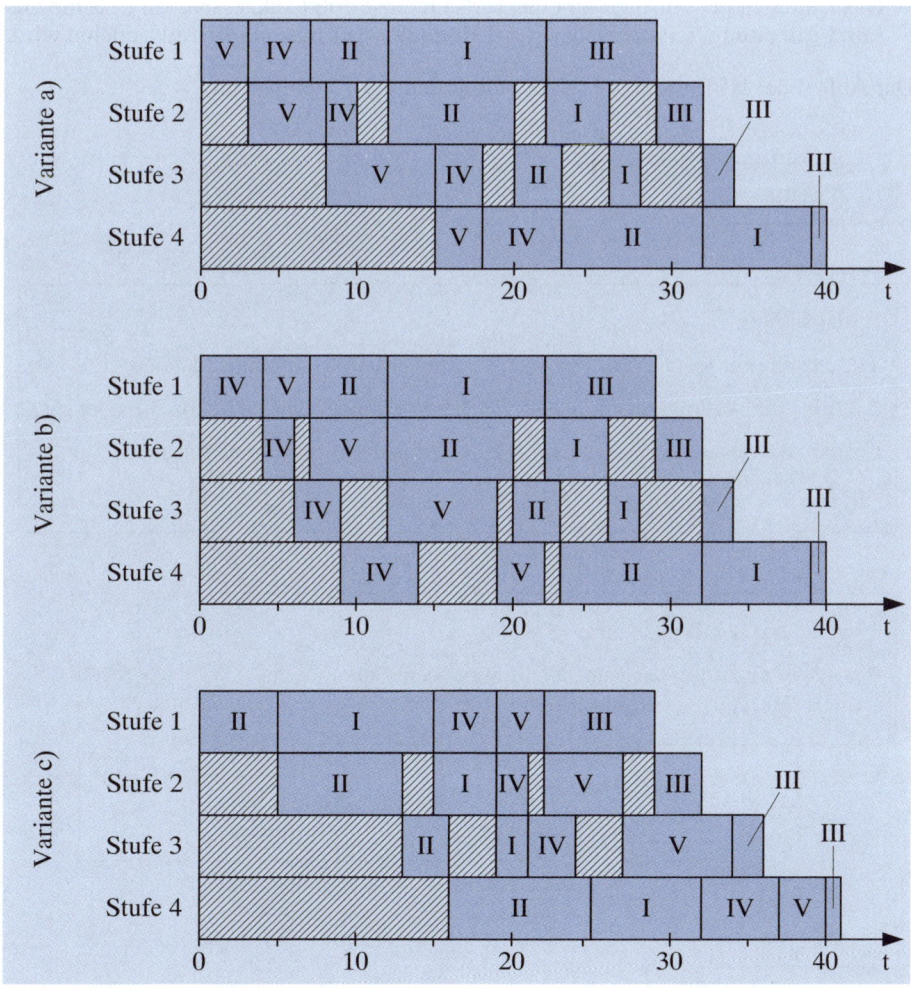

Abb. 4.4-12: Gantt-Diagramme der alternativen Lösungen zum vierstufigen Reihenfolgeproblem

4.4.2.2.2.2 Reihenfolgebildung durch sukzessive Einbeziehung

Eine Auftragssequenz kann auch in Flow Shops durch sukzessive Einbeziehung der Aufträge ermittelt werden. Ein Verfahren, dem diese Vorgehensweise zugrunde liegt, ist die NEH-Heuristik (benannt nach den Anfangsbuchstaben der Autoren des Aufsatzes Nawaz/Enscore/Ham 1983, S. 91 ff.). Sie wurde für das allgemeine Flow-Shop-Problem (identical routing, passing not permitted, n Aufträge, m Stufen) entwickelt und zielt darauf ab, die Aufträge in eine Reihenfolge zu bringen, die die Gesamtbearbeitungszeit der Auftragsmenge (makespan) minimiert. Dem Algorithmus liegen zwei Prinzipien zugrunde:

- Aufträge werden in absteigender Folge ihrer Gesamtbearbeitungszeit zum Einfügen ausgewählt.
- Das Einfügen der Aufträge in eine Teilsequenz erfolgt sukzessive so, dass die Gesamtbearbeitungszeit der bisherigen Teilsequenz geringstmöglich ausgedehnt wird.

Der Ablauf der NEH-Heuristik ist in Abbildung 4.4-13 dargestellt.

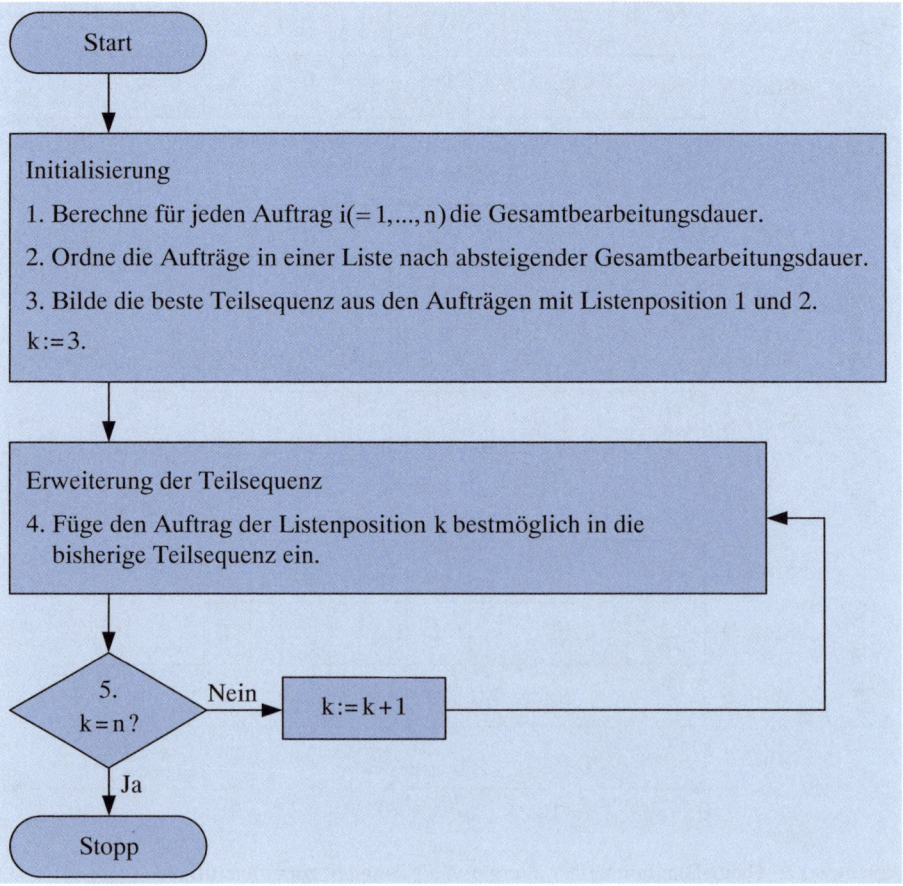

Abb. 4.4-13: Ablauf der NEH-Heuristik

Werden die Auftragsdaten aus dem Beispiel in Abschnitt 4.4.2.2.2.1 herangezogen, dann generiert die NEH-Heuristik in den einzelnen Schritten die folgenden (Zwischen-) Ergebnisse:

- **Schritte 1 und 2:**

Listenposition	1	2	3	4	5
Auftrag	II	I	V	IV	III
Gesamtbearbeitungsdauer	25	23	18	14	13

Abb. 4.4-14: Einfügereihenfolge der Aufträge

- **Schritt 3:** Es ist die beste Teilsequenz aus den Möglichkeiten $I \rightarrow II$ und $II \rightarrow I$ zu wählen.

  Die Teilsequenz $II \rightarrow I$ ist aufgrund der kürzeren Gesamtbearbeitungszeit (32) zu wählen.

- **Schritt 4 (1. Iteration):** Auftrag V ist in die Teilsequenz einzufügen. Es ist die beste Teilsequenz aus den Möglichkeiten $V \rightarrow II \rightarrow I$, $II \rightarrow V \rightarrow I$ und $II \rightarrow I \rightarrow V$ zu wählen.

  Die Gesamtbearbeitungszeit der Teilsequenzen ist identisch (35), so dass eine zufällige Auswahl getroffen werden könnte. Wird alternativ die Summe der Wartezeiten der Aufträge (Fertigstellungszeitpunkt minus Gesamtbearbeitungsdauer des Auftrags) als zusätzliches Auswahlkriterium herangezogen, dann ist die Teilsequenz $V \rightarrow II \rightarrow I$ zu wählen.

- **Schritt 4 (2. Iteration):** Auftrag IV ist in die Teilsequenz einzufügen. Es ist die beste Teilsequenz aus den Möglichkeiten $IV \rightarrow V \rightarrow II \rightarrow I$, $V \rightarrow VI \rightarrow II \rightarrow I$, $V \rightarrow II \rightarrow IV \rightarrow I$ und $V \rightarrow II \rightarrow I \rightarrow IV$ zu wählen.

  Die Gesamtbearbeitungszeiten der Teilsequenzen $IV \rightarrow V \rightarrow II \rightarrow I$ und $V \rightarrow IV \rightarrow II \rightarrow I$ sind die kürzesten (39). Nach dem zusätzlichen Kriterium der Wartezeit der Aufträge wird die Teilsequenz $IV \rightarrow V \rightarrow II \rightarrow I$ gewählt.

- **Schritt 4 (3. Iteration):** Auftrag III ist in die Teilsequenz einzufügen. Es ist die beste Teilsequenz aus den Möglichkeiten $III \rightarrow IV \rightarrow V \rightarrow II \rightarrow I$, $IV \rightarrow III \rightarrow V \rightarrow II \rightarrow I$, $IV \rightarrow V \rightarrow III \rightarrow II \rightarrow I$, $IV \rightarrow V \rightarrow II \rightarrow III \rightarrow I$ und $IV \rightarrow V \rightarrow II \rightarrow I \rightarrow III$ zu wählen.

  Die Teilsequenz $IV \rightarrow V \rightarrow II \rightarrow I \rightarrow III$ ist aufgrund der kürzeren Gesamtbearbeitungszeit (40) zu wählen.

- **Schritt 5:** Alle vorliegenden Aufträge sind eingeplant, so dass die letzte gefundene Teilsequenz die Lösung des Sequencing-Problems darstellt.

Stufe		1		2		3		4	
Auftrag	I	10	10	4	14	2	16	7	23
	II	5	15	8	23	3	26	9	35

Stufe		1		2		3		4	
Auftrag	II	5	5	8	13	3	16	9	25
	I	10	15	4	19	2	21	7	32

Abb. 4.4-15: Berechnung der Gesamtbearbeitungszeit der Teilsequenzen mit zwei Aufträgen

Stufe		1		2		3		4			Wartezeit der Aufträge
Auftrag	V	3	3	5	8	7	15	3	18	18	$0+3+12=15$
	II	5	8	8	16	3	19	9	28	25	
	I	10	18	4	22	2	24	7	35	23	

Stufe		1		2		3		4			Wartezeit der Aufträge
Auftrag	II	5	5	8	13	3	16	9	25	25	$0+10+12=22$
	V	3	8	5	18	7	25	3	28	18	
	I	10	18	4	22	2	27	7	35	23	

Stufe		1		2		3		4			Wartezeit der Aufträge
Auftrag	II	5	5	8	13	3	16	9	25	25	$0+9+17=26$
	I	10	15	4	19	2	21	7	32	23	
	V	3	18	5	24	7	31	3	35	18	

Abb. 4.4-16: Berechnung der Gesamtbearbeitungszeit der Teilsequenzen mit drei Aufträgen

Stufe	1		2		3		4			Wartezeit der Aufträge
IV	4	4	2	6	3	9	5	14	14	$0+4+7+16=27$
V	3	7	5	12	7	19	3	22	18	
II	5	12	8	20	3	23	9	32	25	
I	10	22	4	26	2	28	7	39	23	

Stufe	1		2		3		4			Wartezeit der Aufträge
V	3	3	5	8	7	15	3	18	18	$0+9+7+16=32$
IV	4	7	2	10	3	18	5	23	14	
II	5	12	8	20	3	23	9	32	25	
I	10	22	4	26	2	28	7	39	23	

Stufe	1		2		3		4	
V	3	3	5	8	7	15	3	18
II	5	8	8	16	3	19	9	28
IV	4	12	2	18	3	22	5	33
I	10	22	4	26	2	28	7	40

Stufe	1		2		3		4	
V	3	3	5	8	7	15	3	18
II	5	8	8	16	3	19	9	28
I	10	18	4	22	2	24	7	35
IV	5	22	4	24	3	27	5	40

Abb. 4.4-17: Berechnung der Gesamtbearbeitungszeit der Teilsequenzen mit vier Aufträgen

Die Durchführung des Algorithmus reduziert im Vergleich zur vollständigen Enumeration den Problemlösungsaufwand von $n!$ auf $n \cdot (n+1)/2 - 1$ Enumerationen, wobei sich lediglich n Enumerationen auf vollständige Auftragssequenzen beziehen. Simulationsstudien zeigen, dass die NEH-Heuristik zwar mehr Rechenzeit als der modifizierte Johnson-Algorithmus benötigt, dafür aber deutlich bessere Ergebnisse erzeugt, solange die Anzahl der Stufen die Anzahl der Aufträge nicht sehr stark übersteigt (vgl. Nawaz/Enscore/Ham 1983, S. 94 f.).

Stufe		1		2		3		4	
	III	7	7	3	10	2	12	1	13
	IV	4	11	2	13	3	16	5	21
Auftrag	V	3	14	5	19	7	26	3	29
	II	5	19	8	27	3	30	9	39
	I	10	29	4	33	2	35	7	46

Stufe		1		2		3		4	
	IV	4	4	2	6	3	9	5	14
	III	7	11	3	14	2	16	1	17
Auftrag	V	3	14	5	19	7	26	3	29
	II	5	19	8	27	3	30	9	39
	I	10	29	4	33	2	35	7	46

Stufe		1		2		3		4	
	IV	4	4	2	6	3	9	5	14
	V	3	7	5	12	7	19	3	22
Auftrag	III	7	14	3	17	2	21	1	23
	II	5	19	8	27	3	30	9	39
	I	10	29	4	33	2	35	7	46

Stufe		1		2		3		4	
	IV	4	4	2	6	3	9	5	14
	V	3	7	5	12	7	19	3	22
Auftrag	II	5	12	8	20	3	23	9	32
	III	7	19	3	23	2	25	1	33
	I	10	29	4	33	2	35	7	42

Stufe		1		2		3		4	
	IV	4	4	2	6	3	9	5	14
	V	3	7	5	12	7	19	3	22
Auftrag	II	5	12	8	20	3	23	9	32
	I	10	22	4	26	2	28	7	39
	III	7	29	3	32	2	34	1	40

Abb. 4.4-18: Berechnung der Gesamtbearbeitungszeit der Teilsequenzen mit fünf Aufträgen

4.4.2.2.2.3 Reihenfolgebildung mit Summen aus gewichteten Bearbeitungszeiten

Bei dieser Gruppe heuristischer Verfahren zur Reihenfolgeplanung bei Flow Shops mit m Produktionsstufen wird für jeden Auftrag i mit den Bearbeitungszeiten t_{ij} eine Prioritätszahl p_i der Art

$$p_i = \sum_{j=1}^{m} g(j) \cdot t_{ij}$$

gebildet. Die Gewichtungsfunktion $g(j)$ ist dabei grundsätzlich monoton nicht fallend, wird aber in den einzelnen Verfahren unterschiedlich spezifiziert. Die Reihenfolge der Aufträge entspricht der Sortierung nach fallender Priorität. Unter der Zielsetzung der Minimierung der Zykluszeit wird diese Vorgehensweise analog zum Johnson-Algorithmus damit begründet, dass „... zu Beginn Aufträge mit möglichst kurzen Bearbeitungszeiten auf den ersten Maschinen und zum Ende hin Aufträge mit möglichst kurzen Bearbeitungszeiten auf den letzten Maschinen stehen sollten" (Liesegang/Schirmer 1975, S. 202), um die Leerzeiten der ersten Maschinen nach ihrem Einsatz zur Auftragsbearbeitung und der letzten Maschinen vor ihrem Einsatz zur Auftragsbearbeitung zu minimieren (vgl. Liesegang/Schirmer 1975, S. 202).

In der Gewichtungsfunktion nach Sokolizin (1958) wird die Differenz zwischen den Bearbeitungszeiten auf der letzten und der ersten Produktionsstufe gebildet. Für $m \geq 3$ gilt:

$$g(j) = \begin{cases} -1 & \text{, wenn } j = 1 \\ 0 & \text{, wenn } 2 \leq j \leq m-1 \\ 1 & \text{, wenn } j = m \end{cases}$$

Bei der Reihenfolgebildung werden folglich die Bearbeitungszeiten auf den mittleren Produktionsstufen nicht berücksichtigt, was bei hoher Stufenanzahl mit relativ schlechten Lösungen einhergehen kann. Dieses Problem wird durch die Gewichtungsfunktion von Petrow (1966) dadurch behoben, dass die Differenz aus der Summe der Bearbeitungszeiten der hinteren Stufen (ab der mittleren Stufe) und der Summe der Bearbeitungszeiten der vorderen Stufen (bis zur mittleren Stufe) zur Priorisierung der Aufträge herangezogen wird. Die Gewichtungsfunktion lautet:

$$g(j) = \begin{cases} -1 & \text{, wenn } 1 \leq j \leq e \\ 1 & \text{, wenn } e+1 \leq j \leq m \end{cases}$$

Ist m geradzahlig, dann gilt $e = \dfrac{m}{2}$, andernfalls $e = \dfrac{m+1}{2}$.

Im Unterschied zu den Verfahren von Sokolizin bzw. Petrow werden in der Gewichtungsfunktion von Palmer (1965) die ersten und die letzten Stufen stärker (negativ bzw. positiv) gewichtet. Für $m \geq 3$ gilt die Gewichtungsfunktion:

$$g(j) = \begin{cases} -\dfrac{m-1}{2} & , \text{wenn } j = 1 \\[2mm] -\dfrac{m-3}{2} & , \text{wenn } j = 2 \\[2mm] \dots \\[2mm] +\dfrac{m-3}{2} & , \text{wenn } j = m-1 \\[2mm] +\dfrac{m-1}{2} & , \text{wenn } j = m \end{cases}$$

oder kurz

$$g(j) = \frac{2 \cdot j - (m+1)}{2}.$$

Gegeben seien die Bearbeitungszeiten von fünf Aufträgen, die jeweils vier Produktionsstufen in derselben Reihenfolge durchlaufen (vgl. Abbildung 4.4-19).

Auftrag	Bearbeitungszeit auf Stufe				Auftragsprioritäten nach		
	1	2	3	4	Sokolizin	Petrow	Palmer
I	10	4	2	7	–3	–5	–5,5
II	5	8	3	9	+4	–1	+3,5
III	7	3	2	1	–6	–7	–9,5
IV	4	2	3	5	+1	+2	+2
V	3	5	7	3	0	+2	+1
Gewichtung nach Sokolizin	–1	0	0	+1			
Gewichtung nach Petrow	–1	–1	+1	+1			
Gewichtung nach Palmer	–1,5	–0,5	+0,5	+1,5			

Abb. 4.4-19: Matrix der Bearbeitungszeiten, Gewichtungsfaktoren und Auftragsprioritäten in einem vierstufigen Produktionssystem

Werden die Aufträge nach absteigenden Prioritäten sortiert, dann ergeben sich bei Anwendung der einzelnen Verfahren die folgenden Auftragsfolgen:

- Verfahren nach Sokolizin: $\text{II} \rightarrow \text{IV} \rightarrow \text{V} \rightarrow \text{I} \rightarrow \text{III}$ (Zykluszeit: 41),

- Verfahren nach Petrow: $\text{IV} \rightarrow \text{V} \rightarrow \text{II} \rightarrow \text{I} \rightarrow \text{III}$ (Zykluszeit: 40) oder

$\text{V} \rightarrow \text{IV} \rightarrow \text{II} \rightarrow \text{I} \rightarrow \text{III}$ (Zykluszeit: 40),

- Verfahren nach Palmer: $\text{II} \rightarrow \text{IV} \rightarrow \text{V} \rightarrow \text{I} \rightarrow \text{III}$ (Zykluszeit: 41).

4.4.2.2.2.4 Prioritätsregeln zur Bestimmung der Auftragsreihenfolge

Bei Prioritätsregeln (Vorrangregelverfahren) erfolgt die Einlastung der Aufträge dadurch, dass ihnen eine Wertzahl zugeordnet wird, die die Dringlichkeit eines Auftrags zum Ausdruck bringt. Durch Prioritätsregeln werden folglich die Auftragsfolgen an den jeweiligen Aggregaten auf der Grundlage eines bestimmten Reihenfolgekriteriums festgelegt. Bildet sich vor einer Bearbeitungsstation eine Warteschlange, dann kann mit Hilfe der Prioritätsregel dezentral darüber entschieden werden, welcher Auftrag als nächster auf dem entsprechenden Aggregat zu bearbeiten ist. In die Festlegung der Prioritäten können dabei die unterschiedlichsten Überlegungen einfließen, wie etwa

- externe Dringlichkeit des Auftrags durch den Abnehmer,
- zeitlicher Puffer oder Verzug der einzulastenden Aufträge oder
- Kapitalbindung des Auftrags.

Eine Prioritätszahl ist demnach als eine Vorgabe zu interpretieren, die entsprechend den zugeordneten Wertzahlen eine Auswahl aus einer Konfliktmenge (Warteschlange vor einer Bearbeitungsstation) erlaubt. Dabei ist es nicht erforderlich, dass an jeder Bearbeitungsstation dieselbe Prioritätsregel zur Anwendung gelangt.

Es ist zwischen

- elementaren und
- kombinativen Prioritätsregeln

zu unterscheiden. Elementare oder einfache Prioritätsregeln zeichnen sich dadurch aus, dass lediglich ein Reihenfolgekriterium angewendet wird. Abbildung 4.4-20 gibt einen Überblick über in der Literatur gängige Prioritätsregeln (vgl. z. B. Haupt 1996, Sp. 1422; Hoitsch 1993b, S. 480 f.; Zäpfel 1982, S. 273 f.).

Welche Prioritätsregel für eine bestimmte Unternehmung unter Beachtung der situationsspezifischen Produktionsgegebenheiten in besonderem Maße geeignet ist, kann nicht in deduktiver Form allgemeingültig hergeleitet werden, sondern bedarf der experimentellen Überprüfung. Dies kann mit Hilfe der Simulation erfolgen. Wobei zu betonen ist, dass es sich bei der Simulation nicht um ein Lösungsverfahren der Ablaufplanung handelt, sondern diese lediglich dazu dient, unterschiedliche Planungsverfahren, und in diesem Zusammenhang die Prioritätsregeln, zu testen (zu einer Beschreibung derartiger Simulationsläufe vgl. Hansmann 2006, S. 355 ff.). In der Literatur (vgl. z. B. Hauk 1973; Haupt/Schilling 1993, S. 611 ff.; Hoss 1965; Tangermann 1973) wurde eine Vielzahl von Simulationsexperimenten durchgeführt, um Hinweise auf die Wirksamkeit von Prioritätsregeln zu erhalten. Dabei werden einerseits fiktive Produktionsmodelle und andererseits real existierende Produktionsmodelle zugrunde gelegt. Hierbei lassen sich dann für die unterschiedlichen Prioritätsregeln charakteristische Größen, wie Durchlauf- und Wartezeit, Kapazitätsauslastung usw., berechnen. Auf dieser Grundlage können dann Prioritätsregeln identifiziert werden, die im Durchschnitt den jeweiligen Zielen am besten entsprechen.

Regel	Erklärung
First-come-first-served (FCFS)	Der Auftrag, der zuerst an einer Maschine ankommt, erhält die höchste Priorität.
Kürzeste Operations-zeit (KOZ)	Der Auftrag mit der kürzesten Operationszeit erhält die höchste Priorität.
Längste Operations-zeit (LOZ)	Der Auftrag mit der längsten Operationszeit erhält die höchste Priorität.
Kürzeste Gesamtbear-beitungszeit (KGB)	Der Auftrag mit der kürzesten Gesamtbearbeitungszeit auf allen Maschinen erhält die höchste Priorität.
Größte Gesamtbear-beitungszeit (GGB)	Der Auftrag mit der größten Gesamtbearbeitungszeit auf allen Maschinen erhält die höchste Priorität.
Frühester Fertig-stellungstermin (FFT)	Der Auftrag mit dem frühesten Fertigstellungstermin erhält die höchste Priorität.
Fertigungsrestzeitregel (FRZ)	Der Auftrag, der die kürzeste verbleibende Arbeitszeit auf den verbleibenden Maschinen aufweist, erhält die höchste Priorität.
Schlupfzeitregel	Der Auftrag mit der geringsten Differenz zwischen Liefertermin und dem verbleibenden Bearbeitungszeit-raum erhält die höchste Priorität.
Dynamische Wertregel (DWR)	Der Auftrag mit dem höchsten Produktwert (Kapital-bindung) erhält die höchste Priorität.
Zufalls-Regel (ZUF)	Mit Hilfe eines Zufallszahlengenerators wird jedem Auftrag ein Wert zwischen null und eins zugeordnet. Die zugeordnete Zufallszahl ist dann die Prioritätszahl des Auftrags.

Abb. 4.4-20: Beispiele elementarer (einfacher) Prioritätsregeln

Einige Ergebnisse, die als Tendenzen dieser Simulationsstudien zu interpretieren sind, sind in Abbildung 4.4-21 zusammengefasst (vgl. Hoss 1965; Schweitzer 1973, S. 180).

Abbildung 4.4-21 zeigt, dass die KOZ-Regel hinsichtlich der Zielsetzungen „Maximale Kapazitätsauslastung" und „Minimale Durchlaufzeit" (vgl. hierzu die Ausführungen zum Dilemma der Ablaufplanung) die besten Ergebnisse zeigt. Es ist jedoch zu beachten, dass die KOZ-Regel bei Aufträgen mit langen Bearbeitungszeiten die Termintreue negativ beeinflussen kann, so dass durch Verzögerungen von Aufträgen mit längeren Bearbeitungszeiten hohe Varianzen der Durchlaufzeiten auftreten, d. h.

da die KOZ-Regel die Liefertermine nicht berücksichtigt, können Aufträge zu früh oder zu spät fertiggestellt werden. Demgegenüber weist die Schlupfzeitregel die besten Ergebnisse hinsichtlich der Termineinhaltung auf. Diese Ergebnisse zeigen, dass sich die KOZ-Regel und die Schlupfzeitregel aufgrund ihrer spezifischen Vorteile eventuell ergänzen können.

Prioritäts-regel / Auftrag	Kürzeste Operations-zeitregel	Fertigungs-restzeit-regel	Dynami-sche Wert-regel	Schlupf-zeitregel
Maximale Kapazi-tätsauslastung	sehr gut	gut	mäßig	gut
Minimale Durch-laufzeit	sehr gut	gut	mäßig	mäßig
Minimale Zwischen-lagerungskosten	gut	mäßig	sehr gut	mäßig
Minimale Termin-abweichungen	schlecht	mäßig	mäßig	sehr gut

Abb. 4.4-21: Wirksamkeit elementarer Prioritätsregeln

Dieser Gedankengang liegt dann auch der **kombinativen Anwendung von Prioritäts-regeln** zugrunde. Dies bedeutet, dass zur Beurteilung von Maschinenbelegungsplänen keine monovariablen, sondern multivariable Zielfunktionen zugrunde gelegt werden, und zwar mit dem Ziel, dass sich die Vorteile der einzelnen Prioritätsregeln möglichst vereinen, während negative Effekte vermieden oder zumindest reduziert werden sollen. Aus der Verknüpfung der elementaren Prioritätsregeln lässt sich dann eine Vielzahl kombinativer Regeln bilden, wobei diese **Verknüpfung**

- additiv,
- multiplikativ oder
- alternativ

erfolgen kann (vgl. Haupt 1996, Sp. 1420 ff.). Bei einer additiven Verknüpfung elementarer Prioritätsregeln erfolgt eine Addition der Prioritätszahlen. Weisen die einzelnen Prioritätsregeln unterschiedliche Bewertungsmaßstäbe auf, dann ist eine Gewichtung erforderlich, um diesem Sachverhalt Rechnung zu tragen. Handelt es sich um eine multiplikative Verknüpfung, dann kann die Gewichtung mittels Exponenten vollzogen werden. **Additiver** und **multiplikativer Verknüpfung** ist gemeinsam, dass die verknüpften **Regeln gemeinsam zur Anwendung** gelangen. Demgegenüber gelangt bei einer **alternativen Verknüpfung** lediglich eine Regel zur Anwendung, wodurch es notwendig wird, festzulegen, nach welcher Regel die jeweils anzuwendende einfache Prioritätsregel ausgewählt werden soll. Es sind damit Bedingungen zu formulieren, die nur eine elementare Regel zum Einsatz gelangen lassen.

Untersuchungen haben gezeigt, dass bei der additiven und multiplikativen Verknüpfung elementarer Prioritätsregeln nicht nur **keine Verbesserung** im Vergleich zu den elementaren Regeln auftreten muss, sondern die **negativen Effekte** der einfachen Regeln noch **verstärkt** werden können. Demgegenüber zeigt eine alternative Verknüpfung günstigere Ergebnisse, als dies bei elementaren Regeln der Fall ist. Der Grund hierfür ist darin zu sehen, dass im Hinblick auf das anzustrebende Ziel immer die günstigere Regel angewendet wird. So zeigt eine alternative Verknüpfung der KOZ-Regel mit der Schlupfzeitregel, dass diese Kombination die **Vorteile der KOZ-Regel**, die diese hinsichtlich der Erhöhung der Kapazitätsauslastung und der Reduzierung der Durchlaufzeiten aufweist, mit den **Vorteilen der Schlupfzeitregel**, die diese hinsichtlich der Termineinhaltung aufweist, vereint. Dabei werden die beiden Regeln so verknüpft, dass bei einer Terminüberschreitung die Schlupfzeitregel und ansonsten die KOZ-Regel wirksam wird (vgl. Schweitzer 1973, S. 180 f.).

Eine weitere in der Literatur vorgeschlagene Kombination stellt die Verknüpfung der KOZ-Regel mit einer Wartezeitbeschränkung dar. Durch eine derartige Vorgehensweise soll verhindert werden, dass Aufträge, die lange Bearbeitungszeiten aufweisen und folglich durch die KOZ-Regel häufig zurückgestellt werden, zu lange Durchlaufzeiten und eventuelle Terminüberschreitungen aufweisen. Damit wird eine Terminschranke eingebaut, die bei Erreichen dem Auftrag die höchste Priorität verleiht, der eine bestimmte Höchstzeit in einer Warteschlange vor einer Bearbeitungsstation erreicht oder überschritten hat.

Eine weitere diskutierte Kombination ist die Verknüpfung der KOZ-Regel mit der Dynamischen Wertregel und der Schlupfzeitregel. Dabei erfolgt zunächst eine Kombination der KOZ-Regel mit der Dynamischen Wertregel. Es erhält der Auftrag die höchste Priorität, bei dem die quotiale Verknüpfung von Produktwert vor Ausführung der Bearbeitung und der Bearbeitungszeit den höchsten Wert aufweist. Die Schlupfzeitregel gelangt zur Anwendung, um Terminüberschreitungen zu vermeiden, d. h., sie wird angewendet, wenn zu befürchten ist, dass ein Termin nicht eingehalten werden kann.

Es fällt auf, dass in den vorgeschlagenen Kombinationen die KOZ-Regel immer zum Einsatz gelangt. Der entscheidende Grund hierfür ist darin zu sehen, dass die beiden Ziele Erhöhung der Kapazitätsauslastung und Durchlaufzeitreduzierung in besonderem Maße erfüllt werden. Die Verknüpfung mit anderen Regeln zielt dann in erster Linie darauf ab, die Termintreue zu gewährleisten.

Während die skizzierten Prioritätsregeln wie KOZ, FCFS, Schlupfzeitregel etc. auf lokalen Informationen aufbauen, gibt es darüber hinaus Prioritätsregeln, die auf „globale" Informationen über mehrere Betriebsmittel zurückgreifen. So wählt z. B. die Prioritätsregel WINQ (Least Work In Next Queue) den Auftrag mit der kürzesten

Warteschlange (gemessen in Arbeitsstunden) vor der Betriebsmittelgruppe seines nächsten Arbeitsganges als ersten zur Bearbeitung aus.

Abschließend sei noch einmal explizit darauf hingewiesen, dass diese Ausführungen zur Wirksamkeit von Prioritätsregeln **nicht als allgemeingültige Aussagen** verstanden werden dürfen, sondern dass es sich hierbei um Tendenzen handelt. Welche Regel oder Regelkombination die höchste Wirksamkeit aufweist, hängt dabei in entscheidendem Maße von den **organisatorischen und technischen Gegebenheiten** in der jeweiligen Unternehmung ab (vgl. Schweitzer 1973, S. 181).

5 Integrative Ansätze

5.1 Planungstheoretische Grundlagen

Im Rahmen der Planungstheorie wird

- nach dem Kriterium „Vorgehensweise" zwischen Simultan- und Sukzessivplanung und
- nach dem Kriterium „Planungsumfang" zwischen Total- und Partialplanung unterschieden.

In der Betriebswirtschaftslehre ist der extreme Anspruch an eine Totalplanung dann erfüllt, wenn die Planung alle Funktionsbereiche einer Unternehmung und die gesamte Lebensdauer der Unternehmung umfasst. Demgegenüber erfasst eine Partialplanung nur einen Teilbereich der Unternehmung und/oder einen verkürzten zeitlichen Horizont. Eine Partialplanung vermag es deshalb nicht, allen sachlichen und zeitlichen Interdependenzen zwischen den relevanten Bereichen Rechnung zu tragen. Um die Eignung derartiger Planungen sicherzustellen, müssen sie zumindest die wesentlichen Interdependenzen zwischen dem abgegrenzten Planungsobjekt und der Unternehmung erfassen, die sich mit Hilfe eines Totalplanungsmodells bestimmen lassen (vgl. Adam 1996, S. 93 f.).

Ein konstitutives Merkmal der Simultanplanung ist darin zu sehen, dass gleichzeitig über die Werte aller gestaltbaren Variablen des vorliegenden Planungsproblems entschieden wird. Ein Simultanplanungsmodell umfasst dann alle Interdependenzen, die zwischen den Entscheidungsvariablen bestehen, in expliziter Form und setzt die Kenntnis sämtlicher Handlungsalternativen voraus (zu einem kurzen Überblick über simultane Ansätze vgl. z. B. Lermen 1992, S. 24 ff.). Dabei kann komplexitätsbedingt der Fall auftreten, dass ein optimaler Plan nicht in angemessener Zeit ermittelt werden kann. Aus diesem Grunde gelangen sukzessive Planungsansätze zur Anwendung, die eine Dekomposition des ursprünglichen Planungsproblems in Teilprobleme so vornehmen, dass sich für diese jeweils separat optimale Pläne in angemessener Zeit erstellen lassen. Da aus einer Zusammenfassung von isoliert optimierten Teilplanungen i. d. R. kein optimaler Gesamtplan resultiert, wird die Koordination der Teilplanungen zu einem zentralen Element dieser Planungsansätze (vgl. Rautenstrauch/Turowski 1998, S. 155 f.). In Abbildung 5.1-1 werden simultane und sukzessive Planung auf der Grundlage ausgewählter Kriterien gegenübergestellt.

Ein simultaner Totalplanungsansatz, der aus theoretischer Sicht zu präferieren wäre, scheitert letztlich an den folgenden Problemen (vgl. z. B. Glaser 1989a, S. 349):

- Es kann nicht sichergestellt werden, dass sämtliche Interdependenzen identifiziert und im Modell problemadäquat abgebildet werden. Um sämtliche Interdependenzen zu erfassen, wäre es erforderlich, alle Unternehmungsbereiche unter Berücksichtigung der gesamten Lebensdauer hinweg zu betrachten. Eine solche Vorgehensweise scheitert bereits daran, dass der Liquidationszeitpunkt einer Unternehmung in aller Regel nicht bekannt ist.

	Simultane Planung	Sukzessive Planung
Grundlage	Ein Planungsmodell umfasst den gesamten Aufgabenkomplex der PPS.	Es werden mehrere Planungsmodelle aufgestellt, die jeweils einen Teil des Aufgabenkomplexes der PPS umfassen.
Vorgehensweise	Gleichzeitige Festlegung aller Entscheidungsvariablen durch Lösung des Planungsmodells.	Zeitlich aufeinanderfolgende Festlegung der Entscheidungsvariablen durch Lösung der Planungsmodelle und Koordination.
Ergebnis	Vollständige Abstimmung der Entscheidungsvariablen, da sämtliche Interpendenzen berücksichtigt werden.	Teilweise Abstimmung der Entscheidungsvariablen, weil Interpendenzen durch die Aufgabenzerlegung zerschnitten werden.
Praktikabilität	Für reale Problemstellungen ungeeignet, weil eine zu hohe Modellkomplexität gegeben ist.	Für reale Problemstellungen geeignet.

Abb. 5.1-1: Vergleichende Gegenüberstellung von simultaner und sukzessiver Planung

- Es existieren Probleme hinsichtlich der Datenbeschaffung und -pflege.
- Es ergibt sich eine hohe Modellkomplexität. Die modellmäßige Abbildung aller Entscheidungsvariablen und die damit einhergehenden Auswirkungen auf Kosten und/oder Erlöse unter Beachtung der Ressourcenbeanspruchung führen zu einem hochkomplexen nichtlinearen Optimierungsmodell, das nicht lösbar ist. Auch wenn unterstellt wird, dass nur lineare Beziehungen existieren, ergibt sich i. d. R. ein gemischt-ganzzahliges Optimierungsproblem, das sich ebenfalls einer Lösung entzieht.

Die Bedeutung simultaner Totalplanungsansätze ist folglich weniger darin zu sehen, praktikable Ansätze zu liefern, sondern ihr primäres Ziel ist es vielmehr, die Problemstruktur transparent zu machen und damit einen Einblick in die Abhängigkeiten von Variablen und Teilplanungen zu geben.

Mit sukzessiven Totalplanungsansätzen wird versucht, die hohe Komplexität von Totalplanungsproblemen zu handhaben: das Gesamtplanungsproblem wird in Teilprobleme zerlegt, die dann aufeinander aufbauend gelöst werden können. Damit wird jedoch gleichzeitig das Problem der Totalplanung, dass eine adäquate Berücksichtigung sämtlicher Interdependenzen nicht sichergestellt werden kann, verschärft. Wie bei der simultanen Totalplanung sind weiterhin Probleme der Datenbeschaffung und -pflege relevant.

Aufgrund der Unmöglichkeit einer simultanen Totalplanung und der Probleme einer sukzessiven Totalplanung werden in der Literatur (vgl. z. B. Bretzke 1980, S. 137) simultane Partialplanungen verfolgt, die auch als begrenzte Simultanmodelle zur

Ermittlung bereichsspezifischer „Optimallösungen" bezeichnet werden. Derartige simultane Partialplanungen zeichnen sich dadurch aus, dass sie nicht sämtliche Funktionsbereiche einer Unternehmung und/oder nicht alle zukünftigen Planungsperioden in die Modellierung aufnehmen und für diesen Ausschnitt aus dem Gesamtplanungsproblem alle Planungsvariablen gleichzeitig festlegen. Aus der Perspektive der Unternehmungsplanung sind sie als Elemente eines sukzessiven Totalplanungsansatzes zu interpretieren.

Da selbst Partialplanungsprobleme eine so hohe Komplexität aufweisen können, dass eine simultane Lösung nicht praktikabel ist, werden **sukzessive Partialplanungsansätze** relevant. Dabei wird ein Ausschnitt aus dem Gesamtplanungsproblem in weitgehend voneinander unabhängige Teilprobleme zerlegt, die in bestimmter Abfolge einer Lösung zugeführt werden. Auch sukzessive Partialplanungsansätze stellen aus der Perspektive der Unternehmungsplanung Elemente eines sukzessiven Totalplanungsansatzes dar.

Aufgrund der aufgezeigten Probleme gelangen im Rahmen der Produktionsplanung und -steuerung **sukzessive Planungsansätze** zur Anwendung (zur sukzessiven Produktionsplanung vgl. Zäpfel/Gfrerer 1984, S. 235 ff.), wobei teilweise einzelne Teilpläne der Produktionsplanung und -steuerung auf der Grundlage einer simultanen Vorgehensweise erstellt werden. Bezogen auf die unternehmerische Gesamtplanungsaufgabe handelt es sich bei der Produktionsplanung und -steuerung um eine Partialplanung.

Die **Produktionsplanung und -steuerung** hat die Aufgabe, auf der Grundlage vorliegender und/oder erwarteter Aufträge den Produktionsablauf unter mengenmäßigen und zeitlichen Gesichtspunkten und unter Beachtung der verfügbaren Kapazität zu planen, zu veranlassen, zu überwachen und bei Abweichungen entsprechende Maßnahmen zu ergreifen, um die zugrundeliegenden Zielsetzungen zu erreichen. Als **Entscheidungsvariablen,** die im Rahmen der Produktionsplanung und -steuerung zu bestimmen sind, ergeben sich dann die

- Primärbedarfe,
- Produktions- und Bestellaufträge sowie
- Auftrags- und Arbeitsgangtermine.

Aus betriebswirtschaftlicher Sicht müsste das **Ziel** von PPS-Systemen die **Minimierung der entscheidungsrelevanten Kosten** (hierzu gehören z. B. Produktions-, Transport-, Rüst- und Lagerkosten) bei gegebener Lieferbereitschaft sein. Da, wie bereits im Rahmen der Ablaufplanung erwähnt, eine kostenmäßige Erfassung, insbesondere auch der Opportunitätskosten, mit erheblichen Problemen einhergeht, werden **Zeit- und Mengenziele** als Substitute herangezogen. Mit geringen Abweichungen werden in diesem Zusammenhang in der Literatur die folgenden Ziele erwähnt (vgl. Adam 1988a, S. 7; Glaser 1989a, S. 346 ff.; Hahn 1994, S. 43 f.; Koffler 1987, S. 20 ff.; Zäpfel 2000b, S. 189):

- minimale Durchlaufzeiten,

- hohe Termintreue,

- niedrige Lagerbestände und

- maximale Kapazitätsauslastung.

Dabei weisen die Ziele der Durchlaufzeitminimierung und der Lagerbestandsminimierung eine interdependente Beziehung auf, d. h., zwischen den Werkstattbeständen und Durchlaufzeiten existiert eine wechselseitige Abhängigkeit. So geht ein niedriger Produktionsauftragsbestand, der sich vor einer Bearbeitungsstation zur Bearbeitung befindet, mit relativ niedrigen Durchlaufzeiten einher, eine Beziehung, die im Rahmen der belastungsorientierten Auftragsfreigabe (vgl. Abschnitt 5.3.3.1.1.1) eine zentrale Bedeutung erlangt. Auf der anderen Seite treten bei geringen Durchlaufzeiten auch nur geringe Werkstattbestände auf, ein Aspekt, der im Rahmen der JiT-Produktion Relevanz erlangt.

Während in der Vergangenheit die hohe Auslastung der Kapazitäten als primäres Ziel der Produktionsplanung und -steuerung hervorgehoben wurde, scheint zunehmend das Ziel der Durchlaufzeitreduzierung bei gleichzeitig hoher Termintreue in den Vordergrund zu treten (vgl. Adam 1988a, S. 6; Koffler 1987, S. 2), da die Einhaltung der Lieferfristen und die Länge der Lieferzeiten zu entscheidenden Faktoren der Wettbewerbsfähigkeit geworden sind. Gerade bei einer auftragsorientierten Produktion kann eine strikte Einhaltung der vertraglich fixierten Liefertermine zu einer notwendigen Bedingung für den langfristigen Fortbestand der Unternehmung werden.

Aufgrund der engen Interdependenzen zwischen den Entscheidungsvariablen in Verbindung mit den Kapazitäts- und/oder Absatzrestriktionen wäre ein simultaner Planungsansatz konzeptionell am besten zur Problemlösung geeignet (vgl. Troßmann 1986, S. 250; Zäpfel/Gfrerer 1984, S. 235), eine Vorgehensweise, die jedoch aufgrund der bereits besprochenen Probleme nicht möglich ist.

5.2 Hierarchischer Planungsansatz als theoretischer Ausgangspunkt

5.2.1 Grundlagen

Die hierarchische Planung ist eine spezifische Ausgestaltungsform des sukzessiven Planungsansatzes. Grundidee ist es dabei, das vorliegende Planungsproblem durch

- Dekomposition in Teilprobleme und

- Aggregation der Daten

in mehreren Partialplanungsmodellen abzubilden, die jeweils eine geringere Komplexität aufweisen und einer Lösung zugänglich sind.

Die Koordination der Partialmodelle erfolgt durch eine hierarchische Anordnung, wodurch sich Über-/Unterordnungsbeziehungen zwischen mindestens zwei Ebenen ergeben (zur hierarchischen Planung vgl. z. B. Leisten 1995; Stadtler 1988, Switalski 1989). Hieraus resultieren die folgenden Spezifika (vgl. Mesarovic/Macko 1969, S. 45 f.):

- vertikale Anordnung der Planungsebenen,

- eine übergeordnete Ebene hat das Recht, einer nachgeordneten Ebene verbindliche Vorgaben zu setzen, und

- der Erfolg einer übergeordneten Ebene wird auch von den Ergebnissen der nachgeordneten Ebene beeinflusst.

Abbildung 5.2-1 gibt die Grundstruktur eines hierarchischen Planungsmodells für zwei Ebenen wieder.

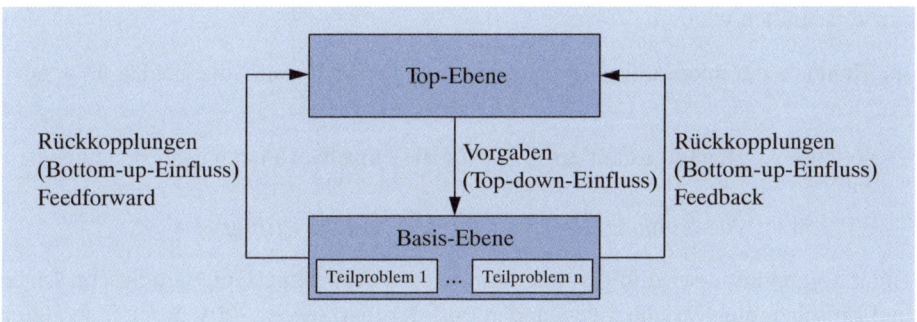

Abb. 5.2-1: Grundstruktur eines hierarchischen Planungsmodells

Aus der Abbildung geht hervor, dass die beiden Planungsebenen durch einen **wechselseitigen Informationsaustausch** miteinander verbunden sind:

- Die obere Planungsebene legt „**top down**" mit Hilfe von **Vorgaben** den Planungsrahmen fest, der den Ausgangspunkt der unteren Planungsebene bildet, wobei diese Einflussnahme direkter und indirekter Natur sein kann. Der Plan der unteren Ebene stellt somit eine Konkretisierung des Planes der oberen Ebene dar.

- Von der unteren Ebene erfolgt ein **Bottom-up-Informationsfluss**. Während die Erfassung der Gegebenheiten des Planungsobjektes (z. B. gegebene Kapazität) und des Modells der untergeordneten Planungsebene zum Planungszeitpunkt auf der Grundlage eines Feedforward erfolgt, können durch ein Feedback Informationen über die Wirkungen einer konkreten Maßnahme einer Planungsebene auf die untergeordnete Ebene und auf das Planungsobjekt bereitgestellt werden, um Anhaltspunkte für zukünftige Maßnahmen der betrachteten Planungsebene zu erhalten.

Die **Strukturierung** des Gesamtplanungsproblems in Teilpläne ist dabei an der Unternehmungshierarchie auszurichten, um so

- bestehende Informationskanäle weiterhin nutzen zu können,

- keine neuen Zuständigkeiten zu schaffen und

- die Akzeptanz der Planung dadurch zu erhöhen, dass das Wissen der Planer auf den jeweiligen Ebenen adäquat einbezogen wird.

Die hierarchische Planung stellt damit eine Synthese von Total- und Partialplanung dar.

Neben der Strukturierung erfolgt i. d. R. eine **Segmentierung**, deren Ergebnis mehrere gleichgeordnete Teilpläne sind (vgl. Abb. 5.2-1). Strukturierung und Segmentierung bilden somit die generellen Gestaltungsparameter der hierarchischen Planung. Dabei kann über die Vorgehensweise im Rahmen der Strukturierung und Segmentierung keine allgemeingültige Aussage formuliert werden, sondern sie ist abhängig von dem jeweils zugrundeliegenden Sachzusammenhang. Generell sollte jedoch bei der Bildung von Teilplänen darauf geachtet werden, dass möglichst wenige Interdependenzen zerschnitten werden.

Im Rahmen der hierarchischen Planung ergeben sich dann die beiden folgenden Probleme:

- Welcher Aggregationsgrad erscheint für die einzelnen Planungsebenen angemessen?

- Wie soll die Abstimmung der Teilpläne untereinander erfolgen?

Unter **Aggregation** wird in der Literatur eine zweckmäßige Gruppierung von Daten und Entscheidungsvariablen verstanden (vgl. Kistner/Steven 2001, S. 212), wodurch letztlich eine Problemvereinfachung eintritt (zu verdichteten Modellen vgl. Wittemann 1985).

Differenzierend ist zwischen inhaltlichen und zeitlichen Aspekten der Aggregation zu unterscheiden:

- Die **inhaltliche Aggregation** setzt an den gegebenen Parametern wie Produktgruppen, Maschinengruppen etc. und an Restriktionen wie Maschinenkapazität etc. an.

- Bei der **zeitlichen Aggregation** geht es um die Bildung unterschiedlicher Zeiträume, in denen relevante Zustandsveränderungen herbeigeführt oder beobachtet werden sollen.

Beide Formen der Aggregation sind nicht in isolierter Form durchzuführen, sondern aufeinander abzustimmen. Von einer **perfekten Aggregation** wird dann gesprochen, wenn es gelingt, den Umfang des Ausgangsmodells so zu verringern, dass das Ergebnis des aggregierten Modells nicht von dem Ergebnis des detaillierten Ausgangsmodells abweicht. Für praktische Problemstellungen ist dies jedoch i. d. R. nicht möglich. Aus diesem Grunde wird die Forderung erhoben, dass die durchgeführte Aggregation die Zulässigkeit der gefundenen Lösung nicht beeinträchtigen darf, d. h., die Lösung eines aggregierten Modells muss nahe am absoluten Optimum liegen. In diesem Zusammenhang wird auch von einer **konsistenten Aggregation** gesprochen. Für praxisrelevante Problemabmessungen stellt sich jedoch das Problem, dass keine optimale Lösung ermittelt werden kann, so dass es schwierig ist, die Entfernung der Lösung des aggregierten Modells vom Optimum zu beurteilen. Aus diesem Grunde und unter Berücksichtigung des Sachverhaltes der hierarchischen Zerlegung werden hierarchische Planungsansätze i. d. R. als **Heuristiken** konzipiert und damit der Anspruch auf Optimalität aufgegeben. Damit tritt die Lösbarkeit des Problems mit vertretbarem Aufwand ins Zentrum des Interesses (vgl. Stadtler 1988, S. 48 ff.).

Bedingt durch die Dekomposition und die schrittweise Lösung des Planungsproblems ergeben sich sachliche und zeitliche Interdependenzen zwischen den Teilplänen. Zur **Abstimmung** der Teilpläne wird deshalb die Anwendung unterschiedlicher Mechanismen vorgeschlagen. Die Berücksichtigung **horizontaler Interdependenzen** erfolgt durch die aggregierte Einbeziehung der Teilpläne einer Planungsebene in das Planungsproblem der übergeordneten Planungsebene. Diese berücksichtigt die Interdependenzen auf einem höheren Aggregationsniveau und erteilt entsprechend abgestimmte Vorgaben. Ein Ansatz zur Berücksichtigung **vertikaler Interdependenzen** ist das **Gegenstromprinzip**, bei dem mehrere Planungsiterationen durchgeführt werden. Auf der Basis einer Vorgabe durch die übergeordnete Ebene wird von der nachgeordneten Ebene ein Detailplan erstellt, dessen relevante Ergebnisse der oberen Ebene durch ein Feedforward zur Verfügung stehen, wobei unzulässige Abweichungen der Detailpläne zu einer Revision der Rahmenpläne führen, die dann wiederum der nachgeordneten Ebene vorgegeben werden. Neben einem höheren Abstimmungsgrad im Vergleich zu einer einseitigen Abstimmung (top down) können mit dieser Vorgehensweise positive Wirkungen hinsichtlich der **Akzeptanz** der Pläne auf den nachgeordneten Ebenen erzielt werden.

Vertikale Interdependenzen lassen sich im Rahmen der hierarchischen Planung weiterhin durch die **rollierende Planung** berücksichtigen, der die folgende **Vorgehensweise** zugrunde liegt:

- Innerhalb einer Planungsebene wird der Zeitraum zwischen Planungszeitpunkt und Planungshorizont in mehrere Planungsperioden unterteilt.
- Während der Plan für die erste Periode verbindlich ist, haben Pläne für nachfolgende Perioden vorläufigen Charakter.
- Am Ende einer Planungsperiode werden aktuelle Informationen in den nächsten Planungslauf einbezogen, dessen Planungshorizont um eine Periode in die Zukunft verschoben ist.
- Der Planungshorizont der Basis-Ebene entspricht i. d. R. der Planungsperiode der Top-Ebene.
- Der Plan für die erste Periode auf der Top-Ebene wird der Basis-Ebene als Planungsrahmen vorgegeben.

Eine Implementierung des Gegenstromprinzips in das Konzept der rollierenden Planung wird dann durch eine wechselseitige Abstimmung zwischen dem ersten Periodenplan der Top-Ebene und dem sich bis zum Planungshorizont der Basis-Ebene erstreckenden Detailplan vollzogen (vgl. Abbildung 5.2-2).

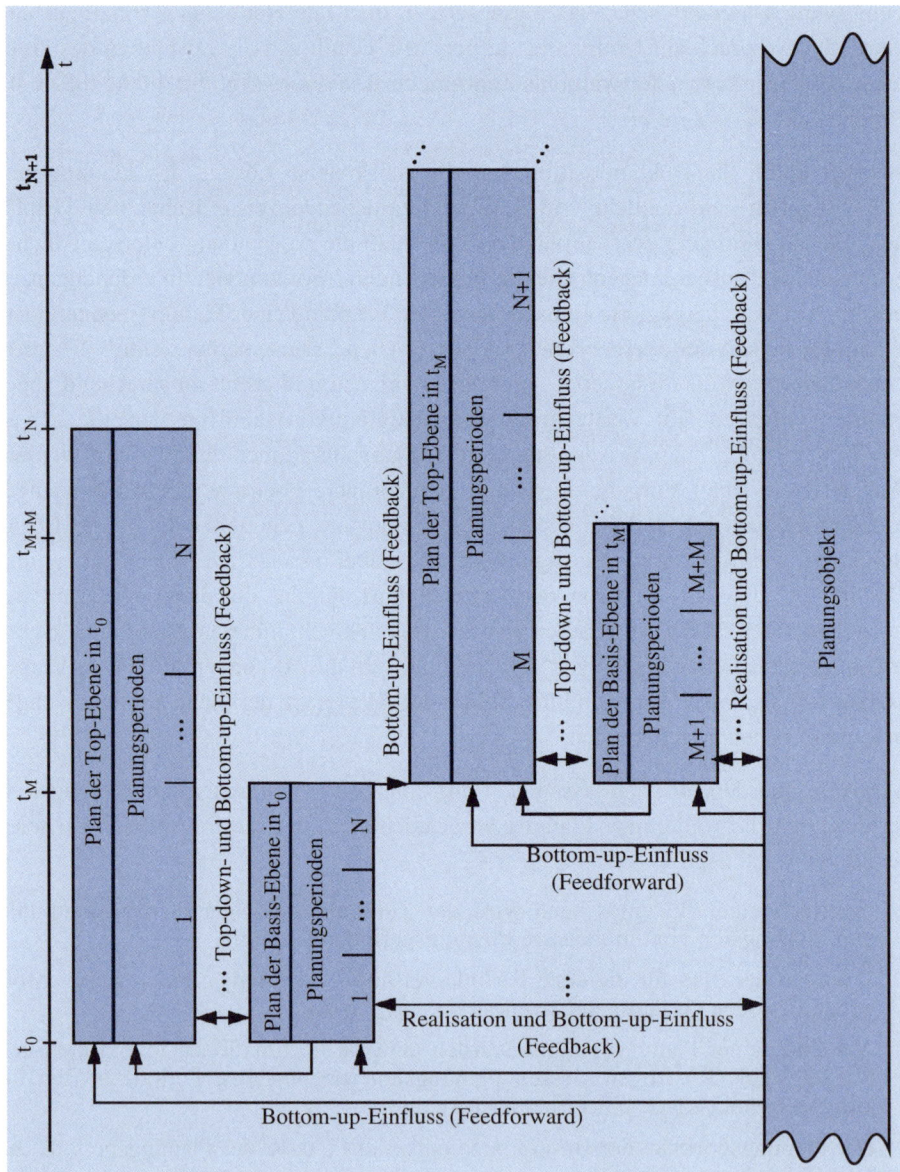

Abb. 5.2-2: Rollierende Planung und Gegenstromprinzip im Konzept der hierarchischen Planung

Im Allgemeinen wird die rollierende Planung im Rahmen der hierarchischen Planung auf den oberen Planungsebenen angewandt und dient dabei der periodischen Anpassung der Pläne an den aktuellen Informationsstand, wodurch der Unsicherheit Rechnung getragen werden kann.

5.2.2 Das Modell von Hax/Meal

Grundlage für die meisten Modelle der hierarchischen Produktionsplanung bildet das Modell von Hax/Meal (1975, S. 55 ff.). Aus diesem Grunde sei es im Folgenden kurz skizziert. Basis für das Modell von Hax/Meal bildet die Fallstudie eines Reifenherstellers, d. h., es ist eine Großserienproduktion mit ausgeprägter Saisonabhängigkeit der Nachfrage gegeben (Sommer- und Winterreifen).

Aufgrund der zwischen den Produkten bestehenden Verwandtschaftsbeziehungen ergeben sich Ansatzpunkte für eine hierarchische Strukturierung. Es lässt sich dann die folgende Gruppierung vornehmen:

- Einzelprodukt,
- Produktfamilien (Endprodukte, die sich nur geringfügig voneinander unterscheiden) und
- Produktgruppen (Produktfamilien, die sich in für die Produktionsplanung relevanten Größen gleichen, wie etwa Produktions- und Lagerkosten, Produktionskoeffizienten).

Es erfolgt damit eine schrittweise Aggregation ausgehend von den Endprodukten mit gemeinsamen Rüstvorgängen über Produktfamilien bis hin zu Produktgruppen.

Als entscheidungsrelevante Kosten werden folgende Kostenarten herangezogen:

- Materialkosten,
- Lohnkosten
  - -- für die reguläre Arbeitszeit,
  - -- für geleistete Überstunden,
- Lagerhaltungskosten und
- Rüst- bzw. Sortenwechselkosten.

Zu bestimmen sind die folgenden Entscheidungsvariablen:

- Produktions- und Lagermengen,
- Losgrößen für die einzelnen Endprodukte und
- notwendiger Arbeitskräfteeinsatz.

Es ergeben sich dann die drei folgenden hierarchischen Planungsebenen:

- Auf der obersten Ebene erfolgt eine Zusammenfassung der Produktfamilien zu Produktgruppen.

- Auf der **mittleren Ebene** werden die Endprodukte zu Produktfamilien zusammengefasst.

- Auf der **untersten Ebene** erfolgt die Losgrößenplanung für die Endprodukte.

Abbildung 5.2-3 gibt in vereinfachter Form die Grundstruktur des Ansatzes wieder.

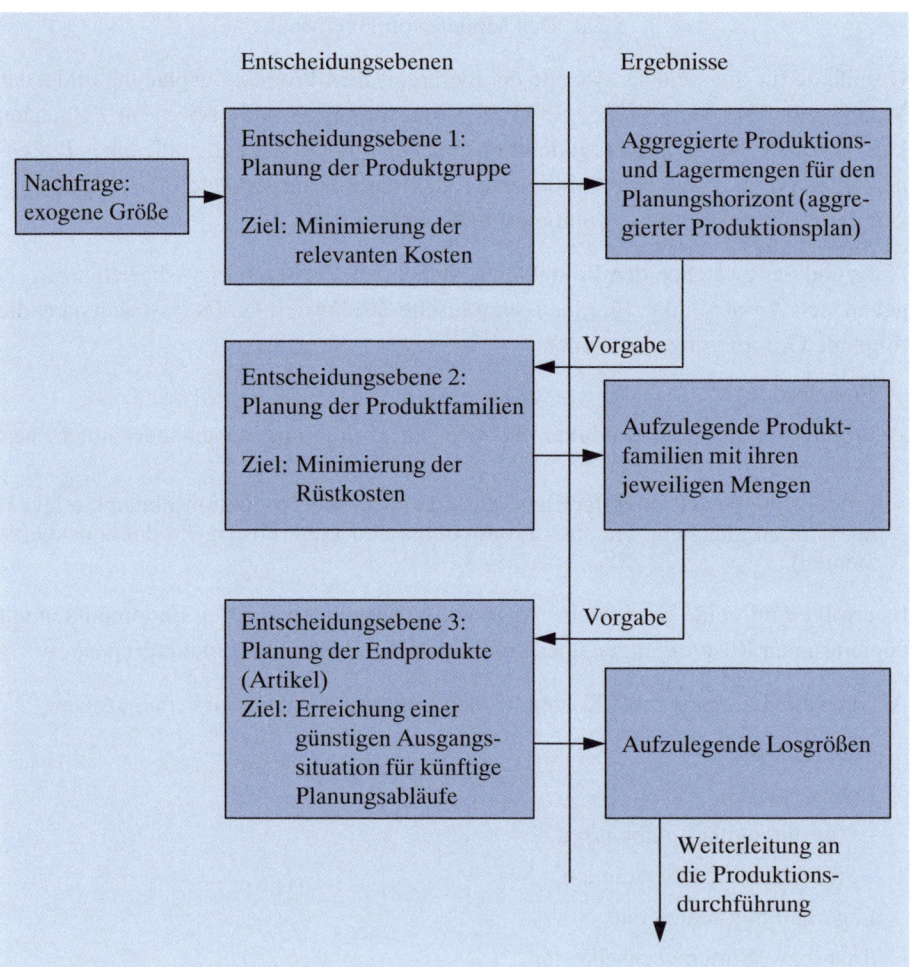

Abb. 5.2-3: Grundstruktur des Modells von Hax/Meal

Auf der **ersten Entscheidungsebene** erfolgt die Planung der Produktgruppen, wobei die aggregierte Nachfrage als eine exogene Größe betrachtet wird. Ziel ist es, die aggregierten Produktions- und Lagermengen über den Planungshorizont zu bestimmen und die relevanten Kosten, mit Ausnahme der Rüstkosten, zu minimieren. Ergebnis dieser Planungsebene ist ein aggregierter Produktionsplan für den gesamten Planungshorizont.

Die **zweite Entscheidungsebene** dient dazu, die im Rahmen des Produktgruppen-problems ermittelten Produktionsmengen in Losgrößen für die zu dieser Produkt-gruppe gehörenden Produktfamilien zu disaggregieren. Als zu minimierende Kosten sind auf dieser Ebene nur noch die Rüstkosten zu berücksichtigen.

Dabei wird ein zweistufiger Lösungsansatz eingeschlagen:

- Bestimmung der Produktfamilien, die in der entsprechenden Planungsperiode aufgelegt werden müssen;
- Aufteilung der aggregierten Produktionsmengen auf diese Produktfamilien.

Grundlage für die Ermittlung der aufzulegenden Produktfamilien sind dabei die La-gerreichweiten, wobei eine Produktion dann notwendig wird, wenn die Lagerreich-weite weniger als eine Periode beträgt. Im zweiten Schritt wird dann die Produkti-onsmenge auf die Produktfamilien aufgeteilt.

Auf der **dritten Entscheidungsebene** werden die im Produktfamilienproblem be-stimmten Produktionsmengen in Losgrößen auf die dazugehörenden Endprodukte aufgeteilt. Da die relevanten Kosten bereits auf den beiden vorangegangenen Ebenen determiniert wurden, ist es Aufgabe dieser Planungsebene, eine möglichst günstige Ausgangssituation für künftige Planungsabläufe zu erreichen. Dazu werden die Reichweiten der Lagerbestände sämtlicher Artikel einer Produktfamilie soweit wie möglich angeglichen. Durch diese Vorgehensweise wird verhindert, dass wegen Knappheit nur eines einzelnen Endproduktes die Rüstkosten für die Auflegung dieser Produktfamilie vorzeitig anfallen.

Die Struktur des Artikelproblems entspricht weitgehend der des Produktfamilien-problems. Aus diesem Grunde wird bei der Lösung in analoger Weise vorgegangen. Ergebnis dieser Rechnungen sind die endgültigen Losgrößen für die Planungsperio-den, die an die Produktionsdurchführung weiterzuleiten sind (zur mathematischen Formulierung vgl. z. B. Kistner/Steven 2001, S. 223 ff.).

5.3 Entwicklungslinien der EDV-gestützten Produktionsplanung und -steuerung

5.3.1 Grundaufbau eines PPS-Systems

In der produktionswirtschaftlichen Literatur wird i. d. R. von PPS-Systemen gespro-chen. In einer differenzierten Betrachtungsweise ist jedoch zwischen PPS-Konzepten und PPS-Systemen zu unterscheiden. **PPS-Konzepte** abstrahieren von konkreten Einzelfällen und zielen auf allgemeine Erkenntnisse ab, d. h., sie zeichnen sich durch einen **generischen Charakter** aus. Demgegenüber bezeichnen **PPS-Systeme** die Softwaresysteme für die computergesteuerte Produktionsplanung und -steuerung. Das Verhältnis zwischen PPS-Konzepten und PPS-Systemen lässt sich dann wie folgt konkretisieren:

- Es existieren keine „konzeptfreien" PPS-Systeme, sondern jedes PPS-System basiert auf einem PPS-Konzept oder einer Verknüpfung mehrerer Konzepte.

- Jedes PPS-Konzept ist im Rahmen seiner praktischen Anwendung letztlich in ein PPS-System einzubetten.

Damit ist eine wechselseitige Abhängigkeit zu konstatieren. Im Folgenden wird, wie in der Literatur weit verbreitet, von PPS-Systemen gesprochen.

Es sei betont, dass EDV-gestützte PPS-Systeme nichts grundsätzlich Neues darstellen, sondern lediglich die Lösungsstruktur neu ist. Dabei erfolgt die Lösung der einzelnen Probleme in den PPS-Systemen i. d. R. nicht durch den Einsatz optimierender Verfahren, sondern durch Anwendung heuristischer Vorgehensweisen (vgl. Switalski 1989b, S. 257). Primäre Intention ist es dabei, einerseits eine effiziente Bewältigung der Datenmengen und anderseits eine leicht verständliche Lösung des jeweiligen Planungsproblems zu erreichen.

Die Zweiteilung in Planung und Steuerung basiert in zeitlicher Hinsicht auf der Frage, wann die Gestaltungsentscheidungen getroffen werden, wobei sich die beiden folgenden Dispositionsebenen unterscheiden lassen (vgl. Schütte/Siedentopf/Zelewski 1999, S. 144 f.):

- Bei der Produktionsplanung werden die Produktionsprozesse auf der dispositiven Ebene gestaltet, bevor sie ausgeführt werden.

- Die Produktionssteuerung zeichnet sich dadurch aus, dass die Produktionsprozesse auf der dispositiven Ebene während ihrer Ausführung gestaltet werden.

Der Übergang von der Planung zur Steuerung ist folglich für PPS-Systeme nicht generell festlegbar, sondern er vollzieht sich an der Stelle, an der Planvorgaben in Durchsetzungsaktivitäten übergehen.

Ein zweites Merkmal ist in der Unsicherheit zu sehen, die sich bei der Gestaltung von Produktionsprozessen in den beiden folgenden Aspekten niederschlägt:

- Im Rahmen des Produktionsvollzugs ist grundsätzlich immer mit Störungen zu rechnen, die aus unvorhersehbaren Ereignissen resultieren. Erreichen diese Störungen ein nicht mehr akzeptables Ausmaß, dann sind entsprechende Maßnahmen zu ergreifen, mit dem Ziel, realisierte und geplante Größen der Prozessausführung wieder in Einklang zu bringen (vgl. Corsten/Gössinger 1997, S. 3 ff.).

- Die Unsicherheit kann aber auch aus der Unvollständigkeit der Produktionsplanung resultieren. Dabei sind die beiden folgenden gegenläufigen Aspekte relevant:

  -- Einerseits kann es für Detailaspekte des Produktionsprozesses oder Produktionssystems ex ante unbekannt sein, welche konkreten Ausprägungen sie während der Ausführung annehmen werden, und

  -- anderseits besteht die Hoffnung, diese Detailinformationen bis zur Ausführung des Produktionsprozesses noch zu erhalten. Unter solchen Gegebenheiten erscheint es zweckmäßig, diese Informationslücken durch die Produktionssteuerung zu schließen und damit den vorliegenden unvollständigen Plan durch Steuerungsentscheidungen zu ergänzen.

Die Trennung zwischen Produktionsplanung und -steuerung resultiert damit aus der Unsicherheit des Produktionsvollzugs: „Ohne die Unvollständigkeit der Produktionsplanung und die Unsicherheit des Produktionsvollzugs entfiele die ‚Existenzberechtigung' einer eigenständigen Produktionssteuerung, die erst während der Prozeßausführung in die Gestaltung von Produktionsprozessen eingreift." (Schütte/Siedentopf/Zelewski 1999, S. 145).

Abbildung 5.3-1 gibt die grundsätzliche Struktur eines PPS-Systems wieder (vgl. z. B. Adam 1988a, S. 8 ff.; Kern 1992, S. 322; Schröder 1989, S. 3; Zäpfel/Missbauer 1988a, S. 74).

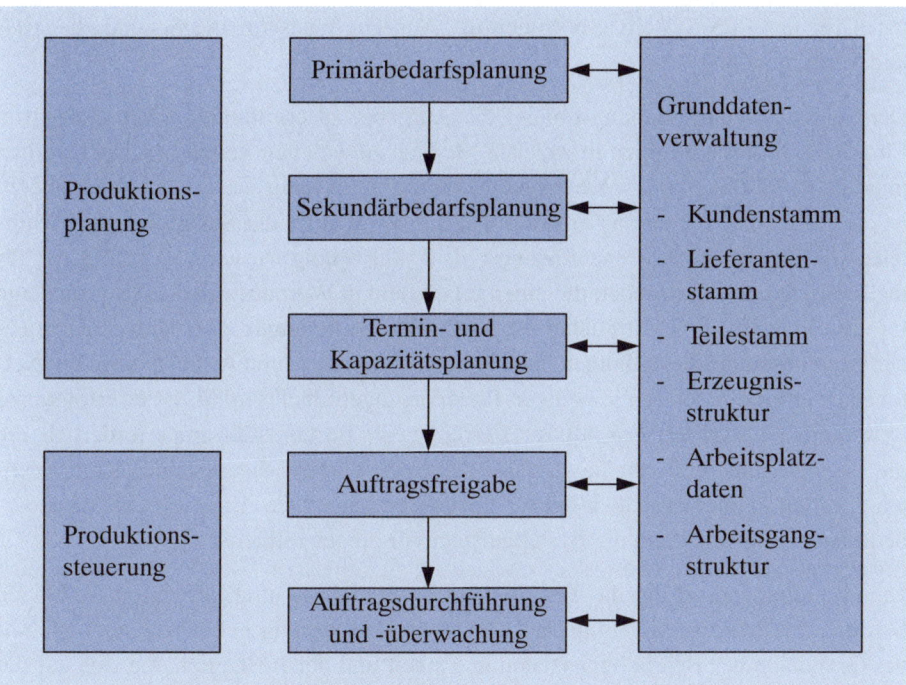

Abb. 5.3-1: Grundkonzept der Produktionsplanung und -steuerung

Ausgangspunkt dieses Stufenmodells ist die **Primärbedarfsplanung**. Sie legt fest, welche Produktarten in welchen Mengen in einem Planungszeitraum produziert werden sollen (Produktionsprogrammplanung). Grundlage hierfür bilden entweder Absatzprognosen oder entsprechende Kundenaufträge. Bei einer auftragsbezogenen Produktionsprogrammplanung erfolgt eine Prüfung der Kapazitäten und der Materialdeckung, um eine Lieferterminabstimmung zu ermöglichen. Die Schwerpunkte gängiger PPS-Systeme liegen dabei in der Unterstützung der Anwendung von Prognoseverfahren (z. B. Zeitreihenanalyse auf der Grundlage des exponentiellen Glättens) und einer Kapazitätsbelastungsrechnung, um den Kapazitätsbedarf des geplanten Produktionsprogramms zu ermitteln. Grundlage hierfür bildet eine deterministische Simulation.

Die eigentliche Produktionsprogrammplanung und Auftragsgrößenplanung werden folglich von PPS-Systemen nicht unterstützt, d. h., Optimierungsmodelle zur Ermittlung eines deckungsbeitragsmaximalen Produktionsprogramms fehlen. Es wird vielmehr von einem gegebenen Produktionsprogramm ausgegangen. Ergebnis dieser Planungsstufe ist dann der **Primärbedarf**, d. h. der geplante Output an Endprodukten, Ersatzteilen und verkaufsfähigen Baugruppen und Einzelteilen, der als Basis für die Materialbedarfsplanung dient. Sind keine Fertigproduktlagerbestände vorhanden, dann handelt es sich bei den ermittelten Primärbedarfen um Nettobedarfe, die mit den zu erstellenden Endprodukten übereinstimmen. Existieren hingegen Lagerbestände, dann können Absatz- und Produktionsmengen differieren. Da das Produktionsprogramm als gegeben unterstellt wird, sind die Primärbedarfe eigentlich Inputdaten für das PPS-System. Sie bilden die Ausgangsbasis für die Sekundärbedarfs- und Terminplanung.

Der **Sekundärbedarfsplanung** obliegt die Aufgabe, zu ermitteln, welche Rohstoffe, Einzelteile und Baugruppen in welchen Mengen zu welchen Zeiten beschafft werden müssen, damit das gewünschte Produktionsprogramm realisiert werden kann. Hierzu ist eine **Stücklistenauflösung** erforderlich, mit deren Hilfe der Sekundärbedarf ermittelt wird. Da die Stücklistenauflösung i. d. R. aufwendig ist, wird sie häufig nur für die Einsatzgüter angewendet, die einen relativ hohen Wert aufweisen. Als Grundlage für eine Klassifikation wird dabei die ABC-Analyse herangezogen. Unter Beachtung der Lagerbestände, Bestellungen und der noch nicht erledigten Aufträge wird der Nettobedarf ermittelt, der den jeweiligen Perioden zugeordnet wird, d. h., es erfolgt eine **terminierte Nettobedarfsermittlung**. Hierfür ist eine **Bestandsführung** erforderlich, die die Lagerzugänge und -abgänge erfasst. Ist der Bedarf für die einzelnen Komponenten ermittelt, dann lassen sich hierfür **Losgrößen** berechnen. Ergebnis der Sekundärbedarfsplanung sind dann die Bestellaufträge für die jeweiligen Teile.

Darauf aufbauend erfolgt die **Termin- und Kapazitätsplanung**, die durch die beiden Schritte Durchlaufterminierung und Kapazitätsterminierung gekennzeichnet ist. Auf der Grundlage der Bearbeitungszeiten je Einheit und der Rüstzeiten, die sich auf der Basis der Arbeitspläne ermitteln lassen, sowie der zu schätzenden Warte- und Transportzeiten, d. h. der **geplanten Durchlaufzeiten**, lassen sich im Rahmen der **Durchlaufterminierung** die Start- und Endtermine der Produktionsaufträge ermitteln, wobei Kapazitätsgrenzen unbeachtet bleiben. Dabei wird zwischen einer Rückwärts- und Vorwärtsterminierung unterschieden. Bei der **Rückwärtsterminierung** wird auf der Basis der Soll-Durchlaufzeiten der Aufträge ermittelt, wann die einzelnen Teile eines Auftrags spätestens bereitzustellen sind, wenn der geplante Fertigstellungstermin eingehalten werden soll. Hierbei wird vom spätesten Bedarfstermin, der aus der Sekundärbedarfsplanung stammt, für einen Auftrag ausgegangen, und es werden dann rückwärtsschreitend die Termine der einzelnen Arbeitsgänge ermittelt. Mit Hilfe der Rückwärtsterminierung werden folglich die spätesten Start- und Endtermine der Produktionsaufträge ermittelt. Darüber hinaus wird teilweise eine **Vorwärtsterminierung** durchgeführt, deren Ergebnis die frühesten Start- und Endtermine darstellen. Ausgehend vom frühesten Starttermin, der durch die Sekundärbedarfsplanung determiniert ist, werden die Zeiten der einzelnen Arbeitsgänge in die Zukunft fortschreitend addiert. Ausgangspunkt bildet dabei die sogenannte „Heute-Linie", die dem aktuellen Dispositionstermin entspricht. Ist die frühestmögliche Zeit eines Vorgängers kleiner als die spätestmögliche, dann liegt ein Puffer vor, der eine zeitliche Verschiebung eines Arbeitsganges zulässt, ohne den geplanten Endtermin zu gefährden. Demgegenüber ergibt sich ein negativer Puffer, wenn der frühestmögliche Zeitpunkt später liegt als der spätestmögliche. In dieser Situation sind dann Maßnahmen zur Reduzierung der Soll-Durchlaufzeiten zu ergreifen, wobei die gängigen PPS-Systeme i. d. R. keine Unterstützung bei der Beantwortung der Frage bieten, welche Maßnahmen aus betriebswirtschaftlicher Sicht günstig sind. Ein zentrales Problem, das sowohl bei der Rückwärtsterminierung als auch bei der Vorwärtsterminierung auftritt, ist in der Genauigkeit zu sehen, mit der die tatsächlichen Durchlaufzeiten ermittelt werden können. Es sei noch einmal darauf hingewiesen, dass ein Großteil der Durchlaufzeiten aus Wartezeiten besteht, die sich im Gegensatz zu den Belegungszeiten nur schätzen lassen und folglich Ungenauigkeiten in die Durchlaufzeitermittlung hineintragen. Aus diesem Grund erweitert Koffler (1987, S. 21 ff.) die Zielsetzung der Durchlaufzeitminimierung um die Minimierung der Streuung der Durchlaufzeit. In der Kapazitätsbedarfsrechnung wird dann der sich ergebende Kapazitätsbedarf in den entsprechenden Planperioden ermittelt. Kapazitätsbedarf (-nachfrage) und -angebot werden verglichen und eventuelle Über- oder Unterdeckungen identifiziert. Der Kapazitätsterminierung obliegt darauf aufbauend die Aufgabe, den Kapazitätsbedarf mit dem -angebot in Übereinstimmung zu bringen, falls Abweichungen gegeben sind, d. h., die im Rahmen der Kapazitätsbedarfsrechnung für jede Bearbeitungsstation ermittelten Belastungsprofile werden dann einem Kapazitätsabgleich unterzogen. Überschreitet die tatsächliche Belastung das gegebene Kapazitätsangebot einer oder mehrerer Bearbeitungsstation(en), dann führt die Durchlaufterminierung zu einem unzulässigen Belegungsplan, der die Ergreifung entsprechender Anpassungsmaßnahmen notwendig werden lässt. In der Regel wird die Kapazitätsbelegung den jeweiligen Mitarbeitern überlassen, während das System die damit verbundenen Konsequenzen dann lediglich visualisiert. Eine derartige Vorgehensweise stellt an die Dispositionsfähigkeit der Mitarbeiter hohe Anforderungen.

Im Rahmen der Auftragsfreigabe ist in einem ersten Schritt festzulegen, welche Aufträge aus terminlichen Gründen kurzfristig freizugeben sind. Voraussetzung für die Auftragsfreigabe ist dabei eine Verfügbarkeitskontrolle, d. h., es ist sicherzustellen, dass die zum Einsatz gelangenden Produktionsfaktoren bereitstehen. Für die freigegebenen und in der Produktion befindlichen Produktionsaufträge ist dann eine Terminfeinplanung notwendig, die mit der Erstellung entsprechender Maschinenbelegungspläne endet.

Als letzte Stufe des Systems ist die **Auftragsdurchführung und -überwachung** zu nennen. Im Rahmen der Auftragsfortschrittsüberwachung sind alle relevanten Daten, wie Planwerte für Qualitäten, Mengen und Zeiten zu erfassen. Auf der Grundlage eines Soll-Ist-Vergleiches ist dann eine Abweichungsanalyse durchzuführen und, falls erforderlich, entsprechende Korrekturmaßnahmen einzuleiten.

Die Ausführungen zeigen, dass in klassischen PPS-Systemen

- eine sukzessive Lösung der Teilaufgaben in der beschriebenen Reihenfolge erfolgt und
- die Lösung einer vorgelagerten Teilaufgabe den Ausgangspunkt für die Lösung der nachgelagerten Teilaufgabe bildet.

Es liegt somit eine Planungshierarchie vor, in der die einzelnen Stufen über eine Top-down-Beziehung gekoppelt sind.

Ein weiteres Modul bildet die **Grunddatenverwaltung**, wobei zwischen Stamm- und Strukturdaten zu unterscheiden ist. Während **Stammdaten** der Spezifikation relevanter Planungsobjekte wie Kunden-, Lieferanten-, Teile- und Arbeitsplatzstammdaten dienen, zielen **Strukturdaten** wie Erzeugnis- und Arbeitsgangstrukturdaten auf die Beziehungen zwischen Stammdaten ab.

Eine weitere Datengrundlage bildet das **Betriebsdatenerfassungssystem** (BDE). Ihm obliegt die Aufgabe, alle Daten, die für den Produktionsplanungs- und -steuerungsprozess relevant sind, zu sammeln, zu speichern und zu aktualisieren. Relevant sind dabei

- **auftragsbezogene** (z. B. Produktionszeiten und -mengen, Qualitäten),
- **maschinenbezogene** (z. B. Unterbrechungszeiten),
- **mitarbeiterbezogene** (z. B. Anwesenheitszeiten) und
- **materialbezogene Daten** (Zu- und Abgänge von Materialien an den einzelnen Produktionsstellen).

Es bildet damit die Grundlage für die Auftragsfortschrittskontrolle, die Artikelkalkulation, die Lohnabrechnung und die Ermittlung der Auslastungsgrade der Aggregate (werden die Unterbrechungen mit Hilfe eines Störcodes systematisiert, dann ergeben sich hieraus Hinweise auf entsprechende Schwachstellen).

Dieses Stufenkonzept funktioniert jedoch nur dann in zufriedenstellender Weise, wenn die folgenden **Voraussetzungen** erfüllt sind (vgl. Adam 1988a, S. 16):

- Die prognostizierten Durchlaufzeiten dürfen nur wenig um die mittlere Durchlaufzeit streuen, da nur dann die Terminpläne der Durchlaufterminierung realistisch sind.

- Auftretende Kapazitätsengpässe müssen sich mit Hilfe von Anpassungsmaßnahmen überwinden lassen.

- Die Ausfallzeiten der Potentialfaktoren müssen gering sein.

- Der Anteil an Eilaufträgen muss niedrig sein, d. h., das Produktionsprogramm muss mit einem ausreichenden zeitlichen Vorlauf bekannt sein.

Die skizzierten Voraussetzungen sind am ehesten erfüllt für den Fall einer Serienproduktion mit standardisierten Produkten.

PPS-Systeme wurden zunächst als zentrale Systeme konzipiert, die dadurch charakterisiert sind, dass sämtliche Entscheidungen, die im Rahmen der Produktionsplanung und -steuerung auftreten, von einer zentralen Planungsstelle auf der Grundlage eines umfassenden Produktionsmodells getroffen werden. Dies hat zur Folge, dass alle Stufen des PPS-Systems ein einheitliches Programmsystem auf einem Zentralrechner durchlaufen und keine Rechnerunterstützung in den einzelnen Produktionsstellen bieten. Für die Produktionsstellen hat dies zur Folge, dass ihnen keine Planungsaufgaben übertragen werden, sondern nur ausführende Funktionen. Als Voraussetzungen für den Einsatz zentraler PPS-Systeme ergeben sich dann:

- die ständige Verfügbarkeit des aktuellen Systemzustandes, was die Existenz einer Online-Rückmeldung bedingt, und

- das Vorhandensein eines vollständigen Prozessmodells, das die Basis für sämtliche zu treffenden Entscheidungen bildet.

Derartige Systeme reagieren auf Störungen (z. B. Maschinenausfall, Fehlteile) und Eilaufträge äußerst empfindlich, mit der Konsequenz, dass die generierten Produktionspläne ständige Revisionen erfordern. Darüber hinaus zeigt die Praxis, dass diese Systeme bei realen Problemabmessungen (z. B. tausend Maschinen und zehntausend Aufträge) zu keinen befriedigenden Ergebnissen gelangen.

Diese Probleme führten zu Dezentralisierungsbestrebungen bei PPS-Systemen, die durch die drei folgenden Aspekte, die sich gegenseitig bedingen und verstärken, unterstützt werden können:

- Im Rahmen fertigungstechnischer Entwicklungen sind insbesondere Flexible Fertigungszellen und Flexible Fertigungssysteme (FFS) zu nennen. Durch den Einsatz dieser Fertigungstechnologien, die auch als flexible Automatisierung bezeichnet werden, lässt sich der aus der Produktionswirtschaft bekannte klassische Zielkonflikt zwischen Produktivität und Flexibilität entschärfen und eine Dezentralisierung von PPS-Systemen unterstützen.

- Eng verbunden mit diesen fertigungstechnischen Konzepten ist die Entwicklung neuerer Organisationskonzepte, und zwar insbesondere dezentraler Produktionsstrukturen wie Flexibler Produktionsinseln und Fertigungssegmente. Solche dezentralen Produktionsstrukturen zielen auf eine Rücknahme hochgradiger Arbeitsteilung durch Reintegration von Funktionen und Redelegation von Entscheidungskompetenzen vor Ort ab. Hierdurch soll der Produktionsbereich in die Lage versetzt werden, steigenden Produktivitäts-, Flexibilitäts- und Qualitätsanforderungen gerecht zu werden und zum Aufbau produktionsseitig gestützter Wettbewerbsvorteile beizutragen. Das Konzept der Flexiblen Produktionsinseln macht es damit notwendig, dezentrale Steuerungssysteme zu entwickeln, die es ermöglichen, die in den Inseln vorhandenen Aufgaben zu verwalten, detailliert zu terminieren, die Bearbeitungsreihenfolge festzulegen und darüber hinaus auch die Rückmeldung der abgeschlossenen Arbeitsgänge an die zentrale Planungsstelle durchzuführen. Auch bei der Fertigungssegmentierung liegt eine objektorientierte Aufbauorganisation vor, d. h., die Organisationseinheiten ergeben sich aus der Zusammenfassung produktspezifischer Aktivitäten, die dann auf spezifische Marktsegmente auszurichten sind (vgl. Wildemann 1998, S. 54 ff.). Mit der Schaffung derartiger autonomer Einheiten geht einerseits eine Dezentralisierung der Verantwortung für Entscheidungen und andererseits eine physische Ressourcentrennung und damit eine Kapazitätsentflechtung einher, mit dem Ziel, die so entstandenen Teilbereiche möglichst autonom zu steuern. Die Grundidee der Fertigungssegmentierung liegt folglich darin, nicht mehr alle Produkte eines heterogenen Produktionsprogramms mit i. d. R. unterschiedlichen wettbewerbsstrategischen Anforderungen dasselbe Produktionssystem durchlaufen zu lassen, sondern durch Fertigungssegmentierung möglichst autonome Produkt-Markt-Produktions-Kombinationen als Produktionsbereiche zu bilden. Die Integration im Rahmen der Fertigungssegmentierung bezieht sich dabei auf die Materialflusskette, die produktbezogenen Auftragsabwicklungsfunktionen und die Unterstützungsfunktionen, d. h. auf die gesamte logistische Kette. Die organisatorischen Konzepte zielen damit auf eine Komplexitätsreduzierung auf der Objektebene der Ausführung von Produktionsprozessen ab (vgl. Schütte/Siedentopf/Zelewski 1999, S. 147 f.), d. h., die Produktionssysteme werden von vornherein möglichst einfach strukturiert, damit sie sich praktisch bewältigen lassen (z. B. durch Linearisierung und Verstetigung der Materialflüsse, Entflechtung der Material- und Informationsflüsse, Schaffung überschaubarer Einheiten, um so eine Beschränkung der Material- und Informationsflüsse zu erreichen).

- Aus den informationstechnischen Entwicklungen ergibt sich ein Unterstützungspotential für dezentrale PPS-Systeme, insbesondere aus der Schaffung anwenderunabhängiger Datenbasen (Datenbanksysteme), durch den Einsatz technischer Hilfsmittel zum innerbetrieblichen Informationsaustausch (lokale Netze) sowie durch die Verfügbarkeit benutzerfreundlicher Visualisierungsmöglichkeiten.

Für eine effiziente Implementierung dezentraler PPS-Systeme ist jedoch die gleichzeitige Berücksichtigung dieser Entwicklungen notwendig:

- So erfordert der Einsatz neuerer fertigungstechnischer Konzepte eine Reintegration vorher arbeitsteiliger Prozesse, d. h., er ist mit erheblichen arbeitsorganisatorischen Konsequenzen verbunden. Darüber hinaus erfordert die Fertigungstechnik, bedingt durch das zunehmende Datenvolumen aufgrund eines höheren Automatisierungsgrades, von der Informationstechnik Ansätze für eine Datenintegration.

- Demgegenüber stellen die organisatorischen Entwicklungen, insbesondere die Implementierung gruppenorganisatorischer Konzepte, veränderte Anforderungen an die Fertigungs- und die Informationstechnologie.

- Die informationstechnische Entwicklung mit ihren zentralen Elementen der Daten- und Funktionsintegration ermöglicht es einerseits, den Anforderungen der fertigungstechnischen und organisatorischen Entwicklungen gerecht zu werden, andererseits stellen die informationstechnischen Entwicklungen wiederum Anforderungen an die Fertigungstechnik und an die Organisation.

Damit stellt sich die weitergehende Frage, welche konkreten Möglichkeiten sich aus diesen Entwicklungen für die Konzeption dezentraler PPS-Systeme ergeben. Da ein PPS-System aus den bereits dargestellten Funktionsblöcken besteht, die über Datenströme miteinander verbunden sind, bieten sich als Dezentralisierungsobjekte die Daten- und Funktionsverteilung an, die eng miteinander verknüpft sind.

Mit dem Problemkomplex der Datenverteilung werden Fragen der physischen Speicherung und der Zugriffsmöglichkeiten der Daten angesprochen. Grundsätzlich lassen sich die beiden extremalen Ausprägungen einer

- zentralen und
- dezentralen Datenhaltung

unterscheiden. Bei zentraler Datenhaltung befinden sich alle Unternehmungsdaten auf einem Rechner. Dies geht zwar einerseits mit dem Vorteil einer einheitlichen Systemlandschaft einher, die durch eine geringe Schnittstellenanzahl und eine hohe Datenintegrität gekennzeichnet ist, andererseits ergeben sich hieraus jedoch kaum zu bewältigende Probleme im Rahmen des anfallenden und zu verarbeitenden Datenvolumens. Verschärft wird dies durch die Notwendigkeit einer möglichst minutengenauen Online-Rückmeldung sowie durch den höheren Anfall an Daten bei flexiblen Produktionskonzepten.

Demgegenüber erfolgt bei einer dezentralen Datenhaltung eine Datenspeicherung und -verarbeitung am Ort ihrer Entstehung. Dies geht mit einer hohen Verfügbarkeit der Daten und einer Entlastung des zentralen Rechnersystems einher.

Es liegt folglich nahe, diese beiden Konzepte der Datenhaltung zu verknüpfen. Auf der Basis von Netzwerklösungen wird dann versucht, den Zugriff auf alle Daten sämtlicher Rechner zu ermöglichen, wodurch die Vorteile einer dezentralen Datenhaltung mit der Möglichkeit eines unternehmungsweiten Datenzugriffs verknüpft werden.

Ein Konzept, das diese Vorgehensweise ermöglicht, ist das der verteilten Datenbanken (vgl. Niedereichholz/Kaucky 1992, S. 143 ff.). Hierbei handelt es sich um eine Erweiterung konventioneller Datenbanksysteme, und zwar dergestalt, dass die Daten zwar auf verschiedenen Anwendungsrechnern gehalten werden können, jedoch in ihrer Gesamtheit von jedem Rechner zugänglich sind. Der Sachverhalt, dass in einem verteilten System mehrere Rechnerknoten zur Bearbeitung des gemeinsamen Datenbestandes zur Verfügung stehen, eröffnet ferner die Möglichkeit, Anfragen, die Daten auf mehreren Rechnern betreffen, parallel zu bearbeiten und auf diese Weise kürzere Antwortzeiten zu erzielen, als dies bei zentraler Verarbeitung möglich wäre. Darüber hinaus sprechen die folgenden Gründe für verteilte Datenbanken (vgl. Scholz-Reiter 1991, S. 48 f.):

- geringe Schnittstellenproblematik,
- Unterstützung heterogener Hardwarearchitekturen,
- Speicherung und überwiegende Nutzung der Daten am Entstehungsort und damit verbunden

-- zurechenbare lokale Verantwortlichkeiten für die Daten,

-- kürzere Zugriffszeiten und

-- größere Datensicherheit durch physisch verteilte Datenhaltung.

Diese Aspekte zeigen, dass verteilte Datenbanken die Vorteile zentraler Datenhaltung mit denen einer dezentralen Datenhaltung zu verbinden vermögen, so dass der Einsatz verteilter Datenbanksysteme im Rahmen der Realisation dezentraler PPS-Systeme vorteilhaft erscheint.

Im Rahmen einer **verteilten Datenhaltung** stellt sich jedoch die Frage der Datenverteilung neu, denn es entfällt die Notwendigkeit, die Daten entweder zentral oder am Ort ihrer Entstehung zu speichern. Grundidee ist dabei, eine Verbesserung der Kommunikationsstruktur durch Verringerung des Kommunikationsvolumens zwischen den Funktionen bzw. Funktionsgruppen zu erreichen, mit dem Ziel, Subsysteme zu schaffen, die ein hohes Maß an Eigenständigkeit aufweisen, d. h. nur in geringem Umfang Kommunikationsbeziehungen zu anderen Subsystemen haben.

Aus produktionswirtschaftlicher Sicht ist jedoch die Frage nach der Funktionsverteilung in dezentralen PPS-Systemen von besonderer Bedeutung. Unter Funktionsverteilung wird dabei eine segmentierte Verteilung der von einem PPS-System durchzuführenden Aufgaben dergestalt verstanden, dass die Anwender mit dem technischen Subsystem eine organisatorische Einheit bilden. Als wesentliche **Gründe für eine funktionsorientierte Dezentralisierung** sind zu nennen:

- Erhöhung der Reaktionsfähigkeit des Produktionsbereichs,
- Unterstützung von Arbeitsbereicherungskonzepten im Sinne eines Job Enrichments und teilautonomer Gruppen, d. h. einer Übertragung zusätzlicher Planungs- und Kontrollaufgaben auf die Mitarbeiter in den Produktionsstellen, und
- Erhöhung der Transparenz von Planungsvorgängen, wodurch eventuell auch eine Erhöhung der Akzeptanz von PPS-Systemen beim Anwender realisierbar ist.

Die meisten Autoren (vgl. z. B. Zäpfel 1996, Sp. 1402 und 2000b, S. 197 ff.) gehen bei den Dezentralisierungsüberlegungen von der folgenden **Funktionsaufteilung** aus:

- **Zentrale Stelle**: Ihr obliegt die Primärbedarfs- und Sekundärbedarfsplanung sowie eine grobe Durchlaufterminierung und Kapazitätsplanung. Sie legt damit die Produktionsaufträge, spezifiziert nach Art und Menge (= Lose), sowie Freigabezeitpunkten, fest und übergibt diese an die dezentralen Stellen. Planungsobjekte der zentralen Stellen sind damit die Produktionsaufträge. Darüber hinaus obliegt ihr die Koordination der dezentralen Stellen.

- **Dezentrale Stellen**: Ihnen obliegt demgegenüber die Produktionssteuerung, d. h., die Auftragsfreigabe sowie die Auftragsdurchführung und -überwachung. Planungsobjekte der dezentralen Stellen sind dann Arbeitsgänge, die zur Realisation der Produktionsaufträge erforderlich sind, d. h., es erfolgt die Einplanung der Arbeitsgänge auf die einzelnen Produktionsstellen unter Beachtung ihrer Kapazitäten. Darüber hinaus müssen die dezentralen Stellen die mittlere Durchlaufzeit, die Bestände, die Kapazitätsauslastung etc. an die zentrale Planungsstelle zurückmelden.

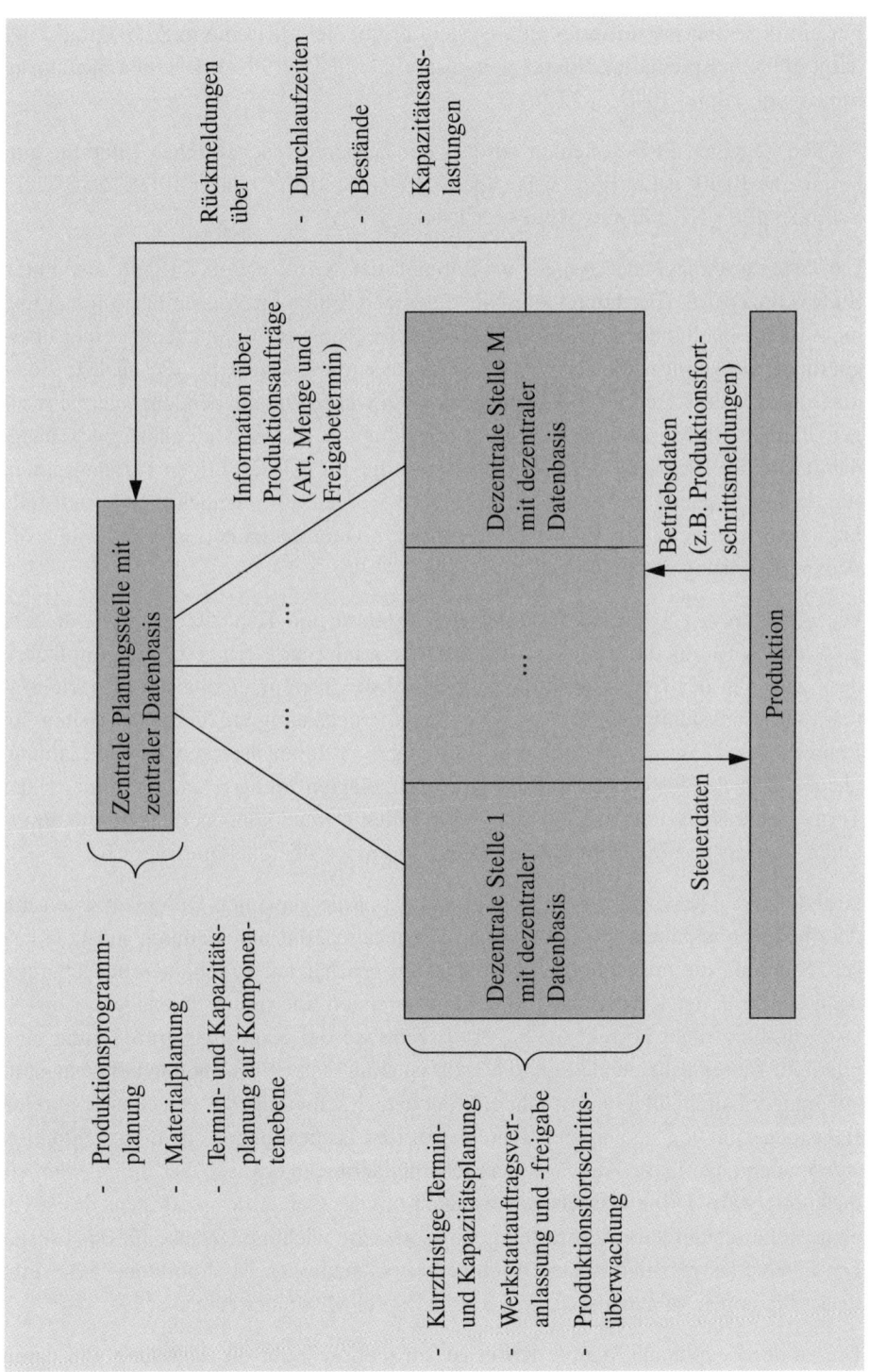

Abb. 5.3-2: Grundstruktur eines dezentral organisierten PPS-Systems

Für ein dezentral organisiertes PPS-System ergibt sich dann die in Abbildung 5.3-2 dargestellte beispielhafte Struktur (vgl. Zäpfel 2000b, S. 199; zu weiteren Strukturierungen vgl. Zäpfel 1998, S. 32 ff.).

An den gängigen PPS-Systemen wird in der betriebswirtschaftlichen Literatur umfangreiche Kritik geübt (vgl. z. B. Adam 1988a, S. 16 ff.; Glaser 1989a, S. 352 ff.; Schröder 1989, S. 7; Zäpfel/Missbauer 1988a, S. 77).

Ein erster grundlegender Aspekt im Rahmen der Kritik knüpft an dem erwähnten **Stufenkonzept** an. Hierdurch laufen die einzelnen Stufen im Wesentlichen linear und nicht rückkoppelnd ab, d. h., es erfolgt keine Revision der Rahmendaten einer übergeordneten Planungsstufe, wenn sich zeigt, dass diese Daten für die nächste Stufe unrealistisch sind. Durch diese Vorgehensweise werden Interdependenzen der einzelnen Planungsstufen negiert. Die Leistungsfähigkeit dieses Stufenkonzeptes hängt damit von der Richtigkeit der Annahmen ab, die auf den jeweiligen Planungsstufen für die nachfolgende Stufe als Rahmen gesetzt werden. Entscheidende Schwachstelle hierbei ist einerseits die **Verwendung mittlerer Durchlaufzeiten** und anderseits die **Außerachtlassung der Engpässe**.

Die **Abstimmung** zwischen **Produktionsprogramm** und **Kapazität** erfolgt nur **sehr grob** und wird auf die Stufe der Kapazitätsterminierung verlagert. Dies impliziert, dass weder in der Bedarfsermittlung noch bei der Terminvergabe die Kapazitätssituation Berücksichtigung erlangt. Die Nichtberücksichtigung der Kapazitäten im Rahmen der Losgrößenbestimmung führt dann zu Inkonsistenzen in der Planung, wenn die in der Sekundärbedarfsplanung festgelegten Mengen und Termine in der Termin- und Kapazitätsplanung nicht eingehalten werden können, da dann die ermittelten Auftragstermine nicht mit den Bedarfsterminen übereinstimmen.

Grundlage der Kapazitätsterminierung sind dabei die geplanten Durchlaufzeiten mit dem bereits erwähnten großen Anteil an Wartezeiten, die sich lediglich schätzen lassen. Stimmen die tatsächlichen nicht mit den geschätzten Durchlaufzeiten überein, dann ist die in der Kapazitätsterminierung durchgeführte periodenbezogene Kapazitätsauslastung nicht korrekt, d. h., die Ergebnisse der Kapazitätsterminierung sind überholt. Der entscheidende Grund hierfür ist dann in der Verwendung belastungsunabhängiger Durchlaufzeiten zu sehen. Es ist jedoch schwierig, die von einer konkreten Belastungssituation abhängigen Durchlaufzeiten zu bestimmen. In dieser Situation werden dann häufig die Aufträge aus Sicherheitsgründen etwas früher freigegeben als dies nötig wäre. Diese Vorgehensweise geht mit der Gefahr des Auftretens des sogenannten **Durchlaufzeitsyndroms** einher, das als eine wichtige Ursache für das Entstehen unzuverlässiger und hoher Durchlaufzeiten anzusehen ist. Abbildung 5.3-3 gibt dieses Phänomen schematisiert wieder (vgl. Zäpfel/Missbauer 1988a, S. 77).

Die an der Zeitplanung geübte Kritik ist konzeptionell auf die Trennung und damit mangelnde Abstimmung der Sekundärbedarfs- und Zeitplanung zurückzuführen, d. h., sie kann als eine Folge der Verlagerung der Kapazitätsplanung auf die Zeitplanung angesehen werden. Die beschriebene Vorgehensweise geht damit letztlich davon aus, dass es in der Zeitplanung gelingt, die entsprechenden Aufträge im Rahmen der gegebenen Pufferzeiten bewerkstelligen zu können.

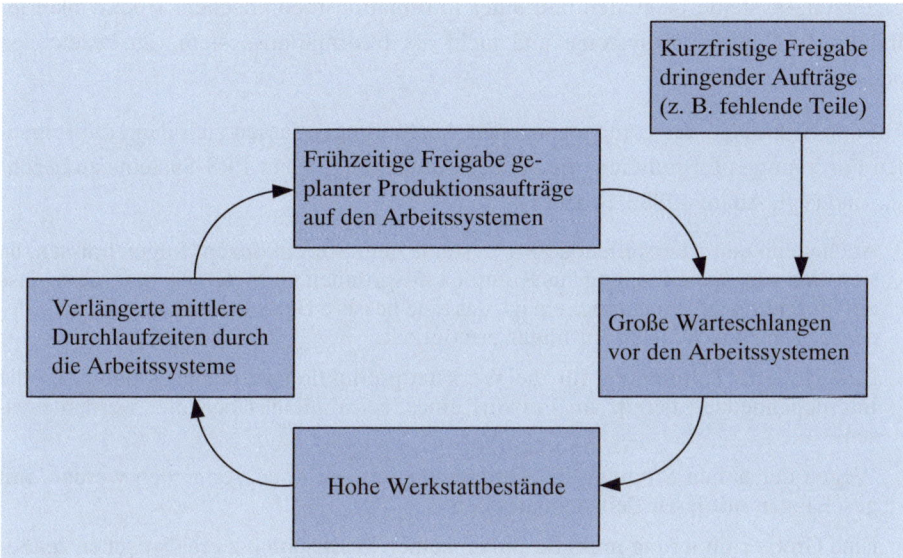

Abb. 5.3-3: Durchlaufzeitsyndrom

Ferner sind die einzelnen Planungsstufen nicht in ausreichendem Maße auf die übergeordneten Unternehmungsziele ausgerichtet, wobei verschärfend hinzukommt, dass die verwendeten zeitlichen Ersatzziele nur sehr vage berücksichtigt werden, was letztlich bedeutet, dass die Erreichung der angestrebten Ziele nicht sichergestellt ist. Die vorhandenen PPS-Systeme erlauben damit keine gezielte Steuerung nach Zielen wie Termintreue, geringe Durchlaufzeiten, niedrige Bestände und hohe Auslastung, da keine Parameter vorhanden sind, mit deren Hilfe eine gezielte Wirkung auf die Ziele zu erreichen ist. Ferner fehlt die Orientierung an ökonomischen Größen, was bedeutet, dass gezielte Ergebnisse, die mit positiven Effekten auf Kosten und Erlöse einhergehen, nicht angesteuert werden können. So ist etwa das Ziel der Kapazitätsterminierung die Erstellung eines zulässigen Plans und nicht etwa eines kostengünstigen Plans.

Als weitere Probleme seien stichwortartig aufgeführt:

- Probleme der konsistenten Abstimmung bei verteilter Datenhaltung,

- mangelnde Anpassungsfähigkeit von Standardprogrammen an die konkrete Situation in der jeweiligen Unternehmung oder

- häufige Notwendigkeit von Planrevisionen in der Produktionssteuerung aufgrund der angeführten Datenunsicherheiten.

Es ist damit festzustellen, dass, bedingt durch die Nichtbeachtung ökonomischer Größen wie Kosten und Erlöse, die gängigen PPS-Systeme **keine entscheidungsbezogene Aufbereitung** der ermittelten Daten vornehmen. So gelangt Schröder (1989, S. 8) dann auch zu der Feststellung, dass die PPS-Systeme keine Entscheidungsunterstützungssysteme darstellen und unter informationstheoretischem Blickwinkel lediglich als **Nachrichtensysteme** und nicht als Informationssysteme zu bezeichnen sind.

Auf der Grundlage der vorangegangenen Ausführungen lassen sich dann die folgenden **Forderungen** formulieren, die bei der Entwicklung neuer PPS-Systeme zu beachten sind (vgl. Adam 1988a, S. 19 ff.):

- Auch wenn neu zu erstellende PPS-Systeme dem Stufenkonzept folgen müssen, da sich eine simultane Planung aus Komplexitätsgründen verbietet, ist zu fordern, dass ein Stufenkonzept zu entwickeln ist, das eine bessere Berücksichtigung der Interdependenzen zwischen den Aufträgen ermöglicht.

- Eine isolierte Zeitplanung für die Werkstattproduktion ist unzweckmäßig, da die Interdependenzen bereits im Entwurf eines Terminplanes beachtet werden müssen.

- Wegen der hohen Streuung der Durchlaufzeiten sollte es vermieden werden, mit geschätzten mittleren Zeiten zu arbeiten.

- Eine Grobterminierung muss für die einzelnen Werkstätten zu realistischen zeitbezogenen Belastungsfunktionen führen, die dann als Grundlage für eine Kapazitätsanpassung dienen.

5.3.2 Erweiterungen des Aufgabenumfanges

Im Rahmen der Aufgabenerweiterung lassen sich betriebswirtschaftlich und technisch orientierte Erweiterungen unterscheiden, wobei im vorliegenden Lehrbuch der Schwerpunkt auf den betriebswirtschaftlichen Erweiterungen liegt.

5.3.2.1 Betriebswirtschaftlich orientierte Erweiterungen

5.3.2.1.1 Manufacturing Resource Planning

Das Manufacturing-Resource-Planning-Konzept (MRP II-Konzept), das für Branchen mit konvergierenden Produktionsstrukturen entwickelt wurde, stellt eine Erweiterung des MRP-Konzeptes (Material Requirements Planning) dar, in dessen Mittelpunkt die Materialbedarfsplanung stand. Es beginnt nicht, wie die klassischen PPS-Systeme, mit der Produktionsprogrammplanung, sondern knüpft an der obersten Managementebene an und zielt auf eine **ganzheitliche markt- und ressourcenorientierte Planung** hinsichtlich Absatz-, Produktions- und Bestandsmengen ab, so dass der Geschäftsplan den Ausgangspunkt dieses Konzeptes bildet (vgl. Abbildung 5.3-4).

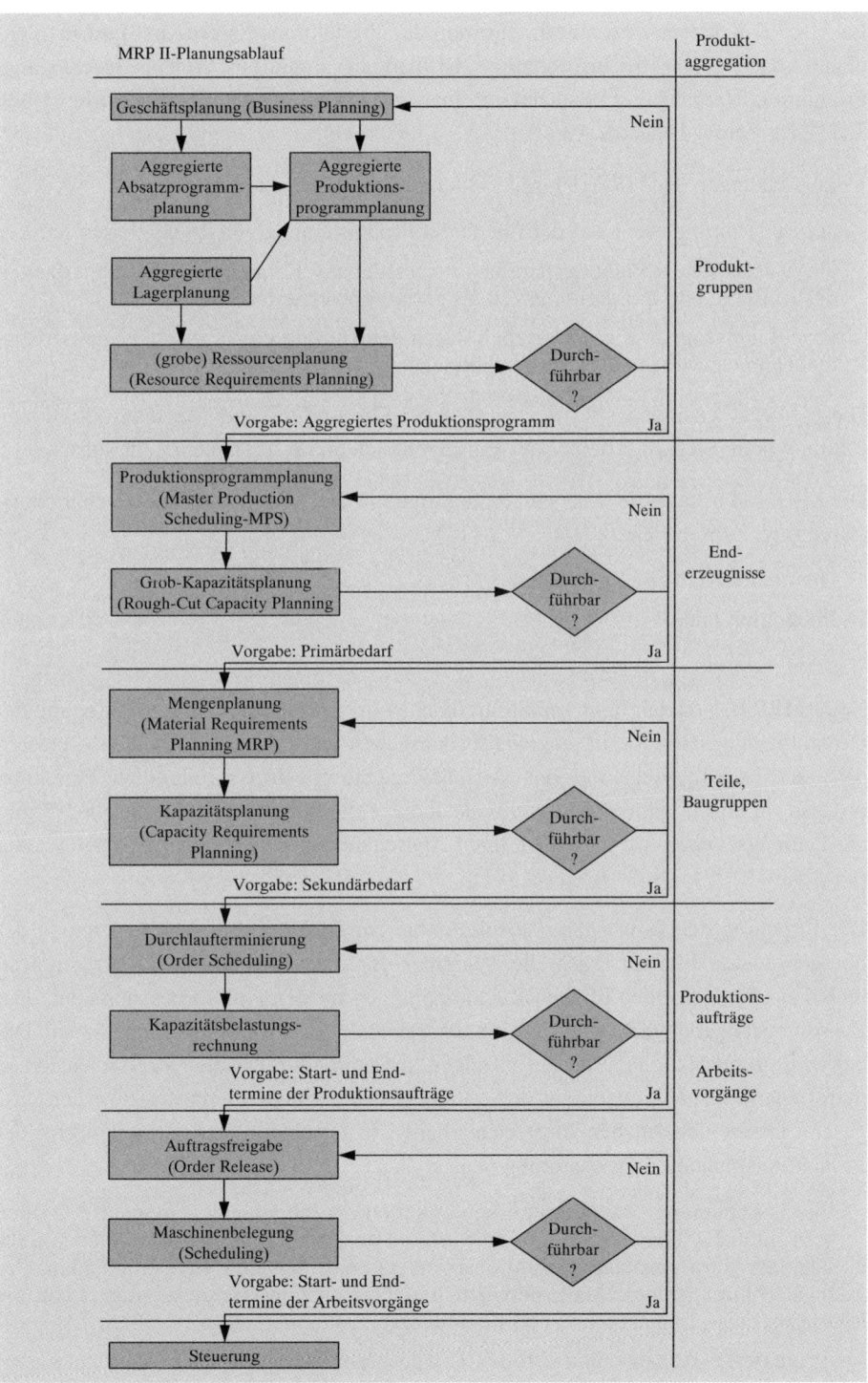

Abb. 5.3-4: Grundstruktur des MRP II-Systems

Im MRP II-Konzept wird eine Integration des Produktions-, Vertriebs- und Erfolgs-
planes angestrebt, wobei insbesondere die Pläne der Funktionsbereiche Beschaffung,
Produktion, Verkauf und Finanzen aufeinander abzustimmen sind (vgl. Kurbel 1999,
S. 112 ff.; Zäpfel 1994a, S. 236 ff.).

Voraussetzungen der MRP II-Logik bilden dabei die Annahmen, dass

- der Bedarf mindestens auf der Ebene der Produktgruppen prognostizierbar ist,

- die wesentlichen Planungsparameter (verfügbare Kapazitäten, Durchlaufzeiten
  der Aufträge und Bearbeitungszeiten) gut prognostizierbar sind und

- Produktionsengpässe grundsätzlich durch den Einsatz von Kapazitätsanpassungs-
  maßnahmen überwunden werden können.

Diese Voraussetzungen sind am ehesten bei Großserien- und Massenproduktionen
erfüllt, woraus sich unmittelbar der Einsatzbereich dieser Systeme ableiten lässt.

Die **MRP II-Philosophie** lässt sich dann durch die drei folgenden Aspekte charakterisieren (vgl. Zäpfel/Piekarz 1996, S. 29 ff.):

- Hierarchisches Planungskonzept,

- Integration und

- Flexibilität.

Beim **MRP II-Konzept** liegt ein **hierarchisches Vorgehen** vor, weil die Zerlegung der
Gesamtplanungsaufgabe in einzelne Teilaufgaben und deren Anordnung so erfolgt,
dass der Detaillierungsgrad der Entscheidungen mit fortschreitendem Planungsprozess zunimmt, während die zeitliche Reichweite abnimmt. Abbildung 5.3-5 gibt
die Planungsebenen mit dem jeweiligen Aggregationsgrad der Informationen wieder
(vgl. Zäpfel 1994a, S. 240).

Die Kopplung der Teilaufgaben erfolgt dabei „top down", d. h., die Ergebnisse der
übergeordneten Ebenen legen die Vorgaben für die untergeordneten Ebenen fest,
wobei auf den einzelnen Ebenen Rückkopplungen für den Fall vorgesehen sind, dass
Ressourcenangebot und -nachfrage nicht aufeinander abgestimmt werden können. Dabei wird grundsätzlich davon ausgegangen, dass die auf einer übergeordneten Ebene
getroffenen Entscheidungen auf den untergeordneten Ebenen umgesetzt werden. Insgesamt lassen sich auf den folgenden Ebenen Unterschiede zum Grundkonzept der
Produktionsplanung und -steuerung feststellen:

- **Geschäftsplanung**: Auf dieser Ebene werden im Allgemeinen monetäre Größen
  betrachtet. Es handelt sich um ein System von interdependenten Teilplänen (Absatzplan, Vertriebsplan, Produktionsplan, Beschaffungsplan, Investitionsplan, Ge-
  schäftsführungsplan). Als Ergebnis liegen dann einzelne Bereichsbudgets vor, die
  zu Ergebnis-, Finanzplänen und Planbilanzen zusammengefasst werden.

- **Aggregierte Absatz- und Produktionsprogrammplanung**: Der Absatzplan auf
  Produktgruppenebene bildet den Ausgangspunkt für die aggregierte Produktionsprogrammplanung auf Produktgruppenebene. Wegen der bestehenden Interdependenzen sind der Absatz- und der Produktionsprogrammplan interaktiv zu erstellen,

bis diese kapazitätsmäßig realisierbar sind. Der zulässige Plan wird dann an die nächste Planungsebene weitergegeben (vgl. Zäpfel 1994a, S. 240).

- **Produktionsprogrammplanung**: Es sind die Mengen je Erzeugnis bzw. Hauptbaugruppe zu bestimmen, wobei sich als Ergebnis der Primärbedarf ergibt. Der Primärbedarf ist daraufhin zu prüfen, ob er mit den vorhandenen Ressourcen realisierbar ist. Ist dies nicht der Fall, erfolgt ein Ressourcenabgleich bzw. Planrevision und Rückkopplung.

- **Mengenplanung**: Es werden die Produktions- und die Bestellaufträge generiert, wobei beide unter Beachtung der Vorlaufzeiten sofort terminiert werden. Zusätzlich zu den klassischen PPS-Systemen werden die Materialbedarfspläne auf ihre ressourcenmäßige Zulässigkeit hin überprüft.

Planungsebene	Aggregationsgrad der Information		
	zeitlich	räumlich	sachlich
Geschäftsplanung	Jahr/Monat	gesamte Unternehmung	monetär
Programm-planung für Produktgruppen	Monate/Wochen	Werk/Produktions-bereich	Produktgruppe
Programm-planung für die Enderzeugnisse/ Varianten	Wochen/Tage	Produktions-bereich/Maschinen-gruppe	Enderzeugnisse/ Hauptbaugruppe
Mengenplanung	Wochen/Tage	Maschinengruppe/ Engpassmaschinen	Baugruppen/ Komponenten/ Rohstoffe
Terminplanung und Steuerung	Tage/Stunden	Maschinen	Arbeitsvorgang

Abb. 5.3-5: Teilplanungen und Aggregationsgrade des MRP II-Konzeptes

Der **Integrationsgedanke** des **MRP II-Konzeptes** schlägt sich darin nieder, dass die Teilbereiche der logistischen Kette einer Unternehmung

- informationstechnisch verknüpft sind, d. h., die Datenintegration muss sicherstellen, dass eine Datenbasis existiert, die für alle Planungsebenen zugänglich ist, und

- planerisch aufeinander abgestimmt werden, d. h., es wird eine durchgehende Ressourcenbetrachtung ermöglicht.

Mit der **Flexibilität** des **MRP II-Konzeptes** wird die Möglichkeit angesprochen, auf veränderte Bedingungen ohne Zeitverzug zu reagieren. Voraussetzung hierfür ist die Verfügbarkeit der notwendigen Informationen. Differenzierend lassen sich im Rahmen der Flexibilität die folgenden Aspekte unterscheiden (vgl. Zäpfel/Piekarz 1996, S. 41 ff.):

- **Planungsflexibilität:** Hiermit werden einerseits die Möglichkeit der Simulation durch „What-if"-Analysen zur Festlegung von Maßnahmen zur Gegensteuerung und anderseits die Rückkopplungen auf den einzelnen Planungsebenen erfasst.

- **Steuerungsflexibilität:** Durch Online-Zugriff und Ausnahmemeldungen kann beim Auftreten von Problemen sofort reagiert werden.

- **Flexibilität im Rahmen des Auftragsmanagements:** Bestell-, Transport-, Lager- und Produktionsaufträge sind durch Planung miteinander verknüpft und können freigegeben, geändert oder gelöscht werden. Treten Störungen auf, dann sind diese bei den Aufträgen zu berücksichtigen. Dabei gelangt das Net-Change-Verfahren zur Anwendung, durch das nur die Teile des Auftragsnetzes berücksichtigt werden, in denen Änderungen aufgetreten sind.

Ein **Kernproblem** des MRP II-Konzeptes ist in der **Bestimmung der Durchlaufzeit** zu sehen, d. h. der Zeitspanne zwischen dem Beginn des ersten Arbeitsganges und dem Abschluss des letzten Arbeitsganges eines Erzeugnisses. Wie bei den traditionellen PPS-Systemen wird die Durchlaufzeit geschätzt und geht als Eingabegröße in die Planung ein, obwohl sie eigentlich das Ergebnis der Planung ist. Ein weiteres Problem stellt die Vorgehensweise bei der **Losbildung** dar. Obwohl MRP II-Systeme unterschiedliche Losgrößenverfahren anbieten, beziehen sich diese nur auf eine bestimmte Erzeugnisstufe und berücksichtigen dabei die Kapazitätsauslastung nicht. Damit entsprechen die Mengenplanung sowie die Termin- und Kapazitätsplanung der Vorgehensweise bei traditionellen PPS-Systemen. Neben diesen problembehafteten Gemeinsamkeiten lassen sich aber auch **Unterschiede** herausstellen (vgl. z. B. Zäpfel 1994a, S. 242):

- Zusätzliche Systemunterstützung für die Geschäftsplanung und die aggregierte Absatz- und Produktionsprogrammplanung,

- Anschluss der Produktionsplanung an Vertrieb und Finanzen sowie

- Ressourcengrobplanung/-abgleich auf jeder Planungsebene.

Die **Grenzen des MRP II-Systems** ergeben sich insbesondere aus den folgenden Aspekten (vgl. Zäpfel 1994a, S. 249):

- Das System unterstützt den Disponenten nicht bei der Ermittlung der jeweiligen Produktionsmengen, sondern der Planer muss versuchen, über Änderungen z. B. der Lagerbestände einen realisierbaren Produktionsplan zu erstellen.

- Es erfolgt eine sukzessive Festlegung der Produktionsmengen und Kapazitätsbelastung, wobei i. d. R. mehrere Iterationen notwendig sind.

- Das Vorgehen garantiert nicht, dass Ziele der Programmplanung wie etwa Deckungsbeitragsmaximierung hinreichend verfolgt werden, sondern es hängt vielmehr in starkem Maße von der Intuition des Disponenten ab, die Zielsetzungen zu erreichen.

5.3.2.1.2 Enterprise Resource Planning

Neben den PPS-Systemen wurden auch für andere betriebswirtschaftliche Bereiche (z. B. Anlagenwirtschaft, Personalwirtschaft, Absatz, Logistik, Rechnungs- und Finanzwesen, Controlling) eigenständige Systeme entwickelt, die jeweils über eigene Datenbestände verfügen. Im Zuge der Prozessorientierung Anfang der 1990er Jahre wurde die Integration dieser isolierten Informationssysteme angestrebt, um unternehmungsweit eine einheitliche Datenbasis zu schaffen. Hierdurch lassen sich Mehrfachpflege von Datensätzen und Daten-Inkonsistenzen weitgehend vermeiden. Im Ergebnis führte diese Entwicklung zu den sogenannten Enterprise-Resource-Planning-Systemen (ERP-Systeme), die sich dadurch auszeichnen, dass Daten unterschiedlicher betriebswirtschaftlicher Funktionsbereiche einer Unternehmung in einer einheitlichen Datenbank gespeichert werden, so dass eine bereichsübergreifende Datenpflege und -nutzung ermöglicht wird. Somit wird unter einem ERP-System eine integrierte betriebliche Standardsoftware verstanden, die nahezu alle betrieblichen Prozesse unterstützt (vgl. z. B. Hansmann/Neumann 2002, S. 327 ff.; Schwarz 2000, S. 23 ff.). Damit weisen ERP-Systeme ein Potential zur Verwirklichung einer überschneidungsfreien Planung, Steuerung und Kontrolle des Einsatzes der Unternehmungsressourcen auf, und es wird der Forderung nach Daten- und Funktionsintegration Rechnung getragen (vgl. Hansen/Neumann 2001, S. 523; Kurbel 1999, S. 324). Abbildung 5.3-6 spiegelt den prinzipiellen Aufbau eines ERP-Systems wider.

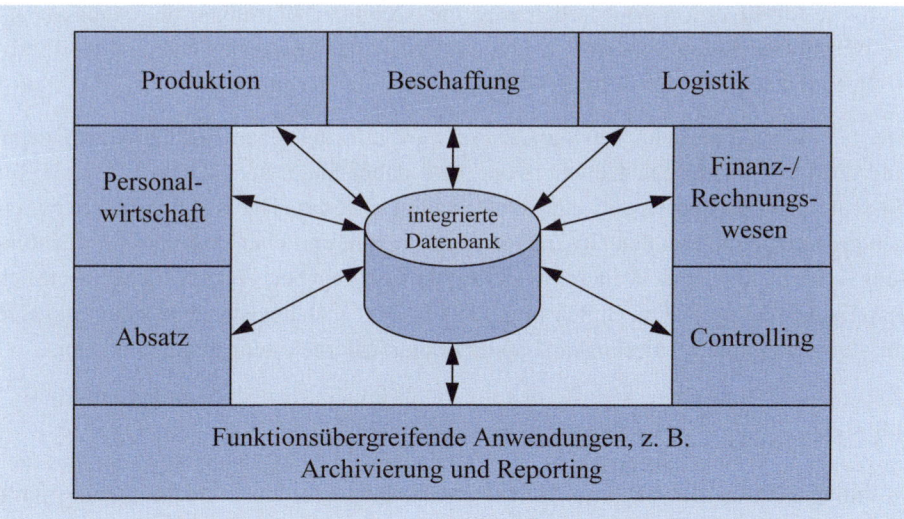

Abb. 5.3-6: Allgemeine Architektur eines ERP-Systems

Während es für klassische PPS-Systeme eine Referenzarchitektur gibt, existiert eine vergleichbare Referenz für ERP-Systeme nicht. Sie werden aber in stärkerem Maße von der softwaretechnischen Realisierung getragen (vgl. z. B. Davenport 1998, S. 124; Mabert/Soni/Venkataramanan 2001, S. 71).

Mit der **Implementierung** der ERP-Standardsoftwaresysteme ergibt sich die Möglichkeit zu einer funktionsübergreifenden Abbildung der Geschäftsabläufe und damit verbunden einer funktionalen Verbesserung der Geschäftsprozesse. Darüber hinaus zeigt die Empirie, dass ERP-Systeme häufig auch als ein Medium zur Initiierung organisatorischer Veränderungen genutzt werden, d. h., diese Systeme eröffnen Möglichkeiten zur Förderung eines organisatorischen Wandels (vgl. z. B. Schwarz 2000, S. 54). Tendenziell wird in der Literatur davon ausgegangen, dass sich ERP-Systeme positiv auf die Prozesseffizienz (z. B. Reduzierung der Durchlaufzeiten und Erhöhung der Liefertermintreue) und die Ressourceneffizienz (z. B. Reduzierung der Lagerbestände und Erhöhung der Kapazitätsauslastung) auswirken.

Die am Markt angebotenen ERP-Standardsoftwaresysteme müssen an die jeweiligen Verhältnisse der Unternehmung angepasst werden (sogenanntes **Customizing**). **Ziel** ist dabei die an den Bedürfnissen der einzelnen Anwender orientierte Nutzbarmachung einer Standardsoftware (vgl. Meister 1990, S. 26). Die Anpassung kann entweder durch Parametrisierung (vgl. hierzu Mertens/Wedel/Hartinger 1991, S. 572 ff.) oder durch Eingriffe an definierten Schnittstellen erfolgen. In Ausnahmefällen ist es darüber hinaus möglich, Veränderungen am Quellcode vorzunehmen, eine Vorgehensweise, die mit den beiden folgenden Problemen verbunden ist (vgl. Arb 1997, S. 11; Schwarz 2000, S. 43 f.):

- Gefahr der Abkopplung der Unternehmung von Weiterentwicklungen des Softwareproduktes, weil mit jedem Upgrade auf ein neues Release eine kundenspezifische Modifikation erforderlich wird und somit der Wartungs- und Anpassungsaufwand deutlich steigt, und
- Beeinträchtigung von Garantieleistungen der Anbieter im Fehlerfall.

Die für diese Anpassung der Standardsoftware erforderlichen Einführungskonzepte und die EDV-technische Unterstützung sind dabei integraler Bestandteil der ERP-Systeme. Bei den **Implementierungskosten** zeigt sich, dass Hard- und Software nur einen geringen Anteil an den Gesamtkosten aufweisen und eine Dominanz der Einführungs-, Nutzungs- und Weiterentwicklungskosten gegeben ist (zu einem Überblick empirischer Belege vgl. z. B. Schwarz 2000, S. 27 ff.). Dabei ist zu beachten, dass eine misslungene Implementierung die Existenz einer Unternehmung gefährden kann.

5.3.2.1.3 Advanced Planning Systems

Während PPS- und ERP-Systeme auf unternehmungsinterne Prozesse fokussieren und für die unternehmungsübergreifende Planung und Steuerung nur äußerst bedingt geeignet sind, zielen **Advanced Planning Systems** (APS) explizit auf die unternehmungsübergreifende Zusammenarbeit ab. In diesem Zusammenhang wird auch von **Supply-Chain-Management-Softwaresystemen** gesprochen. Charakteristisch für ein Supply Chain Management ist neben der Betonung des Integrationsgedankens, die durchgängige Ausrichtung an den Bedürfnissen der Endkunden. **Kernelemente** des Supply Chain Managements sind dann:

- Ausgangspunkt der Steuerung bildet der Bedarf der Endkunden, und zwar auf der Basis von Point-of-Sale-Daten.
- Es ist geschäftsprozessorientiert und zielt auf die optimale Gestaltung der Gesamtprozesse ab, und zwar unternehmungsübergreifend.
- Es liegt eine kooperative Zusammenarbeit der Teilnehmer vor.

APS sind **modular strukturierte Softwaresysteme** zur integrativen Unterstützung einer unternehmungsübergreifenden Planung und Steuerung von Leistungsprozessen (zu diesen Systemen vgl. z. B. Corsten/Gössinger 2001a; Stadler 2000a und 2000b; Tempelmeier 1999; Zäpfel 2000d). Der Begriff „advanced" lässt sich dabei

- als ein Anspruch, Defizite bestehender Planungssysteme durch eine „neue" Planungslogik zu überwinden, oder
- als Hinweis auf die ergänzende Stellung dieser Systeme zu den bestehenden Planungssystemen interpretieren.

Jede Unternehmung der Supply Chain benötigt jedoch trotz eines APS ein entsprechendes PPS-/ERP-System, mit dessen Hilfe die Stamm- und Auftragsdaten weiterhin verwaltet werden.

Hinsichtlich der Funktionalitäten von APS kann zwischen

- Supply-Chain-Planung und
- Supply-Chain-Steuerung

unterschieden werden. Zu beachten ist jedoch, dass sowohl bei den einzelnen angebotenen Softwaresystemen als auch im Rahmen einer konkreten Implementierung keine klare und generelle Trennlinie zwischen diesen beiden Ebenen fixiert werden kann.

Das **Aufgabenspektrum** von APS lässt sich auf der Grundlage der Kriterien

- Fristigkeit des Planungshorizontes und
- Bezug zu betrieblichen Funktionsbereichen

mit Hilfe der in Abbildung 5.3-7 dargestellten Supply-Chain-Planungsmatrix (vgl. Rohde/Meyr/Wagner 2000, S. 10) erfassen.

Das Modul „**Strategische Netzwerkplanung**" legt den Handlungsrahmen aller anderen APS-Planungsmodule in grundsätzlicher Weise durch (Re-) Konfiguration der gesamten Supply Chain fest. Unter einer Supply-Chain-Konfiguration ist dabei die längerfristig gültige Festlegung von Produktions- und Absatzprogramm, Materialprogramm, Standorten der Supply-Chain-Einheiten, Distributionsstruktur und der Beziehungen zu Lieferanten zu verstehen. Der entsprechende Planungsprozess wird durch die Möglichkeiten der

- Modellierung alternativer Supply-Chain-Konfigurationen,
- Anwendung von Optimierungsverfahren und
- Bewertung auf der Grundlage unterschiedlicher Zielfunktionen

unterstützt. Um zu einer erfolgreichen Supply-Chain-Konfiguration zu gelangen, ist es zweckmäßig, bei der Modellierung des Problems Expertenwissen zu berücksichtigen, um eine angemessene Realitätsnähe des Modells mit einer durch die implementierten Lösungsalgorithmen beherrschbaren Modellkomplexität in Einklang zu bringen. Dies setzt eine Offenlegung der implementierten Algorithmen voraus, was jedoch eher selten der Fall ist.

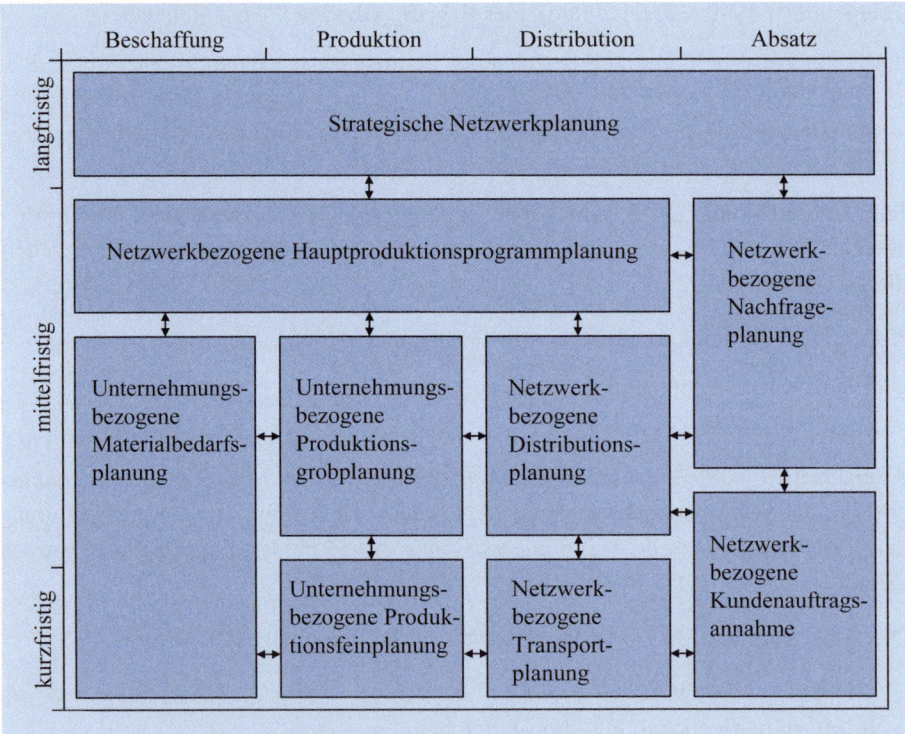

Abb. 5.3-7: Supply-Chain-Planungsmatrix

Das Modul „Nachfrageplanung" dient primär der Prognose der nachgefragten Produktmengen und darüber hinaus der Berechnung von Sicherheitsbeständen sowie der statistischen Analyse der Auswirkungen unterschiedlicher Einflussgrößen. Hierzu stehen unterschiedliche Verfahren zur Verfügung (z. B. gleitender Durchschnitt, exponentielles Glätten). Sie werden ergänzt durch Verfahren zur Messung und Überwachung der Prognosequalität, zur Auswahl des adäquaten Prognoseverfahrens sowie zur Parameterschätzung und durch Prognosemöglichkeiten auf der Grundlage des Lebenszykluskonzeptes. Die automatische Auswahl des Prognoseverfahrens sollte jedoch nicht als Blackbox zur Anwendung gelangen, weil

- die zur Beurteilung herangezogene Prognosegenauigkeit keine Aussage über die Robustheit der Verfahren erlaubt und ein dadurch bedingter häufiger Wechsel des Prognoseverfahrens mit Planungsnervosität einhergeht und
- die Parameter zur Modellauswahl (z. B. der Zeithorizont) das Auswahlergebnis beeinflussen.

Die prognostizierten Daten werden den anderen APS-Modulen in aggregierter Form zur Verfügung gestellt, wobei die Aggregation nach unterschiedlichen Dimensionen (z. B. produktbezogen, zeitlich, geographisch) möglich ist.

Aufgabe des Moduls „Netzwerkbezogene Hauptproduktionsprogrammplanung" ist die zentrale Ermittlung aufeinander abgestimmter Beschaffungs-, Produktions- und Distributionsmengen unter Beachtung von Kapazitätsnachfrage und -angebot mit der Zielsetzung minimaler Gesamtkosten. Aufgrund ihrer zentralen Stellung im hierarchischen Planungssystem der APS erfüllt die netzwerkbezogene Hauptproduktionsprogrammplanung wesentliche Koordinationsaufgaben. Um eine zielsetzungsgerechte Abstimmung der untergeordneten Teilpläne vornehmen zu können, ist bei der Modellbildung den möglichen Fehlerquellen, insbesondere der Aggregation, größere Aufmerksamkeit zu widmen.

Durch das Materialbedarfsplanungsmodul werden dezentral von den Supply-Chain-Einheiten auszuführende Planungsaufgaben, wie Lieferantenauswahl, programm- und verbrauchsgesteuerte Materialdisposition, Bestelllosgrößenplanung, Planung von Materialsicherheitsbeständen und Bestellauslösung unterstützt.

Während die Aufgabe des Moduls zur Produktionsgrobplanung in der Losgrößenplanung besteht, unterstützt das Produktionsfeinplanungsmodul die Maschinenbelegungsplanung. Auf der Basis der Vorgaben aus der netzwerkbezogenen Hauptproduktionsprogrammplanung sowie situationsabhängiger und -unabhängiger Daten aus den anderen Planungsmodulen werden durchführbare unternehmungsbezogene Produktionspläne erstellt. Hierfür gelangt ein Modell der hierarchischen Planung zur Anwendung, d. h., aus der Losgrößenplanung gehen Vorgaben für die Maschinenbelegungsplanung hervor. Die Einbeziehung unterschiedlicher Heuristiken in Verbindung mit dem hierarchischen Planungsansatz erlaubt es, Planungsprobleme praxisrelevanter Größenordnung in akzeptabler Zeit zu lösen.

Die Planung der Allokation der Endproduktmengen und damit die Koordination von Produktions- und Nachfrageplan wird durch das Modul „Netzwerkbezogene Distributionsplanung" unterstützt. Aus der Distributionsplanung mit der Zielsetzung, die Summe aus Lagerungs- und Transportkosten zu minimieren, gehen Informationen über die sich in einem mittelfristigen Planungshorizont in entsprechenden Zeitfenstern und Regionen ergebenden Transportströme und Lagerungsmengen in den Distributionskanälen hervor.

Im Modul „Netzwerkbezogene Transportplanung" werden die Vorgaben aus den Modulen zur Materialbedarfsplanung und Distributionsplanung unter Berücksichtigung der Liefertermine und der Fertigstellungstermine der Produktionsaufträge zu Transportplänen disaggregiert, die die Nutzung der Transportmittel, die Zusammenstellungen der Ladung und die Routen der erforderlichen Transporte festlegen.

Die durch das Modul „Netzwerkbezogene Kundenauftragsannahme" vorgeschlagenen Preise und Liefertermine für Kundenaufträge üben einen wesentlichen Einfluss auf den finanziellen Erfolg, die Durchlaufzeit der Produktionsaufträge, die Termineinhaltung und somit auf die Glaubwürdigkeit der Auftragsangebote aus. Aus diesem Grunde bildet eine auf die gesamte Supply Chain bezogene (verteilte) Verfügbarkeitsgewährleistung und -prüfung (Available-to-Promise, Capable-to-Promise) das Kernstück dieses Moduls, mit dessen Hilfe die Zusicherung eines Liefertermins für einen Kundenauftrag möglich wird. Dabei wird unter Beachtung des verfügbaren Enderzeugnisbestandes und der bereits geplanten Produktionsaufträge festgestellt, ob der gewünschte Liefertermin realisierbar ist oder falls dies nicht möglich ist, welcher frühestmögliche Liefertermin sich ergibt.

Aus planungstheoretischer Sicht sind APS durch einen hierarchischen Planungsansatz gekennzeichnet, d. h., es erfolgt eine Strukturierung des Gesamtproblems in Teilprobleme, zwischen denen Über-/Unterordnungsbeziehungen bestehen, und eine Segmentierung in gleichgeordnete Teilprobleme.

Teilweise wird für APS der Anspruch einer simultanen Planungsweise formuliert. Dass es sich beim Advanced Planning nicht um einen simultanen Planungsansatz handeln kann, lässt sich an den folgenden Aspekten verdeutlichen:

- Die Gesamtplanungsaufgabe wird in mehrere Teilaufgaben zerlegt, die zunächst weitgehend unabhängig voneinander ausgeführt werden. Dies widerspricht dem Dekompositionsverzicht in der Simultanplanung.

- Zwischen den erstellten Teilplänen wird eine Abstimmung notwendig, so dass es sich nicht um eine Simultanplanung handeln kann, da diese einen derartigen Koordinationsbedarf ausschließt.

Aufgrund dieser Überlegungen kann es sich bei APS somit allenfalls um einen sukzessiven Planungsansatz handeln. Wird in einer weiteren Überprüfung das Merkmal „Umfang der Planung" analysiert, dann zeigt sich, dass sich APS auf einzelne Funktionsbereiche beschränken und diese auch nur partiell abbilden. Es liegt folglich nur ein sukzessiver Partialplanungsansatz vor.

Diese Einordnung hat unmittelbare Konsequenzen für die Fragestellung, ob in APS eine Optimierung erfolgt oder nicht, wobei festzustellen ist, dass in der APS-Literatur ein eher großzügiger Umgang mit dem Optimierungsbegriff zu beobachten ist. Folgende Aspekte stellen dies jedoch in Frage:

- Obwohl es die hierarchische Planung im Rahmen der APS erlaubt, zur Lösung der Teilplanungsprobleme auch exakte Lösungsverfahren anzuwenden, kann nicht von einer optimalen Gesamtlösung ausgegangen werden, weil die Parametrisierung (insbesondere Problemzerlegung, Aggregation und Koordination) auf einer heuristischen Vorgehensweise basiert, mit der Konsequenz, dass die Synthese der Teilpläne nicht mit Sicherheit zur besten Lösung führt, sondern lediglich eine Näherungslösung oder auch eine unzulässige Lösung darstellt.

- Zur Lösung von (Teil-) Planungsproblemen gelangen teilweise Heuristiken zur Anwendung, und teilweise werden durch die Möglichkeit von Simulationen Trial-and-error-Vorgehensweisen unterstützt. Beide Verfahrensklassen garantieren jedoch keine optimalen Lösungen.

Da sich das Supply-Chain-Planungsproblem aufgrund seiner Komplexität einer simultanen Lösung entzieht, stellt die Anwendung des Konzeptes der hierarchischen Produktionsplanung, das durch eine sukzessive Vorgehensweise bei der Problemlösung gekennzeichnet ist, im Rahmen der APS einen Kompromiss zwischen Praktikabilität und Planungsgenauigkeit dar.

Trotz dieser kritischen und relativierenden Überlegungen weisen APS ein **Verbesserungspotential** auf, das sich wie folgt konkretisieren lässt:

- Sie erlauben eine verbesserte unternehmungsübergreifende Zusammenarbeit, indem sie es ermöglichen, dass

  -- die einzelnen Unternehmungen auf einen einheitlichen Datenbestand zurückgreifen können (Datenintegration) und

  -- eine grobe Abstimmung der dezentralen Teilpläne erfolgt.

- Sie erhöhen die Transparenz in der Supply Chain und ermöglichen hierdurch, z. B. unnötige Sicherheitsbestände in der gesamten Supply Chain zu identifizieren und abzubauen.

- Durch die Transparenz und Einsichtnahme in die Bestände und die Arbeit der beteiligten Unternehmungen lassen sich die Datenflüsse und die Steuerung beschleunigen, so dass darüber hinaus auch administrative Abläufe obsolet erscheinen.

5.3.2.2 Computer Integrated Manufacturing als technisch orientierte Erweiterung

Mit dem Konzept des **Computer Integrated Manufacturing** (CIM) wird die integrierte Informationsverarbeitung in einer industriellen Unternehmung beschrieben, wobei die betriebswirtschaftlichen PPS-Aufgaben um technische Aufgaben erweitert wurden (vgl. Zäpfel 2000b, S. 238), so dass CIM in einer funktionalen Sicht dann

- technische orientierte Funktionen (CAD, CAP, CAM, CAQ) und
- betriebswirtschaftlich orientierte Funktionen (PPS) umfasst.

Die **informationstechnische Verkettung** der Komponenten CAD, CAP, CAM und CAQ wird als CAD/CAM bezeichnet. Abbildung 5.3-8 gibt diese Komponenten in einer Form wieder, wie sie insbesondere im Ingenieur-Schrifttum zu finden ist (vgl. AWF 1985, S. 10).

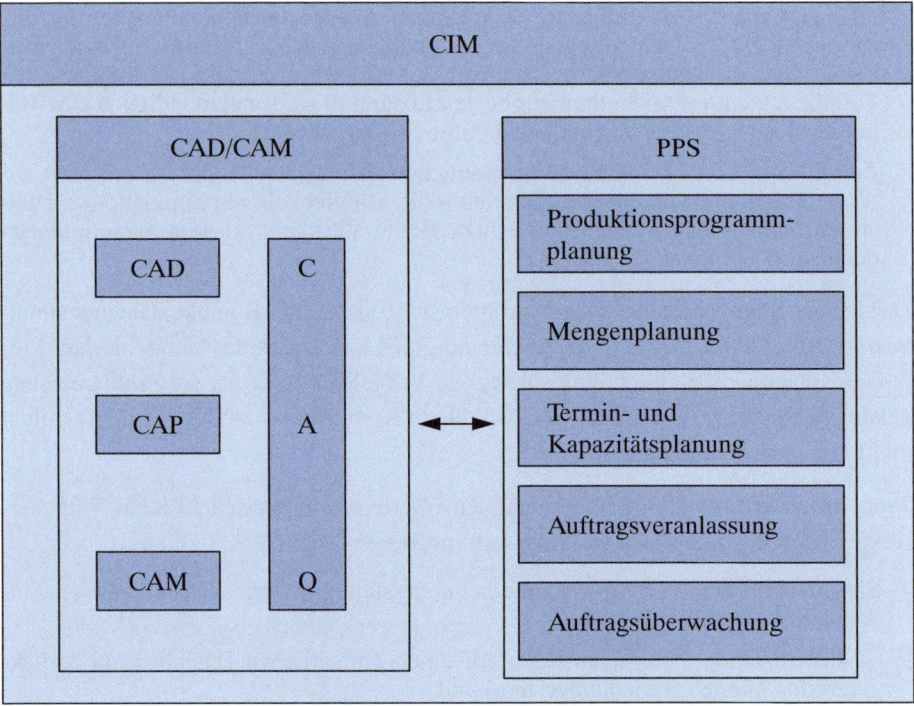

Abb. 5.3-8: AWF-Empfehlung „CIM"

Diese CIM-Darstellung unterstreicht die Qualitätssicherung als eine den gesamten Produktionsprozess begleitende Funktion, d. h., CAQ übernimmt in dieser Darstellung eine Regelkreisfunktion. Die einzelnen CA-Techniken werden dabei nicht in einer logischen Anordnung oder nach ihrer Bedeutung positioniert, sondern es liegt hierbei lediglich eine aufzählende Darstellung der Teilkomponenten von CAD/CAM vor.

In der betriebswirtschaftlichen Literatur hingegen hat sich hingegen das auf Scheer (1990, S. 2) zurückgehende Y-Modell weitgehend durchgesetzt, das in Abbildung 5.3-9 dargestellt ist.

Diese Darstellungsform hat den Vorteil, dass das integrative Moment, das für CIM charakteristisch ist, deutlich zum Ausdruck kommt. Dem „I" kommen dabei die beiden folgenden Bedeutungen zu:

- eine Datenintegration und
- eine Vorgangsintegration (vgl. Scheer 1990, S. 3 ff.).

Durch die Datenintegration wird eine gemeinsame Datenbasis für alle CIM-Komponenten geschaffen, d. h., es entsteht eine logisch einheitliche Datenorganisation, die eine redundanzfreie Datenverwaltung ermöglicht. Hierdurch wird einerseits die Informationsübertragung beschleunigt, und andererseits werden Medienbrüche vermieden. Demgegenüber wird durch eine **Vorgangsintegration** eine Reintegration von Teilfunktionen erreicht.

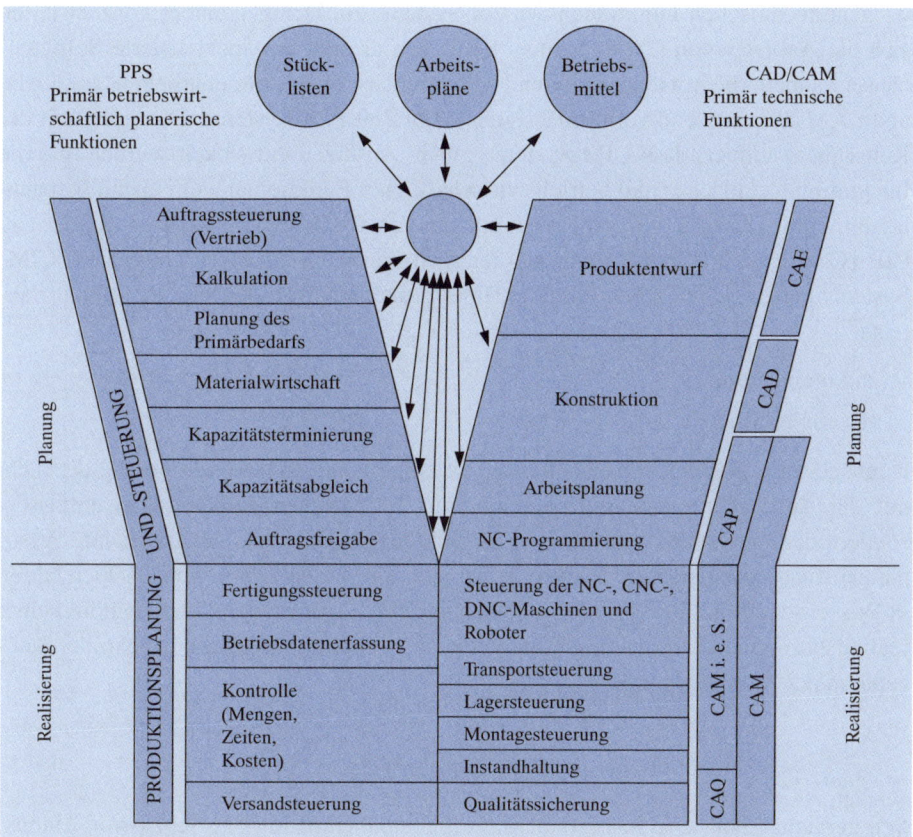

Abb. 5.3-9: Y-Modell nach Scheer

Mit CIM gehen damit die drei folgenden Sachverhalte einher:

- Realisation einer **anwendungsunabhängigen Datenorganisation**, d. h., die Datenstrukturen werden anwendungsunabhängig entworfen. Dies bedeutet, sie sollen so allgemein gefasst werden, dass sie für die unterschiedlichsten Aufgaben zur Verfügung stehen können.

- **Denken in Vorgangsketten**, d. h., die Abläufe werden unabhängig von den vorliegenden aufbauorganisatorischen Gegebenheiten in ihrem Zusammenhang betrachtet und informationsmäßig begleitet.

- **Bildung kleiner Regelkreise**, d. h., innerhalb einzelner Vorgangsbearbeitungen sollen ständig Soll-Ist-Vergleiche realisiert werden, damit bei auftretenden Abweichungen unmittelbar in den Steuerungsprozess eingegriffen werden kann.

Im Rahmen der Entwicklung und Einführung (partieller) CIM-Systeme ist zu beachten, dass die getrennte Entwicklung von PPS-Systemen einerseits und von CAD-

Systemen und CAM-Systemen anderseits einer Integration in dem zuvor beschriebenen Sinne im Wege stehen. So befassten sich die Anbieter von PPS-Systemen primär mit Planungs- und Steuerungsaufgaben und wandten sich erst relativ spät den überwiegend technischen Funktionen der CA-Systeme zu. Demgegenüber konzentrierten sich die Anbieter von CA-Systemen, bei denen es sich um spezialisierte Softwarehäuser handelt, die mit ausgewählten Hardwarehäusern zusammenarbeiten, auf CAD- und CAM-Systeme und vernachlässigten lange Zeit PPS-Systeme. Dies ging mit der Konsequenz einher, dass CIM-Systeme nur in Ansätzen entwickelt wurden und die Integration technischer und betriebswirtschaftlicher Funktionen weitgehend vernachlässigt wurde. Ebenso wurden Erweiterungen von CAO (Computer Aided Office) zu CIB (Computer Integrated Business) letztlich nur in Grundzügen entwickelt. CIM-Systeme haben sich letztlich vor dem Hintergrund der EDV-Technik der 1990er Jahre als

- zu komplex und
- zu schwerfällig

herausgestellt. Darüber hinaus sind sie mit erheblichen Kosten verbunden, die nicht nur die Anschaffung und die unternehmungsspezifischen Anpassungen umfassen, sondern darüber hinaus auch Kosten für Schulungen, um eine entsprechende Personalqualifikation zu sichern. Insgesamt hat sich die in den 1980er und 1990er Jahren in Wissenschaft und Praxis zu beobachtende CIM-Euphorie deutlich gelegt und einer realitätsbezogenen Betrachtung Platz gemacht, wobei der Gedanke dezentraler Konzepte in den Vordergrund trat.

5.3.2.3 Industrie 4.0

Seit geraumer Zeit wird insbesondere im Ingenieurschriftum das Schlagwort „Industrie 4.0" (oder auch Internet der Dinge) thematisiert. Die Bescheibungen sind dabei eher populärwissenschaftlicher Natur oder nehmen teilweise den Charakter „blumiger Zukunftsbeschreibungen" an (vgl. z. B. Ganschar u. a. 2013; Kargermann/Wahlster/Helbig 2013, ferner Lee/Kao/Yeng 2014). Dabei wird die Industrie 4.0 als die einzige Möglichkeit zum Überleben für Unternehmungen dargestellt, und es werden ihr definitorisch Effizienzvorteile zugesprochen, d. h., es liegt eine quasi tautologische Vorgehensweise vor. Darüber hinaus werden Behauptungen aufgestellt wie etwa: „Es entstehen dynamische echtzeitoptimierende und selbstorganisierte Wertschöpfungsketten, die sich nach unterschiedlichen Kriterien, wie beispielsweise Kosten, Verfügbarkeit und Ressourcenverbrauch optimieren lassen." (Kargermann/Wahlster/Helbig 2013, S. 24). Eine Optimierung derartiger Strukturen ist nicht möglich, es sei denn, die Autoren verstehen unter Optimierung etwas anderes als dies in der wissenschaftlichen Literatur üblich (vgl. z. B. Bauernhansl 2014, S. 5 ff.).

Weshalb von Industrie 4.0 gesprochen wird, versuchen die Autoren „historisch her-zuleiten", wobei die sogenannten Revolutionen[1] eher in willkürlicher Weise aufge-führt werden (vgl. Abb. 5.3-10). So sprechen Brynjolfsson/McAfee (2014) von dem zweiten Maschinenzeitalter und thematisieren vor diesem Hintergrund die Digitali-sierung der Gesellschaft und der Arbeitswelt und zeigen im vierten Kapitel (S. 73 ff.) ihres Werkes mögliche Auswirkungen einer allumfassenden Digitalisierung auf. Die sogenannte Industrie 4.0 ließe sich dann diesem zweiten Maschinenzeitalter unter-ordnen.

	Technologische Komponenten	Produktionsrelevante Komponenten
1. Industrielle Revolution Ende des 18. Jh.	Nutzung des Wassers und der Dampfkraft	Mechanisierung der Produktionsprozesse
2. Industrielle Revolution Ende des 19. Jh., Beginn des 20. Jh.	Nutzung der Elektrizität	Einführung der Massen-produktion und des Fließ-bandes (vgl. Taylorismus)
3. Industrielle Revolution Beginn der 1970er Jahre	Nutzung der Elektronik und der Informations-technologie	Automatisierung der Produktionsprozesse
4. Industrielle Revolution Beginn des 21. Jh.	Vernetzung, Internet der Dinge auf der Grundlage der Cyber Physical Systems	Industrie 4.0 Vernetzung der Maschinen etc.

Abb. 5.3-10: Von der 1. Industriellen Revolution zu Industrie 4.0

Teilweise werden sogar Kostensenkungspotentiale einzelner Kostenarten geschätzt (vgl. Bauernhansl 2014, S. 31 f.). Derartige Prophezeiungen entbehren letztlich einer seriösen Grundlage.

Eine Durchsicht dieses Schriftums hinsichtlich einer definitorischen Abgrenzung des Phänomens Industrie 4.0 zeigt, dass die Integration und Vernetzung der virtuellen mit der physischen Welt von zentraler Bedeutung ist: „Durch die Vernetzung von Cyber-Physischen Systemen[2] wird in der Industrie 4.0 die Echtzeitabbildung der Ab-

---

1) So sprechen Womack/Jones/Roos (1989) im Rahmen des Lean Management von einer zweiten Revolution.

2) Hierunter sind intelligente, sich selbststeuernde Objekte zu verstehen. Sie enthal-ten Sensoren zur Datenerfassung und Aktoren, um auf diese gezielt einzuwirken (verarbeiten und auswerten).

läufe und Prozesse in der Fabrik möglich." (Ganscher u. a. 2013, S. 80) und Kager-
mann/Wahlster/Helbig (2013, S. 17) fügen hinzu: „Somit wird erstmals eine Vernetzung von Ressourcen, Informationen, Objekten und Menschen möglich ...", wobei
anzumerken bleibt, dass die Aufzählung jeglicher Systematik entbehrt. Mit Rückgriff
auf Ulich (1997) wäre es angemessen, von einer Integration des Menschen, der
Technik und der Organisation zu sprechen (er spricht in diesem Kontext von einem
MTO-Konzept, in dem die zu erfüllende Aufgabe von zentraler Bedeutung ist).

Dass die Industrie 4.0 wiederum zu einem Paradigmenwechsel führt, erscheint kaum
erwähnenswert, und Bauernhansl (2014, S. 5) spricht sogar von einem werteschaf-
fenden Produktionsparadigma, als ob die Produktion vor Industrie 4.0 keine Werte
geschaffen hätte (zum Paradigmabegriff vgl. Kuhn 1967). Einig sind sich die Autoren darüber, dass es sich bei Industrie 4.0 um eine Vision handelt. Dabei wird unterstellt, dass durch Industrie 4.0 eine bisher unerreichte Flexibilität der Produktion im
Hinblick auf die zunehmenden Flexibilitätsanforderungen der Absatzmärkte möglich
sei, d. h., es wird eine individualisierte Produktion möglich, die eine Rentabilität
aufweist, wie die einer Massenproduktion der Standardprodukte (vgl. Kargermann
2014). Die Kennzahl „Rentabilität" und die Flexibilität der Produktion sind jedoch
unterschiedlichen ökonomischen Sphären zuzuordnen und werden nicht konkret hin-
terlegt, sondern es wird lediglich eine Behauptung aufgestellt.

Industrie 4.0 zielt dabei auf eine Veränderung der Produktionsabläufe und -steuerung
ab und Kersten/Schröder/Indorf (2014, S. 102) heben hervor, dass es zukünftig möglich sei, „... dass sich der vom Endkunde ausgelöste Auftrag eigenständig durch eine
dynamische Wertschöpfungskette dirigiert. Hierbei sichert sich der Produktionsauftrag die erforderlichen Materialien sowie Kapazitäten und steuert die Arbeitsstationen automatisch an. Nach jedem Schritt werden die korrekte Durchführung überprüft, mögliche Verspätungen erkannt und Gegenmaßnahmen beispielsweise in Form
von zusätzlichen Kapazitäten organisiert". Die Vision ist folglich ein sich selbstor-
ganisierendes Netzwerk der Subsysteme eines Produktionssystems, wobei ein „echt-
zeitfähiges Abbild der Produktion" (Nyhuis/Mayer/Kuprat 2014, S. 82) angestrebt
wird, d. h., die Objekte sollen selbstständig ihr relevantes Umfeld erkunden, Anfragen formulieren, Informationen austauschen und Entscheidungen treffen. Dass in
diesem Prozess eine Fülle produktionswirtschaftlicher Probleme (z. B. Reihenfolge-
probleme, die NP-schwer sind) auftreten, die sich zum großen Teil einer exakten Lösung entziehen, bleibt unerwähnt. Damit werden keine substanzwissenschaftlichen
Vorgehensweisen angeboten.

Die Vision Industrie 4.0 geht damit über die MIS-Vision (Management-Informations-System) aus den 1970er Jahren und die CIM-Vision (Computer Integrated Manufacturing) der 1980er und 1990er Jahre hinaus. Von einer Revolution zu sprechen,
erscheint nur unter Vermarktungsgesichtspunkten und dem Ziel der Einwerbung be-
reitgestellter Fördermittel erklärbar. Es handelt sich eher um einen evolutorischen
Prozess zu einem veränderten Produktionssystem. Der Novitätsgrad der Vision In-

dustrie 4.0 ist eher kombinativer Natur, da im Wesentlichen auf bekannte Elemente zurückgegriffen wird. Und Sydow/Möllering (2015, S. 46) betonen: „Aufgrund der technologisch gestiegenen Möglichkeiten wird, so ist zu erwarten, (wieder einmal) der Weg einer flexiblen Automatisierung beschritten." Letztlich bleibt es abzuwarten, „… ob es unter dem neuen Label ‚Industrie 4.0' mit integrativen und dennoch flexiblen Techniklösungen …" (Sydow/Möllering 2015, S. 78) möglich sein wird, das Verhältnis zwischen Standardisierung und Flexibilisierung auf ein neues Niveau zu heben.

5.3.3 Lösungsansätze für ausgewählte Teilprobleme

Die im Folgenden zu diskutierenden Lösungsansätze beziehen sich auf die Termin- und Kapazitätsplanung sowie auf die Auftragsfreigabe in PPS-Systemen. In der Literatur (vgl. z. B. Schröder 1989, S. 19 ff.; Zäpfel/Missbauer 1988b, S. 127 ff.) wird in diesem Zusammenhang auch von Steuerungskonzepten gesprochen, wobei deren Strukturierung in unterschiedlicher Form vorgenommen wird. Während

- einerseits eine Unterscheidung in bestands- und engpassorientierte Konzepte vorgenommen wird, erfolgt
- andererseits eine Differenzierung in Pull- und Push-Konzepte.

Diesen Einteilungen soll in den weiteren Ausführungen nicht gefolgt werden, da sie letztlich nicht trennscharf sind. Unter Rückgriff auf Land/Gaalman (1996, S. 36 ff.) soll vielmehr zwischen

- inputorientierten Ansätzen und
- outputorientierten Ansätzen,

die reine Formen darstellen, sowie input- und outputorientierten Ansätzen als Mischform unterschieden werden.

5.3.3.1 Reine Formen

5.3.3.1.1 Inputorientierte Ansätze

5.3.3.1.1.1 Belastungsorientierte Auftragsfreigabe

Der belastungsorientierten Auftragsfreigabe liegt der Gedanke zugrunde, dass die Bestände zu bearbeitender Aufträge an den jeweiligen Bearbeitungsstationen einen entscheidenden Einfluss auf die Durchlaufzeit haben. Ziel dieses Steuerungskonzeptes ist es dabei, durch eine **Regelung des Zugangs von Aufträgen** (Input) den Auftragsbestand vor den einzelnen Bearbeitungsstationen auf einem als günstig erachteten Niveau zu dimensionieren und damit eine niedrige Durchlaufzeit sowie eine bessere Einhaltung der Fertigstellungstermine zu erreichen und gleichzeitig die vorhandenen Kapazitäten möglichst gut auszunutzen (zu ersten Überlegungen vgl. Irastorza/Deane 1974; weitere Ausführungen finden sich bei Jendralski 1978; Bechte

1980; Kettner/Bechte 1981; Ritter 1982; Buchmann 1983; zu einem zusammenfassenden Überblick vgl. Wiendahl 1987; Zelewski/Hohmann/Hügens 2008, S. 560 ff.). Mit Hilfe von **Arbeitsinhalt-Zeit-Funktionen** werden die an einem Produktionsbereich oder einer Bearbeitungsstation beobachtbaren Größen Zugang (ankommende Aufträge), Bestand (noch nicht fertig bearbeitete Aufträge) und Abgang (fertig bearbeitete Aufträge), die in Auftragsstunden gemessen werden, im Zeitablauf erfasst (vgl. Bechte 1980, S. 36 ff.). Abbildung 5.3-11 gibt diese Funktionen wieder.

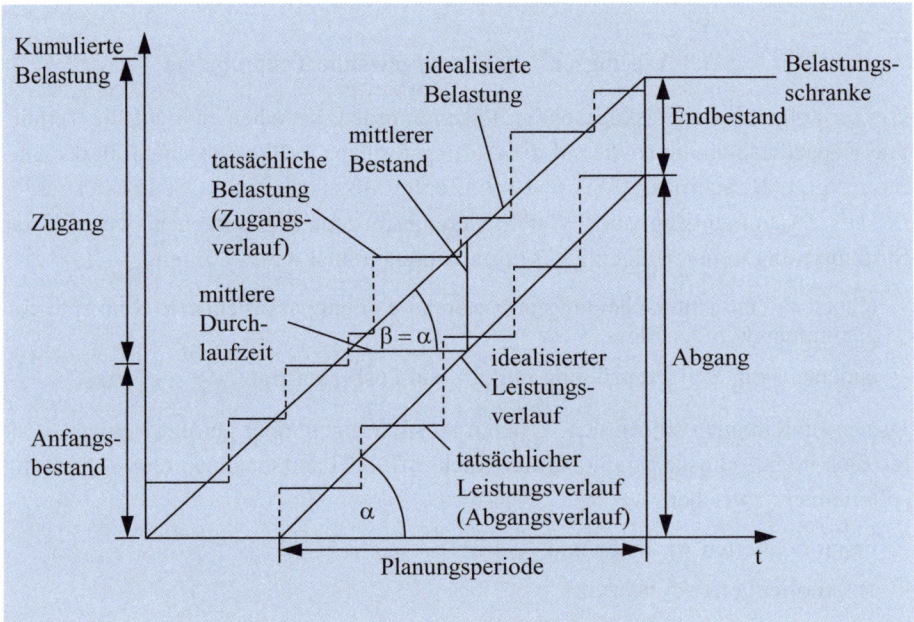

Abb. 5.3-11: Arbeitsinhalt-Zeit-Funktionen

Ausgehend vom tatsächlichen Belastungs- und Leistungsverlauf lassen sich diese Treppenfunktionen auf der Grundlage einer Durchschnittsbetrachtung idealisiert als Geraden darstellen. Während dann der Differenzenquotient aus dem Zugang pro Zeiteinheit (tan β) die Belastung des Bearbeitungssystems wiedergibt, stellt der Differenzenquotient des Abganges pro Zeiteinheit (tan α) die Leistung des Bearbeitungssystems dar, die über den Planungszeitraum hinweg als konstant angenommen wird.

Für den idealisierten Belastungsverlauf gilt dann:

$$\tan\beta = \frac{\text{mittlerer Bestand}}{\text{mittlere Duchlaufzeit}}$$

tan α gibt die mittlere Leistung des idealisierten Leistungsverlaufes wieder. Wird durch die Freigabe von Aufträgen ein bestimmtes Bestandsniveau angestrebt, dann muss der Zugang pro Zeiteinheit dem Abgang entsprechen, d. h., der Anstieg des idealisierten Belastungsverlaufes ist gleich dem Anstieg des idealisierten Leistungsverlaufes. Somit gilt:

$$\tan \alpha = \tan \beta$$

und

$$\text{mittlere Durchlaufzeit} = \frac{\text{mittlerer Bestand}}{\text{mittlere Leistung}}$$

Aufgrund der Annahme, dass die durchschnittliche Leistung eines Bearbeitungssystems in der jeweiligen Planperiode konstant ist, ist die mittlere Durchlaufzeit von dem durchschnittlichen Bestand an Aufträgen vor den jeweiligen Bearbeitungsstationen abhängig.

Das Steuerungsergebnis wird durch die Festlegung der folgenden Parameter beeinflusst:

- Mit Hilfe der Terminschranke bzw. des Vorgriffshorizontes wird ein zeitliches Kriterium fixiert, das zur Unterscheidung zwischen dringlichen Aufträgen, die in die Planung der aktuellen Periode einzubeziehen sind, und nicht dringlichen Aufträgen, die in der aktuellen Planperiode nicht berücksichtigt werden, dient. Während die Terminschranke den spätesten Startzeitpunkt beschreibt, an dem ein Auftrag gerade noch dringlich ist, wird der Zeitraum zwischen Planungszeitpunkt und Terminschranke als Vorgriffshorizont bezeichnet. Sie sind so zu wählen, dass ein größeres Arbeitsvolumen vorgeschlagen wird, als in der betrachteten Periode abgearbeitet werden kann, wobei der nicht abgearbeitete Auftragsbestand in die nächste Planungsperiode verschoben wird. Um zu verhindern, dass Auftragsverspätungen von Anfang an eingeplant werden, sollte der Vorgriffshorizont mindestens der Länge der Planperiode entsprechen, wobei als Empfehlung zwei bis drei Planperioden genannt werden.

- Durch die Festlegung der Belastungsschranke (BS) wird die höchstmögliche Belastung eines Bearbeitungssystems definiert. Damit wird vermieden, dass alle Aufträge, die der gleichen Dringlichkeitsstufe zugeordnet sind, gleichzeitig eingelastet werden. Die Belastungsschranke wird dabei als ein prozentuales Vielfaches (Einlastungsprozentsatz EPS) der Kapazität in der jeweiligen Planperiode PK auf der Grundlage von Schätzverfahren oder durch Probieren festgelegt ($BS = EPS \cdot PK$). Zur Überwachung der Einhaltung der Belastungsschranke wird für jede Bearbeitungsstation ein Belastungskonto geführt, das die Bestandshöhe in Abhängigkeit von der Auftragsfreigabe wiedergibt.

Darüber hinaus geht die belastungsorientierte Auftragsfreigabe von den folgenden Voraussetzungen aus:

- Der zu bearbeitende Auftragsumfang muss nach Menge und Termin mit den Periodenkapazitäten grob abgestimmt sein.

- Die gewünschten Endtermine der zu bearbeitenden Aufträge stehen in der Form von Grobterminen weitgehend fest.

- Materialien, Werkzeuge und Vorrichtungen zur Auftragsbearbeitung stehen zur Verfügung (Verfügbarkeitsprüfung).

- Maschinen- und Personalkapazitäten der zu planenden Periode sind bekannt.

- Arbeitspläne und Losgrößen der Aufträge sind gegeben und liegen fest.

Sind diese Voraussetzungen erfüllt, dann läuft die belastungsorientierte Auftragsfreigabe nach den folgenden Schritten ab:

- **Ermittlung der dringlichen Aufträge**: Auf der Grundlage einer Rückwärtsterminierung wird für jeden Auftrag ein zeitlicher Verzug oder Puffer ermittelt. Als Ausdruck für die Dringlichkeit dient dabei die Höhe des Verzugs, d. h., der Auftrag mit dem geringsten Verzug oder mit dem höchsten Zeitpuffer erhält die niedrigste Dringlichkeit und wird folglich auch als letzter für die Freigabe zur Produktion vorgeschlagen. Um zu vermeiden, dass die Aufträge zu früh freigegeben werden, werden die Terminschranke bzw. der Vorgriffshorizont herangezogen, um die Menge der dringlichen Aufträge zu bestimmen. Generell gilt die folgende **Regel**: Ein Auftrag ist dringlich, wenn sein spätester Starttermin in den Vorgriffshorizont fällt.

- **Abwertung der Belastung**: Wird eine Folge von Bearbeitungsstationen betrachtet, die von den dringlichen Aufträgen passiert werden muss, dann kann zur Ermittlung der Belastung einer dieser Bearbeitungsstationen aufgrund der zeitversetzten Inanspruchnahme davon ausgegangen werden, dass in der aktuellen Planperiode nur eine Teilmenge der dringlichen Aufträge diese Station erreicht. Diesem Sachverhalt wird durch eine sogenannte Abwertung der Belastung dieser Bearbeitungsstation mit Hilfe eines **Gewichtungsfaktors** (GF) Rechnung getragen, der sich aus dem Produkt der reziproken Werte der Einlastungsprozentsätze (EPS) aller aus Auftragssicht in der betrachteten Periode dieser Bearbeitungsstation vorgelagerten Stationen ergibt:

$$GF_i = \prod_{i'=1}^{i-1} \frac{100\%}{EPS_{i'}}$$

Der Gewichtungsfaktor wird dabei als Wahrscheinlichkeit interpretiert, mit der eine Belastung an der Bearbeitungsstation in der Planperiode entsteht (vgl. Bechte 1980, S. 77).

- **Bestimmung der freizugebenden Aufträge**: Aus der Menge der dringlichen Aufträge sind dann in einem nächsten Schritt die Aufträge zu ermitteln, die im Rahmen der kapazitativen Gegebenheiten, die in Bearbeitungsstunden erfasst werden, realisierbar sind, d. h., es sind die **realisierbaren Aufträge freizugeben**. Hierzu wird zu der auf dem Belastungskonto erfassten bereits existierenden Belastung an der ersten Bearbeitungsstation die durch den freizugebenden Auftrag entstehende zusätzliche Belastung addiert. Dies wird für sämtliche Bearbeitungsstationen vollzogen, die von dem potentiell freizugebenden Auftrag betroffen sind. Auf dieser Grundlage werden die dringlichen Aufträge in der Reihenfolge ihrer Dringlichkeit auf die Möglichkeit einer Freigabe geprüft. Ein Auftrag wird dabei nur dann freigegeben, wenn durch seine Freigabe an den jeweils für die Bearbeitung notwendigen Bearbeitungsstationen die festgelegten Belastungsschranken nicht überschritten oder erstmalig überschritten werden. Für Aufträge, die dieses Kriterium nicht erfüllen, wird die Freigabe in eine spätere Planperiode verschoben.

Diese Vorgehensweise sei an einem einfachen Beispiel verdeutlicht. Abbildung 5.3-12 beinhaltet die Daten von vier dringlichen Aufträgen, d. h. von Aufträgen, deren späteste Starttermine innerhalb des Vorgriffshorizontes liegen.

Auftrag	Spätester Starttermin	Kapazitätsnachfrage an Bearbeitungsstation			Bearbeitungs-reihenfolge
		1	2	3	
A	5	10	5	10	1, 2, 3
B	3	20	10	20	2, 1, 3
C	1	10	15	10	3, 2, 1
D	8	0	30	5	2, 3

Abb. 5.3-12: Ausgangssituation der Aufträge

In Abbildung 5.3-13 sind die Daten der relevanten Bearbeitungsstationen zusammengefasst.

Bearbeitungs-station	Belastungs-schranke	Einlastungs-prozentsatz	Perioden-kapazität
1	20	200	10
2	20	200	10
3	15	200	7,5

Abb. 5.3-13: Ausgangssituation der Bearbeitungsstationen

Auf der Grundlage der gegebenen Aufträge und der spätesten Starttermine wird eine erste Reihenfolge nach der Dringlichkeit der Aufträge gebildet. Für das vorliegende Beispiel ergibt sich die Reihenfolge C, B, A und D. Im nächsten Schritt sind für jeden Auftrag die mit Hilfe des Gewichtungsfaktors abgewerteten Belastungen der Bearbeitungsstationen zu bestimmen. Bei dem einheitlichen Einlastungsprozentsatz von 200 % und unter Berücksichtigung der jeweiligen Kapazitätsnachfragen und Bearbeitungsreihenfolgen der Aufträge ergeben sich die in Abbildung 5.3-14 zusammengefassten Werte.

Ein Auftrag wird im letzten Schritt dann eingelastet, wenn der Starttermin innerhalb des Vorgriffshorizontes liegt und an jeder Arbeitsstation in ausreichendem Umfang Kapazität für seine Bearbeitung zur Verfügung steht. Die Überprüfung der Nachfrage an den Arbeitsstationen führt unter Beachtung der Freigabereihenfolge und der Belastungsschranken zu dem in Abbildung 5.3-15 dargestellten Ergebnis.

Auftrag	Gewichtungsfaktoren			Abgewertete Belastung an Bearbeitungsstation		
	GF_1	GF_2	GF_3	1	2	3
A	1,00	0,50	0,25	10	2,5	2,5
B	0,50	1,00	0,25	10	10	5,0
C	0,25	0,50	1,00	2,5	7,5	10
D	-	1,00	0,50	0,0	30	2,5

Abb. 5.3-14: Abgewertete Belastung

Auftrag	Kumulierte Belastung an Bearbeitungsstation			Belastungs-schranke überschritten?	Einlastung des Auftrages?
	1	2	3		
C	2,5	7,5	10,0	Nein	Ja
B	12,5	17,5	15,0	Nein	Ja
A	22,5	20,0	17,5	Ja (1,3)	Ja
D	22,5	(50,0)	(20,0)	Ja (1,2,3)	Nein

Abb. 5.3-15: Gültiger Einlastungsplan

Aus der Abbildung geht hervor, dass

- bei Freigabe des Auftrags C keine Belastungsschranke erreicht wird,
- bei zusätzlicher Freigabe des Auftrags B die Belastungsschranke bei Bearbeitungsstation 3 erreicht, jedoch nicht überschritten wird,
- Auftrag A ebenfalls eingelastet werden kann, weil hierdurch die Belastungsschranken der Stationen 1 und 3 erstmalig überschritten werden, und
- Auftrag D, der ebenfalls Kapazität an Bearbeitungsstation 3 nachfragt, nicht freigegeben wird.

Als Ergebnis der belastungsorientierten Auftragsfreigabe liegen folgende Informationen vor: die Menge der freizugebenden Aufträge und die Einlastungsreihenfolge sowie die Menge der nicht freizugebenden Aufträge. Die beschriebene Auftragsfreigabe knüpft damit an der im Grundkonzept der PPS-Systeme beschriebenen Termin- und Kapazitätsplanung an. Dabei wird jedoch nicht versucht, den Vollzug der einzelnen Arbeitsgänge terminlich festzulegen, sondern es wird eine termingebundene Belastung der einzelnen Bearbeitungsstationen mit den abzuarbeitenden Aufträgen vollzogen. Zentrales Anliegen der belastungsorientierten Auftragsfreigabe ist es damit, eine Menge von Aufträgen, die nach Art, Menge und Termin gegeben sind, so auf die gegebenen Kapazitäten aufzuteilen, dass diese zu den geforderten Terminen auch fertiggestellt sind. Hierin ist implizit die Prämisse enthalten, dass die zu bearbeitenden Aufträge in der Planperiode weitgehend bekannt sein müssen, d. h., es dürfen nicht zu viele Eilaufträge auftreten, da eine Verkürzung der Durchlaufzeiten der Eilaufträge mit einer Verlängerung der Durchlaufzeiten der Aufträge mit „normaler" Dringlichkeit einhergeht. Zu viele Eilaufträge führen folglich zu unbefriedigenden Ergebnissen, da an den Bearbeitungsstationen von der FCFS-Regel (First-come-first-served) abgewichen wird. Hiermit ist dann zwangsläufig eine Zunahme der Streuung der Durchlaufzeiten verbunden.

Aus den vorangegangenen Ausführungen wird deutlich, welche Randbedingungen auf die Anwendung des Verfahrens der belastungsorientierten Auftragsfreigabe einen günstigen Einfluss haben:

- Durch die Festlegung kleiner Lose mit gleichen Arbeitsinhalten wird die Annäherung der Zu- und Abgangskurven an die idealisierten Belastungs- bzw. Leistungskurven ermöglicht.

- Durch eine zeitnahe Rückmeldung der erledigten Aufträge wird die Ermittlung der tatsächlich zur Verfügung stehenden Kapazität in der jeweiligen Planperiode erleichtert.

- Durch eine weitgehende Anpassung der Kapazität an den Bedarf, der aus den innerhalb des Vorgriffshorizontes liegenden Aufträgen resultiert, lässt sich die Anzahl der Eilaufträge und damit verbunden die Streuung der Durchlaufzeiten reduzieren, wodurch eine erhöhte Termintreue ermöglicht wird.

Das Konzept der belastungsorientierten Auftragsfreigabe hat in der betriebswirtschaftlichen Literatur umfangreiche Kritik erfahren. Als besonders schwerwiegend werden die folgenden Punkte genannt (vgl. Adam 1987a, S. 2 f.; Helberg 1987, S. 76; Schröder 1989, S. 15 f.; Zäpfel/Missbauer 1988b, S. 128; Zimmermann 1987, S. 19 ff.):

- Der Planungshorizont beträgt lediglich eine Periode, so dass es sich um einen statischen Ansatz handelt, d. h., die einzelnen Aufträge können nicht gezielt gesteuert werden. Eine derartige nicht zeitablaufbezogene Sichtweise des realen Problems stellt eine grobe Vereinfachung dar, die insbesondere bei komplexen Produktionsstrukturen zu unbefriedigenden Ergebnissen führt. Die Beschränkung auf eine Periode hat zur Konsequenz, dass die Losbildung, die Kapazitätsplanung und die grobe Abstimmung der Beauftragung mit den Kapazitäten für den Zeitraum nach der Planperiode bereits durchgeführt sein müssen, wenn das Verfahren angewandt werden soll. Zu diesem Zeitpunkt dürfte jedoch das Ergebnis der aktuellen Planperiode noch unsicher sein.

- Das Konzept geht von einfachen linearen Produktionsstrukturen mit vielen gleichartigen Aufträgen, relativ kurzen Durchlaufzeiten und einem kontinuierlichen Materialfluss aus. Unabhängig von dem Sachverhalt, dass diese Strukturen bei Werkstattproduktion nicht die Regel sein dürften, zeigte sich in Simulationen, dass dieses Verfahren in den Fällen, in denen diese Bedingungen nicht erfüllt sind, zu unbefriedigenden Lösungen führt.

- Vernachlässigung effizienter Gestaltungsregeln für die Auftragsverteilung und Feinterminierung: So werden lediglich dringliche Aufträge freigegeben, ohne dabei zu planen, **wann** die freigegebenen Aufträge in den einzelnen Werkstätten zu bearbeiten sind. Die Bearbeitungstermine werden dann dezentral in den Werkstätten nach dem FCFS-Prinzip festgelegt.

-   Die Prämissen, die für die **Vorgehensweise zur „Abwertung" der Kapazitätsbedarfe** von Folgearbeitsgängen erforderlich sind.

-   Es werden ausschließlich **mittlere Plandurchlaufzeiten** angesetzt, d. h., eine Berücksichtigung individueller Bearbeitungszeiten erfolgt nicht. Mittlere Werte sind aber gerade für diskontinuierlichen Materialfluss nicht geeignet.

-   Es werden auf der Grundlage der Differenzen zwischen Lieferterminen und mittleren Durchlaufzeiten der Auftragsarten **provisorische Starttermine** ermittelt. Diese sind jedoch nur dann eine zweckmäßige Planungsgrundlage, wenn die effektiv auftretenden Durchlaufzeiten in nicht zu hohem Maße um die mittleren Durchlaufzeiten streuen, d. h., eine hohe Streuung geht mit einer niedrigen Qualität der ermittelten provisorischen Starttermine einher. Die Praxis zeigt aber, dass gerade im Rahmen der Werkstattproduktion nicht unerhebliche Streuungen der Durchlaufzeiten auftreten. Das Konzept der belastungsorientierten Auftragsfreigabe **verstärkt** diese in der Realität auftretende **Streuung** noch dadurch, dass nicht alle dringlichen Aufträge freigegeben werden.

-   Die Qualität der Liefertreue hängt in entscheidendem Maße davon ab, ob es der Produktion gelingt, eine zweckmäßige Festlegung der Parameterwerte für

    -- die Terminschranke bzw. den Vorgriffshorizont und

    -- die Belastungsschranke bzw. den Einlastungsprozentsatz

    und darüber hinaus für die Zeitspanne zwischen zwei Planungsläufen zu finden. Dabei ergibt sich das folgende **Problem**: Wird die Terminschranke zu gering angesetzt, dann besteht eine hohe Wahrscheinlichkeit, dass die Belastungsschranke nicht erreicht wird. Ist sie hingegen zu groß, dann erhöht sich die Anzahl dringlicher Aufträge und die Belastungsschranke macht die Terminschranke letztlich überflüssig. Es ist damit ein „Ausprobieren" angesagt. Adam (1987a, S. 3) betont, dass es selbst mit aufwendigen Simulationsstudien äußerst schwierig sei, zweckmäßige Konstellationen der Parameter zu bestimmen.

Das Konzept der belastungsorientierten Auftragsfreigabe stellt sich damit einerseits zwar als ein äußerst einfaches Konzept dar, das sich insbesondere bei Ingenieuren einer hohen Beliebtheit erfreut, anderseits zeigt sich jedoch, dass es für eine Werkstattproduktion als nur bedingt geeignet zu klassifizieren ist.

5.3.3.1.1.2 Retrograde Terminierung

Die Retrograde Terminierung (vgl. Adam 1987b und 1988b) wurde als Zeitplanungsmodul im Rahmen eines umfassenden PPS-Systems für die folgenden **Einsatzbedingungen** konzipiert (vgl. Sibbel 1998, S. 17; Zelewski/Hohmann/Hügens 2008, S. 585 ff.):

-   auftragsorientierte Produktion,

-   Organisation der Produktion nach dem Verrichtungsprinzip,

-   Aufträge mit unterschiedlichen Bearbeitungsfolgen,

- mehrstufige Produktionsaufträge sowie
- diskontinuierlicher Materialfluss durch Aufträge mit unterschiedlichen Bearbeitungszeiten.

Zentrales Element ist dabei ein heuristisches Grobplanungsverfahren für die Termin- und Kapazitätsplanung. Des Weiteren umfasst die Retrograde Terminierung wesentliche Aspekte der Auftragsfreigabe und der Auftragsüberwachung.

Ausgangspunkt dieses Ansatzes sind die Schwachstellen der klassischen PPS-Systeme, und zwar insbesondere

- die isolierte Terminierung der Aufträge auf der Basis mittlerer Durchlaufzeiten,
- der hohe Detaillierungsgrad der Planung (minutengenaue Feinterminierung),
- der zentrale Planungs- und Steuerungsansatz,
- der hierarchische Planungsansatz mit unzureichender Rückkopplung und
- die mangelnden Möglichkeiten der Berücksichtigung konkurrierender Zielsetzungen (vgl. Adam 1988a, S. 16 ff.; Sibbel 1998, S. 17 f.).

Im Rahmen der Terminierung der Aufträge ist ex ante eine Berücksichtigung der zeitlichen und kapazitätsbedingten Kopplungen zwischen den Aufträgen notwendig. Grundlage der Planung bilden dabei die reinen Bearbeitungszeiten (einschließlich fester Übergangszeiten) der Arbeitsgänge eines Auftrages. Damit sind die Durchlaufzeiten der Aufträge keine Eingabedaten mehr, sondern das Ergebnis der Planung.

Einem angemessenen Detaillierungsgrad der Planung wird durch folgende Vergröberungen Rechnung getragen (vgl. Adam/Sibbel 1999, S. 27 f.):

- Zeitliche Vergröberung: In der Planung werden zeitliche Aspekte in Abhängigkeit von den Charakteristika der zu planenden Produktion mit einem Zeitraster von einer Viertelstunde bis zu einem Tag erfasst, wobei der Planungshorizont durch den spätesten Liefertermin der vorliegenden Aufträge abgegrenzt wird.

- Kapazitative Vergröberung: Gleichartige Maschinen und Arbeitsplätze sowie Maschinen- und Arbeitsplatzfolgen, die von den Aufträgen immer in gleicher Weise zu durchlaufen sind, werden zu sogenannten Steuereinheiten (SE) zusammengefasst (vgl. Abbildung 5.3-16).

- Inhaltliche Vergröberung: Mehrere Arbeitsschritte, die innerhalb einer Steuereinheit ausgeführt werden und keine Interdependenzen zu den Materialflüssen in anderen Steuereinheiten aufweisen, werden zu Arbeitsgängen (AG) zusammengefasst, so dass Grobarbeitspläne entstehen (vgl. Abbildung 5.3-17).

Die genannten Einsatzbedingungen gehen im Rahmen der Produktionsplanung und -steuerung mit einer hohen auftrags- und kapazitätsbezogenen Unsicherheit einher, so dass bei einer stark zentralisierten Planung häufig Informationsdefizite und Überlastungen der Informationsverarbeitungskapazität der zentralen Planungsstelle auftreten. Aus diesem Grunde gelangt bei der Retrograden Terminierung ein partiell zentraler Planungs- und Steuerungsansatz zur Anwendung (vgl. Abbildung 5.3-18):

- Die **zentrale Grobplanung** umfasst den gesamten Planungszeitraum und ermittelt grobterminierte Rahmenpläne, aus denen auftragsbezogene (z. B. Freigabezeitpunkte, Ecktermine) sowie kapazitätsbezogene Vorgaben für die Steuereinheiten abgeleitet werden. Diese Vorgaben beziehen sich dabei auf eine Teilperiode des Planungszeitraumes, die als Vorgabezeitraum bezeichnet wird.

- In der **dezentralen Feinplanung**, die den jeweiligen Steuereinheiten obliegt, erfolgt eine Konkretisierung der zentralen Vorgaben im Hinblick auf

  -- die Reihenfolge der Auftragsbearbeitung an den Maschinen und Arbeitsplätzen innerhalb der Steuereinheit und

  -- den entsprechenden Personaleinsatz.

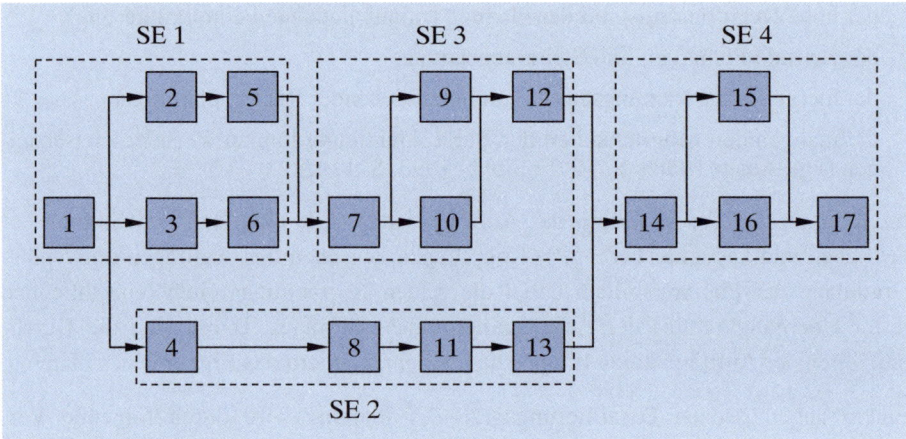

Abb. 5.3-16: Aufteilung der Produktion in Steuereinheiten

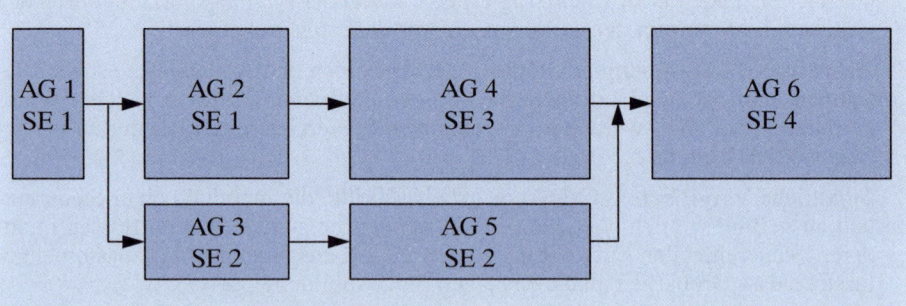

Abb. 5.3-17: Ableitung von Grobarbeitsplänen

Innerhalb des Vorgabezeitraumes erfolgen regelmäßig und bei unerwartet eintretenden Situationen Rückmeldungen über die Umsetzung der Vorgaben an die zentrale Planungsstelle.

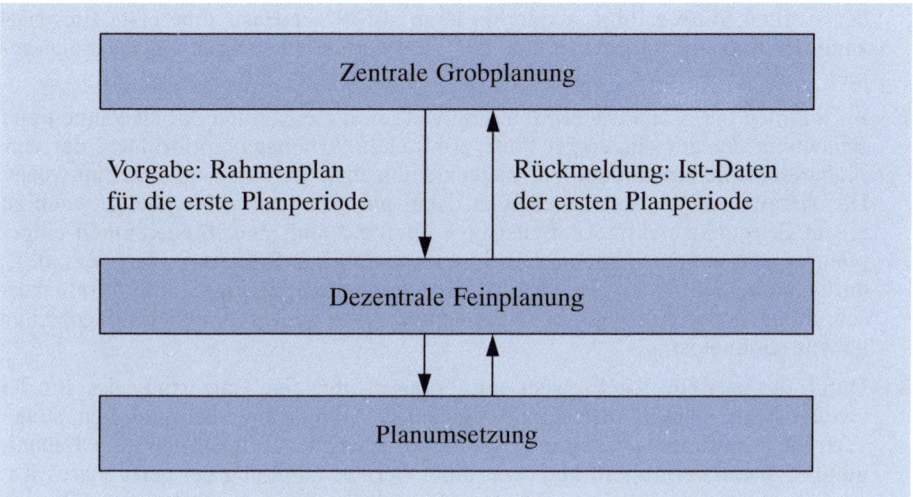

Abb. 5.3-18: Partiell zentrale Steuerung

Zur Überwindung der unzureichenden Rückkopplung in klassischen PPS-Systemen ist die Retrograde Terminierung folgendermaßen ausgestaltet:

- Eine Rückkopplung des Planungs- und Steuerungssystems mit den Ist-Daten der Produktion erfolgt auf der Grundlage der rollierenden Planung (vgl. hierzu Kapitel 5.2.1).

- Durch eine nahezu simultane Termin- und Kapazitätsplanung in der zentralen Planungsstelle auf der Grundlage einer Planungsheuristik wird ein nachträglicher Kapazitätsabgleich überflüssig und somit die Planungshierarchie teilweise aufgehoben.

Weiterhin wird es mit Hilfe dieser Planungsheuristik möglich, die teilweise konkurrierenden Ziele „hohe Termintreue", „niedrige Durchlaufzeit", „niedriger Bestand", „hohe Auslastung" bei der zeitlichen Abstimmung der Auftragsausführung zu berücksichtigen.

Die Planungsheuristik der Retrograden Terminierung umfasst drei Planungsstufen, wobei die zweite und die dritte Stufe iterativ durchlaufen werden:

1. Zur Initialisierung erfolgt für jeden Auftrag eine isolierte Rückwärtsterminierung. Dabei werden die Arbeitsgänge der Aufträge

    - vom Liefertermin ausgehend (so spät wie möglich),

    - mit dem letzten Arbeitsgang beginnend und

    - unter Berücksichtigung der Vorrangbeziehungen zwischen den Arbeitsgängen, der Vorgabe- und Übergangszeiten sowie des Betriebskalenders

    eingeplant. Ergebnis dieser Stufe ist dann ein nicht zulässiger Belegungsplan, da die Einplanung ohne Berücksichtigung der Kapazitätsrestriktionen vorgenommen wurde. Dieser Plan wird lediglich erstellt, um aus den spätesten Startterminen der Arbeitsgänge Prioritätszahlen für deren Einplanung abzuleiten, die auf der zweiten Stufe erfolgt. Weiterhin kann auf dieser Basis eine erste Einschätzung der Kapazitätsnachfrage und der zu erwartenden Verspätungen vorgenommen werden.

2. Im Rahmen der Vorwärtsterminierung werden die einzelnen Arbeitsgänge unter Beachtung der auf der ersten Stufe ermittelten Arbeitsgangprioritäten, der verfügbaren Kapazität und der Vorrangbeziehungen so früh wie möglich eingeplant. Die Arbeitsgangprioritäten gelangen dabei nur dann zur Anwendung, wenn zu einem Zeitpunkt mehrere Arbeitsgänge alternativ auf einer Steuereinheit eingeplant werden können. Ergebnis ist ein erster zulässiger Belegungsplan, der i. d. R. durch geringe Stillstandszeiten der Steuereinheiten, geringe Lieferterminüberschreitungen der Aufträge, aber auch hohe Zwischenlager- und Endlagerzeiten gekennzeichnet ist.

3. Durch die partielle Rückwärtsterminierung erfolgt eine Entzerrung des auf der zweiten Stufe erstellten Belegungsplanes. Die Arbeitsgänge der pünktlichen oder verfrühten Aufträge werden in umgekehrter zeitlicher Reihenfolge ihrer Beendigung rückwärtsterminiert, und zwar unter Berücksichtigung der verfügbaren Kapazität, der Liefertermine und der Vorrangbeziehungen. Dabei ist folgende Schrittfolge einzuhalten:

    - Rückbuchung der für verspätete Aufträge verplanten Kapazität.

    - Verschiebung der Arbeitsgänge aller pünktlichen oder verfrühten Aufträge in die Zukunft.

    Als Ergebnis liegt dann ein verbesserter Belegungsplan mit geringen Zwischenlager- und Endlagerzeiten, aber höheren Stillstandszeiten vor. Die Lage der Arbeitsgänge verfrühter und pünktlicher Aufträge wird dann auf dieser Grundlage fixiert.

Nach dem Rücksprung von der dritten auf die zweite Stufe werden die auf der dritten Stufe nicht berücksichtigten Arbeitsgänge der verspäteten Aufträge wieder in die Planung einbezogen, wobei die nach der Entzerrung auf der dritten Stufe vorliegenden Lücken im Belegungsplan genutzt werden. Simulationen zeigen, dass etwa zwei bis drei Iterationen ausreichen.

Die Planungsheuristik der Retrograden Terminierung sei an einem einfachen Beispiel verdeutlicht, in dem die Arbeitsgänge der Aufträge A, B und C mit den Lieferterminen 16, 14 bzw. 10 auf drei Steuereinheiten einzuplanen sind. Abbildung 5.3-19 gibt die Arbeitspläne der Aufträge wieder.

Auf der Grundlage dieser Arbeitspläne und der spätestmöglichen Liefertermine kann auf der ersten Stufe die isolierte Rückwärtsterminierung vorgenommen werden (vgl. Abbildung 5.3-20).

Aus der Abbildung ist ersichtlich, dass ein nicht zulässiger Belegungsplan vorliegt, aus dem sich die in Abbildung 5.3-21 zusammengefassten Arbeitsgangprioritäten ergeben.

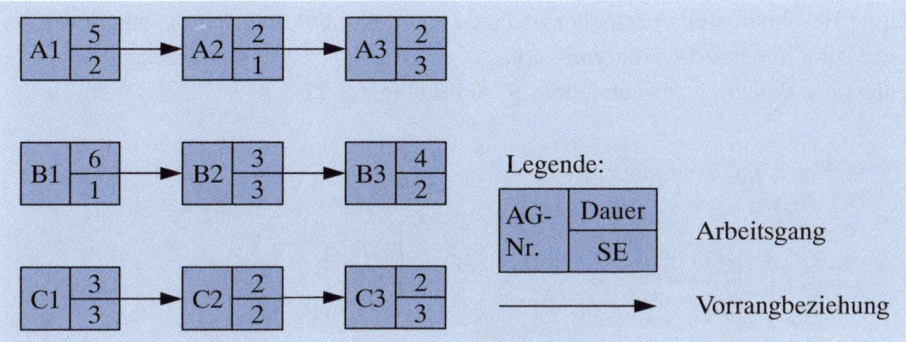

Abb. 5.3-19: Arbeitspläne

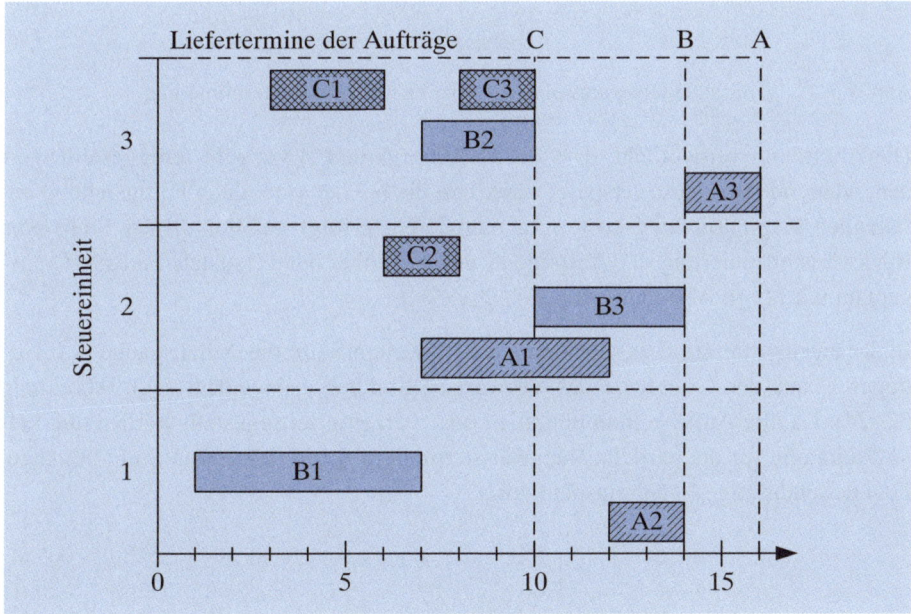

Abb. 5.3-20: Ergebnis der isolierten Rückwärtsterminierung

Steuereinheit \ Priorität	1	2	3	4
3	C1	B2	C3	A3
2	C2	A1	B3	-
1	B1	A2	-	-

Abb. 5.3-21: Arbeitsgangprioritäten

Unter Beachtung der Vorrangbeziehungen und der ermittelten Arbeitsgangprioritäten wird dann in der Vorwärtsterminierung vom Planungszeitpunkt ausgehend ein erster zulässiger Belegungsplan erstellt (vgl. Abbildung 5.3-22).

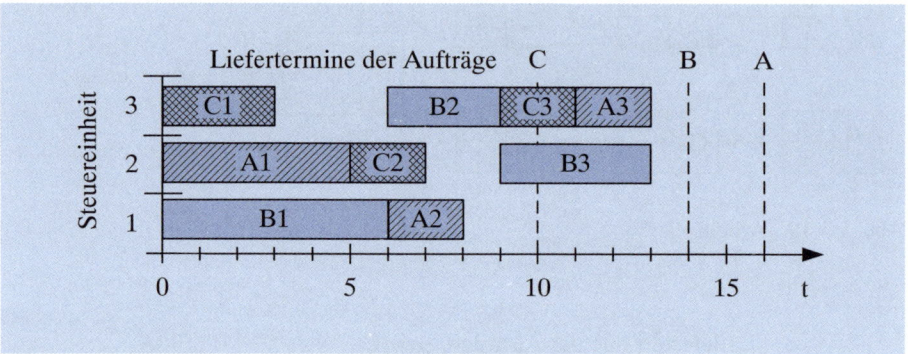

Abb. 5.3-22:   Zulässiger Belegungsplan nach der ersten Vorwärtsterminierung

Die Abbildung verdeutlicht, dass die Aufträge A und B verfrüht fertiggestellt würden, während Auftrag C verspätet wäre. Um die bei der verfrühten Fertigstellung anfallenden Kapitalbindungskosten zu reduzieren, erfolgt auf der dritten Stufe eine Rückwärtsterminierung der Aufträge A und B, wobei der verspätete Auftrag C ausgeplant wird (vgl. Abbildung 5.3-23).

In der zweiten Iteration werden nun auf der zweiten Stufe die Arbeitsgänge des Auftrages C auf der Grundlage der Vorwärtsterminierung eingeplant (vgl. Abbildung 5.3-24). Da alle Aufträge nun pünktlich oder vorzeitig fertiggestellt werden und keine Freiräume für die partielle Rückwärtsterminierung auf der dritten Stufe bestehen, liegt der endgültige Belegungsplan vor.

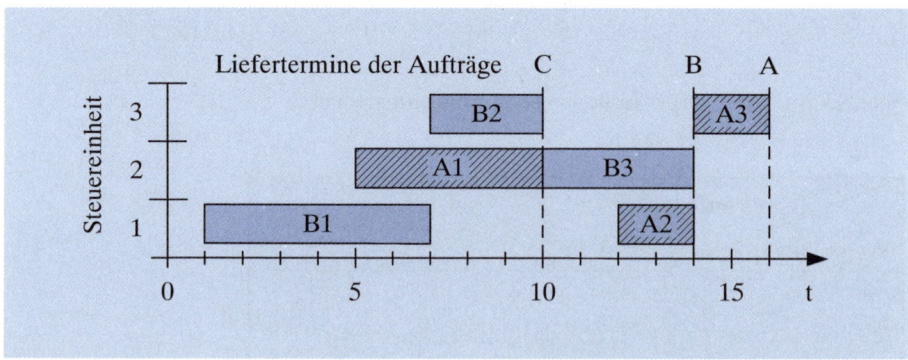

Abb. 5.3-23:   Belegungsplan nach der ersten partiellen Rückwärtsterminierung

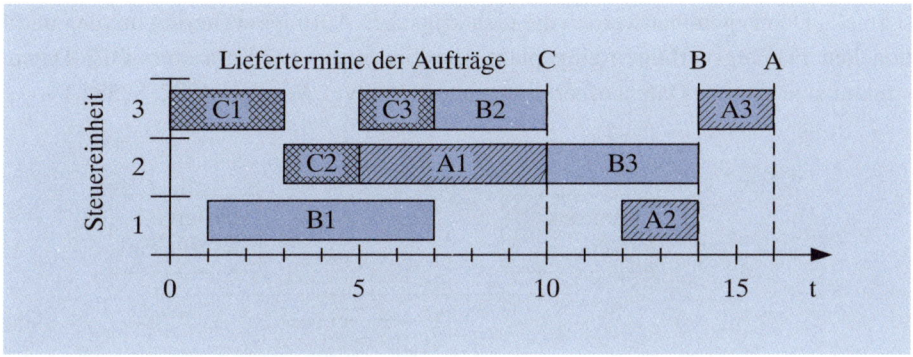

Abb. 5.3-24: Endgültiger Belegungsplan

5.3.3.1.1.3 Optimized Production Technology

Ausgangspunkt des Optimized-Production-Technology-Systems (OPT-System), das 1980 in den Markt eingeführt wurde und seitdem einen ständigen Entwicklungsprozess durchlaufen hat, ist eine konsequente Fluss- und Engpassorientierung (zur Darstellung von OPT vgl. z. B. Dochnal 1990, S. 22 ff.; Goldratt 1988, S. 443 ff.; Schröder 1989, S. 22 ff.; Vollmann 1986, S. 38 ff.; Weidner 1992, S. 51 ff.; Zimmermann 1987, S. 25 ff.; Zelewski/Hohmann/Hügens 2008, S. 608 f.). Auch wenn dieses System mittlerweile nicht mehr angeboten wird, soll es bedingt durch seine grundsätzliche methodische Bedeutung skizziert werden.

OPT besteht aus fünf Modulen (BUILDNET, OPT/SERVE, SPLIT, OPT, SERVE), deren Zusammenwirken in Abbildung 5.3-25 dargestellt wird (vgl. Jacobs 1984, S. 36; ferner Scheer 1990, S. 31; Zäpfel 1994b, S. 732).

Während in dem Modul BUILDNET die Daten von Stücklisten, Arbeitsplänen, Betriebsmitteln, Lagerbeständen, Primärbedarfen verwaltet und aufbereitet werden, erfasst das Modul OPT/SERVE die Produktionssituation, um die Produktionsengpässe zu identifizieren. In einem Zwischenschritt kann dann versucht werden, die ermittelten Engpässe mit Hilfe organisatorischer Maßnahmen zu entschärfen oder eventuell zu beseitigen. Die Trennung zwischen kritischen und nichtkritischen Aufträgen ist dann Aufgabe des Moduls SPLIT, so dass eine Aufteilung des Netzes in einen kritischen und einen nichtkritischen Teil vorliegt. Die kritischen Aufträge (Engpassaufträge) werden mit dem Modul OPT eingeplant (Vorlaufterminierung) und die nichtkritischen Aufträge mit dem Modul SERVE (Rückwärtsterminierung). Als Ergebnis liegt dann ein vollständiger Produktionsplan vor, der die für die Planung und Steuerung notwendigen Informationen (z. B. Losgrößen, Plantermine, Bearbeitungszeiten) enthält.

Auf die PPS-Grundstruktur bezogen unterstützt OPT insbesondere die Termin- und Kapazitätsplanung. Der Kapazitätsabgleich ist dabei auf die Engpassressourcen beschränkt. Demgegenüber werden die nichtkritischen Aufträge weiterhin mit den traditionellen Planungsverfahren eingeplant. Darüber hinaus wird mit einer OPT-Datenstruktur eine aktuelle Datenaufbereitung unterstützt (vgl. Weidner 1992, S. 58 f.).

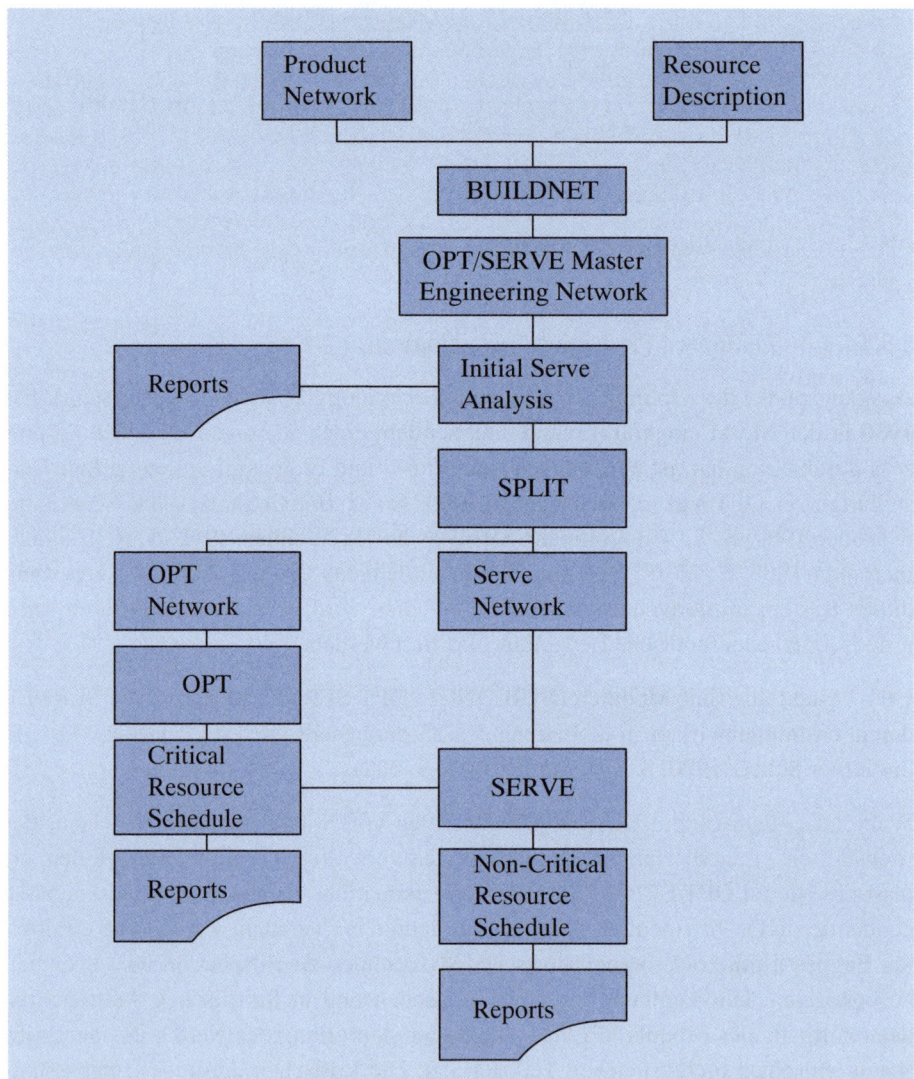

Abb. 5.3-25: Grundstruktur des OPT-Systems

Das OPT-System knüpft damit unmittelbar an das von Gutenberg (1979, S. 164 ff.) formulierte Ausgleichsgesetz der Planung an. Die Idee des OPT-Systems wurde ursprünglich in neun Regeln formuliert, die später im Rahmen der Theory of Constraints zu fünf Schritten verallgemeinert wurden (vgl. Goldratt 1990; Zäpfel/Piekarz 1996, S. 52 ff.):

- **Schritt 1**: Identifikation der Systembeschränkungen: Der maximale Output wird durch die Engpässe bestimmt, d. h., sie legen den Durchsatz fest und darüber hinaus beeinflussen sie die Bestände und die Durchlaufzeiten. Es sollen damit möglichst alle Restriktionen in der Produktionsplanung gleichzeitig berücksichtigt werden.

- **Schritt 2**: Festlegung über die effiziente Ausnutzung der Engpässe: Die Engpässe sind entscheidend für den Gesamtdurchsatz des Produktionssystems, weil sie den Material- und Warenfluss des gesamten Produktionssystems festlegen. Um den Durchsatz zu erhöhen, kann es zweckmäßig sein, mit unterschiedlichen Produktions- und Transportlosen zu arbeiten, um so eine überlappende Produktion zu ermöglichen und die Auftragsdurchlaufzeit zu reduzieren. Darüber hinaus kann es zweckmäßig sein, die Produktionslose von Arbeitsplatz zu Arbeitsplatz zu variieren; so müssen an Engpässen eventuell größere Lose vorgesehen werden als dies bei Nichtengpässen der Fall ist. Um bei den Engpässen eine hohe Auslastung sicherzustellen, sind vor diesen Engpasskapazitäten entsprechende Puffer vorzusehen.

- **Schritt 3**: Unterordnung aller übrigen Ressourcen unter die in den vorangegangenen Schritten getroffenen Entscheidungen: Um unnötige Lagerbestände zu vermeiden, sollen Nichtengpässe auf die durch die Engpässe bestimmten Durchsätze ausgerichtet werden, d. h., Nichtengpässe sind nicht bis zur Kapazitätsgrenze auszulasten.

- **Schritt 4**: Lockerung von Engpässen im System: Aufgrund der Bedeutung der Engpässe sind diese möglichst zu beseitigen bzw. zu lockern. So ist es etwa möglich, durch eine Reduzierung der Rüstzeiten an Engpassarbeitssystemen den Durchsatz zu steigern. Für Nichtengpassarbeitssysteme ist diese Vorgehensweise irrelevant.

- **Schritt 5**: Sofern durch die vorhergehenden Schritte eine Beschränkung beseitigt werden kann, gehe zurück zu Schritt 1: Damit wird deutlich, dass diese Vorgehensweise auf eine permanente Verbesserung des realen Produktionssystems abzielt.

Auf der Grundlage dieser fünf allgemeinen Schritte lässt sich dann der **Drum-Buffer-Rope-Ansatz** herleiten. Ausgangspunkt dieses Ansatzes ist die Erstellung eines **Produktnetzes**, mit dessen Hilfe die Arbeitsschritte als eigenständige Operationen dargestellt werden. **Basis** für die Erstellung dieses Netzwerkes bildet die **Primärbedarfsplanung**. Abbildung 5.3-26 gibt ein derartiges Produktnetz wieder (vgl. Dochnal 1990, S. 41).

Mit diesem Produktnetz lässt sich einerseits das Zusammenwirken der einzelnen Arbeitsgänge und folglich der Materialfluss und anderseits für jeden Arbeitsgang die Belastungssituation der zum Einsatz gelangenden Ressourcen erfassen. In dieses Netzwerk lassen sich dann die Grundbausteine einbauen.

Im Zentrum des OPT-Konzeptes steht dabei die **Engpassorientierung**, d. h., es sind zunächst die Identifizierung der Engpässe im Produktnetz und die Terminierung der Arbeitsgänge vorzunehmen (Drum-Aspekt). Auf der Grundlage einer Rückwärtsterminierung und einer darauf aufbauenden Kapazitätsbedarfsermittlung werden die Kapazitätsengpässe bestimmt (der hierbei verwendete Algorithmus ist nicht veröffentlicht). Ergebnis dieser Vorgehensweise ist die Trennung des Netzes in einen **kritischen** und **nichtkritischen Teil**, wobei zum kritischen Teil sämtliche Engpassarbeitsgänge und die darauffolgenden Arbeitsgänge gehören, d. h., hierzu zählen die Arbeitsgänge, die den Abschluss des Engpassarbeitsganges als Voraussetzung haben. Abbildung 5.3-27 gibt dies beispielhaft wieder (vgl. Dochnal 1990, S. 43).

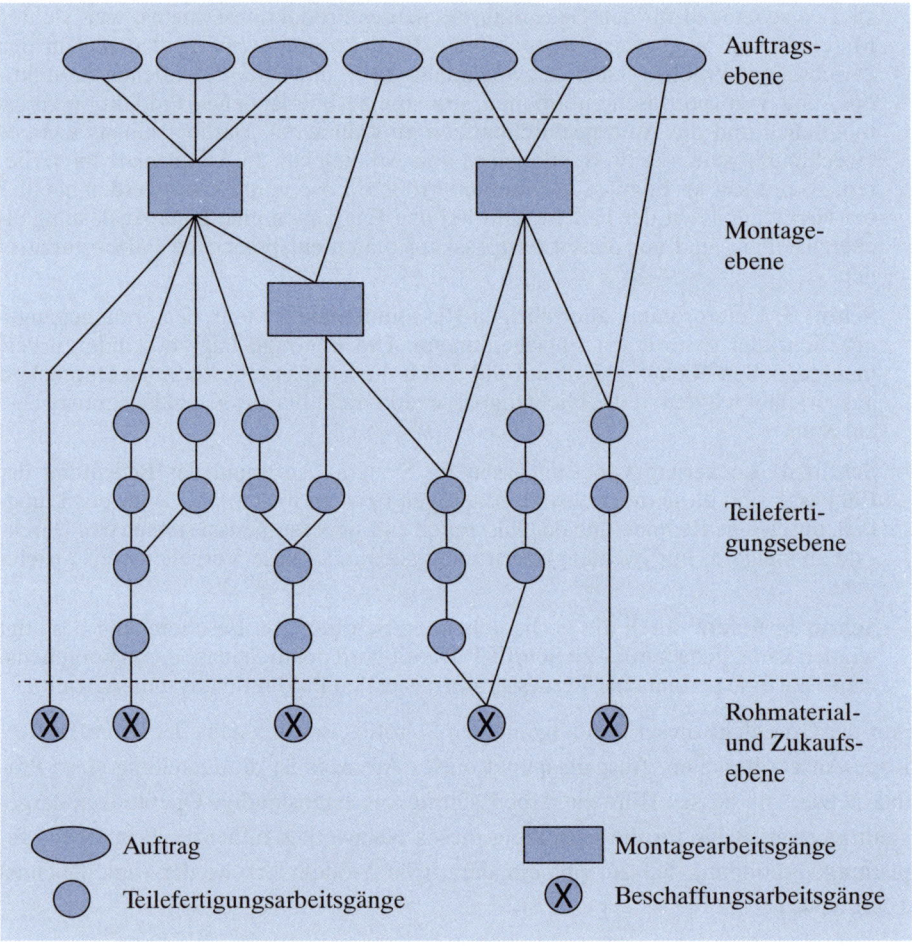

Abb. 5.3-26: Beispiel für ein Produktnetz

Die identifizierten Engpässe sind dann permanent auszulasten. Um Störungen an den Engpässen zu vermeiden, sind entsprechende Sicherheitsbestände (Puffer) an den Übergängen vom nichtkritischen zum kritischen Netzteil zu platzieren, was letztlich bedeutet, dass Materialien und/oder Teile früher eingeschleust werden, als dies ohne Puffer der Fall wäre. Um eine Lieferterminsicherheit zu erreichen, sind zusätzlich Puffer an den übrigen Netzübergängen einzurichten (Buffer-Aspekt), um zu vermeiden, dass Teile, die an den Engpassstationen termingerecht bearbeitet werden, auf Zubauteile warten müssen, wodurch dann wiederum die Termineinhaltung der Aufträge gefährdet wäre.

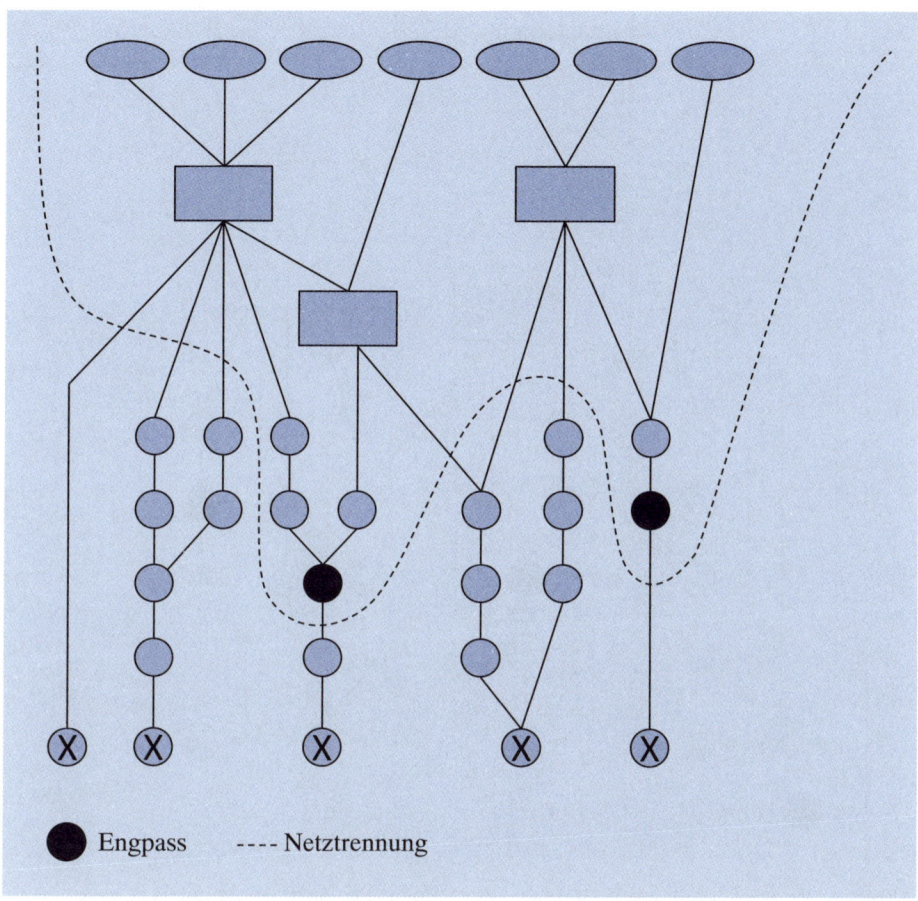

Abb. 5.3-27: Beispiel für eine Netztrennung

Um nun die Bestandskontrollmöglichkeit (Rope-Aspekt) mit Hilfe der Engpässe nutzen zu können, sind die Auftragsfreigabetermine an die Engpassbelegung anzubinden. Dabei wird ausgehend von den Kapazitätsengpässen der kritische Teil des Netzes **vorwärts** und der nichtkritische Teil **rückwärts** eingeplant.

Werden auch diese Aspekte in das Produktnetz integriert, dann ergibt sich das in Abbildung 5.3-28 dargestellte Netz (vgl. Dochnal 1990, S. 45).

Diese **integrative Betrachtung** zeigt noch einmal deutlich den Grundgedanken des OPT-Konzeptes, nämlich eine mengen- und zeitmäßig auf die Engpässe abgestimmte Einsteuerung der Materialien und Teile in das Produktionssystem. Dabei lässt sich der Produktionsprozess durch unterschiedliche Parameter wie Mindestauslastungsgrade, Schranken für Losgrößen, Sicherheitsbestände, Terminüberschreitungen, Länge des Planungshorizontes, Prioritäten für bestimmte Aufträge oder für konkurrierende Ziele steuern.

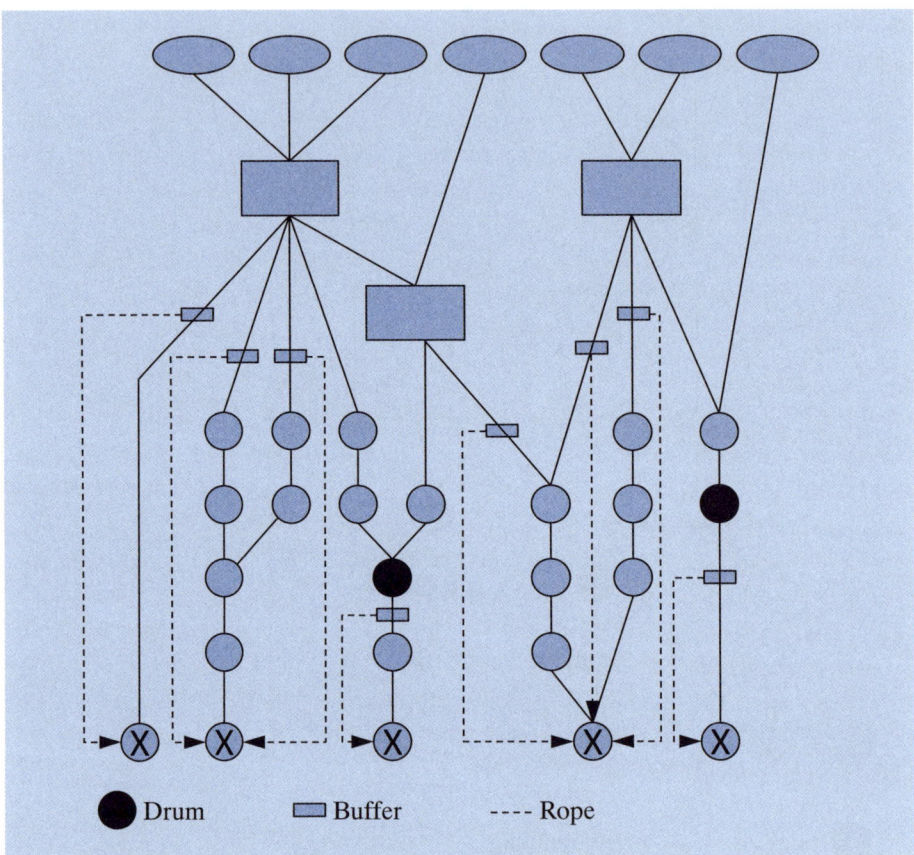

Abb. 5.3-28: Beispiel für ein Produktnetz mit Hilfe des Drum-Buffer-Rope-Ansatzes

Eine Beurteilung von OPT erscheint aufgrund der nicht ausreichenden Informations-
lage und insbesondere durch Nichtveröffentlichung des OPT-Terminplanungsalgo-
rithmus kaum möglich. Schröder (1989, S. 25) stellt in diesem Zusammenhang fest,
dass es zwar einerseits positiv sei, dass OPT eine Konzentration auf Engpässe vollzieht und damit verbunden auch abgestufte Anforderungen an die Datenqualität
stellt, sowie durch eine Rückwärtsterminierung des nichtkritischen Teils des Netzes
geringe Liegezeiten hervorruft, andererseits jedoch jegliche Angaben zur Durch-
laufermittlung fehlten und die Empfehlungen zur Auswahl von Maßnahmen bei drohenden Lieferterminüberschreitungen zu vage seien.

5.3.3.1.2 Kanban-System als outputorientierter Ansatz

In den 1950er Jahren wurde das Kanban-System bei Toyota in Japan entwickelt, und
zwar zur **dezentralen Materialflussplanung und -steuerung** nach einfachen Regeln.
Seine Verbreitung in der Bundesrepublik Deutschland erfuhr dieser Ansatz insbesondere durch Wildemann (vgl. z. B. Wildemann 1988b, S. 33 ff.). Ein Vergleich mit

den vorangegangenen Steuerungskonzepten erscheint jedoch nicht zweckmäßig, da das Kanban-System von einer sehr speziellen Aufgabenstellung ausgeht.

Ziel des Kanban-Systems ist eine Produktion auf Abruf (Just-in-Time-Produktion). Hierdurch sollen einerseits die Lagerbestände niedrig gehalten und damit die Kapitalkosten durch niedrige Umlaufvermögensbestände reduziert werden (niedrige Kapitalbindungskosten) und anderseits die Einhaltung der Fertigstellungstermine gewährleistet werden (zur Darstellung des Kanban-Systems vgl. z. B. Lackes 1990, S. 24 ff.; Schröder 1989, S. 18 ff.; Switalski 1989b, S. 262 f.; zu einer kritischen Diskussion der Ziele, und zwar differenziert nach Kosten-, Zeit- und Sozialzielen vgl. Koffler 1987, S. 195 ff.).

Die Grundidee des Kanban-Systems ist darin zu sehen, dass eine Teileart erst dann produziert wird, wenn der Bestand durch Verbrauch auf ein bestimmtes Niveau sinkt, d. h., der Teilebedarf wird durch den tatsächlichen Verbrauch determiniert. Dabei geht das Kanban-System davon aus, dass der Produktionsablauf dem Fließprinzip entspricht, wobei zwischen zwei aufeinanderfolgenden Produktionsstellen vermaschte, selbststeuernde Regelkreise entstehen, die eine dezentrale Bestandskontrolle ermöglichen. Folglich handelt es sich um eine Verbrauchssteuerung seriell hintereinandergeschalteter Produktionsstellen (vgl. Zäpfel 2000b, S. 229), d. h., es liegt eine sogenannte Pull-Steuerung vor. Hieraus resultiert, dass eine Produktionsstelle immer dann einen Produktionsauftrag erhält, wenn die im Produktionsablauf nachgelagerte Stelle einen Bedarf signalisiert.

Steuerungsinstrument sind dabei die sogenannten Kanbans (Schild, Karte). Sie stellen Informationsträger dar, die einerseits der Teile- und Materialidentifikation in den Transportbehältern und anderseits der Auftragserteilung dienen, wobei zwischen

- Transport-Kanban und
- Produktions-Kanban

zu unterscheiden ist. Während der Transport-Kanban den Materialfluss zwischen verbrauchender Stelle und dem vorgelagerten Pufferlager steuert, obliegt dem Produktions-Kanban die Aufgabe der Steuerung des Materialflusses zwischen der erzeugenden Stelle und dem ihr nachgelagerten Pufferlager.

Die notwendige Materialmenge muss von der erzeugenden Stelle angefordert werden, wodurch sich der Steuerungsimpuls dem Materialfluss entgegengerichtet durch das Produktionssystem fortpflanzt, d. h., es entstehen selbststeuernde Regelkreise, die den Materialfluss synchronisieren. Damit dieses System funktioniert, sind die folgenden Regeln zu beachten (vgl. Lackes 1990, S. 24 und 1998, S. 289 ff.):

- Eine Stelle darf nur dann die entsprechenden Teile produzieren, wenn hierzu durch den Produktions-Kanban ein Anstoß erfolgt.

- Es werden nur **Standardbehälter** benutzt, die mit einer bestimmten Füllmenge bestückt werden, d. h., es existiert für jede Teileart ein Behälter mit einer definierten Menge.

- Für jeden Behälter existieren **zwei Arten von Kanbans**.

Um die Funktionsweise der Kanban-Steuerung zu verdeutlichen (vgl. Lackes 1998, S. 310 f.), sollen

- der **Transportregelkreis** zwischen dem Pufferlager und der weiterverarbeitenden Produktionsstelle n und

- der **Produktionsregelkreis** zwischen der produzierenden Stelle n - 1 und dem Pufferlager differenziert dargestellt werden (vgl. Abbildung 5.3-29).

Gegenstand der Betrachtung bilden die Produktionsstellen n - 1 und n, wobei die Produktionsstelle n - 1 die Produktionsstelle n mit Materialien zur Weiterbearbeitung beliefert. Entnimmt die Produktionsstelle n (verbrauchende Stelle) die Materialien aus einem Behälter zur Weiterbearbeitung, dann wird der an diesem Behälter befindliche Transportkanban abgelöst und in einer Kanbansammelbox aufbewahrt, und zwar solange, bis die in dieser Box gesammelten Transportkanbans gemeinsam mit den dazugehörigen leeren Behältern zum Pufferlager transportiert werden. Dabei enthält der Transportkanban Informationen darüber, welches Pufferlager anzusteuern und welches Material zu entnehmen ist. Im Pufferlager erfolgt der Austausch des Transportkanbans mit dem an den gefüllten Behältern befindlichen Produktionskanban. Während der leere Behälter im Leergutlager abgeliefert wird, wird der gefüllte Behälter an die verbrauchende Stelle n weitergeleitet. Gleichzeitig wird der im Pufferlager abgelöste Produktionskanban mit dem leeren Behälter zur produzierenden Stelle n - 1 transportiert, wodurch die Produktion der Behälterfüllmenge initiiert wird (es ist jedoch auch eine Zwischenlagerung in einer Sammelbox möglich). Der wiederum gefüllte Behälter wird dann mit einem entsprechenden Produktionskanban ins Pufferlager gebracht.

Der **Bestand** in den Pufferlagern wird durch die Anzahl der im Umlauf befindlichen Kanbans und die festgelegte Füllmenge der Behälter determiniert und entspricht dem geplanten Verbrauch in der Wiederbeschaffungszeit plus einem entsprechenden **Sicherheitsbestand**, um geringfügige Störungen absorbieren zu können. Durch Veränderung der Kanban-Anzahl lässt sich folglich die Bestandshöhe regeln, wobei die Anzahl so zu bestimmen ist, dass ein Produktionsfluss gewährleistet ist, der keine Unterbrechungen aufweist. Es ergeben sich damit bei der Bestimmung der Kanban-Anzahl die gleichen Probleme wie im Rahmen der Fixierung des Soll-Bestandes. Wird z. B. die Anzahl zu niedrig bemessen, dann kann ein Abbrechen des Produktionsflusses die Folge sein, insbesondere, wenn gleichzeitig die Füllmenge der Behälter zu groß bemessen ist. Auf der anderen Seite führt eine zu hohe Kanban-Anzahl zu hohen Beständen in den Pufferlagern, die mit erhöhten Lagerkosten einhergehen und damit einer Zielsetzung des Kanban-Systems zuwiderlaufen.

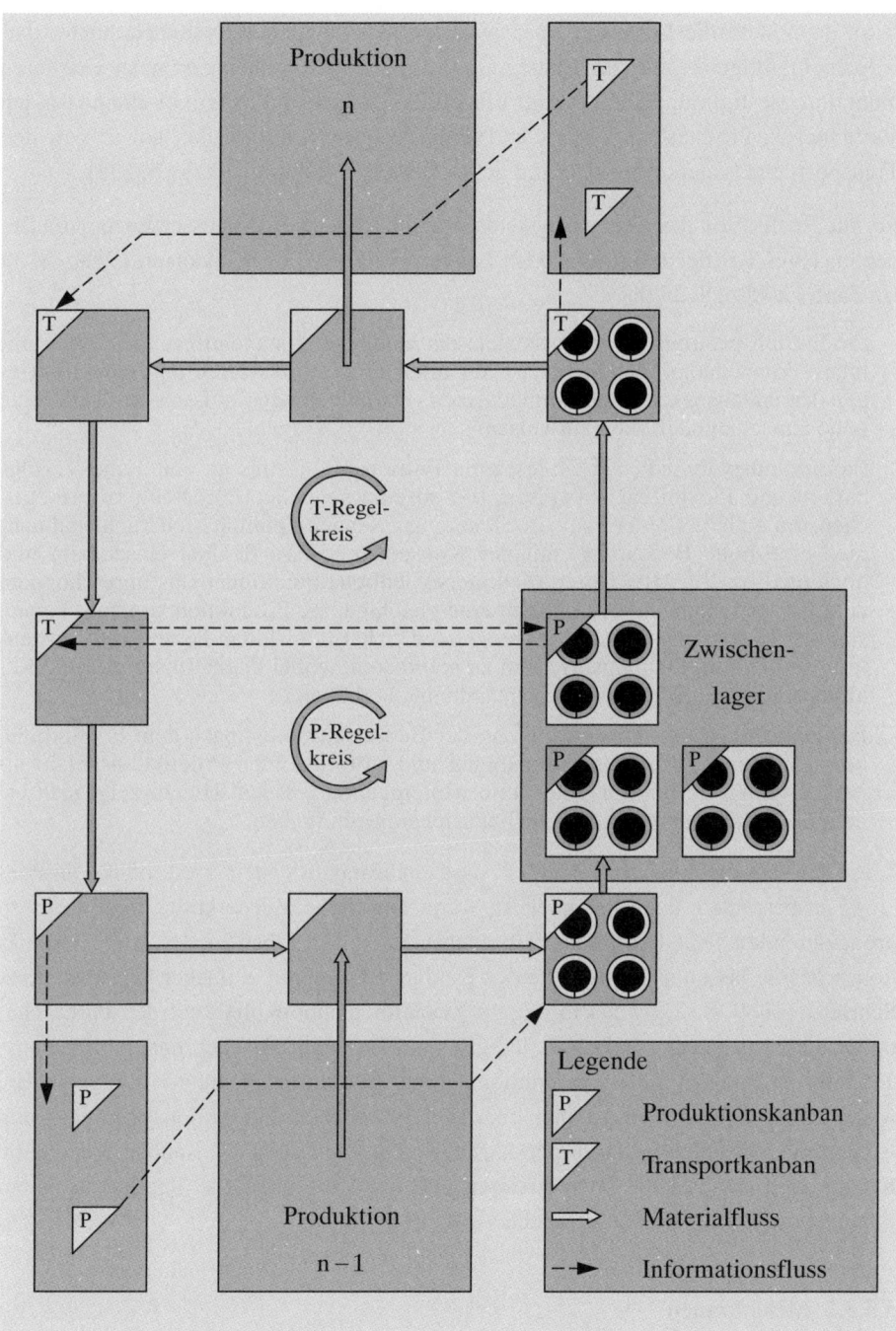

Abb. 5.3-29: Funktionsweise der Kanban-Steuerung

Ist die Steuerung so angelegt, dass ein Kanban eine Produktionsstelle dazu autorisiert, eine Werkstückmenge in einer Losgröße zu produzieren, die mehrere Behälter umfasst, dann stellt die Losgröße einen weiteren festzulegenden Systemparameter dar. Allgemeingültige Regeln zur Festlegung der genannten Systemparameter existieren nicht, ihre Bestimmung kann nur im Einzelfall erfolgen und hängt vor allem von den Verbrauchs-, Produktions-, Rüst- und Transportgeschwindigkeiten sowie von den Transport- und Lagerkosten ab (vgl. Lackes 1990, S. 24; Zäpfel 2000b, S. 233).

Für die Realisation des Kanban-Systems sind die folgenden Voraussetzungen von Bedeutung (vgl. Koffler 1987, S. 190 ff.; Lackes 1990, S. 24 f.; Wildemann 1988b, S. 39 ff.; Zäpfel 2000b, S. 235):

- **Produktionsprogramm**: Es muss sich aus weitgehend standardisierten Teilen mit relativ konstantem Materialbedarf auf allen Produktionsstufen und einem geringen Variantenspektrum zusammensetzen. Darüber hinaus müssen die Teile eine hohe Umschlaghäufigkeit aufweisen.

- **Produktionspotential**: Die eingesetzten Betriebsmittel müssen eine hohe Verfügbarkeit und Flexibilität aufweisen, um so eine schnelle Umrüstung zu ermöglichen. Im Rahmen einer Kanban-Steuerung erlangen Qualitätssicherungsmaßnahmen eine hohe Bedeutung, mit der Konsequenz, dass flexibel einsetzbare und hoch qualifizierte Mitarbeiter, die unterschiedliche Funktionen ausführen können, zum Einsatz gelangen müssen. Um eine gleichmäßige Produktion zu ermöglichen, sind die Kapazitätsquerschnitte weitgehend zu harmonisieren. Ferner sind konstante Losgrößen im Planungszeitraum zu realisieren, wobei kleine Losgrößen die Reaktionsfähigkeit auf Nachfrageschwankungen erhöhen.

- **Produktionsprozess**: Die Anordnung der Betriebsmittel ist nach dem Fließprinzip vorzunehmen. Um einen regelmäßigen und störungsfreien Produktionsablauf sicherzustellen, dürfen nur gute Teile weitergeleitet werden. Hierzu zeigt sich erneut die hohe Bedeutung der Qualitätssicherungsaufgaben.

Diese Ausführungen machen deutlich, dass das Kanban-System zur Produktionssteuerung insbesondere dann geeignet ist, wenn eine hohe Wiederholhäufigkeit der zu produzierenden Teile bei hoher Verbrauchsstetigkeit gegeben ist. Derartige Produktionsprozesse lassen sich mit Hilfe des Kanban-Systems in einfacher Weise steuern. Schröder (1989, S. 21) weist in diesem Zusammenhang explizit auf den **Partialcharakter** dieses Konzeptes hin, da es lediglich auf Produktionssteuerungsprobleme ausgerichtet ist und folglich eine funktionsfähige Produktionsplanung voraussetzt. Ein wesentlicher Unterschied zu den bisher beschriebenen Produktionsplanungs- und -steuerungskonzepten ist darüber hinaus darin zu sehen, dass das Kanban-System die **Komplexität der Realität** zu **reduzieren** und nicht die gegebene Realität in einem Planungsmodell abzubilden versucht.

5.3.3.2 Mischformen

5.3.3.2.1 CONWIP-System

Beim CONWIP-System (**CON**stant **W**ork **I**n **P**rocess) wird für die gesamte Produktionslinie (Fließproduktionssystem) nur ein Kartenregelkreis verwendet, wobei die Kartenausgabe zentral von der Auftragsverwaltung durchgeführt wird. Jede Karte ist dabei einem Werkstückbehälter zugeordnet, mit der Konsequenz, dass der Lagerbestand durch die Kartenanzahl bestimmt wird. Im Gegensatz zum Kanban-System, bei dem jeweils zwei Arbeitsstationen einen selbststeuernden Regelkreis bilden, umfasst der Regelkreis beim CONWIP-System mehrere Arbeitsstationen, zwischen denen jeweils Puffer angeordnet sind. Um einen konstanten Bestand im System zu erreichen, wird ein neuer Auftrag immer dann freigegeben, wenn die Bearbeitung eines Auftrages abgeschlossen ist, d. h., die Karte wird erst dann wieder in den Kreislauf eingeschleust, wenn diese von der Endmontage durch die Fertigstellung eines Auftrages wieder zur Auftragsfreigabe gelangt. Innerhalb des Systems erfolgt die Weitergabe der Aufträge an die nachfolgenden Arbeitsstationen, sobald ihre Bearbeitung abgeschlossen ist (vgl. Spearman/Woodruff/Hopp 1990, S. 884 f.). Ein konstanter Bestand innerhalb des Regelkreises bedeutet jedoch nicht, dass zwangsläufig der Bestand zwischen zwei Arbeitsstationen bzw. einer Arbeitsstation und einem Lager konstant ist, wie dies beim Kanban-System gegeben ist, sondern an den Arbeitsstationen können unterschiedliche Bestände vorliegen. Existiert in einem System ein Engpass, dann wird sich dort der größte Bestand befinden.

Während beim Kanban-System die Karte ein bestimmtes Produkt hinsichtlich Art und Menge repräsentiert und die Kartenweitergabe die Produktion genau dieses Produktes veranlasst, wird im CONWIP-System das nächste zu produzierende Produkt durch die Produktionspläne bestimmt und nicht durch das dieses System verlassende Teil. Dies geht mit den beiden folgenden Konsequenzen einher:

- das CONWIP-gesteuerte Produktionssystem kann ein größeres Teilespektrum als ein Kanban-System aufweisen, und
- durch die Bestimmung einer rüstzeitoptimalen Auftragsreihenfolge können die Rüstzeiten minimiert werden (vgl. Spearman 1992, S. 954).

Abbildung 5.3-30 gibt den beschriebenen Regelkreis mit der Auftragsfreigabe wieder.

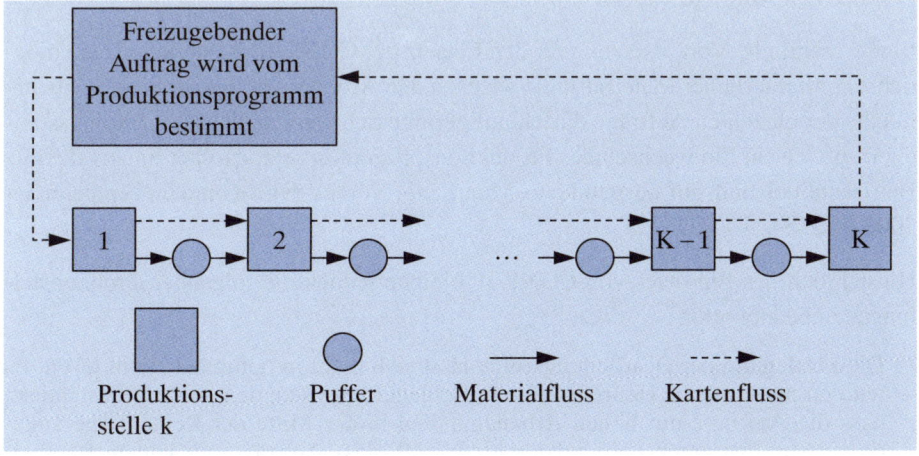

Abb. 5.3-30: Grundstruktur eines CONWIP-Systems

Ziel des CONWIP-Systems ist es, einen möglichst **gleichmäßigen Materialfluss** zu erreichen. Hierzu werden die folgenden **Parameter** eingesetzt (vgl. Spearman/Woodruff/Hopp 1990, S. 884; ferner Kistner/Steven 2001, S. 311 ff.):

- **Produktionsrate:** Zielvorgabe für die Anzahl der fertiggestellten Produkte pro Periode, die aus dem Produktionsprogramm abgeleitet wird.

- **Kartenanzahl:** Sie bestimmt den Bestand unfertiger Aufträge im System, d. h., sie determiniert den durchschnittlichen Arbeitsinhalt und die Maschinenauslastung. Da die optimale Anzahl der Karten nicht exakt bestimmt werden kann, wird vorgeschlagen, mit einer „relativ großen Kartenanzahl" zu beginnen, um diese dann sukzessive zu reduzieren, bis ein adäquates Niveau erreicht ist.

- **Maximale Vorausarbeit:** Hierdurch soll der Aufbau von zu großen Endproduktlagern verhindert werden. Sobald ein festgelegter Wert überschritten wird, wird die Produktion für den Rest der Periode angehalten.

- **Rückstand:** Er steuert die Bereitstellung zusätzlicher Kapazitäten, d. h., unterschreitet die kumulierte Ausbringungsmenge einen definierten Wert, dann sind Anpassungsmaßnahmen (z. B. zeitliche Anpassung) durchzuführen, um den Rückstand aufzuholen.

Maximale Vorausarbeit und Rückstand bilden letztlich **Kontrollgrenzen,** die ebenfalls durch „Probieren" zu ermitteln sind.

Den primären **Einsatzbereich** von CONWIP bildet die **Variantenproduktion.** Unter diesen Voraussetzungen kann es zweckmäßig sein, mit Hilfe einer geeigneten Auftragsfreigaberegelung eine gleichmäßige Maschinenauslastung bzw. einen Ausgleich des Arbeitsinhaltes zu erreichen. Hierzu ist es notwendig, den Arbeitsinhalt operational zu messen, wobei bei Variantenproduktion **zwei Fälle** zu unterscheiden sind:

- Existiert ein eindeutiger Engpass, dann lässt sich der Arbeitsinhalt im System auf der Basis des Arbeitsinhaltes vor der Engpassmaschine erfassen.

- Bei Engpässen, die durch eine unterschiedliche Auftragszusammensetzung wechseln, lässt sich der Arbeitsinhalt durch die summierten Bearbeitungszeiten der einzelnen Aufträge messen.

Eine wesentliche Voraussetzung für den Einsatz der CONWIP-Steuerung ist ein möglichst kontinuierlicher Materialfluss zwischen den Arbeitsstationen, d. h., die Arbeitsinhalte der einzelnen Aufträge dürfen nur geringe Schwankungen an den Arbeitsstationen aufweisen. Ein wechselndes Produktionsprogramm setzt darüber hinaus flexible Betriebsmittel und gut ausgebildete Mitarbeiter voraus (vgl. Günther/Tempelmeier 2008, S. 318).

Hinsichtlich des Einsatzes von CONWIP bleiben jedoch die folgenden Problemstellungen unbeantwortet:

- Die Festlegung der Bearbeitungsfolge lässt sich nicht in optimaler Form lösen. Es wurden nur einfache Heuristiken vorgeschlagen: Sortiere den Auftragsbestand so, dass die Aufträge mit hohen Arbeitsinhalten in der Mitte der Reihenfolge angeordnet sind, wodurch vermieden werden soll, dass Aufträge mit langen Bearbeitungszeiten eine späte Freigabe erhalten und dann zu einer Erhöhung des mittleren Arbeitsinhaltes führen.

-   Der Einsatz von CONWIP bei wechselnden Engpässen ist nicht hinreichend analysiert, und es ist nicht geklärt, wie sich dieses Konzept verhält, wenn nicht sämtliche Arbeitsstationen durchlaufen werden müssen, sondern einzelne Stationen übersprungen werden sollen oder die Arbeitsinhalte starke Schwankungen aufweisen.

5.3.3.2.2 Kostenorientierte Input/Output-Control

Grundlegend für die Input/Output-Control ist die Erfahrung, dass die mittlere Durchlaufzeit der Aufträge von den Auftragsbeständen in der Produktion abhängt (zur Input/Output-Control vgl. Belt 1976, S. 9 ff.; Wight 1974; ferner Missbauer 1987, S. 73 ff. und 1989, S. 70 ff.; Zäpfel 2000a, S. 221 f.). Ziel dieses Ansatzes ist eine Abstimmung der Beauftragung (Zusammenfassung der Bildung und Freigabe der Aufträge) mit der gegebenen Kapazität über alle Perioden des Planungszeitraums, und zwar dergestalt, dass die Bestände an den einzelnen Bearbeitungsstationen eine bestimmte Höhe aufweisen.

Ausgangspunkt bildet dabei die voraussichtliche Entwicklung der Bestände und aufgrund der oben angeführten Erfahrung damit verbunden die mittleren Durchlaufzeiten. Ausgehend vom Anfangsbestand des Planungszeitraums werden dann die geplanten Zugänge addiert und die geplanten Abgänge subtrahiert:

Bestand zum Zeitpunkt t   =   Anfangsbestand

+ geplante Zugänge bis t

– geplante Abgänge bis t

Die geplanten Zugänge an den jeweiligen Arbeitsstationen und die geplanten Abgänge (auf Grundlage der geplanten Kapazität der Arbeitsstation) der jeweiligen Planungsperiode, die in Arbeitsstunden gemessen werden, stellen dabei die Ausgangsdaten der Planung dar. Da der Anfangsbestand an den Bearbeitungsstationen eine bekannte Größe ist, lassen sich die zukünftige Bestandsentwicklung und die durchschnittliche Durchlaufzeit ermitteln. Abbildung 5.3-31 gibt einen Input/Output-Plan wieder (vgl. Belt 1976, S. 17; Missbauer 1989, S. 72).

Dieser Plan zeigt, dass die in der Input/Output-Control benötigten Informationen mit denen übereinstimmen, die für eine Kapazitätsbelastungsübersicht erforderlich sind. Lediglich die Anfangsbestände sind als zusätzliche Information notwendig. Durch diese informationelle Gleichheit wird eine Integration der Input/Output-Control in die Kapazitätsplanung „klassischer" PPS-Systeme erleichtert.

Aus dem in Abbildung 5.3-31 dargestellten Input/Output-Plan lassen sich dann die mit den geplanten Auftragszugängen und -abgängen in einer Planungsperiode einhergehenden Konsequenzen ersehen, d. h., es zeigt sich, ob die geplanten Auftragszugänge mit der geplanten Kapazität bearbeitet werden können, oder ob die Bestände zu hoch oder zu niedrig sind und damit dem Planer die Aufgabe obliegt, entsprechende Maßnahmen auf der Auftragsseite und/oder auf der Kapazitätsseite zu ergreifen, d. h. letztlich den Zugang und/oder den Abgang zu verändern.

Ende der Woche	44	45	46	47	48	49	50	51	52	53	54
Geplanter Zugang*	-	32	64	37	284	69	232	389	311	74	99
Geplanter Abgang*	-	300	300	300	160	160	160	160	160	160	160
Geplanter Bestand*	740^A	472	236	0	124	33	105	334	485	399	338
Geplante Durchlaufzeit**	2,5^A	1,6	0,8	0	0,8	0,2	0,7	2,1	3,0	2,5	2,1

*	in Arbeitsstunden
**	Zeit zur Bearbeitung des geplanten Bestandes
A	Anfangswerte

Abb. 5.3-31: Beispiel für einen Input/Output-Plan

Der Input/Output-Plan wird dann so lange verändert, bis ein Ergebnis erreicht wird, das der Planer als befriedigend erachtet (zu einem Beispiel vgl. Missbauer 1987, S. 75). Die Grenzen des Ansatzes ergeben sich insbesondere aus den beiden Aspekten:

- Die Input/Output-Control geht von gegebenen Aufträgen aus, d. h., die Bildung der Produktionsaufträge (Lose) wird als gegeben vorausgesetzt.
- Der Input/Output-Plan zeigt lediglich, in welchen Teilperioden eine Über- oder Unterauslastung der Bearbeitungsstation auftritt. Eine Unterstützung bei der Auswahl der zu ergreifenden Anpassungsmaßnahmen erfolgt nicht, das Input/Output-Modell zeigt lediglich die Konsequenzen der vom Planer vorgeschlagenen Handlungen auf, ohne dabei eine Auswahl zu treffen.

Primäre Intention der Input/Output-Control ist folglich die Offenlegung der mit der geplanten Beauftragung und Kapazität verbundenen Konsequenzen, was letztlich eine Simulation des Bestandsverlaufs über den Planungszeitraum für die jeweilige Kapazitätseinheit darstellt. Die Entscheidung über Änderungen zur Vermeidung eines drohenden unerwünschten Bestandsverlaufs bleibt dabei dem Planer überlassen. Die Input/Output-Control ist folglich ein Planungshilfsmittel und kein in sich geschlossenes Planungssystem, da es keine methodische Unterstützung im Entscheidungsprozess bietet. Sie dient folglich zur Visualisierung des Vergleichs zwischen benötigter und verfügbarer Kapazität mit Hilfe von Belastungsübersichten.

Die mangelnde methodische Unterstützung des Entscheidungsprozesses ist eine entscheidende Schwachstelle dieses Ansatzes, die mit dem Komplexitätsgrad der Situation und der Anzahl der Handlungsalternativen an Bedeutung zunimmt. Weiterentwicklungen dieses Konzeptes zu einer kostenorientierten Input/Output-Control setzen dann auch an dieser Schwachstelle an (vgl. Missbauer 1987, S. 115 ff. und 1989, S. 65 ff.; Zäpfel/Missbauer 1988c, S. 37 ff.).

Ziel der **kostenorientierten Input/Output-Control** ist die Optimierung der Abstimmung von Beauftragung und Kapazitäten unter Kostengesichtspunkten. Wie bei der „herkömmlichen" Input/Output-Control erfolgt die Planung über einen in Perioden gegliederten Planungszeitraum. Zäpfel/Missbauer (1988c, S. 38 ff.) entwickeln eine kostenorientierte Input/Output-Control bei

- **Entkopplung** der Sekundärbedarfs- von der Termin- und Kapazitätsplanung und

- **gemeinsamer Betrachtung** von Sekundärbedarfs-, Termin- und Kapazitätsplanung.

Der zuerst genannte Ansatz geht dabei von der folgenden **Entscheidungssituation** aus (vgl. Missbauer 1987, S. 112 ff.):

- Der Planungszeitraum wird in T Perioden unterteilt.

- Aus der terminierten Nettobedarfsrechnung (Sekundärbedarfsplanung) sind die Aufträge nach Art, Menge und spätestem Endtermin bekannt.

- Für jede Bearbeitungsstation ist die Normalkapazität gegeben.

- Die Kapazitäten der Bearbeitungsstationen sind durch Anpassungsmaßnahmen (z. B. Intensität, Zeit) variierbar, jedoch sind damit Kostenveränderungen (Grenzkosten) verbunden. Es ist dann diejenige Anpassungsmaßnahme zu ergreifen, die mit den niedrigsten Kostenveränderungen einhergeht. Der Grenzkostenverlauf der Kapazitätserhöhung für den Produktionsfaktor menschliche Arbeitsleistung, gemessen in Arbeitsstunden, könnte dann den in Abbildung 5.3-32 dargestellten Verlauf aufweisen. Demnach wäre zunächst die Einführung von Überstunden die günstigste Möglichkeit, die Kapazität zu erhöhen. Reicht diese Anpassung nicht aus, dann müssten Sonderschichten eingelegt werden, die jedoch mit höheren Kosten verbunden wären als Überstunden. Analog lässt sich diese Überlegung auch auf eine intensitätsmäßige oder quantitative Anpassung anwenden, die dann ebenfalls kostenmäßig zu bewerten wären.

- Eine zu frühe Auftragsfreigabe geht mit negativen ökonomischen Wirkungen einher, und zwar in Form von gebundenem Kapital, beanspruchtem Lagerraum etc., die vereinfacht durch die Lagerkosten erfasst werden.

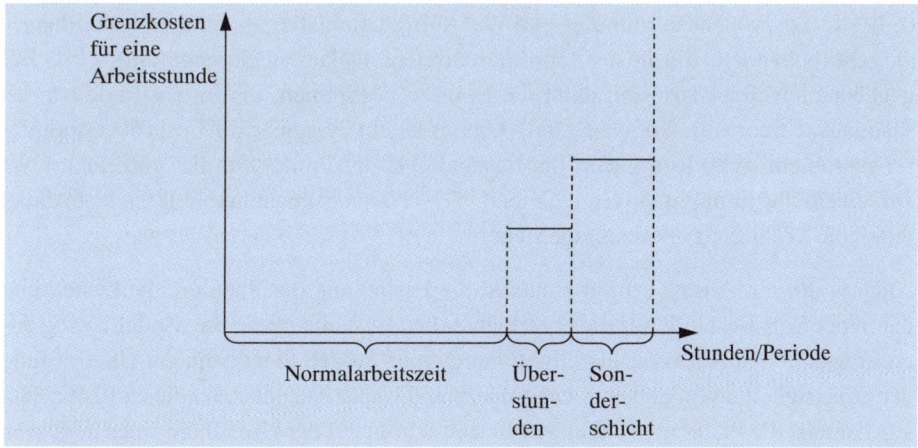

Abb. 5.3-32: Grenzkostenverlauf bei Kapazitätserhöhung

Unter Beachtung der Zielsetzung „Minimiere die Lager- und Kapazitätserhöhungs-kosten" sind dann

- für jeden Auftrag die entsprechende Freigabeperiode und
- für jede Bearbeitungsstation die im Rahmen von Kapazitätserhöhungen zu ergreifenden Maßnahmen in den einzelnen Perioden des Planungszeitraumes zu spezifizieren,

und zwar unter der Maßgabe, dass alle zu bearbeitenden Aufträge rechtzeitig fertiggestellt sein müssen.

Ausgangspunkt des Ansatzes ist die Festlegung einer Plandurchlaufzeit für jedes Arbeitssystem. Die Aufträge werden dann zum spätestmöglichen Termin freigegeben, und zwar unter der Bedingung, dass mit Normalkapazität produziert wird. Der hierdurch erstellte Plan ist dann auf Zulässigkeit zu überprüfen. Ein Plan ist dann zulässig, wenn der Ist-Bestand kleiner oder gleich dem Soll-Bestand ist, wobei der Soll-Bestand, der sich vor einem Arbeitssystem befindet, dem Arbeitsstundeninhalt entspricht, der in der festgelegten Plandurchlaufzeit abgearbeitet werden kann. Bei Zulässigkeit des Plans ist die Planung beendet, und es sind keine Anpassungsmaßnahmen notwendig. Ist dies nicht der Fall, dann können

- kapazitätserhöhende Maßnahmen ergriffen oder
- eine Verschiebung der Freigabetermine einzelner Aufträge auf einen früheren Zeitpunkt vorgenommen werden.

In einem **iterativen Prozess**, dessen Ausgangspunkt der unzulässige Plan bildet, werden dann auf der Grundlage eines Modells der linearen Optimierung die kostengünstigsten Maßnahmen ausgewählt und ein zulässiger Plan generiert (zum formalen Aufbau dieses Modells vgl. Zäpfel/Missbauer 1988c, S. 45 ff.).

Im Rahmen der kostenorientierten Input/Output-Control bei gemeinsamer Betrachtung der Sekundärbedarfs-, Termin- und Kapazitätsplanung wird die Beauftragung, d. h. die Losgrößenbestimmung und die Auftragsfreigabe, als **eine Entscheidungsaufgabe** behandelt, die in der terminierten Bedarfsplanung durchgeführt wird. Bei gegebenem Teilebedarf sind dann die Lose zu bestimmen, die in den Perioden des Planungszeitraums freizugeben sind, d. h., es ist ein dynamisches Losgrößenoptimierungsproblem so zu lösen, dass die Bestände bei der Produktion der einzelnen Lose auf einem bestimmten Niveau bleiben. Die Planungsgenauigkeit lässt sich dabei durch die Wahl der Periodenlänge steuern.

Auch in diesem Ansatz erfolgt zunächst die Festlegung der Plandurchlaufzeiten und damit der Soll-Bestände für die einzelnen Arbeitssysteme sowie die Modellierung des Auftragsdurchlaufs. Das so erstellte Input/Output-Modell dient dann zur Überprüfung der Zulässigkeit des gegebenen Losgrößen- und Kapazitätsplans. Ist dieser Plan zulässig, dann ist die Planung beendet. Ansonsten erfolgt auf der Grundlage eines iterativen Verfahrens die Generierung eines gültigen Plans nach Kostengesichtspunkten.

5.3.3.2.3 Production-Authorization-Card-(PAC)-System

PAC ist wie KANBAN und CONWIP ein **kartenbasiertes System zur dezentralen Materialflussplanung und -steuerung**. Es wurde von Buzacott/Shanthikumar (1992, S. 36 ff.) erstmals in der Literatur vorgestellt. Ausgangspunkt der Überlegungen bildet die Feststellung, dass für die in der Realität recht heterogenen Produktionssysteme eine Vielzahl unterschiedlicher Planungs- und Steuerungskonzepte entwickelt wurde. **Ziel** ist es, ein verallgemeinertes Konzept zu formulieren, das Vorteile der Einzelkonzepte vereint.

Zur Erfüllung dieses Ziels ist es erforderlich, sowohl den physischen Materialfluss als auch den zur Erfüllung der Kunden- oder Produktionsaufträge erforderlichen Informationsfluss zu berücksichtigen (vgl. Schneider/Buzacott/Rücker 2005, S. 125 ff.). Der **Materialfluss** wird grundlegend durch die organisatorische Gestaltung des Produktionssystems festgelegt, das im Rahmen des PAC-Konzeptes aus Bearbeitungseinheiten und Lagerungseinheiten besteht, die in einer wechselseitigen m:n-Materialflussbeziehung stehen. Eine oder mehrere Lagerungseinheiten können eine oder mehrere Bearbeitungseinheiten beliefern et vice versa (vgl. Rücker/Buzacott 2004, S. 117 f.). Eine **Bearbeitungseinheit** umfasst die zur Ausführung der Arbeitsgänge erforderlichen Ressourcen und erfüllt dispositive (Planung und Steuerung) sowie ausführende Aufgaben (z. B. Bearbeitung, Verarbeitung, Montage, Transport) zur Erzeugung eines definierten Spektrums von Zwischen- und/oder Endproduktarten in den durch das PAC-System vorgegebenen Mengen. Die Synchronisation unterschiedlich dimensionierter Materialflüsse im Produktionssystem erfolgt mit Hilfe von **Lagerungseinheiten,** denen dispositive (Lagerbestandsüberwachung, Veranlassung der Wiederauffüllung) und ausführende Aufgaben (Aufbewahrung und Weitergabe von Produkten) obliegen. Eine Lagerungseinheit ist für genau eine Produktart zuständig und für jede Produktart ist mindestens eine Lagerungseinheit im Produktionssystem vorgesehen.

Zur Materialflussplanung und -steuerung wird auf Informationen über die Produktionszeiten und -mengen, die Materialbestände und die zu erbringenden Arbeitsleistungen zurückgegriffen. Der erforderliche **Informationsfluss** zwischen den Elementen des Produktionssystems basiert im PAC-System auf unterschiedlichen Arten von Informationsträgern, die als Tags (Marken) bezeichnet werden. Abbildung 5.3-33 gibt einen Überblick über die Information, den Absender, den Empfänger und die Wirkung der einzelnen Tags.

Bezeichnung	Information	Absender/ Empfänger	Wirkung beim Empfänger
Production Authorization Card (Auftragsfreigabekarte) PAC	Vorliegen eines Auftrags und Verfügbarkeit der zur Auftragserfüllung notwendigen Bearbeitungskapazität	Lagerungseinheit/ Bearbeitungseinheit	Freigabe der Auftrageserfüllung durch die Bearbeitungseinheit, Absenden der OT, RT und PT
Order tag (Bestellkarte) OT	Gegenwärtiger oder zukünftiger Produkt- bzw. Materialbedarf, Ankündigung des Eintreffens der RT in τ Zeiteinheiten	Kunde oder Bearbeitungseinheit/ Lagerungseinheit	Absender einer PAC, wenn mindestens ein PT vorliegt
Requisition tag (Anforderungskarte) RT	Gegenwärtiger Produkt- bzw. Materialbedarf	Kunde oder Bearbeitungseinheit/ Lagerungseinheit	Freigabe der Auslieferung des Produktes bzw. Materials an den Absender des RT, wenn ein entsprechender MT vorliegt
Process tag (Ausführungskarte) PT	Auszuführende Arbeitsgänge und Kapazitätsbedarfe	Management der Bearbeitungseinheit/ausführende Stelle	Start der Auftragsbeartbeitung, sobald die entsprechenden MT vorliegen
	Verfügbarkeit der Bearbeitungskapazität	Bearbeitungseinheit/Lagerungseinheit	Absenden einer PAC, wenn mindestens ein OT vorliegt
Material tag (Materialbegleitschein) MT	Zur Auftragsausführung notwendiges Material ist in der Bearbeitungseinheit verfügbar	Management der Bearbeitungseinheit/ausführenden Stelle	Start der Auftragsbearbeitung, sobald der entsprechende PT vorliegt
	Verfügbarkeit des Produkts in der Lagerungseinheit, Beschreibung der Produktstruktur	Bearbeitungseinheit/Lagerungseinheit	Freigabe der Auslieferung des Produkts bzw. Materials, wenn ein RT vorliegt
Delivery Advice Note (Lieferschein) DAN	Das mit einem RT angeforderte Material wurde an die Bearbeitungseinheit geliefert	Lagerungseinheit/ Bearbeitungseinheit	Erzeugung eines MT, sobald ein PT vorliegt

Fortsetzung nächste Seite

Cancellation Notes (Stornierungsmitteilung) CN	Die mit PAC freigegebene Produktmenge oder der mit OT angekündigte Bedarf ist aufgrund unsicherer Erwartungen niedriger als bisher angegeben	PAC: Lagerungseinheit/Bearbeitungseinheit OT: Bearbeitungseinheit/Lagerungseinheit	Überschüssige PAC bzw. OT werden vernichtet
Surplus tag (Überschusskarte) ST	Bereits produzierte Produkte wurden nachträglich storniert	Bearbeitungseinheit/Lagerungseinheit	Überschüssige Produkte werden eingelagert und zur Erfüllung des nächsten entsprechenden Auftrags verwendet
Treatment of Defectives (Ausschussersatzanforderung) TD	Der Bearbeitungseinheit wurde ein defektes Produkt angeliefert bzw. es wird antizipiert, dass defekte Produkte geliefert werden	Bearbeitungseinheit/Lagerungseinheit	Absenden einer PAC, wenn mindestens ein PT vorliegt, und Freigabe der Auslieferung des Produktes an den Absender des TD, wenn ein entsprechender MT vorliegt

Abb. 5.3-33: Informationsträger im PAC-System

In einem zweistufigen Produktionssystem (vgl. Abbildung 5.3-34) ergibt sich dann der folgende Ablauf (vgl. Schneider/Rücker 2004, S. 356 ff.):

- Die Auftragserteilung durch den Kunden oder durch eine Bearbeitungseinheit erfolgt mit dem Eingang einer entsprechenden Anzahl von OT_k und RT_k bei der Lagerungseinheit k. Ein gleichzeitiger Empfang beider Tags bedeutet, dass der Auftrag so schnell wie möglich erfüllt werden soll. Andernfalls wird durch den OT_k ein zukünftiger Bedarf signalisiert und damit der Eingang von RT_k in τ_k Zeiteinheiten angekündigt. Nach dem Empfang von OT_k können vom Management der Lagerungseinheit PAC_k an die Bearbeitungseinheit k in einer Anzahl von $\min(OT_k, PT_k)$ übermittelt werden. Möglicherweise zur Auftragserfüllung noch fehlende PAC_k (wenn $OT_k - PT_k > 0$) sind nachzureichen, sobald weitere PT_k vorliegen. Die Weitergabe der PAC_k erfolgt in beiden Fällen entsprechend der festgelegten Freigabepolitik entweder einzeln oder in Losen der Größe r_k. Bei Anlieferung der mit PAC_k freigegebenen und durch die Bearbeitungseinheit k erfüllten Aufträge, die die Produkte k sowie die entsprechenden MT_k und PT_k umfassen, werden die PT_k wieder freigesetzt und die Produkte k mit MT_k eingelagert. Nach dem Eingang von RT_k werden, sobald vorhanden, die angeforderten Produkte dem Lager entnommen, mit der DAN_k gekennzeichnet und an den Kunden bzw. die nachgelagerte Bearbeitungseinheit ausgeliefert.

- Mit dem Empfang von PAC_k wird die Bearbeitungseinheit k beauftragt, in entsprechender Anzahl Produkte zu erzeugen. Auf der Grundlage dieser Information werden durch das Management der Bearbeitungseinheit drei Aufgaben erfüllt:

-- Generierung von PT_k und Weitergabe an die ausführende Stelle,

-- Einstufige Stücklistenauflösung für das Produkt k, Generierung von OT_j und Übermittlung an die vorgelagerte Lagerungseinheit,

-- Nach $\tau_j \geq 0$ Zeiteinheiten Generierung von RT_j und Übergabe an die vorgelagerte Lagerungseinheit.

Werden dann die bei der vorgelagerten Lagerungseinheit angeforderten Vorprodukte geliefert, wird die DAN_j in ein MT_j umgewandelt und der ausführenden Stelle zugeführt. Diese kann mit der Auftragsausführung beginnen, wenn MT_j und PT_k vorliegen. Dem Management der Bearbeitungseinheit obliegt im Falle konkurrierender Aufträge die Aufgabe, die Reihenfolge der Auftragserfüllung festzulegen. Nach Abschluss der Bearbeitung eines Auftrags und Vorliegen eines RT_k werden die Produkte k zusammen mit den PT_k und den MT_k an die nachgelagerte Lagerungseinheit geliefert.

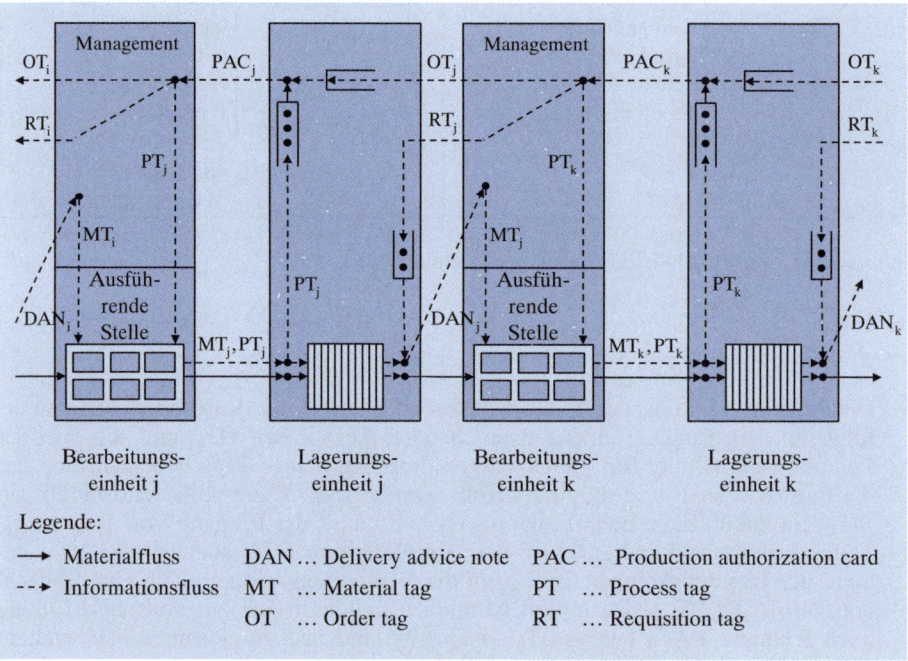

Abb. 5.3-34: Zweistufiges PAC-gesteuertes Produktionssystem

Die in einem PAC-System anzuwendenden Steuerungspolitiken werden durch die Festlegung der **Parameter** Soll-Lagerbestand z_j in der Lagerungseinheit j, Anzahl k_j der PT für Produkt j, Anzahl r_j der für eine Weitergabe erforderlichen PAC, produkt- oder bearbeitungseinheitsspezifische Verzögerung τ_j zwischen der Generierung von OT und RT (Vorlaufzeit) sowie der in den Bearbeitungseinheiten zur Anwendung gelangenden Prioritätsregeln $PRIO_j$ determiniert. Auf dieser Grundlage ist es möglich, einerseits bestehende PPS-Konzepte, wie MRP, KANBAN und

CONWIP abzubilden und anderseits Mischformen aus diesen Konzepten zu generieren (vgl. Buzacott/Shanthikumar 1992, S. 44 ff.).

Bei einem **MRP-System** werden die OT auf der Grundlage einer Prognose und die RT bei Vorliegen der konkreten Nachfrage erzeugt. Die Steuerungseigenschaften werden durch die folgende Parameterkonstellation beschrieben:

- $z_j \geq 0$: Bei rein deterministischer Planung beträgt der Soll-Lagerbestand null, bei Unsicherheit wird ein Sicherheitsbestand aufgebaut.
- $k_j \to \infty$: Die Freigabe von Produktionsaufträgen erfolgt sobald sie vorliegen, ohne Berücksichtigung von Kapazitätsrestriktionen.
- $r_j \geq 1$: Häufig werden die Werkstücke nicht einzeln, sondern als Produktionslos den Bearbeitungseinheiten zugeführt.
- $\tau_j > 0$: Mit Hilfe der Stücklisten und der produktspezifischen Vorlaufzeiten werden die spätesten Starttermine der Produkte und damit die Verzögerung zwischen der Bedarfsankündigung und dem Abruf der Produkte bestimmt.

Im **KANBAN-System** wird die Produktion durch die Entnahme der Produkte aus einem Lager initiiert, und dieser Impuls pflanzt sich im Produktionssystem durch die Weitergabe von KANBAN-Karten und leeren KANBAN-Behältern an die vorgelagerten Bearbeitungseinheiten fort. Für ein äquivalentes PAC-System bedeutet dies, dass OT und RT gleichzeitig an die Lagerungseinheit übermittelt werden ($\tau_j = 0$). Um auf die Nachfrage von Kunden zeitnah reagieren zu können, muss dort ein Soll-Lagerbestand vorliegen ($z_j > 0$), der sich aus der Anzahl k_j der mit $r_j \geq 1$ Produkten gefüllten KANBAN-Behälter ergibt. Die Auffüllung der KANBAN-Behälter in der vorgelagerten Bearbeitungseinheit mit r_j Produkten wird ausschließlich durch die Weitergabe von KANBAN-Karten (PAC) veranlasst. Die Anzahl k_j möglicher Produktionsaufträge ist somit durch den Soll-Lagerbestand z_j und die Anzahl r_j der Produkte pro KANBAN-Behälter definiert ($k_j = z_j \cdot r_j^{-1}$).

Für die in einem **CONWIP-System** am Ausgangslager eintreffende Nachfrage wird eine Überhangliste geführt, die die Grundlage für die Generierung von Produktionsaufträgen bildet. Die Freigabe der Aufträge, die jeweils durch einen Standardbehälter mit einem definierten Kapazitätsbedarf (Bearbeitungszeit) repräsentiert werden, erfolgt dann, wenn die Bearbeitung eines anderen Produktionsauftrags im gesamten CONWIP-gesteuerten Produktionssystem abgeschlossen ist und der Standardbehälter mit den entsprechenden Produkten das Ausgangslager k erreicht hat. Grundlage der Freigabeentscheidung ist folglich der Auftragsbestand im Produktionssystem, der möglichst konstant gehalten werden soll. In einem äquivalenten PAC-System wird bei Vorliegen von OT (Nachfrage) von der Lagerungseinheit k eine PAC an die Bearbeitungseinheit k weitergegeben, sobald durch PT (Standardbehälter mit fertigbearbeiteten Produkten) freie Bearbeitungskapazität signalisiert wird. Damit ergibt sich in der Lagerungseinheit k ein Soll-Lagerbestand von $z_k > 0$ und für die anderen Lagerungseinheiten ($j = 1, \ldots, k-1$) von $z_j = 0$. Durch die Festlegung von $z_k = z^*$ besteht eine konstante Grenze für den Auftragsbestand im Produktionssystem. Wird von einer

Losgröße von $r_j = 1$ ausgegangen, dann ergibt sich die Anzahl der Standardbehälter zu $k_j = z_j + k_{j+1}$ $(j = 1, \ldots, k-1)$ und $k_k = z^*$. Aufgrund von $z_j = 0$ ist es vorteilhaft, nach dem Eintreffen einer PAC in einer Bearbeitungseinheit OT und RT gleichzeitig $(\tau_j = 0)$ an die vorgelagerte Lagerungseinheit weiterzugeben und damit eine unverzögerte Freigabe des im Produktionssystem benötigten Rohmaterials zu bewirken.

Die in einem PAC-System zu erfüllenden Planungsaufgaben weisen inhaltliche Überlappungen mit den Planungsaufgaben im klassischen PPS-Stufenkonzept auf. Wesentliche Unterschiede bestehen darin, dass

- die Planung in hohem Maße dezentral ausgeführt wird,
- klassische Planungsaufgaben teilweise auf der Grundlage einer anderen Methodik gelöst werden und
- zusätzliche Planungsaufgaben erfüllt werden.

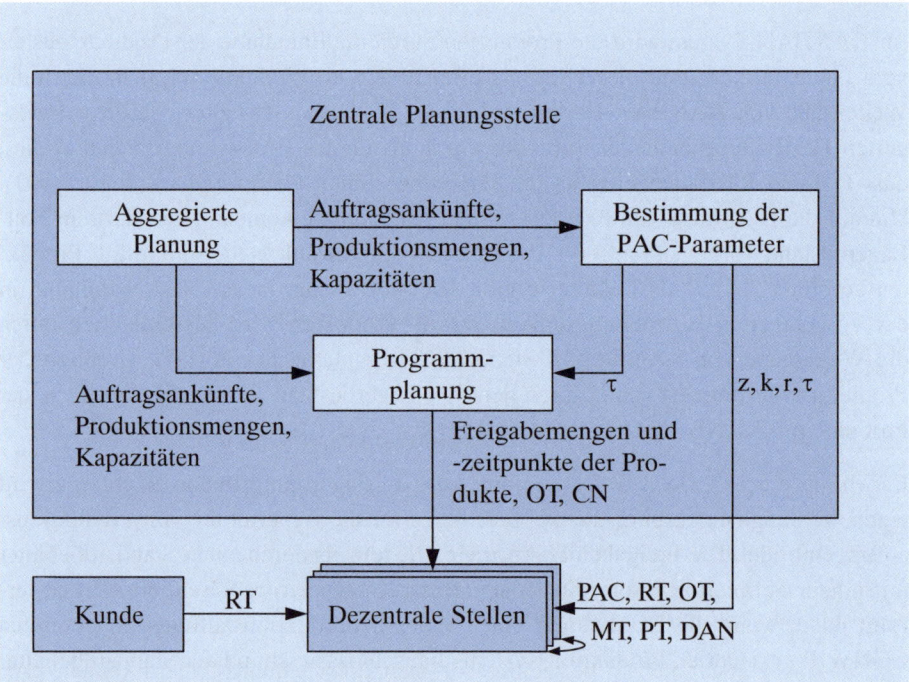

Abb. 5.3-35: PAC-Planungs- und Steuerungssystem

Abbildung 5.3-35 gibt einen Überblick über das PAC-Planungs- und Steuerungssystem (vgl. Rücker/Buzacott 2004, S. 126), in dem folgende Aufgaben von der Zentrale erfüllt werden:

- Aggregierte Planung: Unternehmungsweite mittelfristige Abstimmung aller Funktionsbereiche mit der prognostizierten Nachfrage und Vorgabe von Produktionsmengen und erforderlicher Kapazität.

- Bestimmung der PAC-Parameter: Festlegung der für die einzelnen Produkte anzuwendenden Steuerungspolitiken und Dimensionierung der Parameter entsprechend der mittelfristigen Kapazitäts- und Nachfragesituation.

- Programmplanung: Auf der Grundlage kurzfristiger Prognosen und vorliegender
  Kundenaufträge wird im Rahmen der Vorgaben aus der aggregierten Planung entschieden, in welchem Umfang die Nachfrage zu erfüllen ist und welche Mengen
  der Produkte in den einzelnen Perioden zu produzieren sind. Es wird eine entsprechende Menge an OT oder CN generiert und an die dezentralen Stellen (Bearbei-
  tungs- und Lagerungseinheiten) weitergegeben.

Die dezentralen Stellen erfüllen dann die Aufgaben der Mengenplanung, Termin-
und Kapazitätsplanung, Auftragsfreigabe sowie Auftragsüberwachung und -steue-
rung gemäß der beschriebenen PAC-Logik.

5.4 Opportunistische Koordinierung als flexibilitätsorientierter Ansatz für die Produktionsplanung und -steuerung

Im Gegensatz zu den bisherigen Ausführungen zur Produktionsplanung und -steue-
rung wird im Rahmen der opportunistischen Koordinierung von einem zeitlich offenen Entscheidungsfeld ausgegangen, d. h., im Zeitablauf treten Veränderungen des
Entscheidungsfeldes auf, wobei die Informationen hierüber zum Planungszeitpunkt
unvollständig sind (vgl. Adam 1996, S. 16 ff.; Schlüchtermann 1996, S. 2 ff.):

- Auftragseitig besteht Unsicherheit hinsichtlich der Ankunftszeitpunkte und der
  Konditionen der Kundenaufträge.

- Ressourcenseitig resultiert die Unsicherheit aus möglichen Störungen.

Obwohl das Auftreten von Störungen nicht allein auf Produktionen beschränkt ist,
die nach dem Verrichtungsprinzip organisiert sind, ist die Störungsbehandlung bei
Werkstattproduktion ein zentrales produktionswirtschaftliches Problem, weil

- einerseits die Komplexität des Produktionssystems und die der Produkte wesentliche störungsbegünstigende Faktoren sind und somit für die Werkstattproduktion
  ein hohes Störungspotential abgeleitet werden kann und

- anderseits die Werkstattproduktion zahlreiche Handlungsmöglichkeiten zur Beeinflussung erfolgswirtschaftlicher Störungskonsequenzen bietet.

Zur Lösung von Problemen bei zeitlich offenen Entscheidungsfeldern können zwei
grundsätzliche Vorgehensweisen gewählt werden (vgl. Schlüchtermann 1996, S. 15):

- Konstruktion eines geschlossenen Entscheidungsfeldes: Durch Festlegung eines
  Planungshorizontes sowie der zu berücksichtigenden Handlungsalternativen und
  Daten wird ein Entscheidungsfeld definiert, das alle Aspekte außerhalb dieser
  Grenzen und deren Interdependenzen zu den Elementen des definierten Entschei-
  dungsfeldes vernachlässigt.

- **Beibehaltung der zeitlichen Offenheit des Entscheidungsfeldes**: Um negative Wirkungen unvollständiger Informationen über die Veränderung des Entscheidungsfeldes zu kompensieren, wird Flexibilität aufgebaut oder aufrechterhalten, d. h., die Flexibilität dient als ein Zielkriterium bei der Auswahl von Handlungsalternativen.

Die letztgenannte Vorgehensweise liegt auch dem Konzept der opportunistischen Koordinierung zugrunde, mit dem der hohen Bedeutung, die die Flexibilität für die vorliegende Problemstellung hat, Rechnung getragen werden kann.

5.4.1 Grundprinzipien

Mit dem Konzept der opportunistischen Koordinierung wird versucht, durch die Berücksichtigung einer größtmöglichen Anzahl von Handlungsalternativen und das Vermeiden von unnötigen Festlegungen die einem Produktionssystem inhärente Flexibilität zu nutzen, um negative Wirkungen unerwartet eintretender Ereignisse zu kompensieren. Ausgangspunkt bilden dabei die folgenden Grundprinzipien (vgl. Fox 1987, S. 232 ff.; Fox/Kempf 1985, S. 487 ff.; Zelewski 1995, S. 296):

- größtmögliche Auswahlfreiheit (principle of opportunism) und
- kleinstmögliche Bindung (principle of least commitment).

Beiden Prinzipien liegt dabei die Annahme zugrunde, dass die Wahrscheinlichkeit, zukünftig eintretende negative Auswirkungen von Störungen auf die Auftragsausführung kompensieren zu können, positiv mit dem Umfang des vom Entscheidungsträger in zukünftigen Entscheidungssituationen erkannten Handlungsspielraumes korreliert.

Mit dem Prinzip der größtmöglichen Auswahlfreiheit wird gefordert, bei Entscheidungen alle zum jeweiligen Entscheidungszeitpunkt offenstehenden Freiheitsgrade zu berücksichtigen. Es ist dann erfüllt, wenn der vom Entscheidungsträger identifizierte Handlungsrahmen dem aktuell bestehenden Handlungsrahmen entspricht. Somit setzt dieses Prinzip an der informatorischen Basis für die Entscheidungsfindung an.

Das Prinzip der kleinstmöglichen Bindung zielt auf eine Minimierung der mit einer Entscheidung einhergehenden Einschränkungen der für zeitlich nachgelagerte Entscheidungen relevanten Handlungsrahmen ab. Durch eine Entscheidung soll der Handlungsrahmen für zukünftige Entscheidungen geringstmöglich eingeschränkt werden. Dabei sind folgende Dimensionen zu berücksichtigen:

- Das zukünftige Flexibilitätspotential wird durch die Wahl des Entscheidungszeitpunktes beeinflusst. Während vorzeitige Entscheidungen mit einer Verringerung zukünftiger Flexibilitätspotentiale einhergehen, kann für verspätete Entscheidungen allgemein keine eindeutige Flexibilitätswirkung festgestellt werden.

- Weiterhin wird das zukünftige Flexibilitätspotential durch das **Selektionskriterium für Handlungsalternativen** beeinflusst. Die Anwendung dieses Kriteriums soll zur Auswahl der flexibelsten Handlungsalternative führen.

Bei dieser allgemeinen Formulierung des Konzeptes der opportunistischen Koordinierung handelt es sich somit um ein **Metakonzept**, das alle Koordinierungskonzepte umfasst, bei denen die beiden Grundprinzipien eingehalten werden können. Aufgrund der rein verbalen Formulierung ist es für eine operationale Anwendung auf konkrete Problemstellungen erforderlich, die Grundprinzipien problemspezifisch zu konkretisieren (zur differenzierten Analyse der opportunistischen Koordinierung vgl. Corsten/Gössinger 1998c, S. 433 ff.; 2000, S. 493 ff.; Gössinger 2000, S. 15 ff.).

5.4.2 Konkretisierung für die Produktionsplanung und -steuerung

5.4.2.1 Konkretisierung der Grundprinzipien

5.4.2.1.1 Prinzip der größtmöglichen Auswahlfreiheit

Zur Konkretisierung des Prinzips der größtmöglichen Auswahlfreiheit ist der Handlungsrahmen so abzustecken, dass alle Handlungsalternativen erfasst sind. Die **Handlungsalternativen** ergeben sich dabei aus dem Zusammentreffen des Kapazitätsangebotes der Ressourcen und der Kapazitätsnachfrage der Kundenaufträge, wobei für die einzelnen Handlungsalternativen die entsprechenden Erfolgswirkungen zu berücksichtigen sind. Bei der Kapazität ist zwischen quantitativer und qualitativer Kapazität zu unterscheiden (vgl. Abschnitt 1.1.3.1). Im Rahmen der Produktionsplanung und -steuerung wird von einer **gegebenen Kapazität** ausgegangen, d. h., das Produktionssystem kann ein bestimmtes Produktionsprogramm bestehend aus verschiedenen Produktarten erzeugen. Der zur Herstellung eines Produktes erforderliche Produktionsprozess wird durch einen **Arbeitsplan** beschrieben, der

- aus Arbeitsgängen und
- den zwischen den Arbeitsgängen existierenden Anordnungsbeziehungen

besteht. Bei Werkstattproduktion kann unterstellt werden, dass ein Arbeitsplan die folgenden **Entscheidungsspielräume** offenhält (vgl. Zelewski 1995, S. 246 f.):

- **Ordinierungsspielraum**: Die Gesamtheit der Anordnungsbeziehungen muss nicht zwingend zu einer linearen Folge der Arbeitsgänge, sondern lediglich zu einer Halbordnung der Arbeitsgänge führen. Somit werden Vertauschungen der Reihenfolge der Arbeitsgänge, Parallelisierungen der Ausführung der Arbeitsgänge etc. ermöglicht.

- **Verfahrensspielraum**: Substitutionen der Arbeitsgänge oder Teilfolgen der Arbeitsgänge sind zulässig, so dass zur Auftragserfüllung nicht die Ausführung aller Arbeitsgänge erforderlich ist.

- **Terminierungsspielraum**: Während für einen Produktionsauftrag Start- und Endzeitpunkt gegeben sind, werden aufgrund der nicht eindeutig bestimmten Arbeitsgangfolge für die einzelnen Arbeitsgänge keine derartigen Zeitpunkte fixiert.

- **Lokalisierungsspielraum**: Es wird nicht festgelegt, welcher Arbeitsgang auf welcher Bearbeitungseinheit auszuführen ist. Als Nebenbedingung gilt, dass jeder im Arbeitsplan enthaltene Arbeitsgang von mindestens einer Bearbeitungseinheit ausgeführt werden kann.

Es liegen damit **nonlineare Arbeitspläne** vor (vgl. Sacerdoti 1975, S. 206 f.), die nur die technologischen Restriktionen, die bei der Auftragsausführung zu beachten sind, berücksichtigen.

Die **Kapazitätsnachfrage** ergibt sich aus den seitens der Unternehmung angenommenen **Kundenaufträgen**, die entsprechend der vereinbarten Konditionen auszuführen sind, wobei unter Voraussetzung einer Werkstattproduktion die folgenden Aspekte relevant sind:

- Der **Preis** für die Ausführung eines Kundenauftrages wird durch Verhandlung zwischen Kunde und Unternehmung festgelegt.
- Die **Produktart** ist die Spezifikation der nachgefragten Leistung, wobei sich jeder Kundenauftrag auf genau eine Produktart bezieht.
- Der **Auftragsumfang** ist die Anzahl der zu erstellenden Produkte der angegebenen Art.
- Der **Liefertermin** ist der Zeitpunkt, an dem der Kundenauftrag ausgeführt sein sollte.
- Die **Konventionalstrafsätze** werden dann relevant, wenn Abweichungen vom Liefertermin eintreten.

Diese Kundenaufträge werden im Rahmen der Produktionsplanung und -steuerung in **Produktionsaufträge** transformiert, die sich mit Hilfe der folgenden Merkmale erfassen lassen:

- Die **Losgröße** kennzeichnet eine unteilbare Menge an Werkstücken, die auf gleiche Weise zu bearbeiten sind.
- Der **Fertigstellungstermin** ist der vorgegebene Zeitpunkt, zu dem der Produktionsauftrag ausgeführt sein sollte.
- Die **Strafkostensätze** der Abweichung vom Fertigstellungstermin (vgl. Matthes 1970, S. 227) werden als Beträge pro Zeiteinheit aus den mit dem Kunden vereinbarten Auftragskonditionen und den Lagerhaltungskostensätzen abgeleitet.
- Der **Arbeitsplan** gibt an, welche Arbeitsgänge zur Ausführung eines Produktionsauftrages auszuführen und welche Reihenfolgebeziehungen dabei zu berücksichtigen sind.

Die Ausführungsmöglichkeiten eines Produktionsauftrages und somit der relevante Handlungsrahmen werden durch harte und weiche Restriktionen in ihren Freiheitsgraden beschränkt. Als hart werden diejenigen Restriktionen bezeichnet, die die Ausführungsmöglichkeiten aufgrund der technologischen Grenzen des Produktionssystems absolut limitieren, während weiche Restriktionen Satisfizierungsgebiete des Lösungsraumes markieren, die aus subjektiven Zielvorstellungen resultieren und somit die durch die harten Restriktionen gegebenen Ausführungsmöglichkeiten relativ limitieren. Tendenziell lassen sich somit die technologischen als harte und die marktlichen als weiche Restriktionen einordnen:

- Die **technologischen Restriktionen** ergeben sich dabei aus der Kapazität des Produktionssystems und dem dem Produktionsauftrag zugrundeliegenden Arbeitsplan.

- **Marktliche Restriktionen** der Auftragsausführung sind zu berücksichtigen, da Produktionsaufträge i. d. R. aus Aufträgen der Kunden hervorgehen, die die Leistung der Unternehmung im Kontext eines marktwirtschaftlichen Umfeldes beurteilen. Die am erwerbswirtschaftlichen Prinzip orientierte Unternehmung wird folglich Kundenwünsche als weiche Restriktionen (z. B. zeitliches und monetäres Budget) berücksichtigen.

5.4.2.1.2 Prinzip der kleinstmöglichen Bindung

Eine Konkretisierung des Prinzips der kleinstmöglichen Bindung kann durch die Formulierung von Entscheidungsregeln vorgenommen werden, mit deren Hilfe die Wirkungen von Produktionsentscheidungen auf die zukünftige Flexibilität berücksichtigt werden können. Im Gegensatz zu klassischen Planungsmodellen, deren Fokus auf die Flexibilität des Planungsobjektes gerichtet ist, berücksichtigt die opportunistische Koordinierung darüber hinaus auch die Flexibilität des Planungsprozesses.

Die Entscheidungsregeln sind deshalb in beiden Dimensionen des Prinzips der kleinstmöglichen Bindung zu spezifizieren:

- In **zeitlicher Hinsicht** sind die Zeitpunkte zu identifizieren, zu denen das Fällen von Produktionsentscheidungen mit geringstmöglichen Flexibilitätsminderungen einhergeht.

- Der **inhaltliche Aspekt** bezieht sich auf die Wahl der flexibelsten Produktionsalternative.

Unter **zeitlichen Gesichtspunkten** ist zu beachten, dass eine **vorzeitig getroffene Entscheidung** zu einer Einengung zukünftiger Handlungsspielräume führt, während ein **verzögertes Entscheiden** im Hinblick auf den Umfang des Handlungsspielraumes in zukünftigen Produktionssituationen mit entgegengesetzten Wirkungen einhergehen kann:

- Es kann sich ein erweiterter Handlungsspielraum ergeben, da z. B. die Wahrscheinlichkeit der Wiederverfügbarkeit ausgefallener Ressourcen mit zunehmender Reparaturdauer steigt.

- Es kann sich ein verringerter Handlungsspielraum ergeben, da z. B. in der Zwischenzeit eine als verfügbar angenommene Ressource mit einem anderen Auftrag belegt wurde.

Während eine vorzeitige Entscheidung generell mit negativen Wirkungen auf zukünftige Handlungsspielräume einhergeht, ist bei Überlegungen zur Verzögerung von Entscheidungen zu berücksichtigen, dass deren Wirkungen auf zukünftige Handlungsspielräume nur situationsspezifisch feststellbar und durch den Zukunftsbezug mit Unsicherheit behaftet sind, was wiederum zu mehrwertigen Erwartungen führt.

Für Produktionsentscheidungen besteht ein Spielraum bei der **Wahl des Entschei-dungszeitpunktes**:

- Der **frühestmögliche Zeitpunkt** einer Produktionsentscheidung ist dadurch ge-kennzeichnet, dass der Entscheidungsträger die Information über die Entschei-dungsnotwendigkeit erhält.

- Der **spätestmögliche Entscheidungszeitpunkt** ist dann gegeben, wenn die Wir-kungen einer weiteren Verschiebung der Entscheidung in die Zukunft aus ökono-mischen Gründen nicht mehr gerechtfertigt sind.

Obwohl sich die mit der **Verzögerung einer Entscheidung** verbundenen Wirkungen auf die zukünftige Flexibilität nicht eindeutig bestimmen lassen, ist es möglich, eine Zeitspanne zu identifizieren, in der sich eine Entscheidungsverzögerung nicht nega-tiv auf zukünftige Handlungsoptionen auswirkt (vgl. Zelewski 1998, S. 240 ff.). Dazu seien die folgenden Zeitpunkte berücksichtigt (vgl. Corsten/Gössinger/Schneiker 2001, S. 316 f.):

- Zeitpunkt T_j^1, zu dem der Kapazitätsbedarf eines Auftrages j erkannt wird.
- Zeitpunkt $T_{j,m}^2$, zu dem ein zum Kapazitätsbedarf passendes zukünftiges Kapazi-tätsangebot m erkannt wird.
- Zeitpunkt $T_{j,m}^3$, zu dem es unter Beachtung aller relevanten Prozessdauern frühe-stens möglich ist, das Kapazitätsangebot m zu nutzen.
- Zeitpunkt T_j^4 der nächsten auftragsrelevanten Entscheidung.
- Zeitpunkt T_j^5, zu dem aus ökonomischen Gründen die Produktionsentscheidung spätestens zu treffen ist.

Bei **isolierter Betrachtung eines Auftrages** gilt, dass die Verfügbarkeit über ein zum Kapazitätsbedarf passendes zukünftiges Kapazitätsangebot durch Verzögerung des Zeitpunktes der Entscheidung über die Kapazitätsnutzung bis vor den frühestmögli-chen Nutzungszeitpunkt nicht beeinträchtigt wird. Durch ein Hinauszögern der Ent-scheidung können zusätzlich sukzessive eintreffende Informationen, z. B. über zu-künftig verfügbare Kapazitätsangebote, berücksichtigt werden (vgl. Hart 1940, S. 55 ff.; Mandelbaum/Buzacott 1990, S. 25 f.; Wittmann 1959, S. 187 ff.). Da zusätzliche Informationen nicht mit einer Verschlechterung, häufig aber mit einer Verbesserung der Entscheidungsqualität einhergehen (vgl. Zelewski 1998, S. 240 ff.), ist es ratio-nal, den Entscheidungszeitpunkt wie folgt festzulegen:

$$T_j^4 = \min\left(\min_m (T_{j,m}^3); T_j^5\right)$$

Wird die **Betrachtung** auf das Vorliegen **mehrerer Aufträge** erweitert, die im Hin-blick auf die verfügbare Kapazität miteinander konkurrieren, dann ist der früheste Entscheidungstermin aller Nachfragen relevant:

$$T_j^4 = \min\left(\min_m (T_{j,m}^3); \min_{j'} (T_{j'}^5)\right)$$

Die Veränderungen des **nicht flexibilitätsmindernden Verzögerungsspielraumes** aufgrund der Veränderung des Informationsstandes im Zeitablauf sind in Abbildung 5.4-1 beispielhaft für den Fall zweier konkurrierender Aufträge dargestellt:

1. Zum Zeitpunkt der Information über den Kapazitätsbedarf eines Auftrages besteht ein Verzögerungsspielraum bis zum spätestmöglichen Entscheidungszeitpunkt.

2. Die Information über ein Kapazitätsangebot, das nach dem spätestmöglichen Entscheidungszeitpunkt liegt, hat keinen Einfluss auf den Verzögerungsspielraum.

3. Die Information über ein Kapazitätsangebot, das vor dem spätestmöglichen Entscheidungszeitpunkt verfügbar ist, verkürzt den Verzögerungsspielraum auf den Zeitpunkt der frühesten Verfügbarkeit des Kapazitätsangebotes.

4. Ein um die gleichen Kapazitätsangebote konkurrierender Auftrag, dessen spätestmöglicher Entscheidungszeitpunkt zeitlich vor dem des betrachteten Auftrages liegt, geht mit einer weiteren Einengung des Verzögerungsspielraumes einher.

5. Die Information über ein Kapazitätsangebot, das nach dem spätesten Entscheidungszeitpunkt des zweiten Auftrages verfügbar ist, hat keinen Einfluss auf die Entscheidungsverzögerung.

6. Wird der späteste Entscheidungszeitpunkt des zweiten Auftrages erreicht, dann muss eine Entscheidung darüber getroffen werden, welches Kapazitätsangebot für den zweiten Auftrag reserviert wird:

   a) Eine Reservierung des zweiten Kapazitätsangebotes geht mit einer Erweiterung des Verzögerungsspielraumes für den ersten Auftrag bis zu dessen spätestem Entscheidungszeitpunkt einher.

   b) Eine alternativ mögliche Reservierung des dritten Kapazitätsangebotes hat eine Ausdehnung des Verzögerungsspielraumes bis zum frühesten Verfügbarkeitstermin des zweiten Kapazitätsangebotes zur Folge.

Eine über die angegebenen Spielräume hinausgehende Entscheidungsverzögerung ist möglich, erfordert jedoch eine Abschätzung der Vorteilhaftigkeit, die im praktischen Einsatz an Operationalisierungsproblemen scheitert. Grundsätzlich ist eine Verzögerung dann optimal, wenn die Grenzkosten einer weiteren Verzögerung deren Grenznutzen entsprechen (vgl. Good 1962, S. 388).

Zur Operationalisierung **inhaltlicher Kriterien** ist die mit einer Produktionsentscheidung einhergehende Einengung zukünftiger Handlungsspielräume, d. h. die Verminderung der nutzbaren **Bestandsflexibilität** des Produktionssystems, zu analysieren. Die Anwendung des Prinzips der kleinstmöglichen Bindung baut folglich auf einer Messung des nach einer Produktionsentscheidung verbleibenden nutzbaren Teils der Bestandsflexibilität auf. Im gegebenen operativen Rahmen kann die Ausgestaltung eines **Flexibilitätsmaßes** an der Überlegung anknüpfen, dass die Entscheidung über die Ausführung eines Auftrages mit **temporären Bindungen** einhergeht. Diese Bindungen ergeben sich aus dem Kapazitätsbedarf des Auftrages und besitzen eine umso größere flexibilitätsmindernde Wirkung, je knapper die im Ausführungszeitraum des Auftrages verfügbare Kapazität ist.

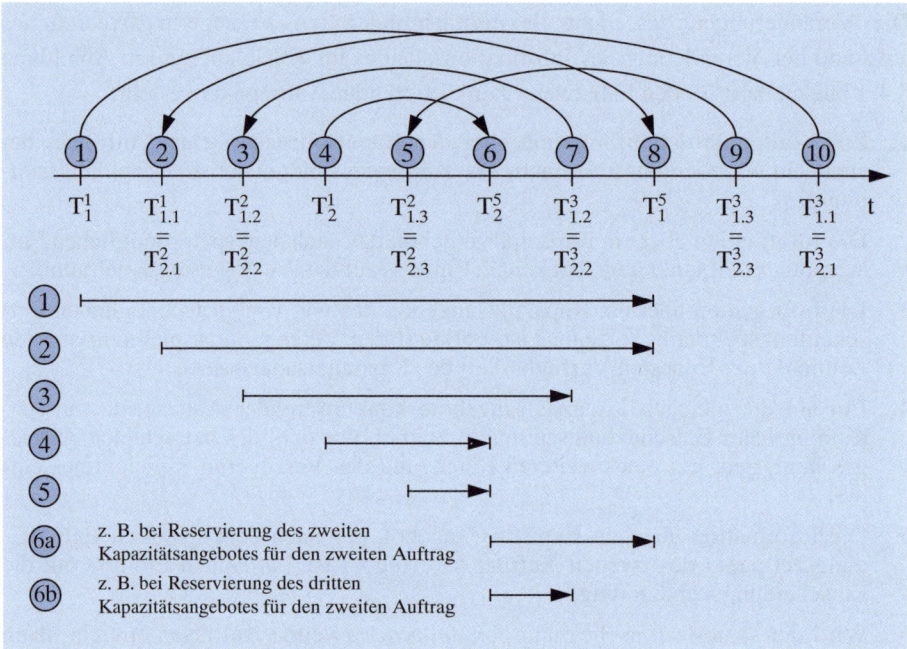

Abb. 5.4-1: Veränderungen des Spielraumes der nicht flexibilitätsmindernden
             Entscheidungsverzögerung

Eine Quantifizierung der Flexibilität ist auf der Grundlage von Indikator- oder von Wirkungsmessungen möglich (vgl. Schlüchtermann 1996, S. 107 ff.). Während mit **Indikatormessungen** aufgrund von Plausibilitätsüberlegungen versucht wird, aus der quantitativen Erfassung bestimmter Eigenschaften einer Handlungsalternative ohne Bezug zu einem konkreten Flexibilitätsbedarf tendenzielle Aussagen über die nutzbare Flexibilität abzuleiten, basieren **Wirkungsmessungen** auf einer Bewertung der Eigenschaften einer Handlungsalternative in Abhängigkeit vom Flexibilitätsbedarf. Für die vorliegende Problemstellung ist hervorzuheben, dass Wirkungsmessungen aufgrund ihrer informatorischen Anforderungen der zeitlichen Offenheit von Entscheidungsfeldern nicht Rechnung zu tragen vermögen, während Indikatoren unabhängig von der Offenheit eines Entscheidungsfeldes zur Flexibilitätsmessung herangezogen werden, wenngleich sie nur eine heuristische Aussagekraft besitzen (vgl. Gössinger 2000, S. 68 ff.).

Da eine Flexibilitätsmessung mit Hilfe von Ersatzgrößen nicht auf die Messung der Wirkungen einer Entscheidung, sondern auf den Spielraum zukünftiger Entscheidungssituationen abzielt, stellen die Ersatzgrößen zusätzliche, monetäre Zielgrößen ergänzende Entscheidungskriterien dar, die auf unterschiedliche Weise in den Produktionsentscheidungen Berücksichtigung finden können (vgl. Lasserre/Roubellat 1985, S. 447; Mellwig 1972, S. 724 ff.):

a) Auswahl der Alternative mit der höchsten Flexibilität aus der Menge der Alternativen, die ein vorgegebenes monetäres Mindesterfolgsniveau aufweisen:

$$\max Z(Y) = f(\Phi(Y) \mid E(Y) \geq \overline{E})$$

b) Auswahl der Alternative mit dem höchsten monetären Erfolg aus der Menge der Alternativen, die ein vorgegebenes Flexibilitätsniveau aufweisen:

$$\max Z(Y) = f(E(Y) \mid \Phi(Y) \geq \overline{\Phi})$$

Symbole:

E = Entscheidungsrelevante ökonomische Erfolgsgröße

Y = Entscheidungsvariable

Z = Zielfunktion

Φ = Flexibilitätsindikator

Aufgrund des Extremierungscharakters des Prinzips der kleinstmöglichen Bindung ist im vorliegenden Kontext Alternative a) relevant.

5.4.2.2 Konsequenzen für die Struktur der PPS-Systeme

In klassischen PPS-Systemen wird die Termin- und Kapazitätsplanung an zwei Stellen berücksichtigt:

- Grobterminierung im Rahmen des Moduls der Kapazitätsterminierung und
- Feinterminierung im Modul der Auftragsdurchführung und -überwachung.

In einer flexibilitätsorientierten Vorgehensweise mit dem Prinzip der kleinstmöglichen Bindung wird jedoch gefordert, Entscheidungen erst dann zu treffen, wenn diese notwendig sind. Da es auf jeder Stufe der Produktionsplanung und -steuerung erforderlich ist, Kapazitätsnachfrage und -angebot auf dem entsprechenden Aggregationsgrad abzugleichen, findet einerseits auf jeder Stufe der flexibilitätsorientierten Strukturierung ein Kapazitätsabgleich statt (zu dieser Vorgehensweise im Rahmen einer kapazitätsorientierten Produktionsplanung und -steuerung vgl. Drexl u. a. 1994, S. 1030 ff.). Anderseits wird die Aufgabe der Ablaufplanung, die Bestandteil der Termin- und Kapazitätsplanung in klassischen PPS-Systemen ist, nun produktionsprozessbegleitend im Rahmen der Auftragsdurchführung und -überwachung vorgenommen. Hieraus ergibt sich unmittelbar eine modifizierte Aufgabenstrukturierung, wie sie in Abbildung 5.4-2 dargestellt ist.

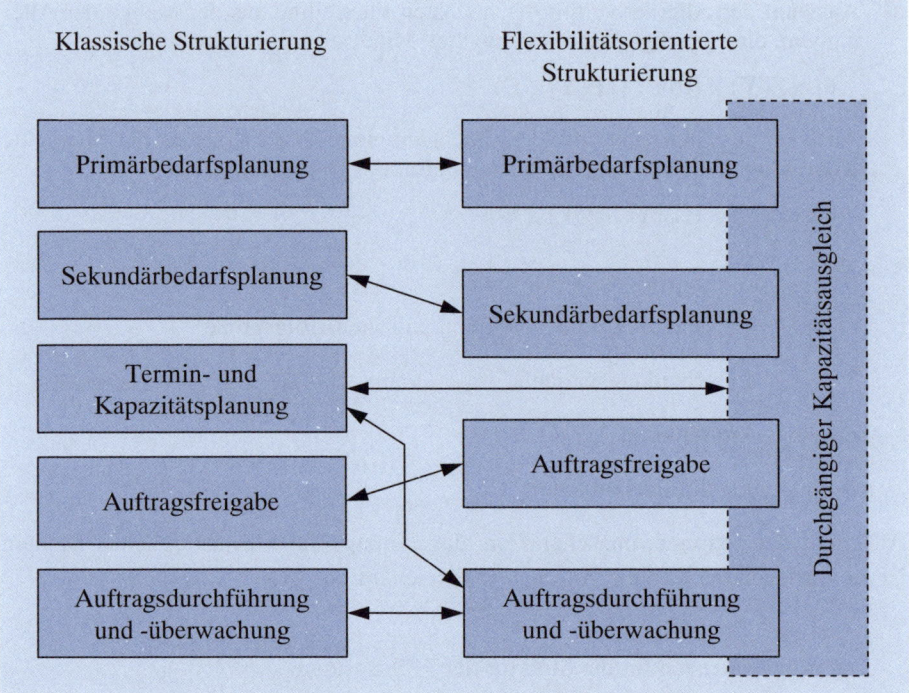

Abb. 5.4-2: Alternative Strukturierung der Produktionsplanung und -steuerung

Im Vergleich zu klassischen erfolgsorientierten Modellformulierungen im Rahmen der Produktionsplanung und -steuerung ergeben sich durch die Flexibilitätsorientierung Modifikationsbedarfe hinsichtlich der Zielfunktion und der Restriktionen. Während in die Zielfunktion die entsprechenden Flexibilitätsindikatoren zu integrieren sind, ist bei den Restriktionen einerseits zu beachten, dass der Mindestwert der Erfolgsgröße zusätzlich zu berücksichtigen ist, und anderseits die Kapazitätsrestriktionen so zu formulieren sind, dass Handlungsalternativen nicht vorzeitig aus der Betrachtung ausgeschlossen werden. Dies geschieht auf der Grundlage unterschiedlicher Aggregationsniveaus bei der Kapazitätsmodellierung. Im Rahmen der Auftragsdurchführung gelangt dabei die detaillierteste Modellierung zur Anwendung, in der alle Handlungsalternativen explizit erfasst werden. In übergeordneten Planungsstufen werden entsprechend der Aufgabenspezifik nur die Handlungsalternativen explizit berücksichtigt, über die auf dieser Stufe entschieden wird. Abbildung 5.4-3 gibt den Modifikationsbedarf in allgemeiner Form wieder.

	Erfolgsorientiert	Flexibilitätsorientiert
Zielfunktion	max $Z(Y) = f(E(Y))$	max $Z(Y) = f(\Phi(Y))$
Restriktionen	- Auftragsausführung - Auftrag/Ressource-Zuordnung - Ressource/Ressource-Zuordnung - Kapazität i. d. R. unter selektiver Einbeziehung der Handlungsalternativen	**Zusätzlich:** Mindesterfolg $$\sum E(Y) \geq \bar{E}$$ **Modifiziert:** Kapazität unter Einbeziehung aller relevanten Handlungsalternativen
Nichtnegativitätsbedingungen	Entscheidungsvariablen Y	Entscheidungsvariablen Y

Abb. 5.4-3: Modifikationsbedarf der Modellformulierungen

5.4.3 Teilaufgabenspezifische Betrachtung

Es stellt sich damit die Aufgabe, herauszuarbeiten, welche Besonderheiten in den einzelnen Modulen aus der flexibilitätsorientierten Betrachtung resultieren (vgl. Corsten/Gössinger 2003, S. 301 ff.).

Im Rahmen der **auftragsorientierten Produktion** entspricht das Produktionsprogramm den im Planungszeitraum angenommenen Kundenaufträgen. Unter diesen Voraussetzungen ergeben sich als zentrale Aufgaben in der **Primärbedarfsplanung** die Prüfung der ökonomischen Vorteilhaftigkeit einer Kundenanfrage und die Angebotserstellung, wobei Preis und Liefertermin die Entscheidungsparameter der Unternehmung darstellen. Als technische Voraussetzungen für die Auftragsannahme oder die Abgabe eines Angebotes sind dabei die Verfügbarkeit des zur Auftragsausführung benötigten Materials und freie Produktionskapazität innerhalb des entsprechenden Zeitraumes zu nennen. Die materialbezogene Verfügbarkeitsprüfung wird bereits durch Standardverfahren klassischer PPS-Systeme in ausreichendem Maße beherrscht. Bei der Bestimmung der freien Produktionskapazität ist die für die Werkstattproduktion charakteristische hohe Flexibilität des Produktionssystems zu berücksichtigen. Während das Kapazitätsangebot durch die **Bearbeitungskapazität** in der Form eines Zeitfonds repräsentiert wird, kann die Kapazität der anderen Ressourcen (Transport- und Lagerkapazität) auf dieser Ebene nicht explizit berücksichtigt werden, weil sich Transport- und Lagervorgänge erst aus der Reihenfolgeplanung ergeben und somit nicht Gegenstand der Produktionsprogrammplanung sind. Die Kapazitätsnachfrage resultiert aus den Kapazitätsbedarfen der aus den Kundenaufträgen abgeleiteten Arbeitsgänge, wobei ebenfalls keine Reihenfolgebeziehungen berücksichtigt werden.

Zur Beurteilung der Kundenauftragsannahmeentscheidung hinsichtlich ihrer Flexibilitätswirkung sind folgende Aspekte von Bedeutung:

- Einflussgrößen des Kundenauftrages, insbesondere der Liefertermin, der Bedarf an Bearbeitungskapazität und der Materialbedarf.

- Einflussgrößen des Produktionssystems, wobei die in dem Zeitintervall zwischen Entscheidungs- und Liefertermin verfügbare Bearbeitungskapazität, der Materialbestand sowie die jeweilige Kapazitätsreservierungssituation zu nennen sind.

Durch die Berücksichtigung dieser Einflussgrößen in einem Indikatormaß, das die Veränderungen der Kapazitätsauslastungssituation durch die Kundenauftragsannahme anzeigt, ergibt sich die Möglichkeit der Flexibilitätsmessung. Für eine bedarfsorientierte Beurteilung der Flexibilitätswirkungen reicht diese isolierte Indikatormessung jedoch nicht aus, sondern es sind die Kapazitätsbedarfe zukünftiger Aufträge zu berücksichtigen, wobei auf Erwartungswerte zurückgegriffen werden kann. Dabei kann die Relation aus realisierbaren erwarteten Aufträgen und den insgesamt erwarteten Aufträgen bei Annahme und bei Ablehnung des aktuellen Auftrages als Gewichtungsfaktor in das Indikatormaß aufgenommen werden. Eine analoge Vorgehensweise bietet sich auch für ein materialbezogenes Indikatormaß an. Das Gesamtmaß wird aufgrund der Limitationalität der betrachteten Faktoren durch den Kennwert mit der größten Ausprägung bestimmt (zu einer formalen Spezifikation vgl. Corsten/Gössinger/Schneiker 2001, S. 319 ff.).

Im Rahmen der Sekundärbedarfsplanung ist die Aufteilung/Zusammenfassung der aus den Kundenaufträgen abgeleiteten Nettobedarfsmengen auf/zu Produktionsaufträge(n) mit entsprechenden mengenmäßigen, zeitlichen und monetären Konditionen das Ergebnis der Losgrößenplanung (vgl. Corsten/Gössinger 2007). Da sich das Problem der Losgrößenplanung aus der Gegenläufigkeit von Lagerhaltungs- und Rüstkosten ergibt, sind neben den Arbeitsgängen der Aufträge auch die Rüstvorgänge zu erfassen, d. h., die Kapazitätsnachfrage ergibt sich aus der Summe der Kapazitätsbedarfe der Arbeits- und Rüstvorgänge. In der flexibilitätsorientierten Losgrößenplanung werden jedoch nur reihenfolgeunabhängige Rüstvorgänge berücksichtigt, die durch die Belegung einer Bearbeitungseinheit mit einem Produktionsauftrag initiiert werden, weil sich die Notwendigkeit der Ausführung reihenfolgabhängiger Rüstvorgänge erst auf einer untergeordneten Planungsebene ergibt. Hieraus resultiert auch, dass die Arbeitsgänge eines Auftrages ohne Berücksichtigung der Reihenfolgebeziehungen modelliert werden. Für jeden Arbeitsgang, der an der Werkstückmenge eines Auftrages ausgeführt wird, ist deshalb ein Rüstvorgang zu berücksichtigen, dessen Kapazitätsbedarf unabhängig vom Umfang des Auftrages ist.

Eine mögliche Vorgehensweise im Rahmen der Losgrößenplanung ist es, die angenommenen Kundenaufträge in Lose mit einer sehr geringen Größe, die nicht weiter aufgeteilt werden sollen (Loseinheiten), zu transformieren, um diese Loseinheiten dann nach geeigneten Kriterien zu Produktionsaufträgen zusammenzufassen (vgl. z. B. Sum/Hill 1993, S. 746 ff.). Eine Loseinheit stellt damit in der Planung die kleinste Einheit dar, um die die Losgröße eines Produktionsauftrages variiert werden kann. Die Untergrenze für eine Loseinheit wird durch die produktartbezogen kleinstmögliche Losgröße bestimmt, die durch technologische Restriktionen vorgegeben ist und in Spezialfällen den Wert 1 annehmen kann. Durch diese Vorgehensweise werden kapazitätsunabhängig alle relevanten Handlungsalternativen der Losgrößenplanung explizit erfasst. Das Bearbeitungskapazitätsangebot wird wiederum mit Hilfe von Zeitfonds berücksichtigt.

Aus der flexibilitätsorientierten Perspektive lassen sich gegenläufige Wirkungen einer Losgrößenentscheidung feststellen, wobei eine gesamtheitliche Betrachtung aller Kundenaufträge vorgenommen wird. Aus diesem Blickwinkel sind die folgenden Flexibilitätswirkungen mit Hilfe von Indikatoren zu erfassen:

- Eine Zusammenfassung von Loseinheiten geht mit einer Verringerung der Anzahl realisierbarer paralleler Bearbeitungsmöglichkeiten der betrachteten Werkstückmenge einher, wenn die Anzahl der dabei gebildeten Produktionsaufträge geringer ist als die maximale Anzahl paralleler Bearbeitungsmöglichkeiten für das entsprechende Produkt. Durch den Wegfall von Parallelbearbeitungsmöglichkeiten wird mit fortschreitender Loszusammenführung der Lokalisierungsspielraum in der Ablaufplanung zunehmend eingeschränkt.

- Durch die Zusammenfassung von Loseinheiten erhöht sich die Anzahl der Werkstücke, an denen die erforderlichen Arbeitsgänge jeweils durchgängig von einer Bearbeitungseinheit durchzuführen sind. Dies ist mit längeren durchgängigen Belegungsdauern der Bearbeitungseinheiten durch den Produktionsauftrag verbunden, so dass die Kapazität der Bearbeitungseinheiten für einen längeren Zeitraum nicht für die Ausführung anderer Produktionsaufträge zur Verfügung steht. Für diese wird somit unmittelbar der Lokalisierungsspielraum eingeschränkt. Tendenziell nimmt der Umfang dieses Entscheidungsspielraumes mit fortschreitender Loszusammenführung ab.

- Während die Kapazitätsnachfrage der Bearbeitungsvorgänge in ihrer Summe nicht durch Losgrößenentscheidungen beeinflusst wird, nimmt die Summe der Kapazitätsnachfrage der Rüstvorgänge mit zunehmender Loszusammenfassung ab. Da sich die Handlungsspielräume aus dem Zusammenspiel von Kapazitätsangebot und -nachfrage ergeben und unter der Annahme, dass bei einem gegebenen Produktionssystem eine positive Korrelation zwischen dem Umfang der Handlungsspielräume und der freien Kapazität besteht, ist es möglich, die Flexibilitätswirkung einer Losgrößenentscheidung mit Hilfe der Veränderung des Auslastungsgrades der arbeitsgangbezogen Kapazität zu bestimmen. Der Umfang der Handlungsspielräume ist dabei umso größer, je geringer die Kapazität ausgelastet ist, d. h. je mehr Loseinheiten zu Produktionsaufträgen zusammengefasst werden.

Aus dieser aggregierten Betrachtungsweise lassen sich die folgenden Flexibilitätsindikatoren ableiten (vgl. Corsten/Gössinger/Großmann 2002, S. 29 ff.).

- Flexibilitätsindikator Φ_1: Verringerung der Anzahl realisierbarer Parallelbearbeitungsmöglichkeiten.

- Flexibilitätsindikator Φ_2: Verlängerung der durchgängigen Belegungsdauern der Bearbeitungseinheiten.

- Flexibilitätsindikator Φ_3: Veränderung des Auslastungsgrades der arbeitsgangbezogen Kapazität.

Da sich die Flexibilitätsindikatoren aus unterschiedlichen Sachverhalten ergeben, erweist es sich als unzweckmäßig, diese zu einem einzigen Flexibilitätsindikator zusammenzufassen, so dass eine vektorielle Erfassung vorgenommen wird:

$$\underline{\Phi} = (\Phi_1 \quad \Phi_2 \quad \Phi_3)$$

Da drei unterschiedliche Flexibilitätsindikatoren mit teilweise gegenläufigen Funktionsverläufen zur Anwendung gelangen, ergibt sich ein Problem der **Vektoroptimierung**. Von den für vektorielle Entscheidungsmodelle relevanten Verfahren (vgl. Dinkelbach/Kleine 1996, S. 33 ff. und S. 130 ff.) erscheint für die vorliegende Problemstellung der Ansatz eines Kompromissmodells auf der Grundlage von Abstandsfunktionen relevant, bei denen die zulässige(n) Lösung(en) ausgewählt wird (werden), die einen minimalen gewichteten Abstand zu einem zu definierenden Idealzielpunkt aufweist (aufweisen).

Aufgabe der **Auftragsfreigabe** ist es, die zu bearbeitenden Produktionsaufträge, die sich noch nicht im Produktionssystem befinden, unter Beachtung der gegebenen Produktionsbedingungen und unter Maßgabe der zugrundeliegenden Ziele in den Produktionsprozess einzuschleusen. Dabei wird von gegebenen Losgrößen der Aufträge ausgegangen.

Vor dem Hintergrund einer Werkstattproduktion sind dabei insbesondere die Modelle relevant, die sich mit den folgenden Teilproblemen beschäftigen (vgl. Corsten/Gössinger/Wolf 2002, S. 101 ff.; Stecke/Kim 1991, S. 54):

- **Serienbildung**: Auswahl einer Teilmenge von Produktionsaufträgen aus der Gesamtmenge einzulastender Aufträge für die gleichzeitige Bearbeitung im Produktionssystem.
- **Systemrüstplanung**: Zuordnung von Werkzeugen zu Maschinen unter Berücksichtigung technologischer und kapazitativer Restriktionen.

Der wesentliche Handlungsspielraum der Einlastungsplanung bei Werkstattproduktion basiert auf mehrdeutigen Zuordnungsmöglichkeiten der Arbeitsgänge und Werkzeuge zu Bearbeitungseinheiten. Insofern ergibt sich die Notwendigkeit, die **Bearbeitungskapazitätsnachfrage** der Arbeits- und Rüstvorgänge, die Werkzeugtypkapazitätsnachfrage der Arbeitsgänge und die Kapazitätsnachfrage der Werkzeugtypen nach Werkzeugmagazinsteckplätzen zu modellieren. Dabei werden die Reihenfolgebeziehungen zwischen den Arbeitsgängen auf dieser Stufe noch nicht explizit berücksichtigt.

Beim Kapazitätsangebot der Bearbeitungseinheiten ist zwischen der grundsätzlich verfügbaren und der aktuellen Kapazität, d. h. dem momentanen Rüstzustand, zu unterscheiden, wobei die Bearbeitungskapazität mit Hilfe eines arbeitsgangbezogenen Zeitfonds erfasst wird. Das Kapazitätsangebot an Werkzeugmagazinsteckplätzen wird durch die Anzahl der Steckplätze pro Magazin erfasst. Für die Beurteilung der Flexibilitätswirkungen von Einlastungsentscheidungen ist zwischen Serienbildung und Systemrüstplanung zu trennen.

Für einen kontinuierlichen Einlastungsprozess werden die Teilmengen vorliegender und eingelasteter (Menge 1) sowie vorliegender und noch nicht einzulastender Aufträge (Menge 2) gebildet. Ziel der flexibilitätsorientierten Auftragseinlastung muss es dabei sein, beide Teilmengen durch die Zuordnung der Aufträgen so zu gestalten, dass die nutzbare Bestandsflexibilität der Aufträge nur geringstmöglich eingeschränkt wird. Im Rahmen der Serienbildung sind die Flexibilitätswirkungen der Entscheidungen von folgenden Aspekten abhängig:

- Verbleibende Ausführungszeit der einzelnen Aufträge aufgrund ihres Liefertermins wobei zwei gegenläufige Tendenzen zu berücksichtigen sind:

  -- Je kürzer die verbleibende Ausführungszeit für einen Auftrag ist, umso weniger Anpassungsmöglichkeiten bestehen für seine Ausführung, d. h. umso geringer ist auch die von ihm nutzbare Bestandsflexibilität.

  -- Wird ein Auftrag früher als nötig eingelastet, dann bindet er Kapazität, die für einen eventuell dringenderen Auftrag genutzt werden könnte.

- Kompatibilität des Kapazitätsbedarfs der gebildeten Teilmengen mit der Kapazität des Produktionssystems: Die Zusammensetzung einer Teilmenge aus einzelnen Aufträgen muss dem Kapazitätsangebot Rechnung tragen. Dabei ist zu berücksichtigen, dass eine hohe Kapazitätsauslastung tendenziell mit größeren Flexibilitätseinschränkungen einhergeht als im umgekehrten Fall. Bei der Auswahl des nächsten einzulastenden Auftrages ist deshalb derjenige Auftrag vorzuziehen, der in der Menge 1 am wenigsten zur Engpassbildung und in der Menge 2 am meisten zu einer Verbesserung der Engpasssituation beiträgt. Im Rahmen der Serienbildung sind dabei die Engpässe bezüglich der Bearbeitungskapazität der Bearbeitungseinheiten und der Werkzeugtypkapazität des Produktionssystems zu berücksichtigen.

Ein Indikatormaß für die Flexibilitätswirkung eines Auftrages kann wiederum am Kapazitätsauslastungsgrad ansetzen, der im Zeitraum zwischen dem aktuellen Entscheidungszeitpunkt und dem Liefertermin des Auftrages gilt. Die Flexibilitätswirkungen lassen sich dann wie folgt spezifizieren (vgl. Corsten/Gössinger/Wolf 2002, S. 98 ff.):

- Bezugspunkte zur Messung der Flexibilitätsminderung für die erste Menge bilden die aktuelle Werkzeugtypkapazität und die aktuelle arbeitsgangbezogene Kapazität der Bearbeitungseinheiten, da bereits Aufträge eingelastet sind, die einen bestimmten Rüstzustand des Produktionssystems voraussetzen. Da davon ausgegangen werden kann, dass sich eine Veränderung der Flexibilität insbesondere auf den Engpassarbeitsgang auswirkt, ist es ausreichend, die Flexibilitätsminderung bezüglich dieses Arbeitsganges zu erfassen. Weiterhin ist aufgrund der Limitationalität von Bearbeitungskapazität der Bearbeitungseinheit und Bearbeitungskapazität des Werkzeugtyps, die größere von beiden Flexibilitätsminderungen im Flexibilitätsmaß zu berücksichtigen.

- Für die zweite Menge wird neben der grundsätzlich verfügbaren Werkzeugtypkapazität die grundsätzlich verfügbare arbeitsgangbezogene Kapazität der Bearbeitungseinheiten als Bezugspunkt zur Messung der Flexibilitätserhöhung gewählt, weil für die einzelnen Aufträge dieser Menge noch nicht festgelegt ist, welche Rüstsituation vorliegt. Die Überlegungen zur Einbeziehung des Engpassarbeitsganges und der Limitationalität der unterschiedlichen Bearbeitungskapazitäten im Rahmen der ersten Menge können analog auf die zweite Menge angewendet werden, wobei die größere Flexibilitätserhöhung zu erfassen ist.

Da sich beide Flexibilitätswirkungen auf denselben Sachverhalt beziehen und auf der Grundlage derselben Maßeinheiten ermittelt werden, können sie additiv verknüpft werden.

Zur Erfassung von Flexibilitätswirkungen der Systemrüstplanung kann auf die Betrachtungen zur Serienbildung zurückgegriffen werden. Relevante Wirkungen ergeben sich aus der Veränderung der aktuellen Bearbeitungskapazität eines Werkzeugtyps. Es ist zu prüfen, ob die Bearbeitungseinheiten, die einen Arbeitsgang ausführen könnten, mit einem Werkzeug des erforderlichen Typs gerüstet werden können. Den flexibilitätserhöhenden Wirkungen durch einen solchen Rüstvorgang stehen flexibilitätsmindernde Wirkungen für andere Arbeitsgänge gegenüber, da gleichzeitig die Werkzeugmagazinkapazität stärker ausgelastet wird. In den Flexibilitätsindikatoren, die wiederum auf der Grundlage des Kapazitätsauslastungsgrades gebildet werden, sind deshalb die folgenden Wirkungen zu erfassen:

- Die Flexibilitätsminderung durch das Rüsten einer Bearbeitungseinheit mit einem Werkzeugtyp ist umso größer, je mehr Werkzeugsteckplätze benötigt werden, je größer die Auslastung der Werkzeugmagazinkapazität und je knapper die Bearbeitungskapazität der verdrängten Werkzeugtypen ist.

- Die Flexibilitätserhöhung durch das Rüsten einer Bearbeitungseinheit mit einem Werkzeugtyp ist umso größer, je höher die aktuelle Auslastung und je stärker der Zuwachs der Werkzeugtypkapazität durch das Rüsten eines zusätzlichen Werkzeuges ist.

Beide Indikatoren lassen sich durch additive Verknüpfung zu einem Indikator zusammenfassen.

Im Rahmen der Auftragsdurchführung und -überwachung ist einerseits die Kapazitäts- und Terminplanung und anderseits die Ausführung der Aufträge unter Beachtung der gegebenen Auftragskonditionen und der Ressourcenverfügbarkeit relevant.

Aus diesen Aufgaben ergibt sich, dass die Nachfrage nach den jeweiligen Kapazitätsarten zu modellieren ist (vgl. Gössinger 2000, S. 57 ff.):

- Die Bearbeitungskapazität ergibt sich aus den zur Ausführung der eingelasteten Produktionsaufträge erforderlichen Arbeitsgängen und den zwischen diesen bestehenden Reihenfolgebeziehungen, die in einem nonlinearen Arbeitsplan abgebildet werden. Des Weiteren werden die Kapazitätsbedarfe der erforderlichen reihenfolgeabhängigen und -unabhängigen Rüstvorgänge im Modell erfasst.

- Die Transportkapazität ergibt sich aus dem auftragsspezifischen Bedarf an Transportplätzen und dem Start- und Zielpunkt des Transportes.

- Die Lagerkapazität ergibt sich aus dem auftragsspezifischen Bedarf nach Lagerplätzen und den möglichen Standorten der Bearbeitungseinheiten.

Für die Spezifikation des Angebotes der einzelnen Kapazitäten ergeben sich folgende Möglichkeiten:

- Die quantitative arbeitsgangbezogene Bearbeitungskapazität ergibt sich als Produkt aus Kapazitätsquerschnitt, Intensität und Einsatzdauer, wobei auf operativer Ebene nur die Intensität und die Einsatzdauer Entscheidungsparameter sind. Die qualitative Bearbeitungskapazität lässt sich mit Hilfe der variationalen Kapazität erfassen. Das produktbezogene Bearbeitungskapazitätsangebot ergibt sich aus der Verknüpfung der arbeitsgangbezogenen Bearbeitungskapazität mit den nonlinearen Arbeitsplänen der jeweiligen Produkte.

- Komponenten der Transportkapazität sind die Anzahl der Transportplätze, die Transportgeschwindigkeit und die Einsatzdauer des Transportmittels.

- Die Lagerkapazität wird durch die Anzahl der Lagerplätze, der räumlichen Distanz zu den Bearbeitungseinheiten und der Einsatzdauer erfasst.

Im Flexibilitätsindikator für die Entscheidung über die Zuordnung von auszuführenden Arbeitsgängen zu Bearbeitungseinheiten sind folgende Wirkungen auf die nutzbare Bestandsflexibilität zu berücksichtigen (vgl. Corsten/Gössinger 2000, S. 517 ff.):

- Die Ausführung eines Produktionsauftrages, der eine geringe Anzahl alternativer Ausführungsmöglichkeiten aufweist, ist von den Wirkungen eventuell auftretender Engpässe stärker betroffen als die eines Produktionsauftrages mit einer höheren Anzahl alternativer Ausführungsmöglichkeiten. Als Indikator kann deshalb die Anzahl alternativer Bearbeitungsmöglichkeiten eines Auftrages herangezogen werden, wobei eine Bevorzugung von Aufträgen mit einer geringen Anzahl alternativer Bearbeitungsmöglichkeiten bei den Zuordnungsentscheidungen tendenziell mit einer höheren nutzbaren Bestandsflexibilität einhergeht.

- Eine Bearbeitungseinheit, die durch ein enges Bearbeitungsspektrum gekennzeichnet ist, lässt sich tendenziell seltener für die Ausführung von nachgefragten Arbeitsgängen einsetzen als Bearbeitungseinheiten mit einem breiteren Bearbeitungsspektrum. Wird ferner eine Bearbeitungseinheit mit einem breiten Bearbeitungsspektrum mit einem auszuführenden Arbeitsgang belegt, der auch von einer Bearbeitungseinheit mit einem geringeren Bearbeitungsspektrum ausgeführt werden könnte, dann ergibt sich hieraus eine unnötige Einschränkung der nutzbaren Bestandsflexibilität. Als Flexibilitätsindikator kann somit die Anzahl alternativer Bearbeitungsmöglichkeiten einer Bearbeitungseinheit herangezogen werden.

Jede Transportdauer, die die minimale Transportdauer übersteigt, geht mit einer Verringerung der nutzbaren Bestandsflexibilität des transportierten Produktionsauftrages einher. Als Flexibilitätsindikator bietet sich damit die Transportdauer an.

Durch die Zuordnung von Lagerungsobjekten zu Lagereinrichtungen wird gleichzeitig die Entfernung zu den Bearbeitungseinheiten festgelegt, mit denen der einzulagernde Produktionsauftrag weiterbearbeitet werden kann. Da die Dauer des Transportvorganges nach der Auslagerung des Produktionsauftrages zur Weiterbearbeitung von der Entfernung abhängig ist und während dieser Dauer die Transportobjekte der Weiterbearbeitung temporär entzogen sind, bietet es sich an, als Flexibilitätsindikator den Erwartungswert der Entfernung zu den relevanten Bearbeitungseinheiten heranzuziehen (vgl. Gössinger 2000, S. 139 ff.). Abbildung 5.4-4 fasst die herausgestellten Besonderheiten auf der Ebene der Teilaufgaben zusammen.

	Flexibilitätsindikator	Kapazitätsmodellierung	
		Angebot	Nachfrage
Primär-bedarfs-planung	Durch Annahme eines Kundenauftrags bewirkte Veränderung der Kapazitätsauslastungssituation	Arbeitsgangbezogener Bearbeitungszeitfonds der Bearbeitungseinheiten	Ausführungsdauern der Arbeitsgänge der Kundenaufträge, ohne Reihenfolgebeziehungen zwischen den Arbeitsgängen
Sekundär-bedarfs-planung	Durch Losbildungsentscheidung bewirkte - Verringerung der Anzahl realisierbarer Parallelbearbeitungsmöglichkeiten - Verlängerung der durchgängigen Belegungsdauer der Bearbeitungseinheiten - Veränderung der Kapazitätsauslastungssituation	Arbeitsgangbezogener Bearbeitungszeitfonds der Bearbeitungseinheiten	- Ausführungsdauern der Arbeitsgänge der Produktionsaufträge, ohne Reihenfolgebeziehungen zwischen den Arbeitsgängen - Ausführungsdauern der reihenfolgeunabhängigen Rüstvorgänge
Auftrags-freigabe	- Durch die Serienbildungsentscheidung bewirkte Veränderung der Kapazitätsauslastungssituation der Bearbeitungseinheiten und Werkzeugtypen - Durch die Systemrüstentscheidung bewirkte Veränderung der Kapazitätsauslastungssituation der Bearbeitungseinheiten und Werkzeugmagazine	- Arbeitsgangbezogener Bearbeitungszeitfonds der Bearbeitungseinheiten und der Werkzeugtypen - Anzahl der Werkzeugmagazinsteckplätze	- Ausführungsdauern der Arbeitsgänge der Produktionsaufträge, ohne Reihenfolgebeziehungen zwischen den Arbeitsgängen - Ausführungsdauern der reihenfolgeunabhängigen Rüstvorgänge - Bedarf an Werkzeugmagazinsteckplätzen durch die Werkzeugtypen
Auftrags-durchfüh-rung und -über-wachung	Bearbeitungskoordination: - Anzahl der alternativen Ausführungsmöglichkeiten des Produktionsauftrages - Anzahl der alternativen Ausführungsmöglichkeiten der Bearbeitungseinheiten Transportkoordination: Transportdauer Lagerungskoordination: Erwartungswert der Entfernung zu den möglichen Bearbeitungseinheiten, die den Produktionsauftrag weiterbearbeiten	- Arbeitsgangbezogener Bearbeitungszeitfonds der Bearbeitungseinheiten mit Berücksichtigung der Handlungsoptionen intensitätsmäßige und zeitliche Anpassung - Zeitfonds der Transporteinrichtungen - Zeitfonds und Standort der Lagereinrichtungen	- Ausführungsdauern der Arbeitsgänge der Produktionsaufträge mit Berücksichtigung der Reihenfolgebeziehungen zwischen den Arbeitsgängen - Ausführungsdauern der reihenfolgeabhängigen und -unabhängigen Rüstvorgänge - Bedarf des Produktionsauftrages an Transportplätzen sowie Start und Ziel des Transportvorganges - Bedarf des Produktionsauftrages an Lagerplätzen sowie Standort der möglichen Bearbeitungseinheiten zur Weiterbearbeitung des Produktionsauftrages

Abb. 5.4-4: Flexibilitätsindikatoren und Kapazitätsmodellierungen auf den einzelnen Planungsebenen

Literaturverzeichnis

Ackermann, K.-F.: Quality-Circles, in: Die Betriebswirtschaft, 45. Jg. (1985), S. 602-603

Adam, D.: Retrograde Terminierung, ein Ansatz zu verbesserter Fertigungssteuerung bei Werkstattfertigung. Nr. 22 der Veröffentlichungen des Instituts für Industrie- und Krankenhausbetriebslehre der Westfälischen Wilhelms Universität Münster, Münster 1987a

Adam, D.: Ansätze zu einem integrativen Konzept der Fertigungssteuerung bei Werkstattfertigung, in: Neuere Entwicklungen in der Produktions- und Investitionspolitik, hrsg. v. D. Adam, Wiesbaden 1987b, S. 17-52

Adam, D.: Aufbau und Eignung klassischer PPS-Systeme, in: Fertigungsteuerung I: Grundlagen der Produktionsplanung und -steuerung, hrsg. v. D. Adam, Wiesbaden 1988a, S. 5-21

Adam, D.: Retrograde Terminierung: Ein Verfahren zur Fertigungssteuerung bei diskontinuierlichem Materialfluß oder vernetzter Fertigung, in: Fertigungssteuerung II: Systeme zur Fertigungssteuerung, hrsg. v. D. Adam, Wiesbaden 1988b, S. 89-106

Adam, D.: Produktionsdurchführungsplanung, in: Industriebetriebslehre. Handbuch für Studium und Prüfung, hrsg. v. H. Jacob, 4. Aufl., Wiesbaden 1990

Adam, D.: Planung und Entscheidung. Modelle - Ziele - Methoden. Mit Fallstudien und Lösungen, 4. Aufl., Wiesbaden 1996

Adam, D.: Produktions-Management, 9. Aufl., Wiesbaden 1998

Adam, D.: Investitionscontrolling, 3. Aufl., München/Wien 2000

Adam, D.; Sibbel, R.: Retrograde Terminierung. Ein integratives Konzept zur Fertigungssteuerung bei vernetzter Produktion und diskontinuierlichem Materialfluß, München 1999

Ahlert, K.-H.; Corsten, H.; Gössinger, R.: Kapazitätsmanagement in auftragsorientierten Produktionsnetzwerken - Ein flexibilitätsorientierter Ansatz, in: Management logistischer Netzwerke. Entscheidungsunterstützung, Informationssysteme und OR-Tools, hrsg. v. H.-O. Günther, D.C. Mattfeld und L. Suhl, Heidelberg 2007, S. 113-136

Ahn, H.: Optimierung von Produktentwicklungsprozessen. Entscheidungsunterstützung bei der Umsetzung des Simultaneous Engineering, Wiesbaden 1997

Akers, S.B.; Friedman, J.: A Non-Numerical Approach to Production Scheduling Problems, in: Journal of the Operations Research Society of America, Vol. 3 (1955), S. 429-442

Albach, H.: Strategische Unternehmensplanung bei erhöhter Unsicherheit, in: Zeitschrift für Betriebswirtschaft, 48. Jg. (1978), S. 702-715

Albach, H. u.a.: Podiumsdiskussion: Erwartungen an eine Allgemeine Betriebswirtschaftslehre aus der Sicht von Forschung und Lehre, in: Integration und Flexibilität. Eine Herausforderung für die Allgemeine Betriebswirtschaftslehre, hrsg. v. D. Adam u.a., Wiesbaden 1990, S. 137-180

Alderfer, C.P.: Empirical Test of a New Theory of Human Needs, in: Organizational Behavior and Human Performance, Vol. 9 (1969), S. 142-175

Altrogge, G.: Netzplantechnik, 3. Aufl., München/Wien 1996a

Altrogge, G.: Investition, 4. Aufl., München/Wien 1996b

Andler, K.: Rationalisierung der Fabrikation und optimale Losgröße, München 1929

Andritzky, K.: Die Operationalisierbarkeit von Theorien zum Konsumentenverhalten, Berlin 1976

Ansoff, J.H.; Kirsch, W.; Roventa, P.: Unschärfenpositionierung in der Strategischen Portfolio-Analyse, in: Bausteine eines strategischen Managements, hrsg. v. W. Kirsch und P. Roventa, Berlin 1983, S. 237-264

Arb, R.C.v.: Vorgehensweisen und Erfahrungen bei der Einführung von Enterprise-Management-Systemen dargestellt am Beispiel von SAP R/3, Diss. Bern 1997

Arbeitskreis „Marketing in der Investitionsgüter-Industrie" der Schmalenbach-Gesellschaft: Systems Selling, in: Zeitschrift für betriebswirtschaftliche Forschung, 27. Jg. (1975), S. 757-773

Arlt, J.: Dynamische Produktionsprogrammplanung. Voraussetzungen - Methodik - Durchführung, Diss. Aachen 1971

Armour, G.C.; Buffa, E.S.: A Heuristic Algorithm and Simulation Approach to Relative Location of Facilities, in: Management Science, Vol. 9 (1963), S. 294-309

Arning, A.: Die wirtschaftliche Bewertung der Zentrenfertigung, Wiesbaden 1987

Arzi, Y.; Roll, Y.: Real-Time Production Control of an FMS in a Produce-To-Order Environment, in: International Journal of Production Research, Vol. 31 (1993), S. 2195-2214

Ashour, S.; Hiremath, S.R.: A Branch-and-Bound Approach to the Job-Shop Scheduling Problem, in: International Journal of Production Research, Vol. 11 (1973), S. 47-58

Atkinson, J.W.: Einführung in die Motivationsforschung, Stuttgart 1975

AWF (Ausschuß für wirtschaftliche Fertigung) (Hrsg.): AWF-Empfehlung: Integrierter EDV-Einsatz in der Produktion, CIM, Computer Integrated Manufacturing, Begriffe, Definitionen, Funktionszuordnungen, Eschborn 1985

Backhaus, K.: Fertigungsprogrammplanung, Stuttgart 1979

Backhaus, K. u.a.: Multivariate Analysemethoden. Eine anwendungsorientierte Einführung, 12. Aufl., Berlin u.a. 2008

Bamberger, I.: Theoretische Grundlagen strategischer Entscheidungen, in: Wirtschaftswissenschaftliches Studium, 10. Jg. (1981), S. 97-104

Bauernhansl, T.: Die Vierte Industrielle Revolution - Der Weg in ein werteschaffendes Produktionsparadigma, in: Industrie 4.0 in Produktion, Automatisierung und Logistik, hrsg. v. T. Bauernhansl, M. ten Hompel und B. Vogel-Heuser, Wiesbaden 2014, S. 5-35

Bay, C.F.: Möglichkeiten von Zeitverkürzungen im Produktentstehungsprozeß, Diss. ETH Zürich 1993

Bea, F.X.: Verfahrenswahl, in: Handwörterbuch der Produktionswirtschaft, hrsg. v. W. Kern, H.-H. Schröder und J. Weber, 2. Aufl., Stuttgart 1996, Sp. 2150-2162

Bechte, W.: Steuerung der Durchlaufzeit durch belastungsorientierte Auftragsfreigabe bei Werkstattfertigung, Diss. Hannover 1980

Becker, F.G.: Motivierung zur Gruppenarbeit - Anreizsysteme in Fertigungsinseln, in: Fortschrittliche Betriebsführung und Industrial Engineering, 43. Jg. (1994), S. 114-116

Behrbohm, P.: Flexibilität in der industriellen Produktion. Grundüberlegungen zur Systematisierung und Gestaltung der produktionswirtschaftlichen Flexibilität, Bern u.a. 1985

Behrens, K.-C.: Allgemeine Standortbestimmungslehre, Köln/Opladen 1961

Bellinger, B.: Versuch eines Gliederungssystems betrieblicher Funktionen, in: Zeitschrift für Betriebswirtschaft, 25. Jg. (1955), S. 228-240

Bellmann, R.E.: Dynamic Programming Treatment of the Traveling Salesman Problem, in: Journal of the Association for Computing Machinery, Vol. 9 (1962), S. 61-63

Belt, B.: Integrating Capacity Planning and Capacity Control, in: Production and Inventory Management Journal, Vol. 17 (1976), S. 9-25

Bergamaschi, D. u.a.: Order Review and Release Strategies in a Job Shop Environment: A Review and a Classification, in: International Journal of Production Research, Vol. 35 (1997), S. 399-420

Bernard, C.J.: Die Führung großer Organisationen, Essen 1970

Berr, U.; Müller, H.E.W.: Ein heuristisches Verfahren zur Raumverteilung in Fabrikanlagen, in: Elektronische Datenverarbeitung, Bd. 10 (1968), S. 200-204

Bierfelder, W.H.: Innovationsmanagement. Prozeßorientierte Einführung, 3. Aufl., München/Wien 1994

Biermann, W.E.: Zur Lehre von der Produktion und ihrem Zusammenhang mit der Wert-, Preis- und Einkommenslehre. Probevorlesung gehalten am 6. Juli 1904 an der Universität Leipzig, Leipzig 1904

Blake, R.R.; Mouton, J.S.: Verhaltenspsychologie im Betrieb. Das neue Grid-Management-Konzept, Düsseldorf/Wien 1980

Bleicher, K.: Führungsstile, Führungsformen und Organisationsformen, in: Management - Aufgaben und Instrumente, hrsg. v. E. Grochla, Düsseldorf 1974, S. 187-204

Bleicher, K.: Führung, in: Handwörterbuch der Organisation, hrsg. v. E. Grochla, 2. Aufl., Stuttgart 1980, Sp. 729-744

Bloech, J.: Standort, betrieblicher, in: Handwörterbuch der Produktionswirtschaft, hrsg. v. W. Kern, 1. Aufl., Stuttgart 1979, Sp. 1875-1885

Blohm, H.; Lüder, K.: Investition, 8. Aufl., München 1995

Blohm, H. u.a.: Produktionswirtschaft, 4. Aufl., Herne/Berlin 2008

Blumenthal, B.: Zum Problem der optimalen Maschinenbelegung im Maschinenbau, in: Fortschrittliche Betriebsführung, 9. Jg. (1959), S. 483-488

Böhnisch, W.; Jago, A.G.; Reber, G.: Zur interkulturellen Validität des Vroom/Yetton-Modells, in: Die Betriebswirtschaft, 47. Jg. (1987), S. 85-93

Bogaschewsky, R.: Statische Materialdisposition im Beschaffungsbereich, in: Wirtschaftswissenschaftliches Studium, 18. Jg. (1989), S. 542-548

Böggemann, D.: Zur Definition der Ungüter, in: Güter und Ungüter. Eine Freundesgabe für Gerhard Merk zum 60. Geburtstag, hrsg. v. H.G. Fuchs, A. Klose und R. Kramer, Berlin 1991, S. 1-10

Bohr, K.; Eberwein, R.-D.: Die Organisationsform Fertigungsinsel. Begriff und Vergleich mit der Werkstattfertigung, in: Wirtschaftswissenschaftliches Studium, 18. Jg. (1989), S. 218-223

Bokranz, R.; Landau, K.: Einführung in die Arbeitswissenschaft, Stuttgart 1991

Brandt, H.-P.: Rechnergestützte Layoutplanung von Industriebetrieben, Köln 1989

Bretzke, W.-R.: Der Problembezug von Entscheidungsmodellen, Tübingen 1980

Brimberg, J.; Love, R.F.: Global Convergence of a Generalized Iterative Procedure for the Minisum Location Problem With L_p Distances, in: Operations Research, Vol. 41 (1993), S. 1153-1163

Brockhoff, K.: Forschung und Entwicklung. Planung und Kontrolle, 5. Aufl., München/Wien 1999a

Brockhoff, K.: Produktpolitik, 4. Aufl., Stuttgart/Jena 1999b

Brose, P.; Corsten, H.: Technologie-Portfolio als Grundlage von Innovations- und Wettbewerbsstrategien, in: Jahrbuch der Absatz- und Verbrauchsforschung, 29. Jg. (1983), S. 344-369

Brunnenberg, J.: Optimale Lagerhaltung bei ungenauen Daten, Wiesbaden 1970

Brynjolfsson, E.; McAfee, A.: The Second Machine Age, New York/London 2014

Buchmann, W.: Zeitlicher Abgleich von Belastungsschwankungen bei der belastungsorientierten Fertigungssteuerung, Düsseldorf 1983

Bucksch, R.; Rost, P.: Einsatz der Wertanalyse zur Gestaltung erfolgreicher Produkte, in: Zeitschrift für betriebswirtschaftliche Forschung, 37. Jg. (1985), S. 350-361

Bühner, R.: Personalentwicklung für neue Technologien in der Produktion, Stuttgart 1986

Bühner, R.: Betriebswirtschaftliche Organisationslehre, 9. Aufl., München/Wien 1999

Bührens, J.: Programmplanung bei der Kuppelproduktion, Wiesbaden 1979

Buhl, H.U.: Much Ado about Leasing? Entgegnung, in: Zeitschrift für Betriebswirtschaft, 59. Jg. (1989), S. 1095-1097

Busse von Colbe, W.; Laßmann, G.: Betriebswirtschaftstheorie, Bd. 1: Grundlagen, Produktions- und Kostentheorie, 5. Aufl., Berlin u.a. 1991

Buzacott, J.A.; Shanthikumar, J.G.: A General Approach for Coordinating Production in Multiple-Cell Manufacturing Systems, in: Production and Operations Management, Vol. 1 (1992), S. 34-52

Buzacott, J.A.; Shanthikumar, J.G.: Stochastic Models of Manufacturing Systems, Englewood Cliffs 1993

Buzzell, R.D.; Gale, B.T.: The PIMS-Principles. Linking Strategy to Performance, New York/London 1987

Buzzell, R.D.; Gale, B.T.: Das PIMS-Programm: Strategien und Unternehmenserfolg, Wiesbaden 1989

Campbell, H.G.; Dudek, R.A.; Smith, M.L.: A Heuristic Algorithm for the n-Job, m-Machine Sequencing Problem, in: Management Science, Vol. 16 (1970), S. B630-B637

Charnes, A.; Cooper, W.W.; Rhodes, E.: Measuring the Efficiency of Decision Making Units, in: European Journal of Operational Research, Vol. 2 (1978), S. 429-444

Chmielewicz, K.: Grundlagen der industriellen Produktgestaltung, Berlin 1968

Coelli, T.J. u.a.: An Introduction to Efficiency and Productivity Analysis, 2. Aufl., New York 2005

Coenenberg, A.G.; Prillmann, M.: Erfolgswirkungen der Variantenvielfalt und Variantenmanagement. Empirische Erkenntnisse aus der Elektronikindustrie, in: Zeitschrift für Betriebswirtschaft, 65. Jg. (1995), S. 1231-1253

Corsten, H.: Probleme der Produktionsprogrammplanung in der Metallindustrie - Das Kapazitätsaufteilungsverfahren zur Strukturvariablenerhöhung auf der Grundlage der Simplexmethode, in: Das Wirtschaftsstudium, 11. Jg. (1982), S. 276-281

Corsten, H.: Die Produktion von Dienstleistungen. Grundzüge einer Produktionswirtschaftslehre des tertiären Sektors, Berlin 1985

Corsten, H.: Produktionsfaktorsysteme, in: Das Wirtschaftsstudium, 15. Jg. (1986), S. 173-179 und Studienblatt

Corsten, H.: Zielbildung als interaktiver Prozeß, in: Das Wirtschaftsstudium, 17. Jg. (1988a), S. 337-344

Corsten, H.: Komponenten und Instrumente der produktionswirtschaftlichen Flexibilität, in: Das Wirtschaftsstudium, 17. Jg. (1988b), Studienblatt

Corsten, H.: Personale Aspekte neuerer Konzepte der Produktionsorganisation, in: Die soziale Dimension der Unternehmung, hrsg. v. H. Corsten, L. Schuster und B. Stauss, Berlin 1991, S. 39-64

Corsten, H.: Gestaltungsbereiche des Produktionsmanagement, in: Handbuch Produktionsmanagement, hrsg. v. H. Corsten, Wiesbaden 1994, S. 5-21

Corsten, H.: Wettbewerbsstrategien. Möglichkeiten einer simultanen Strategieverfolgung, in: Handbuch Unternehmungsführung, hrsg. v. H. Corsten und M. Reiß, Wiesbaden 1995, S. 341-353

Corsten, H.: Produktionsstrukturen - aktuelle Trends und künftige Entwicklungen, in: Zukunftsorientiertes Management. Handlungshinweise für die Praxis, hrsg. v. H. Bruch, M. Eickhoff und H. Thiem, Frankfurt a.M. 1996, S. 218-233

Corsten, H.: Beschaffung, in: Betriebswirtschaftslehre, Bd. 1, hrsg. v. H. Corsten und M. Reiß, 4. Aufl., München/Wien 2008, S. 347-441

Corsten, H.; Corsten, M.: Einführung in das Strategische Management, Konstanz/München 2012

Corsten, H.; Corsten, H.; Gössinger, R.: Projektmanagement. Einführung, 2. Aufl., München/Wien 2008

Corsten, H.; Corsten, H.; Sartor, C.: Operations Research. Eine problemorientierte Einführung, München 2005

Corsten, H.; Friedl, B.: Konzeption und Ausgestaltung des Produktionscontrolling, in: Einführung in das Produktionscontrolling, hrsg. v. H. Corsten und B. Friedl, München 1999, S. 1-64

Corsten, H.; Gössinger, R.: Multiagentensystemgestützte Störungsbehandlung auf der Grundlage der opportunistischen Koordinierung. Nr. 14 der Schriften zum Produktionsmanagement, hrsg. v. H. Corsten, Kaiserslautern 1997

Corsten, H.; Gössinger, R.: Entwurf eines Konzeptes zur EDV-gestützten Organisation von Variantenstücklisten. Nr. 25 der Schriften zum Produktionsmanagement, Kaiserslautern 1998a

Corsten, H.; Gössinger, R.: Multiagentensystemgestützte Störungsbehandlung auf der Grundlage der opportunistischen Koordinierung, in: Zeitschrift für Planung, 9. Jg. (1998b), S. 433-450

Corsten, H.; Gössinger, R.: Produktionsplanung und -steuerung auf der Grundlage der opportunistischen Koordinierung, in: Zeitschrift für Planung, 9. Jg. (1998c), S. 433-450

Corsten, H.; Gössinger, R.: Opportunistische Koordinierung bei Werkstattfertigung - Ein multiagentensystemgestützter Lösungsansatz, in: Management und Zeit, hrsg. v. U. Götze, B. Mikus und J. Bloech, Heidelberg 2000a, S. 493-540

Corsten, H.; Gössinger R.: Produktionsplanung und -steuerung in virtuellen Produktionsnetzwerken, in: Produktions- und Logistikmanagement in Virtuellen Unternehmen und Unternehmensnetzwerken, hrsg. v. B. Kaluza und T. Blecker, Berlin u.a. 2000b, S. 249-294

Corsten, H.; Gössinger, R.: Transportkoordination bei Werkstattfertigung - Lösungsansatz auf der Grundlage eines Multiagentensystems, in: Zeitschrift für Betriebswirtschaft, 71. Jg. (2001), S. 1305-1332

Corsten H.; Gössinger, R.: Flexibilitätsorientierte Produktionsplanung und -steuerung auf der Grundlage der opportunistischen Koordinierung - Entwurf eines Rahmenkonzeptes, in: Nachhaltige Unternehmensführung. Systemperspektiven, hrsg. v. R. Leisten und H.C. Krcal, Wiesbaden 2003, S. 287-318

Corsten, H.; Gössinger, R.: Flexibilitätsgestaltung in Dienstleistungsunternehmungen auf der Grundlage einer eigenschaftsorientierten Analyse, in: Erfolgsfaktor Flexibilität. Strategien und Konzepte für wandlungsfähige Unternehmen, hrsg. v. B. Kaluza und T. Blecker, Berlin 2005, S. 105-133

Corsten, H.; Gössinger, R.: Flexibilitätsorientierte Losgrößenplanung auf der Grundlage der opportunistischen Koordinierung, in: Produktions- und Logistikmanagement. Festschrift für Günther Zäpfel zum 65. Geburtstag, hrsg. v. H. Corsten und H. Missbauer, München 2007, S. 259-286

Corsten, H.; Gössinger, R.: Einführung in das Supply Chain Management, 2. Aufl., München/Wien 2008

Corsten, H.; Gössinger, R. (Hrsg.): Lexikon der Betriebswirtschaftslehre, 5. Aufl., München/Wien 2008

Corsten, H.; Gössinger, R.: Übungsbuch zur Produktionswirtschaft, 5. Aufl., München 2013

Corsten, H.; Gössinger, R.: Dienstleistungsmanagement, 6. Aufl., Berlin/Boston 2015

Corsten, H.; Gössinger, R.; Großmann, B.: Entwurf eines Entscheidungsmodells für die flexibilitätsorientierte Losgrößenplanung auf der Grundlage der opportunistischen Koordinierung, Nr. 51 der Schriften zum Produktionsmanagement, hrsg. v. H. Corsten, Kaiserslautern 2002

Corsten, H.; Gössinger, R.; Schneider, H.: Grundlagen des Innovationsmanagements, München 2006

Corsten, H.; Gössinger, R.; Schneiker, K.: Auftragsorientierte Produktionsprogrammplanung auf der Grundlage der opportunistischen Koordinierung, in: Zeitschrift für Planung, 12. Jg. (2001), S. 307-328

Corsten, H.; Gössinger, R.; Wolf, N.: Flexibility-Oriented Order Release Planning in a Job-Shop Environment, in: Pre-Prints of the Twelfth International Working Seminar on Production Economics, Vol. 2, o.Hrsg., Igls/Innsbruck 2002, S. 79-109

Corsten, H.; Götzelmann, F.: Ökologische Aspekte des betrieblichen Leistungsprozesses, in: Das Wirtschaftsstudium, 18. Jg. (1989), Teil I: S. 350-355, Teil II: S. 409-414

Corsten, H.; Peckedrath, P.: Konzeption und Überprüfung eines numerischen Prognoseverfahrens auf heuristischer Basis, Nr. 41 der Schriften zum Produktionsmanagement, hrsg. v. H. Corsten, 2. Aufl., Kaiserslautern 2001

Corsten, H.; Reiß, M.: Recycling in PPS-Systemen, in: Die Betriebswirtschaft, 51. Jg. (1991), S. 615-627

Corsten, H.; Reiß, M.: Integrationsbedarfe im Produktentstehungsprozeß, in: Integrationsmanagement für neue Produkte, hrsg. v. R.A. Hanssen und W. Kern, ZfbF-Sonderheft 30, Düsseldorf/Frankfurt a.M. 1992, 31-51

Corsten, H.; Reiß, M. (Hrsg.): Handbuch Unternehmungsführung, Wiesbaden 1995

Corsten, H.; Sartor, C.: Auftragsfreigabe bei Werkstattproduktion - Eine vergleichende Analyse von Auftragsfreigabeverfahren, in: Simulation als betriebliche Entscheidungshilfe: Neuere Werkzeuge und Anwendungen aus der Praxis, hrsg. v. J. Biethahn, Göttingen 2006, S. 51-70

Czayka, L.: Die Bedeutung der Graphentheorie für die Forschungsplanung. Bericht Nr. 98 der Studiengruppe für Systemforschung e.V. Heidelberg, München-Pullach/Berlin 1970

Dantzig, G.B.: A Comment on Edie's „Traffic Delays at Toll Booths", in: Journal of Operations Research Society of America, Vol. 2 (1954), S. 339-341

Davenport, T.H.: Putting the Enterprise into the Enterprise System, in: Harvard Business Review, Vol. 76 (1998), H. 4, S. 121-131

Debreu, G.: Theory of Value. An Axiomatic Analysis of Economic Equilibrium, New York 1959 (7. Nachdruck, New Haven/London 1976)

Delfmann, W.: MRP (Material Requirements Planning), in: Handwörterbuch der Produktionswirtschaft, hrsg. v. W. Kern, H.-H. Schröder und J. Weber, 2. Aufl., Stuttgart 1996, Sp. 1248-1262

Dellmann, K.: Betriebswirtschaftliche Produktions- und Kostentheorie, Wiesbaden 1980

De Pay, D.: Schutzrechte und Schutzrechtspolitik, in: Handwörterbuch der Produktionswirtschaft, hrsg. v. W. Kern, H.-H. Schröder und J. Weber, 2. Aufl., Stuttgart 1996, Sp. 1829-1840

Dhillon, B.S.; Singh, C.: Engineering Reliability. New Techniques and Applications, New York 1981

Dichtl, E.: Orientierungspunkte für die Festlegung der Fertigungstiefe, in: Wirtschaftswissenschaftliches Studium, 20. Jg. (1991), S. 54-59

DIN Deutsches Institut für Normung e.V. (Hrsg.): DIN EN 1325-1. Value Management. Wertanalyse, Funktionenanalyse Wörterbuch. Teil 1: Wertanalyse und Funktionenanalyse, Berlin 1996

DIN Deutsches Institut für Normung e.V. (Hrsg.): DIN EN 12973. Value Management, Berlin 2002

Dinkelbach, W.; Kleine, A.: Elemente einer betriebswirtschaftlichen Entscheidungslehre, Berlin u.a. 1996

Dochnal, H.-G.: Darstellung und Analyse von OPT (Optimized Production Technology) als Produktionsplanungs- und -steuerungskonzept. Arbeitsbericht Nr. 31 des Seminars für Allgemeine Betriebswirtschaftslehre, Industriebetriebslehre und Produktionswirtschaft der Universität zu Köln, Köln 1990

Domsch, M.: Qualitätszirkel - Baustein einer mitarbeiterorientierten Führung und Zusammenarbeit, in: Zeitschrift für betriebswirtschaftliche Forschung, 37. Jg. (1985), S. 428-441

Domschke, W.: Standortplanung, in: Handwörterbuch der Produktionswirtschaft, hrsg. v. W. Kern, H.-H. Schröder und J. Weber, 2. Aufl., Stuttgart 1996, Sp. 1912-1922

Domschke, W.: Logistik, Bd. 2: Rundreisen und Touren, 4. Aufl., München/Wien 1997

Domschke, W.; Drexl, A.: Logistik, Bd. 3: Standorte, 4. Aufl., München/Wien 1996

Domschke, W.; Scholz, D.: Standortplanung, innerbetriebliche, in: Lexikon der Betriebswirtschaftslehre, hrsg. v. H. Corsten und R. Gössinger, 5. Aufl., München/Wien 2008, S. 770-772

Domschke, W.; Stahl, W.: Standorte, innerbetriebliche, in: Handwörterbuch der Produktionswirtschaft, hrsg. v. W. Kern, 1. Aufl., Stuttgart 1979, Sp. 1885-1898

Drexl, A. u.a.: Konzeptionelle Grundlagen kapazitätsorientierter PPS-Systeme, in: Zeitschrift für betriebswirtschaftliche Forschung, 46. Jg. (1994), S. 1022-1045

Dück, W.; Bliefernich, M.: Operationsforschung. Mathematische Grundlagen, Methoden und Modelle, Bd. 3, Berlin 1973

Dyckhoff, H.: Betriebliche Produktion. Theoretische Grundlagen einer umweltorientierten Produktionswirtschaft, 2. Aufl., Berlin u.a. 1994

Dyckhoff, H.: Produktion und Reduktion, in: Handwörterbuch der Produktionswirtschaft, hrsg. v. W. Kern, H.-H. Schröder und J. Weber, 2. Aufl., Stuttgart 1996, Sp. 1458-1468

Dyckhoff, H.: Grundzüge der Produktionswirtschaft. Einführung in die Theorie betrieblicher Wertschöpfung, 4. Aufl., Berlin u.a. 2003

Dyckhoff, H.: Produktionstheorie. Grundzüge industrieller Produktionswirtschaft, 5. Aufl., Berlin/Heidelberg/New York 2006

Dyckhoff, H.; Gilles, R.: Messung der Effektivität und Effizienz produktiver Einheiten, in: Zeitschrift für Betriebswirtschaft, 74. Jg. (2004), S. 765-784

Dyckhoff, H.; Müser, M.: Qualität in der Produktionstheorie, in: Management integrativer Leistungserstellung, hrsg. v. R. Gössinger und G. Zäpfel, Berlin 2014, S. 43-70

Dyckhoff, H.; Spengler, T.S.: Produktionswirtschaft. Eine Einführung, 3. Aufl., Heidelberg u.a. 2010

Eckardstein, D.v.; Schnellinger, F.: Betriebliche Personalpolitik, 3. Aufl., München 1978

Einsiedler, H.E.; Knura, B.: „Die Lernstatt - eine Alternative zum Quality-Circle?", in: Zeitschrift für betriebswirtschaftliche Forschung, 36. Jg. (1984), S. 748-755

Ellinger, T.: Ablaufplanung. Grundfragen der Planung des zeitlichen Ablaufs der Fertigung im Rahmen der industriellen Produktionsplanung, Stuttgart 1959

Ellinger, T.: Produktionsplanung. Der Einsatz von OR-Methoden im Bereich der industriellen Produktionsplanung, in: Operations Research Proceedings 1980, hrsg. v. G. Fandel u.a., Berlin u.a. 1981, S. 307-321

Ellinger, T.; Haupt, R.: Produktions- und Kostentheorie, 3. Aufl., Stuttgart 1996

Emminghaus, A.: Allgemeine Gewerkslehre, Berlin 1868

Engeleiter, H.-J.: Die Portfolio-Technik als Instrument der strategischen Planung, in: Betriebswirtschaftliche Forschung und Praxis, 33. Jg. (1981), S. 407-420

Engelhardt, W.H.; Schütz, P.: Total Quality Management, in: Wirtschaftswissenschaftliches Studium, 20. Jg. (1991), S. 394-399

Erdlenbruch, B.: Grundlagen neuer Auftragssteuerungsverfahren für die Werkstattfertigung. Untersuchungen mit Hilfe eines praxisgerechten Analyse- und Simulationskonzeptes, Düsseldorf 1984

Euler, H.; Stevens, H.: Die analytische Arbeitsbewertung als Hilfsmittel zur Bestimmung der Arbeitsschwierigkeit, 4. Aufl., Düsseldorf 1965

Faber, M.; Stephan, G.: Volkswirtschaftliche Betrachtungen zum Materialrecycling. Diskussionsschriften Nr. 128 der Wirtschaftswissenschaftlichen Fakultät der Universität Heidelberg, Heidelberg 1988

Fandel, G.: Teilebedarfsrechnung in der Mehrstufenfertigung, in: Wirtschaftswissenschaftliches Studium, 9. Jg. (1980), S. 449-456

Fandel, G.: Auswirkungen der Lieferabrufsysteme in der Automobilindustrie auf die Serienstückkosten der Zulieferer, in: Betriebswirtschaftliche Steuerungs- und Kontrollprobleme, hrsg. v. W. Lücke, Wiesbaden 1988, S. 49-62

Fandel, G.: Produktion I. Produktions- und Kostentheorie, 7. Aufl., Berlin u.a. 2007

Fandel, G.; François, P.: Rational Material Flow Planning with MRP and KANBAN, in: Production Theory and Planning, hrsg. v. G. Fandel, H. Dyckhoff und J. Reese, Berlin/Heidelberg/New York 1988, S. 43-65

Fandel, G.; François, P.; Gubitz, K.-M.: PPS-Systeme und integrierte betriebliche Softwaresysteme, 2. Aufl., Berlin u.a. 1997

Farrell, M.J.: The Measurement of Productive Efficiency, in: Journal of the Royal Statistical Society (Series A: General), Vol. 120 (1957), S. 253-281

Fiedler, F.E.: A Theory of Leadership Effectiveness, New York u.a. 1967

Fiedler, F.E.; Garcia, J.E.: New Approaches to Leadership, New York u.a. 1987

Fischer, J.: Heuristische Investitionsplanung. Entscheidungshilfen für die Praxis, Berlin 1981

Fischer, J.; Möcklinghoff, M.: Computerunterstützung kooperativen Arbeitens im Forschungs- und Entwicklungsbereich, in: Information Management, 9. Jg. (1994), H. 1, S. 46-52

Fleck, A.: Hybride Wettbewerbsstrategien. Zur Synthese von Kosten- und Differenzierungsvorteilen, Wiesbaden 1995

Fox, B.R.: The Implementation of Opportunistic Scheduling, in: Intelligent Autonomous Systems, An International Conference, Amsterdam, 8.-11.12.1986, hrsg. v. L.O. Hertzberger und F.C.A. Groen, Amsterdam u.a. 1987, S. 231-240

Fox, B.R.; Kempf, K.G.: Complexity, Uncertainty and Opportunistic Scheduling, in: Proceedings of the Second Conference on Artificial Intelligence Applications. The Engineering of Knowledge-Based-Systems, Fontainbleau, 11.-13.12.1985, hrsg. v. C.R. Weisbin, Washington 1985, S. 487-492

Franken, R.: Materialwirtschaft. Planung und Steuerung des betrieblichen Materialflusses, Stuttgart u.a. 1984

Frese, E.: Organisationstheoretische Anmerkungen zur Diskussion um „CIM-fähige" Unternehmungen, in: Gestaltung CIM-fähiger Unternehmen, hrsg. v. H. Wildemann, München o.J., S. 161-184

Frese, E.: Aufbauorganisation, Gießen 1976

Frese, E.: Arbeitsteilung und -bereicherung, in: Handwörterbuch der Produktionswirtschaft, hrsg. v. W. Kern, 1. Aufl., Stuttgart 1979, Sp. 147-160

Frese, E.: Marktinterdependenzen in Unternehmungen der Investitionsgüterindustrie als organisatorisches Problem. Ergebnisse einer empirischen Untersuchung, in: Zeitschrift für betriebswirtschaftliche Forschung, 37. Jg. (1985), S. 267-290

Frese, E.: Grundlagen der Organisation. Konzept - Prinzipien - Strukturen, 8. Aufl., Wiesbaden 2000

Frese, E.: Grundlagen der Organisation. Konzept - Prinzipien - Strukturen, 9. Aufl., Wiesbaden 2005

Friedl, B.: Wertanalyse nach DIN EN 12973 als Instrument des produktorientierten Kostenmanagements, Kiel 2007

Gabele, E.: Führungsmodelle, in: Handwörterbuch des Personalwesens, hrsg. v. E. Gaugler und W. Weber, 2. Aufl., Stuttgart 1992, Sp. 948-965

Gallus, G.: Betriebsmittel: Begriff und Arten, in: Handwörterbuch der Produktionswirtschaft, hrsg. v. W. Kern, 1. Aufl., Stuttgart 1979, Sp. 354-361

Ganschar, O. u.a.: Produktionsarbeit der Zukunft - Industrie 4.0, hrsg. v. D. Spath, Stuttgart 2013

Gaugler, E.: Flexibilisierung der Arbeitszeit, in: Zeitschrift für betriebswirtschaftliche Forschung, 35. Jg. (1983), S. 858-872

Gaugler, E.: Flexibilisierung des Arbeitskräfteeinsatzes, in: Personal-Management, hrsg. v. W. Weber, Wien 1985, S. 15-29

Gaugler, E.: Arbeitsorganisation und Mitarbeiterqualifikation beim Einsatz moderner Informations- und Kommunikationstechniken, in: Integration und Flexibilität, hrsg. v. D. Adam u.a., Wiesbaden 1989, S. 181-196

Gebert, D.: Organisation und Umwelt, Stuttgart u.a. 1978

Geiger, W.: Computergestützte Produktionsplanung und -steuerung im Mittelstand, Wiesbaden 1991

Gerl, K.; Roventa, P.: Strategische Geschäftseinheiten - Perspektiven aus der Sicht des Strategischen Managements, in: Bausteine eines Strategischen Managements, hrsg. v. W. Kirsch und P. Roventa, Berlin/New York 1983, S. 141-161

Gerlach, H.H.: Stücklistenwesen, in: Handbuch der modernen Fertigung und Montage, hrsg. v. K. Brankamp, München 1975, S. 325-352

Gerpott, T.J.: Simultaneous Engineering, in: Handwörterbuch der Produktionswirtschaft, hrsg. v. W. Kern, H.-H. Schröder und J. Weber, 2. Aufl., Stuttgart 1996, Sp. 1852-1861

Gerum, E.; Herrmann, U.: Zur Qualität einheitlicher analytischer Arbeitsbewertungssysteme. Heft 13 der Diskussionsbeiträge am Lehrstuhl für Allgemeine Betriebswirtschaftslehre und Unternehmungsführung der Universität Erlangen-Nürnberg, Nürnberg 1980

Giffler, B.; Thompson, G.L.: Algorithmus for Solving Production Scheduling Problems, in: Operations Research, Vol. 8 (1960), S. 487-503

Glaser, H.: Material- und Produktionswirtschaft, 3. Aufl., Düsseldorf 1986

Glaser, H.: Zum betriebswirtschaftlichen Gehalt von PPS-Systemen, in: 10. Saarbrücker Arbeitstagung 1989: Rechnungswesen und EDV, hrsg. v. A.-W. Scheer, Heidelberg 1989a, S. 343-369

Glaser, H.: Rationalisierungsplanung, in: Handwörterbuch der Planung, hrsg. v. N. Szyperski, Stuttgart 1989b, Sp. 1697-1707

Glaser, H.: Steuerungskonzepte von PPS-Systemen, in: Handbuch Produktionsmanagement, hrsg. v. H. Corsten, Wiesbaden 1994, S. 747-761

Glaser, H.; Geiger, W.; Rohde, V.: PPS - Produktionsplanung und -steuerung, 2. Aufl., Wiesbaden 1992

Glück, P.: Durchlaufzeitverkürzung in der Produktentwicklung, Frankfurt a.M. 1995

Görgel, U.B.: Computer Integrated Manufacturing und Wettbewerbsstrategie, Wiesbaden 1991

Gössinger, R.: Opportunistische Koordinierung bei Werkstattfertigung. Ein Ansatz auf der Basis von Multiagentensystemen, Wiesbaden 2000

Gössinger, R.: Produktion und Logistik, in: Betriebswirtschaftslehre Bd. 1, hrsg. v. H. Corsten und M. Reiß, 4. Aufl., München/Wien 2008a, S. 443-539

Gössinger, R.: Flexibilität, in: Lexikon der Betriebswirtschaftslehre, hrsg. v. H. Corsten und R. Gössinger, 5. Aufl., München/Wien 2008b, S. 235-238

Gössinger, R.: Kosten-Nutzen-Analyse, in: Lexikon der Betriebswirtschaftslehre, hrsg. v. H. Corsten und R. Gössinger, 5. Aufl., München/Wien 2008c, S. 425-426

Gössinger, R.: Logistik, in: Lexikon der Betriebswirtschaftslehre, hrsg. v. H. Corsten und R. Gössinger, 5. Aufl., München/Wien 2008d, S. 490-494

Götzelmann, F.: Computergestützte Layoutplanung von Fabrikanlagen - Bestandsaufnahme und Beurteilung, Diplomarbeit an der Universität zu Köln, Köln 1986

Goldratt, E.M.: Computerized Shop Floor Scheduling, in: International Journal of Production Research, Vol. 26 (1988), S. 433-455

Goldratt, E.M.: Theory of Constraints, New York 1990

Good, I.J.: How Rational Should a Manager Be?, in: Management Science, Vol. 8 (1962), S. 383-393

Grabow, B.: Betriebliche Instandhaltung und Simulation, Frankfurt a.M. 1986

Grabowski, H.: CAD (Computer Aided Design) und CAE (Computer Aided Engineering), in: Handwörterbuch der Produktionswirtschaft, hrsg. v. W. Kern, H.-H. Schröder und J. Weber, 2. Aufl., Stuttgart 1996, Sp. 255-270

Grimm, U.: Analyse strategischer Faktoren. Ein Beitrag zur Theorie der strategischen Unternehmensplanung, Wiesbaden 1983

Grob, R.: Flexibilität in der Fertigung. Organisation und Bewertung von Personalstrukturen, Berlin u.a. 1986

Grochla, E.: Grundlagen der Materialwirtschaft, 3. Aufl., Wiesbaden 1978

Grupp, B.: Aufbau einer optimalen Stücklistenorganisation, Renningen-Malmsheim 1995

Gstettner, S.: Leistungsanalyse von Produktionssteuerungssystemen, Heidelberg 1998

Gubitz, K.-M.: Computergestützte Produktionsplanung. Datenmanagement und Informationsverarbeitung in PPS-Systemen, Heidelberg 1994

Günther, H.: Das Dilemma der Arbeitsablaufplanung. Zielverträglichkeiten bei der zeitlichen Strukturierung, Berlin 1971

Günther, H.: Trilemma oder Dilemma der Ablaufplanung, in: Zeitschrift für Betriebswirtschaft, 42. Jg. (1972), S. 297-300

Günther, H.-O.: Produktionsplanung bei flexibler Personalkapazität, Stuttgart 1989

Günther, H.-O.; Tempelmeier, H.: Produktion und Logistik, 9. Aufl., Berlin u.a. 2012

Gutenberg, E.: Grundlagen der Betriebswirtschaftslehre, Bd. 1: Die Produktion, 23. Aufl., Berlin/Heidelberg/New York 1979

Haak, W.: Produktion in Banken. Möglichkeiten eines Transfers industriebetrieblich-produktionswirtschaftlicher Erkenntnisse auf den Produktionsbereich von Bankbetrieben, Frankfurt a.M./Bern 1982

Hackstein, R.: Arbeitswissenschaft im Umriß. Bd. 1: Gegenstand und Rechtsverhältnisse, Bd. 2: Grundlagen und Anwendung, Essen 1977

Hahn, D.: Interaktive Planung und Beurteilung von Layoutalternativen im Rahmen des Fabrikplanungsprozesses mit Hilfe eines CAD-Systems, Diss. Karlsruhe 1984

Hahn, D.: Ziele des Produktionsmanagement, in: Handbuch Produktionsmanagement, hrsg. v. H. Corsten, Wiesbaden 1994, S. 23-49

Hahn, D.; Laßmann, G.: Produktionswirtschaft - Controlling industrieller Produktion, Bd. 1 u. Bd. 2: Grundlagen, Führung und Organisation, Produkte und Produktprogramm, Material und Dienstleistungen, Prozesse, 3. Aufl., Heidelberg 1999

Hamel, W.: Arbeitszeit, in: Handwörterbuch des Personalwesens, hrsg. v. E. Gaugler und W. Weber, 2. Aufl., Stuttgart 1992, Sp. 441-458

Hamel, W.: Arbeits- und Leistungsbewertung, in: Handwörterbuch der Produktionswirtschaft, hrsg. v. W. Kern, H.-H. Schröder und J. Weber, 2. Aufl., Stuttgart 1996, Sp. 101-115

Hansen, H.R.; Neumann, G.: Wirtschaftsinformatik I. Grundlagen betrieblicher Informationsverarbeitung, 8. Auflage, Stuttgart 2001

Hansmann, K.-W.: Entscheidungsmodelle zur Standortplanung der Industrieunternehmen, Wiesbaden 1974

Hansmann, K.-W.: Industrielles Management, 8. Aufl., München/Wien 2006

Hansmann, H.; Neumann, S.: Prozessorientierte Einführung von ERP-Systemen, in: Prozessmanagement. Ein Leitfaden zur prozessorientierten Organisationsgestaltung, hrsg. v. J. Becker, M. Kugeler und M. Rosemann, 3. Aufl., Berlin u.a. 2002, S. 327-372

Hardeck, W.: Raumplanung im Dialog mit graphischen Bildschirmsystemen, Diss. Erlangen/Nürnberg 1977

Harris, F.W.: How Many Parts To Make At Once, in: Factory, the Magazine of Management, Vol. 10 (1913), H. 2, S. 135-136 und S. 152

Hart, A.G.: Anticipations, Uncertainty, and Dynamic Planning, New York 1965 (erstes Copyright 1940)

Hasenack, W.: Funktionenlehre, betriebswirtschaftliche, in: Handwörterbuch der Betriebswirtschaft, hrsg. v. H. Seischab und K. Schwantag, 3. Aufl., Stuttgart 1958, Sp. 2095-2105

Hauk, W.: Einplanung von Produktionsaufträgen nach Prioritätsregeln. Eine Untersuchung von Prioritätsregeln mit Hilfe der Simulation, Berlin/Köln/Frankfurt a.M. 1973

Haupt, R.: Reihenfolgeplanung im Sondermaschinenbau, Wiesbaden 1977

Haupt, R.: ABC-Analyse, in: Handwörterbuch der Produktionswirtschaft, hrsg. v. W. Kern, 1. Aufl., Stuttgart 1979, Sp. 1-5

Haupt, R.: Produktionstheorie und Ablaufmanagement, Stuttgart 1987

Haupt, R.: Kosteneinflußgrößen, in: Handwörterbuch der Betriebswirtschaft, hrsg. v. W. Wittmann u.a., 5. Aufl., Stuttgart 1993, Sp. 2330-2339

Haupt, R.: Prioritätsregeln für die Reihenfolgeplanung, in: Handwörterbuch der Produktionswirtschaft, hrsg. v. W. Kern, H.-H. Schröder und J. Weber, 2. Aufl., Stuttgart 1996, Sp. 1418-1426

Haupt, R.; Klee, H.W.: Grundlagen der Produktionsplanung, in: Das Wirtschaftsstudium, 15. Jg. (1986), S. 341-346

Haupt, R.; Schilling, V.: Simulationsgestützte Untersuchung neuerer Ansätze von Prioritätsregeln in der Fertigung, in: Wirtschaftswissenschaftliches Studium, 22. Jg. (1993), S. 611-616

Hauschildt, J.: Innovationsmanagement, 3. Aufl., München 2004

Hauschildt, J.; Salomo, S.: Innovationsmanagement, 5. Aufl., München 2011

Hax, A.C.; Meal, D.: Hierarchical Integration of Production Planning and Scheduling, in: Logistics, hrsg. v. M.A. Geisler, Amsterdam/Oxford/New York 1975, S. 53-69

Heck, K.: Bestimmungsfaktoren und Struktur des Prozesses der Planung der Instandhaltungskosten, Diss. Dortmund 1980

Hedrich, P.: Flexible Fertigung, in: Flexibilität in der Fertigungstechnik durch Computereinsatz, hrsg. v. P. Hedrich u.a., München 1983, S. 94-201

Heinemeyer, W.: Die Planung und Steuerung des logistischen Prozesses mit Fortschrittszahlen, in: Fertigungssteuerung II: Systeme zur Fertigungssteuerung, hrsg. v. D. Adam, Wiesbaden 1988, S. 5-32

Heinen, E.: Betriebswirtschaftliche Kostenlehre, 6. Aufl., Wiesbaden 1983

Heinen, E. (Hrsg.): Industriebetriebslehre. Entscheidungen im Industriebetrieb, 9. Aufl., Wiesbaden 1991

Heinrich, C.E.: Das MRP II - Planungskonzept (Manufacturing Resource Planning) und dessen Realisierung mit Standard-Software, dargestellt am System R/2 der SAP AG, in: Neuere Konzepte der Produktionsplanung und -steuerung, hrsg. v. G. Zäpfel, Linz 1989, S. 95-112

Heinz, K.: Vorgabezeitermittlung, in: Handwörterbuch der Produktionswirtschaft, hrsg. v. W. Kern, H.-H. Schröder und J. Weber, 2. Aufl., Stuttgart 1996, Sp. 2213-2226

Heinzel, R.: Rechnergestützte Fabrikplanung mit LAYPLA, in: Techno Congress-Tagung „Rechnergestützte Fabrikplanung", München 1985

Heizer, J.; Render, B.: Operations Management, 10. Aufl., Boston u.a. 2011

Helber, S.: Operations Management Tutorial, Leipzig 2014

Helberg, P.: Anforderungen an PPS-Systeme für die CIM-Realisierung, in: CIM-Management, 4. Jg. (1986), H. 4, S. 20-29

Helberg, P.: PPS als CIM-Baustein. Gestaltung der Produktionsplanung und -steuerung für die computerintegrierte Produktion, Berlin 1987

Hennig, K.W.: Betriebswirtschaftslehre der industriellen Erzeugung, 5. Aufl., Wiesbaden 1969

Hentschel, B.: Dienstleistungsqualität aus Kundensicht. Vom merkmals- zum ereignisorientierten Ansatz, Wiesbaden 1992

Hentze, J.: Arbeitsbewertung und Personalbeurteilung, Stuttgart 1980

Henzel, F.: Die Funktionsteilung in der Unternehmung (Analyse als Mittel betriebswirtschaftlicher Erkenntnis), in: Zeitschrift für Betriebswirtschaft, 9. Jg. (1932), S. 193-209

Hersey, P.; Blanchard, K.H.: Management of Organizational Behaviour: Utilizing Human Resources, 4. Aufl., Englewood Cliffs 1982

Herzberg, F.: Work and the Nature on Man, Cleveland 1966

Herzig, N.: Die theoretischen Grundlagen betrieblicher Instandhaltung, Meisenheim a. Gl. 1975

Hilke, W.: Zielorientierte Produktions- und Programmplanung, 3. Aufl., Neuwied 1988

Hinterhuber, H.H.: Strategische Unternehmensführung I: Strategisches Denken. Vision, Unternehmungspolitik, Strategie, 6. Aufl., Berlin/New York 1996

Hinterhuber, H.H.: Strategische Unternehmensführung II: Strategisches Handeln. Direktiven, Organisation, Umsetzung, Unternehmungskultur, strategisches Controlling, strategische Führungskompetenz, 6. Aufl., Berlin/New York 1997

Hinz, W.: Beschränkungen der Strukturvariablenanzahl in der Optimallösung bei der Anwendung der Linearen Optimierung, Diss. Braunschweig 1977

Hippel, E.v.: Customer-active Paradigm for Industrial Product Idea Generation, in: Research Policy, Vol. 7 (1978), S. 240-266

Hoitsch, H.-J.: Produktionsplanung, in: Handwörterbuch der Betriebswirtschaft, hrsg. v. W. Wittmann u.a., 5. Aufl., Stuttgart 1993a, Sp. 3450-3467

Hoitsch, H.-J.: Produktionswirtschaft. Grundlagen einer industriellen Betriebswirtschaftslehre, 2. Aufl., München 1993b

Hoitsch, H.-J.; Lingnau, V.: Neue Ansätze der Fertigungssteuerung - Ein Vergleich, in: Das Wirtschaftsstudium, 21. Jg. (1992), S. 300-312

Hopp, W.J.; Spearman, M.L.: Factory Physics - Foundations of Manufacturing Management, 2. Aufl., Boston 2001

Hoss, K.: Fertigungsablaufplanung mittels operationsanalytischer Methoden, Würzburg/Wien 1965

Hummel, S.: Material: Arten und Eignung, in: Handwörterbuch der Produktionswirtschaft, hrsg. v. W. Kern, H.-H. Schröder und J. Weber, 2. Aufl., Stuttgart 1996, Sp. 1159-1168

Irastorza, J.C.; Deane, R.H.: A Loading and Balancing Methodology for Job Shop Control, in: AIIE Transactions, Vol. 6 (1974), S. 302-307

Jacob, H.: Produktionsplanung und Kostentheorie, in: Zur Theorie der Unternehmung. Festschrift zum 65. Geburtstag von E. Gutenberg, hrsg. v. H. Koch, Wiesbaden 1962, S. 205-268

Jacob, H.: Zur Standortwahl der Unternehmungen, Wiesbaden 1967

Jacob, H.: Zur optimalen Planung des Produktionsprogramms bei Einzelfertigung, in: Zeitschrift für Betriebswirtschaft, 41. Jg. (1971), S. 495-516

Jacob, H.: Unsicherheit und Flexibilität, in: Zeitschrift für Betriebswirtschaft, 44. Jg. (1974), S. 299-326

Jacob, H.: Die Aufgaben der strategischen Planung - Möglichkeiten und Grenzen, in: Strategisches Management 1, Schriften zur Unternehmungsführung, Bd. 29, hrsg. v. H. Jacob, Wiesbaden 1982, S. 41-67

Jacob, H.: Das PIMS-Programm, in: Das Wirtschaftsstudium, 12. Jg. (1983), S. 262-266

Jacobs, F.R.: OPT Uncovered: Many Production Planning and Scheduling Concepts can be applied with or without the Software, in: Industrial Engineering, Vol. 16 (1984), H. 10, S. 32-41

Jahnke, B.: Betriebliches Recycling, Wiesbaden 1986

Jahnke, H.; Biskup, D.: Planung und Steuerung der Produktion, Landsberg a.L. 1999

Jandt, J.: Betriebswirtschaftliche Anlagenerneuerungsplanung bei stochastischer Zuverlässigkeit der Anlagen, Frankfurt a.M./Bern/New York 1986

Jehle, E.: Wertanalyse, in: Lexikon der Betriebswirtschaftslehre, 4. Aufl., hrsg. v. H. Corsten, München/Wien 2000, S. 1025-1031

Jehle, E.; Müller, K.; Michael, H.: Produktionswirtschaft. Eine Einführung mit Anwendungen und Kontrollfragen, 5. Aufl., Heidelberg 1999

Jendralski, H.: Kapazitätsterminierung zur Bestandsregelung in der Werkstattfertigung, Diss. Hannover 1978

Johnson, S.M.: Optimal Two- and Three-Stage Production Schedules with Setup Times Included, in: Naval Research Logistics, Vol. 1 (1954), S. 61-68

Kagermann, H.; Wahlster, W.; Helbig, J.: Deutschlands Zukunft als Produktionsstandort sichern. Umsetzungsempfehlungen für das Zukunftsprojekt Industrie 4.0. Abschlussbericht des Arbeitskreises Industrie 4.0, Frankfurt a.M. 2013

Kaminsky, G.: Praktikum der Arbeitswissenschaft. Analytische Untersuchungsverfahren beim Studium der menschlichen Arbeit, 2. Aufl., München/Wien 1979

Karg, P.W.; Staehle, W.: Analyse der Arbeitssituation. Verfahren und Instrumente, Freiburg i. Br. 1982

Kawlath, A.: Theoretische Grundlagen der Qualitätspolitik, Wiesbaden 1969

Kayser, P.: EDV-gestützte Produktionsprogrammplanung bei Auftragsfertigung. Ein Systementwurf für die industrielle Praxis, Berlin 1978

Kern, W.: Die Messung industrieller Fertigungskapazitäten und ihrer Ausnutzung. Grundlagen und Verfahren, Köln/Opladen 1962

Kern, W.: Technisch-wirtschaftliche Probleme bei der Auswahl von Erzeugungsverfahren, in: Beiträge zum Produkt-Marketing, hrsg. v. U. Koppelmann, Herne 1973, S. 166-185

Kern, W.: Investitionsrechnung, Stuttgart 1974

Kern, W.: Die Produktionswirtschaft als Erkenntnisbereich der Betriebswirtschaftslehre, in: Zeitschrift für betriebswirtschaftliche Forschung, 28. Jg. (1976), S. 756-767

Kern, W.: Produkte, Problemlösungen als, in: Handwörterbuch für Produktionswirtschaft, hrsg. v. W. Kern, 1. Aufl., Stuttgart 1979a, Sp. 1433-1441

Kern, W.: Produktionswirtschaft, in: Handwörterbuch für Produktionswirtschaft, hrsg. v. W. Kern, 1. Aufl., Stuttgart 1979b, Sp. 1647-1660

Kern, W.: Umweltschutz als Herausforderung an die Innovationskraft industrieller Unternehmungen, in: Innovation und Technologietransfer. Gesamtwirtschaftliche und einzelwirtschaftliche Probleme, hrsg. v. H.-J. Engeleiter und H. Corsten, Berlin 1982, S. 121-138

Kern, W.: Faktorqualitäten in produktionsbezogenen Optimierungsmodellen, in: Praxisorientierte Betriebswirtschaftslehre, hrsg. v. H.G. Bartels u.a., Berlin 1987a, S. 145-160

Kern, W.: Operations Research: Einführung und Überblick, 6. Aufl., Stuttgart 1987b

Kern, W.: Der Betrieb als Faktorkombination, in: Allgemeine Betriebswirtschaftslehre. Handbuch für Studium und Prüfung, hrsg. v. H. Jacob, 5. Aufl., Wiesbaden 1988, S. 117-208

Kern, W.: Qualitätssicherung als eine Voraussetzung zwischenbetrieblicher produktionssynchroner Anlieferung, in: Die Betriebswirtschaft, 49. Jg. (1989a), S. 287-298

Kern, W.: Energie-Betriebswirtschaftslehre - Gedanken zu einer neuen Spezialisierungseinrichtung, in: Die Betriebswirtschaft, 49. Jg. (1989b), S. 433-443

Kern, W.: Kennzahlensysteme, in: Handwörterbuch der Planung, hrsg. v. N. Szyperski, Stuttgart 1989c, Sp. 809-819

Kern, W.: Industrielle Produktionswirtschaft, 5. Aufl., Stuttgart 1992

Kern, W.: Produktionswirtschaft: Objektbereich und Konzepte, in: Handwörterbuch der Produktionswirtschaft, hrsg. v. W. Kern, H.-H. Schröder und J. Weber, 2. Aufl., Stuttgart 1996, Sp. 1629-1642

Kern, W.: Energie-Betriebswirtschaft, in: Lexikon der Betriebswirtschaftslehre, hrsg. v. H. Corsten, 4. Aufl., München/Wien 2000, S. 218-223

Kern, W.; Fallaschinski, K.: Betriebswirtschaftliche Produktionsfaktoren, in: Das Wirtschaftsstudium, Teil I: 7. Jg. (1978), S. 580-583, Teil II: 8. Jg. (1979), S. 15-18

Kern, W.; Schröder, H.-H.: Forschung und Entwicklung in der Unternehmung, Reinbek bei Hamburg 1977

Kern, W.; Schröder, H.-H.: Konzept, Methode und Probleme der Wertanalyse, in: Das Wirtschaftsstudium, 7. Jg. (1978), Teil I: S. 375-381, Teil II: S. 427-430

Kersten, W.; Schröder, M.; Indorf, M.: Industrie 4.0: Auswirkungen auf das Supply Chain Risikomanagement, in: Industrie 4.0: Wie intelligente Vernetzung und kognitive Systeme unsere Arbeit verändern, hrsg. v. W. Kersten, H. Koller und H. Lödding, Berlin 2014, S. 101-126

Kettner, H.; Bechte, W.: Neue Wege der Fertigungssteuerung durch belastungsorientierte Auftragsfreigabe, in: VDI-Zeitung, 123. Jg. (1981), S. 459-466

Kiehne, R.: Innerbetriebliche Standortplanung und Raumzuordnung, Wiesbaden 1969

Kiesel, G.: Probleme bei der praktischen Anwendung der Linearen Optimierung für die Produktions-Programmplanung in der Metallindustrie, Diss. Braunschweig 1971

Kieser, A.; Kubicek, H.: Organisation, 3. Aufl., Berlin/New York 1992

Kilger, W.: Produktions- und Kostentheorie, Wiesbaden 1958

Kilger, W.: Optimale Verfahrenswahl bei gegebenen Kapazitäten, in: Produktionstheorie und Produktionsplanung, hrsg. v. A. Moxter, D. Schneider und W. Wittmann, Köln/Opladen 1966, S. 155-193

Kilger, W.: Die Theorie der industriellen Produktion auf der Grundlage dispositiv variierbarer Prozeßparameter, in: Neuere Entwicklungen in der Unternehmenstheorie. E. Gutenberg zum 85. Geburtstag, hrsg. v. H. Koch, Wiesbaden 1982, S. 99-148

Kilger, W.: Industriebetriebslehre, Bd. I, Wiesbaden 1986

Kistner, K.-P.: Optimierungsmethoden. Einführung in die Unternehmensforschung für Wirtschaftswissenschaftler, 2. Aufl., Heidelberg 1993a

Kistner, K.-P.: Produktions- und Kostentheorie, 2. Aufl., Heidelberg 1993b

Kistner, K.-P.: Produktionstheorie, aktivitätsanalytische, in: Handwörterbuch der Produktionswirtschaft, hrsg. v. W. Kern, H.-H. Schröder und J. Weber, 2. Aufl., Stuttgart 1996, Sp. 1545-1557

Kistner, K.-P.; Steven, M.: Produktionsplanung, 3. Aufl., Heidelberg 2001

Kleine, A.: DEA-Effizienz. Entscheidungs- und produktionstheoretische Grundlagen der Data Envelopment Analysis, Wiesbaden 2002

Kloock, J.: Betriebswirtschaftliche Input-Output-Modelle. Ein Beitrag zur Produktionstheorie, Wiesbaden 1969

Kloock, J.: Produktion, in: Vahlens Kompendium der Betriebswirtschaftslehre, Bd. 1. hrsg. v. M. Bitz u.a., 4. Aufl., München 1998, S. 275-328

Kloock, J.; Sabel, H.; Schuhmann, W.: Die Erfahrungskurve in der Unternehmenspolitik, in: ZfB Ergänzungsheft 2/1987, hrsg. v. H. Albach, Wiesbaden 1987, S. 3-51

Koch, H.: Zum Verfahren der strategischen Programmplanung, in: Zeitschrift für betriebswirtschaftliche Forschung, 31. Jg. (1979), S. 145-161

Köhler, R.: Möglichkeiten zur Förderung der Produktinnovation in mittelständischen Unternehmen, in: Zeitschrift für Betriebswirtschaft, 58. Jg. (1988), S. 812-827

Köhler, R.; Görgen, W.: Schnittstellenmanagement, in: Die Betriebswirtschaft, 51. Jg. (1991), S. 527-529

Kölle, J.: PPS als zentraler Baustein von CIM - Stand der Anwendung EDV-unterstützter PPS-Systeme, Integrationsbeispiel „PPS-CAD" und „PPS-CAP", in: Fortschrittliche Betriebsführung und Industrial Engineering, 37. Jg. (1988), S. 10-13

Köppe, D.: Forderungen an die Integrationsfähigkeit von CAQ-Systemen, in: CIM Management, 3. Jg. (1988), H. 3, S. 14-19

Koffler, J.R.: Neuere Systeme zur Produktionsplanung und -steuerung. Belastungsorientierte Auftragsfreigabe, Fortschrittszahlenkonzept, Kanban-Prinzipien, München 1987

Koopmans, T.C.: Analysis of Production as an Efficient Combination of Activities, in: Activity Analysis of Production and Allocation, hrsg. v. T.C. Koopmans, New York 1951, S. 33-97

Koopmans, T.C., Beckmann, M.: Assignment Problems and the Location of Economic Activities, in: Econometrica, Vol. 25 (1957), S. 53-76

Koppelmann, U.: Produktmarketing. Entscheidungsgrundlagen für Produktmanager, 6. Aufl., Berlin u.a. 2001

Korte, R.-J.: Verfahren der Wertanalyse, Berlin 1977

Kosiol, E.: Leistungsgerechte Entlohnung, 2. Aufl., Wiesbaden 1962

Kowalski, U.: Der Schutz von betrieblichen Forschungs- und Entwicklungsergebnissen. Die Gestaltung des schutzpolitischen Instrumentariums im Innovations-/Imitationsprozeß, Thun/Frankfurt a.M. 1980

Krallmann, H.; Boekhoff, H.; Bogdandy, C.v.: Multiagentensysteme für die technologische Unterstützung der lernenden Organisation, in: Lernende Organisation, hrsg. v. H.-J. Bullinger, Stuttgart 1996, S. 175-198

Kramer, D.: Eine exemplarische PPS-Lösung für Variantenfertiger, in: Die Arbeitsvorbereitung, 26. Jg. (1989), S. 53-56

Kraßer, R.: Patentrecht - Ein Lehr- und Handbuch zum deutschen Patent- und Gebrauchsmusterrecht, Europäischen und Internationalen Patentrecht, 5. Aufl., München 2004

Krech, D.; Crutchfield, R.S.: Grundlagen der Psychologie, Bd. I, Weinheim/Berlin/Basel 1971

Kreikebaum, H.: Die Anpassung der Betriebsorganisation. Effizienz und Geltungsdauer organisatorischer Regelungen, Wiesbaden 1975

Kreikebaum, H.: Strategische Unternehmensplanung, 6. Aufl., Stuttgart/Berlin/Köln 1997

Kring, J.R.: Integrierte CAQ-Funktionen, in: CIM Management, 5. Jg. (1989), H. 4, S. 4-9

Kruschwitz, L.: Much Ado about Leasing. Anmerkungen, in: Zeitschrift für Betriebswirtschaft, 59. Jg. (1989), S. 1090-1094

Kruschwitz, L.: Investitionsrechnung, 13. Aufl., München 2011

Kubicek, H.; Thom, N.: Umsystem, betriebliches, in: Handwörterbuch der Betriebswirtschaft, hrsg. v. E. Grochla und W. Wittmann, 4. Aufl., Stuttgart 1976, Sp. 3977-
4017

Kudera, W.; Ruff, K.; Schmidt, R.: Auswirkungen von Rationalisierungsmaßnahmen
auf die betriebliche Situation von kaufmännischen Angestellten, in: Rationalisierung der Büroarbeit und kaufmännische Berufsausbildung, hrsg. v. U. Boehm, W.
Littek und F. Ortmann, Frankfurt a.M./New York 1982, S. 135-144

Kuehn, A.A.; Hamburger, M.J.: A Heuristic Program for Locating Warehouses, in:
Management Science, Vol. 9 (1963), S. 643-666

Küpper, H.-U.: Produktionstypen, in: Handwörterbuch der Produktionswirtschaft,
hrsg. v. W. Kern, 1. Aufl., Stuttgart 1979, Sp. 1636-1647

Küpper, H.-U.; Helber, S.: Ablauforganisation in Produktion und Logistik, 2. Aufl.,
Stuttgart 1995

Küpper, W.: Planung der Instandhaltung, Wiesbaden 1974

Küpper, W.; Lüder, K.; Streitferdt, L.: Netzplantechnik, Würzburg/Wien 1975

Kuhn, H.W.: The Hungarian Method for the Assignment Problem, in: Naval Research Quarterly, Vol. 2 (1955), S. 83-97

Kuhn, T.S.: Die Struktur wissenschaftlicher Revolutionen, Frankfurt a.M. 1967

Kurbel, K.: Produktionsplanung und -steuerung. Methodische Grundlagen von PPS-
Systemen und Erweiterungen, 4. Aufl., München/Wien 1999

Kurbel, K.: Produktionsplanung und -steuerung. Enterprise Resource Planning and
Supply Chain Management, 6. Aufl., München/Wien 2005

Kurbel, K.; Meynert, J.: Engpaßorientierte Auftragsterminierung und Kapazitätsdisposition, in: Interaktive betriebswirtschaftliche Informations- und Steuerungssysteme, hrsg. v. K. Kurbel, P. Mertens und A.-W. Scheer, Berlin/New York 1989,
S. 69-87

Lackes, R.: Das KANBAN-System zur Materialflußsteuerung, in: Das Wirtschaftsstudium, 19. Jg. (1990), S. 23-26

Lackes, R.: Kapazitätsorientierte Produktionsplanung und -steuerung, in: Dezentrale
Produktionsplanungs- und -steuerungs-Systeme. Eine Einführung in zehn Lektionen, hrsg. v. H. Corsten und R. Gössinger, Stuttgart/Berlin/Köln 1998, S. 289-316

Land, M.; Gaalman, G.: Workload Control Concepts in Job Shops: A Critical As-
sessment, in: International Journal of Production Economics, Vol. 46/47 (1996),
S. 535-548

Lang, G.: CIM: Status Quo, in: CIM Management, 5. Jg. (1989), H. 4, S. 56-62

Lange, M.: Anspruchspolitik im Rahmen der Patentanmeldung, Wiesbaden 2006

Lasserre, J.B.; Roubellat, F.: Measuring Decision Flexibility in Production Planning, in: IEEE Transactions on Automatic Control, Vol. AC-30 (1985), S. 447-452

Lattmann, C.: Das norwegische Modell der selbstgesteuerten Arbeitsgruppe, Bern 1972

Laux, H.: Auftragsselektion bei Unsicherheit, in: Zeitschrift für handelswissenschaftliche Forschung Neue Folge, 23. Jg. (1971), S. 164-180

Lawler, E.E.; Porter, L.W.: Managerial Attitudes and Performance, Homewood 1968

Lee, J.; Kao, H.-A.; Yang, S.: Service Innovation and Smart Analytics for Industry 4.0 and Big Data Environment, in: Procedia CIRP, Vol. 16 (2014), S. 3-8

Lee, R.C.; Moore, J.M.: CORELAP - COmputerized RElationship LAyout Planning, in: The Journal of Industrial Engineering, Vol. 18 (1967), S. 195-200

Leisten, R.: Iterative Aggregation und mehrstufige Entscheidungsmodelle. Einordnung in den planerischen Kontext, Analyse anhand der Modelle der Linearen Programmierung und Darstellung am Anwendungsbeispiel der Hierarchischen Produktionsplanung, Heidelberg 1995

Leontief, W.: Input-Output Economics, in: Scientific American, Vol. 185 (1951a), H. 4, S. 15-21

Leontief, W.: The Structure of the American Economy, 1919 - 1939, New York 1951b

Leontief, W.: Input-Output Analysis, in: Input-Output Economics, hrsg. v. W. Leontief, New York/Oxford 1966, S. 134-155

Lermen, P.: Hierarchische Produktionsplanung und KANBAN, Wiesbaden 1992

Liebstückel, K.: Die Bewertung von EDV-gestützten Produktionsplanungs- und -steuerungssystemen (PPS) aus betriebswirtschaftlicher Sicht, Diss. Würzburg 1986

Liesegang, D.G.: Reduktionswirtschaft als Komplement zur Produktionswirtschaft - eine globale Notwendigkeit, in: Globalisierung der Wirtschaft, hrsg. v. M. Haller u.a., Bern/Stuttgart 1993, S. 383-395

Liesegang, D.G.; Schirmer, A.: Heuristische Verfahren zur Maschinenbelegungsplanung bei Reihenfertigung, in: Zeitschrift für Operations Research, Bd. 19 (1975), S. 195-211

Löffelholz, J.: Geschichte der Betriebswirtschaft und der Betriebswirtschaftslehre, Stuttgart 1935

Lomnicki, Z.A.: A „Branch-and-Bound" Algorithm for the Exact Solution of the Three-Machine Scheduling Problem, in: Operational Research Quarterly, Vol. 16 (1965), S. 89-100

Lu, S.C.-Y.: Wissensverarbeitung für Simultaneous Engineering, in: CIM-Management, 6. Jg. (1990), H. 6, S. 17-30

Lu, S.C.-Y.; Thompson, J.B.: A Distributed Artificial Intelligence Approach to Integrated Engineering Design, in: Proceedings. The First International Conference on Industrial & Engineering Applications of Artificial Intelligence & Expert Systems. IEA/AIE-88, 01.-03.06. 1988 in Tullahoma (Tenn.), hrsg. v. M. Ali, New York 1988, S. 438-446

Luckow, D.: Zur Entwicklung des Rechtsschutzes von integrierten Schaltungen, Diss. Berlin (HU) 1993

Luczak, H.: Arbeitswissenschaft, Berlin 1993

Lücke, W.: Betriebs- und Unternehmungsgröße, Stuttgart 1967

Lüder, K.: Strategische Standortplanung transnationaler industrieller Großunternehmen, in: Internationalisierung der Unternehmung als Problem der Betriebswirtschaftslehre, hrsg. v. W. Lück und V. Trommsdorff, Berlin 1982, S. 415-438

Lüder, K.: Standortwahl - Verfahren zur Planung betrieblicher und innerbetrieblicher Standorte, in: Industriebetriebslehre, hrsg. v. H. Jacob, 4. Aufl., Wiesbaden 1990, S. 29-100

Luhmann, N.: Komplexität, in: Handwörterbuch der Organisation, hrsg. v. E. Grochla, 2. Aufl., Stuttgart 1980, Sp. 1064-1070

Mabert, V.A.; Soni, A.; Venkataramanan, M.A.: Enterprise Resource Planning: Common Myths Versus Evolving Reality, in: Business Horizons, Vol. 44 (2001), H. 3, S. 69-76

Männel, W.: Wirtschaftlichkeitsfragen der Anlagenerhaltung, Wiesbaden 1968

Männel, W.: Eigenfertigung und Fremdbezug, in: Handwörterbuch der Betriebswirtschaft, hrsg. v. E. Grochla und W. Wittmann, 4. Aufl., Stuttgart 1974, Sp. 1231-1237

Männel, W.: Anlagenwirtschaft, in: Handwörterbuch der Produktionswirtschaft, hrsg. v. W. Kern, H.-H. Schröder und J. Weber, 2. Aufl., Stuttgart 1996, Sp. 72-87

Mandelbaum, M.; Buzacott, J.: Flexibility and Decision Making, in: European Journal of Operational Research, Vol 44 (1990), S. 17-27

Manne, A.S.: On the Job-Shop Scheduling Problem, in: Operations Research, Vol. 8 (1960), S. 219-223

Mag, W.: Mehrfachziele, Zielbeziehungen und Zielkonfliktlösungen, in: Wirtschaftswissenschaftliches Studium, 5. Jg. (1976), S. 49-55

March, J.G.; Simon, H.A.: Organizations, New York/London/Sidney 1958

Marr, R.: Produktfeldplanung, in: Handwörterbuch der Produktionswirtschaft, hrsg. v. W. Kern, 1. Aufl., Stuttgart 1979, Sp. 1441-1450

Marr, R.: Arbeitszeitgestaltung, in: Handwörterbuch der Produktionswirtschaft, hrsg. v. W. Kern, H.-H. Schröder und J. Weber, 2. Aufl., Stuttgart 1996, Sp. 157-169

Martin, H.: Eine Methode zur integrierten Betriebsmittelanordnung und Transportplanung, Diss. Berlin (TU) 1976

Martin, R.; Mauterer, H.; Gemünden, H.-G.: Systematisierung des Nutzens von ERP-Systemen in der Fertigungsindustrie, in: Wirtschaftsinformatik, 44. Jg. (2002), S. 109-116

Maslow, A.H.: Motivation and Personality, New York/Evanston/London 1954

Matschke, H.J.: Investitionsplanung und Investitionskontrolle, Herne/Berlin 1993

Matthes, W.: Probleme der simultanen Optimierung von Leistungsprozessen in Unternehmungen, Berlin 1970

Matthes, W.: Produktionstheorie, funktionalistische, in: Handwörterbuch der Produktionswirtschaft, hrsg. v. W. Kern, H.-H. Schröder und J. Weber, 2. Aufl., Stuttgart 1996, Sp. 1569-1584

Mauterer, H.: Der Nutzen von ERP-Systemen, Wiesbaden 2002

Mayer, S.: LAPEX - ein rechnerunterstütztes Verfahren zur Betriebsmittelanordnung, Heidelberg/Berlin/New York 1983

McGregor, D.: Der Mensch im Unternehmen, Düsseldorf 1970

Meal, H.C.: Putting Production Decisions Where They Belong, in: Harvard Business Review, Vol. 62 (1984), H. 2, S. 102-111

Meffert, H.: Größere Flexibilität als Unternehmenskonzept, in: Zeitschrift für betriebswirtschaftliche Forschung, 37. Jg. (1985), S. 121-137

Meister, C.: Customizing von Standardsoftware, in: Integrierte Standardsoftware: Entscheidungshilfen für den Einsatz von Softwarepaketen, Bd. 2: Auswahl, Einführung und Betrieb von Standardsoftware, hrsg. v. H. Österle, Halbergmoos/München 1990, S. 25-44

Meixner, O.; Haas, R.: Computergestützte Entscheidungsfindung. Expert Choice und AHP - innovative Werkzeuge zur Lösung komplexer Probleme, Frankfurt a.M./Wien 2002

Mellwig, W.: Flexibilität als Aspekt unternehmerischen Handelns, in: Zeitschrift für betriebswirtschaftliche Forschung, 24. Jg. (1972), S. 724-744

Mensch, G.: Das Trilemma der Ablaufplanung, in: Zeitschrift für Betriebswirtschaft, 42. Jg. (1972), S. 77-88

Mensch, G.: Das technologische Patt, Frankfurt a.M. 1977

Mertens, P.: MRP II - Ein Beitrag zur Kapazitätswirtschaft im Industriebetrieb, in: Kapazitätsmessung, Kapazitätsgestaltung, Kapazitätsoptimierung - eine betriebswirtschaftliche Kernfrage, Festschrift zum 65. Geburtstag von W. Kern, hrsg. v. H. Corsten u.a., Stuttgart 1992, S. 27-45

Mertens, P.; Wedel, T.; Hartinger, M.: Management by Parameters?, in: Zeitschrift für Betriebswirtschaft, 61. Jg. (1991), S. 569-588

Mesarovic, M.D.; Macko, D.: Foundations for a Scientific Theory of Hierarchical Systems, in: Hierarchical Structures, hrsg. v. L.L. Whyte, A.G. Wilson und D. Wilson, New York 1969, S. 29-50

Miehle, W.: Link-Length Minimization in Networks, in: Operations Research, Vol. 6 (1958), S. 232-243

Missbauer, H.: Optimale Werkstattbeauftragung unter dem Aspekt der Bestandsregelung, Linz 1987

Missbauer, H.: Auftragsfreigabe im Rahmen dezentraler PPS-Systeme, in: Neuere Konzepte der Produktionsplanung und -steuerung, hrsg. v. G. Zäpfel, Linz 1989, S. 61-77

Mönig, H.: Fertigungsorganisation und Wirtschaftlichkeit einer Fertigungsinsel, in: Zeitschrift für betriebswirtschaftliche Forschung, 37. Jg. (1985), S. 83-101

Mössner, G.U.: Planung flexibler Unternehmungsstrategien, München 1982

Müller, A.H.: Die Elemente der Staatskunst, Band 1, Berlin 1809 (Nachdruck Jena 1922)

Murmann, P.: Zeitmanagement für Entwicklungsbereiche im Maschinenbau, Wiesbaden 1994

Nawaz, M.; Enscore, E.E.; Ham, I.: A Heuristic Algorithm for the m-Machine, n-Job Flow-shop Sequencing Problem, in: Omega, Vol. 11 (1983), S. 91-95

Nebl, T.: Produktionswirtschaft, 6. Aufl., München/Wien 2007

Nerdinger, F.W.: Motivation und Handeln in Organisationen. Eine Einführung, Stuttgart/Berlin/Köln 1995

Neubauer, F.F.: Das PIMS-Programm und Portfolio-Management, in: Strategische Unternehmensplanung, hrsg. v. D. Hahn und B. Taylor, 7. Aufl., Heidelberg 1997, S. 436-463

Neuberger, O.: Theorien der Arbeitszufriedenheit, Stuttgart 1974

Neuberger, O.: Führungsverhalten und Führungserfolg, Berlin 1976

Neuberger, O.: Führung. Ideologie, Struktur, Verhalten, 2. Aufl., Stuttgart 1985

Niedereichholz, J.; Kaucky, G.: Datenbanksysteme. Konzepte und Management, 4. Aufl., Heidelberg 1992

Nyhuis, P.; Mayer, J.; Kuprat, T.: Die Bedeutung von Industrie 4.0 als Enabler für logistische Modelle, in: Industrie 4.0: Wie intelligente Vernetzung und kognitive Systeme unsere Arbeit verändern, hrsg. v. W. Kersten, H. Koller und H. Lödding, Berlin 2014, S. 79-100

Ochs, B.: Methoden zur Verkürzung der Produktentstehungszeit, München/Wien 1992

Ossadnik, W.: Controlling, 4. Aufl., München/Wien 2009

Osterloh, M.: Neue Ansätze im Technologiemanagement: vom Technologieportfolio zum Portfolio der Kernkompetenzen, in: io Management Zeitschrift, 63. Jg. (1994), Nr. 5, S. 47-50

Paasche, J.: Arbeitsbewertung, Durchführung der, in: Handwörterbuch der Produktionswirtschaft, hrsg. v. W. Kern, 1. Aufl., Stuttgart 1979, Sp. 99-104

Pack, L.: Die Ermittlung der kostenminimalen Anpassungsprozeßkombination - ein Anwendungsbeispiel der dynamischen Programmierung, in: Zeitschrift für betriebswirtschaftliche Forschung, 18. Jg. (1966), S. 466-476

Palmer, D.S.: Sequencing Jobs Through a Multi-Stage Process in the Minimum Total Time - A Quick Method of Obtaining a Near Optimum, in: Operations Research Quarterly, Vol. 16 (1965), S. 101-107

Papst, H.-J.: Analyse der betriebswirtschaftlichen Effizienz einer computergesteuerten Fertigungssteuerung mit CAPOSS-E, Frankfurt a.M. 1985

Peters, M.L.; Schütte, R.; Zelewski, S.: Erweiterte Wirtschaftlichkeitsanalyse mithilfe des Analytical Hierarchy Process (AHP) unter Berücksichtigung des Wissensmanagements zur Beurteilung von Filialen eines Handelsunternehmens, Nr. 30 der Arbeitsberichte des Instituts für Produktion und Industrielles Informationsmanagement an der Universität Duisburg-Essen, Essen 2006

Peters, M.L.; Zelewski, S.: Möglichkeiten und Grenzen des „Analytical Hierarchy Process" (AHP) als Verfahren zur Wirtschaftlichkeitsanalyse, in: Zeitschrift für Planung & Unternehmungssteuerung, 15. Jg. (2004), S. 295-324

Petrow, W.A.: Modelle in Matrizendarstellung zur Kalenderplanung bei Einzelfertigung, in: Mathematische-Ökonomische Probleme, Universität Leningrad (Hrsg.), S. 105-134, Leningrad 1966 (russisch), zitiert nach Dück/Bliefernich 1973

Pfeiffer, T.; Theis, C.: CAQ (Computer Aided Quality Management), in: Handwörterbuch der Produktionswirtschaft, hrsg. v. W. Kern, H.-H. Schröder und J. Weber, 2. Aufl., Stuttgart 1996, Sp. 278-292

Pfeiffer, W.: Integrale Qualität und Absatzpolitik bei hochautomatisierten Fertigungsanlagen, in: ZfB- Ergänzungsheft, o.Hrsg., Wiesbaden 1965, S. 109-124

Pfeiffer, W.; Dörrie, U.; Stoll, E.: Menschliche Arbeit in der industriellen Produktion, Göttingen 1977

Pfeiffer, W. u.a.: Technologie-Portfolio zum Management strategischer Zukunftsgeschäftsfelder, 6. Aufl., Göttingen 1991

Pichler, O.: Anwendung der Matrizenrechnung auf betriebswirtschaftliche Aufgaben, in: Ingenieur-Archiv, 21. Jg. (1953a), S. 119-140

Pichler. O.: Anwendung der Matrizenrechnung zur Erfassung von Betriebsabläufen, in: Ingenieur-Archiv, 21. Jg. (1953b), S. 157-175

Pichler, O.: Die Matrizenrechnung in der „Produktionsforschung" (operations research), in: Allgemeines Statistisches Archiv, 40. Jg. (1956), S. 364-370

Pichler, O.: Anwendung der Matrizenrechnung im industriellen Rechnungswesen, in: MTW-Mitteilungen, 4. Jg. (1957), S. 362-370 (Teil I), 5 Jg. (1958), S. 19-30 (Teil II), 5. Jg. (1958), S. 91-100 (Teil III)

Piehler, J.: Ein Beitrag zum Reihenfolgeproblem, in: Unternehmensforschung, Bd. 4 (1960), S. 138-142

Platt, W.: Arbeitsbewertung, München 1977

Pleschak, F.: CAM (Computer Aided Manufacturing), in: Handwörterbuch der Produktionswirtschaft, hrsg. v. W. Kern, H.-H. Schröder und J. Weber, 2. Aufl., Stuttgart 1996, Sp. 270-278

Polzer, G.; Meißner, F.: Grundlagen zu Reibung und Verschleiß, 2. Aufl., Leipzig 1983

Porter, M.E.: Wettbewerbsvorteile. Spitzenleistungen erreichen und behaupten, Frankfurt a.M. 1986

Porter, M.E.: Wettbewerbsstrategie, 9. Aufl., Frankfurt a.M. 1997

Preßmar, D.B.: Verbrauchsfunktionen, in: Handwörterbuch der Produktionswirtschaft, hrsg. v. W. Kern, 1. Aufl., Stuttgart 1979, Sp. 2067-2077

Pritsker, A.A.B.; Happ, W.W.: GERT: Graphical Evaluation and Review Technique. Part I. Fundamentals, in: The Journal of Industrial Engineering, Vol. 17 (1966), S. 267-274

Pritsker, A.A.B.; Whitehouse, G.E.: GERT: Graphical Evaluation and Review Technique. Part II. Probabilistic and Industrial Engineering Applications, in: The Journal of Industrial Engineering, Vol. 17 (1966), S. 293-301

Raffée, H.; Wiedmann, P.: Die Obsoleszenzkontroverse - Versuch einer Klärung, in: Zeitschrift für betriebswirtschaftliche Forschung, 32. Jg. (1980), S. 149-172

Rautenstrauch, C.; Turowski, K.: Leitstände zur dezentralen Produktionsplanung und -steuerung, in: Dezentrale Produktionsplanungs- und -steuerungs-Systeme. Eine Einführung in zehn Lektionen, hrsg. v. H. Corsten und R. Gössinger, Stuttgart/Berlin/Köln 1998, S. 145-171

Reber, G.: Führungstheorien, in: Handwörterbuch des Personalwesens, hrsg. v. E. Gaugler und W. Weber, 2. Aufl., Stuttgart 1992, Sp. 981-996

Reddin, W.J.: Das 3-D-Programm zur Leistungssteigerung des Managements, München 1981

Reese, J.: Standort- und Belegungsplanung für Maschinen in mehrstufigen Produktionsprozessen, Berlin/Heidelberg/New York 1980

Reese, J.: Consequences of the Organizational Structure for the Production Planning System, in: Essays on Production Theory and Planning, hrsg. v. G. Fandel, H. Dyckhoff und J. Reese, Berlin u.a. 1988, S. 3-15

Reese, J.: Unternehmensflexibilität, in: Unternehmensdynamik, hrsg. v. K.-P. Kistner und R. Schmidt, Wiesbaden 1991, S. 361-387

Reese, J.: Produktion, in: Betriebswirtschaftslehre, hrsg. v. H. Corsten und M. Reiß, 3. Aufl., München/Wien 1999, S. 723-807

Reese, J.: Standort, in: Lexikon der Betriebswirtschaftslehre, hrsg. v. H. Corsten und R. Gössinger, 5. Aufl., München/Wien 2008, S. 764-769

Reese, J.: Operations Management. Optimale Gestaltung von Wertschöpfungsprozessen in Unternehmen, München 2013

REFA (Hrsg.): Methodenlehre des Arbeitsstudiums. Teil 1: Grundlagen, Teil 2: Datenermittlung, Teil 3: Kostenrechnung, 5. Aufl., München 1976

REFA (Hrsg.): Methodenlehre der Planung und Steuerung, Teil 4, München 1985

Rehm, S.: Der QC-Brief hilft japanisches „Quality-Circle"-Denken einführen, in: io Management Zeitschrift, 51. Jg. (1982), S. 112-116

Reichmann, T.: Lagerhaltungspolitik, in: Handwörterbuch der Produktionswirtschaft, hrsg. v. W. Kern, 1. Aufl., Stuttgart 1979, Sp. 1060-1073

Reichwald, R.; Behrbohm, P.: Flexibilität als Eigenschaft produktionswirtschaftlicher Systeme, in: Zeitschrift für Betriebswirtschaft, 53. Jg. (1983), S. 831-853

Reiß, M.: Führung, in: Betriebswirtschaftslehre, Bd. 2, hrsg. v. H. Corsten und M. Reiß, 4. Aufl., München/Wien 2008, S. 139-227

Reiß, M.; Corsten, H.: Grundformen der Produktionsorganisation, in: Das Wirtschaftsstudium, 19. Jg. (1990), Studienblatt

Reiß, M.; Corsten, H.: Gestaltungsdomänen des Kostenmanagements, in: Handbuch Kostenrechnung, hrsg. v. W. Männel, Wiesbaden 1992, S. 1478-1491

Riebel, P.: Die Elastizität des Betriebes. Eine produktions- und marktwirtschaftliche Untersuchung, Köln/Opladen 1954

Riebel, P.: Industrielle Erzeugungsverfahren in betriebswirtschaftlicher Sicht, Wiesbaden 1963

Riebel, P.: Typen der Markt- und Kundenproduktion in produktions- und absatzwirtschaftlicher Sicht, in: Zeitschrift für handelswissenschaftliche Forschung Neue Folge, 17. Jg. (1965), S. 663-685

Ritter, A.; Zink, K.-J.: Differenzierte Kleingruppenkonzepte als wesentlicher Bestandteil eines umfassenden, integrierenden Qualitätsmanagements (im Sinne von TQM), in: Qualität als Managementaufgabe, hrsg. v. K.-J. Zink, 3. Aufl., Landsberg a.L. 1994, S. 245-273

Ritter, K.-H.: Belastungsorientierte Auftragsfreigabe - Erfahrungen mit einem neuen Ansatz zur kontrollierten Bestands- und Durchlaufzeitensenkung in der Fertigung, in: VDI-Berichte Nr. 463, Düsseldorf 1982, S. 13-18

Rogers, E.M.: Diffusion of Innovations, 3. Aufl., New York/London 1983

Rohde, J.; Meyr, H.; Wagner, M.: Die Supply Chain Planning Matrix, in: PPS Management, 5. Jg. (2000), H. 1, S. 10-15

Rollberg, R.: Lean Management und CIM aus Sicht der strategischen Unternehmensführung, Wiesbaden 1996

Ropohl, G.: Baukastensysteme, in: Handwörterbuch der Produktionswirtschaft, hrsg. v. W. Kern, 1. Aufl., Stuttgart 1979, Sp. 293-302

Rosenberg, O.: Variantenfertigung, in: Handwörterbuch der Produktionswirtschaft, hrsg. v. W. Kern, H.-H. Schröder u. J. Weber, 2. Aufl., Stuttgart 1996, Sp. 2119-2129

Rosenstiel, L.v.: Grundlagen der Organisationspsychologie - Basiswissen und Anwendungshinweise, Stuttgart 1980

Rosenstiel, L.v.; Molt, W.; Rüttinger, B.: Organisationspsychologie, 8. Aufl., Stuttgart/ Berlin/Köln 1995

Roventa, P.: Portfolio-Analyse und strategisches Management - Ein Konzept zur strategischen Chancen- und Risikobehandlung, Diss. München 1979

Rücker, T.; Buzacott, J.A.: Einsatz des Production-Authorization-Card-Konzeptes zur Realisierung einer hybriden Produktionsplanung und -steuerung für heterogene Produktionssysteme - Beschreibung und Modellierung der Planungsaufgaben bei der Anwendung des PAC-Konzeptes, in: Entwicklungen im Produktionsmanagement. Festschrift für Herfried Schneider zum 65. Geburtstag, hrsg. v. A. Braßler und H. Corsten, München 2004, S. 115-138

Rücker, T.; Schneider, H.: Das Production Authorization Card (PAC)-Konzept im simulationsbasierten Vergleich unterschiedlicher Konzepte zur Materialflusssteuerung, in: Produktions- und Logistikmanagement. Festschrift für Günther Zäpfel zum 65. Geburtstag, hrsg. v. H. Corsten und H. Missbauer, München 2007, S. 209-236

Ruffing, T.: Fertigungssteuerung bei Fertigungsinseln. Eine funktionale und datentechnische Informationsarchitektur, Köln 1991

Russell, C.S.: Models for Investigation of Industrial Response to Residuals Management Actions, in: The Economics of Environment, hrsg. v. P. Bohm und A.V. Kneese, London 1971, S. 141-163

Saaty, T.L.: A Scaling Method for Priorities in Hierarchical Structures, in: Journal of Mathematical Psychology, Vol. 15 (1977), S. 234-281

Saaty, T.L.: Axiomatic Foundation of the Analytic Hierarchy Process, in: Management Science, Vol. 32 (1986), S. 841-855

Saaty, T.L.: How to Make a Decision: The Analytic Hierarchy Process, in: Interfaces, Vol. 24 (1994), H. 6, S. 19-43

Saaty, T.L.: Decision Making for Leaders, Pittsburgh 2008

Sabel, H.: Programmplanung, kurzfristige, in: Handwörterbuch der Produktionswirtschaft, hrsg. v. W. Kern, 1. Aufl., Stuttgart 1979, Sp. 1686-1700

Sacerdoti, E.D.: The Nonlinear Nature of Plans, in: Advance Papers of the Fourth International Joint Conference on Artificial Intelligence, Tblissi, 03.-08.09.1975, Vol. 1, o.Hrsg, o.O. 1975, S. 206-214

Sader, M.: Psychologie der Gruppe, 7. Aufl., Weinheim 2000

Salveson, M.E.: The Assembly Line Balancing Problem, in: The Journal of Industrial Engineering, Vol. 6 (1955), S. 18-25

Say, J.B.: Traité d'économie politique, où simple exposition de la manière dout se forment, se distribuent, et se consomment les richesses, Paris 1803

Schaefer, H.F.: Produktionstheorie, stochastische, in: Handwörterbuch der Produktionswirtschaft, hrsg. v. W. Kern, H.-H. Schröder und J. Weber, 2. Aufl., Stuttgart 1996, Sp. 1584-1595

Schanz, G.: Betriebswirtschaftslehre als Sozialwissenschaft, Stuttgart u.a. 1979

Schanz, G.: Mitarbeiterbeteiligung. Grundlagen - Befunde - Modelle, München 1985

Schanz, G.: Organisationsgestaltung. Management von Arbeitsteilung und Koordination, 2. Aufl., München 1994

Schanz, G.: Anreizsysteme, in: Handwörterbuch der Produktionswirtschaft, hrsg. v. W. Kern, H.-H. Schröder und J. Weber, 2. Aufl., Stuttgart 1996, Sp. 87-101

Schanz, G.: Personalwirtschaftslehre. Lebendige Arbeit in verhaltenswissenschaftlicher Perspektive, 3. Aufl., München 2000

Schanze, E.: Rechtsvorschriften für die Produktion, in: Handwörterbuch der Produktionswirtschaft, hrsg. v. W. Kern, H.-H. Schröder und J. Weber, 2. Aufl., Stuttgart 1996, Sp. 1779-1788

Scheer, A.-W.: Instandhaltungspolitik, Wiesbaden 1974

Scheer, A.-W.: CIM: Der computergesteuerte Industriebetrieb, 4. Aufl., Berlin u.a. 1990

Scheer, A.-W.: Architektur integrierter Informationssysteme. Grundlagen der Unternehmensmodellierung, 2. Aufl., Berlin u.a. 1992

Scheer, A.-W.: Wirtschaftsinformatik. Referenzmodelle für industrielle Geschäftsprozesse, Studienausgabe, 2. Aufl., Berlin u.a. 1998

Schlüchtermann, J.: Planung in zeitlich offenen Entscheidungsfeldern, Wiesbaden 1996

Schmidtke, H.: Ergonomie, 3. Aufl., München 1994

Schmietow, E.A.: Die technologische Wettbewerbsfähigkeit der bundesdeutschen Industrie - Einzel- und gesamtwirtschaftliche Aspekte, Diss. Kaiserslautern 1987

Schneeweiß, C.: Planung I: Systemanalytische und entscheidungstheoretische Grundlagen, Berlin u.a. 1991

Schneeweiß, C.: Einführung in die Produktionswirtschaft, 8. Aufl., Berlin u.a. 2002

Schneeweiß, C.; Alscher, J.: Zur Disposition von Mehrprodukt-Lägern unter Verwendung der klassischen Losgrößenformel, in: Zeitschrift für Betriebswirtschaft, 57. Jg. (1987), S. 483-502

Schneider, H.: Zielkostenmanagement in frühen Phasen der Produktentwicklung, in: Das Rechnungswesen im Spannungsfeld zwischen strategischem und operativem Management, hrsg. v. H.-U. Küpper und E. Troßmann, Berlin 1997, S. 241-260

Schneider, H.M.; Buzacott, J.A.; Rücker, T.: Operative Produktionsplanung und -steuerung. Konzepte und Modelle des Informations- und Materialflusses in komplexen Fertigungssystemen, München/Wien 2005

Schneider, H.; Rücker, T.: Production Authorization Card System – ein generalisiertes Verfahren zur Auftragsfreigabe und Materialflusssteuerung, in: Trendberichte zum Controlling, hrsg. v. F. Bensberg, J. v. Brocke und M.B. Schulz, Heidelberg 2004, S. 345-370

Schneider, R.: Die Wirkungen der Arbeitszeit auf Produktion, Ertrag und Kosten. Ein Beitrag zur Theorie der zeitlichen Anpassung, Stuttgart 1964

Schneider, R.: CIM: Stand der Entwicklungslinien, in: Produktionsplanung, Produktionssteuerung in der CIM-Realisierung, hrsg. v. H.-J. Warnecke, Berlin u.a. 1985, S. 9-20

Schoeffler, S.: An Example of Basic PIMS-Analysis. Vortrag auf der Swedish Match PIMS-Konferenz am 16. Dezember 1983 in London, Minutes of Swedish Match PIMS-Conference, unveröffentlichte Unternehmungsmitteilungen, London 1983

Schönsleben, P.: Flexibilität in der computergestützten Produktionsplanung und -steuerung, 2. Aufl., Halbergmoos 1988

Schönsleben, P.: Integrales Logistikmanagement. Planung und Steuerung von umfassenden Geschäftsprozessen, 2. Aufl., Berlin u.a. 2000

Scholz, C.: Strategisches Management. Ein integrativer Ansatz, Berlin/New York 1987

Scholz, C.: Personalmanagement, 5. Aufl., München 2000

Scholz-Reiter, B.: CIM-Schnittstellen. Konzepte, Standards und Probleme der Verknüpfung von Systemkomponenten in der rechnerintegrierten Produktion, 2. Aufl., München/Wien 1991

Schreyögg, G.: Kritik situativer Führungstheorien am Beispiel des Fiedlerschen Kontingenzmodells, in: Personalmanagement I: Mitarbeiterführung und Führungsorganisation, hrsg. v. K. Macharzina und W.A. Oechsler, Wiesbaden 1977, S. 109-144

Schreyögg, G.: Organisation. Grundlagen moderner Organisationsgestaltung. Mit Fallstudien, 5. Aufl., Wiesbaden 2008

Schröder, H.: Integration von Planung und Steuerung in Reparatursystemen, München 1988

Schröder, H.-H.: Das investitionsrechnerische Grundmodell zur Bestimmung der optimalen Nutzungsdauer von Anlagegütern, in: Das Wirtschaftsstudium, 15. Jg. (1986), S. 21-27

Schröder, H.-H.: Entwicklungsstand und -tendenzen bei PPS-Systemen. Arbeitsbericht Nr. 26 des Seminars für Allgemeine Betriebswirtschaftslehre, Industriebetriebslehre und Produktionswirtschaft der Universität zu Köln, Köln 1989

Schröder, H.-H.: Wertanalyse als Instrument optimierender Produktgestaltung, in: Handbuch Produktionsmanagement, hrsg. v. H. Corsten, Wiesbaden 1994, S. 151-169

Schröder, H.-H.: Wertanalyse, in: Lexikon der Betriebswirtschaftslehre, hrsg. v. H. Corsten und R. Gössinger, 5. Aufl., München/Wien 2008, S. 895-898

Schütte, R.; Siedentopf, J.; Zelewski, S.: Koordinationsprobleme in Produktionsplanungs- und -steuerungskonzepten, in: Einführung in das Produktionscontrolling, hrsg. v. H. Corsten und B. Friedl, München 1999, S. 141-187

Schwarz, M.: ERP-Standardsoftware und organisatorischer Wandel. Eine integrative Betrachtung, Wiesbaden 2000

Schwarz, P.: Morphologie von Kooperationen und Verbänden, Tübingen 1979

Schweitzer, M.: Einführung in die Industriebetriebslehre, Berlin/New York 1973

Schweitzer, M.: Zur Geltung produktionstheoretischer Aussagen in der Industrie, in: Führungsorganisation und Technologiemanagement. Festschrift für Friedrich Hoffmann zum 65. Geburtstag, hrsg. v. R. Bühner, Berlin 1990, S. 231-256

Schweitzer, M.; Küpper, H.-U.: Produktions- und Kostentheorie. Grundlagen und Anwendungen, 2. Aufl., Wiesbaden 1997

Schwinn, R.: Instandhaltung, Modelle zur, in: Handwörterbuch der Produktionswirtschaft, hrsg. v. W. Kern, H.-H. Schröder und J. Weber, 2. Aufl., Stuttgart 1996, Sp. 758-768

Seehof, J.M.; Evans, W.O.: Automated Layout Design Program, in: The Journal of Industrial Engineering, Vol. 18 (1967), S. 690-695

Seelbach, H.: Ablaufplanung, Würzburg/Wien 1975

Seidel, E.: Die Frage nach der betrieblichen Effizienz direktiver und kooperativer Führungsform. Ergebnisse empirischer Forschung, in: Zeitschrift für betriebswirtschaftliche Forschung, 29. Jg. (1977), S. 89-111

Seidel, E.: Betriebliche Führungsformen. Geschichte, Konzept, Hypothesen, Forschung, Stuttgart 1978

Seidel, E.; Menn, H.: Ökologisch orientierte Betriebswirtschaft, Berlin/Köln/Mainz 1988

Selchert, F.W.: Die Ausgliederung von Leistungsfunktionen in betriebswirtschaftlicher Sicht, Berlin 1971

Sibbel, R.: Fuzzy-Logik in der Fertigungssteuerung am Beispiel der Retrograden Terminierung, Münster 1998

Silver, E.A.; Meal, H.C.: A Simple Modification of the EOQ for the Case of a Varying Demand Rate, in: Production and Inventory Management Journal, Vol. 10 (1969), S. 51-55

Silver, E.A.; Meal, H.C.: A Heuristic for Selecting Lot Size Quantities for the Case of a Deterministic varying Demand Rate and Discrete Opportunities for Replenishment, in: Production and Inventory Management Journal, Vol. 14 (1973), S. 64-74

Soden, J.v.: Die Nazional-Oekonomie. Ein philosophischer Versuch über die Quellen des Nazional-Reichthums und über die Mittel zu dessen Beförderung, 2. Band, Leipzig 1806

Sokolizin, S.A.: Gegenstandsabgeschlossene Abschnitte und ihre Rolle bei der Entwicklung der Fließfertigung, Methoden der Fließfertigung im Maschinen- und Gerätebau mit Serienfertigung, Maschgis, Moskau-Leningrad 1958, zitiert nach: Dück/Bliefernich 1973

Soom, E.: Die neue Produktionsphilosophie: Just-in-time-Production, 1. Teil: Ein Methodenpaket zur Steigerung der Flexibilität und zur Senkung der Bestände, in: io Management Zeitschrift, 55. Jg. (1986a), S. 362-365

Soom, E.: Die neue Produktionsphilosophie: Just-in-time-Production, 2. Teil und Schluß: Synchronfertigung und Kanban, in: io Management Zeitschrift, 55. Jg. (1986b), S. 446-449

Spearman, M L.: Customer Service in Pull Production Systems, in: Operations Research, Vol. 40 (1992), S. 948-958

Spearman, M.L.; Woodruff, D.L.; Hopp, W.J.: CONWIP: A Pull Alternative to Kanban, in: International Journal of Production Research, Vol. 28 (1990), S. 879-894

Spearman, M.L.; Zazanis, M.A.: Push and Pull Production Systems: Issues and Comparisons, in: Operations Research, Vol. 40 (1992), S. 521-532

Specht, G.; Beckmann, C.; Amelingmeyer, J.: F&E-Management, 2. Aufl., Stuttgart 2002

Spur, G.; Krause, F.-L.: CAD-Technik. Lehr- und Arbeitsbuch für die Rechnerunterstützung in Konstruktion und Arbeitsplanung, München/Wien 1984

Stadtler, H.: Hierarchische Produktionsplanung bei losweiser Fertigung, Heidelberg 1988

Stadtler, H.: Supply Chain Management - An Overview, in: Supply Chain Management and Advanced Planning. Concepts, Models, Software and Case Studies, hrsg. v. H. Stadtler und C. Kilger, Berlin u.a. 2000a, S. 7-28

Stadtler, H.: Production Planning and Scheduling, in: Supply Chain Management and Advanced Planning. Concepts, Models, Software and Case Studies, hrsg. v. H. Stadtler und C. Kilger, Berlin u.a. 2000b, S. 149-165

Staehle, W.: Management. Eine verhaltenswissenschaftliche Perspektive, 8. Aufl., München 1999

Stahlknecht, P.; Hasenkamp, U.: Einführung in die Wirtschaftsinformatik, 10. Aufl., Berlin u.a. 2002

Stecke, K.E.; Kim, I.: A Flexible Approach to Part-Type Selection in Flexible Flow Systems Using Part Mix Relations, in: International Journal of Production Research, Vol. 29 (1991), S. 53-75

Stefanic-Allmayer, K.: Die günstigste Bestellmenge beim Einkauf, in: Sparwirtschaft. Zeitschrift für wirtschaftlichen Betrieb, 5. Jg. (1927), S. 504-508

Steffen, R.: Ablaufplanung bei Massenproduktion, in: Handwörterbuch der Produktionswirtschaft, hrsg. v. W. Kern, 1. Aufl., Stuttgart 1979, Sp. 28-38

Steffen, R.: Verbindung computergestützter Erzeugniskonstruktion (CAD) mit der Kosten- und Erlösrechnung in CIM-Konzeptionen, in: Zeitschrift für betriebswirtschaftliche Forschung, 43. Jg. (1991), S. 359-375

Steinle, C.: Führung, Stuttgart 1978

Steinle, C.: Führungsstil, in: Handwörterbuch des Personalwesens, hrsg. v. E. Gaugler und W. Weber, 2. Aufl., Stuttgart 1992, Sp. 966-980

Steinmann, D.: Konzeption zur Integration wissensbasierter Anwendungen in konventionelle Systeme der Produktionsplanung und -steuerung (PPS) im Bereich der Fertigungssteuerung, in: Betriebliche Expertensysteme II: Einsatz von Expertensystem-Prototypen in betriebswirtschaftlichen Funktionsbereichen, hrsg. v. A.-W. Scheer, Wiesbaden 1989, S. 82-122

Steinmann, H.: Zur Theorie der Führungsstile - Probleme eines Forschungsansatzes, in: Jahrbuch der Absatz- und Verbrauchsforschung, 20. Jg. (1974), S. 94-110

Steinmann, H.; Schreyögg, G.: Management. Grundlagen der Unternehmensführung, 5. Aufl., Wiesbaden 2000

Steven, H.: Handbuch Produktion. Theorie-Management-Logistik-Controlling, Stuttgart 2007

Steven, M.: Produktionstheorie, Wiesbaden 1998

Steven, M.: Produktionsmanagement, Stuttgart 2014

Stommel, H.J.: Betriebliche Terminplanung, Berlin/New York 1976

Strebel, H.: Umwelt und Betriebswirtschaft. Die natürliche Umwelt als Gegenstand der Unternehmenspolitik, Berlin 1980

Strebel, H.: Zielsysteme und Zielforschung, in: Die Betriebswirtschaft, 41. Jg. (1981), S. 457-475

Strebel, H.: Industriebetriebslehre, Stuttgart u.a. 1984

Strebel, H.: Ökologie und Produktion, in: Handwörterbuch der Produktionswirtschaft, hrsg. v. W. Kern, H.-H. Schröder und J. Weber, 2. Aufl., Stuttgart 1996, Sp. 1303-1313

Strebel, H.; Hildebrandt, T.: Produktlebenszyklus und Rückstandszyklen. Konzept eines erweiterten Lebenszyklusmodells, in: Zeitschrift Führung + Organisation, 58. Jg. (1989), S. 101-106

Strothmann, K.-H. u.a.: Der Einsatz von CAD/CAM-Systemen in der Investitionsgüter-Industrie, Berlin 1987

Stüdemann, K.: Rechtsvorschriften für die Produktion, in: Handwörterbuch der Produktionswirtschaft, hrsg. v. W. Kern, 1. Aufl., Stuttgart 1979, Sp. 1776-1800

Sum, C.C.; Hill, A.V.: A New Framework for Manufacturing Planning and Control Systems, in: Decision Sciences, Vol. 24 (1993), S. 739-760

Switalski, M.: Hierarchische Produktionsplanung. Konzeption und Einsatzbereich, Heidelberg 1989a

Switalski, M.: Flexible Fertigungssysteme, in: Wirtschaftswissenschaftliches Studium, 18. Jg. (1989b), S. 257-263

Sydow, J.: Der normative Entscheidungsansatz von Vroom/Yetton. Kritik einer situativen Führungstheorie, in: Die Unternehmung, 35. Jg. (1981), S. 1-17

Sydow, J.; Möllering, G.: Produktion in Netzwerken. Make, Buy & Cooperate, 3. Aufl., München 2015

Szyperski, N.; Tilemann, T.: Ziele, produktionswirtschaftliche, in: Handwörterbuch der Produktionswirtschaft, hrsg. v. W. Kern, 1. Aufl., Stuttgart 1979, Sp. 2301-2318

Tangermann, H.P.: Auftragsreihenfolgen und Losgrößen als Instrument der Fertigungsterminplanung, untersucht an einem praxisbezogenen Simulationsmodell, Diss. Braunschweig 1973

Tannenbaum, R.; Schmidt, W.H.: Die Wahl eines Führungsstils, in: Management, hrsg. v. E. Grochla, Düsseldorf/Wien 1974, S. 55-68

Taylor, F.W.: The Principles and Methods of Scientific Management, New York 1911

Tempelmeier, H.: Kapazitätsplanung für flexible Fertigungssysteme, in: Zeitschrift für Betriebswirtschaft, 58. Jg. (1988), S. 963-980

Tempelmeier, H.: Flexible Fertigungstechniken, in: Handwörterbuch der Produktionswirtschaft, hrsg. v. W. Kern, H.-H. Schröder und J. Weber, 2. Aufl., Stuttgart 1996, Sp. 501-512

Tempelmeier, H.: Advanced Planning Systems, in: Industrie Management, 15. Jg. (1999), H. 5, S. 69-72

Tempelmeier, H.: Material-Logistik. Modelle und Algorithmen für die Produktionsplanung und -steuerung in Advanced-Planning-Systemen, 7. Aufl., Berlin u.a. 2008

Tempelmeier, H.; Kuhn, H.: Flexible Fertigungssysteme. Entscheidungsunterstützung für Konfiguration und Betrieb, Berlin u.a. 1992

Tenckhoff, P.: Arbeitsbewertung: Anforderungsarten und -profile, in: Handwörterbuch der Produktionswirtschaft, hrsg. v. W. Kern, 1. Aufl., Stuttgart 1979, Sp. 83-99

Thanheiser, H.; Patel, P.: Strategische Planung in diversifizierten deutschen Unternehmen, o.O. 1977

Thom, N.: Vorschlagswesen, betriebliches, in: Handwörterbuch der Produktionswirtschaft, hrsg. v. W. Kern, 1. Aufl., Stuttgart 1979, Sp. 2223-2236

Trampedach, K.: Theorie und Organisation der Angebotsplanung als Mensch-Maschine-Entscheidungssystem, Diss. Karlsruhe 1973

Troßmann, E.: Aufgaben der industriellen Fertigungsvorbereitung, in: Wirtschaftswissenschaftliches Studium, 15. Jg. (1986), S. 245-252

Troßmann, E.: Ablaufplanung bei Einzel- und Serienproduktion, in: Handwörterbuch der Produktionswirtschaft, hrsg. v. W. Kern, H.-H. Schröder und J. Weber, 2. Aufl., Stuttgart 1996, Sp. 11-26

Ulich, E.: Mensch-Technik-Organisation: Ein europäisches Produktionskonzept, in: Unternehmen arbeitspsychologisch bewerten: Ein Mehr-Ebenen-Ansatz unter besonderer Berücksichtigung von Mensch, Technik und Organisation, hrsg. v. O. Strohm und E. Ulich, Zürich 1997, S. 5-17

Vahrenkamp, R.: Produktionsmanagement, 6. Aufl., München/Wien 2008

Venohr, B.: „Marktgesetze" und strategische Unternehmensführung, Diss. Frankfurt a.M. 1987

Viefhues, D.: Mehrzielorientierte Projektplanung, Frankfurt a.M./Bern 1982

Vischer, P.: Simultane Produktions- und Absatzplanung, Wiesbaden 1967

Völzgen, H.: Stochastische Netzwerkverfahren und deren Anwendungen, Berlin/New York 1971

Vollmann, T.E.: OPT as an Enhancement to MRP II, in: Production and Inventory Management Journal, Vol. 27 (1986), S. 38-47

Vormbaum, H.: Die Produktionsfunktion in betriebswirtschaftlicher Sicht, in: Industrielle Produktion, hrsg. v. K. Agthe u.a., Baden-Baden/Bad Homburg v.d.H. 1967, S. 53-63

Vroom, V.H.: Work and Motivation, 3. Aufl., New York 1967

Vroom, V.H.: Führungsentscheidungen in Organisationen, in: Die Betriebswirtschaft, 41. Jg. (1981), S. 183-193

Vroom, V.H.; Yetton, P.W.: Leadership and Decision-Making, Pittsburgh 1973

Wäscher, G.: Innerbetriebliche Standortplanung. Modelle bei einfacher und mehrfacher Zielsetzung, in: Zeitschrift für betriebswirtschaftliche Forschung, 36. Jg. (1984), S. 930-958

Wagner, H.: Leistung und Leistungsdeterminanten, in: Handwörterbuch des Personalwesens, hrsg. v. E. Gaugler, Stuttgart 1975, Sp. 1181-1190

Wagner, H.M.: An Integer Linear-Programming Model for Machine Scheduling, in: Naval Research Logistics, Vol. 6 (1959), S. 131-140

Wagner, H.M.; Whitin, T.M.: Dynamic Version of the Economic Lot Size Model, in: Management Science, Vol. 5 (1958), S. 89-96

Warkerly, R.G.: PIMS: A Tool for Developing Competitive Strategy, in: Long Range Planning, Vol. 17 (1984), S. 92-97

Weber, A.: Über den Standort der Industrie. Teil 1: Reine Theorie des Standortes, Tübingen 1909

Weber, J.: Fehlmengenkosten, in: Kostenrechnungspraxis, 5. Jg. (1987), H. 1, S. 13-18

Weber, M.: Die monetäre Bewertung von Produkteigenschaften, in: Wirtschaftswissenschaftliches Studium, 18. Jg. (1989), S. 395-401

Weber, S.: Kompendium der Nationalökonomie, 3. Aufl., Berlin/Stuttgart/Hamburg 1952

Weidner, D.: Engpaßorientierte Fertigungssteuerung. Eine Untersuchung über die OPTIMIZED PRODUCTION TECHNOLOGY implementierten Konzepte der Produktionsplanung und -steuerung, Frankfurt a.M. u.a. 1992

Weigelt, M.: Dezentrale Produktionssteuerung mit Agenten-Systemen. Entwicklung neuer Verfahren und Vergleich mit zentraler Lenkung, Wiesbaden 1994

Welge, M.K.; Al-Laham, A.: Strategisches Management. Grundlagen - Prozess - Implementierung, 5. Aufl., Wiesbaden 2008

Wheelwright, S.C.; Clark, K.B.: Revolution der Produktentwicklung, Frankfurt a.M./ New York 1994

Wibbe, J.: Arbeitsbewertung, 3. Aufl., München 1966

Wibbe, J.: Arbeitsbewertung, Methoden der, in: Handwörterbuch der Produktionswirtschaft, hrsg. v. W. Kern, 1. Aufl., Stuttgart 1979, Sp. 104-115

Wiendahl, H.-P.: Belastungsorientierte Fertigungssteuerung. Grundlagen, Verfahrensaufbau, Realisierung, München/Wien 1987

Wiendahl, H.-P.; Wedemeyer, H.-G.: Das Dilemma der Fertigungssteuerung. Ein altes Problem neu betrachtet, in: Zeitschrift für Betriebswirtschaft, 60. Jg. (1990), S. 407-422

Wiese, L.v.: Die Lehre von der Produktion und von der Produktivität, in: Die Entwicklung der deutschen Volkswirtschaftslehre im neunzehnten Jahrhundert. Gustaf Schmoller zur siebzigsten Wiederkehr seines Geburtstages. Erster Teil, hrsg. v. S.P. Altmann u.a., Leipzig 1908, S. 1-36

Wight, O.W.: Production and Inventory Management in the Computer Age, Boston 1974

Wild, J.: Input-, Output- und Prozeßanalyse von Informationssystemen, in: Zeitschrift für betriebswirtschaftliche Forschung, 22. Jg. (1970), S. 50-72

Wild, J.: Grundlagen der Unternehmungsplanung, Reinbek bei Hamburg 1974

Wildemann, H.: Strategische Investitionsplanung für neue Technologien in der Produktion, in: Strategische Investitionsplanung für neue Technologien, hrsg. v. H. Albach und H. Wildemann, Wiesbaden 1986, S. 1-48

Wildemann, H.: Strategische Investitionsplanung bei diskontinuierlichen Entwicklungen in der Fertigungstechnik, in: Innovation und Wettbewerbsfähigkeit, hrsg. v. E. Dichtl u.a., Wiesbaden 1987, S. 449-474

Wildemann, H.: Erfolgspotentialaufbau durch neue Produktionstechnologien, in: Wettbewerbsvorteile und Wettbewerbsfähigkeit, hrsg. v. H. Simon und J. Bohnenkamp, Stuttgart 1988a, S. 116-128

Wildemann, H.: Produktionssteuerung nach KANBAN-Prinzipien, in: Fertigungssteuerung II: Systeme zur Fertigungssteuerung, hrsg. v. D. Adam, Wiesbaden 1988b, S. 33-50

Wildemann, H.: Einführungsstrategien in die computerintegrierte Produktion, München 1990

Wildemann, H.: Die modulare Fabrik: Kundennahe Produktion durch Fertigungssegmentierung, 5. Aufl., München 1998

Wildemann, H.: Das just-in-time Konzept. Produktion und Zulieferung auf Abruf, 5. Aufl., Frankfurt a.M. 2001

Wildemann, H.: Logistik Prozeßmanagement, 2. Aufl., München 2001

Winters, P.R.: Forecasting Sales by Exponentially Weighted Moving Averages, in: Management Science, Vol. 6 (1960), S. 324-342

Wiswede, G.: Theorien der Arbeitsmotivation. Teil I: Inhaltstheorien, in: Wirtschaftswissenschaftliches Studium, 9. Jg. (1980a), S. 525-529

Wiswede, G.: Theorien der Arbeitsmotivation. Teil II: Prozeßtheorien, in: Wirtschaftswissenschaftliches Studium, 9. Jg. (1980b), S. 570-573

Wittemann, N.: Produktionsplanung mit verdichteten Daten, Berlin u.a. 1985

Wittmann, W.: Unternehmung und unvollkommene Information. Unternehmerische Voraussicht - Ungewißheit und Planung, Köln/Opladen 1959

Wittmann, W.: Betriebswirtschaftslehre, in: Handwörterbuch der Wirtschaftswissenschaften, hrsg. v. W. Albers u.a., Bd. 1, Stuttgart u.a. 1977, S. 584-609

Womack, J.P.; Jones, D.T.; Roos, D.: Die zweite Revolution in der Autoindustrie. Konsequenzen aus der weltweiten Studie aus dem Massachusetts Institute of Technology, Frankfurt a.M./New York 1989

Wunderer, R.: Führungsgrundsätze, in: Handwörterbuch des Personalwesens, hrsg. v. E. Gaugler und W. Weber, 2. Aufl., Stuttgart 1992, Sp. 923-937

Wunderer, R.; Grunwald, W.: Führungslehre. Bd. I: Grundlagen der Führung, Berlin 1980a

Wunderer, R.; Grunwald, W.: Führungslehre. Bd. II: Kooperative Führung, Berlin 1980b

Zäpfel, G.: Bestimmungsgründe und ausgewählte Systeme der Lieferanten-Bewertung, in: Fortschrittliche Betriebsführung, 22. Jg. (1973), Teil I: S. 27-33, Teil II: S. 81-87

Zäpfel, G.: Fertigungswirtschaftliche Instrumente zur Anpassung der Produktionsmengen bei schwankendem Absatz, in: Wirtschaftswissenschaftliches Studium, 6. Jg. (1977), S. 523-529

Zäpfel, G.: Überlegungen zum Inhalt des Fachs „Produktionswirtschaftslehre", in: Die Betriebswirtschaft, 38. Jg. (1978), S. 403-420

Zäpfel, G.: Programmplanung, mittelfristige, in: Handwörterbuch der Produktionswirtschaft, hrsg. v. W. Kern, Stuttgart 1979, Sp. 1563-1572

Zäpfel, G.: Produktionswirtschaft. Operatives Produktionsmanagement, Berlin/New York 1982

Zäpfel, G.: Dezentrale PPS-Systeme - Konzepte und theoretische Fundierung, in: Neuere Konzepte der Produktionsplanung und -steuerung, hrsg. v. G. Zäpfel, Linz 1989a, S. 29-59

Zäpfel, G.: Wirtschaftliche Rechtfertigung einer computerintegrierten Produktion (CIM), in: Zeitschrift für Betriebswirtschaft, 59. Jg. (1989b), S. 1058-1073

Zäpfel, G.: MRP II (Manufacturing Resource Planning) - ein organisatorisches Konzept und computergestütztes Informationssystem zur umfassenden logistischen Regelung der Material- und Warenflüsse, in: Wettbewerbsfähigkeit durch innovative Strukturen und Konzepte, Festschrift zum 80. Geburtstag von G. Rühl, hrsg. v. K. Zink, München 1994a, S. 233-257

Zäpfel, G.: Entwicklungsstand und -tendenzen von PPS-Systemen, in: Handbuch Produktionsmanagement, hrsg. v. H. Corsten, Wiesbaden 1994b, S. 719-745

Zäpfel, G.: Production Planning in the Case of Uncertain Demand - Extension for a MRP II Concept, in: Pre-Prints of the Eighth International Working Seminar on Production Economics, Vol. 2, o.Hrsg., Igls/Innsbruck 1994c, S. 361-375

Zäpfel, G.: PPS (Produktionsplanung und -steuerung), in: Handwörterbuch der Produktionswirtschaft, hrsg. v. W. Kern, H.-H. Schröder und J. Weber, 2. Aufl., Stuttgart 1996, Sp. 1391-1405

Zäpfel, G.: Grundlagen und Möglichkeiten der Gestaltung dezentraler PPS-Systeme, in: Dezentrale Produktionsplanungs- und -steuerungs-Systeme. Eine Einführung in zehn Lektionen, hrsg. v. H. Corsten und R. Gössinger, Stuttgart/Berlin/Köln 1998, S. 11-53

Zäpfel, G.: Produktionsplanung und -steuerung (PPS), in: Lexikon der Betriebswirtschaftslehre, hrsg. v. H. Corsten, 4. Aufl., München/Wien 2000a, S. 780-785

Zäpfel, G.: Strategisches Produktions-Management, 2. Aufl., München/Wien 2000b

Zäpfel, G.: Taktisches Produktions-Management, 2. Aufl., München/Wien 2000c

Zäpfel, G.: Supply Chain Management, in: Logistik-Management. Strategien - Konzepte - Praxisbeispiele, hrsg. v. H. Baumgarten, H.-P. Wiendahl und J. Zentes, Berlin/Heidelberg/New York 2000d, 7/02/03/01, S. 1-32 (getrennte Zählung)

Zäpfel, G.: Losgrößenplanung, in: Lexikon der Betriebswirtschaftslehre, hrsg. v. H. Corsten und R. Gössinger, 5. Aufl., München/Wien 2008a, S. 497-501

Zäpfel, G.: Produktionsplanung und -steuerung, in: Lexikon der Betriebswirtschaftslehre, hrsg. v. H. Corsten und R. Gössinger, 5. Aufl., München/Wien 2008b, S. 645-650

Zäpfel, G.; Attmann, J.: Losgrößenplanung: Problemstellung und Problemklassen, in: Das Wirtschaftsstudium, 7. Jg. (1978), S. 529-532

Zäpfel, G.; Gfrerer, H.: Sukzessive Produktionsplanung, in: Wirtschaftswissenschaftliches Studium, 13. Jg. (1984), S. 235-241

Zäpfel, G.; Missbauer, H.: Traditionelle Systeme der Produktionsplanung und -steuerung in der Fertigungsindustrie, in: Wirtschaftswissenschaftliches Studium, 17. Jg. (1988a), S. 73-77

Zäpfel, G.; Missbauer, H.: Neuere Konzepte der Produktionsplanung und -steuerung in der Fertigungsindustrie, in: Wirtschaftswissenschaftliches Studium, 17. Jg. (1988b), S. 127-131

Zäpfel, G.; Missbauer, H.: Bestandskontrollierte Produktionsplanung und -steuerung, in: Fertigungssteuerung I: Grundlagen der Produktionsplanung und -steuerung, hrsg. v. D. Adam, Wiesbaden, 1988c, S. 23-48

Zäpfel, G.; Piekarz, B.: Supply Chain Controlling. Interaktive und dynamische Regelung der Material- und Warenflüsse, Wien 1996

Zäpfel, G.; Pölz, W.: Zur Analyse von Wettbewerbsvorteilen einer strategischen Geschäftseinheit, in: Marketing. Zeitschrift für Forschung und Praxis, 9. Jg. (1987), S. 257-265

Zelewski, S.: Kapazitätsvergleich produktionswirtschaftlicher Theorien. Ein Ansatz auf der Basis des „non statement view", in: Kapazitätsmessung, Kapazitätsgestaltung, Kapazitätsoptimierung - eine betriebswirtschaftliche Kernfrage, Festschrift zum 65. Geburtstag von Werner Kern, hrsg. v. H. Corsten u.a., Stuttgart 1992a, S. 63-93

Zelewski, S.: Strukturalistische Produktionstheorie. Ein Vorschlag für Formulierung und Leistungsvergleich produktionswirtschaftlicher Theorien, Habilitationsschrift Köln 1992b

Zelewski, S.: Multi-Agenten-Systeme für die Prozeßkoordinierung in komplexen Produktionssystemen. Ein Verteiltes Problemlösungskonzept auf der Basis von Kontraktnetzen, Arbeitsbericht Nr. 46 des Seminars für Allgemeine Betriebswirtschaftslehre und Produktionswirtschaft der Universität zu Köln, Köln 1993

Zelewski, S.: Petrinetzbasierte Modellierung komplexer Produktionssysteme, Arbeitsbericht Nr. 6 des Instituts für Produktionswirtschaft und Industrielle Informationswirtschaft der Universität Leipzig, Bd. 2: Bezugsrahmen, Leipzig 1995

Zelewski, S.: Flexibilitätsorientierte Produktionsplanung und -steuerung, in: Dezentrale Produktionsplanungs- und -steuerungs-Systeme. Eine Einführung in zehn Lektionen, hrsg. v. H. Corsten und R. Gössinger, Stuttgart/Berlin/Köln 1998, S. 233-257

Zelewski, S.: Grundlagen, in: Betriebswirtschaftslehre Bd. 1, hrsg. v. H. Corsten und M. Reiß, 4. Aufl., München/Wien 2008, S. 1-97

Zelewski, S.; Hohmann, S.; Hügens, T.: Produktionsplanungs- und –steuerungssysteme. Konzepte und exemplarische Implementierungen mithilfe von SAP® R/3®, München 2008

Zimmermann, G.: PPS-Methoden auf dem Prüfstand - was leisten sie, wann versagen sie?, Landsberg a.L. 1987

Zimmermann, G.: Produktionsplanung variantenreicher Erzeugnisse mit EDV, Berlin u.a. 1988

Zimmermann, H.-J.: Netzplantechnik, Berlin/New York 1971

Zimmermann, W.: Operations Research. Quantitative Methoden zur Entscheidungsvorbereitung, 10. Aufl., München/Wien 2001

Zink, K.J.: Differenzierung der Theorie der Arbeitsmotivation von F. Herzberg zur Gestaltung sozio-technologischer Systeme, Frankfurt a.M./Zürich 1975

Zink, K.J.: Total Quality Management, in: Qualität als Managementaufgabe. Total Quality Management, hrsg. v. K.J. Zink, 3. Aufl., Landsberg a.L. 1994, S. 9-52

Zink, K.J.: Total Quality Management (TQM), in: Lexikon der Betriebswirtschaftslehre, hrsg. v. H. Corsten und R. Gössinger, 5. Aufl., München/Wien 2008, S. 827-831

Zink, K.J.; Schick, G.: Quality Circles (Problemlösungsgruppen). Qualitätsförderung durch Mitarbeitermotivation, München/Wien 1984

Zink, K.J.; Seibert, S.: Arbeitsbewertung, in: Lexikon der Betriebswirtschaftslehre, hrsg. v. H. Corsten und R. Gössinger, 5. Aufl., München/Wien 2008, S. 63-67

Zschocke, P.: Betriebsökonometrie. Stochastische und technologische Aspekte bei der Bildung von Produktionsmodellen und Produktionsstrukturen, Würzburg/Wien 1974

Zwehl, W.v.: Kostentheoretische Analyse des Modells der optimalen Bestellmenge, Wiesbaden 1973

Stichwortverzeichnis

2-Faktoren-Fall 5

3-Faktoren-Fall 5

3-P-Konzept 28 ff.

A

ABC-Analyse 395, 451 f., 588

Ablaufarten 352 f.

Absatz
 -geschwindigkeit 500, 502
 -lager 503
 -plan 600 f.
 -programm 256
 -stelle 121
 -verwandtschaft 171

Add-Algorithmus 427

Additivität 65 ff.

Advanced Planning System 604 ff.

Aggregation 580 f.
 *inhaltliche 580
 *konsistente 581
 *perfekte 580
 *zeitliche 580

Akkord
 -entlohnung 352, 363
 -fähigkeit 359
 -lohn 357 ff.
 -reife 359
 -richtsatz 359 f.
 -zuschlag 359

Aktivität(s) 63 ff.
 *Basis 66, 143 f.
 -analyse 63 ff.

Algorithmus 443

Alternativkalkulation 391 ff.

Analytic Hierarchy Process 434 ff.

Anforderungsanalyse 346 ff.

Angebotszyklus 231

Anlagen 11

Anlieferung, produktionssynchrone 450

Annuitätenfaktor 380 f.

Annuitätenmethode 379 f., 382

Anpassung
 *intensitätsmäßige 99 ff., 149, 157, 541
 *quantitative 99, 104
  *multiple 153 f., 165 f.
  *mutative 165
  *selektive 153, 165
 *zeitliche 99 ff., 157
 *zeitliche und intensitätsmäßige 157 f.

Äquivalenzprinzip 345

Arbeit(s)
 -analyse 343
 -aufgabe 312
 -bereicherung 323
 -bewertung 312, 345 ff., 358
  *analytische 348
  *summarische 348
 -entgelt 344 ff.
 -gangweisen Kalkulation 391 ff.
 -gruppe, teilautonome 324 f.
 -inhalt-Zeit-Funktion 616
 -kurve, physiologische 297 f.
 -laufstudien 342
 -leistung 292
  *menschliche 291 ff.
 -methodik 342 ff.
 -nehmererfindergesetz 192
 -plan 288, 387
  *nonlinearer 654, 666
  -erstellung, computerunterstützte
   372 f.
  -verwaltung, computerunterstützte
   373
 -platzwechsel 325
 -produktivität 46
 -umweltbedingungen 326 ff.
 -wert 348
 -zeit
  *Gestaltung der 339 ff.
  *gleitende 341 f.
  -flexibilisierung 341 f.
  -modell 341 f.
 -zufriedenheit 304 f.

Artenteilung 322

Aufgabenerweiterung 323

Aufstaulager 413

Auftrag(s)
-einlastung, flexibilitätsorientierte 665
-folge 542
-diagramm 542 ff.
-forschung 183 f.
-fortschrittsdiagramm 543
-freigabe 589 f., 664
*belastungsorientierte 615 ff.
-größenplanung 588
-planung 492 ff.
-reihenfolgeplanung 533, 541 ff.

Ausfall
-ersatzstrategie 401
-rate 405
-reparatur 399
-reparaturstrategie 401
-ursache 398

Ausgleichs
-funktion 503
-gesetz der Planung 630

Auslieferungslager 423

Ausschusskoeffizient 109, 489 ff.

Austauschverfahren, heuristisches 552

Automatisierung 318 f.
*flexible 591

Autonomieprinzip 44

Available-to-Promise 608

B

Balanced strategy 180

Basis
-aktivität 66, 143 f.
-innovation 175

Baukasten
-prinzip 257
-stückliste 477, 482 f.
-system 170

Baustellenproduktion 33

Bearbeitung(s)
*überlappende 536
-gerechtigkeit 199

Beauftragung 641 f.

Bedarf(s)
-auflösung 486
-prognose bei saisonalem Verlauf 463 ff.
-verlauf 452 f.
*regelmäßiger 453
*sporadischer 454
*trendförmiger 454
*unregelmäßiger 453

Bedürfnis
-hierarchie 299 ff.
-pyramide 299 ff.

Belastungs
-funktion 105 f.
-isoquante 106
-schranke 617 f., 622

Beobachtungszyklus 232 f.

Bereitschaftskosten 154

Bernoulli-Prinzip 309

Beschaffung(s) 447 f.
-kosten
*mittelbare 493 f.
*unmittelbare 493
-lager 503
-marktforschung 394 f.
-stelle 121
-zeit 504

Beschäftigung 14

Besetzungsdichte 270, 272

Bestands
-flexibilität 16 f., 657, 665, 667
-version 64

Bestell
-bestand 489
-häufigkeit, optimale 496
-kosten 495
-menge 492 ff.
*optimale 493 ff.

Betriebs
-bereitschaft 389
-datenerfassungssystem 590
-minimum 148
-mittel 11, 366 ff.
-ausfall 412 ff.
-beanspruchung 397

-beschaffung 376 ff.
-erhaltung 396 ff.
-erneuerung 397
-stillstand 399
-verwaltung 375 f.
-optimum 148
-stättenstruktur 444 ff.
Bevorratungsebene 258 ff.
Bewegungs
  -studien 342
  -verdichtung 344
  -vereinfachung 344
Brutto
  -bedarf 488 f.
  -prinzip 63 f.

C

Capable-to-Promise 608
Cash-Cow 240 f.
Chargenproduktion 39
Computer
 -Aided
    -Design 371 f.
    -Design-System 368
    -Engineering 373
    -Inspection 374
    -Manufacturing 371
    -Office 612
    -Planning 371 f.
    -Quality Assurance 371
    -Testing 374
 -Integrated
    -Business 612
    -Manufacturing 374 f., 609 ff., 614
Computerized Numerical Control 367 f.
CONWIP-System 638 ff., 649
Customizing 604
Cyber-Physische-Systeme 613 f.

D

Data Envelopment Analysis 75 ff.
Daten
 -haltung
    *dezentrale 593 f.

*zentrale 593
-integration 592, 610 f.
Dauerqualität 174
Defizitbedürfnisse 299 ff.
Degenerationsphase 229
Dekomposition 581
Dequalifizierungsthese 320
Dezentralisierung, funktionsorientierte 594
Differenzierungsstrategie 38, 250 f.
Diffusion(s) 177
  -forschung 229 f.
Digitalisierung der Gesellschaft 613
Dilemma der Ablaufplanung 547 f.
Direct/Distributed Numerical Control 367 f.
Direkt
  -bedarfsmatrix 487
  -verbrauchsmatrix 123 ff., 487
Distributionsplanung, netzwerkbezogene 607
Dog 240 f.
Dominanzkriterium 69
Drum-Buffer-Rope-Ansatz 631 ff.
Durchlauf
  -terminierung 532 ff., 588
  -zeitminimierung 578
  -zeitsyndrom 596 f.
Durchsatzfunktion 114 ff.
Durchschnitt(s)
  *gleitender 457, 464
  -ertrag 84
  -kosten 132 f., 145
  -verbrauchsfunktion 148
    *technische 96 ff., 150

E

Ecklohngruppe 357
Effizienz
  *absolute 69 ff.
  *relative 74 ff.
  -analyse 67 ff.
Eigenfertigung und Fremdbezug 394 ff.

Eignungs
  -angebot 312, 314
  -nachfrage 312, 314
Einflussgrößen der menschlichen
  Arbeitsleistung 292 ff.
Einführungsphase 228 f.
Eingriffsgrenze 224 f.
Einheit der Auftragserteilung, Prinzip
  der 42
Einlastungsprozentsatz 617 f., 622
Einliniensystem 41
Einproduktstelle 120
Einwirkungsprinzip 127
Einzel
  -akkord 361
  -beschaffung im Bedarfsfall 450
  -produktion 38
Elementar
  -faktoren 4 ff.
  -kombinationen 104 ff.
    *primäre 106 f.
    *sekundäre 106 f.
    *tertiäre 106 f.
Endkombination 291
Engpassorientierung 629
Enterprise Resource Planning 603 ff.
Entfernungsmatrix 520
Entscheidungsfeld
  *geschlossenes 651
  *zeitlich offenes 651
Entsorgungsphase 234 f.
Entsprechungsproblematik 433
Entstehungszyklus 232 f.
Entwicklung(s) 182 f.
  -flexibilität 16 f.
Erfahrungskurve(n) 249, 296
  -konzept 236 f.
Erfolgsbeteiligung 365 f.
Ergänzungsstückliste 483
ERG-Theorie 302
Eröffnungsverfahren 551 f.
Ersatzproblem 383

Ertrags
  -gebirge 85
  -gesetz 82 ff.
Erwartungswertmodell 310
Erzeugnis
  -baum 474
  -strukturstufen 269
e-Situation 397
Expansions
  -flexibilität 18
  -strategie 445
Exponentielles Glätten 458 ff.
  -1. Ordnung 459 f.
  -2. Ordnung 460 f.

F

Faktor
  *dispositiver 4 ff.
  *externer 5
  -einsatzbeziehung
    *limitationale 59 ff.
    *substitutionale 56 ff., 138 f.
  -ergiebigkeit 46
  -funktion 87 ff., 99, 122, 145
  -kombination(s)
    *kostenminimale 138 f.
  -prozess 1, 5
  -produktivität 46
  -substitution, Grenzrate der 57 f., 85
  -systematik 7
Fehler
  -folgekosten 216 f.
  -verhütungskosten 216 f.
Fehlmengenkosten 493
Fein
  -planung, dezentrale 624
  -terminierung 533, 659
Fertigungs
  -segment 591 f.
  -segmentierung 37
Feuerwehrstrategie 399
First Look Value Engineering 204
First-come-first-served 621

Fixkostendegression 133
Flexibilität(s) 14 ff.
 *Bestands 16 f., 657, 665, 667
 *Entwicklungs 16 f.
 *Expansions 18
 *Funktionssicherungs 15
 *Kontraktions 18
 *Mittel 16 f.
 *Planungs 602
 *Steuerungs 602
 *Ziel 16 f.
  -verbesserungs 15
 -bedarf 18 ff.
 -indikator 663 f., 668
 -kosten 20 ff.
 -messung 662
 -nutzen 21 ff.
 -politik 18
 -potential 18 ff.
Flexible(s)
 -Automatisierung 371
 -Fertigungszelle 369 f.
 -Transferstraße 370 f., 374
 -Fertigungssystem 369 f., 374, 591
 -Montagesystem 370
Fließ
 -gut 471 ff.
 -produktion 34 ff.
  -mit Zeitzwang 528
Fließband
 -abstimmung 528 ff.
 -produktion 35
Flow-Shop-Problem 549 ff., 559, 562
Flussversion 64
Formalziel 2, 44 f.
Forschung und Entwicklung 175 ff.,
 180 f.
Forschung
 *angewandte 181 f.
 *Auftrags 183 f.
 *Beschaffungsmarkt 394 f.
 *Diffusions 229 f.
 *Gemeinschafts 184
 *Grundlagen 181
 *Kontrakt 183
 *Vertrags 183 f.

Führung(s) 327 ff.
 *mitarbeiterorientierte 328
 *vorgesetztenorientierte 328
Führungsstil
 *autoritärer 329, 337
 *delegationszentrierter 337
 *demokratischer 329
 *integrierender 337
 *kooperativer 329
 *partizipativer 337
 -modelle 327 ff.
Funktionalqualität 173
Funktionen
 -analyse 208, 214
 -einzelkosten 209 f.
 -gemeinkosten 210
 -kosten 208
  *marginale 210
 -matrix 210 ff.
Funktions
 -meistersystem 42 f., 293
 -sicherungsflexibilität 15

G

Gebrauchs
 -funktion 205
 -muster 192 f.
 -verschleiß 398, 405
Gegenstrom
 -prinzip 581 f.
 -verfahren 27
Gehaltstarifvertrag 357
Geheimhaltung 193
Geldakkord 360
Geltungsfunktion 205
Gemeinschaftsforschung 184 ff.
Genauigkeitsoptimalität 199
Genfer Schema 346
Gesamt
 -ertragskurve 83
 -kosten 132 ff.
Geschäftsplanung 600
Gesetz der Massenproduktion 170

Gewichtungs
 -funktion
  -nach Palmer 567
  -nach Petrow 567
  -nach Sokolizin 567
 -problematik 433
Gewinnbeteiligung 365
Gleich
 -heitsprinzip 366
 -teile-/Ergänzungsstückliste 482, 484
Gozintograph 475, 487
Grant-back-Klausel 190
Grenz
 -ertrag, partieller 53
 -kosten 134, 146
 -kostenfunktion
  *linksschiefe 163
  *rechtsschiefe 160 ff.
  *symmetrische 163
 -kostenstäbe 134
 -nutzen, monetärer 128
 -produkt
  *partielles 53 f.
  *totales 54
 -produktivität 45 f., 84
  *partielle 53 f.
Grob
 -planung, zentrale 624
 -terminierung 659
Größen
 -degression(s) 55, 167
 -effekt 236
 -progression 55
 -proportionalität 55, 65 ff.
 -variation, mutative 167 f.
Groupware 198
Grund
 -ausführungs-/Plus-Minus-Stückliste
  482, 485
 -datenverwaltung 590
 -funktion 205
 -lagenforschung 181
 -nutzen 173
 -zeit 354
Gruppe(n) 327
 -akkord 361

Gütekriterium 455
Gutenberg-Produktionsfunktion 145
Güterraum 63 ff.

H

Halbleiterschutzgesetz 192
Haupt
 -einflussgrößen 128 ff.
 -funktion 205
 -produktionsprogrammplanung,
  netzwerkbezogene 607
 -satz der Linearen Programmierung 270
Herstellkosten
 *mittelbare 499
 *unmittelbare 499
Heuristik 442 f.
Höherqualifizierungsthese 319 f.
homo oeconomicus-These 293
Homogenität(s) 55
 -grad 55
Human-Relations-Bewegung 293 f.
Hygienefaktor 303 f.

I

Imitation 177, 187
Imitator 187
Industrie 4.0 612 ff.
Industriebetriebslehre 23 ff.
Inflexibilität 19
Information 6
Inhaltstheorie 299 ff., 307 f.
Innovation(s) 177 ff.
 *Basis 175
 *Produkt 187
 *Schein 175
 *Verbesserungs 175
 *Verfahrens 187
 -prozess 177
  *hersteller-dominierter 178
  *nutzer-dominierter 178
Innovator 230
Input 4 ff.

Input-Output-Control, kostenorientierte
641 ff.

Inspektion 400

Instandhaltung(s) 396 ff.
-maßnahme 398 ff., 540
*außerplanmäßige 398 ff.
*geplante 408
*periodische 399
*sequentielle 399
*ungeplante 408
-strategie 401 ff.
-zyklus 407

Instrumentalbeziehung 45

Integrationsqualität 174, 188, 200

Intensität(s) 96 ff.
-matrix 520 f.

Interdependenz(en)
*horizontale 581
*vertikale 581
-beziehung 45

International Standards Organization
201

Internet der Dinge 612

Invarianzprinzip 120

Invention 177

Investitionsrechnung 378 ff.

Isoquante(n) 56 f.
-darstellung 85 ff.

ISO-Rentabilitätskurve 47 f.

Ist-Nutzungsdauer 383

J

Job
-Enlargement 323 ff.
-Enrichment 304, 323 ff., 594
-Rotation 325 f.
-Shop-Problem 549

Johnson-Algorithmus 557 ff., 565 ff.

K

Kalkül, investitionstheoretisches 377

Kalkulation(s)
*Alternativ 489

*arbeitsgangweise 491
-zinsfuß 379, 381, 385

Kanban-System 634 ff., 639, 649

Kannkomponente 478

Kapazität(s) 10 ff., 291
*freie 282 ff.
*reservierte 282 ff.
-abgleich 533
-angebot 386, 537 ff.
-aufteilungsverfahren 273 f.
-auslastungsgrad 14
-bedarf(s) 387
-rechnung 589
-bestand 386
-dimensionierung 386, 389
-nachfrage 537 ff.
-nutzung 389
-querschnitt 12 f., 386 f.
-terminierung 532 f., 537, 588

Kapital
-bindungskosten 493, 495
-umschlag 47
-wertmethode 379 ff., 382

Kennzahlensystem 48

Kette, logistische 592, 601

Know-how-Lizenz 191

Kombinationsleistung 104

Komponente(n)
*glatte 467
*irreguläre 464
*saisonale 464
-koeffizient 210

Konsistenz
-index 440 f.
-quotient 437

Konstruktionsverfahren 424, 522 f.

Kontingenztheorie 329 ff.

Kontinuitätsbedingung 393 f.

Kontrakt
-forschung 183
-lohn 362

Kontraktions
-flexibilität 18
-strategie 445

Kontrollkarte 227

Konzentrationsstrategie 250 f.
Kooperation 184 f.
Koordinationsfunktion 503
Koordinierung, opportunistische 651 ff.
Kopplungsmatrix 118
Kosten
  *Bereitschafts 154
  *Bestell 495
  *Beschaffungs 493 f.
  *degressive 134 f.
  *Durchschnitts 132 f., 145
  *Flexibilitäts 20 ff.
  *Funktionen 208 ff.
  *Grenz 134, 146
  *Herstell 499
  *intervallfixe 133, 155
  *Kapitalbindungs 493, 495
  *Lagerhaltungs 493, 495
  *Leer 154, 291
  *Nutz 154
  *Opportunitäts 128
  *progressive 134 f.
  *Prüf 216 f.
  *Qualitäts 216
  *Quasi 282 ff.
  *regessive 135 f.
  *Standort 518 ff.
  *Stück 132 f. 145
  *variable 132
  -begriff 127 ff.
  -budget 137
  -einflussgrößen 127
  -führerschaft(s) 249 ff.
    -strategie 38
  -funktion
    -bei intensitätsmäßiger Anpassung
      150 f.
    -bei kurzfristiger Betrachtung 148 ff.
    -bei langfristiger Betrachtung 165 ff.
    -bei quantitativer Anpassung 152 f.
    -bei zeitlicher Anpassung 153
  -isoquante 137, 141
  -präkurrenz 156
  -remanenz 155 f.
  -theorie 51, 126 ff.
  -verteilungsmethode 278

Kreativitätstechnik 214
Kumulationslager 413
Kundenauftragsannahme,
  netzwerkbezogene 608
Kuppel
  -produkt 274
  -produktion 144

L

Lager
  -bestand(s)
    *durchschnittlicher 501
    -minimierung 578
    -verlauf 500
  -haltungs
    -kosten 493, 495
    -kostenfunktion 501
    -politik 509 ff.
  -wirtschaft 503 ff.
Lagrange-Funktion 138 ff.
Layoutplanung 517 ff.
Lead-user-Kunden 197
Lebens
  -dauer, technische 403 f.
  -zykluskonzept 228 ff.
    *integriertes 234
Leerkosten 154, 291
Leistungs
  -bereitschaft 291, 297 ff.
  -beteiligung 365
  -bewertung 345, 358
  -bündel 169
  -erstellungsprozess 2, 8 f.
  -fähigkeit 294 ff.
  -faktor 355
  -koeffizient 98
  -lohn, zeitkonstanter 362
  -prinzip 366
Leitgröße 114
Leontief-Produktionsfunktion 87 ff., 486
  *mehrstufige 269
Lern
  -gesetz 296 f.
  -kurve 236
  -statt 221

Liegezeit 536 f.

Limitationalität 59

Liquidations
-erlös 379, 384
-strategie 252

Lizenz 190
-austauschvertrag 190 f.

Lohn
*Akkord 357 ff.
*Kontrakt 362
*Leistungs 362
*Pensum 362
*Polyvalenz 364
*Prämien 357 ff., 363 f.
*Zeit 357 ff.
-formenbestimmung 352 ff.
-gerechtigkeit 344 f.
-gruppenverfahren 349
-satzdifferenzierung 345

Lokalisierungsspielraum 654

Lorenzkurve 451 f.

Losgröße(n)
*optimale 499 ff., 501
-planung 662

M

Machine assignment 389 f.

Management-Informations-System 614

Managerial Grid 336

Manteltarifvertrag 356 f.

Manufacturing Resource Planning
598 ff.

Market-pull 178

Markt
-attraktivität-Wettbewerbsvorteil-
Portfolio 244 f.
-interdependenz 171
-preismethode 278
-wachstum-Marktanteil-Portfolio
236 ff.
-zyklus 231

Maschinen
-belegungs
-diagramm 542 f.

-planung 533, 541 ff.
-problem 549 ff.
-folge 541
-matrix 542
-produktivität 46

Massenproduktion 38 f.

Material
-bedarfsermittlung 450 ff.
*programmorientierte 471
*verbrauchsorientierte 455 ff.
-begriff 448 f.
-bereitstellung 450
-entnahme, kontinuierliche 504
-Requirements Planning 598 ff.
-verwandtschaft 171
-wirtschaft 447 ff.
-wirtschaftlichkeit 199

Maximalkapazität 13 f.

Mechanisierung 318 f.

Mehrfach
-produktion 38
-stückliste 482 f.
-verwendung 258 ff.

Mehrheit
*frühe 230
*späte 230

Mehr
-liniensystem 42 f.
-zweckaggregate 15

Meldemenge 504, 505, 507

Mengen
-bilanz 269
-planung 601
-rabattstaffelung 497
-steuerung 509
-teilung 321
-übersichtsstückliste 476, 487

Methods-Time-Measurement-Methode
355 f.

Minimal
-kapazität 13
-kostenkombination 136 ff.

Mitarbeiter-Aufgaben-Zuordnung 313

Mittelflexibilität 16 f.

Modell von Hax/Meal 583 ff.

Möglichkeit der Untätigkeit 65

Momentan
 -leistung 105 f.
 -verbrauch 112

Motiv 298 f.

Motivation(s) 298 ff.
 -modell nach Vroom 310
 -theorie nach Lawler/Porter 311
 -theorien 299 ff.

Motivator 303 f.

MRP II-Konzept 598 ff.

MRP-System 649

Multi-
 -faktorenansatz 243 ff.
 -momentaufnahme 356

Musskomponente 478

N

Nachfrage
 -planung 606 f.
 -zyklus 231

Nachzügler 230

Nebenfunktion 205

NEH-Heuristik 562 ff.

Net-Change-Verfahren 602

Netto
 -bedarf(s) 488 f.
  -ermittlung 588
  -rechnung 643
 -prinzip 63 f.

Neuheitsbegriff 175, 180 f.

Niveauvariation 55

Normal
 -leistung 346, 352, 363
 -lohnsatz 359

Normung 170, 200 ff.

Null-Fehler-Programm 220

Numerical Control 367 f.

Nutzen, funktionaler 173

Nutzkosten 154

Nutzung(s)
 -phase 234
 -dauer, optimale 383 ff.

O

Objektprinzip 41

Obsoleszenz 174

Opportunitätskosten 128

Optimalkapazität 13

Optimized Production Technology
 629 ff.

Optimum, materialwirtschaftliches 448

Ordinierungsspielraum 653

Organisation(s) 40
 -struktur
  *divisionale 41
  *funktionale 40 f.

Output 9

P

Paarvergleichsmatrix 437, 439 ff.

PAC-System 645 ff.

Parallelsystem 410

Partial
 -analyse 53 f., 70 ff.
 -kontrolle 215
 -planung 575 ff.
  *simultane 577

Partieproduktion 39

Partizipation 338

Patent 188 ff.
 -analyse, strategische 247
 -lizenz 191

Pause
 *geplante 340
 *lohnende 340
 *personenbedingte 340
 *ungeplante 340

Pensumlohn 362

Periodenkapazität 10

Pichler-Transformationsfunktion 117

PIMS-Programm 252 ff.

Plan-Nutzungsdauer 383

Planung(s)
 *aggregierte 650
 *hierarchische 578 ff.
 *rollierende 581 ff., 625

*sukzessive 575
-flexibilität 602
-horizont 581 f.

Polarisierungsthese 320

Polyvalenzlohn 364

Portfoliomethoden 236 ff.

Potential
-faktor(en) 5, 96, 110, 291
  -leistung 104
-gestaltung 3, 28, 291 ff.

PPS
-Konzept 585 f.
-System 585 ff.

Präferenzbeziehung 45

Prämienlohn 357 ff., 363 f.

Präventiv
-ersatzstrategie 401
-reparaturstrategie 401

Preisuntergrenze
*kurzfristige 148
*langfristige 148

Primärbedarf(s) 486
-planung 587 f., 661
-vektor 487

Principle
-of least commitment 652 ff.
-of opportunism 652 ff.

Prinzip
-der größtmöglichen Auswahlfreiheit
  652 ff.
-der kleinstmöglichen Bindung 652 ff.
-des besten Weges 42
-des kürzesten Weisungsweges 42

Prioritätsregel 549, 569 ff.
-verfahren 530 f.

Problemtypen nach Vroom/Yetton 332 f.

Production-Authorization-Card 645 ff.

Produkt(e) 9
-begriff 169
-entstehungszyklus 231 f.
-entwicklung 175 ff., 194
  *kundenaktive 178
-feld 28, 255
-gestaltung 199 ff.
-innovation 187

-lebenszyklus 187
-Markt-Raum 171 f.
-netz 631 ff.
-politik 199
-qualität 253
-variante
  *unvollständig definierte 479
  *vollständig definierte 479

Produktion(s)
*angebotsorientierte 31
*auftragsorientierte 31
*Begriff der 1 ff.
*computerunterstützte 373
*Irreversibilität der 65
*kundenorientierte 288
*Möglichkeit ertragreicher 65
*nachfrageorientierte 31
-anlage, computergesteuerte 367 ff.
-einheit 10
-elastizität 54, 88
-faktoren 1, 4 ff.
  *derivative 2
-feinplanung 607
-funktion 8, 52 ff.
  *ertragsgesetzliche 82 ff., 145
  *linear-limitationale 60 f., 88 ff.
  *nichtlinear-limitationale 60
  -nach Gutenberg 96 ff.
  -nach Heinen 104 ff.
  -nach Kloock 120 ff.
  -nach Leontief 87 ff.
  -nach Pichler 114 ff.
-geschwindigkeit 500, 502
-grobplanung 607
-insel(n) 36 f., 325, 369
  *flexible 591
-isoquante 143
-Kanban 635 f.
-koeffizient 14, 53, 59, 88, 99, 122
-management 25
  *operatives 26 ff.
  *strategisches 26 ff.
  *taktisches 26 ff.
-maximum 84
-planung und -steuerung 577 ff.
-programmgestaltung 28, 169 ff.
-programmplanung 255 ff., 587 f., 601

*mehrstufige marktorientierte 269 ff.
-für kundenindividuelle Produkte
  280 ff.
-für standardisierte Produkte 261 ff.
-prozess 8 f.
  *linear-limitationaler 142
-segmentierung 37
-stelle 11, 121
-struktur, dezentrale 591
-system 2 ff.
-theorie 51 ff.
-stillstand 413
-verwandtschaft 170 f.
-wirtschaft 23 ff.
Produktivität(s) 45 ff.
  *Arbeits 46
  *Faktor 46
  *Grenz 45 f., 84
  *Maschinen 46
  *Teil 46
  -maximum 84
Prognose
  -fehler 455 f., 459
  -wert 455
Programm
  -bildung
    *kundenorientierte 256 f.
    *marktorientierte 257
  -funktion 109
  -gestaltung 3
  -koeffizient 109
  -planung
    *auftragsorientierte 281 ff.
    *operative 256
    *strategische 255
    *taktische 255
Prozess
  -folgeprinzip 33 ff.
  -gestaltung 3, 29, 517 ff.
  -kombination 61 ff.
  -niveau 66 f.
  -substitution 61 f.
  -technik-Profil 387 f.
  -theorie 299 ff.
  -typen 39
Prüfkosten 216 f.

Q

q-Situation 397
Qualität(s) 173 ff.
  *Dauer 174
  *Funktional 173
  *Integrations 174, 188, 200
  *Produkt 253
  *Stil 174
  *Umwelt 174
  -arten 215
  -kontrolle ff. 214
    *statistische 223 ff.
  -kosten 216
  -regelkarte 223 f.
  -regelkreis 374 f.
  -sicherung 214
  -sicherung
    *computerunterstützte 374
  -zirkel 217 ff.
Quality
  -Circle 217 ff.
  -Brief 221
Quasikosten 282 ff.
Question-Mark 240 f.

R

Rabatt
  -grenze 497
  -stufe 497
Range 225
Rang
  -folgeverfahren 348 f.
  -reihenverfahren 349 f.
Rationalisierung der Arbeit, biologische
  293
Rationalprinzip 293
Rechte 6
Recycling 275 ff.
Reife-
  -gradmodell 337
  -phase 229
Reihenfolge
  -planung 532, 541 ff.
  -problem 549

Reintegration 592
Rentabilität 47 f.
Rentenbarwertformel 380
Reparatur 400
Repetierfaktor(en) 5, 96, 110, 122, 291
Reservierungsbestand 489
Ressourcenstärke 246 f.
Restwertmethode 278
Return of Investment 47
RSU-Analyse 454
Rücklizenz 190 f.
Rückstands
 -zyklus 234 f.
  -modell 234 f.
Rückwärts
 -planung 289
 -terminierung 588, 618, 628 f.
  *isolierte 625 f.
  *partielle 626

S

s,S - Politik 510, 512
s,x - Politik 510 f.
Sachziel 1 f., 44 f.
Saison
 -faktor 466, 469
 -komponente 468
Sättigungsphase 229
Scheininnovation 175
Scientific Management 293
Scoring-Modell 431 ff.
Second Look Value Engineering 204
Segmentierung 580
Sekundärbedarf(s) 486
 -planung 587 f., 596, 643, 662
Serien
 -produktion 38 f.
 -system 410
Servicegrad
 *optimaler 506 ff.
 -β 506
Sicherheitsbestand 489, 505, 508

Sicherungsfunktion 503
Sichtinspektion 400
Simplex-Methode 262 ff.
Simultaneous Engineering 194 ff.
Simultanplanung 575 ff.
Skalen
 -elastizität 55, 58
 -erträge 55, 88
S-Kurven-Konzept 247 ff.
Sortenproduktion 39
Sozialprinzip 366
Spekulationsfunktion 503
Sperrpatent 190 f.
Spezialaggregate 15
Splitten 534 f.
Stäbe 41
Standardansatz der Linearen
 Programmierung 261 ff.
Standardisierung 170, 200, 202
Standort
 -anforderungen 519
 -attraktivität 446
 -auswahl 415 ff.
 -bestimmungslehre 415
 -errichtungskosten 423 f.
 -faktor 415 ff.
  -systematik 416 f.
 -gegebenheiten 519
 -lehre, empirisch-realistische 416
 -planung 415 ff.
 -Portfolio 445 f.
 -prinzip 446 f.
 -strategie 445 ff.
 -verteilung 415
 -wahl, innerbetriebliche 415
 -wechselkosten 518
Star 240 f.
Steiner-Weber-Ansatz 418 ff.
Steuerungsflexibilität 602
Stillstandszeit, reparaturbedingte 406
Stilqualität 174
Stoffgemisch 472
Störpegel 453

Strategie
  *Differenzierungs 38, 250 f.
  *Expansions 445
  *Instandhaltungs 401 ff.
  *Kontraktions 445
  *Konzentrations 250 f.
  *Kostenführerschafts 38
  *Liquidations 252
  *Standort 445 ff.
  *Wettbewerbs 38
Strategische
  -Geschäftseinheit 238
  -Netzwerkplanung 605
Strukturierung 579 f.
Struktur
  -matrix 119
  -stückliste 477
  -variante 478
Stückkosten 132 f., 145
  *variable 134
  -funktion 149
Stückliste(n) 288, 387, 476 ff.
  *Baukasten 477, 482 f.
  *Gleichteile-/Ergänzungs 482 ff.
  *Grundausführungs-/Plus-Minus 482,
  485
  *Mehrfach 482 f.
  *Mengenübersichts 476, 487
  *Struktur 477
  *Typen 482 f., 485
  *Varianten 477 ff.
  -auflösung 588
Stufenwertzahlverfahren 349 ff.
Substitution
  *Grenzrate der 73
Substitutionalität 57
Substitutionskonkurrenz 171
Supply Chain
  -Management 604 ff.
  -Konfiguration 606
  -Planungsmatrix 605 f.
Systems Selling 9, 169
Systemsynthese 170

T

t,S - Politik 512 f.
t,s,S - Politik 512
t,s,x - Politik 513 f.
t,x - Politik 510 f.
Tagesrhythmikkurve 297 f., 340
Taktzeit 528 f.
Tarifvertrag 356
Technologie(n) 8, 64 ff.
  *Abgeschlossenheit der 64
  *lineare 143
  -attraktivität 246 f.
  -matrix 94 f., 487 f.
  -Portfolio 245 ff.
Technology-push 178
Teileverwendungsnachweis 476, 487
Teil
  -produktivität 46
  -zeitmodell 342
Termin- und Kapazitätsplanung 587 ff.
Terminierung(s)
  *retrograde 622 ff.
  -spielraum 653
Termin
  -planung 532 ff.
  -schranke 617 f., 622
Tertiärbedarf 486
Theorie der Leistungsmotivation 306 ff.
Theory of Constraints 630
Throughput 8 f.
Total Quality Management 221 ff.
Total
  -analyse 53 f.
  -kapazität 10 ff.
  -kontrolle 215
  -planung 575 ff.
  *simultane 576 f.
Transport
  -Kanban 635 f.
  -kostenmatrix 521
  -planung, netzwerkbezogene 608
  -problem 423 ff.

Traveling-Salesman-Problem 549 f., 556

Trend
 -berechnung 462 f.
 -funktion 467
 -komponente 468 f.

Trilemma der Ablaufplanung 548

Typenstückliste 482 f., 485

Typologien industrieller
 Produktionssysteme 30 ff.

Typung 200

U

Überflexibilität 19

Überlappen 533 ff.

Übernehmer, früher 230

Umlaufmethode 524

Umrüstproblem, unsymmetrisches 550

Umsatz
 -beteiligung 365
 -rentabilität 47

Umwelt
 -analyse
  *generelle 238
  *spezifische 238
 -qualität 174

Ungarische Methode 315

Unmöglichkeit des Schlaraffenlandes 65

Unternehmungsanalyse 238

V

Valenz-Instrumentalitäts-Erwartungs-
 Theorie 309

Varianten
 -produktion 477 f., 640
 -stückliste 477 ff.
  *geschlossene 479
  *offene 486

Verbesserungs
 -innovation 175
 -verfahren 523 f., 551

Verbrauchs
 -faktoren 5
 -funktion 97 f.

*ökonomische 104 ff., 113, 148
 *technische 104 ff., 112
 -wert 455

Veredelungsfunktion 503

Verfahren(s)
 -des besten Nachfolgers 554
 -nach Winters 468 ff.
 -innovation 187
 -spielraum 653
 -wahl 389 ff., 491
 -zyklus 392

Verflechtungsmatrix 116, 487 f.

Verfügbarkeitskontrolle 589

Verhaltensgitter 336

Verlustzeiten 13

Verrichtungsprinzip 31 ff., 40

Verteilungsparameter 109

Verteilzeit 354

Vertragsforschung 183 f.

Verursachungsprinzip 127

Vorfertigungsgrad 257

Vorgabezeit 352

Vorgangsintegration 611

Vorgriffshorizont 617 f., 622

Vorlaufterminierung 629

Vormerkbestand 489

Vorrangregelverfahren 569 ff.

Vorrats
 -haltung 450
 -patent 190 f.

Vorschlagswesen, betriebliches 220

Vorwärts
 -planung 289
 -terminierung 588 f., 626, 628

v-Situation 397

W

Wachstums
 -bedürfnisse 299 ff.
 -phase 229

Warehouse Location Problem 423 f.,
 429 f.

Warngrenze
  *obere 224 f.
  *untere 224 f.
Wartezeit 536
Wartung 400
Werkstatt
  -bestand 489
  -produktion 31 ff., 532, 651
  -zirkel 220
Wert
  -analyse 203 ff.
  -häufigkeitstabelle 451
Wettbewerbs
-analyse 238
-strategie 38
Wieder
  -beschaffungszeit 505
  -gewinnungsfaktor 381 f.
  -holungsfunktion 108 f.
Wirtschaftlichkeit(s) 47
  -analyse, multikriterielle 434 ff.
  -prinzip 47
Wirtschaftszweiglehre 24
Work-Factor-Methode 355 f.

X

XYZ-Analyse 454

Y

Y-Modell 610 f.

Z

Zeit
  -akkord 360 f.
  -belastungsbild 106 f., 112
  -fond 386
  -lohn 357 ff.
  -reihen
    -dekomposition 463 ff.
    -modell, multiplikatives 464
  -stabilitätshypothese 455
  -steuerung 510
  -verbrauchsbild 112
  -verschleiß 398
Zentrenproduktion 36
Zero Look Value Engineering 204
Zerreißlager 413
Ziel(e)
  *ökologische 51
  -der Layoutplanung 517 ff.
  -flexibilität 16 f.
  -hierarchie 45
  -verbesserungsflexibilität 15
z-Situation 96 f., 103, 397
Zuordnungsproblem 313 ff., 433
Zusatzfaktoren 6
Zuverlässigkeits
  -diagramm 410
  -funktion 404, 407
Zwangslizenz 191
Zweifaktorentheorie 303 f.
Zykluszeit 408, 558, 560